Claas-Hinrich Germelmann/Gerhard Binkert
Personalvertretungsgesetz Berlin mit Wahlordnung
Kommentar für die Praxis

Claas-Hinrich Germelmann
Gerhard Binkert

PersVG Berlin

Personalvertretungsgesetz
Berlin mit Wahlordnung

Kommentar für die Praxis

2., überarbeitete Auflage

Bund-Verlag

Die Deutsche Bibliothek – CIP-Einheitsaufnahme

Personalvertretungsgesetz Berlin : PersVG Berlin ; mit Wahlordnung /
Claas-Hinrich Germelmann; Gerhard Binkert. –
2., überarb. Aufl. – Frankfurt am Main : Bund-Verl., 2002
(Kommentar für die Praxis)
ISBN 3-7663-3216-3

2., überarbeitete Auflage 2002
© 1995 by Bund-Verlag GmbH, Frankfurt am Main
Lektorat: Stefan Soost
Herstellung: Inga Tomalla, Frankfurt am Main
Umschlag: Neil McBeath, Kornwestheim
Druckvorstufe: Satzbetrieb Schäper GmbH, Bonn
Druck: fgb • freiburger graphische betriebe
Printed in Germany 2002
ISBN 3-7663-3216-3

Alle Rechte vorbehalten,
insbesondere die des öffentlichen Vortrags,
der Rundfunksendung
und der Fernsehausstrahlung,
der fotomechanischen Wiedergabe,
auch einzelner Teile.

Vorwort

Seit dem Erscheinen der letzten Auflage sind mehr als fünf Jahre verstrichen. Die Probleme der Übergangsregelung nach der Herstellung der Einheit Berlins haben mittlerweile an Bedeutung verloren. Die Gebietsreform mit der Verringerung der Zahl der Bezirke ist weitgehend abgeschlossen. Das Gesetz ist in den vergangenen Jahren mehrfach geändert worden. Eine Neubearbeitung des Kommentars war daher notwendig.
Im Hinblick auf die Bedeutung der Wahlen zu den Personalvertretungen wurde eine Einführung in die Wahlordnung zum PersVG neu aufgenommen, sie soll den Wahlvorständen als Handlungsanleitung dienen. Gesetzgebung und Rechtsprechung sind bis Sommer 2001 berücksichtigt worden. Dem Ziel, ein Erläuterungsbuch für die praktische Arbeit zu sein, ist durch weitere Straffung und Kürzung der Kommentierung Rechnung getragen worden. Auf eine vollständige Verarbeitung von Literatur und Rechtsprechung ist daher bewußt verzichtet worden.

Berlin, im September 2001

Dr. Gerhard Binkert   Dr. Claas-Hinrich Germelmann

Bearbeiterverzeichnis

§§ 1– 11	Dr. Claas-Hinrich Germelmann
§§ 12– 44	Dr. Gerhard Binkert
§§ 45– 49	Dr. Claas-Hinrich Germelmann
§§ 50– 59	Dr. Gerhard Binkert
§§ 60– 78	Dr. Claas-Hinrich Germelmann
§§ 79– 84	Dr. Gerhard Binkert
§§ 85–100	Dr. Claas-Hinrich Germelmann
Wahlordnung	Dr. Gerhard Binkert

Inhaltsverzeichnis

Vorwort 5
Bearbeiterverzeichnis. 6
Abkürzungsverzeichnis 11
Literaturverzeichnis 17
Text des Personalvertretungsgesetzes Berlin 19
Text des Bundespersonalvertretungsgesetzes (Auszug) 59

Kommentar zum Personalvertretungsgesetz Berlin

Abschnitt I: Einleitende Vorschriften 63

§	1	Allgemeines	63
§	2	Grundsätze	73
§	3	Dienstkräfte und Gruppen	89
§	4	Begriffsbestimmungen	99
§	5	Dienststellen	104
§	6	Zusammenlegung und Trennung	114
§	7	Dienstbehörden	123
§	8	Oberste Dienstbehörden	127
§	9	Vertretung	129
§	10	Schutz nach Beendigung der Ausbildung	134
§	11	Schweigepflicht	147

Abschnitt II: Personalrat 156

1. Wahl und Zusammensetzung 156

§	12	Wahlberechtigung	156
§	13	Wählbarkeit	160
§	14	Mitgliederzahl	166
§	15	Gruppenvertretung	170
§	16	Wahl	179
§	17	Bildung des Wahlvorstandes	191
§	18	Bestellung des Wahlvorstandes	198
§	19	Vorbereitung zur Wahl	200
§	20	Verbot der Wahlbehinderung und -beeinflussung . . .	202
§	21	Wahlkosten	209
§	22	Wahlanfechtung	214

Inhaltsverzeichnis

2. Amtszeit 225

§ 23	Dauer	225
§ 24	Neuwahl aus besonderen Gründen	228
§ 25	Ausschluß und Auflösung	237
§ 26	Erlöschen	245
§ 27	Ruhen	251
§ 28	Ersatzmitglieder	254

3. Geschäftsführung 261

§ 29	Vorstand	261
§ 30	Anberaumung von Sitzungen	270
§ 31	Sitzungen	278
§ 32	Beschlüsse	285
§ 33	Verfahren	290
§ 34	Aussetzung	295
§ 35	Beteiligung der Jugend- und Auszubildendenvertretung	302
§ 36	Beteiligung der Schwerbehindertenvertretung	306
§ 37	Niederschrift	311
§ 38	Geschäftsordnung	317
§ 39	Sprechstunden	320
§ 40	Geschäftsbedarf	324
§ 41	Ausschluß von Beiträgen	333
§ 42	Stellung der Mitglieder	335
§ 43	Freistellungen	346
§ 44	Schutz der Mitglieder	354

Abschnitt III: Personalversammlung 360

§ 45	Allgemeines	360
§ 46	Nichtöffentlichkeit	365
§ 47	Einberufung	372
§ 48	Durchführung	377
§ 49	Beratungsgegenstände	383

Abschnitt IV: Gesamtpersonalrat und Hauptpersonalrat 389

1. Gesamtpersonalrat 389

§ 50	Bildung	389
§ 51	Wahl	394
§ 52	Amtszeit und Geschäftsführung	396
§ 53	Freistellungen	398
§ 54	Zuständigkeit	401

2. Hauptpersonalrat ... 405

§ 55	Bildung ...	405
§ 56	Wahl ...	407
§ 57	Amtszeit und Geschäftsführung ...	409
§ 58	Freistellungen ...	412
§ 59	Zuständigkeit ...	414

Abschnitt V: Jugend- und Auszubildendenvertretung und Jugend- und Auszubildendenversammlung ... 418

§ 60	Bildung ...	418
§ 61	Wahlberechtigung und Wählbarkeit ...	421
§ 62	Mitgliederzahl ...	424
§ 63	Wahl- und Amtszeit ...	426
§ 64	Freistellungen ...	430
§ 65	Aufgaben ...	433
§ 66	Geschäftsführung ...	444
§ 67	Jugend- und Auszubildendenversammlung ...	447
§ 68	Gesamt-Jugend- und Auszubildendenvertretung ...	451
§ 69	Haupt-Jugend- und Auszubildendenvertretung ...	453

Abschnitt VI: Beteiligung der Personalvertretung ... 457

1. Allgemeines ... 457

§ 70	Grundsätze ...	457
§ 71	Neutralitätsgebot ...	466
§ 72	Allgemeine Aufgaben ...	476
§ 73	Informationsrecht ...	488
§ 74	Dienstvereinbarungen ...	496
§ 75	Ausschluß von Dienstvereinbarungen ...	506
§ 76	Krankenhausbetriebe ...	509
§ 77	Arbeitsschutz ...	512
§ 78	Durchführung von Entscheidungen ...	520

2. Mitbestimmung und Mitwirkung ... 523

§ 79	Mitbestimmung ...	523
§ 80	Verfahren bei Nichteinigung ...	539
§ 81	Einigungsstelle ...	545
§ 82	Zusammensetzung ...	551
§ 83	Verfahren vor der Einigungsstelle ...	561
§ 84	Mitwirkung ...	569

Inhaltsverzeichnis

3. Mitbestimmungsangelegenheiten ... 577

§ 85	Allgemeine Angelegenheiten ...	577
§ 86	Gemeinsame Angelegenheiten ...	638
§ 87	Angestellte und Arbeiter ...	665
§ 88	Beamte ...	691
§ 89	Besonderheiten für bestimmte Dienstkräfte ...	705

4. Mitwirkungsangelegenheiten ... 710

§ 90 ... 710

Abschnitt VII: Rechtsweg ... 731

§ 91	Zuständigkeit ...	731
§ 92	Fachkammer und Fachsenat ...	735

Abschnitt VIII: Behandlung von Verschlusssachen der Verfassungsschutzbehörde ... 742

§ 92a Behandlung von Verschlusssachen der Verfassungsschutzbehörde ... 742

Abschnitt IX: Übergangs- und Schlußvorschriften ... 750

§ 93	...	750
§ 94	...	751
§ 95	...	753
§ 96	...	755
§ 97	...	755
§ 98	...	755
§ 99	...	757
§ 99a	Übergangsregelungen für die regelmäßigen Wahlen zu den Personalvertretungen, den Jugend- und Auszubildendenvertretungen und den Frauenvertreterinnen ...	757
§ 99b	Übergangsregelungen im Zusammenhang mit der Gebietsreform ...	759
§ 100	...	760

Kommentar zur Wahlordnung

Text der Wahlordnung zum Personalvertretungsgesetz ... 761
Leitfaden zur Arbeit mit der Wahlordnung ... 778

Stichwortverzeichnis ... 789

Abkürzungsverzeichnis

a.A.	anderer Ansicht
a.a.O.	am angegebenen Ort
a.F.	alte Fassung
ABl.	Amtsblatt
Abs.	Absatz
AFG	Arbeitsförderungsgesetz
AG	Aktiengesellschaft
AiB	Arbeitsrecht im Betrieb (Zeitschrift)
AkdKüG	Gesetz über die Akademie der Künste
AOK	Allgemeine Ortskrankenkasse
AöR	Archiv des öffentlichen Rechts (Zeitschrift)
AP	Arbeitsrechtliche Praxis (Nachschlagewerk des Bundesarbeitsgerichts)
ArbG	Arbeitsgericht
ArbGG	Arbeitsgerichtsgesetz
ArbNErfG	Gesetz über Arbeitnehmererfindungen
ArbZtVO	Arbeitszeitverordnung
ArbZG	Arbeitszeitgesetz
ARSt	Arbeitsrecht in Stichworten
Art.	Artikel
ASiG	Gesetz über Betriebsärzte, Sicherheitsingenieure und andere Fachkräfte für Arbeitssicherheit (Arbeitssicherheitsgesetz)
Aufl.	Auflage
AÜG	Arbeitnehmerüberlassungsgesetz
AuR	Arbeit und Recht (Zeitschrift)
AV Berlin	Arbeitsrechtliche Vereinigung öffentlicher Verwaltungen, Betriebe und gemeinwirtschaftlicher Unternehmungen in Berlin
AVG	Angestelltenversicherungsgesetz
AZG	Gesetz über die Zuständigkeiten in der allgemeinen Berliner Verwaltung (Allgemeines Zuständigkeitsgesetz)
AZO	Arbeitszeitordnung
BABl.	Bundesarbeitsblatt
BAG	Bundesarbeitsgericht
BAGE	Entscheidungen des Bundesarbeitsgerichts (amtliche Sammlung)
BAT	Bundes-Angestelltentarifvertrag
BayPersVG	Bayerisches Personalvertretungsgesetz
BayVGH	Bayerischer Verwaltungsgerichtshof

Abkürzungsverzeichnis

BB	Der Betriebsberater (Zeitschrift)
BBiG	Berufsbildungsgesetz
BDSG	Bundesdatenschutzgesetz
BerlHG	Gesetz über die Hochschulen im Land Berlin
BetrVG	Betriebsverfassungsgesetz 1972
BetrVG 1952	Betriebsverfassungsgesetz 1952
BFH	Bundesfinanzhof
BGB	Bürgerliches Gesetzbuch
BGBl.	Bundesgesetzblatt
BGH	Bundesgerichtshof
BGHSt	Entscheidungen des Bundesgerichtshofs in Strafsachen (amtliche Sammlung)
BGHZ	Entscheidungen des Bundesgerichtshofs in Zivilsachen (amtliche Sammlung)
Bln	Berlin
BlnDSG	Berliner Datenschutzgesetz
BlnRiG	Berliner Richtergesetz
BMT-G	Bundesmanteltarifvertrag für Arbeiter gemeindlicher Verwaltungen und Betriebe
BPersVG	Bundespersonalvertretungsgesetz
BRAGebO	Bundesrechtsanwaltsgebührenordnung
BRG	Betriebsrätegesetz vom 4. 2. 1920
BRRG	Beamtenrechtsrahmengesetz
BSG	Bundessozialgericht
BSR	Berliner Stadtreinigungsbetriebe
BT-Drucks.	Bundestagsdrucksache
BUKG	Bundesumzugskostengesetz
BUrlG	Bundesurlaubsgesetz
BVerfG	Bundesverfassungsgericht
BVerfGE	Entscheidungen des Bundesverfassungsgerichts (amtliche Sammlung)
BVerfGG	Gesetz über das Bundesverfassungsgericht
BVerwG	Bundesverwaltungsgericht
BVerwGE	Entscheidungen des Bundesverwaltungsgerichts (amtliche Sammlung)
BVG	Berliner Verkehrsbetriebe
BWB	Berliner Wasserbetriebe
BzAMitglG	Gesetz über die Rechtsstellung der Bezirksamtsmitglieder
BZRG	Bundeszentralregistergesetz
bzw.	beziehungsweise
CAD	Computer Aided Design (Computergestützte Konstruktion)
CAM	Computer Aided Manufacturing (Computergestützte Fertigung)
d.h.	das heißt
DB	Der Betrieb (Zeitschrift)
DDO	Dienst- und Disziplinarordnung
ders.	derselbe
DGB	Deutscher Gewerkschaftsbund

Abkürzungsverzeichnis

dies.	dieselben
DNotZ	Deutsche Notarzeitschrift
DÖD	Der Öffentliche Dienst (Zeitschrift)
DÖV	Die Öffentliche Verwaltung (Zeitschrift)
DRiG	Deutsches Richtergesetz
DVBl.	Deutsches Verwaltungsblatt
DVOAZG	Verordnung zur Durchführung des Allgemeinen Zuständigkeitsgesetzes
e.V.	eingetragener Verein
EDV	Elektronische Datenverarbeitung
EigG	Gesetz über die Eigenbetriebe des Landes Berlin (Eigenbetriebsgesetz)
ErfK	Dieterich/Hanau/Schaub (Hrsg.), Erfurter Kommentar zum Arbeitsrecht
Erl.	Erläuterungen
etc.	et cetera
EuGH	Europäischer Gerichtshof
EV	Einigungsvertrag
EWG	Europäische Wirtschaftsgemeinschaft
f.	folgende
ff.	fortfolgende
FG	Finanzgericht
FGO	Finanzgerichtsordnung
gem.	gemäß
GG	Grundgesetz für die Bundesrepublik Deutschland
GmS	Gemeinsamer Senat der obersten Gerichtshöfe des Bundes
GOSen	Geschäftsordnung des Senats von Berlin
GVBl.	Gesetz- und Verordnungsblatt
GVG	Gerichtsverfassungsgesetz
HessVGH	Hessischer Verwaltungsgerichtshof
HGB	Handelsgesetzbuch
i.d.F.	in der Fassung
i.S.	im Sinne
i.V.m.	in Verbindung mit
JAG	Gesetz über die juristische Ausbildung
JAO	Ausbildungs- und Prüfungsordnung für Juristen
JArbSchG	Jugendarbeitsschutzgesetz
JugAzubiVertr.	Jugend- und Auszubildendenvertretung
JuS	Juristische Schulung (Zeitschrift)
JZ	Juristen-Zeitung
KR	Becker u.a., Gemeinschaftskommentar zum Kündigungsschutzgesetz
KSchG	Kündigungsschutzgesetz

Abkürzungsverzeichnis

KSchR	Kittner/Däubler/Zwanziger, Kündigungsschutzrecht, Kommentar für die Praxis
LAG	Landesarbeitsgericht
LBÄG	Gesetz zur Änderung des Landesbeamtenrechts (Landesbeamtenrechtsänderungsgesetz)
LBesG	Landesbesoldungsgesetz
LBG	Landesbeamtengesetz
LBiG	Lehrerbildungsgesetz
LDO	Landesdisziplinarordnung
LfbG	Laufbahngesetz
LGG	Landesgleichstellungsgesetz
LHO	Landeshaushaltsordnung
LKG	Landeskrankenhausgesetz
LM	Lindenmaier-Möhring, Nachschlagewerk des Bundesgerichtshofs
LPersVG	Landespersonalvertretungsgesetz
LPVG	Landespersonalvertretungsgesetz
m.w.N.	mit weiteren Nachweisen
MTB II	Manteltarifvertrag für Arbeiter des Bundes
MTL	Manteltarifvertrag für Arbeiter der Länder
MünchArbR	Richardi/Wlotzke (Hrsg.), Münchener Handbuch zum Arbeitsrecht
MuSchG	Gesetz zum Schutz der erwerbstätigen Mutter (Mutterschutzgesetz)
MuSchVO	Mutterschutzverordnung
NdsRpfl	Niedersächsische Rechtspflege
NJW	Neue juristische Wochenschrift
Nr(n).	Nummer(n)
NRW	Nordrhein-Westfalen
NVwZ	Neue Zeitschrift für Verwaltungsrecht
NZA	Neue Zeitschrift für Arbeitsrecht
NZfAR	Neue Zeitschrift für Arbeitsrecht
ÖTV	Gewerkschaft Öffentliche Dienste, Transport und Verkehr
OVG	Oberverwaltungsgericht
PersR	Der Personalrat (Zeitschrift)
PersV	Die Personalvertretung (Zeitschrift)
PersVG	Personalvertretungsgesetz
PersVG Bln	Personalvertretungsgesetz Berlin
PersVG Bln a.F.	Personalvertretungsgesetz Berlin vom 22. Juli 1968
PersVG Nds	Personalvertretungsgesetz für das Land Niedersachsen
RdA	Recht der Arbeit (Zeitschrift)
RG	Reichsgericht
RGSt	Entscheidungen des Reichsgerichts in Strafsachen, amtliche Sammlung

Abkürzungsverzeichnis

RGZ	Entscheidungen des Reichsgerichts in Zivilsachen, amtliche Sammlung
RHG	Gesetz über den Rechnungshof von Berlin (Rechnungshofgesetz)
RiA	Recht im Amt (Zeitschrift)
Rn.	Randnummer(n)
RVO	Reichsversicherungsordnung
S.	Seite(n)
SAE	Sammlung arbeitsrechtlicher Entscheidungen (Zeitschrift)
SchulVerfG	Schulverfassungsgesetz
SchwbG	Gesetz zur Sicherung der Eingliederung Schwerbehinderter in Arbeit, Beruf und Gesellschaft (Schwerbehindertengesetz)
SchwbWG	Gesetz zur Weiterentwicklung des Schwerbehindertenrechts
Sen.f.	Senatsverwaltung für
SFBG	Gesetz über die Errichtung einer Rundfunkanstalt »Sender Freies Berlin«
SGB	Sozialgesetzbuch
SoUrlVO	Sonderurlaubsverordnung
Sp.	Spalte
SPD	Sozialdemokratische Partei Deutschlands
StGB	Strafgesetzbuch
StPO	Strafprozeßordnung
str.	strittig
StVZO	Straßenverkehrszulassungsordnung
u.a.	und andere, unter anderem
UrlVO	Urlaubsverordnung
usw.	und so weiter
UVV	Unfallverhütungsvorschriften
TdL	Tarifgemeinschaft deutscher Länder
TOA	Tarifordnung für Angestellte im öffentlichen Dienst
TVG	Tarifvertragsgesetz
TzBfG	Teilzeit- und Befristungsgesetz
VAdöD	Verband von Arbeitgebern des öffentlichen Dienstes sowie von Eigengesellschaften Berlins und gemischtwirtschaftlichen Unternehmen in Berlin
ver.di	Vereinte Dienstleistungsgewerkschaft
Verf.v.Bln	Verfassung von Berlin
VerfGHG	Gesetz über den Verfassungsgerichtshof
VG	Verwaltungsgericht
VGH	Verwaltungsgerichtshof
vgl.	vergleiche
VkA	Vereinigung der kommunalen Arbeitgeberverbände
VO	Verordnung
Vorbem.	Vorbemerkung
VS	Verschlußsache
VwGO	Verwaltungsgerichtsordnung

Abkürzungsverzeichnis

VwVfG	Verwaltungsverfahrensgesetz
VwZG	Verwaltungszustellungsgesetz
WO	Wahlordnung
WRV	Weimarer Reichsverfassung
ZBR	Zeitschrift für Beamtenrecht
ZfA	Zeitschrift für Arbeitsrecht
ZfPR	Zeitschrift für Personalvertretungsrecht
Ziff.	Ziffer(n)
ZPO	Zivilprozeßordnung
ZRP	Zeitschrift für Rechtspolitik
ZTR	Zeitschrift für Tarifrecht
zust.	zustimmend

Literaturverzeichnis

Altvater/Bacher/Hörter/Peiseler/Sabottig/Schneider/Vohs, Bundespersonal-
   vertretungsgesetz mit Wahlordnung und ergänzenden Vorschriften, Kom-
   mentar für die Praxis, 4. Auflage 1996 (zit. Altvater u. a., BPersVG)
Altvater/Bacher/Hörter/Peiseler/Sabottig/Vohs, Bundespersonalvertretungsgesetz,
   Basiskommentar, 3. Auflage 2000 (zit. Altvater u. a., BK-BPersVG)
Becker u. a., Gemeinschaftskommentar zum Kündigungsschutzgesetz,
   5. Auflage 1998 (zit. KR-Bearbeiter)
Däubler/Kittner/Klebe (Hrsg.), Betriebsverfassungsgesetz mit Wahlordnung,
   Kommentar für die Praxis, 7. Auflage 2000 (zit. Däubler u. a., BetrVG)
Dieterich/Hanau/Schaub (Hrsg.), Erfurter Kommentar zum Arbeitsrecht,
   2. Auflage 2000 (zit. ErfK-Bearbeiter)
Dietz, Kommentar zum Personalvertretungsgesetz, 1956
Dietz/Richardi, Kommentar zum Bundespersonalvertretungsgesetz, 2. Auflage
   1978 (zit. Dietz/Richardi, BPersVG)
Düwell/Lipke, ArbGV Arbeitsgerichtsverfahren, Kommentar für die Praxis, 2000
Fabricius/Kraft/Thiele/Wiese/Kreutz, Gemeinschaftskommentar zum Betriebs-
   verfassungsgesetz, 5. Auflage 1995 (zit. Fabricius u. a., GK-BetrVG)
Fischer/Goeres, Gesamtkommentar zum öffentlichen Dienstrecht, Band V,
   Personalvertretungsrecht des Bundes und der Länder (Fischer/Goeres,
   BPersVG)
Fitting/Kaiser/Heither/Engels, Betriebsverfassungsgesetz, Handkommentar,
   20. Auflage 2000 (zit. Fitting u. a., BetrVG)
Germelmann/Matthes/Prütting, Arbeitsgerichtsgesetz, Kommentar, 3. Auflage
   1999
Grabendorff/Ilbertz/Widmaier, Bundespersonalvertretungsgesetz, Kommentar,
   9. Auflage 1999
Grunsky, Arbeitsgerichtsgesetz, Kommentar, 7. Auflage 1995
Kempen/Zachert, Tarifvertragsgesetz, Kommentar für die Praxis, 3. Auflage 1996
Kittner/Däubler/Zwanziger, Kündigungsschutzrecht, Kommentar für die Praxis,
   5. Auflage 2001 (zit. KSchR-Bearbeiter)
Kittner/Zwanziger, Arbeitsrecht, Handbuch für die Praxis, 2001
Lorenzen/Schmitt u. a., Bundespersonalvertretungsgesetz, Loseblattkommentar
Richardi/Wlotzke (Hrsg.), Münchener Handbuch zum Arbeitsrecht, 2. Auflage
   2000 (zit. MünchArbR-Bearbeiter)
Schaub, Arbeitsrecht-Handbuch, 9. Auflage 2000
Wiedemann, Tarifvertragsgesetz, 6. Auflage 1999
Windscheid, Das Personalvertretungsgesetz des Landes Berlin mit Wahl-
   ordnung, Kommentar, 1968

Personalvertretungsgesetz Berlin (PersVG)

vom 26. Juli 1974 – GVBl. 1974, 1669 –
i.d.F. des Gesetzes vom 30. November 2000 – GVBl. 2000, 495

Übersicht

Abschnitt I Einleitende Vorschriften	§§ 1– 11
Abschnitt II Personalrat	
1. Wahl und Zusammensetzung	§§ 12– 22
2. Amtszeit	§§ 23– 28
3. Geschäftsführung	§§ 29– 44
Abschnitt III Personalversammlung	§§ 45– 49
Abschnitt IV Gesamtpersonalrat und Hauptpersonalrat	
1. Gesamtpersonalrat	§§ 50– 54
2. Hauptpersonalrat	§§ 55– 59
Abschnitt V Jugend- und Auszubildendenvertretung und Jugend- und Auszubildendenversammlung	§§ 60– 69
Abschnitt VI Beteiligung der Personalvertretung	
1. Allgemeines	§§ 70– 78
2. Mitbestimmung und Mitwirkung	§§ 79– 84
3. Mitbestimmungsangelegenheiten	§§ 85– 89
4. Mitwirkungsangelegenheiten	§ 90
Abschnitt VII Rechtsweg	§§ 91– 92
Abschnitt VIII Behandlung von Verschlusssachen der Verfassungsschutzbehörde	§ 92 a
Abschnitt IX Übergangs- und Schlußvorschriften	§§ 93–100
Anlage: Dienststellen im Sinne des § 5 Abs. 1	

Personalvertretungsgesetz

Abschnitt I
Einleitende Vorschriften

§ 1 Allgemeines

(1) In den Verwaltungen, den Gerichten und Betrieben des Landes Berlin sowie in den landesunmittelbaren Körperschaften, Anstalten und Stiftungen des öffentlichen Rechts werden Personalvertretungen gebildet.
(2) Personalvertretungen im Sinne dieses Gesetzes sind die Personalräte, die Gesamtpersonalräte und der Hauptpersonalrat.

§ 2 Grundsätze

(1) Dienststellen, Dienstbehörden, oberste Dienstbehörden und Personalvertretungen arbeiten unter Beachtung der Gesetze und Tarifverträge vertrauensvoll und im Zusammenwirken mit den in den Dienststellen vertretenen Gewerkschaften und Arbeitgebervereinigungen zum Wohle der Dienstkräfte und zur Erfüllung der dienstlichen Aufgaben zusammen.
(2) Zur Wahrnehmung der in diesem Gesetz genannten Aufgaben und Befugnisse der in der Dienststelle vertretenen Gewerkschaften ist deren Beauftragten nach Unterrichtung des Dienststellenleiters oder seines Vertreters Zugang zu der Dienststelle zu gewähren, soweit dem nicht zwingende Sicherheitsvorschriften oder der Schutz von Dienstgeheimnissen entgegenstehen.
(3) Die Aufgaben der Gewerkschaften und Vereinigungen der Arbeitgeber, insbesondere die Wahrnehmung der Interessen ihrer Mitglieder, werden durch dieses Gesetz nicht berührt.
(4) Durch Tarifvertrag kann das Personalvertretungsrecht nicht abweichend von diesem Gesetz geregelt werden.

§ 3 Dienstkräfte und Gruppen

1) Dienstkräfte im Sinne des Gesetzes sind die Angestellten, Arbeiter und Beamten einschließlich der zu ihrer Berufsausbildung Beschäftigten. Dienstkräfte im Sinne dieses Gesetzes sind auch Personen, die sich ausschließlich zum Zwecke einer über- oder außerbetrieblichen Ausbildung im Sinne des § 1 Abs. 5 des Berufsbildungsgesetzes in einer Einrichtung des öffentlichen Dienstes befinden.
(2) Je eine Gruppe bilden
1. die Angestellten,
2. die Arbeiter,
3. die Beamten.
(3) Dienstkräfte im Sinne dieses Gesetzes sind nicht
1. a) die Professoren (§ 99 des Berliner Hochschulgesetzes),
   b) die Gastprofessoren und Gastdozenten (§ 113 des Berliner Hochschulgesetzes),
   c) das nebenberuflich tätige Personal (§ 114 Nr. 1 bis 3 des Berliner Hochschulgesetzes)
2. Personen, die im Rahmen der Arbeitsbeschaffungsmaßnahmen nach dem Arbeitsförderungsgesetz eingesetzt sind,
3. Personen, deren Beschäftigung vorwiegend durch Beweggründe karitativer oder religiöser Art bestimmt ist,

4. Personen, die vorwiegend zu ihrer Heilung, Wiedereingewöhnung, sittlichen Besserung oder Erziehung beschäftigt werden, es sei denn, es handelt sich um Dienstkräfte im Sinne des Absatzes 1 Satz 2.

§ 4 Begriffsbestimmungen

(1) Angestellte sind Arbeitnehmer, denen Vergütung als Angestellten zusteht. Als Angestellte gelten auch Personen, die sich in einer entsprechenden Ausbildung befinden.
(2) Arbeiter sind Arbeitnehmer im Lohnverhältnis einschließlich der Personen, die sich in einer entsprechenden Ausbildung befinden.
(3) Wer Beamter ist, bestimmen die Beamtengesetze. Als Beamte gelten auch Dienstanwärter, Lehrlinge und Praktikanten, die zur Ausbildung für eine Beamtenlaufbahn eingestellt sind, einschließlich der in einem öffentlich-rechtlichen Praktikantenverhältnis beschäftigten Dienstkräfte.

§ 5 Dienststellen

(1) Die Dienststellen im Sinne des Gesetzes ergeben sich aus der Anlage zu diesem Gesetz.
(2) Als Dienststellen im Sinne dieses Gesetzes gelten die Gesamtheit
1. (weggefallen)
2. (weggefallen)
3. der Staatsanwälte und Amtsanwälte,
4. der Referendare im Bezirk des Kammergerichts, einschließlich der in einem entsprechenden öffentlich-rechtlichen Praktikantenverhältnis beschäftigten Dienstkräfte,
5. der studentischen Hilfskräfte (§ 121 des Berliner Hochschulgesetzes) jeder Hochschule.

§ 6 Zusammenlegung und Trennung

(1) Bestandteile einer Dienststelle können zu Dienststellen im Sinne des § 5 Abs. 1 erklärt werden, wenn sie
1. räumlich weit von der Hauptdienststelle oder dem Hauptbetrieb entfernt oder
2. durch Aufgabenbereich und Organisation eigenständig sind
und in einer Personalversammlung des betreffenden Teils der Dienststelle die Mehrheit der anwesenden Dienstkräfte einen entsprechenden Antrag beschlossen hat.
(2) Mehrere Dienststellen können zu einer Dienststelle im Sinne dieses Gesetzes zusammengefaßt werden, wenn
1. sie räumlich sowie durch Aufgabenbereich und Organisation miteinander verbunden sind und
2. in getrennten Personalversammlungen dieser Dienststellen die Mehrheit der jeweils anwesenden Dienstkräfte entsprechende Anträge beschlossen hat.
(3) Über Anträge nach den Absätzen 1 und 2 entscheidet die oberste Dienstbehörde im Einvernehmen mit der Senatsverwaltung für Inneres und dem Hauptpersonalrat. Bei Körperschaften, Anstalten und Stiftungen des öffentlichen Rechts tritt an die Stelle des Hauptpersonalrats der zuständige Personalrat oder, falls ein solcher besteht, der Gesamtpersonalrat.

Personalvertretungsgesetz

§ 7 Dienstbehörden

Dienstbehörde im Sinne dieses Gesetzes ist für die Dienstkräfte
1. der Hauptverwaltung: die Behörde oder Stelle, die für personalrechtliche Entscheidungen unmittelbar zuständig ist, im Geschäftsbereich der Polizeibehörde der Polizeipräsident in Berlin,
2. beim Abgeordnetenhaus: der Präsident des Abgeordnetenhauses,
3. des Rechnungshofs: der Präsident des Rechnungshofs,
3. a) beim Datenschutzbeauftragten: der Berliner Datenschutzbeauftragte,
4. der Bezirksverwaltungen: das Bezirksamt, der Krankenhausbetriebe, soweit es sich nicht um Einzelpersonalangelegenheiten handelt, für die der Krankenhausbetrieb nicht zuständig ist: die Krankenhausleitung
5. der Körperschaften, Anstalten und Stiftungen des öffentlichen Rechts: das durch Gesetz, Satzung oder in sonstiger Weise mit Genehmigung der Aufsichtsbehörde hierzu berufene Organ, soweit das Personal nicht im Dienste des Landes Berlin steht.

§ 8 Oberste Dienstbehörden

Oberste Dienstbehörde im Sinne dieses Gesetzes ist für die Dienstkräfte
1. der Hauptverwaltung: die Senatsverwaltung, zu deren Geschäftsbereich die Dienstbehörde gehört,
2. beim Abgeordnetenhaus: der Präsident des Abgeordnetenhauses,
3. des Rechnungshofs: der Präsident des Rechnungshofs,
3. a) beim Datenschutzbeauftragten: der Berliner Datenschutzbeauftragte,
4. der Bezirksverwaltungen: die Senatsverwaltung für Inneres, für Dienstkräfte des Schul-, Schulaufsichts- und Volkshochschuldienstes die für das Schulwesen zuständige Senatsverwaltung,
5. der Körperschaften, Anstalten und Stiftungen des öffentlichen Rechts: das durch Gesetz, Satzung oder in sonstiger Weise berufene Organ, soweit das Personal nicht im Dienste des Landes Berlin steht.

§ 9 Vertretung

(1) Für die Dienststelle handelt ihr Leiter. Er kann sich vertreten lassen; dem Vertreter muß die gleiche Entscheidungsbefugnis zustehen. Der Leiter des Landesschulamtes beauftragt einen der für die jeweilige Region zuständigen Schulaufsichtsbeamten mit der Leitung der jeweiligen Dienststelle nach Nummer 10 Buchstabe a der Anlage zu § 5 Abs. 1.
(2) Als Leiter der Dienststelle gilt
1. im Bereich der Bezirksverwaltungen: der Leiter der Abteilung Personal und Verwaltung, für die Krankenhausbetriebe die Krankenhausleitung.
2. Für die Dienstkräfte beim Landesschulamt (Nummer 10 Buchstabe a bis d der Anlage zu § 5 Abs. 1): der Leiter des Landesschulamtes; soweit das Landesschulamt nicht Dienstbehörde ist, das für das Schulwesen zuständige Mitglied des Senats,
3. für die Gesamtheit der Staatsanwälte und Amtsanwälte (§ 5 Abs. 2 Nr. 3): der Generalstaatsanwalt bei dem Kammergericht,
4. für die Gesamtheit der Referendare im Bezirk des Kammergerichts (§ 5 Abs. 2 Nr. 4): der Präsident des Kammergerichts,

5. für die Gesamtheit der Tutoren und der studentischen Hilfskräfte (§ 5 Abs. 2 Nr. 5): der Präsident, Rektor oder Direktor der Hochschule,
6. für die nach § 6 Abs. 2 gebildeten Dienststellen:
   a) im Bereich der Hauptverwaltung: der Leiter der Dienstbehörde; soweit mehrere Dienstbehörden betroffen sind, der Leiter der gemeinsamen obersten Dienstbehörde,
   b) im Bereich der Bezirksverwaltungen: der Leiter der Abteilung Personal und Verwaltung,
7. bei den Körperschaften, Anstalten und Stiftungen des öffentlichen Rechts: das zuständige Vertretungsorgan, bei Kollegialorganen deren zuständige Mitglieder, für die Kranken-, Heil- und Pflegeanstalten ihre Direktion.

(3) Wer für die Dienstbehörde und die oberste Dienstbehörde handelt, richtet sich nach der Geschäftsverteilung dieser Behörden.

§ 10 Schutz nach Beendigung der Ausbildung

(1) Beabsichtigt die Dienststelle, einen in einem Berufsausbildungsverhältnis nach dem Berufsbildungsgesetz, dem Krankenpflegegesetz, dem Hebammengesetz oder einem entsprechenden Gesetz stehenden Beschäftigten (Auszubildenden), der Mitglied oder Ersatzmitglied einer Personalvertretung oder einer Jugend- und Auszubildendenvertretung ist, nach erfolgreicher Beendigung des Berufsausbildungsverhältnisses nicht in ein Arbeitsverhältnis auf unbestimmte Zeit zu übernehmen, so hat sie dies drei Monate vor Beendigung des Berufsausbildungsverhältnisses dem Auszubildenden schriftlich unter Angabe der Gründe mitzuteilen.

(2) Verlangt ein in Absatz 1 genannter Auszubildender innerhalb der letzten drei Monate vor Beendigung des Berufsausbildungsverhältnisses schriftlich von der Dienststelle seine Weiterbeschäftigung, so gilt zwischen dem Auszubildenden und dem Arbeitgeber im Anschluß an das erfolgreiche Berufsausbildungsverhältnis ein Arbeitsverhältnis auf unbestimmte Zeit als begründet.

(3) Die Absätze 1 und 2 gelten auch, wenn das Berufsausbildungsverhältnis vor Ablauf eines Jahres nach Beendigung der Amtszeit der Personalvertretung oder der Jugend- und Auszubildendenvertretung erfolgreich endet.

(4) Die Dienststelle kann spätestens bis zum Ablauf von zwei Wochen nach Beendigung des Berufsausbildungsverhältnisses beim Verwaltungsgericht beantragen,
1. festzustellen, daß ein Arbeitsverhältnis nach den Absätzen 2 oder 3 nicht begründet wird, oder
2. das bereits nach den Absätzen 2 oder 3 begründete Arbeitsverhältnis aufzulösen,

wenn Tatsachen vorliegen, auf Grund derer dem Arbeitgeber unter Berücksichtigung aller Umstände die Weiterbeschäftigung nicht zugemutet werden kann. In dem Verfahren vor dem Verwaltungsgericht ist die Personalvertretung, bei einem Mitglied der Jugend- und Auszubildendenvertretung auch diese beteiligt.

(5) Die Absätze 2 bis 4 sind unabhängig davon anzuwenden, ob die Dienststelle ihrer Mitteilungspflicht nach Absatz 1 nachgekommen ist.

§ 11 Schweigepflicht

Personen, die Aufgaben oder Befugnisse nach diesem Gesetz wahrnehmen oder wahrgenommen haben, sind verpflichtet, über die ihnen dabei bekanntgewordenen Angelegenheiten und Tatsachen Stillschweigen zu bewahren, deren Geheimhaltung vorgeschrieben, angeordnet oder ihrer Bedeutung nach erforderlich ist. Soweit dies zur ordnungsgemäßen Wahrnehmung ihrer Aufgaben erforderlich ist, gilt die Schweigepflicht nicht für Mitglieder der Personalvertretung und der Jugend- und Auszubildendenvertretung gegenüber den übrigen Mitgliedern der Vertretung und für die in Satz 1 bezeichneten Personen gegenüber der zuständigen Personalvertretung sowie gegenüber der Dienststelle, Dienstbehörde und obersten Dienstbehörde und gegenüber anderen Personalvertretungen und Jugend- und Auszubildendenvertretungen. Satz 2 gilt im Falle der Anrufung der Einigungsstelle entsprechend.

Abschnitt II
Personalrat

1. Wahl und Zusammensetzung

§ 12 Wahlberechtigung

(1) Wahlberechtigt sind alle Dienstkräfte, die am Wahltage das 18. Lebensjahr vollendet haben, es sei denn, daß sie infolge Richterspruchs das Recht, in öffentlichen Angelegenheiten zu wählen oder zu stimmen, nicht besitzen.

(2) Abgeordnete Dienstkräfte, Beamte im Vorbereitungsdienst und Dienstkräfte in entsprechender Ausbildung sind nur bei ihrer Stammbehörde wahlberechtigt.

§ 13 Wählbarkeit

(1) Wählbar sind alle Wahlberechtigten, die am Wahltage
1. das 18. Lebensjahr vollendet haben,
2. seit einem Jahre im öffentlichen Dienst und seit drei Monaten im Dienste des Landes Berlin oder einer landesunmittelbaren Körperschaft, Anstalt oder Stiftung des öffentlichen Rechts beschäftigt sind.

Nicht wählbar ist, wer infolge Richterspruchs die Fähigkeit, Rechte aus öffentlichen Wahlen zu erlangen, nicht besitzt.

(2) Absatz 1 Nr. 2 findet keine Anwendung:
1. auf Referendare, Lehreranwärter und die in § 5 Abs. 2 Nr. 4 und 5 bezeichneten Dienstkräfte,
2. wenn die Dienststelle weniger als drei Jahre besteht,
3. wenn nicht mindestens fünfmal soviel wählbare Dienstkräfte jeder Gruppe vorhanden sind, wie nach den §§ 14 und 15 zu wählen sind.

(3) Nicht wählbar sind
1. Dienstkräfte, die wöchentlich regelmäßig weniger als 18 Stunden beschäftigt sind; dies gilt nicht für Lehrkräfte mit mindestens 11 Pflichtstunden je Woche, für künstlerisches Personal und für die in § 5 Abs. 2 Nr. 5 bezeichneten Dienstkräfte;

2. die in § 9 genannten Personen und deren ständige Vertreter;
3. Dienstkräfte, die zu selbständigen Entscheidungen in Personalangelegenheiten von nicht untergeordneter Bedeutung befugt sind;
4. die Mitglieder des Wahlvorstandes.

§ 14 Mitgliederzahl

(1) Der Personalrat besteht in Dienststellen mit in der Regel
bis 20 Dienstkräften aus einer Person,
21 bis 50 Dienstkräften aus drei Mitgliedern,
51 bis 150 Dienstkräften aus fünf Mitgliedern,
151 bis 300 Dienstkräften aus sieben Mitgliedern,
301 bis 600 Dienstkräften aus neun Mitgliedern,
601 bis 1 000 Dienstkräften aus elf Mitgliedern.
(2) Die Zahl der Mitglieder erhöht sich in Dienststellen
1. mit 1 001 bis 5 000 Dienstkräften um je zwei für je weitere angefangene 1 000 Dienstkräfte,
2. mit 5 001 und mehr Dienstkräften um je zwei für je weitere angefangene 2 000 Dienstkräfte.
Die Höchstzahl der Mitglieder beträgt 29.

§ 15 Gruppenvertretung

(1) Sind in der Dienststelle Angehörige verschiedener Gruppen beschäftigt, so muß jede Gruppe entsprechend ihrer Stärke im Personalrat vertreten sein, wenn dieser aus mindestens drei Mitgliedern besteht. Bei gleicher Stärke der Gruppen entscheidet das Los, falls eine Einigung nicht möglich ist. Macht eine Gruppe von ihrem Recht, im Personalrat vertreten zu sein, keinen Gebrauch, so verliert sie ihren Anspruch auf Vertretung.
(2) Der Wahlvorstand errechnet die Verteilung der Sitze auf die Gruppen nach den Grundsätzen der Verhältniswahl.
(3) Eine Gruppe erhält mindestens einen Vertreter bei weniger als 51 Gruppenangehörigen,
zwei Vertreter bei 51 bis 200 Gruppenangehörigen,
drei Vertreter bei 201 bis 600 Gruppenangehörigen,
vier Vertreter bei 601 bis 1 000 Gruppenangehörigen,
fünf Vertreter bei 1 001 bis 3 000 Gruppenangehörigen,
sechs Vertreter bei 3 001 und mehr Gruppenangehörigen.
(4) Ein Personalrat, für den nach § 14 drei Mitglieder vorgesehen sind, besteht aus vier Mitgliedern, wenn eine Gruppe mindestens ebensoviel Dienstkräfte zählt, wie die anderen Gruppen zusammen. Das vierte Mitglied steht der stärksten Gruppe zu.
(5) Eine Gruppe, der in der Regel nicht mehr als fünf Dienstkräfte angehören, erhält keine Vertretung. Finden Gruppenwahlen statt, so kann sich jeder Angehörige dieser Gruppe durch Erklärung gegenüber dem Wahlvorstand einer anderen Gruppe anschließen.
(6) Die Verteilung der Mitglieder des Personalrats auf die Gruppen kann abweichend von den Absätzen 1 bis 5 geordnet werden, wenn jede Gruppe dies vor der Wahl in getrennter, geheimer Abstimmung beschließt.

Personalvertretungsgesetz

§ 16 Wahl

(1) Der Personalrat wird in geheimer und unmittelbarer Wahl gewählt.
(2) Besteht der Personalrat aus mehr als einer Person, so wählen die Angehörigen der Gruppen ihre Vertreter (§ 15) je in getrennten Wahlgängen, es sei denn, daß die Mehrheit der wahlberechtigten Angehörigen jeder Gruppe vor der Wahl in getrennten, geheimen Abstimmungen die gemeinsame Wahl beschließt.
(3) Die Wahl wird nach den Grundsätzen der Verhältniswahl durchgeführt. Wird nur ein Wahlvorschlag eingereicht, so findet Mehrheitswahl statt. In Dienststellen, deren Personalrat aus einer Person besteht, wird dieser mit einfacher Stimmenmehrheit gewählt. Das gleiche gilt für Gruppen, denen nur ein Vertreter im Personalrat zusteht.
(4) Zur Wahl des Personalrats können die wahlberechtigten Dienstkräfte und die in der Dienststelle vertretenen Gewerkschaften Wahlvorschläge machen. Jeder Wahlvorschlag der Dienstkräfte muß von mindestens einem Zwanzigstel der wahlberechtigten Gruppenangehörigen, jedoch von mindestens drei Wahlberechtigten unterstützt sein. In jedem Fall genügt die Unterstützung durch 50 wahlberechtigte Gruppenangehörige. Die nach § 13 Abs. 3 Nr. 2 und 3 nicht wählbaren Dienstkräfte dürfen keine Wahlvorschläge machen oder unterstützen. Ist gemeinsame Wahl beschlossen worden, so muß jeder Wahlvorschlag der Dienstkräfte von mindestens einem Zwanzigstel der wahlberechtigten Dienstkräfte unterstützt sein; die Sätze 2 bis 4 gelten entsprechend.
(5) Jede Dienstkraft kann nur auf einem Wahlvorschlag benannt werden. Jede Gruppe kann auch Angehörige anderer Gruppen wählen. In diesem Falle gelten die Gewählten insoweit als Angehörige der Gruppe, die sie gewählt hat; dies gilt auch für Ersatzmitglieder.
(6) Jeder Wahlvorschlag einer Gewerkschaft muß von zwei Beauftragten unterzeichnet sein; die Beauftragten müssen Dienstkräfte der Dienststelle sein und einer in der Dienststelle vertretenen Gewerkschaft angehören. Bei Zweifeln an der Beauftragung kann der Wahlvorstand verlangen, daß die Gewerkschaft die Beauftragung bestätigt.

§ 17 Bildung des Wahlvorstandes

(1) Spätestens zwei Monate vor Ablauf seiner Amtszeit bestellt der Personalrat mindestens drei Wahlberechtigte als Wahlvorstand und einen von ihnen als Vorsitzenden. Sind in der Dienststelle Angehörige verschiedener Gruppen beschäftigt, so muß jede Gruppe im Wahlvorstand vertreten sein. Je ein Beauftragter der in der Dienststelle vertretenen Gewerkschaften ist berechtigt, an den Sitzungen des Wahlvorstandes mit beratender Stimme teilzunehmen.
(2) Besteht sechs Wochen vor Ablauf der Amtszeit des Personalrats kein Wahlvorstand, so beruft die Dienststelle auf Antrag von mindestens drei Wahlberechtigten oder einer in der Dienststelle vertretenen Gewerkschaft eine Personalversammlung zur Wahl des Wahlvorstandes ein. Die Personalversammlung wählt einen Versammlungsleiter. Absatz 1 gilt entsprechend.
(3) Besteht in einer Dienststelle kein Personalrat, so beruft die Dienststelle eine Personalversammlung zur Wahl des Wahlvorstandes ein. Absatz 2 Satz 2 gilt entsprechend.

§ 18 Bestellung des Wahlvorstandes

Findet eine Personalversammlung (§ 17 Abs. 2 und 3) nicht statt oder wählt die Personalversammlung keinen Wahlvorstand, so bestellt ihn die Dienststelle auf Antrag von mindestens drei Wahlberechtigten oder einer in der Dienststelle vertretenen Gewerkschaft.

§ 19 Vorbereitung zur Wahl

(1) Der Wahlvorstand hat die Wahl unverzüglich einzuleiten; sie soll spätestens nach sieben Wochen stattfinden.
(2) Kommt der Wahlvorstand dieser Verpflichtung nicht nach, so beruft die Dienststelle auf Antrag von mindestens drei Wahlberechtigten oder einer in der Dienststelle vertretenen Gewerkschaft eine Personalversammlung zur Wahl eines neuen Wahlvorstandes ein. § 17 Abs. 2 Satz 2 und § 18 gelten entsprechend.

§ 20 Verbot der Wahlbehinderung und -beeinflussung

Niemand darf die Wahl des Personalrats behindern oder in einer gegen die guten Sitten verstoßenden Weise beeinflussen; insbesondere darf kein Wahlberechtigter in der Ausübung des aktiven und passiven Wahlrechts beschränkt werden. § 44 gilt für Mitglieder des Wahlvorstandes und Wahlbewerber (§ 16 Abs. 4) entsprechend.

§ 21 Wahlkosten

Die sächlichen Kosten der Wahl trägt die Dienststelle. Notwendige Versäumnis von Arbeitszeit infolge der Ausübung des Wahlrechtes, der Teilnahme an den in den §§ 17 und 19 genannten Personalversammlungen oder der Betätigung im Wahlvorstand hat keine Minderung der Bezüge einschließlich Zulagen, Zuschlägen und sonstigen Entschädigungen zur Folge. Soweit die in Satz 2 genannten Befugnisse oder Tätigkeiten außerhalb der Arbeitszeit wahrgenommen werden müssen, gilt dies als Arbeitsleistung. Sie ist durch Dienstbefreiung in entsprechendem Umfang auszugleichen. Die für Arbeiter und Angestellte geltenden tariflichen Regelungen bleiben unberührt.

§ 22 Wahlanfechtung

(1) Die Wahl des Personalrats oder einer Gruppe kann von mindestens drei Wahlberechtigten, jeder in der Dienststelle vertretenen Gewerkschaft oder dem Leiter der Dienststelle binnen einer Frist von zwei Wochen, vom Tage der Bekanntgabe des Wahlergebnisses an gerechnet, beim Verwaltungsgericht angefochten werden, wenn gegen wesentliche Vorschriften über das Wahlrecht, die Wählbarkeit oder das Wahlverfahren verstoßen worden und eine Berichtigung nicht erfolgt ist, es sei denn, daß durch den Verstoß das Wahlergebnis nicht geändert oder beeinflußt werden konnte.
(2) Bis zur rechtskräftigen Entscheidung über die Anfechtung bleibt der Personalrat, dessen Wahl angefochten ist, im Amt; das gleiche gilt für die Gruppe. Wird die Ungültigkeit der Wahl festgestellt, so sind unverzüglich Neuwahlen anzuberaumen. Die Mitglieder einer Gruppe werden für den Rest der Amtszeit des Personalrats gewählt.

Personalvertretungsgesetz

2. Amtszeit

§ 23 Dauer

Die regelmäßige Amtszeit des Personalrats beträgt vier Jahre, die der Personalräte der in § 5 Abs. 2 Nr. 2, 4 und 5 sowie Nummer 10 Buchstabe c der Anlage zu § 5 Abs. 1 bezeichneten Dienstkräfte ein Jahr. Die Amtszeit beginnt mit dem Tage der Konstituierung des neugewählten Personalrats. Sie endet spätestens am 15. Dezember des Jahres, in dem nach § 24 Abs. 1 die regelmäßigen Personalratswahlen stattfinden.

§ 24 Neuwahl aus besonderen Gründen

(1) Die regelmäßigen Personalratswahlen finden alle vier Jahre in der Zeit vom 1. Oktober bis 15. Dezember statt. Außerhalb dieser Zeit ist der Personalrat neu zu wählen, wenn
1. mit Ablauf von vierundzwanzig Monaten, vom Tage der Wahl gerechnet, die Zahl der regelmäßig Beschäftigten um die Hälfte, mindestens aber um 50 gestiegen oder gesunken ist oder
2. die Gesamtzahl der Mitglieder des Personalrats auch nach Eintreten sämtlicher Ersatzmitglieder um mehr als ein Viertel der vorgeschriebenen Zahl gesunken ist oder
3. der Personalrat mit der Mehrheit seiner Mitglieder seinen Rücktritt beschlossen hat oder
4. der Personalrat durch gerichtliche Entscheidung aufgelöst ist oder
5. in der Dienststelle kein Personalrat besteht oder
6. Dienststellen ganz oder teilweise in eine oder mehrere andere Dienststellen eingegliedert werden oder Dienststellen oder Teile von Dienststellen zu einer neuen Dienststelle zusammengeschlossen werden und die betreffenden Personalräte einen entsprechenden Beschluß gefaßt haben.

In den Fällen der Nummern 1 bis 3 führt der Personalrat die Geschäfte weiter, bis der neue Personalrat gewählt ist.

(2) In den Fällen des Absatzes 1 Nr. 6 führen die bisherigen Personalräte die Geschäfte gemeinsam weiter, bis die neuen Personalräte gewählt sind, längstens jedoch bis zur Dauer von sechs Monaten. Die Aufgaben des Vorsitzenden werden von Sitzung zu Sitzung abwechselnd von den Vorsitzenden der bisherigen Personalräte wahrgenommen. Der Wahlvorstand wird von den bisherigen Personalräten gemeinsam bestellt.

(3) Ist eine der in der Dienststelle vorhandenen Gruppen, die bisher im Personalrat vertreten war, durch kein Personalratsmitglied mehr vertreten, so wählt diese Gruppe neue Mitglieder.

(4) Hat außerhalb des für die regelmäßigen Personalratswahlen festgelegten Zeitraumes eine Personalratswahl stattgefunden, so ist der Personalrat in dem auf die Wahl folgenden nächsten Zeitraum der regelmäßigen Personalratswahlen neu zu wählen. Hat die Amtszeit des Personalrats zu Beginn des für die regelmäßigen Personalratswahlen festgelegten Zeitraumes noch nicht ein Jahr betragen, so ist der Personalrat in dem übernächsten Zeitraum der regelmäßigen Personalratswahlen neu zu wählen.

§ 25 Ausschluß und Auflösung

(1) Auf Antrag eines Viertels der Wahlberechtigten oder einer in der Dienststelle vertretenen Gewerkschaft kann das Verwaltungsgericht den Ausschluß eines Mitgliedes aus dem Personalrat oder die Auflösung des Personalrats wegen grober Vernachlässigung seiner gesetzlichen Befugnisse oder wegen grober Verletzung seiner gesetzlichen Pflichten beschließen. Der Personalrat kann aus den gleichen Gründen den Ausschluß eines Mitgliedes beantragen.
(2) Wird der Personalrat aufgelöst, so setzt der Vorsitzende der Fachkammer des Verwaltungsgerichtes innerhalb von zwei Wochen einen Wahlvorstand ein. Dieser hat unverzüglich eine Neuwahl einzuleiten. Bis zur Neuwahl nimmt der Wahlvorstand die dem Personalrat nach diesem Gesetz zustehenden Befugnisse und Pflichten wahr.

§ 26 Erlöschen

(1) Die Mitgliedschaft im Personalrat erlischt durch
1. Ablauf der Amtszeit,
2. Niederlegung des Amtes,
3. Beendigung des Dienstverhältnisses,
4. Ausscheiden aus der Dienststelle,
5. Verlust der Wählbarkeit,
6. gerichtliche Entscheidung nach § 25,
7. Feststellung nach Ablauf der in § 22 bezeichneten Frist, daß der Gewählte nicht wählbar war.
(2) Die Mitgliedschaft im Personalrat wird durch einen Wechsel der Gruppenzugehörigkeit eines Mitgliedes nicht berührt; dieses bleibt Vertreter der Gruppe, die es gewählt hat.

§ 27 Ruhen

(1) Die Mitgliedschaft eines Beamten im Personalrat ruht, solange ihm die Führung der Dienstgeschäfte verboten oder er wegen eines gegen ihn schwebenden Disziplinarverfahrens vorläufig des Dienstes enthoben ist. Satz 1 gilt für Angestellte und Arbeiter sinngemäß.
(2) Die Mitgliedschaft einer Dienstkraft im Personalrat ruht, solange sie mit ihrem Einverständnis vorübergehend mit der Wahrnehmung von Dienstgeschäften der in § 13 Abs. 3 Nr. 3 genannten Art beauftragt ist.

§ 28 Ersatzmitglieder

(1) Scheidet ein Mitglied aus dem Personalrat aus, so tritt ein Ersatzmitglied ein. Das gleiche gilt für die Zeit, in der ein Mitglied nach der Feststellung des Personalrats verhindert ist.
(2) Die Ersatzmitglieder werden der Reihe nach aus den nicht gewählten Dienstkräften derjenigen Vorschlagslisten entnommen, denen die zu ersetzenden Mitglieder angehören. Ist das ausgeschiedene oder verhinderte Mitglied mit einfacher Stimmenmehrheit gewählt, so tritt die nicht gewählte Dienstkraft mit der nächsthöheren Stimmenzahl als Ersatzmitglied ein.

Personalvertretungsgesetz

(3) Im Falle des § 24 Abs. 1 Nr. 4 treten Ersatzmitglieder nicht ein. § 26 Abs. 2 gilt entsprechend bei einem Wechsel der Gruppenzugehörigkeit vor dem Eintritt des Ersatzmitgliedes in den Personalrat.

3. Geschäftsführung

§ 29 Vorstand

(1) Der Personalrat bildet aus seiner Mitte den Vorstand. Diesem muß mindestens ein Mitglied jeder im Personalrat vertretenen Gruppe angehören, es sei denn, daß die Vertreter einer Gruppe darauf verzichten. Die Vertreter jeder Gruppe wählen die auf sie entfallenden Vorstandsmitglieder. Der Vorstand führt die laufenden Geschäfte.

(2) Der Personalrat bestimmt mit einfacher Mehrheit, welches Vorstandsmitglied den Vorsitz übernimmt. Er bestimmt zugleich die Vertretung des Vorsitzenden. Dabei sind die Gruppen zu berücksichtigen, denen der Vorsitzende des Personalrats nicht angehört, es sei denn, daß die Vertreter dieser Gruppen darauf verzichten.

(3) Der Vorsitzende vertritt den Personalrat im Rahmen der von diesem gefaßten Beschlüsse. In Angelegenheiten, die nur eine Gruppe betreffen, vertritt der Vorsitzende, wenn er nicht selbst dieser Gruppe angehört, gemeinsam mit einem der Gruppe angehörenden Vorstandsmitglied den Personalrat.

§ 30 Anberaumung von Sitzungen

(1) Spätestens eine Woche nach dem Wahltage hat der Wahlvorstand die Mitglieder des Personalrats zu den in § 29 vorgeschriebenen Wahlen einzuladen und diese durchzuführen. Er leitet die Sitzung bis zur Wahl des Vorsitzenden.

(2) Die weiteren Sitzungen beraumt der Vorsitzende des Personalrats an. Er setzt die Tagesordnung fest und leitet die Verhandlung. Der Vorsitzende hat die Mitglieder des Personalrats zu den Sitzungen rechtzeitig unter Mitteilung der Tagesordnung zu laden. Satz 3 gilt auch für die Mitteilung der Tagesordnung an die Schwerbehindertenvertretung und die Mitglieder der Jugend- und Auszubildendenvertretung und deren Ladung, soweit sie ein Recht auf Teilnahme an der Sitzung haben.

(3) Auf Antrag eines Viertels der Mitglieder des Personalrats, der Mehrheit der Vertreter einer Gruppe, des Leiters der Dienststelle oder in Angelegenheiten, die besonders schwerbehinderte Dienstkräfte betreffen, der Schwerbehindertenvertretung oder in Angelegenheiten, die besonders jugendliche oder auszubildende Dienstkräfte betreffen, der Mehrheit der Mitglieder der Jugend- und Auszubildendenvertretungen hat der Vorsitzende binnen einer Woche eine Sitzung anzuberaumen und den Gegenstand, dessen Beratung beantragt ist, auf die Tagesordnung zu setzen.

§ 31 Sitzungen

(1) Die Sitzungen des Personalrats sind nicht öffentlich; sie finden grundsätzlich während der Arbeitszeit statt. Der Personalrat hat bei der Anberaumung seiner Sitzungen auf die dienstlichen Erfordernisse Rücksicht zu nehmen. Die

Personalvertretungsgesetz

Dienststelle ist von der Sitzung vorher zu verständigen. Zu den Sitzungen können Sachverständige hinzugezogen werden, soweit hierdurch Kosten entstehen, jedoch nur im Einvernehmen mit der Dienststelle.
(2) Der Vertreter der Dienststelle nimmt an den Sitzungen, die auf Vorschlag des Leiters der Dienststelle anberaumt sind, und an den Sitzungen, zu denen er ausdrücklich eingeladen ist, teil. Auf Antrag eines Viertels seiner Mitglieder oder der Mehrheit einer Gruppe hat der Personalrat je einen Beauftragten der unter den Mitgliedern des Personalrats vertretenen Gewerkschaften einzuladen: In diesem Fall sind der Zeitpunkt der Sitzung und die Tagesordnung den Gewerkschaften rechtzeitig mitzuteilen. Die Beschlußfassung findet jedoch in Abwesenheit der in den Sätzen 1 und 2 genannten Personen statt.
(3) Bei der Beratung und Abstimmung über Angelegenheiten eines Mitgliedes des Personalrats darf dieses Mitglied nicht anwesend sein. Dasselbe gilt für Angelegenheiten von Angehörigen eines Mitgliedes des Personalrats, hinsichtlich derer ihm nach § 383 Abs. 1 Nr. 1 bis 3 der Zivilprozeßordnung ein Zeugnisverweigerungsrecht zusteht.

§ 32 Beschlüsse

(1) Die Beschlüsse des Personalrats werden mit einfacher Stimmenmehrheit der anwesenden Mitglieder gefaßt. Stimmenthaltungen bleiben bei der Ermittlung der Mehrheit außer Betracht. Bei Stimmengleichheit ist ein Antrag abgelehnt. Bei Stimmberechtigung der Jugend- und Auszubildendenvertretung (§ 35 Satz 2) werden die Stimmen der Jugend- und Auszubildendenvertreter mitgezählt.
(2) Der Personalrat ist nur beschlußfähig, wenn mindestens die Hälfte seiner Mitglieder anwesend oder durch Ersatzmitglieder (§ 28 Abs. 1) vertreten ist. Stimmenthaltungen stehen der Beschlußfähigkeit nicht entgegen.

§ 33 Verfahren

(1) Über die gemeinsamen Angelegenheiten der Angehörigen der Gruppen wird vom Personalrat gemeinsam beraten und beschlossen.
(2) In Angelegenheiten, die lediglich die Angehörigen einer oder mehrerer im Personalrat vertretenen Gruppen betreffen, sind nach gemeinsamer Beratung im Personalrat nur die Vertreter dieser Gruppe oder Gruppen zur Beschlußfassung berufen, es sei denn, daß die Vertreter der betroffenen Gruppe oder Gruppen mit Mehrheit einer gemeinsamen Beschlußfassung zustimmen. § 32 Abs. 2 findet entsprechende Anwendung.
(3) Ist eine Gruppe im Sinne des § 3 Abs. 2 nicht im Personalrat vertreten, gilt Absatz 1 entsprechend.
(4) Die Absätze 1 und 2 gelten auch für Aufgaben und Befugnisse des Personalrats, die sich aus anderen Rechtsvorschriften ergeben.

§ 34 Aussetzung

(1) Erachtet die Mehrheit der Vertreter einer Gruppe oder der Jugend- und Auszubildendenvertretung einen Beschluß des Personalrats als eine erhebliche Beeinträchtigung wichtiger Interessen der durch sie vertretenen Dienstkräfte, so ist auf ihren Antrag der Beschluß auf die Dauer von zwei Wochen aus-

Personalvertretungsgesetz

zusetzen. In dieser Frist soll, gegebenenfalls mit Hilfe der unter den Mitgliedern des Personalrats oder der Jugend- und Auszubildendenvertretung vertretenen Gewerkschaften, eine Verständigung versucht werden.
(2) Nach Ablauf der Frist ist über die Angelegenheit neu zu beschließen. Wird der erste Beschluß bestätigt, so kann der Antrag auf Aussetzung nicht wiederholt werden.
(3) Die Absätze 1 und 2 gelten entsprechend, wenn die Schwerbehindertenvertretung einen Beschluß des Personalrats als eine erhebliche Beeinträchtigung wichtiger Interessen der Schwerbehinderten erachtet.

§ 35 Beteiligung der Jugend- und Auszubildendenvertretung

Die Jugend- und Auszubildendenvertretung kann zu allen Sitzungen des Personalrats einen Vertreter zur beratenden Teilnahme entsenden. Werden Angelegenheiten behandelt, die besonders jugendliche oder auszubildende Dienstkräfte betreffen, so hat zu diesem Tagesordnungspunkt die gesamte Jugend- und Auszubildendenvertretung Teilnahme- und Stimmrecht.

§ 36 Beteiligung der Schwerbehindertenvertretung

Die Schwerbehindertenvertretung hat das Recht, an allen Sitzungen des Personalrats beratend teilzunehmen. Sie hat den Personalrat bei der Förderung der Eingliederung und beruflichen Entwicklung Schwerbehinderter zu beraten und zu unterstützen.

§ 37 Niederschrift

(1) Über jede Verhandlung des Personalrats ist eine Niederschrift aufzunehmen, die mindestens den Wortlaut der Beschlüsse und die Stimmenmehrheit enthält, mit der sie gefaßt sind. Die Niederschrift ist vom Vorsitzenden und von einem weiteren Mitglied zu unterzeichnen. Der Niederschrift ist eine Anwesenheitsliste beizufügen, in die sich jeder Teilnehmer eigenhändig einzutragen hat.
(2) Hat der Vertreter der Dienststelle oder haben Beauftragte von Gewerkschaften an der Sitzung teilgenommen, so ist ihnen der entsprechende Teil der Niederschrift in Abschrift zuzuleiten. Einwendungen gegen die Niederschrift sind unverzüglich schriftlich zu erheben und vom Personalrat der Niederschrift beizufügen.

§ 38 Geschäftsordnung

Der Personalrat kann sich eine Geschäftsordnung geben, in der sonstige Bestimmungen über die Geschäftsführung getroffen werden.

§ 39 Sprechstunden

(1) Der Personalrat kann Sprechstunden während der Arbeitszeit einrichten. Zeit und Ort bestimmt er im Einvernehmen mit der Dienststelle.
(2) Bekanntmachungen des Personalrats in seinem Aufgabenbereich bedürfen nicht der Zustimmung der Dienststelle.

§ 40 Geschäftsbedarf

(1) Die durch die Tätigkeit des Personalrats entstehenden Kosten trägt die Verwaltung. Mitglieder der Personalvertretungen erhalten bei Reisen, die zur Erfüllung ihrer Aufgaben notwendig sind, Reisekostenvergütung nach den für Beamte der Besoldungsgruppe A 15 geltenden Vorschriften oder vergleichbaren Bestimmungen.
(2) Für die Sitzungen, die Sprechstunden und die laufende Geschäftsführung hat die Verwaltung in erforderlichem Umfange Räume, den Geschäftsbedarf und Bürokräfte zur Verfügung zu stellen.

§ 41 Ausschluß von Beiträgen

Der Personalrat darf für seine Zwecke von den Dienstkräften keine Beiträge erheben oder annehmen.

§ 42 Stellung der Mitglieder

(1) Die Mitglieder des Personalrats führen ihr Amt unentgeltlich als Ehrenamt.
(2) Versäumnis von Arbeitszeit, die zur Durchführung der Aufgaben des Personalrats erforderlich ist, hat keine Minderung der Bezüge einschließlich Zulagen, Zuschlägen und sonstigen Entschädigungen zur Folge. Nehmen Mitglieder des Personalrats abweichend von § 31 Abs. 1 Satz 1 außerhalb ihrer Arbeitszeit an Sitzungen des Personalrats teil, so gilt dies als Arbeitsleistung. Sie ist durch Dienstbefreiung in entsprechendem Umfang auszugleichen. Die für Arbeiter und Angestellte geltenden tariflichen Regelungen bleiben unberührt.
(3) Die Mitglieder des Personalrats sind unter Fortzahlung der Bezüge für die Teilnahme an Schulungs- und Bildungsveranstaltungen vom Dienst freizustellen, soweit diese Kenntnisse vermitteln, die für die Tätigkeit im Personalrat erforderlich sind.
(4) Unbeschadet des Absatzes 3 hat jedes Mitglied des Personalrats während seiner regelmäßigen Amtszeit Anspruch auf Freistellung vom Dienst unter Fortzahlung der Bezüge für insgesamt drei Wochen zur Teilnahme an Schulungen und Bildungsveranstaltungen, die von der Landeszentrale für politische Bildungsarbeit als geeignet anerkannt sind. Beschäftigte, die erstmals das Amt eines Personalratsmitglieds übernehmen und nicht zuvor Jugend- und Auszubildendenvertreter gewesen sind, haben Anspruch nach Satz 1 für insgesamt vier Wochen.

§ 43 Freistellungen

(1) Von ihrer dienstlichen Tätigkeit sind auf Antrag des Personalrats freizustellen in Dienststellen mit in der Regel
   300 bis   600 Dienstkräften ein Personalratsmitglied,
   601 bis 1 000 Dienstkräften zwei Personalratsmitglieder,
1 001 bis 2 000 Dienstkräften drei Personalratsmitglieder,
2 001 bis 3 000 Dienstkräften vier Personalratsmitglieder,
3 001 bis 4 000 Dienstkräften fünf Personalratsmitglieder,

Personalvertretungsgesetz

4 001 bis   5 000 Dienstkräften sechs Personalratsmitglieder,
5 001 bis   6 000 Dienstkräften sieben Personalratsmitglieder,
6 001 bis   7 000 Dienstkräften acht Personalratsmitglieder,
7 001 bis   8 000 Dienstkräften neun Personalratsmitglieder,
8 001 bis   9 000 Dienstkräften zehn Personalratsmitglieder,
9 001 bis 10 000 Dienstkräften elf Personalratsmitglieder.
In Dienststellen mit über 10 000 Dienstkräften ist für je weitere angefangene 2 000 Dienstkräfte ein weiteres Personalratsmitglied freizustellen. Bei der Freistellung sind die Gruppen angemessen zu berücksichtigen. Die Freistellung darf nicht zur Beeinträchtigung des beruflichen Werdeganges führen. Beamte im Vorbereitungsdienst, in der Einführungszeit und in der Probezeit sowie andere in der Ausbildung stehende Dienstkräfte können nicht freigestellt werden. § 42 Abs. 2 Satz 1 gilt entsprechend. Zulagen, Zuschläge und sonstige Entschädigungen sind in dem Umfang weiterzugewähren, als wäre das Personalratsmitglied nicht freigestellt worden.
(2) Die oberste Dienstbehörde kann Ausnahmen von Absatz 1 Satz 1 und 2 zulassen, wenn und soweit es nach Umfang und Art der Dienststelle zur ordnungsgemäßen Durchführung der Aufgaben des Personalrats erforderlich ist. Sie kann ferner Ausnahmen von Absatz 1 Satz 5 für Beamte in der Probezeit zulassen, soweit nicht die Gefahr besteht, daß der Zweck der Probezeit hierdurch beeinträchtigt wird.

§ 44 Schutz der Mitglieder

Über den Kündigungsschutz nach § 108 Bundespersonalvertretungsgesetz und § 15 Kündigungsschutzgesetz hinaus dürfen Mitglieder des Personalrats gegen ihren Willen nur versetzt oder abgeordnet werden, wenn dies auch unter Berücksichtigung der Mitgliedschaft im Personalrat aus wichtigen dienstlichen Gründen unvermeidbar ist und der Personalrat zustimmt; das gleiche gilt bei der Übertragung eines anderen Arbeitsgebietes.

Abschnitt III
Personalversammlung

§ 45 Allgemeines

(1) Die Personalversammlung besteht aus den Dienstkräften der Dienststelle. Sie wird, abgesehen von den Fällen des § 17 Abs. 3 und des § 19, vom Vorsitzenden des Personalrats geleitet.
(2) Kann nach den dienstlichen Verhältnissen eine gemeinsame Versammlung aller Dienstkräfte nicht stattfinden, so sind Teilversammlungen abzuhalten.

§ 46 Nichtöffentlichkeit

(1) Die Personalversammlung ist nicht öffentlich.
(2) Beauftragte der im Personalrat vertretenen Gewerkschaften dürfen an der Personalversammlung beratend teilnehmen.
(3) Der Vertreter der Dienststelle kann an der Personalversammlung teilneh-

men. An Versammlungen, die auf seinen Wunsch einberufen sind oder zu denen er ausdrücklich eingeladen ist, hat er teilzunehmen. Nimmt der Vertreter der Dienststelle an der Personalversammlung teil, so kann er Beauftragte der Arbeitgebervereinigungen hinzuziehen, in denen die Dienststelle vertreten ist. Satz 1 gilt für Beauftragte des Hauptpersonalrats und des zuständigen Gesamtpersonalrats entsprechend.

§ 47 Einberufung

(1) Der Personalrat hat mindestens einmal in jedem Kalenderjahr in einer Personalversammlung einen Tätigkeitsbericht zu erstatten.
(2) Der Personalrat ist berechtigt und auf Wunsch der Dienststelle oder eines Viertels der wahlberechtigten Dienstkräfte verpflichtet, eine Personalversammlung einzuberufen und den Gegenstand, dessen Beratung beantragt ist, auf die Tagesordnung zu setzen.

§ 48 Durchführung

Die Personalversammlung findet während der Arbeitszeit statt, soweit nicht zwingende dienstliche Gründe entgegenstehen. Die Teilnahme an Personalversammlungen während der Arbeitszeit hat keine Minderung der Bezüge einschließlich Zulagen, Zuschlägen und sonstigen Entschädigungen zur Folge. Zum Ausgleich der durch die Personalversammlung ausgefallenen Arbeitszeit darf Vor- oder Nacharbeit nur bei unabweisbarem Bedürfnis angeordnet werden; sie ist nach den bestehenden Vorschriften abzugelten. § 21 Satz 3 bis 5 gilt entsprechend.

§ 49 Beratungsgegenstände

Die Personalversammlung kann dem Personalrat Anträge unterbreiten und zu seinen Beschlüssen Stellung nehmen. Sie kann alle Angelegenheiten behandeln, die zur Zuständigkeit des Personalrats gehören, insbesondere Tarif-, Besoldungs- und Sozialangelegenheiten. § 70 Abs. 2 Satz 1 gilt für die Personalversammlung entsprechend.

Abschnitt IV
Gesamtpersonalrat und Hauptpersonalrat

1. Gesamtpersonalrat

§ 50 Bildung

(1) Ein Gesamtpersonalrat ist zu bilden für
1. den Geschäftsbereich der Polizeibehörde,
2. die Gesamtheit der der Senatsverwaltung für Justiz unterstehenden Gerichte und Behörden der Staatsanwaltschaft und des Justizvollzugs, soweit sie nicht nach § 5 Abs. 2 Nr. 3 und 4 als Dienststelle gelten,
3. die Oberfinanzdirektion Berlin mit allen Finanzämtern,

Personalvertretungsgesetz

4. die Dienststellen im Bereich der für kulturelle Angelegenheiten sowie für Wissenschaft und Forschung zuständigen Senatsverwaltung, jedoch mit Ausnahme der Körperschaften, Anstalten und Stiftungen des öffentlichen Rechts mit Dienstherrnfähigkeit,
5. jede Universität,
6. die Berliner Stadtreinigungsbetriebe (BSR),
die Berliner Verkehrsbetriebe (BVG) und
die Berliner Wasserbetriebe (BWB),
7. die Dienststellen nach Nummer 10 Buchstabe a der Anlage zu § 5 Abs. 1.

(2) Sind Bestandteile von Dienststellen nach § 6 Abs. 1 zu Dienststellen erklärt worden, so können die einzelnen Personalräte mit Zustimmung der obersten Dienstbehörde, der Senatsverwaltung für Inneres und, soweit es sich um Behörden, Gerichte und nichtrechtsfähige Anstalten des Landes Berlin handelt, des Hauptpersonalrats einen Gesamtpersonalrat bilden. Der Beschluß zur Bildung des Gesamtpersonalrats bedarf der Zustimmung der Personalräte, und zwar jeweils so vieler Dienststellen, wie zwei Dritteln der vertretenen Dienstkräfte entspricht.

(3) Sind im Bereich einer Körperschaft, Anstalt oder Stiftung des öffentlichen Rechts mehrere Dienststellen vorhanden, so kann mit Zustimmung des jeweils zuständigen Verwaltungsorgans ein Gesamtpersonalrat gebildet werden. Der Beschluß zur Bildung des Gesamtpersonalrats bedarf der Zustimmung der Personalräte aller Dienststellen.

§ 51 Wahl

(1) Zur Wahl des Gesamtpersonalrats bilden die Angehörigen der Gruppen der betroffenen Dienststellen je einen Wahlkörper, es sei denn, daß die Dienstkräfte jeder Gruppe in getrennter, geheimer Abstimmung die gemeinsame Wahl beschließen.
(2) Der Wahlvorstand wird, wenn ein Gesamtpersonalrat nicht besteht, von den Personalräten des Geschäftsbereichs, für den der Gesamtpersonalrat gewählt werden soll, gemeinsam bestellt. In den Fällen des § 18 und des § 19 bestellt die oberste Dienstbehörde den Wahlvorstand.
(3) Die Wahl kann von mindestens 20 Wahlberechtigten angefochten werden. Im übrigen gelten die §§ 12 bis 16, § 17 Abs. 1 und §§ 20 bis 22 über Wahl und Wahlanfechtung entsprechend.

§ 52 Amtszeit und Geschäftsführung

Für die Amtszeit und die Geschäftsführung des Gesamtpersonalrats gelten die §§ 23 bis 34, die §§ 37 bis 42 und § 44 entsprechend.

§ 53 Freistellungen

Von ihrer dienstlichen Tätigkeit sind auf Antrag des Gesamtpersonalrats freizustellen im Bereich eines Gesamtpersonalrats mit in der Regel
2 001 bis 4 000 Dienstkräften
ein Mitglied des Gesamtpersonalrats,
4 001 bis 6 000 Dienstkräften
zwei Mitglieder des Gesamtpersonalrats,

6001 bis 10000 Dienstkräften
drei Mitglieder des Gesamtpersonalrats.
Gehören zum Geschäftsbereich des Gesamtpersonalrats mehr als 10000 Dienstkräfte, so ist für je weitere angefangene 5000 Dienstkräfte ein weiteres Mitglied des Gesamtpersonalrats vom Dienst freizustellen. § 42 Abs. 3 und 4 und § 43 Abs. 1 Satz 3 bis 7 und Abs. 2 gelten entsprechend.

§ 54 Zuständigkeit

(1) Der Gesamtpersonalrat ist zuständig für die Beteiligung an Angelegenheiten, die mehrere Dienststellen seines Geschäftsbereichs betreffen. Er hat die Personalräte bei der Durchführung ihrer Aufgaben zu beraten und zu unterstützen. Die Personalräte können dem Gesamtpersonalrat mit dessen Zustimmung ihnen obliegende Aufgaben und Befugnisse übertragen; dies gilt nicht für Einzelpersonalangelegenheiten, soweit sie nicht von grundsätzlicher Bedeutung sind. § 50 Abs. 2 Satz 2 gilt entsprechend.
(2) Für Versetzungen, Ausschreibungen und Maßnahmen nach § 90 Nr. 5 beim Landesschulamt ist der Gesamtpersonalrat zuständig.

2. Hauptpersonalrat

§ 55 Bildung

(1) Die Dienstkräfte der Behörden, der Gerichte und der nichtrechtsfähigen Anstalten des Landes Berlin wählen einen Hauptpersonalrat.
(2) Der Hauptpersonalrat besteht aus 31 Mitgliedern. Jede Gruppe muß entsprechend der Zahl ihrer wahlberechtigten Angehörigen, mindestens jedoch mit einem Mitglied, im Hauptpersonalrat vertreten sein.

§ 56 Wahl

(1) Der Wahlvorstand wird, wenn ein Hauptpersonalrat nicht besteht, von der Senatsverwaltung für Inneres nach § 18 bestellt.
(2) Die Wahl zum Hauptpersonalrat kann von mindestens 100 Wahlberechtigten angefochten werden. Im übrigen gelten § 12, § 13, § 15 Abs. 2, § 16, § 17 Abs. 1 und die §§ 20 bis 22 über die Wahl und Wahlanfechtung entsprechend.

§ 57 Amtszeit und Geschäftsführung

Für die Amtszeit und die Geschäftsführung des Hauptpersonalrats gelten die §§ 23 bis 25, § 26 (mit Ausnahme der Nr. 4), die §§ 27 bis 30, § 31 (mit Ausnahme des Absatzes 2 Satz 1 und 2), die §§ 32 bis 34, § 37 Abs. 1 und 2 Satz 2, die §§ 38 bis 42 und § 44 mit folgenden Maßgaben:
1. Das Antragsrecht der Dienststelle nach § 30 Abs. 3 entfällt.
2. Die in § 40 Abs. 1 und 2 genannten Verpflichtungen obliegen der Senatsverwaltung für Inneres.

Personalvertretungsgesetz

§ 58 Freistellungen

Der Vorsitzende des Hauptpersonalrats und 12 Vorstandsmitglieder sind auf Antrag des Hauptpersonalrats vom Dienst freizustellen. Dabei ist jede Gruppe entsprechend der Zahl ihrer wahlberechtigten Angehörigen zu berücksichtigen. § 43 Abs. 1 Satz 4 bis 7 und Abs. 2 Satz 2 gilt entsprechend.

§ 59 Zuständigkeit

Der Hauptpersonalrat ist zuständig für die Beteiligung an Angelegenheiten, die über den Geschäftsbereich eines Personalrats oder, soweit ein Gesamtpersonalrat besteht, über dessen Geschäftsbereich hinausgehen. Er hat die Personalräte und Gesamtpersonalräte bei der Wahrnehmung ihrer Aufgaben und Befugnisse zu beraten und zu unterstützen.

Abschnitt V
Jugend- und Auszubildendenvertretung und Jugend- und Auszubildendenversammlung

§ 60 Bildung

Jugend- und Auszubildendenvertretungen sind zu bilden
1. in Dienststellen, bei denen ein Personalrat gebildet ist und in denen mindestens fünf wahlberechtigte Dienstkräfte (§ 61 Abs. 1) beschäftigt sind; dies gilt nicht in den Fällen des § 5 Abs. 2 Nr. 4 und Nummer 10 Buchstabe c der Anlage zu § 5 Abs. 1,
2. in der Berufsfachschule für Bauhandwerker des Oberstufenzentrums Bautechnik/Holztechnik mit Auszubildenden im Sinne des Berufsbildungsgesetzes,
3. beim Berufsamt Berlin und
4. beim Jugendausbildungszentrum beim Bezirksamt Zehlendorf.

§ 61 Wahlberechtigung und Wählbarkeit

(1) Wahlberechtigt sind die Dienstkräfte, die am Wahltage das 18. Lebensjahr noch nicht vollendet haben (jugendliche Dienstkräfte), und die auszubildenden Dienstkräfte, die am Wahltage das 26. Lebensjahr noch nicht vollendet haben.
(2) Wählbar sind Dienstkräfte, die am Wahltage das 26. Lebensjahr noch nicht vollendet haben. § 12 Abs. 2, § 13 Abs. 1 Satz 2 und Abs. 3 gelten entsprechend.

§ 62 Mitgliederzahl

(1) Die Jugend- und Auszubildendenvertretung besteht in Dienststellen mit in der Regel
  5 bis 20 wahlberechtigten Dienstkräften aus einer Person,
 21 bis 50 wahlberechtigten Dienstkräften aus drei Mitgliedern,
 51 bis 100 wahlberechtigten Dienstkräften aus fünf Mitgliedern,

101 bis 200 wahlberechtigten Dienstkräften aus sieben Mitgliedern,
201 bis 300 wahlberechtigten Dienstkräften aus neun Mitgliedern.
Bei mehr als 300 Wahlberechtigten erhöht sich die Anzahl der Mitglieder für jeweils weitere angefangene 200 Wahlberechtigte um je zwei weitere Mitglieder; die Höchstzahl beträgt 15 Mitglieder.
(2) Die Jugend- und Auszubildendenvertretung soll sich nach Möglichkeit aus Vertretern der verschiedenen Beschäftigungsarten der der Dienststelle angehörenden Wahlberechtigten zusammensetzen.
(3) Die Geschlechter sollen in der Jugend- und Auszubildendenvertretung entsprechend ihrem zahlenmäßigen Verhältnis vertreten sein.

§ 63 Wahl- und Amtszeit

(1) Der Personalrat bestimmt im Einvernehmen mit der Jugend- und Auszubildendenvertretung den Wahlvorstand und seinen Vorsitzenden. Im übrigen gelten § 16 Abs. 1, 3 bis 5, § 17 Abs. 1 Satz 3, § 20 Satz 1, §§ 21 und 22 über die Wahl und Wahlanfechtung entsprechend.
(2) Die regelmäßige Amtszeit der Jugend- und Auszubildendenvertretung beträgt zwei Jahre und endet spätestens am 31. Mai des Jahres, in dem nach Satz 2 die regelmäßigen Wahlen der Jugend- und Auszubildendenvertretungen stattfinden. Die regelmäßigen Wahlen finden alle zwei Jahre in der Zeit vom 1. März bis zum 31. Mai statt. Die Mitgliedschaft in der Jugend- und Auszubildendenvertretung erlischt nicht dadurch, daß ein Mitglied im Laufe der Amtszeit das 26. Lebensjahr vollendet. § 23 Satz 2, § 24 Abs. 1 Satz 2 Nr. 2 bis 4, Satz 3 und Absatz 4 und die §§ 25 bis 28 gelten sinngemäß.
(3) Besteht die Jugend- und Auszubildendenvertretung aus drei oder mehr Mitgliedern, so wählt sie aus ihrer Mitte einen Vorsitzenden und dessen Stellvertreter.

§ 64 Freistellungen

(1) Auf Antrag der Jugend- und Auszubildendenvertretung sind von ihrer dienstlichen Tätigkeit freizustellen in Dienststellen mit in der Regel
150 bis 600 wahlberechtigten Dienstkräften (§ 61 Abs. 1) ein Mitglied,
über 600 wahlberechtigten Dienstkräften zwei Mitglieder.
Anstelle von Vollfreistellungen können im entsprechenden zeitlichen Umfang auch Teilfreistellungen vorgenommen werden.
(2) Freistellungen können nur für Mitglieder vorgenommen werden, die sich nicht mehr in der Ausbildung oder in der Einführung befinden. Im übrigen dürfen Freistellungen von Beamten in der Probezeit nur vorgenommen werden, soweit nicht die Gefahr besteht, daß der Zweck der Probezeit dadurch beeinträchtigt wird.
(3) Auf Antrag der Jugend- und Auszubildendenvertretung können abweichend von Absatz 1 Satz 1 weitere Freistellungen vorgenommen werden, wenn und soweit es nach Umfang und Art der Dienststelle zur ordnungsgemäßen Durchführung der Aufgaben der Jugend- und Auszubildendenvertretung erforderlich ist; die Entscheidung trifft die Dienstbehörde (§ 7), außerhalb der Bezirksverwaltungen im Einvernehmen mit der obersten Dienstbehörde (§ 8).
(4) § 43 Abs. 1 Satz 4, 6 und 7 gilt entsprechend.

Personalvertretungsgesetz

§ 65 Aufgaben

(1) Die Jugend- und Auszubildendenvertretung hat folgende allgemeine Aufgaben:
1. Maßnahmen, die den jugendlichen und auszubildenden Dienstkräften dienen, insbesondere in Fragen der Berufsbildung und der Übernahme in ein Arbeitsverhältnis, gemeinsam mit dem Personalrat zu beantragen;
2. darüber zu wachen, daß die zugunsten der jugendlichen und auszubildenden Dienstkräfte geltenden Gesetze, Verordnungen, Unfallverhütungsvorschriften, Tarifverträge, Dienstvereinbarungen und Verwaltungsanordnungen durchgeführt werden;
3. Anregungen und Beschwerden von jugendlichen und auszubildenden Dienstkräften, insbesondere bezüglich ihrer Belange als jugendliche weibliche Beschäftigte und in Fragen der Berufsbildung, entgegenzunehmen und, falls sie berechtigt erscheinen, gemeinsam mit dem Personalrat auf eine Erledigung hinzuwirken; die Jugend- und Auszubildendenvertretung hat betroffene jugendliche und auszubildende Dienstkräfte über den Stand und das Ergebnis der Verhandlungen zu informieren.

(2) Die Zusammenarbeit der Jugend- und Auszubildendenvertretung mit dem Personalrat bestimmt sich nach § 30 Abs. 3, §§ 34 und 35. Sie bezieht sich auf die in §§ 85 bis 88 und § 90 genannten Angelegenheiten, soweit sie jugendliche und auszubildende Dienstkräfte betreffen.

(3) Zur Durchführung ihrer Aufgaben ist die Jugend- und Auszubildendenvertretung durch den Personalrat und gemeinsam mit dem Personalrat durch die Dienststelle rechtzeitig und umfassend zu unterrichten. Die Jugend- und Auszubildendenvertretung kann verlangen, daß ihr der Personalrat die zur Durchführung ihrer Aufgaben erforderlichen Unterlagen zur Verfügung stellt.

(4) Die Jugend- und Auszubildendenvertretung kann nach Unterrichtung des Personalrats Arbeits- und Ausbildungsplätze begehen. Dem Personalrat ist Gelegenheit zur Teilnahme an der Begehung zu geben.

(5) Der Personalrat hat ein Mitglied der Jugend- und Auszubildendenvertretung zu den Besprechungen zwischen dem Vertreter der Dienststelle und dem Personalrat nach § 70 Abs. 1 beizuziehen; soweit Angelegenheiten behandelt werden, die jugendliche und auszubildende Dienstkräfte betreffen, kann die Jugend- und Auszubildendenvertretung teilnehmen.

(6) Die Jugend- und Auszubildendenvertretung kann nach Verständigung des Personalrats Sitzungen abhalten; § 30 Abs. 1 und 2 und § 31 Abs. 1 Satz 4 gelten sinngemäß. An den Sitzungen der Jugend- und Auszubildendenvertretung kann ein vom Personalrat beauftragtes Personalratsmitglied teilnehmen. Auf Antrag eines Viertels der Mitglieder der Jugend- und Auszubildendenvertretung hat der Vorsitzende eine Sitzung anzuberaumen und den Gegenstand, dessen Beratung beantragt ist, auf die Tagesordnung zu setzen.

§ 66 Geschäftsführung

Für die Jugend- und Auszubildendenvertretung gelten die §§ 32, 39 bis 42 und 44 sinngemäß, § 44 jedoch nicht für Mitglieder der Jugend- und Auszubildendenvertretung, die sich in der Ausbildung oder in der Probezeit befinden.

§ 67 Jugend- und Auszubildendenversammlung

Die Jugend- und Auszubildendenvertretung hat einmal in jedem Kalenderjahr eine Jugend- und Auszubildendenversammlung durchzuführen. Sie wird vom Vorsitzenden der Jugend- und Auszubildendenvertretung geleitet. Der Personalratsvorsitzende oder ein vom Personalrat beauftragtes Mitglied soll an der Jugend- und Auszubildendenversammlung teilnehmen. Die für die Personalversammlung geltenden Vorschriften sind sinngemäß anzuwenden. Außer der in Satz 1 bezeichneten Jugend- und Auszubildendenversammlung ist die Jugend- und Auszubildendenvertretung berechtigt, mindestens eine weitere, nicht auf Wunsch der Dienststelle einberufene Versammlung während der Arbeitszeit einzuberufen.

§ 68 Gesamt-Jugend- und Auszubildendenvertretung

Für die Bildung von Gesamt-Jugend- und Auszubildendenvertretungen gelten § 50, § 51 Abs. 2, die §§ 60 bis 62 und § 63 Abs. 1 Satz 2, Abs. 2 und 3 entsprechend. Im übrigen finden § 54 und die §§ 64 bis 66 entsprechende Anwendung, § 64 Abs. 1 Satz 1 mit der Maßgabe, daß bei über 1 000 wahlberechtigten Dienstkräften ein Mitglied freizustellen ist.

§ 69 Haupt-Jugend- und Auszubildendenvertretung

(1) Die in § 60 genannten Dienstkräfte der Behörden, der Gerichte und der nichtrechtsfähigen Anstalten des Landes Berlin wählen eine Haupt-Jugend- und Auszubildendenvertretung. Sie besteht aus neun Mitgliedern.
(2) Die Wahl kann von mindestens 20 Wahlberechtigten angefochten werden. Im übrigen gelten für die Wahl, Geschäftsführung und Rechtsstellung § 56 Abs. 1, § 59, § 61, § 63 Abs. 1 Satz 2, Abs. 2 und 3 und die §§ 64 bis 66 entsprechend, § 64 Abs. 1 Satz 1 mit der Maßgabe, daß unabhängig von der Zahl der wahlberechtigten Dienstkräfte drei Mitglieder freizustellen sind.

Abschnitt VI
Beteiligung der Personalvertretung

1. Allgemeines
§ 70 Grundsätze

(1) Der Vertreter der Dienststelle und der Personalrat sollen mindestens einmal im Monat zu gemeinschaftlichen Besprechungen zusammentreten. In ihnen soll auch die Gestaltung des Dienstbetriebes behandelt werden, insbesondere alle Vorgänge, die die Dienstkräfte wesentlich berühren. Der Vertreter der Dienststelle und der Personalrat haben über strittige Fragen mit dem ernsten Willen zur Einigung zu verhandeln und Vorschläge für die Beilegung von Meinungsverschiedenheiten zu machen.
(2) Dienststelle und Personalrat haben alles zu unterlassen, was geeignet ist, die Arbeit und den Frieden der Dienststelle zu gefährden. Insbesondere dürfen Dienststelle und Personalrat keine Maßnahmen des Arbeitskampfes gegenein-

ander durchführen. Arbeitskämpfe tariffähiger Parteien werden hierdurch nicht berührt.

(3) Dienststelle und Personalrat dürfen andere Stellen erst anrufen, nachdem eine Einigung nicht erzielt worden ist; § 2 bleibt unberührt.

§ 71 Neutralitätsgebot

(1) Dienststelle, Dienstbehörde, oberste Dienstbehörde und Personalvertretungen haben darüber zu wachen, daß alle Dienstkräfte nach Recht und Billigkeit behandelt werden, insbesondere, daß jede unterschiedliche Behandlung wegen Geschlecht, Abstammung, Religion, Nationalität, Herkunft, die freiheitliche demokratische Grundordnung bejahender politischer oder gewerkschaftlicher Betätigung oder Einstellung unterbleibt.

(2) Dienstkräfte, die Aufgaben nach diesem Gesetz wahrnehmen, werden dadurch in der Betätigung für ihre Gewerkschaft auch in der Dienststelle nicht beschränkt; dabei müssen sie sich so verhalten, daß das Vertrauen der Dienstkräfte in die Objektivität und Neutralität ihrer Amtsführung nicht beeinträchtigt wird. Der Vertreter der Dienststelle und die Personalvertretung haben jede parteipolitische Betätigung in der Dienststelle zu unterlassen; die Behandlung von Tarif-, Besoldungs- und Sozialangelegenheiten wird hierdurch nicht berührt.

(3) Die Personalvertretungen haben sich für die Wahrung der Vereinigungsfreiheit der Dienstkräfte einzusetzen.

§ 72 Allgemeine Aufgaben

(1) Der Personalrat hat folgende allgemeine Aufgaben
1. Maßnahmen, die der Dienststelle und ihren Angehörigen dienen, zu beantragen,
2. darüber zu wachen, daß die für die Dienstkräfte geltenden Rechts- und Verwaltungsvorschriften, Tarifverträge und Dienstvereinbarungen durchgeführt werden,
3. Anregungen und Beschwerden von Dienstkräften entgegenzunehmen, und, falls sie berechtigt erscheinen, auf ihre Erledigung hinzuwirken,
4. die Eingliederung und berufliche Entwicklung Schwerbehinderter und sonstiger schutzbedürftiger, insbesondere älterer Personen zu fördern,
5. Maßnahmen zur beruflichen Förderung Schwerbehinderter zu beantragen,
6. die Eingliederung ausländischer Dienstkräfte in die Dienststelle und das Verständnis zwischen ihnen und den deutschen Dienstkräften zu fördern,
7. mit der Jugend- und Auszubildendenvertretung zur Förderung der Belange der jugendlichen und auszubildenden Dienstkräfte eng zusammenzuarbeiten,
8. die Dienstkräfte in den Verwaltungsräten und den entsprechenden Organen von Einrichtungen des Landes Berlin nach den hierfür geltenden Vorschriften zu vertreten,
9. darüber zu wachen, daß die Chancengleichheit von Frauen und Männern herbeigeführt wird, Frauenförderpläne erstellt und durchgeführt werden.

(2) Der Personalrat ist an Prüfungen der Dienstkräfte zu beteiligen. Das Nähere regeln die Prüfungsordnungen.

§ 73 Informationsrecht

(1) Die Personalvertretung ist zur Durchführung ihrer Aufgaben rechtzeitig und umfassend zu unterrichten. Ihr sind sämtliche zur Durchführung ihrer Aufgaben erforderlichen Unterlagen zur Verfügung zu stellen. Personalakten dürfen nur mit Einwilligung des Betroffenen vorgelegt werden.
(2) Die Vorschriften über die Behandlung von Verschlußsachen bleiben unberührt.

§ 74 Dienstvereinbarungen

(1) Dienstvereinbarungen sind zulässig, soweit Rechtsvorschriften nicht entgegenstehen. Sie werden von der Dienststelle und dem Personalrat geschlossen, sind schriftlich niederzulegen, von beiden Seiten zu unterzeichnen und in geeigneter Weise bekanntzumachen.
(2) Dienstvereinbarungen, die für einen größeren Bereich gelten, gehen den Dienstvereinbarungen für einen kleineren Bereich vor. Sie sind, sofern sie für einen über eine Dienststelle hinausgehenden Bereich bestimmt sind, zwischen der obersten Dienstbehörde und dem Hauptpersonalrat im Einvernehmen mit der Senatsverwaltung für Inneres zu schließen. Dienstvereinbarungen, die für einen über eine oberste Dienstbehörde hinausgehenden Bereich bestimmt sind, schließt die Senatsverwaltung für Inneres im Einvernehmen mit den beteiligten obersten Dienstbehörden mit dem Hauptpersonalrat. Dienstvereinbarungen, die für die gesamte Berliner Verwaltung bestimmt sind, schließt die Senatsverwaltung für Inneres mit dem Hauptpersonalrat.
(3) Besteht für den Bereich, für den eine Dienstvereinbarung geschlossen werden soll, ein Gesamtpersonalrat, so tritt dieser an die Stelle des Personalrats oder des Hauptpersonalrats. Im Geschäftsbereich der Polizeibehörde und der Oberfinanzdirektion Berlin mit allen Finanzämtern tritt an die Stelle der obersten Dienstbehörde die Dienstbehörde.

§ 75 Ausschluß von Dienstvereinbarungen

Arbeitsentgelte und sonstige Arbeitsbedingungen, die durch Tarifvertrag geregelt sind oder üblicherweise geregelt werden, können nicht Gegenstand einer Dienstvereinbarung sein. Dies gilt nicht, wenn ein Tarifvertrag den Abschluß ergänzender Dienstvereinbarungen ausdrücklich zuläßt.

§ 76 Krankenhausbetriebe

In den Krankenhausbetrieben hat die Personalvertretung die Krankenhausleitung in der Erfüllung der Betriebszwecke durch Beratung und Mitarbeit zu unterstützen. Zur Erfüllung dieser Aufgabe steht der Personalvertretung das Recht auf Auskunft und laufende Berichterstattung über die Betriebsvorgänge und die Entwicklung des Betriebes sowie auf Vorlage der erläuterten Bilanz mit Gewinn- und Verlustrechnung zu.

Personalvertretungsgesetz

§ 77 Arbeitsschutz

(1) Die Personalvertretung hat bei der Bekämpfung von Unfall- und Gesundheitsgefahren die für den Arbeitsschutz zuständigen Behörden, die Träger der gesetzlichen Unfallversicherung und die übrigen in Betracht kommenden Stellen durch Anregung, Beratung und Auskunft zu unterstützen und sich für die Durchführung der Vorschriften über den Arbeitsschutz und die Unfallverhütung in der Dienststelle einzusetzen.

(2) Die Dienststelle und die in Absatz 1 genannten Stellen sind verpflichtet, die Personalvertretung oder die von ihr bestimmten Mitglieder der Personalvertretung bei allen im Zusammenhang mit dem Arbeitsschutz oder der Unfallverhütung stehenden Besichtigungen und Fragen und bei Unfalluntersuchungen hinzuzuziehen. Die Dienststelle hat der Personalvertretung unverzüglich die den Arbeitsschutz und die Unfallverhütung betreffenden Auflagen und Anordnungen der in Absatz 1 genannten Stellen mitzuteilen.

(3) An den Besprechungen der Dienststelle mit den Sicherheitsbeauftragten oder dem Sicherheitsausschuß nach § 719 Abs. 4 der Reichsversicherungsordnung nehmen von der Personalvertretung beauftragte Mitglieder der Personalvertretung teil.

(4) Die Personalvertretung erhält die Niederschriften über Untersuchungen, Besichtigungen und Besprechungen, zu denen sie nach den Absätzen 2 und 3 hinzuzuziehen ist.

(5) Die Dienststelle hat dem Personalrat eine Durchschrift der nach § 1552 der Reichsversicherungsordnung von der Personalvertretung zu unterschreibenden Unfallanzeige oder der nach beamtenrechtlichen Vorschriften zu fertigenden Niederschrift oder Unfallanzeige auszuhändigen.

(6) Vor der Verpflichtung oder Entpflichtung eines freiberuflich tätigen Arztes für betriebsärztliche Aufgaben, einer freiberuflich tätigen Fachkraft für Arbeitssicherheit oder eines überbetrieblichen Dienstes von Betriebsärzten oder Fachkräften für Arbeitssicherheit ist die Personalvertretung zu hören.

§ 78 Durchführung von Entscheidungen

(1) Entscheidungen, an denen die Personalvertretung beteiligt war, führt je nach Zuständigkeit die Dienststelle, die Dienstbehörde oder die oberste Dienstbehörde durch, es sei denn, daß im Einzelfall mit der Personalvertretung etwas anderes vereinbart ist.

(2) Die Personalvertretung darf nicht einseitig in den Dienstbetrieb eingreifen.

2. Mitbestimmung und Mitwirkung

§ 79 Mitbestimmung

(1) Soweit eine Maßnahme der Mitbestimmung der Personalvertretung unterliegt, bedarf sie ihrer vorherigen Zustimmung.

(2) Die Dienststelle unterrichtet die Personalvertretung von der beabsichtigten Maßnahme und beantragt die Zustimmung. Die Personalvertretung kann verlangen, daß die Dienststelle die beabsichtigte Maßnahme begründet. Der Beschluß der Personalvertretung ist der Dienststelle innerhalb von zwei Wochen,

im Falle der außerordentlichen Kündigung innerhalb einer Woche seit Zugang des Antrages schriftlich mitzuteilen und im Falle der Ablehnung zu begründen. Die Maßnahme gilt als gebilligt, wenn nicht die Personalvertretung innerhalb der genannten Frist die Zustimmung schriftlich verweigert; dies gilt nicht, wenn die Personalvertretung schriftlich Fristverlängerung beantragt hat. Ist die Dienststelle nach allgemeinen Vorschriften an eine Frist gebunden, so kommt eine Fristverlängerung höchstens bis zu einer Woche vor Ablauf dieser Frist in Betracht; hat die Personalvertretung bis zum Ablauf der Fristverlängerung die Zustimmung nicht schriftlich verweigert, so gilt die Maßnahme als gebilligt.
(3) Verweigert die Personalvertretung die Zustimmung und trägt sie dabei Beschwerden oder Behauptungen tatsächlicher Art vor, die für eine Dienstkraft ungünstig sind oder ihr nachteilig werden können, hat die Dienststelle der Dienstkraft Gelegenheit zur Äußerung zu geben; die Äußerung ist auf Antrag der Dienstkraft aktenkundig zu machen.
(4) Beantragt die Personalvertretung eine Maßnahme, die ihrer Mitbestimmung unterliegt, so hat sie sie schriftlich der Dienststelle vorzuschlagen. Wird dem Antrage nicht entsprochen, so hat die Dienststelle der Personalvertretung innerhalb zweier Wochen ihre Entscheidung schriftlich mitzuteilen und zu begründen. Ist eine Entscheidung innerhalb zweier Wochen nicht möglich, so ist ein Zwischenbescheid zu erteilen.
(5) Als Dienststelle im Sinne der Absätze 1 bis 4 gelten auch die Dienstbehörden und obersten Dienstbehörden.

§ 80 Verfahren bei Nichteinigung

(1) Kommt eine Einigung nicht zustande, so entscheidet nach Verhandlung zwischen der Dienstbehörde und dem Hauptpersonalrat im Bereich
1. der Hauptverwaltung: der Leiter der Dienstbehörde;
2. der Verwaltung des Abgeordnetenhauses: der Präsident des Abgeordnetenhauses;
3. des Rechnungshofs: der Präsident des Rechnungshofs;
3. a) des Datenschutzbeauftragten: der Berliner Datenschutzbeauftragte;
4. der Bezirksverwaltungen: der Leiter der Abteilung Personal und Verwaltung,
im Bereich der Krankenhausbetriebe, soweit es sich nicht um Einzelpersonalangelegenheiten handelt, für die der Krankenhausbetrieb nicht zuständig ist: nach Maßgabe des Landeskrankenhausgesetzes die Krankenhauskonferenz oder die Krankenhausleitung.
Die für die Verhandlung erforderlichen Unterlagen sind dem Hauptpersonalrat unverzüglich nach Feststellung der Nichteinigung zu übersenden. Die Verhandlung soll innerhalb von zwölf Arbeitstagen nach Eingang der Unterlagen beim Hauptpersonalrat stattfinden; die Frist kann einvernehmlich verlängert werden. Die Entscheidung soll innerhalb von zwölf Arbeitstagen nach Abschluß der Verhandlung getroffen werden.
(2) In den Dienstbereichen, in denen ein Gesamtpersonalrat besteht und die zuständige Dienstbehörde nicht zugleich oberste Dienstbehörde ist, tritt in den Fällen des Absatzes 1 an die Stelle des Hauptpersonalrats der Gesamtpersonalrat. Gegen die Entscheidung kann der Gesamtpersonalrat innerhalb von zwei Wochen die oberste Dienstbehörde anrufen. Diese entscheidet nach Verhandlungen mit dem Hauptpersonalrat. Die Sätze 1 bis 3 gelten nicht, soweit der

Personalvertretungsgesetz

Gesamtpersonalrat nach § 54 anstelle eines Personalrats entschieden hat; in diesen Fällen gilt Absatz 1.

(3) Bei den Körperschaften, Anstalten und Stiftungen des öffentlichen Rechts entscheidet in den Fällen der Absätze 1 und 2 das zuständige Organ.

§ 81 Einigungsstelle

(1) Gegen die Entscheidung nach § 80 kann der Hauptpersonalrat auf Antrag der zuständigen Personalvertretung binnen zwei Wochen die Einigungsstelle anrufen. Sieht der Hauptpersonalrat von der Anrufung der Einigungsstelle ab, so hat er dies der zuständigen Personalvertretung unverzüglich mitzuteilen. Bei Körperschaften, Anstalten und Stiftungen des öffentlichen Rechts tritt an die Stelle des Hauptpersonalrats die zuständige Personalvertretung.

(2) In den in § 85 Abs. 2 Nr. 1, 2 und 8 bis 10 genannten Angelegenheiten sowie in den in § 85 Abs. 2 Nr. 3 bis 7, § 86 Abs. 3 und § 88 genannten Angelegenheiten der Beamten kann die oberste Dienstbehörde, für die Körperschaften, Anstalten und Stiftungen des öffentlichen Rechts die Aufsichtsbehörde binnen eines Monats nach Zustellung des Beschlusses der Einigungsstelle die Entscheidung des Senats von Berlin beantragen. Für die Verwaltung des Abgeordnetenhauses und für den Rechnungshof entscheidet an Stelle des Senats von Berlin binnen eines Monats nach Zustellung des Beschlusses der Einigungsstelle der Präsident des Abgeordnetenhauses oder der Präsident des Rechnungshofs. Für die Dienstkräfte der Rundfunkanstalt »Sender Freies Berlin« tritt an die Stelle der Aufsichtsbehörde der Intendant und an die Stelle des Senats von Berlin der Rundfunkrat.

§ 82 Zusammensetzung

(1) Die Einigungsstelle wird bei der Senatsverwaltung für Inneres gebildet und führt die Bezeichnung »Einigungsstelle für Personalvertretungssachen«. Sie besteht aus sechs Beisitzern und einem unparteiischen Vorsitzenden oder dessen Vertreter.

(2) Der Vorsitzende und drei Vertreter werden von der Senatsverwaltung für Inneres nach Einigung mit dem Hauptpersonalrat für die Dauer von vier Jahren bestellt. Kommt innerhalb von drei Monaten nach dem Ausscheiden des Vorsitzenden oder eines Vertreters eine Einigung über die Person nicht zustande, so bestellt sie der Präsident des Oberverwaltungsgerichts Berlin.

(3) Die Beisitzer werden von der Senatsverwaltung für Inneres für die Dauer von vier Jahren bestellt.

(4) Die Beisitzer müssen je zur Hälfte
1. von den obersten Dienstbehörden des Landes Berlin oder der obersten Dienstbehörde der jeweiligen Körperschaft, Anstalt oder Stiftung des öffentlichen Rechts und
2. von dem Hauptpersonalrat, für Angelegenheiten des Personals der Körperschaften, Anstalten und Stiftungen des öffentlichen Rechts von deren Gesamtpersonalrat oder, falls ein solcher nicht besteht, von deren Personalrat

vorgeschlagen sein. Unter den von den Personalvertretungen vorgeschlagenen Beisitzern sollen die in den betroffenen Dienststellen vorhandenen Gruppen (§ 3 Abs. 2) vertreten sein. Betrifft die Angelegenheit lediglich eine Gruppe, so sollen die in Satz 2 genannten Beisitzer dieser Gruppe angehören.

(5) Für den Bereich der Rundfunkanstalt »Sender Freies Berlin« wird in Abweichung von Absatz 1 Satz 1 eine besondere Einigungsstelle bei dem Intendanten der Anstalt gebildet. Im übrigen gelten die Vorschriften der Absätze 1 bis 4 entsprechend mit der Maßgabe, daß an die Stelle des Hauptpersonalrats der Personalrat der Anstalt tritt.

§ 83 Verfahren vor der Einigungsstelle

(1) Die Verhandlungen der Einigungsstelle sind nicht öffentlich. Den Vertretern der Verwaltungen und der Personalvertretungen ist die Anwesenheit zu gestatten und Gelegenheit zur schriftlichen oder mündlichen Äußerung zu geben. Andere Personen, die ein berechtigtes Interesse nachweisen, können zur Verhandlung zugelassen werden.
(2) Die Einigungsstelle entscheidet nach mündlicher Verhandlung durch Beschluß; soweit es sich um Angelegenheiten von an der Programmgestaltung maßgeblich mitwirkenden Dienstkräften der Rundfunkanstalt »Sender Freies Berlin« handelt und die Einigungsstelle sich nicht dem Antrag des Intendanten anschließt, beschließt sie eine Empfehlung an den Intendanten. Sie kann den Anträgen der Beteiligten auch teilweise entsprechen. Der Beschluß wird mit Stimmenmehrheit gefaßt.
(3) Der Beschluß soll binnen zwei Monaten gefaßt werden; dies gilt auch dann, wenn die Stellungnahmen der Beteiligten nicht rechtzeitig vorliegen. Der Beschluß ist den Beteiligten, in den Fällen des § 81 Abs. 2 auch der obersten Dienstbehörde oder der Aufsichtsbehörde zuzustellen. Er bindet die Beteiligten, soweit er eine Entscheidung enthält; § 81 Abs. 2 bleibt unberührt.

§ 84 Mitwirkung

(1) Soweit die Personalvertretung an Entscheidungen mitwirkt, ist die beabsichtigte Maßnahme vor der Durchführung mit dem Ziele einer Verständigung rechtzeitig und eingehend mit ihr zu erörtern.
(2) Äußert sich die Personalvertretung nicht innerhalb von zwei Wochen oder hält sie bei Erörterung ihre Einwendungen oder Vorschläge nicht aufrecht, so gilt die beabsichtigte Maßnahme als gebilligt; dies gilt nicht, wenn die Personalvertretung Fristverlängerung beantragt hat. § 79 Abs. 2 Satz 5 und Abs. 3 gilt entsprechend.
(3) Wird den Einwendungen der Personalvertretung nicht oder nicht in vollem Umfange entsprochen, so ist die Entscheidung der Personalvertretung unverzüglich schriftlich mitzuteilen. Dabei sind die Gründe anzugeben, die einer Berücksichtigung der Einwendungen oder Vorschläge der Personalvertretung entgegenstehen.
(4) Bei Maßnahmen, die der Natur der Sache nach keinen Aufschub dulden, können bis zur endgültigen Entscheidung vorläufige Regelungen getroffen werden. Die Personalvertretung ist hiervon unverzüglich zu unterrichten.
(5) § 79 Abs. 4 gilt entsprechend.

Personalvertretungsgesetz

3. Mitbestimmungsangelegenheiten
§ 85 Allgemeine Angelegenheiten

(1) Die Personalvertretung bestimmt, soweit keine Regelung durch Rechtsvorschrift oder Tarifvertrag besteht, gegebenenfalls durch Abschluß von Dienstvereinbarungen mit über
1. Beginn und Ende der täglichen Arbeitszeit und der Pausen sowie die Verteilung der Arbeitszeit auf die einzelnen Wochentage,
2. Anordnung von Mehrarbeit und Überstunden,
3. Zeit, Ort und Art der Auszahlung der Bezüge und Arbeitsentgelte,
4. Aufstellung und Änderungen des Urlaubsplanes,
5. Durchführung der Berufsausbildung und Umschulung bei Angestellten und Arbeitern,
6. Regelung der Ordnung in der Dienststelle und des Verhaltens der Dienstkräfte,
7. Maßnahmen zur Verhütung von Dienst- und Arbeitsunfällen und sonstigen Gesundheitsschädigungen,
8. Errichtung, Verwaltung und Auflösung von Sozialeinrichtungen,
9. Aufstellung von Sozialplänen einschließlich Plänen für Umschulungen zum Ausgleich oder zur Milderung von wirtschaftlichen Nachteilen, die den Dienstkräften infolge von Rationalisierungsmaßnahmen entstehen,
10. Fragen der Lohngestaltung innerhalb der Dienststelle, insbesondere die Aufstellung von Entlohnungsgrundsätzen, die Einführung und Anwendung von neuen Entlohnungsmethoden und deren Änderung sowie die Festsetzung der Akkord- und Prämiensätze und vergleichbarer leistungsbezogener Entgelte einschließlich der Geldfaktoren,
11. Grundsätze über die Bewertung von anerkannten Vorschlägen im Rahmen des betrieblichen Vorschlagswesens,
12. Gestaltung der Arbeitsplätze,
13. Einführung und Anwendung technischer Einrichtungen, die dazu bestimmt sind, das Verhalten oder die Leistung der Dienstkräfte zu überwachen.

Nummer 2 gilt nicht, soweit bei unvorhergesehener dienstlicher Notwendigkeit
1. im Geschäftsbereich der Verfassungsschutzabteilung, der Polizeibehörde, der Feuerwehr und der Berliner Stadtreinigungsbetriebe sowie in Krankenanstalten, Kindertagesstätten, Kinderheimen und Altenheimen Mehrarbeit oder Überstunden und
2. bei Lehrern zur Vermeidung eines Unterrichtsausfalles Mehrarbeit oder Überstunden im Umfange von bis zu drei Unterrichtsstunden im Kalendermonat

angeordnet werden. Die Personalvertretung ist unverzüglich zu unterrichten.

(2) Die Personalvertretung bestimmt, soweit keine Regelung durch Rechtsvorschrift oder durch Tarifvertrag besteht, gegebenenfalls durch Abschluß von Dienstvereinbarungen nach Maßgabe des § 81 Abs. 2 mit über
1. allgemeine Fragen der Fortbildung der Dienstkräfte,
2. Maßnahmen zur Hebung der Arbeitsleistung und zur Erleichterung des Arbeitsablaufs,
3. Durchführung der Fortbildung von Dienstkräften, soweit es sich nicht um Polizeivollzugsbeamte handelt,

4. Bestellung von Vertrauens- und Betriebsärzten,
5. Inhalt von Personalfragebogen,
6. Beurteilungsrichtlinien,
7. Erlaß von Trageordnungen für Dienstkleidung,
8. Einführung, Anwendung, wesentliche Änderung oder wesentliche Erweiterung von automatisierter Verarbeitung personenbezogener Daten der Dienstkräfte außerhalb von Besoldungs-, Gehalts-, Lohn- und Versorgungsleistungen; Absatz 1 Nr. 13 bleibt unberührt,
9. Einführung, wesentliche Änderung oder wesentliche Ausweitung neuer Arbeitsmethoden im Rahmen der Informations- und Kommunikationstechnik,
10. Einführung, wesentliche Änderung oder wesentliche Ausweitung betrieblicher Informations- und Kommunikationsnetze.

§ 86 Gemeinsame Angelegenheiten

(1) In Angelegenheiten sämtlicher Dienstkräfte bestimmt der Personalrat mit bei
1. Gewährung von Unterstützungen und entsprechenden sozialen Zuwendungen,
2. Gewährung von Vorschüssen,
3. Verschickung von Dienstkräften,
4. Geltendmachung von Ersatzansprüchen gegen eine Dienstkraft, soweit diese der Mitbestimmung des Personalrats nicht widerspricht,
5. Zuweisung und Kündigung von Wohnungen, über die die Dienststelle verfügt, außer im Bereich der Polizeibehörde, sowie der allgemeinen Festsetzung der Nutzungsbedingungen,
6. Zuweisung von Dienst- und Pachtland und Festsetzung der Nutzungsbedingungen.

(2) Im Falle des Absatzes 1 Nr. 1 obliegt die Mitbestimmung nicht dem gesamten Personalrat, sondern dem Vorstand.

(3) In Angelegenheiten sämtlicher Dienstkräfte bestimmt der Personalrat nach Maßgabe des § 81 Abs. 2 mit bei
1. Versetzung,
2. Umsetzung innerhalb der Dienststelle, wenn sie mit einem Wechsel des Dienstortes verbunden ist (das Einzugsgebiet im Sinne des Umzugskostenrechts gehört zum Dienstort),
3. Abordnung für eine Dauer von mehr als drei Monaten oder sobald die Abordnung diese Dauer überschreitet, soweit es sich nicht um in der Ausbildung stehende Dienstkräfte handelt,
3. a) Zuweisung nach oder entsprechend § 123a des Beamtenrechtsrahmengesetzes für eine Dauer von mehr als 3 Monaten,
4. Versagung oder Widerruf der Genehmigung einer Nebentätigkeit,
5. Anordnungen, welche die freie Wahl der Wohnung beschränken,
6. Bestellung und Abberufung von Betriebsärzten und Fachkräften für Arbeitssicherheit sowie bei Erweiterung oder Einschränkung ihrer Aufgaben.

Im Falle der Versetzung bestimmen beim Wechsel des Zuständigkeitsbereichs des Personalrats die Personalräte der bisherigen und der neuen Dienststelle mit. Als Versetzung im Sinne dieses Gesetzes gilt auch die Änderung der Geschäftsverteilung, wenn die Dienstkraft damit den Zuständigkeitsbereich

Personalvertretungsgesetz

des Personalrats wechselt. Der Wechsel von einer Schule zur anderen im Bereich derselben Bezirksverwaltung gilt nicht als Versetzung im Sinne dieses Gesetzes; er stellt auch keine Abordnung dar.

§ 87 Angestellte und Arbeiter

In Angelegenheiten der Angestellten und Arbeiter bestimmt der Personalrat mit bei
1. Einstellung,
2. nicht nur vorübergehender Übertragung einer höher zu bewertenden Tätigkeit,
3. Gewährung von Leistungs- und Funktionszulagen,
4. Höhergruppierung,
5. nicht nur vorübergehender Übertragung einer niedriger zu bewertenden Tätigkeit,
6. Herabgruppierung,
7. Weiterbeschäftigung über die Altersgrenze hinaus,
8. Verhängung von Disziplinarmaßnahmen,
9. Kündigung.

§ 88 Beamte

In Angelegenheiten der Beamten bestimmt der Personalrat mit bei
1. Einstellung,
2. Verlängerung der Probezeit,
3. Anstellung,
4. Vorschlägen der Dienstbehörde an die Gesamtkonferenz für die Benennung von Schulleitern, ihren ständigen Vertretern, von Gesamtschuldirektoren als Leiter einer Mittelstufe, von pädagogischen Koordinatoren und Ausbildungsbereichsleitern sowie Vorschlägen der Dienstbehörde an die Abteilungskonferenzen für die Benennung von Abteilungsleitern und pädagogischen Koordinatoren der Abteilungen an Oberstufenzentren,
5. Beförderung und gleichstehender Verleihung eines anderen Amtes (§ 15 Abs. 1 des Laufbahngesetzes),
6. Laufbahnwechsel (§ 17 des Laufbahngesetzes),
7. nicht nur vorübergehender Übertragung einer höher oder niedriger bewerteten Tätigkeit,
8. Ablehnung von Anträgen nach §§ 35a und 43 des Landesbeamtengesetzes,
9. Hinausschiebung des Eintritts in den Ruhestand wegen Erreichens der Altersgrenze,
10. vorzeitiger Versetzung in den Ruhestand ohne eigenen Antrag, soweit der Beamte der Mitbestimmung des Personalrats nicht widerspricht,
11. Entlassung von Beamten auf Probe oder auf Widerruf ohne eigenen Antrag,
12. Rücknahme der Ernennung eines Beamten (§ 15 des Landesbeamtengesetzes).

§ 89 Besonderheiten für bestimmte Dienstkräfte

(1) Bei personalrechtlichen Entscheidungen, die Dienstkräfte mit vorwiegend wissenschaftlicher oder künstlerischer Tätigkeit betreffen, tritt an die Stelle des Mitbestimmungsrechts das Mitwirkungsrecht.
(2) Das Mitbestimmungsrecht entfällt mit Ausnahme des Schuldienstes an der Berliner Schule für Stellen ab Besoldungsgruppe 16 der Besoldungsordnung A und für Arbeitsgebiete der Vergütungsgruppe I des Bundes-Angestelltentarifvertrages oder vergleichbare Arbeitsgebiete. Es entfällt ferner für personalrechtliche Entscheidungen, die Schulaufsichtsbeamte, Dirigierende Ärzte (Chefärzte) sowie die Arbeitnehmer an Bühnen betreffen, mit denen ein festes Gehalt (Gage) auf Grund eines Normalvertrages vereinbart ist.
(3) Das Mitbestimmungsrecht entfällt für Stellen der in § 13 Abs. 3 Nr. 2 und 3 genannten Dienstkräfte.

4. Mitwirkungsangelegenheiten
§ 90

Die Personalvertretung wirkt mit bei
1. Verwaltungsvorschriften über die personelle Auswahl bei Einstellungen, Versetzungen, Umgruppierungen und Kündigungen,
2. Verwaltungsvorschriften, die für die innerdienstlichen, sozialen oder persönlichen Angelegenheiten der Dienstkräfte erlassen werden,
3. der Einführung grundlegender neuer Arbeitsmethoden und grundlegenden Änderungen von Arbeitsverfahren und Arbeitsabläufen,
4. der Auflösung, Einschränkung, Verlegung oder Zusammenlegung von Dienststellen oder wesentlichen Teilen von ihnen,
5. Anmeldung für Dienstkräfte im Rahmen der Entwürfe für den Haushaltsplan, Änderungen der Stellenrahmen und der Dienstposten- und Arbeitsbewertung sowie Stellenverlagerungen,
6. Ausschreibung freier Stellen und Ausschreibung beabsichtigter Einstellungen,
7. Abgabe von dienstlichen Beurteilungen, soweit es sich nicht um in § 89 Abs. 2 genannte oder in der Ausbildung stehende Dienstkräfte handelt,
8. Diziplinarverfügungen und der Einleitung des förmlichen Disziplinarverfahrens gegen Beamte.

Abschnitt VII
Rechtsweg

§ 91 Zuständigkeit

(1) Die Verwaltungsgerichte, im dritten Rechtszug das Bundesverwaltungsgericht, entscheiden außer in den Fällen der §§ 22 und 25 über
1. Wahlberechtigung und Wählbarkeit,
2. Wahl und Amtszeit der Personalvertretungen und der Jugend- und Auszubildendenvertretungen sowie Zusammensetzung der Personalvertretungen und der Jugend- und Auszubildendenvertretungen,

Personalvertretungsgesetz

3. Zuständigkeit, Geschäftsführung und Rechtsstellung der Personalvertretungen und der Jugend- und Auszubildendenvertretungen,
4. Bestehen oder Nichtbestehen von Dienstvereinbarungen.

(2) Die Vorschriften des Arbeitsgerichtsgesetzes über das Beschlußverfahren gelten entsprechend.

§ 92 Fachkammer und Fachsenat

(1) Bei dem Verwaltungsgericht Berlin ist eine Fachkammer und bei dem Oberverwaltungsgericht Berlin ein Fachsenat zu bilden.
(2) Die Fachkammer und der Fachsenat bestehen aus einem Vorsitzenden und ehrenamtlichen Richtern. Die ehrenamtlichen Richter müssen Dienstkräfte der in § 1 Abs. 1 genannten Behörden, Gerichte oder nichtrechtsfähigen Anstalten sein. Sie werden je zur Hälfte auf Vorschlag
1. des Hauptpersonalrats und
2. der in § 1 Abs. 1 bezeichneten Behörden, Gerichte und nichtrechtsfähigen Anstalten

von der Senatsverwaltung für Inneres berufen. Für die Berufung und Stellung der ehrenamtlichen Richter und ihre Heranziehung zu den Sitzungen gelten die Vorschriften des Arbeitsgerichtsgesetzes über die ehrenamtlichen Richter am Arbeitsgericht und am Landesarbeitsgericht entsprechend. Wird während der Amtszeit die Bestellung neuer ehrenamtlicher Richter erforderlich, so werden sie für den Rest der Amtszeit bestellt.
(3) Die Fachkammer und der Fachsenat entscheiden in der Besetzung mit einem Vorsitzenden und je zwei nach Absatz 2 Nr. 1 und 2 berufenen ehrenamtlichen Richtern. Unter den in Absatz 2 Nr. 1 bezeichneten ehrenamtlichen Richtern muß sich je ein Angestellter oder Arbeiter und ein Beamter befinden. Betrifft eine Angelegenheit lediglich eine Gruppe, so müssen die nach Absatz 2 Nr. 1 berufenen ehrenamtlichen Richter der betroffenen Gruppe angehören.
(4) Von der Ausübung des Amtes als Richter oder ehrenamtlicher Richter ist auch ausgeschlossen, wer bei dem vorangegangenen Verwaltungsverfahren mitgewirkt hat.

Abschnitt VIII
Behandlung von Verschlusssachen der Verfassungsschutzbehörde

§ 92a Behandlung von Verschlusssachen der Verfassungsschutzbehörde

(1) Die Beteiligung des Personalrats der Senatsverwaltung für Inneres in den Beteiligungsangelegenheiten nach Abschnitt VI, die ausschließlich Dienstkräfte der Verfassungsschutzabteilung betreffen und die als Verschlusssache mindestens des Geheimhaltungsgrades »VS-Vertraulich« eingestuft sind, setzt voraus, dass die mitwirkenden Personalratsmitglieder nach den dafür geltenden Bestimmungen ermächtigt sind, Kenntnis von Verschlusssachen des Geheimhaltungsgrades »GEHEIM« zu erhalten.
(2) In den in Absatz 1 genannten Angelegenheiten sind § 30 Abs. 3, 4. Alternative (Schwerbehindertenvertretung) und 5. Alternative (Jugend- und Auszu-

Personalvertretungsgesetz

bildendenvertretungen), § 31 Abs. 1 Satz 4 und Abs. 2 Satz 2 und 3 sowie die §§ 35 und 36 nicht anzuwenden; in den Fällen des § 34 Abs. 1 Satz 2 findet eine Beteiligung der Gewerkschaften nicht statt. Diese Angelegenheiten werden in der Personalversammlung nicht behandelt. Soweit in einer Personalversammlung der Senatsverwaltung für Inneres Angelegenheiten behandelt werden, die den Bereich der Verfassungsschutzbehörde betreffen, ist § 46 Abs. 2 und 3 Sätze 3 und 4 nicht anwendbar.

(3) Der Personalrat der Senatsverwaltung für Inneres ist in den in Absatz 1 genannten Angelegenheiten insgesamt zu beteiligen, soweit dessen Mitglieder sämtlich im Sinne des Absatzes 1 ermächtigt sind. Er kann für die Beteiligung aus seiner Mitte einen Ausschuss bilden, der aus je einem Mitglied der im Personalrat vertretenen Gruppen besteht. Er hat diesen Ausschuss zu bilden, wenn die Ermächtigung aller Mitglieder nicht zustande kommt. Die Mitglieder des Ausschusses nach Satz 3 müssen nach den dafür geltenden Bestimmungen ermächtigt sein, Kenntnis von Verschlusssachen des Geheimhaltungsgrades »GEHEIM« zu erhalten; § 29 Abs. 1 Satz 2 gilt entsprechend; § 11 Satz 2 findet für die Mitglieder des Ausschusses keine Anwendung.

(4) Für das Verfahren vor der Einigungsstelle und die Beteiligten nach den §§ 81 bis 83 gilt Absatz 1 entsprechend. § 83 Abs. 1 Satz 3 ist nicht anzuwenden.

(5) Kommt die Ermächtigung aller Mitglieder der Einigungsstelle nicht zustande, tritt an ihre Stelle ein Gremium, das aus dem unparteiischen Vorsitzenden der Einigungsstelle und zwei Beisitzern besteht. Ein Beisitzer wird von der Senatsverwaltung für Inneres auf Vorschlag des Hauptpersonalrats bestellt. Der weitere Beisitzer wird ebenfalls von der Senatsverwaltung für Inneres bestellt; er soll Dienstkraft dieser Verwaltung sein. Absatz 3 Satz 4 gilt entsprechend.

(6) Im Verfahren nach § 80 gelten für den Hauptpersonalrat die Absätze 1 und 3 entsprechend.

(7) Der Leiter der Dienststelle kann anordnen, dass in den Fällen des Absatzes 1 dem Personalrat, dem Hauptpersonalrat und der Einigungsstelle Unterlagen nicht vorgelegt und Auskünfte nicht erteilt werden dürfen, soweit dies zur Vermeidung von Nachteilen für das Wohl der Bundesrepublik Deutschland oder eines ihrer Länder oder auf Grund internationaler Verpflichtungen geboten ist. Im Verfahren nach § 91 sind die gesetzlichen Voraussetzungen für die Anordnung glaubhaft zu machen.

(8) Der Leiter der Dienststelle kann bestimmen, dass Dienstkräfte, bei denen dies wegen ihrer dienstlichen Aufgabe dringend geboten ist, nicht an Personalversammlungen teilnehmen. Er kann weiterhin bestimmen, dass Angelegenheiten des Verfassungsschutzes in Teilversammlungen der betroffenen Dienstkräfte erörtert werden.

(9) Bei der Beteiligung des Hauptpersonalrats und der Einigungsstelle sind Angelegenheiten, die lediglich Dienstkräfte der Verfassungsschutzabteilung betreffen, wie Verschlusssachen des Geheimhaltungsgrades »VS-Vertraulich« zu behandeln, soweit nicht die zuständige Stelle etwas anderes bestimmt.

Personalvertretungsgesetz

Abschnitt IX
Übergangs- und Schlußvorschriften

§ 93

Dienstvereinbarungen, die den §§ 1 bis 69 widersprechen, treten mit Inkrafttreten dieses Gesetzes insoweit außer Kraft. Dienstvereinbarungen, die diesem Gesetz widersprechende Regelungen der Zuständigkeit und Befugnisse der Personalvertretungen enthalten, treten insoweit mit Ablauf von sechs Monaten nach Inkrafttreten dieses Gesetzes außer Kraft.

§ 94

Die in diesem Gesetz für die Gewerkschaften vorgesehenen Rechte und Pflichten gelten auch für die nach § 60 des Landesbeamtengesetzes bei der Vorbereitung allgemeiner Regelungen der beamtenrechtlichen Verhältnisse zu beteiligenden Berufsverbände.

§ 95

Dieses Gesetz findet keine Anwendung auf Religionsgemeinschaften und ihre karitativen und erzieherischen Einrichtungen ohne Rücksicht auf ihre Rechtsform.

§ 96

Soweit in anderen Gesetzen für die in § 1 Abs. 1 genannten Bereiche den Betriebsräten Aufgaben und Befugnisse übertragen sind, gelten diese als Aufgaben oder Befugnisse der nach diesem Gesetz zu bildenden Personalvertretungen.

§ 97 (weggefallen)

§ 98

(1) Zur Regelung der in den §§ 12 bis 19, § 51, § 56, § 63, §§ 68 und 69 bezeichneten Wahlen erläßt der Senat durch Rechtsverordnung Vorschriften über
1. die Vorbereitung der Wahl, insbesondere die Aufstellung der Wählerlisten und die Errechnung der Vertreterzahl,
2. die Frist für die Einsichtnahme in die Wählerlisten und die Erhebung von Einsprüchen,
3. die Vorschlagslisten und die Frist für ihre Einreichung,
4. das Wahlausschreiben und die Fristen für seine Bekanntmachung,
5. die Stimmabgabe,
6. die Feststellung des Wahlergebnisses und die Fristen für seine Bekanntmachung,
7. die Aufbewahrung der Wahlakten.
(2) Die zur Ausführung dieses Gesetzes erforderlichen Verwaltungsvorschriften erläßt die Senatsverwaltung für Inneres.

§ 99

(1) Das Personalvertretungsgesetz (PersVG) vom 22. Juli 1968 (GVBl. S. 1004), zuletzt geändert durch Gesetz vom 22. Februar 1974 (GVBl. S. 466), tritt außer Kraft.
(2) Für Dienststellen im Bereich der Polizeibehörde, die beim Inkrafttreten des Neunten Landesbeamtenrechtsänderungsgesetzes vom 22. Februar 1974 (GVBl. S. 466) bestanden haben und noch bestehen, gilt bis zu ihrer Auflösung Nummer 5 der Anlage zu § 5 Abs. 1 des in Absatz 1 genannten Gesetzes in der vor dem Inkrafttreten des Neunten Landesbeamtenrechtsänderungsgesetzes geltenden Fassung weiter. Artikel V §§ 2 und 3 des Neunten Landesbeamtenrechtsänderungsgesetzes bleibt unberührt, § 3 jedoch mit der Maßgabe, daß an die Stelle der §§ 47 und 48 des in Absatz 1 genannten Gesetzes die entsprechenden Vorschriften dieses Gesetzes treten.
(3) Entscheidungen nach § 5 Abs. 3 und 4 des in Absatz 1 genannten Gesetzes werden durch dessen Außerkrafttreten nicht berührt.
(4) Ist in Rechts- oder Verwaltungsvorschriften auf Vorschriften oder Bezeichnungen Bezug genommen, die nach Absatz 1 nicht mehr gelten, treten an deren Stelle die entsprechenden Vorschriften und Bezeichnungen dieses Gesetzes.

§ 99a Übergangsregelungen für die regelmäßigen Wahlen zu den Personalvertretungen, den Jugend- und Auszubildendenvertretungen und den Frauenvertreterinnen

(1) Für die in der Zeit vom 1. Oktober bis 15. Dezember 2000 stattfindenden regelmäßigen Personalratswahlen, für ihre Vorbereitung und Durchführung und für die Zusammensetzung der zu wählenden Personalvertretungen (§§ 12 bis 22) gelten die Bezirke in der durch § 1 Abs. 1 Satz 1 des Gebietsreformgesetzes vom 10. Juni 1998 (GVBl. S. 131) festgelegten Zusammenlegung als Dienststellen im Sinne des Personalvertretungsgesetzes. Die zur Vorbereitung und Durchführung der Wahlen notwendigen Entscheidungen sind von den bisherigen Personalvertretungen unter entsprechender Anwendung des § 24 Abs. 2 zu treffen. Die Sätze 1 und 2 gelten entsprechend in den in Nummer 10 Buchstabe a der Anlage genannten Regionen.
(2) Die Leiter der bisherigen Dienststellen bleiben gegenüber dem gemeinsam bestellten Wahlvorstand für alle Angelegenheiten zur Durchführung der Wahl in ihren bisherigen Dienststellen verantwortlich. Für alle Angelegenheiten der Wahl, die den Bereich einer bisherigen Dienststelle überschreiten, handeln die Leiter der bisherigen Dienststellen gemeinschaftlich. Sie können die Zuständigkeit für die Durchführung der Wahl einvernehmlich auf einen der betroffenen Dienststellenleiter übertragen.
(3) Die Konstituierung der neugewählten Personalvertretungen findet gemäß § 30 Abs. 1 in Verbindung mit § 29 in der Woche nach der Wahl statt. Die Amtszeit der neugewählten Personalvertretungen beginnt abweichend von § 23 Satz 2 am 1. Januar 2001. Die Amtszeit der bisherigen Personalvertretungen endet abweichend von § 23 Satz 1 und 3 am 31. Dezember 2000.
(4) In den Senatsverwaltungen, die infolge des Artikels 55 Abs. 2 der Verfassung von Berlin mit Beginn der 14. Wahlperiode des Abgeordnetenhauses von Berlin entweder ganz oder teilweise in eine oder mehrere andere Dienststellen eingegliedert oder die mit anderen Dienststellen oder Teilen von Dienststellen

Personalvertretungsgesetz

zu einer neuen Dienststelle zusammengeschlossen werden (§ 24 Abs. 1 Satz 2 Nr. 6), findet § 24 Abs. 1 Anwendung. Die Amtszeiten der vorhandenen Personalräte verlängern sich über die in § 24 Abs. 2 Satz 1 genannte Frist hinaus bis zum Zeitpunkt der konstituierenden Sitzung der in den nächsten regelmäßigen Personalratswahlen neu gewählten Personalräte und endet spätestens am 15. Dezember 2000. Im Übrigen findet § 24 Abs. 2 entsprechende Anwendung.

(5) Absatz 4 gilt entsprechend in den Bezirken, die von Zuständigkeitsfestlegungen durch Rechtsverordnung gemäß § 3 Abs. 3 Satz 2 des Allgemeinen Zuständigkeitsgesetzes betroffen sind, wenn diese spätestens bis zum 1. Januar 2001 wirksam werden. Die Dienstkräfte, die dadurch ihre Dienststelle wechseln, nehmen an den in der Zeit vom 1. Oktober bis zum 15. Dezember 2000 stattfindenden regelmäßigen Personalratswahlen in ihrer neuen Dienststelle teil; im Übrigen finden Absatz 1 Satz 2 und die Absätze 2 und 3 sinngemäße Anwendung.

(6) Die regelmäßigen Wahlen der Jugend- und Auszubildendenvertretungen einschließlich der Gesamt-Jugend- und Auszubildendenvertretungen und der Haupt-Jugend- und Auszubildendenvertretung gemäß §§ 63 Abs. 2, 68 und 69 finden im Jahre 2000 abweichend von § 63 Abs. 2 Satz 2 in der Zeit vom 1. Oktober bis 15. Dezember statt. Die Amtszeiten der in Satz 1 genannten vorhandenen Vertretungen verlängern sich entsprechend. Für die Amtszeit und die Neuwahl der Jugend- und Auszubildendenvertretungen in den in Absatz 1 Satz 1 genannten Bezirken und den in Absatz 4 genannten Senatsverwaltungen gelten die Absätze 1 bis 5 entsprechend.

(7) Die Absätze 1 bis 5 gelten entsprechend für die Wahlen der Frauenvertreterinnen einschließlich der Gesamtfrauenvertreterinnen. § 16a des Landesgleichstellungsgesetzes findet entsprechende Anwendung.

§ 99 b Übergangsregelungen im Zusammenhang mit der Gebietsreform

(1) Die Personalvertretungen der bisherigen Bezirke können über die im Zusammenhang mit der Zusammenführung der Bezirke stehenden beteiligungspflichtigen Angelegenheiten bis zur Bildung eines gemeinsamen Bezirks in gemeinsamen Sitzungen beraten und beschließen.

(2) Die Personalvertretungen der bisherigen Bezirke führen die Geschäfte gemeinsam, bis die neuen Personalräte gewählt sind. Die Aufgaben des Vorsitzenden werden von Sitzung zu Sitzung abwechselnd von den Vorsitzenden der bisherigen Personalräte wahrgenommen. Für die Geschäftsführung gilt im Übrigen § 24 Abs. 2 entsprechend.

(3) Die Bezirksämter der bisherigen Bezirke, die zusammengelegt werden, bestimmen ebenso wie die bisherigen Personalräte, die die Geschäfte gemeinsam führen, eine Stelle, die für die Entgegennahme von verbindlichen Erklärungen und Ankündigungen von beabsichtigten Maßnahmen befugt ist.

(4) Die Personalvertretungen der bisherigen Bezirke können gemeinsame Versammlungen der Dienstkräfte in den bisherigen Bezirken, die zusammengelegt werden, einberufen. Für diese Zusammenkünfte gelten die Vorschriften über Personalversammlungen der §§ 45 bis 49.

(5) Vom 10. Oktober 1999 an dürfen Dienstvereinbarungen in den bisherigen Bezirken, die zusammengelegt werden, nur noch einheitlich von den bisherigen Bezirksämtern und den bisherigen Personalräten in entsprechender Anwen-

Personalvertretungsgesetz

dung der Vorschriften über die Zusammenführung der Bezirksverwaltungen in der Gebietsreform (§ 42 b des Bezirksverwaltungsgesetzes) abgeschlossen werden. Bis zum 30. Juni 2000 sind die vorhandenen Dienstvereinbarungen für den neuen Bezirk zusammenzuführen; die Dienstvereinbarungen für den neuen Bezirk treten am 1. Januar 2001 in Kraft. Kommt bis zum 30. Juni 2000 keine Einigung zu Stande, so wird die Entscheidung in den strittigen Fragen in einer besonderen Einigungsstelle getroffen, die bis zum 30. Juni 2000 zu bilden ist. Sie besteht aus sechs Beisitzern und einem unparteiischen Vorsitzenden. Je drei Beisitzer werden vom Rat der Bürgermeister und vom Hauptpersonalrat bestellt. Der Vorsitzende wird im Einvernehmen mit der Senatsverwaltung für Inneres und dem Hauptpersonalrat bestellt. Im Übrigen gelten die §§ 81 bis 83 entsprechend. Die besondere Einigungsstelle entscheidet durch Beschluss über die strittigen Fragen aus den zusammenzuführenden Dienstvereinbarungen. Sie beendet ihre Tätigkeit zum Zeitpunkt ihres letzten Beschlusses, spätestens jedoch am 31. März 2001. In der Zeit vom 1. Januar bis zum 31. März 2001 kann sie nur über Verfahren verhandeln und beschließen, die vor dem 1. Januar 2001 bei ihr anhängig geworden sind.

(6) Die Absätze 1 bis 5 gelten auch für die Dienststellen nach Nummer 10 Buchstabe a der Anlage.

(7) Die Absätze 1 bis 6 gelten entsprechend für die Jugend- und Auszubildendenvertretungen und unter Berücksichtigung des § 16a Abs. 4 des Landesgleichstellungsgesetzes für die Frauenvertreterinnen.

§ 100
(Ursprüngliches Inkrafttreten des Gesetzes)

Anlage

Dienststellen im Sinne des § 5 Abs. 1
1. Jede Senatsverwaltung mit den ihr nachgeordneten Behörden (Sonderbehörden) und nichtrechtsfähigen Anstalten, soweit nachstehend nichts anderes bestimmt ist,
2. die Senatskanzlei,
3. die Verwaltung des Abgeordnetenhauses,
4. der Rechnungshof,
4. a) der Berliner Datenschutzbeauftragte,
5. bei der Polizeibehörde:
   a) der Polizeipräsident mit seinem Stab und dem Arbeitsbereich Öffentlichkeitsarbeit,
   b) das Landesschutzpolizeiamt mit seinem Führungsstab,
   c) jede örtliche Direktion,
   d) die Direktion für Spezialaufgaben der öffentlichen Sicherheit und des Straßenverkehrs,
   e) das Landeskriminalamt mit der Zentralen polizeilichen Ermittlungsstelle für die Strafverfolgung von Mitgliedern ehemaliger SED-geführter DDR-Regierungen und Verfolgung von Straftaten im Zusammenhang mit dem Wiedervereinigungsgeschehen (ZERV),
   f) das Landespolizeiverwaltungsamt und
   g) die Landespolizeischule,

Personalvertretungsgesetz

6. jedes Gericht, jede Staatsanwaltschaft und die Amtsanwaltschaft,
7. jede Justizvollzugsanstalt,
8. die Oberfinanzdirektion Berlin und jedes Finanzamt,
9. die Feuerwehr,
10. beim Landesschulamt:
    a) in Regionen, die den Bezirken entsprechen, jeweils die Gesamtheit der in Schulen – ausgenommen berufsbildende und in Buchstabe d genannte Schulen – tätigen Lehrkräfte, Vorklassenleiter, Pädagogischen Unterrichtshilfen, Sozialpädagogen, Handwerksmeister, Laboranten, technischen, verwaltungsfachlichen und sonstigen Dienstkräfte, Erzieher im Ganztagsbetrieb sowie Dienstkräfte in der Schulpsychologischen Beratungsstelle,
    b) die Dienstkräfte in berufsbildenden Schulen,
    c) die Studienreferendare und Lehranwärter,
    d) die Dienstkräfte beim Landesschulamt, einschließlich der Dienstkräfte in der Staatlichen Ballettschule und Schule für Akustik sowie die Schulen mit sportlichem Schwerpunkt, ausgenommen die Dienstkräfte nach den Buchstaben a bis c,
11. das Berliner Landesinstitut für Schule und Medien,
12. das Landesamt für Gesundheit und Soziales Berlin,
13. in den Bezirken die gesamte Bezirksverwaltung, jedoch ohne die Krankenhausbetriebe,
14. jeder Krankenhausbetrieb und jede andere Kranken-, Heil- und Pflegeanstalt,
15. jede Körperschaft, Anstalt und Stiftung des öffentlichen Rechts, jedoch ohne Kranken-, Heil- und Pflegeanstalten.

Auszug aus dem Bundespersonalvertretungsgesetz

vom 15. März 1974 (BGBl. I, 693) zuletzt geändert durch Gesetz vom 9. Juli 2001 (BGBl. I, S. 1510)

Zweiter Teil
Personalvertretungen in den Ländern

Erstes Kapitel
Rahmenvorschriften für die Landesgesetzgebung

§ 94 [Rahmenvorschriften]

Für die Gesetzgebung der Länder sind die §§ 95 bis 106 Rahmenvorschriften.

§ 95 [Pflicht zur Bildung von Personalvertretungen]

(1) In den Verwaltungen und Betrieben der Länder, Gemeinden, Gemeindeverbände und der sonstigen nicht bundesunmittelbaren Körperschaften, Anstalten und Stiftungen des öffentlichen Rechts sowie in den Gerichten der Länder werden Personalvertretungen gebildet; für Beamte im Vorbereitungsdienst und Beschäftigte in entsprechender Berufsausbildung, Staatsanwälte, Polizeibeamte und Angehörige von Rundfunk- und Fernsehanstalten sowie von Dienststellen, die bildenden, wissenschaftlichen oder künstlerischen Zwecken dienen, können die Länder eine besondere Regelung unter Beachtung des § 104 vorsehen.

(2) In den einzelnen Dienststellen ist die Bildung von Jugend- und Auszubildendenvertretungen vorzusehen. Einem Vertreter der Jugend- und Auszubildendenvertretung ist die Teilnahme an allen Sitzungen der Personalvertretung mit beratender Stimme zu gestatten. Die Länder haben zu regeln, in welchen Fällen der gesamten Jugend- und Auszubildendenvertretung ein Teilnahmerecht mit beratender Stimme und in welchen Fällen ihr das Stimmrecht in der Personalvertretung einzuräumen ist.

(3) Der Schwerbehindertenvertretung ist die Teilnahme an allen Sitzungen der Personalvertretung zu gestatten.

§ 96 [Koalitionen]

Die Aufgaben der Gewerkschaften und der Vereinigungen der Arbeitgeber werden durch das Personalvertretungsrecht nicht berührt.

Bundespersonalvertretungsgesetz

§ 97 [Vorrang des Gesetzes]

Durch Tarifvertrag oder Dienstvereinbarung darf eine von den gesetzlichen Vorschriften abweichende Regelung des Personalvertretungsrechts nicht zugelassen werden.

§ 98 [Wahlgrundsätze – Gruppenprinzip]

(1) Die Personalvertretungen werden in geheimer und unmittelbarer Wahl und bei Vorliegen mehrerer Wahlvorschläge nach den Grundsätzen der Verhältniswahl gewählt.
(2) Sind in einer Dienststelle Angehörige verschiedener Gruppen (Beamte, Angestellte, Arbeiter) wahlberechtigt, so wählen die Angehörigen jeder Gruppe ihre Vertreter in getrennten Wahlgängen, sofern nicht die Mehrheit der Wahlberechtigten jeder Gruppe in getrennter geheimer Abstimmung die gemeinsame Wahl beschließt.
(3) Über Angelegenheiten, die nur die Angehörigen einer Gruppe betreffen, kann die Personalvertretung nicht gegen den Willen dieser Gruppe beschließen.
(4) Die Geschlechter sollen in den Personalvertretungen und den Jugend- und Auszubildendenvertretungen entsprechend dem Zahlenverhältnis vertreten sein.

§ 99 [Schutz der Wahl und der Tätigkeit der Personalvertretungen]

(1) Wahl und Tätigkeit der Personalvertretungen und der Jugendvertretungen oder der Jugend- und Auszubildendenvertretungen dürfen nicht behindert oder in einer gegen die guten Sitten verstoßenden Weise beeinflußt werden.
(2) Mitglieder der Personalvertretungen und der Jugendvertretungen oder der Jugend- und Auszubildendenvertretungen dürfen gegen ihren Willen nur versetzt oder abgeordnet werden, wenn dies aus wichtigen dienstlichen Gründen auch unter Berücksichtigung der Mitgliedschaft in der Personalvertretung oder der Jugendvertretung sowie der Jugend- und Auszubildendenvertretung unvermeidbar ist und die Personalvertretung zustimmt.

§ 100 [Ehrenamt – Ausschluß wirtschaftlicher Nachteile – Kosten]

(1) Die Mitglieder der Personalvertretungen führen ihr Amt unentgeltlich als Ehrenamt.
(2) Durch die Wahl und die Tätigkeit der Personalvertretungen dürfen den Beschäftigten wirtschaftliche Nachteile nicht entstehen.
(3) Die durch die Wahl und die Tätigkeit der Personalvertretungen entstehenden Kosten trägt die Verwaltung.

§ 101 [Nichtöffentlichkeit der Sitzungen – Schweigepflicht – Unterrichtungspflicht]

(1) Die Sitzungen der Personalvertretungen sind nicht öffentlich.
(2) Personen, die Aufgaben und Befugnisse nach dem Personalvertretungsrecht wahrnehmen oder wahrgenommen haben, haben über die ihnen dabei

Bundespersonalvertretungsgesetz

bekanntgewordenen Angelegenheiten und Tatsachen Stillschweigen zu bewahren.
(3) Den Personalvertretungen sind auf Verlangen die zur Durchführung ihrer Aufgaben erforderlichen Unterlagen zur Verfügung zu stellen. Personalakten dürfen Mitgliedern der Personalvertretungen nur mit Zustimmung des Beschäftigten vorgelegt werden.

§ 102 [Amtsperiode – Auflösung – Ausschluß von Mitgliedern]

(1) Die Personalvertretungen sind in angemessenen Zeitabständen neu zu wählen.
(2) Die Personalvertretungen können wegen grober Vernachlässigung ihrer gesetzlichen Befugnisse oder wegen grober Verletzung ihrer gesetzlichen Pflichten durch gerichtliche Entscheidung aufgelöst werden. Das gleiche gilt für den Ausschluß einzelner Mitglieder.

§ 103 [Allgemeine Pflichten der Personalvertretungen]

Die Personalvertretungen haben darauf hinzuwirken, daß die zugunsten der Beschäftigten geltenden Vorschriften und Bestimmungen durchgeführt werden.

§ 104 [Beteiligungsgrundsätze – Einigungsstelle]

Die Personalvertretungen sind in innerdienstlichen, sozialen und personellen Angelegenheiten der Beschäftigten zu beteiligen; dabei soll eine Regelung angestrebt werden, wie sie für Personalvertretungen in Bundesbehörden in diesem Gesetz festgelegt ist. Für den Fall der Nichteinigung zwischen der obersten Dienstbehörde und der zuständigen Personalvertretung in Angelegenheiten, die der Mitbestimmung unterliegen, soll die Entscheidung einer unabhängigen Stelle vorgesehen werden, deren Mitglieder von den Beteiligten bestellt werden. Entscheidungen, die wegen ihrer Auswirkungen auf das Gemeinwesen wesentlicher Bestandteil der Regierungsgewalt sind, insbesondere Entscheidungen
  in personellen Angelegenheiten der Beamten,
  über die Gestaltung von Lehrveranstaltungen im Rahmen des Vorbereitungsdienstes einschließlich der Auswahl der Lehrpersonen und in organisatorischen Angelegenheiten,
dürfen jedoch nicht den Stellen entzogen werden, die der Volksvertretung verantwortlich sind.

§ 105 [Pflichten von Dienststellen und Personalvertretungen]

Die Personalvertretungen haben gemeinsam mit dem Leiter der Dienststelle für eine sachliche und gerechte Behandlung der Angelegenheiten der Beschäftigten zu sorgen. Insbesondere darf kein Beschäftigter wegen seiner Abstammung, Religion, Nationalität, Herkunft, politischen oder gewerkschaftlichen Betätigung oder Einstellung, wegen seines Geschlechtes oder wegen persönlicher Beziehungen bevorzugt oder benachteiligt werden. Der Leiter der Dienststelle und die Personalvertretung haben jede parteipolitische Betätigung in der

Bundespersonalvertretungsgesetz

Dienststelle zu unterlassen; die Behandlung von Tarif-, Besoldungs- und Sozialangelegenheiten wird hierdurch nicht berührt.

§ 106 [Verwaltungsrechtsweg]

Zu gerichtlichen Entscheidungen sind die Verwaltungsgerichte berufen.

Zweites Kapitel
Unmittelbar für die Länder geltende Vorschriften

§ 107 [Verbot der Behinderung, Benachteiligung und Begünstigung]

Personen, die Aufgaben oder Befugnisse nach dem Personalvertretungsrecht wahrnehmen, dürfen darin nicht behindert und wegen ihrer Tätigkeit nicht benachteiligt oder begünstigt werden; dies gilt auch für ihre berufliche Entwicklung. § 9 gilt entsprechend.

§ 108 [Beteiligung bei Kündigung]

(1) Die außerordentliche Kündigung von Mitgliedern der Personalvertretungen, der Jugendvertretungen oder der Jugend- und Auszubildendenvertretungen, der Wahlvorstände sowie von Wahlbewerbern, die in einem Arbeitsverhältnis stehen, bedarf der Zustimmung der zuständigen Personalvertretung. Verweigert die zuständige Personalvertretung ihre Zustimmung oder äußert sie sich nicht innerhalb von drei Arbeitstagen nach Eingang des Antrags, so kann das Verwaltungsgericht sie auf Antrag des Dienststellenleiters ersetzen, wenn die außerordentliche Kündigung unter Berücksichtigung aller Umstände gerechtfertigt ist. In dem Verfahren vor dem Verwaltungsgericht ist der betroffene Arbeitnehmer Beteiligter.

(2) Eine durch den Arbeitgeber ausgesprochene Kündigung des Arbeitsverhältnisses eines Beschäftigten ist unwirksam, wenn die Personalvertretung nicht beteiligt worden ist.

§ 109 [Unfallfürsorge für Beamte]

Erleidet ein Beamter anläßlich der Wahrnehmung von Rechten oder Erfüllung von Pflichten nach dem Personalvertretungsrecht einen Unfall, der im Sinne der beamtenrechtlichen Unfallfürsorgevorschriften ein Dienstunfall wäre, so finden diese Vorschriften entsprechende Anwendung.

Kommentar zum Personalvertretungsgesetz Berlin

Abschnitt I
Einleitende Vorschriften

§ 1 Allgemeines

(1) In den Verwaltungen, den Gerichten und Betrieben des Landes Berlin sowie in den landesunmittelbaren Körperschaften, Anstalten und Stiftungen des öffentlichen Rechts werden Personalvertretungen gebildet.
(2) Personalvertretungen im Sinne dieses Gesetzes sind die Personalräte, die Gesamtpersonalräte und der Hauptpersonalrat.

Übersicht   Rn.

Voraussetzungen der Personalratsfähigkeit 1– 3
Sachlicher Geltungsbereich 4– 7
Räumlicher Geltungsbereich.   8–12
Verwaltungen. 13, 14
Gerichte   15–18
Betriebe.   19
Körperschaften 20, 21
Anstalten. 22, 23
Stiftungen   24
Abgrenzung   25–27
Bildung von Personalvertretungen   28
Rechtsnatur der Personalvertretungen   29–38
Personalvertretungsorgane   39–43
Stellung der Mitglieder von Personalvertretungen 44, 45
Streitigkeiten   46–48

Voraussetzungen der Personalratsfähigkeit

Das PersVG Bln enthält ebenso wie das BPersVG eine Vielzahl von Regelungen, **1**
die denen des Betriebsverfassungsgesetzes ähnlich sind, wobei allerdings die
besonderen Strukturen der öffentlichen Verwaltung, die anders als die Privatwirtschaft organisiert ist und andere Zwecke verfolgt, berücksichtigt werden müssen.

§ 1 legt die **Voraussetzungen der Personalratsfähigkeit** der öffentlich-recht- **2**
lichen Institutionen fest, Abs. 1, und bestimmt abschließend, welche Arten von
Personalvertretungen im Bereich dieses Gesetzes bestehen, Abs. 2. Er entspricht
den bisherigen Regelungen in den §§ 1 und 2 PersVG Bln a. F. Es ist zwischen

§ 1

einem sachlichen und einem räumlichen Geltungsbereich zu unterscheiden, wobei durch Aufzählung von bestimmten öffentlich-rechtlichen Institutionen eine weitere Eingrenzung erfolgt.

3 Im Gegensatz zu § 1 BetrVG ist die Bildung von Personalvertretungen **nicht** von einer **Mindestgröße** der Verwaltung oder ähnlichem abhängig. Hierbei ist der Gesetzgeber davon ausgegangen, daß im Gegensatz zu der Privatwirtschaft eine Begrenzung hinsichtlich der Beschäftigtenzahl innerhalb einer öffentlich-rechtlichen Institution nicht erforderlich ist, zumal das Gesetz nur den Berliner öffentlichen Dienst betrifft, in dem es keine Zwergdienststellen gibt. Außerdem sind in der Anlage zu § 5 Abs. 1 bestimmte Personengesamtheiten zu Dienststellen erklärt worden.

Sachlicher Geltungsbereich

4 Die Bestimmung des sachlichen Geltungsbereiches des Gesetzes wird ausschließlich von der **Rechtsform des Inhabers** bzw. Trägers der Verwaltung, öffentlich-rechtlichen Institution oder des Betriebes bestimmt. Die Rechtspersönlichkeit muß aufgrund öffentlich-rechtlicher Anerkennung oder Verleihung bestehen. Auf den verfolgten Zweck kommt es nicht an. Grundsätzlich kann die Errichtung nur durch Gesetz oder durch Hoheitsakt aufgrund eines Gesetzes erfolgen.

5 Im Gegensatz dazu entstehen die dem Privatrecht unterliegenden **juristischen Personen des Privatrechts** aufgrund einer Handlung, die auf der Privatautonomie beruht. Unmaßgeblich ist dabei, ob zu der rechtswirksamen Entstehung auch noch ein staatlicher Akt hinzutreten muß, wie z. B. die Konzessionserteilung *(bei wirtschaftlichem Verein, Stiftung, Konzessionen aufgrund öffentlich-rechtlicher Vorschriften im Gaststättenbereich).* Dieser Hoheitsakt tritt nämlich kumulativ, d. h. gleichrangig, neben die privatautonome Handlung *(Gründung des Vereins, Gesellschaftsvertrag o. ä.).* Juristische Personen des Privatrechts sind neben den Vereinen, für die die Regelungen der §§ 21 ff. BGB gelten, auch die juristischen Personen des Handelsrechts, wie z. B. die Aktiengesellschaft, die Gesellschaft mit beschränkter Haftung, die Genossenschaft und die Kommanditgesellschaft auf Aktien.

6 Aus dieser Unterscheidung folgt, daß Betriebe, die in einer privatrechtlichen Form vom Staat betrieben werden **(Eigengesellschaften), nicht unter die Regelungen des PersVG Bln, sondern unter** die Regelungen des **Betriebsverfassungsgesetzes** fallen. Nicht unter die Regelungen des PersVG Bln fällt daher die **Bewag,** da sie eine Aktiengesellschaft ist, die in privatrechtlicher Form durch die öffentliche Hand mittelbar betrieben wird. Allein ausschlaggebend ist die privatrechtiche Rechtsform des Betriebes, wobei unerheblich ist, wer Eigentümer des Betriebsvermögens ist. Auf die **Berliner Flughafen GmbH** oder die **Berliner Bank AG** ist dieses Gesetz nicht anwendbar, da sie Unternehmen des privaten Rechts sind, ohne Rücksicht darauf, daß Eigentümer der Bund bzw. das Land Berlin sind. Sie unterliegen den Regelungen des Betriebsverfassungsgesetzes. Wird eine Dienststelle oder sonstige Verwaltungseinheit **privatisiert,** wird aus ihr also eine juristische Person des Privatrechts, gilt das Personalvertretungsrecht nicht mehr, es sei denn, in einer zugrundeliegenden gesetzlichen Regelung wäre die Fortgeltung des Personalvertretungsrechts für eine Übergangszeit vorgesehen. Dies gilt auch bei einem **Betriebsübergang** i. S. des § 613a BGB. Eine Dienststelle, die auf einen privatwirtschaftlich organisier-

§ 1

ten Träger übertragen wird, fällt mit der Übertragung aus dem Geltungsbereich des Personalvertretungsrechts heraus. Tarifvertraglich kann in diesen Fällen die Fortgeltung des Personalvertretungsrechts nicht, auch nicht für eine Übergangszeit, vereinbart werden.
Dagegen fallen unter die Geltung des PersVG Bln diejenigen Betriebe, die von 7 einer öffentlich-rechtlichen Körperschaft unmittelbar geführt werden.

Räumlicher Geltungsbereich

Der Geltungsbereich des PersVG Bln ist **räumlich nicht auf das Gebiet des** 8 **Landes Berlin beschränkt.** Dieses Gebiet umfaßt gem. Art. 4 der Verfassung von Berlin das Gebiet von Gesamt-Berlin. Die früheren Einschränkungen sind mit der Vereinigung entfallen, die besatzungsrechtlichen Bestimmungen und Einschränkungen sind suspendiert worden (Suspendierungserklärung vom 2. 10. 1990 – BGBl. II, 1331).
Unter das PersVG Bln fallen auch Berliner Verwaltungen, Betriebe, Körper- 9 schaften, Anstalten und Stiftungen des öffentlichen Rechts, deren **Sitz sich außerhalb von Berlin** in anderen Ländern der Bundesrepublik Deutschland befindet. Das gilt z. B. für auswärtige Verwaltungsstellen und Betriebe von Körperschaften, Anstalten, Stiftungen des öffentlichen Rechts, wie z. B. die Sanatorien der Landesversicherungsanstalt Berlin, wenn diese nur selbst ihren Sitz in Berlin haben. Maßgeblich ist dabei der Sitz des zentralen Verwaltungsorgans, in der Regel der Hauptverwaltung.
Der **Wohnsitz** der Dienstkräfte und ihr Dienstsitz sind gleichgültig. 10
Das gleiche würde für **im Ausland befindliche** Betriebe, Verwaltungen oder 11 sonstige Institutionen des öffentlichen Rechts des Landes Berlin gelten, soweit dort Bedienstete mit deutscher Staatsangehörigkeit beschäftigt sind. Bei dem Personalvertretungsrecht handelt es sich zwar um öffentliches Recht, das grundsätzlich auf das Staatsgebiet beschränkt ist, aber es enthält Regelungen der rein innerdienstlichen Beziehungen zwischen den Dienstkräften und dem öffentlichen Dienstherrn, so daß weder Artikel 32 Abs. 1 GG noch Art. 7 Nr. 1 GG oder ausländische Gesetze Anwendung finden.
Vom Geltungsbereich des Gesetzes sind die **Bundesbehörden**, Körperschaften, 12 Anstalten und Stiftungen des öffentlichen Rechts, die dem Bund zuzurechnen sind, ausgeschlossen. Für sie gilt das BPersVG.

Verwaltungen

Verwaltungen des Landes Berlin sind die einzelnen Fachverwaltungen, d. h. 13 insbesondere die Senatsverwaltungen, Bezirksverwaltungen und die ihnen gleichgestellten Dienstbehörden *(siehe § 7)* und obersten Dienstbehörden *(siehe § 8)* des Landes Berlin.
Als **Verwaltung im Sinne dieses Gesetzes** ist nicht die Dienststelle des § 5 14 anzusehen, sondern die Gesamtheit der zur Erfüllung hoheitlicher Aufgaben im Geschäftsbereich einer obersten Dienstbehörde (§ 8) zusammengefaßten Verwaltungseinheiten ohne Rücksicht auf ihre Funktionen im einzelnen als Behörde, Verwaltungsstelle oder Betrieb. Während für den Betriebsbegriff im Betriebsverfassungsgesetz im wesentlichen die räumlich zusammengefaßte organisatorische Einheit von personellen und sachlichen Mitteln zur fortgesetzten Verfolgung eines bestimmten arbeitstechnischen Zweckes maßgeblich ist,

§ 1

ist Einheit für die Personalvertretung im Sinne dieses Gesetzes die Verwaltung als Ganzes. Die Personalvertretungen werden daher in enger Anlehnung an den Aufbau der Verwaltung errichtet.

Gerichte

15 Auch die **Gerichte** fallen unter die Regelungen des PersVG Bln. Zu den Gerichten des Landes Berlin gehören:
 1. der Verfassungsgerichtshof (Gesetz über den Verfassungsgerichtshof vom 8. 11. 1990 – GVBl., 2246),
 2. die Verwaltungsgerichte, nämlich das Verwaltungsgericht und das Oberverwaltungsgericht,
 3. die Zivil- und Strafgerichte, nämlich die Amtsgerichte, das Landgericht und das Kammergericht,
 4. die Arbeitsgerichte, nämlich das Arbeitsgericht und das Landesarbeitsgericht,
 5. die Sozialgerichte, nämlich das Sozialgericht und das Landessozialgericht,
 6. das Finanzgericht.

16 **Nicht** erfaßt werden die **Dienststrafgerichte**, da sie keine eigene Dienststelle haben, sie sind vielmehr anderen Gerichten angegliedert. Das gleiche gilt für das Ehrengericht der Rechtsanwälte und sonstige Ehrengerichte anderer Berufsgruppen.

17 In den Gerichten des Landes Berlin unterliegt **nur das nichtrichterliche Personal** diesem Gesetz, die Richter gehören nicht zu den in § 3 aufgeführten Dienstkräften. Unter den Geltungsbereich des PersVG Bln fallen jedoch die **Staatsanwälte**, da sie Beamte sind. Die auf sie anzuwendenden Vorschriften des DRiG *(vergleiche § 122 DRiG)* verleihen ihnen nicht die Unabhängigkeit des Richters. Das gleiche gilt für die **Mitglieder des Rechnungshofes.** Für die Richter werden Sondervertretungen nach § 19 ff. BlnRiG gebildet, nämlich der Richterrat, der Gesamtrichterrat und der Hauptrichterrat. Daneben besteht der Präsidialrat, §§ 31 ff. BlnRiG.

18 Eine **gemeinsame Beteiligung von Personalvertretung und Richtervertretung** ist vorgesehen bei allgemeinen und sozialen Angelegenheiten, die sowohl Richter als auch Angestellte, Arbeiter oder Beamte des Gerichts betreffen, § 28 Abs. 1 Nr. 3 BlnRiG. In entsprechender Anwendung des § 15 Abs. 3 PersVG Bln entsenden die Richterräte eine bestimmte Anzahl von Mitgliedern in die Personalräte, § 29 Abs. 1 BlnRiG. Die Richter bilden in diesen Fällen eine Gruppe, so daß für die Beschlußfassung die §§ 33, 34 PersVG Bln gelten.

Betriebe

19 Betriebe im Sinne des § 1 PersVG Bln sind **alle öffentlichen Unternehmungen** des Landes Berlin, die nicht in privater Rechtsform, z. B. als Gesellschaft mit beschränkter Haftung, Aktiengesellschaft, Kommanditgesellschaft, offene Handelsgesellschaft oder in ähnlicher Form betrieben werden. Träger des Betriebes muß eine öffentlich-rechtliche Institution bzw. eine juristische Person des öffentlichen Rechts sein *(vergleiche im einzelnen oben Rn. 4 ff.)*. Funktionen, Zweck und Rechtsform sind für die Einordnung unbeachtlich.

§ 1

Körperschaften

Körperschaften des öffentlichen Rechts sind mitgliedschaftlich organisierte, rechtsfähige **Verbände des öffentlichen Rechts,** die staatliche Aufgaben mit hoheitlichen Mitteln unter staatlicher Aufsicht wahrnehmen. Die Mitgliedschaft kann freiwillig sein oder auf Zwang beruhen. Die rechtliche Abgrenzung von der Anstalt des öffentlichen Rechts ist oft schwierig. Entscheidend ist allein die Rechtsform, auf eine irreführende Bezeichnung kommt es nicht an. 20

Die **Dienstaufsicht** wird von dem Land Berlin, vertreten durch den Senat oder einen Senator, ausgeübt. Beispiele der Körperschaften des öffentlichen Rechts sind die Träger der Sozialversicherung, also z. B. die Ortskrankenkassen (*§ 4 Abs. 2 SGB V*) und zum Teil die wissenschaftlichen Hochschulen und Fachhochschulen, vergleiche § 2 Abs. 1 BerlHG. Die Körperschaften des öffentlichen Rechts werden in der Regel durch Gesetze geschaffen, wobei in dem Gesetz die Rechtsform festgelegt wird. 21

Anstalten

Demgegenüber ist die Anstalt des öffentlichen Rechts eine durch Gesetz oder staatlichen Hoheitsakt mit eigener Rechtspersönlichkeit ausgestattete Einrichtung, deren sachliche **Grundlage** nicht die Mitgliedschaft von Personen wie bei der Körperschaft des öffentlichen Rechts ist, sondern **das Anstaltsvermögen.** Sie sind rechtlich selbständige Einheiten der mittelbaren Staatsverwaltung und besitzen Satzungsgewalt sowie andere Selbstverwaltungsrechte. 22

Die **Grenzziehung** zwischen öffentlich-rechtlichen Anstalten und sonstigen, insbesondere gewerblichen Unternehmen ist für die rechtsfähige öffentliche Anstalt dadurch erleichtert, daß ihre Struktur und ihre Funktion in der Regel gesetzlich, immer aber normativ festgelegt ist. Anstalten des öffentlichen Rechts sind häufig Rundfunk- und Fernsehanstalten und teilweise auch Hochschulen, vergleiche § 1 SFBG, § 2 Abs. 1 BerlHG. 23

Stiftungen

Die Stiftung des öffentlichen Rechts ist eine selbständige, mit eigener Rechtspersönlichkeit ausgestattete **Vermögensmasse,** die der Staat oder ein sonstiger Verwaltungsträger des öffentlichen Rechts auf Dauer einem bestimmten Zweck gewidmet hat. Nicht hierunter fallen die Zuwendungen, die einer juristischen Person des öffentlichen Rechts mit der Auflage gemacht werden, sie zu einem bestimmten Zweck zu verwenden. 24

Abgrenzung

Die in der Praxis häufig schwierige **Unterscheidung** zwischen den drei verschiedenen Typen der öffentlichen Rechtspersönlichkeiten spielt für die Frage des Geltungsbereiches des PersVG Bln keine entscheidende Rolle, da alle drei unter den Geltungsbereich des Gesetzes fallen. Gleichwohl können sich aus der unterschiedlichen rechtlichen Konstruktion Unterschiede hinsichtlich des Organisationsaufbaus und der Vertretungsmacht ergeben, die Auswirkungen auf das Personalvertretungsrecht haben können. Außerdem müssen die verschie- 25

§ 1

denartigen rechtlichen Gestaltungen bei der Abgrenzung von ähnlichen Institutionen des Privatrechts beachtet werden.

26 Für die Anwendbarkeit des PersVG Bln in den Körperschaften, Anstalten und Stiftungen des öffentlichen Rechts ist Voraussetzung, daß sie landesunmittelbar sind. Was unter **Landesunmittelbarkeit** zu verstehen ist, ist in § 28 Abs. 2 AZG abschließend geregelt. Danach sind alle diejenigen Körperschaften, Anstalten und Stiftungen des öffentlichen Rechts landesunmittelbar, die
1. auf Landesrecht beruhen oder
2. auf Bundesrecht beruhen, ohne daß dem Bund die Aufsicht über sie zusteht, oder
3. durch Staatsvertrag oder Verwaltungsvereinbarung der Aufsicht Berlins unterstellt sind.

Es kommt entscheidend auf die jeweils maßgeblichen Gesetze, Verordnungen und sonstigen öffentlich-rechtlichen Vereinbarungen an.

27 **Kirchen** und sonstige **Religionsgemeinschaften** einschließlich der ihnen zugeordneten karitativen und sozialen sowie erzieherischen Einrichtungen fallen nicht unter den Geltungsbereich des Gesetzes. Entscheidend ist auch hier die Rechtsform. Nicht erfaßt werden daher beispielsweise Krankenhäuser, Pflegeheime, Schulen, Kindergärten, die dem kirchlichen Bereich zuzurechnen sind.

Bildung von Personalvertretungen

28 Die Bildung von Personalvertretungen **muß** von dem Dienstherrn bzw. der Dienststelle **gestattet werden**. In den besonderen Fällen der §§ 17 bis 18 muß die Dienststelle die Wahl in die Wege leiten. Machen jedoch die Dienstkräfte von ihrem Recht, eine Personalvertretung zu wählen, keinen Gebrauch, dann kann die Bildung einer Personalvertretung von einer anderen Stelle nicht erzwungen werden. Die Nichtbeteiligung an der Wahl ist weder unter Strafe gestellt noch als Dienstpflichtverletzung anzusehen. Wird in einer dem PersVG Bln unterliegenden Dienststelle kein Personalrat gewählt, können in ihr die Mitwirkungs- und Mitbestimmungsrechte nicht ausgeübt werden.

Rechtsnatur der Personalvertretungen

29 Ebenso wie im Betriebsverfassungsrecht für die Betriebsräte ist im Personalvertretungsrecht für die Personalvertretungen Hauptaufgabe die Vertretung der kollektiven Interessen der in der Dienststelle beschäftigten Personen. Aus dieser Aufgabenstellung folgt, daß die Personalvertretungen **Repräsentativorgan der Beschäftigten** der Dienststelle sind *(BVerfG vom 27. 3. 1979, E 51, 77, 87; vom 26. 5. 1970, E 28, 314, 322; BVerwG vom 19. 9. 1983, E 68, 30, 36; vom 27. 2. 1985, ZBR 1985, 173, 174; im einzelnen dazu MünchArbR/Germelmann, 2. Aufl., § 368 Rn. 1ff.).* Dem entspricht auch das im Bereich des Personalvertretungsrechts geltende Demokratieprinzip, die Mitglieder der Personalvertretungsorgane erhalten durch die Wahl ein allgemeines Mandat, das ihnen auch durch die einzelnen Beschäftigten nicht entzogen werden kann. Damit können die Personalvertretungen aber auch nicht Vertreter der Einzelinteressen einer einzelnen Dienstkraft sein *(BVerfG a.a.O.; BVerwG a.a.O.).*

30 Die Rechtsnatur der Personalvertretungsorgane wird auch von ihrer Zuständigkeit in Beteiligungsangelegenheiten bestimmt. Ihre Zuständigkeit richtet sich nach der Zuständigkeit des jeweiligen Dienststellenleiters *(BVerwG vom*

31. 8. 1988, DVBl. 1989, 200; BayVGH vom 13. 7. 1988, PersV 1989, 533; Schinkel, NZA 1988, 825, 826). Der Zuständigkeitsbereich des Hauptpersonalrats richtet sich dabei nach § 59, derjenige des Gesamtpersonalrats nach § 54. Auch bei Haupt- und Gesamtpersonalrat richtet sich damit die Vertretungsbefugnis nach bestimmten, dienststellenübergreifenden Bereichen, beide sind jedoch letztlich in die Behördenorganisation, der Hauptpersonalrat in diejenige des Senators für Inneres, eingebunden. Aus dieser Zuordnung zu bestimmten Dienststellen bzw. Behörden oder Verwaltungseinheiten ergibt sich, daß die Personalvertretungsorgane auch im Rahmen des PersVG Bln als **Teil der jeweiligen Dienststelle** bezeichnet werden können, wobei ihre Organstellung öffentlich-rechtlicher Natur ist. Die Bezeichnung als einem dienststelleneigenen Verwaltungsorgan ist dabei jedoch nicht zutreffend. Damit würde letztlich angedeutet, daß eine vollständige Eingliederung der Personalvertretungsorgane in den internen Verwaltungsaufbau vorliegen könnte. Dies entspricht aber nicht ihrer Aufgabenstellung.

Auch das Personalvertretungsgesetz geht von einem **Interessengegensatz** zwischen Dienststellenleiter und Personalvertretung aus. Die Personalvertretung hat in erster Linie die Interessen der in der Dienststelle beschäftigten Arbeitnehmer und Beamten zu vertreten. Diese Befugnis findet ihre Grenzen zum einen in den Bestimmungen des PersVG Bln und in den unmittelbar für die Bundesländer geltenden Rahmenbestimmungen des BPersVG. Hinzu kommt die Bindung an das Gemeinwohl und das Sozialstaatsprinzip der Art. 20 und 28 GG, die letztlich die Möglichkeiten der Interessenwahrnehmung auch für die Personalvertretungsorgane einschränken. Dies ergibt sich auch aus der Norm des § 2 Abs. 1, nach der die Personalvertretungen unter anderem auch zur Erfüllung der dienstlichen Aufgaben mit den Dienststellen, Dienstbehörden und obersten Dienstbehörden zusammenzuarbeiten haben. Der Aufgabenerfüllung für die Dienststelle, zumindest soweit sie dem Gemeinwohl und dem Sozialstaatsprinzip dient, wird dabei im Rahmen der Interessenabwägung eine zentrale Bedeutung zukommen. Hierbei wird auch eine Rolle die Gesetzesbindung für Verwaltung und Personalvertretung spielen. Über das Personalvertretungsrecht können Aufgabenstellungen in anderen Gesetzen nicht eingeschränkt oder beseitigt werden, auch können durch die Beteiligungsrechte nicht Verwaltungsausgaben verursacht werden, die in den Haushaltsgesetzen keine Deckung finden. 31

Die Personalvertretungsorgane haben **keine eigene Rechtspersönlichkeit** im Außenverhältnis, d. h. zur Vertretung der Interessen der Dienstkräfte Dritten gegenüber. Sie können im Außenverhältnis keine rechtsgeschäftlichen Erklärungen wirksam abgeben *(BVerwG vom 6. 3. 1959, ZBR 1959, 163).* Lediglich im Innenverhältnis im Rahmen der Aufgaben, die ihnen durch Gesetz zugewiesen sind, können sie die Interessen der Dienstkräfte der Dienststelle vertreten und wirksam Erklärungen abgeben und Vereinbarungen abschließen. 32

Da die Personalvertretungsorgane nicht selbständig rechtsfähig sind, können sie auch nur im Rahmen des personalvertretungsrechtlichen Beschlußverfahrens selbständig ihre Rechte geltend machen. Nach § 91 Abs. 2 i. V. m. § 10 ArbGG steht ihnen insoweit eine für den Kompetenzbereich des Personalvertretungsrechts beschränkte Beteiligtenfähigkeit zu. 33

Aufgrund der fehlenden Rechtspersönlichkeit ist eine **Haftung** der Personalvertretungsorgane aus von ihnen abgegebenen rechtsgeschäftlichen Erklärungen oder aus unerlaubten Handlungen **ausgeschlossen** *(Lorenzen u. a., BPersVG,* 34

§ 1

§ 1 Rn. 81; Grabendorff u.a., BPersVG, § 1 Rn. 40ff.). Auch eine Haftung der Dienstkräfte der Dienststelle für die Handlungen des Personalvertretungsorgans ist ausgeschlossen. Nur einzelne Personalvertretungsmitglieder können bei Überschreitung ihrer Amtsbefugnisse aus unerlaubter Handlung gem. § 839 BGB in Anspruch genommen werden *(Lorenzen u.a., a.a.O., Rn. 88a; vgl. BAG vom 21. 6. 1988, NJW 1989, 57).* Eine Kostenübernahme durch die Verwaltung im Rahmen des § 40 Abs. 1 scheidet in diesem Falle aus, da die Dienststelle nur durch Handlungen der Personalvertretung im Rahmen der gesetzlichen Aufgaben verpflichtet werden kann.

35 Aufgrund der fehlenden Rechtspersönlichkeit können die Personalvertretungsorgane **grundsätzlich** auch **nicht Grundrechtsträger** sein *(vgl. BVerfG vom 14. 4. 1987, NVwZ 1987, 879f. m.w.N.; vom 31. 8. 1976, AöR 1977, 347).* Anerkannt ist allerdings, daß, soweit den Personalvertretungsorganen eine beschränkte Rechtsfähigkeit zugestanden worden ist, auch von ihnen Grundrechte wahrgenommen werden können. Dies erfaßt in erster Linie im Rahmen der gerichtlichen Geltendmachung der Rechte aus dem PersVG Bln die verfahrensmäßigen Grundrechte auf den gesetzlichen Richter und die Gewährung rechtlichen Gehörs *(BVerfG vom 26. 5. 1970, E 28, 314, 323; Altvater u.a., BPersVG, § 1 Rn. 16f.).* Gegen diese Einschränkung der Grundrechtsträgerschaft durch Personalvertretungsorgane spricht jedoch, daß auch bei anderen nicht rechtsfähigen Einrichtungen die Grundrechtsfähigkeit im Grundsatz anerkannt worden ist *(vgl. dazu ausführlich Dütz, Der Grundrechtsschutz von Betriebsräten und Personalvertretungen, 1986, S. 30ff.; MünchArbR/Germelmann, § 368 Rn. 5f. m.w.N.).* Hinzu kommt, daß den Personalvertretungsorganen die beschränkte Prozeßfähigkeit im Rahmen des verwaltungsgerichtlichen Beschlußverfahrens zur Durchsetzung materiell-rechtlicher Rechte gegeben worden ist. Die für das Verfahren gewährte Rechtsfähigkeit muß sich dann aber auch auf die materielle Seite erstrecken, d.h. die Grundrechtsfähigkeit der Personalvertretungen muß auch insoweit bestehen, als ihnen im Rahmen des Personalvertretungsrechts materielle Rechte zugewiesen worden sind. Es darf nicht übersehen werden, daß die in § 10 ArbGG gewährte Rechtsfähigkeit letztlich nur eine Hilfsfunktion im Rahmen des materiellen Personalvertretungsrechts beinhaltet.

36 Demzufolge können Personalvertretungen im Rahmen ihrer personalvertretungsrechtlichen Aufgaben das Grundrecht der Wahrung des Postgeheimnisses des Art. 10 GG, des Rechtes auf freie Meinungsäußerung des Art. 5 Abs. 1 GG, soweit personalvertretungsrechtlich zulässige Themen erfaßt werden, die Unverletzlichkeit der ihnen zur Verfügung gestellten Räumlichkeiten usw. geltend machen *(vgl. z.B. BVerwG vom 28. 7. 1989, RiA 1990, 47, 50; mit weiteren Einzelheiten, ferner Altvater u.a., BPersVG, § 1 Rn. 17; Lorenzen u.a., BPersVG, § 1 Rn. 82).*

37 Da die Personalvertretungen dienststelleninterne Organe öffentlich-rechtlicher Natur sind, sind sie auch **datenschutzrechtlich** in die jeweiligen Dienststellen, Behörden oder sonstigen Verwaltungseinheiten eingebunden. Sie sind Teil der speichernden Stelle im Sinne des Datenschutzrechtes. Ihre Einbindung in den Datenaustausch ist keine Übermittlung von Daten i.S. von § 24 BDSG, auch kann die Regelung des § 2 Abs. 2 Nr. 2 BDSG keine Anwendung finden (vgl. dazu *Simitis/Dammann/Mallmann/Reh, BDSG, § 2 Rn. 163; Linnenkohl, NJW 1981, 203).* Die Personalvertretungen unterliegen allerdings genauso wie die Dienststelle den sonstigen Beschränkungen des Datenschutzrechtes, insbesondere haben sie auch die Grundrechte der Dienstkräfte auf informationelle Selbst-

bestimmung zu beachten. Sie dürfen daher personenbezogene Daten der Beschäftigten ohne deren Zustimmung weder eigenständig speichern noch dürfen dies einzelne Mitglieder des Personalvertretungsorgans *(BVerwG vom 4. 9. 1990, PersR 1990, 329; vgl. OVG Nordrhein-Westfalen vom 13. 12. 1990, NVwZ 1991, 697).* Auch die generelle Speicherung von personenbezogenen Daten durch die Personalvertretung ist unzulässig, diese ist keine zweite Personalabteilung innerhalb der Dienststelle. Selbst wenn die Zustimmung der Dienstkräfte zur Speicherung der personenbezogenen Daten vorhanden ist, darf die Personalvertretung diese nur insoweit speichern, als dies für die Erfüllung ihrer personalvertretungsrechtlichen Zwecke erforderlich ist. Die Notwendigkeit der Speicherung kann dabei in erster Linie aus den Beteiligungsrechten, aber auch aus den allgemeinen Aufgaben, den Informations- und Überwachungsansprüchen im Rahmen des § 72 Abs. 1 hergeleitet werden.

Der **interne Datenschutzbeauftragte** hat allerdings **kein Kontrollrecht** gegenüber der Personalvertretung, da dies mit der Unabhängigkeit der Personalvertretung unvereinbar wäre *(BAG vom 11. 11. 1997, DB 1998, 627; vgl. Wolber, PersR 1998, 420).* Der interne Datenschutzbeauftragte kann eigenständige Maßnahmen des Datenschutzes nämlich nicht ergreifen, dies muß durch den Dienststellenleiter erfolgen, so daß im Grunde die Kontrollmaßnahmen auch diesem zuzurechnen wären. Im Rahmen einer Dienstvereinbarung kann allerdings die Möglichkeit der Zusammenarbeit zwischen Datenschutzbeauftragtem und Personalvertretung geregelt werden, erzwingbar wäre eine solche Regelung allerdings nicht *(zur Novellierung des BDSG durch Gesetz vom 18. 5. 2001, BGBl. I 904, vgl. Wedde, AiB 2001, 373).* **38**

Personalvertretungsorgane

In Abs. 2 regelt das Gesetz abschließend, welche Arten von Personalvertretungen nach dem Gesetz zulässig sind. Darüber hinaus können Vertretungen im Rahmen des PersVG Bln zur Wahrnehmung der dort aufgeführten Beteiligungsrechte nicht geschaffen werden. **39**

Die **Personalversammlung** des § 45 ist keine Personalvertretung i. S. des § 1 Abs. 2. Sie hat auch keinerlei Weisungsrechte gegenüber den Personalräten, Gesamtpersonalräten oder dem Hauptpersonalrat. **40**

Die **Jugend- und Auszubildendenvertretung** *(§§ 60ff.)* ist ebenfalls keine Personalvertretung. Entsprechenden Vorschlägen sind Senat und Abgeordnetenhaus von Berlin nicht gefolgt. Die Jugend- und Auszubildendenvertretung ist eine im Gesetz vorgesehene Sondervertretung. **41**

Die Untergliederung in Personalrat, Gesamtpersonalrat und Hauptpersonalrat entspricht der hierarchischen Struktur und dem vertikalen Aufbau in der Verwaltung. Das Gesetz geht von dem Regelfall der dreistufigen Verwaltung aus. **42**

Die Regelungen für den Personalrat finden sich in den §§ 12–44, die für den Gesamtpersonalrat in den §§ 50–54 und diejenigen für den Hauptpersonalrat in den §§ 55–59. **43**

Stellung der Mitglieder von Personalvertretungen

Die Stellung der Mitglieder in den verschiedenen Vertretungen ist im wesentlichen gleich. Die Mitgliedschaft im Personalrat ist ein **Ehrenamt,** § 42 Abs. 1. Es handelt sich um ein öffentlich-rechtliches Amt, dessen Inhalt personalvertre- **44**

§ 1

tungsrechtlichen Sonderregelungen unterliegt. Die Mitglieder sind zur Erfüllung ihrer Aufgaben nach dem Gesetz bei unverändertem Entgelt und in dem erforderlichen Umfange von ihrer dienstlichen Tätigkeit **freizustellen**, § 42 Abs. 2. Wird eine bestimmte Anzahl von Dienstkräften in dem Zuständigkeitsbereich einer Personalvertretung erreicht, besteht ein Anspruch auf generelle Freistellung, §§ 43, 53, 58. Die Personalvertretungsmitglieder haben Anspruch auf Teilnahme an Schulungs- und Bildungsveranstaltungen, § 42 Abs. 3 und 4. Eine Versetzung, Abordnung und die Zuteilung eines anderen Arbeitsgebietes ist nicht ohne weiteres zulässig, § 44. Personen, die Aufgaben oder Befugnisse nach dem PersVG Bln wahrnehmen, dürfen darin **nicht behindert** und wegen ihrer Tätigkeit **nicht benachteiligt** oder begünstigt werden, § 107 BPersVG. Soweit Mitglieder der Personalvertretungen in einem privatrechtlichen Arbeitsverhältnis stehen, genießen sie Kündigungsschutz, § 15 Abs. 2 KSchG. Eine Kündigung kann nur unter erschwerten Voraussetzungen ausgesprochen werden. Ferner besteht für sie eine besondere Schweigepflicht, § 11. Aus der Mitgliedschaft eines Beamten zum Personalrat lassen sich disziplinarrechtlich keine besonderen Dienstpflichten herleiten, die über die allgemeinen Beamtenpflichten hinausgehen *(BVerwG vom 7. 10. 1964, ZBR 1964, 367; vgl. aber Kuschniersch, DÖD 1991, 105)*. Die Gründe, die zum Erlöschen oder zum Ruhen der Rechte und Pflichten aus der Mitgliedschaft innerhalb einer Personalvertretung führen, sind in den §§ 26 und 27 abschließend geregelt.

45 Die Mitglieder der Personalvertretungen sind bei der Wahrnehmung der Aufgaben und Befugnisse nach diesem Gesetz weder als Beamte noch als Angestellte oder Arbeiter des öffentlichen Dienstes gegenüber ihren Vorgesetzten weisungsgebunden *(BVerfG vom 26. 5. 1970, E 28, 295, 308 f.; BVerwG vom 24. 11. 1986, ZBR 1987, 220; vom 12. 3. 1986, DVBl. 1986, 896)*. Ihnen kommen in dieser Eigenschaft auch **keine** besonderen **Weisungspflichten** zu, aus der Zugehörigkeit zu einem Personalvertretungsorgan ergeben sich weder für Arbeitnehmer noch für Beamte gesteigerte Dienstpflichten.

Streitigkeiten

46 Über Rechtsstreitigkeiten aus diesem Gesetz entscheiden die **Verwaltungsgerichte**. Ihre Zuständigkeit ist sachlich begrenzt, § 91. Sie entscheiden in den Fällen der Wahlanfechtung, § 22, in den Fällen des Ausschlusses von Mitgliedern der Personalvertretung und der Auflösung von Personalvertretungen, § 25, sowie in den Fällen der Wahlberechtigung und Wählbarkeit, Wahl und Amtszeit der Personalvertretungen und der Jugendvertretung sowie deren Zusammensetzung, in Fragen ihrer Zuständigkeit, Geschäftsführung und Rechtsstellung und schließlich über das Bestehen oder Nichtbestehen von Dienstvereinbarungen, § 91 Abs. 1.

47 In Anlehnung an die Regelungen der §§ 80 ff. ArbGG werden die Streitigkeiten in einem besonderen **Beschlußverfahren** ausgetragen, § 91 Abs. 1. Zur Entscheidung sind besondere Fachkammern bzw. Fachsenate der Verwaltungsgerichte zuständig, § 92. Im einzelnen vergleiche hierzu die Erläuterungen zu den §§ 91 und 92.

48 Außerhalb des Rechtsweges kann in bestimmten Fällen nach Erfüllung besonderer, in § 80 geregelter Voraussetzungen im Bereich der Mitbestimmungsrechte die **Einigungsstelle** angerufen werden, § 81. Hierbei ist allerdings zu beachten, daß durch die Regelung des § 81 Abs. 2 in einzelnen Bereichen,

§§ 1, 2

insbesondere bei Angelegenheiten der Beamten, die Entscheidung der Einigungsstelle nicht endgültig ist. Vielmehr kann die zuständige oberste Dienstbehörde oder bei Körperschaften, Anstalten und Stiftungen des öffentlichen Rechts die Aufsichtsbehörde die Entscheidung des Senats von Berlin herbeiführen. Eine Sonderregelung besteht hier nach § 81 Abs. 2 Satz 2 für die Verwaltung des Abgeordnetenhauses, des Rechnungshofs und des Senders Freies Berlin. Insoweit besteht kein echtes Mitbestimmungsrecht, sondern nur ein besonders strukturiertes Mitwirkungsrecht. Damit ist der Rechtsprechung des Bundesverfassungsgerichtes, das in bestimmten Angelegenheiten der Beamten ein echtes Mitbestimmungsrecht für unvereinbar mit deren rechtlicher Stellung hielt (BVerfG vom 27. 4. 1959, AP Nr. 1 zu § 59 PersVG Bremen; vom 24. 5. 1995, PersV 1995, 553), teilweise Rechnung getragen worden. Im einzelnen vergleiche hierzu die Erläuterungen zu den §§ 80 ff.

§ 2 Grundsätze

(1) Dienststellen, Dienstbehörden, oberste Dienstbehörden und Personalvertretungen arbeiten unter Beachtung der Gesetze und Tarifverträge vertrauensvoll und im Zusammenwirken mit den in den Dienststellen vertretenen Gewerkschaften und Arbeitgebervereinigungen zum Wohle der Dienstkräfte und zur Erfüllung der dienstlichen Aufgaben zusammen.
(2) Zur Wahrnehmung der in diesem Gesetz genannten Aufgaben und Befugnisse der in der Dienststelle vertretenen Gewerkschaften ist deren Beauftragten nach Unterrichtung des Dienststellenleiters oder seines Vertreters Zugang zu der Dienststelle zu gewähren, soweit dem nicht zwingende Sicherheitsvorschriften oder der Schutz von Dienstgeheimnissen entgegenstehen.
(3) Die Aufgaben der Gewerkschaften und Vereinigungen der Arbeitgeber, insbesondere die Wahrnehmung der Interessen ihrer Mitglieder, werden durch dieses Gesetz nicht berührt.
(4) Durch Tarifvertrag kann das Personalvertretungsrecht nicht abweichend von diesem Gesetz geregelt werden.

Übersicht   Rn.

Vorbemerkung 1
Das Gebot der vertrauensvollen Zusammenarbeit – Grundsatz 2, 3
Interessengegensatz 4– 6
Bestimmung des Begriffsinhalts.. 7– 9
Verpflichtete 10, 11
Zielsetzung der Zusammenarbeit 12–18
Beachtung der Gesetze und Tarifverträge 19
Gesetze 20, 21
Tarifverträge 22–27
Stellung der Koalitionen 28
Begriff der Gewerkschaft 29–40
Arbeitgebervereinigungen 41, 42
Aufgaben und Rechte der Koalitionen 43–46
Zugang zu der Dienststelle 47–52
Zugangsrecht bei abgeleiteten Rechten 53–55

§ 2

Zugangsrecht bei unmittelbaren Rechten	56
Umfang des Zugangsrechts	57
Berechtigte	58
Unterrichtungspflicht	59
Verweigerungsgründe	60, 61
Sonstige Aufgaben der Verbände (Abs. 3)	62–67
Mitgliederwerbung	68–71
Tarifvertragliche Regelungen (Abs. 4)	72
Streitigkeiten	73–75

Vorbemerkung

1 Die Vorschrift entspricht in den Absätzen 1 bis 3 im wesentlichen der Regelung in § 2 BetrVG. Sie enthält einen im gesamten Personalvertretungsrecht zu beachtenden Grundsatz, der wesentlich das Verhältnis zwischen Personalvertretung und Dienststelle beeinflussen soll. Bisher fand sich das Gebot der vertrauensvollen Zusammenarbeit an der Spitze der die Beteiligungsrechte regelnden Bestimmungen, nämlich in § 54 PersVG Bln a. F. Aus der durch das Gesetz erfolgten Umstellung wird deutlich, daß die grundlegende Bedeutung der Vorschrift hervorgehoben werden sollte. Konkretisiert wird das Gebot der vertrauensvollen Zusammenarbeit durch die Friedenspflicht des § 70 Abs. 2 und die Grundsätze zur Verhandlung zwischen Personalvertretung und Dienststelle, § 70 Abs. 1.

Das Gebot der vertrauensvollen Zusammenarbeit – Grundsatz

2 Bei § 2 Abs. 1 handelt es sich um **unmittelbar geltendes Recht**, das als Generalklausel direkt auf den Inhalt und die Abgrenzung der Einzelrechte und -pflichten von Personalvertretung und Dienststelle bzw. Dienstherrn wirkt (*BVerwG vom 24. 10. 1969, E 34, 143, 145; Germelmann, MünchArbR, § 369 Rn. 2*). Entgegen der mißverständlichen Formulierung, die auf eine Beschreibung der tatsächlichen Gegebenheiten der Dienststelle hindeuten könnte, handelt es sich um ein **Gebot**.

3 Die Pflicht zur Zusammenarbeit bedeutet nicht die Erfüllung irgendwelcher Funktionen gegenüber dem Dienstherrn, vielmehr obliegt der Personalvertretung in erster Linie die Wahrnehmung der Interessen der von ihr repräsentierten Dienstkräfte gegenüber der Dienststelle (*vgl. Fitting u. a., BetrVG § 2 Rn. 9*). Die Klausel ist stets weit auszulegen, insbesondere hinsichtlich der Unterrichtungsrechte, z. B. § 73, sowie der Kostentragungspflicht, § 40. Sie gilt **nicht** für die Zusammenarbeit innerhalb des Personalvertretungsorgans (*BAG vom 5. 9. 1967, AP Nr. 8 zu § 23 BetrVG 1952*).

Interessengegensatz

4 Man kann nicht davon ausgehen, daß im Personalvertretungsrecht Dienststelle und Personalvertretung als Vertreter der Dienstkräfte Träger einer gemeinsamen Aufgabe sind, die jeglichen Interessengegensatz leugnen würde. Der Gesetzgeber hat durch die **klare Trennung** von Dienstherren und Personalvertretung zu erkennen gegeben, daß eine Einheit nicht bestehen kann und nicht bestehen soll. Man wird auch hier von gegensätzlichen Sozialinteressen ausgehen müssen, die zu Konflikten führen können. Die Bedeutung des § 2 Abs. 1

liegt vornehmlich darin, daß sie Grenzen aufzeigt, innerhalb derer die gegensätzlichen Interessen verfolgt werden können.
Ohne diesen Interessengegensatz leugnen zu wollen, geht daher § 2 Abs. 1 und 2 von folgenden Grundgedanken aus:

1. dem Gedanken der **vertrauensvollen Zusammenarbeit** zwischen Dienststelle und Personalvertretung und
2. der Verfolgung eines **gemeinsamen Zieles**, nämlich des Wohles der Dienstkräfte und der Erfüllung der dienstlichen Aufgaben.

Diese Grundsätze geben keine festen Beurteilungsmaßstäbe, sie enthalten wertungsbezogene Begriffe, die dem Rechtsanwender einen weiten Spielraum geben, innerhalb dessen er Streitigkeiten entscheiden kann. Aus diesem Grunde bedarf es einer näheren Bestimmung des Begriffsinhalts.

Bestimmung des Begriffsinhalts

Zu der Konkretisierung des offenen Begriffs der vertrauensvollen Zusammenarbeit ist neben anderen Vorschriften dieses Gesetzes vornehmlich das Richterrecht heranzuziehen.

Aus der Regelung in § 70 Abs. 1 folgt, daß ein weiteres Merkmal die ständige **Verhandlungsbereitschaft** mit dem ernsten Willen zur Einigung *(BVerwG vom 9. 12. 1992, PersV 1994, 173; vom 11. 4. 1991, PersV 1992, 156)* ist. Wesentliches Kennzeichen der vertrauensvollen Zusammenarbeit ist dabei die **gegenseitige Information** in all den Fragen, die für den Dienstbereich oder für die Wahrung der Rechte der Dienstkräfte von Bedeutung sind. Erforderlich ist eine ausreichende und umfassende gegenseitige Information *(BVerwG vom 22. 9. 1967, E 27, 367; vom 11. 12. 1991, PersV 1991, 256, 258)*. Dem Personalrat darf es nicht überlassen werden, die für seine Arbeit notwendigen Feststellungen durch eigenes Handeln zu ermitteln. Dem entspricht auch das Informationsrecht der Personalvertretung in § 73. Zwischen Dienststelle und Personalvertretung muß Offenheit und Ehrlichkeit herrschen *(BVerwG vom 26. 2. 1960, E 10, 196, 199; vom 19. 9. 1984, PersV 1985, 112)*, sie dürfen nicht gegeneinander arbeiten, dürfen sich insbesondere bei der Wahrnehmung der gesetzlichen Aufgaben nicht behindern. Auch besteht auf beiden Seiten die Verpflichtung, sachliche Vorschläge, Forderungen und Auskunftsbegehren unverzüglich und ernsthaft zu prüfen und eine Stellungnahme abzugeben. Eine dauernde Obstruktionspolitik von Dienststellenleiter oder Personalvertretung ist gesetzwidrig und kann Dienstaufsichtsbeschwerde bzw. Maßnahmen nach § 23 nach sich ziehen.

In diesem Bereich gibt die Generalklausel des § 2 Abs. 1 direkte **Ansprüche** und ist Ausdruck des allgemeingültigen Grundsatzes von Treu und Glauben, der auch das öffentliche Recht beherrscht *(vgl. Lorenzen u.a., BPersVG, § 2 Rn. 26 m.w.N.)*. Daneben wirkt die Vorschrift als Auslegungsregel, sie kann zur Bestimmung des Inhalts und der Grenzen der einzelnen, sich aus diesem Gesetz ergebenden Rechte und Pflichten herangezogen werden *(vgl. Lorenzen u.a. a.a.O.)*. Aus dem Gebot der vertrauensvollen Zusammenarbeit ist auch abgeleitet worden, daß bei den Aufwendungen des Personalrats, § 40, der Grundsatz der Verhältnismäßigkeit und die Haushaltsgesetze zu beachten sind *(BVerwG vom 24. 11. 1986, ZBR 1987, 220)*.

§ 2

Verpflichtete

10 Die Verpflichtung zur vertrauensvollen Zusammenarbeit betrifft allein die Beziehungen zwischen **Dienststelle und Personalvertretung**. Die Rechtsverhältnisse zwischen den einzelnen Dienstkräften und dem Dienstherrn werden hiervon nicht berührt; § 2 Abs. 1 betrifft allein die kollektivrechtliche Ebene *(BVerwG vom 24. 10. 1969, E 34, 143)*. Auch innerhalb der Mitglieder der Personalvertretung gilt das Gebot nicht. Es gilt jedoch für die in der Dienststelle vertretenen Gewerkschaften und Arbeitgebervereinigungen, soweit sie Aufgaben und Befugnisse im Rahmen des PersVG Bln ausüben *(BVerwG vom 16. 10. 1964, E 19, 325)*. In der Dienststelle vertreten sind Koalitionen dann, wenn ein Angehöriger der Dienststelle Mitglied ist *(VGH Baden-Württemberg vom 21. 3. 1988, ZBR 1989, 153)*.

11 Nach dem Wortlaut des Gesetzes betrifft die Verpflichtung zur vertrauensvollen Zusammenarbeit auf seiten des Dienstherrn die »Dienststelle, Dienstbehörde oder oberste Dienstbehörde«. Diese Formulierung ist mißverständlich. Vertrauensvolle Zusammenarbeit bedingt persönlichen Kontakt. Er kann bei einer Dienststelle, Dienstbehörde oder obersten Dienstbehörde, die nur Organisationsformen sind, nicht bestehen. Vielmehr ist hier auf § 9 zurückzugreifen. Danach handelt für die Dienststelle deren **Leiter oder der jeweilige Vertreter**, § 9 Abs. 1, und für die Dienstbehörde bzw. oberste Dienstbehörde deren jeweils nach der Geschäftsverteilung zuständige Vertreter, § 9 Abs. 3.

Zielsetzung der Zusammenarbeit

12 Bei der vertrauensvollen Zusammenarbeit sind das **Wohl der Dienstkräfte** und die **Erfüllung der dienstlichen Aufgaben** zu berücksichtigen. Aus der Stellung der Begriffe im Gesetz, die in der früheren Bestimmung des § 54 Abs. 1 PersVG Bln a. F. genau umgekehrt geregelt war, kann kein Vorrang entnommen werden *(Lorenzen u.a., BPersVG, § 2 Rn. 10; BVerwG vom 25. 6. 1984, ZBR 1985, 26)*. Beides steht gleichrangig nebeneinander; keinesfalls werden bei der gebotenen Interessenabwägung immer die dienstlichen Aufgaben den Vorrang bekommen dürfen, es sei denn, übergeordnete Interessen des Gemeinwohls würden dies erfordern *(vgl. dazu unten Rn. 17)*.

13 Die **dienstlichen Aufgaben** werden durch diejenigen Aufgaben bestimmt, die der Dienststelle, Behörde, Verwaltung oder sonstigen öffentlich-rechtlichen Institution kraft Gesetzes oder sonstigen Hoheitsaktes zugewiesen sind. Hierbei ist davon auszugehen, daß die staatliche Verwaltung stets im Interesse des Gemeinwohls tätig wird. Sie ist also an staatlich vorgegebene Maximen, Aufgabenstellungen und politische Wertentscheidungen gebunden, soweit diese sich im Rahmen von Gesetz und Recht halten, Art. 20 Abs. 3 und Art. 28 GG.

14 Die Personalvertretung darf **keine Anforderungen** stellen, die die Erfüllung der **dienstlichen Aufgaben verhindern** oder erschweren würden. Sie kann aber Anregungen geben, die die Arbeit erleichtern oder fördern. Hierbei kommt es nicht auf die bisherige Übung innerhalb der Verwaltung an, vielmehr können auch neuartige Vorschläge gemacht werden, insbesondere auch Rationalisierungsvorschläge. Diese muß der Vertreter der Dienststelle mit der Personalvertretung beraten und sie im einzelnen Prüfen.

15 Das **Wohl der Dienstkräfte** kann gleichgesetzt werden mit der Beachtung ihrer sozialen Interessen. Ihre gesellschaftliche, rechtliche und wirtschaftliche Stellung darf nicht ohne Rechtfertigung verschlechtert werden. Auch darf eine Weiterentwicklung ihrer sozialen Position nicht unmöglich gemacht werden. Hieraus folgt, daß die von der Personalvertretung wahrzunehmenden Beteiligungsrechte nicht deren eigenen Interessen dienen; die Ausübung der Beteiligungsrechte ist ihr vom Gesetzgeber verliehen, um die Interessen der Dienstkräfte zu wahren. Das **Handeln der Personalvertretung** kann daher nicht seine Rechtfertigung in sich selbst finden, es ist **funktionell gebunden.** Eine Handlung ist dann unwirksam, wenn eine Wahrung der Interessen der Dienstkräfte nicht ersichtlich ist, die Personalvertretung also die von ihrer Funktion her gegebene Handlungsfähigkeit überschritten hat. **16**

Ferner ergibt sich, daß die Inhaltsbestimmung und die Begrenzung der vertrauensvollen Zusammenarbeit im Gegensatz zum Betriebsverfassungsgesetz auf **zwei verschiedenen Ebenen** erfolgt, nämlich einmal auf der Ebene der Interessen der begrenzten Zahl der Dienstkräfte in einer Verwaltungseinheit und zum anderen auf der übergeordneten Ebene des staatlich-politischen Gemeinwohls. Ziel der Zusammenarbeit ist neben dem Wohl der Dienstkräfte auch die Erfüllung der der Dienststelle obliegenden Aufgaben. Gemeinsames Ziel von Personalrat und Dienststelle ist damit auch nach dem Wortlaut des § 2 Abs. 1 die Erfüllung der im Interesse der Allgemeinheit liegenden Aufgaben. Damit ist auf die **Gemeinwohlbindung,** die für jede staatliche Tätigkeit gilt, Bezug genommen worden, deren Berücksichtigung beeinflußt die Wahrnehmung sämtlicher Rechte im Rahmen des Personalvertretungsrechts und damit auch bei der Durchsetzung der Beteiligungsrechte. Aus der Gesetzesbindung, der ebenfalls Personalvertretung und Dienststelle unterliegen, ergibt sich weiter, daß auch das Haushaltsrecht und das **Gebot der Sparsamkeit** im Rahmen der öffentlichen Verwaltung unmittelbar geltendes Recht sind *(BVerwG vom 24. 11. 1986, ZBR 1987, 220; vom 27. 4. 1979, E 58, 54, 67).* Durch diese gemeinsame Zielsetzung kann daher auch nicht grundsätzlich davon ausgegangen werden, daß immer die dienstlichen Aufgaben der Dienststelle vorrangig zu beachten wären *(BVerwG vom 25. 6. 1984, ZBR 1985, 26).* Auch die Entscheidung des *BVerfG* zum Schleswig-Holsteinischen Mitbestimmungsgesetz *(vom 24. 5. 1995, PersV 1995, 553ff.)* läßt hier einen anderen Schluß nicht zu. Diese begrenzt nur die Wahrnehmung der Beteiligungsrechte im Hinblick auf die Garantie der demokratischen Legitimation bei Entscheidungen der Dienststelle, nicht jedoch beeinflußt sie unmittelbar die allgemeine Zielsetzung der Tätigkeit von Dienststelle und Personalvertretung innerhalb des Personalvertretungsrechts. Allerdings ist nicht zu verkennen, daß die Beschränkung der Mitbestimmungsrechte zumindest mittelbar auch die Interessenverfolgung beeinflußt, ohne daß dies aber aus § 2 hergeleitet werden könnte. **17**

Das PersVG Bln ist eine **Kompetenzordnung** für den innerdienstlichen Bereich zwischen Personalvertretung und Dienststellenleiter. Diese ist von beiden Seiten zu beachten. Wesentliches Merkmal der vertrauensvollen Zusammenarbeit ist daher, daß die wechselseitigen Zuständigkeiten, die sich aus dem Personalvertretungsrecht ergeben, gegenseitig beachtet werden. Daraus folgt, daß der Dienststellenleiter keine Personalversammlung zur Information der Beschäftigten einberufen darf *(BVerwG vom 23. 5. 1986, PersR 1986, 223),* daß er die Personalratsarbeit nicht durch an die Dienstkräfte verteilte Fragebogen überprüfen darf *(VGH München vom 18. 12. 1985, PersV 1987, 26).* Auch dürfte sich aus dem Grundsatz der vertrauensvollen Zusammenarbeit ergeben, daß beide Seiten verpflichtet sind, die jeweils andere auf Formfehler im Rahmen der Beteiligungs- **18**

§ 2

verfahren oder auf Gesetzesverstöße hinzuweisen (*BVerwG vom 26. 8. 1987, PersR 1988, 45; BAG vom 31. 3. 1983, AP Nr. 1 zu § 8 LPersVG Hessen*).

Beachtung der Gesetze und Tarifverträge

19 Die Zusammenarbeit erfolgt unter Beachtung der geltenden Gesetze und Tarifverträge.

Gesetze

20 Der Begriff der Gesetze erfaßt die **Gesetze im materiellen Sinne**, d. h. hoheitliche Anordnungen, die für eine unbestimmte Vielzahl von Personen allgemeinverbindliche Regelungen enthalten. Hierzu zählen neben den formellen Gesetzen, die von einem für die Gesetzgebung zuständigen Organ in verfassungsmäßig vorgeschriebenem Verfahren erlassen worden sind, auch Rechtsverordnungen und Satzungen sowie das Gewohnheitsrecht, zu dem auch das Verwaltungsgewohnheitsrecht gehört. Im Bereich des Personalvertretungsrechts sind insbesondere die arbeitsrechtlichen und beamtenrechtlichen Vorschriften zu beachten. Keine Gesetze im materiellen Sinne sind die Verwaltungsvorschriften, Dienstvorschriften, Erlasse, Senatsbeschlüsse und dienstlichen Weisungen, da sie keine allgemeinverbindlichen Anordnungen enthalten, sondern nur Anweisungen an nachgeordnete Behörden, Verwaltungseinheiten oder Dienstkräfte. Zu beachten ist aber, daß durch Verwaltungsrichtlinien etc. sowohl für die Dienststelle als auch damit für die Personalvertretung die Entscheidungsfreiheit eingeschränkt oder beseitigt sein kann. Auch ist bei einer Entscheidung die anerkannte höchstrichterliche Auslegung zu beachten, von ihr darf ohne stichhaltigen Grund nicht abgewichen werden. Bei Verstoß könnte eine Personalvertretung pflichtwidrig handeln.

21 Die Kompetenzen im Rahmen der Personalverfassung finden ihre Grenzen in der Rechtsordnung. Damit ist der Grundgedanke der Bindung der Verwaltung an Gesetz und Recht, wie er in Art. 20 Abs. 3 und Art. 28 GG festgelegt ist, erneut aufgenommen worden.

Tarifverträge

22 Tarifvertrag ist ein schriftlicher, privatrechtlicher Vertrag zwischen tariffähigen Parteien, der die Rechte und Pflichten der Tarifparteien untereinander regelt und Rechtsnormen über den Abschluß, Inhalt und die Beendigung von Arbeitsverhältnissen enthält, § 1 TVG.

23 **Regelungen des Personalvertretungsrechts** können in ihm nicht enthalten sein, § 2 Abs. 4. Von Bedeutung ist, daß Arbeitsentgelte und sonstige Arbeitsbedingungen, die durch Tarifvertrag geregelt sind oder üblicherweise geregelt werden, nicht Gegenstand einer Dienstvereinbarung sein können, § 75. Eine Ausnahme besteht nur dann, wenn ein Tarifvertrag den Abschluß ergänzender Dienstvereinbarungen ausdrücklich zuläßt (Öffnungsklausel). Der Vorrang des Tarifvertrages gegenüber der Dienstvereinbarung wird damit über das Prinzip der Unabdingbarkeit des § 4 TVG hinaus gesichert.

24 Die Tarifverträge müssen für die Dienststelle gelten, d. h., die Dienststelle muß in den räumlichen, fachlichen und zeitlichen Geltungsbereich des Tarifvertrages fallen.

Bei **Konkurrenz** mehrerer Tarifverträge gilt das Spezialitätsprinzip, d. h., der räumlich oder fachlich engere Tarifvertrag geht vor *(dazu BAG vom 29. 11. 1978, AP Nr. 11, 12 zu § 4 TVG Tarifkonkurrenz).* Gelten verschiedene Tarifverträge für Arbeiter und Angestellte, dann ist der für die jeweils betroffene Gruppe maßgebliche Tarifvertrag zu beachten. Gilt der Tarifvertrag nur noch kraft **Nachwirkung**, z. B. weil er gekündigt ist, so kann er an sich jederzeit durch eine andere Vereinbarung, also auch eine Dienstvereinbarung, ersetzt werden. Allerdings wird dabei meist bei Arbeitsentgelt und sonstigen Arbeitsbedingungen eine Tarifüblichkeit bestehen, so daß die Sperrvorschrift des § 75 eingreift (zu den Einzelheiten siehe die Erläuterungen dort). 25

Häufig werden im öffentlichen Dienst die Regelungen des Bundes-Angestelltentarifvertrages (BAT) für die Angestellten bzw. des Manteltarifvertrages für Arbeiter der Länder (MTL) maßgeblich sein. Teilweise gelten jedoch auch Tarifverträge wesentlich gleichen Inhalts oder besondere Tarifverträge. Zu beachten ist, daß die Tarifverträge selbst bestimmte Gruppen von Arbeitnehmern aus ihrem Geltungsbereich ausnehmen können. 26

Für **allgemeinverbindlich erklärte** Tarifverträge im öffentlichen Dienst gibt es zur Zeit nicht, jedoch wird auch für nicht tarifgebundene Arbeitnehmer meistens die Geltung der einschlägigen Tarifverträge im Einzelarbeitsvertrag vereinbart. 27

Stellung der Koalitionen

Die Bestimmung des § 2 Abs. 2 entspricht im wesentlichen der Vorschrift des § 2 Abs. 2 BetrVG. Im PersVG Bln a. F. war eine Regelung hinsichtlich des Zugangsrechts der Gewerkschaften nicht enthalten. 28

Begriff der Gewerkschaft

Der Begriff der Gewerkschaften hat im Bereich des PersVG Bln abweichend vom Betriebsverfassungsgesetz **nicht die gleiche Bedeutung wie im Tarifrecht.** Das beruht auf der Einbeziehung der Beamten, die aufgrund ihrer Rechtsstellung im Rahmen des besonderen Gewaltverhältnisses weder tariffähige Vereinigungen bilden können noch nach der herrschenden Meinung das Streikrecht besitzen *(vgl. dazu Brox/Rüthers/Schlüter/Jülicher, Arbeitskampfrecht, 2. Aufl., Rn. 80 m.w.N.; ferner BVerfG vom 20. 10. 1981, E 58, 233; BAG vom 10. 9. 1985, NZA 1986, 332; vom 25. 11. 1986, NZA 1987, 492).* Für sie werden im Gegensatz zu den Arbeitnehmern die wesentlichen materiellen Arbeitsbedingungen durch Gesetz oder Verordnung festgelegt; so insbesondere auch die Besoldungsordnungen. Es ist daher bei der Begriffsbestimmung zu unterscheiden zwischen Verbänden, in denen Arbeiter und Angestellte, und solchen, in denen Beamte Mitglieder sind; vgl. auch § 94 i. V. m. § 60 LBG. 29

Der Begriff der Gewerkschaften und der Arbeitgebervereinigungen hängt eng mit dem **Koalitionsbegriff** des Art. 9 Abs. 3 GG zusammen. Es müssen **freie Vereinigungen** sein, Zwangsverbände fallen nicht unter den Gewerkschaftsbegriff. Sie müssen in ihrem Bestand unabhängig vom Mitgliederwechsel sein. Sie sind privatrechtliche Organisationen, die nach dem Vereinsrecht *(§§ 31 ff. BGB)* organisiert sind. Es ist nicht erforderlich, daß sie rechtsfähig sind. Auch **nicht rechtsfähige Vereine,** wie die meisten Gewerkschaften, fallen unter den Gewerkschaftsbegriff. Die Organisation muß auf Dauer ausgerichtet sein, sogenannte 30

31

79

Ad-hoc-Koalitionen, d.h. Zusammenschlüsse von Arbeitnehmern, die aus dem Augenblick heraus zur Verfolgung eines wirtschaftlichen Zieles entstanden sind (z.B. *bei wilden Streiks*), erfüllen diese Voraussetzung nicht. Sie haben keine auf Dauer angelegte verbandsinterne Organisation, nach Erreichen des Zieles lösen sich derartige Ad-hoc-Vereinigungen wieder auf. Der einzige Zusammenhalt ist bei ihnen das gemeinsame kurzfristige Ziel. Sie können daher die Durchführung und Einhaltung abgeschlossener Vereinbarungen, eine der wesentlichsten schuldrechtlichen Pflichten bei Tarifverträgen, nicht gewährleisten.

32 Neben den **Spitzenorganisationen** zählen zu den Gewerkschaften und Arbeitgebervereinigungen auch deren **Unterorganisationen,** soweit sie die notwendige selbständige Stellung besitzen. Hierzu gehört eine eigene korporative Verfassung, Vermögensfähigkeit, Recht zum Abschluß von Tarifverträgen. In der Regel wird sich das aus der Satzung der jeweiligen Unterorganisation ergeben *(Lorenzen u.a., BPersVG, § 2 Rn. 27 m.w.N.; BAG vom 22.12.1960, AP Nr. 25 zu § 11 ArbGG).*

33 Die Verbände müssen **gegnerfrei** sein, d.h., im Personalvertretungsrecht dürfen sie weder mittelbar noch unmittelbar von der öffentlichen Verwaltung abhängig sein. Die verbandsinterne Willensbildung muß unabhängig von den öffentlich-rechtlichen Dienstaufgaben erfolgen. Der Verband muß überbetrieblich organisiert sein, d.h., er darf nicht die Mitgliedschaft auf die Zugehörigkeit zu einer bestimmten Dienststelle oder Verwaltungseinheit beschränken.

34 Die Verbände der Arbeiter und Angestellten des öffentlichen Dienstes müssen darüber hinaus auch tariffähig sein. Die **Tariffähigkeit** ergibt sich aus § 2 TVG. Danach sind tariffähig die Gewerkschaften, einzelne Arbeitgeber und Vereinigungen von Arbeitgebern sowie die Spitzenorganisationen, worunter Zusammenschlüsse von Gewerkschaften und von Vereinigungen von Arbeitgebern zu verstehen sind.

35 Dieses Merkmal entfällt bei Vereinigungen von Beamten, da sie Tarifverträge nicht abschließen können *(allgemeine Meinung, a.A. Däubler, Der Streik im öffentlichen Dienst, 2. Aufl. 1971, S. 143ff.).*

36 Ob im einzelnen die **Arbeitskampfbereitschaft** zum Koalitionsbegriff des Art. 9 Abs. 3 GG gehört, ist umstritten *(dagegen BVerfG vom 6.5.1964, E 18, 18, 30ff.; Galperin, DB 1970, 299; dafür BAG vom 6.7.1956, E 4, 351, 352f.).* Wegen der Besonderheiten im öffentlichen Dienst und der Einbeziehung der Beamten in das Personalvertretungsrecht wird es jedoch nicht erforderlich sein, daß eine Arbeitskampfbereitschaft bestehen muß *(BVerwG vom 23.11.1962, E 15, 166; vgl. dazu näher Grabendorff u.a., BPersVG § 2 Rn. 42 m.w.N.).*

37 **Hauptzweck** der Verbände muß die Wahrnehmung der arbeitsrechtlichen bzw. dienstrechtlichen Belange und Interessen der Mitglieder sein. Dieser Zweck darf nicht hinter anderen Zwecken in den Hintergrund treten *(BVerwG vom 23.11.1962, E 15, 166, 168).*

38 Die **politische und konfessionelle Einstellung** des Verbandes ist ohne Bedeutung, es ist insoweit auch keine Neutralität erforderlich *(OVG Lüneburg vom 9.1.1962, ZBR 1962, 60; Lorenzen u.a., BPersVG, § 2 Rn. 27).* Lediglich die parteipolitische und konfessionelle Neutralität im Sinne einer Weisungsfreiheit von parteipolitischen und kirchlichen Stellen muß bestehen.

39 Im räumlichen und sachlichen Geltungsbereich des PersVG Bln tätige Gewerkschaften und Berufsverbände sind

    Christlicher Gewerkschaftsbund Deutschlands (CGB), der allerdings kaum eine wesentliche Bedeutung hat,

Deutsche Angestellten-Gewerkschaft (DAG), die am 2. 7. 2001 in der neuen Dienstleistungsgewerkschaft ver.di aufging,
Deutscher Beamtenbund mit seinen Fachverbänden (DBB), zu denen die Gewerkschaft der Beamten, Angestellten und Arbeiter des Landes und der Stadt Berlin (Komba) gehört,
Deutscher Gewerkschaftsbund mit seinen Gewerkschaften des öffentlichen Dienstes *(die ÖTV hat sich mittlerweile mit der DPG, HBV, IG Medien und der DAG zur neuen Dienstleistungsgewerkschaft ver.di zusammengeschlossen)*,
Gewerkschaft der Polizei (GdP).

Bei der Vorbereitung des PersVG Bln sind gemäß § 60 LBG folgende Gewerkschaften und Berufsverbände beteiligt worden: DAG, DBB, DGB, GdP, GEW, Komba, ÖTV. **40**

Arbeitgebervereinigungen

Arbeitgebervereinigungen sind **freiwillige Zusammenschlüsse** von Arbeitgebern, denen keine Arbeitnehmer angehören dürfen. Sie müssen von der Gegenseite unabhängig und auf überbetrieblicher bzw. überbehördlicher Ebene organisiert sein. **41**

Da die Verwaltung des Landes Berlin sowohl Landesaufgaben als auch kommunale *(gemeindliche)* Aufgaben zu erfüllen hat, besteht eine Mitgliedschaft in **verschiedenen Tarifvereinigungen** (vorbehaltlich des Ausschlusses oder des Austritts). In erster Linie für die Rechtsverhältnisse der Angestellten ist die Mitgliedschaft in der Tarifgemeinschaft deutscher Länder (TdL) von Bedeutung. Insbesondere für die Rechtsverhältnisse der Arbeiter ist die Mitgliedschaft in dem Verband von Arbeitgebern des öffentlichen Dienstes sowie von Eigengesellschaften Berlins und gemischt-wirtschaftlichen Unternehmen in Berlin (VAdöD) und die Arbeitsrechtliche Vereinigung öffentlicher Verwaltungen, Betriebe und gemeinwirtschaftlicher Unternehmungen in Berlin (AV Berlin), die ihrerseits Mitglied in der Vereinigung der kommunalen Arbeitgeberverbände (VkA) ist, maßgeblich. **42**

Aufgaben und Rechte der Koalitionen

Den Gewerkschaften, Berufsverbänden i. S. des § 60 LBG und Vereinigungen der Arbeitgeber kommen in der bestehenden Rechts- und Wirtschaftsordnung bestimmte Aufgaben und Pflichten zu. Zu unterscheiden ist zwischen den allgemeinen Aufgaben, die sich aus den Grundsätzen des Koalitionsrechts, wie sie in Art. 9 Abs. 3 GG niedergelegt sind, ergeben, und den besonderen Aufgaben, die im PersVG Bln geregelt sind. **43**

Hierbei ist zu beachten, daß die im PersVG Bln geregelten Aufgaben und Befugnisse über den Verbandsbegriff im Sinne des Koalitionsrechts hinaus **auch** denjenigen **Berufsverbänden** zustehen, die nach § 60 LBG bei der Vorbereitung allgemeiner Regelungen der beamtenrechtlichen Verhältnisse zu beteiligen sind, § 94 *(vergleiche im einzelnen die Anmerkungen dort und oben Rn. 29 f.)*. **44**

Die **besonderen Aufgaben und Befugnisse** werden in § 2 Abs. 2 angesprochen. Sie werden durch das PersVG Bln in erster Linie den **Gewerkschaften** und den **Berufsverbänden,** § 94 i. V. m. § 60 LBG, gegeben. Sie haben unter anderem folgende Rechte und Pflichten: **45**

§ 2 Abs. 1 Vertrauensvolle Zusammenarbeit,
§ 11 Schweigepflicht der Beauftragten der Gewerkschaften und Berufsverbände,
§ 16 Abs. 4 Möglichkeiten, Wahlvorschläge zu machen,
§ 17 Abs. 1 Beratende Stimme bei Sitzungen des Wahlvorstandes,
§ 17 Abs. 2 Antragsrecht zur Einberufung einer Personalversammlung zwecks Wahl des Wahlvorstandes,
§ 18 Antragsrecht zur Bestellung eines Wahlvorstandes,
§ 19 Abs. 2 Antragsrecht zur Einberufung einer Personalversammlung zwecks Wahl eines neuen Wahlvorstandes,
§ 22 Abs. 1 Wahlanfechtung,
§ 25 Abs. 1 Antragsrecht auf Ausschluß von Personalratsmitgliedern oder Auflösung des Personalrates,
§ 31 Abs. 2 Teilnahmerecht an Sitzungen des Personalrates,
§ 46 Abs. 2 Teilnahmerecht an Personalversammlungen.

46 Den **Arbeitgebervereinigungen** sind im Gesetz folgende Rechte und Pflichten zugewiesen:
§ 2 Abs. 1 Vertrauensvolle Zusammenarbeit,
§ 11 Schweigepflicht der Beauftragten der Arbeitgebervereinigungen,
§ 46 Abs. 3 Teilnahmerecht an Personalversammlungen.

Zugang zu der Dienststelle

47 Die Frage des Zugangsrechts der Gewerkschaften und Berufsverbände zu der Dienststelle war bei den **Gesetzgebungsarbeiten umstritten.** Der DGB wollte eine weite Fassung erreichen, in der er forderte, daß die Gewerkschaften zur Wahrnehmung ihrer Aufgaben und Befugnisse Zugang zur Dienststelle haben sollten. Ein solches allgemeines Zugangsrecht ergibt sich aus § 2 Abs. 2 nicht. Es besteht nur zur Wahrnehmung der in diesem Gesetz genannten besonderen Aufgaben und Befugnisse. Die Vorschrift kann daher zur Begründung eines Zugangsrechts zur Mitgliederwerbung, sonstigen Informationstätigkeit und den übrigen allgemeinen Aufgaben der Gewerkschaften nicht herangezogen werden.

48 Zweifelhaft ist, ob sich ein **allgemeines Zugangsrecht** aus der Regelung des § 2 Abs. 1 herleiten läßt. Diese Frage ist umstritten *(vgl. BAG vom 17. 1. 1989, PersR 1989, 138; BVerwG vom 11. 5. 1962, E 14, 153; Lorenzen u.a., BPersVG, § 2 Rn. 15ff.; Fitting u.a., BetrVG § 2 Rn. 28ff.).*

49 Aus dem **Wortlaut** des PersVG Bln ergibt sich keine klare Antwort auf diese Frage. Auch die Begründung des Senatsentwurfs zu § 2 Abs. 2 ergibt hierzu nichts, sie verdeutlicht nur, daß die Bestimmung in Übereinstimmung mit der Regelung in § 2 Abs. 2 BetrVG geschaffen wurde.

50 Die generelle Annahme eines allgemeinen Zugangsrechts zur Dienststelle würde im **Widerspruch zu dem Wortlaut** des § 2 Abs. 2 stehen; dieses wird nämlich nur zur »Wahrnehmung der in diesem Gesetz genannten Aufgaben und Befugnisse« gewährt. Gegen ein grundsätzlich umfassend normiertes Zugangsrecht spricht auch, daß der rechtliche Status der Gewerkschaften im PersVG Bln nicht durch eine Generalklausel beschrieben wird, sondern – aufbauend auf der allgemeinen Regelung des Art. 9 Abs. 3 GG und der sonstigen Gesetze – im Bereich der Personalvertretung nur weitere besondere Rechte gewährt werden. Gibt man jedoch ein Zugangsrecht nur in den Fällen, die § 2 Abs. 2 ausdrücklich durch die Bezugnahme auf die in diesem Gesetz geregelten Aufgaben und

Befugnisse erwähnt, würde es der Gewerkschaft erheblich erschweren, ihre Rechte aus § 2 Abs. 1 ausreichend wahrzunehmen.

Eine Lösung wird man hier nur finden können, wenn man von der Rechtsnatur der einzelnen Aufgaben und Befugnisse ausgeht und anerkennt, daß die **Art des Zugangsrechts** diesem entspricht. Zu unterscheiden sind hierbei die originären *(eigenständigen)* und die derivativen *(abgeleiteten)* Rechte. Während bei den originären Aufgaben und Befugnissen das Zugangsrecht den Gewerkschaften unmittelbar zusteht, ist es bei den derivativen Aufgaben und Befugnissen nur ein abgeleitetes Recht, bei dem noch ein anderes Organ im Rahmen der Personalverfassung tätig werden muß. 51

Abgeleitete Rechte sind in §§ 2 Abs. 1, 31 Abs. 2 und 34 Abs. 1 enthalten. Bei den Rechten der §§ 16 Abs. 4, 17 Abs. 1 und 2, 18, 19 Abs. 1, 22 Abs. 1, 25 Abs. 1 und 46 Abs. 2 handelt es sich dagegen um eigenständige Aufgaben und Befugnisse der Gewerkschaften, bei denen die Ausübung nicht von einer dritten Person abhängt. 52

Zugangsrecht bei abgeleiteten Rechten

Soweit sich eine Gewerkschaft auf ihre Unterstützungsbefugnis nach § 2 Abs. 1 beruft, kann diese **nur ausgeübt werden, wenn die Personalvertretung es will**, das Zugangsrecht hängt damit auch von dem Willen der Personalvertretung bzw. ihrer Mitglieder ab und beruht nicht allein auf dem Willen der Gewerkschaft. Ebenso, wie die Personalvertretung bestimmen kann, inwieweit sie sich der Unterstützung der Gewerkschaft bedienen will, begrenzt sie damit auch das Zugangsrecht der Gewerkschaft. Das Zugangsrecht hat nur eine Hilfsfunktion und ist von dem Umfang und der Begrenzung des Hauptrechts abhängig. Das Unterstützungsrecht des § 2 Abs. 1 beinhaltet auch das Recht, daß sich ein einzelnes Mitglied der Personalvertretung während der Arbeitszeit mit einem Gewerkschaftsbeauftragten beraten kann, so daß auch in diesem Falle ein Zugangsrecht besteht, ohne daß es eines ausdrücklichen Beschlusses der Personalvertretung bedarf. 53

Das **Teilnahmerecht des Beauftragten** an einer Personalratssitzung erfordert, daß mindestens ein Viertel der Mitglieder oder die Mehrheit einer Gruppe dies beantragt und die entsprechende Einladung durch den Personalrat an den Gewerkschaftsbeauftragten ergeht, § 31 Abs. 2. Im Bereich der Unterstützungspflicht zur Herbeiführung einer Verständigung innerhalb der Personalvertretungsorgane ist Voraussetzung, daß die Beteiligten eine Unterstützung durch den Gewerkschaftsbeauftragten wünschen, § 34 Abs. 1. Nur dann entsteht auch das Zutrittsrecht. 54

Diese abgeleiteten oder derivativen Zugangsrechte beruhen nicht auf der Bestimmung des § 2 Abs. 2, sondern leiten sich aus dem Recht eines anderen, durch das PersVG Bln Berechtigten her. Sie **unterliegen** damit auch **nicht** den **Beschränkungen des § 2 Abs. 2**. Der Dienststellenleiter kann daher zum Beispiel nicht den Zugang eines Gewerkschaftsbeauftragten zu einer Personalratssitzung aus den in § 2 Abs. 2 aufgeführten Gründen verweigern. In diesen Fällen bedarf es keiner vorherigen Unterrichtung des Dienststellenleiters durch den Gewerkschaftsbeauftragten. Allerdings empfiehlt sich eine Unterrichtung durch den Personalrat bzw. durch das betreffende Personalratsmitglied. 55

§ 2

Zugangsrecht bei unmittelbaren Rechten

56 Hinsichtlich der unmittelbaren *(originären)* Gewerkschaftsaufgaben und -befugnisse nach diesem Gesetz **besteht** das Zugangsrecht im **Rahmen des § 2 Abs. 2**. Zunächst kommen hier die Initiativ-, Unterstützungs- und Kontrollrechte bei der Personalratswahl in Betracht, §§ 16 Abs. 4, 17 Abs. 1 und 2, 18, 19 Abs. 1 und 22 Abs. 1. Im Bereich der Wahlanfechtung besteht nur ein Antragsrecht an das Verwaltungsgericht, eine eigenständige Überprüfung der Wahl kommt nur dem Wahlvorstand zu *(vgl. Hanau, BB 1971, 486)*. Das Zugangsrecht besteht daher nur, wenn konkrete Anhaltspunkte für Pflichtverstöße der Personalvertretung oder einzelner Mitglieder bestehen *(vgl. Fitting u.a., BetrVG, § 2 Rn. 53; G. Müller, ZfA 1972, 241)*.

Umfang des Zugangsrechts

57 Das Zugangsrecht besteht **zur gesamten Dienststelle** *(vgl. zum Begriff der Dienststelle § 5)*. Es umfaßt die Befugnis, mit den Bediensteten in Kontakt zu treten, Gespräche zu führen, soweit dies für die Erfüllung der Aufgaben im Rahmen des PersVG Bln erforderlich ist, nicht jedoch zur gewerkschaftlichen Werbung *(vgl. zum Umfang insgesamt Fitting u.a., BetrVG, § 2 Rn. 43; VGH Baden-Württemberg vom 21. 3. 1988, ZBR 1989, 153)*. Auch ein Zugangsrecht zur einzelnen Dienstkraft am Arbeitsplatz ist gegeben *(BAG vom 17. 1. 1989, AP Nr. 1 zu § 2 LPVG NW)*.

Berechtigte

58 Das Zugangsrecht steht nur den **in der Dienststelle vertretenen Gewerkschaften** und Berufsverbänden, § 94 i.V.m. § 60 LBG, zu. Sie sind in der Dienststelle vertreten, wenn sie wenigstens ein Mitglied unter den Dienstkräften haben *(BAG vom 25. 3. 1992, NZA 1993, 134)*. Der Nachweis kann durch eidesstattliche Versicherung geführt werden *(BAG vom 25. 3. 1992, a.a.O.; BVerfG vom 21. 3. 1994, NZA 1994, 891)*. Auf die Wahlberechtigung der Dienstkraft kommt es nicht an. Die Auswahl des Beauftragten ist allein Sache der einzelnen Gewerkschaft, es muß sich weder um einen Angestellten handeln, noch muß er Mitglied sein. Allerdings wird in der Rechtsprechung die Auffassung vertreten, daß außerhalb des Zugangsrechts aus § 2 Abs. 2 die Koalitionen, wenn sie ihr Zugangsrecht aus § 2 Abs. 3 i.V.m. Art. 9 Abs. 3 GG geltend machen, kein allgemeines Zutrittsrecht hätten, sondern diese Rechte regelmäßig durch bei ihnen organisierte Dienstkräfte der Dienststelle wahrzunehmen hätten *(BVerwG vom 27. 4. 1979, PersV 1980, 19; BVerfG vom 30. 11. 1965, E 19, 303; vom 26. 5. 1970, E 28, 295; vom 17. 2. 1981, E 57, 220, 245ff.)*. Diese Auffassung ist jedoch zu eng, gerade weil die gewerkschaftliche Betätigung auch innerhalb einer Dienststelle für die betreffende Dienstkraft gewisse gefährdende Elemente enthalten kann, muß auch hier der Gewerkschaft aus Art. 9 Abs. 3 GG im Rahmen ihrer Betätigungsgarantie überlassen bleiben, durch welche Personen und in welcher Form sie ihre Aktivitäten innerhalb der Dienststelle erfüllen will.

Unterrichtspflicht

Im Rahmen des § 2 Abs. 2 hat die Gewerkschaft den Dienststellenleiter vor dem Besuch der Dienststelle zu unterrichten *(BAG vom 17. 1. 1989, PersR 1989, 138)*. Durch die Unterrichtung soll dem Dienststellenleiter die Möglichkeit gegeben werden, die **Berechtigung des Zugangsrechts zu überprüfen.** Es ist daher erforderlich, daß Zeitpunkt und Zweck des Besuches und die Person des Beauftragten mitgeteilt werden. Die Unterrichtung muß so rechtzeitig erfolgen, daß eine Überprüfung möglich ist, dies kann in jeder Dienststelle unterschiedlich sein. Bei Eilfällen wird eine Unterrichtung unmittelbar vor dem Besuch ausreichen.

59

Verweigerungsgründe

Der Zutritt kann nur verweigert werden, wenn zwingende Sicherheitsvorschriften oder der Schutz von Dienstgeheimnissen dem entgegenstehen, Abs. 2 Satz 2. Die **Versagungsgründe** sind eng auszulegen. Der Zugang kann generell soweit untersagt werden, als es die Sicherheitsvorschriften oder der Schutz der Dienstgeheimnisse erfordern. Gegebenenfalls muß das Zutrittsrecht zeitlich oder örtlich modifiziert werden. Das Verbot kann beschränkt sein auf bestimmte Teile der Dienststelle, bestimmte Räumlichkeiten oder bestimmte Zeiten. Bei Sicherheitsvorschriften ist maßgeblich, ob auch sonstigen Personen das Zutrittsrecht verboten ist.

60

Was im einzelnen unter **Dienstgeheimnissen** zu verstehen ist, ergibt sich aus den einschlägigen Regelungen in Gesetz, Verordnung oder Verwaltungsvorschriften *(vgl. dazu auch im einzelnen die Anmerkung zu § 11)*. Gewerkschaftsvertreter dürfen grundsätzlich in ihrem Zugangsrecht nicht stärker eingeschränkt werden als die Dienstkräfte der Dienststelle selbst, zumal auch die Gewerkschaftsbeauftragten der Geheimhaltungspflicht unterliegen, § 11.

61

Sonstige Aufgaben der Verbände (Abs. 3)

Absatz 3 entspricht inhaltlich dem § 2 Abs. 3 BetrVG und enthält gegenüber dem bisherigen Recht insoweit eine Änderung, als der Hinweis auf die Wahrnehmung der Interessen der Mitglieder neu aufgenommen und durch das Wort »insbesondere« hervorgehoben worden ist. Die Vorschrift **schützt die allgemeinen Aufgaben der Koalitionen.** Durch sie wird klargestellt, daß die Stellung der Koalitionen durch die Erweiterung der Rechte der Personalvertretung nicht eingeschränkt worden ist. Die typisch koalitionsgemäßen Betätigungen, die durch Art. 9 Abs. 3 GG mit Verfassungsrang geschützt werden, sind auch im Rahmen der Personalverfassung gewährleistet.

62

Zu den typisch koalitionsgemäßen Aufgaben gehört insbesondere die Gestaltung der **Arbeits- und Wirtschaftsbedingungen** der Mtglieder *(BVerfG vom 14. 4. 1964, E 17, 319)*. Demzufolge haben im Rahmen der Gestaltung der Arbeits- und Wirtschaftsbedingungen die Personalvertretungen nur begrenzte Betätigungsmöglichkeiten, vergleiche zum Beispiel den Tarifvorbehalt in § 85 Abs. 1 und 2. Hierzu gehört auch, daß allein die Koalitionen berechtigt sind, Arbeitskämpfe durchzuführen, für die Personalvertretungen besteht ein absolutes Arbeitskampfverbot, § 70 Abs. 2 Satz 2.

63

Zu den allgemeinen Aufgaben der Verbände gehört auch die **Beratung** in arbeitsrechtlichen Fragen sowie die Prozeßvertretung ihrer Mitglieder, § 11 ArbGG.

64

§ 2

65 Die **Prozeßvertretung** der Personalvertretung ist in entsprechender Anwendung der arbeitsgerichtlichen Vorschriften im Beschlußverfahren geregelt, § 91 Abs. 2 i. V. m. § 87 Abs. 2 Satz 2 ArbGG i. V. m. § 11 Abs. 1 ArbGG. Die Personalvertretung kann sich danach durch einen Verbandsvertreter vertreten lassen, wenn wenigstens ein Mitglied der Personalvertretung dem Verband angehört. Der Dienststellenleiter kann sich durch Beauftragte der Arbeitgebervereinigungen vertreten lassen, der die Dienststelle angehört.

66 Zu den allgemeinen Aufgaben der Verbände gehört weiterhin, sich innerhalb der einzelnen Dienststelle für die Interessen ihrer Mitglieder einzusetzen. Diese Aufgabe wird häufig durch gewerkschaftliche **Vertrauensleute** wahrgenommen. Die Vertrauensleute sind im PersVG Bln nicht genannt, sie sind kein Organ im Rahmen der Personalvertretung. Sie leiten ihre Rechte allein aus der koalitionsgemäßen Betätigung der Verbände nach Art. 9 Abs. 3 GG her *(vgl. dazu näher BAG vom 8. 12. 1978, AP Nr. 28 zu Art. 9 GG, Pfarr, AuR 1978, 290; dies., AuR 1979, 242; Zachert, AuR 1979, 358; Richardi, Festschrift für G. Müller, S. 413ff.).* Sie dürfen in ihrer Tätigkeit für die Gewerkschaft nur dann eingeschränkt werden, wenn das gesetzlich vorgesehen ist oder wenn sie ihre Befugnisse überschreiten. Sie dürfen wegen ihrer gewerkschaftlichen Betätigung nicht gegenüber anderen Dienstkräften unterschiedlich behandelt und insbesondere nicht benachteiligt oder gemaßregelt werden, § 71 Abs. 1.

67 Nicht von § 2 Abs. 3 gedeckt ist allerdings, wenn Personalratsamt und gewerkschaftliche Betätigung miteinander verknüpft werden. **Unzulässig ist** daher beispielsweise die Erwähnung einer Gewerkschaft in einer offiziellen Äußerung eines Mitglieds des Personalrats in seiner Amtseigenschaft, wenn damit eine Werbung verbunden ist. Hierunter würde beispielsweise eine Werbung für den Beitritt zu einer Gewerkschaft unter dem Briefkopf der Personalvertretung fallen *(vgl. aber BVerwG vom 22. 8. 1991, PersR 1991, 417).* Andererseits können durch die Gewerkschaftsmitglieder, auch wenn sie Mitglied der Personalvertretung sind, kritische Äußerungen über die Dienststelle bzw. den Dienststellenleiter abgegeben werden, insoweit gelten die Grundrechte des Art. 9 Abs. 3 GG und des Art. 5 Abs. 1 GG. Lediglich völlig unsachliche und verunglimpfende Äußerungen sind unzulässig *(BVerfG vom 15. 1. 1958, E 7, 197, 208ff.).* Grenzen kann das Betätigungsrecht allerdings auch in den Arbeitsabläufen innerhalb der Dienststelle finden. Durch die koalitionsgemäße Betätigung darf nicht in die Aufgabenerfüllung der Dienststelle eingegriffen werden, die dienststelleninternen Arbeitsabläufe müssen ungestört bleiben. Soweit Dienstkräfte während der Arbeitszeit für die Gewerkschaft tätig sind, können sie dies nur außerhalb ihrer persönlichen Arbeitszeit, beispielsweise in der Pause, erledigen, andere Dienstkräfte dürfen nicht während ihrer Arbeitszeit gestört werden. Auch muß bei der koalitionsgemäßen Betätigung die negative Koalitionsfreiheit anders- oder nichtorganisierter Dienstkräfte geachtet werden. Bei der Betätigung für die Gewerkschaft dürfen deren Beauftragte auch nicht Einrichtungen der Dienststelle für gewerkschaftliche Zwecke verwenden (z. B. Fotokopiereinrichtungen, Telefaxgeräte, EDV-Anlagen oder dienststelleninterne Postverteilsysteme – *vgl. dazu BAG vom 23. 9. 1986, AP Nr. 45 zu Art. 9 GG).*

§ 2

Mitgliederwerbung

Besonders problematisch im Bereich der allgemeinen Koalitionsbetätigung ist die Frage der **Mitgliederwerbung in der Dienststelle**. Diese Frage ist im Gesetz nicht ausdrücklich geregelt. Aus § 2 Abs. 3 in Verbindung mit § 71 Abs. 2 ist aber zu entnehmen, daß eine solche Werbung zulässig ist. Eine Mitgliederwerbung ist auch durch Art. 9 Abs. 3 GG geschützt, da der Bestandsschutz der Koalition auch erfordert, daß eine Verstärkung der Mitgliederbasis durch Werbung erreicht werden kann *(vgl. BAG vom 14. 2. 1967, AP Nr. 10 zu Art. 9 GG; BVerfG vom 30. 11. 1965, 26. 5. 1970, AP Nr. 7, 16, 17 zu Art. 9 GG; Söllner, JZ 1966, 404; Sarge/Gester, AiB 1988, 228)*. Die Wirkungsmöglichkeit eines Verbandes hängt nämlich in hohem Maße von der Zahl seiner Mitglieder ab. Das Bundesverfassungsgericht hat anerkannt, daß dieses Recht im einzelnen durch den Gesetzgeber ausgestaltet werden kann. **68**

Eine Gewerkschaftswerbung ist insbesondere durch die Dienstkräfte und damit auch durch die Vertrauensleute der Gewerkschaften zulässig, wie sich aus der Regelung des § 71 Abs. 2 ergibt. **69**

Die **Stellung der Mitglieder** der Personalvertretungen ist in dieser Hinsicht umstritten. Eindeutig ist, daß sie nicht in ihrer Amtseigenschaft als Personalratsmitglied oder ähnlichem die Werbung betreiben dürfen. Sie dürfen nicht das ihnen übertragene Amt für die gewerkschaftliche Werbung ausnutzen *(vgl. BAG vom 14. 2. 1967, AP Nr. 10 zu Art. 9 GG; BVerfG vom 26. 5. 1970, AP Nr. 18 zu Art. 9 GG)*. Dies folgt aus dem Gebot der Neutralität der Amtsführung, § 71 Abs. 1. Dieser Neutralitätspflicht soll es auch widersprechen, wenn im Geschäftszimmer des Personalrats Werbematerial für eine Gewerkschaft ausgelegt, ausgehängt oder verteilt wird. Das kann aber bestenfalls für ausgesprochenes Werbematerial gelten, nicht jedoch für Gesetzes- oder Tariftexte, die von einer Gewerkschaft gedruckt worden sind. Außerhalb seiner Amtseigenschaft ist jedoch jedes Mitglied einer Personalvertretung normaler Arbeitnehmer mit den gleichen Rechten und Befugnissen, das folgt schon aus § 71 Abs. 2. Getrennt von der Amtseigenschaft ist daher eine Gewerkschaftswerbung auch durch Mitglieder von Personalvertretungen zulässig *(BVerfG a. a. O.)*. Nicht zu folgen ist der restriktiven Rechtsprechung des Bundesverwaltungsgerichts *(BVerwG vom 23. 10. 1970 AP Nr. 9 zu § 26 PersVG; vgl. aber vom 22. 8. 1991, PersR 1991, 417)*, die sogar eine Werbung durch Personalratsmitglieder außerhalb der Dienststelle und außerhalb der Dienstzeit für unzulässig hält und als grobe Pflichtverletzung nach § 25 Abs. 1 ansieht. Diese Rechtsprechung verkennt den historischen Zusammenhang zwischen Koalitions- und Personalratswesen. Es wird übersehen, daß durch eine derartige Rechtsprechung entgegen der ausdrücklichen Regelung in § 71 Abs. 2 doch eine Beschneidung der Rechte der Mitglieder von Personalvertretungen erfolgt. Die Doppelstellung als Amtsinhaber und normale Dienstkraft wird nicht berücksichtigt *(vgl. auch die zutreffende Kritik bei Gester/Kittner, RdA 1971, 161 ff., 163, 167; Säcker, JZ 1971, 288)*. Es ist nur erforderlich, daß eine deutliche Trennung von der Amtseigenschaft erfolgt *(BAG AP vom 14. 2. 1967, Nr. 10 zu Art. 9 GG)*. Es ist auch zulässig, daß Mitglieder von Personalvertretungen innerhalb der Verbände als Funktionäre tätig sind. **70**

Die Werbung muß sich, wie jede Betätigung, im Rahmen der Gesetze halten. Danach ist es unzulässig, den Dienststellenleiter oder andere Personen in beleidigender Weise anzugreifen oder konkurrierende Verbände unter grober **71**

§ 2

Entstellung der Wahrheit zu verunglimpfen *(vgl. oben Rn. 67).* Eine vergleichende Gegenüberstellung der Leistungen einer Gewerkschaft und einer rivalisierenden Gewerkschaft wird jedoch zulässig sein, wenn keine falschen Vorstellungen bei den Arbeitnehmern erweckt werden *(BAG vom 11.11.1968, AP Nr. 14 zu Art. 9 GG).* Die **Werbung** darf den **Arbeitsablauf in der Dienststelle nicht behindern,** weder durch ihren Zeitpunkt noch durch ihren Umfang *(BAG vom 26.1.1982, AP Nr. 35 zu Art. 9 GG).* Mit dieser Maßgabe darf sie auch während der Dienstzeit der anderen Dienstkräfte erfolgen *(BVerfG vom 14.11.1995, NZA 1996, 381).* Die Mitgliederwerbung durch Versendung von privaten **E-Mails** an die elektronischen Dienstadressen ist grundsätzlich zulässig *(vgl. LAG Schleswig-Holstein vom 1.12.2000, AiB 2001, 305).*

Tarifvertragliche Regelungen (Abs. 4)

72 Die Vorschrift des Absatzes 4 bestimmt, daß das Personalvertretungsrecht durch Tarifvertrag **nicht abweichend geregelt werden darf.** Im Gegensatz zum Betriebsverfassungsrecht, das teilweise ergänzende oder abweichende Regelungen durch Tarifverträge zuläßt, hat das Personalvertretungsgesetz ausdrücklich festgelegt, daß personalverfassungsrechtliche Normen, die von denen des Gesetzes abweichen, schlechthin unzulässig sind. Damit wird der Tatsache entsprochen, daß es sich hier um öffentliches Recht handelt, das der Normsetzungsbefugnis privatrechtlicher Organisationen entzogen ist. Wollte man ergänzende Tarifverträge zulassen, würden die Tarifvertragsparteien die Möglichkeit erhalten, auf die öffentlich-rechtliche Organisation des Staates Einfluß zu nehmen. Unzulässig ist es daher auch, in Tarifverträgen zusätzliche Mitbestimmungsbereiche für die Personalvertretungen zu schaffen. Unzulässig ist es damit auch, bei dem Wechsel einer Dienststelle vom öffentlichen Dienst in die Privatwirtschaft tarifvertraglich zu regeln, daß die bisher im Amt befindlichen Personalvertretungsorgane weiterhin die Interessen der Arbeitnehmer in dem nun privatwirtschaftlich organisierten Betrieb wahrnehmen sollten. Dies kann auch nicht im Rahmen einer Übergangsregelung durchgeführt werden. Mit der Auflösung der Dienststelle verlieren die Personalvertretungen automatisch die Grundlage für ihre Existenz, in dem neu entstandenen privatwirtschaftlichen Betrieb muß erst ein Betriebsrat gewählt werden. In der Zwischenzeit können weder die Rechte aus dem Personalvertretungsgesetz noch diejenigen aus dem Betriebsverfassungsgesetz geltend gemacht werden.

Streitigkeiten

73 Über Streitigkeiten im Zusammenhang mit den Befugnissen der Verbände im Rahmen des PersVG Bln entscheiden die **Verwaltungsgerichte,** soweit einer der in § 91 Abs. 1 genannten Fälle vorliegt. Liegt ein solcher Zuständigkeitsfall nicht vor, kann der Verwaltungsrechtsweg und die Zuständigkeit nach §§ 40 ff. VwGO gegeben sein.

74 Der Grundsatz der vertrauensvollen Zusammenarbeit wird in der Regel im Zusammenhang mit den Aufgaben und Befugnissen der Personalvertretungen und der Gültigkeit von Dienstvereinbarungen überprüft, so daß die Zuständigkeit der Verwaltungsgerichte nach § 91 Abs. 1 Nr. 3 und 4 gegeben ist. Es kann jedoch auch in anderen Streitigkeiten eine Rolle spielen.

Die Personalvertretung, die gegen § 2 Abs. 1 verstößt, kann nach § 25 aufgelöst bzw. ein Mitglied ausgeschlossen werden. Hierfür besteht die Zuständigkeit der Verwaltungsgerichte nach § 91 Abs. 1. Verstößt ein Dienststellenleiter gegen das Gebot der vertrauensvollen Zusammenarbeit, dann können neben einer Dienstaufsichtsbeschwerde auch disziplinarische Schritte eingeleitet werden. Daneben kann die Personalvertretung im Wege eines Feststellungsantrages den Umfang ihrer Zuständigkeiten, der Geschäftsführung oder ihrer Rechtsstellung im Einzelfall gemäß § 91 Abs. 1 Nr. 3 durch das Verwaltungsgericht bestimmen lassen. **75**

§ 3 Dienstkräfte und Gruppen

(1) Dienstkräfte im Sinne des Gesetzes sind die Angestellten, Arbeiter und Beamten einschließlich der zu ihrer Berufsausbildung Beschäftigten. Dienstkräfte im Sinne dieses Gesetzes sind auch Personen, die sich ausschließlich zum Zwecke einer über- oder außerbetrieblichen Ausbildung im Sinne des § 1 Abs. 5 des Berufsbildungsgesetzes in einer Einrichtung des öffentlichen Dienstes befinden.
(2) Je eine Gruppe bilden
1. die Angestellten,
2. die Arbeiter,
3. die Beamten.
(3) Dienstkräfte im Sinne dieses Gesetzes sind nicht
1. a) die Professoren (§ 99 des Berliner Hochschulgesetzes),
   b) die Gastprofessoren und Gastdozenten (§ 113 des Berliner Hochschulgesetzes),
   c) das nebenberuflich tätige Personal (§ 114 Nr. 1 bis 3 des Berliner Hochschulgesetzes),
2. Personen, die im Rahmen der Arbeitsbeschaffungsmaßnahmen nach dem Arbeitsförderungsgesetz eingesetzt sind,
3. Personen, deren Beschäftigung vorwiegend durch Beweggründe karitativer oder religiöser Art bestimmt ist,
4. Personen, die vorwiegend zu ihrer Heilung, Wiedereingliederung, sittlichen Besserung oder Erziehung beschäftigt werden, es sei denn, es handelt sich um Dienstkräfte im Sinne des Absatzes 1 Satz 2.

Übersicht	Rn.
Allgemeines	1
Begriff der Dienstkraft	2– 6
Arbeitnehmerbegriff und Beamtenbegriff	7–11
Richter	12
Zur Berufsausbildung Beschäftigte	13–17
Teilzeitbeschäftigte	18, 19
Dienststellenleiter	20
Gruppeneinteilung (Abs. 2)	21, 22
Sonderregelungen	23
Bedeutung der Gruppenzugehörigkeit	24, 25
Ausnahmen (Abs. 3)	26–35

§ 3

Allgemeines

1 § 3 ergänzt die Regelung des § 1. Während dort der Geltungsbereich des Gesetzes in bezug auf die öffentlich-rechtlichen Verwaltungsträger bestimmt wurde, regelt § 3 den personellen Geltungsbereich. Abs. 1 bestimmt den Kreis der von dem PersVG Bln erfaßten Dienstkräfte, wobei in Abs. 3 einige Ausnahmen ausdrücklich festgelegt sind. In Abs. 2 wird die für das gesamte Gesetz bedeutsame und in der Rahmenvorschrift des § 98 Abs. 2 BPersVG vorgesehene Gruppeneinteilung vorgenommen.

Begriff der Dienstkraft

2 Der Begriff der Dienstkraft ist eine **Sammelbezeichnung** für die Angestellten, Arbeiter und Beamten des öffentlichen Dienstes. Er entspricht dem Begriff der Bediensteten oder der Beschäftigten im öffentlichen Dienst, wie ihn das Bundespersonalvertretungsgesetz gebraucht, § 4 Abs. 1 BPersVG. Für die Zugehörigkeit zu einer Dienststelle kommt es dabei nicht auf die aus dem Dienstverhältnis sich ergebende rechtliche Beziehung an, sondern entscheidend ist das **tatsächliche Beschäftigungsverhältnis** *(BVerwG vom 20. 5. 1992, ZfPR 1992, 171; vom 27. 11. 1991, PersV 1992, 225; BAG vom 18. 1. 1989, AP Nr. 12 zu § 1 AÜG).* Hinzu kommen muß, daß die beschäftigte Person durch ihre Tätigkeit an der Erfüllung der der Dienststelle gestellten öffentlichen Aufgaben mitwirkt *(Gemeinsamer Senat der Obersten Gerichtshöfe des Bundes vom 12. 3. 1987, AP Nr. 35 zu § 5 BetrVG 1972 = NJW 1987, 2571 ff.; zu dem Begriff der Dienstkraft auch Walldorf, PersV 1986, 451).* Nur diese Personen unterliegen der Personalhoheit des Dienstherrn bzw. des öffentlichen Arbeitgebers, die Tätigkeit wird durch die Organisationsgewalt des Trägers der Beschäftigungsdienststelle bestimmt. Daß nicht die rechtliche Beziehung, sondern das tatsächliche Beschäftigungsverhältnis entscheidend ist, ergibt sich im übrigen auch daraus, daß die Belange der jeweiligen Dienstkraft von der Personalvertretung wahrgenommen werden sollen, die am ehesten die Angelegenheiten gerade dieser Dienstkraft beurteilen kann. Das wird in der Regel der Personalrat sein, der bei der Dienststelle gebildet ist, die die konkreten Bedingungen der Dienstleistung der Dienstkraft in persönlicher und sachlicher Hinsicht festlegen kann *(BVerwG a. a. O. sowie vom 2. 9. 1983, PersV 1985, 164 ff.).* Fallen daher rechtliche Zugehörigkeit zu einer Dienststelle und tatsächliche Beschäftigung auseinander, richtet sich die Zugehörigkeit nicht nach formal-rechtlichen Gesichtspunkten, sondern nach der tatsächlichen Eingliederung *(BVerwG vom 2. 9. 1983, PersV 1985, 164 ff.; Becker, ZBR 1986, 185).*

3 Da es für den Dienstkraftbegriff wesentlich auf die **tatsächliche Eingliederung** in eine Dienststelle ankommt, fallen auch solche Personen darunter, die aufgrund eines **unwirksamen Dienst-** oder **Arbeitsvertrages** in der Dienststelle tätig geworden sind. Ist beispielsweise der Arbeitsvertrag wegen Verstoßes gegen ein Gesetz, wegen mangelnder Geschäftsfähigkeit des Beschäftigten oder aufgrund einer erklärten Anfechtung unwirksam, gelten die Grundsätze des sogenannten faktischen Arbeitsverhältnisses mit der Folge, daß das Arbeitsverhältnis wie ein vollgültiges für die Vergangenheit zu behandeln ist *(vgl. dazu Fitting u. a., BetrVG, § 5 Rn. 12).* Auch bei Nichtigkeit eines Beamtenverhältnisses oder Rücknahme der entsprechenden Ernennung ist die gleichwohl beschäftigte Person Dienstkraft i. S. des § 3. Dies gilt selbst dann, wenn wegen der Rück-

wirkung von Anfang an kein Dienstverhältnis bestanden hat. Erforderlich ist nur, daß die Begründung beamten- oder arbeitsvertraglicher Beziehungen zumindest beabsichtigt war *(BVerwG vom 20. 5. 1992, ZfPR 1992, 171).*

Zunehmend werden von den Dienststellen auch Dienstkräfte eingesetzt, die nicht ihren Arbeitsplatz unmittelbar in der Dienststelle haben. Soweit diese ihre Arbeit weitgehend unabhängig gestalten können, insbesondere Arbeitszeit und Arbeitsgestaltung frei bestimmen können oder nur an Rahmenrichtlinien der Dienststelle gebunden sind, fehlt es an einer Eingliederung in die Dienststelle. Beispielsweise ist dies der Fall, wenn Dienstkräfte im häuslichen Bereich mit Schreibarbeiten beschäftigt werden, ohne an bestimmte Arbeitszeiten, Zeiten der Erreichbarkeit oder an bestimmte Arbeitsmengen gebunden zu sein. Anders ist dies aber im Fall der echten **Telearbeit** *(vgl. dazu Wedde, ZfPR 1998, 18; Raffelsiefen, PersR 2001, 139 ff.).* Bei dieser besteht eine enge Verbindung zwischen Dienstkraft und Dienststelle, wobei die elektronischen Medien im Vordergrund stehen. Erforderlich ist hierbei, daß eine feste Arbeitsmenge vorgegeben wird, daß die Dienstkraft nicht völlig frei über ihre Arbeitszeiten im häuslichen Bereich bestimmen kann, daß sie im Grunde durch Vorgaben und Kontrollmöglichkeiten in den Betrieb der Dienststelle eingegliedert ist. Dies kann beispielsweise erreicht werden durch eine Vernetzung des Arbeitsplatzes mit der EDV-Anlage in der Dienststelle *(Online-Betrieb)* oder durch eine entsprechende Vertragsgestaltung mit regelmäßiger Kontrollmöglichkeit über Telefon, Handy oder sonstige Einrichtungen. Im Grunde unterscheidet sich bei diesen Dienstkräften die arbeitsmäßige Einbindung in die Dienststelle und die tatsächliche Gestaltung des Dienstverhältnisses nur durch die Tatsache, daß die Arbeitsleistung selbst außerhalb der Dienststelle erbracht wird. Werden Dienstkräfte in dieser Form beschäftigt, sind sie in die Dienststelle eingegliedert, es handelt sich um Dienstkräfte im Sinne des § 3 *(dazu auch unten Rn. 11).* **3a**

Mittelbar beschäftigte Arbeitnehmer bzw. Beamte bzw. Leiharbeitnehmer sind dann keine Dienstkräfte i. S. des § 3, wenn es sich um ein **echtes Leiharbeitsverhältnis** handelt. Bei diesem bleibt nämlich der Betroffene Beschäftigter der Stammdienststelle, er ist lediglich ausnahmsweise an eine andere Dienststelle verliehen, um in dieser aufgrund der Anweisungen des dortigen Dienststellenleiters vorübergehend Dienst zu tun. Die Arbeitgeberfunktion bzw. die Funktion des Dienstherrn ist in diesem Falle aufgespalten, die entleihende Dienststelle treffen nur die dienststellenbezogenen Pflichten; die übrigen sich aus dem Arbeitsvertrag bzw. dem Beamtenverhältnis ergebenden Rechte und Pflichten bestehen gegenüber dem eigentlichen Arbeitgeber bzw. Dienstherrn. Der Betroffene bleibt in diesem Falle Dienstkraft der verleihenden Dienststelle bzw. Arbeitnehmer des verleihenden Betriebes. Bei dem Einsatz der verliehenen Arbeitnehmer bzw. Beamten kann allerdings dem Personalrat ein Beteiligungsrecht nach § 87 Nr. 1 bzw. § 88 Nr. 1 zustehen *(vgl. dazu BAG vom 12. 3. 1987, AP Nr. 35 zu § 99 BetrVG 1972 sowie unten § 87 Rn. 15).* Anders liegt der Fall bei dem sogenannten **unechten Leiharbeitsverhältnis**, bei dem der betroffene Arbeitnehmer von vornherein für den Zweck von einem Arbeitgeber eingestellt wird, um an Dritte, gegebenenfalls auch an Dienststellen im Bereich des öffentlichen Dienstes, verliehen zu werden. Diese Leiharbeitsverhältnisse, die nur im Rahmen einer Erlaubnis nach § 1 AÜG zulässig sind, führen grundsätzlich nicht dazu, daß der verliehene Arbeitnehmer Dienstkraft der entleihenden Dienststelle wird. Zwar werden diese Dienstkräfte voll in die Dienststelle eingegliedert und leisten ihre Arbeit allein nach den Weisungen des Dienststellenleiters. **4**

§ 3

Gleichwohl bleiben diese Arbeitnehmer personalvertretungsrechtlich dem Verleiherbetrieb zugeordnet. Für sie gelten die besonderen Arbeitsschutzvorschriften, die auch für die übrigen Dienstkräfte der Dienststelle Anwendung finden; die Leiharbeitnehmer sind auch berechtigt, die Sprechstunden des Personalrats aufzusuchen und an Personalversammlungen bzw. an Jugend- und Auszubildendenversammlungen teilzunehmen, § 14 Abs. 2 Satz 2 AÜG. Letztlich führt dies dazu, daß es bei einem Leiharbeitsverhältnis zu einer Aufspaltung der Arbeitgeberfunktionen zwischen dem Verleiher und dem Entleiher kommt. Dies beruht aber darauf, daß die vertragliche Grundlage der Rechtsbeziehung zwischen dem Arbeitnehmer und dem Verleiher ein größeres Gewicht hat als die rein tatsächlich bestehende Eingliederung *(vgl. dazu BAG vom 30. 1. 1991, NZA 1992, 19; vom 18. 1. 1989, NZA 1989, 728; BVerwG vom 13. 11. 1979, NJW 1980, 2035)*. Die tatsächliche Eingliederung kann nur einzelne personalvertretungsrechtliche Rechte und Pflichten auslösen, nicht jedoch dazu führen, daß in vollem Umfange die Dienstkrafteigenschaft erworben wird. Auch können ein privatwirtschaftlich organisierter Arbeitgeber und eine Dienststelle nicht gemeinsam Träger einer Dienststelle sein mit der Folge, daß die dort aufgrund eines Arbeitsvertrages zu dem privatwirtschaftlich organisierten Arbeitgeber beschäftigten Arbeitnehmer Dienstkräfte der Dienststelle werden. Dies ist selbst dann nicht möglich, wenn zwischen Dienststelle und dem privatwirtschaftlich organisierten Arbeitgeber eine Vereinbarung zu einer gemeinschaftlichen Aufgabenerfüllung getroffen wird *(vgl. zum BetrVG BAG vom 18. 1. 1989, AP Nr. 2 zu § 14 AÜG)*.

Fehlt es an einem Werkvertrag, aufgrund dessen die Dienstkraft verliehen worden ist, kann eine Eingliederung in die Dienststelle vorliegen *(vgl. BVerwG vom 20. 5. 1992, ZfPR 1992, 171; BAG vom 15. 12. 1992, NZA 1993, 513)*. Das Mindestmaß an individualrechtlichen Rechtsbeziehungen ergibt sich dann aus den gesetzlichen Bestimmungen.

5 Der Begriff der Dienstkraft **entspricht nicht dem Begriff des Arbeitnehmers,** wie er sonst im Arbeitsrecht und auch in § 5 BetrVG verwendet wird. Durch die Wahl des Begriffes »Dienstkraft« hat der Gesetzgeber deutlich gemacht, daß nur diejenigen Personen von diesem Begriff erfaßt werden, die persönlich auf der Grundlage eines Beamtenverhältnisses oder eines Beschäftigungsverhältnisses, das nach dem jeweils in Betracht kommenden besonderen Tarif- oder Dienstordnungsrecht begründet worden ist, und die durch ihre Tätigkeit an der Erfüllung der der Dienststelle obliegenden öffentlichen Aufgaben mitwirken *(Gemeinsamer Senat der Obersten Gerichtshöfe des Bundes vom 12. 3. 1987, AP Nr. 35 zu § 5 BetrVG 1972 = NJW 1987, 2571 ff.; BVerwG, ZBR 1984, 382; vgl. auch Walldorf, PersV 1986, 451; dazu auch weiter oben Rn. 2)*.

6 Eine **gesetzliche Definition** der Begriffe Arbeitnehmer und Dienstkraft fehlt, lediglich die Begriffe Angestellte, Arbeiter und Beamte sind in § 4 im einzelnen erläutert.

Arbeitnehmerbegriff und Beamtenbegriff

7 Nach der heute überwiegenden Meinung ist Arbeitnehmer, **wer aufgrund eines privatrechtlichen Vertrages unselbständig fremdbestimmte Arbeit leistet.** Diese Voraussetzungen werden von den Angestellten und Arbeitern des öffentlichen Dienstes erfüllt, die ebenso wie die Arbeitnehmer außerhalb des öffentlichen Dienstes in einem privatrechtlichen Arbeitsverhältnis stehen.

Nicht unter den Arbeitnehmerbegriff fallen jedoch die **Beamten.** Ihre Arbeitspflicht beruht nicht auf einem privatrechtlichen Vertrag, sondern auf einem öffentlich-rechtlichen Anstellungsverhältnis. Sie stehen dem Dienstherrn auch nicht wie die Angestellten und Arbeiter **rechtlich** gleichgeordnet gegenüber, sondern sie befinden sich in einem **besonderen Gewaltverhältnis.** Dieses wird durch eine besonders enge Abhängigkeit des einzelnen von der Hoheitsgewalt des Staats geprägt, die auch zu Grundrechtseinschränkungen führt. Die Beamten werden daher nicht von dem allgemeinen arbeitsrechtlichen Arbeitnehmerbegriff erfaßt. Insoweit ist der Begriff der Dienstkraft weiter, da er auch die Beamten einbezieht. 8

Gleichzeitig werden mit dem Dienstkraftbegriff die sonstigen strukturellen Unterschiede des öffentlichen Dienstes zu den Arbeitsverhältnissen in der Privatwirtschaft verdeutlicht. Die Schaffung des Begriffes ist im Zusammenhang mit Art. 73 Nr. 8 GG und Art. 75 Nr. 1 GG zu sehen, wo allgemein nicht von Arbeitnehmern, sondern von »im öffentlichen Dienst stehenden Personen« gesprochen wird. 9

Durch das Personalvertretungsrecht wird die **rechtliche Stellung** der Angestellten, Arbeiter oder Beamten **nicht geregelt** oder erfaßt, sie wird vorausgesetzt. 10

Dienstkräfte sind auch Personen, die für die Dienststelle mit Hilfe der Informations- oder Kommunikationstechnik im häuslichen Bereich am Bildschirm tätig sind **(Tele-Arbeit),** wenn eine persönliche Abhängigkeit gegeben ist. Von einer solchen kann insbesondere ausgegangen werden, wenn der externe Arbeitsplatz direkt mit dem Zentralrechner in der Dienststelle verbunden ist (Online-Betrieb) *(vgl. dazu Raffelsiefen, PersR 2001, 139 ff.; Kilian/Borsum/Hoffmeister, NZA 1987, 404; Fitting u.a., BetrVG, § 5 Rn. 56 m.w.N.).* Erfolgt die Beschäftigung im Offline-Betrieb, d.h., wird die Arbeit auf Datenträgern gespeichert ohne direkte Verbindung zur Dienststelle oder zum Zentralrechner, hängt die Dienstkrafteigenschaft von der persönlichen Einbindung in die Dienststelle (Überwachungsmöglichkeit, Anwesenheitspflicht, Umfang der Direktionsbefugnis) ab *(näher dazu noch oben Rn. 3a).* 11

Richter

Nicht zu den Beamten und damit auch nicht zu den Dienstkräften im Sinne des § 3 Abs. 1 gehören die Richter. Schon das Grundgesetz unterscheidet zwischen Richtern und Beamten, wie die Regelungen in Art. 60 Abs. 1, 98 und 137 Abs. 1 GG zeigen. Die besondere Stellung der Richter ist im einzelnen in dem Berliner Richtergesetz vom 18. 1. 1963 in der Fassung vom 27. 4. 1970 geregelt *(BlnRiG, GVBl. 1970, 642, 1638 mit späteren Änderungen).* Die Richter bilden außerhalb der Personalvertretung **besondere Richtervertretungen,** den Richterrat, §§ 20 ff. BlnRiG, und Präsidialrat, §§ 31 ff. BlnRiG. Nur in Sonderfällen findet eine Zusammenarbeit mit den Personalvertretungen statt, § 29 BlnRiG. Entscheidend ist die Berufung in das Richterverhältnis, nicht jedoch die Ausübung bestimmter richterlicher Funktionen. Es fallen daher auch nicht diejenigen Richter unter den Geltungsbereich des PersVG Bln, die an eine andere Behörde, Senatsdienststelle oder sonstige Verwaltungseinheit abgeordnet und dort mit Verwaltungsaufgaben betraut sind *(anders § 4 Abs. 1 BPersVG; dort fallen Richter, die an eine der in § 1 BPersVG genannten Verwaltungen oder zur Wahrnehmung einer nichtrichterlichen Tätigkeit an ein Gericht des Bundes abgeordnet sind, unter den* 12

§ 3

Geltungsbereich des BPersVG). Bei den Gerichten des Landes Berlin sind daher die Personalvertretungen unter Ausschluß der Richter zu bilden *(vgl. oben § 1 Rn. 18).* Staatsanwälte und Rechtspfleger unterliegen dem PersVG Bln, da sie Beamte sind. Die ehrenamtlichen Richter sind keine Dienstkräfte im Sinne des § 3 Abs. 1.

Zur Berufsausbildung Beschäftigte

13 Die Begriffe »Angestellte«, »Arbeiter« und »Beamte« sind in § 4 im einzelnen erläutert. Zu den Dienstkräften gehören neben diesen auch die zu ihrer Berufsausbildung Beschäftigten. Der **Begriff der Berufsausbildung** ist nicht identisch mit dem des Berufsbildungsgesetzes *(BBiG vom 14. 8. 1969, BGBl. I, 1112).* Dort wird nicht nur die Berufsausbildung im engeren Sinne, sondern auch die Berufsfortbildung und Umschulung geregelt, es werden darüber hinaus auch Personen erfaßt, die ohne Begründung eines Arbeitsverhältnisses eingestellt werden, um berufliche Kenntnisse, Fertigkeiten oder Erfahrungen zu erwerben, § 19 BBiG. Die Berufsausbildung i. S. des § 3 Abs. 1 muß nach ihrem Gegenstand geeignet sein, den Auszubildenden auf einen Beruf vorzubereiten, in dem er an der Erfüllung öffentlicher Aufgaben mitwirken kann *(Gemeinsamer Senat der Obersten Gerichtshöfe des Bundes vom 12. 3. 1957, AP Nr. 35 zu § 5 BetrVG 1972 = NJW 1987, S. 2571ff.; BVerwG vom 3. 7. 1984, ZBR 1984, 382).* Auch muß es sich um eine Ausbildung zu einer qualifizierten Tätigkeit handeln, d. h., es muß sich um eine Vermittlung von Grundkenntnissen und fachlichen Fertigkeiten und Kenntnissen in einem geordneten Ausbildungsgang handeln. Diese Voraussetzungen können auch bei Umschülern, Volontären und Praktikanten sowie Anlernlingen erfüllt sein. Notwendig ist nur, daß zumindest auch die Ausbildung für die von der Dienststelle zu erfüllenden Aufgaben erfolgt *(BVerwG vom 3. 7. 1984, ZBR 1984, 382; vom 19. 6. 1980, PersV 1981, 368; dazu auch unten Rn. 17).*

14 Eine **Ausnahme** von dem Grundsatz, daß die **Ausbildung dienststellenbezogen** zu erfolgen hat, ist durch den Gesetzgeber seit dem Zweiten Gesetz zur Änderung des PersVG vom 23. 10. 1989 (GVBl. 1989, 1845) geschaffen worden. Mit dieser Bestimmung ist klargestellt worden, daß Dienstkräfte auch solche Personen sind, die sich ausschließlich zum Zwecke einer über- oder außerbetrieblichen Ausbildung i. S. des § 1 Abs. 5 BBiG in einer Einrichtung des öffentlichen Dienstes befinden. Damit hat der Gesetzgeber klargestellt, daß auch solche Personen, die aufgrund von Förderprogrammen in Dienststellen oder besonderen Einrichtungen des öffentlichen Dienstes ausgebildet werden, Dienstkräfte sind. Zu den Auszubildenden können daher auch **Umschüler** und **Teilnehmer an berufsvorbereitenden Maßnahmen** für jugendliche Arbeitslose gehören. Auch soweit im Bereich des öffentlichen Dienstes besondere schulische Ausbildungen stattfinden, die mit einer praktischen Unterweisung in Dienststellen des Landes verbunden sind, sind die betroffenen Personen Dienstkräfte, wenn sie zu diesem Zweck in die Dienststelle eingegliedert werden. Ferner hat der Gesetzgeber durch die Neuregelung in § 10 Abs. 1 weiter klargestellt, daß nicht nur die Ausbildungsgänge nach dem Berufsbildungsgesetz, sondern auch diejenigen nach dem Krankenpflegegesetz, dem Hebammengesetz und entsprechenden Gesetzen zu dem Bereich der Berufsausbildung i. S. des § 3 gehören. Mit der Neuregelung in Abs. 1 Satz 2 wird auch der sonst gültige Grundsatz durchbrochen, daß die Ausbildung zumindest

auch für Aufgaben der Dienststelle erfolgen muß. Es kommt bei der über- oder außerbetrieblichen Ausbildung grundsätzlich nicht mehr auf die Zielrichtung der Ausbildung an, allein entscheidend ist, daß sie in einer Einrichtung des öffentlichen Dienstes stattfindet.

Hinsichtlich der **Beamten** bestimmen die Beamtengesetze, insbesondere das Landesbeamtengesetz (LBG), das Laufbahngesetz (LfbG) sowie die einschlägigen Ausbildungs- und Prüfungsordnungen, welche Personen sich in der Ausbildung befinden. Sie haben einen vorgeschriebenen Ausbildungsgang zu durchlaufen, wie z. B. die Beamten im Vorbereitungsdienst (Referendare etc.), die in der Regel als Beamte auf Widerruf eingestellt werden. Erfaßt werden auch die Auszubildenden und Praktikanten, die zur Ausbildung für eine Beamtenlaufbahn eingestellt sind, obwohl noch kein Beamtenverhältnis besteht, § 4 Abs. 3. 15

Ähnliches gilt auch für die Personen, die sich in der **Ausbildung für einen Angestellten- bzw. Arbeiterberuf** befinden, § 4 Abs. 1 und 2. Es ist erforderlich, daß es sich um einen anerkannten Ausbildungsgang handelt, so daß auch Anlernlinge erfaßt werden. Das Anlernverhältnis ist ebenso wie das Lehrverhältnis auf ein bestimmtes Berufsziel gerichtet und unterscheidet sich von diesem im wesentlichen nur dadurch, daß das Ziel der Ausbildung ein Anlernberuf ist, § 108 Abs. 1 BBiG. Allerdings muß auch hier eine Vorbereitung auf die von der Dienststelle oder ihrem Träger zu erfüllenden Aufgaben erfolgen *(BVerwG vom 3. 7. 1984, ZBR 1984, 382; vom 19. 6. 1980, PersV 1981, 368)*. 16

Auszubildende, die in einem **Ausbildungsverhältnis zu einem privaten Arbeitgeber** stehen, werden nicht Dienstkräfte i. S. des § 3 Abs. 1, wenn sie im Auftrage eines privaten Arbeitgebers in einer Dienststelle ausgebildet werden *(vgl. dazu § 4 Rn. 10 a)*. Auch **Studenten** oder **Schüler**, die im Rahmen eines vorgeschriebenen Praktikums in einer Dienststelle tätig werden, sind nicht Dienstkräfte der Dienststelle, weil schon eine rechtliche Grundlage für die Beschäftigung gerade in dieser Dienststelle fehlt und eine dauerhafte Eingliederung nicht gegeben ist. 17

Teilzeitbeschäftigte

Der **Begriff** der Dienstkraft ist weder von der Dauer der regelmäßigen Arbeitszeit noch davon abhängig, ob die Beschäftigung haupt- oder nebenamtlich ausgeübt wird. Auch Teilzeitbeschäftigte sind daher Dienstkräfte. Insbesondere können auch Reinigungskräfte, die täglich nur wenige Stunden arbeiten, Dienstkräfte sein, vorausgesetzt, sie sind in den organisatorischen Ablauf der Dienststelle eingegliedert. Daher sind nicht Dienstkräfte diejenigen Personen, die aufgrund eines Arbeitsvertrages mit einem Dritten innerhalb der Dienststelle tätig werden. Wird zum Beispiel die Reinigung des Gebäudes insgesamt von einer Reinigungsfirma übernommen, dann zählen die von dieser Firma beschäftigten Reinigungskräfte nicht zu den Dienstkräften i. S. des § 3 Abs. 1. Das gleiche gilt für sonstige Arbeitnehmer anderer Arbeitgeber, die zum Beispiel Reparaturen innerhalb der Dienststelle durchführen. Bei diesen handelt es sich um sogenannte Unternehmerarbeiter, die für ihren Arbeitgeber und ausschließlich unter dessen Leitung Arbeiten für Fremde durchführen. 18

Bei Teilzeitbeschäftigten ist zu beachten, daß sie die **passive Wählbarkeit** nicht besitzen, wenn sie regelmäßig weniger als 18 Stunden wöchentlich beschäftigt sind *(§ 13 Abs. 3 Nr. 1)*. 19

§ 3

Dienststellenleiter

20 Ferner **gehört zu den Dienstkräften** der Dienststellenleiter. Das folgt aus der öffentlich-rechtlichen Natur des Personalvertretungsrechts, das insoweit unterschiedlich zu dem privatrechtlichen Betriebsverfassungsrecht ist. Hinzu kommt, daß das PersVG Bln anders als § 5 Abs. 3 BetrVG keine Vorschrift kennt, die leitende Dienstkräfte generell von dem Geltungsbereich des Gesetzes ausnimmt. Vielmehr ist die personalvertretungsrechtliche Stellung des Dienststellenleiters in Sondervorschriften geregelt, z. B. §§ 9, 13 Abs. 3 Satz 2 und 46 Abs. 3. Weitere, die persönliche Rechtsstellung des Dienststellenleiters einschränkende Bestimmungen bestehen nicht *(vgl. dazu Lorenzen u. a., BPersVG, § 4 Rn. 13; BVerwG vom 7. 3. 1984, PersV 1986, 157).*

Gruppeneinteilung (Abs. 2).

21 Nach Abs. 2 bestehen innerhalb der Dienstkräfte Gruppen. Jeweils alle **Angestellten, Arbeiter und Beamten** einer Dienststelle bilden eine Gruppe. Sind in einer Dienststelle tarifvertragliche Regelungen gültig, die eine Unterscheidung zwischen Arbeitern und Angestellten nicht kennen und auch eine einheitliche Entlohnungsform vorsehen, dann bilden diese Dienstkräfte keine einheitliche Gruppe. Das im Gesetz vorgesehene Gruppenprinzip ist nicht disponibel, weder die Tarifparteien noch die Parteien in der Dienststelle oder die Arbeitsvertragsparteien können eine Beseitigung des Gruppenprinzips – auch nicht teilweise – bewirken. Ausnahmen von der Geltung des Gruppenprinzips können nur in dem gesetzlich vorgesehenen Rahmen erfolgen. In diesem Falle ist die Zuordnung zur Gruppe der Angestellten oder Arbeiter aufgrund der versicherungsrechtlichen Bestimmungen vorzunehmen *(dazu unten § 4 Rn. 2, 13).*

22 Das Gruppenprinzip beeinflußt das gesamte Personalvertretungsrecht. Die Frage der Gruppenzugehörigkeit spielt an verschiedenen Stellen des Gesetzes, insbesondere auch im Bereich des Wahlrechts, eine Rolle, vergleiche zum Beispiel die §§ 15, 16 Abs. 2, 17 Abs. 1, 22, 24 Abs. 3, 26 Abs. 2, 27 Abs. 3, 29, 33, 34 Abs. 1, 51 Abs. 1, 55 Abs. 2 und 58. Neben den Arbeitern, Angestellten und Beamten gibt es grundsätzlich **keine weiteren personalvertretungsrechtlich vorgesehenen Gruppen** von Dienstkräften. Zu den Ausnahmen und Sonderregelungen unten Rn. 26 ff. Vor allen Dingen sind weder politische Gruppierungen innerhalb der Dienstkräfte noch sonstige Zusammenschlüsse von Dienstkräften als Gruppen im Sinne des Personalvertretungsrechts anzusehen. Auch die Jugendlichen bilden als solche keine Gruppe i. S. des § 3 Abs. 2; für sie gelten nur die Sonderregelungen über die Jugend- und Auszubildendenvertretung. Die Gruppeneinteilung ist auch von der Rahmengesetzgebung des Bundes für den Bereich der Länder im Personalvertretungsrecht vorgesehen, § 98 Abs. 2 BPersVG.

Sonderregelungen

23 **Sonderregelungen,** auch in bezug auf die Gruppenbildung, kann der Landesgesetzgeber nach § 95 Abs. 1 BPersVG vorsehen für Beamte im Vorbereitungsdienst, Beschäftigte in entsprechender Berufsausbildung, Staatsanwälte und Angehörige von Rundfunk- und Fernsehanstalten sowie von Dienststellen, die bildenden wissenschaftlichen oder künstlerischen Zwecken dienen. Lediglich die Bestimmung des § 104 BPersVG darf von dem Landesgesetzgeber nicht außer acht gelassen werden.

Bedeutung der Gruppenzugehörigkeit

Die einzelnen **Gruppen** besitzen **keine rechtliche Selbständigkeit,** sie sind keine selbständigen Teilorgane des Personalvertretungsrechts und können auch im Bereich des PersVG Bln keine Gruppenräte oder ähnliches bilden. 24

Die **Zugehörigkeit** zu einer Gruppe **ändert sich** automatisch, wenn sich das zugrundeliegende Rechtsverhältnis ändert, wenn also zum Beispiel der Arbeiter zum Angestellten oder Bemten wird. Ein auf Willenserklärung beruhender Austritt aus einer Gruppe ist nicht möglich. Wird eine Dienstkraft von Angehörigen einer anderen Gruppe in den Personalrat gewählt, verliert sie dadurch ihren dienstrechtlichen Status nicht. Für die Zeit des Amtes gilt sie nur als Angehöriger der Gruppe, die sie gewählt hat, § 16 Abs. 5. Ebenso verliert ein Personalratsmitglied sein Amt nicht automatisch durch Wechsel der Gruppenzugehörigkeit, vielmehr wird hier fingiert, daß es Vertreter der Gruppe bleibt, die es gewählt hat, § 26 Abs. 2. Insofern hat sich die Rechtslage gegenüber § 24 Nr. 5 PersVG Bln a. F. geändert. 25

Ausnahmen (Abs. 3)

Die in Abs. 3 genannten Personenkreise sind zum großen Teil zwar Angehörige des öffentlichen Dienstes im weiten Sinne, unter den Begriff der Dienstkräfte i. S. des PersVG Bln fallen sie jedoch nicht. 26

Wer **Professor** ist, richtet sich nach §§ 99 ff. BerlHG *(Berliner Hochschulgesetz vom 22. 12. 1978 – GVBl., 2449).* Die Rechtsverhältnisse der Gastprofessoren und Gastdozenten werden in § 113 BerlHG geregelt. Ferner fallen nicht unter den Geltungsbereich des PersVG Bln die nebenberuflich tätigen wissenschaftlichen und künstlerischen Angehörigen der Hochschulen, § 114 Nr. 1 bis 3 BerlHG. Hierunter fallen die Honorarprofessoren, die Privatdozenten und außerplanmäßigen Professoren sowie die Lehrbeauftragten. Da Absatz 3 die Ausnahmen abschließend regelt, wird das übrige Personal der Hochschulen auch dann von dem PersVG Bln erfaßt, wenn es wissenschaftlich oder künstlerisch tätig ist. Dienstkräfte sind daher z. B. die Hochschulassistenten, §§ 104 ff. BerlHG, die wissenschaftlichen und künstlerischen Mitarbeiter, die Lehrkräfte für besondere Aufgaben, § 112 BerlHG, sowie die sonstigen Mitarbeiter. Hinsichtlich des früheren Rechts sind die Übergangsbestimmungen des § 135 und der §§ 126 ff. BerlHG zu beachten. 27

Unter den **Geltungsbereich des BerlHG** fallen die staatlichen Hochschulen, das sind die Freie Universität Berlin, die Technische Universität Berlin, die Humboldt-Universität, die Hochschule der Künste Berlin, die Fachhochschule für Sozialarbeit und Sozialpädagogik Berlin, die Technische Fachhochschule Berlin und die Fachhochschule für Wirtschaft Berlin, § 1 Abs. 2 BerlHG. Für die Fachhochschule für Verwaltung und Rechtspflege gelten die Bestimmungen des BerlHG nur nach Maßgabe der §§ 1 Abs. 2 Satz 2 und 122 BerlHG. Bei ihr handelt es sich um eine nichtrechtsfähige Anstalt; oberste Dienstbehörde und Dienstbehörde für die Beamten sowie Personalstelle für die Arbeitnehmer ist der Senator für Inneres. 28

§ 3

29 Für die in § 1 Abs. 2 BerlHG ebenfalls aufgeführte **Fachhochschule für Verwaltung und Rechtspflege** gilt die »Verordnung über die Fachhochschule für Verwaltung und Rechtspflege Berlin« *(FHSVO v. 20. 3. 1980, GVBl., 676)*. Sie ist im Gegensatz zu den meisten anderen Hochschulen oder Fachhochschulen eine nichtrechtsfähige Anstalt, § 122 Abs. 1 BerlHG. Nach § 16 FHSVO gilt für die dort beschäftigten Lehrkräfte mit einigen Ausnahmen, die die personalvertretungsrechtliche Stellung nicht betreffen, das BerlHG. Für den Bereich des Personalvertretungsrechts gilt für diese Lehrkräfte das in Rn. 26 f. Gesagte entsprechend.

30 Für Dienstkräfte, die vorwiegend eine **wissenschaftliche** oder **künstlerische** Tätigkeit ausüben, gelten bestimmte Sondervorschriften, die eine Einschränkung der Rechte der Personalvertretungen beinhalten, § 89.

31 Keine Dienstkräfte i. S. des PersVG Bln sind diejenigen Personen, die im Rahmen von **Arbeitsbeschaffungsmaßnahmen** nach § 260 SGB III eingesetzt sind.

32 Die Maßnahmen zur Arbeitsbeschaffung sind in den **§§ 260 ff. SGB III** näher geregelt. Träger der Maßnahme können sowohl natürliche als auch juristische Personen des privaten und des öffentlichen Rechts sein, § 21 SGB III. Die Bundesanstalt für Arbeit kann Arbeiten, die im öffentlichen Interesse liegen und zusätzlich sind, durch Zuschüsse und zusätzlich durch Darlehensgewährung fördern, §§ 261, 264, 266 SGB III. Von den Förderungsmaßnahmen können nur Arbeitnehmer erfaßt werden, die vom zuständigen Arbeitsamt dem Träger der Maßnahme zugewiesen worden sind, § 269 SGB III. Von der Regelung in § 3 Abs. 3 Nr. 2 werden daher auch nur diese Personen erfaßt.

33 Keine Dienstkräfte sind ferner die Personen, deren Beschäftigung in erster Linie durch **Beweggründe karitativer oder religiöser Art** bestimmt ist. Voraussetzung ist jedoch, daß dieser Personenkreis überhaupt in einem Arbeits- bzw. Dienstverhältnis zum öffentlich-rechtlichen Arbeitgeber steht. Nicht hierher gehören Personen, die von den Kirchen und sonstigen karitativen und religiösen Institutionen in deren Bereich beschäftigt werden, § 95, wie dies beispielsweise bei Ordensschwestern und Diakonissen der Fall sein kann, oder die auf Grund von Gestellungsverträgen mit dem Orden oder der Institution in der Dienststelle tätig werden.

34 Für die Entscheidung, ob vorwiegend karitative oder religiöse Beweggründe maßgebend sind, kommt es nicht auf die Erwerbsabsicht der einzelnen Person, sondern auf die objektiv zu beurteilende **Erwerbsdienlichkeit** der Tätigkeit an. Nicht der subjektive Wille des Beschäftigten, sondern die objektiven Gegebenheiten sind maßgeblich. Beispielsweise kann bei einer Krankenschwester oder einem Krankenpfleger die religiös-sittliche oder karitative Seite ein Wesensbestandteil der Tätigkeit sein. Für die objektive Beurteilung kommt es jedoch darauf an, ob die Tätigkeit ausgeübt wird, um den eigenen Lebensunterhalt zu sichern. Krankenschwestern und Krankenpfleger können daher nicht nur Arbeitnehmer im Sinne des allgemeinen Arbeitsrechts sein, sondern sind auch Dienstkräfte im Sinne des § 3. Es kommt nicht auf Wesen und Wirkung der religiösen oder karitativen Organisation an, der diese Personen möglicherweise angehören, sondern allein auf die Beurteilung der Tätigkeit im Einzelfall *(vgl. Mayer-Maly, Erwerbsabsicht und Arbeitnehmerbegriff, S. 15 ff., 21 ff.; zu der Besonderheit bei Krankenschwestern des Deutschen Roten Kreuzes vgl. BAG vom 3. 6. 1975 AP Nr. 1 zu § 5 BetrVG 1972 Rotes Kreuz; vom 20. 2. 1986, AP Nr. 2 zu § 5 BetrVG 1972 Rotes Kreuz; vgl. dazu BVerwG vom 29. 4. 1966, PersV 1966, 131).*

Ausgenommen sind schließlich auch die Personen, die vorwiegend zu ihrer **35**
Heilung, Wiedereingewöhnung, sittlichen Besserung oder Erziehung beschäftigt werden. Hier kommt es im Gegensatz zu den religiösen oder karitativen Beweggründen auf die Zielsetzung derjenigen Institutionen an, in denen die betreffende Person beschäftigt wird. Der Wille des einzelnen bleibt außer Betracht. Hierunter fallen z. B. Fürsorgezöglinge, soweit sie nicht in einem freien Arbeitsverhältnis stehen, Kranke, Insassen von Entziehungsanstalten, Geisteskranke und ähnliche Personen. Auch Strafgefangene, die aufgrund ihres besonderen öffentlich-rechtlichen Gewaltverhältnisses in einer Dienststelle arbeiten, sind keine Dienstkräfte. Auch wenn im Rahmen des Strafvollzuges zwischen dem Träger der Vollzugsanstalt und einem Strafgefangenen ein Berufsausbildungsverhältnis begründet wird, führt dies noch nicht dazu, daß dieser Strafgefangene als Dienstkraft angesehen werden könnte. Dieser Strafgefangene ist auch nicht im Rahmen einer über- oder außerbetrieblichen Ausbildung in einer Einrichtung des öffentlichen Dienstes tätig, so daß auch nicht die Sonderregelung des Abs. 1 Satz 2 Anwendung finden kann. Bei der Beschäftigung von Schwerbehinderten kann nur im Einzelfall entschieden werden, ob der Schwerpunkt der Beschäftigung in der Rehabilitation liegt oder ob ein Berufsausbildungsverhältnis bzw. ein normales Arbeitsverhältnis gegeben ist *(vgl. dazu D. Neumann, RdA 1981, 143; Pünnel, AuR 1987, 104).*

§ 4 Begriffsbestimmungen

(1) Angestellte sind Arbeitnehmer, denen Vergütung als Angestellten zusteht. Als Angestellte gelten auch Personen, die sich in einer entsprechenden Ausbildung befinden.
(2) Arbeiter sind Arbeitnehmer im Lohnverhältnis einschließlich der Personen, die sich in einer entsprechenden Ausbildung befinden.
(3) Wer Beamter ist, bestimmen die Beamtengesetze. Als Beamte gelten auch Dienstanwärter, Lehrlinge und Praktikanten, die zur Ausbildung für eine Beamtenlaufbahn eingestellt sind, einschließlich der in einem öffentlich-rechtlichen Praktikantenverhältnis beschäftigten Dienstkräfte.

Übersicht

	Rn.
Allgemeines	1
Begriff des Angestellten	2, 3
Einschränkungen	4–12
Begriff des Arbeiters	13–15
Beamtenbegriff	16–23
Beamtenarten	24–32

Allgemeines

§ 4 definiert im einzelnen die Begriffe des Angestellten, Arbeiters und Beamten **1**
und regelt, welche Personen jeweils zu dem Kreis der in der Berufsausbildung Beschäftigten gehören. Die Vorschrift entspricht weitgehend § 4 PersVG Bln a. F. Etwas andere Begriffsbestimmungen enthält § 4 BPersVG. Die Definitionen haben im wesentlichen nur Bedeutung für das Personalvertretungsrecht, sie

§ 4

stimmen nicht immer mit gleichlautenden Begriffen überein, die in anderen Gesetzen oder Rechtsgebieten gebraucht werden. Insbesondere die Begriffe des Angestellten und des Arbeiters sind nicht in vollem Umfange mit denen des allgemeinen Arbeitsrechts gleichbedeutend, wenn auch in den meisten Fällen eine Übereinstimmung bestehen wird.

Begriff des Angestellten

2   Abs. 1 bestimmt den Begriff des Angestellten unter **Abweichung von der Definition in § 6 Abs. 2 BetrVG** und der sonst im Arbeitsrecht gebräuchlichen Unterscheidung. Eine eindeutige gesetzliche Bestimmung besteht dort nicht, auch aus den versicherungsrechtlichen Bestimmungen, § 7 SGB IV, §§ 1 Nr. 1, 133 SGB VI, ergibt sie sich nicht. In erster Linie muß dort bei der Beurteilung wesentlich auf die Art der Tätigkeit und auf die Verkehrsauffassung abgestellt werden.

3   Demgegenüber **erleichtert** § 4 Abs. 1 **die Abgrenzung,** da allein die Form der Vergütung entscheidend ist. Die Begriffsbestimmung richtet sich ausschließlich nach den Vereinbarungen im Einzelarbeitsvertrag ohne Rücksicht darauf, ob nach den allgemeinen arbeitsrechtlichen Grundsätzen tatsächlich eine Angestelltentätigkeit ausgeübt wird. In die Gruppe der Angestellten gehören daher auch Arbeiter, die nach ihrem Arbeitsvertrag als Angestellte entlohnt werden.

Einschränkungen

4   Einschränkungen hinsichtlich der einzelvertraglichen Vereinbarungen können sich für diejenigen Dienstkräfte ergeben, für die entweder kraft **Tarifbindung,** § 3 Abs. 1 TVG, oder durch einzelvertragliche Bezugnahme ein Tarifvertrag gilt, wie dies gerade im öffentlichen Dienst weitgehend üblich ist. Zu beachten sind daher immer die jeweils einschlägigen Tarifverträge. Sehen diese eine Unterscheidung zwischen Arbeitern und Angestellten nicht vor und bestehen auch keine Unterschiede hinsichtlich der Entlohnungsform, dann bilden diese Dienstkräfte eine einheitliche Gruppe. Die versicherungsrechtliche Behandlung ist ohne Belang.

5   Im Bereich des **Bundesangestelltentarifvertrages (BAT)** finden sich zwei Vorschriften, die eine solche Einschränkung enthalten. Nach § 1 Abs. 2 BAT kann mit Arbeitnehmern in einer der Rentenversicherung der Arbeiter unterliegenden Tätigkeit im Arbeitsvertrag nur dann vereinbart werden, daß sie als Angestellte nach diesem Tarifvertrag beschäftigt werden, wenn ihre Tätigkeit in der Vergütungsordnung im einzelnen aufgeführt ist. Eine andere Regelung gilt für diejenigen Arbeitnehmer mit einer der Rentenversicherung der Arbeiter unterliegenden Tätigkeit, mit denen bereits vor Inkrafttreten des BAT aufgrund der Tarifordnung des öffentlichen Dienstes für Angestellte (TOA) deren Anwendung arbeitsvertraglich vereinbart war. Nach § 72 Nr. 1 BAT finden dann für diese Personen die Regelungen des BAT Anwendung. Wird entgegen diesen Bestimmungen mit den Dienstkräften die Gültigkeit des BAT oder eines ähnlichen Tarifvertrags vereinbart, dann ist die Vereinbarung unwirksam.

6   Zweifelhaft ist jedoch, ob die Unwirksamkeit aufgrund tariflicher Vorschriften auch im Bereich des PersVG Bln von Bedeutung ist. Nach § 4 Abs. 2 Satz 1 sind Angestellte diejenigen Arbeitnehmer, denen Vergütung als Angestellte zusteht.

Der **Begriff des »Zustehens«** setzt voraus, daß eine derartige Vereinbarung überhaupt rechtlich möglich wäre. Ist das nicht der Fall, dann können die Arbeitnehmer keine Vergütung als Angestellte verlangen. Das bedeutet, daß § 4 Abs. 1 Satz 1 insoweit auch von der tarifrechtlichen Wirksamkeit der Vereinbarung der Vergütung als Angestellte ausgeht.

Handelt es sich, was im Bereich des öffentlichen Dienstes des Landes Berlin sehr selten vorkommt, um **nicht tarifgebundene Arbeitnehmer,** mit denen im Einzelarbeitsvertrag auch nicht die Geltung des BAT vereinbart worden ist, dann richtet sich die Frage der Gruppenzugehörigkeit allein nach dem Arbeitsvertrag. Aus diesem muß sich dann ergeben, ob der betreffende Arbeitnehmer als Angestellter oder Arbeiter beschäftigt wird.   **7**

Die Frage der **Rentenversicherungspflichtigkeit** ist in jedem Fall ohne Belang. Für den Bereich des PersVG Bln entfällt eine Prüfung, ob die Dienstkraft der Angestellten- oder der Arbeiterrentenversicherung unterliegt.   **8**

Herkömmlicherweise wird die **Vergütung** von Angestellten Gehalt genannt, es finden sich jedoch auch andere Bezeichnungen wie Bezüge, Entgelt u. ä. Die Angestellten werden in der Regel monatsbezogen vergütet.   **9**

Zur **Berufsausbildung** beschäftigt werden innerhalb der Gruppe der Angestellten diejenigen Personen, die sich in einem Ausbildungsverhältnis für einen Beruf befinden, den im allgemeinen Angestellte i. S. des § 4 Abs. 1 Satz 1 wahrnehmen, bei denen also eine Vergütung als Angestellte erfolgt. Notwendig ist das Bestehen eines Arbeitsverhältnisses zum Träger der Dienststelle bzw. dem Land Berlin.   **10**

Auszubildende, die in einem Ausbildungsverhältnis zu einem **privaten Arbeitgeber** stehen, werden nicht dadurch, daß sie im Auftrage dieses Arbeitgebers in einer Dienststelle des Landes Berlin ausgebildet werden, Dienstkräfte i. S. des § 4 Abs. 1 oder 2. Nur wer zum Träger der Dienststelle in einem Arbeits- oder Ausbildungsverhältnis steht und auf einen Beruf vorbereitet wird, in dem er an der Erfüllung öffentlicher Aufgaben mitwirken kann *(GmS-OGB vom 12. 3. 1987, NJW 1987, 2571 ff.)*, ist Dienstkraft. Die Übernahme der Ausbildung hat noch keine tatsächliche Eingliederung in die Dienststelle zur Folge; diese Auszubildenden nehmen in der Regel auch keine Aufgaben der Dienststelle wahr, sondern nehmen die Ausbildungsleistung von dieser entgegen. Aus diesem Grunde scheidet auch das Bestehen eines Leihverhältnisses aus. Etwas anderes würde aber gelten, wenn diese Auszubildenden neben der Ausbildung auch echte Arbeitsleistung für die Dienststelle erbringen würden oder auch für Aufgaben der Dienststelle des Landes Berlin vorbereitet würden, um diese nach Anleitung und unter Aufsicht zu übernehmen *(vgl. BVerwG vom 3. 7. 1984, ZBR 1984, 382; BAG vom 10. 2. 1981, AP Nr. 25 zu § 5 BetrVG 1972).*   **11**

Die **Auszubildenden bei dem Berufsamt** stehen in einem Arbeitsverhältnis zum Land Berlin und sind als Auszubildende an der Erfüllung der dem Berufsamt obliegenden Aufgaben beteiligt, sie fallen unter § 4 Abs. 1 oder 2 *(vgl. OVG Berlin vom 5. 4. 1984 – OVG PV Bln 17.83).*   **12**

Begriff des Arbeiters

Bei der Bestimmung des Arbeiterbegriffs kommt es auch in erster Linie auf die vertragliche Regelung an. Die Vergütung der Arbeiter wird herkömmlich als Lohn bezeichnet. Die Arbeiter werden in der Regel im Zeitlohn oder im Leistungslohn bezahlt, d. h., die Berechnungsgrundlage für den Gesamtlohn ist im   **13**

§ 4

Gegensatz zum Angestellten nicht der Monat, sondern eine andere Zeiteinheit (meist die Stunde) oder das erzielte Arbeitsergebnis nach bestimmten Grundsätzen (z. B. Akkord, Prämie, Gedinge). Der Lohnabrechnungszeitraum kann hierbei länger sein und auch einen Monat erfassen. Daran ändert auch nichts die Bezeichnung »Monatslohn«.

14 Zur **Berufsausbildung** beschäftigt innerhalb der Gruppe der Arbeiter sind die Personen, die sich in einem Ausbildungsverhältnis für einen Beruf befinden, den im allgemeinen Arbeiter i. S. des § 4 Abs. 2 wahrnehmen, bei denen also eine Vergütung als Arbeiter erfolgt. Vgl. im übrigen Rn. 10 und 11.

15 Gilt für eine Dienststelle ein **Tarifvertrag**, der **keine Unterscheidung** zwischen Arbeitern und Angestellten vorsieht, sind auch keine Differenzierungen hinsichtlich der Vergütung erkennbar, fehlt eine Zuordnungsmöglichkeit nach § 4. In diesem Falle muß zur Lückenausfüllung auf die versicherungsrechtlichen Bestimmungen abgestellt werden. Da diese nicht eine abschließende Definition enthalten, wird maßgeblich auf die Verkehrsauffassung abzustellen sein. Notfalls können auch Parallelen zum BetrVG oder zum BPersVG gezogen werden. Die Notwendigkeit zu dieser Zuordnung ergibt sich aus der Tatsache, daß der Grundsatz der Gruppeneinteilung im Gesetz nicht für die Tarifparteien und auch nicht für die Parteien des Einzelarbeitsvertrages disponibel ist.

Beamtenbegriff

16 Maßgeblich für die Frage, wer Beamter i. S. des PersVG Bln ist, ist das in Berlin geltende Landesbeamtenrecht. Zu beachten sind insbesondere das Beamtenrechtsrahmengesetz des Bundes *(BRRG vom 1. Juli 1957 in der Fassung vom 3. Januar 1977, BGBl. I, 21 mit späteren Änderungen)*, das Rahmenvorschriften für die Rechtsverhältnisse der Beamten in den Ländern enthält, und das Landesbeamtengesetz *(LBG vom 24. Juli 1952 in der Fassung vom 20. Februar 1979, GVBl., 368 mit späteren Änderungen)* nebst den ergänzenden Regelungen.

17 Ein im gesamten Recht einheitlicher Beamtenbegriff besteht nicht. Für das Personalvertretungsrecht ist allein der **staatsrechtliche Beamtenbegriff** maßgeblich. Daneben kennt unser Rechtssystem noch den strafrechtlichen und den haftungsrechtlichen Beamtenbegriff, die beide einen größeren Personenkreis erfassen als der staatsrechtliche.

18 Der **strafrechtliche Beamtenbegriff** ist in § 11 StGB geregelt. Hierunter fallen alle diejenigen Personen, die ohne Begründung eines öffentlich-rechtlichen Dienstverhältnisses in allgemeiner Weise zu Dienstverrichtungen bestellt sind, die aus der Staatsgewalt abzuleiten sind und staatlichen Zwecken dienen.

19 Ähnlich weit ist auch der **haftungsrechtliche Beamtenbegriff,** für den entscheidend ist, ob einer Person die Ausübung öffentlicher Gewalt anvertraut ist. Er erlangt vornehmlich in den Regelungen des § 839 BGB und des Art. 34 GG *(vgl. Art. 131 WRV)* Bedeutung.

20 **Beamter im staatsrechtlichen** Sinne ist diejenige natürliche Person, die in einem öffentlich-rechtlichen Dienstverhältnis zu einer juristischen Person des öffentlichen Rechts mit Dienstherrnfähigkeit steht, wobei das Beamtenverhältnis durch Aushändigung einer Urkunde mit den Worten »unter Berufung in das Beamtenverhältnis« begründet worden sein muß, § 5 Abs. 2 BRRG, § 8 Abs. 2 LBG. In der Ernennungsurkunde muß außerdem der die Art des Beamtenverhältnisses bestimmende Zusatz »auf Widerruf«, »auf Probe«, »auf Lebenszeit« oder »auf Zeit« mit Angabe der Zeitdauer aufgenommen sein. Die

Aushändigung der Urkunde hat rechtsbegründenden (konstitutiven) Charakter, erst mit der Aushändigung wird die Beamteneigenschaft begründet.
Der Beamte steht zu seinem Dienstherrn in einem **öffentlich-rechtlichen Dienst- und Treueverhältnis**, Art. 33 Abs. 4 GG, durch das öffentlich-rechtliche Rechte und Pflichten begründet werden, es ist ein besonderes Gewaltverhältnis. Dem öffentlich-rechtlichen Charakter des Beamtenverhältnisses entsprechend finden die Vorschriften des bürgerlichen Rechts auf das Dienstverhältnis keine Anwendung, es sei denn, daß sie als Ausdruck allgemeiner Rechtsgrundsätze zugleich Bestandteil des öffentlichen Rechts sind. 21

Das PersVG Bln gilt **nur** für **Beamte des Landes Berlin** und den hierzu gehörenden juristischen Personen des öffentlichen Rechts. Nicht in den Geltungsbereich fallen sämtliche mittelbaren und unmittelbaren Beamten des Bundes und anderer Bundesländer, also diejenigen Beamten, die in Berlin in Dienststellen des Bundes oder der den Ministerien nachgeordneten Behörden beschäftigt sind (*vgl. § 1 Rn. 12*). 22

Bei den Beamten im Lande Berlin wird zwischen mittelbaren und unmittelbaren Landesbeamten unterschieden. **Mittelbarer Landesbeamter** ist, wer eine landesunmittelbare Körperschaft, Anstalt oder Stiftung des öffentlichen Rechts zum Dienstherrn hat, § 2 Abs. 2 Satz 2 LBG. **Unmittelbare Landesbeamte** sind diejenigen Beamten, die das Land Berlin als Dienstherrn haben, § 2 Abs. 2 Satz 1 LBG. Im einzelnen beurteilt sich dies nach der Ernennungsbehörde, § 12 LBG. 23

Beamtenarten

Darüber hinaus unterscheidet das Landesbeamtenrecht zwischen verschiedenen Arten von Beamten, § 7 Abs. 1 LBG. 24

Die Ernennung zum Beamten auf Lebenszeit, § 7 Abs. 1 Nr. 1 LBG, bildet für die eigentlichen Berufsbeamten die Regel. Das Beamtenverhältnis endet in den durch das Gesetz ausdrücklich festgelegten Fällen, §§ 63 ff. LBG. 25

Der **Beamte auf Zeit** darf nur aufgrund besonderer gesetzlicher Vorschriften und nur auf bestimmte Dauer verwendet werden, § 7 Abs. 1 Nr. 2 LBG. Der häufigste Fall der Beamten auf Zeit sind die Wahlbeamten, die für eine bestimmte Wahlperiode gewählt werden. Beamte auf Zeit sind zum Beispiel die Mitglieder der Bezirksämter, also die Bezirksstadträte und Bezirksbürgermeister, § 1 des Gesetzes über die Rechtsstellung der Bezirksamtsmitglieder (*BzA-MitglG vom 12. Juli 1960, GVBl., 652 i.d.F. vom 1. April 1985, GVBl., 958 mit späteren Änderungen*). Vergleiche ferner zur Rechtsstellung der Beamten auf Zeit die §§ 98–101 LBG. Nach Ablauf der Amtszeit tritt der Beamte auf Zeit in den Ruhestand oder er wird entlassen, § 101 LBG. Hierunter fallen z.B. auch die wissenschaftlichen Assistenten an Hochschulen, §§ 104 ff. BerlHG, sowie Professoren auf Zeit, § 102 BerlHG. 26

Beamte auf Probe sind diejenigen Beamten, die sich für eine spätere Verwendung als Beamte auf Zeit oder Beamte auf Lebenszeit bewähren sollen, § 7 Abs. 1 Nr. 3 LBG. Hierunter fallen nicht die in einem vorgesehenen Ausbildungslehrgang befindlichen Beamten. Beamte auf Probe werden in der Regel als Beamte zur Anstellung (z.A.) bezeichnet. Die Entlassung der Beamten auf Probe richtet sich nach § 67 LBG. 27

Beamte auf Widerruf sind zum einen diejenigen Personen, die einen Vorbereitungsdienst abzuleisten haben, wie zum Beispiel Referendare und Anwärter, 28

§§ 4, 5

§ 7 Abs. 1 Nr. 4a LBG, zum anderen auch diejenigen Personen, die nur nebenbei oder vorübergehend im Landesdienst verwendet werden, § 7 Abs. 1 Nr. 4b LBG. Sobald ein Beamter auf Widerruf planmäßig angestellt werden soll, muß er nach entsprechender Probezeit zum Beamten auf Lebenszeit ernannt werden. Die Entlassung des Beamten auf Widerruf richtet sich nach § 68 LBG.

29 Demgegenüber werden von dem Geltungsbereich des PersVG Bln nicht die in § 7 Abs. 2 LBG genannten **Ehrenbeamten** erfaßt. Sie üben ihre Amtstätigkeit nur nebenberuflich und ohne Besoldung oder Versorgung für eine gewisse Zeit aus. Sie erhalten lediglich eine Aufwandsentschädigung. Eine Eingliederung in eine bestimmte Dienststelle besteht bei ihnen in der Regel nicht.

30 Auch die **Ruhestandsbeamten**, §§ 71 ff. LBG, werden von den Regelungen des PersVG Bln nicht erfaßt, da sie endgültig aus dem Dienst bei einer Dienststelle ausgeschieden sind. Werden sie nach dem Eintritt in den Ruhestand als Angestellte oder Arbeiter weiterbeschäftigt, dann gehören sie der Gruppe der Angestellten bzw. Arbeiter an *(Grabendorff u. a., BPersVG, § 4 Rn. 23)*. Werden sie im Rahmen eines Werkvertrages, §§ 631 ff. BGB, z. B. als freie Mitarbeiter weiterbeschäftigt, sind sie nicht Dienstkräfte der Dienststelle.

31 Keine Beamten im Sinne des PersVG Bln sind ferner die **Dienstordnungsangestellten** der Sozialversicherungsträger, sie zählen zum Kreis der Angestellten, obwohl ihre Rechte und Pflichten im Rahmen des Arbeitsverhältnisses weitgehend analog dem Beamtenrecht durch die Dienstordnung geregelt werden *(BAG vom 11. 3. 1986, AP Nr. 7 zu § 2 ArbGG 1979; vom 25. 5. 1982, PersV 1984, 328; BSG vom 31. 7. 1970, E 31, 247)*. Allerdings dürfen ab 1. 1. 1993 keine neuen Arbeitsverträge entsprechend den für Dienstordnungsangestellte geltenden Regelungen mehr abgeschlossen werden *(§ 358 RVO i. d. F. des Gesundheitsstrukturgesetzes vom 21. 12. 1992, BGBl. I, 2266)*.

32 Die Vorschrift des § 4 Abs. 3 Satz 2, nach der als Beamte auch diejenigen Lehrlinge und Praktikanten gelten, die zur **Ausbildung** für eine Beamtenlaufbahn eingestellt sind, war erforderlich, da dieser Personenkreis nach den Vorschriften der Landesbeamtengesetze nicht unter den Begriff des Beamten fällt.

§ 5 Dienststellen

(1) Die Dienststellen im Sinne dieses Gesetzes ergeben sich aus der Anlage zu diesem Gesetz.
(2) Als Dienststellen im Sinne dieses Gesetzes gelten die Gesamtheit
1. *(weggefallen)*
2. *(weggefallen)*
3. **der Staatsanwälte und Amtsanwälte,**
4. **der Referendare im Bezirk des Kammergerichts, einschließlich der in einem entsprechenden öffentlich-rechtlichen Praktikantenverhältnis beschäftigten Dienstkräfte,**
5. **der studentischen Hilfskräfte (§ 121 des Berliner Hochschulgesetzes) jeder Hochschule.**

Übersicht

	Rn.
Allgemeines	1– 3
Dienststelle	4– 9
Ausnahmen	10
Übergangsregelung für PersVG a. F.	11
Übergangsregelung für PersVG Bln von 1957	12–15
Dienststellen nach der Anlage	16–47
Besondere Personengruppen (Abs. 2)	48, 49
Staatsanwälte und Amtsanwälte	50
Referendare im Bezirk des Kammergerichts	51, 52
Studentische Hilfskräfte	53, 54
Streitigkeiten	55

Allgemeines

Während § 1 den räumlichen und sachlichen und § 3 den personellen Geltungsbereich des PersVG Bln bestimmen, legt § 5 fest, bei welchen organisatorischen Verwaltungseinheiten und für welche Personengruppen Personalvertretungen zu bilden sind. Die Bestimmung der Dienststellen im personalvertretungsrechtlichen Sinne gilt für alle Vorschriften dieses Gesetzes.

Die Regelung des § 5 unterscheidet sich von der des § 6 BPersVG und den entsprechenden Vorschriften der meisten Länderpersonalvertretungsgesetze. Der Grund hierfür liegt in der unterschiedlichen Struktur der verschiedenen Verwaltungen, die gerade für den Dienststellenbegriff von ausschlaggebender Bedeutung ist. Der ganz andere und teilweise unübersichtlichere Aufbau der Bundesverwaltung erfordert einen allgemeinen Begriff der Dienststelle. Demgegenüber kann in der Verwaltung eines Stadtstaates, die meist übersichtlicher und einheitlicher gestaltet ist, eine genauere Begriffsbestimmung erfolgen. Eine solche Präzisierung ist in § 5 durch die Aufzählung der einzelnen Dienststellen erfolgt.

§ 5 entspricht mit der Anlage zu diesem Gesetz weitgehend dem § 5 PersVG Bln. a. F. Bei seiner Anwendung ist die Regelung des § 99 Abs. 2 und 3 zu beachten, die Ausnahmen von dem in § 5 festgelegten Dienststellenbegriff vorsieht. §§ 99 a und b enthalten weitere Sonderregelungen im Zusammenhang mit der Bezirksreform.

Dienststelle

Der **Begriff der Dienststelle** hat im Personalvertretungsrecht des Bundes und der Länder keinen einheitlichen, festabgegrenzten Bedeutungsinhalt. Unter Dienststelle ist jede organisatorische Einheit innerhalb eines Verwaltungsorganismus zu verstehen, die vom Wechsel der in ihr tätigen Personen unabhängig ist, bestimmten öffentlichen Zwecken dient und deren Leiter Aufgaben und Befugnisse insbesondere auch auf personellem und sozialem Gebiet wahrzunehmen hat *(vgl. BVerwG vom 18. 1. 1990, PersV 1990, 348, 350; Lorenzen u.a., BPersVG, § 6 Rn. 2a m.w.N.)*. Dienststelle ist hierbei der Oberbegriff für Behörden, Verwaltungsstellen, Gerichte und Betriebe. Er ähnelt dem Betriebsbegriff des Betriebsverfassungsgesetzes, wird jedoch stärker als dieser von der Funktion innerhalb der Verwaltung zu bestimmen sein.

Demgegenüber stellt das **PersVG Bln keinen abstrakt-generellen Begriff** der Dienststelle auf, sondern gibt eine Aufzählung der verschiedenen Dienststellen.

§ 5

Das hat seinen Grund in der besonderen Verwaltungsstruktur von Berlin als Stadtstaat. Staatliche und gemeindliche Tätigkeiten werden nicht getrennt, § 1 AZG. Die Berliner Verwaltung gliedert sich in die Hauptverwaltung (= Senat, *Artikel 67 Abs. 1 Verf. von Bln*) und die Bezirksverwaltungen (*Art. 67 Abs. 2 Verf. von Bln*).

6 Die **Hauptverwaltung** untergliedert sich in die einzelnen Mitglieder des Senats (*Senatsverwaltungen*) und die ihnen nachgeordneten Behörden (*Sonderbehörden*), die nichtrechtsfähigen Anstalten und die Eigenbetriebe. Die Bezirksverwaltungen erfassen auch die ihnen nachgeordneten nichtrechtsfähigen Anstalten, § 2 Abs. 3 AZG. Ob eine nichtrechtsfähige Anstalt hierbei zur Hauptverwaltung gehört oder zur Bezirksverwaltung, richtet sich nach dem Hoheitsakt, durch den sie geschaffen worden ist, bzw. nach ihrer Satzung. Ist hieraus keine Klarheit zu gewinnen, muß von den Aufgaben ausgegangen werden, die die Anstalt zu erfüllen hat. Sind es Aufgaben, die von der Hauptverwaltung wahrzunehmen sind, § 3 Abs. 1 AZG, gehört sie zu der Hauptverwaltung, sind es jedoch sonstige Aufgaben (*bezirkseigene Angelegenheiten oder übertragene Vorbehaltsaufgaben, vgl. § 3 Abs. 2 AZG*), dann gehört sie zur Bezirksverwaltung.

7 Durch die **Aufzählung in der Anlage** zu diesem Gesetz und durch die besonderen Bestimmungen in § 5 Abs. 2 werden Zweifelsfragen hinsichtlich des Dienststellencharakters einzelner Verwaltungseinheiten weitgehend ausgeschlossen. Gleichzeitig hat das zur Folge, daß durch bloße Änderung des Verwaltungsaufbaus nicht ohne weiteres eine Änderung der jeweiligen Dienststellen erfolgen kann. Dies kann vielmehr nur durch Änderung des Personalvertretungsgesetzes selbst erfolgen, soweit nicht die Ausnahmeregelungen des § 99 Abs. 2 und 3 sowie des § 6 eingreifen. Die hier gewählte Lösung hat den Vorteil größerer Klarheit gegenüber einem allgemeinen Begriff.

8 Soweit Dienstkräfte in **räumlich weit entfernten Teilen einer Dienststelle,** u. U. auch **außerhalb Berlins,** tätig sind, ist dies für ihre Zugehörigkeit zu der Dienststelle ohne Belang. Da das PersVG Bln keinen abstrakten generellen Begriff der Dienststelle aufgestellt hat, sondern eine Aufzählung der verschiedenen Dienststellen vorgenommen hat, kann die räumliche Trennung einzelner Dienststellenteile nicht zu deren Verselbständigung von der Dienststelle selbst führen. Die in diesem räumlich weit entfernten Teil der Dienststelle beschäftigten Dienstkräfte sind daher in jedem Falle auch Dienstkräfte der konkreten Dienststelle.

9 Etwas anderes kann nur dann gelten, wenn gem. § 6 ein Bestandteil einer Dienststelle zu einer besonderen Dienststelle i. S. des § 5 Abs. 1 erklärt wird. Die Trennung wird erst wirksam nach Entscheidung der obersten Dienstbehörde gem. § 6 Abs. 3 (*dazu § 6 Rn. 37 ff.*).

Ausnahmen

10 Nach § 99 Abs. 2 gelten für Dienststellen im Bereich der Polizeibehörde besondere Regelungen, vgl. dazu unten Rn. 22.

Übergangsregelung für PersVG a. F.

11 Nach § 99 Abs. 3 besteht eine Übergangsregelung für besonders gebildete Dienststellen aufgrund von **§ 5 Abs. 3 und 4 PersVG Bln a. F.** § 5 Abs. 3 PersVG Bln a. F. betraf dabei die personalvertretungsrechtliche Verselbständigung von

§ 5

Dienststellenteilen. § 5 Abs. 4 PersVG Bln a. F. betraf die personalvertretungsrechtliche Zusammenfassung mehrerer Dienststellen zu einer einheitlichen Dienststelle. Entscheidungen, die nach diesen Vorschriften im Geltungsbereich des PersVG Bln a. F. getroffen worden sind, bleiben auch unter der Geltung des jetzigen PersVG gültig. Es ist nicht erforderlich, daß sie den Voraussetzungen für die Zusammenlegung bzw. Trennung von Dienststellen nach dem jetzigen § 6 entsprechen. Eine erneute Entscheidung ist nicht nötig.

Übergangsregelung für PersVG Bln von 1957

Zweifelhaft ist, ob dies auch für diejenigen Entscheidungen über die Zusammenlegung oder Trennung von Dienststellen gilt, die in der Geltungszeit des **PersVG Bln vom 21. März 1957** *(GVBl., 296)* getroffen wurden. In § 84 Abs. 2 enthielt insoweit das PersVG Bln a. F. eine Übergangsvorschrift, die das Fortbestehen dieser Dienststellen bis zum Inkrafttreten des jetzigen PersVG Bln sicherte. 12

§ 99 Abs. 3 enthält nach seinem Wortlaut keine Übergangsregelung, die über das PersVG Bln a. F. hinausgeht. Es werden nämlich nur Entscheidungen nach § 5 Abs. 3 und 4 PersVG Bln a. F. erfaßt, § 84 Abs. 3 PersVG Bln a. F. wird nicht erwähnt. Das hätte zur Folge, daß Entscheidungen, die nach § 5 Abs. 3 und 4 PersVG Bln von 1957 getroffen worden sind, nicht mehr gültig wären. 13

In § 99 Abs. 3 kommt der Wille des Gesetzgebers zum Ausdruck, in bereits bestehende Strukturen nicht einzugreifen. Sinn dieser Regelung ist es, die Dienststellen, die zulässigerweise unter der Geltung des PersVG Bln a. F. bestanden und die nicht durch das neue Gesetz geändert worden sind, zu erhalten. § 99 Abs. 3 hat insoweit Bestandsschutzcharakter. Diesem Sinn würde es zuwiderlaufen, wollte man alle Dienststellen, die unter der Geltung des § 5 Abs. 3 und 4 des PersVG Bln von 1957 entstanden sind, wieder auflösen bzw. ihren Fortbestand von einer erneuten Entscheidung abhängig machen. § 99 Abs. 3 ist daher dahin aufzufassen, daß auch diejenigen Verwaltungseinheiten als Dienststellen fortbestehen, die seit 1957 entstanden sind. 14

Eine weitere Ausnahme bildet die Vorschrift des § 6, nach der unter bestimmten Voraussetzungen neue Dienststellen geschaffen werden können. Vgl. dazu im einzelnen die Anmerkungen dort. 15

Dienststellen nach der Anlage

Die sogenannten »echten« **Dienststellen** ergeben sich aus § 5 Abs. 1 in Verbindung mit der Anlage zu diesem Gesetz. Bei ihnen handelt es sich um verfassungsmäßig bzw. gesetzlich nachweisbare Dienststellen. Ihre Zuständigkeiten und Aufgaben werden in erster Linie durch das Gesetz über die Zuständigkeiten in der allgemeinen Berliner Verwaltung *(Allgemeines Zuständigkeitsgesetz – AZG i.d.F. vom 22.7.1996 – GVBl., 302, 472 mit späteren Änderungen nebst Anlage Allgemeiner Zuständigkeitskatalog neue Fassung vom 25.6.1998 – GVBl., 177, 210; alte Fasssung i.d.F. vom 2.6.1999 – GVBl., 192, jeweils mit späteren Änderungen)* geregelt. Dienststellen nach der Anlage zum PersVG Bln sind: 16

1. **jede Senatsverwaltung** mit den ihr nachgeordneten Behörden (Sonderbehörden) und nichtrechtsfähigen Anstalten. Oberste Dienstbehörde ist hierbei immer dasjenige Mitglied des Senats, zu dessen Geschäftsbereich die Dienstbehörde und die einzelnen Dienststellen gehören, § 8 Nr. 1. Der Umfang des Geschäftsbereichs des einzelnen Senatsmitglieds bestimmt sich nach dem AZG und dem Allgemeinen Zuständigkeitskatalog. 17

§ 5

18   2. **Die Senatskanzlei**
Oberste Dienstbehörde i. S. des § 8 Nr. 1 ist der Regierende Bürgermeister.

19   3. **Die Verwaltung des Abgeordnetenhauses**
Dienstbehörde und oberste Dienstbehörde ist der Präsident des Abgeordnetenhauses, § 7 Nr. 2 und § 8 Nr. 3.

20   4. **Der Rechnungshof**
Der Rechnungshof ist eine bei Durchführung seiner Aufgaben unabhängige, nur dem Gesetz unterworfene oberste Landesbehörde, § 1 Abs. 2 des Gesetzes über den Rechnungshof von Berlin (i.d.F. vom 1. 1. 1980 GVBl., 2 – RHG mit späteren Änderungen). Dienstbehörde und oberste Dienstbehörde ist der Präsident des Rechnungshofes, § 7 Nr. 3, § 8 Nr. 3.

21   4. a) **Der Berliner Datenschutzbeauftragte**
Der Berliner Datenschutzbeauftragte ist oberste Landesbehörde. Er ist in Ausübung seines Amtes unabhängig und nur dem Gesetz unterworfen, er untersteht der Dienstaufsicht des Präsidenten des Abgeordnetenhauses, § 19 Abs. 2 des Gesetzes über den Datenschutz in der Berliner Verwaltung – BlnDSG i.d.F. vom 17. 12. 1990 (GVBl. 1991, 16, 54 mit späteren Änderungen). Der Berliner Datenschutzbeauftragte wird auf Vorschlag des Senats vom Abgeordnetenhaus gewählt und vom Senat ernannt, er steht in einem öffentlich-rechtlichen Amtsverhältnis. Er ist sowohl Dienstbehörde als auch oberste Dienstbehörde, § 7 Nr. 3 a) und § 8 Nr. 3 a).

22   5. Die **Polizeibehörde** umfaßt die Dienststellen
a) der Polizeipräsident mit seinem Stab und dem Arbeitsbereich Öffentlichkeitsarbeit,
b) das Landesschutzpolizeiamt mit seinem Führungsstab,
c) jede örtliche Direktion,
d) die Direktion für Spezialaufgaben der öffentlichen Sicherheit und des Straßenverkehrs,
e) die Dienststelle zentraler Objektschutz,
f) das Landeskriminalamt mit der Zentralen polizeilichen Ermittlungsstelle für die Strafverfolgung von Mitgliedern ehemaliger SED-geführter DDR-Regierungen und Verfolgung von Straftaten im Zusammenhang mit dem Wiedervereinigungsgeschehen (ZERV),
g) das Landespolizeiverwaltungsamt und
h) die Landespolizeischule.
Jede dieser Verwaltungsorganisationen ist eine eigene Dienststelle im Sinne des § 5 Abs. 1. Oberste Dienstbehörde ist für sämtliche Dienststellen im Bereich der Polizeibehörde die Senatsverwaltung für Inneres.

23   6. Von dieser Nummer werden die **Organe der Rechtspflege** erfaßt. Dazu gehören sämtliche Gerichte, die Staatsanwaltschaften und die Amtsanwaltschaft.

24   Bei den **Gerichten** ist zu unterscheiden: Die ordentlichen Gerichte, das sind Kammergericht, Landgericht und Amtsgerichte. Die oberste Dienstbehörde ist die Senatsverwaltung für Justiz.
Die Verwaltungsgerichte:
Dies sind das Oberverwaltungsgericht und das Verwaltungsgericht; oberste Dienstbehörde ist die Senatsverwaltung für Justiz.
Das Finanzgericht: oberste Dienstbehörde ist die Senatsverwaltung für Justiz.
Die Sozialgerichte: das Landessozialgericht und das Sozialgericht; oberste Dienstbehörde ist die Senatsverwaltung für Justiz.

Die Arbeitsgerichte, nämlich das Arbeitsgericht und das Landesarbeitsgericht; oberste Dienstbehörde ist die für Arbeit zuständige Senatsverwaltung.
Eine besondere Stellung nimmt der **Verfassungsgerichtshof** *(VerfGHG vom 8. 11. 1990 – GVBl., 2246 mit späteren Änderungen)* ein. Soweit er sich gem. § 12 Abs. 1 VerfGHG der Geschäftsstelle des Kammergerichts bedient, besteht faktisch keine eigene Dienststelle im Sinne des Personalvertretungsrechts. Wird eine eigene Geschäftsstelle gebildet, handelt es sich um eine eigene Dienststelle wie bei den anderen Gerichten. Der Verfassungsgerichtshof ist ein eigenständiges Verfassungsorgan, § 1 Abs. 1 VerfGHG, und damit personalvertretungsrechtlich auch oberste Dienstbehörde. Er wird durch seinen Präsidenten vertreten, § 10 Abs. 1 Satz 2 VerfGHG.

Bei den **Staatsanwaltschaften** ist zu unterscheiden zwischen der Staatsanwaltschaft bei dem Kammergericht und der Staatsanwaltschaft bei dem Landgericht. Für beide ist oberste Dienstbehörde die Senatsverwaltung für Justiz.

Die **Amtsanwaltschaft** besteht bei dem Amtsgericht (Amtsgericht Tiergarten). Auch für sie ist oberste Dienstbehörde die Senatsverwaltung für Justiz.

Besonders geregelt ist die **Stellung der Staats- und Amtsanwälte.** Nach § 5 Abs. 2 Nr. 3 gilt als Dienststelle die Gesamtheit der Staatsanwälte und Amtsanwälte. Sie sind also – wenn auch rechtlich auf andere Weise so doch ähnlich wie die Richter bei den Gerichten – aus dem Bereich der dort beschäftigten Dienstkräfte herausgenommen und bilden eine eigene Dienststelle. Sie scheiden bei der Bildung des Personalrates bei den Dienststellen nach § 5 Abs. 1 aus und bilden eine eigene Personalvertretung.

Ferner scheiden aus dem Bereich der Justizbehörde die **Referendare** im Bezirk des Kammergerichts aus, da auch sie nach § 5 Abs. 2 Nr. 4 als eine eigene Dienststelle gelten. Oberste Dienstbehörde ist die Senatsverwaltung für Justiz.

7. Jede **Justizvollzugsanstalt,** das sind sämtliche Strafanstalten einschließlich der Untersuchungshaftanstalt. Oberste Dienstbehörde ist die Senatsverwaltung für Justiz.

8. Die **Oberfinanzdirektion** Berlin und jedes einzelne Finanzamt. Hiervon wird praktisch die gesamte dem Senator für Finanzen nachgeordnete Steuerverwaltung erfaßt. Jedes Finanzamt hat einen eigenen Personalrat zu wählen. Oberste Dienstbehörde ist die Senatsverwaltung für Finanzen.

Nicht unter diese Regelung fallen die Dienststellen, die Behörden der Bundesverwaltung sind. Hierzu zählen insbesondere die Dienststellen der Zoll- und Verbrauchssteuerverwaltung einschließlich der Monopolverwaltung für Branntwein, des Devisenüberwachungsdienstes und der Sondervermögens- und Bauverwaltung. Sie sind lediglich organisatorisch zum Teil eng an die Finanzverwaltung des Landes Berlin angeschlossen, ohne jedoch in den Geltungsbereich des PersVG Bln zu fallen.

9. Die gesamte **Feuerwehr** mit sämtlichen Feuerwachen ist innerhalb Berlins eine einheitliche Dienststelle, für die nur ein Personalrat gewählt werden kann. Oberste Dienstbehörde ist die Senatsverwaltung für Inneres. Nicht unter das PersVG Bln fallen die von privaten Betrieben gebildeten Werksfeuerwehren.

10. Bei dem **Landesschulamt:**
a) Hinsichtlich der im Bereich des **Schulwesens** zu bildenden Personalräte haben sich durch die Neuregelungen auf Grund des Gebietsreformgesetzes *(vom 10. 6. 1998 – GVBl., 131)* Folgeänderungen im Bereich des PersVG Bln ergeben. Während bisher für jede Schule ein Personalrat gebildet werden

§ 5

konnte, werden nunmehr die Schulen, die in Regionen vorhanden sind, die den Bezirken entsprechen, zusammengefaßt. Die Personalräte sind auch nicht mehr innerhalb der Bezirke zu bilden, sondern bei dem zur Hauptverwaltung gehörenden Landesschulamt. Damit ist auch die frühere Unterscheidung zwischen Schulen, die der für Schulwesen zuständigen Senatsverwaltung, und solchen, die der für Schulwesen zuständigen Abteilung des Bezirksamtes unterstellt waren, weggefallen.

35 Sämtliche in einer Region (Bezirk) bestehenden Schulen werden zu einer Dienststelle zusammengefaßt. Die einzelnen Schulleiter sind nicht mehr **Dienststellenleiter,** vielmehr nimmt diese Aufgabe der **Leiter des Landesschulamts** wahr.

36 Für die Neuwahlen ist die **Übergangsbestimmung** des § 99a zu beachten. Wie sich aus der weiteren Übergangsregelung des § 99b ergibt, sind nach der Neuwahl keine Besonderheiten mehr gegeben, die dort geregelten Ausnahmebestimmungen legen nur die Vorgehensweise bis zur Bildung neuer Personalvertretungen auf der Grundlage der Vollziehung der Gebietsreform fest.

37 Personell wird der **Kreis der betroffenen Dienstkräfte** ebenfalls in der Anlage näher bestimmt. In der Gesamtheit der Schulen der Region bilden die Lehrkräfte, Vorklassenleiter, Pädagogischen Unterrichtshilfen, Sozialpädagogen, Handwerksmeister, Laboranten, technische, verwaltungsfachliche und sonstige Dienstkräfte sowie Erzieher im Ganztagsbetrieb und Dienstkräfte in der Schulpsychologischen Beratungsstelle eine Einheit. Dies hat zur Folge, daß der Kreis der von dem Personalrat zu vertretenen Dienstkräfte gegenüber dem bisherigen differenzierter geworden ist, die unterschiedlichen Interessen der einzelnen Berufsgruppen sind weiter aufgefächert, was nicht immer die Interessenvertretung durch den Personalrat und die Meinungsbildung in diesem Organ erleichtern muß.

38 b) Aus dem Kreis der nach Nr. 10a der Anlage erfaßten Dienstkräfte scheiden die Dienstkräfte in **berufsbildenden Schulen** aus. Diese werden zu einer Einheit im gesamten Berliner Raum zusammengefaßt und bilden eine eigene Dienststelle bei dem Landesschulamt. Leiter dieser Dienststelle ist wieder der Leiter des Landesschulamts. Erfaßt werden, ohne daß hier eine enumerative Aufzählung im Gesetz gegeben ist, sämtliche in einer berufsbildenden Schule beschäftigten Personen, also auch solche, die nur mittelbar für die Erfüllung der pädagogischen Aufgabe der berufsbildenden Schulen herangezogen werden. Auch hier sind die **Übergangsregelungen** der §§ 99a, b zu beachten.

39 c) **Die Studienreferendare und Lehreranwärter** bildeten schon nach der früheren Fassung des § 5 Abs. 2 Nr. 2 eine eigene Dienststelle. Es handelt sich um Dienstkräfte, die im Rahmen eines gesetzlich vorgeschriebenen Ausbildungsganges eine praktische Ausbildung nach einer universitären Ausbildung und bereits einer abgelegten ersten Staatsprüfung für die Laufbahn eines Studienrates oder eines Lehrers, eines Lehrers mit fachwissenschaftlicher Ausbildung, eines Lehrers an Sonderschulen durchlaufen müssen, um eine zweite Staatsprüfung abzulegen. Sie können als Beamte auf Widerruf oder als Angestellte in den Vorbereitungsdienst übernommen werden. Diese Personen bilden auch jetzt bei dem Landesschulamt eine eigene Dienststelle, **Leiter dieser Dienststelle** ist der Leiter des Landesschulamtes.

Die **Übergangsregelungen** der §§ 99a und b sind zu beachten.

40 d) Eine weitere eigene Dienststelle bilden **die Dienstkräfte bei dem Landesschulamt** selbst. Hier handelt es sich nicht um eine durch das Gesetz praktisch

neu gebildete Dienststelle wie in den Fällen a bis c, sondern um eine »echte« Dienststelle. Allerdings hat der Gesetzgeber auch hier eine gewisse Modifikation vorgenommen, da er die Dienstkräfte der staatlichen **Ballettschule und Schule für Artistik** sowie **der Schulen mit sportlichem Schwerpunkt** mit einbezogen hat. Diese Zusammensetzung erscheint allerdings etwas willkürlich, eine sachliche Verbindung von der Aufgabenstellung besteht hier eher weniger, auch scheint eine örtliche Nähe nicht gegeben zu sein, so daß Grund für die Zusammenfassung nur sein kann, daß sonst für die Dienstkräfte der hier genannten Schulen ein gesonderter Personalrat hätte geschaffen werden müssen. Dies wäre sicherlich mit einem erheblichen zusätzlichen verwaltungstechnischen und finanziellen Aufwand verbunden gewesen. Durch die gefundene politische Lösung werden jedoch sehr unterschiedliche Interessen der Dienstkräfte zur gemeinsamen Vertretung durch einen Personalrat miteinander verbunden, was nicht nur die Vertretung gegenüber dem Dienststellenleiter, sondern auch die interne Interessenwahrnehmung innerhalb des Personalrates erschweren dürfte.

Die **Übergangsregelungen** der §§ 99 a und b sind zu beachten.

11. Eine eigene Dienststelle bildet das Berliner **Landesinstitut für Schule und Medien**. Es ist unabhängig von dem Landesschulamt. Auch diese Regelung ist neu in das Gesetz auf Grund der Umstrukturierung der Berliner Verwaltung aufgenommen worden. Leiter der Dienststelle ist der Leiter des Landesinstituts.

12. Das gleiche gilt für das **Landesamt für Gesundheit und Soziales** Berlin und die dort beschäftigten Dienstkräfte. Leiter der Dienststelle ist der Leiter dieses Landesamtes.

13. Eigene Dienststellen sind in den Bezirken die **Bezirksverwaltungen.** Erfaßt werden alle Dienstkräfte der Verwaltung unter Berücksichtigung der Neuregelungen durch die Gebietsreform, ausgenommen sind jedoch die noch den Bezirken unterstehenden Krankenhausbetriebe. Dies hat seinen Grund in der noch nicht abgeschlossenen Umstrukturierung im Krankenhauswesen. Die **Übergangsregelungen** der §§ 99 a und b sind zu berücksichtigen. Ausgenommen sind die Dienstkräfte, die bereits nach den anderen Regelungen der Anlage besonderen Dienststellen zugeordnet worden sind, wie beispielsweise das Personal an Schulen, die Studienreferendare und Lehreranwärter und das Krankenhauspersonal.

14. Eine eigene Dienststelle bildet ferner jeder selbständige **Krankenhausbetrieb.** Erfaßt wird hierbei das gesamte in dem Krankenhausbetrieb beschäftigte Personal, also sowohl die ärztlichen Mitarbeiter wie auch die sonstigen Dienstkräfte. Die Organisation in den Krankenhäusern richtet sich nach den Bestimmungen des Landeskrankenhausgesetzes *(LKG)*. Aus ihnen ergibt sich auch, wer oder welches Organ Leiter der Dienststelle ist.

Neben den Krankenhausbetrieben bildet weiter **jede Kranken-, Heil- und Pflegeanstalt** eine eigene Dienststelle. Dies gilt auch dann, wenn sie im Rahmen einer anderen Körperschaft, Anstalt oder Stiftung des öffentlichen Rechts bestehen. Auch die Universitätskliniken sind danach eigene Dienststellen unabhängig davon, ob sie im Bereich der Freien Universität oder der Humboldt-Universität bestehen. Auch die Zusammenlegung von einzelnen Bereichen verändert nicht die Dienststelle selbst, sondern lediglich ihren Zuschnitt. Werden allerdings bisher selbständige Krankenbetriebe etc. zu einer neuen Einheit

§ 5

zusammengelegt, ergeben sich die personalvertretungsrechtlichen Folgen aus § 6.

Die Veränderung der personalvertretungsrechtlichen Dienststelle ergibt sich allein aus dem Zusammenlegungsbeschluß, die bisherigen Dienststellen haben aufgehört zu existieren. Erfaßt wird das gesamte Personal im Bereich der Anstalten, ausgenommen sind lediglich gem. § 3 Abs. 3 die dort im einzelnen genannten Dienstkräfte, insbesondere die Hochschullehrer und sonstigen dort genannten Dienstkräfte. Bei den Universitätskliniken ist ferner zu beachten, daß die Gesamtheit der studentischen Hilfskräfte der gesamten Hochschule, einschließlich der Universitätskliniken, als eigene Dienststelle gilt. Die studentischen Hilfskräfte scheiden daher bei der Bildung der Personalvertretungen in den Kranken-, Heil- und Pflegeanstalten, die im Bereich der Universitäten gebildet sind, aus.

46 15. Je eine eigene Dienststelle bildet schließlich jede **Körperschaft, Anstalt** und **Stiftung** des öffentlichen Rechts, die der Aufsicht des Landes Berlin untersteht. Zu den Begriffen Körperschaften, Anstalten und Stiftungen des öffentlichen Rechts vgl. oben § 1 Rn. 21 ff. Diese Einrichtungen können einem ständigen Wechsel unterworfen sein, da jederzeit derartige Institutionen geschaffen oder aber aufgelöst werden können. Zu ihnen gehören zum Beisiel die Hochschulen und Universitäten, der Sender Freies Berlin, die Feuersozietät, die Landesversicherungsanstalt Berlin, die Allgemeine Ortskrankenkasse Berlin (AOK), die Berliner Sparkasse, die Landespfandbriefanstalt, die Vereinigung der Sozialversicherungsärzte Berlin sowie die Berliner Betriebe, § 1 Abs. 1 BerlBG *(vom 9. 7. 1993 – GVBl., 319).* Zu ihnen gehören die Berliner Hafen- und Lagerhausbetriebe, die Berliner Stadtreinigungsbetriebe, die Berliner Verkehrsbetriebe und die Berliner Wasserbetriebe. Die rechtliche Gestaltung der Institutionen richtet sich im einzelnen nach den einschlägigen gesetzlichen Bestimmungen bzw. der jeweiligen Satzung, aus der sich auch ergibt, wer oberste Dienstbehörde ist.

47 Wegen der besonderen Regelungen für Kranken-, Heil- und Pflegeanstalten sind diese aus dem Bereich der sonstigen Körperschaften, Anstalten und Stiftungen des öffentlichen Rechts herausgenommen worden.

Besondere Personengruppen (Abs. 2)

48 Die Vorschrift des § 5 Abs. 2 erfaßt besondere Personengruppen. Die Sonderstellung bestimmter Personengruppen ist in den Rahmenvorschriften, § 95 Abs. 1 BPersVG, anerkannt. Obwohl die in § 5 Abs. 2 genannten Dienstkräfte in verschiedenen Dienststellen beschäftigt werden, haben sie aufgrund ihrer Tätigkeit, die weitgehend nicht durch eine bestimmte Dienststelle geprägt wird, besondere und einheitliche personalvertretungsrechtliche Interessen. Für das Personalvertretungsrecht sind sie aus dem Bereich der unmittelbaren Beschäftigungsdienststelle herausgenommen.

49 Dienstkräfte, die einer dieser Personengruppen angehören, wirken bei der Bildung der Personalvertretungen in den Dienststellen, in denen sie unmittelbar tätig sind, nicht mit. Die Personengruppen gelten im Bereich des Personalvertretungsrechts als personalratsfähige Dienststelle, ohne daß hierdurch eine eigenständige neue Dienstbehörde im verwaltungsrechtlichen Sinne geschaffen wird. Sie wählen lediglich eine eigene Personalvertretung, andere öffentlichrechtliche oder verwaltungsorganisatorische Auswirkungen bestehen nicht.

Staatsanwälte und Amtsanwälte

Als eigene Dienststelle gilt ferner die Gesamtheit der Staatsanwälte und Amtsanwälte. Sie wählen nicht zu den örtlichen Personalräten bei den Gerichten bzw. Staats- oder Amtsanwaltschaften i.S. von Nr. 6 der Anlage zu diesem Gesetz, sie bilden eigene Personalvertretungen. Damit geht das Gesetz von einer gewissen Sonderstellung der Staats- bzw. Amtsanwälte im Vergleich zu dem übrigen Personal aus. 50

Referendare im Bezirk des Kammergerichts

Als eigene Dienststelle gelten ferner die Referendare im Bezirk des Kammergerichts. Auf Antrag wird in den Vorbereitungsdienst aufgenommen und zum Referendar ernannt, wer die Erste juristische Staatsprüfung bestanden hat. Die Aufnahme erfolgt in der Regel im Beamtenverhältnis auf Widerruf, § 7 Abs. 1 Nr. 4a LBG. Erfüllt der Referendar die beamtenrechtlichen Voraussetzungen nicht, so kann auch ein öffentlich-rechtliches Praktikantenverhältnis begründet werden. Auch die nicht in das Beamtenverhältnis auf Widerruf übernommenen Referendare gehören zur Dienststelle der Gesamtheit der Referendare im Bezirk des Kammergerichts. 51

Ausbildungsbehörde, die die Ausbildung und Personalangelegenheiten zentral leitet, ist die Präsidentin/der Präsident des Kammergerichts; diese(r) ist Stammbehörde *(zum Begriff der Stammbehörde vgl. oben Rn. 48).* Da die Referendare im Bezirk des Kammergerichts als eigene Dienststelle gelten, sind sie bei der Stammbehörde nicht wahlberechtigt. Insoweit sind auch sie ebenso wie die Studienreferendare und Lehreranwärter von der Regelung in § 12 Abs. 2 ausgenommen. 52

Studentische Hilfskräfte

Schließlich gilt als Dienststelle die Gesamtheit der studentischen Hilfskräfte. Nach § 121 Abs. 1 des Gesetzes über die Hochschulen im Lande Berlin *(vom 12. 10. 1990 – GVBl., 2165 – BerlHG)* können Studenten nach einem Studium von mindestens 3 Semestern an ihrer Hochschule nebenberuflich als studentische Hilfskräfte gegen Vergütung eingesetzt werden. Hierbei können sie als sogenannte Tutoren, d. h. studentische Hilfskräfte mit Unterrichtsaufgaben, eingesetzt werden. Sie führen dann Unterricht in kleinen Gruppen durch, der der Vertiefung und Aufarbeitung des in den Lehrveranstaltungen vermittelten Stoffes dient. Sie können aber auch eingestellt werden, um die wissenschaftlichen und künstlerischen Dienstkräfte bei ihren Tätigkeiten in Forschung, Lehre und Kunstausübung durch sonstige Hilfstätigkeiten zu unterstützen. Nach § 121 Abs. 3 BerlHG werden die Beschäftigungsverhältnisse für studentische Hilfskräfte für vier Semester begründet, in begründeten Fällen können sie verlängert werden. Eine Verlängerung darüber hinaus ist unzulässig und wegen Gesetzesverstoßes nichtig *(vgl. dazu LAG Berlin vom 2. 7. 1980 – 5 Sa 24/80).* 53

Die studentischen Hilfskräfte scheiden bei der Bildung der Personalvertretungen im Bereich der Universitäten und Hochschulen aus. 54

Streitigkeiten

55 Streitigkeiten über den Begriff der Dienststelle werden in erster Linie im Rahmen der Wahlanfechtung (§ 22), der Wahlberechtigung von Dienstkräften in einer bestimmten Dienststelle (§ 91 Abs. 1 Nr. 1) und den Fragen der Zuständigkeit von Personalvertretungen (§ 91 Abs. 1 Nr. 3) von den Verwaltungsgerichten im Beschlußverfahren entschieden werden. Außerhalb dieser Fälle, in denen eine gerichtliche Prüfung mittelbar erfolgt, kann der Begriff der Dienststelle in besonderen Fällen auch unmittelbar Streitgegenstand eines Beschlußverfahrens sein. Nach § 91 Abs. 1 Nr. 2 sind die Verwaltungsgerichte zuständig für alle mit der Wahl im weitesten Umfang zusammenhängenden Fragen, insbesondere auch solchen der Abgrenzung der Dienststelle.

§ 6 Zusammenlegung und Trennung

(1) Bestandteile einer Dienststelle können zu Dienststellen im Sinne des § 5 Abs. 1 erklärt werden, wenn sie
1. räumlich weit von der Hauptdienststelle oder dem Hauptbetrieb entfernt oder
2. durch Aufgabenbereich und Organisation eigenständig sind
und in einer Personalversammlung des betreffenden Teils der Dienststelle die Mehrheit der anwesenden Dienstkräfte einen entsprechenden Antrag beschlossen hat.

(2) Mehrere Dienststellen können zu einer Dienststelle im Sinne dieses Gesetzes zusammengefaßt werden, wenn
1. sie räumlich sowie durch Aufgabenbereich und Organisation miteinander verbunden sind und
2. in getrennten Personalversammlungen dieser Dienststellen die Mehrheit der jeweils anwesenden Dienstkräfte entsprechende Anträge beschlossen hat.

(3) Über Anträge nach den Absätzen 1 und 2 entscheidet die oberste Dienstbehörde im Einvernehmen mit der Senatsverwaltung für Inneres und dem Hauptpersonalrat. Bei Körperschaften, Anstalten und Stiftungen des öffentlichen Rechts tritt an die Stelle des Hauptpersonalrats der zuständige Personalrat oder, falls ein solcher besteht, der Gesamtpersonalrat.

Übersicht

	Rn.
Allgemeines	1, 2
Verselbständigung von Dienststellenteilen (Abs. 1)	3
Entfernung	4–8
Aufgabenbereich und Organisation	9–11
Antrag	12
Personalversammlung	13–16
Beschlußfassung	17
Durchführung der Verselbständigung	18, 19
Folgen der Verselbständigung	20–27
Zusammenlegung von Dienststellen (Abs. 2)	28
Räumliche Verbindung	29
Aufgabenbereich und Organisation	30
Antrag	31, 32
Folgen der Zusammenlegung	33–36

§ 6

Entscheidung der obersten Dienstbehörde (Abs. 3) 37–42
Streitigkeiten 43

Allgemeines

§ 6 regelt die Trennung von Bestandteilen einer Dienststelle, Abs. 1, und die Zusammenlegung mehrerer Dienststellen, Abs. 2. Die Vorschrift entspricht weitgehend der bisherigen Regelung in § 5 Abs. 3 und 4 PersVG Bln a. F. Eine entfernt vergleichbare Vorschrift findet sich bezüglich der Verselbständigung von räumlich weit entfernten Nebenstellen und Teilen einer Dienststelle in § 6 Abs. 3 BPersVG. **1**

Während es im Personalvertretungsrecht immer einer bestimmten Entscheidung bedarf, der eine Willensäußerung der betroffenen Dienstkräfte vorauszugehen hat, ist dem Betriebsverfassungsrecht eine solche Verselbständigung oder Zusammenlegung von Betriebsteilen oder Nebenbetrieben fremd. Dort kommt es allein auf die objektiven Voraussetzungen an, § 4 BetrVG. **2**

Verselbständigung von Dienststellenteilen (Abs. 1)

Die personalvertretungsrechtliche **Abtrennung** *(Verselbständigung)* eines Bestandteiles einer Dienststelle ist nur möglich, wenn drei Voraussetzungen erfüllt sind: **3**
1. Der Dienststellenbestandteil muß entweder
   a) räumlich weit von der Hauptdienststelle oder dem Hauptbetrieb entfernt sein oder
   b) durch Aufgabenbereich und Organisation eigenständig sein.
2. In einer ordnungsgemäß einberufenen Personalversammlung, §§ 45 ff., des betreffenden Teiles der Dienststelle muß die Mehrheit der anwesenden Dienstkräfte einen entsprechenden Antrag beschlossen haben, über den
3. die oberste Dienstbehörde im Einvernehmen mit dem Hauptpersonalrat und der Senatsverwaltung für Inneres zu entscheiden hat *(bei Körperschaften, Anstalten und Stiftungen des öffentlichen Rechts tritt der Personalrat bzw. der Gesamtpersonalrat an die Stelle des Hauptpersonalrates).*

Entfernung

Der Begriff der weiten räumlichen Entfernung ist ein **unbestimmter, ausfüllungsbedürftiger Rechtsbegriff,** der nach objektiven Maßstäben gemessen werden kann *(BVerwG vom 16. 12. 1960, E 6, 60; vom 14. 7. 1987, E 78, 34).* Über ihn kann daher von den Dienstkräften bei der Beschlußfassung über die Verselbständigung auch nicht abgestimmt werden, sie können seinen Inhalt nicht bestimmen. Vielmehr müssen die Voraussetzungen objektiv vorliegen, was gegebenenfalls durch die Verwaltungsgerichte nachgeprüft werden muß. **4**

Bei der Auslegung des Begriffes der weiten räumlichen Entfernung müssen die **Berliner Verhältnisse** berücksichtigt werden. Die zu ähnlichen Begriffen im Personalvertretungsrecht des Bundes und einiger Länder ergangene Rechtsprechung kann wegen der unterschiedlichen Gegebenheiten in Flächenstaaten und Stadtstaaten nicht ohne weiteres herangezogen werden. **5**

Um eine Präzisierung des Begriffes der räumlichen Entfernung zu erhalten, ist zunächst davon auszugehen, daß die Personalvertretungen im Interesse der **6**

§ 6

von ihnen repräsentierten Dienstkräfte tätig werden sollen. Die Personalvertretung muß daher **ohne unzumutbare Schwierigkeiten** aufgrund einer örtlichen Trennung in der Lage sein, ihre Aufgaben gegenüber allen Dienstkräften gleichermaßen zu erfüllen. Sie muß sich über die Angelegenheiten aller Dienstkräfte unmittelbar und aus eigener Anschauung unterrichten können *(vgl. BVerwG vom 29. 5. 1991, DVBl. 1991, 1201; vom 14. 7. 1987, E 78, 34; OVG Lüneburg vom 3. 4. 1959, ZBR 1959, 164)*. Letztlich ist daher mit entscheidend, daß die Rechte aus dem PersVG Bln ohne Schwierigkeiten wahrgenommen werden können.

7   Ob solche, aus der räumlichen Entfernung der Dienststellenteile herrührenden Schwierigkeiten bestehen, läßt sich nur im **Vergleich** mit Personalvertretungen in anderen Dienststellen beurteilen. Der Gesetzgeber geht davon aus, daß alle Personalvertretungen in allen Dienststellen die Möglichkeit haben müssen, ihre Rechte in gleicher Weise wahrzunehmen. Wird die Aufgabenerfüllung im Vergleich zu anderen Dienststellen wegen der räumlichen Entfernung erschwert, dann könnte die Voraussetzung der weiten räumlichen Entfernung erfüllt sein.

8   Da der Gesetzgeber jedoch von einer »weiten« räumlichen Entfernung spricht, müssen **zumutbare Erschwerungen in Kauf genommen** werden. Nicht jede räumliche Trennung von Hauptdienststelle und Dienststellenteil reicht aus, denn sonst hätte der Gesetzgeber in allen Fällen einer räumlichen Trennung von Dienststellenteilen eine Verselbständigung zulassen müssen. Ein Fußweg von 15 Minuten Dauer und ebenso eine kurze Fahrt mit öffentlichen Verkehrsmitteln wird dabei beispielsweise noch nicht ausreichen, um den Begriff der weiten räumlichen Entfernung zu erfüllen. Angesichts der guten öffentlichen Verkehrsverbindungen in Berlin wird das Tatbestandsmerkmal der weiten räumlichen Entfernung im Regelfall bei Dienststellen, deren Teile sich in Berlin befinden, nicht erfüllt sein. Etwas anderes gilt für Dienststellen, bei denen einzelne Teile sich außerhalb der Stadt befinden, beispielsweise bei Außenstellen, auswärtigen Einrichtungen usw.

Aufgabenbereich und Organisation

9   Unabhängig von der weiten räumlichen Entfernung kann eine **Verselbständigung** in personalvertretungsrechtlichem Sinne auch dann erfolgen, wenn der Bestandteil der Dienststelle durch Aufgabenbereich und Organisation eigenständig ist. Auch hierbei handelt es sich um Rechtsbegriffe, die gerichtlich nachprüfbar sind und nicht von den Dienstkräften bestimmt werden können. Aufgabenbereich und Organisation stehen gleichrangig nebeneinander, beide Voraussetzungen müssen gleichzeitig erfüllt sein. Maßgeblich ist die Verwaltungsstruktur und die Verwaltungsorganisation.

10 Das Erfordernis der **Eigenständigkeit im Aufgabenbereich** bedeutet eine klare Abgrenzung von den Aufgaben, die sonst in der Dienststelle verfolgt werden. Das wird insbesondere für fachfremde Aufgaben gelten. Aber auch wenn keine fachfremden Aufgaben verfolgt werden, kann sich aus der Organisation eines Teiles der Dienststelle als einer besonderen Einheit, die in der Aufgabenerfüllung weitgehend unabhängig ist, eine Eigenständigkeit hinsichtlich des Aufgabenbereiches ergeben. Hierbei kommt es auch nicht auf den Aufgabenbereich der einzelnen Dienstkraft, sondern nur auf den Aufgabenbereich des betreffenden Dienststellenteils an.

Zusätzlich neben der Eigenständigkeit im Aufgabenbereich muß eine **Eigenständigkeit in der Organisation** bestehen. Maßgeblich ist hier der organisatorische Aufbau der Dienststelle. Wesentlich ist, daß eine Selbständigkeit im Bereich der der Beteiligung des Personalrates unterliegenden Angelegenheiten – vornehmlich der sozialen – besteht. Das folgt daraus, daß der Personalrat eines verselbständigten Teiles einer Dienststelle nur in diesem Falle überhaupt seine Funktionen nach diesem Gesetz ausüben könnte. Für diese Angelegenheiten muß daher in dem Dienststellenteil ein eigener Leitungsapparat bestehen, der allerdings nicht völlig unabhängig von der Dienststelle sein muß. Es kann nur eine relative Selbständigkeit verlangt werden, da ja die Verwaltungsorganisation als solche durch das PersVG Bln nicht geändert wird. Der Dienststellenleiter kann daher durchaus in begrenztem Rahmen Weisungs- und Entscheidungsbefugnisse, insbesondere bei besonders wichtigen Fällen, besitzen, ohne daß das der eigenständigen Organisation des Dienststellenteils widersprechen würde. 11

Antrag

Sind die Voraussetzungen der räumlich weiten Entfernung oder der Eigenständigkeit von Aufgabenbereich und Organisation gegeben, ist weiter erforderlich, daß in einer Personalversammlung des betroffenen Teils der Dienststelle die Mehrheit der anwesenden Dienstkräfte einen entsprechenden Antrag beschließt. 12

Personalversammlung

Für die **Einberufung und Abhaltung** der Personalversammlung gelten die Regelungen der §§ 45 ff. mit einigen Änderungen. Es handelt sich um eine Teilversammlung i. S. des § 45 Abs. 2, an der nur die Dienstkräfte des betreffenden Dienststellenteils teilnahmeberechtigt sind. Das folgt aus dem Wortlaut des § 6 Abs. 1 letzter Satzteil. Es sind auch nur diese Dienstkräfte stimmberechtigt. Beschlüsse, die auf einer Personalversammlung der gesamten Dienststelle gefaßt werden, sind unwirksam. Die Abstimmung kann daher auch nicht in der regelmäßigen Personalversammlung des § 47 Abs. 1 erfolgen, sondern nur in einer zusätzlichen Teilversammlung. 13

Die Teilversammlung ist **von dem Personalrat gem. § 47 Abs. 2 einzuberufen.** Die Einberufung kann entweder auf einem Beschluß (§ 32) des Personalrates oder auf einem Wunsch der Dienststelle beruhen. Ferner kann ein Viertel der wahlberechtigten Dienstkräfte des Dienststellenteils einen entsprechenden Antrag stellen. Zwar ergibt sich das nicht direkt aus § 47 Abs. 2, wo festgelegt ist, daß auf Antrag von einem Viertel der Dienstkräfte der gesamten Dienststelle eine Personalversammlung einzuberufen sei. Die unmittelbare Anwendung des § 47 Abs. 2 setzt jedoch voraus, daß an einer Personalversammlung auch die gesamten Dienstkräfte teilnehmen können, sie geht von dem Regelfall des § 45 Abs. 1 aus. Hier wird aber durch die Sonderregelung des § 6 Abs. 1 letzter Satzteil das Teilnahmerecht begrenzt, so daß insoweit auch das Antragsrecht auf Einberufung der Personalversammlung in entsprechender Anwendung des § 47 Abs. 2 unter Berücksichtigung der Besonderheit einer gesetzlich vorgeschriebenen Teilversammlung nur auf die Dienstkräfte des Dienststellenteils bezogen werden kann. Der Antrag bindet den Personalrat, er ist verpflichtet, 14

§ 6

die Teilversammlung einzuberufen. Ferner können einzelne Dienstkräfte des Dienststellenteils bei dem Personalrat eine Teilversammlung anregen, ohne daß das für den Personalrat zwingend ist.

15 Die Personalversammlung ist rechtzeitig und unter **Angabe der Tagesordnung,** auf der der Antrag auf Trennung erscheinen muß, einzuberufen, vgl. § 47. Das Fehlen des Tagesordnungspunktes führt zur Unwirksamkeit eines etwa gefaßten Beschlusses.

16 Der Antrag auf Trennung von der Dienststelle kann von jeder Dienstkraft, auch von einer nicht wahlberechtigten, gestellt werden. Da die Abstimmung über diesen Antrag nur auf einer Teilversammlung erfolgen kann, diese aber nur auf Antrag von einem Viertel der wahlberechtigten Dienstkräfte des Dienststellenteils einberufen werden muß, ist praktisch die Unterstützung durch ein Viertel der wahlberechtigten Dienstkräfte des Dienststellenteils erforderlich.

Beschlußfassung

17 An der Beschlußfassung können sämtliche Dienstkräfte ohne Rücksicht auf ihre Wahlberechtigung teilnehmen. Sofern die Versammlung ordnungsgemäß einberufen ist, ist sie auch dann beschlußfähig, wenn nicht die Mehrheit der Dienstkräfte des Dienststellenteils an ihr teilnimmt. **Stimmberechtigt** sind ebenfalls alle Dienstkräfte ohne Rücksicht auf ihre Wahlberechtigung. Der Antrag ist angenommen, wenn die Mehrheit der Anwesenden den Antrag annimmt, es ist nicht erforderlich, daß dies die Mehrheit der Dienstkräfte des Dienststellenteils ist. Der Abstimmung sollte eine Aussprache über den Antrag vorausgehen.

Durchführung der Verselbständigung

18 Da das Gesetz keine festen **Zeitpunkte** nennt, zu denen eine Trennung möglich ist, insbesondere auch keine Verbindung zu den Personalratswahlen zieht, ist eine Beschlußfassung über eine Dienststellenteilung jederzeit, also auch während des Laufes der Amtszeit eines Personalrates möglich. Allerdings wird es sinnvoll sein, derartige Verselbständigungen von Dienststellenteilen kurz vor den Personalratswahlen durchzuführen.

19 Der beschlossene Antrag muß der obersten Dienstbehörde zugeleitet werden, da sie über ihn entscheidet, Abs. 3. Zu den Einzelheiten dieses Verfahrens vgl. unten Rn. 37.

Folgen der Verselbständigung

20 Die Trennung hat zur Folge, daß der verselbständigte Dienststellenteil personalvertretungsrechtlich als **eigene Dienststelle** gilt. Die sonstige Stellung innerhalb der Verwaltungsorganisation ändert sich nicht. Durch die personalvertretungsrechtliche Trennung können die Dienstkräfte nicht den Verwaltungsaufbau und dessen Organisation beeinflussen. Zweifelhaft ist, ob die Trennung zu jedem Zeitpunkt erfolgen oder ob der entsprechende Beschluß erst für die folgende Amtsperiode des Personalrats wirksam werden kann. Eine dem § 6 Abs. 3 Satz 2 BPersVG vergleichbare Einschränkung, die die Wirksamkeit erst für die folgende Wahlperiode vorsieht, ist im Gesetz nicht enthalten. Eine interpretative Schaffung einer solchen zeitlichen Wirksamkeitseinschrän-

kung dürfte für den Bereich des PersVG Bln auch nicht erforderlich sein. Während im BPersVG der Beschluß der Beschäftigten unmittelbar wirksam wird, ist dies bei dem Beschluß der Dienstkräfte des PersVG Bln nicht der Fall. Vor der Trennung des Dienststellenteils von der Hauptdienststelle muß nämlich noch eine Entscheidung nach Abs. 3 erfolgen. Die Verwaltung hat es damit in der Hand, den Zeitpunkt der Verselbständigung oder der Zusammenlegung zu beeinflussen. Damit ist auch die parlamentarische Verantwortlichkeit für den organisatorischen Aufbau der Verwaltung und ihre Funktionsfähigkeit hinreichend gewahrt.

Unmittelbar nach der Verselbständigung des Dienststellenteils ist eine **Personalratswahl** durchzuführen. Der Personalrat der Gesamtdienststelle hat mit der Entscheidung der obersten Dienstbehörde das Vertretungsrecht für diesen Bereich verloren. Ist ein Personalratsmitglied Dienstkraft des nunmehr verselbständigten Dienststellenteils, erlischt seine Mitgliedschaft im Personalrat, § 26 Abs. 1 Nr. 4, da es aus der bisherigen Dienststelle ausscheidet. In der bisherigen Dienststelle ist eine Neuwahl nur dann erforderlich, wenn die Voraussetzungen des § 24 Abs. 1 Nr. 1 oder 2 gegeben sind. Nach § 24 Abs. 1 Nr. 1 ist eine Neuwahl erforderlich, wenn mit Ablauf von 18 Monaten bzw. 12 Monaten vom Wahltag an gerechnet die Zahl der regelmäßig Beschäftigten um die Hälfte, mindestens aber 50 Dienstkräfte gesunken ist. Nach § 24 Abs. 1 Nr. 2 muß ferner eine Neuwahl stattfinden, wenn mehrere Mitglieder des bisherigen Personalrats der gesamten Dienststelle Dienstkräfte des nunmehrigen selbständigen Dienststellenteils sind. Können diese aus dem Personalrat ausscheidenden Mitglieder nicht durch Ersatzmitglieder ergänzt werden und sinkt dadurch die vorgeschriebene Zahl der Personalratsmitglieder um mehr als ein Viertel, ist eine Neuwahl auch in der bisherigen Dienststelle erforderlich.

Der bisherige Personalrat der Gesamtdienststelle ist nicht berechtigt, vom Zeitpunkt der Verselbständigung an die **Geschäfte** bis zur Wahl eines neuen Personalrats in dem verselbständigten Dienststellenteil **fortzuführen**. Die Regelung in § 24 Abs. 1 Satz 2, wonach der Personalrat in bestimmten Fällen berechtigt ist, die Geschäfte weiterzuführen, gilt nur in den Fällen der Neuwahl gem. § 24 Abs. 1 Nrn. 1–3. Die Verselbständigung einer Dienststelle ist hierin nicht enthalten.

Für die Neuwahl des Personalrats in dem verselbständigten Dienststellenteil gelten die Vorschriften der §§ 12 ff. Da in der neuen Dienststelle ein Personalrat nicht bestand und der bisherige Personalrat auch nicht zur Weiterführung der Geschäfte befugt ist, kann auch der bisherige Personalrat der Gesamtdienststelle keinen Wahlvorstand gem. § 17 Abs. 1 bilden. Der **Wahlvorstand** ist gem. § 17 Abs. 3 auf einer von der Dienststelle einzuberufenden Personalversammlung zu wählen. Die Amtszeit des neuzuwählenden Personalrats bestimmt sich nach § 23, ohne daß eine Abhängigkeit von der Amtszeit des Personalrats der früheren Gesamtdienststelle besteht. § 24 Abs. 4, der in gewissen Fällen eine Beschränkung der Amtszeit vorsieht, ist aber zu beachten.

Der Leiter des bisher unselbständigen Dienststellenteils wird automatisch **Dienststellenleiter**, wenn die Voraussetzungen des § 9 gegeben sind. Er verliert seine Wählbarkeit ebenso wie sein Vertreter, § 13 Abs. 3 Nr. 2 *(BVerwG vom 22. 6. 1962, E 14, 287)*. Die Aufgaben und Befugnisse des Leiters der bisherigen Gesamtdienststelle werden darüber hinaus nicht beeinträchtigt *(BVerwG vom 14. 4. 1961, E 12, 194; vom 22. 6. 1962, E 14, 287)*. Soweit der Leiter der Haupt-

§ 6

dienststelle nach der bestehenden Organisation für die Entscheidung von Angelegenheiten zuständig ist, wird die Zuständigkeit durch die Trennung nicht beeinflußt. Fällt eine beteiligungsfähige Angelegenheit in seinen Zuständigkeitsbereich, dann kann der Personalrat der verselbständigten Dienststelle nicht unmittelbar die Beteiligungsrechte wahrnehmen. Das ist nur dann möglich, wenn ein Gesamtpersonalrat gem. § 50 Abs. 2 gebildet worden ist *(BVerwG vom 14. 4. 1961, E 12, 194).* Allein die Verselbständigung eines Dienststellenteils führt daher nicht unmittelbar zu einer stärkeren Stellung des dort gebildeten Personalrats, vielmehr ist als Ergänzung zu der Trennung auch ein Gesamtpersonalrat zu bilden, wobei die Bestimmungen des § 50 Abs. 2 zu beachten sind. Hierbei ist zu berücksichtigen, daß die Bildung eines Gesamtpersonalrates nur dann möglich ist, wenn er $^2/_3$ der Dienstkräfte der beteiligten Dienststellen repräsentiert, § 50 Abs. 2 Satz 2.

25 Welcher Personalrat der von den nun bestehenden zwei oder mehreren Dienststellen im Einzelfall für die **Ausübung der Beteiligungsrechte** zuständig ist, hängt davon ab, auf welche Dienststelle oder auf welche Dienstkräfte sich die Maßnahme erstreckt.

26 Die einmal beschlossene und durchgeführte Verselbständigung kann nur gemäß § 6 Abs. 2 wieder **rückgängig gemacht** werden. Es muß eine Zusammenlegung ordnungsgemäß beschlossen, beantragt und durchgeführt werden, da nunmehr personalvertretungsrechtlich zwei voneinander getrennte Dienststellen bestehen. Die Voraussetzungen für eine Zusammenlegung müssen sämtlich vorliegen.

27 Eine **ohne Personalversammlung** und ohne Abstimmung der Dienstkräfte erfolgte Trennung ist unwirksam, da offensichtlich die für die Verselbständigung erforderlichen gesetzlichen Voraussetzungen fehlen. Auf Mängel im Verfahren bei der Verselbständigung eines Dienststellenteils kann auch die Anfechtung einer Personalratswahl gemäß § 22 gestützt werden.

Zusammenlegung von Dienststellen (Abs. 2)

28 § 6 Abs. 2 regelt den Fall der Zusammenlegung an sich getrennter Dienststellen. Drei **Voraussetzungen** müssen erfüllt sein:
1. Die Dienststellen müssen räumlich und durch Aufgabenbereich und Organisation miteinander verbunden sein, und
2. es müssen in getrennten Personalversammlungen entsprechende Beschlüsse gefaßt sein, und schließlich
3. muß diesem Antrage gem. § 6 Abs. 3 von der obersten Dienstbehörde stattgegeben worden sein.

Nicht erfaßt werden Zusammenlegungen oder Eingliederungen von Verwaltungseinheiten aufgrund des **Einigungsvertrages;** dazu näher § 24 Rn. 17f.

Räumliche Verbindung

29 Die erste Voraussetzung stellt das Gegenteil zu den Anforderungen dar, die zur Verselbständigung eines Dienststellenteils führen können. Eine räumliche Verbundenheit mehrerer Dienststellen ist nicht allein nach der kilometermäßigen Entfernung zu beurteilen, sondern es sind mit zu berücksichtigen die Verkehrsverbindungen und die verkehrsmäßige Selbständigkeit des Standortes der Dienststelle. Entscheidend ist, ob eine so enge Verbindung zwischen den

Dienststellen besteht, daß ein gemeinsamer Personalrat unter Berücksichtigung der Verkehrsverhältnisse ohne Schwierigkeiten in der Lage wäre, seine Aufgaben zu erfüllen.

Aufgabenbereich und Organisation

Weiterhin ist eine Verbindung im Aufgabenbereich und in der Organisation der verschiedenen Dienststellen erforderlich. Sie ist gegeben, wenn die Aufgaben fachlich eng zusammenhängen und sachlich eine Trennung nicht erforderlich ist. Die organisatorischen Strukturen der Dienststellen müssen miteinander verbunden sein. Das ist insbesondere dann der Fall, wenn die Dienststellen im Bereich der Verwaltungsorganisation voneinander abhängig sind. Meist wird das auch voraussetzen, daß die Verwaltungsorganisation in den Dienststellen zumindest so weit gleichgeartet ist, daß eine Zusammenlegung auf keine Schwierigkeiten stoßen wird. 30

Antrag

Wie bei der Trennung von Dienststellenteilen muß in getrennten Personalversammlungen die Mehrheit der jeweils anwesenden Dienstkräfte einen entsprechenden Antrag beschließen. Hier gelten die gleichen Grundsätze wie bei der Trennung von Dienststellenteilen *(vgl. oben Rn. 12, 13ff.)*. 31
Eine Ausnahme besteht nur insoweit, als es sich in der Regel um Personalversammlungen jeweils der gesamten Dienststelle, also nicht um Teilversammlungen handelt. Allerdings müssen es getrennte Personalversammlungen der betroffenen Dienststellen sein, eine gemeinsame Personalversammlung aller Dienststellen ist nicht zulässig, sie ist im Gesetz nicht vorgesehen.
Der beschlossene Antrag muß ebenso wie bei der Verselbständigung von Dienststellenteilen der obersten Dienstbehörde zur Entscheidung zugeleitet werden, Abs. 3. Vgl. zu diesem Verfahren unten Rn. 37. 32

Folgen der Zusammenlegung

Werden Dienststellen zusammengelegt, dann ist ein **neuer Personalrat** zu wählen, § 24 Abs. 1 Nr. 6 *(zur Zusammenführung des Universitäts-Klinikums Charité und des Virchow-Klinikums vgl. OVG Berlin vom 27. 7. 1998, PersR 1999, 76)*. Bis zur Neuwahl führen die bisherigen Personalräte die Geschäfte gemeinsam weiter, § 24 Abs. 2. Der Vorsitz in den Personalratssitzungen wird umschichtig von den jeweiligen Personalratsvorsitzenden wahrgenommen. Die bisherigen Personalräte haben auch den Wahlvorstand zu bestellen, § 24 Abs. 2 Satz 3, § 17 Abs. 1. Die Geschäftsführungsbefugnis der bisherigen Personalräte besteht nur bis zur Wahl des neuen Personalrates oder längstens für 6 Monate. Ist in dieser Zeit ein neuer Personalrat nicht gewählt worden, endet das Amt der bisherigen Personalratsmitglieder automatisch. 33
Kommen die Personalräte ihrer Verpflichtung zur Bildung eines Wahlvorstandes nicht nach, so kann gem. § 17 Abs. 2 bzw. § 17 Abs. 3 ein Wahlvorstand gebildet werden, der die Wahl durchzuführen hat. 34
Die einmal beschlossene und durchgeführte Zusammenlegung von Dienststellen kann nur gem. § 6 Abs. 1 wieder **rückgängig gemacht** werden. Es muß also eine Verselbständigung von Dienststellenteilen ordnungsgemäß beschlossen, 35

§ 6

beantragt und durchgeführt werden, da nunmehr eine einheitliche Dienststelle besteht. Die Voraussetzungen für eine Verselbständigung müssen sämtlich vorliegen.

36 **Individualrechtliche Folge** der Zusammenlegung ist, daß die neugebildete Dienststelle als Einheit anzusehen ist. Dies gilt für sämtliche individualrechtlichen Vorgänge, auch in bezug auf die Versetzung.

Entscheidung der obersten Dienstbehörde (Abs. 3)

37 Der **Beschluß** der Personalversammlung ist der jeweiligen **obersten Dienstbehörde** (§ 8) zuzuleiten. Wer die Zuleitung zu veranlassen hat, ergibt sich aus dem Gesetz nicht. In entsprechender Anwendung des § 78 Abs. 1 wird man jedoch sagen können, daß die Dienststelle bzw. ihr Leiter, § 9 Abs. 1, die Zuleitung zu veranlassen hat. Da jedoch das Gesetz ein förmliches Zuleitungsverfahren nicht kennt, kann auch der Personalrat oder eine andere Person den Beschluß der obersten Dienstbehörde mitteilen.

38 Über den Antrag **entscheidet die oberste Dienstbehörde im Einvernehmen mit der Senatsverwaltung für Inneres und dem Hauptpersonalrat** (§§ 55 ff.), § 6 Abs. 3. Bei Körperschaften, Anstalten und Stiftungen des öffentlichen Rechts tritt an die Stelle des Hauptpersonalrates der Gesamtpersonalrat oder, wenn dieser nicht besteht, der zuständige Personalrat.

39 Vor der Entscheidung über die Anträge ist das Vorliegen der gesetzlichen **Voraussetzungen zu prüfen.** Liegen sie vor, kann dem Antrag stattgegeben werden, liegen sie nicht vor, dann ist der Antrag zurückzuweisen. Wie sich aus dem Wort »können« in Abs. 1 und 2 ergibt, besteht kein klagbarer Anspruch auf Verselbständigung oder Trennung der Dienststellen. Selbst bei Vorliegen aller Voraussetzungen muß daher dem Antrag nicht stattgegeben werden.

40 Die Entscheidung kann nur im »**Einvernehmen**« mit den anderen Beteiligten getroffen werden. Einvernehmen bedeutet hier Einverständnis. Gegen die Stimmen der Senatsverwaltung für Inneres oder des Hauptpersonalrats bzw. der an seine Stelle tretenden Personalvertretung kann die oberste Dienstbehörde keine Entscheidung treffen. Im Gegensatz zu der früheren Regelung ist jetzt durch den Wortlaut des Gesetzes klargestellt, daß das Einvernehmen auch im Falle der Ablehnung des Antrages gegeben sein muß. Diese Regelung gewährleistet, daß bei den Fällen der Ablehnung, die gerade gegen den erklärten Willen der betroffenen Dienstkräfte erfolgt und in stärkerem Maße ihre Interessen berührt, auch ein Personalvertretungsorgan beteiligt wird.

41 Zweifelhaft und im Gesetz nicht geregelt ist die Frage der Entscheidung, wenn oberste Dienstbehörde, Senatsverwaltung für Inneres und Hauptpersonalrat bzw. das an seine Stelle tretende Personalvertretungsorgan **keine Einigung** erzielen. Eine Zuständigkeit der Einigungsstelle ist nur im Bereich der Mitbestimmungsangelegenheiten gegeben, § 81. Sie kann grundsätzlich nur in den gesetzlich ausdrücklich geregelten Fällen tätig werden. Bei der Entscheidung über die Anträge nach § 6 handelt es sich zwar auch – wie bei den meisten Mitbestimmungsangelegenheiten – um eine Regelungs- und keine Rechtsstreitigkeit. Der Regelungsstreit besteht hier im Bereich einer Ermessensangelegenheit, wie sich aus dem Wort »können« ergibt. Ein Regelungsanspruch besteht nicht.

42 Das **Einvernehmen** zwischen oberster Dienstbehörde und den anderen Beteiligten **kann** daher **nicht** auf andere Weise **ersetzt werden.** Kommt eine Eini-

gung nicht zustande, kann über den Antrag nicht entschieden werden, was letztlich einer Ablehnung gleichkommt. Die Beteiligung von der Senatsverwaltung für Inneres und dem Hauptpersonalrat bzw. dem zuständigen Personalvertretungsorgan hat daher nur begrenzte Bedeutung, eine Blockierung der Entscheidung und damit eine praktische Ablehnung der Anträge ist möglich.

Streitigkeiten

Ablehnende Entscheidungen können gerichtlich nicht überprüft werden, da ein vor den Gerichten durchsetzbarer Anspruch auf Verselbständigung oder Zusammenlegung von Dienststellen nicht besteht *(vgl. oben Rn. 39, 41)*. Ist einem Antrag stattgegeben und die Verselbständigung durchgeführt worden, kann eine Überprüfung der Voraussetzungen als Vorfrage in einem Wahlanfechtungsverfahren *(§ 22)* oder in Streitigkeiten nach § 91 Abs. 1 Nr. 1 bis 3 erfolgen. 43

§ 7 Dienstbehörden

Dienstbehörde im Sinne dieses Gesetzes ist für die Dienstkräfte
1. der Hauptverwaltung:
   die Behörde oder Stelle, die für personalrechtliche Entscheidungen unmittelbar zuständig ist, im Geschäftsbereich der Polizeibehörde der Polizeipräsident in Berlin,
2. beim Abgeordnetenhaus:
   der Präsident des Abgeordnetenhauses,
3. des Rechnungshofs:
   der Präsident des Rechnungshofs,
3. a) beim Datenschutzbeauftragten:
   der Berliner Datenschutzbeauftragte,
4. der Bezirksverwaltungen: das Bezirksamt,
   der Krankenhausbetriebe, soweit es sich nicht um Einzelpersonalangelegenheiten handelt, für die der Krankenhausbetrieb nicht zuständig ist: die Krankenhausleitung,
5. der Körperschaften, Anstalten und Stiftungen des öffentlichen Rechts:
   das durch Gesetz, Satzung oder in sonstiger Weise mit Genehmigung der Aufsichtsbehörde hierzu berufene Organ, soweit das Personal nicht im Dienste des Landes Berlin steht.

Übersicht	Rn.
Vorbemerkung zu den §§ 7 und 8	1– 3
Begriff der Dienstbehörde	4– 7
Hauptverwaltung	8
Abgeordnetenhaus, Rechnungshof und Datenschutzbeauftragter	9
Bezirksverwaltung	10
Krankenhausbetriebe	11–15
Einzelpersonalangelegenheiten in Krankenhausbetrieben	16
Körperschaften, Anstalten und Stiftungen des öffentlichen Rechts	17, 18

§ 7

Vorbemerkung zu den §§ 7 und 8

1 Dienstbehörden und oberste Dienstbehörden haben im Personalvertretungsrecht vornehmlich im Bereich der Mitbestimmungsrechte eine Bedeutung. Kommt zwischen Dienststelle und Personalvertretung in Mitbestimmungsangelegenheiten keine Einigung zustande, muß auf höherer Ebene zwischen Hauptpersonalrat und der jeweiligen Behörde eine erneute Verhandlung erfolgen, § 80 Abs. 1. In besonderen Fällen tritt dabei an die Stelle des Hauptpersonalrats der Gesamtpersonalrat, § 80 Abs. 2 Satz 1. Erst nach dieser Verhandlung kann eine Entscheidung von den hierfür zuständigen Personen, § 80 Abs. 1 Nrn. 1–4, getroffen werden, die jedoch wiederum der Genehmigung durch die oberste Dienstbehörde bedarf.

2 Hieraus folgt, daß die **Dienstbehörde** personalvertretungsrechtlich **der Dienststelle übergeordnet ist.** Grundsätzlich kann daher gesagt werden, daß die Unterteilung in Dienststelle, Dienstbehörde und oberste Dienstbehörde von dem herkömmlichen **dreistufigen Verwaltungsaufbau** ausgeht. Das bedeutet aber nicht, daß Dienststelle und Dienstbehörde immer im Verhältnis der kleineren zur größeren Verwaltungseinheit stehen müssen. Vielmehr können die Dienstbehörden aus einer einzigen Dienststelle bestehen, sie können aber auch mehrere Dienststellen umfassen. Dienstbehörde und oberste Dienstbehörde können auch identisch sein, wie z. B. bei den Senatsverwaltungen, den Präsidenten des Abgeordnetenhauses und des Rechnungshofes, des Datenschutzbeauftragten sowie den Körperschaften, Anstalten und Stiftungen des öffentlichen Rechts, § 7 Nrn. 1, 2, 3, 3a, 5 und § 8 Nrn. 1, 2, 3, 5.

3 Die **Begriffe** Dienstbehörde und oberste Dienstbehörde **entstammen** dem **Beamtenrecht** *(vgl. §§ 3 und 4 LBG).* Zur Begriffsbestimmung können die beamtenrechtlichen Vorschriften herangezogen werden, obwohl dem PersVG Bln mehr Angestellte und Arbeiter des öffentlichen Dienstes unterliegen als Beamte. Eine Ausnahme besteht nur dann, wenn die beamtenrechtlichen Vorschriften Besonderheiten beinhalten, die auf andere Dienstkräfte nicht angewandt werden können.

Begriff der Dienstbehörde

4 Einen Hinweis für die personalvertretungsrechtliche Bestimmung der Dienstbehördeneigenschaft kann deren Bedeutung für den Bereich der Mitbestimmungsrechte geben. Die Mitbestimmungsangelegenheiten erfassen in erster Linie den personellen und den sozialen Bereich, §§ 85 ff. Die **Dienstbehörde** muß, da sie in diesen Bereichen die entscheidende Verhandlungsbefugnis besitzt, auch nach der organisatorischen Geschäftsverteilung für **Entscheidungen zuständig sein.** In der Regel wird es diejenige Behörde sein, die die Personalangelegenheiten der Dienstkräfte bearbeitet, die also die personalaktenführende Behörde ist. Insoweit besteht eine Vergleichbarkeit mit dem Begriff der Dienstbehörde im Beamtenrecht, § 4 Abs. 1 LBG.

5 Der Begriff der Dienstbehörde ist nicht gleichbedeutend mit dem Begriff des Dienstvorgesetzten bzw. des Vorgesetzten. Diese Stellungen schließen sich vielmehr aus. **Dienstvorgesetzter** ist, wer, ohne oberste Dienstbehörde oder Dienstbehörde zu sein, für beamtenrechtliche Entscheidungen zuständig ist, § 5 Abs. 1 LBG; Vorgesetzter ist derjenige, der einem Beamten für seine dienstliche

Tätigkeit Anordnungen erteilen kann, § 5 Abs. 2 LBG. Entsprechendes gilt für Angestellte und Arbeiter.

Problematisch ist in diesem Zusammenhang die Einführung der **integrierten Personalverwaltung** *(IPV)*. Im Grunde soll mit diesem System erreicht werden, daß die Personalvorgänge vollständig, einschließlich der Entgeltberechnung und Auszahlung, in der Beschäftigungsbehörde erledigt werden. Damit soll eine datentechnische Verarbeitung der Personalvorgänge ermöglicht werden. Werden aber im Rahmen dieses Systems die Personalakten an eine andere Dienststelle zur Erledigung der Personalverwaltung abgegeben, beispielsweise aus Kostenersparnisgründen oder weil kein ausreichendes Personal zur Verfügung gestellt werden kann, ist dies in der Regel auch mit einer Übertragung von Entscheidungen in Personalangelegenheiten verbunden. In diesem Falle sind die Voraussetzungen des § 4 Abs. 1 LBG nicht mehr gegeben, die Dienstbehördeneigenschaft ist dann auch personalvertretungsrechtlich nicht mehr gegeben. Etwas anderes kann nur dann gelten, wenn nur ein Teil der Personalakten abgegeben wird, im übrigen aber die wesentlichen Teile, die zur Durchführung von Entscheidungen in Personaleinzelangelegenheiten benötigt werden, in der Dienststelle verbleiben. Problematisch ist hierbei allerdings, daß eine Trennung der Personalakten erfolgt, so daß die Dienstkräfte nur erschwert ihr Recht auf Einsichtnahme in die Personalakten wahrnehmen können. Auch würde eine solche Aufteilung der Personalakten dem Grundsatz der einheitlichen Sammlung der die Dienstkraft betreffenden Vorgänge widersprechen. Ebenfalls ist eine doppelte Personalaktenführung, selbst wenn sie sich auf nur einen Teil bezieht, unzulässig.

Für die Referendare im Bezirk des Kammergerichts und die Studienreferendare und Lehreranwärter ist die Dienstbehörde identisch mit der »**Stammbehörde**« *(vgl. oben § 5 Rn. 52).*

Hauptverwaltung

Zur Hauptverwaltung gehören alle **Senatsverwaltungen.** Hier wird nochmals ausdrücklich hervorgehoben, daß Dienstbehörde die Behörde oder Stelle ist, die für personalrechtliche Entscheidungen zuständig ist, die also die Personalakten führt. Das schließt die Befugnis zu selbständigen Einstellungen und Entlassungen ein. Für die Dienstkräfte bestimmter Teile der Hauptverwaltung können Dienstbehörde und oberste Dienstbehörde identisch sein. Für die Dienstkräfte einer Senatsverwaltung ist die Senatsverwaltung sowohl Dienstbehörde als auch oberste Dienstbehörde.

Abgeordnetenhaus, Rechnungshof und Datenschutzbeauftragter

Die personalrechtlichen Entscheidungen hinsichtlich der Dienstkräfte des Abgeordnetenhauses und des Rechnungshofes fallen in die Zuständigkeit der jeweiligen Präsidenten. Diese sind **zugleich oberste Dienstbehörde**, § 8 Nrn. 2 und 3. Das gleiche gilt für den Berliner Datenschutzbeauftragten. Er ist als oberste Landesbehörde eingerichtet, § 19 Abs. 2 des Gesetzes über den Datenschutz in der Berliner Verwaltung *(i. d. F. vom 17. 12. 1990 – GVBl. 1991, 16, 54 – BlnDSG mit späteren Änderungen).* Der Datenschutzbeauftragte selbst untersteht zwar der Dienstaufsicht des Präsidenten des Abgeordnetenhauses, § 22 Abs. 2 Satz 2 BlnDSG, dies gilt jedoch nicht für die bei dem Datenschutzbeauf-

§ 7

tragten als Behörde beschäftigten Dienstkräfte. Auch der Datenschutzbeauftragte ist als Behörde oberste Dienstbehörde, §§ 8 Nr. 3a, 22 Abs. 2 Satz 1 BlnDSG. Mit dieser personalvertretungsrechtlichen Einordnung der Präsidenten des Abgeordnetenhauses, des Rechnungshofes und des Datenschutzbeauftragten wird deren besondere Stellung innerhalb der Berliner Verwaltung und ihrer Unabhängigkeit Rechnung getragen.

Bezirksverwaltung

10 Für die Dienstkräfte der gesamten Bezirksverwaltung ist das **Bezirksamt** Dienstbehörde. Oberste Dienstbehörde für diesen Personenkreis ist die Senatsverwaltung für Inneres, § 8 Nr. 4; für Dienstkräfte des Volkshochschuldienstes die für das Schulwesen zuständige Senatsverwaltung, § 8 Nr. 4.

Krankenhausbetriebe

11 Krankenhausbetriebe sind die **Krankenhäuser des Landes Berlin,** die als nicht rechtsfähige Anstalten der Bezirksverwaltungen mit kaufmännischer Buchführung selbständig und mit eigenen Organen nach den Bestimmungen des Landeskrankenhausgesetzes geführt werden.

12 Die **Aufsicht** über den Krankenhausbetrieb **führt das Bezirksamt,** § 29 Abs. 5 LKG. Unberührt bleiben dabei die Möglichkeiten der Bezirksaufsicht des Senates und der Fachaufsicht des für das Gesundheitswesen zuständigen Mitglieds des Senats. Oberste Dienstbehörde ist ebenso wie bei den Bezirksverwaltungen die Senatsverwaltung für Inneres.

13 Dienstbehörde i.S. des § 7 Nr. 4 ist für die Krankenhausbetriebe die **Krankenhausleitung.** Die Krankenhausleitung setzt sich zusammen aus dem ärztlichen Leiter, dem Verwaltungsleiter und dem Krankenpflegeleiter, § 38 Abs. 1 LKG. Die Mitglieder der Krankenhausleitung und ihre Stellvertreter werden auf die Dauer von fünf Jahren bestellt, § 38 Abs. 2 LKG. Die Bestellung erfolgt durch die Krankenhauskonferenz, § 39 Abs. 1 Nr. 1 LKG. Sowohl die Krankenhauskonferenz als auch die Krankenhausleitung sind Organe des Krankenhausbetriebes.

14 Der Krankenhausleitung obliegt u.a. gem. § 42 Abs. 2 Nr. 14 LKG die Wahrnehmung der Zusammenarbeit mit der Personalvertretung. Zu beachten ist in diesem Zusammenhang, daß nach § 44 Abs. 3 LKG der Verwaltungsleiter das Land Berlin in den Angelegenheiten des Krankenhausbetriebes vertritt. Ferner obliegt ihm nach § 44 Abs. 1 LKG u.a. die Leitung des Verwaltungsbereiches des Krankenhauses, zu dem auch der Bereich des Personalvertretungsrechtes gehört. Nach § 44 Abs. 1 Nr. 1 LKG ist der Verwaltungsleiter insbesondere zuständig für Entscheidungen über Einstellung, Versetzung, Entlassung und die sonstigen Personalangelegenheiten der einzelnen Dienstkräfte, soweit nicht die Zuständigkeit der Krankenhauskonferenz gegeben ist.

15 Die **Zuständigkeit** der **Krankenhauskonferenz** richtet sich nach § 39 LKG. Nach § 39 Abs. 1 Nr. 1 LKG obliegt der Krankenhauskonferenz die Bestellung und Abberufung der Mitglieder der Krankenhausleitung und ihrer Stellvertreter sowie anderer leitender Dienstkräfte. Neben anderen, für das Personalvertretungsrecht bedeutsamen Aufgaben, die in § 39 Abs. 1 Nrn. 1–5 LKG festgelegt worden sind, ist zu beachten, daß die Krankenhausleitung bei Abschluß von Dienstvereinbarungen nach dem Personalvertretungsgesetz der vorherigen Zustimmung der Krankenhauskonferenz bedarf, § 39 Abs. 2 Nr. 6 LKG.

Fehlt diese Zustimmung, ist die entsprechende Dienstvereinbarung unwirksam. Auch eine nachträgliche Genehmigung ist hier nicht ausreichend, das Gesetz sieht ausdrücklich nur die vorherige Zustimmung vor. Allerdings kann nach Vorliegen einer Genehmigung die entsprechende Dienstvereinbarung nochmals zwischen Krankenhausleitung und Personalvertretung abgeschlossen werden.

Einzelpersonalangelegenheiten in Krankenhausbetrieben

Nach § 7 Nr. 4 ist die **Krankenhausleitung nicht zuständig für einzelpersonale Angelegenheiten,** für die der Krankenhausbetrieb zuständig ist. Nach § 31 Abs. 1 LKG ist der Krankenhausbetrieb für die Einstellung, Versetzung, Entlassung und die sonstigen Personalangelegenheiten der einzelnen Dienstkräfte zuständig, soweit nicht bei den Beamten die Dienstbehörde zuständig ist. Für Beamte ist hierbei die Übergangsregelung in § 51 Abs. 2 LKG zu beachten. Die Zuständigkeit für die Entscheidungen in derartigen Personalangelegenheiten obliegt nach § 44 Abs. 1 Nr. 1 LKG dem Verwaltungsleiter. Er nimmt nach § 42 Abs. 3 i. V. m. § 44 Abs. 1 Nr. 1 LKG diese Aufgaben für die Krankenhausleitung wahr. Er ist damit auch für diesen Bereich Dienstbehörde i. S. des § 7 Nr. 4. Dies folgt daraus, daß § 7 Nr. 4 auf die Zuständigkeit des Krankenhausbetriebes als solchem verweist, das LKG aber seinerseits diese Zuständigkeit wiederum dem Verwaltungsleiter zugewiesen hat.

16

Körperschaften, Anstalten und Stiftungen des öffentlichen Rechts

Bei den Körperschaften, Anstalten und Stiftungen des öffentlichen Rechts ist dasjenige Organ Dienstbehörde, das durch Gesetz oder Satzung bzw. in sonstiger Weise generell hierzu berufen ist. Wie sich aus dem Wortlaut der Vorschrift ergibt, ist die Genehmigung der Aufsichtsbehörde nur für den Fall erforderlich, in dem das Organ auf »sonstige Weise« berufen worden ist, nicht jedoch, wenn dies durch Satzung oder Gesetz geschieht. Das Organ ist gleichzeitig oberste Dienstbehörde, § 8 Nr. 5. Bei den Betrieben (§ 1 BerlBG) ist Dienstbehörde der Vorstand (§§ 6–8 BerlBG).

17

Die Körperschaften, Anstalten und Stiftungen des öffentlichen Rechts sind nicht für diejenigen Dienstkräfte Dienstbehörde, die im Dienste des Landes Berlin stehen. Für diese Personen ist Dienstbehörde diejenige Stelle, die für sie die Personalentscheidungen zu treffen hat.

18

§ 8 Oberste Dienstbehörden

Oberste Dienstbehörde im Sinne dieses Gesetzes ist für die Dienstkräfte
1. der Hauptverwaltung:
   das Mitglied des Senats, zu dessen Geschäftsbereich die Dienstbehörde gehört,
2. beim Abgeordnetenhaus:
   der Präsident des Abgeordnetenhauses,
3. des Rechnungshofs:
   der Präsident des Rechnungshofs,
3. a) beim Datenschutzbeauftragten:
   der Berliner Datenschutzbeauftragte,

§ 8

4. der Bezirksverwaltungen:
die Senatsverwaltung für Inneres; für Dienstkräfte des Volkshochschuldienstes, die für das Schulwesen zuständige Senatsverwaltung,
5. der Körperschaften, Anstalten und Stiftungen des öffentlichen Rechts:
das durch Gesetz, Satzung oder in sonstiger Weise berufene Organ, soweit das Personal nicht im Dienste des Landes Berlin steht.

Übersicht

Rn.

Begriff der obersten Dienstbehörde 1, 2
Einzelheiten 3–5

Begriff der obersten Dienstbehörde

1 Oberste Dienstbehörde sind die **obersten Verwaltungseinheiten** des Dienstherrn. Ihnen können Dienstbehörden nachgeordnet sein. Dienstbehörde und oberste Dienstbehörde können aber auch eine einzige Verwaltungseinheit darstellen, wie z. B. die Senatsverwaltungen, die Präsidenten von Abgeordnetenhaus und Rechnungshof, der Datenschutzbeauftragte sowie die zuständigen Organe bei Körperschaften, Anstalten und Stiftungen des öffentlichen Rechts.

2 Für personalrechtliche Entscheidungen ist die oberste Dienstbehörde nur dann zuständig, wenn sie gleichzeitig Dienstbehörde ist. Im Beamtenrecht wird der Dienstherr bei Klagen aus dem Beamtenverhältnis durch die oberste Dienstbehörde vertreten, § 113 LBG, gleichzeitig ist sie höchste Beschwerdeinstanz, § 111 LBG.

Einzelheiten

3 Die Aufzählung der obersten Dienstbehörden in § 8 entspricht derjenigen in § 3 Abs. 1 LBG. Wegen des klaren Gesetzeswortlauts führt der Begriff der obersten Dienstbehörde kaum zu praktischen Schwierigkeiten. Es sollen daher hier nur Zweifelsfragen erörtert werden.

4 Bei den **Körperschaften, Anstalten und Stiftungen** des öffentlichen Rechts fällt auf, daß hier im Gegensatz zu § 7 Nr. 5 bei der Bestimmung der obersten Dienstbehörde nicht gefordert wird, daß das in sonstiger Weise berufene Organ nicht mit Genehmigung der Aufsichtsbehörde geschaffen sein muß. Da jedoch Aufsichtsbehörde und oberste Dienstbehörde nicht identisch sind, wird man auch hier eine solche Genehmigung für erforderlich halten müssen. Es wäre wenig verständlich, bei der Dienstbehördeneigenschaft die Genehmigung zu fordern und bei der Berufung zur obersten Dienstbehörde hierauf zu verzichten, zumal beides häufig in einem Akt erfolgen wird.

5 **Verhandlungspartner der obersten Dienstbehörde** in Mitbestimmungsangelegenheiten ist in der Regel der Hauptpersonalrat, § 80 Abs. 2 Satz 3 und Abs. 3. Betrifft allerdings eine personalvertretungsrechtliche Angelegenheit die oberste Dienstbehörde als Dienststelle, dann ist der dort bestehende Personalrat zu beteiligen und nicht der Hauptpersonalrat. In diesem Falle wird die oberste Dienstbehörde als Dienststelle betroffen. Außerdem hat sie über Anträge nach § 6 Abs. 1 und 2 zu entscheiden, § 6 Abs. 3 *(vgl. dazu dort Rn. 37 ff.)*.

§ 9 Vertretung

(1) Für die Dienststelle handelt ihr Leiter. Er kann sich vertreten lassen; dem Vertreter muss die gleiche Entscheidungsbefugnis zustehen. Der Leiter des Landesschulamtes beauftragt einen der für die jeweilige Region zuständigen Schulaufsichtsbeamten mit der Leitung der jeweiligen Dienststelle nach Nummer 10 Buchstabe a der Anlage zu § 5 Abs. 1.

(2) Als Leiter der Dienststelle gilt
1. im Bereich der Bezirksverwaltungen: der Leiter der Abteilung Personal und Verwaltung, für die Krankenhausbetriebe die Krankenhausleitung,
2. für die Dienstkräfte beim Landesschulamt (Nummer 10 Buchstabe a bis d der Anlage zu § 5 Abs. 1): der Leiter des Landesschulamts; soweit das Landesschulamt nicht Dienstbehörde ist, das für das Schulwesen zuständige Mitglied des Senats,
3. für die Gesamtheit der Staatsanwälte und Amtsanwälte (§ 5 Abs. 2 Nr. 3): der Generalstaatsanwalt bei dem Kammergericht,
4. für die Gesamtheit der Referendare im Bezirk des Kammergerichts (§ 5 Abs. 2 Nr. 4): der Präsident des Kammergerichts,
5. für die Gesamtheit der Tutoren und der studentischen Hilfskräfte (§ 5 Abs. 2 Nr. 5): der Präsident, Rektor oder Direktor der Hochschule,
6. für die nach § 6 Abs. 2 gebildeten Dienststellen:
   a) im Bereich der Hauptverwaltung: der Leiter der Dienstbehörde; soweit mehrere Dienstbehörden betroffen sind, der Leiter der gemeinsamen obersten Dienstbehörde,
   b) im Bereich der Bezirksverwaltungen: der Leiter der Abteilung Personal und Verwaltung,
7. bei den Körperschaften, Anstalten und Stiftungen des öffentlichen Rechts: das zuständige Vertretungsorgan, bei Kollegialorganen deren zuständige Mitglieder, für die Kranken-, Heil- und Pflegeanstalten ihre Direktion.

(3) Wer für die Dienstbehörde und die oberste Dienstbehörde handelt, richtet sich nach der Geschäftsverteilung dieser Behörden.

Übersicht

	Rn.
Begriff	1– 4
Vertretung	5
Handlungsbefugnis	6– 9
Personalvertretungsrechtliche Stellung	10–12
Einzelne Dienststellenleiter (Abs. 2)	13, 14
Bezirksverwaltungen (Nr. 1)	15, 16
Besondere Personengruppen (Nrn. 2–5)	17
Zusammenlegung von Dienststellen (Nr. 6)	18–21
Körperschaften, Anstalten und Stiftungen des öffentlichen Rechts (Nr. 7)	22, 23
Handlungsbefugnis bei Dienstbehörden und obersten Dienstbehörden (Abs. 3)	24–29
Streitigkeiten	30

§ 9

Begriff

1 Der Begriff der Dienststelle ist in § 5 geregelt. § 9 knüpft an diese Bestimmung an. Er legt **nur die Vertretung der Dienststelle** hinsichtlich der Wahrnehmung der Befugnisse aus diesem Gesetz fest, ohne die sonstigen, außerhalb des Personalvertretungsrechts liegenden Vertretungsverhältnisse zu beeinflussen. Es wird also lediglich der Verhandlungspartner des Personalrates bestimmt.

2 Die **Stellung des Dienststellenleiters** entspricht nicht der des Arbeitgebers im Betriebsverfassungsrecht. Der Arbeitgeber leitet seine Befugnisse aus eigenem Recht her, wohingegen der Dienststellenleiter nur Repräsentant des Dienstherrn bzw. des öffentlichen Arbeitgebers ist, also seine Befugnisse aus fremdem Recht herleitet *(BVerwG vom 22. 6. 1962, E 14, 287; vom 23. 2. 1989, PersV 1989, 529, 530; vom 6. 4. 1989, PersV 1989, 531).*

3 Leiter der Dienststelle kann **nur eine natürliche Person** oder eine Gesamtheit natürlicher Personen sein, z. B. Vorstand, Geschäftsführung etc. Bei selbständigen juristischen Personen des öffentlichen Rechts ist grundsätzlich der – u. U. mehrköpfige – Vorstand Leiter der Dienststelle *(BVerwG vom 8. 10. 1980, PersV 1981, 503; Lorenzen u.a., BPersVG, § 7 Rn. 3, 5).* Allerdings kann das Gesetz vorsehen, daß nur ein Mitglied im Bereich des Personalvertretungsrechts zuständig sein soll. Ausgeschlossen ist, daß eine juristische Person oder eine andere Dienststelle diese Funktion ausübt. Leiter einer Dienststelle können sowohl Beamte als auch Angestellte sein. Ein Arbeiter wird in der Regel nicht diese Funktion ausüben können, da das der arbeitsrechtlichen Definition des Arbeiterbegriffs, wonach dieser überwiegend mechanische Arbeiten und keine Verwaltungsarbeiten zu leisten hat, widersprechen würde.

4 Wer Leiter der Dienststelle ist, bestimmt sich aus der **Organisation der Verwaltung** und dem Behördenaufbau. Verwaltungsinterne Anordnungen, Verwaltungsvorschriften, Verordnungen oder Gesetze können hierzu im einzelnen Regelungen enthalten. Der Leiter der Dienststelle muß nicht Dienstkraft i. S. des § 3 Abs. 1 sein, bei den Gerichten sind in der Regel Richter Leiter der Dienststelle *(z. B. die Präsidenten der jeweiligen Gerichte).*

Vertretung

5 Die Vertretung des Leiters der Dienststelle ist in § 9 Abs. 1 anders geregelt als in § 7 BPersVG. Während dort in der Regel nur der nach der Behördenorganisation bestimmte ständige Vertreter wirksam für den Leiter der Dienststelle handeln kann, besteht im PersVG Bln eine solche Beschränkung nicht. Der Leiter der Dienststelle kann selbst entscheiden, von welcher Person er sich vertreten lassen will. Die Vertretung kann allgemein geregelt sein, sie kann aber auch für einen bestimmten Bereich *(z. B. Personalangelegenheiten, soziale Angelegenheiten, Angelegenheiten des Arbeitsschutzes)* oder für einen bestimmten Einzelfall erfolgen *(OVG Berlin vom 12. 5. 1998, PersR 1999, 29).* Die Vertretungsbefugnis muß dem Personalrat mitgeteilt werden. Die Einhaltung einer bestimmten Form ist im PersVG Bln nicht vorgeschrieben, allerdings wird die Mitteilung am besten schriftlich erfolgen, um spätere Unklarheiten zu vermeiden.

Handlungsbefugnis

Nur der Dienststellenleiter oder sein Vertreter ist befugt, im Rahmen des Personalvertretungsrechts rechtswirksame Willenserklärungen gegenüber dem Personalrat abzugeben; dazu gehört auch die Unterrichtung über beabsichtigte Maßnahmen, der Antrag auf Zustimmung in Mitbestimmungsangelegenheiten. Das schließt nicht aus, daß **Vorbesprechungen und vorbereitende Verhandlungen** zwischen Personalrat und anderen Dienstkräften geführt werden *(Grabendorff u. a., BPersVG, § 7 Rn. 12; Lorenzen u. a., BPersVG, § 7 Rn. 14; BAG vom 10. 3. 1985, PersV 1985, 25; vom 31. 3. 1983, PersV 1985, 27)*. Auch sind im Innenverhältnis Weisungen durch übergeordnete Stellen zulässig, handelt allerdings der Leiter der Dienststelle entgegen diesen Weisungen, sind seine Handlungen gleichwohl wirksam. Ob der Dienststellenleiter über das Personalvertretungsrecht hinaus Vertretungsbefugnisse hat, ist für seine Stellung nach dem PersVG Bln gleichgültig.

6

Mißverständlich sind die Formulierungen des Gesetzes, nach denen die Dienststelle Handlungen vornehmen soll *(vgl. z. B. § 77 Abs. 2, § 79 Abs. 2 Satz 1, Abs. 3, § 70 Abs. 2 usw.)*, da die Dienststelle nur durch ihren Leiter oder seinen Vertreter handeln kann.

7

Verhandlungen mit der Personalvertretung müssen zumindest in ihrem entscheidenden Stadium von dem Dienststellenleiter oder seinem Vertreter geführt werden. Das gleiche gilt entsprechend bei den Dienstbehörden und obersten Dienstbehörden. Wirkt in personalvertretungsrechtlichen Angelegenheiten eine hierzu nach dem PersVG Bln nicht berechtigte Person mit, dann führt das zur Unwirksamkeit der getroffenen Maßnahmen *(BVerwG vom 26. 8. 1987, E 78, 72, 76f.; vom 6. 4. 1989, PersV 1989, 531, 532; BAG vom 6. 3. 1985, PersV 1987, 514)*. Voraussetzung ist allerdings, daß der Personalrat eine entsprechende Rüge im Mitbestimmungsverfahren erhebt *(BAG vom 26. 10. 1995, PersR 1996, 129)*.

8

In den **Beschlußverfahren** in personalvertretungsrechtlichen Angelegenheiten, auf die die Regelungen des arbeitsgerichtlichen Beschlußverfahrens entsprechend anzuwenden sind, § 91 Abs. 2, ist der Leiter der Dienststelle als Beteiligter zu laden und zu hören *(BVerwG vom 14. 8. 1959, E 9, 107, 108)*, nicht jedoch der Dienstherr selbst. Betrifft das Beschlußverfahren Angelegenheiten der Dienstbehörde oder obersten Dienstbehörde, sind deren Handlungsbefugte Beteiligte des Beschlußverfahrens.

9

Personalvertretungsrechtliche Stellung

Der Leiter der Dienststelle und sein Vertreter sind **Dienstkräfte** i. S. des § 3, soweit sie dessen Voraussetzungen erfüllen. Sie haben das aktive Wahlrecht, sofern sie die Voraussetzungen des § 12 erfüllen. Nach § 13 Abs. 3 Nr. 2 fehlt den in § 9 genannten Personen und ihren ständigen Vertretern jedoch das passive Wahlrecht. Nicht wählbar sind daher die Leiter der Dienststelle, diejenigen Dienstkräfte, die den Leiter in personalvertretungsrechtlicher Hinsicht vertreten, sowie deren ständige Vertreter. Der Kreis der Nichtwählbaren ist damit größer als der der in § 9 unmittelbar genannten Personen, da auch diejenigen Dienstkräfte erfaßt werden, die ständiger Vertreter eines Vertreters nach § 9 Abs. 1 sind. Wer ständiger Vertreter ist, bestimmt sich nach der Behördenorganisation *(Geschäftsverteilung, Geschäftsordnung, Satzung)*.

10

§ 9

11 Wird ein **Mitglied des Personalrates zum Leiter einer Dienststelle** oder einem Vertreter nach § 9 Abs. 1 oder zu einem ständigen Vertreter einer dieser Personen ernannt, so erlischt die Mitgliedschaft im Personalrat, da es die Wählbarkeit verloren hat, § 26 Abs. 1 Nr. 5. Entsprechendes gilt für Dienstbehörde und oberste Dienstbehörde.

12 Allerdings wird diese Folge nur dann eintreten können, wenn die Ernennung auf Dauer erfolgt, da ein **echter Funktionswandel** eintreten muß. Wird ein Personalratsmitglied nur vorübergehend oder für einen Einzelfall mit der personalvertretungsrechtlichen Vertretung des Leiters der Dienststelle betraut, dann tritt kein echter Funktionswandel ein, es wird nicht direkt oder indirekt auf Dauer Repräsentant des Dienstherrn. In diesem Falle ist es für die Dauer der Vertretungsbefugnis als Personalratsmitglied verhindert, an seine Stelle im Personalrat tritt das Ersatzmitglied. Die Verhinderung muß durch den Personalrat festgestellt werden, § 28.

Einzelne Dienststellenleiter (Abs. 2)

13 Abs. 2 legt im einzelnen fest, wer als Leiter einer Dienststelle gilt. Er betrifft vornehmlich die Fälle, in denen keine echten Dienststellen bestehen oder wo es keinen Leiter einer Dienststelle in dem oben erörterten Sinne gibt. Das folgt aus dem Wort »gilt«. Soweit ein Dienststellenleiter nach Abs. 1 vorhanden ist, kann Abs. 2 keine Anwendung finden. Abs. 2 tritt dann hinter Abs. 1 zurück. Bedeutsam wird das bei Verselbständigungen von Dienststellen, § 6 Abs. 1, da in diesen Fällen der verselbständigte Dienststellenteil einen eigenen Dienststellenleiter erhalten muß *(vgl. dazu § 6 Rn. 24).* Zum Problem der Zusammenlegung von Dienststellen nach § 6 Abs. 2 vgl. unten Rn. 18 ff.

14 Die Regelung in den Nummern 1 bis 5 entspricht weitgehend den Bestimmungen in § 5 Abs. 2 Nrn. 1 bis 5. Eine verwaltungsinterne Änderung ist, mit Ausnahme der Fälle des § 6, ausgeschlossen. Sie kann nur durch Gesetz erfolgen.

Bezirksverwaltungen (Nr. 1)

15 Im Bereich der Bezirksverwaltungen ist der Leiter der Dienststelle der **Leiter der Abteilung Personal und Verwaltung,** soweit nicht besondere Dienststellen bestehen. Für die in den Bezirken zu bildenden Krankenhausbetriebe, die ebenfalls eigene Dienststellen sind, ist Dienststellenleiter die Krankenhausleitung. Sie besteht aus dem ärztlichen Leiter, dem Verwaltungsleiter und dem Krankenpflegeleiter *(vgl. dazu oben § 7 Rn. 11 ff., 16).*

16 Zum Problem der Zusammenlegung von Dienststellen und der Konkurrenz zwischen § 9 Abs. 2 Nr. 1 und Nr. 7 vgl. unten Rn. 18 ff., 21.

Besondere Personengruppen (Nrn. 2–5)

17 Die Bestimmung der Dienststellenleiter in den Nummern 2 bis 5 beruht ebenfalls darauf, daß diese Personengruppen jeweils eine eigene Dienststelle bilden.

Zusammenlegung von Dienststellen (Nr. 6)

In Nummer 6 wird geregelt, wer bei Zusammenlegung von Dienststellen Leiter der nun neu gebildeten Dienststelle ist. Aus der Tatsache, daß diese Regelung ausdrücklich aufgenommen wurde, wird deutlich, daß durch die personalvertretungsrechtliche Zusammenlegung von Dienststellen keinerlei Änderungen in der außerhalb des Personalvertretungsrechts liegenden Verwaltungsorganisation und der Leitungs- bzw. Vertretungsbefugnisse unmittelbar eintreten. Hatten die bisher getrennten Dienststellen jeweils eigene Dienststellenleiter, dann behalten diese ihre verwaltungsmäßigen Befugnisse. Lediglich im Bereich des Personalvertretungsrechts verlieren sie mit dem Tag des Zusammenschlusses die Funktion des Dienststellenleiters. Da dessen Funktion jedoch von der Verwaltungsorganisation abhängt, würde es nunmehr u. U. keinen Dienststellenleiter geben. Es war daher erforderlich, insoweit eine besondere Regelung zu treffen. 18

Im Bereich der **Hauptverwaltung** *(der Senatsverwaltungen)* wird Dienststellenleiter der Leiter der jeweils zuständigen Dienstbehörde (§ 7). Werden mehrere verschiedene Dienstbehörden betroffen, ist es der Leiter der obersten Dienstbehörde (§ 8). Wer das ist, ergibt sich aus der fortbestehenden Verwaltungsorganisation und Geschäftsverteilung. Für ihren unmittelbaren Bereich sind diese Personen ebenfalls Leiter der Dienststelle. 19

Im Bereich der **Bezirksverwaltungen** ist es der Leiter der Abteilung Personal und Verwaltung. 20

Für die durch Zusammenlegung von Krankenanstalten entstandene Dienststelle, die eine einheitliche Krankenhausleitung hat, gilt wieder Nr. 1. Nr. 7 kann nur dann Anwendung finden, wenn keine organisatorischen Konsequenzen aus der Zusammenlegung gezogen werden. 21

Körperschaften, Anstalten und Stiftungen des öffentlichen Rechts (Nr. 7)

Bei den Körperschaften, Anstalten und Stiftungen des öffentlichen Rechts ergibt sich grundsätzlich aus den den Organisationen **zugrundeliegenden Vorschriften** und aus der Satzung, wer Dienststellenleiter ist *(vgl. Lorenzen u. a., BPersVG, § 7 Rn. 5 m. w. N.).* 22

Bei **Kollegialorganen** ist auch hier vorgesehen, daß die zuständigen Mitglieder Leiter der Dienststelle sind. Dies ist aus den organisatorischen Vorschriften zu entnehmen. Bestehen solche nicht, werden es die für die sozialen und personellen Angelegenheiten zuständigen Mitglieder sein, da das Gesetz eine möglichst klar begrenzte Regelung treffen will. Bei Kranken-, Heil- und Pflegeanstalten gilt als Leiter die Direktion. 23

Handlungsbefugnis bei Dienstbehörden und obersten Dienstbehörden (Abs. 3)

Den Dienstbehörden und obersten Dienstbehörden sind insbesondere im Bereich der Mitbestimmungsangelegenheiten besondere Entscheidungsbefugnisse gegeben, z. B. § 80 Abs. 1. Ebenso wie bei den Dienststellen können für diese Behörden auch **nur natürliche Personen** oder Personengesamtheiten handeln. Wann diesen Handlungs- und damit die Vertretungsbefugnis im Bereich des Personalvertretungsrechts zukommt, ergibt sich nach § 9 Abs. 3 24

§§ 9, 10

25 aus der jeweiligen Geschäftsverteilung in der Behörde. Maßgeblich ist also die Behördenorganisation *(Geschäftsverteilung, Geschäftsordnung, Satzung)*.
Im Gegensatz zu § 9 Abs. 1 enthält Abs. 3 **keine** Bestimmung über die **Vertretungsregelung**. Auch diese muß sich aus der Behördenorganisation ergeben. Ist der nach dem Geschäftsverteilungsplan Zuständige verhindert, ist der geschäftsplanmäßige Vertreter handlungsbefugt. In der Regel hat er die Befugnis »in Vertretung« zu zeichnen *(vgl. BAG vom 7. 2. 1958, E 5, 203; OVG Nordrhein-Westfalen vom 20. 8. 1962, ZBR 1962, 394).*

26 Ist auch der **ständige Vertreter verhindert** und ist nach der Behördenorganisation ein zweiter ständiger Vertreter nicht bestellt, kann ein weiterer Vertreter durch das für die Geschäftsverteilung zuständige Organ bestellt werden. Meist ist das eine Änderung bzw. Ergänzung der Geschäftsverteilung innerhalb der Behördenorganisation. Eine Bekanntmachung bzw. Mitteilung an die Personalvertretung ist erforderlich.

27 Zweifelhaft ist, ob für **Einzelfälle** durch dienstliche Anordnungen Vertretungsbefugnisse geschaffen werden können. Das Gesetz enthält hierüber keine Bestimmung. Aus der Tatsache jedoch, daß ausdrücklich gefordert wird, daß sich die Handlungsbefugnisse aus der Geschäftsverteilung ergeben müssen, wird man den Schluß ziehen können, daß eine derartige Delegation der Handlungsbefugnisse im Einzelfall nicht zulässig ist. Sie ergibt sich nicht aus der Geschäftsverteilung. Nur wenn die Anordnung durch das zuständige Organ im Wege der Änderung der Geschäftsverteilung *(Geschäftsordnung, Satzung)* erfolgt, ist sie personalvertretungsrechtlich wirksam.

28 **Vorverhandlungen** und Besprechungen mit anderen, nicht handlungsbefugten Dienstkräften sind zulässig, jedoch muß die Entscheidung durch die zuständige Person erfolgen.

29 Bilden Dienstbehörde bzw. oberste Dienstbehörde zugleich eine Dienststelle, dann wird in der Regel der Leiter dieser Dienststelle auch der nach § 9 Abs. 3 Handlungsbefugte sein, die Behördenorganisation kann Abweichendes vorsehen.

Streitigkeiten

30 Streitigkeiten werden in der Regel bei der Frage der Wählbarkeit, als Vorfrage bei der Zuständigkeit und der Geschäftsführung der Personalvertretungen und der Frage der Wirksamkeit von Dienstvereinbarungen im verwaltungsgerichtlichen Beschlußverfahren gem. § 91 Abs. 1 zu entscheiden sein. Ferner können sie als Vorfrage bei der Geltendmachung von Ansprüchen aus dem Arbeitsverhältnis oder im Kündigungsschutzprozeß von den Arbeitsgerichten entschieden werden.

§ 10 Schutz nach Beendigung der Ausbildung

(1) Beabsichtigt die Dienststelle, einen in einem Berufsausbildungsverhältnis nach dem Berufsbildungsgesetz, dem Krankenpflegegesetz, dem Hebammengesetz oder einem entsprechenden Gesetz stehenden Beschäftigten (Auszubildenden), der Mitglied oder Ersatzmitglied einer Personalvertretung oder einer Jugend- und Auszubildendenvertretung ist, nach erfolgreicher Beendigung des Berufsausbildungsverhältnisses nicht in ein Arbeitsverhältnis auf unbestimmte Zeit zu übernehmen, so hat sie dies drei Monate vor Beendigung des Berufs-

ausbildungsverhältnisses dem Auszubildenden schriftlich unter Angabe der Gründe mitzuteilen.
(2) Verlangt ein in Absatz 1 genannter Auszubildender innerhalb der letzten drei Monate vor Beendigung des Berufsausbildungsverhältnisses schriftlich von der Dienststelle seine Weiterbeschäftigung, so gilt zwischen dem Auszubildenden und dem Arbeitgeber im Anschluß an das erfolgreiche Berufsausbildungsverhältnis ein Arbeitsverhältnis auf unbestimmte Zeit als begründet.
(3) Die Absätze 1 und 2 gelten auch, wenn das Berufsausbildungsverhältnis vor Ablauf eines Jahres nach Beendigung der Amtszeit der Personalvertretung oder der Jugend- und Auszubildendenvertretung erfolgreich endet.
(4) Die Dienststelle kann spätestens bis zum Ablauf von zwei Wochen nach Beendigung des Berufsausbildungsverhältnisses beim Verwaltungsgericht beantragen,
1. festzustellen, daß ein Arbeitsverhältnis nach den Absätzen 2 und 3 nicht begründet wird, oder
2. das bereits nach den Absätzen 2 oder 3 begründete Arbeitsverhältnis aufzulösen,
wenn Tatsachen vorliegen, aufgrund derer dem Arbeitgeber unter Berücksichtigung aller Umstände die Weiterbeschäftigung nicht zugemutet werden kann. In dem Verfahren vor dem Verwaltungsgericht ist die Personalvertretung, bei einem Mitglied der Jugend- und Auszubildendenvertretung auch diese beteiligt.
(5) Die Absätze 2 bis 4 sind unabhängig davon anzuwenden, ob die Dienststelle ihrer Mitteilungspflicht nach Absatz 1 nachgekommen ist.

Übersicht

	Rn.
Sinn der Vorschrift	1– 4
Personeller Geltungsbereich	5, 6
Berufsausbildung	7, 8
Geschützter Personenkreis	9–13
Ende der Berufsausbildung	14–16
Mitteilung	17, 18
Form der Mitteilung	19
Folgen der Mitteilung	20, 21
Verlangen der Weiterbeschäftigung	22–24
Begründung des Arbeitsverhältnisses	25–28
Inhalt des Arbeitsverhältnisses	29–32
Schutz während des Arbeitsverhältnisses	33, 34
Ausdehnung des Schutzes (Abs. 3)	35–37
Wegfall der Weiterbeschäftigungspflicht (Abs. 4)	38–40
Gründe	41–43
Durchsetzung	44–46
Verfahren	47–49
Verletzung der Mitteilungspflicht (Abs. 5)	50, 51

§ 10

Sinn der Vorschrift

1 § 10 entspricht weitgehend der Regelung in § 78a BetrVG und § 9 BPersVG. Die Diskussion um den Schutz in Ausbildung befindlicher Mitglieder von Betriebsverfassungsorganen, wo das Problem besonders offenkundig war, wurde mit der Regelung in § 78a BetrVG gelöst. Als Motivation für die Gesetzgebung, die gleichermaßen für das Personalvertretungsrecht gilt, kommen mehrere Gründe in Betracht:

2 Allgemein soll damit die Funktionsfähigkeit von Personalvertretungen und Jugend- und Auszubildendenvertretungen gesichert werden. Die Unabhängigkeit der Amtsführung soll geschützt und die kontinuierliche Arbeit gewährleistet werden. Schließlich soll die Bereitschaft der Auszubildenden gefördert werden, sich für Aufgaben im Bereich der Personalvertretung einzusetzen *(vgl. Begründung des Entwurfs von SPD und F.D.P., BT-Drucks. VII/1170, 1, 3; Ausschußbericht BT-Drucks. VII/1334, 1f. jeweils zu § 78a BetrVG; ferner H.P. Müller, DB 1974, 1526, 1527 m.w.N.).*

3 Das Benachteiligungsverbot ergibt sich aus der unmittelbar auch für die Länder geltenden Vorschrift des **§ 107 BPersVG**. Diese Bestimmung hat folgenden Wortlaut:

§ 107
Personen, die Aufgaben oder Befugnisse nach dem Personalvertretungsrecht wahrnehmen, dürfen darin nicht behindert und wegen ihrer Tätigkeit nicht benachteiligt oder begünstigt werden; dies gilt auch für ihre berufliche Entwicklung. § 9 gilt entsprechend.

Durch die Verweisung auf § 9 BPersVG in § 107 Satz 2 BPersVG ist auch diese Bestimmung unmittelbar geltendes Recht in den Ländern geworden. **§ 9 BPersVG** hat folgenden Wortlaut:

§ 9
*(1) Beabsichtigt der Arbeitgeber einen in einem Berufsausbildungsverhältnis nach dem Berufsausbildungsgesetz, dem Krankenpflegesetz oder dem Hebammengesetz stehenden Beschäftigten (Auszubildenden), der Mitglied einer Personalvertretung oder einer Jugend- und Auszubildendenvertretung ist, nach erfolgreicher Beendigung des Berufsausbildungsverhältnisses nicht in ein Arbeitsverhältnis auf unbestimmte Zeit zu übernehmen, so hat er dies drei Monate vor Beendigung des Berufsausbildungsverhältnisses dem Auszubildenden schriftlich mitzuteilen.
(2) Verlangt ein in Abs. 1 genannter Auszubildender innerhalb der letzten drei Monate vor Beendigung des Berufsausbildungsverhältnisses schriftlich vom Arbeitgeber seine Weiterbeschäftigung, so gilt zwischen dem Auszubildenden und dem Arbeitgeber im Anschluß an das erfolgreiche Ausbildungsverhältnis ein Arbeitsverhältnis auf unbestimmte Zeit als begründet.
(3) Die Absätze 1 und 2 gelten auch, wenn das Berufsausbildungsverhältnis vor Ablauf eines Jahres nach Beendigung der Amtszeit der Personalvertretung oder der Jugend- und Auszubildendenvertretung erfolgreich endet.
(4) Der Arbeitgeber kann spätestens bis zum Ablauf von zwei Wochen nach Beendigung des Berufsausbildungsverhältnisses beim Verwaltungsgericht beantragen,
1. festzustellen, daß ein Arbeitsverhältnis nach den Absätzen 2 oder 3 nicht begründet wird, oder
2. das bereits nach den Absätzen 2 oder 3 begründete Arbeitsverhältnis aufzulösen, wenn Tatsachen vorliegen, aufgrund derer dem Arbeitgeber unter Berücksichtigung aller Umstände die Weiterbeschäftigung nicht zugemutet werden kann. In dem*

Verfahren vor dem Verwaltungsgericht ist die Personalvertretung, bei einem Mitglied der Jugend- und Auszubildendenvertretung auch diese beteiligt.
(5) Die Absätze 2 bis 4 sind unabhängig davon anzuwenden, ob der Arbeitgeber seiner Mitteilungspflicht nach Absatz 1 nachgekommen ist.

Bei dem Erlaß der Rahmenvorschrift des § 107 hat der Gesetzgeber des Bundes **4** von seiner konkurrierenden Gesetzgebungskompetenz des Art. 74 Nr. 12 GG Gebrauch gemacht. Durch die Verweisung des § 107 Satz 2 BPersVG ist auch § 9 BPersVG im Rahmen dieser konkurrierenden Gesetzgebungskompetenz des Bundes erlassen worden mit der Folge, daß diese Bestimmung **unmittelbar geltendes Recht** auch für das Land Berlin darstellt *(Altvater u. a., BK-BPersVG, § 107 Rn. 1)*. Damit hatte der Berliner Gesetzgeber im Grunde keine Kompetenz mehr, um die Bestimmung des § 10 zu erlassen, Art. 72 Abs. 1 GG. Sogar eine deklaratorische Wiedergabe materiellen Bundesrechts in einem Landesgesetz wäre nicht statthaft *(BVerfG vom 29. 1. 1974, E 36, 342, 363 f.; vom 7. 5. 1974, E 37, 191, 200)*. Dies würde auch im vorliegenden Falle gelten, da der Bundesgesetzgeber durch die Bestimmung des § 9 BPersVG die Materie abschließend geregelt hat. Neben ihr ist kein Raum für eine landesrechtliche Regelung mehr gegeben *(BAG vom 13. 3. 1986, DB 1986, 2235 f. m. w. N.; ferner von Münch, Grundgesetz, Art. 72 Rn. 6)*. Daß kein Raum für eine eigenständige Regelung mehr bestand, ergibt sich letztlich auch daraus, daß die Bestimmung des § 10 fast wörtlich mit der des § 9 BPersVG übereinstimmt. Lediglich der Begriff des Arbeitgebers ist durch den der Dienststelle ersetzt worden, hierbei handelt es sich jedoch um eine bedeutungslose Abweichung, die den erschöpfenden Charakter des § 107 Satz 2 BPersVG i. V. m. § 9 BPersVG nicht berührt *(vgl. dazu BAG a. a. O.; ferner Dietz/Richardi, BPersVG, § 9 Rn. 33)*. Praktisch hat dies aber keinerlei Auswirkungen, da die Bestimmung des § 10 derjenigen in § 9 BPersVG fast wörtlich entspricht, daß in § 10 Abs. 4 anstatt des Begriffes Arbeitergeber wie in § 9 Abs. 4 BPersVG der Begriff Dienststelle gebraucht worden ist, ist inhaltlich ohne Bedeutung.

Personeller Geltungsbereich

Erfaßt werden nur Dienstkräfte, die sich in einem Berufsausbildungsverhältnis **5** nach dem Berufsbildungsgesetz *(BBiG vom 14. 8. 1969, BGBl. I, 1112 mit späteren Änderungen)*, dem Krankenpflegegesetz *(vom 4. 6. 1985, BGBl. I, 893)*, dem Hebammengesetz *(vom 4. 6. 1985, BGBl. I, 902)* oder einer ähnlichen gesetzlichen Regelung befinden. Berufsausbildung ist dabei die Ausbildung für eine qualifizierte Tätigkeit in einem anerkannten Ausbildungsberuf. Das Krankenpflegegesetz regelt dabei die Ausbildung zur/zum Krankenschwester/Krankenpfleger, Kinderkrankenschwester/Kinderkrankenpfleger und Krankenpflegehelferin/Krankenpflegehelfer. Die Ausbildung für den Beruf Hebamme oder Entbindungspfleger wird vom Hebammengesetz erfaßt. Die Ausbildung in den öffentlich-rechtlichen Krankenanstalten wird durch die Neufassung des Wortlauts damit zweifelsfrei dem Schutzbereich des § 9 BPersVG (= § 10) unterstellt. Zu den Auszubildenden in diesem Sinne gehören nur Dienstkräfte, die in einem Arbeiter- oder Angestelltenberuf ausgebildet werden *(vgl. dazu auch BAG vom 23. 8. 1984, AP Nr. 1 zu § 9 BPersVG; Grabendorff u. a., BPersVG, § 9 Rn. 4)*.

Keine Auszubildenden in diesem Sinne sind Dienstkräfte, die im Rahmen **6** eines öffentlich-rechtlichen Dienstverhältnisses ausgebildet werden, § 2

§ 10

Abs. 2 Nr. 1 BBiG, und diejenigen, bei denen das Ausbildungsverhältnis ausdrücklich mit dem ausschließlichen Ziel einer späteren Verwendung als Beamter begründet wird, § 83 BBiG. Nicht geschützt werden daher beispielsweise die Studienreferendare, die Lehreranwärter, die Referendare im Bezirk des Kammergerichts und sonstige Beamtenanwärter. Im Regelfall fallen auch nicht unter den Schutzbereich dieser Vorschrift diejenigen Dienstkräfte, die einen Ersatzvorbereitungsdienst in einem zivilrechtlichen Anstellungsverhältnis durchlaufen *(vgl. dazu BAG vom 23. 8. 1984, AP Nr. 1 zu § 9 BPersVG)*. Meist handelt es sich hier nicht um ein Berufsausbildungsverhältnis i.S. des BBiG. Wesentliches Entscheidungskriterium für die Frage, ob in diesen Fällen der Schutz eingreift, ist jedoch die einzelvertragliche Ausgestaltung dieses Ausbildungsverhältnisses. Ergibt sich aus der einzelvertraglichen Ausgestaltung, daß ein Berufsausbildungsverhältnis i.s. des BBiG vereinbart werden sollte, kann auch der besondere Schutz des § 10 gelten. Keine Auszubildenden sind ferner Anlernlinge, Volontäre u.ä. Dienstkräfte. Für sie gilt lediglich das allgemeine Benachteiligungsverbot des § 107 Satz 1 BPersVG.

Berufsausbildung

7   Der **Begriff** der Berufsausbildung ist in § 1 Abs. 2 BBiG abschließend geregelt. Die Berufsausbildung wird dadurch gekennzeichnet, daß eine weit angelegte Grundbildung und eine damit verbundene, jedoch mehr spezialisierte Fachbildung vermittelt wird. Das erfolgt in einem vorgeschriebenen Ausbildungsgang, der praktische und theoretische Ausbildung umfaßt. Das Berufsausbildungsverhältnis entspricht weitgehend dem früheren Lehrverhältnis.

8   Zu trennen sind hiervon die berufliche **Fortbildung**, § 1 Abs. 3 BBiG, und die berufliche Umschulung, § 1 Abs. 4 BBiG *(vgl. zu den Einzelheiten die Regelungen in §§ 46ff. BBiG)*. Dienstkräfte, die sich in einem Fortbildungs- oder Umschulungsverhältnis befinden, genießen nicht den Schutz des § 10.

Geschützter Personenkreis

9   Den Schutz genießen nur **Auszubildende, die Mitglied** einer Personalvertretung, also eines Personalrates, Gesamtpersonalrates oder Hauptpersonalrates bzw. einer Jugend- und Auszubildendenvertretung oder einer entsprechenden Stufenvertretung sind.

10 Das Gesetz fordert in § 10 zwingend die **Mitgliedschaft** in einem dieser Organe. **Ersatzmitglieder**, § 28 und §§ 63 Abs. 2, 52, 57 i.V.m. § 28, werden im Grundsatz nicht geschützt. Etwas anderes gilt allerdings dann, wenn ein nur vorübergehend nachgerücktes Ersatzmitglied innerhalb eines Jahres nach dem Vertretungsfall erfolgreich das Berufsausbildungsverhältnis abgeschlossen hat und diese Dienstkraft innerhalb von drei Monaten nach der Beendigung des Ausbildungsverhältnisses ihre Weiterbeschäftigung verlangt *(BAG vom 13. 3. 1986, DB 1986, 2235; vgl. auch BAG vom 15. 1. 1980, AP Nr. 8 zu § 78a BetrVG 1972; vgl. ferner auch Reinecke, DB 1981, 889 und Grabendorff u.a., BPersVG, § 9 Rn. 6)*. Der Sinn der Bestimmung liegt darin, eine mögliche Benachteiligung des in der Ausbildung befindlichen Vertreters zu verhindern. Die Kontinuität im Amte soll sichergestellt werden, er soll einen weitgehenden Schutz vor einer Beendigung seines Amtes während seiner Amtszeit bzw. innerhalb eines Jahres nach Beendigung der Amtszeit erhalten. Dieser Schutz-

gedanke gilt sowohl für die ständigen Amtsinhaber als auch für die zeitweilig nachgerückten Ersatzmitglieder. Wie das ordentliche Mitglied einer Jugend- und Auszubildendenvertretung kann nämlich auch das nachgerückte Ersatzmitglied in Situationen kommen, in denen es sich gegen den Dienststellenleiter bzw. Arbeitgeber stellen muß und deshalb die Befürchtung haben könnte, am Ende der Ausbildung nicht übernommen zu werden *(BAG vom 13. 3. 1986, DB 1986, 2235)*. Insofern ist die Lage des zeitweilig nachgerückten Ersatzmitgliedes mit der des ordentlichen Mitgliedes vergleichbar. Es bedarf in gleicher Weise wie das ordentliche Mitglied des Schutzes des Gesetzes *(a. A. BVerwG vom 25. 6. 1986, PersV 1986, 514; vom 28. 2. 1990, PersV 1990, 312)*. Eine Ausnahme gilt nur dann, wenn der Einsatz der Ersatzmitglieder zum Zwecke der Erlangung des Weiterbeschäftigungsanspruches erfolgt *(BVerwG vom 28. 2. 1990, PersV 1990, 312; vom 9. 10. 1996, PersV 1998, 413)*.

Zweifelhaft ist, ob der besondere Schutz auch für Auszubildende gilt, die aus einem Vertretungsorgan **vorzeitig ausgeschieden** sind. Nach dem Wortlaut von § 10 Abs. 3 könnte die Auffassung vertreten werden, daß entscheidend die Beendigung der Amtszeit der Personalvertretung oder Jugend- und Auszubildendenvertretung als kollektivem Organ maßgeblich ist. Damit könnte die Regelung des § 10 Abs. 3 zunächst nur für diejenigen Mitglieder des jeweiligen Organs gelten, die diesem bis zum Ende der Amtszeit des gesamten Organs angehört haben. Allerdings ist zu beachten, daß der begriffliche Unterschied zwischen der Amtszeit des Organs und der persönlichen Mitgliedschaft in einem solchen Organ nicht durchgängig durchgehalten wird. Auch würde diese am Wortlaut hängende Auslegung dem Sinn und Zweck der Vorschrift nicht entsprechen. Das gesetzgeberische Ziel der Bestimmung ist es gerade, in der Berufsausbildung befindliche Mitglieder von personalvertretungsrechtlichen Organen besonders zu schützen und ihnen eine vergleichbare berufliche Sicherung im Betrieb zu schaffen, wie sie für Personalratsmitglieder, die in einem Arbeits- oder Beamtenverhältnis auf unbestimmte Dauer stehen, gegeben ist. Die Entscheidung des einzelnen Organmitgliedes, diesem Organ noch weiter angehören zu können, kann nicht dadurch beeinflußt werden, daß es letztlich bei vorzeitigem Ausscheiden den Schutz des § 10 verlieren würde *(vgl. zu dem Ganzen BAG vom 21. 8. 1979, AP Nr. 6 zu § 78a BetrVG 1972; vom 13. 3. 1986, DB 1986, 2235)*. Ebenso wie das vorzeitig ausgeschiedene Personalratsmitglied den Schutz des § 15 Abs. 2 KSchG nachwirkend in Anspruch nehmen kann, kann daher auch ein vorzeitig ausgeschiedenes Mitglied den besonderen Schutz des § 9 BPersVG (= § 10) in Anspruch nehmen *(BAG vom 13. 3. 1986, DB 1986, 2235)*.

Nicht geschützt werden die Wahlbewerber, § 16 Abs. 4, und die Mitglieder des Wahlvorstandes *(§§ 17 f.)*. § 20, der das Verbot der Wahlbehinderung und -beeinflussung enthält, verweist nur auf die entsprechende Anwendbarkeit des § 44, der den Schutz der Mitglieder des Personalrates regelt.

Eine **ausdehnende Auslegung** des § 10 scheidet aus, zumal auch aus der Zweckrichtung der Vorschrift deutlich wird, daß sie nur die Vertretungsorgane und deren Mitglieder schützen will, da sich diese im Interesse des Amtes exponieren, sich in besonderem Maße möglichen Angriffen aussetzen und insoweit ein Sonderopfer im Interesse der Allgemeinheit erbringen. Das ist bei Wahlbewerbern oder Mitgliedern des Wahlvorstandes nicht in dem Maße der Fall. Sie können nur den Schutz des § 20 i. V. m. § 44 in Anspruch nehmen.

§ 10

Ende der Berufsausbildung

14 Der Schutz des § 10 bezieht sich nur auf die Zeit nach erfolgreicher Beendigung des Berufsausbildungsverhältnisses. **Während der Dauer** der Ausbildung ist ein besonderer Schutz nicht nötig, da das Berufsausbildungsverhältnis nach Ablauf der Probezeit *(§ 13 BBiG)* von dem Dienstherrn bzw. öffentlichen Arbeitgeber nur aus wichtigem Grunde gekündigt werden kann, § 15 Abs. 2 Nr. 1 BBiG. Zum wichtigen Grund vgl. § 626 Abs. 1 BGB.

15 Das Berufsausbildungsverhältnis endet mit Ablauf der Ausbildungszeit, § 14 Abs. 1 BBiG, bzw. mit vorzeitigem Bestehen der Abschlußprüfung, § 14 Abs. 2 BBiG. Bei Nichtbestehen kann sich das Ausbildungsverhältnis auf Verlangen des Auszubildenden bis zur nächsten Prüfung, höchstens jedoch für ein weiteres Jahr, verlängern, § 14 Abs. 3 BBiG.

16 § 10 gewährt den Schutz nur bei **erfolgreicher Beendigung** des Ausbildungsverhältnisses. Besteht der Auszubildende die Prüfung endgültig, gegebenenfalls nach Verlängerung, nicht, endet das Ausbildungsverhältnis, ohne daß der Auszubildende, der Mitglied eines Personalvertretungsorganes ist, Ansprüche gegen den Dienstherrn auf Weiterbeschäftigung geltend machen könnte.

Mitteilung

17 Die Mitteilung, daß eine Übernahme in ein Arbeitsverhältnis auf unbestimmte Zeit nach erfolgreichem Abschluß des Berufsausbildungsverhältnisses nicht beabsichtigt ist, muß **drei Monate** vor der Beendigung erfolgen. Da in diesem Zeitpunkt der Erfolg der Beendigung meist noch nicht voraussehbar ist, muß praktisch in allen Fällen die Mitteilung erfolgen, in denen eine Weiterbeschäftigung nicht beabsichtigt wird.

18 Die Mitteilung muß durch den Dienststellenleiter, § 9, erfolgen. Teilt eine andere Dienstkraft der Dienststelle, die auch nicht vertretungsberechtigt ist, dem Auszubildenden mit, daß eine Übernahme in ein Arbeitsverhältnis auf unbestimmte Zeit nicht beabsichtigt sei, dann ist die Mitteilung unwirksam.

Form der Mitteilung

19 Die Mitteilung bedarf der **Schriftform;** mündliche oder telefonische Übermittlung reicht nicht. Sie muß von dem Dienststellenleiter oder seinem Vertreter eigenhändig unterschrieben werden, § 126 Abs. 1 BGB. Eine mechanische, faksimilierte Unterschrift, eine Übermittlung durch Fernschreiben oder Telegramm genügt nicht. Die Leserlichkeit der Unterschrift ist nicht erforderlich. Bei fehlender Schriftform ist die Mitteilung unwirksam, § 125 BGB.

Folgen der Mitteilung

20 Die Mitteilung durch den Dienststellenleiter hat nicht zur Folge, daß eine Weiterbeschäftigung des Auszubildenden nach Beendigung des Berufsausbildungsverhältnisses nicht mehr zu erfolgen braucht. Vielmehr kann der Auszubildende gem. Abs. 2 seine Weiterbeschäftigung verlangen. Die Mitteilung hat nur die Funktion, den **Auszubildenden** darauf **aufmerksam zu machen,** daß eine Weiterbeschäftigung von seiten der Dienststelle nicht gewünscht wird.

Wird die **Mitteilung unterlassen,** entsteht nicht automatisch nach erfolgreicher Beendigung der Ausbildung ein Arbeitsverhältnis auf unbestimmte Zeit. Das erfolgt nur, wenn der Auszubildende gem. Abs. 2 schriftlich die Weiterbeschäftigung verlangt. Dies ergibt sich aus der Regelung in Abs. 5, die ausdrücklich hervorhebt, daß die Absätze 2 bis 4 unabhängig davon anzuwenden sind, ob die Dienststelle ihrer Mitteilungspflicht nachgekommen ist oder nicht. 21

Verlangen der Weiterbeschäftigung

Das Verlangen des Auszubildenden muß innerhalb der letzten **drei Monate vor Beendigung** des Berufsausbildungsverhältnisses der Dienststelle zugegangen sein. Für die Berechnung der Dreimonatsfrist kommt es auf den Beendigungszeitpunkt des Berufsausbildungsverhältnisses an, dieser richtet sich nach § 14 BBiG. § 10 Abs. 2 enthält nämlich keine eigenständige, von § 14 BBiG abweichende Regelung über den Zeitpunkt der Beendigung des Berufsausbildungsverhältnisses, sondern geht vielmehr von dieser Vorschrift aus. Der Gesetzgeber hat auch ausdrücklich die Fristberechnung an das Ende des Berufsausbildungsverhältnisses, also das Bestehen der Abschlußprüfung – Bekanntgabe des Prüfungsergebnisses – und nicht an das Ende der vorgesehenen Ausbildungszeit geknüpft *(BAG vom 31. 10. 1985, AP Nr. 15 zu § 78a BetrVG 1972; Grabendorff u.a., BPersVG, § 9 Rn. 9)*. Nach § 14 Abs. 1 BBiG endet das Berufsausbildungsverhältnis grundsätzlich mit dem Ablauf der Ausbildungszeit. Nach § 14 Abs. 2 BBiG endet das Berufsausbildungsverhältnis mit dem Bestehen der Abschlußprüfung, wenn diese vor Ablauf der Ausbildungszeit abgelegt wird. Bei der Berechnung der Dreimonatsfrist ist in diesem Falle auf den Zeitpunkt der Bekanntgabe des Prüfungsergebnisses der Abschlußprüfung abzustellen *(BAG a.a.O.)*. Diese Fristberechnung gilt auch dann, wenn der Arbeitgeber seine Mitteilungspflicht verletzt *(Abs. 5)*. Das Verlangen der Weiterbeschäftigung vor Beginn der letzten drei Monate ist unwirksam, eine Bindung an die Dienststelle ist erst innerhalb der letzten drei Monate der Ausbildung rechtlich zulässig, dies ergibt sich aus § 5 Abs. 1 Satz 2 BBiG *(BAG vom 15. 1. 1980, AP Nr. 8 zu § 78a BetrVG 1972)*. Wenn demgegenüber die Auffassung vertreten wird, daß eine vorzeitig abgegebene Erklärung in die Dreimonatsfrist fortwirke, es sei denn, ein abweichender Wille werde vor Beginn der Dreimonatsfrist deutlich erkennbar *(Fischer/Goeres, BPersVG, § 9 Rn. 14; Grabendorff u.a., BPersVG, § 9 Rn. 10)*, wird übersehen, daß § 5 Abs. 1 BBiG eine Verpflichtung des Auszubildenden vor dieser Dreimonatsfrist für von vornherein nichtig erklärt, eine aufschiebende oder bedingte Bindungswirkung wird vom Gesetzgeber gerade auch im Interesse des Jugendlichen nicht anerkannt *(vgl. dazu BAG vom 15. 1. 1980, AP Nr. 7 zu § 78a BetrVG 1972; vom 4. 11. 1981, Nr. 3 zu § 543 ZPO; vom 31. 1. 1974, Nr. 1 zu § 5 BBiG; vom 13. 3. 1975, AP Nr. 2 zu § 5 BBiG)*. Bei Minderjährigen ist regelmäßig eine Genehmigung des gesetzlichen Vertreters nicht erforderlich, § 113 BGB, es sei denn, der Minderjährige hätte zum Abschluß des Ausbildungsvertrages ebenfalls keine Vollmacht gehabt. 22

Zugegangen ist die Erklärung, wenn sie so in den Machtbereich der Dienststelle gelangt ist, daß bei Annahme gewöhnlicher Verhältnisse damit zu rechnen war, daß von ihr Kenntnis genommen werden konnte, § 130 BGB. Daß der Dienststellenleiter tatsächlich Kenntnis erhalten hat, ist dabei nicht erforderlich. Der 23

§ 10

Zeitpunkt muß vor Beendigung, also vor erfolgreichem Bestehen der Abschlußprüfung oder vor Zeitablauf liegen, § 14 Abs. 1 und 2 BBiG *(vgl. dazu oben Rn. 20)*.

24 Das Verlangen muß **schriftlich** erfolgen, der Auszubildende muß handschriftlich unterschreiben. Es genügt, wenn er seine Erklärung zu Protokoll gibt. Wird die Form nicht eingehalten, können die Wirkungen des § 9 Abs. 2 BPersVG nicht eintreten.

Begründung des Arbeitsverhältnisses

25 Bei erfolgreicher Beendigung des Berufsausbildungsverhältnisses gilt zwischen dem Auszubildenden und dem Dienstherrn ein Arbeitsverhältnis auf unbestimmte Zeit als begründet. Das **Gesetz fingiert hier den Abschluß** eines Arbeitsvertrages, ohne daß es weiterer Mitwirkungsverhandlungen seitens des Dienstherrn bzw. öffentlichen Arbeitgebers oder des Auszubildenden bedarf. Insoweit geht die Regelung weiter, als es die Gesetzentwürfe zu § 78a BetrVG vorgesehen hatten *(BT-Drucks. VII/1163, 2; BT-Drucks. VIII/1170, 2)*. Nach ihnen sollte lediglich ein Kontrahierungszwang bestehen, so daß es möglich gewesen wäre, daß der Dienstherr bzw. öffentliche Arbeitgeber seiner Verpflichtung zur Eingehung des Arbeitsverhältnisses jedenfalls zunächst nicht nachgekommen wäre.

26 Die Begründung des Arbeitsverhältnisses nach Abs. 2 erfolgt ohne Rücksicht auf bestehende **Formvorschriften** für den Abschluß von Arbeitsverträgen, die sich in Tarifverträgen oder sonstigen Vorschriften befinden *(vgl. z.B. § 4 BAT; § 4 BMT – G II; § 4 MTB; § 4 MTL)*.

27 **Mitbestimmungsrechte** des Personalrats nach §§ 87 Nr. 1 und 88 Nr. 2 bestehen nicht, da die Begründung des Arbeitsverhältnisses kraft Gesetzes erfolgt, eine Entscheidungsbefugnis der Einstellungsbehörde besteht nicht. Damit entfällt eine Einwirkungsmöglichkeit des Personalrats.

28 Bestreitet der Arbeitgeber, daß ein Arbeitsverhältnis begründet worden ist, kann der Auszubildende eine entsprechende Feststellungsklage erheben, über diese ist im arbeitsgerichtlichen Urteilsverfahren zu entscheiden *(BAG vom 13. 3. 1986, AP Nr. 1 zu § 9 BPersVG)*. Gegebenenfalls kann auch eine einstweilige Verfügung möglich sein, mit der eine Weiterbeschäftigung verlangt wird. Auch in diesem Falle ist jedoch eine Klage des Arbeitnehmers hinsichtlich der Feststellung des Bestehens eines Arbeitsverhältnisses erforderlich.

Inhalt des Arbeitsverhältnisses

29 § 10 Abs. 2 regelt die Begründung des Arbeitsverhältnisses, ohne etwas über seinen Inhalt zu sagen. Eine Parallele besteht in § 17 BBiG, der bei Weiterbeschäftigung nach Beendigung des Berufsausbildungsverhältnisses die Begründung eines Arbeitsverhältnisses fingiert, ohne den Inhalt festzulegen.

30 Der Arbeitgeber genügt seiner Beschäftigungspflicht nur, wenn er dem früheren Auszubildenden eine auf Dauer angelegte, **unbefristete Beschäftigung** zuweist. Diese muß der Berufsausbildung auch hinsichtlich der Arbeitsbedingungen entsprechen *(BVerwG vom 15. 10. 1985, DöV 1986, 150; BAG vom 24. 7. 1991, NZA 1992, 174)*. Auch hat der Auszubildende Anspruch auf Abschluß eines schriftlichen Arbeitsvertrages, wenn dies entweder üblich ist oder sich aus anwendbaren tariflichen Bestimmungen ergibt. Die Begründung des Ar-

beitsverhältnisses hat zur Folge, daß das personalvertretungsrechtliche Mandat fortbesteht, es sei denn, es würde aus einem anderen Grunde enden.

Für die inhaltliche Bestimmung des Arbeitsverhältnisses gelten die **allgemeinen tariflichen und arbeitsrechtlichen Grundsätze.** Findet auf das Arbeitsverhältnis kraft Tarifbindung, § 3 TVG, ein Tarifvertrag Anwendung, dann bestimmen die tariflichen Vorschriften im einzelnen den Inhalt, also z. B. die Entgeltregelung, Urlaubsregelung, Arbeitszeitregelung usw. Besteht keine Tarifbindung, findet hinsichtlich der Entgeltregelung § 612 BGB Anwendung, für die Kündigungsfristen und -formen die §§ 621–623 BGB, für die Urlaubsregelung das Bundesurlaubsgesetz. Bei der Ausgestaltung im einzelnen ist hierbei der Gleichbehandlungsgrundsatz zu beachten. 31

Streitigkeiten über den Inhalt des Arbeitsverhältnisses sind im Urteilsverfahren vor den Arbeitsgerichten zu klären. 32

Schutz während des Arbeitsverhältnisses

In dem Zeitpunkt, in dem der Arbeitsvertrag nach § 10 Abs. 2, also auf unbestimmte Zeit, abgeschlossen gilt, genießt die Dienstkraft den normalen Schutz wie andere Mitglieder von Personal- oder Jugend- und Auszubildendenvertretungen, § 44, § 66 i. V. m. § 44. 33

Darüber hinaus gilt **§ 15 Abs. 2 KSchG,** nach dem die Kündigung eines Mitgliedes einer Personal- oder Jugend- und Auszubildendenvertretung unzulässig ist, es sei denn, ein Grund zur außerordentlichen Kündigung läge vor und die nach Personalvertretungsrecht erforderliche Zustimmung sei gegeben bzw. durch das Gericht ersetzt. 34

Ausdehnung des Schutzes (Abs. 3)

Abs. 3 dehnt den zeitlichen Geltungsbereich der Abs. 1 und 2, die eine Mitgliedschaft in einer Personalvertretung oder Jugend- und Auszubildendenvertretung zum Zeitpunkt der Beendigung des Berufsausbildungsverhältnisses voraussetzen, auf die Zeit nach Beendigung der Amtseigenschaft aus. Insoweit entspricht die Regelung der Vorschrift in § 15 Abs. 2 KSchG, die auch den besonderen Kündigungsschutz auf die Dauer von einem Jahr nach Beendigung der Amtszeit ausdehnt. 35

Ebenso wie § 15 Abs. 2 Satz 2 KSchG, der den ausgedehnten Schutz ausdrücklich an die Beendigung der Amtszeit des einzelnen Amtsinhabers knüpft, ist in ausgedehnter Auslegung des Wortlautes des § 10 Abs. 3 ebenso wie bei § 78a Abs. 3 BetrVG der nachwirkende Schutz auch dann gegeben, wenn die **Mitgliedschaft** in dem Personalvertretungsorgan **vorzeitig geendet hat** (*vgl. dazu im einzelnen oben Rn. 11*). 36

Ist die Beendigung der Amtszeit maßgeblich, so ist zu beachten, daß der Personalrat gem. § 24 Abs. 1 letzter Satz und Abs. 2 die **Geschäfte fortführen** kann. Seine Amtszeit endet dann nicht bei Eintritt des nach § 24 Abs. 1 Nrn. 1–3 und 6 zur Neuwahl führenden Grundes, sondern erst mit der Bekanntgabe des Wahlergebnisses. Die Nachwirkung des § 9 Abs. 3 BPersVG (= *§ 10 Abs. 3*) beginnt dementsprechend erst mit diesem Zeitpunkt. 37

§ 10

Wegfall der Weiterbeschäftigungspflicht (Abs. 4)

38 Abs. 4 gibt der Dienststelle die Möglichkeit, die Weiterbeschäftigung des Auszubildenden nach Beendigung des Berufsausbildungsverhältnisses zu verhindern. Hierbei sind zwei Alternativen zu unterscheiden:

39 1. **Bei noch nicht beendeter Ausbildung** kann der Leiter der Dienststelle bei dem Verwaltungsgericht die Feststellung beantragen, daß ein Arbeitsverhältnis nach § 10 Abs. 2 und 3 nach Beendigung der Berufsausbildung mit dem Auszubildenden nicht begründet wird. Folge einer entsprechenden gerichtlichen Entscheidung ist, daß die Rechtswirkungen des § 10 Abs. 2 und 3 nicht eintreten und das Berufsausbildungsverhältnis normal wie bei anderen Auszubildenden endet, ohne daß sich ein Arbeitsverhältnis anschließt.

40 2. Ist das **Arbeitsverhältnis bereits** nach § 10 Abs. 2 und 3 **begründet** worden, kann der Leiter der Dienststelle einen Antrag auf Auflösung des bestehenden Arbeitsverhältnisses stellen. Die Wirkung einer entsprechenden gerichtlichen Entscheidung ist, daß mit Rechtskraft der Entscheidung das Arbeitsverhältnis aufgelöst ist und für die Zukunft keine Ansprüche mehr bestehen. Bis zur rechtskräftigen Entscheidung besteht das Arbeitsverhältnis weiter.

Gründe

41 Für beide Alternativen gilt, daß die entsprechenden Anträge nur bei Vorliegen bestimmter, im Gesetz abschließend geregelter Gründe gestellt werden können. Es müssen Gründe vorliegen, die dem Arbeitgeber **die Weiterbeschäftigung unzumutbar** machen. Der Begriff der Zumutbarkeit ist hierbei nicht in vollem Umfange mit demjenigen vergleichbar, der sich in § 626 Abs. 1 BGB bei dem Recht der fristlosen Kündigung findet *(BAG vom 16. 1. 1979, AP Nr. 5 zu § 78a BetrVG; Lorenzen u. a., BPersVG, § 9 Rn. 16a)*. Maßgebend sind schwerwiegende Gründe persönlicher Art oder dringende betriebliche oder dienststelleninterne Gründe. Maßgeblich für die Beurteilung der Zumutbarkeit ist der Zeitpunkt der Antragstellung bei Gericht *(BVerwG vom 26. 6. 1981, E 62, 364)*.

42 **Schwerwiegende Gründe persönlicher Art** können beispielsweise das wiederholte Nichtbestehen der Abschlußprüfung in der Vergangenheit oder die Gewißheit sein, daß der Auszubildende oder Jugendliche aus gesundheitlichen Gründen den Beruf nicht ausüben kann. **Schwerwiegende Gründe im Verhalten** können beispielsweise vorliegen bei einer intensiven parteipolitischen Agitation und bei persönlichen Angriffen gegen Vorgesetzte und den Dienststellenleiter bzw. gegen andere Amtsträger im Bereich der Personalverfassung. Auch ständige Fehlverhaltensweisen, die eine ungewöhnliche Unzuverlässigkeit der Dienstkraft dokumentieren, können einen solchen Grund darstellen. **Dringende betriebliche** bzw. dienststelleninterne **Gründe** können vorliegen, wenn ein Arbeitsplatz, auf dem die Dienstkraft weiter beschäftigt werden müßte, nicht vorhanden ist. Der Arbeitgeber ist nicht verpflichtet, eine Planstelle oder einen Arbeitsplatz einzurichten, um seiner Weiterbeschäftigungspflicht nach § 10 Abs. 2 nachkommen zu können *(BVerwG vom 1. 3. 1993, PersR 1993, 315; HessVGH vom 7. 12. 1988, NZA 1989, 525; BVerwG vom 30. 10. 1987, PersR 1988, 47)*. Einen Vorrang vor seinen Mitbewerbern verschafft der Weiterbeschäftigungsanspruch dem Berechtigten nämlich nur insoweit, als er sein Verbleiben in der Dienststelle im Rahmen des Zumutbaren sichert. Nach Auffassung des Bundesverwaltungsgerichts geht die Bestimmung des § 10 Abs. 2

nicht einmal so weit, daß der Dienststellenleiter gehindert wäre, einem besser qualifizierten Bewerber vor dem Berechtigten einen ausbildungsgerechten Arbeitsplatz zuzuweisen. Es gelten nämlich auch hier die objektiven und subjektiven Einstellungsvoraussetzungen des öffentlichen Dienstes *(BVerwG vom 26. 6. 1981, E 62, 364; HessVGH vom 25. 5. 1983, ZBR 1983, 364)*. Eine Bevorzugung soll nur dann möglich sein, wenn hinsichtlich Eignung und Befähigung kein Unterschied zu anderen Bewerbern besteht. Begründet wird dies von dem Bundesverwaltungsgericht letztlich damit, daß auch die Bestimmung des § 9 Abs. 2 BPersVG nur aus dem Benachteiligungsverbot zu rechtfertigen sei. Dieses gewährt aber den Schutz nur dahin gehend, daß ein Amtsträger nicht wegen seiner Mitarbeit in einem personalvertretungsrechtlichen Organ schlechter behandelt wird. Es gewährt nicht von vornherein einen Vorrang vor anderen Dienstkräften. Im übrigen ist in diesem Zusammenhang auch zu berücksichtigen, daß die Bestimmung des § 10 Abs. 2 nicht davon entbindet, gesetzliche oder sonstige Vorschriften zu beachten. Soweit eine Weiterbeschäftigung gegen derartige Vorschriften verstoßen würde, wäre sie dem Dienstherrn unzumutbar. Solche Vorschriften können insbesondere auch solche des Haushaltsrechts sein. Ist eine Planstelle nicht vorhanden, so kann sie auch nicht über § 10 Abs. 2 gegebenenfalls über ein gerichtliches Urteil erzwungen werden, dies gilt auch für die Schaffung einer Stelle in einem Nachtragshaushalt. Auch der durch Haushaltsgesetz angeordnete Einstellungsstopp muß beachtet werden *(BVerwG vom 1. 3. 1993, PersR 1993, 315)*. Etwas anderes mag allerdings bei einer generellen Einstellungssperre, die von der vorgesetzten Behörde verfügt worden ist, gelten, bei dieser sind grundsätzlich Planstellen vorhanden, nur dürfen sie nicht besetzt werden. Hier ist die Entscheidung über die Weiterbeschäftigung nicht von dem Willen des Dienstherrn unabhängig, vielmehr kann er darüber befinden, ob er seiner Beschäftigungspflicht nachkommen will oder nicht. Weiterhin kann eine Weiterbeschäftigung dem Dienstherrn dann unzumutbar sein, wenn durch die Weiterbeschäftigung das Sicherheitsrisiko erhöht würde.

Die Umstände, die zu einer Unzumutbarkeit der Weiterbeschäftigung des Amtsträgers führen sollen, sind vom **Arbeitgeber** im einzelnen im Streitfalle **darzulegen,** gegebenenfalls zu beweisen.

43

Durchsetzung

Der Antrag auf Feststellung bzw. Auflösung kann nur innerhalb von **zwei Wochen** nach Beendigung des Berufsausbildungsverhältnisses gestellt werden. Innerhalb der Frist muß der Antrag beim Verwaltungsgericht eingegangen sein. Für die Fristberechnung gelten die Vorschriften der §§ 186 ff. BGB. Eine Fristverlängerung ist ausgeschlossen. Wird die Frist nicht eingehalten, gilt der Arbeitsvertrag als auf unbestimmte Zeit abgeschlossen. Eine Beendigung ist in diesem Falle nur im Rahmen der Kündigungsvorschriften möglich.

44

Zweifelhaft ist, ob im Rahmen des § 10 Abs. 4 in entsprechender Anwendung die **Frist des § 626 Abs. 2 BGB** zu beachten ist. Das würde bedeuten, daß diejenigen Gründe, die länger als 14 Tage bekannt sind, nicht mehr in dem Verfahren vor dem Verwaltungsgericht verwendet werden können. Dagegen spricht jedoch, daß der Gesetzgeber nicht vollinhaltlich auf die Regelung des § 626 BGB verwiesen hat. § 10 Abs. 4 setzt nicht voraus, daß eine außerordentliche Kündigung nach § 626 BGB möglich wäre, sondern nur, daß materielle Gründe vorliegen, die eine weitere Zusammenarbeit unzumutbar machen.

45

§ 10

46 Auch handelt es sich bei § 10 Abs. 4 nicht um eine außerordentliche Kündigung wie bei § 626 BGB, sondern um eine andersgeartete Lösung eines durch Gesetz zustande gekommenen Arbeitsverhältnisses bzw. um dessen Verhinderung. Es kommt daher nicht auf den Zeitpunkt der Kenntnis der Gründe an, allein maßgeblich ist die Frist, die mit der Beendigung des Berufsausbildungsverhältnisses zu laufen beginnt.

Verfahren

47 Über den **Antrag des Dienststellenleiters** nach § 10 Abs. 4 Satz 1 entscheidet das Verwaltungsgericht im **Beschlußverfahren,** § 91 Abs. 1 Nr. 3 *(BAG vom 29.11.1989, AP Nr. 20 zu § 78a BetrVG 1972).* Beteiligte sind der betroffene Amtsinhaber, das Personalvertretungsorgan, in dem er Mitglied ist, und in jedem Falle die betroffene Dienststelle, vertreten durch den Dienststellenleiter. Ist der Auszubildende Mitglied einer Jugendvertretung, dann sind sowohl die zuständige Personalvertretung als auch die Jugend- und Auszubildendenvertretung beteiligt. Gegebenenfalls ist vor Einleitung dieses Verfahrens das Schlichtungsverfahren gem. § 111 Abs. 2 ArbGG durchzuführen.

48 Eine **einstweilige Verfügung** auf Entbindung von der Weiterbeschäftigungspflicht nach § 10 Abs. 4 Nr. 1 ist möglich, § 85 Abs. 2 ArbGG. Voraussetzung ist aber, daß ein Verfügungsgrund vorliegt; die Nichtweiterbeschäftigung muß also zur Abwendung wesentlicher Nachteile oder aus anderen dringenden Gründen geboten sein. Dies erfordert, daß der Arbeitgeber Tatsachen vorträgt, die eine Weiterbeschäftigung ausschließen *(Dietz/Richardi, BPersVG, 2. Aufl., § 9 Rn. 32; Grabendorff u.a., BPersVG, § 9 Rn. 21).* Der Erlaß einer einstweiligen Verfügung in den Fällen des § 10 Abs. 4 Nr. 2 wird im Regelfall ausgeschlossen sein, da hier die Entscheidung letztlich die Entscheidung in der Hauptsache vorwegnehmen würde, eine Auflösung eines bereits bestehenden Arbeitsverhältnisses ist im Rahmen einer einstweiligen Verfügung noch nicht möglich. Allerdings könnte in diesen Fällen durch eine einstweilige Verfügung vor der Entscheidung über den Antrag des Arbeitgebers nach § 10 Abs. 4 Nr. 2 in der Hauptsache eine einstweilige Verfügung dahin gehend denkbar sein, daß der Arbeitgeber die Entbindung von der tatsächlichen Weiterbeschäftigung aufgrund des zustande gekommenen Arbeitsvertrages begehrt. Allerdings muß der Arbeitgeber in diesem Falle vortragen, daß durch die tatsächliche Weiterbeschäftigung dieses Arbeitnehmers wesentliche Nachteile entstehen, die auch dringend beseitigt werden müssen.

49 Das Beschlußverfahren kann nur durch Antrag der Dienststelle eingeleitet werden. Stellt sie keinen Antrag nach Abs. 4, so kann die betroffene Dienstkraft ihre arbeitsvertraglichen Ansprüche selbst im Urteilsverfahren geltend machen *(BAG vom 15.1.1980, AP Nr. 7 zu § 78a BetrVG 1972).*

Verletzung der Mitteilungspflicht (Abs. 5)

50 Abs. 5 legt fest, daß die Rechtsfolgen der Bestimmungen in den Abs. 1 bis 4 auch dann eintreten, wenn die Dienststelle ihrer Unterrichtungspflicht nicht genügt. Damit wird sichergestellt, daß durch fehlende Mitteilung nicht die Begründung des Arbeitsverhältnisses nach Beendigung des Ausbildungsverhältnisses – wenn auch nur zeitweise – verhindert werden kann.

Die Verletzung der Mitteilungspflicht stellt gegenüber dem Auszubildenden **51**
eine positive Vertragsverletzung dar, so daß er gegebenenfalls Schadensersatz
verlangen kann.

§ 11 Schweigepflicht

Personen, die Aufgaben oder Befugnisse nach diesem Gesetz wahrnehmen oder wahrgenommen haben, sind verpflichtet, über die ihnen dabei bekanntgewordenen Angelegenheiten und Tatsachen Stillschweigen zu bewahren, deren Geheimhaltung vorgeschrieben, angeordnet oder ihrer Bedeutung nach erforderlich ist. Soweit dies zur ordnungsgemäßen Wahrnehmung ihrer Aufgaben erforderlich ist, gilt die Schweigepflicht nicht für Mitglieder der Personalvertretung und der Jugend- und Auszubildendenvertretung gegenüber den übrigen Mitgliedern der Vertretung und für die in Satz 1 bezeichneten Personen gegenüber der zuständigen Personalvertretung sowie gegenüber der Dienststelle, Dienstbehörde und obersten Dienstbehörde und gegenüber anderen Personalvertretungen und Jugend- und Auszubildendenvertretungen. Satz 2 gilt im Falle der Anrufung der Einigungsstelle entsprechend.

Übersicht	Rn.
Allgemeines	1–3
Schweigepflicht aufgrund anderer Vorschriften	4–8
Verpflichtete	9–14
Geheimhaltungspflichtige Tatsachen	15
Geheimhaltung aufgrund Anordnung	16, 17
Geheimhaltung aufgrund Bedeutung	18–22
Einzelfälle	23
Kenntniserlangung	24
Ausnahmen von der Schweigepflicht	25, 26
Ausnahme: Mitglieder einer Personal- oder Jugend- und Auszubildendenvertretung	27, 28
Ausnahme: Andere Verpflichtete	29–32
Ausnahme: Pflicht zur Information	33
Dauer der Schweigepflicht	34
Zeugnisverweigerungsrecht	35–38
Verletzung der Schweigepflicht	39

Allgemeines

Die Schweigepflicht dient der Verwirklichung des Grundsatzes der **vertrau-** **1**
ensvollen Zusammenarbeit, § 2 Abs. 1. Die vertrauensvolle Zusammenarbeit
setzt voraus, daß eine ausreichende Information derjenigen Personen erfolgt,
die Aufgaben und Befugnisse nach dem PersVG Bln wahrzunehmen haben.
Eine solche Information muß auch Tatsachen erfassen, die nicht an die Öffentlichkeit dringen dürfen. Um das zu ermöglichen, war die Schaffung einer
besonderen Schweigepflicht für den Bereich des PersVG Bln erforderlich, zumal die allgemeinen Regelungen über die Schweigepflicht weit verstreut und
uneinheitlich sind; für Angestellte, Arbeiter und Beamte besteht keine gemeinsame Vorschrift.

§ 11

2 Darüber hinaus soll die Beachtung der Schweigepflicht nicht nur dienstliche Belange schützen, sondern sie liegt auch im Interesse der einzelnen Dienstkräfte und der Personalvertretung selbst. Durch sie wird verhindert, daß Erörterungen innerhalb des Personalvertretungsorgans nach außen getragen werden, also auch nicht der Dienststelle zur Kenntnis gelangen. Äußerungen in einem Personalvertretungsorgan verlangen strengste Vertraulichkeit. Dem dient die Regelung in § 31 BPersVG. Die Schweigepflicht ist insoweit eine Pflicht *(Diskretionspflicht)* der einzelnen Mitglieder der Personalvertretungen, die die Geschlossenheit der Personalvertretung nach außen, d.h. auch gegenüber der Dienststelle wahren soll. Insbesondere darf das Abstimmungsverhalten des einzelnen Mitglieds nicht bekanntgegeben werden, auch nicht von dem Mitglied selbst, da damit Rückschlüsse auf das Abstimmungsverhalten anderer Mitglieder ermöglicht werden könnten. Zulässig ist es aber, auf die geleistete Arbeit hinzuweisen, gegebenenfalls auch die Tätigkeit anderer Personalratsmitglieder zu kritisieren, soweit dies nicht personenbezogen erfolgt, sondern im Rahmen der Kritik an einer bestimmten Gruppierung, so daß ein Rückschluß auf ein internes Verhalten im Personalrat des einzelnen Mitgliedes nicht möglich ist.

3 § 11 hat die bisherige Regelung der Schweigepflicht in § 40 PersVG Bln a. F. abgelöst und geändert. Durch sie wird die Rahmenvorschrift des § 101 Abs. 2 BPersVG ausgefüllt und im Gegensatz zu der bisherigen Regelung und den Bestimmungen in § 10 BPersVG und § 79 BetrVG der Kreis der geheimzuhaltenden Angelegenheiten und Tatsachen näher präzisiert und positiv umschrieben. Eine Vergleichbarkeit der Regelungen besteht nur in begrenztem Umfange.

Schweigepflicht aufgrund anderer Vorschriften

4 § 11 regelt nur die Schweigepflicht im Rahmen des PersVG Bln und beeinflußt nicht die Bestimmungen, die für andere Bereiche die Schweigepflicht regeln. Die daneben bestehenden arbeits- bzw. dienstrechtlichen Vorschriften für Angestellte, Arbeiter und Beamte behalten im vollen Umfange ihre Gültigkeit.

5 Die Amtsverschwiegenheit ist für alle Dienstkräfte im Bereich des öffentlichen Dienstes eine wesentliche **Nebenpflicht** aus dem **Dienst- bzw. Arbeitsverhältnis**. Sie gilt generell für alle dienstlichen Angelegenheiten mit Ausnahme der offenkundigen oder derjenigen, die ihrer Bedeutung nach keiner Geheimhaltung bedürfen. Die Dienstkräfte haben insoweit auch ein besonderes Zeugnisverweigerungsrecht im gerichtlichen Verfahren (*§ 383 Abs. 1 Ziff. 6 ZPO; § 54 Abs. 1 StPO; § 46 Abs. 2 ArbGG; § 98 VwGO*). Sie bedürfen in der Regel besonderer Aussagegenehmigungen.

6 Die Amtsverschwiegenheit der **Beamten** ist in § 26 LBG geregelt; sie ist öffentlich-rechtlicher Natur. Eine entsprechende gesetzliche Regelung für **Angestellte** und **Arbeiter** besteht nicht. Zum Teil ist die Verschwiegenheitspflicht für diesen Personenkreis tarifvertraglich festgelegt (z.B. *§ 9 BAT; § 11 MTL II; § 11 MTB*) und gehört dem privaten Recht an. Soweit für diese Personen entsprechende tarifvertragliche Regelungen weder kraft Tarifbindung noch durch im Arbeitsvertrag vereinbarte Tarifgeltung in Betracht kommen, ergibt sich die Verschwiegenheitspflicht als Nebenpflicht aus dem Arbeitsvertrag (*vgl. dazu Kittner/Zwanziger, § 72 Rn. 25 ff. m.w.N.; Lorenzen u.a., BPersVG, § 10 Rn. 8a*).

Weiterhin sind die Regelungen des **Bundesdatenschutzgesetzes** *(BDSG – vom 20.12.1990 – BGBl. I, 2955)* zu beachten. Nach § 5 BDSG ist es den bei der Datenverarbeitung beschäftigten Personen verboten, personenbezogene Daten unbefugt zu anderen als den zur Aufgabenerfüllung gehörenden Zwecken zu nutzen. Von dieser Vorschrift werden alle Dienstkräfte betroffen, die in irgendeiner Weise im Rahmen ihrer dienstlichen Tätigkeiten geschützte personenbezogene Daten zur Kenntnis erhalten. Betroffen sind daher beispielsweise auch die Mitglieder der Personalvertretungen, die in ihrer personalvertretungsrechtlichen Stellung Kenntnis von personenbezogenen Daten erhalten. Die Personalvertretungen haben im Rahmen des Unterrichtungsrechts des § 79 Abs. 2 beispielsweise auch einen Anspruch auf Mitteilung personenbezogener Daten, die durch das BDSG geschützt sind. Insoweit sind die Personalvertretungen auch Teil der die Daten speichernden Stelle, wenn die Speicherung durch die Dienststelle erfolgt. § 5 BDSG schafft insoweit eine Verschwiegenheitspflicht, die neben die des § 11 tritt. Zwar geht die Verschwiegenheitspflicht des § 11 als speziellere Norm der des § 5 BDSG vor, soweit jedoch § 11 nicht eingreift, kann § 5 BDSG Anwendung finden *(vgl. zu dem Ganzen auch Lorenzen, PersV 1979, 305; Wolber, PersV 1980, 177; Lorenzen u.a., BPersVG, § 10 Rn. 9a–c).*

Häufig wird sich die Schweigepflicht nach § 11 mit der Verschwiegenheitspflicht aufgrund dieser Vorschriften decken, insbesondere soweit es sich um Tatsachen handelt, deren Geheimhaltung vorgeschrieben bzw. angeordnet ist. In diesem Bereich wird daher § 11 in erster Linie für die Personen von Bedeutung sein, die weder in einem Dienst- noch einem Arbeitsverhältnis zu dem öffentlich-rechtlichen Dienstherrn stehen, wie zum Beispiel die Vertreter der Gewerkschaften und Arbeitgebervereinigungen.

Verpflichtete

Der Kreis der zur Amtsverschwiegenheit Verpflichteten ist gegenüber dem bisherigen Recht, das ausdrücklich nur die Mitglieder und Ersatzmitglieder des Personalrats, die Jugend- und Auszubildendenvertreter, die Beauftragten von Gewerkschaften und Arbeitgeberverbänden sowie die Vertrauensleute der Schwerbehinderten und bestimmte Sachverständige erfaßte, erheblich erweitert worden *(vgl. dazu Begründung der Senatsvorlage, Drucksache des Abgeordnetenhauses vom 19.4.1974 Nr. 6/1354 S. 16).*

Die Schweigepflicht erfaßt **jede Person,** die in irgendeiner Weise Aufgaben oder Befugnisse nach dem Gesetz wahrnimmt, ohne Rücksicht darauf, ob sie Dienstkraft ist oder nicht. Maßgeblich ist auch nicht, ob sie Inhaber eines im PersVG Bln vorgesehenen Amtes ist, es kommt allein auf die Erlangung von Kenntnissen bei der Wahrnehmung von Aufgaben und Befugnissen nach diesem Gesetz an.

Die Verpflichtung zur Amtsverschwiegenheit trifft zunächst sämtliche Mitglieder von **Personalvertretungsorganen** einschließlich der Ersatzmitglieder, soweit diese tätig geworden sind. Ihr unterliegen auch die Vertrauensleute der Schwerbehinderten *(§ 36),* die Mitglieder der Einigungsstelle *(§ 82),* die Vertreter der Gewerkschaften, Berufsverbände und Arbeitgebervereinigungen. Auch die zu den Sitzungen des Personalrats hinzugezogenen Personen, z.B. der Dienststellenleiter oder sein Vertreter *(§ 31 Abs. 1 und 2),* unterliegen der Schweigepflicht nach § 11.

§ 11

12 Ferner sind **Sachverständige,** sonstige Auskunftspersonen und Bürokräfte schweigepflichtig. Gegen die Einbeziehung der Sachverständigen in den Kreis der nach § 11 Verpflichteten spricht nicht, daß sie ihr Recht erst aufgrund einer Beschlußfassung durch den Personalrat erlangen, da es für die Unmittelbarkeit der Wahrnehmung von Aufgaben und Befugnissen allein auf die Tatsache der Ausübung, nicht jedoch darauf ankommt, ob der Person die Wahrnehmung der Aufgaben und Befugnisse aus eigenem Recht zusteht oder nicht.

13 Von der Verschwiegenheitspflicht werden auch die **Teilnehmer an Personalversammlungen** erfaßt. Allerdings werden auf Personalversammlungen in der Regel keine Tatsachen erörtert werden dürfen, für die auf seiten der Personalratsmitglieder oder sonstiger Personen bereits nach § 11 eine Schweigepflicht besteht. Wie sich aus § 11 Satz 2 ergibt, ist die Schweigepflicht nicht in der Weise gestaltet, daß zwischen den einzelnen zur Verschwiegenheit verpflichteten Personen in jedem Falle ein Austausch der geheimzuhaltenden Tatsachen erfolgen darf. Vielmehr ist die Austauschbarkeit in § 11 Satz 2 im einzelnen nach Personenkreisen geordnet. Eine Weitergabe von nach § 11 geheimzuhaltenden Vorgängen in einer Personalversammlung ist daher grundsätzlich nicht zulässig. Die Verschwiegenheitspflicht der Teilnehmer an Personalversammlungen hat also nur eine relativ begrenzte Bedeutung.

14 Ohne daß eine Pflicht hierzu besteht, wird es sich empfehlen, daß der Dienststellenleiter die betroffenen Personen auf die Schweigepflicht des § 11 in jedem Falle besonders hinweist.

Geheimhaltungspflichtige Tatsachen

15 Der Kreis der geheimzuhaltenden Tatsachen ist im Gegensatz zum früheren Recht positiv umschrieben. Die Abgrenzung ist zwar gegenüber der bisherigen Regelung teilweise präziser, eine deutliche Grenzziehung besteht wegen des Begriffes der Tatsachen und Angelegenheiten, die »ihrer Bedeutung nach« geheimzuhalten sind, nicht.

Geheimhaltung aufgrund Anordnung

16 Eine Geheimhaltung kann im Gesetz, in Verordnungen oder Verwaltungsvorschriften vorgeschrieben werden. Sie wird in der Regel generell, also für einen sachlich oder fachlich begrenzten Kreis von Angelegenheiten oder Tatsachen erfolgen. **Gesetzliche Geheimhaltungsvorschriften** können sich aus Strafgesetzen, Wirtschaftsgesetzen, Regelungen der Reichsversicherungsordnung, des Bundesdatenschutzgesetzes *(oben Rn. 7)* u. ä. ergeben. Auch aus der Bestimmung der Nichtöffentlichkeit der Personalratssitzung (§ 31 Abs. 1, *vgl. dazu z. B. BVerwG vom 14. 7. 1977, E 54, 195; v. Friesen, PersV 1978, 119*) und der Personalversammlung (*§ 46 Abs. 1*) ergibt sich eine gesetzliche Geheimhaltungsvorschrift.

17 Demgegenüber kann die Anordnung der Geheimhaltung nicht nur generell für einen bestimmten Kreis von Tatsachen und Angelegenheiten, sondern **auch im Einzelfall** erfolgen. Die Anordnung kann durch übergeordnete Stellen oder durch den Dienststellenleiter erfolgen. Sie muß ausdrücklich die Geheimhaltungsbedürftigkeit festlegen. Nicht erforderlich ist, daß die Anordnung der Geheimhaltungsbedürftigkeit gerade dem Betreffenden gegenüber erfolgt ist. Es genügt, wenn er weiß, daß die Anordnung besteht. Es empfiehlt sich, dies bei Aktenvorgängen durch besondere Vermerke kenntlich zu machen.

Geheimhaltung aufgrund Bedeutung

Ist die Geheimhaltung **weder vorgeschrieben** noch angeordnet, so kommt sie nur noch dann in Betracht, wenn es die Bedeutung der Angelegenheiten oder Tatsachen erfordert. Eindeutige Kriterien, wann das der Fall ist, bestehen nicht. Es handelt sich um einen unbestimmten Rechtsbegriff. 18

Bei der Beurteilung, ob eine Geheimhaltung wegen der **Bedeutung der Sache** erforderlich ist, sind alle Umstände gegeneinander abzuwägen und zu berücksichtigen. Die Erforderlichkeit ist einer Notwendigkeit gleichzusetzen. Die Geheimhaltung muß zur ordnungsgemäßen Erfüllung der Aufgaben der Dienststelle notwendig sein. Bei der Frage der Beurteilung ist auf den Zeitpunkt der Kenntniserlangung abzustellen, es genügt also, daß der Betroffene bei pflichtgemäßer Beurteilung der objektiven Sachlage der Ansicht sein konnte, daß die Bedeutung der Sache eine Geheimhaltung nicht erforderlich macht. Da es sich um einen unbestimmten Rechtsbegriff handelt, kann eine Nachprüfung durch Gerichte erfolgen. 19

Die Bedeutung einer Sache macht die Geheimhaltung nicht erforderlich, wenn die Angelegenheit **offenkundig** ist, wenn sie also allgemein, auch außerhalb der Dienststelle bekannt und erkennbar ist (§ 291 ZPO). Sind die Vorgänge erst zur Veröffentlichung vorgesehen, entfällt noch nicht die Geheimhaltungspflicht (vgl. Lorenzen u.a., BPersVG, § 10 Rn. 10). 20

Eine Geheimhaltungspflicht scheidet ferner aus, wenn das Bekanntwerden der Angelegenheit oder der Tatsache für die Dienststelle unschädlich ist oder wenn die Dienststelle sogar mit dem Bekanntwerden einverstanden ist. 21

Da allgemeine Kriterien dafür fehlen, wenn die Bedeutung bestimmter Angelegenheiten oder Tatsachen die Geheimhaltung erfordert; muß jeder Angehörige des verpflichteten Personenkreises selbst die Prüfung und Entscheidung vornehmen. Die **Beurteilung** kann immer nur für den **Einzelfall** unter Berücksichtigung aller Umstände erfolgen. 22

Einzelfälle

Der Geheimhaltung bedürfen sämtliche Vorgänge, die **Dienstgeheimnisse** beinhalten, die durch Vermerke wie »vertraulich«, »VS vertraulich«, »geheim«, »streng geheim« gekennzeichnet sind. Die Bestimmungen über die Geheimhaltung von Verschlußsachen sind zu beachten. Verschlußsachen werden allerdings in der Regel nicht im Rahmen der Wahrnehmung von Aufgaben und Befugnissen nach dem PersVG Bln zugänglich gemacht. Geheimhaltungsbedürftig sind ferner sämtliche Vorgänge, die Personalangelegenheiten betreffen, z.B. Personalakten, die nur mit Einwilligung des Betroffenen vorgelegt werden dürfen, § 73 Abs. 1 Satz 3; außerdem Bewerbungsunterlagen, Dienstleistungsberichte, Beschwerden von Dienstkräften u.ä. Im Bereich der Betriebe können Herstellungsverfahren, besondere technische Einrichtungen, bestimmte Arbeitsabläufe u.ä. zu den durch § 11 geschützten Gegenständen gehören. Auch Entwicklungsplanungen, geplante Gebührenerhöhungen, Veränderungen in der Verwaltungsstruktur können der Verschwiegenheit unterliegen, solange sie nicht anderweitig bekanntgemacht worden sind. Darunter können auch andere dienstliche Ereignisse und Mitteilungen, wie z.B. Verfügungen, Berichte und Verwaltungsarbeiten fallen. 23

§ 11

Kenntniserlangung

24 Von der Geheimhaltungspflicht erfaßt werden nur diejenigen Tatsachen und Angelegenheiten, deren Kenntnis unmittelbar bei der Wahrnehmung von Aufgaben und Befugnissen nach diesem Gesetz erworben wird. Erfolgt die Kenntniserlangung anderweitig, dann besteht keine Geheimhaltungspflicht nach personalvertretungsrechtlichen Bestimmungen, sie kann nur aus anderen Regelungen hergeleitet werden. Nicht unter die Geheimhaltungspflicht fallen auch sonstige vertrauliche Angaben. Für sie kann sich aber aus dem Gebot der vertrauensvollen Zusammenarbeit eine Schweigepflicht ergeben.

Ausnahmen von der Schweigepflicht

25 Die Pflicht zur Verschwiegenheit besteht grundsätzlich **gegenüber jedermann**, auch gegenüber der Dienststelle und ihrem Leiter und gegenüber den Verbänden und ihren Vertretern. Dies gilt auch für **Gewerkschafts- oder Verbandsvertreter**, die Aufgaben im Rahmen des PersVG Berlin wahrnehmen gegenüber der Gewerkschaft oder dem Verband *(vgl. BayVGH PersV 1966, 256; Dietz/Richardi, BPersVG, § 10 Rn. 13; a. A. Grabendorff u. a., BPersVG, § 10 Rn. 6).* Allerdings kann er in allgemeiner Form Probleme mit dem ihn entsendenden Verband erörtern, um das allgemeine Unterstützungsrecht des Verbandes zu ermöglichen *(vgl. dazu auch Fischer/Goeres, § 10 Rn. 12).* Die Weitergabe persönlicher Daten oder Kenntnisse des Abstimmungs- oder Diskussionsverhaltens einzelner Personalratsmitglieder in einer Personalratssitzung sind aber unzulässig. Nur so kann gesichert werden, daß Erörterungen in Personalratssitzungen ohne die Befürchtung externen Drucks erfolgen können. Eine Ausnahme von diesem Grundsatz enthält Satz 2. Danach gilt die Schweigepflicht gegenüber bestimmten Personen nicht, wenn es zur ordnungsgemäßen Wahrnehmung der gesetzlichen Aufgaben erforderlich ist. Die Erforderlichkeit kann gerichtlich nachgeprüft werden, auch hier handelt es sich um einen unbestimmten Rechtsbegriff, der der Ausfüllung bedarf. Bei der Beurteilung ist darauf abzustellen, ob der Betroffene bei pflichtgemäßer Beurteilung der objektiven Sachlage der Ansicht sein konnte, daß eine Weitergabe von Informationen notwendig sei.

26 Die Ausnahmeregelung gilt nicht generell für alle Personen, sondern es sind, wie sich aus dem Wortlaut von Satz 2 ergibt, zwei Fallgruppen zu unterscheiden. Die erste Fallgruppe betrifft die Mitglieder der Personalvertretungen und der Jugend- und Auszubildendenvertretungen, die zweite Fallgruppe die in Satz 1 bezeichneten Personen, so daß diese Fallgruppe auch die Mitglieder der Personalvertretungen und der Jugend- und Auszubildendenvertretungen erfaßt; sie erfaßt insgesamt einen weiteren Personenkreis.

Ausnahme: Mitglieder einer Personal- oder Jugend- und Auszubildendenvertretung

27 Die Schweigepflicht gilt nicht für Mitglieder einer Personalvertretung oder einer Jugend- und Auszubildendenvertretung gegenüber den übrigen Mitgliedern des Vertretungsorgans, in dem sie Mitglied sind. Damit soll sichergestellt werden, daß durch die Schweigepflicht nicht die Beratungen innerhalb des Vertretungsorgans behindert werden. Die Schweigepflicht im Rahmen der ersten Fallgruppe gilt gegenüber den Ersatzmitgliedern, solange diese noch nicht an die Stelle eines ausgeschiedenen oder verhinderten Mitgliedes getreten sind.

Da nach § 73 Abs. 1 Satz 3 Personalakten nur mit Zustimmung der betroffenen Dienstkraft der Personalvertretung als Organ vorzulegen sind, kann eine Mitteilung über den Inhalt von **Personalakten** nur dann erfolgen, wenn diese Genehmigung vorliegt. Hat ein Mitglied eines Personalvertretungsorgans auf sonstige Weise infolge seiner Amtsausübung von dem Inhalt der Personalakten ohne Einwilligung des Betroffenen Kenntnis erlangt, darf diese nicht weitergegeben werden. 28

Ausnahme: Andere Verpflichtete

Eine weiter gehende Ausnahme von dem Gebot der Schweigepflicht enthält die zweite Fallgruppe. Sie erfaßt **sämtliche Geheimnisträger nach Satz 1,** also alle Personen, die Aufgaben und Befugnisse nach diesem Gesetz wahrnehmen. Erfaßt werden auch die Mitglieder der Personalvertretungen und Jugend- und Auszubildendenvertretungen, für die bereits die engere erste Fallgruppe gilt. Auch hier ist die Schweigepflicht nur gegenüber bestimmten Organen bzw. Behörden durchbrochen. Die Regelung ist abschließend. Sie gilt nur gegenüber den jeweils zuständigen Personalvertretungen und Dienststellen bzw. Behörden im Rahmen der Verwaltungsorganisation sowie gegenüber anderen Personalvertretungen, also sowohl gegenüber Stufenvertretungen als auch Vertretungsorganen in anderen Bereichen des öffentlichen Dienstes. 29

Nach Satz 3 besteht eine weitere Ausnahmeregelung gegenüber der Einigungsstelle, falls diese angerufen wird, § 81. Von welcher Seite die Anrufung erfolgt, ist unerheblich. 30

Eine **Durchbrechung der Schweigepflicht** gegenüber den in der Dienststelle oder der Personalvertretung vertretenen **Gewerkschaften** bzw. deren Vertretern besteht nicht *(vgl. dazu auch oben Rn. 25).* Entgegen dem Gesetzesvorschlag des DGB hat der Gesetzgeber eine solche Regelung nicht geschaffen. Er hat festgelegt, daß die Schweigepflicht generell nicht unter sämtlichen möglichen Geheimnisträgern zur ordnungsgemäßen Wahrnehmung von Aufgaben und Befugnissen im Rahmen des Personalvertretungsrechts durchbrochen werden kann. Eine Gleichstellung der zur Verschwiegenheit nach § 11 verpflichteten Personen ist nicht vorgenommen worden. Aus diesem Grunde besteht auch keine Durchbrechung der Schweigepflicht gegenüber den Teilnehmern von Personalversammlungen. Der Personalrat bzw. eine andere Person, die der Schweigepflicht nach Satz 1 unterliegt, darf auf einer Personalversammlung geheimhaltungsbedürftige Tatsachen bzw. Angelegenheiten nicht bekanntgeben. 31

Eine Ausdehnung der Ausnahmeregelung in Satz 2 kann wegen der genauen Fassung der Vorschrift im Wege der extensiven Auslegung nicht erfolgen. Gegenüber Gewerkschaftsvertretern oder sonstigen Mitgliedern von Verbänden oder anderen Personen, die Aufgaben und Befugnisse im Rahmen der Personalvertretung wahrzunehmen haben, ist die Schweigepflicht zu beachten. 32

§ 11

Ausnahme: Pflicht zur Information

33 Eine Geheimhaltungspflicht besteht nicht, wenn sich aus anderen Bestimmungen eine Pflicht zur Information ergibt, zum Beispiel als Zeuge *(hier sind Aussagegenehmigung und Zeugnisverweigerungsrechte, z. B. nach §§ 383 Abs. 1 ZPO, 54 Abs. 1 StPO, zu beachten, unten Rn. 35).* Das gilt auch dann, wenn eine Pflicht zur Erstattung einer Aussage zur Verhinderung einer strafbaren Handlung gegeben ist, oder im Rahmen der Mitwirkung des Personalrats bei der Bekämpfung von Unfall- und Gesundheitsgefahren, § 77.

Dauer der Schweigepflicht

34 Die Schweigepflicht ist nicht auf die Dauer des Amtes oder der Zugehörigkeit zum öffentlichen Dienst beschränkt, sie gilt in jedem Falle auf Lebenszeit. Für Gewerkschafts- oder Verbandsvertreter bleibt sie auch dann bestehen, wenn sie nicht mehr der Organisation angehören bzw. nicht mehr deren Vertreter sind. Sie endet auch nicht bei Versetzung in eine andere Dienststelle.

Zeugnisverweigerungsrecht

35 Die Verschwiegenheitpflicht berechtigt vor Gericht zur Zeugnisverweigerung *(§ 383 Abs. 1 Ziff. 6 ZPO; § 54 Abs. 1 StPO; § 46 Abs. 2 ArbGG; § 94 VwGO).* Bei dem strafprozessualen Aussageverweigerungsrecht ist allerdings zu beachten, daß diese nicht aus § 53 Abs. 1 StPO hergeleitet werden kann. Die Aufzählung der Personen, die nach dieser Bestimmung ein Zeugnisverweigerungsrecht haben, ist abschließend. Die Verschwiegenheitpflicht des § 11 deckt sich jedoch in der Regel mit der Amtsverschwiegenheit des § 54 Abs. 1 StPO, so daß Dienstkräfte des öffentlichen Dienstes aus dieser Bestimmung ein Zeugnisverweigerungsrecht haben *(LG München vom 2. 7. 1985, PersV 1986, 63; Dietz/Richardi, BPersVG, 2. Aufl., § 10 Rn. 26; vgl. aber Lorenzen u. a., BPersVG, § 10 Rn. 30; Grabendorff u. a., BPersVG, § 10 Rn. 16).* Dieses Zeugnisverweigerungsrecht kann aber nicht von Personen geltend gemacht werden, die nicht dem öffentlichen Dienst angehören, wie z. B. Gewerkschafter oder Verbandsvertreter *(insoweit a. A. Dietz/Richardi a. a. O.).*

36 Das Zeugnisverweigerungsrecht hat zur Folge, daß **Akten des Personalrats** und ähnliches nicht gemäß §§ 94, 95 StPO beschlagnahmt und ihre Herausgabe erzwungen werden können *(a. A. LG Hannover vom 3. 1. 1962, NdsRpfl 1962, 40).* Wollte man das zulassen, könnten die Schweigepflicht und das Zeugnisverweigerungsrecht umgangen werden. Hinzu kommt, daß bei einer Beschlagnahme von Akten des Personalrats die Regelung des § 96 StPO nicht anwendbar wäre, da der Personalrat keine Behörde ist *(a. A. LG Hannover a. a. O.).* Auch eine entsprechende Anwendung des § 96 StPO scheidet aus, da sonst die oberste Dienstbehörde das Bestimmungsrecht hinsichtlich der Personalratsakten erhielte, was jedoch dem Grundsatz der strikten Trennung im Bereich des Personalvertretungsrechts zwischen Dienststelle und Personalvertretung widersprechen würde.

37 Für die Erteilung von **Aussagegenehmigungen** ist grundsätzlich der Dienstvorgesetzte zuständig. Er erteilt sie nicht in seiner Eigenschaft als Vorgesetzter, sondern weil er Hüter des Amtsgeheimnisses ist. Ohne Aussagegenehmigung darf das Gericht oder die Behörde den Zeugen nicht zur Aussage zwingen.

§ 11

Besteht die **Geheimhaltungspflicht** allein **für interne Vorgänge** in einem Vertretungsorgan, um dessen Geschlossenheit zu gewährleisten, besteht eine Dispositionsbefugnis des Dienstvorgesetzten nicht. Hier werden allein die Interessen des Vertretungsorgans berührt, so daß auch dieses durch Beschluß neben dem Dienstvorgesetzten die Aussagegenehmigung erteilen muß *(vgl. Bischoff, AuR 1963, 200; Kanz, PersV 1968, 53, 58).* Bei Auskunft über den Inhalt von Personalakten muß außerdem die Genehmigung des Betroffenen vorliegen. 38

Verletzung der Schweigepflicht

Die Verletzung der Schweigepflicht kann zu strafrechtlicher Verfolgung führen. Sie rechtfertigt ferner den Ausschluß aus dem Vertretungsorgan nach § 25 *(Bay VGH vom 9. 12. 1965, PersV 1966, 256).* Die Verletzung der Schweigepflicht kann daneben disziplinarische Folgen haben sowie bei Angestellten und Arbeitern zu einer fristlosen Entlassung führen. Darüber hinaus handelt es sich bei § 11 um ein Schutzgesetz im Sinne des § 823 Abs. 2 BGB, so daß die Verletzung der Schweigepflicht zum Schadensersatz verpflichten kann, und zwar sowohl gegenüber der Dienststelle als auch gegenüber demjenigen, in dessen Angelegenheit die Verschwiegenheitspflicht verletzt worden ist. 39

Abschnitt II
Personalrat

1. Wahl und Zusammensetzung

§ 12 Wahlberechtigung

(1) Wahlberechtigt sind alle Dienstkräfte, die am Wahltage das 18. Lebensjahr vollendet haben, es sei denn, daß sie infolge Richterspruchs das Recht, in öffentlichen Angelegenheiten zu wählen oder zu stimmen, nicht besitzen.
(2) Abgeordnete Dienstkräfte, Beamte im Vorbereitungsdienst und Dienstkräfte in entsprechender Ausbildung sind nur bei ihrer Stammbehörde wahlberechtigt.

Übersicht

	Rn.
Allgemeines	1, 2
Dienstkrafteigenschaft	3– 5
Zugehörigkeit zur Dienststelle	6– 9
Teilzeitbeschäftigte	10, 11
Abwesende Dienstkräfte	12–14
Wahlalter	15
Staatsangehörigkeit, Aberkennung des Rechts, in öffentlichen Angelegenheiten zu wählen	16, 17
Geschäftsfähigkeit	18
Mangelhafte und gekündigte Dienstverhältnisse	19–22
Wahlberechtigung bei Abordnung, Ausbildungsverhältnis	23–25
Eintragung in das Wählerverzeichnis	26
Streitigkeiten	27

Allgemeines

1 § 12 **regelt die materiellen Voraussetzungen** des aktiven Wahlrechts (Wahlberechtigung). Er kann weder durch Tarifvertrag noch durch Dienstvereinbarung geändert werden. Von der Wahlberechtigung ist die Wahrnehmung anderer Rechte im Rahmen des PersVG Bln abhängig, z. B. das Recht, Wahlvorschläge zu machen, § 16 Abs. 4 Satz 1, die Mitwirkung bei der Bildung des Wahlvorstandes, §§ 17, 18, 19, das Recht der Wahlanfechtung, § 22 Abs. 1; die Wahlberechtigung ist maßgeblich auch im Rahmen der Rechte nach §§ 25 Abs. 1, 47 Abs. 2.

2 Für die Frage der Personalratspflichtigkeit, der Anzahl der Personalratsmitglieder und der freizustellenden Personalratsmitglieder kommt es **nicht** auf die Anzahl der **wahlberechtigten** Dienstkräfte an.

Dienstkrafteigenschaft

3 Wahlberechtigt sind nur Dienstkräfte i. S. des § 3, die einer Dienststelle, § 5, angehören. Nicht wahlberechtigt sind diejenigen Personen, die gem. § 3 Abs. 3 keine Dienstkräfte sind. Ausgeschlossen sind auch Richter, selbst wenn sie an eine Verwaltungsbehörde abgeordnet sind *(vgl. oben § 3 Rn. 8).*

§ 12

Zu den wahlberechtigten Dienstkräften gehören der Dienststellenleiter, sein ständiger Vertreter, sonstige Dienstkräfte mit leitenden Funktionen sowie die in § 13 Abs. 3 bezeichneten Personen, soweit sie die Voraussetzungen des § 3 erfüllen *(Grabendorff u.a., BPersVG, § 13 Rn. 4; Lorenzen u.a., BPersVG, § 13 Rn. 5)*. Das läßt sich aus der besonderen Regelung des § 13 Abs. 3 folgern. 4

Zur Dienstkrafteigenschaft von **Leiharbeitnehmern** vgl. § 3 Rn. 4. 5

Zugehörigkeit zur Dienststelle

Die Wahlberechtigung der Dienstkräfte besteht nur für die **Dienststelle, bei der sie beschäftigt** sind. Sie müssen zu dem Träger der Dienststelle in einem Dienstverhältnis als Angestellte, Arbeiter oder Beamte stehen. Es kommt nicht allein auf die Rechtsbeziehungen an, ausschlaggebend sind die Beschäftigungsverhältnisse und damit die tatsächliche Eingliederung in eine Dienststelle *(Lorenzen u.a., BPersVG, § 13 Rn. 11a)*. Die Wahlberechtigung beginnt erst mit dem tatsächlichen Dienstantritt bzw. der Arbeitsaufnahme *(vgl. BVerwG vom 19. 6. 1980, ZBR 1981, S. 69)*. 6

Unerheblich für die Frage der Wahlberechtigung ist die **Dauer der Zugehörigkeit** zu der Dienststelle. Entscheidend ist nur, daß die Zugehörigkeit am Wahltage besteht. Auch jemand, der am Tage der Wahl zu vorübergehender Beschäftigung Dienstkraft der Dienststelle geworden ist, z.B. zur Aushilfe, ist, soweit nicht die Regelung des Absatzes 2 Platz greift, wahlberechtigt. 7

Bei einer **Wahlwiederholung** nach erfolgreicher Wahlanfechtung gem. § 22 dürfen zwischenzeitlich **neu eingestellte** Beschäftigte – trotz Erfüllung der Voraussetzung des § 12 – nicht teilnehmen *(BVerwG vom 15. 2. 1994, PersR 1994, 167)*. 8

Ist jemand in **mehreren Dienststellen** als Dienstkraft tätig, z.B. bei Teilzeitbeschäftigungen in verschiedenen Dienststellen, so ist er in allen wahlberechtigt *(vgl. OVG Bremen vom 23. 8. 1988, PersV 1990, 265)*. 9

Teilzeitbeschäftigte

Im Gegensatz zur Wählbarkeit, § 13 Abs. 3 Nr. 1, ist die Dauer der tatsächlichen **Arbeitszeit** auf die Wahlberechtigung grundsätzlich **ohne Einfluß**. Sie ist nur dann ausgeschlossen, wenn die Beschäftigung zeitlich betrachtet so nebensächlich ist, daß sie für die Dienstkraft und die Dienststelle ohne jede Bedeutung ist *(BVerwG vom 11. 2. 1981, PersV 1982, 110)*. Die Geringfügigkeitsgrenze *(§ 8 Abs. 1 Nr. 1 SGB IV)* kann hierbei nur ein Indiz sein, in erster Linie wird auf die Bedeutung der Tätigkeit für die Dienststelle abzustellen sein. Das Wahlrecht steht sowohl den stundenweise Beschäftigten als auch denjenigen zu, die regelmäßig in wiederkehrenden Abständen vorübergehend in der Dienststelle tätig sind. 10

Wahlberechtigt sind also auch diejenigen Dienstkräfte, die regelmäßig im Monat an bestimmten Tagen ihren Dienst versehen und dafür ein auf mehrere Tage befristetes Arbeitsverhältnis abschließen. Die Wahlberechtigung besteht selbst dann, wenn die Wahl nicht an den Tagen stattfindet, an denen die Dienstkräfte ihren Dienst versehen *(BVerwG vom 8. 12. 1967, PersV 1968, 114)*. 11

§ 12

Abwesende Dienstkräfte

12 Krankheit, Urlaub, Mutterschutzzeiten, dienstliche Abwesenheit berühren die Frage der Wahlberechtigung nicht. Im Gegensatz zu § 13 Abs. 1 Satz 2 BPersVG ist kein Wegfall des Wahlrechts für den Fall vorgesehen, daß eine Dienstkraft länger als sechs Monate unter Fortfall der Bezüge beurlaubt ist.

13 Eine Beurlaubung, bei der der Dienstherr auf die Dienstleistung und die Dienstkraft auf die Gehalts-, Lohn oder Vergütungsansprüche verzichtet und deren Zweck die hauptberufliche Tätigkeit bei einem anderen Dienstherrn oder Arbeitgeber ist, hebt die tatsächliche Eingliederung in die Dienststelle auf. Damit entfällt auch die Wahlberechtigung *(Grabendorff u. a., BPersVG, § 13 Rn. 14)*.

13a Wahlberechtigt sind grundsätzlich auch Dienstkräfte, die sich in **Altersteilzeit** *(Blockmodell)* befinden *(Schleswig-Holsteinisches VG vom 7. 3. 2000, PersR 2000, 212; a. A. Wolber, PersR 2000, 148)*. Eine Wahlberechtigung wird aber nicht mehr anzunehmen sein, wenn sich an die Blockfreizeit der Dienstkraft deren endgültiges Ausscheiden aus dem Dienst-/Beschäftigungsverhältnis anschließt.

14 Zur Frage der **abgeordneten Dienstkräfte** siehe Abs. 2 und unten Rn. 23.

Wahlalter

15 Die Wahlberechtigung setzt die Vollendung des 18. Lebensjahres voraus. Es genügt, wenn der Wahlberechtigte am Wahltag seinen Geburtstag hat. Erst an diesem Tage ist er wahlberechtigt. Die formelle Voraussetzung der Eintragung in das Wählerverzeichnis ist nicht ausschlaggebend, sie kann noch während des Wahlvorgangs bis zum Abschluß der Stimmabgabe nachgeholt werden, § 2 Abs. 2 WO. Nach § 187 Abs. 2 Satz 2 und § 188 Abs. 2 BGB ist das 18. Lebensjahr schon mit dem Tag vollendet, der dem Geburtstag des 18. Lebensjahres vorausgeht. Hat die Dienstkraft bereits vorher die Stimme abgegeben, wird dieser Fehler nicht durch die nachfolgende Erreichung der Altersgrenze geheilt *(BVerwG vom 23. 10. 1970, E 36, 170)*.

Staatsangehörigkeit, Aberkennung des Rechts, in öffentlichen Angelegenheiten zu wählen

16 Die **Staatsangehörigkeit** ist für die Wahlberechtigung unerheblich, es ist ohne Bedeutung, ob es sich um deutsche oder ausländische Dienstkräfte handelt. Damit sollen Diskriminierungen abgebaut und die Integration der ausländischen Dienstkräfte gefördert werden.

17 Das **Recht, in öffentlichen Angelegenheiten zu wählen oder zu stimmen,** kann nach § 45 Abs. 5 StGB in besonderen, im Gesetz geregelten Fällen einem Verurteilten durch das Strafgericht für die Dauer von 2 bis 5 Jahren aberkannt werden. Der Verlust dieser Rechte und damit auch der Verlust des aktiven Wahlrechts nach dem PersVG wird mit Rechtskraft des Strafurteils wirksam, § 45a Abs. 1 StGB.

Geschäftsfähigkeit

18 Grundsätzlich ist die privatrechtliche Geschäftsfähigkeit keine Voraussetzung für das aktive Wahlrecht. Ohne daß es im Gesetz ausdrücklich geregelt ist, ist das Wahlrecht aber ausgeschlossen, wenn das Vormundschaftsgericht für den

Wahlberechtigten einen **Betreuer** bestellt hat und seine Willenserklärungen unter dem sog. **Einwilligungsvorbehalt** stehen (*§§ 1896 ff. BGB*). Voraussetzung ist aber immer, daß eine rechtskräftige gerichtliche Entscheidung vorliegt.

Mangelhafte und gekündigte Dienstverhältnisse

Nicht ausgeschlossen ist die Wahlberechtigung, wenn kein vollwirksames Arbeitsverhältnis besteht. Solange die **Nichtigkeit oder Anfechtung** nicht geltend gemacht ist, ist die Dienstkraft in die Dienststelle eingegliedert und damit wahlberechtigt. Entsprechendes gilt im Falle der Nichtigkeit (*§ 14 LBG*) oder der Rücknehmbarkeit (*§ 15 LBG*) von Beamtenverhältnissen. 19

Bei Kündigung von Angestellten und Arbeitern besteht die Wahlberechtigung während des Laufes der Kündigungsfrist; dies gilt selbst dann, wenn der Dienstherr die Dienstkraft beurlaubt hat. Nach Ablauf der Kündigungsfrist bzw. nach Zugang einer fristlosen Kündigung und einer gegen die Kündigung gerichteten Klage steht bis zur Rechtskraft des Urteils nicht fest, ob das Dienstverhältnis oder Arbeitsverhältnis fortbesteht. Erst mit **rechtskräftiger Entscheidung** findet eine Erklärung des Zweifelsfalles über die Wahlberechtigung statt; bis zu diesem Zeitpunkt ist eine Wahlberechtigung nicht gegeben (*Dietz/Richardi, BPersVG, § 13 Nr. 4*). Etwas anderes gilt nur dann, wenn die Dienstkraft auch nach Ablauf der Kündigungsfrist weiter in der Dienststelle arbeitet, etwa aufgrund einer **vorläufigen Weiterbeschäftigung.** Denn dann ist sie immer noch in diese eingegliedert. 20

Die **Rücknahme der Ernennung** sowie die **Entlassung von Beamten** (*§§ 64 ff. LBG*) sind rechtsgestaltende Verwaltungsakte. Die dagegen zulässigen Rechtsbehelfe (*Widerspruch bzw. Klage vor dem Verwaltungsgericht*) haben aufschiebende Wirkung, § 80 Abs. 1 VwGO. Bis zur rechtskräftigen Entscheidung bleibt das Wahlrecht bestehen, der Beamte ist noch **in die Dienststelle eingegliedert.** Etwas anderes gilt nur dann, wenn der sofortige Vollzug des Verwaltungsaktes angeordnet ist, § 80 Abs. 2 Ziff. 4 VwGO, und die Widerspruchsbehörde bzw. das Verwaltungsgericht nicht rechtskräftig die sofortige Vollziehung ausgesetzt oder die aufschiebende Wirkung wiederhergestellt haben, § 80 Abs. 4 und 5 VwGO. 21

Das gleiche gilt für die Entfernung aus dem Dienst auf Grund eines Disziplinarverfahrens, § 10 LDO. Auch hier entfällt die Wahlberechtigung erst mit der Unanfechtbarkeit der Entscheidung. 22

Wahlberechtigung bei Abordnung, Ausbildungsverhältnis

Abgeordnete Dienstkräfte, Beamte im Vorbereitungsdienst und Dienstkräfte in entsprechender Ausbildung sind grundsätzlich nur bei ihrer Stammbehörde wahlberechtigt. Sie wählen nicht in derjenigen Dienststelle, in der sie (aktuell) ihren Dienst leisten. Im personalvertretungsrechtlichen Sinne bleibt die Zugehörigkeit zu der bisherigen Dienststelle (*Stammbehörde*) erhalten. Stammbehörde ist in erster Linie die **personalaktenführende Stelle,** die auch für personalrechtliche Angelegenheiten zuständig ist. Bei Dienstkräften in der Ausbildung ist es die die Ausbildung leitende Dienststelle (*vgl. auch oben § 5 Rn. 47 ff.*). Insoweit entspricht die Regelung des Absatzes 2 auch der Bestimmung in § 5 Abs. 2, die für einzelne Beschäftigungsgruppen von Dienstkräften besondere Dienststellen geschaffen hat. 23

24 Absatz 2 stellt in erster Linie auf die rechtliche Zugehörigkeit zu einer bestimmten Dienststelle ab und berücksichtigt nicht das tatsächliche Beschäftigungsverhältnis der einzelnen Dienstkraft.

25 Der **Begriff der Abordnung** in Absatz 2 bezieht sich auf alle Dienstkräfte und ist daher mit dem beamtenrechtlichen Begriff der Abordnung nicht ohne weiteres zu vergleichen. Unter Abordnung im personalvertretungsrechtlichen Sinne ist jede amtliche Maßnahme zu verstehen, durch die eine Dienstkraft verpflichtet wird, in einer anderen Dienststelle als der Stammbehörde Dienst zu tun *(vgl. zum Abordnungsbegriff BVerwG vom 6. 6. 1991, PersR 1991, 337).*

Eintragung in das Wählerverzeichnis

26 Die formellen Voraussetzungen für die tatsächliche Ausübung des Wahlrechts sind in der Wahlordnung zum Personalvertretungsgesetz geregelt. § 12 betrifft lediglich die materielle Wahlberechtigung. Nur aus ihm läßt sich der Kreis der Wahlberechtigten bestimmen, durch Nichteintragung in das Wählerverzeichnis (§ 2 Abs. 2 WO) verliert eine Dienstkraft **nicht ihr materielles Wahlrecht**. Die Eintragung kann bis zum Abschluß der Stimmabgabe nachgeholt werden, § 2 Abs. 2 Satz 2 WO.

Streitigkeiten

27 Streitigkeiten über die Wahlberechtigung hat zunächst der Wahlvorstand zu entscheiden, § 2 Abs. 4 Satz 2 WO. Danach kann die Entscheidung des Verwaltungsgerichtes herbeigeführt werden, § 91 Abs. 1 Nr. 1. Außerdem kann die Frage der Wahlberechtigung im Bereich der Wahlanfechtung, § 22, von Bedeutung sein.

§ 13 Wählbarkeit

(1) Wählbar sind alle Wahlberechtigten, die am Wahltage
1. das 18. Lebensjahr vollendet haben,
2. seit einem Jahre im öffentlichen Dienst und seit drei Monaten im Dienste des Landes Berlin oder einer landesunmittelbaren Körperschaft, Anstalt oder Stiftung des öffentlichen Rechts beschäftigt sind.

Nicht wählbar ist, wer infolge Richterspruchs die Fähigkeit, Rechte aus öffentlichen Wahlen zu erlangen, nicht besitzt.

(2) Absatz 1 Nr. 2 findet keine Anwendung:
1. auf Referendare, Lehreranwärter und die in § 5 Abs. 2 Nr. 4 und 5 bezeichneten Dienstkräfte,
2. wenn die Dienststelle weniger als drei Jahre besteht,
3. wenn nicht mindestens fünfmal soviel wählbare Dienstkräfte jeder Gruppe vorhanden sind, wie nach den §§ 14 und 15 zu wählen sind.

(3) Nicht wählbar sind
1. Dienstkräfte, die wöchentlich regelmäßig weniger als 18 Stunden beschäftigt sind; dies gilt nicht für Lehrkräfte mit mindestens 11 Pflichtstunden je Woche, für künstlerisches Personal und für die in § 5 Abs. 2 Nr. 5 bezeichneten Dienstkräfte;
2. die in § 9 genannten Personen und deren ständige Vertreter;

§ 13

3. Dienstkräfte, die zu selbständigen Entscheidungen in Personalangelegenheiten von nicht untergeordneter Bedeutung befugt sind;
4. die Mitglieder des Wahlvorstandes.

Übersicht   Rn.

Allgemeines 1– 3
Wahlberechtigung, Wählbarkeitsalter 4– 6
Beschäftigungsdauer 7
Beschäftigung im öffentlichen Dienst und Landesdienst 8–13
Fähigkeit, Rechte aus öffentlichen Wahlen zu erlangen 14, 15
Ausnahmen von dem Erfordernis der Beschäftigungsdauer (Abs. 2) 16–18
Ausschluß der Wählbarkeit (Abs. 3) 19
Teilzeitbeschäftigte 20, 21
Dienststellenleiter und Vertreter 22
Leitende Beschäftigte 23–33
Mitglieder des Wahlvorstandes 34
Sonstige Ausschlußgründe 35–38
Eintragung in die Wählerliste 39
Streitigkeiten 40–43

Allgemeines

§ 13 regelt das **passive Wahlrecht,** d.h. die gesetzlichen Voraussetzungen, die 1
erfüllt werden müssen, um bei einer Wahl als Bewerber aufgestellt und in den
Personalrat gewählt zu werden. Das passive Wahlrecht baut auf dem aktiven
Wahlrecht auf. Die gesetzliche Regelung ist erschöpfend; sie kann weder durch
Tarifvertrag noch durch Dienstvereinbarung, noch durch Auslegung erweitert
oder geändert werden *(BVerwG vom 12. 1. 1962, E 13, 296).* Sämtliche Voraussetzungen müssen im Zeitpunkt der Wahl vorliegen.
Vergleichbare Regelungen finden sich in § 14 BPersVG und § 8 BetrVG. 2
Eine weitere Regelung in bezug auf die Wählbarkeit enthält letztlich auch § 44 3
Abs. 3 des Gesetzes über die Hochschulen im Land Berlin vom 13. 11. 1986
(Berliner Hochschulgesetz – BerlHG – GVBl. 1986, 1771f.). Zu dieser Regelung
siehe § 42 Rn. 5.

Wahlberechtigung, Wählbarkeitsalter

Voraussetzung für das passive Wahlrecht ist zunächst das **aktive Wahlrecht** 4
(vgl. zu dessen Voraussetzungen § 12 mit den dortigen Erläuterungen). Der Verlust
der aktiven Wahlberechtigung hat zwangsläufig auch den Verlust der Wählbarkeit zur Folge. Neben dem aktiven Wahlrecht sind jedoch für die Wählbarkeit zusätzliche Voraussetzungen erforderlich; aus der Wahlberechtigung allein
ergibt sich noch nicht die Wählbarkeit.
Weitere Voraussetzung ist die **Vollendung des 18. Lebensjahres.** Hinsichtlich 5
der Einzelheiten bezüglich der Altersgrenze kann auf die Erläuterungen zu § 12
Rn. 15 verwiesen werden.
Auch für das passive Wahlrecht ist die Staatsangehörigkeit **unerheblich;** es ist 6
ohne Bedeutung, ob es sich um **deutsche oder ausländische Dienstkräfte**
handelt.

§ 13

Beschäftigungsdauer

7   Nach § 13 Abs. 1 Nr. 2 wird für die Wählbarkeit eine **Mindestbeschäftigungsdauer** gefordert. Grundgedanke hierfür ist, daß nur diejenige Dienstkraft die Personalratstätigkeit in ausreichendem Maße ausüben kann, die selbst bereits praktische Verwaltungserfahrung hat.

Beschäftigung im öffentlichen Dienst und Landesdienst

8   Die einjährige Beschäftigung im öffentlichen Dienst erfordert eine Tätigkeit in öffentlichen Verwaltungen bzw. von Körperschaften, Anstalten oder Stiftungen des öffentlichen Rechts bzw. von Betrieben, die **unmittelbar** von der öffentlichen Verwaltung geführt werden. Die Beschäftigung in Betrieben mit eigener Rechtspersönlichkeit, die dem Privatrecht zuzuordnen sind, reicht nicht aus. Die Tätigkeit muß nicht im öffentlichen Dienst des Landes Berlin abgeleistet worden sein. Es genügt jede Tätigkeit in Bundes- *(dort auch bei Betriebsverwaltungen wie Bundesbahn und Bundespost)*, Landes- und Kommunalverwaltungen und in den ihnen zugeordneten Verwaltungseinheiten und Betrieben. Auf die Art des Beschäftigungsverhältnisses und den Wechsel innerhalb der Jahresfrist kommt es nicht an.

9   Die einjährige Beschäftigung im öffentlichen Dienst muß grundsätzlich unmittelbar vor dem letzten Wahltage liegen und auch **ohne Unterbrechungen** durchlaufen worden sein. Entscheidend ist hier in erster Linie der rechtliche Bestand des Beschäftigungsverhältnisses. Es ist nur dann unterbrochen, wenn eine rechtliche Beendigung eingetreten war, ohne daß sich unmittelbar ein neues Beschäftigungsverhältnis im öffentlichen Dienst angeschlossen hat. Tatsächliche Unterbrechungen wie Krankheit, Urlaub, Kur, Arbeitskampf u. ä. bleiben außer Betracht. Hat eine Unterbrechung im Rechtssinne stattgefunden, kann die vor dem Zeitpunkt der Unterbrechung abgeleistete Dienstzeit nicht angerechnet werden.

10 Die **Berechnung der Jahresfrist** richtet sich nach § 187 Abs. 2 BGB. Der erste Tag der tatsächlichen Dienstausführung ist mitzuzählen.

11 Von der einjährigen Tätigkeit im öffentlichen Dienst muß der Wahlberechtigte drei Monate im Dienste des Landes Berlin bzw. einer landesunmittelbaren Körperschaft, Anstalt oder Stiftung des öffentlichen Rechts bzw. eines Eigenbetriebes beschäftigt gewesen sein. Die **dreimonatige Beschäftigungszeit** kann innerhalb der einjährigen Beschäftigungszeit erfüllt worden sein; sie muß ohne Unterbrechung abgeleistet worden sein.

12 Da es im Gegensatz zu der Regelung in § 14 Abs. 1 Nr. 1 BPersVG nicht auf die Zugehörigkeit zum Geschäftsbereich einer obersten Dienstbehörde ankommt, ist ein **Wechsel der Dienststelle** während der Dreimonatsfrist unschädlich. Auch spielt es aus diesem Grunde keine Rolle, ob Dienststellen gem. § 6 zusammengelegt oder getrennt worden sind.

13 Die Fristberechnung richtet sich auch hier nach § 187 Abs. 2 BGB.

Fähigkeit, Rechte aus öffentlichen Wahlen zu erlangen

14 Weitere Voraussetzung ist die Fähigkeit, Rechte aus öffentlichen Wahlen zu erlangen. Neben dem seltenen Fall des **§ 39 Abs. 2 BVerfGG** (Verwirkung von Grundrechten) kann sich der Verlust der Fähigkeit, Rechte aus öffentlichen

Wahlen zu erlangen, aus **§ 45 Abs. 1 und 2 StGB** ergeben (z. B. Verurteilung wegen eines Verbrechens zu einer Freiheitsstrafe von mindestens 1 Jahr). Der Verlust der Fähigkeit zur Bekleidung eines öffentlichen Amtes auf Grund strafrechtlicher Vorschriften hat zugleich den Verlust derjenigen Ämter im Bereich des Personalvertretungsgesetzes zur Folge, die diese Fähigkeit voraussetzen. Verliert daher ein Personalratsmitglied diese Fähigkeit, dann hat das zugleich den Verlust seines Amtes zur Folge, vgl. § 45 Abs. 4 StGB *(vgl. dazu näher Fritzsche, PersV 1970, 25 ff.).* 15

Ausnahmen von dem Erfordernis der Beschäftigungsdauer (Abs. 2)

Nach **Nr. 1** gilt die Ausnahmeregelung zunächst für bestimmte Personenkreise, die wegen der Besonderheiten ihrer Dienstverhältnisse schon vom Beginn des Eintritts in den öffentlichen Dienst an wählbar sein sollen. Sie gilt für Referendare im Bezirk des Kammergerichts, § 5 Abs. 2 Nr. 4, sowie für die Tutoren und die studentischen Hilfskräfte, § 5 Abs. 2 Nr. 5. 16

Eine weitere Ausnahme gilt, wenn die Dienststelle weniger als 3 Jahre besteht, **Nr. 2.** Grund hierfür ist, daß gerade bei neugeschaffenen Dienststellen eine Vielzahl neuer Dienstkräfte eingestellt werden, die vorher noch nicht im öffentlichen Dienst beschäftigt waren. Durch die Ausdehnung der Wählbarkeit soll sichergestellt werden, daß eine echte Wahl zwischen möglichst vielen Wahlbewerbern erfolgen kann. 17

Dem entspricht auch die Regelung in **Nr. 3,** nach der der Kreis der wählbaren Dienstkräfte dann durch die Ausnahmeregelung erweitert werden soll, wenn nicht mindestens fünfmal soviel wählbare Dienstkräfte jeder Gruppe vorhanden sind, wie nach den §§ 14 und 15 zu wählen sind. 18

Ausschluß der Wählbarkeit (Abs. 3)

In Abs. 3 ist zwingend festgelegt, welche Dienstkräfte nicht wählbar sind. 19

Teilzeitbeschäftigte

Nr. 1 betrifft die teilzeitbeschäftigten Dienstkräfte mit weniger als 18 Stunden wöchentlicher Arbeitszeit. Es kommt auf die **regelmäßige** Beschäftigungszeit an. Gelegentliche Unterschreitungen der 18stündigen Beschäftigungszeit spielen daher keine Rolle. Beschäftigung ist jede zu leistende Tätigkeit, die im Interesse der Dienststelle liegt, in der gewählt wird. Beschäftigungen in anderen Dienststellen bleiben außer Betracht. 20

Die Tätigkeit der freigestellten Personalratsmitglieder ist Beschäftigung im Sinne von § 13 Abs. 3. 21

Dienststellenleiter und Vertreter

Nach Nr. 2 sind die in § 9 genannten Personen und deren ständige Vertreter von der Wählbarkeit ausgenommen. Sie besitzen zwar das aktive, nicht jedoch das passive Wahlrecht. Für die Frage, welche Personen nach dieser Regelung von der Wählbarkeit ausgenommen sind, ist die Bestimmung in § 9 allein maßgeblich *(vgl. dort Rn. 3 ff.).* 22

§ 13

Leitende Beschäftigte

23 Keine klare Abgrenzung enthält die Bestimmung der Nr. 3, nach der diejenigen Dienstkräfte von der Wählbarkeit ausgeschlossen sind, die – planmäßig – zu **selbständigen Entscheidungen in Personalangelegenheiten** von nicht untergeordneter Bedeutung befugt sind.

24 Der Begriff der **Personalangelegenheiten** ist grundsätzlich gleichbedeutend mit den in den §§ 87 und 88 im einzelnen geregelten Personalangelegenheiten, in denen dem Personalrat ein Beteiligungsrecht zusteht *(vgl. BVerwG vom 11. 3. 1982, PersV 1983, 405)*.

25 Bei der Abgrenzung ist zu berücksichtigen, daß der Ausschluß der Wählbarkeit in § 13 Abs. 3 Nr. 3 bezweckt, daß keine Interessenkollision zwischen Dienststelle und Personalrat eintreten darf. Es soll verhindert werden, daß Dienstkräfte im Personalrat vertreten sind, die selbst bei entsprechenden Mitbestimmungsangelegenheiten Gegner des Personalrates sind. Diesem Grundsatz entspricht auch die Regelung in § 13 Abs. 3 Nr. 2, nach der die in § 9 genannten Dienstkräfte von der Wählbarkeit ausgeschlossen sind. Der Begriff der Personalangelegenheit ist daher mindestens so weit zu fassen, daß eine derartige **Interessenkollision** zwischen Personalrat und Vertreter des Dienstherrn nicht eintreten kann. Ob eine Vermischung beider Funktionen – Wahrnehmung von Personalangelegenheiten und Personalratsamt – möglich ist, ist im Einzelfall zu prüfen *(BVerwG vom 25. 6. 1974, PersV 1974, 387)*.

26 Der Begriff der Personalangelegenheiten umfaßt also alle die persönliche Rechtsstellung der Dienstkräfte betreffenden und zur Entscheidung anstehenden Fragen.

27 Bei den Beamten sind alle beamtenrechtlichen Entscheidungen des Dienstvorgesetzten über die persönlichen Angelegenheiten der ihm nachgeordneten Beamten erfaßt, die unmittelbar in deren Rechtsstellung eingreifen, also den Status betreffen, selbst wenn nur ein Fall der eingeschränkten Mitbestimmung gegeben ist.

28 Die Wählbarkeit ist nur ausgeschlossen, wenn die betreffende Dienstkraft zu **selbständigen Entscheidungen von nicht untergeordneter Bedeutung** im Bereich der Personalangelegenheiten befugt ist. Eine selbständige Entscheidungsbefugnis setzt die innerdienstliche Befugnis voraus, abschließend und endgültig über die Angelegenheit zu entscheiden. Das Schlußzeichnungsrecht spricht regelmäßig hierfür. Nicht in jedem Falle ausschlaggebend ist, welche Dienstkraft nach außen die getroffene Entscheidung zu vertreten hat. Häufig wird allerdings die Entscheidungsbefugnis im Außen- und Innenverhältnis übereinstimmen.

29 Von der Wählbarkeit nach § 13 Abs. 3 Nr. 3 sind nur diejenigen Dienstkräfte ausgeschlossen, die die Entscheidungen in Personalangelegenheiten **selbst** treffen, nicht aber solche Dienstkräfte, die diese Entscheidungen nur **vorbereiten**.

30 Dementsprechend wird in der Regel nur der Leiter der Personalabteilung die zur Entscheidung befugte Dienstkraft sein *(Lorenzen u.a., BPersVG, § 14 Rn. 25b)*. Zur Stellung des Personalreferatsleiters vgl. OVG Berlin vom 10. 11. 1995, ZfPR 1996, 163.
Personalsachbearbeiter sind daher im allgemeinen nicht von der Wählbarkeit ausgeschlossen, obwohl bei ihnen ebenfalls leicht der Anschein einer Interessenkollision entstehen kann *(vgl. OVG Nordrhein/Westfalen vom 24. 6. 1982, RiA 1983, 107)*.

Die Befugnis zur selbständigen Entscheidung der Personalangelegenheit muß 31
nicht in jedem Falle eine allumfassende Zuständigkeit beinhalten. Eine sachlich
begrenzte Zuständigkeit zur selbständigen Entscheidung bestimmter Personalangelegenheiten kann genügen. Dabei muß es sich jedoch um eine Personalangelegenheit von »nicht untergeordneter Bedeutung« handeln.
Dies wird vorliegen bei Fragen der Einstellung und Entlassung, Änderungs- 32
kündigung, Inhalt des Arbeitsvertrages.
Die bloße Befugnis zur Gewährung von Urlaub oder zur Verhängung von
disziplinarischen Maßnahmen reicht nicht aus *(vgl. z. B. BVerwG vom
11. 3. 1982, PersV 1983, 405).*
Ein Verstoß gegen die Regeln über die Wählbarkeit stellt einen Grund für eine 33
Wahlanfechtung dar *(OVG Nordrhein-Westfalen vom 1. 4. 1982, PersV 1983, 199).*

Mitglieder des Wahlvorstandes

Schließlich sind von der Wählbarkeit nach § 13 Abs. 3 Nr. 4 die Mitglieder des 34
Wahlvorstandes, §§ 17 ff., ausgeschlossen. Damit soll die Unabhängigkeit und
Unparteilichkeit des Wahlvorstandes sichergestellt werden. Für den Zeitpunkt
des Ausschlusses der Wählbarkeit kommt es auf den Wahltag, nicht jedoch auf
die Zeit vor dem Wahltag an. Ein Mitglied des Wahlvorstandes kann z. B. von
diesem Amt zurücktreten und erlangt damit (wieder) die Wählbarkeit *(Nds.
OVG vom 15. 7. 1998, PersV 1999, 229).*

Sonstige Ausschlußgründe

Hinsichtlich der Dienstkräfte in **mangelhaften oder gekündigten Beschäfti-** 35
gungsverhältnissen gelten die gleichen Grundsätze wie bei dem aktiven Wahlrecht *(vgl. dort § 12 Rn. 19 ff.).* Wegen der abschließenden Aufzählung der die
Wählbarkeit ausschließenden Gründe können diese Tatsachen nur im Bereich
des Erfordernisses des aktiven Wahlrechts berücksichtigt werden. Bei dem
Ausspruch von Kündigungen ist zu beachten, daß Wahlbewerber einen besonderen Kündigungsschutz genießen, § 108 BPersVG, § 15 Abs. 3 KSchG.
Bezüglich der **Rücknahme der Ernennung** sowie der **Entlassung von Beamten** 36
gelten ebenfalls die gleichen Grundsätze *(vgl. § 12 Rn. 21 f.).*
Bei **Ausschluß aus dem Personalrat** durch Beschluß des Verwaltungsgerichts, 37
§ 25, tritt kein Verlust der Wählbarkeit ein. Das ausgeschlossene Personalratsmitglied kann bei der nächsten Wahl erneut kandidieren *(BVerwG vom 26. 9.
1969, PersV 1970, 90).* Die Amtsenthebung beendet nur das laufende Amt, kann
aber für die Zukunft nicht die Fähigkeit aberkennen, in die Personalvertretung
gewählt werden zu können.
Letztlich einem Ausschluß der Wählbarkeit kommt auch die Vorschrift des § 44 38
Abs. 3 des Berliner Hochschulgesetzes *(BerlHG vom 13. 11. 1986 – GVBl. 1986,
1771 f.)* gleich. Zu dieser Regelung siehe § 42 Rn. 5.

Eintragung in die Wählerliste

Formelle Voraussetzung für die Wählbarkeit ist wegen des Erfordernisses der 39
Wahlberechtigung die Eintragung in die Wählerliste *(vgl. auch § 12 Rn. 26).*
Außerdem kann nur gewählt werden, wer auf einem ordnungsmäßigen Wahl-
vorschlag vorgeschlagen worden ist, § 6 WO.

§§ 13, 14

Streitigkeiten

40 Die Entscheidung über die Wählbarkeit trifft zunächst der Wahlvorstand. Meinungsverschiedenheiten über dessen Entscheidung entscheidet das Verwaltungsgericht im Beschlußverfahren *(Dietz/Richardi, BPersVG, § 14 Rn. 49; Grabendorff u.a., BPersVG, § 14 Rn. 34)*. Bereits vor Durchführung der Wahl kann so die Feststellung der Wählbarkeit geklärt werden. Der Erlaß einer einstweiligen Verfügung ist allerdings ausgeschlossen, da diese keiner materiellen Rechtskraft fähig ist und ein mögliches Anfechtungsverfahren nicht ausschließen könnte *(a.A. OVG Münster vom 16. 5. 1978, PersV 1980, 243)*. Für die gesonderte Feststellung der Wählbarkeit fehlt das Rechtsschutzinteresse, wenn wegen dieser Streitfrage bereits ein Anfechtungsverfahren anhängig ist. Auch nach Durchführung der Wahl wird nur noch die Wahlanfechtung möglich sein, eine gesonderte Entscheidung über die Wählbarkeit würde zu keiner abschließenden Befriedung führen, sie würde das Anfechtungsverfahren nicht überflüssig machen.

41 Streitigkeiten über die Wählbarkeit können ferner im Wege der Wahlanfechtung ausgetragen werden, § 22.

42 Ist eine nicht wählbare Dienstkraft gewählt worden, dann erlischt ihr Amt erst nach rechtskräftiger Feststellung der fehlenden Wählbarkeit *(BVerwGE 8, 221)*, § 26 Abs. 1 Nr. 7.

43 Eine Ausnahme gilt im Falle des fehlenden Wählbarkeitsalters. Hier kann eine Heilung des Mangels eintreten, wenn die gewählte Dienstkraft im Laufe des Rechtsstreites das 18. Lebensjahr vollendet.

§ 14 Mitgliederzahl

(1) Der Personalrat besteht in Dienststellen mit in der Regel
bis 20 Dienstkräften aus einer Person,
21 bis 50 Dienstkräften aus drei Mitgliedern,
51 bis 150 Dienstkräften aus fünf Mitgliedern,
151 bis 300 Dienstkräften aus sieben Mitgliedern,
301 bis 600 Dienstkräften aus neun Mitgliedern,
601 bis 1 000 Dienstkräften aus elf Mitgliedern.
(2) Die Zahl der Mitglieder erhöht sich in Dienststellen
1. mit 1 001 bis 5 000 Dienstkräften um je zwei für je weitere angefangene 1 000 Dienstkräfte,
2. mit 5 001 und mehr Dienstkräften um je zwei für je weitere angefangene 2 000 Dienstkräfte.
Die Höchstzahl der Mitglieder beträgt 29.

Übersicht Rn.

Allgemeines 1– 4
Ausnahmen 5– 7
In der Regel beschäftigte Dienstkräfte 8–10
Zeitpunkt der Feststellung 11–19
Verstöße 20–22
Streitigkeiten 23, 24

§ 14

Allgemeines

Die Vorschrift legt die nach der Größe der Dienststelle gestaffelte Zahl der 1
Personalratsmitglieder fest. Maßgeblich für die Größe der Dienststelle ist die
Zahl der in der Regel in der Dienststelle beschäftigten Dienstkräfte.
Vergleichbare Vorschriften über die Mitgliederzahl von Personalvertretungen 2
oder Betriebsvertretungen finden sich in § 16 BPersVG und § 9 BetrVG.
§ 14 gilt entsprechend für die Wahl der Gesamtpersonalräte, § 51 Abs. 3. Keine 3
Anwendung findet sie bei der Bildung des Hauptpersonalrates, für diesen
besteht in § 55 Abs. 2 eine Sonderregelung, er besteht immer aus 29 Mitgliedern. Auch die Anzahl der in der Jungendvertretung, der Gesamtjugendvertretung oder der Hauptjugendvertretung vertretenen Mitglieder richtet sich
nicht nach § 14, sondern den Sondervorschriften in §§ 62, 68 und 69 Abs. 1
Satz 2.
Die Zahl der Mitglieder der jeweiligen Personalvertretung ist abschließend 4
geregelt. Weder durch Tarifvertrag noch durch Dienstvereinbarung kann eine
andere Zahl von Mitgliedern festgelegt werden *(Dietz/Richardi, BPersVG, § 16
Rn. 11).*

Ausnahmen

Eine Ausnahme gilt für den Fall des § 15 Abs. 4, wenn in einem Personalrat, der 5
an sich aus drei Mitgliedern bestehen würde, eine Gruppe mindestens soviel
Dienstkräfte zählt wie die anderen Gruppen zusammen, so daß eine sachgerechte Vertretung der Gruppen nicht gewährleistet wäre. In diesem Fall erhält
die stärkste Gruppe ein zusätzliches Mandat, so daß die Personalvertretung aus
vier Mitgliedern besteht *(vgl. zu den Einzelheiten unten § 15 Rn. 30).* Bei Personalräten, die mehr als drei Mitglieder haben, gilt diese Sonderregelung nicht.
Eine weitere Abweichung von der gesetzlich vorgesehenen Größe der Perso- 6
nalvertretung ist nur dann zulässig, wenn tatsächlich nicht die ausreichende
Anzahl von Mitgliedern gewählt werden kann. Das ist der Fall, wenn entweder
nicht genügend wählbare Dienstkräfte in der Dienststelle vorhanden sind *(vgl.
dazu aber die Sonderregelung in § 13 Abs. 2),* nicht genügend Dienstkräfte zur
Wahl bereit sind oder die Vorschlagslisten nicht genügend Bewerber aufweisen. Auch in diesen Fällen ist eine Personalvertretung entgegen der Bestimmung in § 14 zu bilden, damit nicht die Interessenvertretung der Dienstkräfte
völlig blockiert werden kann.
Die Personalvertretung besteht dann aus so vielen Mitgliedern als möglich, sie 7
kann dann auch aus einer geraden Anzahl von Mitgliedern bestehen *(Dietz/
Richardi, BPersVG, Rn. 12).*

In der Regel beschäftigte Dienstkräfte

Die Zahl der für die Größe der Personalvertretung maßgeblichen Dienstkräfte 8
richtet sich nach den »**in der Regel beschäftigten Dienstkräften**«. Das entspricht dem Personalstand der Dienststelle unter normalen Verhältnissen ohne
Berücksichtigung kurzfristiger Veränderungen. Maßgeblich ist der Personalbestand während des größten Teils des Jahres. Zeiten eines vorübergehenden
ungewöhnlichen Personalanstiegs wegen Erledigung besonderer Aufgaben
oder außerordentlichen Absinkens der Zahl der Dienstkräfte bleiben unberück-

§ 14

sichtigt. Die Stärke des Personalrats soll – bezogen auf die Amtszeit – ein nahezu ständiges echtes Spiegelbild der Stärke der Belegschaft sein *(OVG Rheinland-Pfalz vom 16. 2. 2000, PersR 2000, 123).*

9 Der **Stellenplan** kann ein Indiz darstellen *(vgl. auch BVerwG vom 3. 7. 1991, PersV 1992, 82;* **nur** *Indiz: BAG vom 29. 5. 1991, PersR 1992, 77).* Er ist jedoch nicht allein verbindlich, da einerseits Stellen unbesetzt bleiben, andererseits aber auch außerplanmäßige Dienstkräfte über längere Zeiträume beschäftigt werden können. Bei ständigem Abweichen vom Stellenplan ist von den **tatsächlichen Gegebenheiten** auszugehen und eine länger andauernde Verwaltungspraxis in der Dienststelle zu berücksichtigen *(BAG vom 29. 5. 1991, PersR 1992, 77; Grabendorff u. a., BPersVG, § 12 Rn. 8).* Auch die nichtplanmäßigen Dienstkräfte gehören zu den in der Regel beschäftigten Personen, wenn sie in die Dienststelle eingegliedert sind und von der Personalvertretung mit vertreten werden *(Lorenzen u. a., BPersVG, § 12 Rn. 3 aff.; dies gilt auch für Überhangskräfte).*

10 Ist bei Erlaß des Wahlausschreibens nicht abzusehen, zu welchem Zeitpunkt bisher besetzte Planstellen besetzt werden können, hat der Wahlvorstand bei der Feststellung nicht von den Soll-Zahlen, sondern von der tatsächlichen Besetzung auszugehen *(vgl. VG Berlin vom 6. 11. 1972, PersV 1974, 208).* Auch kann eine länger dauernde Verwaltungspraxis für die Entscheidung der Regelbesetzung von Bedeutung sein *(BVerwG vom 5. 5. 1978, PersV 1979, 288).* In Grenzfällen hat der Wahlvorstand nach pflichtgemäßem Ermessen zu entscheiden *(BAG vom 12. 10. 1976, AP Nr. 1 zu § 8 BetrVG 1972).*

Zeitpunkt der Feststellung

11 Maßgebender Stichtag für die Feststellung der Zahl der regelmäßig beschäftigten Dienstkräfte ist der Tag des Wahlausschreibens, § 5 Abs. 2 Nr. 2 WO. Da es jedoch auf die »**in der Regel« Beschäftigten** ankommt, ist nicht der gerade an diesem Tage vorhandene Personalbestand entscheidend, vielmehr ist ein Rückblick auf die Personallage der Dienststelle in der Vergangenheit, aber auch eine Einschätzung der kommenden Entwicklung geboten. Abzustellen ist auf die Beschäftigungslage, die im allgemeinen für die Dienststelle kennzeichnend ist.

12 Nicht ständig beschäftigte Dienstkräfte sind nur insoweit mitzuzählen, wie sie in der Dienststelle fortlaufend eingesetzt werden. Ausschlaggebend ist hierbei nicht die Person, sondern der Arbeitsplatz, der ausgefüllt werden muß.

13 Gezählt werden die Dienstkräfte i. S. des § 3. Nicht berücksichtigt werden können alle Personen, die, ohne Dienstkräfte zu sein, in der Dienststelle tätig sind *(vgl. zu dem Begriff der Dienstkraft im einzelnen § 3 Rn. 2 ff., 25 ff.).* Auch teilzeitbeschäftigte Personen sind daher mitzuzählen, wenn sie Dienstkräfte sind (§ 3 Rn. 18).

14 Nicht mitzuzählen sind die in § 3 Abs. 3 genannten Personen und die Richter, da sie nicht durch die Personalvertretung vertreten werden können.

15 Auf die **Wahlberechtigung** der Dienstkräfte kommt es nicht an. Nach dem Wortlaut der Vorschrift des § 14 sind auch diejenigen Dienstkräfte mitzuzählen, die nicht wahlberechtigt sind, da sie durch die Personalvertretung mitvertreten werden. Insbesondere zählen die jugendlichen Dienstkräfte bei der Ermittlung der Regelstärke des Personalbestandes mit.

16 **Änderungen** in der Zahl der Dienstkräfte, die nach der Wahl eintreten, können nur in dem Falle des § 24 Abs. 1 berücksichtigt werden, wenn also mit Ablauf

§ 14

von 24 Monaten *(in den Fällen § 5 Abs. 2 Nr. 4, 5 von 12 Monaten)* vom Tage der Wahl gerechnet die Zahl der regelmäßig Beschäftigten um die Hälfte, mindestens aber um 50 gestiegen oder gesunken ist.

Die Zahl der für die Größe des Personalrats maßgebenden Dienstkräfte wird von dem Wahlvorstand, §§ 17 ff., festgestellt. 17

Bei Grenzfällen, wenn also zum Beispiel unklar ist, ob die Zahl der regelmäßig beschäftigten Dienstkräfte 150 oder 151 beträgt, hat der Wahlvorstand nach **pflichtgemäßem Ermessen** zu entscheiden *(BAG vom 12. 10. 1976, AP Nr. 1 zu § 8 BetrVG 1972).* 18

Von der festgestellten Zahl der Dienstkräfte ausgehend, läßt sich anhand der in § 14 Abs. 1 enthaltenen Tabelle bzw. der Regelung in Abs. 2 die Zahl der Mitglieder der Personalvertretung ermitteln. Die Höchstzahl ist in jedem Falle 29, und zwar auch dann, wenn die Zahl der Dienstkräfte weit mehr als 15 000 beträgt. 19

Verstöße

Bei Verstößen gegen die zwingenden Bestimmungen des § 14 ist die Personalvertretung nicht ordnungsgemäß zusammengesetzt. Die Wahl ist in diesem Falle anfechtbar *(Lorenzen u. a., BPersVG, § 16 Rn. 9).* 20

Ist der Wahlvorstand beim Wahlausschreiben von einer zu geringen oder zu hohen Zahl von Mitgliedern der Personalvertretung ausgegangen, ist bei einer erfolgreichen **Wahlanfechtung** eine neue Wahl durchzuführen. Eine Berichtigung des Wahlergebnisses durch das Verwaltungsgericht in der Weise, daß entweder entsprechend viele Ersatzmitglieder nachrücken oder daß die Mitglieder mit der geringsten Stimmenzahl Ersatzmitglieder werden, ist ausgeschlossen, da das zu einer nachträglichen Veränderung des Wahlergebnisses durch eine dritte Stelle und damit zu einer Verfälschung des Wahlergebnisses führen würde *(BAG vom 12. 10. 1976, AP Nr. 1 zu § 8 BetrVG 1972; differenzierend Dietz/Richardi, BPersVG, § 16 Rn. 20 m. w. N., die eine Berichtigung bei Listenwahl für möglich halten).* 21

Wird die Wahl trotz fehlerhafter Berechnung der Zahl der Mitglieder **nicht angefochten,** verbleibt es für die Dauer der Amtszeit bei der unzutreffenden Mitgliederzahl *(BetrVG, § 9 Rn. 13).* 22

Streitigkeiten

Streitigkeiten über die Zahl der Mitglieder der Personalvertretung können nur im Wahlanfechtungsverfahren des § 22 ausgetragen werden. Zuständig sind die Verwaltungsgerichte im Beschlußverfahren, § 91 Abs. 1 Nr. 2 *(vgl. dazu BVerwG vom 13. 6. 1969, PersV 1970, 11).* Ein Irrtum über die Zahl der Dienstkräfte ist unerheblich, wenn sich auch bei Anwendung der richtigen Zahl die Größe der Personalvertretung nicht ändern würde, wenn also der Irrtum keine Auswirkungen gehabt hat. 23

Ein Rechtsschutzinteresse an der Feststellung der für die Größe des Personalrates maßgebenden Zahl der Dienstkräfte entfällt, wenn die Wahl durchgeführt und nicht angefochten ist und auch völlig ungewiß ist, ob die aufgetretene Streitfrage bei einer zukünftigen Wahl noch eine Rolle spielen kann. 24

§ 15 Gruppenvertretung

(1) Sind in der Dienststelle Angehörige verschiedener Gruppen beschäftigt, so muß jede Gruppe entsprechend ihrer Stärke im Personalrat vertreten sein, wenn dieser aus mindestens drei Mitgliedern besteht. Bei gleicher Stärke der Gruppen entscheidet das Los, falls eine Einigung nicht möglich ist. Macht eine Gruppe von ihrem Recht, im Personalrat vertreten zu sein, keinen Gebrauch, so verliert sie ihren Anspruch auf Vertretung.

(2) Der Wahlvorstand errechnet die Verteilung der Sitze auf die Gruppen nach den Grundsätzen der Verhältniswahl.

(3) Eine Gruppe erhält mindestens einen Vertreter bei weniger als 51 Gruppenangehörigen,
zwei Vertreter bei 51 bis 200 Gruppenangehörigen,
drei Vertreter bei 201 bis 600 Gruppenangehörigen,
vier Vertreter bei 601 bis 1 000 Gruppenangehörigen,
fünf Vertreter bei 1 001 bis 3 000 Gruppenangehörigen,
sechs Vertreter bei 3 001 und mehr Gruppenangehörigen.

(4) Ein Personalrat, für den nach § 14 drei Mitglieder vorgesehen sind, besteht aus vier Mitgliedern, wenn eine Gruppe mindestens ebensoviel Dienstkräfte zählt wie die anderen Gruppen zusammen. Das vierte Mitglied steht der stärksten Gruppe zu.

(5) Eine Gruppe, der in der Regel nicht mehr als fünf Dienstkräfte angehören, erhält keine Vertretung. Finden Gruppenwahlen statt, so kann sich jeder Angehörige dieser Gruppe durch Erklärung gegenüber dem Wahlvorstand einer anderen Gruppe anschließen.

(6) Die Verteilung der Mitglieder des Personalrats auf die Gruppen kann abweichend von den Absätzen 1 bis 5 geordnet werden, wenn jede Gruppe dies vor der Wahl in getrennter, geheimer Abstimmung beschließt.

Übersicht

	Rn.
Allgemeines	1– 6
Berücksichtigung der Gruppen	7
Berechnungsgrundlage	8–10
Vertretung entsprechend der Gruppenstärke	11
Vertretungsregelung bei gleich starken Gruppen	12–14
Verzicht auf die Vertretung	15–17
Folge des Verzichts	18–20
Sonstige Ausnahmen	21
Grundsätze der Verhältniswahl	22, 23
Mindestvertretung (Abs. 3)	24
Durchführung	25–29
Schutz von Mehrheitsgruppen (Abs. 4)	30–32
Gruppen ohne Vertretung (Abs. 5)	33
Folge der Nichtvertretung	34–37
Anderweitige Sitzverteilung (Abs. 6)	38–40
Anregung der anderweitigen Sitzverteilung	41
Verfahren	42–48
Kosten	49
Zeitpunkt	50, 51

§ 15

Mitteilung an den Wahlvorstand	52
Wirkung des Beschlusses	53, 54
Streitigkeiten	55

Allgemeines

Die Vorschrift regelt die Verteilung der Sitze in einer mehrköpfigen Personalvertretung. Sie garantiert damit auch einen **Minderheitenschutz**. Durch sie wird das Gruppenprinzip des § 3 Abs. 2 konkretisiert, ohne jedoch den Grundsatz der einheitlichen Vertretung der Interessen der Dienstkräfte zu beseitigen. Sondervertretungsrechte für einzelne Gruppen werden durch § 15 nicht geschaffen, die Gruppen innerhalb der Personalvertretungsorgane sind nicht selbständig. Sie hat keine Bedeutung für Dienststellen, in denen das Gruppenprinzip nicht gilt. **1**

Vergleichbare Vorschriften befinden sich in § 17 BPersVG und § 10 BetrVG. § 15 Abs. 6 entspricht dabei der Regelung in § 18 Abs. 1 BPersVG und § 12 Abs. 1 BetrVG. **2**

Bei der Anwendung des § 15 ist die Vorschrift des § 30 WO besonders zu beachten. **3**

§ 15 ist **zwingend**. Eine abweichende Verteilung der Sitze in den Personalvertretungen durch Tarifvertrag oder Dienstvereinbarung ist unzulässig *(vgl. Dietz/Richardi, BetrVG, § 10 Rn. 17; Lorenzen u.a., BPersVG, § 17 Rn. 2).* **4**

Eine Ausnahme ist nur in den in § 15 besonders geregelten Fällen möglich, nämlich **5**
1. wenn jede Gruppe vor der Wahl in getrennter, geheimer Abstimmung eine abweichende Verteilung der Sitze beschließt, § 15 Abs. 6,
2. wenn einer Gruppe in der Regel nicht mehr als 5 Dienstkräfte angehören, § 15 Abs. 5, so daß sie keine Vertretung in dem Personalrat erhält,
3. wenn eine Gruppe von ihrem Recht, in dem Personalrat vertreten zu sein, keinen Gebrauch macht, § 15 Abs. 1 Satz 3.

Die Vorschrift ist entsprechend anwendbar auf den Gesamtpersonalrat, § 51 Abs. 3. Bei der Wahl des Hauptpersonalrates ist nur § 15 Abs. 2 anwendbar, § 56 Abs. 2. Hier findet also nur eine Verteilung der Sitze nach den Grundsätzen der Verhältniswahl statt, ohne daß ein besonderer Minderheitenschutz besteht. Bei Jugendvertretung und Gesamtjugendvertretung findet eine entsprechende Anwendung des § 15 nicht statt. **6**

Berücksichtigung der Gruppen

Nur bei Personalvertretungen mit mindestens drei Mitgliedern kann eine Berücksichtigung der Gruppen erfolgen. Für die Verteilung der Sitze in der Personalvertretung auf die Gruppen der Angestellten, Arbeiter und Beamten ist von der **Zahl der in der Dienststelle beschäftigten Personen auszugehen**. **7**

Berechnungsgrundlage

Aus dem Zusammenhang der Vorschrift des § 14 mit der des § 15 ergibt sich, daß auch im Rahmen des § 15 auf die Zahl der **in der Regel beschäftigten Dienstkräfte** abzustellen ist. § 15 setzt die Zahl der Mitglieder der Personalvertretung, die nach § 14 ermittelt wird, voraus, er baut insoweit auf dieser **8**

171

§ 15

Vorschrift auf. Dafür spricht auch, daß in § 15 Abs. 5 ausdrücklich auf die in der Regel beschäftigten Dienstkräfte abgestellt wird.

9   Auch bei der Verteilung der auf die Gruppen entfallenden Sitze ist daher von der Zahl der in der Regel Beschäftigten in der Dienststelle auszugehen *(BAG vom 29. 5. 1991, PersR 1992, 77; Altvater u. a., BPersVG, § 17 Rn. 2; Grabendorff u. a., BPersVG, § 17 Rn. 3).*

10 Zu dem Begriff der »**in der Regel beschäftigten Dienstkräfte**« vgl. oben § 14 Rn. 8 ff. Auch hier zählen sämtliche Dienstkräfte mit, nicht nur die wahlberechtigten. Zu einer Gruppe sind daher auch die jugendlichen Dienstkräfte und sonstigen Beschäftigungsgruppen zu zählen, selbst wenn sie Sondervertretungen bilden.

Vertretung entsprechend der Gruppenstärke

11 Jede Gruppe muß entsprechend ihrer Stärke in dem Personalrat vertreten sein. Eine Ausnahme gilt bei gleicher Stärke mehrerer Gruppen. In diesem Falle richtet sich die Verteilung der Sitze in erster Linie nach einer Einigung der Gruppen.

Vertretungsregelung bei gleich starken Gruppen

12 Die **Einigung** kann nur durch die betroffenen Gruppen erfolgen; es ist also eine Abstimmung erforderlich, an der alle Mitglieder der Gruppen teilzunehmen haben. Eine Einigung der Wahlbewerber in der jeweiligen Gruppe ist nicht ausreichend.

13 Über das Verfahren der Einigung enthält das Gesetz keine Vorschrift. Da jedoch damit das Wahlergebnis entscheidend beeinflußt wird und das Ergebnis eine ähnlich bedeutsame Auswirkung hat wie die vor der Wahl gem. § 15 Abs. 6 beschlossene andere Verteilung der Sitze auf die Gruppen, ist auch in diesem Falle in entsprechender Anwendung des § 15 Abs. 6 eine getrennte, geheime Abstimmung der einzelnen Gruppen erforderlich. Im Gegensatz zu der Vorabstimmung des § 15 Abs. 6 ist die Abstimmung nach § 15 Abs. 1 Satz 2 jedoch nach der Wahl durchzuführen. Ansonsten sind auch hier die Regelungen des § 3 WO entsprechend anzuwenden.

14 Erfolgt keine Einigung zwischen den Gruppen, entscheidet das Los *(vgl. auch § 4 Abs. 4 WO).* Da eine nähere gesetzliche Regelung fehlt, ist davon auszugehen, daß die Losentscheidung **durch den Wahlvorstand** zu erfolgen hat, da dieser die Verteilung der Sitze vorzunehmen hat. Der Losentscheid ist nicht öffentlich *(zum Losverfahren BVerwG vom 15. 5. 1991, PersR 1991, 441).*

Verzicht auf die Vertretung

15 Weiterhin ist eine Gruppenvertretung nicht erforderlich, wenn eine Gruppe von ihrem Recht, in dem Personalrat vertreten zu sein, keinen Gebrauch macht. Auf die Stärke der Gruppe kommt es dabei nicht an.

16 Eine besondere Beschlußfassung hinsichtlich eines Verzichts ist nicht erforderlich, es genügt ein entsprechendes tatsächliches Verhalten bei dem Wahlverfahren. In Betracht kommt zum Beispiel das Nichteinreichen von Wahlvorschlägen, Fehlen von wählbaren Mitgliedern oder eine sonstige Nichtbeteiligung bei der Wahl.

Der Verzicht, sei er durch ausdrückliche Erklärung oder tatsächliches Verhalten vorgenommen, kann immer nur durch die Gruppe insgesamt, also kollektiv erfolgen. Die Erklärungen einzelner Gruppenmitglieder oder von Teilen einer Gruppe sind unerheblich. Auch Mehrheitsbeschlüsse können insoweit von der Gruppe nicht gefaßt werden, da keiner Dienstkraft das aktive oder passive Wahlrecht auf diese Weise genommen werden kann. **17**

Folge des Verzichts

Die Sitze, die an sich dieser Gruppe zustehen würden, werden dann auf die anderen Gruppen verteilt *(BVerwG vom 23. 10. 1970, E 36, 170; Lorenzen u.a., BPersVG, § 17 Rn. 8)*. Die Verteilung muß bei der Feststellung des Wahlergebnisses durch den Wahlvorstand erfolgen. Die auf diese Weise einer anderen Gruppe zusätzlich zugewiesenen Sitze werden nach der Verteilung bis zum Ende der Wahlperiode oder einer Neuwahl des Personalrates Sitze derjenigen Gruppe, der sie zugeteilt worden sind. Die Gruppe, die verzichtet hat, ist für die gesamte Zeit dann im Personalrat nicht vertreten. **18**

Eine spätere **Änderung der Sitzverteilung** ist auch dann nicht möglich, wenn während der Amtszeit Mitglieder der Personalvertretung ausscheiden, da § 28 Abs. 2 abschließend regelt, daß Ersatzmitglieder nur aus derjenigen Vorschlagsliste entnommen werden dürfen, der das ausgeschiedene Mitglied angehört hat. Gegebenenfalls muß also bei Erschöpfung der Liste der Platz unbesetzt bleiben. **19**

Das gleiche gilt, wenn für eine Gruppe weniger Dienstkräfte gewählt werden können *(z. B. zuwenig wählbare Dienstkräfte, zuwenig Wahlbewerber)*, als ihr eigentlich Sitze zustehen würden. **20**

Sonstige Ausnahmen

Zu den Ausnahmen von der Verteilung von Sitzen bei Bestehen gleich starker Gruppen nach § 15 Abs. 4 und bei Kleinstgruppen nach § 15 Abs. 5 siehe unten Rn. 34 ff. und 37 ff. **21**

Grundsätze der Verhältniswahl

Die Verteilung der Sitze auf die Gruppen erfolgt nach den Grundsätzen der Verhältniswahl *(d'Hondtsches Höchstzahlensystem)* durch den Wahlvorstand, § 15 Abs. 2. Nach § 4 Abs. 2 WO hat dabei der Wahlvorstand die Zahlen der der Dienststelle angehörenden Angestellten, Arbeiter und Beamten nebeneinanderzustellen und der Reihe nach durch 1, 2, 3 und so fort zu teilen. Auf die jeweils höchste Teilzahl, die sogenannte Höchstzahl, wird so lange ein Sitz zugeteilt, bis alle Personalratssitze verteilt sind. Hierbei erhält jede Gruppe so viele Sitze, wie Höchstzahlen auf sie entfallen. Bestehen gleiche Höchstzahlen, ohne daß noch entsprechend viele Sitze zu verteilen sind, entscheidet das Los. **22**

§ 15

Beispiel I

23 In einer Dienststelle sind in der Regel 215 Dienstkräfte beschäftigt, hiervon sind 89 Beamte, 75 Angestellte und 51 Arbeiter. Der Personalrat besteht nach § 14 Abs. 1 aus 7 Mitgliedern. Die Sitzverteilung ergibt sich aus folgender Aufstellung:

	Beamte	Angestellte	Arbeiter
: 1	89	75	51
	89	75	51
: 2	44 ½	37 ½	25 ½
: 3	29 ⅔	25	17
: 4	22 ¼	18 ¾	12 ¾

Die sieben höchsten Zahlen sind: 89, 75, 51, 44 ½, 37 ½, 29 ⅔, 25 ½. Der Personalrat besteht danach aus drei Mitgliedern der Beamtengruppe und je 2 Mitgliedern der Gruppen der Angestellten und Arbeiter.

Mindestvertretung (Abs. 3)

24 Eine **Ausnahme** von dem reinen Verhältniswahlsystem enthält die Bestimmung in § 15 Abs. 3. Diese Regelung entspricht § 4 Abs. 3 WO. Entfallen danach bei der Verteilung der Sitze nach dem reinen Verhältniswahlsystem auf eine Gruppe weniger Sitze als ihr nach der Tabelle in § 15 Abs. 3 mindestens zustehen würden, so muß sie die in § 15 Abs. 3 festgelegte vorgeschriebene Zahl von Sitzen im Personalrat erhalten. Die Zahl der Sitze der übrigen Gruppen ist entsprechend zu vermindern, da auch durch die Bestimmungen in § 15 Abs. 3 nicht von der zwingenden Regelung in § 14 Abs. 1, die abschließend die Höchstzahl der Personalratsmitglieder festlegt, abgewichen wird.

Durchführung

25 Die Verminderung der Zahl der Sitze der übrigen Gruppen erfolgt hierbei in der Weise, daß die jeweils zuletzt zugeteilten Sitze zuerst entfallen. Diese werden praktisch derjenigen Gruppe zugewiesen, deren Mindestvertretung nach § 15 Abs. 3 gesichert werden muß. Bei gleichen Höchstzahlen entscheidet auch hier das Los.

26 Eine Verringerung der Zahl der Sitze ist jedoch dann ausgeschlossen, wenn die Gruppe, bei der ein Sitz weggenommen werden müßte, dann ihrerseits nicht mehr die in § 15 Abs. 3 vorgeschriebene Mindestvertretung besäße. Eine Kürzung der Sitze ist daher höchstens bis zu den Sitzzahlen zulässig, die für eine Mindestvertretung erforderlich sind.

27 Die Garantie der Mindestvertretung des § 15 Abs. 3 gilt auch dann, wenn nach dem Ergebnis der Auszählung nach dem Verhältniswahlsystem zwei Gruppen ohne Vertretung bleiben würden (*Lorenzen u.a., BPersVG, § 17 Rn. 14*).

Beispiel II

28 In einer Dienststelle sind in der Regel 120 Dienstkräfte beschäftigt. Nach § 14 Abs. 1 besteht der Personalrat aus 5 Mitgliedern. Von den Dienstkräften sind 30 Angestellte, 80 Arbeiter und 15 Beamte. Bei Verteilung der Sitze nach dem reinen Verhältniswahlsystem würde sich folgendes Bild ergeben:

	Beamte	Angestellte	Arbeiter
	15	30	80
: 1	15	30	80
: 2	7½	15	40
: 3	5	10	26⅔
: 4	3¾	7½	20

Nach dem Verhältniswahlsystem wären hier die 5 Höchstzahlen maßgeblich, nämlich 80, 40, 30, 26⅔, 20. Das würde bedeuten, daß die Gruppe der Arbeiter 4 Sitze, die Gruppe der Angestellten 1 Sitz und die Gruppe der Beamten keinen Sitz erhalten würde.

Nach § 15 Abs. 3 erhält aber eine Gruppe mit mehr als 5, aber weniger als 51 Mitgliedern mindestens 1 Sitz im Personalrat. Da die Beamtengruppe mehr als 5 Mitglieder, jedoch weniger als 51 Mitglieder umfaßt, wäre ihr mindestens 1 Sitz zuzuteilen. Dieser Sitz wäre von derjenigen Gruppe zu nehmen, die die niedrigste Höchstzahl bei der Zuteilung der Sitze erreicht hat, also der letzte Sitz zugeteilt wurde. Im vorliegenden Beispiel ist dies die Gruppe der Arbeiter, so daß die endgültige Besetzung des Personalrates wie folgt aussieht: Die Gruppe der Arbeiter erhält 3, die Gruppe der Angestellten erhält 1, die Gruppe der Beamten erhält 1 Sitz. 29

Schutz von Mehrheitsgruppen (Abs. 4)

Entsprechend dem Minderheitenschutz in § 15 Abs. 3 gewährt das Gesetz in begrenztem Maße auch einen **Mehrheitsschutz** in § 15 Abs. 4. Dieser gilt nur in den Fällen, in denen die Personalvertretung nach § 14 Abs. 1 aus 3 Mitgliedern bestehen würde. Nur bei dieser Größe besteht die Möglichkeit, daß trotz erheblicher Größenunterschiede der Gruppen jede Gruppe 1 Mitglied nach dem Grundsatz der Verhältniswahl in den Personalrat zu entsenden hätte. In diesem Falle wäre nicht auszuschließen, daß bei gemeinsamen Angelegenheiten der Vertreter der Mehrheitsgruppe von den Vertretern der Minderheitsgruppen überstimmt werden könnte *(Lorenzen u.a., BPersVG, § 17 Rn. 15)*. Für diesen Fall ist vorgesehen, daß die Mehrheitsgruppe ein zusätzliches, 4. Mitglied in den Personalrat entsenden kann. § 15 Abs. 4 enthält damit eine Ausnahme von der an sich zwingenden Vorschrift des § 14 Abs. 1. 30

Beispiel III
In einer Dienststelle sind 36 Dienstkräfte ständig beschäftigt. Auf die Gruppe der Angestellten entfallen 10, auf die der Arbeiter 20 und die der Beamten 6 ständig beschäftigte Dienstkräfte. Bei der Berücksichtigung des reinen Verhältniswahlsystems würde sich folgende Sitzverteilung ergeben: 31

	Beamte	Angestellte	Arbeiter
	6	10	20
: 1	6	10	20
: 2	3	5	10

Höchstzahlen sind hierbei 20 und 10, wobei die 10 sowohl bei den Arbeitern als auch bei den Angestellten vorliegt.

§ 15

32 Nach dem reinen Verhältniswahlsystem würde hier die Gruppe der Arbeiter 2 Sitze erhalten, die der Angestellten 1 Sitz. Die Gruppe der Beamten wäre nicht vertreten. Nach § 15 Abs. 3 müßte jedoch die Gruppe der Beamten, da diese als Minderheit geschützt werden muß, mindestens 1 Sitz im Personalrat erhalten. Dieser Sitz wäre nach § 4 Abs. 3 WO von der Gruppe der Arbeiter abzuziehen, da die Gruppe der Angestellten ohnehin nur 1 Sitz erhalten hat, so daß sie bei Kürzung dieses Sitzes nicht mehr im Personalrat vertreten wäre. Der Personalrat würde aus je 1 Mitglied der Beamten-, Angestellten- und Arbeitergruppe zusammengesetzt sein. Damit würde jedoch nicht berücksichtigt werden, daß die Gruppe der Arbeiter mit 20 Dienstkräften mehr Dienstkräfte zählt als die anderen beiden Gruppen zusammen. Um diesen zahlenmäßigen Unterschieden Rechnung zu tragen, ist nach § 15 Abs. 4 der stärksten Gruppe, nämlich in dem vorliegenden Beispiel der Gruppe der Arbeiter, ein weiterer, zusätzlicher 4. Sitz im Personalrat zuzuweisen. § 15 Abs. 4 korrigiert insoweit wiederum die Korrektur des § 15 Abs. 3.

Gruppen ohne Vertretung (Abs. 5)

33 Eine weitere Ausnahme von dem Gruppenprinzip und vom Minderheitenschutz enthält § 15 Abs. 5. Danach ist eine Gruppe dann nicht in dem Personalrat vertreten, wenn ihr in der Regel **nicht mehr als 5 Dienstkräfte** angehören. Es reicht nicht aus, wenn eine Gruppe gerade 5 Mitglieder hat.

Folge der Nichtvertretung

34 Die Regelung ist zwingend. Ein Angehöriger der Minderheitsgruppe kann nicht als deren Gruppenvertreter gewählt werden. Er kann lediglich als Angehöriger einer fremden Gruppe gewählt werden, genießt jedoch dann nicht die Sonderrechte eines Gruppenvertreters für die nicht vertretene Minderheitengruppe *(z. B. §§ 29 Abs. 1, 33 Abs. 2, 34 Abs. 1)*.

35 Bei einer Gruppenwahl *(§ 16 Abs. 2)* kann sich jede Dienstkraft der Minderheitsgruppe **durch Erklärung** gegenüber dem Wahlvorstand einer anderen Gruppe **anschließen**. Die Erklärung bedarf keiner Form. Sie kann nicht widerrufen werden.

36 Die Dienstkräfte der Minderheitsgruppe werden mit der Erklärung bei der Gruppe wahlberechtigt und wählbar, der sie sich angeschlossen haben. Diese kann den Anschluß nicht zurückweisen *(Lorenzen u.a., BPersVG, § 17 Rn. 18)*. Die Erhöhung der Arbeitnehmerzahl der aufnehmenden Gruppe führt zu **keiner Änderung der Sitzverteilung** *(BVerwG vom 10. 5. 1982, PersV 1983, 155)*.

37 Zwei Minderheitsgruppen, die jeweils nicht mehr als 5 Dienstkräfte haben, können sich auf diesem Wege auch zusammenschließen, um die Hürde des § 15 Abs. 5 zu überspringen. Notwendig ist dabei aber, daß die Mitglieder der einen Gruppe sich der anderen anschließen. Nur diese personell stärker gewordene Gruppe kann dann eine Vertretung in dem Personalrat erreichen *(vgl. Lorenzen u.a., BPersVG, § 17 Rn. 18)*.

Anderweitige Sitzverteilung (Abs. 6)

Nach § 15 Abs. 6 kann eine anderweitige Verteilung der Sitze des Personalrates **38**
auf die Gruppen beschlossen werden. Eine entsprechende Bestimmung findet
sich in § 18 Abs. 1 BPersVG und § 12 Abs. 1 BetrVG. Durch die Vorschrift wird
in begrenztem Maße das Gruppenprinzip durchbrochen. Sie soll verhindern,
daß gegen den übereinstimmenden Willen der Mehrheit aller Gruppen der
starre Verteilungsschlüssel des § 15 eingehalten werden muß.

Zulässig ist nur eine andere Verteilung der Sitze, **nicht** jedoch der völlige **39**
Ausschluß einer Gruppe, da das keine Verteilung der Sitze mehr ist. Auch
ist der Ausschluß einer Gruppe in § 15 Abs. 1 und 5 abschließend geregelt *(vgl.
Lorenzen u.a., BPersVG, § 18 Rn. 8).* Zulässig ist es, einer nach Abs. 5 vertretungslosen Gruppe einen Vertreter zuzubilligen. Einen unzulässigen Ausschluß stellt es dar, wenn die Ausschlußvoraussetzungen des § 15 Abs. 5 so
verschärft werden, daß eine Gruppe nicht mehr vertreten ist *(Dietz/Richardi,
BetrVG, § 12 Rn. 7).*

Die Abweichung von der vorgeschriebenen Verteilung der Sitze bedarf der **40**
Beschlußfassung durch sämtliche Gruppen. Es handelt sich hierbei um eine
Vorabstimmung i.S. des § 3 WO.

Anregung der anderweitigen Sitzverteilung

Die Anregung kann von jeder Dienstkraft der Dienststelle, jeder Gruppe und **41**
jeder in der Dienststelle vertretenen Gewerkschaft bzw. Berufsverband erfolgen
(Lorenzen u.a., BPersVG, § 18 Rn. 7). Die Gewerkschaft *(der Berufsverband)* hat zur
Vorbereitung und zur Verfolgung eines entsprechenden Antrages ein eigenständiges Zugangsrecht zur Dienststelle *(vgl. zum Zugangsrecht überhaupt oben
§ 2 Rn. 47ff.).* Auch der Wahlvorstand kann von sich aus eine entsprechende
Vorabstimmung anregen, ebenso wie ein bereits bestehender Personalrat; nicht
jedoch der Dienststellenleiter oder der öffentlich-rechtliche Arbeitgeber.

Verfahren

Die Anregung unterliegt keiner Form. Sie richtet sich an die Dienstkräfte derjenigen Gruppe, die von der anderweitigen Verteilung der Sitze betroffen ist. **42**

Bei der Abstimmung über die anderweitige Verteilung der Personalratssitze **43**
handelt es sich um eine **Vorabstimmung.** Diese ist, wie sich aus der Regelung in
§ 3 WO ergibt, nicht von dem Wahlvorstand durchzuführen. Nur ihr Ergebnis
ist diesem mitzuteilen.

Die **Durchführung der Vorabstimmung** obliegt einem gesondert zu bildenden **44**
Abstimmungsvorstand, dem ein Mitglied jeder in der Dienststelle vertretenen
Gruppe angehören muß, § 3 WO *(Lorenzen u.a., BPersVG, § 18 Rn. 7).* Theoretisch ist es auch möglich, daß der Wahlvorstand die Aufgabe des Abstimmungsvorstandes wahrnimmt *(Lorenzen u.a., BPersVG, § 18 Rn. 7; Fitting u.a.,
BetrVG, § 12 Rn. 5),* wenn dies auch unglücklich ist, da der Wahlvorstand nach
§ 3 WO das ordnungsmäßige Zustandekommen der Vorabstimmung eigenständig zu prüfen hat. Führt der Wahlvorstand die Vorabstimmung durch,
würden praktisch Durchführung und Kontrolle zusammenfallen, was im Verhältnis zu den Dienstkräften Zweifel hinsichtlich der Objektivität des Wahlvorstandes begründen könnte.

§ 15

45 Die Abstimmung muß durch jede Gruppe getrennt erfolgen, § 3 WO. Eine einheitliche Abstimmung aller Gruppen ist unzulässig und unwirksam. Die Abstimmung muß auch geheim und mit verdeckten Stimmzetteln erfolgen, öffentliche Abstimmungen auf Gruppenversammlungen oder ähnlichen Veranstaltungen sind nichtig *(Dietz/Richardi, BPersVG, § 12 Rn. 8ff.; Fitting u.a., BetrVG, § 12 Rn. 6).*

46 Es ist nicht erforderlich, daß alle Gruppen gleichzeitig abstimmen, dies kann in zeitlich getrennten Wahlgängen erfolgen. Hat bereits eine Gruppe die anderweitige Verteilung der Personalratssitze abgelehnt, erübrigt sich eine Abstimmung bei den übrigen Gruppen.

47 Die Beschlüsse der verschiedenen Gruppen müssen inhaltlich vollständig übereinstimmen. Liegen keine inhaltlich gleichen Beschlußfassungen der einzelnen Gruppen vor, ist der Antrag abgelehnt.

48 **Abstimmungsberechtigt** sind alle Gruppenmitglieder, auf die Wahlberechtigung kommt es hier ebensowenig an wie bei der Feststellung der Zahl der ständig beschäftigten Dienstkräfte. An der Beschlußfassung muß sich die Mehrheit aller Gruppenangehörigen jeder Gruppe beteiligen, der Beschluß muß mit der Mehrheit der Abstimmenden gefaßt werden *(Fitting u.a., BetrVG, § 12 Rn. 9ff.).*

Kosten

49 Die Kosten der Vorabstimmung sind von der Dienststelle zu tragen, da es sich um Kosten der Wahl handelt, für die § 21 eine entsprechende Regelung vorsieht.

Zeitpunkt

50 Grundsätzlich findet die Vorabstimmung auch während der Arbeitszeit statt, insoweit gelten die gleichen Grundsätze wie für die eigentliche Wahl; Arbeitszeitversäumnis führt insoweit in entsprechender Anwendung des § 21 auch nicht zu einer Minderung des Entgelts.

51 Der Zeitpunkt der Vorabstimmung muß vor der Wahl liegen. Das Ergebnis muß bereits vor Erlaß des Wahlausschreibens dem Wahlvorstand vorliegen, da dieses von dem Ereignis der Vorabstimmung beeinflußt wird. Wird sie erst nach Erlaß des Wahlausschreibens durchgeführt, muß gegebenenfalls ein neues Wahlausschreiben erfolgen.

Mitteilung an den Wahlvorstand

52 Das Ergebnis der Vorabstimmung ist dem Wahlvorstand mitzuteilen und ihm gegenüber glaubhaft zu machen, wobei insbesondere Abstimmungsergebnisse, Zahl der Teilnehmer jeder Gruppe, sonstige Formalitäten und der Inhalt der Beschlüsse mitgeteilt werden müssen. Der Wahlvorstand hat zu überprüfen, ob formell einwandfreie Beschlüsse gefaßt worden sind, insbesondere ob geheime Abstimmungen in getrennten Gruppen durchgeführt wurden, ob ausreichende Mehrheiten erzielt wurden und ob inhaltlich übereinstimmende Beschlüsse vorliegen. Fehlt es an einem dieser Erfordernisse, ist der Wahlvorstand an die Beschlüsse nicht gebunden.

Wirkung des Beschlusses

Der Beschluß über die anderweitige Sitzverteilung hat nur Bedeutung für die unmittelbar bevorstehende Personalratswahl, er wirkt nicht für folgende Wahlen, sei es eine vorzeitige Neuwahl oder eine Neuwahl wegen Ablaufs der Amtszeit *(Lorenzen u. a., BPersVG, § 18 Rn. 10)*. Lediglich im Falle einer Wiederholungswahl behält der Beschluß, sofern er wirksam zustande gekommen ist, seine Gültigkeit *(Fitting u. a., BetrVG, § 12 Rn. 12)*. 53

Unzulässig ist die Festlegung der abweichenden Sitzverteilung über mehrere Amtszeiten und für mehrere Wahlen. 54

Streitigkeiten

Verstöße gegen die Vorschriften des § 15 können einen Grund für die Wahlanfechtung nach § 22 darstellen, es handelt sich dabei um Verstöße gegen wesentliche Vorschriften des Wahlverfahrens. In der Regel wird die Anfechtung nur zu einer anderen Verteilung der Sitze führen, also zu einer Berichtigung des Wahlergebnisses, nur in Sonderfällen zur völligen Unwirksamkeit der Wahl. Im Falle des § 15 Abs. 6 kann auch die Vorabstimmung vor Durchführung der Wahl gesondert angegriffen werden, gegebenenfalls kann im Wege der einstweiligen Verfügung eine vorläufige Regelung getroffen werden. Nach Durchführung der Wahl kann nur diese insgesamt angefochten werden, ein Rechtsschutzbedürfnis für die Anfechtung einzelner Teile der Wahl besteht nicht. Die Streitigkeiten sind gem. § 91 Abs. 1 Nr. 2 vor den Verwaltungsgerichten im Beschlußverfahren auszutragen. 55

§ 16 Wahl

(1) Der Personalrat wird in geheimer und unmittelbarer Wahl gewählt.

(2) Besteht der Personalrat aus mehr als einer Person, so wählen die Angehörigen der Gruppen ihre Vertreter (§ 15) je in getrennten Wahlgängen, es sei denn, daß die Mehrheit der wahlberechtigten Angehörigen jeder Gruppe vor der Wahl in getrennten geheimen Abstimmungen die gemeinsame Wahl beschließt.

(3) Die Wahl wird nach den Grundsätzen der Verhältniswahl durchgeführt. Wird nur ein Wahlvorschlag eingereicht, so findet Mehrheitswahl statt. In Dienststellen, deren Personalrat aus einer Person besteht, wird dieser mit einfacher Stimmenmehrheit gewählt. Das gleiche gilt für Gruppen, denen nur ein Vertreter im Personalrat zusteht.

(4) Zur Wahl des Personalrats können die wahlberechtigten Dienstkräfte und die in der Dienststelle vertretenen Gewerkschaften Wahlvorschläge machen. Jeder Wahlvorschlag der Dienstkräfte muß von mindestens einem Zwanzigstel der wahlberechtigten Gruppenangehörigen, jedoch von mindestens drei Wahlberechtigten unterstützt sein. In jedem Falle genügt die Unterstützung durch 50 wahlberechtigte Gruppenangehörige. Die nach § 13 Abs. 3 Nr. 2 und 3 nicht wählbaren Dienstkräfte dürfen keine Wahlvorschläge machen oder unterstützen. Ist gemeinsame Wahl beschlossen worden, so muß jeder Wahlvorschlag der Dienstkräfte von mindestens einem Zwanzigstel der wahlberechtigten Dienstkräfte unterstützt sein; die Sätze 2 bis 4 gelten entsprechend.

(5) Jede Dienstkraft kann nur auf einem Wahlvorschlag benannt werden. Jede Gruppe kann auch Angehörige anderer Gruppen wählen. In diesem Falle gelten

§ 16

die Gewählten insoweit als Angehörige der Gruppe, die sie gewählt hat; dies gilt auch für Ersatzmitglieder.

(6) Jeder Wahlvorschlag einer Gewerkschaft muß von zwei Beauftragten unterzeichnet sein; die Beauftragten müssen Dienstkräfte der Dienststelle sein und einer in der Dienststelle vertretenen Gewerkschaft angehören. Bei Zweifeln an der Beauftragung kann der Wahlvorstand verlangen, daß die Gewerkschaft die Beauftragung bestätigt.

Übersicht   Rn.

Allgemeines 1– 4
Geheime Wahl   5–13
Unmittelbarkeit der Wahl   14
Allgemeine Wahl   15–18
Durchführung der Wahl   19–21
Getrennte Wahl   22–27
Gemeinsame Wahl   28
Verfahren der Beschlußfassung   29–32
Beschluß 33–37
Verhältniswahl   38–43
Wahlvorschläge bei gemeinsamer Wahl   44
Berücksichtigung des Gruppenprinzips   45–48
Mehrheitswahl 49–56
Wahlvorschläge   57
Begriff und Form   58–62
Inhalt der Wahlvorschläge   63–67
Vorschlagsberechtigung   68–78
Wahl gruppenfremder Dienstkräfte   79
Rücknahme von Wahlvorschlägen   80–82
Streitigkeiten 83–85

Allgemeines

1   Die Regelungen in § 16 enthalten die **Grundsätze,** nach denen die Wahlen zu den Personalvertretungen zu erfolgen haben. Die Bestimmung gilt nicht nur für die Wahl der Personalrats, sie ist durch entsprechende Verweisungsvorschriften auch anwendbar bei der Wahl des Gesamtpersonalrates (§ 51 Abs. 3), des Hauptpersonalrates (§ 56 Abs. 2), der Jugend- und Auszubildendenvertretung (§ 63 Abs. 1 Satz 2), der Gesamt-Jugend- und Auszubildendenvertretung (§§ 68, 63 Abs. 1 Satz 2) und der Haupt-Jugend- und Auszubildendenvertretung (§§ 69 Abs. 2, 63 Abs. 1 Satz 2).

2   Neben den allgemeinen Grundsätzen der geheimen und unmittelbaren Wahl enthält § 16 auch weitere Vorschriften hinsichtlich des Wahlverfahrens. Weitere Einzelheiten finden sich in den Vorschriften der Wahlordnung.

3   Die Vorschrift ist **zwingend.** Weder durch Dienstvereinbarungen noch durch Tarifvertrag können abweichende Regelungen hinsichtlich des Wahlverfahrens getroffen werden. Auch legt § 16 fest, daß die Bildung des Personalrats nur durch eine Wahl der Dienstkräfte der Dienststelle erfolgen kann. Jede andere Art der Errichtung einer Personalvertretung ist unzulässig. Vor allen Dingen können weder der Dienststellenleiter, der Dienstherr noch andere außerstaat-

liche oder staatliche Stellen eine Personalvertretung einsetzen. Nur bei der Bildung des Wahlvorstandes besteht nach § 17 Abs. 2 und 3 insoweit eine Hilfsfunktion der Dienststelle.
Vergleichbare Vorschriften finden sich in § 19 BPersVG und § 14 BetrVG. **4**

Geheime Wahl

Der Grundsatz der geheimen Wahl **gilt für sämtliche Wahlvorgänge.** Durch **5** ihn soll eine dem wirklichen Willen des Wählers entsprechende Wahl sichergestellt werden *(VG Berlin vom 13. 6. 1984 – VG FK [Bln] – B-34/83).* Er gilt unabhängig davon, ob die Personalvertretung in Gemeinschaftswahl, in Gruppenwahl, in Mehrheitswahl oder in Verhältniswahl gewählt wird. Durch die Geheimhaltung der Wahl soll die Wahlfreiheit des einzelnen, die nicht ausdrücklich im Gesetz erwähnt ist, sichergestellt werden.
Der Grundsatz der geheimen Wahl bedeutet, daß jede Möglichkeit ausgeschlossen sein muß, daß durch Dritte festgestellt werden kann, wie die einzelne **6** Dienstkraft gestimmt hat. So muß z. B. ausgeschlossen sein, den Wähler bei der Stimmabgabe zu beobachten oder auf andere Weise zu kontrollieren *(VG Berlin vom 13. 6. 1984 – VG FK [Bln] – B-34/83; Fischer/Goeres, § 19 Rn. 6; Lorenzen u. a., BPersVG, § 19 Rn. 5 a).*
Die Geheimhaltung ist nicht gewährleistet bei öffentlicher Abstimmung oder **7** bei Wahl durch Zuruf in einer Personalversammlung *(Fischer/Goeres, § 19 Rn. 6; Grabendorff u. a., BPersVG, § 19 Rn. 5).* Das gleiche gilt bei einer Wahl ohne vorgedruckte Stimmzettel, da hier gegebenenfalls durch Schriftanalyse festgestellt werden kann, wie die einzelne Dienstkraft abgestimmt hat.
Die geheime Stimmabgabe erfordert zwingend eine **schriftliche Abstimmung.** **8** Sie kann nur durch die Abgabe von vorgedruckten Stimmzetteln in dafür bestimmten Wahlumschlägen erfolgen.
Der Wahlvorstand ist verpflichtet, Vorkehrungen dafür zu treffen, daß die **9** **unbeobachtete Ausfüllung des Stimmzettels** möglich ist. Hierfür sind gegebenenfalls abgeschirmte Schreibgelegenheiten, Kabinen und dergleichen bereitzustellen.
Die Stimmabgabe hat **persönlich** zu erfolgen. Der Wahlvorstand muß darauf **10** achten, daß die Wähler nicht weitere Personen zur Wahl mitbringen, die bei der Ausfüllung des Stimmzettels behilflich sein sollen. Gegebenenfalls muß der Wahlvorstand dafür Sorge tragen, daß auf den Wahlzetteln Übersetzungen enthalten sind, die es den ausländischen Dienstkräften ermöglichen, auch ohne Zuhilfenahme von Dolmetschern ihr Wahlrecht auszuüben.
Eine Ausnahme von dem Grundsatz, daß dritte Personen an der Wahlhandlung **11** nicht teilnehmen dürfen, besteht bei **blinden Dienstkräften.** Diese dürfen eine Person ihres Vertrauens zur Kennzeichnung des Stimmzettels hinzuziehen.
Einzelheiten hinsichtlich der Geheimhaltung der Wahl finden sich in den **12** Vorschriften der §§ 14 und 15 WO.
Aus Gründen des Wahlgeheimnisses kann u. U. ein **Zeugnisverweigerungs-** **13** **recht** in entsprechenden Rechtsstreitigkeiten bestehen.

§ 16

Unmittelbarkeit der Wahl

14 Die Wahl muß durch die **Dienstkräfte unmittelbar** erfolgen. Die Zwischenschaltung von dritten Personen, wie z. B. Wahlmännern, oder zur Stimmabgabe bevollmächtigter Dritter ist unzulässig. Der Grundsatz der Unmittelbarkeit der Wahl wird jedoch nicht dadurch verletzt, daß sich beispielsweise eine **blinde Dienstkraft** mit Hilfe einer anderen Person zur Kennzeichnung des Wahlzettels bedient. Dabei bleibt die Wahl nämlich die Willenserklärung der wahlberechtigten Dienstkraft selbst.

Allgemeine Wahl

15 In § 16 Abs. 1 sind nur die Grundsätze der unmittelbaren und der geheimen Wahl genannt. Gleichwohl ist anerkannt, daß auch die darüber hinaus bestehenden Wahlgrundsätze der allgemeinen, freien und gleichen Wahl Gültigkeit besitzen *(Fischer/Goeres, § 19 Rn. 10)*. Hierbei handelt es sich um tragende Grundbedingungen im Bereich der demokratischen Wahlen.

16 Der Grundsatz der allgemeinen Wahl verbietet, daß eine Dienststelle in besondere Wahlkreise eingeteilt wird, in denen sich die Wahlbewerber bzw. die Listen gesondert zur Wahl stellen. Die Wahl des Personalrats hat **einheitlich für die Dienststelle** zu erfolgen.

17 Der Grundgedanke der freien Wahl steht im engen Zusammenhang mit dem Wahlgeheimnis, das in § 16 Abs. 1 ausdrücklich erwähnt ist. Hierdurch soll die Entscheidungsfreiheit des einzelnen Wählers geschützt werden.

18 Schließlich bedeutet die gleiche Wahl, daß jede Wählerstimme das gleiche Gewicht hat.

Durchführung der Wahl

19 Die **Wahl** erfolgt grundsätzlich **während der Arbeitszeit**. Soweit die Wahl nicht während der Arbeitszeit durchgeführt wird, gilt die Teilnahme an der Wahl nach § 21 Satz 3 als Arbeitsleistung, sie ist durch Dienstbefreiung in entsprechendem Umfange auszugleichen. Eine Abgeltung in Geld scheidet ebenso aus wie eine Vergütung als Mehrarbeit oder Überstunden.

20 Die **Teilnahme** an der Wahl ist **keine Pflicht**, sondern ein Recht der einzelnen Dienstkraft. Mangelnde Teilnahme kann weder dienstliche, disziplinarische noch sonstige rechtliche Folgen haben.

21 Im übrigen richtet sich die Durchführung der Wahl im einzelnen nach den entsprechenden Vorschriften der Wahlordnung, insbesondere den §§ 3–22 WO.

Getrennte Wahl

22 Nach Absatz 2 findet bei einem mehrköpfigen Personalrat eine Gruppenwahl statt. Dadurch wird der Tatsache Rechnung getragen, daß nach § 15 Abs. 1 bei Beschäftigung von Angehörigen verschiedener Gruppen in einer Dienststelle jede Gruppe entsprechend ihrer Stärke im Personalrat vertreten sein muß. Die Angehörigen der Gruppen wählen dabei ihre Vertreter in getrennten Wahlgängen.

23 Der Gruppenbegriff ist in § 3 Abs. 2 geregelt. Zu den Einzelheiten vergleiche die Erläuterungen bei § 3 Rn. 21 ff.

Bei einer Gruppenwahl kann jeder Angehörige einer Gruppe nur bei derjenigen **24**
Gruppe seine Stimme abgeben, der er angehört. Eine Ausnahme besteht nur
dann, wenn nach § 15 Abs. 5 sich **Angehörige von Kleinstgruppen** durch
Erklärung gegenüber dem Wahlvorstand einer anderen Gruppe anschließen.
Sie sind dann bei derjenigen Gruppe wahlberechtigt, der sie sich angeschlossen
haben *(vgl. im einzelnen § 15 Rn. 33ff.)*.

Das Gruppenprinzip gilt auch, wenn gem. § 15 Abs. 6 die Verteilung der Mit- **25**
glieder des Personalrats auf die Gruppen abweichend geregelt worden ist.
Diese abweichende Regelung kann nämlich nicht dazu führen, daß eine Gruppe
überhaupt nicht im Personalrat vertreten ist *(vgl. § 15 Rn. 38ff.)*.

Die Wahl der Gruppen ist in getrennten Wahlgängen durchzuführen. In der **26**
Regel wird dies sowohl zur gleichen Zeit als auch an dem gleichen Ort erfolgen.
In jedem Falle darf auch bei getrennter Wahl das Wahlergebnis nur einheitlich
festgestellt werden, da eine vorzeitige Bekanntgabe des Wahlergebnisses für
eine Gruppe unter Umständen das Wahlverhalten anderer Gruppen beeinflussen kann.

Keine Ausnahme von dem Prinzip der Gruppenwahl stellt es dar, wenn eine **27**
Gruppe keine Wahlvorschläge einreicht. In diesem Falle verzichtet diese Grup-
pe auf eine Vertretung im Personalrat und damit auch auf eine Teilnahme an
der Wahl. Die Wahl findet dann nur zwischen denjenigen Gruppen statt, die
Wahlvorschläge eingereicht haben. Der Personalrat besteht dann auch nur aus
Mitgliedern dieser Gruppen *(vgl. § 15 Rn. 15ff.)*.

Gemeinsame Wahl

Eine Ausnahme von dem Prinzip der Gruppenwahl besteht dann, wenn die **28**
Mehrheit der wahlberechtigten Angehörigen jeder in der Dienststelle vertrete-
nen Gruppe vor der Wahl in getrennten, geheimen Abstimmungen die gemein-
same Wahl beschließen. Der **Beschluß** über die gemeinsame Wahl kann nur im
Rahmen einer Vorabstimmung im Sinne des § 3 Nr. 2 WO erfolgen. Für die
Durchführung der Vorabstimmung gelten die gleichen Grundsätze wie für die
Wahl, insbesondere sind auch diese Vorabstimmungen geheim und unmittel-
bar durchzuführen. Zu den Einzelheiten vgl. § 3 WO.

Verfahren der Beschlußfassung

An der **Vorabstimmung** können **nur die wahlberechtigten Dienstkräfte** der **29**
Dienststelle im Sinne des § 12 teilnehmen. Insoweit besteht ein Unterschied zu
der Regelung in § 15 Abs. 6 hinsichtlich der abweichenden Verteilung der Sitze
in dem Personalrat *(§ 15 Rn. 38ff.)*, wo sämtliche Mitglieder einer Gruppe ohne
Rücksicht auf ihre Wahlberechtigung abstimmungsberechtigt sind.

Die Abstimmungen der einzelnen Gruppen müssen nicht gleichzeitig erfolgen. **30**
Im Gegensatz zu dem Ergebnis der Wahl des Personalrats im Rahmen der
Gruppenwahl *(vgl. oben Rn. 26)* kann das in einer Gruppe erzielte Abstimmungs-
ergebnis hinsichtlich der Frage der gemeinsamen Wahl bereits bekanntgemacht
werden, bevor die andere Gruppe ihre Abstimmung durchgeführt hat.

Abgestimmt werden darf nur über die Frage, ob eine gemeinsame Wahl des **31**
Personalrats durchgeführt werden soll. Mit dieser Frage dürfen weder konkrete
Wahlvorschläge noch Fragen der anderen Sitzverteilung gem. § 15 Abs. 6 un-
mittelbar verbunden werden. Eine einheitliche Abstimmung über die Frage der

§ 16

anderen Verteilung der Sitze im Personalrat und der gemeinsamen Wahl ist nur in der Form zulässig, daß die Fragen jeweils getrennt gestellt werden, so daß eine getrennte Stimmabgabe möglich ist.

32 Die zur Abstimmung gestellte Frage muß bei allen Gruppen gleich sein, da eine wirksame Zustimmung zur gemeinsamen Wahl nur dann vorliegt, wenn sie auf Grund übereinstimmender Beschlüsse der einzelnen Gruppen erfolgt.

Beschluß

33 Eine gemeinsame Wahl ist beschlossen, wenn bei jeder Gruppe die Mehrheit der wahlberechtigten Dienstkräfte i. S. des § 12 dem Antrag seine Zustimmung erteilt hat.

34 Grundsätzlich müssen an der Vorabstimmung sämtliche Gruppen teilnehmen. Eine Ausnahme gilt nur dann, wenn eine Gruppe von ihrem Recht, im Personalrat vertreten zu sein, keinen Gebrauch macht.

35 Die Wirkung des Ergebnisses der Vorabstimmung gilt nur für die unmittelbar bevorstehende Wahl. Vor jeder Neuwahl hat gegebenenfalls eine erneute Vorabstimmung zu erfolgen. Eine einmal durchgeführte Vorabstimmung kann nicht wiederholt werden, um ein anderes Ergebnis zu erreichen *(Grabendorff u. a., BPersVG, § 19 Rn. 21)*.

36 Eine gemeinsame Wahl, die ohne wirksame Vorabstimmung durchgeführt worden ist, kann nicht nachträglich durch getrennte Abstimmungen der Gruppen genehmigt werden. Die Wahl ist anfechtbar.

37 Ein einmal gefaßter Beschluß über eine gemeinsame Wahl wird hinfällig, wenn im Zeitpunkt der Durchführung der Wahl nur ein Wahlvorschlag einer der in der Dienststelle vertretenen Gruppen vorhanden ist. In diesem Falle verzichten die übrigen Gruppen auf eine Vertretung im Personalrat, so daß sie schon deshalb an der Wahl nicht mehr teilnehmen können *(Grabendorff u. a., BPersVG, § 19 Rn. 26)*.

Verhältniswahl

38 Sind bei einer Wahl mehrere Personalratssitze zu besetzen und liegen zwei oder mehr gültige Wahlvorschläge vor, so findet grundsätzlich die **Verhältniswahl** statt, § 16 Abs. 3 Satz 1. Nach diesem Wahlsystem werden die auf die einzelnen Wahlvorschläge entfallenden Stimmen in einem angemessenen Verhältnis zueinander bei der Verteilung der Personalratssitze berücksichtigt. Der Sinn des Verhältniswahlsystems liegt in dem Schutz von Minderheiten, da die auf sie entfallenden Stimmen nicht verlorengehen.

39 Das Verhältniswahlsystem setzt voraus, daß eine **Listenwahl** stattfindet. Bei der Listenwahl ist der Wähler an bestimmte Wahlvorschlagslisten gebunden *(zum Inhalt der Wahlvorschläge vgl. unten Rn. 63)*. Der Wähler hat nur eine Stimme, die er nur einer der zur Wahl gestellten Listen geben kann, § 23 Abs. 3 WO. Innerhalb des Wahlvorschlages kann er keinerlei Änderungen durchführen.

40 Eine Listenwahl liegt auch dann vor, wenn in einer Dienststelle lediglich verschiedene **Einzelpersonen vorgeschlagen** werden. In diesem Falle enthält zwar jeder einzelne Wahlvorschlag entgegen der Bestimmung des § 7 Abs. 1 nur einen Bewerber, dies ist jedoch unschädlich, da es sich bei der Vorschrift des § 7 Abs. 1 WO nur um eine Soll-Vorschrift handelt. Jeder Wahlvorschlag stellt daher in diesem Falle eine Liste dar, so daß nach dem Verhältniswahl-

system vorgegangen werden muß. Etwas anderes kann auch dann nicht gelten, wenn die einzelnen Wahlvorschläge zusammengefaßt werden. Eine Verbindung von Wahlvorschlägen ist nämlich nach § 8 Abs. 3 WO unzulässig. Auch die Zustimmung der einzelnen Dienstkräfte ändert hieran nichts *(vgl. unten Rn. 51).*

Ausgeschlossen ist auch, daß in einer Dienststelle von vornherein davon ausgegangen wird, daß eine Mehrheitswahl stattfinden würde. Wie die Bestimmung in § 16 Abs. 3 Satz 2 zeigt, besteht hinsichtlich der Durchführung der Mehrheitswahl **weder eine Vereinbarungsbefugnis** der Dienstkräfte in der Dienststelle selbst **noch** kann der **Wahlvorstand** einen entsprechenden **Beschluß fassen.** Wann eine Mehrheitswahl durchzuführen ist, ist im Gesetz abschließend geregelt. Dem entsprechen auch die Bestimmungen in § 26 Abs. 1 WO sowie § 28 Abs. 1 WO *(vgl. unten Rn. 49 ff.).* **41**

Bei einer **Gruppenwahl,** bei der für eine Gruppe mehrere Wahlvorschläge eingereicht werden, werden nur die in dieser Gruppe abgegebenen Stimmenzahlen berücksichtigt. Diese Stimmenzahlen werden auf Grund des Höchstzahlensystems auf die einzelnen Wahlvorschläge verteilt. Die Verteilung der Sitze erfolgt dann gem. § 15 auf die einzelnen Gruppen *(vgl. im übrigen die Regelungen der §§ 23 ff. WO).* **42**

Erfolgt die Wahl nach dem Verhältniswahlsystem, findet bei der Ermittlung der gewählten Gruppenvertreter bei der Gruppenwahl die Vorschrift des § 24 WO Anwendung. **43**

Wahlvorschläge bei gemeinsamer Wahl

Die gemeinsame Wahl i.S. des § 16 Abs. 2 findet in der Regel auf Grund von Vorschlagslisten statt, wobei die Vorschlagslisten jedoch nicht nach Gruppen getrennt aufgestellt werden müssen. Vielmehr wird gerade dem Sinn der gemeinsamen Wahl entsprechend auch die Aufstellung der Listen gemeinschaftlich durch alle Gruppen erfolgen. Bei der Verteilung der Sitze nach dem Verhältniswahlsystem ist nicht allein von dem Höchstzahlensystem auszugehen, vielmehr muß bei Verteilung der Sitze auch sichergestellt werden, daß die einzelnen Gruppen entsprechend den Regelungen des § 15 im Personalrat vertreten sind. Maßgeblich sind daher die Höchstzahlen, die auf die gewählten Bewerber entfallen, und außerdem deren Gruppenzugehörigkeit. **44**

Berücksichtigung des Gruppenprinzips

Zunächst sind die Höchstzahlen für die einzelnen Vorschlagslisten festzustellen. Auf dieser Grundlage sind dann in einer zweiten Stufe die jeder Gruppe zustehenden Sitze getrennt unter Verwendung dieser Teilzahlen zu ermitteln *(vgl. § 25 WO).* Wenn also die auf die einzelnen Listen fallenden Höchstzahlen ermittelt worden sind, erfolgt als nächster Schritt die Verteilung der Sitze unter die Gruppen der für die Listen ermittelten Höchstzahlen. Hierbei können nur soviel Höchstzahlen insgesamt berücksichtigt werden, wie den einzelnen Gruppen Sitze im Personalrat zustehen. **45**

Enthält dabei eine der Vorschlagslisten weniger Bewerber einer Gruppe, als dieser nach den Höchstzahlen zustehen würde, fallen die restlichen Sitze dieser Gruppe den Angehörigen derselben Gruppe auf den übrigen Vorschlagslisten in der Reihenfolge der nächsten Höchstzahlen zu, § 25 Abs. 2 WO. Hieraus wird **46**

§ 16

deutlich, daß das Gruppenprinzip Vorrang vor dem reinen Grundsatz der Verhältniswahl hat.

47 Innerhalb der Vorschlagslisten werden die den einzelnen Gruppen zustehenden Sitze auf die Angehörigen der entsprechenden Gruppe in der Reihenfolge ihrer Benennung verteilt, § 25 Abs. 3 WO. Eine nachträgliche Veränderung der Reihenfolge ist nicht möglich.

48 Im übrigen gelten die gleichen Grundsätze wie in § 15 Abs. 3 *(vgl. oben § 15 Rn. 24 ff.).*

Mehrheitswahl

49 Nach den Grundsätzen der Mehrheitswahl findet eine Wahl statt, wenn nur **ein Wahlvorschlag** eingereicht wird, § 16 Abs. 3 Satz 2. Das gleiche gilt für Dienststellen, deren Personalrat nur aus einer Person besteht, § 16 Abs. 3 Satz 3. Entsprechendes gilt auch für Gruppen, denen nur 1 Vertreter im Personalrat zusteht, § 16 Abs. 3 Satz 4. Für die Durchführung der Mehrheitswahl gelten die Regelungen der §§ 26 bis 28 WO.

50 Werden in einer Dienststelle **Wahlvorschläge** in der Form eingereicht, daß **lediglich ein Wahlbewerber** genannt wird, findet gleichwohl eine Verhältniswahl statt. Zwar soll nach § 7 Abs. 1 WO ein Wahlvorschlag mindestens doppelt so viele Bewerber enthalten wie bei einer Gruppenwahl Gruppenvertreter bzw. bei einer gemeinsamen Wahl Personalratsmitglieder zu wählen sind. Hierbei handelt es sich jedoch lediglich um eine technische Ordnungsvorschrift, wie schon aus dem Wort »soll« deutlich wird. Das PersVG Bln stellt in diesen Punkten auch keine weiteren Anforderungen an den Wahlvorschlag. Der Wahlvorschlag kann daher nicht schon deshalb unwirksam sein, weil er dieser Bestimmung der Wahlordnung nicht entspricht. Der Wahlvorschlag braucht nicht einmal so viele Kandidaten aufzuweisen, wie Gruppenvertreter bzw. Personalratsmitglieder zu wählen wären. Selbst wenn daher nur ein Kandidat auf der Wahlvorschlagsliste erscheint, handelt es sich um eine Liste, mit der Folge, daß bei Vorhandensein mehrerer derartiger Listen nach dem **Grundsatz der Verhältniswahl** vorzugehen ist. Weder die Angehörigen der Dienststelle noch der Wahlvorstand oder der Personalrat können von diesen zwingenden Regelungen abweichende Bestimmungen vereinbaren oder treffen *(vgl. dazu oben Rn. 41).* Wird gleichwohl in einem Falle, in dem mehrere Wahlvorschläge mit nur einem Kandidaten eingereicht worden sind, eine Mehrheitswahl durchgeführt, so wäre diese Wahl wegen Mißachtung wesentlicher Wahlvorschriften unwirksam. Das unrichtige Wahlverfahren wird sich auf das Ergebnis der Wahl auswirken, da die Stimmverteilung bei Verhältnis- und Mehrheitswahl grundsätzlich verschieden ist.

51 Eine **nachträgliche Zusammenfassung** der einzelnen Wahlvorschläge zu einem einheitlichen Wahlvorschlag mit der Folge, daß eine Mehrheitswahl zulässig wäre, ist nicht möglich, eine Verbindung von Wahlvorschlägen ist unzulässig, § 8 Abs. 3 WO. Auch ein Zurückziehen der bisherigen Unterschriften unter die bereits eingereichten einzelnen Wahlvorschläge mit der Folge, daß nunmehr ein neuer einheitlicher Wahlvorschlag gemacht werden könnte, dürfte unzulässig sein, da die nachträgliche Rücknahme der Unterschrift auf einem ordnungsgemäß eingereichten Wahlvorschlag keine Bedeutung für die Gültigkeit der Liste hat. Die Rücknahme einer Unterschrift ist lediglich bis zum Zeitpunkt der Einreichung der Liste bei dem Wahlvorstand möglich. Sie hat in diesem Falle durch **schriftliche Erklärung gegenüber dem Wahlvorstand,** nicht jedoch gegenüber dem Listenvertreter, zu erfolgen *(vgl. zu dem Problem der Rücknahme von Wahlvorschlägen unten Rn. 80–82).*

Im Gegensatz zu der Verhältniswahl, wo jede Dienstkraft nur eine Stimme bei der Wahl hat, haben die Dienstkräfte bei der **Mehrheitswahl so viele Stimmen, wie Personalratsmitglieder gewählt werden können.** In den Stimmzetteln werden die Bewerber aus dem Wahlvorschlag in unveränderter Reihenfolge aufgeführt, der Wähler kann auf dem Stimmzettel die Namen der Bewerber ankreuzen, für die er seine Stimmen abgeben will. Hierbei darf er bei der Gruppenwahl nicht mehr Namen ankreuzen, als für die betreffende Gruppe Vertreter zu wählen sind. Bei gemeinsamer Wahl darf er nicht mehr Namen ankreuzen, als Personalratsmitglieder insgesamt zu wählen sind, § 26 Abs. 2 WO. 52

Die zu vergebenden Personalratssitze werden entsprechend der erreichten Stimmenzahlen auf die einzelnen Wahlbewerber verteilt. Bei der Gruppenwahl sind hierbei die Bewerber gewählt, auf die die **meisten Stimmen** entfallen. Bei Stimmengleichheit entscheidet das Los, § 27 Abs. 1 WO. 53

Bei gemeinsamer Wahl im Sinne des § 16 Abs. 2 sind für die einzelnen Gruppen die Kandidaten gewählt, auf die der Reihenfolge nach die meisten Stimmen entfallen sind, § 27 Abs. 2 WO. Bei Stimmengleichheit entscheidet auch hier das Los. Die Einhaltung des Gruppenprinzips wird dabei dadurch gewährleistet, daß auf die Gruppenbewerber in der Reihenfolge der höchsten auf sie entfallenden Stimmenzahlen so lange Sitze zugeteilt werden, bis die dieser Gruppe zustehende Anzahl an Personalratssitzen vergeben ist. Die Kandidaten der anderen Gruppen bleiben hierbei zunächst unberücksichtigt, bei ihnen erfolgt dann die Verteilung der ihrer Gruppe zustehenden Sitze nach den gleichen Grundsätzen. 54

Besteht der **Personalrat** nur aus **einer Person,** dann findet die Wahl stets nach den Grundsätzen der Mehrheitswahl statt. Gewählt ist dann derjenige Bewerber, der die meisten Stimmen auf sich vereinigt, § 28 Abs. 4 WO. Bei gleicher Stimmzahl entscheidet das Los. 55

Das gleiche gilt, wenn bei einer Gruppenwahl für eine Gruppe nur **ein Vertreter** in den Personalrat gewählt werden kann. 56

Wahlvorschläge

Die Wahl des Personalrats kann nur auf Grund eines Wahlvorschlages erfolgen. Obwohl der Gesetzestext insoweit nicht eindeutig ist, folgt dies aus § 16 Abs. 4. 57

Begriff und Form

Wahlvorschlag ist die Aufstellung derjenigen Dienstkräfte, die für die Wahl zum Personalrat vorgeschlagen werden. Diese Aufstellung muß schriftlich und in einer äußerlich einheitlichen Urkunde erfolgen *(BVerwG vom 4. 10. 1957, E 5, 259; BVerwG vom 27. 5. 1960, E 10, 344).* Die Zusammenstellung der Bewerber und die nach § 16 Abs. 4 Satz 2 erforderlichen Unterschriften der Wahlberechtigten müssen eindeutig und untrennbar miteinander verbunden sein. Es ist daher unzulässig, zunächst mit verschiedenen Blättern Unterschriften zu sammeln und diese erst später mit dem Blatt zu verbinden, auf dem die Bewerber aufgeführt sind. 58

§ 16

59 Unterzeichnen Dienstkräfte einen Wahlvorschlag, bei dem eine **Bewerberstelle noch offengelassen** ist, so ist der Wahlvorschlag gültig, wenn nicht später jemand eingesetzt wurde, der nach den Vorgesprächen nicht in Betracht kam *(OVG Münster vom 19. 12. 1972, PersV 1973, 368)*. Unzulässig ist die Blankounterzeichnung von Wahlvorschlägen, bei denen die Namen der Bewerber erst nachträglich eingefügt werden. Wird abredewidrig nachträglich ein weiterer Bewerber in die Wahlvorschlagsliste eingefügt, kann der Wahlvorschlag nur dann Gültigkeit erlangen, wenn **nach** Ausfüllen der freien Stelle noch eine ausreichende Zahl von Dienstkräften unterzeichnet hat *(OVG Münster vom 19. 12. 1972, PersV 1973, 368; a. A. Altvater u. a., BPersVG, § 7 WO Rn. 1)*.

60 Eine **Ausnahme** von dem Grundsatz der Schriftlichkeit des Wahlvorschlages besteht dann, wenn die Wahlvorschläge im Rahmen einer Personal- oder einer Gruppenversammlung erfolgen. Nach § 6 Abs. 1 Satz 2 WO hat in diesem Falle der Versammlungsleiter festzustellen, wie viele der anwesenden Wahlberechtigten die Wahlvorschläge unterstützen. Die Wahlvorschläge, die Zahl der sie unterstützenden Wahlberechtigten und den Namen mindestens eines Unterstützenden hat der Versammlungsleiter dabei zu Protokoll zu nehmen und innerhalb von 18 Kalendertagen nach Erlaß des Wahlausschreibens dem Wahlvorstand schriftlich zu melden.

61 Bei der **Verhältniswahl,** die als Listenwahl durchgeführt wird, ist der Wahlvorschlag eine Vorschlagsliste, über die der Wähler nur insgesamt abstimmen kann. Besteht nur eine einzige Vorschlagsliste oder findet eine Personenwahl statt, dann hat der Wahlvorschlag nicht Listencharakter, der Wähler kann seine Stimme bzw. seine Stimmen *(vgl. oben Rn. 52)* auf die einzelnen Bewerber verteilen und eine Auswahl treffen.

62 Bei einer **Gruppenwahl** sind für die einzelnen Gruppen getrennte Wahlvorschläge zu machen. Bei einer gemeinsamen Wahl i. S. des § 16 Abs. 2 können die einzelnen Vorschlagslisten Bewerber verschiedener Gruppen erfassen.

Inhalt der Wahlvorschläge

63 Grundsätzlich soll jeder Wahlvorschlag mindestens **doppelt so viele Bewerber** enthalten, wie Gruppenvertreter bzw. Personalratsmitglieder zu wählen sind, § 7 Abs. 1 WO. Damit soll sichergestellt werden, daß im Falle des Ausscheidens gewählter Vertreter genügend Ersatzmitglieder vorhanden sind. Es handelt sich um eine Soll-Bestimmung, ein Wahlvorschlag wird nicht deshalb ungültig, weil er weniger Bewerber enthält.

64 Wegen der weiteren Einzelheiten vgl. die Regelungen in § 7 WO.

65 Da nur i. S. des § 13 wählbare Dienstkräfte in den Personalrat gewählt werden können, darf ein Wahlvorschlag auch **nur wählbare Dienstkräfte** im Sinne dieser Vorschrift enthalten. Der Wahlvorstand hat bei Entgegennahme des Wahlvorschlages eigenverantwortlich zu überprüfen, ob die Voraussetzungen der Wählbarkeit bei den vorgeschlagenen Bewerbern vorliegen. Stellt er fest, daß nicht wählbare Bewerber benannt worden sind, hat er diese Bewerber zu streichen, § 9 Abs. 2 WO *(vgl. auch VG Mannheim vom 20. 4. 1993, PersR 1993, 465)*. Enthält eine Liste nur die Namen von nicht wählbaren Bewerbern, ist der Wahlvorschlag ungültig, der Wahlvorstand muß ihn zurückgeben *(§ 9 Abs. 3 WO; vgl. BVerwG vom 8. 6. 1962, E 14, 241)*.

66 Dem Wahlvorschlag ist die **schriftliche Zustimmung** der in ihm aufgeführten Bewerber zur Aufnahme in den Wahlvorschlag beizufügen, § 8 Abs. 2 WO. Die

Zustimmungserklärung bedeutet noch nicht, daß der Bewerber eine etwaige Wahl auch annehmen muß. Vielmehr kann jeder Bewerber auch nach Durchführung der Wahl die Annahme der Wahl verweigern.

Jeder Bewerber darf nur auf **einem** Wahlvorschlag benannt werden. Erscheint ein Bewerber auf mehren Wahlvorschlägen gleichzeitig, ist er nach § 9 Abs. 4 WO aufzufordern, innerhalb von 3 Kalendertagen zu erklären, auf welchem Wahlvorschlag er benannt bleiben will. Auf den übrigen Wahlvorschlägen ist er dann zu streichen. Gibt der Bewerber diese Erklärung nicht fristgerecht ab, so wird er von sämtlichen Wahlvorschlägen gestrichen.   **67**

Vorschlagsberechtigung

Wahlvorschläge können nur die **wahlberechtigten Dienstkräfte** und die in der **Dienststelle vertretenen Gewerkschaften** bzw. **Berufsverbände** machen. Ein Vorschlagsrecht des Dienststellenleiters bzw. des Dienstherrn ist ausgeschlossen.   **68**

Vorschlagsberechtigt sind nur die wahlberechtigten Dienstkräfte der Dienststelle, § 16 Abs. 4 i. V. m. § 12. Ausgenommen sind die nach § 13 Abs. 3 Nrn. 2 und 3 nicht wählbaren Dienstkräfte, § 16 Abs. 4 Satz 4. Trotz eigener Wahlberechtigung können daher nicht die in § 9 genannten Dienstkräfte sowie diejenigen Dienstkräfte, die zu selbständigen Entscheidungen in Personalangelegenheiten von nicht untergeordneter Bedeutung befugt sind, Wahlvorschläge machen. Damit soll bereits im Vorfeld der Wahl ausgeschlossen werden, daß diejenigen Dienstkräfte irgendeinen Einfluß auf die Wahl ausüben können, die Arbeitgeberfunktionen bzw. Funktionen des Dienstherrn ausüben.   **69**

Jeder Wahlvorschlag bedarf der **Unterstützung** von $1/20$ der wahlberechtigten Gruppenmitglieder, soweit eine Gruppenwahl stattfindet, bei einer gemeinsamen Wahl ist die Unterstützung von mindestens 5 % der wahlberechtigten Dienstkräfte insgesamt erforderlich. In beiden Fällen genügt die Unterstützung durch mindestens 50 wahlberechtigte Gruppenmitglieder bzw. bei der gemeinsamen Wahl von Dienstkräften. Mindestens bedarf jeder Wahlvorschlag der Unterstützung von drei Dienstkräften bzw. Gruppenangehörigen.   **70**

Mit dieser Neuregelung des § 16 Abs. 4 hat der Gesetzgeber die Konsequenz daraus gezogen, daß das **frühere Quorum von** $1/10$ der wahlberechtigten Gruppenangehörigen vom Bundesverfassungsgericht wegen Verstoßes gegen Art. 3 Abs. 1 GG für **verfassungswidrig und nichtig** erklärt worden war, was das BPersVG betroffen hat *(BVerfG vom 16. 10. 1984, E 67, 369)*.   **71**

Die Unterstützung erfolgt entweder im Rahmen einer Personalversammlung oder einer Gruppenversammlung gem. § 6 Abs. 1 oder aber durch eigenhändige Unterschrift der geforderten Zahl der wahlberechtigten Dienstkräfte.   **72**

Für die **Errechnung** der jeweiligen Mindestzahlen bei der Unterstützung der Wahlvorschläge ist die Zahl der wahlberechtigten Dienstkräfte im Zeitpunkt des Erlasses des Wahlausschreibens maßgebend *(OVG NRW vom 24. 6. 1970, PersV 1971, 218)*.   **73**

Nach § 16 Abs. 4 können auch die in der Dienststelle vertretenen Gewerkschaften und Berufsverbände Wahlvorschläge machen; diese können auch mit denjenigen Wahlvorschlägen der Dienstkräfte in der Dienststelle konkurrieren. Erforderlich ist nur, daß die Gewerkschaften bzw. Verbände in der Dienststelle vertreten sind, es muß ihnen also mindestens eine Dienstkraft angehören.   **74**

§ 16

75   Die Gewerkschaften bzw. Verbände sind nicht gezwungen, einen gemeinsamen und einheitlichen Wahlvorschlag zu machen. Das Vorschlagsrecht bezieht sich auf jede Art der Personalratswahl, es besteht also sowohl bei der Gruppenwahl als auch bei der gemeinsamen Wahl; gleichfalls spielt es keine Rolle, ob ein mehrköpfiger Personalrat oder nur ein einzelnes Personalratsmitglied gewählt werden soll.

76   Im übrigen gelten für den Wahlvorschlag der Gewerkschaften bzw. der Verbände die **gleichen Regelungen** wie für die Wahlvorschläge der Dienstkräfte in der Dienststelle mit Ausnahme der Vorschriften über die Erforderlichkeit der Unterstützung von Wahlvorschlägen. Hierbei ist es nicht erforderlich, daß die vorgeschlagenen Dienstkräfte auch tatsächlich der Gewerkschaft bzw. dem Verband angehören. Nur der Vorschlag dienststellenfremder Bewerber ist ausgeschlossen.

77   Da nicht nur Verbandsmitglieder vorgeschlagen werden müssen, können Berufsverbände, die spezifische Interessen einer Dienstkräftegruppe wahrnehmen, bei einer Wahl auch Wahlvorschläge für die anderen Dienstkräftegruppen machen, sofern sich insoweit genügend wählbare Bewerber finden.

78   Der Wahlvorschlag der Gewerkschaften muß in jedem Falle **schriftlich** erfolgen; Vorschläge auf einer Personal- oder Gruppenversammlung scheiden aus. Gem. Abs. 6 muß er von zwei Beauftragten unterzeichnet sein, die **Dienstkräfte der Dienststelle und Mitglieder der Gewerkschaft** sein müssen.

Wahl gruppenfremder Dienstkräfte

79   Nach § 16 Abs. 5 Satz 2 kann jede Gruppe auch Angehörige anderer Gruppen wählen. Damit wird in erster Linie der Tatsache Rechnung getragen, daß bei einer gemeinsamen Wahl i. S. des § 16 Abs. 2 auf den Vorschlagslisten Mitglieder verschiedener Gruppen aufgeführt werden können. Durch § 16 Abs. 5 Satz 2 soll ermöglicht werden, daß im Falle der Gemeinschaftswahl auch für eine Gruppe gruppenfremde Bewerber gewählt werden können. Bei der Verteilung der Sitze im Personalrat nach dem Gruppenprinzip gem. § 15 Abs. 2 gelten die Gewählten insoweit als Angehörige der Gruppe, die sie gewählt hat. Das gleiche gilt für die Ersatzmitglieder.

Rücknahme von Wahlvorschlägen

80   Der Listenvertreter ist nicht befugt, einen bei dem Wahlvorstand eingereichten Wahlvorschlag zurückzunehmen. Ohne eine ausdrückliche gesetzliche Regelung können bei dem Wahlvorschlag **eingereichte Wahlvorschläge** auch vor Ablauf der Einreichungsfrist **nicht zurückgenommen werden,** selbst wenn alle Unterzeichner zustimmen *(BVerwG vom 11. 6. 1975, PersV 1976, 185).*

81   Die **Zurücknahme** einer unterstützenden **Unterschrift** auf einem Wahlvorschlag ist nur wirksam, wenn sie bis zur Einreichung des Wahlvorschlages bei dem Wahlvorstand eingegangen ist. Danach kann die Unterschrift schon im Interesse der Rechtssicherheit nicht mehr zurückgenommen werden *(HessVGH vom 16. 10. 1974, PersV 1976, 306).* Auch eine Anfechtung wegen Irrtums oder arglistiger Täuschung ist ausgeschlossen.

82   Bis zur Einreichung des Wahlvorschlags bei dem Wahlvorstand ist eine Rücknahme möglich, da es sich bis zu diesem Zeitpunkt bei dem Vorschlag noch um

einen unverbindlichen Entwurf handelt, der noch keine Außenwirkung erzielt hat. Die Rücknahme erfolgt in diesem Falle durch Erklärung gegenüber dem **Wahlvorstand**.

Streitigkeiten

Verstöße gegen die Wahlvorschriften und damit auch gegen die Verletzung des § 16 können in erster Linie im Wege der Wahlanfechtung nach § 22 geltend gemacht werden. Hierzu gehört auch die Verletzung von Vorschriften über die Vorabstimmung gem. § 16 Abs. 2. Die Wahlanfechtung erfolgt durch Antrag bei dem Verwaltungsgericht, dieses entscheidet im Beschlußverfahren. 83

Im übrigen können Streitigkeiten bezüglich der Wahlvorschriften gem. § 91 Abs. 1 Nr. 2 vor den Verwaltungsgerichten im Beschlußverfahren ausgetragen werden. Dies ist insbesondere auch während des Wahlverfahrens möglich *(BAG vom 15. 12. 1972, AP Nr. 1 zu § 14 BetrVG 1972)*. Nach Abschluß der Wahl wird allerdings in der Regel nur das Wahlanfechtungsverfahren des § 22 möglich sein, da dann für gesonderte Streitigkeiten bezüglich einzelner Wahlhandlungen das Rechtsschutzinteresse fehlt. Antragsberechtigt ist jede Dienstkraft, die durch Einzelmaßnahmen des Wahlvorstandes in ihrem aktiven oder passiven Wahlrecht betroffen wird. In Betracht kommt auch ein Antragsrecht der Gewerkschaften bzw. der Verbände, soweit diese in ihrem Wahlvorschlagsrecht beeinträchtigt werden. 84

Bei Streitigkeiten, die während des Wahlverfahrens durchgeführt werden, kommt auch der Erlaß einer einstweiligen Verfügung gem. § 91 in Verbindung mit § 85 Abs. 2 ArbGG in Betracht, da meist das Erfordernis der Dringlichkeit gegeben sein wird. 85

§ 17 Bildung des Wahlvorstandes

(1) Spätestens zwei Monate vor Ablauf seiner Amtszeit bestellt der Personalrat mindestens drei Wahlberechtigte als Wahlvorstand und einen von ihnen als Vorsitzenden. Sind in der Dienststelle Angehörige verschiedener Gruppen beschäftigt, so muß jede Gruppe im Wahlvorstand vertreten sein. Je ein Beauftragter der in der Dienststelle vertretenen Gewerkschaften ist berechtigt, an den Sitzungen des Wahlvorstandes mit beratender Stimme teilzunehmen.

(2) Besteht sechs Wochen vor Ablauf der Amtszeit des Personalrats kein Wahlvorstand, so beruft die Dienststelle auf Antrag von mindestens drei Wahlberechtigten oder einer in der Dienststelle vertretenen Gewerkschaft eine Personalversammlung zur Wahl des Wahlvorstandes ein. Die Personalversammlung wählt einen Versammlungsleiter. Absatz 1 gilt entsprechend.

(3) Besteht in einer Dienststelle kein Personalrat, so beruft die Dienststelle eine Personalversammlung zur Wahl des Wahlvorstandes ein. Absatz 2 Satz 2 gilt entsprechend.

§ 17

Übersicht Rn.

Allgemeines 1– 4
Zusammensetzung des Wahlvorstandes 5– 7
Ersatzmitglieder 8
Gruppenprinzip 9–11
Bestellung des Vorsitzenden 12–14
Rechtsstellung der Mitglieder des Wahlvorstandes 15–20
Pflicht zur Bestellung eines Wahlvorstandes 21–24
Beteiligung der Gewerkschaften bzw. Berufsverbände 25–28
Bestellung des Wahlvorstandes durch Personalversammlung 29–39
Berücksichtigung der Gruppen 40, 41
Initiative der Dienststelle 42–44
Gerichtliche Bestellung des Wahlvorstandes 45, 46
Streitigkeiten 47–49

Allgemeines

1 Entgegen dem Wortlaut seiner Überschrift regelt § 17 nicht allein die Bildung des Wahlvorstandes, sondern auch dessen Bestellung, soweit diese durch den Personalrat bzw. eine Personalversammlung erfolgt. Ausgenommen ist lediglich die Bestellung des Wahlvorstandes, soweit sie durch die Dienststelle erfolgt, § 18.

2 Teilweise vergleichbare Vorschriften finden sich in § 20 BPersVG bzw. § 16 BetrVG.

3 § 17 Abs. 1 ist entsprechend anwendbar bei der Wahl des Gesamtpersonalrats und des Hauptpersonalrats, §§ 51 Abs. 3 bzw. 56 Abs. 2. Bei der Jugend- und Auszubildendenvertretung bzw. der Gesamt- sowie Haupt-Jugend- und Auszubildendenvertretung ist nur die Regelung des § 17 Abs. 1 Satz 3 entsprechend anwendbar, §§ 63 Abs. 1 bzw. 68 und 69 Abs. 2.

4 Nicht in § 17 und auch nicht sonst im PersVG Bln geregelt ist die Bestellung der sogenannten **Wahlhelfer**. Hierbei handelt es sich um wahlberechtigte Dienstkräfte, die den Wahlvorstand bei der Durchführung der Stimmabgabe und der Stimmenzählung unterstützen. Die Wahlhelfer nehmen keine amtliche Funktion im Sinne des Personalvertretungsrechts wahr. Sie werden allein von dem Wahlvorstand bestellt.

Zusammensetzung des Wahlvorstandes

5 § 17 Abs. 1 sieht für die Bildung des Wahlvorstandes keine feste Mitgliederzahl vor. Lediglich die **Mindestzahl** ist zwingend vorgeschrieben, der Wahlvorstand muß mindestens aus drei wahlberechtigten (§ 12) Dienstkräften der Dienststelle bestehen. Eine **größere Zahl von Mitgliedern ist möglich,** einer Zustimmung der Dienststelle bedarf es hierzu nicht.

6 Bei der Bildung des Wahlvorstandes ist jedoch der Grundsatz der Verhältnismäßigkeit zu beachten. Eine Erhöhung der Mitgliederzahl ist daher nur dann zulässig, wenn dies zur **ordnungsgemäßen Durchführung der Wahl erforderlich** ist. Hierbei sind Größe der Dienststelle, Umfang der Arbeitsabläufe (z. B. Schichtbetrieb) und gegebenenfalls räumliche Entfernung von einzelnen Dienststellenteilen zu berücksichtigen.

7 Grundsätzlich ist davon auszugehen, daß der Wahlvorstand immer aus einer **ungeraden Zahl von Mitgliedern** bestehen muß. Wie sich aus der gesetzlichen

§ 17

Regelung des § 14 ergibt, geht der Gesetzgeber bei dem Personalrat davon aus, daß dieser immer aus einer ungeraden Zahl von Mitgliedern bestehen muß. Dies ist erforderlich, damit bei Abstimmungen immer klare Stimmenverhältnisse erreicht werden können. Dieser Grundgedanke, der durch die Festlegung der Mindestzahl von 3 Mitgliedern ebenfalls in § 17 Abs. 1 aufgenommen wurde, ist auch bei der Erhöhung der Mitgliederzahl zu berücksichtigen *(vgl. auch die insoweit eindeutige Regelung in § 16 Abs. 1 Satz 3 BetrVG).*

Ersatzmitglieder

Der Personalrat kann und wird zweckmäßigerweise auch **Ersatzmitglieder** bestellen. Dem entspricht auch die Bestimmung in § 1 Abs. 3 WO, nach der der Wahlvorstand unmittelbar nach seiner Bestellung u. a. die Namen seiner Mitglieder und ggf. seiner Ersatzmitglieder bekanntzugeben hat. Daraus ergibt sich, daß der Gesetzgeber offensichtlich von der Möglichkeit der Bestellung von Ersatzmitgliedern ausgegangen ist. Im Hinblick auf das Gruppenprinzip ist jedoch eine **persönliche** Stellvertretung notwendig *(vgl. auch Altvater u. a., BPersVG § 20 Rn. 10; Fitting u. a., BetrVG, § 16 Rn. 25 ff.).* 8

Gruppenprinzip

Bei der Bestellung des Wahlvorstandes durch den Personalrat ist das **Gruppenprinzip** zu beachten. Sind in der Dienststelle Dienstkräfte verschiedener Gruppen beschäftigt, so muß jede Gruppe im Wahlvorstand vertreten sein *(bei Verstoß: Anfechtbarkeit der Wahl, Sächs. OVG vom 13. 7. 1995, PersR 1995, 495).* Dies gilt jedoch nur, soweit in den vertretenen Gruppen wahlberechtigte Dienstkräfte vorhanden sind, da nur wahlberechtigte Dienstkräfte Mitglieder des Wahlvorstandes sein können. 9

In welchem **Verhältnis** die Gruppen im Wahlvorstand beteiligt sein müssen, ist im Gesetz nicht geregelt. Der Personalrat kann insoweit nach freiem Ermessen entscheiden, wie das Gruppenprinzip berücksichtigt werden soll *(vgl. Fitting u. a., BetrVG, § 16 Rn. 21).* Auf die Stärke der Gruppen kommt es dabei nicht an, auch Gruppen, die nach § 15 Abs. 5 nicht im Personalrat vertreten sein werden, müssen bei der Bildung des Wahlvorstandes berücksichtigt werden. 10

Findet sich keine wahlberechtigte Dienstkraft bereit, Mitglied des Wahlvorstandes zu sein, kann der Personalrat den Wahlvorstand aus Vertretern anderer Gruppen bilden *(Lorenzen u. a., BPersVG, § 20 Rn. 6).* 11

Bestellung des Vorsitzenden

Die Mitglieder des Wahlvorstandes können ihren Vorsitzenden nicht selbst wählen. Vielmehr ist der Vorsitzende gem. § 17 Abs. 1 Satz 1 **von dem Personalrat** zu bestimmen. Das gleiche gilt bei der Wahl des Wahlvorstandes auf einer Personalversammlung. In diesem Falle hat die Personalversammlung den Vorsitzenden zu bestimmen. Auch bei Bestellung des Wahlvorstandes durch die Dienststelle gem. § 18 muß diese den Vorsitzenden bestimmen. 12

Eine **Wahl** des Vorsitzenden **durch die Mitglieder des Wahlvorstandes** ist nur dann zulässig, wenn die Stelle, die zur Bestimmung des Vorsitzenden befugt ist, nicht mehr existiert *(Lorenzen u. a., BPersVG, § 20 Rn. 8; Fitting u. a., BetrVG, § 16 Rn. 23).* 13

§ 17

14 Aufgabe des Vorsitzenden des Wahlvorstandes ist die Einberufung und Leitung der Sitzungen, die Führung der Verhandlungen mit dem Dienststellenleiter und die Abwicklung des erforderlichen Schriftwechsels.

Rechtsstellung der Mitglieder des Wahlvorstandes

15 Die Rechtsstellung der Mitglieder des Wahlvorstandes entspricht weitgehend derjenigen der Mitglieder der Personalvertretungen; insbesondere genießen sie den besonderen **Kündigungsschutz** des § 108 Abs. 2 BPersVG, dessen Bestimmungen unmittelbar auch im Lande Berlin gelten, § 44.

16 Das **Amt** des Wahlvorstands **endet** mit der Durchführung der konstituierenden Sitzung des Personalrats gem. § 30 Abs. 1. Nach der Wahl des Vorsitzenden des Personalrats ist das Amt erloschen *(BAG vom 14. 11. 1975, AP Nr. 1 zu § 18 BetrVG 1972)*.

17 Da eine entsprechende gesetzliche Regelung fehlt, kann der Wahlvorstand nicht durch Mehrheitsbeschluß seinen **Rücktritt** erklären. Allerdings kann jedes Mitglied im Wahlvorstand jederzeit zurücktreten. Soweit ein Ersatzmitglied bestellt worden ist, tritt dieses an die Stelle des ausgeschiedenen Mitglieds. Ist kein Ersatzmitglied bestellt worden, muß ein neues Mitglied des Wahlvorstandes von demjenigen bestellt werden, der vorher die Bestellung vorgenommen hatte.

18 Eine **Verpflichtung zur Annahme** der Bestellung zum Wahlvorstandsmitglied besteht nicht. Zu berücksichtigen ist, daß die Dienstkraft, die zum Wahlvorstandsmitglied bestellt worden ist, das passive Wahlrecht verliert, § 13 Abs. 3 Nr. 4. Dieser Rechtsverlust kann einer Dienstkraft nicht aufgezwungen werden. In diesem Fall rückt ein etwa bestelltes Ersatzmitglied nicht ohne weiteres nach, da weder ein Fall der Verhinderung noch ein solcher des Ausscheidens vorliegt. Allerdings kann das bestellende Organ für diesen Fall vorsorglich das Nachrücken der Ersatzmitglieder beschließen.

19 Die Mitglieder des Wahlvorstandes sind gem. § 13 Abs. 3 Nr. 4 **nicht wählbar**. Sie können daher auf Wahlvorschläge nicht benannt werden. Damit wird eine Interessenkollision zwischen Bewerbung und Wahlaufsicht vermieden. Da sie jedoch ihr aktives Wahlrecht behalten, können die Mitglieder des Wahlvorstandes Wahlvorschläge unterstützen.

20 Die Betätigung im Wahlvorstand hat keine Minderung der Bezüge einschließlich zusätzlicher Leistungen zur Folge, § 21 Satz 2.

Pflicht zur Bestellung eines Wahlvorstandes

21 Der bisherige Personalrat ist verpflichtet, spätestens zwei Monate vor Ablauf seiner Amtszeit den Wahlvorstand zu bestellen. Die Bestellung erfolgt durch Mehrheitsbeschluß des gesamten Personalrats *(vgl. Lorenzen u. a., BPersVG, § 20 Rn. 17)*. Die Verpflichtung des Personalrats, einen Wahlvorstand zu bestellen, besteht nicht nur bei Ablauf der regelmäßigen Amtszeit, sondern auch dann, wenn außerhalb der regelmäßigen Personalratswahlen gem. § 24 Abs. 1 Nrn. 1 bis 3 eine Neuwahl notwendig ist und der bisherige Personalrat die Geschäfte gem. § 24 Abs. 1 Satz 3 bis zur Neuwahl eines Personalrats fortzuführen hat. Das gleiche gilt, wenn bei Zusammenlegung mehrerer Dienststellen die Fortführung der Geschäfte gem. § 24 Abs. 2 in Verbindung mit § 24 Abs. 1 Nr. 6 den bisherigen Personalräten der Einzeldienststellen gemeinsam obliegt.

§ 17

Kein Recht des Personalrats zur Bestellung eines Wahlvorstandes besteht bei 22
Anfechtung der Personalratswahlen oder der Feststellung ihrer Nichtigkeit, da
in diesem Falle kein Personalrat besteht. Das Bestellungsrecht ist auch ausgeschlossen, wenn der Personalrat durch gerichtliche Entscheidung gem. § 25
Abs. 1 aufgelöst wird, in diesem Falle hat der Vorsitzende der Fachkammer des
Verwaltungsgerichts innerhalb von zwei Wochen einen Wahlvorstand einzusetzen, § 25 Abs. 2.

Die Bestellung des Wahlvorstandes gehört zu den **gesetzlichen Pflichten** des 23
Personalrats. Unterläßt er sie, kann gegebenenfalls die Auflösung des Personalrats gem. § 25 Abs. 1 beantragt werden. Darüber hinaus ist durch die Regelungen in § 17 Abs. 2 sichergestellt, daß bei Untätigkeit des Personalrats die
Bestellung des Wahlvorstandes vorgenommen werden kann.

Der Personalrat kann den einmal von ihm bestellen Wahlvorstand grundsätz- 24
lich nicht mehr **abberufen**, er kann auch nicht einen zweiten Wahlvorstand mit
der Wirkung berufen, daß die Amtszeit des zuerst benannten Wahlvorstandes
erlischt *(vgl. ArbG Berlin vom 3. 4. 1974, DB 1974, 830).*

Beteiligung der Gewerkschaften bzw. Berufsverbände

Nach § 17 Abs. 1 Satz 3 können an den Sitzungen des Wahlvorstandes Beauf- 25
tragte der in der Dienststelle vertretenen Gewerkschaften bzw. Berufsverbände
(§ 94) mit beratender Stimme teilnehmen. Durch das Teilnahmerecht soll gewährleistet werden, daß der Wahlvorstand jederzeit eine sachliche Unterstützung erhalten kann.

Das Teilnahmerecht besteht nur für die in der Dienststelle vertretenen Gewerk- 26
schaften. Es muß daher zumindest eine Dienstkraft der Dienststelle dort organisiert sein. Das gleiche Recht steht nach § 94 den in § 60 LBG genannten
Berufsverbänden zu. Gegebenenfalls hat die Gewerkschaft nachzuweisen,
daß sie in der Dienststelle vertreten ist. Dies kann auch durch **mittelbare
Beweismittel,** beispielsweise durch notarielle Erklärung, geschehen *(BAG
vom 25. 3. 1992, NZA 1993, 134).*

Es kann nur je ein Beauftragter der in der Dienststelle vertretenen Gewerk- 27
schaften bzw. Berufsverbände an den Sitzungen des Wahlvorstandes teilnehmen. Die Entsendung von mehreren Vertretern ist unzulässig. Der Beauftragte
hat gegebenenfalls seine Berechtigung gegenüber dem Wahlvorstand nachzuweisen. Der Beauftragte ist nicht Mitglied des Wahlvorstandes, er hat lediglich
beratende Stimme. Er kann Anregungen geben, zu Problemen Stellung nehmen, Auskünfte erteilen, er kann jedoch nicht mit abstimmen. Zur Wahrnehmung seiner Aufgaben hat er ein originäres Zutrittsrecht zur Dienststelle gem.
§ 2 *(vgl. § 2 Rn. 56).*

Der Wahlvorstand hat die Pflicht, die in der Dienststelle vertretenen Gewerk- 28
schaften bzw. Berufsverbände über seine Sitzungszeiten zu informieren und
sie zu den Sitzungen rechtzeitig einzuladen *(Lorenzen u.a., BPersVG, § 20
Rn. 13).* Nur auf diese Weise kann gewährleistet werden, daß die Gewerkschaften bzw. Berufsverbände überhaupt ihr Teilnahmerecht verwirklichen
können.

§ 17

Bestellung des Wahlvorstandes durch Personalversammlung

29   Kommt der Personalrat seiner Verpflichtung zur Bestellung des Wahlvorstandes bis zu 6 Wochen vor Ablauf seiner Amtszeit nicht nach oder kann aus sonstigen Gründen ein Wahlvorstand nicht gebildet werden, so hat die Dienststelle, d. h. der Dienststellenleiter, auf **Antrag von mindestens drei wahlberechtigten Dienstkräften** oder einer **in der Dienststelle vertretenen Gewerkschaft bzw. eines Berufsverbandes** i. S. des § 94 in Verbindung mit § 60 LBG eine Personalversammlung zur Wahl des Wahlvorstandes einzuberufen. Diese Möglichkeit der Bestellung eines Wahlvorstandes besteht nicht nur in der Zeit von 6 Wochen vor Beendigung der Amtszeit des Personalrats bis zum letzten Tag seiner Amtszeit, sondern auch noch nach Ablauf der Amtszeit. Eine zeitliche Begrenzung enthält das Gesetz insoweit nicht. Die Personalversammlung zur Bestellung des Wahlvorstandes kann daher auch dann erfolgen, wenn der bisherige Personalrat lediglich die Geschäfte fortführt.

30   Der Personalrat kann bis zur Bestellung eines Wahlvorstandes durch die Personalversammlung noch selbst die Bestellung gem. § 17 Abs. 1 vornehmen *(Fitting u. a., BetrVG, § 16 Rn. 6)*. Dem steht auch nicht der Wortlaut der Regelung in § 17 Abs. 1 Satz 1 entgegen. Zwar ist dort festgelegt, daß die Bestellung des Wahlvorstandes spätestens zwei Monate vor Beendigung der Amtszeit erfolgen soll. Das schließt jedoch nicht aus, daß die Bestellung auch noch nach Ablauf dieser Frist durchgeführt werden kann, der Wortlaut begrenzt nicht die Rechte des Personalrats, sondern legt lediglich dessen Pflichten genau fest. Grundsätzlich ist davon auszugehen, daß das Recht zur Bestellung des Wahlvorstandes **in erster Linie** dem Personalrat zusteht.

31   Das Recht zur **Beantragung einer Personalversammlung** steht entweder drei wahlberechtigten Dienstkräften oder aber einer in der vertretenen Gewerkschaft bzw. einem in der Dienststelle vertretenen Berufsverband im Sinne des § 94 in Verbindung mit § 60 LBG zu. Es genügt, wenn im Zeitpunkt der Antragstellung eine Dienstkraft in der antragstellenden Gewerkschaft bzw. dem antragstellenden Berufsverband organisiert war. Für das weitere Verfahren ist es ohne Bedeutung, wenn diese Dienstkraft später aus der Dienststelle ausscheidet oder aber aus der Gewerkschaft bzw. aus dem Berufsverband austritt.

32   Ein eigenständiges Antragsrecht des Dienststellenleiters im Rahmen des § 17 Abs. 2 besteht nicht.

33   Der **Dienststellenleiter** hat die formellen Voraussetzungen für die Einberufung der Personalversammlung zu überprüfen, er hat insbesondere darauf zu achten, daß der Antrag nur von antragsberechtigten Personen gestellt wird.

34   Die Wahl des Wahlvorstandes in einer Personalversammlung ist dann unwirksam, wenn die Einladung zu der Versammlung nicht so bekanntgemacht worden ist, daß alle Dienstkräfte der Dienststelle hiervon Kenntnis nehmen konnten, diese auch nicht auf andere Weise tatsächlich hiervon erfahren haben und durch das Fernbleiben der nicht unterrichteten Dienstkräfte das Wahlergebnis hätte beeinflußt werden können *(BAG vom 7. 5. 1986, NZA 1986, 753)*. Eine solche unwirksame Wahl des Wahlvorstandes kann auch einen Grund für die Anfechtung der Personalratswahl darstellen. Die in einer nichtigen Wahl gewählten Wahlvorstandsmitglieder genießen auch nicht den besonderen Kündigungsschutz des § 15 Abs. 3 KSchG.

35   Die Personalversammlung des § 17 Abs. 2 kann nur als **Vollversammlung** gem.

§ 45 Abs. 1 Satz 1 stattfinden. Sie besteht aus sämtlichen Dienstkräften der Dienststelle, auf die Wahlberechtigung kommt es nicht an *(Lorenzen u.a., BPersVG, § 20 Rn. 23; Dietz/Richardi, BPersVG, § 20 Rn. 40).* Das Gesetz enthält keine Beschränkung der Teilnahmeberechtigung, so daß die Regel des § 45 Abs. 1 Satz 1 auch hier gilt.

Eine Teilversammlung gem. § 45 Abs. 2 scheidet aus, da die Bestellung des Wahlvorstandes **nur einheitlich** erfolgen kann. 36

Nach § 17 Abs. 2 Satz 2 wird die Personalversammlung von einem **Versammlungsleiter** geleitet. Insoweit besteht eine ausdrückliche Ausnahme zu dem Grundsatz in § 45 Abs. 1 Satz 2. Der Versammlungsleiter wird von der Personalversammlung ohne Beachtung besonderer Förmlichkeiten gewählt. Es ist nicht erforderlich, daß der Versammlungsleiter eine wahlberechtigte Dienstkraft ist; z.B. kann auch der Beauftragte einer Gewerkschaft Versammlungsleiter sein *(LAG Berlin vom 10. 2. 1986, AuR 1987, 35).* 37

Die Personalversammlung findet grundsätzlich **während der Arbeitszeit** statt, § 48 Satz 1. 38

Für die weitere Durchführung der Personalversammlung und die Frage der Nichtöffentlichkeit gelten die allgemeinen Vorschriften der §§ 46 und 48. Über die Regelung des § 46 Abs. 2 hinaus besteht ein Teilnahmerecht **aller** gem. § 17 Abs. 1 Satz 3 vertretener Gewerkschaften und Berufsverbände. 39

Berücksichtigung der Gruppen

Da die Bestimmungen des Abs. 1 entsprechend anwendbar sind, gilt auch für den von der Personalversammlung zu bestimmenden Wahlvorstand, daß jede Gruppe in der Dienststelle in ihm vertreten sein muß *(vgl. zu den Einzelheiten oben Rn. 9ff.).* Auch ist die Personalversammlung nicht gezwungen, lediglich drei Wahlvorstandsmitglieder zu ernennen, sie kann über diese Mindestzahl hinausgehen *(vgl. oben Rn. 5ff.).* 40

Die Wahl kann **formlos,** z.B. durch **Handzeichen,** erfolgen. Zur Bestimmung des Vorsitzenden des Wahlvorstandes ist ein eigener Wahlgang erforderlich *(vgl. Altvater u.a., BPersVG, § 20 Rn. 27).* 41

Initiative der Dienststelle

Besteht in einer Dienststelle kein Personalrat, so beruft die Dienststelle, vertreten durch den Dienststellenleiter, **eigenständig eine Personalversammlung** zur Wahl des Wahlvorstandes ein. Hiervon sind in erster Linie die Fälle der Neubildung einer Dienststelle, der Vergrößerung einer Kleindienststelle oder der Verselbständigung einer Nebendienststelle erfaßt. Nicht hierunter fällt die Tatsache des Wegfalls des Personalrats durch Ablauf der Amtszeit. 42

Hinsichtlich Wahl des Versammlungsleiters, Durchführung der Personalversammlung, Teilnahmerecht der Gewerkschaften und Verbände und Zeitpunkt der Personalversammlung gelten die gleichen Grundsätze wie bei Einberufung der Personalversammlung auf Antrag gem. § 17 Abs. 2. 43

Obwohl § 17 Abs. 3 Satz 2 lediglich auf § 17 Abs. 2 Satz 2 hinsichtlich der Wahl des Versammlungsleiters verweist, gilt auch bei der Personalversammlung, die auf Initiative der Dienststelle einberufen wird, die entsprechende **Anwendbarkeit der in Abs. 1 genannten Bedingungen.** Auch hier ist daher das Gruppenprinzip zu berücksichtigen. Seinen Grund findet dies darin, daß § 17 Abs. 2 44

§§ 17, 18

lediglich eine andere Art der Einberufung festlegt, die Durchführung jedoch unberührt läßt. Der Gesetzgeber hat hier lediglich eine rechtstechnisch unsaubere Vorschrift geschaffen.

Gerichtliche Bestellung des Wahlvorstandes

45 Eine Ausnahme von den Regelungen des § 17 enthält § 25 Abs. 2 Satz 1. Wird der Personalrat vom Gericht aufgelöst, so hat der Vorsitzende der Fachkammer des Verwaltungsgerichts innerhalb von zwei Wochen einen Wahlvorstand einzusetzen. Durch die Einsetzung des Wahlvorstandes, der bis zur Neuwahl im übrigen die dem Personalrat zustehenden Befugnisse und Pflichten wahrnimmt, § 25 Abs. 2 Satz 3, wird sichergestellt, daß die Interessen der Dienstkräfte auch während der Zeit der Vakanz wahrgenommen werden können.

46 Für den so bestellten Wahlvorstand gelten die allgemeinen Rechte wie für die sonstigen Wahlvorstände.

Streitigkeiten

47 Eine Wahl, die ohne Wahlvorstand durchgeführt wird, ist nichtig *(siehe dazu unten § 22 Rn. 49 ff. m. w. N.).*

48 Verstöße gegen die Vorschriften bei der Bestellung des Wahlvorstandes können nach Durchführung der Wahl im Wege der Wahlanfechtung geltend gemacht werden, wenn durch den Verstoß das Wahlergebnis geändert oder beeinflußt werden konnte *(vgl. BVerwG vom 5. 2. 1965, BVerwGE 20, 246).*

49 Bereits vor Durchführung der Wahl können Fragen der Bestellung und der Zusammensetzung des Wahlvorstandes im Beschlußverfahren von den Verwaltungsgerichten gem. § 91 Abs. 1 Nr. 2 entschieden werden. Betrifft die Streitigkeit die Verpflichtung des Dienststellenleiters zur Einberufung einer Personalversammlung zur Bildung eines Wahlvorstandes, kann daneben auch eine Dienstaufsichtsbeschwerde erhoben werden.

§ 18 Bestellung des Wahlvorstandes

Findet eine Personalversammlung (§ 17 Abs. 2 und 3) nicht statt oder wählt die Personalversammlung keinen Wahlvorstand, so bestellt ihn die Dienststelle auf Antrag von mindestens drei Wahlberechtigten oder einer in der Dienststelle vertretenen Gewerkschaft.

Übersicht	Rn.
Allgemeines	1, 2
Voraussetzungen	3–5
Bestellung	6–8
Streitigkeiten	9

§ 18

Allgemeines

Durch § 18 soll sichergestellt werden, daß eine Personalratswahl auch dann stattfinden kann, wenn ein Wahlvorstand weder durch den Personalrat noch durch eine Personalversammlung bestellt worden ist oder wenn die Personalversammlung des § 17 Abs. 2 oder 3 überhaupt nicht stattgefunden hat. 1

Eine vergleichbare Regelung findet sich in § 22 BPersVG. Eine entsprechende Regelung im Betriebsverfassungsrecht fehlt. 2

Voraussetzungen

Eine Personalversammlung kann z.B. nicht zustande gekommen sein, weil entweder weder drei wahlberechtigte Dienstkräfte noch eine in der Dienststelle vertretene Gewerkschaft oder ein entsprechender Berufsverband einen Antrag auf Durchführung einer Personalversammlung gestellt haben. Das gleiche gilt, wenn der Dienststellenleiter unter Verletzung seiner gesetzlichen Pflichten eine Einberufung der Personalversammlung trotz des Vorliegens der Voraussetzungen des § 17 Abs. 2 oder 3 nicht durchgeführt hat. 3

Daneben ist § 18 anwendbar bei einer erfolglosen Personalversammlung, wenn also entweder an der Personalversammlung keine Dienstkräfte teilgenommen haben oder aber eine Bestellung des Wahlvorstandes mangels Kandidaten oder weil keine Abstimmung möglich war nicht durchgeführt wurde. 4

Das gleiche gilt, wenn ein einmal gewählter Wahlvorstand durch Ausscheiden von Mitgliedern nicht mehr die erforderliche Mindestzahl erreicht. 5

Bestellung

Ebenso wie in § 17 Abs. 2 kann die Bestellung des Wahlvorstandes nur auf Antrag von mindestens 3 wahlberechtigten Dienstkräften oder einer in der Dienststelle vertretenen Gewerkschaft bzw. einem entsprechenden Berufsverband erfolgen. Eine Eigeninitiative des Dienststellenleiters ist nicht möglich. Wird ein Antrag nicht gestellt, so kann eine Wahl nicht durchgeführt werden. Die Dienststelle ist dann personalvertretungslos. 6

Die Bestimmungen des § 17 Abs. 1 sind auch hier entsprechend anzuwenden, obwohl § 18 eine entsprechende Verweisung nicht enthält. Die entsprechende Anwendbarkeit folgt daraus, daß der Dienststellenleiter hier nur ersatzweise Funktionen des Personalrats bzw. der Personalversammlung wahrnimmt. Bei der Bestellung ist daher das **Gruppenprinzip im Wahlvorstand** zu berücksichtigen, der Dienststellenleiter muß auch ein Mitglied des Wahlvorstandes zum Vorsitzenden bestimmen. Auch hinsichtlich des Teilnahmerechts der Beauftragten der in der Dienststelle vertretenen Gewerkschaften bzw. Berufsverbände an den Sitzungen des Wahlvorstandes gelten die oben bei § 17 Rn. 25 ff. erläuterten Grundsätze. 7

Verweigern alle vom Dienststellenleiter bestellten Dienstkräfte die Annahme der Bestellung, so kann kein Wahlvorstand gebildet werden. Auch in diesem Falle ist eine Personalratswahl nicht möglich, die Dienststelle bleibt **personalvertretungslos**. 8

§§ 18, 19

Streitigkeiten

9   Hinsichtlich der Streitigkeiten gelten die gleichen Grundsätze wie bei § 17 *(vgl. dort Rn. 47ff.)*. Erfüllt der Dienststellenleiter seine Verpflichtung aus § 18 nicht, so kann gegen ihn ebenfalls eine Dienstaufsichtsbeschwerde erhoben werden.

§ 19 Vorbereitung zur Wahl

(1) Der Wahlvorstand hat die Wahl unverzüglich einzuleiten; sie soll spätestens nach sieben Wochen stattfinden.
(2) Kommt der Wahlvorstand dieser Verpflichtung nicht nach, so beruft die Dienststelle auf Antrag von mindestens drei Wahlberechtigten oder einer in der Dienststelle vertretenen Gewerkschaft eine Personalversammlung zur Wahl eines neuen Wahlvorstandes ein. § 17 Abs. 2 Satz 2 und § 18 gelten entsprechend.

Übersicht   Rn.

Allgemeines 1, 2
Einleitung der Wahl 3– 5
Durchführung der Wahl 6, 7
Ersetzung des Wahlvorstandes 8, 9
Abberufung durch Neuwahl 10–14
Streitigkeiten 15, 16

Allgemeines

1   § 19 Abs. 1 enthält eine der wesentlichsten Verpflichtungen des Wahlvorstandes, nämlich die Pflicht zur Einleitung der Wahl. Einzelheiten der Einleitung und Durchführung der Wahl regelt die Wahlordnung. Um sicherzustellen, daß der Wahlvorstand die Einleitung der Wahl nicht ungerechtfertigt hinauszögern kann, enthält § 19 Abs. 2 die Möglichkeit, ihn durch einen anderen Wahlvorstand zu ersetzen. Im Interesse der Beschleunigung kann dies nur auf entsprechenden Antrag durch die Dienststelle erfolgen, nicht aber durch diejenige Stelle, die den säumigen Wahlvorstand bestellt hat.

2   Vergleichbare Regelungen finden sich in § 23 Abs. 1 BPersVG und § 18 Abs. 1 BPersVG.

Einleitung der Wahl

3   Der Wahlvorstand hat die Wahl **unverzüglich** einzuleiten. Unverzüglich bedeutet hier ohne (schuldhaftes) Zögern *(vgl. § 121 Abs. 1 Satz 1 BGB)*. Die Verpflichtung entsteht mit der Bestellung des Wahlvorstandes, dieser muß also unmittelbar anschließend tätig werden.

4   Die Einleitung der Wahl beginnt mit der Feststellung der Zahl der Dienstkräfte und ihrer Verteilung auf die Gruppen, § 2 Abs. 1 WO. Auch die übrigen Verpflichtungen in Zusammenhang mit der Durchführung der Wahl hat der Wahlvorstand so zügig durchzuführen, daß die Neuwahl des Personalrats vor Ablauf der Amtszeit des früheren Personalrats abgeschlossen ist. Eine perso-

nalvertretungslose Zeit soll vermieden oder zumindest möglichst kurz gehalten werden.
Mit Erlaß des Wahlausschreibens ist die Wahl eingeleitet, § 5 Abs. 5 WO. **5**

Durchführung der Wahl

Die Durchführung der Wahl regelt sich nach den Vorschriften der Wahlordnung. In dieser sind im einzelnen die Pflichten des Wahlvorstandes festgelegt. Unabhängig hiervon ergibt sich aus § 19 Abs. 1 zweiter Halbsatz die Verpflichtung des Wahlvorstandes, die Wahl **spätestens 7 Wochen nach Einleitung der Wahl** durchzuführen. Hierunter ist die Durchführung der Wahlhandlung i.S. des § 15 WO zu verstehen. Nicht hierunter fällt die Feststellung des Wahlergebnisses, das nach § 18 Abs. 1 unverzüglich, spätestens am 3. Kalendertage nach Beendigung der Stimmabgabe von dem Wahlvorstand festzustellen ist. **6**

Es handelt sich um eine Sollvorschrift. Die Überschreitung dieser Frist hat keinerlei Konsequenzen bezüglich der Wirksamkeit der Wahl. Diese kann deswegen weder angefochten werden noch ist sie nichtig. **7**

Ersetzung des Wahlvorstandes

Bei Untätigkeit oder Versäumnis des Wahlvorstandes kann er nach § 19 Abs. 2 ersetzt werden. Diese Vorschrift gilt nur für den Fall, daß der Wahlvorstand **seinen Verpflichtungen nicht ordnungsgemäß nachkommt.** § 19 Abs. 2 kann nicht angewendet werden, wenn der Personalrat einen Wahlvorstand nicht bestellt oder eine Personalversammlung keinen Wahlvorstand wählt. In diesen Fällen kann nur gem. den Regelungen in § 17 Abs. 2 und 3 und in § 18 vorgegangen werden. **8**

Die **Ersetzungsmöglichkeit** besteht nur **bei Untätigkeit** oder **Säumigkeit** des Wahlvorstandes. Ein Verschulden ist dabei nicht erforderlich. Verletzt der Wahlvorstand anderweitig seine Pflichten oder mißbraucht er sein Ermessen, ohne daß eine Verzögerung der Wahl eintritt, kann eine Ersetzung gem. § 19 Abs. 2 nicht erfolgen. In diesen Fällen kann nur im Wege des Beschlußverfahrens, gegebenenfalls durch eine einstweilige Verfügung gem. § 85 Abs. 2 ArbGG, eingegriffen werden *(Preis, AuR 1973, 9).* Auch unzweckmäßige Maßnahmen des Wahlvorstandes berechtigen zu seiner Ersetzung nur dann, wenn durch sie praktisch die Wahl vereitelt wird. **9**

Abberufung durch Neuwahl

Die Abberufung des Wahlvorstandes kann nur durch die Wahl eines neuen Wahlvorstandes auf einer Personalversammlung erfolgen. Eine bloße Abberufung ohne Neuwahl ist nicht möglich. **10**

Die entsprechende **Personalversammlung** kann nur von der Dienststelle, also dem Dienststellenleiter einberufen werden. Voraussetzung hierfür ist, daß von mindestens drei wahlberechtigten Dienstkräften oder aber einer in der Dienststelle vertretenen Gewerkschaft oder einem entsprechenden Berufsverband ein Antrag gestellt wird. Er kann jederzeit erfolgen. Für die Durchführung der Personalversammlung gelten die Regelungen der §§ 17 Abs. 2 Satz 2 und 18 entsprechend. Auch hier ist also ein Versammlungsleiter zu bestellen. **11**

12 Hinsichtlich des **Teilnahmerechts** der Beauftragten von **Gewerkschaften** und **Berufsverbänden** ist die Bestimmung des § 17 Abs. 1 im Bereich der Neuwahl eines Wahlvorstandes entsprechend anwendbar.
13 Mit der Wahl des neuen Wahlvorstandes erlischt automatisch das Recht des bisherigen Wahlvorstandes. Die Handlungen des alten Wahlvorstandes behalten ihre Gültigkeit, da dessen Amt nicht rückwirkend beseitigt ist. Der neue Wahlvorstand kann lediglich früher gefaßte Beschlüsse aufheben oder abändern.
14 Das Verfahren nach § 19 Abs. 2 kann wiederholt werden, wenn auch der neue Wahlvorstand seine Pflichten in gleicher Weise verletzt.

Streitigkeiten

15 Streitigkeiten über die Pflichten des Wahlvorstandes sind gem. § 91 Abs. 1 Nr. 2 vor den Verwaltungsgerichten im Beschlußverfahren auszutragen. Rechtsfehlerhafte Maßnahmen des Wahlvorstandes können während des Wahlverfahrens bei dem Verwaltungsgericht im Beschlußverfahren angefochten werden *(vgl. BAG vom 15. 12. 1972, AP Nr. 1 zu § 14 BetrVG 1972)*. Gegebenenfalls kann hierbei der Erlaß einer einstweiligen Verfügung gem. § 85 Abs. 2 ArbGG beantragt werden. Ist die Wahl durchgeführt, können einzelne Maßnahmen des Wahlvorstandes nicht mehr gesondert angegriffen werden. Es verbleibt dann nur die Möglichkeit der Wahlanfechtung gem. § 22.
16 Streitigkeiten im Zusammenhang mit der Neuwahl eines Wahlvorstandes sind ebenfalls im Beschlußverfahren gem. § 91 Abs. 1 Nr. 2 vor den Verwaltungsgerichten auszutragen. In diesem Verfahren kann auch überprüft werden, ob ein Grund für die Neuwahl vorliegt. Die Möglichkeit einer einstweiligen Verfügung scheidet aus, da die Neuwahl in jedem Falle keine vorläufige Regelung im Sinne der Vorschriften des einstweiligen Verfügungsverfahrens ist, sie stellt immer eine endgültige Regelung dar.

§ 20 Verbot der Wahlbehinderung und -beeinflussung

Niemand darf die Wahl des Personalrats behindern oder in einer gegen die guten Sitten verstoßenden Weise beeinflussen; insbesondere darf kein Wahlberechtigter in der Ausübung des aktiven und passiven Wahlrechts beschränkt werden. § 44 gilt für Mitglieder des Wahlvorstandes und Wahlbewerber (§ 16 Abs. 4) entsprechend.

Übersicht   Rn.

Allgemeines 1– 3
Schutzbereich 4– 6
Wahlbehinderung   7–11
Wahlbeeinflussung   12
Sittenwidrigkeit 13–15
Wahlwerbung 16–20
Einzelfälle 21, 22
Beschränkung des aktiven und passiven Wahlrechts 23, 24
Verstöße 25–29

§ 20

Persönlicher Schutz 30, 31
Zustimmung des Personalrats 32–36
Streitigkeiten 37–39

Allgemeines

Durch § 20 soll ein umfassender Schutz der Personalratswahl gesichert werden. **1** Geschützt wird nicht nur das aktive und passive Wahlrecht der Dienstkräfte, verboten ist auch jede sonstige rechtswidrige Beeinflussung der Wahl einschließlich der Behinderung der Mitglieder des Wahlvorstandes bei der Erfüllung ihrer Verpflichtungen. In diesem Zusammenhang ist auch die Ausdehnung des besonderen Schutzes, der nach § 44 für die Personalratsmitglieder gilt, auf die Mitglieder des Wahlvorstandes und die Wahlbewerber zu sehen.
Die Regelung gilt entsprechend für die Wahl des Gesamtpersonalrats, § 51 **2** Abs. 3, und des Hauptpersonalrats, § 56 Abs. 2. § 20 Satz 1 gilt auch für die Wahl der Jugendvertretung, der Gesamtjugendvertretung und der Hauptjugendvertretung entsprechend, §§ 63 Abs. 1 Satz 2, 68 und 69 Abs. 2.
Teilweise vergleichbare Regelungen finden sich in § 20 Abs. 1 und 2 BetrVG **3** und in § 24 BPersVG.

Schutzbereich

Zweck des § 20 ist ein umfassender Schutz der Wahl. Der Begriff der Wahl **4** erfaßt nicht nur den Bereich der Stimmabgabe, sondern den **gesamten Vorgang der Wahl** einschließlich der Vorbereitung, Einleitung und Durchführung. Geschützt sind daher alle mit der Wahl zusammenhängenden oder ihr dienenden Handlungen und sonstigen Betätigungen und Willensäußerungen *(vgl. Lorenzen u.a., BPersVG, § 24 Rn. 5; Dietz/Richardi, BetrVG, § 20 Rn. 2)*. Geschützt sind daher auch sämtliche Aktivitäten, die darauf zielen, eine Personalratswahl in die Wege zu leiten, wie z.B. Beantragung einer Personalversammlung zum Zwecke der Bildung eines Wahlvorstandes, Einberufung und Durchführung derartiger Personalversammlungen, Durchführung von Vorabstimmungen und deren Vorbereitung, Klärung strittiger Fragen im verwaltungsgerichtlichen Beschlußverfahren, Aufstellung von Wahlvorschlägen usw. Geschützt sind auch sämtliche Tätigkeiten der Gewerkschaften bzw. Berufsverbände, soweit diese eigene Rechte im Bereich der Durchführung einer Personalratswahl wahrnehmen können.
Das Verbot der Wahlbehinderung und -beeinflussung gilt nicht nur für den **5** Dienststellenleiter, den Dienstherrn und die Dienstkräfte, sondern es hat Gültigkeit gegenüber jedermann. Auch außenstehende Dritte dürfen durch ihr Verhalten weder die Wahl behindern noch beeinflussen. Auch ist unerheblich, ob es sich um Privatpersonen oder um sonstige Amtsträger, Verbände im weitesten Sinne oder Personengesamtheiten handelt. Auch mit der Wahl befaßte Personen, wie z.B. der Wahlvorstand oder aber die Wahlbewerber, unterliegen dem Verbot nach § 20 *(BVerwG vom 7. 11. 1969, PersV 1970, 155)*.
Der zeitliche Geltungsbereich des Verbotes wird nicht durch die Bekanntgabe **6** des Wahlergebnisses begrenzt. Durch § 20 soll die Wahl umfassend geschützt werden. Dazu gehört, daß die Möglichkeit der Wahlanfechtung gewährleistet ist. Auch nach Beendigung der Wahl werden daher diejenigen Handlungen geschützt, deren **Ziel eine Überprüfung der Gültigkeit der Wahl** ist.

Wahlbehinderung

7 Wahlbehinderung ist jede mittelbare und unmittelbare äußerliche Beeinträchtigung der Wahl. Es werden sämtliche Maßnahmen oder Handlungen erfaßt, durch die der **ungestörte Ablauf der Wahl beeinträchtigt** wird. Nicht unter den Begriff der Wahlbehinderung fallen diejenigen Tatbestände, durch die auf die Willensbildung der an der Wahl Beteiligten eingewirkt wird. Diese sind nur unter dem Gesichtspunkt der **sittenwidrigen Wahlbeeinflussung** verboten.

8 Eine Wahlbehinderung kann sowohl durch **Unterlassen** als auch durch **aktives Tun** erfolgen. Ein Unterlassen ist beispielsweise dann gegeben, wenn keine Wahlräume zur Verfügung gestellt werden, wenn ihre Durchführung während der Arbeitszeit nicht zugelassen wird. Ferner würde hierunter fallen die Vorenthaltung der für die Aufstellung von Wählerlisten notwendigen Angaben, Behinderungen bei der Beschaffung von Wahlunterlagen wie Wahlzetteln, Wahlumschlägen und Wahlurnen. So stellt es eine Behinderung in diesem Sinne dar, wenn der Wahlvorstand einem zur Stimmabgabe erschienenen Wahlberechtigten keine Stimmzettel mit der Begründung aushändigt, dieser habe Briefwahl beantragt *(BVerwG v. 13.5.1998, ZfPR 1999, 18)*.

9 Eine Behinderung der Wahl durch aktives Tun kann beispielsweise gegeben sein bei Vernichtung von Wahlvorschlägen, Behinderungen bei dem Betreten des Wahllokals, Beeinträchtigung von Wählern, Wahlbewerbern oder sonstigen Beteiligten in der Ausübung ihrer Rechte, Befugnisse oder Aufgaben, Behinderungen von Beauftragten der Gewerkschaften bzw. Berufsverbände im Rahmen ihrer Rechte in Zusammenhang mit der Bestellung eines Wahlvorstandes, z. B. Verbot des Zutritts zu der Dienststelle.

10 Eine Behinderung der Wahl durch den Dienststellenleiter liegt insbesondere dann vor, wenn dieser seinen gesetzlichen Verpflichtungen bei der Durchführung der Wahl nicht nachkommt.

11 Jede dieser Wahlbehinderungen ist durch § 20 verboten, es ist nicht erforderlich, daß damit gleichzeitig gegen die guten Sitten verstoßen wird. Auch ein **Verschulden** oder eine Behinderungsabsicht ist hierbei **nicht Voraussetzung**. Es genügt allein der objektive Tatbestand der Wahlbeeinträchtigung.

Wahlbeeinflussung

12 Eigenständig neben dem Verbot der Behinderung der Wahl des Personalrats steht das Verbot der **sittenwidrigen Beeinflussung** der Wahl. Wahlbeeinflussungen sind Handlungen, mit denen der Zweck verfolgt wird, auf die Wahlbeteiligten dahin gehend einzuwirken, daß sie nicht nach eigener Willensentscheidung handeln. Bei der Wahlbeeinflussung soll also die Willensbildung eingeschränkt und gesteuert werden *(Lorenzen u. a., BPersVG, § 24 Rn. 7)*.

Sittenwidrigkeit

13 Allgemein läßt sich der Begriff des Verstoßes gegen die guten Sitten nur dahin präzisieren, daß eine Maßnahme dann gegen diesen Grundsatz verstößt, wenn ihr Gesamtcharakter gegen das »Gefühl aller billig und gerecht Denkenden« verstößt, wobei sich dies aus Inhalt, Beweggrund und Zweck der Maßnahme ergibt *(OVG Nordrhein-Westfalen vom 27.10.1958, ZBR 1959, 130)*. Insgesamt

können die zu § 138 BGB entwickelten Grundsätze entsprechend herangezogen werden.
Ebenso wie das Verbot der Wahlbehinderung richtet sich das Verbot der sittenwidrigen Beeinflussung gegen jedermann, also auch Außenstehende werden hiervon erfaßt *(BVerwG vom 7. 11. 1969, PersV 1970, 155).* Auch der zeitliche Schutzbereich ist der gleiche wie bei der Wahlbehinderung, es wird die gesamte Wahl, von den Anfängen der Vorbereitung bis zur Frage der Wahlanfechtung, geschützt.

14

Eine unzulässige Wahlbeeinflussung liegt vor, wenn **auf die Willensentscheidung Wahlbeteiligter durch Zufügung oder Androhung von Nachteilen eingewirkt werden soll**, z. B. durch Ankündigung einer Maßregelung, Androhung oder Ausspruch einer Kündigung, Versetzung oder sonstigen Benachteiligung. Ebenfalls unzulässig ist die Gewährung oder Inaussichtstellung von Vorteilen, wie z. B. einer Beförderung, einer Lohn- oder Gehaltserhöhung, Versetzung auf einen besseren Arbeitsplatz oder sonstiger Zuwendungen aller Art. Eine solche unzulässige Abrede kann auch vorliegen, wenn eine Gruppe dadurch zu einer Gemeinschaftswahl bewegt werden soll, daß ihr eine unangemessen hohe Zahl von Sitzen im Personalrat bei einer anderweitigen Sitzverteilung gem. § 15 Abs. 6 zugesagt wird. Weiterhin kann eine unzulässige Wahlbeeinflussung vorliegen, wenn der Dienststellenleiter vor der Wahl erklärt, daß er mit bestimmten Wahlbewerbern im Falle ihrer Wahl nicht zusammenarbeiten werde oder wenn er bei der Wahl bestimmter Bewerber Vorteile verspricht.

15

Wahlwerbung

Demgegenüber ist die **Wahlwerbung** als **notwendiger Bestandteil demokratischer Wahlen** zulässig. Das gilt auch für die Werbung seitens der Gewerkschaften oder Berufsverbände. Wie auch die eigenständigen Rechte der Koalitionen im Rahmen der Personalratswahlen zeigen, gehört die Verfolgung ihrer eigenen Ziele im Rahmen der Wahlen zu den typisch koalitionsmäßigen Aufgaben. Insoweit ist auch die Werbung bei Personalratswahlen durch Artikel 9 Abs. 3 GG im Kernbereich der gewerkschaftlichen Betätigung verfassungsrechtlich geschützt *(BVerfG vom 30. 11. 1965, AP Nr. 7 zu Art. 9 GG; vgl. auch oben § 2 Rn. 61ff., 66ff.).* Da im Rahmen der allgemeinen Koalitionsbetätigung auch schon ein Recht der Gewerkschaften und Berufsverbände auf Mitgliederwerbung in der Dienststelle besteht *(vgl. oben § 2 Rn. 66ff.),* muß dies erst recht für die Werbung anläßlich von Personalratswahlen gelten. Auch hierzu ist die Werbung durch Dienstkräfte oder durch Vertrauensleute der Gewerkschaften innerhalb der Dienststelle zulässig *(BAG vom 14. 2. 1967, AP Nr. 10 zu Art. 9 GG).*

16

Eine **vergleichende Werbung** ist zulässig, wenn keine falschen Vorstellungen bei den Dienstkräften erweckt werden; **Werturteile** sind zulässig, auch wenn sie angreifbar sind *(vgl. BGH vom 7. 1. 1964, AP Nr. 1 zu § 1004 BGB; BGH vom 6. 10. 1964, AP Nr. 6 zu § 54 BGB).* Auch harte Auseinandersetzungen zwischen rivalisierenden Gewerkschaften und Berufsverbänden können hierbei ausgetragen werden *(vgl. aber BGH vom 18. 5. 1971, AP Nr. 6 zu Art. 5 Abs. 1 GG Meinungsfreiheit).* Unzulässig ist es jedoch, konkurrierende Verbände unter grober Entstellung der Wahrheit zu verunglimpfen *(vgl. BAG vom 11. 11. 1968, AP Nr. 14 zu Art. 9 GG).* Auch hier muß sich die Werbung, wie jede Betätigung, im Rahmen der Gesetze halten.

17

18 Darüber hinaus darf die Werbung den Arbeitsablauf der Dienststelle nicht behindern, weder durch ihren Zeitpunkt noch durch ihren Umfang *(BAG vom 14. 2. 1967, AP Nr. 10 zu Art. 9 GG)*. Maßgeblich sind die Verhältnisse in der einzelnen Dienststelle. Um hier Schwierigkeiten zu vermeiden, kann es sinnvoll sein, für umfangreiche und aufwendige Werbemaßnahmen innerhalb der Dienststelle die Genehmigung des Dienststellenleiters einzuholen. Dieser darf die Genehmigung nur dann versagen, wenn der Arbeitsablauf in der Dienststelle behindert werden würde.

19 Zu beachten sind in jedem Falle jedoch die aus Art. 9 Abs. 3 GG resultierende **Betätigungsgarantie der Gewerkschaften** und der konstitutive Charakter von Wahlwerbung für eine demokratische Wahl. Grenzziehungen und Einschränkungen müssen daher jeweils im Lichte dieser verfassungsrechtlichen Positionen einer Prüfung unterzogen werden.

20 Ob eine Gewerkschaft bzw. ein Berufsverband ihren Mitgliedern unter Androhung des möglichen Ausschlusses verbieten kann, auf verbandsfremden Listen zu kandidieren, oder ob hierin bereits eine unzulässige Wahlbeeinflussung liegt, ist eine Frage der **Grenzen der Verbandsautonomie** *(vgl. die ausführliche Darstellung bei Fitting u. a., BetrVG, § 20 Rn. 18 ff.; vgl. auch BGH vom 27. 2. 1978, AP Nr. 29 zu Art. 9 GG: Kein Ausschluß bei Kandidatur auf konkurrierender Liste; jetzt aber: BVerfG vom 24. 2. 1999, NZA 1999, 713: Ausschlußrecht der Gewerkschaft).*

Einzelfälle

21 Eine wegen Verstoßes gegen die guten Sitten unzulässige Wahlbeeinflussung wurde angenommen bei der Abwerbung von Unterzeichnern eines Wahlvorschlages *(VG München vom 18. 7. 1958, ZBR 1958, 186)*, bei einem Kennwort, das leicht mit anderen Kennworten verwechselt werden konnte *(BVerwG vom 13. 5. 1966, PersV 1966, 132)*, sowie bei einem nachträglichen Gewerkschaftsbeitritt eines Wahlbewerbers, der als Nichtorganisierter sich um einen Personalratssitz beworben hatte *(BVerwG vom 7. 11. 1969, BVerwGE 34, 177)*.

22 Demgegenüber wurde nicht als unzulässige Wahlbeeinflussung anerkannt, wenn Wahlbewerber trotz bestehender gewerkschaftlicher Bindungen das Listenkennwort »unabhängig« verwendet haben *(OVG Nordrhein-Westfalen vom 27. 5. 1958, ZBR 1959, 130)*. Auch die sachliche Richtigstellung unrichtiger Wahlkampfbehauptungen durch den Dienststellenleiter stellt keine unzulässige Wahlbeeinflussung dar *(OVG Nordrhein-Westfalen vom 10. 10. 1962, ZBR 1962, 24)*, allerdings darf dieser nur **sachlich** Stellung nehmen. Werturteile oder sonstige Aktivitäten, die über die alleinige Berichtigung hinausgehen, sind unzulässig.

Beschränkung des aktiven und passiven Wahlrechts

23 Besonders hervorgehoben ist in § 20 Satz 1 zweiter Halbsatz das Verbot der Beschränkung des aktiven und passiven Wahlrechts der Wahlberechtigten. Es handelt sich hierbei um eine beispielhafte Erläuterung des in § 20 Satz 1 erster Halbsatz zum Ausdruck gekommenen Grundgedankens. Weder darf verhindert werden, daß eine Dienstkraft ihr Wahlrecht wahrnimmt, noch darf ausgeschlossen werden, daß eine Dienstkraft sich als Wahlbewerber aufstellen lassen kann. Auch dieses Verbot gilt gegenüber jedermann.

Der Dienststellenleiter darf beispielsweise nicht durch bestimmte dienstliche 24
Maßnahmen die Teilnahme einer Dienstkraft an der Wahl be- oder verhindern.
Es ist z. B. unzulässig, Dienstreisen anzuordnen, um bestimmte Dienstkräfte
von der Wahl fernzuhalten. Das gleiche gilt für Versetzungen, Abordnungen
oder Kündigungen. Hierbei ist nicht erforderlich, daß die getroffene Maßnahme **ausschließlich den Zweck der Beschränkung** des Wahlrechts verfolgt, es
reicht aus, wenn dieser Gesichtspunkt eine entscheidende Rolle gespielt hat.

Verstöße

Verstöße gegen die Vorschrift des § 20 Satz 1 können unter den Voraussetzungen 25
des § 22 zur Wahlanfechtung berechtigen. Daneben besteht ein besonderer
strafrechtlicher Schutz nicht.
Eine Nichtigkeit der Wahl wegen Wahlbehinderung oder Wahlbeeinflussung 26
kann nur in besonders extremen Fällen angenommen werden, wenn auch der
Anschein einer ordnungsgemäßen Wahl nicht einmal eingehalten ist *(vgl.
BVerwG vom 5. 2. 1971, BVerwGE 37, 166).*
Bei der Bestimmung des § 20 handelt es sich um ein gesetzliches Verbot i. S. des 27
§ 134 BGB. Sämtliche rechtsgeschäftlichen Erklärungen, die eine Wahlbehinderung oder eine Wahlbeeinflussung zum Gegenstand haben, sind daher wegen Gesetzesverstoßes nichtig. Das gilt beispielsweise bei der Zusage von
Vergütungen, bei Ausspruch von Kündigungen, Versetzungen, Abordnungen.
§ 20 ist darüber hinaus ein **Schutzgesetz** i.S. des § 823 Abs. 2 BGB *(Dietz/Richardi, BetrVG, § 20 Rn. 20).* Soweit daher eine Dienstkraft durch einen Verstoß 28
gegen das Verbot der Wahlbehinderung und -beeinflussung einen Schaden
erlitten hat, kann sie unter den entsprechenden Voraussetzungen von demjenigen **Schadensersatz** verlangen, der den Verstoß begangen hat.
Daneben sind gegebenenfalls **disziplinarische Maßnahmen** möglich. Auch 29
kann gegenüber Dienstkräften, die Verstöße begehen, im Wege der Dienstaufsichtsbeschwerde vorgegangen werden.

Persönlicher Schutz

Nach § 20 Satz 2 gilt für die Mitglieder des Wahlvorstandes und die Wahlbewerber der gleiche Schutz wie für Mitglieder der Personalvertretungen, § 44. 30
Danach können die Mitglieder des Wahlvorstandes bzw. die Wahlbewerber
gegen ihren Willen nur versetzt oder abgeordnet werden, wenn dies auch unter
Berücksichtigung der Mitgliedschaft in dem Wahlvorstand bzw. unter Berücksichtigung der Eigenschaft als Wahlbewerber aus wichtigen dienstlichen Gründen unvermeidbar ist und der Personalrat zustimmt. Das gleiche gilt bei der
Übertragung eines anderen Arbeitsgebietes. Daneben gilt unbeschränkt auch
der Schutz nach § 20 Satz 1, eine Versetzung oder Abordnung bzw. die Übertragung eines anderen Arbeitsgebietes kann daher auch als Wahlbehinderung
bzw. -beeinflussung unwirksam sein. Insoweit stellt die Regelung in § 20 Satz 2
eine Beweiserleichterung dar.
Wegen der Einzelheiten kann auf die Erläuterung zu § 44 verwiesen werden. 31

Zustimmung des Personalrats

32 Bei der entsprechenden Anwendbarkeit des § 44 ist zu beachten, daß in jedem Falle die **Zustimmung des Personalrats** erforderlich ist. Nicht genügt z. B. bei Wahlvorstandsmitgliedern die Zustimmung des Wahlvorstandes *(Ausnahme § 25 Abs. 2 Satz 3)*. Die Zustimmung muß immer durch denjenigen Personalrat erfolgen, der im Zeitpunkt der Maßnahme amtiert, dies kann entweder derjenige Personalrat sein, dessen Amtszeit ihrem Ende entgegengeht, bzw. derjenige Personalrat, der die Geschäfte gem. § 24 Abs. 1 Satz 3 bzw. Abs. 2 fortführt.

33 Besteht kein Personalrat, so wird man eine Gewährleistung des gesetzlich vorgeschriebenen Schutzes nur dann annehmen können, wenn man von vornherein auch in diesen Fällen die Ersetzung der Zustimmung des Personalrats im Verfahren der Nichteinigung bzw. durch die Einigungsstelle gem. §§ 80, 81 für erforderlich hält *(Dietz/Richardi, BetrVG, § 103 Rn. 21)*. Auch die Bestimmung des § 15 Abs. 3 Satz 1 KSchG sieht vor, daß bei Fehlen eines Personalvertretungsorgans dessen Zustimmung in jedem Fall ersetzt werden muß. Da im Bereich der Mitbestimmung die Ersetzung der Zustimmung nach dem PersVG Berlin nur im Wege des Verfahrens bei Nichteinigung bzw. durch die Einigungsstelle erfolgen kann und nicht, wie im Betriebsverfassungsrecht, durch das Gericht, tritt an die Stelle der gerichtlichen Entscheidung diejenige, die in diesem Verfahren gefällt wird.

34 Der Schutz für die Mitglieder des Wahlvorstandes beginnt mit ihrer Bestellung, § 17. Er endet im Zeitpunkt der Bekanntgabe des Wahlergebnisses, § 21 WO, oder aber mit dem Zeitpunkt der Bestellung eines neuen Wahlvorstandes gem. § 19 Abs. 2.

35 Der Schutz für die Wahlbewerber i. S. des § 16 Abs. 4 gilt vom Zeitpunkt ihrer Aufstellung an *(BAG vom 4. 4. 1974, AP Nr. 1 zu § 626 BGB Arbeitnehmervertreter im Aufsichtsrat; Altvater u. a., BPersVG, § 24 Rn. 9)*. Nicht erforderlich ist die Einreichung der Wahlvorschläge gem. § 6 WO bei dem Wahlvorstand. Frühestens kann jedoch der Schutz mit den ersten Maßnahmen des Wahlvorstandes zur Einleitung der Wahl beginnen, da auch die Aufstellung der Wahlbewerber zumindest das Bestehen eines Wahlvorstandes und eines Wahlausschreibens voraussetzt.

36 Der Schutz endet mit Rücktritt des Wahlbewerbers oder mit seiner Streichung durch den Wahlvorstand *(§ 9 WO)*. Auch hier endet der Schutz in jedem Falle mit der Bekanntgabe des Wahlergebnisses gem. § 21 WO.

Streitigkeiten

37 Sowohl die Wahlbehinderung als auch die Wahlbeeinflussung unter Verstoß gegen die guten Sitten sind Verletzungen wesentlicher Vorschriften über das Wahlrecht bzw. das Wahlverfahren, sie können eine Wahlanfechtung nach § 22 begründen. Sie können in der Regel auch nur im Wahlanfechtungsverfahren geltend gemacht werden, da für Streitigkeiten außerhalb des Wahlanfechtungsverfahrens in der Regel kein Rechtschutzbedürfnis besteht. Nach § 91 Abs. 1 sind diese Streitigkeiten im verwaltungsgerichtlichen **Beschlußverfahren** auszutragen.

38 Daneben kann ein Verstoß gegen § 20 auch schon während des gesamten Verfahrens der Wahl im verwaltungsgerichtlichen Beschlußverfahren durch Erwirkung einer **einstweiligen Verfügung** des Verwaltungsgerichts geahndet

werden, § 91 Abs. 1 Nr. 2 in Verbindung mit § 85 Abs. 2 ArbGG. Im Wege der einstweiligen Verfügung kann nicht nur eine Unterlassung bestimmter Handlungen angeordnet werden, auch das gerichtliche Eingreifen in das Wahlverfahren ist möglich *(vgl. LAG Hamm vom 27. 4. 1972, DB 1972, 1297).*
Außerdem kann bei Verletzung von Individualrechten der Rechtsweg zu den Gerichten zu Arbeitssachen bzw. zu den Verwaltungsgerichten im normalen **Urteilsverfahren** beschritten werden. Dies gilt insbesondere für etwaige Schadensersatzansprüche einzelner Dienstkräfte.

39

§ 21 Wahlkosten

Die sächlichen Kosten der Wahl trägt die Dienststelle. Notwendige Versäumnis von Arbeitszeit infolge der Ausübung des Wahlrechtes, der Teilnahme an den in den §§ 17 und 19 genannten Personalversammlungen oder der Betätigung im Wahlvorstand hat keine Minderung der Bezüge einschließlich Zulagen, Zuschlägen und sonstigen Entschädigungen zur Folge. Soweit die in Satz 2 genannten Befugnisse oder Tätigkeiten außerhalb der Arbeitszeit wahrgenommen werden müssen, gilt dies als Arbeitsleistung. Sie ist durch Dienstbefreiung in entsprechendem Umfang auszugleichen. Die für Arbeiter und Angestellte geltenden tariflichen Regelungen bleiben unberührt.

Übersicht

	Rn.
Allgemeines	1– 4
Wahlkosten	5
Persönliche Kosten	6, 7
Sächliche Kosten	8, 9
Grenzen der Kostentragungspflicht	10, 11
Kostenträger	12
Arbeitszeitversäumnis	13
Betroffener Personenkreis	14–20
Verbot der Verminderung der Bezüge	21–23
Freizeitausgleich	24–26
Tarifliche Regelungen	27
Streitigkeiten	28, 29

Allgemeines

§ 21 trägt dem Grundgedanken Rechnung, daß für die Dienstkräfte durch die Durchführung des Personalvertretungsgesetzes keine zusätzlichen Belastungen entstehen dürfen. Eine besondere Regelung hinsichtlich der Kostentragungspflicht im weitesten Sinne in bezug auf die Wahl war erforderlich, da die Regelung des § 40 insoweit nicht anwendbar ist. Die Tätigkeiten in Zusammenhang mit der Wahl sind keine Tätigkeiten des Personalrats, sondern eines anderen Gremiums, das in § 40 nicht genannt ist *(BVerwG vom 22. 3. 1963, BVerwGE 16, 15).* Auch könnten im übrigen nach § 40 nicht diejenigen Fälle erfaßt werden, in denen erstmalig ein Personalrat gewählt wird.

1

§ 21 stellt neben der Tragung der unmittelbaren Kosten der Wahl auch sicher, daß die Dienstkräfte sowie die Mitglieder des Wahlvorstandes keinen Ausfall

2

§ 21

an Arbeitsentgelt bzw. Besoldung durch ihre Tätigkeit im Zusammenhang mit der Wahl erleiden.

3 Die Bestimmung ist entsprechend anwendbar bei den Wahlen für den Gesamtpersonalrat (*§ 51 Abs. 3*), Hauptpersonalrat (*§ 56 Abs. 2*), die Jugendvertretung (*§ 63 Abs. 1*), Gesamtjugendvertretung und Hauptjugendvertretung (*§§ 68, 69 Abs. 2*).

4 Vergleichbare Regelungen finden sich in § 24 Abs. 2 BPersVG und § 20 Abs. 3 BetrVG.

Wahlkosten

5 Nach dem Wortlaut von § 21 Satz 1 besteht eine Kostentragungspflicht nur bezüglich der **sächlichen** Kosten der Wahl. Demgegenüber enthalten die vergleichbaren Regelungen in § 24 Abs. 2 BPersVG und § 20 Abs. 3 BetrVG keine entsprechende Eingrenzung der Kostentragungspflicht. Es ist dort anerkannt, daß neben den sächlichen Kosten auch die sogenannten persönlichen Kosten durch die Dienststelle zu tragen sind, die dem Wahlvorstand bzw. seinen Mitgliedern entstehen (*vgl. Dietz/Richardi, BPersVG, § 24 Rn. 39; Fischer/Goeres, § 24 Rn. 29*).

Persönliche Kosten

6 Persönliche Kosten der Mitglieder des Wahlvorstandes sind die Kosten, die diesen in ihrer Eigenschaft als Wahlvorstandsmitglieder entstehen, wie z.B. Reisekosten, sowie vor allem diejenigen Kosten, die durch die Teilnahme der Mitglieder des Wahlvorstandes an Schulungen entstehen. Die Bestimmung in § 21 Satz 1 ist damit auch hinter die für die Länder geltende Rahmenvorschrift des § 100 Abs. 3 BPersVG zurückgegangen. Wegen ihres Charakters als Rahmenvorschrift enthält diese Bestimmung jedoch keine bindende Festlegung dahin gehend, daß sowohl die sächlichen als auch die persönlichen Kosten im Zusammenhang mit der Wahl von der Verwaltung getragen werden müßten. Vielmehr besteht insoweit ein Gestaltungsspielraum des jeweiligen Landesgesetzgebers. Damit ergibt sich, daß der Berliner Gesetzgeber in verfassungsrechtlich zulässiger Weise die Kostentragungspflicht der Verwaltung begrenzt hat. Nur die sächlichen Kosten der Wahl des Personalrats sind danach von der Dienststelle zu tragen.

7 Damit **scheidet die Erstattung der persönlichen Kosten** der Mitglieder des Wahlvorstandes **aus**. Hierzu gehören insbesondere die Kosten hinsichtlich von **Schulungsveranstaltungen** für die Mitglieder der Wahlvorstände. Auch **Reisekosten,** die zur ordnungsgemäßen Vorbereitung und Durchführung der Wahl erforderlich sind, fallen nicht unter den Begriff der sächlichen Kosten (*vgl. Lorenzen u.a., BPersVG, § 24 Rn. 29; Fischer/Goeres, § 24 Rn. 29*), so daß auch sie nicht erstattungsfähig sind. Die Erstattung der Reisekosten kann daher dann bestenfalls über die entsprechenden tariflichen bzw. beamtenrechtlichen Regelungen erfolgen, da man sagen kann, daß die Durchführung der Reisen zur Vorbereitung bzw. Durchführung der Wahl im dienstlichen Interesse liegt. Es handelt sich dann zumindest mittelbar um Dienstreisen, so daß eine unmittelbare Anwendbarkeit des § 21 Satz 1 entbehrlich wird. Ausgeschlossen bleiben aber auch hier die Kosten, die durch etwaige Schulungsveranstaltungen hervorgerufen werden. Hinsichtlich des Anspruches auf **Dienstbefreiung zum Besuch von Schulungsveranstaltungen** vgl. unten Rn. 24.

Sächliche Kosten

Sächliche Kosten sind in erster Linie Kosten, die durch den Aufwand an materiellen Mitteln für die Vorbereitung und Durchführung der Wahl entstehen, so z. B. der gesamte Geschäftsbedarf des Wahlvorstands. Hierzu gehören: Kosten für die Beschaffung von Wählerlisten, für Stimmzettel, Wahlurnen, Wahlräume, Vordrucke aller Art, Portokosten insbesondere bei der Briefwahl, Telefonkosten usw. Diese Kosten sind auch zu erstatten, soweit sie bei Vorabstimmungen gem. § 15 Abs. 6 und § 16 Abs. 2 entstehen. 8

Nicht zu den sächlichen Kosten der Wahl gehören die Aufwendungen für Wahlpropaganda *(Dietz/Richardi, BetrVG, § 20 Rn. 26)*; das gilt auch für Anwaltskosten in einem Verfahren zur Beseitigung unzulässiger Propaganda *(vgl. LAG Hamm vom 6. 2. 1980, EzA Nr. 10 zu § 20 BetrVG 1972)*. Auch die außergerichtlichen Kosten für eine etwaige Wahlanfechtung können nicht zu den Wahlkosten i. S. des § 21 gerechnet werden, da die Anfechtung nicht mehr zur Wahl selbst gehört, sondern lediglich eine ihrer Folgen ist *(BVerwG vom 22. 3. 1963, BVerwGE 16, 15; a. A. Dietz/Richardi, BetrVG, § 24 Rn. 38)*. 9

Grenzen der Kostentragungspflicht

Die Kostentragungspflicht besteht nur insoweit, als dies für eine ordnungsgemäße Durchführung der Wahl notwendig ist. Ob es sich um notwendige Kosten handelt, ist dabei nicht unter rückblickender Betrachtung von einem rein objektiven Stand aus zu beurteilen; es genügt, daß der Wahlvorstand bzw. diejenige Dienstkraft, die die Kosten verursacht hat, die Ausgabe unter Anlegung eines verständigen Maßstabes auch im Rahmen der Pflicht zu **sparsamer Haushaltsführung** für notwendig halten konnte *(OVG Berlin vom 10. 3. 1983 – OVG PV Bln 13.82 m.w.N. –, vgl. im übrigen auch die Erläuterungen zu § 40 Rn. 7f. m.w.N.)*. Um nicht notwendige Kosten handelt es sich beispielsweise dann, wenn bei einer Vorabstimmung gem. § 15 Abs. 6 oder § 16 Abs. 2 bereits eine Gruppe negativ abgestimmt hat, gleichwohl jedoch die an sich überflüssigen weiteren Vorabstimmungen noch durchgeführt werden. 10

Kosten in Zusammenhang mit Rechtsstreitigkeiten bezüglich der Befugnisse im Rahmen des Wahlverfahrens gehören grundsätzlich zu den Kosten der Durchführung der Wahl, da sie im Gegensatz zum Wahlanfechtungsverfahren Tatbestände betreffen, deren Klärung die Ordnungsmäßigkeit der Wahl im Vorfeld der Abstimmung betreffen *(vgl. auch BAG vom 8. 4. 1992 – 7 ABR 56/91)*. Unter den gleichen Voraussetzungen im Rahmen der Geschäftsführung des Personalrats ist hier auch die Zuziehung eines Rechtsanwalts möglich *(vgl. § 40 Rn. 11ff.)*. Allerdings bedarf die Beauftragung eines Rechtsanwaltes stets einer besonderen Begründung und Veranlassung, die Beauftragung im Rahmen der Durchführung einer Wahl kann ohne nähere Begründung weder vom Wahlvorstand noch vom Personalrat für notwendig gehalten werden *(OVG Berlin a.a.O.)*. Es ist der Grundsatz der Verhältnismäßigkeit des Kostenaufwandes zu wahren. 11

Kostenträger

Zur **Kostentragung** ist die Dienststelle verpflichtet. Diese muß die Aufwendungen ebenso wie die Aufwendungen für die Geschäftsführung des Personalrats aus ihrem Etat begleichen. 12

§ 21

Arbeitszeitversäumnis

13 § 21 Satz 2 stellt sicher, daß sämtliche Dienstkräfte, die im Zusammenhang mit der Wahl ihre Rechte bzw. Pflichten erfüllen, auch durch die **Versäumung von Arbeitszeit** keine materiellen Nachteile erleiden.

Betroffener Personenkreis

14 Betroffen von dieser Regelung werden neben den Mitgliedern des Wahlvorstandes auch die Wahlhelfer (§ 1 Abs. 1 Satz 2 WO; vgl. *Grabendorff u. a., BPersVG, § 24 Rn. 15*) sowie auch alle anderen Dienstkräfte, soweit sie ihr aktives oder passives Wahlrecht in Anspruch nehmen.

15 Obwohl eine ausdrückliche Bestimmung im Gesetz fehlt, ergibt sich aus § 21 Satz 2, daß die Wahl selbst einschließl. der Vorabstimmung gem. § 15 Abs. 6 und § 16 Abs. 2 sowie die Personalversammlungen zur Bildung eines Wahlvorganges gem. §§ 17 und 19 **während der Dienstzeit** stattfinden müssen. Daneben dürfte eine Dienstbefreiung für Wahlbewerber für die Sammlung von Stützunterschriften oder zur Vorstellung bei den Wählern i. d. R. nicht erforderlich sein *(LAG Berlin vom 9. 1. 1979, BB 1979, 1036; LAG Hamm vom 6. 2. 1980, DB 1980, 1223).* Allerdings darf die Verweigerung der Dienstbefreiung nicht zu einer Behinderung des Wahlbewerbers in seinem passiven Wahlrecht führen.

16 Der **Begriff der Ausübung des Wahlrechtes** betrifft in erster Linie die Wahrnehmung des aktiven wie des passiven Wahlrechts. Daneben werden jedoch auch sämtliche anderen gesetzlich vorgesehenen Tätigkeiten erfaßt, die im Rahmen des Wahlverfahrens von den Dienstkräften wahrgenommen werden. Auch die Erstellung der Wahlvorschläge (§ 6 WO) einschließlich des Sammelns der Unterschriften, die Beantragung und gegebenenfalls Durchführung von Vorabstimmungen, die Erhebung von Einsprüchen gegen das Wählerverzeichnis einschließlich etwaiger Erörterungen mit dem Wahlvorstand können während der Arbeitszeit durchgeführt werden.

17 Bei der Wahrnehmung ihrer Rechte muß die jeweilige Dienstkraft die **dienstlichen Erfordernisse** berücksichtigen. Das Verlassen des Arbeitsplatzes muß den dienstlichen Belangen angepaßt werden, es ist gegenüber Vorgesetzten und mit sonstigen Mitarbeitern abzustimmen. Zulässig ist es, für die Dienstkräfte besondere zeitliche Einteilungen bei der Abgabe ihrer Stimme festzulegen, damit der Dienstbetrieb möglichst ungestört fortgeführt werden kann *(Fischer/Goeres, § 24 Rn. 27; Dietz/Richardi, BPersVG, § 24 Rn. 43).*

18 Das **Amt** der Mitglieder **des Wahlvorstandes** ist ein unentgeltliches Ehrenamt. Von diesen kann nicht verlangt werden, daß sie neben ihrer dienstlichen Tätigkeit zusätzliche Tätigkeiten außerhalb der Arbeitszeit auf sich nehmen. Die Tätigkeit des Wahlvorstandes muß daher grundsätzlich während der Arbeitszeit stattfinden. Die Mitglieder sind zur Durchführung ihrer Aufgaben von der Arbeitspflicht zu befreien unter Fortzahlung der Bezüge. Erfaßt werden sämtliche Tätigkeiten der Mitglieder des Wahlvorstandes in Zusammenhang mit dem Wahlverfahren. Erfaßt wird der Zeitraum von der Bestellung bis zur Bekanntmachung des Wahlergebnisses *(§ 21 WO)* bzw. der konstituierenden Sitzung des Personalrats.

19 Neben den gesetzlich vorgesehenen Tätigkeiten des Wahlvorstandes ist diesem Dienstbefreiung auch zu gewähren, wenn er als Beteiligter in einem Beschlußverfahren vor Gericht erscheinen muß. Auch ist den Mitgliedern des Wahlvorstandes Dienstbefreiung unter Fortzahlung der Bezüge zu gewähren, wenn sie mit Beauftragten der Gewerkschaften bzw. Berufsverbänden Fragen des Wahlrechts bzw. des Wahlverfahrens zu klären haben.

Obwohl § 21 Satz 1 die Erstattung von Schulungskosten nicht gestattet *(vgl. oben Rn. 7)*, ist den Mitgliedern des Wahlvorstandes gem. § 21 Satz 2 **Dienstbefreiung zum Besuch von Schulungsveranstaltungen** zu gewähren *(BAG vom 7. 6. 1984, DB 1984, 2358)*. Zulässig ist dabei nur die Teilnahme an Schulungen, die im Sinne eines konkret dienststellenbezogenen Anlasses erforderlich sind. Die Thematik der Schulung muß sich dabei mit Fragen des Wahlrechts und des Wahlverfahrens einschließlich der technischen Durchführung der Wahl und der Rechtsstellung der Dienstkräfte und des Wahlvorstandes befassen. Im übrigen sind hier die gleichen Grundsätze anzuwenden, wie sie für die Schulung von Personalratsmitgliedern gem. § 42 Abs. 3 gelten *(vgl. im einzelnen die Erläuterungen bei § 42 Rn. 27 ff.)*. 20

Verbot der Verminderung der Bezüge

Das Verbot der Kürzung von Arbeitsentgelt oder Dienstbezügen gilt umfassend. Jede Dienstkraft, die nach § 21 Satz 2 Anspruch auf Dienstbefreiung unter Fortzahlung der Bezüge hat, ist im Hinblick auf das Arbeitsentgelt so zu stellen, als ob sie gearbeitet hätte. Maßgeblich ist der jeweilige Anspruch im Einzelfall. 21

Bei Vergütung nach Leistungslohn ist nach Maßgabe der bisherigen durchschnittlichen Arbeitsleistung der Dienstkraft die Vergütung zu errechnen. 22

Die Entgeltzahlung erfaßt auch sämtliche Zulagen, Zuschläge und sonstigen Entschädigungen, die normalerweise an die Dienstkraft gezahlt werden. Darüber hinaus darf auch eine Kürzung der allgemeinen Zuwendungen wie Gratifikationen, Urlaubsgelder un vermögenswirksame Leistungen nicht erfolgen. 23

Freizeitausgleich

Für den Fall, daß Befugnisse oder Tätigkeiten im Zusammenhang mit dem Wahlverfahren nicht während der Arbeitszeit wahrgenommen werden können, ist als Ausgleich insoweit während der Arbeitszeit **Dienstbefreiung** zu gewähren. Die Dienstbefreiung muß möglichst umgehend unter Berücksichtigung der Interessen der Dienststelle und der betroffenen Dienstkraft erfolgen. 24

Durch die Regelung des Freizeitausgleichs ist auch vom Gesetzgeber klargestellt worden, daß eine **Vergütung der Tätigkeiten nicht erfolgen kann.** Eine Abgeltung des Freizeitanspruchs ist ausdrücklich nicht vorgesehen worden. Damit scheidet auch eine Bezahlung nach den Grundsätzen über die Vergütung von Überstunden oder Mehrarbeit aus. 25

Der Anspruch auf Freizeitausgleich ist nicht an besondere Fristen gebunden. Er kann nur innerhalb der bestehenden tariflichen bzw. gesetzlichen Vorschriften verfallen. 26

Tarifliche Regelungen

27 Im übrigen stellt § 21 Satz 4 klar, daß die für die Arbeiter und Angestellten geltenden tariflichen Regelungen unberührt bleiben. Soweit das Personalvertretungsrecht keine Regelungen enthält, sind daher die Bestimmungen der einschlägigen Tarifverträge anzuwenden. Damit wird den Tarifvertragsparteien die Möglichkeit gegeben, durch tarifliche Regelungen die Bestimmungen des Personalvertretungsrechts, insbesondere die Bestimmungen des § 21 näher auszugestalten.

Streitigkeiten

28 Streitigkeiten in Zusammenhang mit den Fragen der Kostentragungspflicht der Dienststelle einschließlich der Fragen der Notwendigkeit von Geschäftsbedürfnissen und sonstigen Aufwendungen entscheiden die Verwaltungsgerichte im Beschlußverfahren gem. § 91 Abs. 1 Nr. 2.

29 Bei Streitigkeiten zwischen einer einzelnen Dienstkraft und dem Dienstherrn wegen Gewährung des Freizeitausgleichs bzw. bei unberechtigter Minderung des Arbeitsentgelts ist das Urteilsverfahren vor den Arbeitsgerichten *(Arbeiter und Angstellte)* bzw. vor den Verwaltungsgerichten *(Beamte)* die gebotene Verfahrensart *(vgl. BAG vom 5. 3. 1974, AP Nr. 2 zu § 20 BetrVG 1972)*. Als Vorfrage ist dabei über die personalvertretungsrechtlichen Voraussetzungen der jeweiligen Ansprüche mit zu entscheiden. Die betroffene Dienstkraft hat darzulegen und gegebenenfalls zu beweisen, daß die Versäumnis der Arbeitszeit bzw. die Tätigkeit außerhalb der Dienstzeit erforderlich war. Ist in einem Beschlußverfahren rechtskräftig vorab festgestellt worden, daß die Arbeitszeitversäumnis gerechtfertigt war, so hat dies für das nachfolgende Urteilsverfahren bindende (präjudizielle) Wirkung *(BAG vom 6. 7. 1975, AP Nr. 5 zu § 65 BetrVG 1972)*.

§ 22 Wahlanfechtung

(1) Die Wahl des Personalrats oder einer Gruppe kann von mindestens drei Wahlberechtigten, jeder in der Dienststelle vertretenen Gewerkschaft oder dem Leiter der Dienststelle binnen einer Frist von zwei Wochen, vom Tage der Bekanntgabe des Wahlergebnisses an gerechnet, beim Verwaltungsgericht angefochten werden, wenn gegen wesentliche Vorschriften über das Wahlrecht, die Wählbarkeit oder das Wahlverfahren verstoßen worden und eine Berichtigung nicht erfolgt ist, es sei denn, daß durch den Verstoß das Wahlergebnis nicht geändert oder beeinflußt werden konnte.
(2) Bis zur rechtskräftigen Entscheidung über die Anfechtung bleibt der Personalrat, dessen Wahl angefochten ist, im Amt; das gleiche gilt für die Gruppe. Wird die Ungültigkeit der Wahl festgestellt, so sind unverzüglich Neuwahlen anzuberaumen. Die Mitglieder einer Gruppe werden für den Rest der Amtszeit des Personalrats gewählt.

§ 22

Übersicht Rn.

Allgemeines	1– 4
Wahlanfechtung	5, 6
Voraussetzungen der Wahlanfechtung	7, 8
Vorschriften über das Wahlrecht	9, 10
Vorschriften über die Wählbarkeit	11
Vorschriften über das Wahlverfahren	12, 13
Berichtigung	14–17
Beeinflussung des Wahlergebnisses	18–20
Anfechtungsberechtigte	21–26
Anfechtungsgegner	27
Anfechtungsfrist	28–35
Form der Anfechtung	36–40
Wirkung der Anfechtung	41–48
Nichtigkeit der Wahl	49, 50
Geltendmachung der Nichtigkeit	51–53
Wirkung der Nichtigkeit	54, 55
Einzelfragen des Anfechtungsverfahrens	56–61

Allgemeines

Die Vorschrift enthält die formellen und materiellen Voraussetzungen für die 1
Anfechtung der Personalratswahlen. Die Regelung ist abschließend, weitere
Voraussetzungen können weder durch Dienstvereinbarungen noch durch Tarifvertrag geschaffen werden. Rechtsverstöße in Zusammenhang mit der Wahl
können außer im Wahlanfechtungsverfahren nach § 22 auch noch durch Feststellung der Nichtigkeit der Wahl geltend gemacht werden. Hierfür besteht
allerdings keine besondere Vorschrift im Rahmen des Personalvertretungsrechts *(vgl. zu den Einzelheiten bezüglich der Geltendmachung der Nichtigkeit einer
Personalratswahl unten Rn. 51 ff.).*
Teilweise vergleichbare Bestimmungen finden sich in § 19 BetrVG und § 25 2
BPersVG, ohne daß dort jedoch eine Regelung über die Fortführung der Geschäfte enthalten ist.
Die Vorschrift ist entsprechend anwendbar auf die Wahlanfechtung bezüglich 3
der Wahlen des Gesamtpersonalrats (§ 51 Abs. 3), des Hauptpersonalrats (§ 56
Abs. 2), der Jugendvertretung, der Gesamtjugendvertretung und der Hauptjugendvertretung (§§ 63, 68, 69 Abs. 1). Eine Besonderheit besteht dabei nur
hinsichtlich der Zahl der Wahlanfechtungsberechtigten. Die Wahlen des Gesamtpersonalrats und der Hauptjugendvertretung können nur von jeweils
20 Wahlberechtigten angefochten werden, die Anfechtung der Wahl des
Hauptpersonalrats kann nur durch 100 Wahlberechtigte erfolgen.
Einen Gesamtüberblick gibt *Kruse*, PersR 1993, 543. 4

Wahlanfechtung

Die Wahlanfechtung erfaßt entweder die **Wahl des gesamten Personalrats** oder 5
aber die **Wahl einer Gruppe.** Die Beschränkung auf die Vertreter einer Gruppe
ist aber nur dann möglich, wenn eine Gruppenwahl stattgefunden hat. Sie
scheidet aus, wenn nach § 16 Abs. 2 eine gemeinsame Wahl stattgefunden
hat. Das beruht darauf, daß nur ein **selbständiges Teilergebnis** gesondert
angefochten werden kann. Die Wahlanfechtung bezüglich einer Gruppe ist

§ 22

unzulässig, wenn sich der geltend gemachte Fehler notwendigerweise auch auf andere Gruppen auswirkt *(BVerwG vom 6. 6. 1991, PersV 1992, 76)*. Die Anfechtung der Wahl eines einzelnen Personalratsmitgliedes scheidet in der Regel aus, da es sich hierbei um ein unselbständiges Teilergebnis handelt, dessen Unwirksamkeit unmittelbar auch das gesamte Wahlergebnis beeinflußt *(Lorenzen u. a., BPersVG, § 25 Rn. 25)*. Eine Ausnahme gilt nur dann, wenn das betreffende Personalratsmitglied der einzige Vertreter seiner Gruppe ist. Dann handelt es sich auch nicht um die Anfechtung der Wahl eines einzelnen Personalratsmitgliedes, sondern um die Anfechtung der Wahl von einer ganzen Gruppe.

6   Das Wahlanfechtungsverfahren des § 22 erfaßt grundsätzlich die Wahl einschließlich der Stimmabgabe. Ist die Wahl durchgeführt, können einzelne Teile des Wahlverfahrens nicht mehr gesondert angegriffen werden *(zur Anfechtung von Wahlen in einzelnen Bereichen bei Stufenvertretungen: OVG Lüneburg vom 21. 3. 1990, PersV 1994, 27)*. Das gilt auch für die Anfechtung von Vorabstimmungen, wenn bereits die endgültige Stimmabgabe erfolgt ist. Damit wird sichergestellt, daß möglichst schnell eine Klärung hinsichtlich der Wirksamkeit der Wahl stattfindet; wollte man die Anfechtung einzelner Teile des Wahlverfahrens zulassen, ohne daß gleichzeitig das gesamte Wahlergebnis betroffen würde, wäre unter Umständen eine Vielzahl von Verfahren notwendig, so daß eine erhebliche zeitliche Verzögerung eintreten könnte.

Voraussetzungen der Wahlanfechtung

7   Die Anfechtung kann nur darauf gestützt werden, daß gegen **wesentliche Vorschriften über das Wahlrecht, die Wählbarkeit** oder das **Wahlverfahren** verstoßen worden ist. Erfaßt werden nur Verstöße gegen zwingende Vorschriften. Die Nichtbeachtung von Soll-Vorschriften oder bloßen Ordnungsvorschriften stellt in der Regel keinen Verstoß gegen wesentliche Vorschriften dar, so daß hier ein Wahlanfechtungsgrund nicht gegeben ist *(Lorenzen u. a., BPersVG, § 25 Rn. 5)*.

8   Als weitere Voraussetzung legt § 22 fest, daß auch wesentliche Verstöße gegen bestehende Vorschriften dann nicht eine Wahlanfechtung begründen können, wenn sie **berichtigt** worden sind oder aber wenn durch den Verstoß **das Wahlergebnis nicht geändert oder beeinflußt** werden konnte.

Vorschriften über das Wahlrecht

9   Vorschriften über das Wahlrecht sind verletzt, wenn die Bestimmungen des § 12 über die Wahlberechtigung nicht eingehalten worden sind. Verstöße gegen wesentliche Vorschriften des Wahlrechts liegen daher dann vor, wenn eine nach § 12 nicht wahlberechtigte Dienstkraft an der Wahl teilnimmt oder aber wenn eine nach § 12 wahlberechtigte Dienstkraft von der Wahl ausgeschlossen wird.

10 Ein Verstoß gegen die Vorschriften über das Wahlrecht ist beispielsweise gegeben: Zulassung von Nichtwahlberechtigten; Nichtzulassung von wahlberechtigten Dienstkräften; Beteiligung von Dienstkräften an der Personalratswahl innerhalb der Dienststelle, in der sie gerade tätig sind, obwohl für sie gem. § 5 Abs. 2 eine besondere Dienststelle zu bilden gewesen wäre, wie z. B. bei den Studienreferendaren, den Staatsanwälten und Amtsanwälten und den Referendaren im Bezirk des Kammergerichts; ferner die Eintragung von Dienstkräften

in die Wählerliste der falschen Gruppe. Anfechtungsberechtigte, die den Einspruch nach § 2 Abs. 4 WO nicht eingelegt haben, verlieren dennoch nicht das Anfechtungsrecht *(BVerwG vom 30. 6. 1980, PersV 1981, 245; a. A. Vorauflage).*

Vorschriften über die Wählbarkeit

Die Vorschriften über die Wählbarkeit sind im einzelnen in § 13 enthalten *(vgl. insoweit die Erläuterungen dieser Vorschrift).* Verstöße gegen wesentliche Vorschriften über die Wählbarkeit können sein: Zulassung einer nichtwählbaren Dienstkraft als Wahlbewerber; auf die fehlende Wählbarkeit kann jedoch die Wahlanfechtung dann nicht mehr gestützt werden, wenn im Laufe des Anfechtungsverfahrens die Dienstkraft wählbar geworden ist *(vgl. oben § 13 Rn. 43).* Ferner ist ein Verstoß gegeben, wenn eine wählbare Dienstkraft nicht als Wahlbewerber zugelassen wird.

11

Vorschriften über das Wahlverfahren

Das Wahlverfahren ist in den Vorschriften der §§ 16–21 und den sie ergänzenden Regelungen in der **Wahlordnung** geregelt. Ein Verstoß gegen diese Vorschriften kann ein Wahlanfechtungsgrund sein, sofern es sich nicht lediglich um bloße Förmlichkeiten handelt. Voraussetzung ist auch hier, daß es sich um Vorschriften des zwingenden Rechts handelt, von denen nicht abgewichen werden kann.

12

Verstöße gegen wesentliche Vorschriften hinsichtlich des **Wahlverfahrens** können sein: fehlerhafte Bestellung des Wahlvorstandes, beispielsweise durch einen Personalrat, der nicht mehr im Amt befindlich ist *(BAG vom 2. 3. 1955, BAGE 1, 317);* fehlerhafte Zusammensetzung des Wahlvorstandes; Nichtbeachtung des Gruppenprinzips *(BVerwG vom 5. 2. 1965, PersV 1965, 109; Sächs. OVG vom 13. 7. 1995, PersR 1995, 495);* Beschränkungen der Frist für die Einreichung von Wahlvorschlägen *(BVerwG vom 17. 7. 1980, PersV 1981, 498);* Fehler in bezug auf das Wahlausschreiben und dessen Form *(OVG Lüneburg vom 9. 1. 1962, PersV 1962, 88);* fehlerhafte Berechnung der Zahl der zu wählenden Mitglieder des Personalrats *(BAG vom 29. 5. 1991, DB 1992, 46),* unrichtige Verteilung der Personalratssitze auf die einzelnen Gruppen; Verletzung des Wahlgeheimnisses; Nichtbeachtung der Vorschriften über die schriftliche Stimmabgabe; Verstoß gegen die Vorschriften über die Beschaffenheit der Stimmzettel in § 14 Abs. 2 *(OVG Hamburg vom 2. 7. 1956, ZBR 1957, 28);* Nichtbeachtung von Vorabstimmungen; Nichtzulassung eines gültigen Wahlvorschlages bzw. Zurückweisung fehlerfreier Wahlvorschläge *(BVerwG vom 30. 10. 1964, BVerwGE 19, 362);* Verstöße gegen das Verbot der Wahlbeeinflussung, z. B. wenn ein Wahlbewerber als »nicht organisierte Dienstkraft« auftritt, obwohl er noch vor der Wahl in eine Gewerkschaft bzw. einen Berufsverband eingetreten ist und dieses nicht allen Wahlberechtigten mitteilt *(BVerwG vom 7. 11. 1969, BVerwGE 34, 177);* Ergänzungen oder Streichungen in Wählerlisten oder Vorschlagslisten, ohne daß die entsprechenden Voraussetzungen der Vorschriften der Wahlordnung gegeben sind *(BVerwG vom 8. 11. 1957, ZBR 1958, 218, 284);* Durchführung der Wahl nach den Grundsätzen der Mehrheitswahl statt der gesetzlich vorgeschriebenen Verhältniswahl *(OVG Lüneburg vom 10. 1. 1961, ZBR 1961, 159);* Verschicken

13

§ 22

von Briefwahlunterlagen bereits zu einem Zeitpunkt, zu dem der Wahlvorstand noch keine abschließende Entscheidung über die Wahlvorschläge gefaßt hat, oder vor Ablauf der Einreichungsfrist für Wahlvorschläge; Weglassen eines »Kennwortes« ohne Zustimmung der Listenbewerber; Gestattung der Stimmabgabe in einem vom Wahlraum nicht einsehbaren Nebenraum *(OVG NRW vom 22. 10. 1979, ZBR 1980, 260)*; Zusenden von Wahlvorschlagslisten bei Briefwahl, die tatsächlich nicht mit denen übereinstimmen, die später bei der normalen Stimmabgabe vorgelegt werden *(weitere Beispiele bei Grabendorff u. a., BPersVG, § 25 Rn. 9; Lorenzen u. a., BPersVG, § 25 Rn. 8 ff.; Fitting u. a., BetrVG, § 19 Rn. 9 ff.).*

Berichtigung

14 Das **Wahlanfechtungsrecht entfällt,** wenn der geltend gemachte Mangel bereits durch eine entsprechende Berichtigung des Wahlergebnisses behoben worden ist. Eine Berichtigung ist aber nur dann möglich, wenn nicht eine Wiederholung der Wahl erforderlich ist. Geht der Wahlvorstand von einer zu großen Zahl zu wählender Personalratsmitglieder oder Gruppenvertreter aus, so kann das Wahlergebnis nicht korrigiert, sondern die Personalratswahl nur im ganzen angefochten und wiederholt werden *(BAG vom 12. 10. 1976, AP Nr. 5 zu § 19 BetrVG 1972; siehe aber unten Rn. 39)*.

15 Eine **Berichtigung** kann **beispielsweise** vorgenommen werden: bei unrichtiger Verteilung der Personalratssitze auf die einzelnen Gruppen, versehentlich falscher Bezeichnung eines gewählten Personalratsmitgliedes, fehlerhafter Stimmenauszählung.

16 Die Berichtigung kann noch **während des Wahlanfechtungsverfahrens** erfolgen. Sie kann auch durch das Gericht durchgeführt werden, wenn dieses zuvor die Wirksamkeit der Anfechtung festgestellt hat *(Lorenzen u. a., BPersVG, § 25 Rn. 16, 28)*. Ist der Wahlvorstand von einer zu großen Zahl zu wählender Mitglieder ausgegangen, so kann die darauf beruhende Wahl nicht in der Weise korrigert werden, daß die auf den letzten Plätzen noch zum Zuge gekommenen Wahlbewerber gestrichen werden, es muß vielmehr eine Neuwahl stattfinden *(BAG vom 12. 10. 1976, AP Nr. 5 zu § 19 BetrVG 1972)*.

17 Außer im Falle der Berichtigung kann auch auf andere Weise der das Wahlanfechtungsverfahren begründende Fehler wegfallen. Das ist beispielsweise der Fall, wenn durch bloßen Zeitablauf der Mangel behoben wird. In diesem Falle ist der Antrag auf Wahlanfechtung von dem Verwaltungsgericht durch Beschluß als unbegründet zurückzuweisen (vgl. die Erläuterungen bei § 91).

Beeinflussung des Wahlergebnisses

18 Weitere Voraussetzung für die Wahlanfechtung ist, daß der geltend gemachte Verstoß gegen wesentliche Vorschriften auch das Wahlergebnis beeinflußt hat, daß er also zu einem anderen Wahlergebnis geführt hat oder zumindest führen konnte, als wenn er unterblieben wäre. Die theoretische Möglichkeit ist zwar grundsätzlich ausreichend *(BVerwG vom 21. 12. 1983, 6 PB 18.83)*; jedoch muß unter dem Gesichtspunkt der allgemeinen Lebenserfahrung die Möglichkeit der Beeinflussung auch nicht ganz fernliegen *(LAG Brandenburg vom 27. 11. 1998, NZA-RR 1999, 418)*.

Aus dem Wortlaut des Gesetzes (»es sei denn«) folgt, daß zunächst bei Vorliegen eines Wahlanfechtungsgrundes **vermutet wird, daß eine Beeinflussung des Wahlergebnisses im weitesten Sinne vorliegt**. Es genügt also, daß der Anfechtende darlegt und gegebenenfalls beweist, daß eine wesentliche Vorschrift bei der Wahl verletzt worden ist. In diesem Fall hat der Anfechtungsgegner darzulegen und gegebenenfalls zu beweisen, daß der Verstoß keine Folgen für das Wahlergebnis hatte *(Dietz/Richardi, BetrVG, § 19 Rn. 23, 25; Lorenzen u. a., BPersVG, § 25 Rn. 17)*. Hinsichtlich der Darlegungs- und Beweislast ist zu beachten, daß die Wahlanfechtung im **Beschlußverfahren** durchgeführt wird, so daß im Rahmen der **Offizialmaxime** vom Gericht von Amts wegen zu ermitteln ist. 19

Eine mögliche **Veränderung des Wahlergebnisses** wäre beispielsweise dann nicht gegeben, wenn bei großem Stimmenvorsprung einer Liste bzw. eines Bewerbers eine nicht wahlberechtigte Dienstkraft mitgewählt hatte oder aber wenn eine geringfügige Anzahl von Dienstkräften wegen Nichtaufführung in dem Wählerverzeichnis an der Wahl nicht teilgenommen hat, ohne daß jedoch bei Hinzurechnung ihrer Stimmen in irgendeiner Weise das Wahlergebnis hätte beeinflußt werden können. Etwas anderes gilt jedoch bei der Zulassung ungültiger Wahlvorschläge oder der Nichtzulassung eines gültigen Wahlvorschlages, da hier eine Widerlegung der gesetzlichen Vermutung grundsätzlich ausgeschlossen ist *(OVG Koblenz vom 4. 12. 1956, ZBR 1957, 150)*. Auch der Verstoß gegen den Grundsatz der geheimen Wahl schließt die Widerlegung der Vermutung des § 22 aus, da hier von vornherein nicht beurteilt werden kann, wie das Stimmenverhalten der Dienstkräfte bei geheimer Wahl gewesen wäre. In jedem Falle kann jedoch nur im Einzelfall beurteilt werden, ob die Vermutung der Wahlbeeinflussung widerlegt werden kann oder nicht *(OVG Bremen vom 2. 2. 1970, ZBR 1971, 62)*. Bei verbleibenden Zweifeln ist die Anfechtung begründet. 20

Anfechtungsberechtigte

§ 22 Abs. 1 legt **abschließend** fest, wer eine Wahl anfechten kann. Die einzelne Dienstkraft besitzt selbst dann kein Anfechtungsrecht, wenn sie unmittelbar von dem Verstoß gegen die bestehenden Vorschriften betroffen ist, sei es, daß sie in ihrem Wahlrecht beeinträchtigt worden ist, es sei, daß sie bei ordnungsgemäßer Durchführung der Wahl gewählt worden wäre *(BVerwG vom 8. 2. 1982, PersV 1983, 63)*. 21

Anfechtungsberechtigt sind zunächst mindestens **drei Wahlberechtigte** i. S. des § 12. Der Anfechtungsantrag muß von ihnen gemeinsam erfolgen, allerdings ist eine Vertretung im gerichtlichen Verfahren nach den allgemeinen Vorschriften zulässig. Der Verlust der Wahlberechtigung im Laufe des Beschlußverfahrens auch durch Ausscheiden aus der Dienststelle ist unschädlich. Das Wahlanfechtungsverfahren bleibt auch in einem solchen Falle zulässig, wenn es wenigstens drei am Wahltag wahlberechtigte Dienstkräfte eingeleitet haben und diese das Beschlußverfahren zum Zeitpunkt der Entscheidung auch noch betreiben *(BVerwG vom 27. 4. 1983, BVerwGE 67, 145; BAG vom 4. 12. 1986, NZA 1987, 166)*. Seinen Grund hat dies darin, daß die Wahlanfechtung nicht dem Einzelinteresse, sondern dem Allgemeininteresse an der Ordnungsmäßigkeit der Wahl der Personalvertretung dient. Fällt allerdings einer der drei die Wahl anfechtenden Wahlberechtigten während des Beschlußverfahrens weg, bei- 22

§ 22

spielsweise dadurch, daß er seinen Antrag zurücknimmt oder sonst aus dem Verfahren ausscheidet, so kann an seiner Stelle nicht eine andere Dienstkraft der Dienststelle die Anfechtung weiterbetreiben *(a. A. Lorenzen u. a., BPersVG, § 25 Rn. 18 a).*

23 Betrifft die Wahlanfechtung lediglich **eine Gruppe,** ist es nicht erforderlich, daß die Dienstkräfte, die die Wahl anfechten, ebenfalls dieser Gruppe angehören. Auch Dienstkräfte der anderen Gruppen haben insoweit ein Anfechtungsrecht *(BVerwG vom 7. 7. 1961, ZBR 1962, 21).*

24 Ein Anfechtungsrecht hat ferner jede in der Dienststelle vertretene **Gewerkschaft** *(HessVGH vom 30. 3. 1988, PersV 1992, 481)* bzw. jeder in der Dienststelle vertretene **Berufsverband** *(§ 94).* Eine Gewerkschaft bzw. ein Berufsverband sind in der Dienststelle vertreten, wenn sie wenigstens ein Mitglied unter den Dienstkräften haben. Auf die Wahlberechtigung dieser Dienstkraft kommt es nicht an *(vgl. oben § 2 Rn. 58).*

25 Schließlich ist anfechtungsberechtigt der **Leiter der Dienststelle,** § 9, bzw. sein ständiger Vertreter. Das Anfechtungsrecht ist hierbei an das Amt selbst gebunden, auf die Person des Leiters der Dienststelle kommt es nicht an *(BVerwG vom 10. 8. 1978, PersV 1979, 417).*

26 Eine Besonderheit besteht bei der **Anfechtung der Wahl einer Jugendvertretung.** Hier sind nicht sämtliche i. S. des § 12 wahlberechtigten Dienstkräfte zur Anfechtung berechtigt, sondern lediglich diejenigen Dienstkräfte, die zur Wahl der Jugendvertretung berechtigt sind. Das ergibt sich daraus, daß § 22 lediglich auf die konkrete Wahlberechtigung abstellt, diese richtet sich jedoch danach, welches Organ gewählt werden soll. Die Wahlberechtigung und damit auch das Anfechtungsrecht richten sich in diesem Falle nach § 61 Abs. 1 *(vgl. dazu auch Fischer/Goeres, § 25 Rn. 30).*

Anfechtungsgegner

27 Im Beschlußverfahren wird häufig derjenige als Antragsgegner bezeichnet, gegen den sich ein bestimmter Antrag richtet. In diesem Sinne ist Anfechtungsgegner jeweils derjenige Personalrat, der aus der angefochtenen Wahl hervorgegangen ist. Bei der Anfechtung einer Gruppenwahl sind es diejenigen Mitglieder, die als Gruppenvertreter in den Personalrat gewählt worden sind.

Anfechtungsfrist

28 Im Gegensatz zu der Bestimmung in § 25 BPersVG beträgt die Anfechtungsfrist im Rahmen des PersVG Bln zwei Wochen. Sie beginnt mit dem Tage der Bekanntmachung des Wahlergebnisses, § 21 WO. Die Fristberechnung erfolgt nach § 187 Abs. 1 BGB, der Tag der Bekanntgabe des Wahlergebnisses wird also nicht mitgezählt. Das Fristende bestimmt sich nach § 188 Abs. 2 BGB, die Frist endet also mit Ablauf desjenigen Tages der letzten Woche, welcher durch seine Benennung dem Tage entspricht, an dem das Wahlergebnis bekanntgegeben worden ist. Fällt das Fristende auf einen Sonnabend, Sonntag oder sonstigen Feiertag, so endet die Frist erst am nächsten Werktag, § 193 BGB.

29 Auch bei verzögerlicher oder aber fehlender Bekanntgabe des Wahlergebnisses beginnt die Frist zur Anfechtung erst mit dem Tage der Bekanntgabe, ein früherer Fristbeginn ist ausgeschlossen. Allerdings kann die Anfechtung auch bereits vor Bekanntgabe des Wahlergebnisses erfolgen.

§ 22

Muß das Wahlergebnis an verschiedenen Stellen ausgehängt werden, ist für den Zeitpunkt des Fristbeginns derjenige Tag maßgebend, an dem der **letzte Aushang** erfolgt. Dadurch wird sichergestellt, daß sämtliche Dienstkräfte die gleichen rechtlichen Befugnisse erhalten *(Grabendorff u. a., BPersVG, § 25 Rn. 19)*. Aus dem gleichen Grunde tritt eine Unterbrechung des Fristablaufs ein, wenn der Aushang mit dem Wahlergebnis vor Ablauf der zweiwöchigen Frist des § 21 WO abgehängt wird, da dann den Dienstkräften eine ausreichende Möglichkeit zur Kenntnisnahme des Ergebnisses nicht gegeben ist. 30

Wird das Wahlergebnis berichtigt, beginnt eine neue Frist zu laufen. 31

Bei der Frist des § 22 handelt es sich um eine **Ausschlußfrist**. Mit ihrem Ablauf entfällt das Anfechtungsrecht. Der Personalrat, der unter Verletzung wesentlicher Vorschriften gewählt worden ist, bleibt dann im Amt, seine Wahl ist unanfechtbar. Insoweit hat die Anfechtungsfrist materiell-rechtliche Auswirkungen. 32

Eine **Verlängerung der Frist** ist nicht möglich, ebenso scheidet eine Wiedereinsetzung in den vorigen Stand aus, da es sich nicht um eine Notfrist handelt und da eine entsprechende gesetzliche Regelung nicht vorgesehen ist *(vgl. § 224 Abs. 2 ZPO bzw. 233 Abs. 1 der ZPO)*. 33

Eine **Unterbrechung des Fristablaufs** tritt ein, wenn der Aushang mit dem Wahlergebnis vor Ablauf der zweiwöchigen Frist des § 21 WO wieder abgehängt wird *(vgl. dazu oben Rn. 30)*. 34

Die Anfechtungsfrist ist nur eingehalten, wenn der Anfechtungsantrag spätestens am letzten Tage der Anfechtungsfrist bei dem Verwaltungsgericht **eingegangen** ist. Allein entscheidend ist das Datum des Eingangs bei dem Verwaltungsgericht, nicht das Datum des Poststempels oder etwa das Datum des Eingangs bei der Dienststelle. 35

Form der Anfechtung

Die Anfechtung kann nur durch einen **schriftlichen Antrag** gegenüber dem Verwaltungsgericht erfolgen, § 81 Abs. 1 ArbGG. Eine Anfechtungserklärung gegenüber dem Leiter der Dienststelle, dem Wahlvorstand oder dem neugewählten Personalrat ist nicht ausreichend. 36

Der Antrag muß entweder durch Einreichung eines Schriftsatzes oder aber zur Niederschrift der Geschäftsstelle des Verwaltungsgerichts erfolgen. Bei Anfechtung durch drei wahlberechtigte Dienstkräfte müssen diese gemeinsam den Schriftsatz unterzeichnen bzw. die Niederschrift bei der Geschäftsstelle des Verwaltungsgerichts veranlassen. Wollen sie sich vertreten lassen, ist die Erteilung einer schriftlichen Vollmacht erforderlich. 37

Der Antrag muß im einzelnen eine **Begründung** enthalten, aus ihm muß ersichtlich sein, inwieweit die betreffende Wahl angefochten wird und welche Gründe herangezogen werden. Auch ist die angefochtene Wahl im einzelnen genau zu bezeichnen. Nach Auffassung des BVerwG *(BVerwG vom 13. 5. 1998, BVerwGE 106, 378)* soll allerdings ein Nachschieben weiterer Gründe möglich sein, wenn innerhalb der Frist personalvertretungsrechtlich erhebliche Gründe gerügt worden sind. 38

Möglich ist auch ein Antrag alleine auf **Ergebnisberichtigung,** wenn der Wahlvorstand das Ergebnis **rechnerisch** falsch ermittelt, das Verfahren aber ordnungsgemäß erfolgt ist *(BVerwG vom 8. 5. 1992, PersR 1992, 311; Hamburgisches OVG vom 31. 8. 1999, PersR 2000, 165)*. 39

§ 22

40 **Beteiligte des Wahlanfechtungsverfahrens** sind neben dem Antragsteller der Leiter der Dienststelle und der neugewählte Personalrat, und zwar in seiner Gesamtheit auch dann, wenn lediglich eine Gruppenwahl angefochten worden ist. Die Beteiligung eines einzelnen Personalratsmitgliedes ist nicht möglich. Dies gilt auch dann, wenn bei einem von einer Gewerkschaft bzw. einem Berufsverband eingeleiteten Wahlanfechtungsverfahren gerade dieses Personalratsmitglied durch die erstrebte Berichtigung des Wahlergebnisses seinen Sitz im Personalrat verlieren würde (BVerwG vom 8. 7. 1977, PersV 1978, 312). Eine Beteiligung des Wahlvorstandes scheidet aus, da dessen Amtszeit mit der Bekanntgabe des Wahlergebnisses beendet ist. Gegebenenfalls sind auch die in der Dienststelle vertretenen Gewerkschaften bzw. Berufsverbände an dem Verfahren zu beteiligen. Zumindest können diese sich an dem Verfahren beteiligen. An einem von dritter Seite eingeleiteten Wahlanfechtungsverfahren ist eine Gewerkschaft (Berufsverband), die nicht selbst die Wahl fristgemäß angefochten hat, nur dann zu beteiligen, wenn ihr Recht, Wahlvorschläge zu machen oder die Gültigkeit eines von ihr gemachten Wahlvorschlags im Einzelfall Gegenstand des Verfahrens ist (OVG Berlin vom 19. 9. 1975, ZBR 1976, 92). Im Verfahren über die Anfechtung der Wahl zur Jugendvertretung ist auch der Personalrat Beteiligter, weil die Jugendvertretung insoweit keine eigene Rechtsstellung hat, sie leitet vielmehr im wesentlichen ihre rechtliche Stellung von der des Personalrats ab (vgl. dazu BAG vom 20. 2. 1986, DB 1986, 2552).

Wirkung der Anfechtung

41 Bei erfolgreicher Anfechtung der Wahl ist insgesamt eine **Neuwahl** durchzuführen. Betrifft die Anfechtung lediglich eine Gruppenwahl, ist diese erneut durchzuführen. Das Wahlverfahren ist in seiner Gesamtheit zu wiederholen.

42 Zu der Durchführung der Neuwahl gehört auch, daß ein neuer **Wahlvorstand** bestellt wird. Ein Wiederaufleben der Amtsbefugnisse des früheren Wahlvorstandes scheidet aus, dessen Amt ist endgültig mit der Bekanntgabe des Wahlergebnisses beendet worden. Die Bildung des Wahlvorstandes erfolgt nach den Bestimmungen der §§ 17, 18.

43 **Vorabstimmungen** über eine anderweitige Sitzverteilung auf die Gruppen gem. § 15 Abs. 6, über die gemeinsame Abstimmung i. S. des § 16 Abs. 2 sowie die Erklärungen der Dienstkräfte einer Minderheitsgruppe gem. § 15 Abs. 5 behalten auch für die Neuwahl Gültigkeit, es sei denn, gerade wegen Fehlern in diesen Bereichen wäre die Wahl wirksam angefochten worden.

44 Da es sich praktisch um die Wiederholung der früheren Wahl handelt, ist bei der Neuwahl von dem Personalstand auszugehen, der für die wirksam angefochtene Wahl maßgebend war. Zwischenzeitlich neu eingetretene Beschäftigte dürfen nicht mitwählen (siehe § 12 Rn. 8).

45 Durch § 22 Abs. 2 ist nunmehr klargestellt, daß die Anfechtung der Personalratswahl **keine rückwirkende Kraft** hat. Der neugewählte Personalrat bleibt daher bis zur rechtskräftigen Entscheidung über die Anfechtung im Amt. Mit der rechtskräftigen Entscheidung endet das Amt jedoch automatisch, eine Befugnis zur Weiterführung der Geschäfte besteht nicht.

46 Da die Anfechtung keine rückwirkende Kraft hat, bleiben auch sämtliche Handlungen des Personalrats wirksam.

§ 22

Endet das Amt desjenigen Personalrats, dessen Wahl angefochten ist, im Laufe des Anfechtungsverfahrens vor Erlaß einer rechtskräftigen Entscheidung, so ist die Erledigung der Hauptsache im Beschluß festzustellen. 47

Die **Amtszeit** des neu zu wählenden Personalrats bestimmt sich grundsätzlich nach den allgemeinen Vorschriften, insbesondere also nach § 23. Eine Besonderheit gilt nur dann, wenn lediglich die Wahl einer Gruppe angefochten worden ist. Die nach wirksamer Anfechtung einer Gruppenwahl neu zu wählenden Mitglieder einer Gruppe werden nach § 22 Abs. 2 Satz 3 lediglich für den Rest der Amtszeit des gesamten Personalrats gewählt. 48

Nichtigkeit der Wahl

Von der bloßen Anfechtbarkeit ist die Nichtigkeit der Wahl zu unterscheiden. Eine gesetzliche Vorschrift bezüglich der Nichtigkeit von Personalratswahlen besteht nicht. Sie kann nur in ganz besonderen Ausnahmefällen angenommen werden, in denen in so hohem Maße gegen allgemeine Grundsätze des Wahlrechts verstoßen worden ist, so daß auch nicht einmal der Anschein einer ordnungsgemäßen Wahl vorliegt *(BVerwG vom 13. 5. 1987, PersR 1987, 193; BAG vom 29. 4. 1998, NZA 1998, 1133).* Insoweit sind teilweise die gleichen Grundsätze anzuwenden, wie sie bei der Nichtigkeit von Verwaltungsakten bestehen. 49

Nichtigkeit einer Personalratswahl ist beispielsweise gegeben: Wahl des Personalrats durch Zuruf auf einer Personalversammlung *(BAG vom 12. 10. 1961, AP Nr. 84 zu § 611 BGB Urlaubsrecht);* Wahl ohne Wahlvorstand *(VGH Baden-Württemberg vom 30. 6. 1981, ZBR 1982, 250; BAG vom 10. 6. 1983, DB 1983, 2142);* Wahl eines Personalrats für einen Dienstbereich, der nicht Stelle i. S. des § 5 Abs. 1 ist; vorzeitige Öffnung der Wahlurne während des Wahlvorganges unter Ausschluß der Öffentlichkeit und verbunden mit einer nichtöffentlichen Stimmauszählung *(ArbG Bochum vom 15. 6. 1972, DB 1972, 1730; weitere Beispiele bei Fitting u. a., BetrVG, § 19, Rn. 4).* 50

Geltendmachung der Nichtigkeit

Die Nichtigkeit der Personalratswahl kann von jedermann, der ein rechtliches Interesse an der Feststellung der Nichtigkeit hat, geltend gemacht werden. Die Geltendmachung ist nicht an die Voraussetzungen des § 22 Abs. 1 gebunden. Hier kann auch eine einzelne Dienstkraft die Feststellung der Nichtigkeit begehren. 51

Besondere **Fristen** hinsichtlich der Geltendmachung der Nichtigkeit bestehen ebenfalls nicht. Insbesondere ist sie nicht an die Anfechtungsfrist des § 22 Abs. 1 gebunden. Sie kann auch nach deren Ablauf bis zum Ende der Amtszeit des Personalrats geltend gemacht werden. 52

Auch ist die Geltendmachung der Nichtigkeit der Wahl nicht an ein bestimmtes gerichtliches **Verfahren** gebunden. Die Nichtigkeit der Personalratswahlen kann im Rahmen eines Urteilsverfahrens als Vorfrage festgestellt werden, es kann aber auch im Beschlußverfahren ein entsprechender Feststellungsantrag gestellt werden *(Lorenzen u. a., BPersVG, § 25 Rn. 35; Dietz/Richardi, BetrVG, § 19 Rn. 72).* Bei Zweifeln, ob die Voraussetzungen für eine Nichtigkeit der Personalratswahl gegeben sind, empfiehlt es sich, zusätzlich ein Wahlanfechtungsverfahren zu betreiben. Auch im Rahmen eines Wahlanfechtungsverfahrens 53

§ 22

kann vom Gericht die Nichtigkeit der Personalratswahl festgestellt werden. Gegebenenfalls kann hier ein Hauptantrag auf Feststellung der Nichtigkeit und ein Hilfsantrag bezüglich der Wahlanfechtung gestellt werden.

Wirkung der Nichtigkeit

54 Die Feststellung der Nichtigkeit hat im Gegensatz zur Wahlanfechtung rückwirkende Kraft. Handlungen des Personalrats in der Vergangenheit sind unwirksam, beteiligungspflichtige Angelegenheiten, in denen eine Mitwirkung bzw. Mitbestimmung des Personalrats erforderlich war, sind selbst bei zustimmenden Beschlüssen des Personalrats ohne wirksame Beteiligung durchgeführt worden. Allerdings wird hieraus nur in seltenen Fällen eine Unwirksamkeit der Maßnahmen folgen können. Die Beteiligungsrechte bestehen nämlich nur insoweit, als auch ein Personalrat vorhanden ist. Besteht ein Personalrat nicht, ist Raum für Beteiligungsrechte in diesem Falle auch nicht gegeben. Es besteht für den Dienststellenleiter kein Verhandlungspartner, der beteiligt werden könnte.

55 Die Mitglieder des auf Grund einer nichtigen Wahl gebildeten Personalrats genießen nicht die besonderen Schutzvorschriften der Amtsträger. Sie haben auch keinen Anspruch auf Dienstbefreiung, Kostenerstattung und sonstige Gewährleistung ihrer Dienstbezüge. Insoweit können lediglich die Grundsätze des **Vertrauensschutzes** im Einzelfall zur Gewährleistung bestimmter Rechtspositionen führen. Letztlich handelt es sich hierbei um eine Ausprägung des Grundsatzes von Treu und Glauben, der auch in diesem Bereich anwendbar ist.

Einzelfragen des Anfechtungsverfahrens

56 Über die Wahlanfechtung ist gem. § 91 Abs. 1 von den Verwaltungsgerichten im Beschlußverfahren zu entscheiden. Auch in diesem Verfahren herrscht der Grundsatz der Offizialmaxime mit der Folge, daß den Beteiligten nur im begrenzten Umfange eine Dispositionsbefugnis zusteht. Das Gericht ist daher berechtigt, auch außerhalb des Sachvortrages der Parteien Anfechtungsgründe oder sonstige Verstöße zu überprüfen, auch wenn diese nicht Gegenstand des Antrages sind. Eine ausdrückliche Beschränkung der Anfechtung auf bestimmte Gründe seitens des Antragstellers ist unzulässig. Jedoch bestimmt der Antragsteller auch im Wahlanfechtungsverfahren den Streitgegenstand durch seinen Antrag *(BVerwG vom 8. 5. 1992, PersR 1992, 311; HessVGH vom 21. 3. 1990, PersV 1992, 484).*

57 Beteiligte im Wahlanfechtungsverfahren sind der Antragsteller, in jedem Falle der Dienststellenleiter und der neugewählte Personalrat, gegebenenfalls auch die in der Dienststelle vertretenen Gewerkschaften und Berufsverbände *(vgl. oben Rn. 40).* Eine Beteiligung des Wahlvorstandes scheidet aus, da dieser keine Amtsbefugnisse mehr besitzt *(vgl. oben Rn. 40).*

58 Bei Beendigung der Amtszeit desjenigen Personalrats, dessen Wahl angefochten ist, entfällt während des Anfechtungsverfahrens grundsätzlich das Rechtsschutzbedürfnis für die weitere Durchführung des Anfechtungsverfahrens. Das Vorliegen des Rechtsschutzbedürfnisses ist hierbei in jeder Instanz selbständig zu prüfen. In Sonderfällen kann jedoch gleichwohl das Rechtsschutzinteresse noch vorliegen, wenn die gleiche Rechtsfrage, die zu dem konkreten

§§ 22, 23

Verfahren geführt hat, auch in Zukunft zwischen den Beteiligten wieder streitig werden könnte *(vgl. VGH Baden-Württemberg vom 5. 12. 1974, PersV 1976, 19).*
Bei Beweiserhebungen und Sachverhaltsermittlungen im Rahmen des Wahlanfechtungsverfahrens ist zu beachten, daß auch durch sie nicht das Wahlgeheimnis durchbrochen werden darf. Insbesondere dürfen daher die Wahlberechtigten nicht darüber vernommen werden, wie sie abgestimmt haben *(BVerwG vom 21. 7. 1975, PersV 1976, 303).* 59

Gerichtliche Kosten bezüglich des Anfechtungsverfahrens entstehen im Beschlußverfahren nicht, § 12 Abs. 6 ArbGG. Die außergerichtlichen Kosten müssen grundsätzlich die Beteiligten selbst tragen. Eine Kostenerstattung findet nicht statt. Eine Ausnahme gilt nur in bezug auf diejenigen Aufwendungen, die dem Personalrat als Beteiligtem entstehen, dessen Wahl angefochten ist. Bei der Verteidigung seiner Rechtsposition nimmt er eine Tätigkeit i.S. des § 40 Abs. 1 wahr, so daß insoweit die Dienststelle erstattungspflichtig ist *(Lorenzen u.a., BPersVG, § 25 Rn. 32; Fischer/Goeres, § 25 Rn. 42).* Die außergerichtlichen Kosten des Antragstellers fallen dagegen in jedem Falle weder unter § 44 noch unter § 21, so daß selbst bei Obsiegen dieser keinen Ersatzanspruch gegenüber der Dienststelle besitzt *(BVerwG vom 22. 3. 1963, BVerwGE 16, 15).* 60

Im übrigen gelten die allgemeinen, für das Beschlußverfahren geltenden Grundsätze. Insoweit kann auf die Erläuterungen zu § 91 verwiesen werden. 61

2. Amtszeit

§ 23 Dauer

Die regelmäßige Amtszeit des Personalrats beträgt vier Jahre, die der Personalräte der in § 5 Abs. 2 Nr. 4 und 5 sowie Nummer 10 Buchstabe c der Anlage zu § 5 Abs. 1 bezeichneten Dienstkräfte ein Jahr. Die Amtszeit beginnt mit dem Tage der Konstituierung des neugewählten Personalrats. Sie endet spätestens am 15. Dezember des Jahres, in dem nach § 24 Abs. 1 die regelmäßigen Personalratswahlen stattfinden.

Übersicht	Rn.
Allgemeines	1– 5
Amtszeit	6, 7
Ausnahmen	8–10
Beginn der Amtszeit	11–13
Ende der Amtszeit	14–18
Streitigkeiten	19

Allgemeines

Die Vorschrift regelt die Amtszeit der Personalräte. Es wird ein einheitlicher Wahlzeitraum festgelegt. Obwohl insoweit keine eindeutige Bezugnahme besteht, ist zu beachten, daß nach § 24 Abs. 4 sich in bestimmten Fällen die Amtszeit eines Personalrates verlängern bzw. verkürzen kann. Damit soll im Interesse einer Kontinuität der Personalratsarbeit vermieden werden, daß ein Wechsel für nur unerhebliche Zeiträume stattfindet. 1

§ 23

2 Teilweise **vergleichbare Regelungen** finden sich in § 26 BPersVG sowie in § 21 BetrVG.
3 Die Vorschrift ist **entsprechend anzuwenden** auf die Amtszeit des Gesamtpersonalrates (§ 52) und des Hauptpersonalrates (§ 57).
4 **Sonderregelungen** bestehen für die Jugend- und Auszubildendenvertretung, die Gesamt- sowie Haupt-Jugend- und Auszubildendenvertretung, §§ 63 Abs. 2, 68 und 69 Abs. 3.
5 Die Vorschrift des § 23 ist zwingend. Weder durch Tarifvertrag noch durch Dienstvereinbarung können andere Amtszeiten oder Wahlzeiträume festgelegt werden.

Amtszeit

6 Die regelmäßige Amtszeit der Personalräte beträgt **vier Jahre**. Sie gilt grundsätzlich für das Organ als Kollektiv, die Amtszeit des einzelnen Personalratsmitgliedes kann hiervon abweichen.
7 Kürzer ist die regelmäßige Amtszeit der Personalräte der Referendare sowie der studentischen Hilfskräfte (§ 5 Abs. 2 Nr. 5), die lediglich ein Jahr beträgt, da in diesem Personenkreis wegen der gesetzlich begrenzten Dauer der Dienstverhältnisse eine besonders starke Fluktuation herrscht. Personalräte der Referendare sind hierbei die Personalräte der Studienreferendare und Lehreranwärter gem. Nr. 10 Buchstabe c der Anlage zu § 5 Abs. 1 und der Referendare im Bezirk des Kammergerichts gem. § 5 Abs. 2 Nr. 4.

Ausnahmen

8 Eine Verlängerung bzw. Verkürzung der regelmäßigen Amtszeit einer Personalvertretung findet in den Fällen des § 24 Abs. 4 statt. Obwohl auf diese Vorschrift in § 23 nicht ausdrücklich Bezug genommen ist, hat sie doch unmittelbar in den dort geregelten Fällen Einfluß auf die regelmäßige Amtszeit der betroffenen Personalvertretung.
9 Hat nach § 24 Abs. 4 Satz 1 außerhalb des nach § 24 Abs. 1 festgelegten Zeitraumes für die regelmäßigen Personalratswahlen eine Personalratswahl stattgefunden, so endet grundsätzlich dessen Amtszeit nach § 23 Satz 3 spätestens am 15. 12. des Jahres, in dem nach § 24 Abs. 1 **die regelmäßigen Personalratswahlen** stattfinden. Damit tritt für diesen Personalrat eine Verkürzung der Amtszeit ein. Meist wird dies der Fall sein bei Neuwahl aus besonderen Gründen, wie sie in § 24 Abs. 1 im einzelnen festgelegt ist.
10 Nach § 24 Abs. 4 Satz 2 ist von diesem Grundsatz der Verkürzung der regelmäßigen Amtszeit eine Ausnahme dann gegeben, wenn dadurch die Amtszeit des gewählten Personalrates weniger als 1 Jahr betragen würde. Um auch in diesem Falle eine **Kontinuität in der Personalratsarbeit** zu gewährleisten, legt das Gesetz fest, daß dann der Personalrat in dem übernächsten Zeitraum der regelmäßigen Personalratswahlen neu zu wählen wäre. In diesem Falle wird seine Amtszeit am 15. Dezember des Jahres beendet, in dem die übernächsten regelmäßigen Personalratswahlen gem. § 24 Abs. 1 durchzuführen wären.

§ 23

Beginn der Amtszeit

Die Regelung des § 23 bestimmt, daß die Amtszeit des Personalrats mit dem **Tage der Konstituierung** des neugewählten Personalrats beginnt. Das ist der Zeitpunkt der konstituierenden Sitzung i. S. von § 30 Abs. 1. Nicht unterschieden wird nach der Frage, ob der alte Personalrat noch im Amt ist oder nicht. Die Amtszeit eines noch im Amt befindlichen Personalrats endet also jedenfalls mit der Konstituierung des neugewählten.
In der Zeit zwischen dem Tag der Wahl und der Konstituierung stehen dem neuen Personalrat **keine personalvertretungsrechtlichen Befugnisse** zu. Die gewählten Mitglieder genießen jedoch vom Zeitpunkt der Wahl an den **Schutz,** den das Gesetz für Personalratsmitglieder vorsieht *(vgl. Lorenzen u. a., BPersVG, § 26 Rn. 14; Fischer/Goeres, § 26 Rn. 12).*

11

12

13

Ende der Amtszeit

Im Regelfall endet die Amtszeit mit dem **Ablauf von vier Jahren** bzw. bei den Personalräten der Studienreferendare, Lehreranwärter, Referendare im Bezirk des Kammergerichts und der studentischen Hilfskräfte nach einem Jahr. Die Frist berechnet sich gem. § 188 BGB. Letzter Amtstag ist dabei derjenige Tag, der dem Tag vorausgeht, der dem ersten Tag der Amtszeit, also dem Tag der Konstituierung, durch seine kalendermäßige Bezeichnung entspricht, § 188 Abs. 2 BGB in Verbindung mit § 187 Abs. 2 BGB *(beginnt also die Amtszeit des Personalrats am 21. 11., dann endet sie nach Ablauf von 4 Jahren am 20. 11.).* Das gleiche gilt, wenn die Amtszeit mit Ablauf der Amtszeit des vorhergehenden Personalrats beginnt.
Nach § 23 Satz 3 endet die Amtszeit des Personalrats spätestens am 15. 12. des Jahres, in dem nach § 24 Abs. 1 die regelmäßigen Personalratswahlen stattfinden. Selbst wenn in diesem Zeitpunkt die Vierjahresfrist noch nicht abgelaufen sein sollte, würde vorfristig die Amtszeit des Personalrats beendet sein. Auch die Amtszeit des »unregelmäßig« *(§ 24 Abs. 1 Satz 2)* gewählten Personalrats endet am 15. 12. desjenigen Jahres, in welchem gem. § 23 die regelmäßigen Personalratswahlen stattfinden *(BVerwG vom 10. 6. 1998, PersR 1999, 520).*
Die Amtszeit des Personalrats endet auch mit der **Auflösung der Dienststelle,** für die er gewählt wurde *(BVerwG vom 18. 1. 1990, PersR 1990, 108; OVG Nordrhein-Westfalen vom 29. 9. 1999, PersR 2000, 455; vgl. aber auch Sächs. OVG vom 12. 1. 1999, PersR 2000, 18).* Zur Abgrenzung der Auflösung einer Dienststelle von der Eingliederung in eine andere s. OVG Berlin vom 15. 3. 2000, PersR 2001, 32 *(zur Auflösung des Deutschen Bibliotheksinstituts).*
Mit Ablauf der Amtszeit des Personalrats **enden seine sämtlichen Befugnisse.** Eine Fortführung der laufenden Geschäfte bis zur Neuwahl einer anderen Personalvertretung ist nicht möglich. Mit dem Ende der Amtszeit hört der Personalrat in seiner Gesamtheit auf zu bestehen. Maßgeblich ist hierbei die **Existenz als Kollektivorgan,** unerheblich ist die Beendigung der Mitgliedschaft eines einzelnen Personalratsmitgliedes, die grundsätzlich den Bestand des gesamten Personalrats nicht berührt.
Eine vorzeitige Beendigung der Amtszeit des Personalrats außerhalb der Bestimmung des § 23 ist in den Fällen der §§ 25 und 26 möglich, wenn hiervon sämtliche Personalratsmitglieder und gegebenenfalls auch deren Ersatzmitglieder betroffen werden.

14

15

16

17

18

Streitigkeiten

19 Streitigkeiten über die Amtszeit der Personalvertretungsorgane sind gem. § 91 Abs. 1 Nr. 2 von den Verwaltungsgerichten im Beschlußverfahren zu entscheiden.

§ 24 Neuwahl aus besonderen Gründen

(1) Die regelmäßigen Personalratswahlen finden alle vier Jahre in der Zeit vom 1. Oktober bis 15. Dezember statt. Außerhalb dieser Zeit ist der Personalrat neu zu wählen, wenn
1. mit Ablauf von 24 Monaten, vom Tage der Wahl gerechnet, die Zahl der regelmäßig Beschäftigten um die Hälfte, mindestens aber um 50 gestiegen oder gesunken ist, oder
2. die Gesamtzahl der Mitglieder des Personalrats auch nach Eintreten sämtlicher Ersatzmitglieder um mehr als ein Viertel der vorgeschriebenen Zahl gesunken ist oder
3. der Personalrat mit der Mehrheit seiner Mitglieder seinen Rücktritt beschlossen hat oder
4. der Personalrat durch gerichtliche Entscheidung aufgelöst ist oder
5. in der Dienststelle kein Personalrat besteht oder
6. Dienststellen ganz oder teilweise in eine oder mehrere andere Dienststellen eingegliedert werden oder Dienststellen oder Teile von Dienststellen zu einer neuen Dienststelle zusammengeschlossen werden und die betreffenden Personalräte einen entsprechenden Beschluß gefaßt haben.

In den Fällen der Nummern 1 bis 3 führt der Personalrat die Geschäfte weiter, bis der neue Personalrat gewählt ist.

(2) In den Fällen des Absatzes 1 Nr. 6 führen die bisherigen Personalräte die Geschäfte gemeinsam weiter, bis die neuen Personalräte gewählt sind, längstens jedoch bis zur Dauer von sechs Monaten. Die Aufgaben des Vorsitzenden werden von Sitzung zu Sitzung abwechselnd von den Vorsitzenden der bisherigen Personalräte wahrgenommen. Der Wahlvorstand wird von den bisherigen Personalräten gemeinsam bestellt.

(3) Ist eine der in der Dienststelle vorhandenen Gruppen, die bisher im Personalrat vertreten war, durch kein Personalratsmitglied mehr vertreten, so wählt diese Gruppe neue Mitglieder.

(4) Hat außerhalb des für die regelmäßigen Personalratswahlen festgelegten Zeitraumes eine Personalratswahl stattgefunden, so ist der Personalrat in dem auf die Wahl folgenden nächsten Zeitraum der regelmäßigen Personalratswahlen neu zu wählen. Hat die Amtszeit des Personalrats zu Beginn des für die regelmäßigen Personalratswahlen festgelegten Zeitraumes noch nicht ein Jahr betragen, so ist der Personalrat in dem übernächsten Zeitraum der regelmäßigen Personalratswahlen neu zu wählen.

§ 24

Übersicht

	Rn.
Allgemeines	1, 2
Regelmäßige Personalratswahlen	3– 5
Verstöße	6– 8
Ausnahmen	9
Änderung des Personalbestandes (Nr. 1)	10–16
Absinken der Gesamtzahl der Personalratsmitglieder (Nr. 2)	17–20
Rücktritt des Personalrats durch Beschluß (Nr. 3)	21–25
Gerichtliche Auflösung des Personalrats (Nr. 4)	26
Fehlen eines Personalrats (Nr. 5)	27, 28
Eingliederung bzw. Zusammenlegung von Dienststellen (Nr. 6)	29, 30
Fortführung der Geschäfte gem. § 24 Abs. 1	31–34
Ende der Fortführungsbefugnis	35–37
Fortführung der Geschäfte gem. § 24 Abs. 2	38–41
Ende der Fortführungsbefugnis	42
Neuwahl einer Gruppe (Abs. 3)	43, 44
Anschluß an die regelmäßigen Personalratswahlen (Abs. 4)	45–48
Streitigkeiten	49, 50

Allgemeines

§ 24 Abs. 1 legt den Zeitraum der regelmäßigen Personalratswahl durch eine **1** auf bestimmte Daten fixierte Wahlperiode fest. Zugleich werden die Voraussetzungen genannt, unter denen außerhalb der festgelegten Wahlperiode eine **Neuwahl aus besonderen Gründen** durchzuführen ist.
Teilweise **vergleichbare** Bestimmungen finden sich in § 27 BPersVG und § 13 **2** BetrVG.

Regelmäßige Personalratswahlen

Ebenso wie im BetrVG und dem BPersVG hat auch das PersVG Bln einen **festen** **3** **Wahlzeitraum** eingeführt. Dadurch wird den Gewerkschaften und Berufsverbänden die Vorbereitung für die Personalratswahlen erleichtert wie z. B. die Herstellung von Wahlunterlagen, Werbemitteln und auch die rechtzeitige Durchführung der Schulung der Mitglieder. Damit wird gleichzeitig im Interesse des Dienstherrn die Möglichkeit geschaffen, daß möglichst ausgebildete Dienstkräfte die Wahl durchführen, so daß die Zahl von Wahlanfechtungsverfahren verringert wird. Auch wird durch die Zusammenfassung der Wahltermine eine unnötige Störung der Dienstabläufe vermieden.
§ 24 Abs. 1 Satz 1 legt lediglich einen allgemeinen Wahlzeitraum für die Zeit **4** vom 1. 10. bis 15. 12. fest. Für den **konkreten Zeitpunkt** der Wahl in einer Dienststelle ist innerhalb dieses Zeitraumes der Ablauf der Amtszeit des vorigen Personalrats maßgeblich. Die Wahl muß noch während der Amtszeit des bisherigen Personalrats durchgeführt werden, um so einen nahtlosen Übergang zu garantieren. Der Ablauf der Amtszeit richtet sich dabei nach § 23.
Die **Wahlvorbereitungen** beginnen mit der Bildung des Wahlvorstandes. Die- **5** ser ist nach § 17 Abs. 1 spätestens zwei Monate vor Ablauf der Amtszeit des bisherigen Personalrats von diesem zu bestellen. Die Wahlvorbereitungen können daher auch schon vor dem Wahlzeitraum des § 24 Abs. 1 beginnen.

§ 24

Verstöße

6 Die Festlegung des Wahlzeitraumes für die Zeit vom 1. Oktober bis 15. Dezember ist **zwingend**. Eine Abweichung hiervon ist nur in den im Gesetz ausdrücklich geregelten Fällen möglich. Eine Abweichung ist auch nicht durch Dienstvereinbarung oder Tarifvertrag zulässig.

7 Wird eine Wahl, ohne daß eine Ausnahmevorschrift besteht, vor Beginn des Wahlzeitraumes durchgeführt, also vor dem ersten Oktober des jeweiligen Jahres, so ist diese Personalratswahl **nichtig**. Es fehlt eine wesentliche Voraussetzung für die Wahl (*Grabendorff u.a., BPersVG, § 27 Rn. 6*).

8 Etwas anderes gilt, wenn die Wahl des Personalrats **nach Ablauf des Wahlzeitraumes**, also nach dem 15. 12. stattfindet. In diesem Falle ist in der Regel die Amtszeit des bisherigen Personalrats gem. § 23 abgelaufen, so daß in der Dienststelle nach § 24 Abs. 1 Nr. 5 kein Personalrat mehr besteht. Hier greift eine Ausnahmeregelung ein, die die verspätete Personalratswahl zuläßt.

Ausnahmen

9 § 24 Abs. 1 Satz 2 in Nr. 1 bis 6 enthält **abschließend** diejenigen Ausnahmeregelungen, die eine Personalratswahl außerhalb des regelmäßigen Wahlzeitraumes zulassen. Liegen die Voraussetzungen für eine Neuwahl (noch) nicht vor, ist eine gleichwohl durchgeführte Wahl anfechtbar (*BVerwG vom 26.11.1997, PersR 1998, 161*).

Änderung des Personalbestandes (Nr. 1)

10 Nach § 24 Abs. 1 Nr. 1 findet außerhalb des regelmäßigen Wahlzeitraumes eine Neuwahl statt, wenn die Zahl der regelmäßig in der Dienststelle beschäftigen Dienstkräfte sich während der Amtszeit eines Personalrats an einem bestimmten Stichtag wesentlich verändert hat.

11 Die Beurteilung des Personalbestandes hat im Regelfall mit Ablauf von 24 Monaten nach dem Tag der Wahl stattzufinden. Entscheidend ist allein der **Tag der Wahl,** nicht jedoch die Dauer der Amtszeit des betreffenden Personalrats. Tag der Wahl ist hierbei der Tag der Stimmabgabe, bei Stimmabgabe an mehreren Tagen der Tag, an dem letztmalig die Stimmabgabe erfolgen kann. Unerheblich ist hierbei, ob die Amtszeit des betroffenen Personalrats schon 24 Monate gedauert hat oder ob sie – da sie erst nach dem Tag der Wahl mit der Beendigung der Amtszeit des früheren Personalrats begonnen hatte – kürzer ist. Der eindeutige Gesetzeswortlaut läßt als Stichtag allein den Tag zu, der vierundzwanzig Monate nach dem letzten Wahltag liegt. Die Berechnung des Fristbeginns erfolgt hierbei gem. §§ 186 ff. BGB.

12 Eine **Sonderregelung** besteht für die Personalräte der Studienreferendare und Lehreranwärter, der Referendare im Bezirk des Kammergerichts und der studentischen Hilfskräfte. Bei diesen ist maßgeblich derjenige Tag, der zwölf Monate nach dem Tag der Wahl liegt.

13 Die Neuwahl ist nur zulässig, wenn die Zahl der **regelmäßig Beschäftigten** um die Hälfte, mindestens aber um 50 gestiegen oder gesunken ist. Maßgeblich ist die Zahl der regelmäßig in der Dienststelle tätigen Dienstkräfte (*vgl. zu diesem Begriff die Erläuterungen bei § 14 Rn. 8ff.*). Vorübergehend beschäftigte Dienstkräfte sind nicht mitzuzählen.

Maßgeblich für die Berechnung ist eine **Gegenüberstellung** von der Zahl der regelmäßig in der Dienststelle beschäftigten Dienstkräfte am Tag der Wahl und an dem nach § 24 Abs. 1 Nr. 1 maßgeblichen Stichtag. Nicht entscheidend ist die Zahl der Dienstkräfte, die am Tag des Wahlausschreibens regelmäßig tätig war. Ebenfalls unerheblich sind Schwankungen in dem Zeitraum zwischen dem Tag der Wahl und dem maßgeblichen Stichtag. Unberücksichtigt bleiben auch Veränderungen in der Belegschaftsstärke nach dem maßgeblichen Stichtag. 14

Die Zahl der regelmäßig beschäftigten Dienstkräfte in der Dienststelle muß sich **um die Hälfte, mindestens aber um fünfzig** Dienstkräfte verändert haben. Beide Voraussetzungen müssen gleichzeitig vorliegen. Die Veränderung kann sowohl in einer Steigerung der Zahl der Dienstkräfte als auch in deren Absinken liegen. Sind in einer Dienststelle regelmäßig 250 Dienstkräfte beschäftigt, so muß sich die Zahl mindestens um 125 Dienstkräfte verändern. Sind in einer Dienststelle jedoch lediglich 49 Dienstkräfte beschäftigt, so ist eine Neuwahl nach § 24 Abs. 1 Nr. 1 ausgeschlossen, es sei denn, es würde ein Anstieg um mindestens 50 Dienstkräfte erfolgen. 15

Für die Neuwahl nach § 24 Abs. 1 Nr. 1 ist es nicht entscheidend, ob sich bei Veränderung der regelmäßig beschäftigten Dienstkräfte auch **die Zahl der Personalratsmitglieder** nach § 14 verändern würde *(Dietz/Richardi, BPersVG, § 27 Rn. 17; Fischer/Goeres, § 27 Rn. 17)*. Auch eine Veränderung der Stärke der in dem Personalrat vertretenen Gruppen ist für die Anwendbarkeit des § 24 Abs. 1 Nr. 1 nicht von Bedeutung, es sei denn, daß sich hierdurch die Zahl der regelmäßig in der Dienststelle beschäftigten Dienstkräfte entsprechend dieser Vorschrift verändern würde. 16

Absinken der Gesamtzahl der Personalratsmitglieder (Nr. 2)

Nach § 24 Abs. 1 Nr. 2 ist eine Neuwahl außerhalb des regelmäßigen Wahlzeitraums erforderlich, wenn die Gesamtzahl der Mitglieder des Personalrats auch nach Eintreten sämtlicher Ersatzmitglieder um mehr als ein Viertel der vorgeschriebenen Zahl gesunken ist. Ein zeitlicher **Stichtag** für die Berechnung dieser Zahl **besteht nicht**. Das Absinken der Mitgliederzahl kann daher zu jedem Zeitpunkt der Amtszeit des amtierenden Personalrats festgestellt werden mit der Folge der Neuwahl. 17

Voraussetzung ist ein Absinken um mehr als 25% der Personalratsmitglieder. Hierbei muß es sich um einen **dauernden Wegfall** von Personalratsmitgliedern handeln, der auch nicht durch das Eintreten von Ersatzmitgliedern behoben werden kann. Eine nur zeitweilige Verhinderung von Personalratsmitgliedern erfüllt nicht die Voraussetzungen des § 24 Abs. 1 Nr. 2. Auch bei einem Ruhen der Mitgliedschaft einer Dienstkraft im Personalrat gem. § 27 handelt es sich nicht um ein dauerndes Ausscheiden, es sei denn, daß eine Beendigung dieses Zustandes vor Ablauf der Amtszeit nicht mehr eintreten kann. Maßgeblich ist der tatsächliche Wegfall, nicht ausschlaggebend ist die rechtliche Beendigung der Mitgliedschaft im Personalrat. Ein dauernder Wegfall ist daher auch dann anzunehmen, wenn eine Dienstkraft durch eine dauernde Erkrankung gehindert ist, die Mitgliedschaft im Personalrat wahrzunehmen. 18

Die Neuwahl ist ausgeschlossen, wenn noch **Ersatzmitglieder** gem. § 28 in den Personalrat nachrücken können. Zu beachten ist, daß die Ersatzmitglieder konkurrierender Listen oder anderer Gruppen nicht herangezogen werden können *(Grabendorff u.a., BPersVG, § 27 Rn. 18)*. 19

20 Die Gesamtzahl der Mitglieder des Personalrats muß um **mehr** als ein Viertel der nach § 14 vorgeschriebenen Zahl abgesunken sein. Solange das Absinken lediglich genau ein Viertel dieser Zahl oder weniger betrifft, ist eine Neuwahl nicht möglich. Maßgeblich ist immer die **Gesamtzahl des Personalrats**. Das Absinken der Mitgliederzahl einer Gruppe um mehr als 25% ist daher so lange unerheblich, als dadurch nicht auch die Gesamtzahl der Mitglieder des Personalrats ihrerseits um mehr als ein Viertel absinkt. Eine auf eine Gruppe beschränkte Neuwahl ist daher auch nicht möglich, die Neuwahl erfaßt stets den gesamten Personalrat.

Rücktritt des Personalrats durch Beschluß (Nr. 3)

21 Eine Neuwahl des Personalrats außerhalb des regelmäßigen Wahlzeitraums hat ferner dann zu erfolgen, wenn der Personalrat mit der Mehrheit seiner Mitglieder seinen Rücktritt beschlossen hat, § 24 Abs. 1 Nr. 3. Erforderlich für einen entsprechenden **Beschluß** ist die Zustimmung der Mehrheit der Mitglieder des Gremiums, und zwar auch dann, wenn diese nicht vollzählig an der Sitzung des Personalrats teilnehmen. Es ist eine absolute Stimmenmehrheit erforderlich. Die Bestimmung des § 32 findet insoweit keine Anwendung, § 24 Abs. 1 Nr. 3 enthält eine Spezialregelung.

22 Der ordnungsgemäß beschlossene **Rücktritt wirkt für sämtliche Mitglieder,** und zwar auch für diejenigen, die gegen den Beschluß gestimmt haben. Auch ist der Rücktritt für sämtliche Ersatzmitglieder bindend, diese können nicht durch Nachrücken einen neuen Personalrat bilden (*Fischer/Goeres*, § 27 Rn. 29), da sonst die Vorschrift über den Rücktritt in ihrer Bedeutung erheblich eingeschränkt werden könnte.

23 Der **Grund** für den Rücktritt ist grundsätzlich für dessen Gültigkeit **unerheblich,** es sei denn, die Rücktrittserklärung ist offenkundig nicht ernstlich gemeint (*siehe auch Rn. 51*). Die Gültigkeit des Rücktritts wird selbst dann nicht berührt, wenn damit lediglich einem ausgeschlossenen Mitglied die Möglichkeit gegeben werden soll, daß dieses wiedergewählt wird (*vgl. BVerwG vom 26. 9. 1969, PersV 1970, 89*).

24 Legen sämtliche Mitglieder des Personalrats und ihre Ersatzmitglieder in getrennten Erklärungen einzeln ihre Ämter nieder, so ist eine Umdeutung in einen kollektiven Rücktritt nicht möglich. Vielmehr handelt es sich um einen im Gesetz nicht geregelten Fall, so daß hier eine Neuwahl des Personalrats **nur auf Grund der Vorschrift des § 24 Abs. 1 Nr. 5** möglich ist, da bei Niederlegung der Ämter durch sämtliche Mitglieder und Ersatzmitglieder ein Personalrat in der Dienststelle nicht mehr besteht (*vgl. Richardi, BetrVG, § 13 Rn. 52; anders Fitting u. a., BetrVG § 13 Rn. 38*). Bedeutung erlangt diese Problematik für die Frage der Fortführung der Geschäfte gem. § 24 Abs. 1 Satz 3. Eine Fortführungsbefugnis besteht nur im Falle des Rücktritts, nicht jedoch dann, wenn durch Niederlegung des Amtes durch sämtliche Mitglieder eine Neuwahl nach § 24 Abs. 1 Nr. 5 durchzuführen wäre.

25 Die Regelung über den Rücktritt findet **keine Anwendung,** wenn die Mitglieder einer Gruppe des Personalrats geschlossen ihren Rücktritt beschließen. In diesem Falle ist eine Neuwahl nur auf Grund der Vorschrift des § 24 Abs. 1 Nr. 2 möglich.

Gerichtliche Auflösung des Personalrats (Nr. 4)

Ist nach § 25 durch gerichtliche Entscheidung der Personalrat in seiner Gesamtheit aufgelöst worden, so ist eine Neuwahl durchzuführen. In diesem Falle hat der Personalrat endgültig zu bestehen aufgehört. Das gilt nicht für die Amtsenthebung einzelner Mitglieder des Personalrates, da für diese die Ersatzmitglieder nachrücken.

26

Fehlen eines Personalrats (Nr. 5)

Nach § 24 Abs. 1 Nr. 5 ist eine Neuwahl durchzuführen, wenn in einer Dienststelle kein Personalrat besteht. Es ist **unerheblich, aus welchem Grunde ein Personalrat nicht besteht.** Beispielsweise wäre ein Personalrat neu zu wählen, wenn die Dienststelle neu geschaffen worden ist, wenn sämtliche Personalratsmitglieder in getrennten Erklärungen ihr Amt niedergelegt haben, wenn auf sonstige Weise der Personalrat weggefallen ist, wenn eine Personalratswahl nichtig war, wenn sich erst außerhalb des regelmäßigen Wahlzeitraums genügend Wahlbewerber zur Verfügung stellen.

27

Nicht von dieser Vorschrift **erfaßt** wird die Neuwahl nach einer erfolgreichen **Wahlanfechtung.** Hier enthält der § 22 Abs. 2 eine Sonderregelung, die die unverzügliche Neuwahl nach der gerichtlichen Entscheidung über die Wahlanfechtung anordnet.

28

Eingliederung bzw. Zusammenlegung von Dienststellen (Nr. 6)

Schließlich findet eine Neuwahl außerhalb der regelmäßigen Wahlzeiträume statt, wenn Dienststellen ganz oder teilweise in eine oder mehrere andere Dienststellen eingegliedert werden oder aber die Dienststellen bzw. Teile von Dienststellen zu einer neuen Dienststelle zusammengeschlossen werden *(zur Abgrenzung der Auflösung einer Dienststelle von der Eingliederung in eine andere s. OVG Berlin vom 15. 3. 2000, PersR 2001, 32).* Erfaßt werden hiervon in der Regel die **Fälle des § 6 Abs. 2** *(zu dessen Voraussetzungen vgl. im einzelnen die Erläuterungen bei § 6 Rn. 28 ff.).* Häufig wird in diesen Fällen auch schon eine Neuwahl nach § 24 Abs. 1 Nr. 2 möglich sein, wenn damit eine Veränderung der regelmäßigen Beschäftigtenzahl verbunden ist. Im Gegensatz zu dieser Regelung, die an einen Stichtag gebunden ist, ist eine Neuwahl im Falle des § 24 Abs. 1 Nr. 6 jedoch auch dann zulässig, wenn entweder die wesentliche Veränderung in der Beschäftigtenzahl nicht zu dem bestimmten Stichtag erfolgt ist oder aber wenn keine wesentliche Veränderung der Beschäftigtenzahl i. S. des § 24 Abs. 1 Nr. 1 eingetreten ist.

29

Weiter ist Voraussetzung für die Neuwahl nach § 24 Abs. 1 Nr. 6, daß die betroffenen Personalräte einen Beschluß bezüglich der Durchführung der Neuwahl gefaßt haben. Wird dieser Beschluß nicht gefaßt, so endet die Amtszeit der bisherigen Personalräte mit Ablauf von 6 Monaten, so daß dann die Neuwahl nach § 24 Abs. 1 Nr. 5 durchzuführen ist *(vgl. auch zum Universitätsklinikum »Charité« OVG Berlin vom 27. 7. 1998, PersR 1999, 76).*

30

§ 24

Fortführung der Geschäfte gem. § 24 Abs. 1

31 Nach § 24 Abs. 1 letzter Satz führt der bisherige Personalrat die Geschäfte weiter, bis der neue Personalrat gewählt wird. Eine vergleichbare Regelung findet sich insoweit in § 27 Abs. 3 BPersVG und in § 22 BetrVG. Auch diese Bestimmung ist zwingend, eine abweichende Vereinbarung ist weder durch Tarifvertrag noch durch Dienstvereinbarung zulässig.

32 Die Geschäftsfortführungsbefugnis nach dieser Vorschrift ist **begrenzt auf** die in § 24 Abs. 1 Nr. 1–3 genannten Fälle der vorzeitigen Beendigung der Amtszeit der Personalräte. In allen anderen Fällen der Beendigung, sei es eine vorzeitige, sei es die regelmäßige nach Ablauf der Amtszeit gem. § 23, besteht eine Fortführungsbefugnis nicht. Auch die Wahrnehmung der laufenden Geschäfte kann in diesen Fällen nicht mehr durch den früheren Personalrat durchgeführt werden. Vielmehr ist in diesen Fällen die Dienststelle ohne Personalrat.

33 Die Befugnis zur Fortführung der Geschäfte gem. § 24 Abs. 1 letzter Satz gewährt den Personalräten die **gleiche Stellung,** wie sie die Personalräte während ihrer Amtszeit besitzen. Insbesondere können sämtliche Mitwirkungs- und Mitbestimmungsrechte in vollem Umfange wahrgenommen werden. Die rechtliche Stellung der Personalratsmitglieder bleibt unverändert.

34 Neben der Fortführung der normalen Geschäfte hat der Personalrat in erster Linie nach § 17 einen **Wahlvorstand** zur Durchführung einer Neuwahl unverzüglich zu bestellen. Unverzüglich bedeutet hier ohne jedes schuldhafte Zögern. Der Personalrat muß insoweit unmittelbar nach der vorzeitigen Beendigung seiner Amtszeit tätig werden. Erfüllt er diese Aufgabe nicht, so kann die Bestellung des Wahlvorstandes auch gem. § 17 Abs. 2 und 3 bzw. § 18 durchgeführt werden.

Ende der Fortführungsbefugnis

35 Die Geschäftsführungsbefugnis des Personalrats nach der insoweit nicht der Änderung des § 23 angepaßten Vorschrift des § 24 Abs. 1 letzter Satz endet mit dem **Tag der Wahl** des neuen Personalrats. Nicht entscheidend ist der Tag der Bekanntgabe des Wahlergebnisses, sondern der letzte Tag der Stimmabgabe.

36 Findet eine Neuwahl nicht statt oder ist diese nichtig, endet die Geschäftsführungsbefugnis des Personalrats nach § 24 Abs. 1 letzter Satz spätestens mit Ablauf der regelmäßigen Amtszeit des geschäftsführenden Personalrats gem. § 23. Eine Fortführungsbefugnis über diesen Zeitpunkt hinaus besteht nicht, da auch ein ordnungsgemäß im Amt befindlicher Personalrat keine Fortführungsbefugnis über den Zeitpunkt der regelmäßigen Beendigung seiner Amtszeit nach § 23 besitzt. Insoweit enthält § 24 Abs. 1 Satz 1 keine Ausdehnung der Befugnisse des Personalrats über die Regelung des § 23 hinaus.

37 Etwas anderes gilt, wenn die Neuwahl lediglich nach § 22 angefochten wird. In diesem Falle hat die Geschäftsführungsbefugnis des bisherigen Personalrats mit dem Tag der Wahl geendet. Die Geschäftsführungsbefugnis im Falle der **Wahlanfechtung** richtet sich dann allein nach der Regelung des § 22 Abs. 2, der neue Personalrat bleibt daher im Amt, bis rechtskräftig über die Anfechtung entschieden ist. Danach lebt die Geschäftsführungsbefugnis des früheren Personalrats nicht mehr auf *(vgl. Fitting u.a., BetrVG, § 23 Rn. 13).* Dies ergibt sich daraus, daß das Gesetz nur dort eine Fortführungsbefugnis anerkennt, wo sich diese unmittelbar an die Beendigung der Amtszeit anschließt. Das ist aber bei § 22 Abs. 2 nicht der Fall, hier tritt eine Unterbrechung ein.

Fortführung der Geschäfte gem. § 24 Abs. 2

Eine besondere Regelung der Fortführung der Geschäfte enthält das Gesetz im **38** Falle der Zusammenlegung von Dienststellen bzw. Dienststellenteilen, § 24 Abs. 2. In erster Linie werden hier die Tatbestände des § 6 Abs. 2 erfaßt. Zur Fortführung berechtigt sind diejenigen Personalräte, die in den bisher selbständigen Dienststellen bestanden haben. Während der **Fortführungsbefugnis haben sie die volle rechtliche Stellung,** die auch ein ordnungsgemäß im Amt befindlicher Personalrat haben würde. Lediglich im organisatorischen Bereich besteht eine Besonderheit darin, daß die Aufgaben des Vorsitzenden von Sitzung zu Sitzung abwechselnd von den Vorsitzenden der bisherigen Personalräte wahrgenommen werden. Im übrigen müssen aber sämtliche Abstimmungen, Sitzungen und dergleichen nach den üblichen Vorschriften **gemeinsam** durchgeführt werden.

Auch der Wahlvorstand ist von den bisherigen Personalräten gemeinsam zu **39** bestellen. Kommen sie ihrer Verpflichtung zur Bildung eines Wahlvorstandes nicht nach, so kann gem. § 17 Abs. 2 oder 3 bzw. § 18 ein Wahlvorstand gebildet werden, der die Wahl durchzuführen hat.

Nicht unter diese Bestimmungen fällt die »privatisierende Umwandlung von **40** Dienststellen«. Hier wird ein »Übergangsmandat« der Personalvertretung – etwa i. S. v. § 321 UmwG – abgelehnt (*LAG Köln vom 11. 2. 2000, PersR 2000, 379; LAG Köln vom 10. 3. 2000, PersR 2000, 380; kritisch hierzu Blanke, PersR 2000, 349*).

Wegen weiterer Einzelheiten vgl. im übrigen auch die Erläuterungen bei § 6 **41** Rn. 33 ff.

Ende der Fortführungsbefugnis

Im Gegensatz zu der Regelung in § 24 Abs. 1 letzter Satz, die eine feste zeitliche **42** Grenze der Geschäftsführungsbefugnis nicht kennt, legt § 24 Abs. 2 fest, daß diese spätestens mit Ablauf von 6 Monaten nach dem Zeitpunkt der Zusammenlegung endet. Eine Geschäftsführungsbefugnis darüber hinaus besteht nicht. Ist bis dahin ein neuer Personalrat nicht gewählt worden, ist die neugebildete Dienststelle personalvertretungslos.

Neuwahl einer Gruppe (Abs. 3)

Der Gesetzgeber des § 24 ist grundsätzlich davon ausgegangen, daß die Amts- **43** zeit eines Personalrats und darauf beruhend eine Neuwahl auch bei vorzeitiger Beendigung der Amtszeit nur für das gesamte Gremium erfolgen kann. Dem entspricht es auch, daß in § 24 Abs. 1 Nr. 2 allein das Absinken der Gesamtzahl der Mitglieder des Personalrats entscheidend ist, unerheblich ist, ob eine Gruppe im Personalrat nicht mehr vertreten ist *(vgl. oben Rn. 22)*. Eine Ausnahme von diesem Grundsatz stellt § 24 Abs. 3 dar. Durch ihn soll sichergestellt werden, daß in jedem Falle das Gruppenprinzip eingehalten wird. Um dieses zu gewährleisten, ist daher eine Neuwahl erforderlich, wenn eine in dem Personalrat vertretene Gruppe nicht mehr in diesem vertreten ist. Das ist der Fall, wenn auch keinerlei Ersatzmitglieder mehr zur Verfügung stehen. Die Neuwahl kann immer nur als Gruppenwahl gem. § 16 Abs. 2 stattfinden. Eine gemeinsame Wahl ist in diesem Falle ausgeschlossen, da sie voraussetzt, daß

§ 24

überhaupt Vertreter verschiedener Gruppen gemeinsam gewählt werden können.

44 Die Neuwahl ist unverzüglich nach Wegfall des letzten Gruppenvertreters von den übrigen Mitgliedern des Personalrats einzuleiten. Erfolgt dies nicht, so kann gem. § 17 Abs. 2 und 3 oder § 18 die Bestellung eines Wahlvorstandes erzwungen werden.

Anschluß an die regelmäßigen Personalratswahlen (Abs. 4)

45 Um die politische Zielsetzung eines möglichst einheitlichen Wahlzeitraumes für die Personalratswahlen in allen Dienststellen auf lange Sicht zu gewährleisten, ohne daß dieses Prinzip durch die Neuwahlen aus besonderen Gründen grundlegend in Frage gestellt werden könnte, enthält § 24 Abs. 4 Regelungen zur Wiedereingliederung in den Wahlzeitraum der regelmäßigen Personalratswahlen. Die Wiedereingliederung erfolgt hierbei entweder bereits bei der nächsten oder bei der übernächsten Personalratswahl, wobei die Amtszeit des neugewählten Personalrats entscheidendes Abgrenzungskriterium ist.

46 Hat die Amtszeit des Personalrats zu Beginn des für die regelmäßigen Personalratswahlen festgelegten Zeitraumes weniger als ein Jahr betragen, so erfolgt die Neuwahl erst im übernächsten Zeitraum der regelmäßigen Personalratswahlen. Bei der Berechnung der Amtszeit ist hierbei zu beachten, daß bei einer Neuwahl aus besonderen Gründen i. S. des § 24 Abs. 1 in jedem Falle die Amtszeit mit dem Tag der Wahl beginnt. Für den Endzeitpunkt der Berechnung ist entscheidend der Beginn der regelmäßigen Personalratswahlen, die auf die Neuwahl folgen. Maßgeblich ist hier in jedem Falle der 1. Oktober, da es allein auf den Beginn des regelmäßigen Wahlzeitraums ankommt, nicht jedoch auf den Tag, an dem sonst in der betroffenen Dienststelle die Personalratswahl durchgeführt wurde. Beträgt dieser Zeitraum ein Jahr oder länger, ist eine Personalratswahl während des regelmäßigen Wahlzeitraumes durchzuführen. Die Amtszeit des außerhalb des regelmäßigen Wahlzeitraums gewählten Personalrats kann sich bis auf ein Jahr verkürzen.

47 Beträgt die Amtszeit nach dieser Berechnung weniger als 1 Jahr, erfolgt die nächste Personalratswahl erst in dem übernächsten Wahlzeitraum. In diesem Falle verlängert sich die Amtszeit des außerhalb des Wahlzeitraums gewählten Personalrats um längstens 364 Tage.

48 Die Fristberechnung erfolgt gem. den Vorschriften der §§ 187 ff. BGB.

Streitigkeiten

49 Streitigkeiten im Bereich des § 24 entscheiden die Verwaltungsgerichte im Beschlußverfahren gem. § 91 Abs. 1 Nr. 2. Streitigkeiten, die die Befugnis der Personalräte zur Fortführung der Geschäfte und ihre Rechtsstellung betreffen, sind ebenfalls nach § 91 Abs. 1 Nr. 3 vor den Verwaltungsgerichten im Beschlußverfahren auszutragen.

50 Der Rücktrittsbeschluß des Personalrats gem. Abs. 3 kann inhaltlich, d. h. im Hinblick auf die Gründe, nicht gerichtlich überprüft werden (*OVG Berlin vom 11. 12. 1990, PersR 1991, 372; BVerwG vom 26. 11. 1992, PersR 1993, 119*).

§ 25 Ausschluß und Auflösung

(1) Auf Antrag eines Viertels der Wahlberechtigten oder einer in der Dienststelle vertretenen Gewerkschaft kann das Verwaltungsgericht den Ausschluß eines Mitgliedes aus dem Personalrat oder die Auflösung des Personalrats wegen grober Vernachlässigung seiner gesetzlichen Befugnisse oder wegen grober Verletzung seiner gesetzlichen Pflichten beschließen. Der Personalrat kann aus den gleichen Gründen den Ausschluß eines Mitgliedes beantragen.

(2) Wird der Personalrat aufgelöst, so setzt der Vorsitzende der Fachkammer des Verwaltungsgerichtes innerhalb von zwei Wochen einen Wahlvorstand ein. Dieser hat unverzüglich eine Neuwahl einzuleiten. Bis zur Neuwahl nimmt der Wahlvorstand die dem Personalrat nach diesem Gesetz zustehenden Befugnisse und Pflichten wahr.

Übersicht

	Rn.
Allgemeines	1– 5
Verfahren	6, 7
Antragsrecht	8–15
Gründe für den Ausschluß eines Personalratsmitgliedes	16–22
Beispiele	23–25
Verletzung individualrechtlicher Pflichten	26
Wirkung des Ausschlusses	27
Möglichkeit der Wiederwahl	28
Ende der Ausschlußmöglichkeit	29–32
Ausschluß von Ersatzmitgliedern	33
Auflösung des Personalrats	34–37
Beispiele	38
Wirkung der Auflösung	39–42
Bestellung des Wahlvorstandes	43–45
Aufgaben des Wahlvorstandes	46
Streitigkeiten	47

Allgemeines

Ausschluß aus dem Personalrat bzw. dessen Auflösung stellen die schärfste Sanktionierung von schwerwiegenden Verstößen gegen die Amtspflichten eines Personalrats dar. 1

Teilweise vergleichbare Bestimmungen finden sich in § 28 BPersVG und § 23 Abs. 1 und 2 BetrVG; im Rahmen des § 25 besteht jedoch – anders als dort – kein Antragsrecht des Dienststellenleiters. Antragsbefugt sind jedoch die bezeichneten Gewerkschaften und Berufsverbände. 2

Allein Verstöße gegen die kollektiv-rechtlichen Pflichten und Befugnisse aus dem PersVG Bln können die Folgen des § 25 nach sich ziehen. Auch die Hilfsfunktion der Gewerkschaften und Berufsverbände wird durch die Zuerkennung des Antragsrechts und einem damit untrennbar verbundenen Überwachungsrecht hervorgehoben. 3

Zweck der Vorschrift ist es, eine ordnungs- und gesetzesgemäße Ausübung des Personalratsamtes zu gewährleisten. Eine **Abwahl** von Personalratsmitgliedern durch den Personalrat oder die Dienstkräfte der Dienststelle ist nicht zulässig, 4

§ 25

der Personalrat hat **kein imperatives, sondern ein repräsentatives Mandat** *(vgl. BVerfG vom 27. 3. 1979, NJW 1979, 1875).* § 25 eröffnet die einzige Möglichkeit, eine Beendigung des Personalratsamtes auch gegen den Willen der Personalratsmitglieder zu erreichen. Daneben kann auch ein Anspruch gegen den Personalrat oder einzelne Personalratsmitglieder auf Unterlassung gesetzwidrigen Verhaltens geltend gemacht werden, § 25 schließt diese Möglichkeit nicht aus *(BAG vom 22. 7. 1980, AP Nr. 3 zu § 74 BetrVG 1972).*

5   § 25 ist entsprechend anwendbar auf den Gesamtpersonalrat *(§ 52)*, den Hauptpersonalrat *(§ 57)*, die Jugend- und Auszubildendenvertretung und die Gesamt- sowie Haupt-Jugend- und Auszubildendenvertretung *(§§ 63 Abs. 2, 68, 69).*

Verfahren

6   Sowohl der Ausschluß eines einzelnen Personalratsmitgliedes aus dem Personalrat als auch die Auflösung des gesamten Personalrats kann nur in einem förmlichen Verfahren vor dem Verwaltungsgericht durchgeführt werden. Aus dem Antrag muß ausdrücklich ersichtlich sein, welche Maßnahme durchgeführt werden soll, z.B. Ausschluß eines – namentlich bezeichneten – Mitglieds.

7   Der Antrag muß schriftlich oder zu Protokoll der Geschäftsstelle des Verwaltungsgerichts gestellt werden. Er ist zu begründen. Aus der Begründung muß sich ergeben, auf Grund welcher Amtspflichtverletzung die beantragte Maßnahme begehrt wird.

Antragsrecht

8   Die Antragsberechtigung ist in § 25 abschließend geregelt, nur die dort genannten Personen bzw. Stellen können einen Antrag auf Auflösung des Personalrats bzw. auf Ausschluß eines Personalratsmitgliedes vor dem Verwaltungsgericht stellen.

9   Zunächst besteht ein Antragsrecht für mindestens ein Viertel der wahlberechtigten Dienstkräfte der Dienststelle. Maßgeblich für die Frage der Wahlberechtigung ist allein der Zeitpunkt der Antragstellung *(Richardi, BetrVG, § 23 Rn. 33).* Maßgeblich ist immer die Zahl sämtlicher, in der Dienststelle tätigen wahlberechtigten Dienstkräfte. Das gilt auch dann, wenn lediglich der Ausschluß eines Vertreters einer Gruppe aus dem Personalrat beantragt wird. Auch in diesem Fall kann der Antrag nicht lediglich von einem Viertel der wahlberechtigten Dienstkräfte der betroffenen Gruppe gestellt werden. Bei der Berechnung des Viertels ist ggf. aufzurunden.

10 Die Zahl der Antragsberechtigten muß während des gesamten Verfahrens fortbestehen; es ist in jeder Lage des Verfahrens nachzuprüfen, ob die formellen Voraussetzungen für den Antrag vorliegen *(BAG vom 14. 2. 1978, AP Nr. 7 zu § 19 BetrVG 1972).* Das folgt daraus, daß die Antragsberechtigung im Rahmen der Zulässigkeit zu prüfen ist, diese jedoch in jeder Lage des Verfahrens gegeben sein muß. Sinkt die Anzahl der Antragsteller unter die vorgeschriebene Mindestzahl während des Laufes des Verfahrens, ist der Antrag als unzulässig abzuweisen. In einem solchen Falle können aber andere wahlberechtigte Dienstkräfte an deren Stelle treten und den Streit aufnehmen; geltend gemacht wird nämlich ein **kollektives Interesse**. Das Rechtsschutzinteresse kann aber entfal-

len, wenn **sämtliche Antragsteller** ausgeschieden sind *(vgl. BAG vom 15. 2. 1989, AP Nr. 17 zu § 19 BetrVG 1972 für den Fall der Wahlanfechtung).*
Ferner steht das Antragsrecht jeder in der Dienststelle vertretenen Gewerkschaft bzw. jedem in der Dienststelle vertretenen Berufsverband zu. Voraussetzung ist, daß mindestens eine Dienstkraft in der Dienststelle dieser Gewerkschaft bzw. diesem Berufsverband angehört. Auf die Wahlberechtigung der Dienstkraft kommt es dabei nicht an. **11**

Nach § 25 Abs. 1 Satz 2 besteht schließlich ein Antragsrecht des Personalrats in den Fällen, in denen lediglich der Ausschluß eines oder mehrerer Personalratsmitglieder begehrt wird. Der entsprechende Antrag bedarf eines ordnungsgemäßen Personalratsbeschlusses gem. § 32. Es handelt sich hierbei immer um eine gemeinsame Angelegenheit i.S. des § 33 Abs. 1, und zwar auch dann, wenn der Ausschluß lediglich ein Mitglied einer im Personalrat vertretenen Gruppe erfaßt. **12**

Das betroffene Personalratsmitglied kann an der Beschlußfassung nicht mitwirken. Allerdings kann das betroffene Personalratsmitglied vor der Beschlußfassung eine Stellungnahme abgeben. **13**

Für das betroffene Personalratsmitglied tritt das jeweilige Ersatzmitglied gem. § 28 Abs. 1 Satz 2 ein, da ein Fall der zeitweiligen Verhinderung vorliegt *(Fischer/Goeres, § 28 Rn. 39).* **14**

Im Gegensatz zu der Regelung in § 28 Abs. 1 Satz 3 BPersVG und § 23 Abs. 1 BetrVG besteht nach § 25 Abs. 1 für den Dienststellenleiter keine Möglichkeit, die Auflösung des Personalrats bzw. den Ausschluß eines Personalratsmitgliedes zu beantragen. **15**

Gründe für den Ausschluß eines Personalratsmitgliedes

Der Ausschluß eines Mitgliedes aus dem Personalrat kann wegen **grober Vernachlässigung seiner gesetzlichen Befugnisse** oder wegen **grober Verletzung seiner gesetzlichen Pflichten** erfolgen. Die grobe Vernachlässigung gesetzlicher Befugnisse spielt hierbei nur eine untergeordnete Rolle, da grundsätzlich die im Gesetz geregelten Befugnisse immer dem Personalrat als Gremium zustehen, nicht jedoch dem einzelnen Personalratsmitglied. Dessen Ausschluß kann vornehmlich wegen grober Verletzung seiner gesetzlichen Pflichten erfolgen. **16**

Da es sich um eine »grobe« Pflichtverletzung handeln muß, genügt nicht jeder Verstoß gegen die Regelungen des PersVG Bln. Vielmehr muß der Verstoß erheblich und offensichtlich schwerwiegend sein *(BAG vom 21. 2. 1978, AP Nr. 1 zu § 74 BetrVG 1972).* **17**

Erforderlich ist in der Regel ein **Verschulden** des betroffenen Personalratsmitgliedes. Dieses muß vorsätzlich oder zumindest fahrlässig gehandelt haben. Eine nur objektive Pflichtverletzung ohne Vorliegen eines Verschuldens wird in der Regel nicht ausreichen *(BVerwG vom 22. 8. 1991, PersR 1991, 417).* **18**

Auch im Bereich des Verschuldens ist von Bedeutung, daß es sich um eine »grobe« Pflichtverletzung handeln muß. Damit ist klargestellt, daß eine leichte Fahrlässigkeit nicht ausreicht *(so auch Fitting u.a., BetrVG, § 23 Rn. 16).* **19**

Der Verstoß gegen die gesetzlichen Pflichten muß von solchem Gewicht sein, daß er – vom Standpunkt eines objektiv urteilenden verständigen Beschäftigten her gesehen – das Vertrauen in eine künftige ordnungsgemäße Amtsführung zerstört oder zumindest schwer erschüttert *(BVerwG vom 22. 8. 1991, PersR 1991, 417).* **20**

§ 25

21 Der Pflichtverstoß muß nicht gegenüber demjenigen erfolgt sein, der den Antrag auf Ausschluß aus dem Personalrat stellt. Es ist daher nicht erforderlich, daß bei einem Antrag seitens des Personalrats durch die Handlungsweise eines Personalratsmitgliedes dessen Funktionsfähigkeit bedroht oder lahmgelegt worden ist *(vgl. aber BAG vom 21. 2. 1978, AP Nr. 1 zu § 74 BetrVG 1972)*. Der Personalrat hat nämlich die Interessen dieser Dienstkräfte wahrzunehmen und die Einhaltung von Gesetzen usw. zu überwachen, § 72 Abs. 1 Nr. 2. Dies gilt auch bei Pflichtverstößen einzelner Personalratsmitglieder.

22 Die gesetzlichen Pflichten ergeben sich im einzelnen aus den Vorschriften des PersVG Bln. Hierzu gehören auch die durch Tarifvertrag oder Dienstvereinbarung konkretisierten Pflichten. Erforderlich ist, daß es sich um **konkrete personalratsbezogene Pflichten** handelt. Es ist von Fall zu Fall in bezug auf die sich aus der konkreten Mitgliedschaft ergebenden Pflichten zu prüfen, ob ein bestimmtes Verhalten eine grobe Pflichtverletzung darstellt. Eine Würdigung der Gesamtumstände des Einzelfalles ist erforderlich. Eine generelle Definition des Begriffes der Pflichtverletzung ist daher kaum möglich.

Beispiele

23 Grobe Verletzungen gesetzlicher Pflichten können sein: Verletzung der nach § 11 bestehenden Schweigepflicht *(BVerwG vom 15. 3. 1968, BVerwGE 29, 219; fraglich bei Fahrlässigkeit, vgl. BayVGH vom 8. 12. 1999, PersV 2000, 273)*; Weitergabe von Gehaltslisten an außerbetriebliche Stellen *(BAG vom 22. 5. 1959, AP Nr. 3 zu § 23 BetrVG)*; ständiges unentschuldigtes Fernbleiben von den Personalratssitzungen; Beschimpfungen und Verunglimpfungen des Dienstherrn oder Dienststellenleiters *(vgl. hierzu BVerwG vom 22. 8. 1991, PersV 1992, 158)*; Verletzungen der Amtspflicht des Personalratsvorsitzenden, beispielsweise die Weigerung, von dem Personalrat gefaßte Beschlüsse auszuführen; Auslassung bestimmter Mitglieder des Personalrats bei Einladungen.

24 Problematisch sind Pflichtverletzungen bei der Behandlung parteipolitischer Fragen im Zusammenhang mit der Personalratstätigkeit. Eine Reihe diesbezüglich ergangener Entscheidungen stammt aus den Jahren der Gründungszeit der Bundesrepublik und spiegelt nicht den derzeitigen Stand des **Grundrechtsverständnisses etwa zur Meinungsfreiheit** wider; nicht jede politische Tätigkeit von Personalratsmitgliedern berechtigt zu deren Ausschluß aus dem Personalrat. Dies wird nur dann möglich sein, wenn eine **konkrete Störung des »Betriebsfriedens«** *(vgl. hierzu Germelmann, Der Betriebsfrieden im Betriebsverfassungsrecht, 1972, S. 115ff.)* vorliegt.

25 Grobe Pflichtverletzungen können auch durch unzulässige Werbung für eine Gewerkschaft erfolgen, etwa durch Druckausübung unter mißbräuchlicher Ausnutzung des Personalratsamts. Demgegenüber stellt die Werbung für eine Gewerkschaft ohne Ausübung von Druck im Regelfall keine grobe Pflichtverletzung dar. Zu beachten ist in diesem Zusammenhang § 71 Abs. 2 Satz 1; dabei sind die Grundrechte der **Meinungsfreiheit** und insbesondere der **Koalitionsfreiheit des Art. 9 Abs. 3 GG** zu beachten *(vgl. etwa zu Werbungsmaßnahmen eines organisierten Personalratsmitgliedes in der Dienststelle BVerwG vom 22. 8. 1991, PersR 1991, 417)*.

Verletzung individualrechtlicher Pflichten

Von der Verletzung der sich aus dem PersVG ergebenden Amtspflichten sind **26** Verletzungen von Pflichten aus dem Einzelarbeitsverhältnis bzw. dem Beamtenverhältnis streng zu trennen. Grundsätzlich kann die Verletzung dieser Pflichten nicht den Ausschluß aus dem Personalrat rechtfertigen. Wird ein Personalratsmitglied als Amtsträger tätig, sind seine Handlungen **nur** unter dem Gesichtspunkt des § 25 überprüfbar; eine Sanktion auf der individualrechtlichen Ebene scheidet aus. Wird das Personalratsmitglied dagegen allein in seiner Eigenschaft als normale Dienstkraft tätig, so scheidet die Anwendbarkeit des § 25 aus; in diesem Falle können Verstöße gegen individualrechtliche Pflichten nur im Rahmen des Individualrechts bzw. des Beamtenrechts geahndet werden. Allerdings geht die überwiegende Meinung davon aus, daß bei einer **Verletzung von Amtspflichten, die zugleich eine Verletzung der Individualpflichten** darstellt, sowohl Kündigung bzw. Disziplinarmaßnahme oder Abmahnung als auch das Verfahren nach § 25 in Betracht kommen können *(vgl. zum Ganzen Hecker, PersV 1985, 403)*. Bei einer außerordentlichen Kündigung von Personalratsmitgliedern muß allerdings ein strenger Maßstab an die Kündigungsgründe angelegt werden, da sie wegen ihrer exponierten Stellung leichter als andere Dienstkräfte in Kollision mit individualrechtlichen Pflichten kommen können *(vgl. BAG vom 16. 10. 1986, AP Nr. 95 zu § 626 BGB)*.

Wirkung des Ausschlusses

Mit der Rechtskraft des verwaltungsgerichtlichen Beschlusses, durch den der **27** Ausschluß aus dem Personalrat ausgesprochen worden ist, erlischt die Mitgliedschaft im Personalrat automatisch. Eine auch nur vorübergehende Weiterführung der Amtsgeschäfte ist unmöglich. Nach § 28 Abs. 1 tritt automatisch das Ersatzmitglied an die Stelle des ausgeschlossenen Personalratsmitgliedes. Bis zur rechtskräftigen Entscheidung stehen dem Personalratsmitglied sämtliche gesetzlichen Rechte und Befugnisse zu. Allenfalls in Ausnahmefällen besonders schwerwiegender Pflichtverletzungen, die auch für die Zukunft weiteres Fehlverhalten oder weitere Schädigungen erwarten lassen, kann im Wege **einstweiliger Verfügung** die weitere Amtsausübung bis zur rechtskräftigen Entscheidung untersagt werden *(VG Berlin vom 19. 1. 1981 – VG FK-Bln A 26.80; Nds. OVG vom 15. 12. 1997, PersR 1998, 427)*.

Möglichkeit der Wiederwahl

Durch den Ausschluß aus dem Personalrat wird nicht die Möglichkeit eingeschränkt, erneut für ein Amt zu kandidieren *(Grabendorff u. a., BPersVG, § 28 Rn. 27)*. Dies ergibt sich daraus, daß § 13 abschließend das passive Wahlrecht regelt. **28**

Ende der Ausschlußmöglichkeit

Der Ausschluß eines Personalratsmitglieds ist nur während seiner Amtszeit **29** möglich. Nach Ablauf der Amtszeit ist der Antrag nicht mehr zulässig. Das gilt selbst dann, wenn das betroffene Personalratsmitglied in einer Neuwahl wie-

§ 25

dergewählt worden ist. In einer neuen Amtszeit ist eine Ahndung früherer Verstöße nicht mehr möglich *(BVerwG vom 6. 2. 1979, PersV 1980, 196).*

30 Endet die Amtsperiode während der Dauer des Ausschlußverfahrens, so entfällt im allgemeinen für dieses das Rechtsschutzinteresse. Da das Ausschlußverfahren voraussetzt, daß das Personalratsmitglied noch im Amte ist, besteht weiterhin die Möglichkeit, daß das betroffene Personalratsmitglied während des Laufes des Verfahrens **sein Amt niederlegt.** Auch damit wird das laufende Verfahren generell gegenstandslos.

31 In einem derartigen Fall kann das Ausschlußverfahren ggf. mit einem **Feststellungsantrag** fortgesetzt werden, der sich auf die Feststellung richtet, ob die konkrete Handlung oder Unterlassung, die zur Einleitung des Ausschlußverfahrens geführt hat, mit den Vorschriften des Personalvertretungsrechts im Einklang steht. Ein Rechtsschutzbedürfnis hierfür ist jedoch nur dann gegeben, wenn eine **hohe Wahrscheinlichkeit** dafür spricht, daß sich der **tatsächliche Vorgang,** der den Antrag ausgelöst hat, **wiederholen wird** und sich die an ihn anknüpfenden Rechtsfragen unter denselben Verfahrensbeteiligten wiederum stellen werden *(BVerwG vom 12. 8. 1988, BVerwGE 80, 50 unter Aufgabe der früheren Rechtsprechung, BVerwG vom 24. 10. 1975, BVerwGE 49, 259).*

32 Fehlt das Rechtsschutzinteresse, so ist bei Zurücknahme des Ausschlußantrages in erster Instanz das Verfahren gem. § 81 Abs. 2 ArbGG einzustellen. Erfolgt dies erst in zweiter oder dritter Instanz, so ist die Erledigung des Verfahrens im Beschluß auszusprechen. Gegebenenfalls ist der Beschluß der Vorinstanz aufzuheben.

Ausschluß von Ersatzmitgliedern

33 Der Ausschluß von Ersatzmitgliedern von ihrem Amt wird in der Regel nicht möglich sein. Die Ausschlußmöglichkeit des § 25 bezieht sich ausdrücklich auf die Mitglieder des Personalrats. Ersatzmitglieder sind jedoch nicht Mitglieder des Personalrates. Ein Ausschlußverfahren gegen Ersatzmitglieder ist dann möglich, wenn Gegenstand des Verfahrens eine Pflichtverletzung ist, die sie begangen haben, als sie in den Personalrat nachgerückt waren, also in der Zeit, in der sie Personalratsmitglieder waren *(vgl. dazu näher Dietz/Richardi, BPersVG, § 28 Rn. 21 m.w.N.).*

Auflösung des Personalrats

34 Neben dem Ausschluß eines einzelnen Personalratsmitgliedes besteht die Möglichkeit, **das gesamte Gremium des Personalrats aufzulösen.** Auch dies kann nur wegen grober Verletzung der gesetzlichen Pflichten oder wegen grober Vernachlässigung der gesetzlichen Befugnisse erfolgen. Soweit gelten die oben in Rn. 16 ff. dargestellten Grundsätze entsprechend.

35 Die Verstöße müssen von dem Personalrat als Gremium begangen worden sein. Erforderlich ist also, daß dieser bei der Wahrnehmung der Rechte und Pflichten aus dem PersVG Bln als Organ gehandelt hat. Begehen lediglich mehrere Mitglieder des Personalrats einzelne Verstöße, so kann dies allein deren Ausschluß rechtfertigen, nicht jedoch die Auflösung des gesamten Personalrats *(Fitting u.a., BetrVG, § 23 Rn. 39).*

36 Aufgrund der Tatsache, daß das Organ handeln muß, ist hier auch im Gegensatz zu dem Ausschluß des einzelnen Personalratsmitglieds **nicht** erforderlich,

daß ein **Verschulden** besteht. Es kommt allein darauf an, ob der Personalrat als kollektives Organ seine Pflichten oder Befugnisse in grober Weise verletzt hat, maßgeblich ist allein der objektive Verstoß *(Dietz/Richardi, BPersVG, § 28 Rn. 38; OVG Berlin vom 15. 12. 1971, PersV 1972, 214; BAG vom 22. 6. 1993, NZA 1994, 184).* Das Gremium als solches kann nicht schuldhaft handeln, ein Verschulden ist lediglich bei den einzelnen Mitgliedern möglich. Auch das Verschulden der einzelnen Mitglieder muß in diesem Falle nicht dargelegt werden, da Beurteilungsgrundlage allein die Verstöße des gesamten Organs ist.

Der Auflösungsantrag kann sich immer nur auf den Personalrat in seiner Gesamtheit richten. Die Auflösung einer Gruppenvertretung ist nicht möglich *(Grabendorff u. a., BPersVG, § 28 Rn. 18).* Hier bleibt nur der Weg der Ausschlußanträge gegenüber den einzelnen Mitgliedern der Gruppenvertretung. 37

Beispiele

Verstöße, die zu einer Auflösung des Personalrats führen können, sind beispielsweise: 38
der Personalrat unterläßt die Bestellung eines Vorstandes gem. § 29;
Verletzung der Verschwiegenheitspflicht gem. § 11 *(z. B. wenn durch Personalratsbeschluß die Veröffentlichung geheimzuhaltender Tatsachen erfolgt);*
Grobe Nichtbeachtung gesetzlicher Vorschriften, hierzu gehört es auch, wenn die Personalvertretung sich ausdrücklich der höchstrichterlichen Rechtsprechung widersetzt *(OVG Berlin vom 15. 12. 1971, PersV 1972, 214).* Nichteinberufung der ordentlichen Personalversammlung nach § 47 *(OVG Berlin vom 15. 12. 1971, PersV 1972, 214).* Ein besonders schwerwiegender Verstoß ist hierbei dann gegeben, wenn die Einberufung unterlassen wird, um dafür andere Zugeständnisse seitens der Dienststelle zu erhalten, da solche Rechte weder verzichtbar noch kapitalisierbar sind.
Nichtbeachtung der für die Dienstkräfte bestehenden Schutzvorschriften, wie z. B. Jugendschutzvorschriften, Mutterschutzvorschriften u. ä.;
Unterlassung der Wahrnehmung der Mitbestimmungsrechte oder aber deren grob mißbräuchliche Ausübung, beispielsweise wenn Zweck der Ausübung die Behinderung des Dienstbetriebes ist. Allerdings schließt das Handlungsermessen der Personalvertretung die Möglichkeit ein, an sich zulässige Handlungen zu unterlassen. Werden sie erwogen, aber dann nicht vorgenommen, so ist dies allein keine Vernachlässigung gesetzlicher Verpflichtungen *(VGH Baden-Württemberg vom 24. 3. 1981, PersV 1983, 465).*
Ferner nicht rechtzeitige Bestellung des Wahlvorstandes gem. § 17 *(OVG Berlin vom 15. 12. 1971, PersV 1972, 214).*

Wirkung der Auflösung

Mit Rechtskraft des Beschlusses des Verwaltungsgerichts ist der Personalrat aufgelöst. Seine Amtszeit ist beendet, eine Wahrnehmung der Geschäfte bis zur Neuwahl eines Personalrates ist nicht möglich. Von der Auflösung werden auch sämtliche **Ersatzmitglieder** erfaßt, diese können also nicht nachrücken und ohne Neuwahl einen Personalrat bilden *(Dietz/Richardi, BPersVG, § 28 Rn. 49).* 39

Sämtliche von dem Personalrat bis zur Rechtskraft des Auflösungsbeschlusses getroffenen Maßnahmen behalten ihre Gültigkeit. Eine **einstweilige Verfügung,** durch die dem Personalrat vor der Rechtskraft des Auflösungsbeschlus- 40

§ 25

ses die Wahrnehmung der Amtsgeschäfte untersagt wird, ist unzulässig, da auf diese Weise praktisch außerhalb der ausdrücklich im Gesetz vorgesehenen Fälle die Möglichkeit eröffnet würde, daß eine Dienststelle personalratslos würde (vgl. Dietz/Richardi, BPersVG, § 28 Rn. 48). Lediglich eine Zwischenregelung wäre denkbar, dürfte praktisch aber kaum durchführbar sein.

41 Mit der Auflösung verlieren die Personalratsmitglieder ferner den besonderen Kündigungsschutz nach § 15 Abs. 2 KSchG, der allerdings angesichts des vollen Mitbestimmungsrechts des Personalrats auch bei Kündigungen gem. § 87 Nr. 9 im Bereich des PersVG Bln nur begrenzte Bedeutung hat.

42 Im Gegensatz zu dem Ausschluß eines einzelnen Personalratsmitgliedes kann der Personalrat einen Auflösungsantrag nicht durch seinen eigenen Rücktritt unterlaufen. Dies beruht darauf, daß nach § 24 Abs. 1 letzter Satz in Verbindung mit § 24 Abs. 1 Nr. 3 der Personalrat bei Rücktritt die Geschäfte weiterführt. In diesem Falle wird das Verfahren gegen den geschäftsführenden Personalrat fortgeführt (Dietz/Richardi, BPersVG, § 28 Rn. 45). Auch ein Einzelrücktritt der Personalrats- und Ersatzmitglieder dürfte nicht zur Verfahrensbeendigung führen, wenn sich dieses Vorgehen als kollektives Verhalten darstellt. Sonst wäre eine Gesetzesumgehung möglich mit der Folge, daß durch Verzögerung der Bestellung eines Wahlvorstandes eine rechtzeitige Neuwahl verhindert werden könnte (Fitting u.a., BetrVG, § 23 Rn. 41; a.A. Dietz/Richardi, BPersVG, § 28 Rn. 41). Im übrigen finden die oben erläuterten Grundsätze bezüglich der Beendigung der Auflösungsmöglichkeit entsprechende Anwendung.

Bestellung des Wahlvorstandes

43 Mit der Rechtskraft des Auflösungsbeschlusses ist gem. § 25 Abs. 2 automatisch von dem Vorsitzenden der Fachkammer des Verwaltungsgerichts innerhalb von zwei Wochen ein Wahlvorstand einzusetzen, der die Neuwahl durchzuführen hat. Ein besonderer Antrag ist hier nicht erforderlich, der Vorsitzende der Fachkammer des Verwaltungsgerichtes muß von Amts wegen tätig werden.

44 Bei der Bestellung des Wahlvorstandes haben die in §§ 17 ff. genannten Personen, Gruppen und Verbände Vorschlagsrechte.

45 Gegen die Entscheidung des Vorsitzenden der Fachkammer ist in entsprechender Anwendung des § 78 ArbGG in Verbindung mit § 80 Abs. 2 ArbGG die Beschwerde an das Oberverwaltungsgericht statthaft. Dieses entscheidet in der normalen Besetzung endgültig, eine weitere Beschwerde findet nicht statt. Eine Anwendbarkeit des § 98 ArbGG scheidet aus, da diese Regelung nur den Sonderfall der Entscheidung über die Besetzung einer Einigungsstelle betrifft.

Aufgaben des Wahlvorstandes

46 Der durch den Vorsitzenden der Fachkammer bestellte Wahlvorstand hat zunächst dieselben Rechte und Pflichten wie der normale Wahlvorstand. Darüber hinaus hat er nach § 25 Abs. 2 Satz 3 bis zur Neuwahl die dem Personalrat zustehenden Befugnisse und Pflichten wahrzunehmen. Der Wahlvorstand tritt vollständig in die Rechte und Pflichten des Personalrats ein, eine irgendwie geartete Beschränkung besteht nicht. Auf diese Weise soll sichergestellt werden, daß durch die Auflösung des Personalrats die Wahrnehmung der Inter-

essen der Dienstkräfte in keiner Weise beeinträchtigt wird. Der Wahlvorstand ist an die bisherigen Beschlüsse des Personalrats gebunden. Er kann sie allerdings, soweit dem nicht andere Regelungen entgegenstehen, durch eigene Beschlüsse ersetzen oder ergänzen. Eingeleitete, aber noch nicht abgeschlossene Verfahren im Bereich der Beteiligungsrechte sind mit dem Wahlvorstand fortzuführen. Ist dem Personalrat kurz vor seiner Auflösung im Rahmen der Mitbestimmungsrechte ein Antrag auf Zustimmung zugeleitet worden, so laufen die Fristen des § 79 Abs. 2 ohne Rücksicht auf die inzwischen erfolgte Auflösung des Personalrats. Ein erneuter Antrag an den eingesetzten Wahlvorstand ist nicht erforderlich.

Streitigkeiten

Das Ausschlußverfahren und das Verfahren zur Auflösung eines Personalrats sind im verwaltungsgerichtlichen Beschlußverfahren gem. § 91 Abs. 1 durchzuführen. Beteiligte in diesem Verfahren sind neben dem Antragsteller in jedem Falle der Personalrat, bei Ausschluß eines einzelnen Personalratsmitgliedes auch das betroffene Personalratsmitglied, ferner der Dienststellenleiter (*vgl. im übrigen oben Rn. 6 ff.*). **47**

§ 26 Erlöschen

(1) Die Mitgliedschaft im Personalrat erlischt durch
1. **Ablauf der Amtszeit,**
2. **Niederlegung des Amtes,**
3. **Beendigung des Dienstverhältnisses,**
4. **Ausscheiden aus der Dienststelle,**
5. **Verlust der Wählbarkeit,**
6. **gerichtliche Entscheidung nach § 25,**
7. **Feststellung nach Ablauf der in § 22 bezeichneten Frist, daß der Gewählte nicht wählbar war.**

(2) Die Mitgliedschaft im Personalrat wird durch einen Wechsel der Gruppenzugehörigkeit eines Mitgliedes nicht berührt; dieses bleibt Vertreter der Gruppe, die es gewählt hat.

Übersicht   Rn.

Allgemeines 1– 6
Ablauf der Amtszeit (Nr. 1)   7
Niederlegung des Amtes (Nr. 2)   8–12
Beendigung des Dienstverhältnisses (Nr. 3)   13–18
Beendigung durch Zeitablauf   19–21
Arbeitskampf   22
Ausscheiden aus der Dienststelle (Nr. 4) . . . .   23–26 a
Verlust der Wählbarkeit (Nr. 5)   27
Gerichtliche Entscheidung nach § 25 (Nr. 6)   28
Gerichtliche Feststellung des anfänglichen Fehlens
der Wählbarkeitsvoraussetzungen (Nr. 7)   29–34
Folgen des Erlöschens 35, 36
Wechsel der Gruppenzugehörigkeit 37, 38
Streitigkeiten   39

Allgemeines

1 § 26 regelt das Erlöschen der Mitgliedschaft des einzelnen **Personalratsmitgliedes**. Er betrifft nicht die Beendigung der Amtszeit des gesamten Kollektivs.

2 Die Regelung ist **zwingend** und **abschließend**. Ergänzende und zusätzliche Erlöschungsgründe können weder durch Tarifvertrag noch durch Dienstvereinbarung geschaffen werden.

3 In den Fällen des § 26 Abs. 1 Nr. 1–4 tritt das Erlöschen des Personalratsamtes automatisch ein. Einer gerichtlichen Feststellung oder Entscheidung bedarf es nicht. Demgegenüber kann in den Fällen des § 26 Abs. 1 Nr. 5 bis 7 das Erlöschen lediglich durch eine gerichtliche Entscheidung herbeigeführt werden. Hier hat die gerichtliche Entscheidung rechtsgestaltenden Charakter.

4 Die Vorschrift entspricht weitgehend den Regelungen in § 24 BetrVG und § 29 BPersVG.

5 § 26 ist **entsprechend anwendbar** auf den Gesamtpersonalrat, § 52, die Jugend- und Auszubildendenvertretung, § 63 Abs. 2, und die Gesamt-Jugend- und Auszubildendenvertretung, § 68 in Verbindung mit § 63 Abs. 2. Für den Hauptpersonalrat und die Haupt-Jugend- und Auszubildendenvertretung gilt § 26 mit Ausnahme des Erlöschungsgrundes des Ausscheidens aus der Dienststelle, § 57 bzw. § 69. Das hat seinen Grund darin, daß für Mitglieder die Zugehörigkeit zu einer bestimmten Dienststelle wegen des übergeordneten Charakters des Hauptpersonalrats bzw. der Haupt-Jugend- und Auszubildendenvertretung nur von sekundärer Bedeutung ist.

6 Für die **Ersatzmitglieder** gelten die Erlöschungsgründe nicht unmittelbar, da Voraussetzung das Bestehen eines Personalratsamtes ist. Wenn für diese jedoch einer der Erlöschungsgründe gegeben ist, können sie praktisch nicht nachrücken, letztlich führt dies zu einem Erlöschen der Anwartschaft auf das Personalratsamt.

Ablauf der Amtszeit (Nr. 1)

7 Die Mitgliedschaft im Personalrat erlischt mit dem Ablauf der Amtszeit für sämtliche Mitglieder des Personalrats. In erster Linie tritt dies ein im Falle des Ablaufs der regelmäßigen Amtszeit des § 23. Ferner gilt dies für die Fälle der vorzeitigen Beendigung der Amtszeit nach § 24 Abs. 1 Nr. 1–3 und 6. Schließlich ist ein Ablauf der Amtszeit auch gegeben bei einer erfolgreichen Wahlanfechtung, da nach § 22 Abs. 2 bis zur rechtskräftigen Entscheidung über die Anfechtung der Personalrat, dessen Wahl angefochten ist, im Amt bleibt. Die Anfechtung wirkt lediglich für die Zukunft, ab **Rechtskraft der Entscheidung** ist die Amtszeit beendet.

Niederlegung des Amtes (Nr. 2)

8 Die Niederlegung des Personalratsamtes kann nur auf einem freien Willensentschluß beruhen. Sie beinhaltet die endgültige Aufgabe des Amtes. Sie setzt voraus, daß das Personalratsamt bereits angetreten war. Ein Amt, was noch nicht innegehalten wird, kann auch nicht niedergelegt werden. Aus diesem Grunde kann eine Amtsniederlegung dann nicht angenommen werden, wenn ein Wahlbewerber nach der Wahl erklärt, daß er die Wahl nicht annehmen würde (*a. A. Lorenzen u.a., BPersVG, § 29 Rn. 8*).

§ 26

Eine besondere Form für die Erklärung der Amtsniederlegung ist im Gesetz nicht vorgeschrieben. Aus Gründen der Rechtssicherheit und zur Sicherstellung der Nachweisbarkeit empfiehlt sich in jedem Falle eine schriftliche Erklärung. 9

Adressat der Erklärung ist der Personalrat, sie ist gegenüber dem Vorstand gem. § 29 Abs. 1 Satz 4 abzugeben *(BVerwG vom 9. 10. 1959, BVerwGE 9, 217).* Eine Erklärung gegenüber dem Dienststellenleiter bzw. dem Dienstherrn ist unwirksam *(vgl. aber BAG vom 12. 1. 2000, EzA Nr. 2 zu § 24 BetrVG: Amtsniederlegung gegenüber Arbeitgeber, wenn nur noch ein BR-Mitglied vorhanden ist).* Mit dem Zugang der Erklärung bei dem Personalrat ist das Personalratsamt erloschen. Etwas anderes gilt nur dann, wenn in der Erklärung ein besonderer, in der Zukunft liegender Zeitpunkt für das Wirksamwerden der Niederlegung enthalten ist. 10

Die Niederlegung ist als **einseitige rechtsgestaltende Willenserklärung** bedingungsfeindlich. Lediglich die Bestimmung eines festgelegten Zeitpunktes für das Wirksamwerden der Niederlegung ist zulässig. Im Interesse der Rechtssicherheit kann die Erklärung der Niederlegung weder zurückgenommen noch widerrufen werden *(BVerwG vom 9. 10. 1959, BVerwGE 9, 217).* Aus dem gleichen Grunde ist auch eine Anfechtung der Erklärung nicht möglich. 11

Keine Niederlegung des gesamten Personalratsamtes ist gegeben, wenn lediglich Teilfunktionen aufgegeben werden, wie z. B. bei Erklärung des Ausscheidens aus dem Vorstand, Niederlegung des Vorsitzes. In diesem Falle bleibt die Mitgliedschaft im Personalrat erhalten, lediglich bezüglich der Teilfunktion tritt eine Beendigung ein, diese Position ist von dem Personalrat neu zu besetzen. 12

Beendigung des Dienstverhältnisses (Nr. 3)

Das Personalratsamt setzt das Bestehen eines Dienstverhältnisses – sei es Arbeits- oder Beamtenverhältnis – voraus. Mit der **Beendigung des Dienstverhältnisses erlischt daher automatisch auch das Personalratsamt.** Erforderlich ist eine rechtliche Beendigung des Dienstverhältnisses. Das Personalratsamt bleibt daher bestehen, wenn lediglich eine Suspendierung, Beurlaubung oder ein sonstiges Ruhen des Dienstverhältnisses vorliegt. 13

Eine mit Zustimmung des Personalrats ausgesprochene fristlose Kündigung führt zur sofortigen Beendigung des Arbeitsverhältnisses. Etwas anderes gilt nur dann, wenn das betroffene Personalratsmitglied Kündigungsschutzklage erhebt und die Feststellung der Unwirksamkeit der Kündigung begehrt. Wird in diesem Verfahren rechtskräftig festgestellt, daß die Kündigung rechtsunwirksam war, ist das Arbeitsverhältnis nie beendet worden. Damit ist auch das Personalratsamt als solches nicht erloschen. 14

Während des Laufes des Kündigungsschutzprozesses ist das betroffene Personalratsmitglied an der Ausübung seines Amtes zeitweilig verhindert. An seine Stelle tritt das Ersatzmitglied *(Grabendorff u.a., BPersVG, § 29 Rn. 17; Dietz/Richardi, BetrVG, § 24 Rn. 14).* 15

Während der Dauer eines Verfahrens über die Nichtigkeit eines Arbeitsverhältnisses (z. B. wegen Anfechtung) muß entsprechend den Grundsätzen des Kündigungsschutzprozesses ebenfalls davon ausgegangen werden, daß das betroffene Personalratsmitglied zunächst in der Ausübung seines Amtes zeitweilig gehindert ist, so daß das Ersatzmitglied einrückt. Stellt das Gericht rechtskräftig die Wirksamkeit der Anfechtung bzw. der Geltendmachung der 16

§ 26

Nichtigkeit fest, so hat das Personalratsamt bereits mit Zugang der entsprechenden Erklärung gegenüber dem Personalratsmitglied geendet. Wird rechtskräftig festgestellt, daß die Anfechtung bzw. Berufung auf die Nichtigkeit unwirksam ist und ein Arbeitsverhältnis besteht, tritt das betroffene Personalratsmitglied wieder voll in seine Stellung im Personalrat ein.

17 Die **Beendigung von Beamtenverhältnissen** richtet sich nach den entsprechenden Vorschriften des Landesbeamtengesetzes (*§ 63 ff. LBG, 71 f. LBG*). Auch hier gilt, daß bei Anfechtung der von dem Dienstherrn getroffenen Maßnahmen, die zur Beendigung des Beamtenverhältnisses führen, während des entsprechenden verwaltungsgerichtlichen Verfahrens das Amt des betroffenen Personalratsmitgliedes ruht, da dieses zeitweilig an der Wahrnehmung seiner Rechte und Pflichten gehindert ist. Das Ersatzmitglied rückt ein.

18 Entsprechende Wirkungen wie bei den Arbeitnehmern in bezug auf die Anfechtung bzw. Geltendmachung der Nichtigkeit des Arbeitsverhältnisses treten für Beamte ein bei der Rücknahme der Ernennung gem. § 15 LBG bzw. der Nichtigkeit des Beamtenverhältnisses gem. § 14 LBG.

Beendigung durch Zeitablauf

19 Befristete Dienstverhältnisse von Personalratsmitgliedern enden ebenso wie bei den übrigen Dienstkräften mit dem Ablauf der Frist, für die sie eingegangen sind. Damit erlischt auch die Mitgliedschaft in der Personalvertretung (*vgl. HessVGH vom 18. 12. 1974, PersV 1976, 342*). Erfolgt eine Weiterbeschäftigung über die Frist hinaus, besteht auch das Personalratsamt weiter.

20 Erfolgt nach Beendigung des Dienstverhältnisses später eine Wiedereinstellung, so ist zunächst eine rechtliche Beendigung des Dienstverhältnisses eingetreten. Damit war das Personalratsamt erloschen. Es lebt bei Abschluß des neuen Dienstverhältnisses nicht wieder auf.

21 Ist durch tarifliche bzw. gesetzliche Vorschrift vorgesehen, daß das Dienstverhältnis durch Erreichung einer bestimmten Altersgrenze endet (*z. B. das 65. Lebensjahr, vgl. § 60 Abs. 1 BAT bzw. § 76 Abs. 1 LBG*), endet auch das Personalratsamt zur gleichen Zeit. Etwas anderes gilt nur dann, wenn die betroffene Dienstkraft über die Altersgrenze hinaus weiter beschäftigt wird.

Arbeitskampf

22 Während eines Arbeitskampfes tritt keine Beendigung des Personalratsamtes ein. Der Arbeitskampf hat lediglich bezüglich des Dienstverhältnisses **suspendierende Wirkung;** ob und inwieweit Personalratsamt und Funktionsfähigkeit des Personalrats in dieser Zeit eingeschränkt sind, ist unter **arbeitskampfrechtlichen Gesichtspunkten** festzustellen.

Ausscheiden aus der Dienststelle (Nr. 4)

23 Weiterhin erlischt die Mitgliedschaft im Personalrat bei Ausscheiden aus der Dienststelle. Dieser Erlöschungsgrund gilt nicht für den Hauptpersonalrat bzw. die Hauptjugendvertretung, da deren Mitgliedschaft nicht an die Zugehörigkeit zu einer bestimmten Dienststelle gebunden ist (*§ 57 bzw. § 59 Abs. 2*).

24 Erforderlich ist das endgültige Ausscheiden aus der Dienststelle. In erster Linie werden daher von dieser Vorschrift die Fälle der **Versetzung** erfaßt. Hierbei ist

zu beachten, daß nach § 44 die Versetzung von Mitgliedern des Personalrats gegen ihren Willen nur dann zulässig ist, wenn dies auch unter Berücksichtigung der Mitgliedschaft im Personalrat aus wichtigen dienstlichen Gründen unvermeidbar ist und der Personalrat zustimmt. Bei Beamten erfolgt die Versetzung durch Verwaltungsakt, bei Angestellten und Arbeitern durch eine Änderungskündigung *(vgl. zum Begriff der Versetzung und deren Durchführung im einzelnen unten § 86 Rn. 49ff.).*

Im Gegensatz zur Versetzung führt die **Abordnung** einer Dienstkraft grundsätzlich nicht zum endgültigen Ausscheiden aus der Dienststelle. Die Planstelle bei der ursprünglichen Dienststelle wird weiterhin innegehalten *(vgl. zum Begriff und den einzelnen Voraussetzungen der Abordnung unten § 86 Rn. 81ff.).* Die Abordnung hat grundsätzlich vorübergehenden Charakter, dies gilt selbst dann, wenn sie länger als drei Monate dauert. 25

Zweifelhaft ist, ob diese Grundsätze auch gelten, wenn die Abordnung an eine Bundesbehörde erfolgt. Nach § 13 Abs. 2 BPersVG erlischt das Wahlrecht an der alten Dienststelle, wenn die Abordnung länger als drei Monate gedauert hat. Mit diesem Zeitpunkt wird die abgeordnete Dienstkraft in der neuen Dienststelle wahlberechtigt. Auch in diesem Fall erlischt jedoch das Personalratsamt nicht wegen Ausscheidens aus der Dienststelle, da auch hier ein **endgültiges Ausscheiden nicht gegeben** ist, sondern lediglich wegen Verlustes der Wählbarkeit, so daß die Regelung des § 26 Abs. 1 Nr. 5 Anwendung findet. 26

Ein Ausscheiden aus der Dienststelle kann auch vorliegen, wenn Teile der Dienststelle, in denen das Personalratsmitglied beschäftigt war, organisatorisch ausgegliedert werden. Dies gilt dann jedoch nicht, wenn das Beschäftigungsverhältnis selbst nicht mit übergeht *(OVG Berlin vom 26. 6. 1995, OVG PV Bln 5.95).* 26a

Verlust der Wählbarkeit (Nr. 5)

Hiervon werden lediglich die Fälle des nachträglichen Verlustes der Wählbarkeit erfaßt. Hat die Wählbarkeit bereits im Zeitpunkt der Wahl nicht bestanden, so ist nach § 26 Abs. 1 Nr. 7 vorzugehen. Die Wählbarkeit entfällt beispielsweise, wenn das Personalratsmitglied durch strafgerichtliche Verurteilung die Fähigkeit verliert, Rechte aus öffentlichen Wahlen zu erlangen oder aber wenn es entmündigt wird. Das gleiche gilt, wenn das Personalratsmitglied im Laufe der Amtszeit weniger als 18 Stunden wöchentlich regelmäßig beschäftigt wird, wenn es zu dem in § 9 genannten Personenkreis gehört oder wenn es durch Änderung des Aufgabenkreises zu selbständigen Entscheidungen in Personalangelegenheiten von nicht untergeordneter Bedeutung befugt ist. Auch würde die Amtszeit eines Personalratsmitgliedes automatisch erlöschen, wenn es zum Mitglied eines Wahlvorstandes berufen wird. Auch die Beurlaubung einer in den Personalrat gewählten, befristet angestellten Dienstkraft unter Fortfall der Dienstbezüge hat dann das Erlöschen der Mitgliedschaft im Personalrat wegen Verlustes der Wählbarkeit zur Folge, wenn sie für die gesamte restliche Dauer des befristeten Arbeitsverhältnisses ausgesprochen worden ist *(OVG Berlin vom 7. 2. 1975, ZBR 1975, 230).* Vgl. im übrigen zu den Einzelheiten der Voraussetzungen der Wählbarkeit die Erläuterungen zu § 13. 27

Gerichtliche Entscheidung nach § 25 (Nr. 6)

28 Die Mitgliedschaft im Personalrat erlischt weiterhin automatisch, wenn der gesamte **Personalrat gem. § 25 Abs. 1 aufgelöst** wird oder aber wenn ein **Personalratsmitglied** gem. § 25 Abs. 1 aus dem Personalrat **ausgeschlossen** wird. Zeitpunkt des Erlöschens ist hierbei die Rechtskraft der gerichtlichen Entscheidung.

Gerichtliche Feststellung des anfänglichen Fehlens der Wählbarkeitsvoraussetzungen (Nr. 7)

29 Während § 26 Abs. 1 Nr. 5 den nachträglichen Verlust der Wählbarkeit während des Laufes des Personalratsamtes erfaßt, gilt § 26 Abs. 1 Nr. 7 nur für diejenigen Fälle, in denen die Wählbarkeitsvoraussetzungen des § 13 bereits im Zeitpunkt der Wahl nicht vorgelegen haben. Grundsätzlich ist dieser Fehler im Rahmen der Wahlanfechtung des § 22 geltend zu machen. Wird jedoch die Zweiwochenfrist des § 22 Abs. 1 Satz 1 versäumt, scheidet die Möglichkeit der Wahlanfechtung aus. In diesem Falle kann der Mangel der Wählbarkeit einzelner Mitglieder der Personalvertretung noch später zu jeder Zeit festgestellt werden.

30 Die Feststellung muß im verwaltungsgerichtlichen Beschlußverfahren gem. § 91 Abs. 1 Nr. 1 erfolgen. Es reicht nicht aus, wenn diese Frage als Vorfrage in einem Urteilsverfahren entschieden wird *(vgl. Richardi, BetrVG, § 24 Rn. 28; Fitting u.a., BetrVG, § 24 Rn. 34).* Dies folgt aus dem Wortlaut des § 26 Abs. 1 Nr. 7, der ausdrücklich »Feststellung« der Nichtwählbarkeit erfordert.

31 Im Gegensatz zu der Regelung des § 22 kann der Antrag von jeder Dienstkraft gestellt werden. Es ist weder erforderlich, daß mindestens drei Dienstkräfte den Antrag stellen, noch ist es notwendig, daß die antragstellende Dienstkraft wahlberechtigt ist. Das ergibt sich daraus, daß der Personalrat die Interessen sämtlicher Dienstkräfte, auch der nicht wahlberechtigten, zu vertreten hat, so daß jede Dienstkraft ein rechtliches Interesse daran hat, daß der Personalrat ordnungsgemäß zusammengesetzt ist.

32 Ist bereits vorher in einem Wahlanfechtungsverfahren nach § 22 festgestellt worden, daß die Wählbarkeitsvoraussetzungen vorgelegen haben, ist ein erneuter Antrag nach § 26 Abs. 1 Nr. 7 nicht mehr zulässig, in diesem Falle hindert die Rechtskraftwirkung des Beschlusses bezüglich der Wahlanfechtung eine erneute Entscheidung.

33 Die Feststellung kann nur getroffen werden, wenn im Zeitpunkt der letzten mündlichen Verhandlung in der Tatsacheninstanz die Wählbarkeitsvoraussetzungen noch fehlen. Der **Mangel** der fehlenden Wählbarkeit kann nämlich **geheilt** werden, z.B. wenn das betroffene Personalratsmitglied während des Laufes des Verfahrens das erforderliche Mindestalter oder aber die Mindestbeschäftigungszeit erreicht *(Richardi, BetrVG § 24, Rn. 30).*

34 Das Erlöschen der Mitgliedschaft tritt mit Rechtskraft des die Nichtwählbarkeit feststellenden Beschlusses ein. Der Beschluß hat Wirkungen nur für die Zukunft, für die Vergangenheit bestand eine vollgültige Mitgliedschaft im Personalrat.

Folgen des Erlöschens

Mit dem Erlöschen der Mitgliedschaft enden sämtliche Rechte und Pflichten des betroffenen Personalratsmitglieds. Auch der besondere Kündigungsschutz gem. § 15 Abs. 2 KSchG besteht in diesem Falle nicht mehr. Das gleiche gilt für den nachwirkenden Kündigungsschutz des § 15 Abs. 2 Satz 2 KSchG, da nach dem Wortlaut des Gesetzes dieser nur nach »Beendigung der Amtszeit« gegeben ist. Die in § 26 Abs. 1 Nr. 2 bis 7 aufgeführten Fälle betreffen jedoch nicht die Beendigung der Amtszeit, sondern stellen andere Erlöschungsgründe dar. Dem entspricht es auch, daß § 23 keine persönliche Amtszeit des einzelnen Personalratsmitgliedes kennt, sondern lediglich die Amtszeit des gesamten Organs regelt *(vgl. Richardi, BetrVG § 24 Rn. 36; Fitting u.a., BetrVG, § 24 Rn. 39).* 35

Im Falle des Erlöschens der Mitgliedschaft rückt das jeweilige Ersatzmitglied gem. § 28 Abs. 1 Satz 1 nach. Das gilt nicht bei Auflösung des gesamten Personalrats gem. § 25, § 28 Abs. 3 Satz 1 i. V. m. § 24 Abs. 1 Nr. 4. 36

Wechsel der Gruppenzugehörigkeit

In § 26 Abs. 2 ist in das Gesetz aufgenommen worden, daß der Wechsel der Gruppenzugehörigkeit die Mitgliedschaft im Personalrat nicht berührt. Damit hat der Gesetzgeber im Interesse der Kontinuität der Personalratsarbeit das Gruppenprinzip in den Hintergrund treten lassen. Gleichzeitig ist damit verhindert worden, daß durch Beeinflussung von außen die Zusammensetzung des Personalrats über die Möglichkeit der Änderung der Gruppenzugehörigkeit beeinflußt werden kann. 37

Trotz eines Wechsels der Gruppenzugehörigkeit bleibt das betroffene Personalratsmitglied Vertreter derjenigen Gruppe, die es gewählt hat. Das gilt auch für sämtliche Funktionen, die das betroffene Personalratsmitglied innehat. 38

Streitigkeiten

Streitigkeiten über die Frage des Erlöschens der Mitgliedschaft sind im verwaltungsgerichtlichen Beschlußverfahren gem. § 91 Abs. 1 Nr. 2 auszutragen. Sie betreffen in jedem Falle die Zusammensetzung der Personalvertretung. Mit Ausnahme der Erlöschensgründe des § 26 Abs. 1 Nr. 6 und 7 kann die Frage des Erlöschens auch als Vorfrage in einem anderen Rechtsstreit entschieden werden. Ein Rechtsschutzinteresse für entsprechende Feststellungsanträge entfällt, wenn das betroffene Personalratsmitglied vor der rechtskräftigen Entscheidung aus dem Personalrat ausscheidet. 39

§ 27 Ruhen

(1) Die Mitgliedschaft eines Beamten im Personalrat ruht, solange ihm die Führung der Dienstgeschäfte verboten oder er wegen eines gegen ihn schwebenden Disziplinarverfahrens vorläufig des Dienstes enthoben ist. Satz 1 gilt für Angestellte und Arbeiter sinngemäß.
(2) Die Mitgliedschaft einer Dienstkraft im Personalrat ruht, solange sie mit ihrem Einverständnis vorübergehend mit der Wahrnehmung von Dienstgeschäften der in § 13 Abs. 3 Nr. 3 genannten Art beauftragt ist.

§ 27

Übersicht

	Rn.
Allgemeines	1– 4
Verbot der Amtsausübung	5– 7
Vorläufige Dienstenthebung	8
Anwendbarkeit für Arbeiter und Angestellte	9–11
Vorübergehende Wahrnehmung von Personalangelegenheiten	12
Wirkung des Ruhens	13–16
Geltung für Ersatzmitglieder	17
Streitigkeiten	18

Allgemeines

1 § 27 Abs. 1 trägt den Besonderheiten des öffentlichen Dienstes Rechnung, bei dem in bestimmten schwerwiegenden Fällen das Ruhen des Amtes vorgesehen ist. Der Gesetzgeber geht dabei davon aus, daß diejenigen Gründe, die zum Verbot der Führung der Dienstgeschäfte bzw. der Enthebung des Dienstes geführt haben, auch die Amtsführung als Personalratsmitglied beeinflussen können, da sie u. a. geeignet sein können, Zweifel an der objektiven Ausübung des Personalratsamtes zu begründen.

2 Durch die Bestimmung in Abs. 2 wird eine Interessenkollision derjenigen Personalratsmitglieder verhindert, die zeitweilig – z. B. vertretungsweise – zu selbständigen Entscheidungen in Personalangelegenheiten von nicht untergeordneter Bedeutung befugt sind.

3 Eine dem Abs. 1 entsprechende Regelung enthält § 30 BPersVG. Eine vergleichbare Regelung im Betriebsverfassungsgesetz fehlt.

4 Die Vorschrift ist entsprechend anwendbar für den *Gesamtpersonalrat (§ 52)*, den *Hauptpersonalrat (§ 57)*, die *Jugendvertretung, Gesamtjugendvertretung* und *Hauptjugendvertretung (§§ 63 Abs. 2, 68, 69 Abs. 2)*.

Verbot der Amtsausübung

5 Die Mitgliedschaft eines Beamten im Personalrat ruht, solange ihm die Führung der Dienstgeschäfte verboten ist. Ein solches Verbot der Amtsausübung kann in den in § 25 LBG genannten Fällen ausgesprochen werden. Danach kann die Dienstbehörde einem Beamten aus zwingenden dienstlichen Gründen die Führung seiner Dienstgeschäfte verbieten.

6 Kein Fall des Verbotes der Amtsausübung sind Beschränkungen bei der Vornahme von Amtshandlungen gem. § 24 Abs. 1 LBG und der Ausschluß des Beamten von einzelnen Amtshandlungen auf Grund anderer gesetzlicher Vorschriften, da dies nicht die gesamte Amtsausübung des Beamten betrifft, sondern lediglich Teilbereiche.

7 Die Anordnung des Verbotes der Amtsausübung erfolgt durch einen Verwaltungsakt. Bei Widerspruch bzw. Anfechtungsklage gegen das Verbot der Amtsausübung tritt zunächst eine aufschiebende Wirkung ein. Das Verbot der Amtsausübung und damit auch das Ruhen des Personalratsamtes würde dann erst mit **Rechtskraft der entsprechenden gerichtlichen Entscheidung** wirksam werden. Etwas anderes gilt nur dann, wenn die sofortige Vollziehung angeordnet worden ist bzw. das Verwaltungsgericht nicht die sofortige Vollziehung ausgesetzt hat.

Vorläufige Dienstenthebung

Ferner ruht das Personalratsamt eines Beamten bei **vorläufiger Dienstenthebung** im Rahmen eines schwebenden Disziplinarverfahrens. Die Bestimmung des § 84 LDO ist hierbei zu beachten, nur vorläufige Dienstenthebungen auf Grund der Regelungen der Landesdisziplinarordnung können zu einem Ruhen des Personalratsamtes führen. **8**

Anwendbarkeit für Arbeiter und Angestellte

Nach § 27 Abs. 1 Satz 2 gelten die Vorschriften über das Ruhen des Personalratsamtes für die Arbeiter und Angestellten entsprechend. **9**

Dem Arbeitsrecht sind Regelungen, wie sie in § 25 LBG und den Vorschriften der Landesdisziplinarordnung enthalten sind, grundsätzlich fremd. Hier bestehen weder gesetzliche noch tarifliche Bestimmungen. Wenn § 27 Abs. 1 Satz 2 auf die Bestimmung des Satzes 1 verweist, so ist damit nicht darauf abgestellt, daß auch das bei Beamten zu beachtende formelle Verfahren für die Dienstenthebung bzw. das Verbot der Amtsausübung eingehalten ist. Vielmehr ist die Bestimmung hinsichtlich des Ruhens des Personalratsamtes schon dann für Arbeiter und Angestellte anwendbar, wenn **materiell** die Voraussetzungen gegeben sind, die bei einem Beamten zu einem Verbot der Amtsausübung bzw. einer vorläufigen Dienstenthebung führen würden. **10**

Gegenüber Arbeitern und Angestellten ist das Verbot der Amtsausübung bzw. die vorläufige Dienstenthebung eine Maßnahme im Rahmen des bestehenden Arbeitsverhältnisses. Gegen die entsprechende Anordnung kann der Rechtsweg zu den Arbeitsgerichten eingeschlagen werden. Eine aufschiebende Wirkung tritt jedoch dadurch nicht ein. **11**

Vorübergehende Wahrnehmung von Personalangelegenheiten

Ferner ruht das Personalratsamt nach § 27 Abs. 2, solange das betroffene Personalratsmitglied mit seinem Einverständnis vorübergehend Dienstgeschäfte der in § 13 Abs. 3 Nr. 3 bezeichneten Art wahrnimmt. Hierbei handelt es sich um die Wahrnehmung selbständiger Entscheidungen in Personalangelegenheiten von nicht untergeordneter Bedeutung. Zu diesen Voraussetzungen vgl. im einzelnen die Kommentierung bei § 13 Rn. 23 ff. **12**

Wirkung des Ruhens

Während des Ruhens bleibt das Personalratsamt in vollem Umfange bestehen, lediglich die **Ausübung** der Rechte kann nicht erfolgen. Trotz des Ruhens des Amtes bleiben die besonderen Schutzrechte bestehen, das gilt sowohl für den Schutz bei Versetzung oder Abordnung nach § 44 als auch für die sonstigen unmittelbar für die Länder geltenden Vorschriften der §§ 107–109 BPersVG. Auch bleibt das Personalratsmitglied nach wie vor zur Verschwiegenheit gem. § 11 verpflichtet. **13**

Für die Dauer des Ruhens des Personalratsamtes rückt das jeweilige Ersatzmitglied gem. § 28 Abs. 1 nach. Bei Beendigung des Ruhens kann das Personalratsmitglied in vollem Umfange wieder sein Amt ausüben. **14**

Der Zeitpunkt des Beginns des Ruhens des Personalratsamtes ist der Zeitpunkt des Wirksamwerdens dieser Anordnung, sei es durch rechtskräftige **15**

§§ 27, 28

Entscheidung eines Gerichtes, sei es durch Anordnung der sofortigen Vollziehung.

16 Eines besonderen Ausspruches des Ruhens des Personalratsamtes bedarf es nicht. Die Rechtsfolgen treten automatisch ein.

Geltung für Ersatzmitglieder

17 Die Vorschriften über das Ruhen des Personalratsamtes gelten nicht direkt und unmittelbar für die Ersatzmitglieder, da das Bestehen eines Personalratsamtes Voraussetzung für das Eintreten des Ruhens ist. Ein Ersatzmitglied ist jedoch bei Vorliegen der Voraussetzungen des § 27 Abs. 1 oder 2 gehindert, in den Personalrat nachzurücken, da automatisch sofort das Ruhen des Amtes eintreten würde.

Streitigkeiten

18 Streitigkeiten über das Vorliegen der Voraussetzungen und den Umfang der Wirkungen des § 27 entscheiden die Verwaltungsgerichte im Beschlußverfahren gem. § 91 Abs. 1 Nr. 2.

§ 28 Ersatzmitglieder

(1) Scheidet ein Mitglied aus dem Personalrat aus, so tritt ein Ersatzmitglied ein. Das gleiche gilt für die Zeit, in der ein Mitglied nach der Feststellung des Personalrats verhindert ist.
(2) Die Ersatzmitglieder werden der Reihe nach aus den nicht gewählten Dienstkräften derjenigen Vorschlagslisten entnommen, denen die zu ersetzenden Mitglieder angehören. Ist das ausgeschiedene oder verhinderte Mitglied mit einfacher Stimmenmehrheit gewählt, so tritt die nicht gewählte Dienstkraft mit der nächsthöheren Stimmenzahl als Ersatzmitglied ein.
(3) Im Falle des § 24 Abs. 1 Nr. 4 treten Ersatzmitglieder nicht ein. § 26 Abs. 2 gilt entsprechend bei einem Wechsel der Gruppenzugehörigkeit vor dem Eintritt des Ersatzmitgliedes in den Personalrat.

Übersicht

	Rn.
Allgemeines	1– 5
Begriff des Ersatzmitgliedes	6
Rechtsstellung der Ersatzmitglieder	7–10
Endgültiges Eintreten von Ersatzmitgliedern	11–14
Folgen des Nachrückens	15–17
Vorübergehende Vertretung	18, 19
Zeitweilige Verhinderung	20–24
Entscheidung über zeitweilige Verhinderung	25, 26
Zeitpunkt des Eintretens	27, 28
Reihenfolge des Eintretens der Ersatzmitglieder	29–33
Fehlen von Ersatzmitgliedern	34
Verhinderung von Ersatzmitgliedern	35, 36
Ausschluß des Nachrückens	37
Wechsel der Gruppenzugehörigkeit	38
Streitigkeiten	39, 40

§ 28

Allgemeines

§ 28 regelt die Stellung der Ersatzmitglieder und die Reihenfolge, in der sie in den Personalrat nachrücken. Durch die Ersatzmitglieder soll die Funktionsfähigkeit des Personalrats garantiert und seine Beschlußfähigkeit erhalten werden. Durch die Bestimmung des § 28 soll auch eine vorzeitige Neuwahl verhindert werden. 1

Die Bestimmung des § 28 ist zwingend, sie kann weder durch Dienstvereinbarung noch durch Tarifvertrag abgeändert werden. 2

Das Gesetz unterscheidet **zwei verschiedene Möglichkeiten** des Nachrückens von Ersatzmitgliedern, nämlich einmal bei endgültigem Ausscheiden eines Personalratsmitgliedes *(Abs. 1 Satz 1)* und zum anderen bei der vorübergehenden Verhinderung eines Personalratsmitgliedes *(Abs. 1 Satz 2)*. Im ersten Fall tritt das Ersatzmitglied endgültig in den Personalrat ein, im zweiten Fall gilt dies nur für eine bestimmte Zeit. 3

Weitgehend vergleichbare Regelungen enthalten § 31 BPersVG und § 25 BetrVG. 4

Die Vorschrift ist entsprechend anwendbar für den Gesamtpersonalrat *(§ 52)*, den Hauptpersonalrat *(§ 57)*, die Jugendvertretung, Gesamtjugendvertretung und Hauptjugendvertretung *(§§ 63 Abs. 2, 68, 69 Abs. 2)*. 5

Begriff des Ersatzmitgliedes

Ersatzmitglieder sind alle diejenigen **Wahlbewerber, die** nach dem Ergebnis der Wahl **nicht gewählt worden sind** *(enger: BVerwG vom 8. 12. 1986, PersR 1987, 110: erst beim »Eintritt« für ein verhindertes Mitglied)*. Durch § 28 wird diesen Wahlbewerbern das Recht eingeräumt, im Falle des Ausscheidens bzw. im Falle der zeitweiligen Verhinderung eines Personalratsmitgliedes nach Maßgabe des § 28 Abs. 2 und 3 in den Personalrat nachzurücken. 6

Rechtsstellung der Ersatzmitglieder

Solange die Ersatzmitglieder **nicht in den Personalrat nachgerückt** sind, genießen sie keinen besonderen Schutz; insbesondere nicht den besonderen Schutz des § 44 in bezug auf Versetzung, Abordnung oder Übertragung eines anderen Arbeitsgebietes und auch nicht den besonderen Kündigungsschutz des § 15 Abs. 2 KSchG. Vor Eintritt können für sie keine Schulungskosten i.S. von § 40 Abs. 1 gegenüber der Dienststelle geltend gemacht werden *(BVerwG vom 7. 7. 1993, PersR 1993, 457)*. In den ersten sechs Monaten nach Bekanntgabe des Wahlergebnisses gilt aber für Wahlbewerber der besondere Kündigungsschutz des § 15 Abs. 3 Satz 2 KSchG. Maßnahmen, die darauf abzielen, das Nachrücken des Ersatzmitgliedes in den Personalrat zu verhindern, verstoßen gegen das Benachteiligungsverbot des § 107 BPersVG und sind wegen Gesetzesverstoßes unwirksam, § 134 BGB. 7

Während der **Dauer seiner Mitgliedschaft** genießt das Ersatzmitglied denselben Rechtsschutz wie die übrigen Personalratsmitglieder; also den Schutz des § 44 bei Versetzungen, Abordnungen und Übertragungen von anderen Arbeitsgebieten sowie den besonderen Schutz des § 15 Abs. 2 KSchG. Dieser Schutz gilt (nur) für die Dauer der Mitgliedschaft im Personalrat. Für Ersatzmitglieder, die für ein zeitweilig verhindertes Mitglied einrücken, besteht jedoch auch der 8

255

§ 28

nachwirkende Kündigungsschutz des § 15 Abs. 2 Satz 2 KSchG *(BVerwG vom 8. 12. 1986, PersR 1987, 110)*. Der besondere (nachwirkende) Kündigungsschutz für ein Ersatzmitglied des Personalrates gemäß § 15 Abs. 2 KSchG kann bereits dann eingreifen, wenn der Betroffene zur Vertretung eines verhinderten ordentlichen Mitglieds aufgefordert worden ist, er aber an der Personalratssitzung deshalb nicht teilnimmt, weil sein Vorgesetzter ihm dies wegen »Unabkömmlichkeit« untersagt *(LAG Brandenburg vom 25. 10. 1993, AiB 1994, 415)*.

9 Der besondere Schutz beginnt erst **mit dem Zeitpunkt des Eintretens** in den Personalrat. Maßnahmen, die bereits vorher getroffen worden sind, verlieren daher ihre Wirksamkeit nicht durch den Eintritt in den Personalrat *(Grabendorff u. a., BPersVG, § 31 Rn. 5)*. Ist daher bereits vor dem Zeitpunkt des Nachrückens in den Personalrat eine Versetzung oder Abordnung angeordnet oder ein neues Arbeitsgebiet übertragen worden, so behält diese Maßnahme ihre Gültigkeit trotz der Regelung des § 44 *(BVerwG vom 8. 12. 1986, PersR 1987, 110)*. Etwas anderes gilt nur dann, wenn die getroffene Maßnahme **den Zweck** hatte, das Nachrücken des Ersatzmitgliedes zu verhindern. In diesem Falle ist sie wegen Gesetzesverstoßes gem. § 134 BGB in Verbindung mit § 107 BPersVG bzw. § 20 nichtig.

10 Der Schutz des § 15 Abs. 2 KSchG soll nach Auffassung des Bundesarbeitsgerichts auch eingreifen, wenn zwar der Verhinderungsfall oder der Fall des Eintritts in den Personalrat noch nicht vorliegt, das Ersatzmitglied sich jedoch auf das Nachrücken vorbereiten muß (z. B. Sitzungsvorbereitung). In diesem Fall soll ab Ladung zur Sitzung, längstens jedoch für drei Tage vor dem Zeitpunkt des Nachrückens der besondere Kündigungsschutz bestehen *(BAG vom 17. 1. 1979, AP Nr. 5 zu § 15 KSchG 1969)*.

Endgültiges Eintreten von Ersatzmitgliedern

11 Das endgültige Nachrücken eines Ersatzmitgliedes erfolgt, wenn die Mitgliedschaft eines Personalratsmitgliedes gem. § 26 Abs. 1 erloschen ist. In diesen Fällen scheidet das betroffene Personalratsmitglied endgültig aus dem Kollektivorgan aus.

12 Kein endgültiges Ausscheiden aus dem Personalratsamt liegt vor, wenn lediglich die Mitgliedschaft gem. § 27 ruht. Dieses **Ruhen der Mitgliedschaft** kann zwar Vorstufe zu einem endgültigen Ausscheiden sein, ist seiner Art nach jedoch vorübergehender Natur. In diesem Fall ist nur ein vorübergehendes Eintreten des Ersatzmitgliedes gem. Abs. 1 Satz 2 möglich.

13 Ein **Ausscheiden** aus dem Personalrat **ist möglich,** solange die Amtszeit des gesamten Personalrats nicht geendet hat. Das Nachrücken ist daher auch so lange möglich, als die Amtszeit des Personalrats nicht nach §§ 23 oder 24 geendet hat. In den Fällen, in denen eine Fortführung der Geschäfte gem. § 24 Abs. 1 letzter Satz bzw. Abs. 2 durch den bisherigen Personalrat möglich ist, kann ein Nachrücken eines Ersatzmitgliedes auch während der Dauer der Geschäftsführungsbefugnis erfolgen. Wird über das Ausscheiden ein Rechtsstreit geführt, so ist für den Zeitpunkt des Ausscheidens die gerichtliche Entscheidung maßgeblich.

14 Mit dem **Zeitpunkt des Ausscheidens** des Personalratsmitgliedes tritt das Ersatzmitglied automatisch in den Personalrat ein. Eines besonderen Beschlusses des Personalrats oder eines sonstigen formellen Aktes bedarf es nicht. Das Ersatzmitglied nimmt ohne weiteres die Rechtsstellung des ausgeschiedenen Personalratsmitgliedes ein.

Folgen des Nachrückens

Das Nachrücken in den Personalrat hat lediglich das Eintreten in die allgemeine Rechtsstellung des ausgeschiedenen Personalratsmitglieds zur Folge. Das Ersatzmitglied übernimmt nicht die besonderen, an dessen Person gebundenen Funktionen, beispielsweise »Mitglied des Vorstandes« oder aber »Vorstandsvorsitzender«. Vielmehr muß diese Position bei Ausscheiden des Funktionsträgers neu besetzt werden. Eine Freistellung gemäß § 43 gilt nicht unmittelbar auch für das Ersatzmitglied. 15

Etwas anderes gilt für den Bildungsurlaub gem. § 42 Abs. 4. Hier muß sich das Ersatzmitglied diejenigen Zeiten auf seinen Urlaubsanspruch anrechnen lassen, die sein Vorgänger bereits genommen hat. Lediglich in dem Falle, daß das Ersatzmitglied erstmals das Amt wahrnimmt, würde nach § 42 Abs. 4 Satz 4 eine Erhöhung des noch zu verbrauchenden Urlaubsanspruches erfolgen. 16

Der Anspruch auf Teilnahme an **Schulungs- und Bildungsveranstaltungen gem. § 43 Abs. 3** besteht für das nachrückende Ersatzmitglied in dem gleichen Umfange, wie er für sonstige Personalratsmitglieder besteht *(zu den Voraussetzungen vgl. die Erläuterungen bei § 42 Rn. 27 ff.)*. 17

Vorübergehende Vertretung

Neben der Möglichkeit des endgültigen Nachrückens von Personalratsmitgliedern kennt das Gesetz in § 28 Abs. 1 Satz 2 auch die Möglichkeit des Nachrückens für **die Zeit der Verhinderung eines Personalratsmitgliedes**. Mit dem Zeitpunkt der Beendigung der Verhinderung des ordentlichen Personalratsmitgliedes tritt das Ersatzmitglied automatisch wieder aus dem Personalrat aus und nimmt weiterhin seine Stellung als Ersatzmitglied wahr. Während der Zeit seiner Zugehörigkeit zum Personalrat hat das Ersatzmitglied die gleichen Rechte und Pflichten wie die übrigen Personalratsmitglieder. Eine Beschränkung wegen der vorübergehenden Natur der Mitgliedschaft im Personalrat besteht nicht, eine Bindung an Weisungen oder Aufträge des verhinderten Personalratsmitgliedes ist nicht gegeben *(Lorenzen u. a., BPersVG, § 31 Rn. 19)*. 18

Auch hier erstreckt sich die Stellvertretung nicht auf die an die Person gebundenen Funktionen des verhinderten Personalratsmitgliedes. 19

Zeitweilige Verhinderung

Eine zeitweilige Verhinderung ist gegeben, wenn ein Personalratsmitglied vorübergehend seine personalvertretungsrechtlichen Rechte und Pflichten nicht wahrnehmen kann. Der Zeitraum der Verhinderung ist hierbei nicht von entscheidender Bedeutung, es genügen auch nur kurzfristige Hinderungsgründe *(Lorenzen u. a., BPersVG, § 31 Rn. 9)*. 20

Die Verhinderung muß immer durch **tatsächliche oder rechtliche Erfordernisse** begründet sein, sie muß eine Stellvertretung notwendig machen. Damit scheidet aus, daß ein Personalratsmitglied selbst über seine Verhinderung und damit über das Nachrücken des Ersatzmitgliedes entscheidet. Es ist immer ein zwingender Grund für die Nichtausübung der Amtspflicht erforderlich. Kein Fall der Verhinderung ist gegeben, wenn sich ein Personalratsmitglied lediglich einer Abstimmung im Personalrat entziehen will *(vgl. Fischer/Goeres, § 31 Rn. 18)*. Eine Stellvertretung ist daher dann ausgeschlossen, 21

§ 28

wenn das ordentliche Personalratsmitglied in der Lage ist, selbst sein Amt auszuüben.

22 Da eine Stellvertretung nur bei einer zeitweiligen **Verhinderung** in diesem Sinne zulässig ist, kann ein Ersatzmitglied für ein Personalratsmitglied, das lediglich der Sitzung fernbleibt, ohne hierfür zwingende Gründe zu haben, nicht eintreten.

23 **Fälle der zeitweiligen Verhinderung** von Personalratsmitgliedern sind beispielsweise Krankheit, Urlaub, Dienstbefreiung, Ruhen des Personalratsamtes gem. § 27 sowie auswärtige Tätigkeiten, die eine Rückkehr zur Durchführung einzelner Amtsobliegenheiten nicht zumutbar erscheinen lassen.

24 Eine zeitweilige Verhinderung eines Personalratsmitgliedes im Sinne dieser Vorschrift liegt auch dann vor, wenn es von einer Beschlußfassung unmittelbar betroffen ist *(vgl. dazu BAG vom 23. 8. 1984, DB 1985, 554; enger Dietz/Richardi, BPersVG, § 31 Rn. 16).* Darüber hinaus sind Personalratsmitglieder dann von der Amtsausübung ausgeschlossen, wenn dies aus besonderen gesetzlichen Vorschriften folgt *(vgl. § 24 Abs. 2 LBG).* Der Eintritt eines Ersatzmitgliedes ist daher beispielsweise erforderlich, wenn über die Versetzung, Abordnung, Beförderung, Kündigung eines Personalratsmitgliedes entschieden werden soll *(vgl. auch BVerwG vom 24. 8. 1967, PersV 1968, 109).*

Entscheidung über zeitweilige Verhinderung

25 Während die Frage, ob ein Personalratsmitglied ausgeschieden ist, in der Regel keine Schwierigkeiten bereitet, wird häufig zweifelhaft sein, ob ein Fall der zeitweiligen Verhinderung vorliegt. Gleichwohl tritt das **Nachrücken** in den Personalrat auch hier **automatisch** ein, ohne daß es einer besonderen Beschlußfassung, Entscheidung, Ladung oder sonstigen Handlung bedarf *(BVerwG vom 24. 10. 1975, PersV 1977, 18).* Insbesondere kann auch nicht der Personalrat nach freiem Ermessen über das Vorliegen einer zeitweiligen Verhinderung entscheiden.

26 Eine **Prüfung des Vorliegens der Voraussetzungen** des § 28 Abs. 1 Satz 2 durch den Personalrat bzw. dessen Vorstand oder dessen Vorsitzenden ist nur insoweit möglich, als für die **rechtzeitige Ladung der Ersatzmitglieder** Sorge getragen werden muß *(BVerwG vom 14. 2. 1969, E 31, 298).* Auch ist die Zulässigkeit der Stellvertretung insoweit zu überprüfen, als der Personalrat darauf achten muß, daß an der Beschlußfassung nur diejenigen Mitglieder teilnehmen, die auch zur Beschlußfassung befugt sind, sonst erfolgt u. U. Beschlußfassung durch hierzu nicht befugte Personen.

Zeitpunkt des Eintretens

27 Im **Falle des Abs. 1 Satz 1** fallen die Zeitpunkte des Ausscheidens des ursprünglichen Personalratsmitgliedes und des Eintretens des Ersatzmitgliedes zusammen. Wird über das Ausscheiden ein Rechtsstreit geführt (z. B. Kündigungsschutzprozeß), so ist für den Zeitpunkt die gerichtliche Entscheidung maßgeblich. Im **Falle des Abs. 1 Satz 2** ist mit Beginn des Verhinderungsfalles das Ersatzmitglied nachgerückt. Es kommt nicht darauf an, ob an diesem Tag oder zu diesem Zeitpunkt eine Sitzung oder eine andere Personalratstätigkeit anfällt oder nicht *(LAG Bremen vom 15. 2. 1985, BB 1985, 1129).*

28 Zur Frage des bereits vor dem Eintreten in den Personalrat einsetzenden besonderen Schutzes vgl. oben Rn. 8, 9.

Reihenfolge des Eintretens der Ersatzmitglieder

Bei einer **Verhältniswahl** gem. § 16 Abs. 3, bei der mehrere Vorschlagslisten bestanden haben, rücken die Ersatzmitglieder in der Reihenfolge in den Personalrat ein, in der sie auf der Vorschlagsliste stehen, der auch das ausscheidende oder das vorübergehend verhinderte Personalratsmitglied angehörte. Hierbei kommt immer der nächste auf der Liste hinter demjenigen, der noch Personalratsmitglied geworden ist, in Betracht. 29

Hat nach § 16 Abs. 3 Sätze 2 und 3 eine **Mehrheitswahl** stattgefunden, so rückt dasjenige Ersatzmitglied ein, das die nächsthöchste, nicht mehr zum Zuge gekommene Stimmenzahl auf sich vereinigt hat. 30

Diese Grundsätze gelten auch bei Durchführung einer **Gruppenwahl**, da bei dieser die Vorschlagslisten bzw. die Wahlvorschläge sowohl bei der Verhältniswahl als auch bei der Mehrheitswahl jeweils nur für eine Gruppe aufgestellt werden. In diesen Fällen kann also nur das Nachrücken innerhalb einer bestimmten Gruppe erfolgen. 31

Etwas anderes gilt bei der **Gemeinschaftswahl** nach § 16 Abs. 2. In diesem Falle rückt das Ersatzmitglied mit der nächsthöheren Stimmenzahl in den Personalrat nach, das derselben Gruppe angehört wie das verhinderte oder aber ausgeschiedene Personalratsmitglied. Auch bei dem Nachrücken müssen nämlich die Gruppen in ihrem Verhältnis zueinander erhalten bleiben. 32

In Dienststellen, in denen der **Personalrat nur aus einer Person** besteht, rückt dasjenige Ersatzmitglied nach, das nach der Wahl nach § 16 Abs. 3 Satz 3 die nächsthöchste Stimmenzahl erhalten hat. Hier kommt es auf die Gruppenzugehörigkeit der entsprechenden Dienstkraft nicht an. Das gleiche gilt für Gruppen, denen nur ein Vertreter im Personalrat zusteht, § 16 Abs. 3 Satz 4. 33

Fehlen von Ersatzmitgliedern

Im Gegensatz zu der Regelung in § 25 Abs. 2 Satz 2 BetrVG enthält § 28 keine Regelung darüber, wie sich das Nachrücken von Ersatzmitgliedern gestaltet, wenn eine Vorschlagsliste erschöpft ist. In einem solchen Fall kann nicht auf eine **andere** Vorschlagsliste zurückgegriffen werden, da dies den Wählerwillen verfälschen würde. Vielmehr kann dann ein Ersatzmitglied nicht mehr einrücken *(BVerwG vom 16.7.1963, PersV 1963, 233; a.A. Fitting u.a., BetrVG, § 25 Rn. 35; Richardi, BetrVG, § 25 Rn. 20).* 34

Verhinderung von Ersatzmitgliedern

Ist ein Ersatzmitglied verhindert im Sinne des § 28 Abs. 1 Satz 2, so rückt es gleichwohl in den Personalrat nach, muß jedoch sofort durch das nächstfolgende Ersatzmitglied vertreten werden *(vgl. Fitting u.a., BetrVG, § 25 Rn. 50).* Die **Verhinderung führt nicht zum Verlust der Stellung als Ersatzmitglied,** selbst wenn sie vorübergehender Natur ist. Nur durch diese Konstruktion wird gewährleistet, daß bei Beendigung der Verhinderung des zunächst berufenen Ersatzmitgliedes dieses seine Rechte in vollem Umfange wahrnehmen kann. Mit diesem Zeitpunkt erlischt die Stellvertretung durch das erst in zweiter Linie berufene Ersatzmitglied. Der einstweilen eingetretene Stellvertreter scheidet aus. 35

36 Ist ein Ersatzmitglied für ein zeitweilig verhindertes Personalratsmitglied eingetreten und scheidet danach ein anderes Personalratsmitglied endgültig aus, so rückt zunächst nach der Reihenfolge des § 28 Abs. 2 ein weiteres Ersatzmitglied in den Personalrat ein. Dieses zuletzt nachgerückte Ersatzmitglied gehört dem Personalrat jedoch nur an, bis die zeitweilige Stellvertretung durch das an erster Stelle stehende Ersatzmitglied beendet ist. Dieses nimmt dann die Stelle des endgültig ausgeschiedenen Personalratsmitgliedes wahr, die Stellvertretung durch das an zweiter Stelle stehende Ersatzmitglied ist beendet. Dies ergibt sich daraus, daß die in § 28 Abs. 2 genannte Reihenfolge auch sicherstellen soll, daß die nach dieser Rangordnung berufenen Ersatzmitglieder auch zunächst ständige Mitglieder des Personalrats werden sollen *(vgl. BAG vom 6. 7. 1979, AP Nr. 7 zu § 15 KSchG 1969).*

Ausschluß des Nachrückens

37 Nach § 28 Abs. 3 Satz 1 treten im Falle der **Auflösung des gesamten Personalrats** durch gerichtliche Entscheidung die Ersatzmitglieder nicht in den Personalrat ein. Mit der gerichtlichen Entscheidung ist deren Amt automatisch auch beendet. Dem entspricht auch die Regelung des § 24 Abs. 1 Nr. 4, die ausdrücklich für diesen Fall die Neuwahl des Personalrats außerhalb des Zeitpunkts der regelmäßigen Personalratswahlen anordnet.

Wechsel der Gruppenzugehörigkeit

38 Nach § 28 Abs. 3 Satz 2 ist der Wechsel der Gruppenzugehörigkeit eines Ersatzmitgliedes für dessen Stellung **ohne Belang.** Damit wird die Regelung des § 26 Abs. 2, die im Interesse der Kontinuität der Personalratsarbeit unter Hintanstellung des Gruppenprinzips den Wechsel der Gruppenzugehörigkeit von Personalratsmitgliedern ohne Bedeutung sein läßt, auch für die Ersatzmitglieder übernommen. Ersatzmitglieder gelten daher für die Dauer der Wahlperiode als Vertreter derjenigen Gruppe, für die sie kandidiert haben.

Streitigkeiten

39 Streitigkeiten aus § 28, insbesondere Streitigkeiten über die Voraussetzung des Nachrückens in den Personalrat sowie darüber, wer als Ersatzmitglied berufen ist, entscheidet das Verwaltungsgericht im verwaltungsgerichtlichen Beschlußverfahren gem. § 91 Abs. 1 Nr. 2.

40 Diese Fragen können auch als Vorfrage in Rechtsstreitigkeiten einzelner Dienstkräfte im arbeitsgerichtlichen oder verwaltungsgerichtlichen Urteilsverfahren entschieden werden, wenn es z. B. um besondere Schutzrechte der Personalratsmitglieder geht *(§ 44)* oder aber wenn die Wirksamkeit eines Personalratsbeschlusses von der Frage abhängt, ob ein Ersatzmitglied zulässigerweise an der Beschlußfassung teilgenommen hat.

3. Geschäftsführung

§ 29 Vorstand

(1) Der Personalrat bildet aus seiner Mitte den Vorstand. Diesem muß mindestens ein Mitglied jeder im Personalrat vertretenen Gruppe angehören, es sei denn, daß die Vertreter einer Gruppe darauf verzichten. Die Vertreter jeder Gruppe wählen die auf sie entfallenden Vorstandsmitglieder. Der Vorstand führt die laufenden Geschäfte.
(2) Der Personalrat bestimmt mit einfacher Mehrheit, welches Vorstandsmitglied den Vorsitz übernimmt. Er bestimmt zugleich die Vertretung des Vorsitzenden. Dabei sind die Gruppen zu berücksichtigen, denen der Vorsitzende des Personalrats nicht angehört, es sei denn, daß die Vertreter dieser Gruppen darauf verzichten.
(3) Der Vorsitzende vertritt den Personalrat im Rahmen der von diesem gefaßten Beschlüsse. In Angelegenheiten, die nur eine Gruppe betreffen, vertritt der Vorsitzende, wenn er nicht selbst dieser Gruppe angehört, gemeinsam mit einem der Gruppe angehörenden Vorstandsmitglied den Personalrat.

Übersicht	Rn.
Allgemeines	1– 4
Wahl des Vorstandes	5, 6
Wahlvorschriften	7–10
Größe des Vorstandes	11
Gruppenprinzip	12–17
Nachrücken der Ersatzmitglieder	18
Beendigung der Mitgliedschaft	19–21
Aufgaben des Vorstandes	22–26
Wahl des Vorsitzenden	27–32
Dauer der Amtszeit	33, 34
Stellvertreter des Vorsitzenden	35–40
Aufgaben des Vorsitzenden	41
Vertretungsbefugnis	42
Abgabe von Erklärungen	43–45
Entgegennahme von Erklärungen	46
Gemeinsame Vertretung	47–50
Streitigkeiten	51, 52

Allgemeines

Die Vorschrift regelt die Gestaltung der Organisation innerhalb des Personalrats. Außerdem enthält sie Regelungen, wer den Personalrat nach außen vertritt. Gleichzeitig wird festgestellt, daß sowohl bei der Organisation als auch bei der Geschäftsführung und der Vertretung nach außen das Gruppenprinzip berücksichtigt wird. § 29 hat nur Bedeutung für den mehrköpfigen Personalrat. 1

Die Bestimmung ist grundsätzlich **zwingend**, sie kann weder durch Dienstvereinbarung noch durch Tarifvertrag geändert werden. Lediglich für besonders bestimmte Aufgaben oder Angelegenheiten kann in der Geschäftsordnung des Personalrats durch Dienstvereinbarung oder ähnliches eine Vertretungsrege- 2 lung in Abweichung von § 29 Abs. 3 getroffen werden. Diese Vertretungsregelung kann jedoch nicht generell von § 29 Abs. 3 abweichen.

3 Teilweise **vergleichbare Regelungen** finden sich in § 32 BPersVG. Nur begrenzt vergleichbar ist § 26 BetrVG, da dort im Gegensatz zum Personalvertretungsrecht kein Vorstand des Betriebsrates gebildet wird.

4 Die Vorschriften des § 29 sind **entsprechend anwendbar** für den Gesamtpersonalrat *(§ 52)* und den Hauptpersonalrat *(§ 57)*. Mangels einer entsprechenden Verweisungsnorm finden sie keine Anwendung für die Jugend- und Auszubildendenvertretung und die Gesamt- sowie Haupt-Jugend- und Auszubildendenvertretung. Für diese ist nur die Wahl eines Vorsitzenden und dessen Stellvertreters vorgesehen, § 63 Abs. 3 bzw. §§ 68 und 69. Grund für diese unterschiedliche Gestaltung der Organisation ist die völlig anders geartete Aufgabenstellung der Jugend- und Auszubildendenvertretungen.

Wahl des Vorstandes

5 § 29 Abs. 1 betrifft die Bildung des Vorstandes. Durch ihn soll sichergestellt werden, daß der Personalrat jederzeit **handlungsfähig** ist, ferner soll seine Entlastung von laufenden Geschäften erreicht werden.

6 Die Bildung des Vorstandes ist eine im Gesetz besonders hervorgehobene Aufgabe des Personalrats. Verletzt er diese **Pflicht** oder wird die Bildung des Vorstandes ungerechtfertigt verzögert, kann er gem. § 25 wegen grober Verletzung der gesetzlichen Pflichten aufgelöst werden *(Dietz/Richardi, BPersVG, §§ 32, 33 Rn. 7)*. Ohne Vorstand wäre die Handlungsfähigkeit des Personalrats erheblich beschränkt, unter Umständen könnte der Dienststellenleiter die Verhandlung mit dem Personalrat verweigern, wenn nicht einmal ein Vorsitzender gewählt worden ist. Ist kein Vorstand gebildet worden und erledigt der Personalrat die Geschäfte in vollem Gremium, kann die Zahlung des Entgelts für die versäumte Arbeitszeit verweigert werden.

Wahlvorschriften

7 Das Gesetz enthält **keine formellen Vorschriften** für die Bildung des Vorstandes. Aus dem Wortlaut des Gesetzes geht lediglich hervor, daß die Bildung des Vorstandes eine interne Angelegenheit des Personalrates ist, an ihr nehmen nur die Personalratsmitglieder teil. Es handelt sich um einen Akt der Geschäftsführung des Personalrats *(BVerwG vom 15. 5. 1991, PersR 1991, 411)*.

8 Die Wahl des Vorstands gehört **nicht** mehr **zur Personalratswahl,** so daß auch die für diese geltenden Wahlvorschriften nicht mehr anwendbar sind.

9 Da es sich um eine Frage der Geschäftsführung handelt, kann der Personalrat auch frei die **Wahlmodalitäten** bestimmen. Soweit die Vorstandsmitglieder durch die einzelnen Gruppen bestimmt werden, § 29 Abs. 1 Sätze 2 und 3, ist es Sache der betroffenen Gruppen, festzulegen, in welcher Form das in den Vorstand zu entsendende Gruppenmitglied zu bestimmen ist. Die Gruppe kann daher das Bestimmungsverfahren auch selbst regeln. **Eine geheime Stimmabgabe** ist nicht erforderlich. Die Wahl des Vorstandes kann durch Handaufheben, Zuruf oder auch auf sonstige Weise erfolgen, erforderlich ist lediglich, daß eindeutig Mehrheitsverhältnisse festgestellt werden können *(Lorenzen u.a., BPersVG, § 32 Rn. 7; Fischer/Goeres, § 32 Rn. 10)*. Der Personalrat kann auch die Einzelheiten des Wahlverfahrens selbst festlegen. Zur Möglichkeit des Los-

§ 29

entscheids bei Stimmengleichheit im Rahmen der Bestimmung der Vorstandsmitglieder siehe unten Rn. 14.
Die Wahl des Vorstandes hat **in der konstituierenden Sitzung** des Personalrats 10
gem. § 30 zu erfolgen. Die Wahl des Vorstandes muß regelmäßig auch vor der Wahl des Vorsitzenden des Personalrats erfolgen. Aus § 29 Abs. 2 Satz 1 ergibt sich nämlich, daß nur aus dem Kreise der Vorstandsmitglieder der Vorsitzende bestimmt werden kann.

Größe des Vorstandes

Hinsichtlich der **Größe des Vorstandes** enthält das Gesetz keine ausdrückliche 11
Regelung. Aus § 29 Abs. 1 Satz 2 folgt jedoch, daß der Vorstand mindestens so groß sein muß, wie Gruppen im Personalrat vertreten sind, soweit keine Gruppe auf ein Vertretungsrecht verzichtet hat. Über diese Mindestgröße hinaus kann der Personalrat jedoch auch weitere Vorstandsmitglieder wählen, wenn dies zur Aufgabenerfüllung erforderlich ist. Die Beurteilung der Erforderlichkeit steht in freiem Ermessen des Personalrats. Eine gerichtliche Überprüfung findet insoweit nicht statt. Bei Verzicht einer Gruppe auf die Vertretung im Vorstand werden die ihr zustehenden Sitze auf die anderen Gruppen nach dem Höchstzahlverfahren verteilt *(BVerwG vom 23. 10. 1970, E 36, 170)*.

Gruppenprinzip

Sind in dem Personalrat mehrere Gruppen vertreten, muß mindestens **jede** 12
Gruppe ein Vorstandsmitglied stellen. Das gilt auch dann, wenn der Personalrat im Wege der Gemeinschaftswahl gem. § 16 Abs. 2 gewählt worden ist.
Die **Wahl** der Vorstandsmitglieder erfolgt **getrennt** durch die einzelnen Grup- 13
pen, § 29 Abs. 1 Satz 3. Eine Gemeinschaftswahl ist nicht möglich, da sie anders als bei der Personalratswahl nicht im Gesetz vorgesehen ist. Erfolgt die Wahl der Vorstandsmitglieder nicht getrennt nach Gruppen, so kann die Wahl in entsprechender Anwendung des § 22 anfechtbar sein. Da besondere Verfahrensvorschriften jedoch fehlen, gilt dies nur dann, wenn nicht festgestellt worden ist, ob auf das betroffene Vorstandsmitglied die Mehrheit der Stimmen seiner Gruppenvertreter im Personalrat entfallen sind. Es genügt daher, wenn bei einer gemeinschaftlichen Abstimmung klargestellt ist, welche Mehrheiten bei den einzelnen Gruppen für welche Vorstandsmitglieder erzielt worden sind. Etwas anderes gilt *(vgl. BVerwG vom 28. 2. 1979, PersV 1981, 427)*, wenn eine Gruppe im Personalrat lediglich durch ein Mitglied vertreten ist. Dieses rückt in den Vorstand ein. Eine Wahl wäre lediglich eine nicht erforderliche Förmlichkeit. Allerdings kann dieses Gruppenmitglied auch die Annahme der Stellung als Vorstandsmitglied verweigern. In diesem Falle ist die Gruppe im Vorstand nicht vertreten *(vgl. auch unten Rn. 16)*.
Ergibt sich bei der Bestimmung des Vorstandsmitglieds durch die Gruppe 14
keine Mehrheit für eines der gewählten Gruppenmitglieder, führt dies nicht dazu, daß ein Vorstandsmitglied dieser Gruppe nicht gewählt werden kann. Vielmehr hat die Gruppe es in der Hand, das Verfahren festzulegen, durch das das Vorstandsmitglied von ihr bestimmt werden soll. Da die Wahl der Vorstandsmitglieder eine Rechtspflicht der Gruppenvertreter ist, besteht der Zwang der Gruppe, eine solche Bestimmung vorzunehmen. In diesen Fällen kann daher vorgesehen werden, daß ein **Losentscheid** durchzuführen ist. Die

§ 29

Verhinderung der Wahl wäre eine Verletzung der Rechtspflicht der Gruppenvertreter, so daß gegebenenfalls für sie die Sanktion des § 25 Abs. 1 in Betracht kommen könnte. U. U. kann daher der Losentscheid auch erzwungen werden *(Altvater, u.a., BPersVG, § 32 Rn. 8; Grabendorff u.a., BPersVG, § 32 Rn. 11)*. Wie der Losentscheid durchgeführt wird, ist Sache der betroffenen Gruppe. Jede Entscheidungsform ist zulässig, die den Bewerbern gleiche Chancen eröffnet, insbesondere ist darauf zu achten, daß nicht durch Geschicklichkeit die Entscheidung beeinflußt werden kann; es ist zwingend notwendig, daß der Zufallscharakter der Losentscheidung erhalten bleibt (**nicht** zulässig: Entscheidung durch Streichholzziehen, da eine solche Entscheidung wenig transparent ist und Manipulationen nicht ausgeschlossen sind, vgl. *BVerwG vom 15. 5. 1991, PersV 1992, 73)*.

15 Weigert sich die betroffene Gruppe, in einer Pattsituation einen Losentscheid herbeizuführen, so verletzen die Gruppenmitglieder nicht nur die ihnen nach dem Personalvertretungsgesetz obliegende Verpflichtung *(dazu oben Rn. 6)*, sondern die Gruppe verliert auch ihren Anspruch auf Vertretung in dem Vorstand. Der gleiche Effekt tritt ein, wenn zwar ein Gruppenmitglied in den Vorstand gewählt wird, dieses jedoch die Wahl nicht annimmt. Ist auch kein weiteres Mitglied der Gruppe bereit, Vorstandsmitglied zu werden, so führt dies ebenfalls dazu, daß ein Anspruch auf Vertretung im Vorstand nicht möglich ist. Ebenso ist der Fall zu behandeln, daß die Vertreter einer Gruppe auf die Beteiligung bei der Bildung des Vorstandes von vornherein verzichten. Dieser **Verzicht** muß allerdings von den im Personalrat vertretenen Personalratsmitgliedern einer Gruppe ausdrücklich erklärt werden. Eine Beteiligung der Gruppe selbst ist nicht möglich. Dem entspricht auch die Bestimmung in § 29 Abs. 1 Satz 2, die ausdrücklich auch die Möglichkeit vorsieht, daß die Mitglieder einer im Personalrat vertretenen Gruppe darauf verzichten, im Vorstand vertreten zu sein. Auch dieser Verzicht muß allerdings eindeutig von den Personalratsmitgliedern der betroffenen Gruppe erklärt werden. Der Gruppenverzicht bindet dann alle Gruppenmitglieder *(OVG Berlin vom 21. 2. 1980 – OVG PV Bln. 15.78)*.

16 Für die Frage, wie die **Zusammensetzung** des Vorstandes erfolgt, wenn entweder eine **Gruppe** auf ihre Vertretung im Vorstand ausdrücklich **verzichtet** oder aber wenn sie den ihr zustehenden Platz im Vorstand nicht besetzt, gilt § 29 Abs. 1 Satz 2. Danach muß zwar dem Vorstand mindestens ein Mitglied jeder im Personalrat vertretenen Gruppe angehören, die Ausnahme hiervon gilt aber, wenn die Vertreter einer Gruppe auf diese Vertretung verzichten. Diesem Verzicht ist die Tatsache gleichzustellen, daß die Personalratsmitglieder einer Gruppe kein Vorstandsmitglied bestimmen oder daß sämtliche Personalratsmitglieder dieser Gruppe die Wahl zum Vorstandsmitglied ablehnen. In diesen Fällen verringert sich die Zahl der Vorstandsmitglieder, u.U. kann dies sogar dazu führen, daß der Vorstand eines Personalrats nur aus Mitgliedern einer einzigen Gruppe besteht *(vgl. z. B. BVerwG vom 27. 8. 1997, PersR 1998, 113)*. Zu beachten ist, daß dann, wenn eine Gruppe im Vorstand nicht vertreten ist, dies auf die Vertretungsbefugnis des Vorsitzenden gem. § 29 Abs. 3 Satz 2 Auswirkungen haben kann *(vgl. dazu unten Rn. 49)*.

17 Die Wahl in den Vorstand bedarf der **Annahme** durch die gewählten Personalratsmitglieder. Die Annahme ist gegenüber dem Wahlvorstand, der nach § 30 Abs. 1 die Bildung des Vorstandes leitet, zu erklären. Wird die Wahl nicht angenommen, haben die Vertreter der betroffenen Gruppe einen neuen Vertreter zu wählen. Zur Annahmeverweigerung vgl. unten Rn. 32.

Nachrücken der Ersatzmitglieder

Die Mitgliedschaft im Vorstand des Personalrats ist ein höchstpersönliches **18** Recht. Ein **Nachrücken der Ersatzmitglieder** in diese Position erfolgt nicht. Scheidet ein Vorstandsmitglied aus dem Personalrat aus, so ist eine Neuwahl für diesen Vorstandsposten erforderlich. Etwas anderes gilt nur dann, wenn der Personalrat neben der Bestellung von Vorstandsmitgliedern auch **Ersatzmitglieder für den Vorstand** aus seinen Reihen bestellt hat (für eine diesbezügliche **Verpflichtung** der Gruppe: *BVerwG vom 21. 4. 1992, PersV 1992, 434*).

Beendigung der Mitgliedschaft

Die Mitgliedschaft im Vorstand des Personalrats endet grundsätzlich mit der **19** Mitgliedschaft im Personalrat. Die Bestellung zum Vorstandsmitglied erfolgt für die gesamte Dauer der Amtszeit.

Die Vorstandsmitglieder können jederzeit ihr Amt durch Erklärung gegenüber **20** dem Personalrat niederlegen. In diesem Falle endet ihre Mitgliedschaft im Vorstand, die Mitgliedschaft im Personalrat bleibt davon unberührt.

§ 29 Abs. 1 Satz 3 beruht auf dem Grundgedanken, daß die Gruppenvertreter **21** im Vorstand des Personalrats vom Vertrauen der im Personalrat vertretenen Gruppenmehrheit getragen sein sollen *(vgl. BVerwG vom 23. 10. 1970, PersV 1971, 140)*. Es ist daher zulässig, daß die jeweilige Gruppe dem von ihr gewählten Vorstandsmitglied das **Vertrauen entzieht** und es abberuft, eine Begründung des Beschlusses ist nicht erforderlich; dieser ist nur eingeschränkt gerichtlich überprüfbar *(vgl. HessVGH vom 10. 11. 1992, PersV 1993, 183)*. In diesem Falle ist ein neues Vorstandsmitglied von der Gruppe zu wählen. Die Mitgliedschaft des abberufenen Vorstandsmitgliedes in dem Personalrat bleibt davon unberührt, da ein Erlöschen des Personalratsamtes lediglich in den in § 26 aufgeführten Fällen möglich ist.

Aufgaben des Vorstandes

Die Mitglieder des Vorstandes haben grundsätzlich die gleiche Rechtsstellung **22** wie die sonstigen Mitglieder des Personalrats. Ihnen sind lediglich durch das Gesetz besondere **zusätzliche Aufgaben und Zuständigkeiten** zugewiesen worden.

Der Vorstand führt nach § 29 Abs. 1 Satz 4, die »laufenden Geschäfte« des **23** Personalrats. Der Begriff der laufenden Geschäfte ist im Gesetz nicht näher konkretisiert. Er steht im Gegensatz zu den von dem Plenum des Personalrats wahrzunehmenden Aufgaben. Die diesem zugewiesenen Aufgaben insbesondere im Bereich der Beteiligungsrechte werden durch § 29 Abs. 1 Satz 4 nicht beschränkt.

Der Vorstand hat in erster Linie formelle Aufgaben wahrzunehmen, die der **24** **Vorbereitung der Arbeit des Personalrats** dienen. Hierzu gehört die Vorbereitung von Entscheidungen, Führung vorbereitender Gespräche mit dem Dienststellenleiter oder anderen Stellen bzw. Personen, Beschaffung von Informationen, Einsichtnahme in Akten, Entgegennahme von Anregungen und Beschwerden und sonstigen Erklärungen. Insbesondere auch die Erklärungen des Dienststellenleiters im Rahmen der Beteiligungsrechte sind gegenüber dem Vorstand abzugeben. Darüber hinaus kann er Entwürfe für die Beschlußfassung

§ 29

des Plenums vorbereiten *(BVerwG vom 11. 10. 1972, PersV 1973, 48; HessVGH vom 22. 5. 1974, PersV 1975, 64)* oder Beschlußvorlagen unterbreiten, in jedem Falle muß jedoch die Abstimmung über den gesamten Beschluß sowohl inhaltlich als auch formell dem Plenum überlassen bleiben. Nicht zu den laufenden Geschäften gehört die Wahrnehmung der monatlichen Besprechung des § 70 Abs. 1 und die sonstigen Erörterungen im Rahmen des Beteiligungsverfahrens gem. § 79. Diese Aufgaben müssen in jedem Falle durch das Plenum selbst wahrgenommen werden *(vgl. BVerwG vom 11. 10. 1972, PersV 1973, 48)*.

25 Grundsätzlich ist die Führung der laufenden Geschäfte Aufgabe des gesamten Vorstandes. Der Vorstand kann jedoch mit Hilfe eines Geschäftsverteilungsplanes – allerdings unter Beachtung der Rechte des Gremiums nach § 38 – eine **Aufgabenverteilung** vornehmen. Auch die Bildung von Ausschüssen ist zulässig *(BVerwG vom 5. 2. 1971, PersV 1972, 36)*. Eine Arbeitsverteilung nur auf einige Mitglieder des Vorstandes unter Ausschluß der übrigen ist unzulässig. Auch kann durch einen solchen Geschäftsverteilungsplan nicht ausgeschlossen werden, daß in jedem Einzelfall der Vorstand in seiner Gesamtheit die Angelegenheit behandelt.

26 In seltenen Fällen wird es möglich sein, daß der Vorstand einen **Geschäftsführer** beauftragt. Das kann nur dann erfolgen, wenn sonst eine ordnungsgemäße Führung der Geschäfte durch den Vorstand nicht gewährleistet wäre. Ein Geschäftsführer darf daher lediglich zur Entlastung des Vorstandes tätig werden, der Vorstand darf aber weder die gesamte Geschäftsführungsbefugnis auf den Geschäftsführer delegieren, noch sonst dürfen die Vorstandsmitglieder von der Geschäftsführung ausgeschlossen werden.

Wahl des Vorsitzenden

27 Ebensowenig wie für die Wahl der Vorstandsmitglieder bestehen besondere Vorschriften für die Wahl des Vorsitzenden. Es muß lediglich feststehen, daß eine Wahl erfolgt ist und welches Ergebnis die Wahl gehabt hat.

28 Die Wahl erfolgt in der **konstituierenden Sitzung** des Personalrats, sie wird von dem Wahlvorstand geleitet, § 30 Abs. 1. Sie gehört jedoch nicht mehr zur Personalratswahl selbst, sie ist eine innere Angelegenheit des Personalrats *(BVerwG vom 3. 8. 1983, ZBR 1984, 128)*.

29 Die Wahl muß durch den Personalrat als Gremium mit **einfacher Mehrheit** erfolgen, § 29 Abs. 2 Satz 1. Eine Wahl durch den Vorstand ist nicht möglich, da es sich nicht um ein laufendes Geschäft handelt. Auch kann der Personalrat die Wahl des Vorsitzenden des Vorstandes nicht auf den Vorstand delegieren. Die für die Wahl erforderliche Mehrheit setzt voraus, daß der Kandidat die Mehrheit der Stimmen der anwesenden Mitglieder erhält *(BVerwG vom 3. 8. 1983, ZBR 1984, 128)*.

30 Ebenso wie die Stellung der Vorstandsmitglieder ist die Wahl des Vorsitzenden eine **gesetzliche Verpflichtung** des Personalrats. Ihre Nichtbeachtung ist eine Pflichtwidrigkeit, die nach § 25 unter Umständen zur Auflösung des Personalrats führen kann *(vgl. oben Rn. 7)*.

31 Wählbar zum Vorsitzenden sind nur **Mitglieder des Vorstandes,** nicht sonstige Mitglieder des Personalrats. Ein nicht dem Vorstand angehörendes Personalratsmitglied (Ergänzungsmitglied) kann erst dann zum Vorsitzenden gewählt werden, wenn kein Vorstandsmitglied zur Übernahme des Vorsitzes bereit ist.

§ 29

Eine Verpflichtung, das Amt des Vorsitzenden zu übernehmen, besteht nicht. 32
Das zum Vorsitzenden gewählte Vorstandsmitglied kann die **Wahl ablehnen**
mit der Folge, daß eine neue Wahl erforderlich ist. Bei der Ablehnung ist das
Vorstandsmitglied auch nicht an bestimmte Gründe gebunden *(Fischer/Goeres,
§ 32 Rn. 18; Dietz/Richardi, BPersVG, §§ 32, 33 Rn. 29)*. Es ist ein grundlegendes
Prinzip demokratischer Wahlen, daß jeder Gewählte völlig frei über die Annahme der Wahl entscheiden kann. Lehnen allerdings alle Vorstandsmitglieder
die Übernahme des Vorsitzes ab, so können sie von der jeweiligen Gruppe aus
dieser Position abberufen und neue Gruppensprecher gewählt werden *(Altvater
u. a., BPersVG, § 32 Rn. 14)*.

Dauer der Amtszeit

Der Vorsitzende wird regelmäßig für die Amtszeit des Personalrats gewählt. Er 33
kann aber schon vorher **durch Mehrheitsbeschluß** des Personalrates **abberufen werden** *(Lorenzen u. a., BPersVG, § 32 Rn. 21a)*. Damit verliert der Vorsitzende jedoch nicht seine Stellung als Vorstandsmitglied und als Personalratsmitglied. Lediglich die Position des Vorsitzenden ist neu zu besetzen, eine
Neuwahl ist erforderlich, die wiederum durch das Gremium des Personalrates
erfolgen muß.
Der Vorsitzende kann sein Amt auch während der Amtsperiode des Perso- 34
nalrates **niederlegen** *(Dietz/Richardi, BPersVG, §§ 32, 33 Rn. 31)*.

Stellvertreter des Vorsitzenden

Nach § 29 Abs. 2 Satz 2 hat der Personalrat zugleich mit der Wahl des Vorsit- 35
zenden dessen Vertretung zu bestimmen. Dies kann in einem einheitlichen
Wahlvorgang erfolgen, es können jedoch auch mehrere Wahlvorgänge vorgenommen werden.
Bei der Bestimmung der Vertreter des Vorsitzenden sind die im Personalrat 36
vertretenen **Gruppen angemessen zu berücksichtigen.** Das bedeutet, daß sich
die Zahl der Stellvertreter mindestens nach der Zahl der im Personalrat vertretenen Gruppen bemißt. Das kann dazu führen, daß mehrere Stellvertreter vorhanden sind. In diesem Falle muß der Personalrat die Reihenfolge bestimmen, in
der die Vertreter die Stellvertretung des Vorsitzenden übernehmen *(Lorenzen
u. a., BPersVG, § 32 Rn. 25)*. Die Festlegung der Reihenfolge steht im Ermessen des
Personalrats, hierbei kann die Stärke der Gruppen berücksichtigt werden *(VG
Berlin vom 28. 10. 1982 – VG FK [Bln] – B – 13.82)*. Die Zahl der Stellvertreter kann
dabei auch größer sein als die Zahl der Gruppen *(OVG Berlin vom 30. 6. 1983 –
OVG PV Bln 15.82; VG Berlin vom 28. 5. 1984 – VG FK Bln A 4.84)*.
Ebenso wie der Vorsitzende müssen auch die Stellvertreter Vorstandsmitglie- 37
der sein. Nur die Reihenfolge der Vertretung kann festgelegt werden. Die Wahl
eines nicht dem Vorstand angehörenden Personalratsmitgliedes zum Stellvertreter kann nur aus gewichtigen Gründen gerechtfertigt werden *(vgl. zu dem
Ganzen BVerwG vom 26. 10. 1977, PersV 1979, 74, 110, 113; VGH Baden-Württemberg vom 31. 5. 1983, ZBR 1984, 217)*.
Die Vertreter der im Personalrat vertretenen Gruppen können auf die Stellung 38
eines Vertreters des Vorsitzenden verzichten. Da jedoch in jedem Falle eine
Stellvertretung gesichert sein muß, kann dann der Stellvertreter des Vorsitzenden
auch der gleichen Gruppe angehören wie der Vorsitzende des Personalrats.

§ 29

39 Die **Dauer des Amtes** als Stellvertreter des Vorsitzenden bestimmt sich grundsätzlich ebenfalls nach der **Amtszeit des Personalrats.** Auch hier ist jedoch unter den gleichen Voraussetzungen wie bei dem Vorsitzenden selbst eine Abwahl aus dem Amt möglich. Die Stellung als Vorstandsmitglied bzw. als Personalratsmitglied wird hiervon nicht berührt.

40 Auch das Amt des Stellvertreters ist an die Person gebunden, bei dessen Verhinderung rückt das für ihn in den Personalrat eingetretene Ersatzmitglied nicht in diese Funktion nach.

Aufgaben des Vorsitzenden

41 Der Vorsitzende des Personalrats bzw. bei seiner Verhinderung seine Stellvertreter haben vornehmlich formale Aufgaben. Hierzu gehören insbesondere:
– Die Einberufung der Personalratssitzungen, die Festlegung der Tagesordnung und Leitung der Sitzung, § 30 Abs. 2; hierzu gehört die Ladung der Personalratsmitglieder, des nach § 36 zu beteiligenden Vertrauensmannes der Schwerbehinderten, des nach § 35 zu beteiligenden Vertreters der Jugendvertretung bzw. der Gesamtjugendvertretung sowie die Benachrichtigung des Dienststellenleiters gem. § 31 Abs. 1 Satz 3.
– Die Leitung der Personalversammlung gem. § 45 Abs. 1.
– Die Teilnahme an der Jugendversammlung gem. § 67.
– Die Unterzeichnung der Niederschrift über die Personalratssitzungen, § 37 Abs. 1.
– Die Wahrnehmung von Aufgaben, die dem Personalratsvorsitzenden in der Geschäftsordnung gem. § 38 übertragen worden sind.

Vertretungsbefugnis

42 Darüber hinaus legt § 29 Abs. 3 Satz 1 im einzelnen die **Vertretungsbefugnis** des Personalratsvorsitzenden fest. Hierbei handelt es sich nicht um eine Vertretungsbefugnis im Sinne des bürgerlichen Rechts, sondern lediglich um eine Vertretung in der Erklärung *(BVerwG vom 21. 7. 1982, PersV 1983, 316; Richardi, BetrVG, § 26 Rn. 46).* Es besteht keine Vertretungsbefugnis in der Willensbildung *(BVerfG vom 19. 12. 1994, PersR 1995, 165).* Das ergibt sich daraus, daß der Vorsitzende lediglich die von dem Personalrat in Ausübung seiner Pflichten und Befugnisse gefaßten Beschlüsse auszuführen hat. Damit ist auch klargestellt, daß der Personalrat seinem Vorsitzenden keine Generalvollmacht erteilen kann *(Richardi, BetrVG, § 26 Rn. 57; vgl. BAG vom 17. 2. 1981, AP Nr. 12 zu § 112 BetrVG 1972).* Damit würde nämlich in unzulässiger Weise eine Vertretung in der Willensbildung ermöglicht.

Abgabe von Erklärungen

43 Der Personalratsvorsitzende braucht bei Abgabe seiner Erklärungen nicht den entsprechenden Beschluß des Personalrates vorzulegen. Jeder Erklärungsempfänger, also auch der Dienststellenleiter, kann davon ausgehen, daß die Erklärungen mit den tatsächlich gefaßten Beschlüssen übereinstimmen. Eine Ausnahme besteht nur dann, wenn der Dienststellenleiter bzw. der sonstige Erklärungsempfänger aus Äußerungen von anderen Personalratsmitgliedern oder aus sonstigen Gegebenheiten Zweifel daran haben muß, ob sich der Personalratsvorsitzende überhaupt im Rahmen der Beschlüsse des Personalrats hält. In diesen Fällen kann der Nachweis verlangt werden, daß die Handlungen und Erklärungen des Vorsitzenden im Rahmen der vom Personalrat gefaßten Beschlüsse abgegeben werden, gegebenenfalls sind die Beschlüsse vorzulegen *(vgl. OVG Nordrhein-Westfalen vom 14. 10. 1991, PersR 1992, 158).* Umgekehrt kann es ein rechtsmißbräuchliches Verhalten des Dienststellenleiters darstellen, wenn dieser einen entsprechenden Formfehler (z. B. Gruppenprinzip) des Personalrats erkennt, hierauf aber nicht aufmerksam macht *(BVerwG vom 14. 7. 1986, PersR 1986, 233; vgl. aber auch BVerwG vom 21. 4. 1992, PersR 1992, 304).*

Eine Erklärung des Personalratsvorsitzenden, die durch entsprechende Personalratsbeschlüsse nicht gedeckt ist, ist grundsätzlich unwirksam *(vgl. aber auch BVerwG vom 21. 4. 1992, PersR 1992, 304);* sie kann jedoch durch nachträgliche Zustimmung des Personalrats wirksam werden *(vgl. BAG vom 15. 12. 1961, AP Nr. 1 zu § 615 BGB Kurzarbeit).* Nach den Grundsätzen der Haftung aus veranlaßtem Rechtsschein bzw. der Vertrauenshaftung können jedoch im Einzelfall Bindungswirkungen entstehen *(Richardi, BetrVG, § 26 Rn. 62 m.w.N.).* Erforderlich ist hierfür, daß der Personalrat in Kenntnis der Erklärungen des Personalratsvorsitzenden untätig bleibt und daß der Erklärungsempfänger auf die Wirksamkeit der Erklärung vertraut hat. **44**

Gibt der Personalratsvorsitzende Erklärungen ab, ohne daß diesen entsprechende Personalratsbeschlüsse zugrunde liegen, kann dies in jedem Falle seine Abwahl von dem Vorsitzendenposten rechtfertigen. Darüber hinaus kann nach § 25 der Ausschluß aus dem Personalrat wegen grober Verletzung seiner gesetzlichen Pflichten betrieben werden. Gegebenenfalls kommt eine Schadensersatzpflicht des Personalratsvorsitzenden in Betracht. **45**

Entgegennahme von Erklärungen

Im Gegensatz zu der Regelung in § 26 Abs. 3 Satz 2 BetrVG ist in § 29 Abs. 3 nicht klargestellt worden, ob der Vorsitzende des Personalrats auch zur Entgegennahme von Erklärungen befugt ist. Da eine solche ausdrückliche Kompetenzzuweisung nicht erfolgt ist, die Entgegennahme von Erklärungen andererseits grundsätzlich zu den laufenden Geschäften gem. § 29 Abs. 1 Satz 4 gehört, ist davon auszugehen, daß der Vorsitzende des Personalrats grundsätzlich nicht befugt ist, Erklärungen entgegenzunehmen. Diese müssen vielmehr gegenüber dem Vorstand abgegeben werden. Die hiermit verbundene Schwerfälligkeit muß in Kauf genommen werden. Eine dem Personalrat gegenüber abzugebende Erklärung ist damit erst dann diesem zugegangen, wenn sie in den **Machtbereich des Vorstandes** gelangt ist. Allerdings kann in der Geschäftsordnung des Personalrates vorgesehen werden, daß der Personalratsvorsitzende oder ein sonstiges Mitglied des Vorstandes zur Entgegennahme von Erklärungen für den Vorstand befugt ist. **46**

Gemeinsame Vertretung

Eine nochmalige Berücksichtigung des Gruppenprinzips findet sich in § 29 Abs. 3 Satz 2 *(vgl. dazu allgemein Windscheid, PersV 1976, 83).* Danach besteht eine alleinige Vertretungsbefugnis des Personalratsvorsitzenden nur dann, wenn die Angelegenheit mindestens zwei Gruppen oder sämtliche Gruppen betrifft. Wird nur eine Gruppe betroffen, besteht nur eine gemeinsame Vertre- **47**

§§ 29, 30

tungsbefugnis des Personalratsvorsitzenden zusammen mit einem Vorstandsmitglied dieser Gruppe.

48 Eine Ausnahme von dieser gemeinschaftlichen Vertretungsbefugnis besteht dann, wenn der Personalratsvorsitzende selbst der betroffenen Gruppe angehört. Dann kann er als Personalratsvorsitzender und **zugleich** als Vertreter dieser Gruppe alleine den Personalrat im Rahmen der gefaßten Beschlüsse vertreten.

49 Eine weitere Ausnahme ist gegeben, wenn die Angelegenheit eine Gruppe betrifft, die im Vorstand nicht vertreten ist. In diesem Falle kann eine Vertretung auch nur durch den Personalratsvorsitzenden allein erfolgen, da nach § 29 Abs. 3 Satz 2 letzter Halbsatz erforderlich ist, daß die gemeinschaftliche Vertretung mit einem der betroffenen Gruppe angehörenden Vorstandsmitglied erfolgt. Existiert ein solches nicht, kann nur eine Alleinvertretungsberechtigung bestehen.

50 Erklärungen, die unter Mißachtung der gemeinsamen Vertretungsbefugnis abgegeben werden, sind unwirksam *(BAG vom 13. 10. 1982, BB 1983, 1030; BVerwG vom 21. 4. 1992, PersR 1992, 304)*. So ist beispielsweise die Kündigung eines Angestellten unwirksam, wenn die Zustimmungserklärung des Personalrats nicht auch vom Gruppenvertreter der Angestellten, sondern nur vom Vorsitzenden des Personalrats, der dieser Gruppe nicht angehört, unterschrieben worden ist *(BAG vom 24. 4. 1979, BB 1980, 366)*.

Streitigkeiten

51 Streitigkeiten über die Bildung des Vorstandes, die Abberufung von Vorstandsmitgliedern und die Zuständigkeit der Vorstandsmitglieder sind ebenso wie die entsprechenden Streitigkeiten bezüglich der Person des Vorsitzenden und der Stellvertreter im verwaltungsgerichtlichen Beschlußverfahren gem. § 91 Abs. 1 Nr. 3 auszutragen.

52 In entsprechender Anwendung des § 22 können die internen Wahlen des Personalrats auch im verwaltungsgerichtlichen Beschlußverfahren angefochten bzw. ihre Nichtigkeit geltend gemacht werden *(BAG vom 16. 2. 1973, AP Nr. 1 zu § 19 BetrVG 1972; vgl. zu den Einzelheiten auch Richardi, BetrVG, § 26 Rn. 27ff.)*.

§ 30 Anberaumung von Sitzungen

(1) Spätestens eine Woche nach dem Wahltage hat der Wahlvorstand die Mitglieder des Personalrats zu den in § 29 vorgeschriebenen Wahlen einzuladen und diese durchzuführen. Er leitet die Sitzung bis zur Wahl des Vorsitzenden.
(2) Die weiteren Sitzungen beraumt der Vorsitzende des Personalrats an. Er setzt die Tagesordnung fest und leitet die Verhandlung. Der Vorsitzende hat die Mitglieder des Personalrats zu den Sitzungen rechtzeitig unter Mitteilung der Tagesordnung zu laden. Satz 3 gilt auch für die Mitteilung der Tagesordnung an die Schwerbehindertenvertretung und die Mitglieder der Jugend- und Auszubildendenvertretung und deren Ladung, soweit sie ein Recht auf Teilnahme an der Sitzung haben.
(3) Auf Antrag eines Viertels der Mitglieder des Personalrats, der Mehrheit der Vertreter einer Gruppe, des Leiters der Dienststelle oder in Angelegenheiten, die besonders schwerbehinderte Dienstkräfte betreffen, der Schwerbehindertenvertretung oder in Angelegenheiten, die besonders jugendliche und auszubil-

dende Dienstkräfte betreffen, der Mehrheit der Mitglieder der Jugend- und Auszubildendenvertretungen hat der Vorsitzende binnen einer Woche eine Sitzung anzuberaumen und den Gegenstand, dessen Beratung beantragt ist, auf die Tagesordnung zu setzen.

Übersicht   Rn.

Allgemeines 1– 4
Konstituierende Sitzung 5–10
Form der Einladung 11
Themen der konstituierenden Sitzung 12
Leitung der Sitzung durch den Wahlvorstand 13–15
Leitung durch den Personalratsvorsitzenden 16
Pflicht zur Einberufung 17–20
Folge der Nichteinberufung 21, 22
Festsetzung der Tagesordnung 23–25
Inhalt der Tagesordnung 26
Änderung der Tagesordnung 27, 28
Ladung 29–36
Leitung der Sitzung 37–40
Streitigkeiten 41

Allgemeines

Diese Vorschrift regelt das **formelle Verfahren** und die **Frist** bei der Anberaumung von Personalratssitzungen und legt fest, wer die konstituierende und die folgenden Sitzungen des Personalrates einzuberufen und zu leiten hat. **1**

Teilweise **vergleichbare Regelungen** finden sich in § 34 BPersVG und § 29 BetrVG, die jedoch noch das Teilnahmerecht des Dienststellenleiters bzw. des Arbeitgebers an der Personalratssitzung regeln. Diese Bestimmung findet sich für den Bereich des Berliner Personalvertretungsrechts in § 31 Abs. 2. **2**

Die Vorschrift über die Anberaumung von Personalratssitzungen ist **entsprechend anwendbar** für den **Gesamtpersonalrat** *(§ 22)* und den **Hauptpersonalrat** *(§ 57).* Die Bestimmungen des § 30 Abs. 1 und 2 sind entsprechend anwendbar auf die Jugend- und Auszubildendenvertretung *(§§ 65 Abs. 5, 68, 69 Abs. 2).* Wegen der begrenzten Beteiligungsmöglichkeiten dieser Gremien hat der Gesetzgeber auf eine entsprechende Anwendbarkeit des § 30 Abs. 3 bezüglich der Erzwingung von Sitzungen verzichtet. **3**

Die **Regelungen** des § 30 **sind zwingend,** von ihnen kann weder in einer Dienstvereinbarung noch in einem Tarifvertrag abgewichen werden. Auch darf die Geschäftsordnung des Personalrates keine anderweitigen Regelungen enthalten, die den Bestimmungen des § 30 widersprechen. **4**

Konstituierende Sitzung

Die erste Sitzung des neugewählten Personalrats nach der Wahl dient in erster Linie der Durchführung der in § 29 vorgesehenen Wahlen des Vorstandes, des Vorsitzenden und dessen Vertreter. Ihr Zweck ist damit die Schaffung der im Gesetz vorgesehenen organisatorischen Strukturen. **5**

§ 30

6 Die Einladung zur konstituierenden Sitzung erfolgt **durch den Wahlvorstand**. Dieser muß einen entsprechenden Beschluß fassen.

7 **Einberufung und Durchführung** der konstituierenden Sitzung haben innerhalb einer Woche zu erfolgen.

8 Maßgeblich für die Fristberechnung ist der Tag der **Durchführung der Wahl**, bei an mehreren Tagen stattfindender Stimmabgabe der letzte Tag. Die Fristberechnung richtet sich dann nach § 187 Abs. 1 BGB.

9 Bei der Vorschrift des § 30 Abs. 1 Satz 1 handelt es sich um eine »Muß«-Vorschrift, sie hat jedoch in erster Linie eine **Ordnungsfunktion**. Folgen der Fristüberschreitung sind im Gesetz nicht geregelt. Beruft daher der Wahlvorstand die konstituierende Sitzung des Personalrats nicht innerhalb der Wochenfrist ein, bleibt dies grundsätzlich ohne Rechtsfolgen. Damit aber auf diese Weise nicht die Aufnahme der Tätigkeit des neugewählten Personalrates blockiert oder verzögert werden kann, können bei einer Fristüberschreitung die Mitglieder des Personalrates selbst auch ohne Mitwirkung des Wahlvorstandes zu einer konstituierenden Sitzung zusammentreten *(Grabendorff u. a., BPersVG, § 34 Rn. 8; Lorenzen u. a., BPersVG, § 34 Rn. 7)*. Hierbei können sämtliche Personalratsmitglieder oder aber auch einzelne Personalratsmitglieder tätig werden.

10 Die Einberufung der konstituierenden Sitzung hat auch dann zu erfolgen, wenn die Personalratswahl gem. § 22 angefochten worden ist. Das ergibt sich daraus, daß nach § 22 Abs. 2 der Personalrat, dessen Wahl angefochten ist, im Amt verbleibt. Notwendig ist daher, daß er auch mit der Amtsausübung beginnt.

Form der Einladung

11 Die Einberufung der konstituierenden Sitzung hat der Wahlvorstand durch Ladung der neugewählten Personalratsmitglieder vorzunehmen. Eine besondere **Formvorschrift für die Ladung** ist nicht erforderlich. Zu laden sind die nach dem ermittelten Wahlergebnis *(§ 18 WO)* gewählten Mitglieder des Personalrates. Bei Verhinderung von einzelnen Mitgliedern bzw. bei der Erklärung der Nichtannahme der Wahl sind die jeweiligen Ersatzmitglieder *(§ 28)* zu laden. Der Ladung ist eine Tagesordnung beizufügen, aus der sich zumindest ergeben muß, daß die Wahl des Vorstandes und die Wahl des Vorsitzenden des Personalrates erfolgen sollen.

Themen der konstituierenden Sitzung

12 Die konstituierende Sitzung wird wesentlich von der Wahl des Vorstandes des Personalrates und der **Wahl des Vorsitzenden** des Personalrates bestimmt. Daneben wird regelmäßig auch die Wahl des Stellvertreters des Vorsitzenden und die Bildung des Vorstands zu erfolgen haben. Da der Personalrat weitgehend in eigener Verantwortung die Tagesordnung und damit die Themen gestalten kann, die Gegenstand der Personalratssitzung sein sollen, ist auch eine Beratung und Beschlußfassung über andere Angelegenheiten zulässig. Voraussetzung ist jedoch eine entsprechende Beschlußfassung durch den Personalrat, wobei die Anwesenheit aller Personalratsmitglieder erforderlich ist, da die Einberufung der Sitzung nur mit der Tagesordnung der Wahlen des Vorstandes und des Vorsitzenden sowie seines Stellvertreters erfolgen kann. Soweit die reguläre Amtszeit des bisherigen Personalrates nicht abgelaufen ist, kommen als weitere Themen nur innerorganisatorische Angelegenheiten des neugewählten Personalrats in Betracht. Für sämtliche andere Angelegenheiten besteht noch die Zuständigkeit des alten Personalrates.

Leitung der Sitzung durch den Wahlvorstand

Die **Leitung** der konstituierenden Sitzung erfolgt durch den **Wahlvorstand**. Da eine dem § 29 Abs. 1 Satz 2 BetrVG entsprechende Regelung fehlt, handelt dieser als Gremium. Eine alleinige Leitungsbefugnis des Vorsitzenden des Wahlvorstandes scheidet aus. Diese kann auch nicht durch entsprechende Beschlußfassung des Wahlvorstandes wegen des zwingenden Charakters des § 30 Abs. 1 Satz 2 erreicht werden. 13

Das **Leitungsrecht endet automatisch** mit der Wahl des Vorsitzenden des Personalrates. Die Wahl des Stellvertreters des Vorsitzenden, die nach dessen Wahl zu erfolgen hat, kann daher nicht mehr von dem Wahlvorstand geleitet werden. Maßgeblich ist der Zeitpunkt der Bekanntgabe des Wahlergebnisses. 14

Gleichzeitig mit der Leitungsbefugnis endet auch das **Teilnahmerecht des Wahlvorstandes** an der konstituierenden Personalratssitzung *(Grabendorff u. a., BPersVG, § 34 Rn. 13)*. Das ergibt sich aus der Nichtöffentlichkeit der Personalratssitzungen, § 31 Abs. 1. Bei weiterer Teilnahme der Mitglieder des Wahlvorstandes können u. U. die folgenden Vorstandswahlen und sonstigen Beschlüsse unwirksam sein. 15

Leitung durch den Personalratsvorsitzenden

Die **weiteren Sitzungen des Personalrates** sind nach § 30 Abs. 2 Satz 1 vom Vorsitzenden des Personalrates anzuberaumen. Eine bestimmte zeitliche Reihenfolge der Personalratssitzungen ist im Gesetz nicht vorgeschrieben. Eine solche Regelung kann in der Geschäftsordnung des Personalrates festgelegt werden. Besteht eine solche nicht, liegt die Anberaumung von Personalratssitzungen in dem Ermessen des Vorsitzenden. Eine Entscheidungsmöglichkeit des Vorstandes besteht nicht, da § 30 Abs. 2 Satz 1 ausdrücklich das Recht zur Anberaumung der Sitzungen allein dem Vorsitzenden überträgt. Hierbei sind die Erfordernisse einer ordnungsgemäßen Personalratsarbeit zu berücksichtigen. 16

Pflicht zur Einberufung

Eine Verpflichtung des Vorsitzenden zur Einberufung einer Personalratssitzung besteht in den in § 30 Abs. 3 geregelten Fällen. Eine Personalratssitzung ist daher anzuberaumen entweder auf **Antrag eines Viertels** (bei der Berechnung des Viertels ist auf volle Mitglieder aufzurunden) **der Mitglieder des Personalrates,** der **Mehrheit der Vertreter einer Gruppe,** des **Leiters der Dienststelle** oder in Angelegenheiten, die besonders die schwerbehinderten Dienstkräfte betreffen, auf Antrag der **Vertrauensperson der Schwerbehinderten** oder in Angelegenheiten, die besonders jugendliche Dienstkräfte betreffen, auf Antrag der **Mehrheit der Mitglieder der Jugendvertretung.** Diese Aufzählung ist abschließend *(BVerwG vom 15. 12. 1978, PersV 1980, 105).* Weitere antragsberechtigte Personen oder Gruppen bestehen nicht. 17

Der Antrag muß die **Angabe des Tagesordnungspunktes** enthalten, dessen Behandlung in der Personalratssitzung begehrt wird. Bei dem Antrag der Ver- 18

§ 30

trauensperson der Schwerbehinderten bzw. der Mehrheit der Mitglieder der Jugendvertretung ist hierbei erforderlich, daß sich aus dem Antrag ergibt, daß auf der begehrten Personalratssitzung Angelegenheiten behandelt werden sollen, die schwerpunktmäßig schwerbehinderte Dienstkräfte bzw. jugendliche Dienstkräfte betreffen.

19 Der Personalratsvorsitzende hat die **Zulässigkeit des Antrages,** die Antragsberechtigung und die Begründung des Antrages zu überprüfen. Kommt er zu dem Ergebnis, daß der Antrag formell oder materiell der Vorschrift des § 30 Abs. 3 nicht entspricht, hat er ihn zurückzuweisen.

20 Aus dem Recht, die Anberaumung einer Sitzung zu verlangen, folgt auch das Recht, bei einer bereits anberaumten Sitzung eine **Ergänzung der Tagesordnung** durch Aufnahme weiterer Tagesordnungspunkte zu verlangen *(BVerwG vom 29. 8. 1975, E 49, 144, 147 f.)*. Anderen Personen wie z. B. einzelnen Personalratsmitgliedern, in der Dienststelle vertretenen Gewerkschaften oder Berufsverbänden usw. steht dieses Recht nicht zu *(vgl. BVerwG vom 16. 6. 1982, PersV 1983, 195)*.

Folge der Nichteinberufung

21 Weigert sich der Personalratsvorsitzende trotz Erforderlichkeit Personalratssitzungen anzuberaumen, handelt er pflichtwidrig. Eine Anrufung des Verwaltungsgerichts zur Erzwingung der Sitzung ist nicht möglich. Gegebenenfalls kann sein Ausschluß aus dem Personalrat gem. § 25 Abs. 1 beantragt werden.

22 Zweifelhaft ist, ob in diesen Fällen **auf andere Weise Personalratssitzungen einberufen werden** können. Eine Einberufung durch einen der in § 30 Abs. 3 genannten Antragsteller oder aber durch sonstige Personalratsmitglieder scheidet mangels einer entsprechenden gesetzlichen Kompetenzzuweisung aus. Auch kann der Vorstand des Personalrates insoweit keine Aktivitäten entfalten, da durch die ausdrückliche Regelung des § 30 Abs. 2 Satz 1 die Anberaumung von Personalratssitzungen allein in die Kompetenz des Personalratsvorsitzenden fällt. Lediglich der Vertreter des Personalratsvorsitzenden könnte in diesen Fällen tätig werden. Wenn auch diese Möglichkeit nicht besteht, wird man im Interesse der Funktionsfähigkeit des Personalrates auch die Möglichkeit zulassen müssen, daß sich die Mitglieder des Personalrates selbständig versammeln *(Grabendorff u. a., BPersVG, § 34 Rn. 19)*. Sonst könnte durch das Verhalten des Personalratsvorsitzenden die Wahrnehmung der Beteiligungsrechte auf Dauer blockiert werden.

Festsetzung der Tagesordnung

23 Die Festsetzung der Tagesordnung erfolgt allein **durch den Vorsitzenden** des Personalrates. Ein Mitwirkungsrecht des Vorstandes oder der Vertreter des Vorsitzenden besteht nicht. Im Verhinderungsfall erfolgt die Festsetzung der Tagesordnung durch den Vertreter des Vorsitzenden.

24 Bei der Festlegung der Tagesordnungspunkte hat der Personalratsvorsitzende **keinen unbeschränkten Ermessensspielraum.** Die Tagesordnung dient der Vorbereitung der Personalratssitzung und der Information der Personalratsmitglieder. Hieraus folgt, daß der Personalratsvorsitzende bei der Aufstellung der einzelnen Tagesordnungspunkte die bestehende Geschäftslage berücksichtigen muß. Er hat diejenigen Punkte auf die Tagesordnung zu setzen, deren

Beratung und Beschlußfassung in der Personalratssitzung erforderlich ist. Im Rahmen der Voraussetzungen des § 30 Abs. 3 kann auch bei einer von dem Vorsitzenden anberaumten Sitzung die Aufnahme bestimmter Beratungsthemen verlangt werden *(BVerwG vom 29. 8. 1975, E 49, 144)*. Ein Anspruch eines einzelnen Personalratsmitgliedes auf Aufnahme bestimmter Tagesordnungspunkte besteht nicht *(BVerwG vom 16. 6. 1982, PersV 1983, 195)*.

Im Rahmen der Vorschrift des § 30 Abs. 3 ist der Ermessensspielraum des Personalratsvorsitzenden bei der Festlegung der Tagesordnung der auf Antrag anberaumten Sitzungen noch mehr beschränkt, in diesen Fällen hat er zwingend denjenigen Punkt auf die Tagesordnung zu setzen, dessen Beratung bzw. Beschlußfassung begehrt wird. 25

Inhalt der Tagesordnung

Die Tagesordnung muß die **Beratungsgegenstände möglichst genau bezeichnen**. Sie muß ein genaues Bild darüber geben, was zur Beratung und Beschlußfassung ansteht *(BVerwG vom 29. 8. 1975, E 49, 144, 147)*. Beispielsweise genügt es nicht, wenn lediglich der Tagesordnungspunkt »personelle Angelegenheiten« aufgenommen wird; erforderlich ist, daß ersichtlich ist, welche personellen Maßnahmen im einzelnen Gegenstand der Beratung und Beschlußfassung sein sollen. Auch ist es unzulässig, unter dem Tagesordnungspunkt »Verschiedenes« eine Vielzahl unterschiedlicher Beratungsgegenstände zu vereinen. Zu beachten ist, daß unter dem Tagesordnungspunkt »Verschiedenes« nur dann wirksame Beschlüsse gefaßt werden können, wenn der Personalrat vollzählig versammelt ist und niemand der Beschlußfassung widerspricht *(BAG vom 28. 10. 1992, NZA 1993, 466)*. Entspricht die Tagesordnung den Bestimmtheitsanforderungen nicht, so kann sich ein Personalratsmitglied der Behandlung nicht ordnungsgemäß bezeichneter Gegenstände widersetzen, ggf. kann im verwaltungsgerichtlichen Beschlußverfahren die Feststellung begehrt werden, daß wesentliche Verfahrensvorschriften nicht eingehalten worden sind. 26

Änderung der Tagesordnung

Eine **Bindung des Personalrates an die festgesetzte Tagesordnung** besteht nur in begrenztem Umfange. In Einzelfällen ist eine Änderung oder Ergänzung denkbar; sollen mit ihr nicht auf der Tagesordnung befindliche Punkte in der Personalratssitzung verhandelt und beraten bzw. beschlossen werden, ist dies (nur) dann zulässig, wenn der gesamte Personalrat der Änderung der Tagesordnung zustimmt; eine Mehrheitsentscheidung genügt nicht *(Altvater u.a., BPersVG, § 34 Rn. 12; Grabendorff u.a., BPersVG, § 34 Rn. 31; vgl. auch OVG Niedersachsen vom 18. 3. 1992, PersV 1994, 29)*. 27

Etwas anderes gilt für die **Absetzung bestimmter Tagesordnungspunkte**. Hier kann der Personalrat mit der Mehrheit der anwesenden Personalratsmitglieder beschließen, daß ein bestimmter Tagesordnungspunkt nicht in der Sitzung behandelt werden soll. Dieses Recht folgt aus der Tatsache, daß durch Mehrheitsbeschluß auch ein Antrag zurückgewiesen werden könnte. 28

§ 30

Ladung

29 Der Personalratsvorsitzende hat zu jeder Personalratssitzung alle Mitglieder des Personalrates rechtzeitig zu laden. Weder für Form noch für Frist der Ladung sieht das Gesetz besondere Vorschriften vor. Hier kann die Geschäftsordnung des Personalrats Einzelheiten festlegen. Im Interesse der jederzeitigen Nachprüfbarkeit empfiehlt es sich, die Ladung so vorzunehmen, daß jederzeit der Nachweis über die erfolgte Ladung erbracht werden kann.

30 Die Ladung hat so **rechtzeitig** zu erfolgen, daß sich die einzelnen Personalratsmitglieder noch auf die entsprechende Sitzung vorbereiten können. Es handelt sich insoweit nicht nur um eine formelle Regelung, vielmehr dient sie auch dem Ziel der Erreichung einer sachgemäßen Arbeit und dem Schutz von Minderheiten *(OVG Saarlouis vom 4. 2. 1975, ZBR 1975, 391)*. Unter Umständen kann dabei eine kurzfristige Ladung zulässig sein, insbesondere wenn die Eilbedürftigkeit von zu behandelnden Angelegenheiten eine schnelle Entscheidung des Personalrats erfordert *(vgl. OVG Saarlouis a. a. O.)*.

31 Voraussetzung für die Wirksamkeit der Ladung ist **Mitteilung der vollständigen Tagesordnung**. Die zusätzliche Übersendung von Unterlagen oder sonstigen Informationen kann nicht verlangt werden *(BVerwG vom 29. 8. 1975, ZBR 1976, 124)*, es sei denn, ohne sie ist eine ordnungsgemäße Wahrnehmung der Beteiligungsrechte nicht möglich *(OVG Münster vom 25. 4. 1973, ZBR 1973, 317)*.

32 Geladen werden müssen sämtliche **Mitglieder des Personalrats**. Ist ein Mitglied des Personalrates verhindert, so hat der Vorsitzende das entsprechende Ersatzmitglied zu laden. Grundsätzlich ist es daher erforderlich, daß sich der Personalratsvorsitzende davon überzeugt, ob einzelne Mitglieder des Gremiums verhindert sind. Aus diesem Grunde müssen auch die Personalratsmitglieder dem Vorsitzenden unverzüglich ihre Verhinderungsgründe, wie z. B. Krankheit, Urlaub und dergleichen, mitteilen.

33 Ebenfalls muß der Personalratsvorsitzende den von der **Jugend- und Auszubildendenvertretung** benannten Vertreter sowie **die Schwerbehindertenvertretung** unter Mitteilung der Tagesordnung zu allen Personalratssitzungen laden, § 30 Abs. 2 Satz 4 in Verbindung mit §§ 35 und 36. Die in § 30 Abs. 2 Satz 4 letzter Halbsatz enthaltene Einschränkung in Hinblick auf das Recht auf Teilnahme dieser Personen ist praktisch bedeutungslos, da durch die Regelungen in §§ 35 und 36 festgelegt ist, daß bei jeder Sitzung ein Teilnahmerecht besteht.

34 Unter den Voraussetzungen des § 31 Abs. 2 hat der Personalratsvorsitzende ferner den **Vertreter der Dienststelle** zu denjenigen Sitzungen unter Mitteilung der Tagesordnung zu laden, die auf Vorschlag des Leiters der Dienststelle anberaumt sind. Das gleiche gilt für Sitzungen, zu denen eine ausdrückliche Einladung des Vertreters der Dienststelle erfolgt ist. Diese Einladung kann nicht durch den Vorsitzenden des Personalrates allein erfolgen, sie bedarf der Beschlußfassung durch den Personalrat.

35 Ferner sind die in dem Personalrat vertretenen **Gewerkschaften** bzw. Berufsverbände unter Mitteilung der Tagesordnung zu den Personalratssitzungen einzuladen, wenn dies ein Viertel der Mitglieder des Personalrates oder die Mehrheit einer Gruppe des Personalrates beantragt.

36 Die Mitglieder des Personalrates können ihre Rechte nur bei ausreichender **Information** wahrnehmen. Ihnen steht daher das Recht zu, zu jedem Tages-

ordnungspunkt die bei dem Personalrat bzw. dessen Vorstand oder dem Vorsitzenden befindlichen Unterlagen einzusehen *(Grabendorff u.a., BPersVG, § 34 Rn. 28; vgl. auch BAG vom 27. 5. 1982, DB 1982, 2578).* Die Entscheidung, ob und in welchem Umfange die Information erfolgen soll, steht dabei im pflichtgemäßen Ermessen des Personalrats. Ein genereller Anspruch auf Übersendung von Unterlagen oder der Erteilung von Vorabinformationen besteht nicht *(BVerwG vom 29. 8. 1975, ZBR 1976, 124; vgl. aber OVG Münster vom 25. 4. 1973, ZBR 1973, 317; vgl. Rn. 31).*

Leitung der Sitzung

Die Leitung der Sitzung obliegt dem **Personalratsvorsitzenden** bzw. bei seiner Verhinderung seinem Stellvertreter. Sind sowohl Vorsitzender als auch Stellvertreter verhindert, muß der Personalrat aus seiner Mitte einen neuen Versammlungsleiter wählen. 37

Die **Sitzungsleitung erfaßt** in erster Linie die Eröffnung und die Schließung der Sitzung, Führung der Redeliste, Leitung der Abstimmungen, Feststellung der Ergebnisse der Abstimmungen, Prüfung der Beschlußfähigkeit, Erteilung und Entziehung des Wortes sowie die Verpflichtung, für eine ordnungsgemäße Niederschrift i. S. des § 37 zu sorgen. 38

Darüber hinaus hat der Personalratsvorsitzende im Sitzungszimmer das **Hausrecht** *(vgl. Richardi, BetrVG, § 29 Rn. 45; Fitting u.a., BetrVG, § 29 Rn. 45; Grabendorff, u.a., BPersVG, § 34 Rn. 24).* Eine Erweiterung des Hausrechts über den Bereich des Sitzungszimmers hinaus tritt ein, soweit geladenen Teilnehmern der Zutritt zu dem Sitzungszimmer ermöglicht werden soll. Diesen gegenüber kann der Dienststellenleiter nicht unter Hinweis auf sein allgemeines Hausrecht den Zutritt verweigern. Hier geht das Hausrecht des Personalratsvorsitzenden vor. 39

Das Hausrecht geht jedoch nicht so weit, daß der Personalratsvorsitzende ein Mitglied des Personalrates oder aber einen sonstigen Teilnahmeberechtigten von der Sitzung ausschließen kann *(Lorenzen u.a., BPersVG, § 34 Rn. 17; vgl. aber Dietz/Richardi, BPersVG, § 34 Rn. 44).* Dieses Recht kann dem Vorsitzenden auch nicht in einer Geschäftsordnung zuerkannt werden, da das voraussetzen würde, daß dem Personalrat insoweit Rechtspositionen zustehen könnten, die er delegieren könnte *(vgl. aber Dietz/Richardi a.a.O.).* Das Gesetz sieht die Möglichkeit des **Ausschlusses einzelner Personalratsmitglieder** oder sonstiger Teilnahmeberechtigter von Sitzungen des Personalrates nicht vor. Gegebenenfalls kann gegen ein störendes Mitglied des Personalrates gem. § 25 der Ausschluß aus dem Personalrat beantragt werden. 40

Streitigkeiten

Streitigkeiten über die Rechtmäßigkeit von Anberaumung, Tagesordnung, Ladungen, Durchführung der Sitzungen usw. sind nach § 91 Abs. 1 Nr. 3 im verwaltungsgerichtlichen Beschlußverfahren auszutragen. Es handelt sich hierbei um Fragen der Geschäftsführung und der Rechtsstellung der Personalvertretungen. In der Regel werden hier nur Feststellungsanträge möglich sein. 41

§ 31 Sitzungen

(1) Die Sitzungen des Personalrates sind nicht öffentlich; sie finden grundsätzlich während der Arbeitszeit statt. Der Personalrat hat bei der Anberaumung seiner Sitzungen auf die dienstlichen Erfordernisse Rücksicht zu nehmen. Die Dienststelle ist von der Sitzung vorher zu verständigen. Zu den Sitzungen können Sachverständige hinzugezogen werden, soweit hierdurch Kosten entstehen, jedoch nur im Einvernehmen mit der Dienststelle.
(2) Der Vertreter der Dienststelle nimmt an den Sitzungen, die auf Vorschlag des Leiters der Dienststelle anberaumt sind, und an den Sitzungen, zu denen er ausdrücklich eingeladen ist, teil. Auf Antrag eines Viertels seiner Mitglieder oder der Mehrheit einer Gruppe hat der Personalrat je einen Beauftragten der unter den Mitgliedern des Personalrats vertretenen Gewerkschaften einzuladen; in diesem Fall sind der Zeitpunkt der Sitzung und die Tagesordnung den Gewerkschaften rechtzeitig mitzuteilen. Die Beschlußfassung findet jedoch in Abwesenheit der in den Sätzen 1 und 2 genannten Personen statt.
(3) Bei der Beratung und Abstimmung über Angelegenheiten eines Mitgliedes des Personalrats darf dieses Mitglied nicht anwesend sein. Dasselbe gilt für Angelegenheiten von Angehörigen eines Mitgliedes des Personalrats, hinsichtlich derer ihm nach § 383 Abs. 1 bis 3 der Zivilprozeßordnung ein Zeugnisverweigerungsrecht zusteht.

Übersicht

	Rn.
Allgemeines	1– 3
Zeitpunkt der Sitzung	4– 8
Berücksichtigung dienstlicher Erfordernisse	9–11
Benachrichtigung der Dienststelle	12–15
Hinzuziehung von Sachverständigen	16–18
Nichtöffentlichkeit	19–21
Teilnahmerecht des Vertreters der Dienststelle	22–25
Teilnahmerecht von Gewerkschaften und Verbänden	26–35
Einladung der Gewerkschaften bzw. Berufsverbände	36
Teilnahmerecht sonstiger Personen	37–42
Verfassungsschutzabteilung	43
Ausschluß von Personalratsmitgliedern (Abs. 3)	44–49
Streitigkeiten	50–52

Allgemeines

1 Die Vorschrift regelt **in Ergänzung von § 30** weitere Einzelheiten der Personalratssitzungen. Sie enthält Bestimmungen über Zeitpunkt und Form der Sitzungen, die Nichtöffentlichkeit der Sitzungen und des Teilnahmerechts von Personen, die nicht Mitglied des Personalrates sind. Hierzu gehören beispielsweise Dienststellenleiter, Sachverständige, Vertreter der Gewerkschaften und Berufsverbände. Ferner ist in § 31 Abs. 3 festgelegt, wann Personalratsmitglieder von der Beratung und der Abstimmung bei Personalratssitzungen ausgeschlossen sind. Diese Regelung soll eine Unabhängigkeit des Personalrates gewährleisten.

2 § 31 Abs. 1 **entspricht** weitgehend den Bestimmungen in § 35 BPersVG und § 30 BetrVG. § 31 Abs. 2 ist vergleichbar den Regelungen in § 34 Abs. 4 und § 36

§ 31

BPersVG und § 29 Abs. 4 und § 31 BetrVG. Eine dem § 31 Abs. 3 entsprechende Regelung findet sich weder im Betriebsverfassungsrecht noch im Bundespersonalvertretungsrecht.

§ 31 ist **entsprechend** anwendbar bei dem Gesamtpersonalrat *(§ 52)*, dem Hauptpersonalrat mit Ausnahme der Regelung im § 31 Abs. 2 Sätze 1 und 2 bezüglich des Teilnahmerechts des Vertreters der Dienststelle und der Vertreter der Gewerkschaft bzw. Berufsverbände *(§ 57)*. Für die Jugend- und Auszubildendenvertretungen gilt nur die Regelung des § 31 Abs. 1 Satz 4 bezüglich der Hinzuziehung von Sachverständigen entsprechend, die übrigen Regelungen des § 31 können nicht angewandt werden *(§§ 65 Abs. 5, 68 und 69).* 3

Zeitpunkt der Sitzung

Die Sitzungen des Personalrates finden grundsätzlich **während der Arbeitszeit** statt. Der Begriff der Arbeitszeit ist in § 31 Abs. 1 Satz 1 ein anderer als in § 48 Satz 1 für die Personalversammlung. Während dort die Arbeitszeit sämtliche Dienstkräfte der Dienststelle betrifft, also nur dienststellenbezogen bestimmt werden kann, betrifft § 31 Abs. 1 Satz 1 ebenso wie die Regelung in § 42 Abs. 2 Satz 1 allein die persönliche Arbeitszeit des jeweiligen Personalratsmitgliedes. 4

Wird in der Dienststelle in **Schichten** gearbeitet und gehören die einzelnen Personalratsmitglieder verschiedenen Schichten an, so wird jeweils für einen Teil der Personalratsmitglieder die Sitzung außerhalb der Arbeitszeit stattfinden müssen. In diesen Fällen ist gem. § 42 Abs. 2 Satz 2 die Teilnahme an der Personalratssitzung außerhalb der Arbeitszeit des jeweiligen Personalratsmitgliedes als Arbeitsleistung anzusehen. Sie ist nach § 42 Abs. 2 Satz 3 durch Dienstbefreiung in entsprechendem Umfange auszugleichen. Ist dies aus dienstlichen Gründen nicht möglich, so ist sie wie Mehrarbeit zu vergüten. 5

Eine besondere **Dienstbefreiung** durch den Dienststellenleiter oder sonstige vorgesetzte Personen ist nicht erforderlich. Die Personalratsmitglieder brauchen daher vor der Teilnahme an der Personalratssitzung nicht eine Genehmigung einzuholen. Es genügt, wenn sie vor Verlassen der Arbeit die zuständigen Dienstkräfte *(Vertreter, sonstige Aufsichtspersonen)* informieren und auch die Wiederaufnahme der Arbeit nach Schluß der Personalratssitzung mitteilen *(BAG vom 19. 6. 1978, AP Nr. 36 zu § 37 BetrVG 1972).* 6

Die Festlegung des Zeitpunktes der Personalratssitzung liegt allein im Kompetenzbereich des Personalrats. Der Abschluß einer Dienstvereinbarung mit dem Dienststellenleiter über die Festlegung bestimmter Zeiten ist nicht möglich, da § 31 Abs. 1 insoweit eine abschließende Regelung darstellt. 7

Die Abhaltung von Personalratssitzungen außerhalb der Dienstzeit, beispielsweise innerhalb der Arbeitspausen, vor oder nach Dienstbeginn, ist grundsätzlich unzulässig. Eine Ausnahme hierzu gilt nur dann, wenn die dienstlichen Erfordernisse eine Anberaumung der Personalratssitzung während der Arbeitszeit nicht zulassen. 8

Berücksichtigung dienstlicher Erfordernisse

Dienstliche Erfordernisse können es nur in **Ausnahmefällen** rechtfertigen, daß Personalratssitzungen **außerhalb der Dienstzeit** der Personalratsmitglieder stattfinden. Dies wäre beispielsweise der Fall, wenn sonst eine erhebliche 9

§ 31

Störung des Laufes der Dienstgeschäfte beziehungsweise der Arbeitsabläufe eintreten würde.

10 Bei Nichtbeachtung der dienstlichen Erfordernisse bei der Anberaumung der Personalratssitzung kann der Dienststellenleiter nicht den Weg zur Einigungsstelle antreten. Auch kann er nicht einseitig die Abhaltung der Personalratssitzung unterbinden. Es besteht lediglich die Möglichkeit, die Aufhebung der einberufenen Sitzung durch eine einstweilige Verfügung des Verwaltungsgerichts im Beschlußverfahren gem. § 91 Abs. 1 Nr. 3 in Verbindung mit § 91 Abs. 2 i. V. m. § 85 Abs. 2 ArbGG zu beantragen.

11 Daneben kann unter Umständen bei grober Verletzung der gesetzlichen Pflichten auch eine Anwendbarkeit des § 25 gegeben sein, dieser Antrag kann allerdings nicht von dem Dienststellenleiter gestellt werden *(vgl. oben § 25 Rn. 8)*.

Benachrichtigung der Dienststelle

12 Der Dienststellenleiter ist von jeder Sitzung vorher zu verständigen, wobei ihm der genaue Zeitpunkt der Sitzung mitgeteilt werden muß. Hierdurch soll ihm die Möglichkeit gegeben werden, etwaige dienstliche Erfordernisse, die der Abhaltung der Sitzung entgegenstehen, gegenüber dem Personalrat mitzuteilen. Auch soll damit gewährleistet werden, daß der Dienststellenleiter organisatorische Vorrichtungen dafür treffen kann, daß die Mitglieder des Personalrates während der Dauer der Sitzung nicht ihre normalen Tätigkeiten ausüben können.

13 Finden die Sitzungen des Personalrates generell immer zu einem gleichen Zeitpunkt statt, so genügt eine **einmalige Mitteilung** dieses Tatbestandes **an den Dienststellenleiter.**

14 Die Mitteilung erfolgt durch den Vorsitzenden des Personalrates, da dieser auch die Sitzungen gem. § 30 Abs. 2 anberaumt. Die Unterrichtung kann sowohl mündlich als auch schriftlich erfolgen, eine schriftliche Mitteilung empfiehlt sich jedoch im Interesse der Nachweisbarkeit. Eine Mitteilung der Tagesordnung ist nicht erforderlich *(Lorenzen u. a., BPersVG, § 35 Rn. 13)*.

15 Die **Nichtbeachtung** der Benachrichtigungspflicht hat keine Auswirkungen auf die Wirksamkeit der Sitzung und die auf ihr gefaßten Beschlüsse. In jedem Falle handelt es sich um eine wirksam anberaumte Personalratssitzung, für die Arbeitsbefreiung zu gewähren ist. Entstehen jedoch durch die fehlende Benachrichtigung des Dienststellenleiters Schäden dadurch, daß die dienststelleninternen Arbeitsabläufe bzw. Produktionsabläufe gestört werden, so kann gegebenenfalls ein Schadensersatzanspruch gegenüber demjenigen bestehen, der die Personalratssitzung anberaumt hat, in der Regel also gegenüber dem Vorsitzenden des Personalrates *(Fitting u. a., BetrVG, § 30 Rn. 12)*.

Hinzuziehung von Sachverständigen

16 Die Hinzuziehung von Sachverständigen bedarf keines Einvernehmens mit der Dienststelle, soweit keine Kosten entstehen. Der Personalrat ist also grundsätzlich frei in der Wahl derjenigen Personen, die er als Sachverständige hören will.

17 Beansprucht der Sachverständige für seine Tätigkeit die Erstattung von Gebühren oder Auslagen, ist seine Hinzuziehung nur möglich, wenn ein Einvernehmen mit der Dienststelle hergestellt wird. **Einvernehmen bedeutet hierbei Einverständnis.** Kann ein Einvernehmen nicht hergestellt werden, besteht

§ 31

für den Personalrat die Möglichkeit, im Rahmen des verwaltungsgerichtlichen Beschlußverfahrens gem. § 91 Abs. 1 Nr. 3 feststellen zu lassen, daß er zur Hinzuziehung des Sachverständigen berechtigt ist und daß die Dienststelle die hierdurch entstehenden Kosten im Rahmen des § 40 zu übernehmen hat. Die Möglichkeit der Anrufung der Einigungsstelle besteht nicht.
Soweit Sachverständige hinzugezogen werden, unterliegen sie der Verschwiegenheitspflicht des § 11. Auch gilt für sie das Benachteiligungsverbot des § 107 BPersVG, sie dürfen in ihrer Tätigkeit weder behindert noch wegen dieser benachteiligt oder begünstigt werden. 18

Nichtöffentlichkeit

Grundsätzlich können an den Sitzungen des Personalrates nur die Personalratsmitglieder und diejenigen Personen teilnehmen, denen ein besonderes Teilnahmerecht eingeräumt ist, wie beispielsweise den Vertretern der Jugendvertretung (§ 35) und der Vertrauensperson der Schwerbehinderten (§ 36). Außerdem enthält § 31 Abs. 2 besondere Teilnahmerechte. 19
Durch den Grundsatz der Nichtöffentlichkeit soll die Unabhängigkeit der Personalratsmitglieder und deren freie Meinungsbildung gesichert werden. Das Gebot der Nichtöffentlichkeit ist zwingend, eine Abweichung von dieser gesetzlichen Vorschrift ist auch nicht durch einstimmigen Beschluß des Personalrates möglich *(OVG Lüneburg vom 21. 8. 1957, ZBR 1957, 337).* 20
Die **Nichtbeachtung** des Gebots der Nichtöffentlichkeit hat auf die Gültigkeit der Personalratsbeschlüsse keinen Einfluß *(Lorenzen u.a., BPersVG, § 35 Rn. 9; anders für den Fall des Einflusses der unberechtigt teilnehmenden Personen auf Beratungs- und Beschlußergebnis: Sächs. OVG vom 7. 4. 1998, PersR 1999, 455).* 21

Teilnahmerecht des Vertreters der Dienststelle

An Sitzungen, die auf Vorschlag des Leiters der Dienststelle anberaumt sind, nimmt ein Vertreter der Dienststelle teil. Das gleiche gilt für Sitzungen, zu denen ausdrücklich eine Einladung für den Dienststellenleiter oder seinen Vertreter ergangen ist. 22
Nicht erforderlich ist, daß der Dienststellenleiter selbst an der Sitzung teilnimmt. Es genügt, wenn er einen **Vertreter** entsendet, dieser muß allerdings die Vertretungsbefugnis **i. S. des § 9 Abs. 1 Satz 2** besitzen. 23
Die Vorschrift schreibt nicht vor, daß der Vertreter der Dienststelle an der Sitzung teilnehmen muß. Gleichwohl ist aus ihr in Zusammenhang mit dem Gebot der vertrauensvollen Zusammenarbeit des § 2 Abs. 1 eine über die bloße Berechtigung zur Teilnahme hinausgehende Verpflichtung des Dienststellenleiters bzw. seines Vertreters zu entnehmen *(Richardi, BetrVG, § 29 Rn. 49).* Ein wiederholtes Fernbleiben von den Personalratssitzungen kann dabei ein Verstoß gegen die Amtspflichten des Dienststellenleiters bzw. des zuständigen Vertreters sein. Gegebenenfalls kann hiergegen im Wege der Dienstaufsichtsbeschwerde eingeschritten werden. 24
Der Dienststellenleiter bzw. sein Vertreter kann zu seiner Unterstützung dienststellenzugehörige Sachbearbeiter mitbringen, sofern dies für die Erörterung der anstehenden Fragen erforderlich ist. Der Vertreter der Dienststelle kann keinen Vertreter von Arbeitgebervereinigungen hinzuziehen, dies folgt aus der abschließenden Aufzählung derjenigen Personen, die an der Personalratssitzung 25

§ 31

teilnehmen können. Im Gegensatz zu der Regelung in § 29 Abs. 4 Satz 2 BetrVG enthält das PersVG Bln eine entsprechende Vorschrift nicht.

Teilnahmerecht von Gewerkschaften und Verbänden

26   Nach § 31 Abs. 2 Satz 2 können auch Vertreter von Gewerkschaften bzw. Berufsverbände zur Teilnahme an der Personalratssitzung zugelassen werden. Erforderlich ist lediglich ein Antrag von einem Viertel der Mitglieder des Personalrats oder aber der Mehrheit einer Gruppe. Damit dient die Vorschrift dem Schutz gewerkschaftlicher Minderheiten im Personalrat.

27   Der **Antrag bedarf keiner besonderen Form,** er kann auch mündlich gestellt werden. In jedem Falle ist er in die Sitzungsniederschrift aufzunehmen. Im allgemeinen ist der Antrag an den Vorsitzenden des Personalrats als denjenigen zu richten, der die Anberaumung der Sitzungen durchzuführen hat. Hierbei muß der Antrag so frühzeitig gestellt werden, daß der Vorsitzende noch in der Lage ist, den Gewerkschaftsbeauftragten bzw. den Beauftragten des betroffenen Berufsverbandes einzuladen.

28   Der Antrag kann jeweils nur von Fall zu Fall gestellt werden. Eine **generelle Regelung dahin,** daß an allen Sitzungen die Vertreter der Gewerkschaften bzw. Berufsverbände teilnehmen könnten, ist **unzulässig,** da damit das Prinzip der Nichtöffentlichkeit der Sitzungen durchbrochen werden würde *(Altvater u.a., BPersVG, § 36 Rn. 4).*

29   Beantragt werden kann nur die Entsendung von Beauftragten von Gewerkschaften bzw. Berufsverbänden, die **im Personalrat vertreten** sind. Nicht möglich ist die Teilnahme von Vertretern von Gewerkschaften bzw. Berufsverbänden, die nicht im Personalrat, sondern lediglich in der Dienststelle vertreten sind.

30   Der Antrag kann nicht darauf gerichtet werden, daß nur der **Vertreter einer** ganz bestimmten **Gewerkschaft** oder eines bestimmten Berufsverbandes an der Personalratssitzung unter Nichtbeachtung der übrigen teilnehmen soll. Wie sich aus dem eindeutigen Wortlaut des § 31 Abs. 2 Satz 2 (anders: § 36 BPersVG) ergibt, können nur immer Vertreter aller im Personalrat vertretenen Gewerkschaften oder Berufsverbände zur Teilnahme eingeladen werden.

31   Die **Gewerkschaft** bzw. der betroffene Berufsverband kann **frei entscheiden,** wer zur Teilnahme an der Personalratssitzung entsendet werden soll *(Grabendorff u.a., BPersVG, § 36 Rn. 15; Richardi, BetrVG, § 31 Rn. 19).* Auch Dienstkräfte der Dienststelle können auf diese Weise an der Personalratssitzung teilnehmen.

32   Auf Verlangen hat der Beauftragte die **Beauftragung nachzuweisen;** eine bestimmte Form für den Nachweis ist nicht vorgeschrieben, in der Regel wird dies jedoch durch Vorlage einer schriftlichen Vollmacht erfolgen *(Richardi, BetrVG, § 31 Rn. 20).*

33   Der Dienststellenleiter bzw. der Dienstherr kann dem Beauftragten nicht die Teilnahme an der Personalratssitzung verwehren. Dies geht auch nicht über den Umweg des Verbots des **Zutritts zu der Dienststelle,** da grundsätzlich im Sitzungsraum des Personalrates der Personalratsvorsitzende das Hausrecht hat. Dieses erstreckt sich auch auf die Zugänge *(vgl. auch oben § 2 Rn. 52 ff.).*

34   Das Teilnahmerecht der Beauftragten der Gewerkschaften bzw. Berufsverbände bezieht sich **nur** auf **formelle Personalratssitzungen;** es gewährt nur eine beratende Stimme, der Beauftragte hat also das Recht, in der Sitzung das Wort

zu ergreifen und Ausführungen zur Sache zu machen. An den Abstimmungen kann er nicht teilnehmen.
Für die Beauftragten gilt die **Schweigepflicht** des § 11. 35

Einladung der Gewerkschaften bzw. Berufsverbände

Werden auf Antrag eines Viertels der Mitglieder des Personalrates oder der 36
Mehrheit einer Gruppe Beauftragte von Gewerkschaften bzw. Berufsverbänden eingeladen, so ist die Einladung gegenüber den betroffenen Gewerkschaften bzw. Berufsverbänden auszusprechen. Hierbei sind Zeitpunkt der Sitzung und die Tagesordnung mitzuteilen, damit die Möglichkeit einer ausreichenden Vorbereitung besteht.

Teilnahmerecht sonstiger Personen

Ein Teilnahmerecht ergibt sich unmittelbar aus § 31 Abs. 1 Satz 4 für die aus- 37
drücklich hinzugezogenen **Sachverständigen**. Außerhalb der in § 31 Abs. 2 genannten Personen ist zweifelhaft, ob der Personalrat auch Dienstkräfte, die der Dienststelle angehören, hinzuziehen kann, soweit diese im Rahmen des § 40 Abs. 2 zur Erstellung der Sitzungsniederschrift benötigt werden. Das Bundesverwaltungsgericht vertritt die Auffassung, daß die Hinzuziehung derartiger **Protokollführer unzulässig** sei, diese unterlägen auch nicht der Schweigepflicht des § 11. Die Zuziehung eines dem Personalrat nicht angehörenden Protokollführers könne sogar als eine grobe Pflichtverletzung des Personalrats gewertet werden *(BVerwG vom 27. 11. 1981, PersV 1983, 409; vgl. auch BVerwG vom 2. 1. 1992, PersR 1993, 383)*. Diese Auffassung erscheint nicht überzeugend. Sie entspricht nicht den Bedürfnissen der Praxis; es kann erforderlich sein, daß auch in einer Personalratssitzung umfangreiche Beschlüsse oder Erklärungen zu Protokoll gegeben werden. Schreibkräfte, die als Protokollführer herangezogen werden, unterliegen der Schweigepflicht des § 11; dies ergibt sich daraus, daß die Schweigepflicht des § 11 Personen betrifft, die **Aufgaben nach diesem Gesetz,** nämlich dem Personalvertretungsgesetz, wahrnehmen. Für die Schreibkraft gilt dies zwar nicht unmittelbar; sie leitet ihre Befugnisse jedoch mittelbar auch von dem Personalrat ab, so daß sie in gleicher Weise wie dieser zum Schweigen verpflichtet ist. Gegen die Schweigepflicht der insoweit herangezogenen Beschäftigten spricht nicht, daß sie ihr Recht erst aufgrund einer Beschlußfassung durch den Personalrat erlangen *(a. A. BVerwG vom 27. 11. 1981, PersV 1983, 409)*. § 11 erfaßt zwar unmittelbar zunächst nur diejenigen Personen, die direkt Aufgaben oder Befugnisse nach dem Personalvertretungsgesetz wahrnehmen. Sinn der Bestimmung ist es jedoch, durch das Bestehen der Schweigepflicht die Arbeit des Personalrats erst zu ermöglichen und diese auch zu erleichtern. Es ist daher davon auszugehen, daß die Hinzuziehung einer Schreibkraft zumindest dann zulässig ist, wenn sie während der Beschlußfassung selbst den Sitzungsraum verläßt *(vgl. auch Fitting u.a., BetrVG, § 34 Rn. 9; Dietz/Richardi, BPersVG, § 41 Rn. 6).*

Auch kann der Personalrat zur **Erlangung von Informationen** und Auskünften 38
Dienstkräften der Dienststelle die Anwesenheit während der Personalratssitzung gestatten. Es handelt sich dabei nicht um ein echtes Teilnahmerecht, die betreffenden Dienstkräfte haben weder ein eigenes Rederecht, noch können sie unbeschränkt an der Personalratssitzung teilnehmen. Vielmehr haben sie un-

§ 31

mittelbar nach Erteilung der von ihnen gewünschten Auskünfte die Sitzung wieder zu verlassen.

39 Das gleiche gilt für **dienststellenfremde Auskunftspersonen** *(Richardi, BetrVG, § 30 Rn. 12 m.w.N.).*

40 **Ersatzmitglieder,** soweit sie nicht nach § 28 für ein verhindertes Personalratsmitglied nachgerückt sind, haben kein Teilnahmerecht.

41 Das Teilnahmerecht der **Mitglieder der Jugendvertretung** richtet sich nach der speziellen Regelung des § 35, vgl. im einzelnen die Erläuterungen dort. Das Teilnahmerecht des Vertrauensmannes der Schwerbehinderten richtet sich nach § 36, vgl. im einzelnen die Erläuterungen dort; vgl. ferner § 25 Abs. 4 SchwbG.

42 Ein Teilnahmerecht der **Frauenvertreterin** nach § 16 Landesgleichstellungsgesetz ist im PersVG Bln nicht vorgesehen. Im Hinblick auf die Aufgaben des Personalrats etwa im Rahmen von § 72 Abs. 1 Nr. 9 dürfte es jedoch möglich sein, sie als Sachverständige hinzuzuziehen *(vgl. oben Rn. 16ff.).*

Verfassungsschutzabteilung

43 Wegen der besonderen Aufgabenstellung der Verfassungsschutzabteilung der Senatsverwaltung für Inneres *(früher: Landesamt für Verfassungsschutz)* und der dort bestehenden besonderen Geheimhaltungsbedürftigkeit der dienstlichen Vorgänge schränkt das Gesetz die Beteiligung der Gewerkschaften in dem neuen § 92a Abs. 2 *(vgl. § 92a Rn. 12)* ein.

Ausschluß von Personalratsmitgliedern (Abs. 3)

44 Sinn der Vorschrift des § 31 Abs. 3 ist es, **Interessenkollisionen** zu vermeiden. Die Unabhängigkeit des Personalrates bei seiner Beschlußfassung soll in jedem Falle gesichert sein. Den Grundgedanken der Bestimmungen des § 24 LBG und § 7 Verwaltungsverfahrensgesetz wird damit entsprochen.

45 Ausgeschlossen von der Teilnahme bei der Beratung und Abstimmung über eine bestimmte Angelegenheit, etwa im Rahmen der §§ 86 Abs. 3, 87, ist zunächst das betroffene Personalratsmitglied selbst. Hierbei ist ein unmittelbares Betroffensein in dem Sinne erforderlich, daß die Beschlußfassung des Personalrates unmittelbare Auswirkungen auf das betroffene Personalratsmitglied haben kann.

46 Das gleiche gilt, wenn die zu beratende Angelegenheit bestimmte **Angehörige des Personalratsmitgliedes** betrifft. Nach § 383 Abs. 1 Nrn. 1–3 ZPO, auf den § 31 Abs. 3 Satz 2 verweist, sind dies:
1. der Verlobte,
2. der Ehegatte, auch wenn die Ehe nicht mehr besteht, also bereits geschieden ist,
3. Personen, die mit dem Personalratsmitglied in gerader Linie verwandt, verschwägert oder durch Adoption verbunden oder in der Seitenlinie bis zum dritten Grad verwandt oder bis zum zweiten Grad verschwägert sind, auch wenn die Ehe, durch welche die Schwägerschaft begründet ist, nicht mehr besteht. Grad ist hierbei die Anzahl der die Verwandtschaft oder Schwägerschaft vermittelnden Geburten.

47 Der **Ausschluß ist kraft Gesetzes** gegeben. Eines Personalratsbeschlusses bedarf es nicht. Allerdings kann in der Sitzungsniederschrift festgehalten werden,

aus welchem Grunde ein Personalratsmitglied nicht mehr an der Personalratssitzung teilnehmen kann.
Der Ausschluß gilt nur **für die Dauer desjenigen Tagesordnungspunktes,** für **48** den die Voraussetzungen des § 31 Abs. 3 zutreffen. An der übrigen Sitzung kann das betroffene Personalratsmitglied teilnehmen. Das Verbot der Teilnahme schließt nicht aus, daß das betroffene Personalratsmitglied vor Beratung und Abstimmung über die ihn oder seine Angehörigen betreffenden Angelegenheiten befragt wird.
Für die Dauer des Ausschlusses ist das Personalratsmitglied verhindert i. S. des **49** § 28 Abs. 1 Satz 2, es tritt an seine Stelle ein **Ersatzmitglied.**

Streitigkeiten

Streitigkeiten über die **Anberaumung von Personalratssitzungen** und über die **50** **Zulassung von Teilnehmern** entscheiden die Verwaltungsgerichte im Beschlußverfahren, § 91 Abs. 1 Nr. 3. Antragsberechtigt ist jedes einzelne Personalratsmitglied, da Fragen der Geschäftsordnung alle Personalratsmitglieder unmittelbar betreffen *(OVG Lüneburg vom 21. 8. 1957, ZBR 1957, 337).*
Betrifft die Streitigkeit das **Teilnahmerecht des Dienststellenleiters,** ist auch **51** dieser antragsbefugt. Bei Streitigkeiten, die sich aus dem Recht auf Hinzuziehung von Beauftragten der Gewerkschaften bzw. der Berufsverbände ergeben, sind auch die betroffenen Gewerkschaften bzw. Berufsverbände antragsberechtigt.
Der Erlaß einer **einstweiligen Verfügung** ist zulässig, § 91 Abs. 2 in Verbin- **52** dung mit § 85 Abs. 2 ArbGG.

§ 32 Beschlüsse

(1) Die Beschlüsse des Personalrats werden mit einfacher Stimmenmehrheit der anwesenden Mitglieder gefaßt. Stimmenthaltungen bleiben bei der Ermittlung der Mehrheit außer Betracht. Bei Stimmengleichheit ist ein Antrag abgelehnt. Bei Stimmberechtigung der Jugend- und Auszubildendenvertretung (§ 35 Satz 2) werden die Stimmen der Jugend- und Auszubildendenvertreter mitgezählt.
(2) Der Personalrat ist nur beschlußfähig, wenn mindestens die Hälfte seiner Mitglieder anwesend oder durch Ersatzmitglieder (§ 28 Abs. 1) vertreten ist. Stimmenthaltungen stehen der Beschlußfähigkeit nicht entgegen.

Übersicht   Rn.

Allgemeines 1– 4
Voraussetzungen der Beschlußfassung 5–10
Beschlußfähigkeit 11–15
Form der Beschlußfassung 16–19
Stimmenmehrheit 20–23
Wirkung der Beschlüsse 24–27
Gerichtliche Überprüfbarkeit von Personalratsbeschlüssen 28–32
Streitigkeiten 33–36

§ 32

Allgemeines

1 Diese Vorschrift legt die für die Arbeit der Personalvertretungen besonders wichtigen Voraussetzungen für die Beschlußfassung und die Beschlußfähigkeit des Gremiums fest. Außerdem bestimmt sie, wie die Stimmen der Jugend- und Auszubildendenvertretungen im Falle des § 35 Satz 3 zu zählen sind.

2 Vergleichbare Bestimmungen finden sich in § 33 BetrVG und § 37 BPersVG.

3 Die Regelungen des § 32 sind **entsprechend anwendbar** für den **Gesamtpersonalrat** *(§ 52)* und den **Hauptpersonalrat** *(§ 57)*. Im Gegensatz zu der früheren Regelung gilt die Bestimmung auf Grund der Bezugnahme in § 66 jetzt auch für die Jugend- und Auszubildendenvertretung und damit auch für die Gesamt- und die Haupt-Jugend- und Auszubildendenvertretung.

4 § 32 enthält eine **abschließende und zwingende Regelung.** Seine Bestimmungen können weder durch Tarifvertrag noch durch Dienstvereinbarung oder Geschäftsordnung der Personalvertretung geändert werden. Durch die Geschäftsordnung können lediglich im Rahmen der Vorschriften des § 32 nähere Einzelheiten der formellen Durchführung der Beschlußfassung und der Feststellung der Beschlußfähigkeit getroffen werden.

Voraussetzungen der Beschlußfassung

5 Die Beschlußfassung ist die einzige vom Gesetz anerkannte Form der Willensbildung des Personalrates. Nur auf diesem Wege kann er seine Entscheidungen als Kollegialorgan treffen. Die **Beschlußfassung** kann **nur durch das Gremium des Personalrates** erfolgen, das Recht zur Beschlußfassung kann weder von dem Vorsitzenden noch von dem Vorstand wahrgenommen oder auf diesen übertragen werden. Auch ist es nicht zulässig, daß der Personalrat seine Beschlußfassungskompetenz auf andere Personalvertretungsorgane, beispielsweise den Gesamtpersonalrat oder den Hauptpersonalrat oder sonstige Gremien, wie z.B. Ausschüsse u.ä., generell überträgt. Ebensowenig wie auf die Wahrnehmung der Beteiligungsrechte von vornherein verzichtet werden kann, ist ein Verzicht auf eine eigene Willensbildungsmöglichkeit zulässig.

6 Der Personalrat kann lediglich die **Vorbereitung von Beschlüssen** auf andere, beispielsweise den Vorsitzenden bzw. den Vorstand übertragen. In jedem Falle muß ihm jedoch die freie Entscheidungsmöglichkeit verbleiben. Der Personalrat muß daher trotz der Vorbereitung in vollem Umfange in der Sache selbst unabhängig entscheiden können.

7 Wirksame Personalratsbeschlüsse können nur auf **ordnungsgemäß einberufenen Personalratssitzungen** gefaßt werden. Bei Verhinderung eines Mitglieds ist das Ersatzmitglied zu laden. Ist ein Mitglied plötzlich verhindert und kann kein Ersatzmitglied mehr geladen werden, steht dies einer wirksamen Beschlußfassung nicht entgegen *(BVerwG vom 7. 11. 1975, PersV 1977, 20)*. Nur bei ordnungsgemäßer Ladung ist gewährleistet, daß sich jedes einzelne Personalratsmitglied ordnungsgemäß vorbereiten und seine Rechte und Pflichten in vollem Umfange ungehindert wahrnehmen kann. Wirksame Personalratsbeschlüsse können daher nicht auf Zusammentreffen außerhalb einer Personalratssitzung oder aber im Rahmen des monatlichen Gesprächs zwischen Dienststellenleiter und Personalrat *(§ 70 Abs. 1)* getroffen werden *(vgl. im übrigen die Erläuterungen zu § 30).*

8 Ein **Verzicht auf die ordnungsgemäße Einberufung** einer Personalratssitzung ist nur möglich, wenn sämtliche Mitglieder des Personalrates übereinstimmend

eine entsprechende Erklärung abgeben. Mehrheitsbeschlüsse sind insoweit ebensowenig möglich wie Beschlüsse nur der anwesenden Personalratsmitglieder. Auch evtl. Teilnahmeberechtigte müssen zustimmen, damit nicht auf diese Weise ihr Teilnahmerecht ausgeschlossen werden kann.

Eine Beschlußfassung im **Umlaufverfahren** ist unzulässig *(Altvater u.a., BPersVG, § 37 Rn. 2; Dietz/Richardi, BPersVG, § 37 Rn. 2; zweifelnd Lorenzen u.a., BPersVG, § 37 Rn. 12).* Dies folgt schon aus dem Wortlaut des Gesetzes, das in § 32 Abs. 1 Satz 1 die Beschlußfassung durch die »anwesenden Mitglieder« voraussetzt. 9

Auch eine Beschlußfassung **per Telefon** ist nicht zulässig, da auch hier keine gemeinsame Willensbildung nach vorheriger Beratung unter Anwesenden erfolgt. 10

Beschlußfähigkeit

Nach § 32 Abs. 2 ist der Personalrat nur beschlußfähig, wenn die **Hälfte seiner Mitglieder** anwesend oder durch Ersatzmitglieder vertreten ist. Wie sich aus § 14 ergibt, hat der Personalrat immer eine ungerade Zahl von Mitgliedern. Im Regelfall ist daher die Beschlußfähigkeit nur dann gegeben, wenn mehr als die Hälfte der Personalratsmitglieder anwesend ist. Dies gilt entsprechend bei Gruppenangelegenheiten, § 33 Abs. 2 Satz 2. Hier ist der Personalrat beschlußfähig, wenn mindestens die Hälfte der Gruppenmitglieder anwesend ist, in diesem Fall braucht nicht die Hälfte der gesamten Zahl der Personalratsmitglieder anwesend zu sein. 11

Die Hälfte der Personalratsmitglieder errechnet sich in der Regel unter Zugrundelegung der in § 14 genannten Zahlen. Ist jedoch ein Sitz im Personalrat nicht besetzt, beispielsweise wegen Erschöpfung der Liste, so daß ein Ersatzmitglied nicht nachrücken kann, oder ist sonst die Gesamtzahl der Personalratsmitglieder auch nach Eintreten sämtlicher Ersatzmitglieder unter die vorgeschriebene Zahl gesunken, so ist bei der Ermittlung der Beschlußfähigkeit von der **Zahl der noch besetzten Personalratssitze** auszugehen *(Altvater u.a., BPersVG, § 37 Rn. 5; Dietz/Richardi, BPersVG, § 37 Rn. 5).* Die Stimmen der Jugendvertreter sind bei der Feststellung der Beschlußfähigkeit selbst dann nicht mitzurechnen, wenn sie eine Stimmberechtigung gem. § 35 Satz 3 besitzen. Diese Stimmen sind lediglich bei der Abstimmung zu berücksichtigen, jedoch ohne Belang für die Frage der Beschlußfähigkeit, da diese sich allein auf den Personalrat bezieht. 12

Die Beschlußfähigkeit muß bei **jeder einzelnen Abstimmung** gegeben sein. Die Beratung kann auch bei vorübergehender Beschlußunfähigkeit erfolgen. Der Personalratsvorsitzende hat von sich aus darauf zu achten, daß die Beschlußfähigkeit gegeben ist. Einer Rüge der Beschlußfähigkeit aus dem Kreise der Personalratsmitglieder bedarf es nicht. Auch ist keine besondere Feststellung der Beschlußfähigkeit bzw. Beschlußunfähigkeit erforderlich, diese tritt vielmehr kraft Gesetzes unmittelbar ein. 13

Ist der Personalrat beschlußunfähig, kann durch Heranholen weiterer Personalratsmitglieder die Beschlußfähigkeit wiederhergestellt werden. 14

Zweifelhaft ist, ob eine Beschlußfähigkeit auch dann gegeben ist, wenn zwar die Hälfte der Personalratsmitglieder oder Gruppenmitglieder anwesend ist, sich jedoch weniger als die Hälfte an der Beschlußfassung selbst beteiligt. Im Gegensatz zu der Regelung in § 33 Abs. 2 BetrVG ergibt sich aus dem Wortlaut von § 32 15

§ 32

Abs. 2 nur, daß mindestens die Hälfte der Mitglieder anwesend sein muß. Die Anwesenheit allein erfordert jedoch noch nicht die Teilnahme an der Beschlußfassung. Die Beschlußfähigkeit ist daher auch dann gegeben, wenn zwar die Hälfte der Personalratsmitglieder anwesend ist, jedoch weniger als die Hälfte an der Abstimmung selbst teilnimmt. Durch bloße Nichtbeteiligung kann daher die Beschlußunfähigkeit nicht herbeigeführt werden. Dies ist nur in der Weise möglich, daß die Personalratsmitglieder das Sitzungszimmer verlassen.

Form der Beschlußfassung

16 Die Formalien der Beschlußfassung sind im einzelnen im Gesetz nicht geregelt. Insoweit kann die Geschäftsordnung des Personalrates nähere Einzelheiten festlegen, wie beispielsweise die Voraussetzungen der mündlichen oder schriftlichen Stimmabgabe, der offenen oder geheimen Abstimmung, der Reihenfolge der Abstimmung sowie Einzelheiten der Feststellung des Abstimmungsergebnisses.

17 In jedem Falle ist eine Abstimmung erforderlich, eine **stillschweigende Beschlußfassung** ist begrifflich nicht denkbar *(Dietz/Richardi, BPersVG, § 37 Rn. 21)*.

18 Für die Wirksamkeit eines Beschlusses ist nicht erforderlich, daß die Abstimmung in der **Niederschrift** gem. § 37 festgehalten wird. Zwar enthält diese Vorschrift eine zwingende Regelung hinsichtlich des Inhaltes der Niederschrift. Würde man jedoch die Einhaltung dieser Formerfordernisse als Wirksamkeitsvoraussetzung für die Personalratsbeschlüsse ansehen, könnte ihr Inkrafttreten ohne Mitwirkung des Personalrates verhindert bzw. verzögert werden, außerdem ist die Niederschrift nicht Teil der Beschlußfassung selbst.

19 **Weitere Einzelheiten** hinsichtlich des Verfahrens bei der Abstimmung, insbesondere bezüglich der Frage der Abstimmung innerhalb des Gremiums bzw. innerhalb der Gruppen, enthält die Vorschrift des § 33. Zu den Einzelheiten vgl. die Erläuterungen zu dieser Bestimmung.

Stimmenmehrheit

20 Die Beschlüsse bedürfen der Mehrheit der Stimmen der **anwesenden Mitglieder** des Personalrates bzw. der Gruppenmitglieder überhaupt.

21 Betrachtet man die Regelung in Abs. 1 Satz 1 isoliert, so würde eine **Stimmenthaltung** wie eine Ablehnung wirken, da immer die Mehrheit der anwesenden Mitglieder des Personalrats für einen Beschluß stimmen muß. Von diesem Grundsatz, der auch im Bereich des BPersVG (§ 37 BPersVG) gilt, macht jedoch Abs. 1 Satz 2 eine ausdrückliche Ausnahme. Nach dieser Bestimmung bleiben Stimmenthaltungen bei der Ermittlung der Mehrheit außer Betracht, d. h., lediglich die Ja- und die Nein-Stimmen werden bei der Ermittlung der Mehrheit berücksichtigt *(OVG Berlin vom 8. 10. 1981 – OVG PV Bln 5.81)*. Schon aus der Stellung im Gesetz wird deutlich, daß damit eine Modifizierung der Regelung in Abs. 1 Satz 1 erfolgen sollte.

22 Bei Beschlüssen, die überwiegend **jugendliche Dienstkräfte** bzw. Auszubildende betreffen, haben die Jugend- und Auszubildendenvertreter Stimmrecht, § 35 Satz 3. Ihre Stimmen zählen daher bei der Feststellung der Stimmenmehrheit mit.

23 Wie sich aus § 32 Abs. 1 Satz 3 eindeutig ergibt, ist bei Stimmengleichheit ein Antrag abgelehnt.

Wirkung der Beschlüsse

Mit der ordnungsgemäßen Abstimmung werden grundsätzlich die Beschlüsse des Personalrates **wirksam**. Die Aufnahme in die nach § 37 Abs. 1 zu erstellende Niederschrift ist nicht Wirksamkeitsvoraussetzung. 24

Solange der Beschluß weder durchgeführt noch dem Dienststellenleiter mitgeteilt worden ist oder sonst **Außenwirkungen** entfaltet hat, kann er jederzeit durch einen erneuten Beschluß des Personalrates **geändert** bzw. **aufgehoben** werden *(BVerwG vom 5. 5. 1989, PersV 1989, 485; Dietz/Richardi, BPersVG, § 37 Rn. 23)*. Hat der Beschluß in irgendeiner Form bereits Außenwirkungen entfaltet, kann er nicht mehr rückgängig gemacht werden. Ist also beispielsweise einer personellen Einzelmaßnahme zugestimmt worden, kann diese Zustimmung nicht mehr zurückgezogen werden. Ist durch den Beschluß eine Dienstvereinbarung zustande gekommen, bleibt lediglich die Möglichkeit der Kündigung dieser Dienstvereinbarung. 25

Eine Ausnahme von diesen Grundsätzen gilt in den Fällen, in denen nach § 34 die **Aussetzung** eines Personalratsbeschlusses erfolgen kann. Hier sieht das Gesetz in § 34 Abs. 2 ausdrücklich vor, daß nach Ablauf der Aussetzungsfrist erneut über die Angelegenheit zu beschließen ist. Das bedeutet, daß der Personalrat bei der erneuten Beschlußfassung an seinen früheren Beschluß in keiner Form mehr gebunden ist, hier besteht also selbst dann die Möglichkeit der Änderung oder Aufhebung des Beschlusses, wenn dieser bereits in irgendeiner Form Außenwirkungen entfaltet hatte, beispielsweise also bereits dem Dienststellenleiter mitgeteilt worden ist. 26

Eine **Anfechtung von Personalratsbeschlüssen** ist ausgeschlossen, da eine entsprechende gesetzliche Regelung – wie etwa § 22 für die Wahl – fehlt. Allerdings kann der Personalrat in derselben Sitzung einen **Tagesordnungspunkt wiederaufgreifen** und anders beschließen *(vgl. auch BVerwG vom 5. 5. 1989, PersV 1989, 485)*. Ein einzelnes Personalratsmitglied kann seine Stimmabgabe nach den Grundsätzen der §§ 119, 123 BGB mit der Wirkung anfechten, daß seine Willenserklärung nichtig ist, § 142 BGB. Für die Gültigkeit des Personalratsbeschlusses hat dies jedoch nur dann Bedeutung, wenn durch den Wegfall der Stimme dieses Personalratsmitgliedes die Stimmenmehrheit entfallen ist. 27

Gerichtliche Überprüfbarkeit von Personalratsbeschlüssen

Personalratsbeschlüsse können von den **Gerichten** daraufhin überprüft werden, ob sie ordnungsgemäß zustande gekommen sind, insbesondere ob die vorhandenen Verfahrensvorschriften eingehalten worden sind. Hierbei kann jedoch nicht jeder Verfahrensverstoß zur Nichtigkeit des Personalratsbeschlusses führen. Vielmehr ist diese nur bei groben Verfahrensfehlern anzunehmen *(z. B. fehlerhafte Ladung, Fehlen der Tagesordnung oder deren Unvollständigkeit, Beschlußfassung trotz Beschlußunfähigkeit, Beschlußfassung über einen Punkt, der nicht in der Tagesordnung enthalten und gegen den Willen eines Personalratsmitglieds nachträglich aufgenommen worden war [OVG Lüneburg vom 18. 3. 1992, PersV 1993, 28], Verletzung des Gebotes der Nichtöffentlichkeit der Sitzung)*. Ferner ist ein Personalratsbeschluß dann nichtig, wenn nichtabstimmungsberechtigte Personen *(z. B. § 31 Abs. 3)* an der Beschlußfassung teilgenommen haben und wenn durch ihre Mitwirkung das Ergebnis der Beschlußfassung beeinflußt wurde. 28

29 Ferner kann das Gericht die Beschlüsse daraufhin überprüfen, ob sie gegen gesetzliche Vorschriften verstoßen, beispielsweise das Neutralitätsgebot oder den Gleichbehandlungsgrundsatz (§ 71) verletzen. Das gleiche gilt, wenn durch den Personalratsbeschluß die allgemeinen Grundsätze des § 2 Abs. 1 mißachtet werden *(beispielsweise wenn eine Dienstvereinbarung allein zu Lasten der Dienstkräfte abgeschlossen wird, vgl. BAG vom 5. 3. 1959, AP Nr. 26 zu § 611 BGB Fürsorgepflicht).*

30 Schließlich ist eine Nichtigkeit von Personalratsbeschlüssen dann gegeben, wenn der Personalrat seine Kompetenzen überschritten hat.

31 Eine Überprüfung der Personalratsbeschlüsse daraufhin, ob sie zweckmäßig sind oder ob der Personalrat sein Ermessen richtig gebraucht hat, ist grundsätzlich nicht möglich. Die Ermessensausübung des Personalrates ist lediglich daraufhin überprüfbar, ob er mißbräuchlich gehandelt hat, nicht jedoch kann das Gericht sein Ermessen an die Stelle des Ermessens des Personalrates setzen *(Dietz/Richardi, BPersVG, § 37 Rn. 27; recht weitgehend BVerwG vom 5. 2. 1965, E 16, 12).*

32 Auch die **Einigungsstelle** kann im Rahmen der Zuständigkeitsprüfung oder bei der Erörterung von Vorfragen die Rechtmäßigkeit des Beschlusses der Personalvertretung überprüfen, die die Einigungsstelle angerufen hat. Im übrigen ist die Rechtmäßigkeit der Verweigerung der Zustimmung zu einer Maßnahme durch den Personalrat im **Verfahren bei Nichteinigung** zu überprüfen.

Streitigkeiten

33 Streitigkeiten hinsichtlich des Stimmrechts, der Einhaltung der Verfahrensvorschriften etc. betreffen die Zuständigkeit bzw. die Geschäftsführung des Personalrates, sie sind im **verwaltungsgerichtlichen Beschlußverfahren** gem. § 91 Abs. 1 Nr. 3 auszutragen.

34 Die Wirksamkeit der Personalratsbeschlüsse ist grundsätzlich ebenfalls im Rahmen des verwaltungsgerichtlichen Beschlußverfahrens gem. § 91 Abs. 1 Nr. 3 zu überprüfen. Betreffen sie jedoch den Abschluß von Dienstvereinbarungen, ist insoweit die Bestimmung des § 91 Abs. 1 Nr. 4 maßgeblich. Darüber hinaus können diese Fragen auch als **Vorfrage** in einem Rechtsstreit einzelner Dienstkräfte **im Urteilsverfahren** vor den Verwaltungs- bzw. Arbeitsgerichten entschieden werden.

35 Schließlich kann die Frage der Wirksamkeit von Personalratsbeschlüssen auch als **Vorfrage** in anderen **Beschlußverfahren** Gegenstand der gerichtlichen Überprüfung sein, wenn hiervon die Entscheidung anderer personalvertretungsrechtlicher Streitfragen abhängt. Das gleiche gilt im Rahmen des Verfahrens bei Nichteinigung, ggf. bei dem Verfahren vor der Einigungsstelle.

36 Eine **Aussetzung dieser Verfahren** mit dem Ziel der gesonderten Überprüfung der Wirksamkeit der Beschlüsse des Personalrates ist nicht erforderlich.

§ 33 Verfahren

(1) Über die gemeinsamen Angelegenheiten der Angehörigen der Gruppen wird vom Personalrat gemeinsam beraten und beschlossen.

(2) In Angelegenheiten, die lediglich die Angehörigen einer oder mehrerer im Personalrat vertretenen Gruppen betreffen, sind nach gemeinsamer Beratung im Personalrat nur die Vertreter dieser Gruppe oder Gruppen zur Beschlußfas-

§ 33

sung berufen, es sei denn, daß die Vertreter der betroffenen Gruppe oder Gruppen mit Mehrheit einer gemeinsamen Beschlußfassung zustimmen. § 32 Abs. 2 findet entsprechende Anwendung.
(3) Ist eine Gruppe i. S. des § 3 Abs. 2 nicht im Personalrat vertreten, gilt Absatz 1 entsprechend.
(4) Die Absätze 1 und 2 gelten auch für Aufgaben und Befugnisse des Personalrats, die sich aus anderen Rechtsvorschriften ergeben.

Übersicht   Rn.

Allgemeines 1– 4
Gemeinsame Beschlußfassung (Abs. 1)   5
Gemeinsame Angelegenheiten   6
Gruppenangelegenheiten 7, 8
Soziale und organisatorische Maßnahmen   9
Personelle Angelegenheiten 10, 11
Gemeinsame Beratung und Beschlußfassung   12
Getrennte Beschlußfassung (Abs. 2) 13–17
Berechnung der Mehrheit   18
Nicht im Personalrat vertretene Gruppe (Abs. 3)   19
Anwendbarkeit auf Beschlüsse nach anderen Rechtsvorschriften (Abs. 4) 20
Verletzung der Vorschrift   21
Ausführung der Beschlüsse   22
Streitigkeiten   23

Allgemeines

Diese Vorschrift regelt das **Verfahren** bei der Beschlußfassung **innerhalb des Personalrates.** Abs. 1 legt den Grundsatz der gemeinsamen Beratung und Beschlußfassung fest. Demgegenüber regelt Abs. 2 die Ausnahme von diesem Grundsatz, wann nämlich eine Beschlußfassung nur durch Vertreter einer Gruppe oder mehrerer Gruppen unter Ausschluß der übrigen zu erfolgen hat. Damit wird auch bei der Beschlußfassung das Gruppenprinzip nochmals hervorgehoben. 1

Einen **weiteren Schutz** der einzelnen Gruppen im Rahmen der Beschlußfassung innerhalb des Personalrates enthält darüber hinaus die Regelung des § 34 Abs. 1, in der im einzelnen festgelegt ist, wann die Mehrheit der Vertreter einer Gruppe die Aussetzung eines Personalratsbeschlusses verlangen kann. 2

Das in § 33 festgelegte Verfahren ist **zwingend,** es kann weder durch Tarifvertrag noch durch Dienstvereinbarung geändert werden. Auch die Geschäftsordnung des Personalrates kann insoweit keine Änderungen vornehmen. 3

Eine teilweise vergleichbare Regelung findet sich in § 38 BPersVG. Eine entsprechende Vorschrift im Betriebsverfassungsgesetz fehlt. 4

Gemeinsame Beschlußfassung (Abs. 1)

Wie sich aus § 33 Abs. 1 ergibt, ist grundsätzlich eine gemeinsame Beratung und Beschlußfassung vorgesehen. Damit kommt zum Ausdruck, daß der Personalrat für sämtliche Dienstkräfte ohne Rücksicht auf deren Gruppenzugehörigkeit die Interessen wahrzunehmen hat. 5

§ 33

Gemeinsame Angelegenheiten

6   Die gemeinsame Beratung und Beschlußfassung hat in allen Fällen zu erfolgen, deren Gegenstand gemeinsame Angelegenheiten sind. Dies gilt ohne Rücksicht darauf, ob es sich um Angelegenheiten handelt, die kraft Gesetzes der Beteiligung unterliegen oder die die Dienststelle von sich aus dem Personalrat vorlegt *(OVG Münster vom 6. 11. 1973, PersV 1974, 172).* Der Begriff der »**gemeinsamen Angelegenheit**« ist im Gesetz nicht näher erläutert. Entscheidend ist, welche Interessen unmittelbar berührt werden, unerheblich ist die mittelbare Beeinflussung der Interessen der verschiedenen Gruppen *(BVerfG vom 19. 12.1994, PersR 1995, 165).* Danach ist eine gemeinsame Angelegenheit dann gegeben, wenn der zu behandelnde Gegenstand unmittelbar die Interessen sämtlicher Gruppen berührt oder wenn es sich um geschäftsleitende Beschlüsse handelt. Als ein solcher ist beispielsweise auch eine Fristverlängerung in einer Gruppenangelegenheit eine gemeinsame Angelegenheit, vgl. § 79 Rn. 42.

Gruppenangelegenheiten

7   Demgegenüber sind **Gruppenangelegenheiten**, also Gegenstände, die lediglich die Angehörigen einer oder mehrerer im Personalrat vertretenen Gruppen betreffen, nur solche Angelegenheiten, die unmittelbar die Interessen dieser Gruppe bzw. Gruppen berühren, wo also eine Regelung unmittelbar Auswirkungen nur für diese Gruppe hat. Das schließt nicht aus, daß gleichzeitig auch mittelbar die anderen im Personalrat vertretenen Gruppen betroffen werden. Die mittelbare Beeinflussung reicht insoweit nicht aus. Bei der Anwendung des § 32 Abs. 2 scheidet sinnvollerweise eine Aussetzung des Beschlusses nach § 34 Abs. 1 aus, da eine Gruppe nicht einerseits allein den Beschluß fassen kann, andererseits jedoch sofort wieder eine Aussetzung verlangen kann.

8   Wann im einzelnen eine gemeinsame Angelegenheit i.S. des § 33 Abs. 1 oder aber eine Angelegenheit, die lediglich die Angehörigen einer oder mehrerer im Personalrat vertretenen Gruppen betrifft, vorliegt, kann generell nicht festgelegt werden. Maßgeblich ist vielmehr der jeweilige konkrete Einzelfall, hier ist die **Auswirkung** des zu fassenden Beschlusses maßgebliches Kriterium.

Soziale und organisatorische Maßnahmen

9   **Soziale und organisatorische Maßnahmen** werden hierbei in erster Linie gemeinsame Angelegenheiten i.S. des § 33 Abs. 1 sein. Durch sie werden vornehmlich sämtliche Dienstkräfte betroffen. Etwas anderes kann jedoch beispielsweise gelten, wenn die Dienstzeit für nur eine Gruppe von Dienstkräften gesondert festgelegt wird, wenn besondere Vorschriften für die Ordnung innerhalb der Dienststelle nur die Dienstkräfte einer Gruppe betreffen. Das gleiche gilt auch, wenn die sozialen oder organisatorischen Maßnahmen lediglich eine einzelne Dienstkraft betreffen. In diesem Falle ist nur diejenige Gruppe zur Beschlußfassung gem. § 33 Abs. 2 zugelassen, der die betroffene Dienstkraft angehört.

Personelle Angelegenheiten

In erster Linie Angelegenheiten, die nur eine bzw. mehrere im Personalrat vertretene Gruppen betreffen, sind die **personellen Angelegenheiten**. Maßgeblich ist hierbei, welcher Gruppe die jeweils betroffene Dienstkraft angehört *(vgl. BVerwG vom 20. 3. 1959, E 8, 214; ferner unten § 87 Rn. 9 und § 88 Rn. 9 sowie § 86 Rn. 67)*. 10

Hat die personelle Einzelmaßnahme einen Gruppenwechsel zur Folge, ist betroffen i. S. des § 33 Abs. 3 lediglich die aufnehmende Gruppe, da das Ausscheiden aus der früheren Gruppe Folge der Aufnahme ist *(BVerwG vom 5. 2. 1971, PersV 1971, 300)*. 11

Gemeinsame Beratung und Beschlußfassung

Bei gemeinsamen Angelegenheiten obliegt die Beratung und die Beschlußfassung immer dem Gremium des Personalrats insgesamt. Erfolgt der Beschluß in diesen Fällen lediglich durch eine in dem Personalrat vertretene Gruppe, ist der Beschluß als solcher unwirksam. 12

Getrennte Beschlußfassung (Abs. 2)

Betrifft die Angelegenheit lediglich die Angehörigen einer oder mehrerer im Personalrat vertretenen Gruppen, ist zwar eine **gemeinsame Beratung** erforderlich, die **Beschlußfassung** erfolgt jedoch **nur durch die Gruppe** oder Gruppen, die von der Angelegenheit unmittelbar betroffen sind. Dabei ist eine Abwesenheit der übrigen Mitglieder des Personalrats nicht erforderlich. 13

Diese Regelung gilt nur, wenn eine Gruppe überhaupt im Personalrat vertreten ist. Kein Ausschluß der Anwendungsmöglichkeit des § 33 Abs. 2 tritt ein, wenn die Vertreter der betroffenen Gruppe nicht an der maßgeblichen Personalratssitzung teilnehmen oder nicht zur Beschlußfassung erscheinen *(BVerwG vom 23. 3. 1992, PersR 1992, 302: Beschluß ohne Beteiligung der Gruppe unwirksam, auch wenn er einstimmig gefaßt wurde und die Gruppe wegen Erkrankung des einzigen Gruppenvertreters nicht vertreten war)*. Auch kann die Anwendbarkeit des § 33 Abs. 2 nicht durch einfache Verweigerung der Abstimmung durch die Gruppenvertreter umgangen werden. Vielmehr ist in diesen Fällen eine Beschlußfassung überhaupt ausgeschlossen; gegenüber den Gruppenvertretern, die eine Abstimmung verhindern, bleibt lediglich die Möglichkeit des § 25, also des Ausschlusses aus dem Personalrat bzw. dessen Auflösung, bestehen. 14

Die zur Abstimmung aufgerufenen **Gruppenvertreter** müssen **beschlußfähig** i. S. des § 32 Abs. 2 vertreten sein *(vgl. im einzelnen die Erläuterungen dort)*. Es muß also mindestens die Hälfte der Vertreter der jeweiligen Gruppe anwesend sein. Bei fehlender Beschlußfähigkeit geht das Recht zur Beschlußfassung aber ebenfalls nicht auf den Personalrat als Gremium über, auch hier besteht lediglich die Möglichkeit des Vorgehens nach § 25 gegenüber den nicht erschienenen Personalratsmitgliedern. 15

Sind **mehrere Gruppen** von der zu behandelnden Angelegenheit **betroffen**, erfolgt die Beschlußfassung durch die Vertreter dieser Gruppen gemeinsam. Erforderlich ist aber auch hier, daß innerhalb der jeweiligen Gruppen getrennt die Beschlußfähigkeit gegeben ist. Dies folgt daraus, daß die Beschlußfähigkeit 16

§ 33

nur getrennt für die jeweiligen Gruppen oder aber gemeinsam für den gesamten Personalrat festgestellt werden kann.

17 Eine **Ausnahme** von dem Grundsatz der getrennten Beschlußfassung bei Angelegenheiten, die lediglich die Angehörigen einer oder mehrerer im Personalrat vertretenen Gruppen betreffen, ist gegeben, wenn die Vertreter der betroffenen Gruppen einer gemeinsamen Beschlußfassung durch das gesamte Gremium des Personalrats zustimmen. Auch für diesen Beschluß ist die Beschlußfähigkeit der beteiligten Gruppen gem. § 32 Abs. 2 erforderlich. Zustimmen muß die Mehrheit der erschienenen Vertreter.

Berechnung der Mehrheit

18 Auch bei der Beschlußfassung durch das Gremium ist allein entscheidend die Mehrheit der **anwesenden Personalratsmitglieder** ohne Rücksicht auf deren Gruppenzugehörigkeit. Das gleiche gilt auch in den Fällen, in denen die Vertreter mehrerer betroffener Gruppen abstimmungsbefugt sind. Auch hier ist entscheidend die Mehrheit der anwesenden Gruppenvertreter der beteiligten Gruppen. Es ist daher durchaus möglich, daß zwar bei zwei beteiligten Gruppen die Vertreter der einen mehrheitlich einen Antrag ablehnen, jedoch von den Vertretern der anderen beteiligten Gruppe insgesamt überstimmt werden. In diesen Fällen besteht für die Vertreter der überstimmten Gruppe lediglich die Möglichkeit des Vorgehens nach § 34 Abs. 1.

Nicht im Personalrat vertretene Gruppe (Abs. 3)

19 Ist eine Gruppe überhaupt nicht im Personalrat vertreten (z. B. gem. § 15 Abs. 1, 5), so stellt Abs. 3 klar, daß die Angelegenheit vom Personalrat als **gemeinsame Angelegenheit** behandelt und gem. Abs. 1 entschieden wird. Entsprechend wirkt sich dies auf die Formalien bei der Kundgabe des Beschlusses nach außen aus.

Anwendbarkeit auf Beschlüsse nach anderen Rechtsvorschriften (Abs. 4)

20 Durch § 33 Abs. 3 ist ergänzend klargestellt, daß die Regelungen der Absätze 1 und 2 auch für diejenigen Aufgaben und Befugnisse gelten, die sich aus anderen Rechtsvorschriften wie z. B. besonderen Arbeitsschutzvorschriften *(vgl. § 77)* ergeben. Damit wirkt das Personalvertretungsrecht insoweit in andere Rechtsvorschriften ein und gestaltet im einzelnen auch dort die formelle Verfahrensweise vor dem Personalrat. Sinn dieser Regelung ist, auch dort bei der Abstimmung durch die Vertreter der unmittelbar betroffenen Gruppen eine möglichst interessen- und sachgerechte Entscheidung zu erreichen.

Verletzung der Vorschrift

21 Die Nichtbeachtung der Regelungen des § 33 hat die **Unwirksamkeit** der getroffenen Beschlüsse zur Folge. Beschließt beispielsweise das Gremium in einer Angelegenheit, die lediglich eine im Personalrat vertretene Gruppe betrifft, ist der Beschluß ebenso nichtig, wie wenn in einer gemeinsamen Angelegenheit eine Abstimmung lediglich durch die Vertretung einiger im Personalrat vertretener Gruppen erfolgte. Etwas anderes gilt, wenn der Plenumsbeschluß einstimmig erfolgt. In diesem Falle hat die fehlerhafte Mitwirkung der nicht zu beteiligenden Gruppen keinen Einfluß auf den Beschluß (Dietz/Richardi, BPersVG, § 37 Rn. 30; BAG vom 24. 4. 1979, AP Nr. 1 zu § 87 LPVG Berlin). Eine Nichtbeachtung dieser Vorschrift liegt nicht vor, wenn bei einem Personalrat, in dem mehrere Gruppen vertreten sind, trotz ordnungsgemäßer Ladung die Vertreter einer Gruppe nicht erschienen sind oder sonst nicht an einer Beschlußfassung teilnehmen, in einer gemeinsamen Angelegenheit die übrigen Personalratsmitglieder bei Beschlußfähigkeit den Beschluß fassen. In diesen Fällen haben die nicht an der Abstimmung beteiligten Personalratsmitglieder praktisch auf ihr Stimmrecht verzichtet. Dies folgt auch daraus, daß die Beschlußfähigkeit des Gremiums nicht davon abhängt, ob sämtliche Gruppen bei der Beschlußfassung vertreten sind.

Ausführung der Beschlüsse

Hinsichtlich der Ausführung der Beschlüsse des Personalrates ergeben sich keine Unterschiede daraus, ob es sich um einen Beschluß des Gremiums gem. § 33 Abs. 1 oder aber um einen Beschluß einer oder mehrerer betroffener Gruppen gem. § 33 Abs. 2 handelt. In jedem Falle sind es Beschlüsse des Personalrates. Ihre Ausführung obliegt daher im Rahmen der Führung der laufenden Geschäfte dem **Vorstand** gem. § 29 Abs. 1 Satz 4. Im übrigen gilt auch hier die Regelung des § 29 Abs. 3, wonach der **Vorsitzende** den Personalrat im Rahmen der von diesem gefaßten Beschlüsse vertritt. Eine Besonderheit gilt hier nach § 29 Abs. 3 Satz 2 nur insoweit, als es sich um Beschlüsse in Angelegenheiten handelt, die lediglich eine einzige, im Personalrat vertretene Gruppe betreffen. In diesen Fällen wird der Personalrat durch den Vorsitzenden zusammen mit einem der betroffenen Gruppe angehörenden Vorstandsmitglied vertreten. Eine Anwendbarkeit des § 29 Abs. 3 Satz 2 scheidet aus, wenn es sich um eine Angelegenheit handelt, die mehrere im Personalrat vertretene Gruppen betrifft.

22

Streitigkeiten

Streitigkeiten über die Beschlußfassung sind im verwaltungsgerichtlichen Beschlußverfahren gem. § 91 Abs. 1 Nr. 3 auszutragen, sie betreffen die Geschäftsführung des Personalrates. Daneben kann diese Frage jedoch auch als Vorfrage in dem Rechtsstreit einer einzelnen Dienstkraft von dem Verwaltungs- bzw. Arbeitsgericht entschieden werden, wenn davon die Wirksamkeit einer Einzelmaßnahme abhängt.

23

§ 34 Aussetzung

(1) Erachtet die Mehrheit der Vertreter einer Gruppe oder der Jugend- und Auszubildendenvertretung einen Beschluß des Personalrats als eine erhebliche Beeinträchtigung wichtiger Interessen der durch sie vertretenen Dienstkräfte, so ist auf ihren Antrag der Beschluß auf die Dauer von zwei Wochen auszusetzen. In dieser Frist soll, gegebenenfalls mit Hilfe der unter den Mitgliedern des Personalrats oder der Jugend- und Auszubildendenvertretung vertretenen Gewerkschaften, eine Verständigung versucht werden.
(2) Nach Ablauf der Frist ist über die Angelegenheit neu zu beschließen. Wird der erste Beschluß bestätigt, so kann der Antrag auf Aussetzung nicht wiederholt werden.

§ 34

(3) Die Absätze 1 und 2 gelten entsprechend, wenn die Schwerbehindertenvertretung einen Beschluß des Personalrats als eine erhebliche Beeinträchtigung wichtiger Interessen der Schwerbehinderten erachtet.

Übersicht

	Rn.
Allgemeines	1– 5
Aussetzungsantrag	6, 7
Antragsberechtigung: Gruppenmehrheit	8–11
Mehrheit der Jugend- und Auszubildendenvertretung	12, 13
Schwerbehindertenvertretung	14, 15
Form und Frist des Antrages	16–21
Grund für die Aussetzung	22
Wirkung der Aussetzung	23–25
Verlängerung der Aussetzungsfrist	26
Verlängerung anderer Fristen	27
Verständigung	28
Beteiligung der Gewerkschaften bzw. Berufsverbände	29–31
Sonderregelung für die Verfassungsschutzabteilung	32
Beschlußfassung	33–38
Verstöße	39, 40
Streitigkeiten	41

Allgemeines

1   Die Regelung über die Aussetzung von Personalratsbeschlüssen stellt eine **Ergänzung zu** der Bestimmung in § 33 dar. Sie dient dem Minderheitenschutz, soweit dieser nicht bereits durch die Vorschrift des § 33 Abs. 2 gewährleistet ist. Durch die Möglichkeit der Aussetzung von Personalratsbeschlüssen soll deren nochmalige Diskussion unter Beteiligung sämtlicher Personalratsmitglieder ermöglicht werden. Durch die Möglichkeit der Hinzuziehung der Gewerkschaften bzw. Berufsverbände wird gleichzeitig ein besonders wichtiger Aspekt von deren Hilfsfunktion im Rahmen des Personalvertretungsrechts festgelegt. Hierdurch wird die Basis für Verständigungsverhandlungen verbreitert.

2   Das **Recht,** die Aussetzung eines Personalratsbeschlusses zu verlangen, steht auch der Jugend- und Auszubildendenvertretung bzw. der Vertretung der Schwerbehinderten zu, wenn der Beschluß eine erhebliche Beeinträchtigung wichtiger Interessen der Jugendlichen oder Auszubildenden bzw. der Schwerbehinderten darstellen sollte.

3   Da durch die Aussetzung eines Personalratsbeschlusses zwangsläufig eine Verzögerung des Verfahrens eintritt, legt § 34 Abs. 2 fest, daß bei Bestätigung des ersten Beschlusses eine **erneute Aussetzung** nicht beantragt werden kann.

4   Teilweise vergleichbare Vorschriften finden sich in § 39 BPersVG und § 35 BetrVG.

5   § 34 gilt **entsprechend** für den Gesamtpersonalrat *(§ 52)* und den Hauptpersonalrat *(§ 57).* Keine entsprechende Anwendbarkeit besteht für die Jugend- und Auszubildendenvertretungen.

Aussetzungsantrag

Der Aussetzungsantrag kann sich gegen einen Beschluß des Personalratsplenums gem. § 33 Abs. 1 oder einen Beschluß zweier oder einer Gruppe gem. § 33 Abs. 2 richten *(BVerwG vom 29. 1. 1992, PersR 1992, 208; teilweise anders Vorauflage)*. Zu beachten wird allerdings sein, daß bei Beschlüssen nur **einer** Gruppe die anderen Gruppen regelmäßig nur mittelbar betroffen sein können, so daß der Personalratsvorsitzende hier prüfen muß, ob der Aussetzungsantrag nicht rechtsmißbräuchlich ist; dies wird allerdings nur in krassen Fällen anzunehmen sein. 6

Der Aussetzungsantrag kann sich nur gegen Beschlüsse richten, **nicht gegen sonstige Handlungen** des Personalrates. Daher können weder Wahlergebnisse noch sonstige allgemeine Stellungnahmen bzw. Handlungsanweisungen, die der Personalrat erteilt, mit Hilfe eines Aussetzungsantrages angegriffen werden. 7

Antragsberechtigung: Gruppenmehrheit

Die Antragsberechtigung steht zunächst der **Mehrheit der Vertreter einer Gruppe** zu. Hierbei kommen nur diejenigen Gruppenvertreter in Betracht, die Personalratsmitglieder sind. 8

Aus dem Gesetz ergibt sich nicht, mit welcher Mehrheit der Aussetzungsantrag gestellt werden muß. Da der Aussetzungsantrag außerhalb einer Personalratssitzung gestellt werden kann, kann es auf die Zahl der erschienenen Gruppenvertreter nicht ankommen. Maßgeblich ist daher immer die **absolute Mehrheit** der Vertreter der betroffenen Gruppe *(Lorenzen u. a., BPersVG, § 39 Rn. 6).* 9

Das Antragsrecht setzt voraus, daß die Vertreter der betroffenen Gruppe in der Personalratssitzung **überstimmt worden** sind. Es scheidet aus, wenn entweder die Gruppenvertreter nach § 33 Abs. 2 an der Beschlußfassung überhaupt nicht teilgenommen haben oder aber die Mehrheit ihrer Vertreter dem Beschluß zugestimmt hat *(BVerwG vom 29. 1. 1992, PersR 1992, 208).* Maßgeblich ist aber das Stimmenverhältnis innerhalb der entsprechenden Gruppe, auch deren Mehrheit kann nämlich überstimmt werden, wenn einige ihrer Mitglieder mit den Vertretern einer anderen Gruppe gemeinsam stimmen. Dies setzt jedoch voraus, daß über die Stimmabgabe bei der Beschlußfassung im Personalrat Klarheit besteht. Das ist nicht der Fall, wenn eine geheime Stimmabgabe erfolgt ist. In diesen Fällen wird man es für ausreichend halten müssen, wenn die absolute Mehrheit der Vertreter einer Gruppe den Aussetzungsantrag stellt. 10

Hat eine Gruppe nur einen **einzigen Vertreter** im Personalrat, so genügt es, wenn dieser den Antrag stellt, es sei denn, er hätte vorher dem Personalratsbeschluß zugestimmt. Das gleiche gilt für die Schwerbehindertenvertretung. 11

Mehrheit der Jugend- und Auszubildendenvertretung

Das Antragsrecht steht auch der Mehrheit der Jugend- und Auszubildendenvertretung zu. Auch hier ist erforderlich, daß die **absolute Mehrheit** der Jugend- und Auszubildendenvertretung den Antrag stellt. Zweifelhaft ist, ob diese Mehrheit im Wege eines Beschlusses ermittelt werden muß oder ob es ausreicht, daß eine entsprechende Anzahl von Vertretern den Antrag stellt. Da das Gesetz keine besonderen Vorschriften enthält, genügt es, wenn eine aus- 12 reichende Anzahl von Jugend- und Auszubildendenvertretern den Antrag stellt, eine besondere Beschlußfassung ist nicht erforderlich.

13 Ein Antragsrecht der Jugend- und Auszubildendenvertreter scheidet aus, wenn sie nach § 35 Satz 3 an der Beschlußfassung teilgenommen und dem betreffenden Beschluß zugestimmt haben. Insoweit gelten die gleichen Grundsätze wie für die Vertreter der Gruppen *(vgl. oben Rn. 10).*

Schwerbehindertenvertretung

14 Schließlich steht ein Antragsrecht auch der Schwerbehindertenvertretung zu, § 34 Abs. 3, § 95 SGB IX.

15 Hiermit wird der Tatsache Rechnung getragen, daß sowohl die Schwerbehindertenregelungen als auch § 36 der Schwerbehindertenvertretung eine besondere Rechtsstellung im Rahmen des Personalvertretungsrechts zugewiesen haben. Durch das Antragsrecht im Rahmen des § 34 wird berücksichtigt, daß auch die Schwerbehindertenvertretung an Personalratssitzungen effektiv teilnehmen kann. Durch die Möglichkeit der Aussetzung von Personalratsbeschlüssen soll die Wahrnehmung der Rechte der Schwerbehinderten in besonderer Weise gestärkt werden.

Form und Frist des Antrages

16 Eine besondere **Form** für die Antragstellung ist **nicht vorgesehen.** Der Antrag kann daher sowohl mündlich als auch schriftlich gestellt werden. Eine schriftliche Stellung des Antrages empfiehlt sich jedoch in jedem Falle, da auf diese Weise am ehesten der Nachweis darüber geführt werden kann, daß die Mehrheit der betroffenen Gruppe bzw. die Mehrheit der Jugend- und Auszubildendenvertretung diesen Antrag unterstützt.

17 **Aus dem Antrag muß sich ergeben,** gegen welchen Beschluß des Personalrates er sich richtet, außerdem muß in ihm dargelegt werden, welche wichtigen Interessen durch den Beschluß erheblich beeinträchtigt werden. Eine **Begründung** des Antrages ist daher in jedem Falle erforderlich *(Fischer/Goeres, § 39 Rn. 14).* Schließlich muß der Antrag die Angabe enthalten, mit welcher Mehrheit der Vertreter der Gruppe bzw. der Jugend- und Auszubildendenvertretung er gestellt wird.

18 Der Antrag muß grundsätzlich **gegenüber dem Vorsitzenden** des Personalrates bzw. seinem Vertreter erfolgen. Dieser hat zu überprüfen, ob die formellen Voraussetzungen für die Antragstellung gegeben sind, ob also die erforderliche Mehrheit gegeben ist und ob er sich gegen einen Beschluß des Personalrates richtet. Darüber hinaus kann der Vorsitzende des Personalrates nicht die Begründetheit des Antrages überprüfen *(vgl. auch unten Rn. 22).*

19 Eine **Frist** für die Antragstellung im Gesetz ist nicht vorgeschrieben. Auch aus dem Gesetzeswortlaut folgt nicht unmittelbar eine Begrenzung der Frist für die Stellung des Aussetzungsantrages. Aus § 34 Abs. 1 Satz 1, der festlegt, daß der Beschluß auf die Dauer von zwei Wochen auszusetzen sei, ergibt sich jedoch, daß die Aussetzung nur innerhalb von zwei Wochen nach Beschlußfassung beantragt werden kann.

20 Der Antrag auf Aussetzung eines Beschlusses sollte möglichst in unmittelbarem **Zusammenhang mit der Personalratssitzung** gestellt werden. Wird er während der Personalratssitzung gestellt, ist er in die Niederschrift i. S. des § 37

aufzunehmen. Gegebenenfalls kann die betroffene Gruppe bzw. auch die Jugend- und Auszubildendenvertretung bzw. die Schwerbehindertenvertretung die Unterbrechung der Personalratssitzung verlangen, um den Aussetzungsantrag vorzubereiten bzw. zu beschließen.

Die **Möglichkeit des Aussetzungsantrages** hindert nicht die Durchführung von Personalratsbeschlüssen. Der Vorsitzende des Personalrates bzw. der Vorstand kann die getroffenen Beschlüsse durchführen, solange der Aussetzungsantrag noch nicht gestellt worden ist. Ist ein Personalratsbeschluß bereits durchgeführt oder ist mit seiner Durchführung begonnen worden, kann eine Aussetzung nicht mehr beantragt werden, da die Aussetzung begrifflich voraussetzt, daß eine Vollziehung noch nicht begonnen hat *(Fischer/Goeres, § 39 Rn. 13).* 21

Grund für die Aussetzung

Der Antrag kann nur darauf gestützt werden, daß die Mehrheit der Vertreter einer Gruppe oder der Jugend- und Auszubildendenvertretung bzw. der Schwerbehindertenvertretung einen Beschluß des Personalrates als eine erhebliche Beeinträchtigung wichtiger Interessen der jeweils betroffenen Dienstkräfte ansieht. Aus dem Wortlaut des Gesetzes folgt, daß tatsächlich eine erhebliche Beeinträchtigung der Interessen nicht vorliegen muß, es genügt, wenn die Antragsteller eine solche **Beeinträchtigung subjektiv für gegeben halten** *(BVerwG vom 29. 1. 1992, PersR 1992, 208).* Der Personalrat kann daher nicht überprüfen, ob eine tatsächliche Beeinträchtigung vorliegt oder nicht. Auch eine Überprüfung dahin, ob der Antrag offensichtlich unbegründet ist, scheidet im Regelfall aus. Diese ist nur insoweit möglich, als bei offensichtlich unbegründeten Anträgen unter Umständen die formelle Voraussetzung, daß ein ordnungsgemäßer Antrag gestellt wird, nicht gegeben sein kann *(vgl. mit etwas anderer Begründung Fitting u.a., BetrVG, § 35 Rn. 23).* Von dieser Möglichkeit kann jedoch nur in besonders krassen Fällen Gebrauch gemacht werden *(BVerwG vom 29. 1. 1992, PersR 1992, 208).* 22

Wirkung der Aussetzung

Bei einem formell ordnungsgemäßen Aussetzungsantrag tritt **unmittelbar mit Antragstellung die Undurchführbarkeit** des betroffenen Personalratsbeschlusses ein. Einer besonderen Beschlußfassung in dieser Richtung durch den Personalrat, den Vorstand des Personalrates oder aber eine Willensäußerung durch den Vorsitzenden ist nicht erforderlich. Der Personalratsbeschluß wird automatisch suspendiert, seine Durchführung wird für die Dauer von zwei Wochen hinausgeschoben. Eine Beseitigung des Personalratsbeschlusses durch den Aussetzungsantrag tritt nicht ein, dies folgt auch daraus, daß in § 34 Abs. 2 Satz 2 von der Bestätigung des zunächst angegriffenen Beschlusses die Rede ist, eine Bestätigung selbst jedoch in jedem Falle das rechtliche Bestehenbleiben des Beschlusses voraussetzt. 23

Die Aussetzung erfolgt für die **Dauer von zwei Wochen.** Die Frist beginnt mit dem Tage der Beschlußfassung durch den Personalrat, nicht mit dem Tag der Antragstellung gem. § 34. Die Fristberechnung erfolgt gem. § 187 Abs. 1 BGB. Wird der Antrag auf Aussetzung eines Personalratsbeschlusses beispielsweise erst eine Woche nach der Beschlußfassung gestellt, so verbleibt eine Aussetzungsfrist von lediglich einer Woche. 24

§ 34

25 Während der Dauer der Aussetzung sind sowohl Vorstand als auch Personalratsvorsitzender gehindert, den Beschluß in irgendeiner Form durchzuführen. Auch eine Mitteilung des Beschlusses an den Dienststellenleiter oder sonstige Beteiligte ist während dieser Zeit nicht möglich. Wird der Beschluß gleichwohl durchgeführt, kann dies gegebenenfalls Konsequenzen nach § 25 *(Ausschluß aus dem Personalrat)* nach sich ziehen.

Verlängerung der Aussetzungsfrist

26 Eine **Verlängerung der Aussetzungsfrist ist nicht zulässig.** Eine entsprechende gesetzliche Regelung, die erforderlich wäre, besteht nicht. Auch würde mit dieser Möglichkeit der Grundsatz der Rechtssicherheit verletzt werden, da gerade auch die Fristvorschriften im Personalvertretungsrecht den Sinn haben, möglichst schnell und auch für die Dienstkräfte der Dienststelle ersichtlich klare Verhältnisse zu schaffen.

Verlängerung anderer Fristen

27 Duch den Aussetzungsantrag können auch nicht unmittelbar **die Fristen des § 79 Abs. 2** im Rahmen der Mitbestimmung des Personalrates verlängert werden. Vielmehr kann der Personalrat im Falle eines Aussetzungsantrages nur eine Verlängerung der Frist zur Stellungnahme gem. § 79 Abs. 2 **beantragen.** Ein Aussetzungsantrag ist in den Fällen praktisch ausgeschlossen, in denen eine Bindung der Dienststelle an bestimmte Fristvorschriften gegeben ist *(vgl. unten § 79 Rn. 36ff. m.w.N. und Begründungen).* Im Hauptfall der Fristbindung der Dienststelle, nämlich im Falle der außerordentlichen Kündigung gem. § 626 BGB, scheidet daher schon aus diesem Grunde ein Aussetzungsantrag aus.

Verständigung

28 Während der Dauer der Aussetzung haben Personalrat und Antragsteller eine Verständigung zu suchen. Dies wird **nur auf** einer ordnungsgemäß einberufenen **Personalratssitzung** möglich sein, da die Beteiligung des gesamten Personalrates erforderlich ist. Die Verständigung setzt voraus, daß mit dem Willen der Einigung die vorhandenen Probleme und die geltend gemachten Interessenkonflikte diskutiert werden.

Beteiligung der Gewerkschaften bzw. Berufsverbände

29 Die im Personalrat vertretenen Gewerkschaften bzw. Berufsverbände können von jeder Seite bei der Führung der Verständigungsgespräche herangezogen werden. Hierbei ist weder eine Beschlußfassung des Personalrates noch das Einverständnis des jeweiligen Gegners erforderlich, vielmehr kann jeder Beteiligte unmittelbar selbst an die Gewerkschaften bzw. Berufsverbände herantreten.

30 Auch die in der **Jugend- und Auszubildendenvertretung** vertretenen Gewerkschaften bzw. Berufsverbände können im Rahmen der Verständigungsversuche beteiligt werden. Ihre Beteiligung erfolgt nach den gleichen Grundsätzen.

31 Eine Beteiligung der Vertreter der **Verbände der Schwerbehinderten** sieht das Gesetz nicht vor. Diese können nur im Rahmen des § 31 Abs. 1 als Sachverständige zu der entsprechenden Personalratssitzung hinzugezogen werden.

Sonderregelung für die Verfassungsschutzabteilung

Eine **Beteiligung der Gewerkschaften** und Berufsverbände wird durch den neuen § 92a Abs. 2 eingeschränkt *(vgl. § 92a Rn. 12)*. Damit wird Besonderheiten dieses Bereiches, die in der gesteigerten Geheimhaltungsbedürftigkeit der zu erörternden Angelegenheiten bestehen, Rechnung getragen. 32

Beschlußfassung

Nach Ablauf der Frist der Aussetzung ist erneut über die Angelegenheit zu beschließen. Die Beschlußfassung erfolgt hier ebenfalls nach den **Verfahrensvorschriften des § 33**. In der Abstimmung kann der zunächst ausgesetzte Beschluß bestätigt werden, er kann auch teilweise oder vollständig abgeändert werden. 33

Erfolgt eine Beschlußfassung nach Ablauf der Aussetzungsfrist **nicht,** so entfaltet der Beschluß weiterhin seine Wirksamkeit, die Suspendierung ist beendet *(vgl. dazu Fitting u.a., BetrVG, § 35 Rn. 22, 27)*. Hierbei ist auch zu beachten, daß es sich bei der Regelung des § 34 lediglich um eine interne Ordnungsvorschrift für die Willensbildung innerhalb des Personalrates handelt. Außerdem darf nicht außer acht gelassen werden, daß das Aussetzungsverfahren nicht zu einer Lähmung des Personalrates selbst führen darf. 34

Erfolgt eine Bestätigung des Beschlusses, so kann ein **erneuter Aussetzungsantrag nicht,** auch nicht von anderen Antragsberechtigten nach Abs. 1, gestellt werden. Der ursprünglich gefaßte Beschluß ist damit in vollem Umfange auch intern endgültig wirksam. 35

Die Bestätigung setzt nicht voraus, daß die Beschlußfassung wörtlich mit dem früheren Beschluß übereinstimmt. Maßgeblich ist vielmehr die **inhaltliche Übereinstimmung.** Lediglich unerhebliche Änderungen, die beispielsweise eine Anpassung an in der Zwischenzeit veränderte tatsächliche Abläufe darstellen, sind für die Frage der Bestätigung dann ohne Belang, wenn sich der Inhalt des Beschlusses nicht geändert hat. 36

Erfolgt eine **Änderung bzw. Aufhebung** des ursprünglich ausgesetzten Beschlusses, so ist dessen Rechtswirksamkeit nunmehr auch im Außenverhältnis beendet. Maßgeblich ist dann der Beschluß in der neuen Fassung. In diesen Fällen kann auch ein erneuter Aussetzungsantrag gestellt werden, § 34 Abs. 2 Satz 2 verbietet den erneuten Aussetzungsantrag nur in den Fällen, wo eine vollständige Bestätigung des ursprünglich ausgesetzten Beschlusses erfolgt. 37

Wird eine **teilweise Abänderung** des Beschlusses vorgenommen, so ist allerdings zweifelhaft, ob dann noch eine wesentliche Beeinträchtigung wichtiger Interessen der von dem Beschluß betroffenen Dienstkräfte gegeben sein kann. In diesem Falle ist vor Stellung eines erneuten Aussetzungsantrages mit besonderer Sorgfalt von den Antragstellern zu überprüfen, welche wichtigen Interessen erheblich beeinträchtigt sein sollen. 38

Verstöße

Mißachtet der **Vorsitzende** des Personalrates bzw. der **Vorstand** einen Aussetzungsantrag gem. § 34, so kann gegebenenfalls das Ausschlußverfahren des § 25 Abs. 1 eingeleitet werden. Werden Personalratsbeschlüsse trotz Vorliegen eines Aussetzungsantrages durchgeführt, so wird davon ihre Wirksamkeit 39 nicht beeinflußt. Bei der Regelung des § 34 handelt es sich lediglich um eine **interne Ordnungsvorschrift** für die Willensbildung des Personalrates *(Fitting u. a., BetrVG, § 35 Rn. 35).*

40 Führt die **Dienststelle** Maßnahmen auf Grund eines Personalratsbeschlusses durch, dessen Aussetzung beantragt ist, so berührt dies grundsätzlich nicht die Wirksamkeit der Maßnahmen im Außenverhältnis. In diesem Falle kann lediglich eine Dienstaufsichtsbeschwerde gegenüber dem Dienststellenleiter bzw. der jeweilig zuständigen Dienstkraft erhoben werden.

Streitigkeiten

41 Streitigkeiten, die sich bei Anträgen auf Aussetzung eines Personalratsbeschlusses ergeben, sind von den Verwaltungsgerichten im Beschlußverfahren gem. § 91 Abs. 1 Nr. 3 zu entscheiden, es handelt sich um **Fragen der Geschäftsführung** des Personalrates. Beteiligte in dem Beschlußverfahren sind hierbei auch die jeweiligen Antragsteller des Aussetzungsantrages. Gegebenenfalls kann dem Personalratsvorsitzenden aufgegeben werden, die Durchführung eines Personalratsbeschlusses zu unterlassen. Dies kann auch im Wege einer einstweiligen Verfügung gem. § 85 Abs. 2 ArbGG erfolgen. Das Gericht kann hierbei nur überprüfen, ob die formellen Voraussetzungen des Aussetzungsantrages gegeben sind, eine Überprüfung der materiellen Begründetheit des Aussetzungsantrages scheidet aus.

§ 35 Beteiligung der Jugend- und Auszubildendenvertretung

Die Jugend- und Auszubildendenvertretung kann zu allen Sitzungen des Personalrats einen Vertreter zur beratenden Teilnahme entsenden. Werden Angelegenheiten behandelt, die besonders jugendliche oder auszubildende Dienstkräfte betreffen, so hat zu diesem Tagesordnungspunkt die gesamte Jugend- und Auszubildendenvertretung Teilnahme- und Stimmrecht.

Übersicht

	Rn.
Allgemeines	1– 5
Teilnahmerecht eines Vertreters der JugAzubiVertr.	6, 7
Bestimmung des Vertreters	8–10
Umfang des Teilnahmerechts des Vertreters	11
Teilnahmerecht der gesamten JugAzubiVertr.	12
Angelegenheiten, die besonders jugendliche Dienstkräfte und Auszubildende betreffen	13–15
Umfang des Teilnahme- und Stimmrechts der JugAzubiVertr.	16–19
Ladung der Mitglieder der JugAzubiVertr.	20, 21
Verletzung des Stimmrechts	22
Antragsrecht der JugAzubiVertr.	23
Informationsrechte der JugAzubiVertr.	24
Streitigkeiten	25

Allgemeines

Durch die Schaffung des Teilnahmerechts der JugAzubiVertr. an den Sitzungen des Personalrats ist deren Stellung im Bereich des Personalvertretungsrechts wesentlich verstärkt worden. Hierdurch wird die Wahrnehmung der Interessen der jugendlichen Dienstkräfte und der Auszubildenden noch umfangreicher gewährleistet. 1

§ 35 kennt ein **gestaffeltes Teilnahmerecht** der JugAzubiVertr. In allgemeinen Angelegenheiten, die nicht besonders jugendliche Dienstkräfte oder Auszubildende betreffen, hat die Vertretung das Recht, ein Mitglied mit beratender Stimme in die Sitzung des Personalrats zu entsenden. In Angelegenheiten, die **besonders jugendliche Dienstkräfte oder Auszubildende betreffen,** kann die gesamte JugAzubiVertr. mit Stimmrecht teilnehmen. Die Art und der Umfang des Teilnahmerechts ist damit **abhängig von dem Grad der Beeinflussung der Interessen** dieses Personenkreises. In dem letztgenannten Fall besteht auch nach § 34 Abs. 1 die Möglichkeit, die Aussetzung eines Personalratsbeschlusses zu verlangen. 2

Die Vorschrift steht in engem **Zusammenhang** mit der Regelung in **§ 65,** in der die einzelnen Aufgaben der JugAzubiVertr. aufgeführt sind. 3

Eine teilweise **vergleichbare Vorschrift** befindet sich in § 40 BPersVG. Das gleiche gilt für die Bestimmung in § 67 BetrVG, in der jedoch auch ein Initiativrecht der JugAzubiVertr. gegenüber dem Personalrat geregelt ist, was in der Bestimmung des § 35 jedoch fehlt. Allerdings kommt insoweit die Vorschrift des § 65 Abs. 1 Nr. 1 in Betracht, die der JugAzubiVertr. ein besonderes Antragsrecht gegenüber dem Personalrat gewährt. 4

Mangels ausdrücklicher gesetzlicher Regelung findet die Bestimmung des § 35 **keine entsprechende Anwendbarkeit** für den Bereich des Gesamtpersonalrats und des Hauptpersonalrats (§§ 52, 57). 5

Teilnahmerecht eines Vertreters der JugAzubiVertr.

An **allen Sitzungen** des Personalrats ohne Rücksicht auf den Beratungsgegenstand hat zumindest ein Vertreter der JugAzubiVertr. ein Recht zur beratenden Teilnahme. Aus diesem Grunde ist auch nach § 30 Abs. 2 die JugAzubiVertr. zu der Personalratssitzung unter Mitteilung der Tagesordnung zu laden. 6

Dieses Teilnahmerecht **besteht allgemein,** eine Ausnahme gilt selbst dann nicht, wenn das Verhältnis der JugAzubiVertr. zum Personalrat Gegenstand der Beratungen im Personalrat ist *(a. A. Fitting u. a., BetrVG, § 67 Rn. 5).* Wollte man in diesen Fällen ein Teilnahmerecht des Vertreters der JugAzubiVertr. nicht anerkennen, würde übersehen, daß § 35 Satz 1 das Teilnahmerecht allgemein festlegt und keinerlei Ausnahmen zuläßt. 7

Bestimmung des Vertreters

Der Vertreter der JugAzubiVertr. **muß** deren **Mitglied** sein. Die Entsendung anderer Personen, auch wenn sie bevollmächtigt sind, ist nicht zulässig. Dies gilt auch für Ersatzmitglieder, diese können nur dann als Vertreter im Rahmen des § 35 Satz 1 entsandt werden, wenn sie bereits ordnungsgemäß nachgerückt sind. 8

Wer im einzelnen die JugAzubiVertr. vertreten soll, ist allein von dieser zu entscheiden. **Die Entscheidung hat durch Beschluß** zu erfolgen. Die Bestim- 9

§ 35

mung kann dabei entweder generell für sämtliche Personalratssitzungen vorgenommen werden, die JugAzubiVertr. kann jedoch auch für den jeweiligen Einzelfall erneut einen Vertreter benennen.

10 Der **Personalrat** kann den von der JugAzubiVertr. bestimmten Vertreter **nicht zurückweisen.** Er ist an die Entscheidung gebunden.

Umfang des Teilnahmerechts des Vertreters

11 Das Recht des Vertreters der JugAzubiVertr. erschöpft sich in einer **beratenden Teilnahme,** dies allerdings zu sämtlichen Tagesordnungspunkten. Ihm muß die Möglichkeit der Stellungnahme gegeben werden, er hat das Recht, Vorschläge zu machen und Anträge zu stellen *(vgl. Richardi, BetrVG, § 67 Rn. 7).* Ein Recht zur Teilnahme an der Beschlußfassung besteht nicht. Dieses Recht kann ihm auch nicht durch Mehrheitsbeschluß des Personalrats gewährt werden. Insoweit enthält das Gesetz in § 35 eine abschließende Regelung.

Teilnahmerecht der gesamten JugAzubiVertr.

12 Eine stärkere Form der Beteiligung der JugAzubiVertr. an Personalratssitzungen sieht die Bestimmung des § 35 Satz 2 vor. Danach kann die gesamte JugAzubiVertr. an der Behandlung von Angelegenheiten auf Personalratssitzungen teilnehmen, die besonders jugendliche Dienstkräfte und Auszubildende betreffen. Es handelt sich hierbei im Gegensatz zu dem allgemeinen Teilnahmerecht des § 35 Satz 1 um ein besonderes Teilnahmerecht.

Angelegenheiten, die besonders jugendliche Dienstkräfte und Auszubildende betreffen

13 Das besondere Teilnahmerecht besteht nur bezüglich der Angelegenheiten, die besonders jugendliche Dienstkräfte und Auszubildende betreffen. Der Begriff der **jugendlichen Dienstkräfte** und der **Auszubildenden** ist hierbei in § 61 näher umschrieben. Es handelt sich um Dienstkräfte, die das 18. Lebensjahr noch nicht vollendet haben oder die sich in einer Ausbildung befinden und am Wahltage das 26. Lebensjahr noch nicht vollendet haben.

14 Der Begriff der **besonderen Betroffenheit** ist in erster Linie qualitativ zu verstehen *(vgl. Richardi, BetrVG, § 67 Rn. 10).* Es kommt mithin auf die Art der behandelten Angelegenheit, auf den Beratungsgegenstand an und auf die Auswirkung der Beschlüsse, die sich besonders auf jugendliche Dienstkräfte oder Auszubildende beziehen müssen.

15 Das BVerwG *(BVerwG vom 28. 10. 1993, PersR 1994, 119)* sieht diese Voraussetzungen als erfüllt an, wenn eine Angelegenheit schützenswerte Interessen jugendlicher Dienstkräfte oder Auszubildender berührt; eine überwiegende Betroffenheit muß nicht gegeben sein.

Umfang des Teilnahme- und Stimmrechts der JugAzubiVertr.

16 Grundsätzlich hat die gesamte Vertretung das Recht zur Teilnahme; dies gilt allerdings nur für die Mitglieder und nachgerückte Ersatzmitglieder, nicht für sonstige entsandte Vertreter.

§ 35

Das Teilnahme- und Stimmrecht besteht nur bezüglich desjenigen Beratungsgegenstandes, der in besonderer Weise die Angelegenheiten der jugendlichen Dienstkräfte oder Auszubildenden betrifft. Sind auf einer Personalratssitzung daneben noch andere Tagesordnungspunkte enthalten, gilt hierfür lediglich das Teilnahmerecht des Vertreters i. S. d. § 35 Satz 1.   **17**

Im Rahmen des betreffenden Beratungsgegenstandes besteht ein Stimmrecht nur bezüglich der Personalratsbeschlüsse selbst, nicht aber für interne Angelegenheiten oder formale Vorfragen.   **18**

Das Stimmrecht steht jedem einzelnen JugAzubiVertreter zu; es ist zulässig, daß die Vertreter unterschiedlich abstimmen. Das Stimmrecht ist gleichberechtigt mit dem der Personalratsmitglieder; es ist daher möglich, daß die Personalratsmehrheit durch die -minderheit i. V. m. der JugAzubiVertr. überstimmt wird. Umgekehrt kann auch die Mehrheit der JugAzubiVertr. überstimmt werden; in diesem Falle kommt die Möglichkeit eines Aussetzungsantrags nach § 34 in Betracht.   **19**

Ladung der Mitglieder der JugAzubiVertr.

Die Ladung der Mitglieder der JugAzubiVertr. erfolgt nach § 30 Abs. 2 Satz 4. Die Ladung muß **durch den Personalratsvorsitzenden** an jedes Mitglied einzeln erfolgen. Die Ladung bloß des Vorsitzenden der JugAzubiVertr. ist nicht ausreichend. Der Ladung muß die Tagesordnung zumindest insoweit beigefügt werden, als sie den Tagesordnungspunkt betrifft, der Angelegenheiten enthält, die besonders jugendliche Dienstkräfte oder Auszubildende betreffen. Die JugAzubiVertreter haben ihre Verhinderung unmittelbar dem Personalratsvorsitzenden mitzuteilen, damit dieser die Gelegenheit hat, die jeweiligen Ersatzmitglieder ordnungsgemäß zu laden. Vgl. im übrigen die Erläuterungen zu § 30.   **20**

Bei der Prüfung, ob die JugAzubiVertr. zu laden ist, steht dem Personalratsvorsitzenden kein Ermessensspielraum zu, bei dem Begriff der **besonderen Betroffenheit** handelt es sich um einen **Rechtsbegriff**.   **21**

Verletzung des Stimmrechts

Ist die Jugendvertretung an der Beschlußfassung nicht beteiligt worden, obwohl ihr ein Stimmrecht zustand, so ist der Personalratsbeschluß grundsätzlich **unwirksam**. Ob eine Ausnahme nur dann gelten kann, wenn die Stimmen der JugAzubiVertr. auf das Ergebnis der Beschlußfassung keinerlei Einfluß hätten haben können, beispielsweise wenn der Personalrat einen Beschluß mit einer Mehrheit gefaßt hätte, die selbst bei Einrechnung der Stimmen der JugAzubiVertr. die absolute Mehrheit dargestellt hätte (*Fitting u. a., BetrVG, § 67 Rn. 22*), ist fraglich: Denn eine Beeinflussung bei der Erörterung der Angelegenheit hätte durch die **Beratung** erfolgen können.   **22**

Antragsrecht der JugAzubiVertr.

Ein eigenständiges Antragsrecht der JugAzubiVertr. ergibt sich zwar nicht aus § 35, jedoch aus § 65 Abs. 1 Nr. 1, wo im einzelnen geregelt ist, daß sie im Rahmen ihrer allgemeinen Aufgaben das Recht hat, Maßnahmen, die den jugendlichen und auszubildenden Dienstkräften dienen, bei dem Personalrat zu beantragen. Auch kann nach § 65 Abs. 1 Nr. 3 die JugAzubiVertr. auf die   **23**

305

§§ 35, 36

Erledigung von Anregungen und Beschwerden jugendlicher und auszubildender Dienstkräfte hinwirken.

Informationsrechte der JugAzubiVertr.

24 Hinsichtlich des Informationsrechtes der JugAzubiVertr. enthält **§ 35 keine Regelung.** Insoweit ist die Bestimmung in § 65 Abs. 3 maßgeblich. Nach dieser ist die JugAzubiVertr. durch den Personalrat zur Durchführung ihrer Aufgaben rechtzeitig und umfassend zu unterrichten. Hierbei kann sie auch verlangen, daß ihr der Personalrat die zur Durchführung ihrer Aufgaben erforderlichen Unterlagen zur Verfügung stellt.
Bei diesen Informationspflichten des Personalrates handelt es sich um Akte der laufenden Geschäftsführung, sie sind also Sache des Vorstandes *(§ 29 Abs. 1 Satz 4)* und gegebenenfalls des Vorsitzenden.
Die Information hat insbesondere bezüglich derjenigen Tagesordnungspunkte zu erfolgen, hinsichtlich derer die JugAzubiVertr. besondere Beratungsrechte hat.

Streitigkeiten

25 Differenzen zwischen Personalrat und JugAzubiVertr. über die Teilnahmerechte an den Personalratssitzungen und Stimmrechte bzw. sonstige Befugnisse im Rahmen der Personalratssitzungen sind im verwaltungsrechtlichen Beschlußverfahren auszutragen, § 91 Abs. 1 Nr. 3. Hierbei können gegebenenfalls auch Regelungen im Wege der einstweiligen Verfügung gem. § 85 Abs. 2 ArbGG in Betracht kommen.
Auch im Rahmen des verwaltungsgerichtlichen Beschlußverfahrens ist zu klären, ob der Personalrat verpflichtet ist, eine bestimmte Angelegenheit auf die Tagesordnung der nächsten Personalratssitzung zu setzen.
Ferner kann bei wiederholter Unterlassung der Einladung der JugAzubiVertr. zu Personalratssitzungen gegenüber dem Vorsitzenden des Personalrates gem. § 25 Abs. 1 ein Antrag auf Ausschluß aus dem Personalrat wegen Verletzung der gesetzlichen Pflichten in Betracht kommen. Antragsbefugt sind dabei jedoch nur die in § 25 Abs. 1 abschließend aufgezählten Beteiligten, die JugAzubiVertr. als solche gehört nicht dazu.

§ 36 Beteiligung der Schwerbehindertenvertretung

Die Schwerbehindertenvertretung hat das Recht, an allen Sitzungen des Personalrats beratend teilzunehmen. Sie hat den Personalrat bei der Förderung der Eingliederung und beruflichen Entwicklung Schwerbehinderter zu beraten und zu unterstützen.

Übersicht

	Rn.
Allgemeines	1– 4
Aufgaben und Stellung der Schwerbehindertenvertretung	5–11
Teilnahmerecht	12, 13
Beratungsrecht	14–19
Verletzung des Teilnahmerechts	20–22
Streitigkeiten	23

306

§ 36

Allgemeines

Die Vorschrift trägt der besonderen Berücksichtigung der Belange der Schwer- 1
behinderten Rechnung, sie steht in unmittelbarem Zusammenhang mit den
erheblich erweiterten Schutzvorschriften des neuen **Sozialgesetzbuch Neuntes
Buch** – Rehabilitation und Teilhabe behinderter Menschen – *(SGB IX vom
19. 6. 2001, BGBl. I, 1045 ff.)*, das das Schwerbehindertengesetz abgelöst hat *(Einzelheiten bei Welti, Soziale Sicherheit 2001, 146)*. Der zweite Teil des SGB IX normiert
die bisher im Schwerbehindertengesetz geregelte arbeits- und sozialrechtliche
Materie, die bereits durch das Gesetz zur Bekämpfung der Arbeitslosigkeit
Schwerbehinderter vom 29. 9. 2000 *(BGBl. I, 1394)* reformiert worden war *(vgl.
dazu Peiseler, PersR 2001, 3)*. Bei der Anwendbarkeit von § 36 sind dabei die
Bestimmungen in den **§§ 93 ff. SGB IX** *(früher §§ 23 ff. SchwbG)* **zu beachten**,
die die Aufgabe des Personalrats, die Wahl und Amtszeit der Schwerbehindertenvertretung, deren Aufgaben und deren persönliche Rechte und Pflichten
im einzelnen regeln. Zu den bisherigen Aufgaben, die Interessen der Schwerbehinderten in der Dienststelle zu vertreten und ihnen beratend oder helfend zur
Seite zu stehen, ist die Aufgabe hinzugetreten, die Eingliederung
Schwerbehinderter in die Dienststelle zu fördern. Dabei hat die Schwerbehindertenvertretung insbesondere darüber zu wachen, daß die zugunsten der
Schwerbehinderten geltenden Gesetze, Verordnungen Tarifverträge oder
Dienstvereinbarungen und Verwaltungsanordnungen durchgeführt werden,
§ 95 Abs. 1 SGB IX *(vgl. zum Ganzen Schmidt, PersR 2000, 150)*. Nach dem neuen
Recht können Personalräte und Schwerbehindertenvertretungen mit der Dienststelle verbindliche Integrationsvereinbarungen *(§ 83 SGB IX)* zu Teilhabe- und
Präventionsfragen abschließen *(Einzelheiten bei Dering, PersR 2001, 195)*.
§ 36 regelt die Beteiligung der Schwerbehindertenvertretung im Bereich der 2
Personalratssitzung und in bezug auf die sonstige Personalratsarbeit. Die
Bestimmung kann nicht ohne Zusammenhang mit **§ 95 Abs. 4 SGB IX** gesehen
werden. Nach dieser bundesgesetzlichen Regelung, die den landesgesetzlichen
Bestimmungen vorgeht, hat die Schwerbehindertenvertretung das Recht, an
allen Sitzungen des Personalrats und von dessen Ausschüssen beratend teilzunehmen. Die Schwerbehindertenvertretung kann auch beantragen, Angelegenheiten, die einzelne Schwerbehinderte oder die Schwerbehinderten als
Gruppe besonders betreffen, auf die Tagesordnung der nächsten Sitzung zu
setzen. Auch ist in § 95 Abs. 4 SGB IX geregelt, daß die Schwerbehindertenvertretung die Aussetzung von Beschlüssen des Personalrats beantragen kann,
wenn sie diesen Beschluß des Personalrats als eine erhebliche Beeinträchtigung
wichtiger Interessen der Schwerbehinderten ansieht oder wenn sie vom Arbeitgeber in Angelegenheiten, die einen einzelnen Schwerbehinderten oder die
Schwerbehinderten als Gruppe berühren, nicht rechtzeitig beteiligt worden ist
(§ 95 Abs. 2 Satz 1 SGB IX). Teilweise ist dieses Recht, die Aussetzung von
Beschlüssen des Personalrats zu beantragen, in § 34 Abs. 3 aufgenommen
worden.
Eine **besondere Kompetenzzuweisung für den Personalrat** enthält § 93 3
SGB IX. Danach hat der Personalrat die Eingliederung der Schwerbehinderten
zu fördern, er hat ferner darauf zu achten, daß der Dienststellenleiter die ihm
nach den §§ 71, 72 und 81 bis 84 SGB IX obliegenden Verpflichtungen erfüllt.
Außerdem hat er auf die **Wahl der Schwerbehindertenvertretung** hinzuwirken,
gegebenenfalls hat er bei dem zuständigen Integrationsamt *(früher Hauptfürsor-*

§ 36

gestelle) anzuregen, daß diese zu einer Versammlung der Schwerbehinderten zum Zwecke der Wahl eines Wahlvorstandes einlädt, § 94 Abs. 6 SGB IX.

4 Eine Anwendbarkeit der Vorschrift für den Gesamtpersonalrat oder für den Hauptpersonalrat bzw. die Jugendvertretung, Gesamtjugendvertretung und Hauptjugendvertretung ist im Gesetz nicht vorgesehen. Es ist jedoch zu beachten, daß nach § 97 Abs. 1 SGB IX dann eine **Gesamtschwerbehindertenvertretung** zu wählen ist, wenn für den Geschäftsbereich mehrerer Dienststellen ein Gesamtpersonalrat errichtet worden ist. Nach § 97 Abs. 3 SGB IX ist eine Hauptschwerbehindertenvertretung bei den obersten Dienstbehörden zu wählen. Die Gesamtschwerbehindertenvertretung hat das Recht, an allen Sitzungen des Gesamtpersonalrats beratend teilzunehmen, ihr stehen die gleichen Rechte zu, wie sie für den Bereich des örtlichen Personalrats der örtlichen Schwerbehindertenvertretung zustehen. Entsprechendes gilt für die Rechte der Hauptschwerbehindertenvertretung, sie hat das Recht der Teilnahme an allen Sitzungen des Hauptpersonalrats und kann auch dort die gleichen Rechte geltend machen, die die Schwerbehindertenvertretung im Bereich für den örtlichen Personalrat hat. Sowohl der Gesamtschwerbehindertenvertretung als auch der Hauptschwerbehindertenvertretung steht die Möglichkeit offen, die Aussetzung eines Beschlusses des Gesamt- oder Hauptpersonalrats zu beantragen.

Aufgaben und Stellung der Schwerbehindertenvertretung

5 Die Schwerbehindertenvertretung ist **kein Organ** im Rahmen des Personalvertretungsrechts. Das folgt schon daraus, daß ihre Rechtsstellung nicht in dem PersVG Bln, sondern in den §§ 93 ff. SGB IX geregelt ist. Ihr stehen keine personalvertretungsrechtlichen Mitbestimmungsrechte zu, vielmehr regeln sich Art und Umfang ihrer Beteiligungsrechte allein nach den Vorschriften der §§ 93 ff. SGB IX.

6 Die Schwerbehindertenvertretung hat die **Aufgabe,** die Interessen der Schwerbehinderten in der Dienststelle zu vertreten und ihnen beratend und helfend zur Seite zu stehen. Sie hat weiterhin die Aufgabe, die Eingliederung Schwerbehinderter in die Dienststelle zu fördern, sie hat auch darüber zu wachen, daß die zugunsten der Schwerbehinderten geltenden Gesetze, Verordnungen, Tarifverträge oder Dienstvereinbarungen oder Verwaltungsanordnungen durchgeführt und von der Dienststelle bzw. dem Dienstherrn die diesem nach den §§ 71, 72 und 81 bis 84 SGB IX obliegenden Verpflichtungen erfüllt werden, § 95 Abs. 1 Nr. 1 SGB IX. Sie hat darüber hinaus Anregungen und Beschwerden von Schwerbehinderten entgegenzunehmen und gegebenenfalls durch Verhandlung mit dem Arbeitgeber auf ihre Erledigung hinzuwirken. Über den Stand und das Ergebnis der Verhandlungen mit dem Dienststellenleiter bzw. dem Dienstherrn hat sie den Schwerbehinderten zu unterrichten.

7 Um diese Aufgabe erfüllen zu können, hat die Schwerbehindertenvertretung bestimmte **Informationsrechte,** sie ist in allen Angelegenheiten, die einen oder mehrere Schwerbehinderte bzw. die Schwerbehinderten als Gruppe berühren, von dem Dienststellenleiter bzw. dem Dienstherrn rechtzeitig und umfassend zu unterrichten und anzuhören. Eine getroffene Entscheidung ist der Schwerbehindertenvertretung unverzüglich mitzuteilen, § 95 Abs. 2 SGB IX. Unterbleibt die vorgeschriebene Beteiligung der Schwerbehindertenvertretung, so ist die unter Verletzung dieser Beteiligungsrechte zustande gekommene Entscheidung auszusetzen, die Beteiligung ist innerhalb von sieben Tagen nachzuholen, erst danach kann endgültig entschieden werden, § 95 Abs. 2 Satz 2 SGB IX. Die Schwerbehindertenvertretung kann bei der **Einsicht in Personalakten** durch die Dienstkräfte hinzugezogen werden, die Schwerbehindertenvertretung hat über den Inhalt der Personalakte Stillschweigen zu bewahren. Lediglich der jeweilige Schwerbehinderte kann sie von dieser Schweigepflicht entbinden, § 95 Abs. 3 SGB IX.

Die **persönliche Rechtsstellung** der Schwerbehindertenvertretung entspricht weitgehend derjenigen eines Personalratsmitgliedes *(vgl. im einzelnen § 96 SGB IX)*. Sie übt insbesondere ihre Tätigkeit unentgeltlich aus, für sie gilt das gleiche generelle Behinderungs- und Begünstigungs- bzw. Benachteiligungsverbot, das auch für Personalratsmitglieder Anwendung findet. Ferner genießen ihre Mitglieder den gleichen Kündigungs-, Versetzungs- und Abordnungsschutz, sie haben im gleichen Umfange den Anspruch auf Arbeitsbefreiung zur Durchführung ihrer Aufgaben sowie zur Teilnahme an erforderlichen Schulungs- und Bildungsveranstaltungen. Insofern können die Grundsätze der §§ 42, 43 und 44 zumindest entsprechend angewendet werden. **8**

In Dienststellen mit mehr als 200 zu betreuenden Schwerbehinderten können die Vertrauensleute zu ihrer Entlastung den **ersten Stellvertreter** zu bestimmten Aufgaben heranziehen, § 95 Abs. 1 Satz 4 SGB IX. Obwohl im Gesetz nicht ausdrücklich festgelegt worden ist, ob die Vertrauensleute in diesem Falle daneben auch das Recht auf Freistellung haben, ist davon auszugehen, daß die Freistellung nach § 96 Abs. 4 SGB IX auch in diesen Fällen möglich sein wird, wenn es zur Durchführung der Aufgaben der Schwerbehindertenvertretung erforderlich ist. Wann dies im einzelnen der Fall ist, kann nur von den Umständen in der jeweiligen Dienststelle abhängig gemacht werden. **9**

Soweit ein Stellvertreter als Schwerbehindertenvertreter tätig wird, hat er die **gleiche Rechtsstellung** wie die gewählte Schwerbehindertenvertretung. Erstmals ist gesetzlich darüber hinaus für die Stellvertreter geregelt, daß sie ebenso wie die gewählten Vertrauensleute auch an Schulungs- und Bildungsveranstaltungen teilnehmen können, wenn u. a. wegen ihrer ständigen Heranziehung nach § 95 SGB IX die Teilnahme an Schulungs- und Bildungsveranstaltungen erforderlich ist, § 96 Abs. 4 Satz 4 SGB IX. **10**

Die durch die Tätigkeit der Schwerbehindertenvertretung entstehenden **Kosten** trägt die Dienststelle. Dies gilt auch hinsichtlich der Teilnahme an Schulungs- und Bildungsveranstaltungen für den jeweiligen Stellvertreter, § 96 Abs. 8 SGB IX. Darüber hinaus kann die Schwerbehindertenvertretung die dem Personalrat zur Durchführung seiner Aufgaben zur Verfügung gestellten sachlichen Mittel (beispielsweise Räume und Geschäftsbedarf) auch für die Erfüllung ihrer Aufgaben nach dem Schwerbehindertengesetz benutzen, § 96 Abs. 9 SGB IX. Insoweit hat der Personalrat kein Recht, die Benutzung durch die Schwerbehindertenvertretung zu untersagen. Etwas anderes gilt nur dann, wenn der Schwerbehindertenvertretung eigene Räumlichkeiten und eigene sachliche Mittel zur Verfügung gestellt werden, § 96 Abs. 9 SGB IX. **11**

Teilnahmerecht

Nach § 36 Satz 1 hat die Schwerbehindertenvertretung das Recht, an **allen Sitzungen** des Personalrats beratend teilzunehmen *(vgl. § 95 Abs. 4 SGB IX)*. Aus diesem Grunde ist die Schwerbehindertenvertretung gem. § 30 Abs. 2 auch zu jeder Personalratssitzung unter Mitteilung der Tagesordnung zu laden. Im Falle der Verhinderung ist der jeweilige Stellvertreter zu laden, das Teilnah- **12**

§ 36

merecht besteht dann für diesen. Das Teilnahmerecht kann sich auch auf »Erörterungsgespräche« im Rahmen der Beteiligungsrechte des Personalrats, z. B. § 84, erstrecken *(OVG Münster vom 2. 10. 1998, NZA-RR 1999, 278).*

13 Die Schwerbehindertenvertretung hat das Recht zur **beratenden Teilnahme**. Sie hat keinerlei Stimmrecht. Dieses entfällt auch dann, wenn die in der Personalratssitzung behandelten Tagesordnungspunkte unmittelbar die Angelegenheiten schwerbehinderter Dienstkräfte betreffen.

Beratungsrecht

14 Bezüglich des Beratungsrechts nimmt die Schwerbehindertenvertretung eine **gleiche Stellung wie** die **Vertreter der Jugendvertretung** ein. Sie kann in jeglicher Hinsicht Fragen stellen, zur Sache sprechen und gegebenenfalls Anträge stellen. Allerdings geht dieses Recht nicht so weit, daß sie von sich aus alleine die Tagesordnung der gerade stattfindenden Personalratssitzung beeinflussen könnte. Im Rahmen der vorgegebenen Tagesordnungspunkte kann sie jedoch auch Sachanträge stellen.

15 Allerdings kann die Schwerbehindertenvertretung bei dem Personalrat **beantragen,** Angelegenheiten, die einzelne Schwerbehinderte oder die Schwerbehinderten als Gruppe besonders betreffen, auf die Tagesordnung der nächsten Sitzung zu setzen, § 95 Abs. 4 Satz 1 SGB IX. Der Personalrat kann diesen Antrag der Schwerbehindertenvertretung nicht zurückweisen.

16 Das Beratungsrecht ist nicht dadurch begrenzt, daß die Schwerbehindertenvertretung nur in solchen Angelegenheiten Rechte wahrnehmen kann, in denen es sich um die Angelegenheiten der Schwerbehinderten handelt. Auch bei allen anderen Fragen kann sie Stellungnahmen abgeben und beratend tätig werden, soweit sie dadurch ihre durch das Gesetz vorgegebene Aufgabe der Wahrnehmung der Interessen der Schwerbehinderten verfolgt.

17 In § 36 Satz 2 ist ausdrücklich hervorgehoben, daß die Schwerbehindertenvertretung den Personalrat bei der Förderung der Eingliederung und beruflichen Entwicklung der Schwerbehinderten zu beraten und zu unterstützen hat. Dies ist im Zusammenhang zu sehen mit der Festlegung der Aufgaben der Schwerbehindertenvertretung in § 95 Abs. 1 SGB IX *(vgl. dazu auch oben Rn. 6).* Weiterhin steht diese Regelung im Zusammenhang mit der allgemeinen Aufgabe des Personalrats aus § 72 Abs. 1 Nr. 4, in der diesem ausdrücklich die Aufgabe zugewiesen ist, die Eingliederung und berufliche Entwicklung der Schwerbehinderten ... zu fördern *(vgl. dazu im einzelnen die Erläuterungen bei ... § 72 Rn. 39ff.).*

18 Nach § 30 Abs. 3 hat die Schwerbehindertenvertretung auch das Recht, unter bestimmten Voraussetzungen die **Anberaumung einer Sitzung** des Personalrats zu verlangen. Ein solches Antragsrecht hat die Schwerbehindertenvertretung in Angelegenheiten, die besonders schwerbehinderte Dienstkräfte betreffen. Diese Regelung in § 30 Abs. 3 stellt eine Verstärkung der Rechte aus § 95 Abs. 4 Satz 1 SGB IX dar, nach der die Schwerbehindertenvertretung die Behandlung bestimmter Tagesordnungspunkte auf der nächsten Sitzung des Personalrats verlangen kann. Sowohl bei dem Verlangen auf Anberaumung einer Personalratssitzung als auch bei dem Verlangen auf Einbeziehung bestimmter Tagesordnungspunkte in die nächste Personalratssitzung hat der Personalrat keine Möglichkeit einer sachlichen Überprüfung. Lediglich wenn offenkundig keine Angelegenheiten schwerbehinderter Dienstkräfte betroffen werden, braucht er den entsprechenden Anträgen der Schwerbehindertenvertretung nicht zu folgen.

Eine Verstärkung des Beratungsrechts ergibt sich ferner aus § 34 Abs. 3 bzw. **19**
§ 95 Abs. 4 SGB IX. Danach kann die Schwerbehindertenvertretung die **Aussetzung von Personalratsbeschlüssen** verlangen, wenn sie der Auffassung ist, daß dadurch eine erhebliche Beeinträchtigung wichtiger Interessen der Schwerbehinderten eintritt. Damit kann die Schwerbehindertenvertretung eine nochmalige Beratung dieser Angelegenheit durch den Personalrat erzwingen.

Verletzung des Teilnahmerechts

Wird der Schwerbehindertenvertretung die Teilnahme an einer Personalrats- **20** sitzung nicht ermöglicht, sei es, daß sie nicht ordnungsgemäß geladen worden ist, oder, daß ihre Teilnahme nicht zugelassen wurde, hat das auf die **Wirksamkeit der** auf der Personalratssitzung getroffenen **Beschlüsse** keinerlei Auswirkungen. Auch Beschlüsse, die Angelegenheiten der Schwerbehinderten betreffen, verlieren dadurch nicht ihre Wirksamkeit *(Grabendorff u. a., BPersVG, § 40 Rn. 7)*. Die Bestimmung des § 36 betrifft nur die innere Ordnung des Personalrats und hat keine unmittelbare Außenwirkung.
Auch die Schwerbehindertenvertretung trifft keine Pflicht, an allen Sitzungen **21** des Personalrats teilzunehmen. Ihre Pflichten ergeben sich im einzelnen allein aus den Bestimmungen der §§ 93 ff. SGB IX. Allerdings kann die wiederholte **Nichtteilnahme an Personalratssitzungen,** auf denen Angelegenheiten behandelt werden, die die Interessen der Schwerbehinderten unmittelbar betreffen, nach § 94 Abs. 7 Satz 5 SGB IX Anlaß für einen Antrag auf Beschluß des Erlöschens des Amtes durch den Widerspruchsausschuß bei dem Integrationsamt *(§ 119 SGB IX)* sein. Eine entsprechende Anwendbarkeit der Bestimmung des § 95 SGB IX scheidet aus. Die Rechte und Pflichten der Schwerbehindertenvertretung bestimmen sich allein nach dem SGB IX, ebenso wie die Sanktionen bei Verletzung dieser Pflichten.
Wenn auch keine Pflicht zur Teilnahme an Personalratssitzungen besteht, darf **22** der Schwerbehindertenvertretung andererseits auch nicht die Teilnahme an einer Personalratssitzung in irgendeiner Form verwehrt werden, da dies eine unzulässige Behinderung der Amtsausübung i. S. des § 96 Abs. 2 SGB IX wäre. Ebenso wie Personalratsmitglieder müssen sich jedoch auch die Vertreter der Schwerbehinderten bei Verlassen ihres Arbeitsplatzes von dem jeweiligen Dienstvorgesetzten abmelden.

Streitigkeiten

Streitigkeiten über das Teilnahmerecht der Schwerbehindertenvertretung und **23** ihre Rechte bzw. Pflichten aus dem Personalvertretungsrecht entscheiden die Verwaltungsgerichte im Beschlußverfahren nach § 91 Abs. 1 Nr. 3. Auch hier kann gegebenenfalls das Teilnahmerecht im Wege der einstweiligen Verfügung gem. § 85 Abs. 2 ArbGG vorläufig durchgesetzt werden.

§ 37 Niederschrift

(1) Über jede Verhandlung des Personalrats ist eine Niederschrift aufzunehmen, die mindestens den Wortlaut der Beschlüsse und die Stimmenmehrheit enthält, mit der sie gefaßt sind. Die Niederschrift ist vom Vorsitzenden und von einem

§ 37

weiteren Mitglied zu unterzeichnen. Der Niederschrift ist eine Anwesenheitsliste beizufügen, in die sich jeder Teilnehmer eigenhändig einzutragen hat.
(2) Hat der Vertreter der Dienststelle oder haben Beauftragte von Gewerkschaften an der Sitzung teilgenommen, so ist ihnen der entsprechende Teil der Niederschrift in Abschrift zuzuleiten. Einwendungen gegen die Niederschrift sind unverzüglich schriftlich zu erheben und vom Personalrat der Niederschrift beizufügen.

Übersicht

	Rn.
Allgemeines	1– 6
Verhandlungen des Personalrats	7, 8
Person des Schriftführers	9
Zeitpunkt der Niederschrift	10
Inhalt der Niederschrift	11–15
Teilnehmerlisten	16–18
Unterzeichnung der Niederschrift	19–21
Bedeutung der Niederschrift	22, 23
Unterlassung der Niederschrift	24, 25
Einwendungen gegen die Niederschrift	26–28
Aufbewahrung der Niederschrift	29
Aushändigung der Niederschrift	30–33
Streitigkeiten	34

Allgemeines

1   Die Bestimmung legt zwingend die Anfertigung der Niederschriften bei Personalratssitzungen und deren Mindestinhalt fest. Gleichzeitig wird in ihr geregelt, wann und unter welchen Voraussetzungen Vertreter der Dienststelle, die nicht dem Personalrat angehören, sowie Gewerkschaftsbeauftragte bzw. Beauftragte von Berufsverbänden einen Anspruch auf Erteilung einer Abschrift haben. Schließlich wird in Abs. 2 Satz 2 das Verfahren bei der Erhebung von Einwänden gegen den Inhalt der Niederschrift geregelt.

2   Die Vorschrift entspricht weitgehend den Bestimmungen in § 34 Abs. 1 und 2 BetrVG und § 41 BPersVG.

3   § 37 ist **entsprechend anwendbar** für den **Gesamtpersonalrat**, § 52. Eine teilweise entsprechende Anwendbarkeit ist für den Hauptpersonalrat gegeben, § 57. Hier ist jedoch, da ein Teilnahmerecht weder für Gewerkschaftsbeauftragte bzw. Vertreter von Berufsverbänden noch für Vertreter der Dienststellen besteht, ausgeschlossen, daß diese einen Anspruch auf Erteilung einer Abschrift besitzen.

4   Keine vergleichbare Regelung besteht im Bereich der Jugendvertretungen, bei denen der Gesetzgeber offensichtlich wegen der nur begrenzten eigenständigen Bedeutung auf eine Erstellung der Niederschrift verzichtet hat.

5   Die Regelung des § 37 ist zwingend, sie kann weder durch eine Dienstvereinbarung noch durch eine Bestimmung in der Geschäftsordnung abgeändert werden. In der Geschäftsordnung des Personalrates können lediglich nähere Vorschriften über die formelle Ausgestaltung der Niederschrift sowie weitere Regelungen formeller Art, die auch gegebenenfalls außerhalb des Geltungsbereiches des § 37 die Erstellung einer Niederschrift vorsehen, enthalten.

Auch kann weder durch Geschäftsordnung noch durch Dienstvereinbarung festgelegt werden, daß der Vertreter der Dienststelle oder aber die Beauftragten von Gewerkschaften oder Berufsverbänden in größerem Umfange als dies § 37 Abs. 2 Satz 1 vorsieht, Abschriften von Niederschriften erhalten. Eine solche Regelung würde der Geheimhaltungspflicht des Personalrates zuwiderlaufen. **6**

Verhandlungen des Personalrats

Niederschriften sind nur über die Verhandlungen des Personalrates zwingend aufzunehmen. Der Begriff der Verhandlung des Personalrates ist aus dem Wortlaut des § 37 nicht eindeutig erklärbar. Aus der Systematik des Gesetzes ergibt sich jedoch, daß es sich lediglich um **förmliche Personalratssitzungen** handeln kann. Nur diese werden nämlich in den Vorschriften der §§ 31–36 betroffen *(Altvater u.a., BPersVG, § 41 Rn. 1)*. Nicht erfaßt werden unverbindliche Gespräche des Personalrates und Zusammentreffen, die nicht den Charakter einer Personalratssitzung annehmen. **7**

Aus dem Zweck der Vorschrift, nämlich Beweise zu sichern, ergibt sich aber, daß die Sitzungen des **Vorstandes** des Personalrates und die auf diesen gefaßten Beschlüsse ebenfalls zu protokollieren sind *(Grabendorff u.a., BPersVG, § 41 Rn. 7)*. **8**

Person des Schriftführers

Das Gesetz schreibt nicht vor, wer die Niederschrift anzufertigen hat. Hier kann von dem Personalrat ein **besonderer Schriftführer** aus dem Kreis der Personalratsmitglieder bestimmt werden. Diese Bestimmung kann generell beispielsweise in der Geschäftsordnung des Personalrates erfolgen, sie kann jedoch auch zu jeder Sitzung gesondert vorgenommen werden. Auch die Hinzuziehung einer Bürokraft ist hierbei möglich, wenn ein entsprechender Beschluß des Personalrates vorliegt. Hierbei bestehen Bedenken gegen die Verletzung des Gebotes der Nichtöffentlichkeit nicht, da in § 40 Abs. 2 ausdrücklich vorgesehen ist, daß die Verwaltung auch Bürokräfte zur Verfügung zu stellen hat *(vgl. dazu aber oben § 31 Rn. 37 zu der anderslautenden Rechtsprechung BVerwG vom 27. 11. 1981, PersV 1983, 408)*. Allerdings dürfen dann nicht sonstige Geheimhaltungsvorschriften bezüglich der zu erörternden Themen bestehen. **9**

Zeitpunkt der Niederschrift

Die Niederschrift kann sowohl während der Personalratssitzung selbst als auch im nachhinein erstellt werden. Erforderlich ist nur, daß sie den Gang der Sitzung ordnungsgemäß wiedergibt *(Fitting u.a., BetrVG, § 34 Rn. 10)*. **10**

Inhalt der Niederschrift

Zwingend vorgeschrieben ist in § 37 Abs. 1 Satz 1, daß der **Wortlaut der Beschlüsse** und die **Stimmenmehrheit**, mit der sie gefaßt worden sind, in der Niederschrift enthalten sein müssen. Hierbei sind nicht nur die Beschlüsse aufzunehmen, die angenommen wurden, sondern auch diejenigen, die abgelehnt wurden. Praktisch ist damit auch zwingend erforderlich, daß die Anträge **11**

§ 37

auf Beschlußfassung im Wortlaut aufgenommen werden sowie die jeweilige Stimmenzahl, mit der sie gegebenenfalls abgelehnt wurden.

12 Im einzelnen ist das **Stimmenverhältnis** hinsichtlich **jedes** gestellten **Antrages** in der Niederschrift festzuhalten. Aus ihr muß also ersichtlich sein, wie viele Personalratsmitglieder dafür, wie viele dagegen und wie viele mit Stimmenthaltungen gestimmt haben.

13 Es genügt die Aufnahme des bloßen Stimmenverhältnisses, es ist nicht erforderlich, daß bezüglich jedes einzelnen Personalratsmitgliedes vermerkt wird, wie es abgestimmt hat. Das gilt auch bei namentlicher Abstimmung.

14 Auch ist es nicht zwingend erforderlich aufzunehmen, welche Personen an der Personalratssitzung teilgenommen haben, da sich dies aus der der Niederschrift beizufügenden **Teilnehmerliste** ergibt. Allerdings empfiehlt sich die Aufnahme derjenigen Personalratsmitglieder, die an der Teilnahme verhindert sind. Der Grund der Verhinderung ist hierbei zweckmäßigerweise mit aufzunehmen.

15 Da das Gesetz keine weiteren Regelungen enthält, kann die Geschäftsordnung des Personalrates nähere Einzelheiten regeln (*Lorenzen u. a., BPersVG, § 41 Rn. 11*).

Teilnehmerlisten

16 Der Verhandlungsniederschrift ist in jedem Falle eine Teilnehmerliste beizufügen. In diese Liste haben sich **sämtliche Teilnehmer** an der Personalratssitzung, also nicht nur die Personalratsmitglieder, sondern auch sämtliche sonstige teilnehmende Personen, wie z. B. Vertreter des Dienststellenleiters, Beauftragte der Gewerkschaften, JugAzubiVertr., Schwerbehindertenvertretung, Sachverständige sowie gegebenenfalls Schreibkräfte, einzutragen (*Altvater u. a., BPersVG, § 41 Rn. 5*).

17 Die **Eintragung hat eigenhändig** zu erfolgen, eine Stellvertretung oder aber die vorherige Anfertigung einer Liste, auf der nur die Namen abgehakt oder durch Handzeichen gegengezeichnet werden, ist unzulässig (*a. A. Lorenzen u. a., BPersVG, § 41 Rn. 12*). Sinnvollerweise wird in die Teilnehmerliste auch aufgenommen, für welche Zeiten die einzelnen Teilnehmer der Sitzung beigewohnt haben. Wird dies nicht in der Teilnehmerliste gemacht, empfiehlt es sich, in der Niederschrift festzuhalten, wann welche Teilnehmer die Sitzung verlassen und wann sie an der Sitzung teilgenommen haben. Nur hierdurch kann im Zweifelsfalle nachgewiesen werden, ob beispielsweise der Personalrat beschlußfähig war und ob gegebenenfalls die Ersatzmitglieder zu Recht teilgenommen haben.

18 Aus der Teilnehmerliste muß sich zweifelsfrei ergeben, für welche Sitzung sie erstellt worden ist.

Unterzeichnung der Niederschrift

19 Die Niederschrift ist von dem **Vorsitzenden** des Personalrates und einem **weiteren Mitglied** des Personalrates zu unterzeichnen. Hierbei ist nicht erforderlich, daß sich dieses Personalratsmitglied im Vorstand befindet. Auch findet insoweit die Bestimmung des § 29 Abs. 3 keine Anwendung, es ist also nicht notwendig, daß das weitere Mitglied des Personalrates einer anderen Gruppe als der Vorsitzende des Personalrates angehört.

20 **Welches Personalratsmitglied** neben dem Personalratsvorsitzenden die Unterzeichnung vorzunehmen hat, ist in der Regel **durch den Personalrat zu bestimmen**. Dies kann entweder generell durch eine Bestimmung beispielsweise

in der Geschäftsordnung erfolgen, es kann jedoch auch in jedem einzelnen Falle gesondert gemacht werden. Ist aus dem Kreise der Personalratsmitglieder ein Schriftführer bestimmt worden, so wird in der Regel dieser neben dem Vorsitzenden die Unterzeichnung vorzunehmen haben.

Ist der Vorsitzende an der Unterschriftsleistung verhindert, so hat sein **Stellvertreter** die Unterzeichnung vorzunehmen. Hat der Personalrat kein weiteres Mitglied bestimmt, das neben dem Vorsitzenden unterzeichnen soll, so ist jedes Personalratsmitglied zur Unterzeichnung berechtigt. Die weitere Unterschrift eines einzelnen Personalratsmitgliedes reicht in diesem Fall dann neben derjenigen des Vorsitzenden aus. 21

Bedeutung der Niederschrift

Die Niederschrift ist eine Urkunde, die dem Zwecke des **Nachweises der Ordnungsmäßigkeit** und damit der Rechtsgültigkeit der Personalratsbeschlüsse dient. Sie ist ein Beweismittel i.s. des § 416 ZPO, sie gibt also vollen Beweis dafür, daß die in ihr enthaltenen Erklärungen von dem Personalrat abgegeben sind. Eine Fälschung, Verfälschung bzw. unbefugte Veränderung der Niederschrift kann strafrechtlich gem. den Regelungen in §§ 267 ff. StGB verfolgt werden. 22

Die Niederschriften stehen in der alleinigen **Verfügungsgewalt des Personalrates,** dieser hat das alleinige Besitzrecht *(Richardi, BetrVG, § 34 Rn. 22; Fitting u.a., BetrVG, § 34 Rn. 5).* Ob der Personalrat darüber hinaus an diesen Urkunden auch das Eigentum besitzt, ist zumindest für die personalvertretungsrechtliche Behandlung von keinerlei Bedeutung *(für Eigentum Fitting u.a., BetrVG, § 34 Rn. 5; dagegen Richardi a.a.O.).* 23

Unterlassung der Niederschrift

Die Anfertigung der Niederschrift betrifft die **innere Organisation** und Geschäftsführung des Personalrates. Ihre Unterlassung ist daher für die **Rechtsgültigkeit** von Personalratsbeschlüssen **ohne Einfluß** *(Fitting u.a., BetrVG, § 34 Rn. 21; Richardi, BetrVG, § 34 Rn. 20; zweifelnd LAG Köln vom 25.11.1998, NZA 1999, 245).* Das gilt auch, wenn nur Teile der Verhandlungsniederschrift nicht vorhanden sind, wenn beispielsweise eine Teilnehmerliste fehlt. In diesen Fällen kann das Vorliegen der entsprechenden Tatsachen auch durch andere Beweismittel nachgewiesen werden, wie z.B. durch Zeugen oder andere Unterlagen. So kann auch das Vorliegen von bestimmten Personalratsbeschlüssen auf diese Weise nachgewiesen werden. Das Fehlen in der Niederschrift hat nur, in der Praxis allerdings gewichtige, Auswirkungen auf die Frage der Beweisbarkeit einer Beschlußfassung. 24

Die **wiederholte Unterlassung** einer Niederschrift kann gegebenenfalls eine grobe Verletzung der gesetzlichen Pflichten des Personalrats sein, die gegebenenfalls zu Konsequenzen gem. § 25 führen kann. 25

Einwendungen gegen die Niederschrift

Nach § 37 Abs. 2 Satz 2 sind Einwendungen gegen die Niederschrift unverzüglich **schriftlich zu erheben** und vom Personalrat der Niederschrift beizufügen. Das Recht, Einwendungen zu erheben, steht jedem zu, der an der betreffenden 26

§ 37

Personalratssitzung teilgenommen hat. Sie sind gegenüber dem Vorsitzenden des Personalrates zu erheben, der auch insoweit den Personalrat vertritt (§ 29 Abs. 3). Die Einwendungen müssen unverzüglich, d. h. ohne schuldhaftes Zögern, erhoben werden.

27 Erhobene Einwendungen sind dem **Personalrat zur Kenntnis zu geben.** Nicht erforderlich ist eine Abstimmung über die Berechtigung der Einwendungen. § 37 Abs. 2 Satz 2 sieht lediglich vor, daß die Einwendungen der Niederschrift beizufügen sind. Daraus folgt, daß sie auch dann der Niederschrift beizufügen sind, wenn der Personalrat sie für unbeachtlich hält *(Fitting u.a., BetrVG, § 34 Rn. 24).* Die Wirksamkeit von Personalratsbeschlüssen wird dabei nicht berührt.

28 Daneben besteht kein besonderer Anspruch der Teilnehmer an Personalratssitzungen auf **Berichtigung der Niederschriften.** Eine Berichtigung kann vielmehr nur dann erfolgen, wenn über einen entsprechenden Antrag auf einer Personalratssitzung ein ordnungsgemäßer Beschluß zustande kommt.

Aufbewahrung der Niederschrift

29 Die Niederschrift ist vom Personalrat aufzubewahren. Über die **Dauer der Aufbewahrung** ergibt sich aus dem Gesetz nichts. Da jedoch die Niederschrift dazu dient, die ordnungsgemäße Beschlußfassung nachzuweisen, sind die Niederschriften so lange aufzubewahren, wie ihr Inhalt noch von rechtlicher Bedeutung sein kann. Geht dies über die Amtszeit eines Personalrates hinaus, so muß der dann folgende Personalrat die Aufbewahrung fortführen. Wird ein nachfolgender Personalrat nicht gewählt, sind die Niederschriften ebenso wie alle anderen Unterlagen des Personalrats von der Dienststelle aufzubewahren. Die Aufbewahrung durch einzelne ehemalige Personalratsmitglieder ist nicht zulässig.

Aushändigung der Niederschrift

30 Einen Anspruch auf Erteilung einer Abschrift von Teilen der Niederschrift haben nur diejenigen Vertreter der Dienststelle oder Beauftragte von Gewerkschaften bzw. Berufsverbänden, die tatsächlich **an der betreffenden Sitzung teilgenommen** haben. Es besteht kein genereller Anspruch der Dienststelle bzw. der Gewerkschaften oder Verbände auf Erteilung von Abschriften bezüglich derjenigen Personalratssitzungen, an denen sie gem. § 31 hätten teilnehmen können, dies jedoch nicht getan haben.

31 Der Anspruch auf Erteilung einer Abschrift besteht auch nur bezüglich desjenigen **Teils** der Personalratssitzung, an dem der Vertreter der Dienststelle bzw. der Beauftragte der Gewerkschaften oder Verbände tatsächlich teilgenommen hat. Sämtliche anderen Teile der Niederschrift dürfen nicht in Abschrift ausgehändigt werden.

32 Bei der Abschrift muß es sich um eine **wortgetreue Wiedergabe** der Niederschrift handeln. Eine Unterzeichnung durch den Vorsitzenden des Personalrates und ein weiteres Mitglied des Personalrates ist nicht erforderlich, da es sich lediglich um eine Abschrift handelt, die schon von ihrem Begriff her eine Unterzeichnung nicht erfordert. Das Gesetz sieht insoweit auch keine Unterzeichnung vor. Auch ist eine Beglaubigung nicht nötig, da auch insoweit eine entsprechende Regelung fehlt *(a. A. aber Fitting u.a., BetrVG, § 34 Rn. 18; Richardi, BetrVG, § 34 Rn. 12).*

Die **übrigen Teilnehmer** an der Personalratssitzung haben **keinen Anspruch** 33
auf Aushändigung einer Abschrift. Auch die Personalratsmitglieder können
ebensowenig wie die Schwerbehindertenvertretung, die JugAzubiVertr., die
Sachverständigen oder sonstigen Teilnehmer verlangen, daß ihnen eine
Abschrift ausgehändigt wird *(vgl. für Personalratsmitglieder BayVGH vom
21. 11. 1975, ZBR 1976, 373).* Die Regelung in § 37 Abs. 2 Satz 1 ist insoweit
abschließend, sie kann auch nicht durch eine Vorschrift in der Geschäftsordnung oder in einer Dienstvereinbarung ausgeweitet werden.

Streitigkeiten

Streitigkeiten über die Notwendigkeit der Anfertigung und die Ordnungsmä- 34
ßigkeit der Niederschrift sowie über den Anspruch auf Erteilung einer Ab-
schrift sind im verwaltungsgerichtlichen Beschlußverfahren gem. § 91 Abs. 1
Nr. 3 auszutragen. Daneben kann gegebenenfalls die Ordnungsmäßigkeit einer
Niederschrift als Vorfrage in einem Verfahren über die Wirksamkeit eines
Personalratsbeschlusses geprüft werden, insbesondere dann, wenn es um die
Frage geht, ob die Niederschrift eine Urkunde i. S. des § 416 ZPO sein kann.

§ 38 Geschäftsordnung

**Der Personalrat kann sich eine Geschäftsordnung geben, in der sonstige Bestim-
mungen über die Geschäftsführung getroffen werden.**

Übersicht

	Rn.
Allgemeines	1– 3
Inhalt der Geschäftsordnung	4– 7
Beschluß der Geschäftsordnung	8
Schriftform	9
Gültigkeitsdauer	10, 11
Verstöße	12, 13
Streitigkeiten	14

Allgemeines

Um den ordnungsgemäßen Ablauf der Personalratstätigkeit zu gewährleisten, 1
kann sich der Personalrat eine Geschäftsordnung geben. Ein **Zwang** hierzu
besteht nicht. Der Personalrat hat lediglich die Möglichkeit, eine Geschäftsordnung zu schaffen, er ist hierzu jedoch allein aus der gesetzlichen Regelung
in § 38 nicht verpflichtet. Das Ermessen des Personalrats, ob er sich eine
Geschäftsordnung gibt oder nicht, kann jedoch dann eingeschränkt sein, wenn
anders eine ordnungsgemäße Abwicklung der Personalratstätigkeit nicht gewährleistet ist.
In gewissem Umfange vergleichbare Regelungen finden sich in § 36 BetrVG 2
und § 42 BPersVG.
Die Vorschrift gilt **entsprechend** für den Gesamtpersonalrat *(§ 52)* und den 3
Hauptpersonalrat *(§ 57).* Eine entsprechende Anwendbarkeit für die Jugend-
und Auszubildendenvertretungen ist nicht vorgesehen. Gleichwohl wird man

§ 38

annehmen müssen, daß auch diese Gremien sich eine Geschäftsordnung geben können, da die Geschäftsordnung als solche allein die interne Geschäftsführung des jeweiligen Organs betrifft und keinerlei Außenwirkung hat.

Inhalt der Geschäftsordnung

4 Die Geschäftsordnung kann nur die **Verfahrensrichtlinien** enthalten, die die interne Geschäftsführung des Personalrats und des Vorstandes des Personalrats betreffen. Durch die Geschäftsordnung kann zwingendes Gesetzesrecht nicht abgeändert werden. Zwar ist es zulässig, die gesetzlichen Vorschriften der § 29 bis 44 in der Geschäftsordnung zu wiederholen, eine Abweichung von diesen Bestimmungen ist jedoch unzulässig, soweit es sich um zwingendes Gesetzesrecht handelt. Durch die Geschäftsordnung können daher keine anderen Regelungen bezüglich der Beschlußfassung und der Teilnahme von Dritten an Personalratssitzungen und deren Stimmrecht getroffen werden, auch die Erweiterung oder Einschränkung der Aufgaben und Befugnisse des Personalrats ist unzulässig *(BVerwG vom 5. 2. 1971, PersV 1971, 271).* Die Geschäftsordnung kann daher auch nicht die Kompetenzen des Personalrats in seiner Gesamtheit einschränken oder erweitern, sie kann nicht Befugnisse, die dem Personalrat als Plenum zustehen, auf den Vorstand übertragen *(BVerwG vom 20. 3. 1959, E 8, 162).*

5 Auch kann durch die Geschäftsordnung der Personalrat weder **Kompetenzen,** die **außerhalb seines gesetzlichen Aufgabenkreises** liegen, an sich ziehen noch diese auf den Vorstand bzw. den Vorsitzenden des Personalrates übertragen. Durch die Geschäftsordnung kann daher auch keine Rechtsgrundlage für Betätigungen des Personalrats geschaffen werden, die außerhalb des Personalvertretungsgesetzes liegen. Auch über die Geschäftsordnung kann die Einrichtung irgendwelcher sozialer Einrichtungen durch den Personalrat oder sonstige Aktivitäten des Personalrats, die nicht unmittelbar ihre Grundlage im Personalvertretungsgesetz finden, nicht rechtlich abgesichert werden.

6 In der Geschäftsordnung könnten **beispielsweise** Einzelheiten über die Durchführung der Personalratssitzungen wie Anberaumung der Sitzung, Festlegung regelmäßiger Sitzungen, Fristen für die Ladung und Inhalt der Ladung, Redeordnungen, Verfahren bei Abstimmungen, sämtliche Leitungsbefugnisse innerhalb der Personalratssitzung, Anzeige der Verhinderung einzelner Personalratsmitglieder etc. festgelegt werden. Die Zuweisung abgegrenzter Arbeitsbereiche an einzelne Personalratsmitglieder kann in der Geschäftsordnung erfolgen *(BAG vom 19. 8. 1985, PersR 1986, 159).* Auch Verfahrensvorschriften über die Bestellung des Wahlvorstandes, die Form der Bekanntgabe von Mitteilungen an die Dienstkräfte der Dienststelle, die Festlegung der dem Vorstand übertragenen Geschäfte im Rahmen der Regelungen des § 29 Abs. 1 Satz 4 können in der Geschäftsordnung geregelt werden.

7 Nicht der Regelung unterliegen **Tatbestände,** bei denen die **Zustimmung des Dienststellenleiters** erforderlich ist. Hier bedarf es immer des Abschlusses einer Dienstvereinbarung bzw. einer Regelungsabrede. Hierzu gehört beispielsweise die Bereitstellung von Geschäftsräumen, Form der Durchführung der monatlichen Besprechungen und Zeit und Ort der Sprechstunden des Personalrats. Hier kann die Geschäftsordnung lediglich ergänzende Bestimmungen enthalten *(VG Berlin vom 17. 9. 1969, PersV 1970, 234; Grabendorff u. a., BPersVG, § 42 Rn. 6).*

Beschluß der Geschäftsordnung

Die Geschäftsordnung kann nur durch Beschluß des gesamten Personalrats erlassen werden. Für die Beschlußfassung ist entgegen den Regelungen in § 42 BPersVG und § 36 BetrVG keine besondere Mehrheit vorgeschrieben worden. Es genügt daher die einfache Stimmenmehrheit i. S. des § 32 Abs. 1 Satz 1 *(a. A. für das BPersVG: Lorenzen u. a., BPersVG, § 42 Rn. 9: Mehrheit der Stimmen der Mitglieder).* **8**

Schriftform

Auch ist im Gesetz keine besondere Formvorschrift enthalten, das **Gebot der Schriftform** folgt daher lediglich aus § 37 Abs. 1, wonach in der Niederschrift über die Verhandlungen des Personalrats der Wortlaut der Beschlüsse enthalten sein muß. Daneben empfiehlt es sich jedoch, die Geschäftsordnung schriftlich zu erlassen, wobei zur Schriftlichkeit auch die Unterzeichnung durch den Vorsitzenden des Personalrats gehört. Dies ist im Interesse der Praktikabilität und der Beweiskraft sinnvoll. Darüber hinaus bedarf es keiner Veröffentlichung der Geschäftsordnung, da sie lediglich interne Verfahrensvorschriften enthält. **9**

Gültigkeitsdauer

Die Geschäftsordnung enthält interne Verfahrensrichtlinien für den **jeweiligen Personalrat** während dessen Amtszeit. Sie ist daher auch nur für die Dauer der Amtszeit des Personalrates gültig, der sie erlassen hat *(Altvater u. a., BPersVG, § 42 Rn. 3; a. A. Grabendorff u. a., BPersVG, § 42 Rn. 8).* Hierbei ist nicht maßgeblich die Amtszeit der jeweiligen Personen, sondern die Amtszeit des Personalrates als Gesamtheit. Die Auswechslung einzelner Personalratsmitglieder ist daher für die Gültigkeit der Geschäftsordnung unerheblich. **10**

Ferner kann der Personalrat als Plenum jederzeit im Einzelfall durch Beschluß die Geschäftsordnung abändern, besonderer Kündigungsfristen bedarf es insoweit nicht. **11**

Verstöße

Die Geschäftsordnung entfaltet **Bindungswirkung** gegenüber den einzelnen Mitgliedern des Personalrates, des Vorstandes und gegenüber dem Vorsitzenden. Keine Bindungswirkung im engen Sinne besteht gegenüber dem Personalrat als Plenum, dieser kann jederzeit durch Beschluß die Geschäftsordnung abändern *(vgl. oben Rn. 11).* **12**

Da die Geschäftsordnung nur interne Verfahrensrichtlinien enthält, können weder der Dienststellenleiter noch einzelne Dienstkräfte aus ihr unmittelbare Rechte herleiten. Kommt ein **Beschluß** des Personalrates unter **Verstoß** gegen Bestimmungen der Geschäftsordnung zustande, so ergibt dies noch nicht seine Unwirksamkeit *(Fitting u. a., BetrVG, § 36 Rn. 13).* **13**

Streitigkeiten

14 Streitigkeiten über Bestehen und Auslegung einer Geschäftsordnung sowie die übrigen damit zusammenhängenden Fragen sind von den Verwaltungsgerichten im Beschlußverfahren gem. § 91 Abs. 1 Nr. 3 zu entscheiden.

§ 39 Sprechstunden

(1) Der Personalrat kann Sprechstunden während der Arbeitszeit einrichten. Zeit und Ort bestimmt er im Einvernehmen mit der Dienststelle.
(2) Bekanntmachungen des Personalrats in seinem Aufgabenbereich bedürfen nicht der Zustimmung der Dienststelle.

Übersicht Rn.

Allgemeines	1– 5
Festlegung der Sprechstunden	6, 7
Zeit und Ort der Sprechstunde	8–10
Einvernehmen mit dem Dienststellenleiter	11
Form der Sprechstunde	12–14
Kosten der Sprechstunde	15, 16
Aufsuchen am Arbeitsplatz	17
Haftung für Auskünfte	18
Bekanntmachungen des Personalrates	19, 20
Streitigkeiten	21–23

Allgemeines

1 Durch die Einrichtung von Sprechstunden **soll** einerseits den Dienstkräften **ermöglicht werden,** Wünsche, Beschwerden und Anregungen gegenüber dem Personalrat vorbringen zu können, zum anderen soll der Personalrat in die Lage versetzt werden, die Interessen der Dienstkräfte und deren dienstliche Belange kennenzulernen. Darüber hinaus soll durch die zeitliche Festlegung der Sprechstunden ein überflüssiger Leerlauf vermieden werden.

2 Ferner enthält § 39 Abs. 2 die Bestimmung, daß der **Personalrat in eigener Verantwortung** ohne Zustimmung des Dienststellenleiters in seinem Aufgabenbereich Bekanntmachungen vornehmen kann. Hierdruch soll es dem Personalrat ermöglicht werden, ohne Beeinflussung durch Dritte die seiner Ansicht nach erforderlichen Informationen an die Dienstkräfte weiterzugeben.

3 Eine dem § 39 Abs. 1 vergleichbare Vorschrift findet sich in § 43 BPersVG. Teilweise vergleichbare Regelungen enthält § 39 BetrVG.

4 Die Vorschrift findet **entsprechende Anwendung** für den Gesamtpersonalrat (§ 52), den Hauptpersonalrat (§ 57), die Jugend- und Auszubildendenvertretungen (§§ 66, 68, 69 Abs. 2).

5 Die Bestimmung ist **zwingend,** von ihr kann weder durch Tarifvertrag noch durch Dienstvereinbarung abgewichen werden. Auch durch Geschäftsordnung darf nicht von vornherein jegliche Sprechstunde ausgeschlossen werden, da § 39 zumindest auch teilweise zugunsten der Dienstkräfte besteht, er soll auch diesen die Möglichkeit gewähren, zu festgelegten Zeiten ihre Anliegen gegenüber der Personalvertretung geltend zu machen.

Festlegung der Sprechstunden

Der Personalrat entscheidet nach **pflichtgemäßem Ermessen**, ob und in welchem Umfang und in welcher Häufigkeit er Sprechstunden für die Dienstkräfte abhält *(Altvater u.a., BPersVG, § 43 Rn. 1).* Aus dem Wortlaut des Gesetzes (*»kann«*) folgt, daß eine umfassende gesetzliche Verpflichtung nicht besteht. Maßgeblich ist in jedem Falle die Eigenart der jeweiligen Dienststelle. Aus dem Wort »kann« folgt insoweit lediglich, daß die Unterlassung der Einrichtung einer Sprechstunde nicht in jedem Falle eine Pflichtverletzung des Personalrates sein muß. Im Regelfall wird allerdings bei der Weigerung zur Abhaltung von Sprechstunden trotz eines entsprechenden sachlichen Bedürfnisses ein Pflichtverstoß i. S. von § 25 Abs. 1 vorliegen. 6

Die Festlegung, ob und in welcher **Häufigkeit Sprechstunden** abgehalten werden, kann in der Geschäftsordnung des Personalrates erfolgen. Erforderlich ist ein Beschluß des gesamten Personalrats, es gehört nicht zum Bereich der laufenden Geschäfte. Zeit und Ort der Sprechstunden können dann nicht in der Geschäftsordnung festgelegt werden, wenn es sich um Sprechstunden während der Arbeitszeit handelt, da insoweit nach § 39 Abs. 1 Satz 2 das Einvernehmen mit dem Dienststellenleiter herzustellen ist. Sprechstunden außerhalb der Arbeitszeit kann der Personalrat in eigener Verantwortung auch hinsichtlich der zeitlichen Lage festlegen. 7

Zeit und Ort der Sprechstunde

Da die Sprechstunde grundsätzlich **während der Arbeitszeit** stattzufinden hat, hat der Gesetzgeber die Festlegung von Zeit und Ort vom Einvernehmen mit dem Dienststellenleiter abhängig gemacht. Auf diese Weise soll sichergestellt werden, daß die dienstlichen Erfordernisse in der Dienststelle nicht ungerechtfertigt beeinträchtigt werden. 8

Die Festlegung der **Zeit** der Sprechstunde betrifft sowohl die **zeitliche Lage** als auch die **Dauer.** Die Dauer der Sprechstunde wird von der Zahl und Zusammensetzung der Beschäftigten abhängen, gegebenenfalls auch von etwa aktuell anstehenden Problemen. 9

Ort der Sprechstunde ist diejenige Räumlichkeit, in der der Personalrat die Sprechstunde durchführt. Erfolgt dies in einem dem Personalrat generell zur Verfügung gestellten Raum *(Personalratszimmer),* so bedarf es für die Abhaltung der Sprechstunden hinsichtlich des Ortes keiner gesonderten Vereinbarungen mit dem Dienststellenleiter. 10

Einvernehmen mit dem Dienststellenleiter

Es ist das **Einvernehmen mit dem Dienststellenleiter** herzustellen. Dieses Einvernehmen muß vor der Festlegung von Zeit und Ort der Sprechstunde gegeben sein. Kommt eine Einigung nicht zustande, so ist im Rahmen des verwaltungsgerichtlichen Beschlußverfahrens gem. § 91 Abs. 1 Nr. 3 zu klären, zu welcher Zeit und an welchem Ort der Personalrat seine Sprechstunden abhalten darf. Es handelt sich insoweit um eine Streitigkeit über die Geschäftsführungsbefugnisse des Personalrates. Das »Verfahren bei Nichteinigung« in entsprechender Anwendung der §§ 79 ff. kann nicht angewendet werden, da es sich bei der Regelung in § 39 Abs. 1 Satz 2 nicht um eine Mitbestimmungsangelegenheit handelt. 11

§ 39

Form der Sprechstunde

12 Dem Personalrat steht es grundsätzlich frei, in welcher Form er die Sprechstunden abhalten will. Insbesondere hat er zu entscheiden, welche Mitglieder er mit der Durchführung von Sprechstunden beauftragen will. Wird kein Beschluß über die Wahrnehmung der Sprechstunden gefaßt, so obliegt dies im Rahmen der Geschäftsführung des Personalrates dem Vorstand, der seinerseits bestimmte Mitglieder beauftragen kann. Gegebenenfalls hat der Vorsitzende des Personalrates bzw. sein Stellvertreter die Sprechstunden wahrzunehmen. Im Interesse einer ausreichenden Wahrnehmung der Interessen der Dienstkräfte ist darauf zu achten, daß die Sprechstunden von möglichst sachkundigen Personalratsmitgliedern abgehalten werden.

13 Ob der Personalrat zu den Sprechstunden auch Sachverständige bzw. Gewerkschaftsbeauftragte oder Beauftragte von Berufsverbänden hinzuziehen kann, ist im Gesetz nicht geregelt. Hinsichtlich der Teilnahme von Gewerkschaftsbeauftragten *(Beauftragten der Berufsverbände)* kann hier auf die allgemeine Regelung in § 2 Abs. 1 zurückgegriffen werden, die eine grundsätzliche Hilfsfunktion der Verbände im Personalvertretungsrecht vorsieht. Im Rahmen dieser Hilfsfunktion können auch Gewerkschaftsbeauftragte bzw. Beauftragte der Berufsverbände auf Antrag des Personalrats an den Sprechstunden teilnehmen. Da sich diese Teilnahme allein auf das Recht des Personalrates stützt, jederzeit die Unterstützung der in der Dienststelle vertretenen Gewerkschaften bzw. Berufsverbände in Anspruch zu nehmen, bedarf es eines Einvernehmens mit dem Dienststellenleiter nicht *(Richardi, BetrVG, § 39 Rn. 12; Fitting u. a., BetrVG, § 39 Rn. 9).*

14 Eine Hinzuziehung von Sachverständigen zu den Sprechstunden ohne Vereinbarung mit dem Dienststellenleiter scheidet grundsätzlich aus. Insoweit können auch nicht die zum Betriebsverfassungsrecht entwickelten Grundsätze entsprechend angewendet werden, da im Bereich des PersVG Bln eine dem § 80 Abs. 3 BetrVG entsprechende Regelung, die dem Personalrat das Recht zur Hinzuziehung von Sachverständigen gibt, fehlt. Eine Hinzuziehung von Sachverständigen ist daher nur nach jeweiliger Vereinbarung mit dem Dienststellenleiter, wobei auch Einigkeit über die Kostentragung erzielt werden muß, zulässig. Im Gegensatz zu der Regelung in § 31 Abs. 1 Satz 4 besteht jedoch im Rahmen des § 39 kein Anspruch des Personalrates auf Hinzuziehung von Sachverständigen.

Kosten der Sprechstunde

15 Die gesamten Kosten, die durch Sprechstunden entstehen, sind von der Verwaltung gem. § 40 Abs. 2 zu tragen. Die Personalratsmitglieder, die die Sprechstunden abhalten, erleiden dadurch keinerlei Minderung der Bezüge, § 42 Abs. 2.

16 Auch die Dienstkräfte, die von ihrem Recht Gebrauch machen, die Sprechstunde des Personalrats aufzusuchen, dürfen hierdurch keine Verdienstausfälle erleiden. Sie sind für die Dauer des Aufsuchens der Sprechstunde von ihrer Arbeitsleistung unter Fortzahlung der Vergütung zu befreien. Dienstkräfte, die an der Sprechstunde teilnehmen wollen, müssen dies jedoch dem unmittelbaren Vorgesetzten bzw. der zuständigen Dienstkraft mitteilen. Wird ohne ausreichenden Grund der Besuch der Sprechstunde verweigert, so kann

die Dienstkraft gleichwohl die Sprechstunde aufsuchen, ohne Sanktionen befürchten zu müssen *(vgl. Richardi, BetrVG, § 39 Rn. 23)*.

Aufsuchen am Arbeitsplatz

Ob und inwieweit Personalratsmitglieder die Beschäftigten nach eigenem Ermessen am Arbeitsplatz aufsuchen können, ist streitig *(dafür: Altvater u.a., BPersVG, § 43 Rn. 3; a.A. Lorenzen u.a., BPersVG, § 43 Rn. 15; HessVGH vom 24. 10. 1984, PersR 1986, 136)*. 17

Haftung für Auskünfte

Für unrichtige Auskünfte, die während der Sprechstunde erteilt werden, besteht eine Haftung des Personalrates als ganzem nicht, da dieser weder aktiv noch passiv vermögensfähig ist. Die einzelnen Personalratsmitglieder können nur dann für die von ihnen erteilten Auskünfte haften, wenn sie sich damit einer unerlaubten Handlung schuldig gemacht haben *(Richardi, BetrVG, § 39 Rn. 29; Grabendorff u.a., BPersVG, § 43 Rn. 7; vgl. insoweit die Regelung in § 676 BGB)*. Das kann u.a. dann in Betracht kommen, wenn ein Personalratsmitglied unter Überschreitung seiner Befugnisse Rechtsauskünfte und Rechtsrat erteilt. Da zumeist Vermögensschäden in Rede stehen werden, kommt eine Haftung nicht aus § 823 BGB, sondern *(nur)* aus § 826 BGB in Betracht; wegen der strengen Voraussetzungen der Vorschrift wird dies selten der Fall sein. 18

Bekanntmachungen des Personalrates

Durch § 39 Abs. 2 ist klargestellt, daß der Personalrat in seinem Aufgabenbereich auch in eigener Verantwortung Bekanntmachungen an die Dienstkräfte der Dienststelle vornehmen kann. Es sind nur solche Bekanntmachungen zulässig, die sich im Rahmen der Aufgaben und der Zuständigkeit des Personalrates bewegen. Weder sind eine Plakatwerbung für Gewerkschaften bzw. Berufsverbände noch sonstige Äußerungen, die beleidigenden Inhalt oder politische Ausführungen enthalten, zulässig. Nach Auffassung des Dienststellenleiters sachlich unzutreffende oder außerhalb des Aufgabenbereichs des Personalrats liegende Veröffentlichungen kann der Dienststellenleiter jedoch nicht eigenmächtig entfernen *(VG Berlin vom 9. 11. 1994, PersR 1995, 96)*. 19

Der Personalrat kann in diesem Rahmen frei über den Umfang und die Art der Bekanntmachung entscheiden. Eine Begrenzung der Befugnisse des Personalrates kann sich hierbei lediglich aus § 40 ergeben, wenn die gewählte Veröffentlichungsform kostenmäßig unverhältnismäßig oder aber nicht erforderlich ist. Es ist daher nicht in jedem Falle möglich, die Informationen in vervielfältigter Form jeder einzelnen Dienstkraft zuzusenden. Vielmehr wird der Personalrat auch auf die Form der Bekanntmachung durch Aushang am Schwarzen Brett verwiesen werden können. 20

Streitigkeiten

Streitigkeiten über die Einrichtung und Abhaltung von Sprechstunden sind im verwaltungsgerichtlichen Beschlußverfahren gem. § 91 Abs. 1 Nr. 3 auszutragen. Dieses Verfahren ist auch durchzuführen, wenn eine Einigung zwischen 21

§§ 39, 40

Personalrat und Dienststelle über Zeit und Ort der Abhaltung der Sprechstunden nicht erzielt werden kann.

22 Ansprüche von Personalratsmitgliedern auf Fortzahlung der Vergütung für die Dauer der Abhaltung der Sprechstunde sind im Urteilsverfahren entweder vor den Verwaltungsgerichten oder aber den Arbeitsgerichten auszutragen. Das gleiche gilt für Streitigkeiten, die die Vergütungszahlung für Dienstkräfte betreffen, die an Sprechstunden teilgenommen haben.

23 Streitigkeiten im Zusammenhang mit der Berechtigung des Personalrates, Bekanntmachungen vorzunehmen, sind im verwaltungsgerichtlichen Beschlußverfahren gem. § 91 Abs. 1 Nr. 3 auszutragen.

§ 40 Geschäftsbedarf

(1) Die durch die Tätigkeit des Personalrats entstehenden Kosten trägt die Verwaltung. Mitglieder der Personalvertretungen erhalten bei Reisen, die zur Erfüllung ihrer Aufgaben notwendig sind, Reisekostenvergütung nach den für Beamte der Besoldungsgruppe A 15 geltenden Vorschriften oder vergleichbaren Bestimmungen.
(2) Für die Sitzungen, die Sprechstunden und die laufende Geschäftsführung hat die Verwaltung in erforderlichem Umfange Räume, den Geschäftsbedarf und Bürokräfte zur Verfügung zu stellen.

Übersicht

	Rn.
Allgemeines	1– 5
Kosten des Personalrates	6– 9
Kosten durch Inanspruchnahme der Gerichte	10, 11
Zuziehung eines Rechtsanwaltes	12–21
Kosten der einzelnen Personalratsmitglieder	22
Reisekosten	23–25
Sonstige Auslagen	26
Schulungskosten nach § 42 Abs. 3	27–31
Einzelne Kosten	32–34
Schulungsveranstaltungen nach § 42 Abs. 4	35
Vorschußpflicht	36
Pauschalierende Regelung	37
Erforderliche Sachmittel	38–48
Ausschlußfristen	49
Streitigkeiten	50–53

Allgemeines

1 § 40 regelt, wer die Kosten für die Personalratstätigkeit tragen muß. Da der Personalrat nicht vermögensfähig ist und selbst über keine Einnahmen verfügen kann, er aber andererseits organisatorisch Teil der Dienststelle ist, ist es notwendig, daß die Verwaltung sämtliche Kosten trägt, die durch die Tätigkeit des Personalrates entstehen. Hierfür sind in den einzelnen Haushalten entsprechende Haushaltsansätze vorzusehen.

2 Über die **Durchführung der Kostentragung** können zur näheren Regelung Absprachen zwischen Dienststellenleiter und Personalrat getroffen werden.

Vergleichbare Regelungen finden sich in § 44 BPersVG und § 40 BetrVG. **3**
§ 40 gilt **entsprechend** für den **Gesamtpersonalrat** *(§ 52)*, den **Hauptpersonal-** **4**
rat *(§ 57)*, die **Jugend- und Auszubildendenvertretungen** *(§§ 66, 68, 69)*.
Die Kostentragungspflicht besteht sowohl hinsichtlich der Tätigkeit des Perso- **5**
nalrates als Gesamtheit als auch bezüglich der Tätigkeit der einzelnen Personalratsmitglieder. Jede Tätigkeit, die in Verfolgung des Personalratsamtes durchgeführt wird, ist eine Tätigkeit des Personalrates, auch wenn sie nur durch einzelne Personalratsmitglieder erfolgt. Nicht von der Regelung des § 40 wird die Vergütung von Arbeitszeit erfaßt; wie diese zu vergüten ist, bestimmt sich nach § 42 Abs. 2 bzw. Abs. 3 und 4.

Kosten des Personalrates

Kosten des **Personalrates als Gremium** sind in erster Linie die **Geschäfts-** **6**
führungskosten. Hierzu gehören sämtliche Kosten, die zur ordnungsgemäßen Durchführung der dem Personalrat nach dem Gesetz obliegenden Ausgaben gehören. Die ausgeübte Tätigkeit muß allerdings zum gesetzlichen Aufgabenbereich des Personalrats gehören *(BVerwG vom 18. 6. 1991, PersV 1992, 45)*. Dies ist **nicht** der Fall beispielsweise bei Geburtstags- oder Jubiläumsgeschenken für einzelne Dienstkräfte, bei Kranzniederlegungen zu Ehren einer verstorbenen Dienstkraft *(vgl. HessVGH vom 26. 11. 1969, PersV 1971, 36)* oder bei der Vervielfältigung eines Informationsblattes, soweit es Artikel enthält, die mit dem Aufgabenbereich des Personalrats nichts zu tun haben *(BVerwG vom 26. 11. 1982, PersV 1983, 376)*. Zu den von der Dienststelle zu tragenden Kosten können aber diejenigen für ein vom Personalrat herausgegebenes Informationsblatt gehören, wenn es etwa der Information der Dienstkräfte über Probleme der Dienststelle und der Personalratsarbeit dient *(vgl. hierzu auch BVerwG vom 10. 10. 1990, PersR 1991, 27)*. Für den Besuch erkrankter Dienstkräfte kann Kostenerstattung nur verlangt werden, wenn dies im Rahmen einer Unfalluntersuchung erforderlich war *(BVerwG vom 24. 10. 1969, E 34, 143)*.
Die Kosten müssen **notwendig entstanden sein.** Es gilt ein objektier Maßstab **7**
(BVerwG vom 21. 7. 1982, PersV 1983, 316). Darüber hinaus muß gefragt werden, ob der Personalrat im Zeitpunkt der Wahrnehmung der Tätigkeit die Kosten für erforderlich halten konnte *(OVG Berlin, OVG PV Bln. 8.82 vom 30. 9. 1982)*. Der Personalrat hat daher in jedem Falle nach pflichtgemäßem Ermessen zu prüfen, ob die Durchführung einer bestimmten Maßnahme zur gesetzlichen Aufgabenerfüllung notwendig ist. Der Personalrat ist ebenso wie die übrige Verwaltung hierbei an den Grundsatz des sparsamen Umganges mit Haushaltsmitteln gebunden. Die Tätigkeit des Personalrates muß in jedem Falle in einer angemessenen Relation zu dem angestrebten Zweck der ausgeübten Tätigkeit stehen. Insoweit kann hier der Grundsatz der Verhältnismäßigkeit herangezogen werden *(vgl. auch BVerwG vom 18. 6. 1991, PersV 1992, 45)*.
Soweit es sich um notwendige Kosten handelt, bedarf der Personalrat grund- **8**
sätzlich nicht der vorherigen Zustimmung des Dienststellenleiters. Davon abgesehen kann jedoch im Einzelfall bei außergewöhnlichen Kosten oder aber bei Zweifelsfragen im Rahmen der vertrauensvollen Zusammenarbeit des § 2 Abs. 1 eine vorherige Abstimmung mit dem Dienststellenleiter sinnvoll sein, zumal sich dadurch der Personalrat auch im Innenverhältnis absichert *(HessVGH vom 29. 10. 1986, PersR 1987, 175)*.

§ 40

9 Zu den Geschäftsführungskosten gehören nicht nur die Kosten, die der Personalrat als gesamtes Gremium verursacht, auch die Kosten, die durch die Tätigkeit des **Vorstandes** bzw. des **Personalratsvorsitzenden** entstehen, fallen hierunter.

Kosten durch Inanspruchnahme der Gerichte

10 Zu den Geschäftsführungskosten gehören auch die **Kosten, die durch die Inanspruchnahme der Gerichte** entstehen. Der Personalrat ist im Rahmen des verwaltungsgerichtlichen Beschlußverfahrens beteiligungsbefugt, hierdurch können ihm außergerichtliche Kosten entstehen, die die Verwaltung im Rahmen des § 40 Abs. 1 zu erstatten hat. Das gilt auch, wenn der Personalrat selbst das Beschlußverfahren durch einen Antrag einleitet. Auch die Kosten, die einem Personalratsmitglied dadurch entstehen, daß interne Wahlen angefochten werden, sind von der Verwaltung zu ersetzen *(BVerwG vom 6. 3. 1959, E 8, 202).*

11 Eine Ausnahme von der Verpflichtung zur Kostentragung in diesem Rahmen besteht nur dann, wenn die gerichtliche Verfolgung der Rechte durch den Personalrat von vornherein und offenkundig aussichtslos war *(BVerwG vom 9. 3. 1992, PersR 1992, 243).* Dabei ist nicht entscheidend der Ausgang des jeweiligen Rechtsstreites, maßgeblich ist auch hier nur, ob der Personalrat vor Beginn des Verfahrens bei pflichtgemäßem Ermessen hätte feststellen müssen, daß die Rechtsverfolgung offensichtlich aussichtslos ist *(vgl. OVG Münster vom 11. 12. 1995, ZBR 1996, 158).* Nicht erforderlich wäre z.B. eine Rechtsverfolgung, wenn einvernehmlich ein Parallelverfahren oder ein Musterprozeß abgewartet werden kann *(BVerwG vom 9. 3. 1992, PersR 1992, 243: Von zwei gleichwertigen prozessualen Wegen wird der kostspieligere gewählt.).* Auch wird vom VG Berlin *(VG Fk [Bln.] – B – 27/82 vom 30. 9. 1983)* verlangt, daß der Personalrat alle kostenfreien Erkundigungsmöglichkeiten innerhalb der Verwaltung ausschöpfen muß *(dazu auch OVG Berlin vom 30. 9. 1982, OVG PV Bln 8.82; VG Berlin vom 26. 4. 1982, VG FK-Bln A 23.81).*

Zuziehung eines Rechtsanwaltes

12 Unter die zu erstattenden Kosten können auch diejenigen Auslagen fallen, die durch die **Hinzuziehung eines Rechtsanwaltes** in einem Rechtsstreit entstehen. Bei der Hinzuziehung steht der Personalvertretung ein Ermessensspielraum dahin zu, ob diese **erforderlich** ist.

13 Zunächst ist dabei zu prüfen, ob es in dem Beschlußverfahren um die Klärung von Rechten und Pflichten der Personalvertretung geht *(BayVGH vom 23. 4. 1997, PersR 1997, 404).* Dies wäre etwa dann nicht der Fall, wenn Mitglieder des Personalrats aus eigenem privaten Interesse Einsicht in Ermittlungsakten der Staatsanwaltschaft begehrten.

14 Sodann ist zu prüfen, ob die Einschaltung eines Rechtsanwaltes **erforderlich** ist. Diese Prüfung hat nach Maßstäben eines verständigen Dritten zu erfolgen, und zwar abgestellt auf den Zeitpunkt der Einschaltung *(BVerwG vom 9. 3. 1992, PersV 1992, 429).*

15 In einfach gelagerten Rechtsstreitigkeiten kann dies möglicherweise ausgeschlossen sein; vielfach wird dies aber im Hinblick auf die komplizierte Materie geboten sein. Dabei wird auch der Gesichtspunkt der **Parität** in der Wahrnehmung der Rechtsposition mit zu berücksichtigen sein.

Unter dem Gesichtspunkt der Erforderlichkeit der Hinzuziehung wird auch zu verlangen sein, daß zuvor interne Verständigungsmöglichkeiten gesucht worden waren; die Feststellung von deren »Scheitern« obliegt allerdings der Beurteilung des Personalrats. 16

Die Hinzuziehung bedarf eines Beschlusses des Personalrats *(BVerwG vom 19. 12. 1996, PersR 1997, 309)*. 17

Nach den gleichen Maßstäben kann auch die Hinzuziehung eines Rechtsanwaltes für die Vertretung des Personalrats in einem Einigungsstellenverfahren erforderlich sein *(vgl. Lorenzen u. a., BPersVG, § 44 Rn. 20; a. A. OVG Hamburg vom 15. 1. 1990, PersV 1992, 530)*. 18

Im Grundsatz wird der Personalrat keine Kostenerstattung für die Beauftragung eines Rechtsanwaltes mit der Erstellung eines **Gutachtens** verlangen können, gleiches wird bei der Einholung von **Rat** und **Auskunft** ohne Bezug zu einem konkreten Beschlußverfahren angenommen *(vgl. bspw. VG Berlin vom 28. 3. 1995, FK (Bln) A 14.95)*. Der Personalrat wird zur Klärung von Zweifelsfragen auf die Durchführung eines Beschlußverfahrens verwiesen sein *(OVG Lüneburg vom 30. 11. 1973, PersV 1974, 173)*, da durch ein Gutachten eine endgültige Feststellung der Rechtslage nicht ohne weiteres erreicht werden kann. 19

Indes werden diese Grundsätze nicht pauschal auf sämtliche Fallgestaltungen zu übertragen sein. Etwa in Fällen, in denen die Durchführung eines Beschlußverfahrens nicht möglich ist, wird man unter dem Gesichtspunkt der Parität dem Personalrat gegenüber der sich juristischer Sachkunde *(z. B. Rechtsamt)* bedienenden Dienststelle die Möglichkeit der Hinzuziehung eines Rechtsanwaltes nicht verwehren können. 20

Zum anderen ist zu berücksichtigen, daß die Einschaltung eines versierten Rechtsanwaltes auch im Vorfeld etwaiger gerichtlicher Auseinandersetzungen durchaus zur Vermeidung des Rechtsstreits beitragen kann, der dann ebenfalls Kosten entstehen ließe und überdies zeitaufwendiger sein kann *(vgl. jetzt OVG Bautzen vom 16. 12. 1997, NZA-RR 1999, 221)*. 21

Eine Kostenerstattung in diesen Fällen setzt indes auch die Beachtung des Gebots der sparsamen Verwendung von Haushaltsmitteln voraus. In jedem Falle muss vor der Einschaltung ein ernsthafter Einigungsversuch in der betreffenden Angelegenheit mit dem Dienststellenleiter erfolgen *(OVG Berlin vom 3. 3. 1999, PersR 1999, 501)*.

Kosten der einzelnen Personalratsmitglieder

Die Pflicht zur Kostenerstattung besteht auch im Verhältnis zu den einzelnen Personalratsmitgliedern. Soweit diese gesetzliche Aufgaben wahrnehmen, handeln sie im Rahmen ihrer Personalratstätigkeit, die entstehenden Kosten sind Kosten, die durch die Tätigkeit des Personalrates entstehen. Auch hier müssen die Kosten für die Durchführung der Aufgaben des Personalrates erforderlich gewesen sein. Sie können ggf. einen angemessenen Vorschuß verlangen. 22

Reisekosten

Eindeutig geregelt hat dies der Gesetzgeber für die **Reisekosten**. Nach § 40 Abs. 1 Satz 2 erhalten die Mitglieder der Personalvertretungen bei Reisen, die zur Erfüllung ihrer Aufgaben notwendig sind, Reisekosten nach den für Beamte der Besoldungsgruppe A 15 geltenden Vorschriften oder den vergleich- 23

§ 40

baren Bestimmungen. Maßgeblich sind damit die jeweils einschlägigen Reisekostenregelungen. Erfaßt werden nicht nur die Kosten für die Reise im engeren Sinne, auch die Kosten für Unterbringung und Verpflegung bestimmen sich nach den einschlägigen Vorschriften.

24 Die **Erforderlichkeit** von Reisekosten ist nur dann gegeben, wenn dies für die Tätigkeit des Personalratsmitgliedes notwendig ist, wenn z. B. auswärtige Sitzungen des Personalrates stattfinden oder wenn beispielsweise Aufgaben oder Sprechstunden in entfernten Dienststellenteilen durchgeführt werden müssen. Immer ist notwendig, daß ohne die Durchführung der Reise die gesetzlichen Aufgaben nicht sachgerecht erfüllt werden können. Nicht erforderlich und damit auch nicht erstattungsfähig sind Kosten für Reisen von Personalräten zur Kontaktpflege zu Personalräten anderer Gebietskörperschaften, da ein unmittelbarer Bezug zu der konkreten Personalratsarbeit nicht besteht *(vgl. z. B. BVerwG vom 27. 4. 1979, PersV 1981, 23).* Nicht erstattungspflichtig sind auch die Reisekosten, die dadurch entstehen, daß ein Personalratsmitglied vor der Sitzung anreist, um die Unterlagen des Vorstandes einzusehen, da die Information auf der Sitzung grundsätzlich ausreichend ist *(BVerwG vom 29. 8. 1975, PersV 1976, 305).*

25 Die Reisen bedürfen keiner Genehmigung des Dienststellenleiters, dem Personalrat steht diesbezüglich ein – in Beschlußform auszuübendes – eigenes Ermessen zu; sie müssen dem Dienststellenleiter indes angezeigt werden *(BVerwG vom 21. 7. 1982, PersV 1983, 372).*

Sonstige Auslagen

26 Zu den Aufwendungen eines einzelnen Personalratsmitgliedes gehören auch die **sonstigen Auslagen,** die dieses im Interesse der Personalratstätigkeit vornimmt. Erleidet ein Personalratsmitglied bei der Durchführung von Personalratsaufgaben Schäden, so hat es Anspruch auf Erstattung derjenigen Kosten, die zur Beseitigung dieser Schäden notwendig sind *(für das BetrVG: Fitting u. a., BetrVG, § 40 Rn. 36, 37).*

Schulungskosten nach § 42 Abs. 3

27 Die **Teilnahme an Schulungs- und Bildungsveranstaltungen** nach § 42 Abs. 3, deren Träger auch Koalitionen und Berufsverbände sein können, gehört zur Tätigkeit des Personalrates i. S. von § 40 Abs. 1; sie steht auf gleicher Ebene *(BAG vom 15. 1. 1992, NZA 1993, 189).* Das BVerwG hat für das BPersVG die Kostentragungspflicht des Dienstherrn bei Schulung von Mitgliedern des Personalrates anerkannt *(BVerwG vom 27. 4. 1979, PersV 1981, 29; BVerwG vom 27. 4. 1979, PersV 1980, 19; vgl. auch OVG Berlin vom 7. 2. 1979 – OVG PV Bln 4/78; VG Berlin vom 7. 6. 1982 – VG FK Bln A 11/82).* Auch das BVerfG hat die einschlägige Rechtsprechung des BAG als verfassungsgemäß anerkannt *(BVerfG vom 14. 2. 1978, AP Nr. 13 zu § 40 BetrVG 1972).*

28 Die Kostenerstattungspflicht besteht nur, wenn die Teilnahme an der Schulungsveranstaltung erforderlich war und die Kosten verhältnismäßig sind. Der Begriff der Erforderlichkeit in § 42 Abs. 3 ist scharf von dem allgemeinen Grundsatz der Verhältnismäßigkeit zu trennen.

29 Der Begriff der **Erforderlichkeit** betrifft allein die Bewertung der vermittelten Kenntnisse im Rahmen der Schulung nach § 42 Abs. 3. Er dient wesentlich der

§ 40

Themenbegrenzung. Er betrifft nicht den Zeitfaktor, also nicht die Schulungsdauer.

Demgegenüber ist der Begriff der **Verhältnismäßigkeit** Kriterium für die Begrenzung von Art und Ausmaß der Verfolgung des nach § 42 Abs. 3 für zulässig erachteten Zweckes, betrifft also die Seite der Belastungen der Dienststelle einschließlich des Lohn- bzw. Gehalts- und des Zeitfaktors, das heißt die mittelbaren und unmittelbaren Kosten. Der Grundsatz der Verhältnismäßigkeit begrenzt den Umfang der Rechtseinschränkung, die die Verwaltung durch die Teilnahme an der Schulungsveranstaltung hinnehmen muß. Der Grundsatz der Verhältnismäßigkeit bedeutet aber beispielsweise nicht, daß sich ein Personalratsmitglied, das einer bestimmten Gewerkschaft angehört und an deren Fortbildungsveranstaltung teilnehmen möchte, alleine aus Kostengründen auf Ausbildungsangebote anderer Gewerkschaften verweisen lassen müßte (*OVG Berlin vom 20. 12. 1999, PersV 2000, 406; vgl. auch Pahlen, Der Grundsatz der Verhältnismäßigkeit und die Erstattung von Schulungskosten nach dem BetrVG, Berlin 1979, 13ff., 55ff.*). **30**

Zu Einzelheiten vgl. auch die Erläuterungen zu § 42, insbesondere Rn. 27 ff. **31**

Einzelne Kosten

Bei Schulungskosten durch Verbände können die **Generalunkosten** für die Bereitstellung der Schulungsstätten sowie die Kursgebühren *(Dozenten, Lehrmittel usw.)* der Verwaltung im allgemeinen nicht in Rechnung gestellt werden *(vgl. BAG vom 28. 5. 1976, AP Nr. 11 zu § 40 BetrVG 1972; BayVGH vom 25. 11. 1992, PersV 1993, 374)*. Durch § 2 Abs. 1 ist den Verbänden eine Hilfsfunktion auferlegt worden, für die das Gesetz eine Bezahlung nicht vorsieht. Die neuere Rechtsprechung des Bundesarbeitsgerichts *(vgl. z. B. BAG vom 28. 6. 1995, NZA 1996, 252)* sieht eine weitgehende Kostentragungspflicht des Arbeitgebers auch im Falle der Schulung durch Verbände vor, z. B. für unmittelbar durch die Schulungsveranstaltung verursachte Kosten *(u. a. Spesen für Referenten, Kosten der Anmietung von Tagungsräumen)* sowie für anteilige Beteiligung an allgemeinen Kosten *(Heizung, Lehrmittel, vgl. hierzu auch OVG Berlin vom 20. 12. 1999, PersV 2000, 406)*. Die Kosten müssen jeweils im einzelnen aufgeschlüsselt werden. **32**

Hinsichtlich der Reisekosten gilt die Regelung des § 40 Abs. 1 Satz 2 *(vgl. dazu oben Rn. 18ff.)*. **33**

Auch die Kosten für **Verpflegung und Übernachtung** richten sich nach den einschlägigen Bestimmungen; Teilnehmergebühren sind erstattungsfähig *(BVerwG vom 27. 4. 1979, PersV 1980, 19)*. **34**

Schulungsveranstaltungen nach § 42 Abs. 4

Schulungsveranstaltungen i. S. des § 42 Abs. 4 setzen nur voraus, daß die Veranstaltungen von der Landeszentrale für politische Bildungsarbeit als geeignet anerkannt sind. Sie vermitteln daher nicht ohne weiteres für die Personalratsarbeit erforderlichen Kenntnisse. Sie gehören daher nicht zu der Personalratstätigkeit i. S. des § 40 Abs. 1. Bei ihnen kann daher nur dann eine Kostentragungspflicht der Verwaltung in Betracht kommen, wenn auf ihnen Kenntnisse vermittelt werden, die für die Personalratsarbeit erforderlich im engeren Sinne, also i. S. von § 42 Abs. 3, sind. **35**

Vorschußpflicht

36 Da der Personalrat nicht vermögensfähig ist, kann er auch von sich aus keine Kosten für die Verwaltung verauslagen. Er kann daher die Zahlung eines **angemessenen Vorschusses** verlangen, unter Umständen hat er auch das Recht, daß ihm in regelmäßigen Abständen bestimmte Summen für die ständig anfallenden Unkosten bereitgestellt werden, über die er dann im einzelnen gegenüber der Verwaltung abrechnen muß *(Richardi, BetrVG, § 40 Rn. 40)*.

Pauschalierende Regelung

37 In gewissem Umfange wird hier auch eine **pauschalierende Regelung** möglich sein, Voraussetzung dafür ist jedoch, daß dadurch nicht gegen die Regelung in § 42 Abs. 1 oder § 107 BPersVG *(Benachteiligungs- und Begünstigungsverbot)* verstoßen wird *(einschränkend: Richardi, BetrVG, § 40 Rn. 43)*. Auch bei einer pauschalierten Kostenerstattung ist erforderlich, daß der Personalrat im einzelnen seine Kosten nachweist. Weder ist es zulässig, daß aus dem pauschal zur Verfügung gestellten Geldbetrag Restbestände übrigbleiben, noch ist es zulässig, daß unter Hinweis auf die Pauschalierung dem Personalrat notwendig entstandene Kosten, die darüber hinausgehen, nicht erstattet werden. Eine Regelung über die Pauschalierung der Kosten kann durch Tarifvertrag und in erster Linie durch Dienstvereinbarung erfolgen. Die Regelung des § 40 ist im übrigen zwingendes Recht, sie kann weder durch Tarifvertrag noch durch Dienstvereinbarung geändert werden. Nur die formale Abwicklung kann durch derartige Bestimmungen näher festgelegt werden.

Erforderliche Sachmittel

38 § 40 Abs. 2 stellt klar, daß die Verwaltung nicht nur verpflichtet ist, die mit der Personalratstätigkeit verbundenen Kosten zu erstatten, sondern daß sie auch dem Personalrat die erforderlichen sachlichen Mittel zur Verfügung zu stellen hat. Maßgeblich sind auch hier nur die Kosten, die im Rahmen einer ordnungsgemäßen Geschäftsführung erforderlich sind.

39 Ausdrücklich geregelt ist die **Bereitstellung von Räumen** für die Sitzungen, die Sprechstunden und die laufende Geschäftsführung des Personalrates. Im Regelfall wird hierbei die Bereitstellung eines Raumes ausreichend sein *(vgl. zu deren Auswahl: VGH Baden-Württemberg vom 23. 12. 1993, PersR 1994, 230)*. In diesen Räumlichkeiten steht dem Personalrat das **Hausrecht** zu, er kann allein über die Nutzung im einzelnen entscheiden *(Dietz/Richardi, BPersVG, § 44 Rn. 37; Lorenzen u.a., BPersVG, § 44 Rn. 39)*.

40 Zu den sächlichen Mitteln gehören **Büroeinrichtungen** – u. a. ein verschließbarer, nur dem Personalrat zugänglicher Schrank – und die üblichen Schreibmaterialien *(Papier, Schreibgeräte, Stempel etc., auch Porto)*.

41 Der Arbeitgeber muß dem Personalrat auch das zur Durchführung der Tätigkeit *(z. B. Fertigung von Schreiben, Anfertigung von Kopien, Versendung von Schriftstücken, Protokollführung)* erforderliche Büropersonal zur Verfügung stellen *(BayVGH vom 10. 2. 1983, PersR 1993, 364)*; in der Regel wird dabei auf in der Dienststelle Beschäftigte zurückgegriffen werden, dabei ist jedoch zu beachten, daß in diesen Fällen stets ein Vertrauensverhältnis zum Personalrat gegeben sein muß *(BAG vom 5. 3. 1997, NZA 1997, 844)*.

Die zur Verfügung zu stellende »Bürotechnik« bestimmt sich ebenfalls nach **42** dem Maß der Erforderlichkeit. Umfaßt ist jedenfalls ein Fernsprecher, gegebenenfalls mit Nebenanschlüssen, Anrufbeantworter *(OVG Münster vom 3. 7. 1995, PersR 1996, 72);* in besonderen Fällen kann auch ein Mobiltelefon erforderlich sein *(vgl. ArbG Frankfurt/Main vom 12. 8. 1997, AiB 1998, 223: freigestelltes BR-Mitglied mit zahlreichen auseinanderliegenden Betriebsstätten).*

Bezüglich eines Telefax-Gerätes wird der Personalrat zumeist auf die (Mit-) **43** Benutzung der Anlagen der Dienststelle verwiesen werden können *(LAG Rheinland-Pfalz vom 8. 3. 1997, NZA-RR 1998, 403; anders LAG Hamm vom 14. 5. 1997, AiB 1998, 43).*

Unter Berücksichtigung der Entwicklung der Bürotechnik und der Kommuni- **44** kationswege und -formen kann auch die Zurverfügungstellung eines Personalcomputers erforderlich sein, wenn dies von der Anzahl der Beschäftigten und der Eigenart der laufenden Geschäfte her geboten ist *(vgl. BAG vom 11. 3. 1998, NZA 1998, 953).* Abgestellt werden kann dabei auch auf die Ausstattung der Dienststelle selbst *(BAG vom 12. 5. 1999, NZA 1999, 1290)* und z. B. dort gebräuchliche Kommunikationswege *(E-Mail: LG Baden-Württemberg vom 26. 9. 1997, DB 1998, 887).*

Hinzu kommen die für die Ausübung des Personalratsamtes erforderlichen **45** **Gesetzbücher** und **Gesetzestexte.** Hierbei hat der Personalrat auch Anspruch auf Zurverfügungstellung der **gebräuchlichsten Kommentare,** jedenfalls des **Personalvertretungsgesetzes** *(Dietz/Richardi, BPersVG, § 44 Rn. 39; a.A. wohl HessVGH vom 15. 3. 1974, PersV 1977, 264).* Dies dürfte auch für Kommentare zum BAT gelten *(BayVGH vom 13. 4. 1994, PersR 1994, 525);* eine Verweisung auf Mitbenutzung bzw. Ausleihe der Kommentare der Dienststelle *(so BVerwG vom 16. 5. 1991, ZTR 1991, 390)* wird nur in Betracht kommen, wenn eine grundsätzliche Verfügbarkeit besteht und »Engpässe« nicht zu befürchten sind. Über die **Auswahl** der Kommentare kann der Personalrat im Rahmen der Angemessenheit frei entscheiden *(LAG Berlin vom 18. 2. 1965, BB 1965, 788; BAG vom 24. 1. 1996, NZA 1997, 60).*

Eine **Fachzeitschrift** und – je nach den Gegebenheiten in der Dienststelle – auch **46** personalvertretungsrechtliche, arbeitsrechtliche bzw. verwaltungsrechtliche **Entscheidungssammlungen** können von dem Personalrat beansprucht werden. Bei Entscheidungssammlungen wird dies nur in sehr großen Verwaltungen der Fall sein, hierbei kann allerdings der Personalrat auch auf die Mitverwendung schon in der Bücherei vorhandener Werke verwiesen werden *(vgl. HessVGH vom 17. 6. 1993, ZTR 1994, 173:* »Taschenbuch für Personalräte«, *Dienststelle mit 200 Beschäftigten; vgl. auch OVG Nordrhein-Westfalen vom 7. 6. 1990, PersV 1993, 475).* Bei der Auswahl der Fachzeitschriften steht dem Personalrat ein **Ermessensspielraum** jedenfalls insoweit zu, als diese sachbezogene Informationen geben *(anerkannt:* »Arbeitsrecht im Betrieb«, *BAG vom 21. 4. 1983, AP Nr. 20 zu § 40 BetrVG 1972 – eine Verfassungsbeschwerde gegen diese Entscheidung ist vom Bundesverfassungsgericht nicht zur Entscheidung angenommen worden, BVerfG vom 10. 12. 1985, NZA 1986, 161;* »Der Personalrat«, *BVerwG vom 12. 9. 1989, ZBR 1990, 55; OVG Lüneburg vom 26. 8. 1991, PersR 1992, 62;* »Die Personalvertretung«, *BVerwG vom 29. 6. 1988, E 79, 361).* In jedem Falle ist der Personalrat nicht auf Hinweise zur Rechtsentwicklung und Rechtsprechung zu verweisen, die von der Dienststelle oder von vorgesetzten Behörden zur Verfügung gestellt werden. Diese bieten nicht Gewähr dafür, daß sie völlig unabhängig und ohne Rücksicht auf den Standpunkt des Dienstherrn erstellt wer-

§ 40

den *(BVerwG vom 18. 9. 1973, AP Nr. 1 zu § 44 BPersVG).* Der Personalrat muß in der Lage sein, **eine vom Dienststellenleiter unabhängige Informationsquelle** benutzen zu können. Welche Fachzeitschriften dies sind, wird sich nach den jeweiligen Verhältnissen in der konkreten Dienststelle zu richten haben. Hierbei kann auch die Aufgabenstruktur des Personalrats von Bedeutung sein. In »kleinen« Dienststellen wird die **alleinige** Benutzung durch den Personalrat nicht erforderlich sein *(vgl. OVG Nordrhein-Westfalen vom 7. 6. 1990, ZTR 1991, 41; BVerwG vom 19. 8. 1994, PersR 1994, 522: Umlaufverfahren bei Personalrat mit geringen Beteiligungsrechten, z. B. Außenstelle BND).*

47 Ferner ist dem Personalrat für Bekanntmachungen ein **Schwarzes Brett** oder ein ähnlicher zur Bekanntgabe von Mitteilungen an die Dienstkräfte der Dienststelle geeigneter Ort zur Verfügung zu stellen. Auch kann die Herausgabe eines **Informationsblattes** gerechtfertigt sein, wenn sein Inhalt im Tätigkeitsbereich des Personalrats liegt und ihm entspricht *(BVerwG vom 26. 11. 1982, PersV 1983, 376).* Das gleiche gilt für Flugblätter, hier kann auch eine behördeninterne Einrichtung, z. B. Vervielfältiger, mitbenutzt werden, wenn dem nicht vorrangige dienstliche Interessen entgegenstehen *(OVG Rheinland-Pfalz vom 26. 1. 1982, PersV 1983, 27).* Die Vervielfältigung kann abgelehnt werden, wenn Artikel enthalten sind, die nicht zum Aufgabenbereich des Personalrats gehören, z. B. allgemein politischen Charakter haben.

48 Die Verwaltung behält an den von ihr zur Verfügung gestellten Sachmitteln im vollen Umfange das **Eigentum.** Dies gilt jedoch nicht für die Akten des Personalrates, diese bleiben in seiner Verfügungsgewalt und gehen nach Beendigung der Amtszeit des Personalrates auf den nächsten Personalrat über.

Ausschlußfristen

49 Tarifliche Ausschlußfristen wie z. B. § 70 BAT finden im Rahmen des § 40 **keine Anwendung.** Hat daher ein Personalratsmitglied im Rahmen seiner Tätigkeit Auslagen gemacht und verlangt es deren Erstattung, so kann sich die Verwaltung nicht auf den Ablauf einer Ausschlußfrist berufen. Dies ergibt sich daraus, daß die Ansprüche nicht auf dem zugrundeliegenden Arbeitsverhältnis beruhen, sondern allein ihren Entstehungsgrund in dem Personalratsamt haben *(BAG vom 30. 7. 1973, AP Nr. 3 zu § 40 BetrVG 1972).*

Streitigkeiten

50 Streitigkeiten über die Kostentragungspflicht und den Umfang der Kosten entscheiden die Verwaltungsgerichte im verwaltungsgerichtlichen Beschlußverfahren gem. § 91 Abs. 1 Nr. 3. Wird durch Beschluß die Kostentragungspflicht der Verwaltung festgestellt, kann aus dem Beschluß vollstreckt werden, § 85 ArbGG.

51 Macht ein einzelnes Personalratsmitglied Ansprüche geltend, so ist der Personalrat als Ganzes ebenfalls Beteiligter i. S. von § 83 ArbGG *(BAG AP Nr. 8 zu § 83 ArbGG 1953).*

52 Ebenfalls im Beschlußverfahren sind Streitigkeiten zwischen einem Personalratsmitglied und dem Personalrat zu klären, wenn das einzelne Personalratsmitglied die Erstattung von Auslagen oder Kosten aus einem Fonds begehrt, der dem Personalrat von der Dienststelle zur Verfügung gestellt worden ist *(Dütz, AuR 1973, 371).*

Ein vom Personalrat beauftragter Rechtsanwalt kann nicht ohne weiteres seine **53**
Ansprüche gegenüber der Dienststelle geltend machen, da zwischen ihm und
dieser keine unmittelbare Rechtsbeziehung besteht. Hier kann nur der Personalrat selbst einen Freistellungsanspruch geltend machen. Etwas anderes gilt
nur dann, wenn der Personalrat seine Ansprüche gegen die Dienststelle an den
Rechtsanwalt abgetreten hat.

§ 41 Ausschluß von Beiträgen

Der Personalrat darf für seine Zwecke von den Dienstkräften keine Beiträge erheben oder annehmen.

Übersicht	Rn.
Allgemeines	1– 3
Verbot der Annahme und Forderung von Leistungen	4
Beiträge für Zwecke des Personalrats	5– 9
Verstöße	10–12
Streitigkeiten	13

Allgemeines

Der Ausschluß von Beiträgen für die Zwecke des Personalrats ergänzt die **1**
Regelung des § 40, nach der die Verwaltung die gesamten Kosten, die durch
die Personalratstätigkeit entstehen, zu tragen hat.
Vergleichbare Vorschriften finden sich in § 45 BPersVG und § 41 BetrVG. **2**
§ 41 ist **entsprechend** anwendbar auf den Gesamtpersonalrat (§ 52), den Hauptpersonalrat (§ 57) sowie die JugAzubiVertr. (§§ 66, 68, 69 Abs. 2). **3**

Verbot der Annahme und Forderung von Leistungen

Nach § 42 Abs. 1 führen die Mitglieder des Personalrates ihr Amt **unentgeltlich** **4**
als Ehrenamt. Demzufolge hat auch die Verwaltung die durch die Personalratstätigkeit entstehenden Kosten zu tragen. Eine Erhebung oder Annahme von
Beiträgen durch den Personalrat ist daher nicht erforderlich. Dem würde auch
widersprechen, daß der Personalrat als solcher nicht vermögensfähig ist. Er
könnte daher schon aus rechtlichen Gründen keine Beiträge übereignet erhalten. Aus diesem Grunde untersagt § 41 dem Personalrat die Entgegennahme
bzw. Annahme von Beiträgen.

Beiträge für Zwecke des Personalrats

Unter Beiträgen i.S. des § 41 sind **nicht nur finanzielle Zuwendungen** zu **5**
verstehen, vielmehr fallen unter den Begriff auch anderweitige vermögenswerte Leistungen. Das Verbot gilt sowohl für laufende Beitragsannahmen als
auch für einmalige Sammlungen und Leistungen.
Aus der Tatsache, daß nur die **Erhebung** von Beiträgen für Zwecke des Personal- **6**
rats verboten ist, könnte geschlossen werden, daß der Personalrat **für andere**
Zwecke, beispielsweise für dienststellenbezogene Zwecke, Beiträge erheben oder

annehmen bzw. Sammlungen durchführen dürfte. Dem steht jedoch entgegen, daß der Personalrat in diesen Fällen gar nicht in seiner Amtseigenschaft tätig werden kann. Die Entgegennahme von Leistungen für andere Zwecke, die nicht mit der Personalratstätigkeit zusammenhängen, fallen aus dem Aufgabenbereich des Personalrats heraus. Schon aus diesem Grunde darf daher der Personalrat in seiner **Amtseigenschaft** insoweit keine Tätigkeiten entfalten, er würde damit die ihm gesetzlich obliegenden Aufgaben und Befugnisse überschreiten.

7 Das schließt jedoch nicht aus, daß die **einzelnen Personalratsmitglieder** in ihrer Eigenschaft als normale Dienstkraft Sammlungen für andere als Zwecke der Personalratstätigkeit, insbesondere solche, die einer sittlichen Pflicht entsprechen, durchführen. Beispielsweise dürften Sammlungen für Jubiläums- oder Geburtstagsgeschenke, Kranzspenden, für sonstige Spenden, für Betriebsausflüge oder Feste der Dienststelle und dgl. zulässig sein, wenn die Amtseigenschaft bei der Durchführung der Sammlung nicht hervorgehoben wird. Auch hier muß jedoch ausgeschlossen sein, daß der Personalrat eigene Mittel ansammelt (*bedenklich insoweit BAG vom 16. 9. 1960, AP Nr. 1 zu § 2 ArbGG Betriebsverfassungsstreit*). Der Personalrat darf weder eine Personalratskasse als Dauereinrichtung errichten, noch darf er in eigener Verantwortung mit Hilfe von Beiträgen der Dienstkräfte oder anderer Personen bzw. der Dienststelle soziale Einrichtungen irgendwelcher Art errichten. Beispielsweise ist es dem Personalrat durch die Regelung in § 41 auch untersagt, mit Hilfe von Beiträgen Erholungseinrichtungen für die Dienstkräfte der Dienststelle zu errichten.

8 Nach § 41 ist zunächst die Erhebung bzw. Annahme von Beiträgen von den Dienstkräften verboten. Das gleiche gilt jedoch für die **Zuwendung vermögensrechtlicher Leistungen** von Dritten. Auch von der Dienststelle kann daher der Personalrat keine Leistungen erheben oder entgegennehmen. Dies ist nur im Rahmen des § 40 zulässig. Auch darf der Personalrat von sonstigen Personen oder Institutionen keine Leistungen entgegennehmen oder fordern; dies gilt auch etwa für den kostenlosen Druck einer Informationsschrift des Personalrates durch Dritte (*BVerwG vom 10. 10. 1990, PersR 1991, 27*).

9 Auch dürfen der Personalrat bzw. seine Mitglieder nicht **Beiträge für Gewerkschaften** bzw. Berufsverbände in seiner Amtseigenschaft einziehen. Die Einziehung von derartigen Beiträgen ist nur im Rahmen des § 71 Abs. 2 möglich, dann werden die jeweiligen Personalratsmitglieder jedoch nicht in ihrer Amtseigenschaft tätig, sondern lediglich in ihrer Eigenschaft als Dienstkraft der Dienststelle (*vgl. Grabendorff u. a., BPersVG, § 45 Rn. 3; Dietz/Richardi, BPersVG, § 45 Rn. 6*).

Verstöße

10 Die Vorschrift des **§ 41 ist zwingend**. Von ihr kann weder durch Dienstvereinbarung noch durch Tarifvertrag abgewichen werden. Ein Beschluß des Personalrats oder der Personalversammlung, der der Regelung des § 41 widerspricht, ist wegen Gesetzesverstoßes nichtig, § 134 BGB.

11 Verstöße gegen § 41 können eine grobe Verletzung der gesetzlichen Pflichten des Personalrats darstellen, so daß unter Umständen die Auflösung des Personalrats bzw. der Ausschluß eines Personalratsmitgliedes gem. § 25 in Frage kommt. U. U. kann auch das Dienst- oder Arbeitsverhältnis des Amtsträgers berührt sein, so daß auch Sanktionen auf der individualrechtlichen Ebene möglich sein können.

Gesetzwidrig geleistete Beiträge können nach § 817 Satz 1 BGB zurückgefordert **12**
werden. Im Gegensatz zu der Regelung in § 41 BetrVG richtet sich das Verbot
im Bereich des Personalvertretungsrechts nur gegen den Personalrat, nicht
jedoch gegen die Dienstkräfte bzw. den Leistenden. Die Rückforderung ist
daher auch nicht nach § 817 Satz 2 BGB ausgeschlossen *(Grabendorff u.a.,
BPersVG, § 45 Rn. 3; Dietz/Richardi, BPersVG, § 45 Rn. 3).*

Streitigkeiten

Streitigkeiten im Rahmen des § 41 entscheiden die Verwaltungsgerichte im **13**
Beschlußverfahren gem. § 91 Abs. 1 Nr. 3.

§ 42 Stellung der Mitglieder

(1) Die Mitglieder des Personalrats führen ihr Amt unentgeltlich als Ehrenamt.
(2) Versäumnis von Arbeitszeit, die zur Durchführung der Aufgaben des Personalrats erforderlich ist, hat keine Minderung der Bezüge einschließlich Zulagen, Zuschlägen und sonstigen Entschädigungen zur Folge. Nehmen Mitglieder des Personalrats abweichend von § 31 Abs. 1 Satz 1 außerhalb ihrer Arbeitszeit an Sitzungen des Personalrats teil, so gilt dies als Arbeitsleistung. Sie ist durch Dienstbefreiung in entsprechendem Umfang auszugleichen. Die für Arbeiter und Angestellte geltenden tariflichen Regelungen bleiben unberührt.
(3) Die Mitglieder des Personalrats sind unter Fortzahlung der Bezüge für die Teilnahme an Schulungs- und Bildungsveranstaltungen vom Dienst freizustellen, soweit diese Kenntnisse vermitteln, die für die Tätigkeit im Personalrat erforderlich sind.
(4) Unbeschadet des Absatzes 3 hat jedes Mitglied des Personalrats während seiner regelmäßigen Amtszeit Anspruch auf Freistellung vom Dienst unter Fortzahlung der Bezüge für insgesamt drei Wochen zur Teilnahme an Schulungen und Bildungsveranstaltungen, die von der Landeszentrale für politische Bildungsarbeit als geeignet anerkannt sind. Beschäftigte, die erstmals das Amt eines Personalratsmitgliedes übernehmen und nicht zuvor Jugend- und Auszubildendenvertreter gewesen sind, haben Anspruch nach Satz 1 für insgesamt vier Wochen.

Übersicht	Rn.
Allgemeines	1– 6
Ehrenamt	7, 8
Unentgeltlichkeit	9–12
Dienstbefreiung	13–15
Voraussetzungen der Dienstbefreiung	16–18
Erforderlichkeit	19, 20
Umfang der Dienstbefreiung	21
Sicherung der Vergütung	22, 23
Tätigkeit außerhalb der Arbeitszeit	24–26
Teilnahme an Schulungs- und Bildungsveranstaltungen nach Abs. 3	27
Veranstaltungsträger	28
Erforderlichkeit	29–36

§ 42

Teilweise erforderliche Schulungen	37, 38
Einzelne erforderliche Themen	39, 40
Teilnahmerecht aller Personalratsmitglieder	41, 42
Freistellung	43–46
Kostenerstattung	47
Schulungs- und Bildungsveranstaltungen nach Abs. 4	48–50
Freistellung	51, 52
Kostentragung	53, 54
Streitigkeiten	55–58

Allgemeines

1 § 42 regelt wesentliche Fragen der allgemeinen Rechtsstellung der Mitglieder des Personalrats. Durch sie soll die **Unabhängigkeit** der Personalratsmitglieder gewährleistet werden, ferner soll sichergestellt werden, daß sie ohne finanzielle Einbußen in vollem Umfange ihrer Amtsätigkeit nachgehen können. Da die Ausfüllung des Personalratsamtes auch in gewissem Umfange besondere Kenntnisse des Arbeits-, Beamten- und Personalvertretungsrechts erfordert, regelt § 42 Abs. 3 und 4 die Möglichkeit der Teilnahme an Schulungsveranstaltungen.

2 § 42 Abs. 1 ist **vergleichbar** mit § 46 Abs. 1 BPersVG und § 37 Abs. 1 BetrVG. § 42 Abs. 2 ist vergleichbar mit § 46 Abs. 2 BPersVG und § 37 Abs. 2 und 3 BetrVG. Die Vorschriften des § 42 Abs. 3 und 4 sind vergleichbar den Bestimmungen in § 46 Abs. 6 und 7 BPersVG bzw. § 37 Abs. 6 und 7 BetrVG. Die Vergleichbarkeit ist jedoch nicht in vollem Umfange gegeben, insbesondere die Regelungen des Betriebsverfassungsrechtes weisen wegen der anderen Struktur teilweise Unterschiede zum Personalvertretungsrecht auf.

3 Die Vorschrift **gilt entsprechend** für den Gesamtpersonalrat (§ 52), den Hauptpersonalrat (§ 57) sowie die Jugend- und Auszubildendenvertretungen (§§ 66, 68, 69 Abs. 2).

4 Die Bestimmung ist **zwingend** und kann zum Nachteil des Personalrats weder durch Tarifvertrag noch durch Dienstvereinbarung abgeändert werden. Lediglich die Durchführung der Vorschrift im einzelnen kann in Übereinstimmung mit den Grundsätzen des § 42 gesondert geregelt werden.

5 Die **Rechtsstellung der Mitglieder von Personalvertretungen der Hochschulen** wird darüber hinaus durch § 44 Abs. 3 des Gesetzes über die Hochschulen im Land Berlin vom 12. 10. 1990 *(Berliner Hochschulgesetz – BerlHG – GVBl. 1990, 2165)* beeinflußt. Nach dieser Bestimmung dürfen Mitglieder der Personalvertretungen einem zentralen Organ nicht angehören, das für Personalangelegenheiten zuständig ist.

6 Inwieweit den Mitgliedern der Personalvertretungen im Bereich der Hochschule **in den Hochschulgremien Redemöglichkeiten** einzuräumen sind bzw. inwieweit sie selbständig Anträge stellen können, ergibt sich weder aus dem Berliner Hochschulgesetz, noch enthält dazu das PersVG Bln Regelungen. Zu beachten ist aber, daß dem Personalrat in Mitbestimmungsangelegenheiten ein Initiativrecht zustehen kann *(dazu § 79 Rn. 68ff.)*. Durch die Bestimmung in § 44 Abs. 3 BerlHG wird dieses Initiativrecht nicht negativ beeinflußt. Die Bestimmung des § 44 Abs. 3 BerlHG regelt allein die Frage der Mitgliedschaft in bestimmten Hochschulgremien, nicht jedoch die sonstige Rechtsstellung der Personalräte und die Möglichkeit, die Mitbestimmungsrechte wahrzunehmen.

Ehrenamt

Mit der Wahl übernehmen die Mitglieder des Personalrats ein öffentliches Ehrenamt, das allerdings kein Amt im Sinne des Beamtenrechts ist. Es ist kein Amt in dem für die öffentlich-rechtliche Verwaltungsorganisation maßgeblichen Sinn; der Personalrat ist auch kein Vertreter kraft Amtes, sondern Repräsentant der Dienstkräfte. Dieses Amt beeinflußt ihre übrige Rechtsstellung als Dienstkraft nicht. Das Rechtsverhältnis der Angestellten und Arbeiter bleibt daher nach wie vor ein Arbeitsverhältnis, dasjenige der Beamten bleibt nach wie vor ein Beamtenverhältnis. Dessen Inhalt wird lediglich in gewissem Umfange modifiziert, beispielsweise durch den Anspruch auf Freistellung von der Dienstleistung. 7

Verstöße gegen die Pflichten aus dem Personalratsamt können daher grundsätzlich keine Auswirkungen auf das Dienst- bzw. Arbeitsverhältnis haben. Eine Ausnahme gilt nur dann, wenn durch dieselbe Handlung sowohl Amtspflichten als Personalratsmitglied als auch allgemeine Pflichten aus dem Arbeits- bzw. Beamtenverhältnis verletzt werden *(vgl. oben § 25 Rn. 25f.; § 41 Rn. 11)*. 8

Unentgeltlichkeit

Zwingend mit der Ausgestaltung als öffentliches Ehrenamt ist die unentgeltliche Wahrnehmung verbunden. Durch dieses Prinzip soll die innere Unabhängigkeit der Amtsinhaber gewährleistet werden, hierbei ist ein strenger Maßstab anzulegen *(Dietz/Richardi, BPersVG, § 46 Rn. 4)*. 9

In engem Zusammenhang mit der Unentgeltlichkeit stehen der Grundsatz des § 41, nach dem der Personalrat für seine Zwecke keine Beiträge von den Dienstkräften erheben oder annehmen darf, und das Prinzip des § 40, wonach die Verwaltung sämtliche durch die Tätigkeit des Personalrats entstehenden Kosten zu tragen hat. In dem gleichen Zusammenhang ist die Bestimmung des § 107 BPersVG zu sehen, die unmittelbar auch im Bereich des PersVG Bln Gültigkeit hat. Diese Bestimmung verbietet jede Bevorzugung bzw. Benachteiligung der Amtsinhaber. Im Interesse einer unabhängigen und unparteiischen Ausübung des Amtes darf ein Personalratsmitglied durch seine Tätigkeit weder Vorteile erhalten noch Einbußen erleiden. 10

Für die Ausübung seines Amtes darf einem Personalratsmitglied von keiner Seite, auch nicht von Personen außerhalb der Dienststelle in irgendeiner Form – auch nicht mittelbar oder verdeckt – eine Vergütung oder ein vermögenswerter Vorteil zufließen. Unzulässig ist hierbei beispielsweise die Zahlung von Vergütungen für nicht erforderliche Arbeitsversäumnis *(BAG vom 22. 5. 1986, PersR 1987, 107)*, die Zahlung von Sitzungsgeldern, die nicht notwendige Freistellung von der Arbeit *(Richardi, BetrVG, § 37 Rn. 10)*, ungerechtfertigte Beförderung, Ersatz nicht erforderlicher oder überhaupt nicht entstandener Auslagen *(Dietz/ Richardi, BPersVG, § 44 Rn. 25)*. Auch bei der Gewährung irgendwelcher sozialer Leistungen dürfen Mitglieder des Personalrats weder bevorzugt noch benachteiligt werden. 11

Abreden, die eine Begünstigung bzw. Benachteiligung eines Personalratsmitgliedes zum Gegenstand haben, sind wegen Verstoßes gegen ein Gesetz gem. § 134 BGB nichtig. Für das Personalratsmitglied selbst können Verstöße unter Umständen zum Ausschluß aus dem Personalrat bzw. zu dessen Auflösung führen, § 25. 12

§ 42

Dienstbefreiung

13 § 42 Abs. 2 trägt der Tatsache Rechnung, daß die Personalratsmitglieder das von ihnen auszuübende Ehrenamt nur dann ordnungsgemäß wahrnehmen können, wenn ihnen zur Durchführung der Aufgaben Dienstbefreiung gewährt wird. Insoweit entspricht die Regelung auch dem Benachteiligungsverbot des § 107 BPersVG. Die Versäumnis von Arbeitszeit im Interesse des Personalratsamtes darf keine Minderung von Bezügen einschließlich sämtlicher Zulagen und sonstigen Entschädigungen zur Folge haben.

14 § 42 Abs. 2 betrifft nur die vorübergehende Arbeitsbefreiung aus konkretem Anlaß. Nicht erfaßt wird der Anspruch des Personalrats auf generelle Freistellung einzelner Mitglieder, hier ist die Bestimmung des § 43 Abs. 1 maßgeblich. Für die nach dieser Vorschrift völlig von der Dienstleistung freigestellten Personalratsmitglieder hat die Regelung in § 42 Abs. 2 demnach keine besondere Bedeutung.

15 Die Arbeitsbefreiung tritt bei Vorliegen der Voraussetzungen unmittelbar ein; einer **Zustimmung des Dienststellenleiters** oder der jeweils vorgesetzten Dienstkräfte **bedarf es nicht** (*BVerwG vom 12. 6. 1984, Buchholz 238.3 A § 44 Nr. 11; a. A. BayVGH vom 18. 12. 1985, PersV 1987, 27*). Allerdings ist erforderlich, daß sich das Personalratsmitglied jeweils im Dienst unter Nennung von Ort und voraussichtlicher Dauer der Personalratstätigkeit **abmeldet**, damit für etwa notwendige Vertretungsmöglichkeiten gesorgt werden kann. Dies ist nur dann entbehrlich, wenn die Zeiten der Verhinderung allgemein feststehen und dem Dienststellenleiter bekannt sind, wie dies beispielsweise bei der Teilnahme an Personalratssitzungen regelmäßig der Fall sein wird. Ein Abmeldeverfahren kann von dem Dienststellenleiter nicht festgelegt werden, weil er **kein Weisungsrecht hinsichtlich der Personalratstätigkeit** hat (*BAG vom 23. 6. 1983, AP Nr. 45 zu § 37 BetrVG 1972; LAG Berlin vom 10. 10. 1980, DB 1981, 1416*). Unterbleibt schuldhaft die Abmeldung, können ggf. Schadensersatzansprüche geltend gemacht werden. Die Verletzung der Abmeldpflicht rechtfertigt aber in der Regel keine Abmahnung, da der Freistellungsanspruch **kollektivrechtlicher** Natur ist (*LAG Berlin vom 6. 9. 1991, ZTR 1991, 527*).

Voraussetzungen der Dienstbefreiung

16 Die Dienstbefreiung tritt nur ein, wenn sie zur Durchführung der Aufgaben des Personalrats **erforderlich** ist. Hierbei kommt es auf die **konkrete Aufgabenerfüllung** im Einzelfall an. In erster Linie werden die im Gesetz im einzelnen genannten Aufgaben des Personalrats erfaßt.

17 Beispielsweise dient der Tätigkeit des Personalrats die Teilnahme an Personalratssitzungen, an Personalversammlungen, die Durchführung von Sprechstunden, die Beteiligung an Unfalluntersuchungen, Verhandlungen mit dem Dienststellenleiter, Aufsuchen von Dienststellenteilen, Besprechungen mit den Gewerkschaften bzw. Berufsverbänden, soweit dies im Rahmen der Zusammenarbeit des § 2 Abs. 1 erfolgt, sowie die Durchführung der allgemeinen Aufgaben des § 72 Abs. 1. Das gilt auch bei Wahrnehmung eines Gerichtstermins und eines Besprechungstermins mit dem Verfahrensbevollmächtigten, soweit es sich um personalvertretungsrechtliche Angelegenheiten handelt (*BVerwG vom 21. 7. 1982, PersV 1983, 316*).

Nicht zu den Aufgaben des Personalrats gehört die Teilnahme an Rechtsstreitigkeiten, die von einzelnen Dienstkräften geführt werden *(Richardi, BetrVG, § 37 Rn. 17; BAG vom 19. 5. 1983; BAGE 42, 405)*, die Teilnahme an Tarifverhandlungen, Durchführung von Besprechungen mit Personalräten anderer Dienststellen *(vgl. BVerwG vom 21. 7. 1982, PersV 1983, 372)* sowie die Teilnahme an Schulungsveranstaltungen, die keinerlei Bezug zum Personalvertretungsrecht haben. **18**

Erforderlichkeit

Ferner muß die Arbeitszeitversäumnis erforderlich sein. Das ist nur dann der Fall, wenn Angelegenheiten behandelt werden, die zur Aufgabenerfüllung des Personalrats notwendig sind. Der Begriff der **Erforderlichkeit** ist hierbei ein unbestimmter Rechtsbegriff. Der Personalrat hat im allgemeinen hier einen gewissen Ermessensspielraum. Er muß, aus dem Standpunkt eines vernünftigen Dritten heraus, die Durchführung der ihm obliegenden Aufgabe bei der gegebenen Sachlage **unter vernünftiger Würdigung aller Umstände** für notwendig halten *(vgl. Grabendorff u. a., BPersVG, § 46 Rn. 10; OVG Rheinland-Pfalz vom 22. 11. 1983, PersV 1985, 376)*. Ein Beschluß des Personalrats über die Freistellung reicht allein für die Feststellung der Erforderlichkeit jedoch nicht aus *(BAG vom 6. 8. 1981, AP Nr. 40 zu § 37 BetrVG 1972)*. **19**

Hat das Personalratsmitglied bei pflichtgemäßem Ermessen der Auffassung sein dürfen, daß eine Dienstbefreiung erforderlich sei, so hat die spätere Feststellung, daß eine Erforderlichkeit nicht gegeben war, keinen Einfluß auf den Anspruch auf Vergütungsfortzahlung *(Fitting u. a., BetrVG, § 37 Rn. 35a)*. Auch eine Abmahnung wegen unentschuldigten Fehlens ist nicht zulässig *(BAG vom 31. 8. 1994, AiB 1995, 293)*. Ein Mißbrauch kann allerdings zum Ausschluß eines Personalratsmitgliedes oder aber zur Auflösung des gesamten Personalrats führen, § 25. Das kann auch der Fall sein, wenn Verhandlungen oder Beratungen in ihrer zeitlichen Ausdehnung unangemessen hinausgezögert werden. **20**

Umfang der Dienstbefreiung

Der Umfang der Dienstbefreiung bestimmt sich nach den konkreten Einzelaufgaben, die das Personalratsmitglied wahrzunehmen hat. Die Ansprüche auf Dienstbefreiung bei den einzelnen Personalratsmitgliedern können daher unterschiedlich sein. **21**

Sicherung der Vergütung

Der Vergütungsanspruch der Dienstkraft, die Personalratstätigkeiten wahrnimmt, bleibt so erhalten, als ob sie tatsächlich ihren dienstlichen Aufgaben nachgegangen wäre. Das Personalratsmitglied hat also einen Anspruch auf diejenige Vergütung, die es erzielt haben würde, wenn es – »dienstlich« – gearbeitet hätte. Hierbei sind die individuellen Gegebenheiten des Einzelfalles maßgeblich. Von der Vergütungsgarantie werden sämtliche Nebenbezüge wie z. B. Überstundengelder, Schmutzzulagen, Schwerarbeiterzulagen, Zulagen für Sonntagsarbeit u. ä. erfaßt *(Altvater u. a., BPersVG, § 46 Rn. 9, 11, 12; Grabendorff u. a., BPersVG, § 46 Rn. 6)*. Es besteht allerdings bei Zahlungen zum Ausgleich von Sonntags-, Feiertags- oder Nachtarbeit keine Pflicht des Dienstherrn, dem **22**

§ 42

Personalratsmitglied die von diesen Zuschlägen zu zahlenden Steuern und Sozialabgaben zu erstatten *(BAG vom 29. 7. 1980, AP Nr. 37 zu § 37 BetrVG 1972, Altvater u. a., BPersVG, § 46 Rn. 13).* Zu zahlen sind ferner sonstige Zuwendungen wie beispielsweise Gratifikationen, Urlaubsgelder, Anwesenheitsprämien u. ä. Ausgeschlossen ist lediglich die Zahlung von solchen Leistungen, die an Aufwendungen gebunden sind, die das Personalratsmitglied durch seine Dienstbefreiung nicht hat, wie beispielsweise Wegegelder und Auslösungen *(vgl. BAG vom 29. 8. 1991, PersV 1992, 263).*

23 Bei Akkordvergütungen und Vergütungen, die auf ähnlichen Berechnungsmethoden beruhen, ist das Entgelt aufgrund der bisher im Durchschnitt erbrachten Arbeitsleistung der Dienstkraft zu berechnen. Lediglich wenn dies nicht möglich ist, ist maßgeblich der Durchschnitt vergleichbarer anderer Dienstkräfte *(Richardi, BetrVG, § 37 Rn. 31).*

Tätigkeit außerhalb der Arbeitszeit

24 Durch § 42 Abs. 2 Satz 2 ist ausdrücklich klargestellt worden, daß die Teilnahme an Personalratssitzungen, die außerhalb der persönlichen Arbeitszeit des jeweiligen Personalratsmitgliedes liegen, auch als Dienstleistung anzusehen ist. Diese ist durch Dienstbefreiung in entsprechendem Umfange auszugleichen. Das bedeutet, daß eine finanzielle Abgeltung ausgeschlossen ist. *(Zum Freizeitausgleich teilzeitbeschäftigter Personalratsmitglieder vgl. Richardi, PersR 1991, 397.)*

25 Die Dienstbefreiung kann das Personalratsmitglied, das außerhalb der Arbeitszeit an Personalratssitzungen teilgenommen hat, nicht selbständig nehmen. Vielmehr ist insoweit eine **Gewährung durch den Dienststellenleiter** bzw. die zuständige Stelle innerhalb der Dienststelle unter angemessener Berücksichtigung der Wünsche des Personalratsmitgliedes erforderlich. Wird die Dienstbefreiung verweigert, ist der Anspruch im Urteilsverfahren geltend zu machen *(vgl. BAG vom 26. 2. 1992, PersR 1992, 468).* Unter Umständen kann der Erlaß einer einstweiligen Verfügung in Betracht kommen.

26 Der Grundsatz der Gewährung des Freizeitausgleichs gilt nur bei **Teilnahme an Sitzungen** außerhalb der Arbeitszeit. Mangels einer entsprechenden gesetzlichen Regelung findet dieser Grundsatz keine Anwendung, wenn Tätigkeiten des Personalrats außerhalb der Arbeitszeit wahrgenommen werden, ohne daß es sich um Sitzungstätigkeiten handelt. In diesem Rahmen ist auch die Bestimmung des § 42 Abs. 2 Satz 4 von Bedeutung. Da die Personalratstätigkeit jedoch grundsätzlich dienstliche Tätigkeit ist, ist in diesen Fällen so zu verfahren, wie auch sonst bei Wahrnehmung von dienstlichen Obliegenheiten außerhalb der Arbeitszeit zu verfahren wäre, § 42 Abs. 2 Satz 4. Maßgeblich sind hierbei die einschlägigen Vorschriften in den Tarifverträgen für die Arbeiter und Angestellten bzw. die Bestimmungen in den Beamtengesetzen. Eine dem § 37 Abs. 3 Satz 1 BetrVG bzw. § 46 Abs. 2 Satz 2 BPersVG entsprechende Regelung hat der Gesetzgeber des PersVG Bln ausdrücklich nicht getroffen.

Teilnahme an Schulungs- und Bildungsveranstaltungen nach Abs. 3

27 Zwei verschiedenartige Möglichkeiten der diesbezüglichen Freistellung sind voneinander zu trennen. Nach § 42 Abs. 3 besteht der Anspruch auf Befreiung für die Teilnahme an solchen Schulungs- und Bildungsveranstaltungen, die für die Personalratsarbeit **erforderliche Kenntnisse** vermitteln. Demgegenüber

und davon völlig unabhängig besteht nach § 42 Abs. 4 für jedes Mitglied des Personalrats während seiner Amtszeit ein Anspruch auf Freistellung vom Dienst für insgesamt drei Wochen zur Teilnahme an Schulungen und Bildungsveranstaltungen, die von der **Landeszentrale für politische Bildungsarbeit** anerkannt sind. Dieser Anspruch setzt nicht voraus, daß Kenntnisse vermittelt werden, die für die Tätigkeit im Personalrat erforderlich sind.

Veranstaltungsträger

Es ist rechtlich ohne Bedeutung, wer Veranstaltungsträger der Schulungs- oder Bildungsveranstaltung ist. Dies können auch Koalitionen oder Berufsverbände sein. Die Verbände werden insoweit aufgrund ihrer Hilfsfunktion aus § 2 Abs. 1 tätig. Dies setzt voraus, daß die Schulung objektiv durchgeführt werden muß, sie muß sachgerecht sein *(BVerwG vom 27. 4. 1979, PersV 1981, 242)*. Diese Voraussetzungen sind z.B. bei Gewerkschaften grundsätzlich gewährleistet *(BVerwG a.a.O.)*. 28

Erforderlichkeit

Von § 42 Abs. 3 werden nur solche Veranstaltungen erfaßt, auf denen für die Tätigkeit im Personalrat **erforderliche Kenntnisse** vermittelt werden. Der Begriff der Erforderlichkeit ist hierbei normbezogen zu interpretieren. Er betrifft allein die Bewertung der vermittelten Kenntnisse im Rahmen der Schulung nach § 42 Abs. 3. Er dient wesentlich der Themenbegrenzung. 29

Der Begriff der Erforderlichkeit ist zunächst kollektivbezogen zu interpretieren. Erforderlich ist eine Kenntnisvermittlung insoweit, als sie die Arbeit des Personalrates als Kollektiv, als Organ der Personalvertretung betrifft. Die Schulungsveranstaltung muß von ihrer Thematik her Sachgebiete betreffen, die zur Tätigkeit des entsendenden Personalrats gehören *(OVG Berlin vom 6. 11. 1980, OVG PV Bln. 11.79)*. Die Unkenntnis oder die sonstigen Bedürfnisse des einzelnen Personalratsmitgliedes bleiben dabei zunächst unberücksichtigt. Diese können indes nur dann von Bedeutung sein, wenn dadurch die **Arbeit des Personalrates als Kollektiv betroffen** wird; dies kann der Fall sein, wenn gerade das entsandte Mitglied der Schulung in den Themenbereichen bedarf *(vgl. auch BVerwG vom 25. 6. 1992, PersR 1992, 364)*. Insoweit ist auch ein subjektives Element gegeben. 30

Der Begriff der Erforderlichkeit ist danach **sach-** und **personenbezogen** zu beurteilen *(BVerwG vom 23. 4. 1991, PersV 1992, 115)*. 31

Der Begriff der Erforderlichkeit ist ein **unbestimmter Rechtsbegriff**. Der Personalrat hat jedenfalls im allgemeinen einen gewissen Ermessensspielraum *(BAG vom 10. 11. 1993, BB 1994, 1290)*. Er muß sich auf den Standpunkt eines vernünftigen Dritten stellen und die Interessen der Verwaltung und der Dienstkräfte gegeneinander abwägen. Dabei ist auch der Grundsatz der **Sparsamkeit der Verwendung öffentlicher Mittel** zu bedenken. Indes setzt eine sachgerechte Wahrnehmung des Personalratsamtes kenntnisreiche und geschulte Personen voraus. Die Praxis zeigt, daß in diesem Falle die Zusammenarbeit von Dienststelle und Personalrat am reibungslosesten funktioniert. 32

Die vermittelten Kenntnisse müssen sich unmittelbar auf die Durchführung der gegenwärtigen oder in naher Zukunft anfallenden Aufgaben des Personalrates auswirken. Die abstrakte Möglichkeit der Verwertbarkeit reicht nicht aus 33

§ 42

(Grundsatz der »Aktualität«, vgl. BVerwG vom 25. 6. 1992, PersR 1993, 364; BAG vom 10. 11. 1993, BB 1994, 1290).

34 Schulungen nach § 42 Abs. 3 können **Grundkenntnisse**, aber auch **Spezialkenntnisse** vermitteln; die Erforderlichkeit kann dabei je nach Stadium der Amtsperiode unterschiedlich zu bewerten sein. Eine Grundschulung steht jedem Personalratsmitglied zu (BVerwG vom 4. 11. 1990, PersR 1991, 29).

35 Schulungen über spezielle Fragen des Personalvertretungsrechtes werden auch noch im letzten Jahr der Amtsperiode erforderliche Kenntnisse vermitteln können (vgl. aber BVerwG vom 25. 6. 1992, PersR 1992, 364). Dies gilt insbesondere für Spezialschulungen von Personalratsmitgliedern, die besondere Aufgaben wahrzunehmen haben. Entscheidend ist hierbei die konkrete Dienststelle und die konkrete Situation in dem Personalrat sowie die ausgeübte Funktion. Schulungsveranstaltungen kurz vor Ablauf der Amtszeit können nur dann erforderlich sein, wenn die erworbenen Kenntnisse noch in die Arbeit der Personalvertretung eingebracht werden können (BAG vom 28. 8. 1996, NZA 1997, 169).

36 **Wiederholte Schulungsteilnahme** kann gerechtfertigt sein, wenn dies mit Rücksicht auf die Besonderheiten in der Dienststelle, der Tätigkeit des Personalratsmitgliedes und dessen Wissensstand sowie der besonderen Aktualität der Thematik notwendig erscheint (vgl. BAG vom 24. 7. 1979, DB 1980, 551).

Teilweise erforderliche Schulungen

37 Grundsätzlich ist die Erforderlichkeit für Schulungsveranstaltungen einheitlich zu bewerten. Eine nur teilweise erforderliche Schulung für die Tätigkeit eines Personalrates kommt nur dann in Betracht, wenn die unterschiedlichen Themen so klar voneinander abgegrenzt sind, daß ein zeitweiliger Besuch der Schulungsveranstaltung möglich und sinnvoll ist (BAG vom 10. 5. 1974, AP Nr. 4 zu § 65 BetrVG 1972).

38 Ist eine Aufteilung nicht möglich, so entscheidet über die Erforderlichkeit der Gesamtschulung, ob die erforderlichen Themen überwiegen. Dies ist allein nach quantitativen Gesichtspunkten zu bewerten, maßgeblich ist die Zeitdauer. Die Qualität scheidet als Kriterium aus. Ein Überwiegen ist hierbei nur dann gegeben, wenn die erforderlichen Themen mehr als 50% der Zeit der Gesamtschulung ergeben (BAG vom 28. 5. 1976, AuR 1976, 314).

Einzelne erforderliche Themen

39 Welche Themen im einzelnen i. S. des § 42 Abs. 3 erforderliche Kenntnisse vermitteln, kann nur für den jeweiligen **Einzelfall** unter Berücksichtigung der Bedürfnisse der konkreten Dienststelle entschieden werden.

40 Erforderlich können sein Schulungen über: Vermittlung von Kenntnissen über die Anwendung des Personalvertretungsrechts; Grundfragen des PersVG Berlin; Einzelfragen des PersVG Berlin; Rechtsprechung zum Personalvertretungsrecht; Vermittlung allgemeiner Grundkenntnisse des Arbeits- und Beamtenrechts ohne Rücksicht auf die Gruppenzugehörigkeit (zweifelnd insoweit OVG Berlin vom 6. 11. 1980, OVG PV Bln. 11.79), dies dürfte auch für die Vertiefung derartiger Kenntnisse gelten; Fragen des Arbeitsschutzes und der Arbeitssicherheit (LAG Hamm vom 25. 6. 1980, BB 1980, 1374); Fragen der menschengerechten Gestaltung der Arbeit und der arbeitswissenschaftlichen Erkennt-

nisse *(BAG vom 14. 6. 1977, AP Nr. 30 zu § 37 BetrVG 1972)*; Probleme der Einführung und Anwendung von Datenverarbeitungssystemen *(BVerwG vom 7. 12. 1994, PersR 1995, 197)* sowie des Datenschutzes *(LAG Niedersachsen vom 28. 9. 1979, EzA Nr. 64 zu § 37 BetrVG 1972)*; einschlägige Tarifverträge sowie Fragen des Rechts der Leistungsentlohnung *(z. B. Akkord-, Prämienlohn, Gedinge usw.)*; Fragen der Personalplanung und der Möglichkeiten und Notwendigkeit von Rationalisierungen *(VG Berlin vom 14. 5. 1978, VG FK Bln A 11.79)*; Fragen der Berufsbildung, Vermögensbildung; sonstige Thematiken, die aktuelle Vorschriften bzw. Grundsatzfragen behandeln, einschließlich der einschlägigen Dienstvereinbarungen, Verordnungen und Richtlinien; Schulungsveranstaltungen über Arbeitsschutz und Unfallverhütung (Arbeitssicherheit) sind grundsätzlich ebenfalls als erforderlich anzusehen *(BAG vom 15. 5. 1986, NZA 1986, 803)*; Kündigungsschutz nach dem SchwbG *(OVG Nordrhein-Westfalen vom 23. 5. 1992, PersR 1993, 225)*; Vorbereitung und Durchführung von Sitzungen, Verhandlungen und Versammlungen – für Personalratsvorsitzende *(BVerwG vom 23. 4. 1991, PersR 1991, 289; Thema Mediation, wenn ein systematischer Zusammenhang mit der Durchführung von Personalratsaufgaben besteht, OVG Berlin vom 23. 9. 1998, PersR 1999, 358; vgl. zum Ganzen Grabendorff u. a., § 46 Rn. 33 ff. mit zahlreichen Nachweisen)*.

Teilnahmerecht aller Personalratsmitglieder

Auch im Rahmen des § 42 Abs. 3 haben **grundsätzlich alle Mitglieder** *(nicht aber: Ersatzmitglieder vor Eintritt in das Gremium, BVerwG vom 7. 7. 1993, PersR 1993, 457)* des Personalrats ein Recht zur Teilnahme an Schulungsveranstaltungen. Der Schulungsanspruch steht dabei zunächst dem Personalrat als Kollektiv zu, da es um seine Aufgabenerfüllung geht, die gewährleistet werden soll. Hat der Personalrat aber beschlossen, ein Mitglied zu entsenden, so hat dieses einen abgeleiteten Einzelanspruch, dem Personalrat steht insoweit dann kein Recht mehr zu *(BAG vom 16. 10. 1986, AP Nr. 58 zu § 37 BetrVG 1972; weiter noch Dietz/Richardi, BPersVG, § 46 Rn. 88, die einen Anspruch eines einzelnen Personalratsmitgliedes annehmen)*. Einschränkungen gelten dann, wenn es sich um Schulungen über Spezialfragen handelt. Dort ist es ausreichend, wenn dasjenige Personalratsmitglied die Schulung besucht, das diese Spezialaufgaben wahrzunehmen hat. Auch im Rahmen des Personalvertretungsrechts wird man angesichts der Vielzahl von Tätigkeiten, die der Personalrat wahrzunehmen hat, davon ausgehen müssen, daß eine Spezialisierung von Personalratsmitgliedern notwendig ist *(LAG Hamm vom 25. 6. 1980, BB 1980, 1374)*. In diesem Falle wird das einzelne Personalratsmitglied auch gegenüber dem Kollektivorgan beanspruchen können, daß es bei der Entscheidung über die Teilnahme an der Schulungsveranstaltung berücksichtigt wird.

Wenn auch in § 42 Abs. 3 nur die Mitglieder des Personalrats als teilnahmeberechtigte Personen bei Schulungsveranstaltungen genannt worden sind, gilt Entsprechendes auch für die **Ersatzmitglieder.** Auch ein häufig herangezogenes Ersatzmitglied des Personalrats kann zu einer Schulungsveranstaltung entsandt werden, wenn der Erwerb der dort vermittelten Kenntnisse unter Berücksichtigung der Ersatzmitgliedschaft für die Gewährleistung der Arbeitsfähigkeit des Personalrates erforderlich ist. Voraussetzung für diesen Anspruch ist aber, daß feststeht, daß das Ersatzmitglied häufig herangezogen wird und daß dies auch in der Zukunft mit Sicherheit zu erwarten ist *(BayVGH vom*

§ 42

3. 11. 1994, PersR 1994, 133). Hinsichtlich der Vermittlung des sachbezogenen Wissens wird abzustellen sein auf die zu erwartende Tätigkeit im Rahmen künftiger Vertretungsfälle, wobei auch die noch verbleibende Amtszeit des Personalrats eine Rolle spielen kann *(BAG vom 15. 5. 1986, NZA 1986, 803f.).* Im Regelfall wird allerdings eine derartige Schulung von Ersatzmitgliedern nur für die an erster Stelle zur Vertretung berufenen Ersatzmitglieder in Frage kommen.

Freistellung

43 Voraussetzung der Freistellung ist ein **vorangehender Entsendebeschluß** des Personalrats; ein Beschluß, der die Teilnahme nachträglich billigt, begründet keinen Anspruch auf Kostentragung durch den Arbeitgeber *(BAG vom 8. 3. 2000, EzA Nr. 90 zu § 40 BetrVG).*
Bei der Freistellung im Rahmen des § 42 Abs. 3 ist eine **vorherige Information des Dienststellenleiters** bzw. der zuständigen Stelle innerhalb der Dienststelle erforderlich. Es ist mitzuteilen, welche Schulung besucht wird und welche Themen auf ihr behandelt werden; die Gründe für die Auswahl des Mitglieds sind zu nennen *(BVerwG vom 25. 6. 1992, PersR 1992, 364).* Nur dann ist es dem Dienststellenleiter möglich zu überprüfen, ob tatsächlich erforderliche Kenntnisse i. S. des § 42 Abs. 3 vermittelt werden. Dies gilt auch für freigestellte Personalratsmitglieder. Wird die Unterrichtung des Dienststellenleiters unterlassen, kann der Anspruch auf Fortzahlung der Vergütung etc. gleichwohl bestehen, wenn die Voraussetzungen des § 42 Abs. 3 erfüllt sind. Es handelt sich insoweit trotz des Wortlauts hinsichtlich der Unterrichtungspflicht lediglich um ein formelles Erfordernis. Dessen Verletzung kann allerdings im Wiederholungsfall eine grobe Amtspflichtverletzung sein.

44 Bestreitet der Dienststellenleiter, daß eine Vermittlung erforderlicher Kenntnisse erfolgt, so ist ggf. im **Beschlußverfahren** gem. § 91 Abs. 1 Nr. 3 eine gerichtliche Klärung herbeizuführen. Es handelt sich hierbei um Fragen der Geschäftsführung des Personalrats.

45 Bestreitet der Dienststellenleiter seine Verpflichtung zur Freistellung, so ist auch dieser Anspruch im Rahmen des § 91 Abs. 1 Nr. 3 im verwaltungsgerichtlichen Beschlußverfahren auszutragen. Ggf. kann auch hier der Erlaß einer einstweiligen Verfügung gem. § 85 Abs. 2 ArbGG in Betracht kommen.

46 Hat der Dienststellenleiter dem Entsendungsbeschluß mit dem Hinweis widersprochen, die Teilnahme sei nicht »erforderlich«, so kommt gegenüber dem gleichwohl teilnehmenden Personalratsmitglied eine Abmahnung dann in Betracht, wenn bei sorgfältiger Prüfung für jeden Dritten ohne weiteres erkennbar war, daß die Teilnahme für das Personalratsmitglied nicht erforderlich war *(BAG vom 10. 11. 1993, BB 1994, 1290).*

Kostenerstattung

47 Hinsichtlich der Erstattung der dem Personalratsmitglied entstehenden Kosten anläßlich der Schulungsveranstaltung kann auf die Erläuterungen zu § 40 Rn. 27 verwiesen werden. Es gilt auch hier der Grundsatz der Verhältnismäßigkeit *(BVerwG vom 27. 4. 1979, PersV 1981, 242).* Dabei ist der Grundsatz der Sparsamkeit zu beachten; eine Versagung der Kostenübernahme deswegen, weil keine Haushaltsmittel (mehr) zur Verfügung stehen *(hierzu BVerwG vom*

7. 12. 1994, PersR 1995, 179), wird dort problematisch sein, wo in den Kernbereich der Aufgabenwahrnehmung des Personalrats eingegriffen würde. In jedem Falle muß die Dienststelle haushaltsmäßige Vorsorge treffen *(vgl. VG Schleswig-Holstein vom 24. 4. 1998, PersR 1999, 33).*

Schulungs- und Bildungsveranstaltungen nach Abs. 4

Die Vorschrift entspricht der Zielsetzung, daß nur solche Personalratsmitglieder ihr Amt sach- und fachgerecht ausüben können, die über ein ausreichendes Maß an sozialpolitischen, wirtschaftlichen, rechtlichen und technischen Kenntnissen verfügen. 48

Bei Veranstaltungen im Rahmen des § 42 Abs. 4 ist nicht die Prüfung der Erforderlichkeit der Kenntnisvermittlung notwendig. Es reicht aus, wenn die Veranstaltung von der Landeszentrale für politische Bildungsarbeit durch Verwaltungsakt als **geeignet** anerkannt ist. Es können daher auch Themen behandelt werden, die nur einen sehr mittelbaren Bezug zu der Tätigkeit des Personalrats haben. Sie müssen für die Tätigkeit des Personalrats aber zumindest im weitesten Sinne förderlich sein *(vgl. BVerwG vom 27. 4. 1979, PersV 1981, 242; Dietz/Richardi, BPersVG, § 46 Rn. 98).* 49

Denkbare Themengestaltungen in diesem Rahmen wären: 50
allgemeines Arbeitsrecht, allgemeines Beamtenrecht, allgemeines Verwaltungsrecht, Verfassungsrecht, Reform des öffentlichen Dienstrechts, Beurteilungswesen, allgemeines Sozialrecht, sonstige wirtschaftliche und betriebswirtschaftliche Fragen, Fragen der Arbeitsbewertung und der Arbeitswissenschaft, Kurse bezüglich der Versammlungsleitung und sonstige allgemeine Themen gesellschaftspolitischer, sozialpolitischer oder wirtschaftlicher Art.

Freistellung

Der Freistellungsanspruch nach § 42 Abs. 4 steht nur dem Personalratsmitglied, nicht dem Ersatzmitglied, zu. Er ist von jedem einzelnen Personalratsmitglied unmittelbar geltend zu machen. Eine Beschlußfassung des Personalrats ist nicht erforderlich. 51

Der Anspruch auf Freistellung ist bei Streitigkeiten im Beschlußverfahren gem. § 91 Abs. 2 Nr. 3 vor den Verwaltungsgerichten geltend zu machen. Ggf. ist gem. § 85 Abs. 2 ArbGG der Erlaß einer einstweiligen Verfügung möglich. 52

Kostentragung

Während der Dienstbefreiung sind die Bezüge in vollem Umfange ebenso wie im Rahmen des § 42 Abs. 2 fortzuzahlen *(vgl. oben Rn. 21 f.).* Darüber hinaus besteht kein Anspruch auf Erstattung der sonstigen Kosten, die durch die Teilnahme an der Veranstaltung entstehen *(OVG Nordrhein-Westfalen vom 2. 9. 1992, PersR 1993, 83).* 53

Werden auf einer Schulung i.S. des § 42 Abs. 4 Kenntnisse vermittelt, die für die Tätigkeit des Personalrats erforderlich i.S. des § 42 Abs. 3 sind, so besteht die Pflicht zur Tragung der Kosten außerhalb der Dienstbefreiung gem. § 40 *(BAG vom 6. 11. 1973, AP Nr. 6 zu § 37 BetrVG 1972).* 54

Streitigkeiten

55 Im Rahmen des § 42 können Streitigkeiten sowohl im Urteilsverfahren als auch im verwaltungsgerichtlichen Beschlußverfahren ausgetragen werden.

56 Im Urteilsverfahren sind sämtliche individualrechtlichen Streitigkeiten zu entscheiden. Hierzu gehören insbesondere Streitigkeiten über die Fortzahlung der Vergütung und deren Höhe im Falle der Dienstbefreiung (§ 42 Abs. 2), die Gewährung von Freizeitausgleich bzw. sonstige Vergütungsansprüche (§ 42 Abs. 2 Sätze 3, 4), ferner die Ansprüche der Personalratsmitglieder auf Fortzahlung ihres Entgeltes für die Dauer der Teilnahme an einer Schulungsveranstaltung nach § 42 Abs. 3 oder 4 *(vgl. BAG vom 30. 1. 1973 und vom 21. 5. 1974, AP Nr. 1, 12 zu § 37 BetrVG 1972).* Als Vorfrage kann hierbei die Notwendigkeit der Dienstbefreiung nachgeprüft werden *(BVerwG vom 12. 12. 1979, PersV 1981, 289).*

57 Im verwaltungsgerichtlichen Beschlußverfahren gem. § 91 Abs. 1 Nr. 3 sind Streitigkeiten zu entscheiden, die die Erforderlichkeit der Dienstbefreiung, die erforderliche Kenntnisvermittlung bei Schulungsveranstaltungen i. S. des § 42 Abs. 3 und die Geeignetheit von Schulungsveranstaltungen gem. § 42 Abs. 4 betreffen, ferner, in welchem Umfange einem Personalratsmitglied Dienstbefreiung zur Teilnahme an Schulungsveranstaltungen zusteht. Ebenfalls im Beschlußverfahren sind Streitigkeiten auszutragen, wenn ein Personalratsmitglied die Erstattung von Kosten verlangt, die es im Hinblick auf seine Personalratstätigkeit gemacht hat *(BAG Nr. 5 zu § 37 BetrVG 1972).* An dem Beschlußverfahren auf Kostenerstattung, das ein Personalratsmitglied eingeleitet hat, ist der Personalrat beteiligt *(BVerwG vom 27. 4. 1979, PersV 1981, 242).*

58 Besteht Streit zwischen dem Personalrat und einem Personalratsmitglied, ob es an einer Schulungsveranstaltung nach § 42 Abs. 3 teilnehmen kann, muß diese Streitigkeit ebenfalls gem. § 91 Abs. 1 Nr. 3 im verwaltungsgerichtlichen Beschlußverfahren ausgetragen werden.

§ 43 Freistellungen

(1) Von ihrer dienstlichen Tätigkeit sind auf Antrag des Personalrats freizustellen in Dienststellen mit in der Regel
  300 bis   600 Dienstkräften ein Personalratsmitglied,
  601 bis   1 000 Dienstkräften zwei Personalratsmitglieder,
1 001 bis   2 000 Dienstkräften drei Personalratsmitglieder,
2 001 bis   3 000 Dienstkräften vier Personalratsmitglieder,
3 001 bis   4 000 Dienstkräften fünf Personalratsmitglieder,
4 001 bis   5 000 Dienstkräften sechs Personalratsmitglieder,
5 001 bis   6 000 Dienstkräften sieben Personalratsmitglieder,
6 001 bis   7 000 Dienstkräften acht Personalratsmitglieder,
7 001 bis   8 000 Dienstkräften neun Personalratsmitglieder,
8 001 bis   9 000 Dienstkräften zehn Personalratsmitglieder,
9 001 bis 10 000 Dienstkräften elf Personalratsmitglieder.
In Dienststellen mit über 10 000 Dienstkräften ist für je angefangene weitere 2 000 Dienstkräfte ein weiteres Personalratsmitglied freizustellen. Bei der Freistellung sind die Gruppen angemessen zu berücksichtigen. Die Freistellung darf nicht zur Beeinträchtigung des beruflichen Werdeganges führen. Beamte im Vorbereitungsdienst, in der Einführungszeit und in der Probezeit sowie andere

§ 43

in der Ausbildung stehende Dienstkräfte können nicht freigestellt werden. § 42 Abs. 2 Satz 1 gilt entsprechend. Zulagen, Zuschläge und sonstige Entschädigungen sind in dem Umfang weiter zu gewähren, als wäre das Personalratsmitglied nicht freigestellt worden.

(2) Die oberste Dienstbehörde kann Ausnahmen von Absatz 1 Satz 1 und 2 zulassen, wenn und soweit es nach Umfang und Art der Dienststelle zur ordnungsgemäßen Durchführung der Aufgaben des Personalrats erforderlich ist. Sie kann ferner Ausnahmen von Absatz 1 Satz 5 für Beamte in der Probezeit zulassen, soweit nicht die Gefahr besteht, daß der Zweck der Probezeit hierdurch beeinträchtigt wird.

Übersicht

	Rn.
Allgemeines	1– 5
Freistellung	6– 9
Zahl der Freistellungen	10–12
Verhinderung freigestellter Personalratsmitglieder	13–15
Verfahren der Freistellung	16
Auswahl der freizustellenden Personalratsmitglieder	17, 18
Berücksichtigung der Gruppen	19–21
Entscheidungsbefugnis der Dienststelle	22, 23
Rechtsstellung der freigestellten Mitglieder	24
Vergütungsanspruch	25, 26
Benachteiligungsverbot	27–30
Ausnahmen von der Freistellung	31
Dauer der Freistellung	32
Ausnahmen nach Abs. 2	33–38
Streitigkeiten	39–42

Allgemeines

Der **Gesetzgeber** ist bei der Schaffung des § 43 **davon ausgegangen,** daß eine ordnungsgemäße Arbeit des Personalrats nur dann möglich ist, wenn ihm hierfür ausreichend Dienstbefreiung gewährt wird. Diesem Grundsatz folgend hat er daher in größeren Dienststellen ab 300 Dienstkräften eine vollständige Freistellung von Personalratsmitgliedern je nach der Zahl der Dienstkräfte in der Dienststelle vorgesehen. Die Freistellung ist im Gegensatz zu derjenigen nach § 42 Abs. 2 nicht abhängig von Umfang und Art der durchzuführenden Personalratsaufgaben. Allein entscheidend ist die Größe der Dienststelle. 1

Durch § 43 Abs. 1 Satz 1 wird klargestellt, daß die Freistellung nur auf Grund eines **Beschlusses des Personalrats** erfolgen kann. § 43 Abs. 1 Satz 3 berücksichtigt das im Personalvertretungsrecht herrschende Gruppenprinzip. § 43 Abs. 1 Sätze 4, 6 und 7 dient der sozialen Absicherung der freigestellten Personalratsmitglieder. § 43 Abs. 2 läßt zu, daß die oberste Dienstbehörde Ausnahmen von der Regelung in § 43 Abs. 1 zuläßt. 2

§ 43 ist **teilweise vergleichbar** mit den Regelungen in § 46 Abs. 4 BPersVG und § 38 Abs. 1 und 2 BetrVG. 3

Die Vorschrift findet **keine entsprechende Anwendung** auf den Gesamtpersonalrat, den Hauptpersonalrat, die Jugend- und Auszubildendenvertretungen. Für die Mitglieder dieser Gremien besteht ein Anspruch auf Freistellung nur im Rahmen des § 42 Abs. 2 bzw. § 64. 4

347

§ 43

5   Die Regelung des § 43 ist **zwingend**. Sie kann weder durch Dienstvereinbarung noch durch Tarifvertrag zum Nachteil des Personalrats abgeändert werden. Lediglich im Rahmen des § 43 Abs. 2 kann die oberste Dienstbehörde Ausnahmen zulassen. Diese können jedoch auch nur zugunsten des Personalrats erfolgen, eine Einschränkung der Möglichkeit der vollständigen Freistellung ist nicht zulässig.

Freistellung

6   § 43 Abs. 1 enthält im **Verhältnis** zu der Bestimmung des **§ 42 Abs.** 2 über die Versäumnis von Arbeitszeit eine speziellere Regelung. Während § 42 Abs. 2 unmittelbar zu einer Befreiung von der Arbeitsverpflichtung führt, soweit dies zur Durchführung der Personalratsaufgaben notwendig ist, erfolgt die Freistellung nach § 43 Abs. 1 unabhängig von den durchzuführenden Aufgaben. Maßgeblich ist allein die Größe der Dienststelle. Auch beinhaltet der Begriff der Freistellung eine **generelle Dienstbefreiung** im Gegensatz zu der Regelung in § 42 Abs. 2 Satz 1, die eine nur teilweise Befreiung von der Arbeitsverpflichtung vorsieht.

7   Die Freistellung ist ein **Sonderfall der Dienstbefreiung**, sie ist im voraus von der Dienststelle zu gewähren. Grundsätzlich erfolgt sie in der Form, daß eine völlige Freistellung eines oder mehrerer Personalratsmitglieder von ihren dienstlichen Obliegenheiten erfolgt.

8   Zweifelhaft ist, ob statt einer vollständigen Freistellung auch eine **teilweise Freistellung** von Personalratsmitgliedern erfolgen kann, wobei dann die in § 43 Abs. 1 festgelegte Zahl überschritten würde. Das OVG Berlin (*OVG Berlin vom 14. 2. 1997, ZfPR 1997, 151*) lehnt dies im Grundsatz ab; eine Aufteilung der Freistellungsquote auf Teilfreistellungen sei nur dann gerechtfertigt, wenn die Ablehnung der vollen Freistellung auf stichhaltigen, sachlich einsichtigen Gründen beruhe. Demgegenüber hält das Bundesarbeitsgericht Teilfreistellungen im Rahmen der Staffel für grundsätzlich möglich, der Arbeitgeber müsse ein entgegenstehendes Interesse belegen (*BAG vom 26. 6. 1996, DB 1996, 2185*). Im Hinblick u. a. auch auf Teilzeitkräfte, die für Freistellungen grundsätzlich nicht ausgeschlossen bleiben dürfen, wird man hier eher auf den in der Norm zum Ausdruck kommenden **Umfang** der Freistellung als auf die genannte Zahl abstellen müssen (*teilweise a. A. die Vorauflage*). Ausnahmeregelungen im Rahmen des Abs. 2 sind ohnehin möglich.

9   Der Personalrat kann allerdings nicht gezwungen werden, im Rahmen der Staffel des § 43 Abs. 1 vollständige Freistellungen von Personalratsmitgliedern zu beantragen. Vielmehr steht es ihm frei, **im Rahmen des § 43 Abs. 1** nur teilweise Freistellungen zu begehren. Hierzu ist keine Ausnahmegenehmigung seitens der obersten Dienstbehörde erforderlich.

Zahl der Freistellungen

10 Die Zahl der freizustellenden Personalratsmitglieder ist in § 43 Abs. 1 Satz 1 geregelt. Es handelt sich hierbei um Mindestfreistellungen. Erhöhungen dieser Zahlen können nach § 43 Abs. 2 durch die oberste Dienstbehörde erfolgen.

11 Entscheidend für die Zahl der freizustellenden Personalratsmitglieder ist die Zahl der in der Regel in der Dienststelle beschäftigten Dienstkräfte. Der Begriff »in der Regel« ist hierbei der gleiche wie in § 14. Bei einem eindeutigen

Absinken der Zahl der Dienstkräfte, das zu einer erheblichen und dauerhaften Unterschreitung des Schwellenwertes führt, kann die Dienststelle auch während der laufenden Amtsperiode auf eine Verminderung der Freistellungen hinwirken; gleiches gilt umgekehrt, wenn der Personalrat wegen dauerhafter Überschreitung auf zusätzliche Freistellungen bestehen will *(BVerwG vom 2. 9. 1996, PersR 1996, 498).*
Der Begriff der Dienstkraft ist der gleiche wie in § 3 *(vgl. § 3 Rn. 2ff.).* **12**

Verhinderung freigesteller Personalratsmitglieder

Bei Verhinderung eines freigestellten Personalratsmitgliedes kann grundsätzlich nicht eine Freistellung eines weiteren Personalratsmitgliedes gem. § 43 Abs. 1 erfolgen. Dies ist nur dann möglich, wenn die Freistellung des verhinderten Personalratsmitgliedes beendet wird. Dies gilt sowohl für eine zeitweilige Verhinderung als auch für eine endgültige Verhinderung des freigestellten Personalratsmitgliedes. **13**

Allerdings kann bei einer zeitweiligen Verhinderung der Personalrat im Rahmen des § 42 Abs. 2 praktisch eine Ersatzfreistellung eines weiteren Personalratsmitgliedes erreichen. Voraussetzung hierfür ist allerdings, daß dies für die ordnungsgemäße Durchführung der Personalratsaufgaben erforderlich ist *(vgl. BAG vom 22. 5. 1973, AP Nr. 1 zu § 38 BetrVG 1972; Dietz/Richardi, BetrVG, § 38 Rn. 35).* **14**

Auch wird durch Freistellung nach § 43 Abs. 1 die Regelung des § 42 Abs. 2 nicht eingeschränkt. Soweit daher zur ordnungsgemäßen Durchführung der Personalratsaufgaben zusätzlich Arbeitszeitversäumnis weiterer Personalratsmitglieder erforderlich ist, ist diese zulässig, maßgeblich sind in jedem Falle die Gegebenheiten des konkreten Einzelfalles *(vgl. BAG vom 22. 5. 1973, AP Nr. 1 zu § 38 BetrVG 1972).* **15**

Verfahren der Freistellung

Der Anspruch auf Freistellung steht allein dem Personalrat als Kollektivorgan zu. Ein Anspruch einzelner Personalratsmitglieder besteht nicht. Die Freistellung erfolgt auf Antrag des Personalrats durch die Dienststelle. Über den Antrag muß der Personalrat gem. § 32 einen Beschluß fassen. Es handelt sich hierbei immer um eine gemeinsame Angelegenheit i. S. des § 33 Abs. 1. Die Entscheidung erfolgt mit einfacher Stimmenmehrheit *(BVerwG vom 10. 10. 1957, E 5, 263).* **16**

Auswahl der freizustellenden Personalratsmitglieder

Bei der Auswahl der freizustellenden Personalratsmitglieder ist der Personalrat grundsätzlich frei. Er muß die Auswahl nach pflichtgemäßem Ermessen treffen. Dies bedeutet in erster Linie, daß er bei seiner Entscheidung berücksichtigen muß, welche Mitglieder von ihrer Aufgabenstellung her besonders in Anspruch genommen sind. In erster Linie kommen für die Freistellung die Vorstandsmitglieder und insbesondere der Vorsitzende in Betracht. Dies schon deshalb, weil der Vorsitzende aufgrund seiner Stellung schon im organisatorischen Bereich mehr Aufgaben zu erfüllen hat als andere Personalratsmitglieder. **17**

Die Freistellung eines nicht dem Vorstand angehörenden Personalratsmitgliedes ist dann im Rahmen des pflichtgemäßen Ermessens möglich, wenn dieses **18**

§ 43

besondere Aufgaben zu erfüllen hat. Ein absoluter Vorrang der Vorstandsmitglieder, wie dies bei § 46 Abs. 3 Satz 2 BPersVG der Fall ist, besteht auf Grund des anderen Wortlauts der gesetzlichen Regelung nicht; jedoch darf z. b. der stellvertretende Personalratsvorsitzende bei einer Freistellung nicht willkürlich übergangen werden *(OVG Nordrhein-Westfalen vom 8. 8. 1998, PersR 1999, 307).*

Berücksichtigung der Gruppen

19 Bei der Freistellung sind die im Personalrat vertretenen Gruppen angemessen zu berücksichtigen. Dies kann nur dann eine Rolle spielen, wenn mehrere Personalratsmitglieder freizustellen sind. Wie sich aus dem Wort »angemessen« ergibt, sieht das Gesetz eine **Mindestberücksichtigung der Gruppen nicht vor.** Dabei hat der Personalrat bei seiner Entscheidung einen weiten Beurteilungsspielraum, der nicht erzwingt, daß eine rechnerische Aufteilung erfolgt. Vielmehr kann der Personalrat unter Berücksichtigung der besonderen Probleme und der besonderen Aufgaben innerhalb des Personalrates auch von dem Verhältnis der in dem Personalrat vertretenen Gruppen zueinander bei der Verteilung der freizustellenden Personalratsmitglieder abweichen. Dies kann unter Umständen auch dazu führen, daß eine Gruppe bei der Freistellung von Personalratsmitgliedern nicht berücksichtigt wird. Von Bedeutung wird auch hierbei die von den einzelnen Personalratsmitgliedern ausgeübte Funktion sein *(vgl. BVerwG vom 24. 10. 1969, E 34, 141; ferner OVG Münster vom 24. 6. 1970, ZBR 1973, 121).*

20 Über die Berücksichtigung der Gruppen entscheidet der Personalrat ebenfalls durch **Beschluß** mit einfacher Mehrheit. Auch hier handelt es sich um eine gemeinsame Angelegenheit i. S. des § 33, eine Beschlußfassung einzelner Gruppen gem. § 33 Abs. 2 ist nicht möglich. Die Freistellung kann immer nur für den gesamten Personalrat erfolgen, nicht jedoch für eine einzelne Gruppe.

21 Wird bei mehreren möglichen Freistellungen eine **Gruppe ohne sachliche Rechtfertigung übergangen,** so handelt der Personalrat mit seiner Beschlußfassung rechtswidrig. In diesem Falle kann gem. § 91 Abs. 1 Nr. 3 im verwaltungsgerichtlichen Beschlußverfahren auf Antrag einzelner Personalratsmitglieder die Unwirksamkeit des Beschlusses festgestellt werden. Der Personalrat darf auch nicht ohne sachliche Gründe auf mögliche Freistellungen verzichten, wenn dies zu Lasten einer sonst nicht zum Zuge kommenden Minderheitsgruppe ginge *(BVerwG vom 22. 4. 1994, PersR 1995, 131).*

Entscheidungsbefugnis der Dienststelle

22 Bei der Freistellung hat die Dienststelle grundsätzlich keinerlei Entscheidungsbefugnis, die Freistellungsmaßnahme ist eine dienstrechtliche Maßnahme, durch die der Beschluß des Personalrats individualrechtlich wirksam wird *(BVerwG vom 10. 5. 1984, E 69, 222).* Sie hat lediglich nachzuprüfen, ob die Beschlußfassung des Personalrats unter Beachtung der gesetzlichen Vorschriften zustande gekommen ist. Eine Überprüfung danach, ob die Freistellung im dienstlichen Interesse möglich oder wünschenswert ist, scheidet aus. Insoweit eröffnet die Bestimmung in § 43 Abs. 1 dem Dienststellenleiter keinerlei Entscheidungsspielräume.

23 **Überschreitet der Antrag die vorgesehene Staffel** und hat die oberste Dienstbehörde eine Ausnahme nicht zugelassen, so hat die Dienststelle bei dem

Personalrat anzufragen, welche von den vorgeschlagenen Mitgliedern er unter Einhaltung des Zahlenkatalogs freigestellt haben möchte. Äußert sich der Personalrat hierzu nicht, so kann die Dienststelle ihrerseits aus den zuviel vorgeschlagenen Personalratsmitgliedern selbst keine Auswahl treffen. Eine Freistellung ist in diesem Falle nicht möglich. Diese kann erst erfolgen, wenn der Personalrat die Zahl begrenzt.

Rechtsstellung der freigestellten Mitglieder

Die freigestellten Mitglieder sind, da sie von ihren dienstlichen Tätigkeiten 24
befreit sind und allein im Rahmen ihres Personalratsamtes tätig werden, nicht dem **Direktionsrecht** des Dienstherrn unterworfen. Allerdings gelten für sie die allgemeinen Regelungen innerhalb der Dienststelle, wie z. B. die Vorschriften über die Ordnung in der Dienststelle und die Arbeitszeit *(BVerwG vom 14. 6. 1990, ZfPR 1990, 139).* Eine Ausnahme gilt hier nur für Personalratsmitglieder, die vorher im Schichtdienst tätig waren, bei diesen kann im Einvernehmen mit dem Personalrat festgelegt werden, zu welchen Zeiten die Personalratstätigkeit ausgeübt werden soll. Auch haben die freigestellten Personalratsmitglieder sämtliche Vorschriften über die Einhaltung der Arbeitszeit wie z. B. Führung von Arbeitszeitbogen bzw. Benutzung von Kontrollgeräten einzuhalten.

Vergütungsanspruch

Der **Vergütungsanspruch** des freigestellten Personalratsmitgliedes richtet sich 25
nach denselben Grundsätzen wie bei den Personalratsmitgliedern, die nur vorübergehend von ihrer Tätigkeit gem. § 42 Abs. 2 befreit sind *(vgl. zu den Einzelheiten oben § 42 Rn. 21).*

Freigestellte Personalratsmitglieder, die vor ihrer Freistellung im **Leistungs-** 26
lohn beschäftigt waren *(z. B. Akkord-, Prämienlohn oder Gedinge),* können die Berechnung der Vergütung nach derjenigen vergleichbarer Dienstkräfte mit der üblichen Entwicklung verlangen. Eine Berechnung aufgrund des bisher erzielten Durchschnittsverdienstes, wie er im Rahmen des § 42 Abs. 2 denkbar ist, scheidet bei ihnen aus, da sie durch die Freistellung völlig aus der üblichen Lohnentwicklung ausscheiden. Angesichts der Dauer, die eine Freistellung erreichen kann, ist es auch nicht möglich, den Durchschnittsverdienst vor der Freistellung zu ermitteln und diesen entsprechend den erfolgten Vergütungserhöhungen anzugleichen. Damit würde nicht der Tatsache Rechnung getragen, daß beispielsweise durch technische Entwicklungen auch die Grundlage für die Bemessung des Leistungslohnes sich wesentlich verändern kann.

Benachteiligungsverbot

Darüber hinaus darf die Freistellung nicht zu einer Beeinträchtigung des be- 27
ruflichen Werdeganges führen. Damit wird dem **Benachteiligungsverbot** des § 107 BPersVG Rechnung getragen. Die Dienststelle muß daher den freigestellten Personalratsmitgliedern auch die Gelegenheit geben, sich zu bewähren, um höherwertige Dienstposten zu erlangen. Sie müssen hierbei so behandelt werden, als ob sie in vollem Umfange dienstlich tätig wären *(vgl. auch BAG vom 15. 1. 1992, ZTR 1993, 174).*

§ 43

28 Hieraus kann unter Umständen ein Anspruch der freigestellten Personalratsmitglieder darauf folgen, daß sie bevorzugt die Möglichkeit erhalten, an betrieblichen und außerbetrieblichen Fortbildungsmaßnahmen teilzunehmen, da sie durch die Freistellung nicht an der betriebsüblichen beruflichen Entwicklung haben teilnehmen können. Es muß ihnen Gelegenheit gegeben werden, versäumte Fortbildungsmöglichkeiten nachzuholen. Bei Versäumung dieser Pflicht kommt ein Vergütungsanspruch des Personalratsmitglieds nach der – nicht erreichten – höheren Vergütungsgruppe in Betracht *(BAG vom 29. 10. 1998, PersR 1999, 319).*

29 Eine Bevorzugung freigestellter Personalratsmitglieder bei Beförderungen und ähnlichen personellen Maßnahmen ist wegen der Regelung in § 107 BPersVG verboten.

30 Die Verletzung des Benachteiligungsverbotes führt nicht zu einem Schadensersatzanspruch, sondern zu einem Anspruch des Personalratsmitgliedes, in seiner beruflichen Entwicklung so gestellt zu werden, wie diese ohne die Personalratstätigkeit verlaufen wäre; es kommt hier eine fiktive Betrachtung im Bezugspunkt vergleichbarer Kollegen in Betracht *(BAG vom 26. 9. 1990, ZTR 1991, 344; BVerwG vom 10. 4. 1997, PersR 1997, 533).*

Ausnahmen von der Freistellung

31 Beamte im Vorbereitungsdienst, in der Einführungszeit und in der Probezeit sowie andere in der Ausbildung stehende Dienstkräfte *(also Arbeiter bzw. Angestellte)* können nicht freigestellt werden.

Dauer der Freistellung

32 Die Freistellung erfolgt für die Amtsperiode des Personalrats. Allerdings kann der Personalrat durch Mehrheitsbeschluß die Freistellung widerrufen und einen Antrag auf Freistellung anderer Personalratsmitglieder stellen. Desgleichen kann vor Beendigung der Amtsperiode eine Änderung in der Freistellung dadurch eintreten, daß ein freigestelltes Personalratsmitglied sein Einverständnis zur Freistellung widerruft. Da eine Freistellung gegen den Willen eines Personalratsmitgliedes nicht möglich ist, endet damit die Freistellung automatisch. In diesem Falle muß der Personalrat einen neuen Antrag auf Freistellung eines anderen Personalratsmitgliedes stellen.

Ausnahmen nach Abs. 2

33 Eine über die gesetzliche Staffel hinausgehende Freistellung kann im Wege einer Ausnahmeregelung von der jeweils zuständigen obersten Dienstbehörde (§ 8) vorgenommen werden. Hierbei hat die oberste Dienstbehörde zu überprüfen, ob nach Umfang und Art der Dienststelle die Freistellung weiterer Personalratsmitglieder zur ordnungsgemäßen Durchführung der Aufgaben des Personalrats erforderlich ist. Die Grundsätze über die Arbeitszeitversäumnis des § 42 Abs. 2 sind insoweit für die zusätzlichen Freistellungen entsprechend heranzuziehen. Hierbei ist ein **strenger Maßstab** anzulegen, da eine zusätzliche Freistellung, die nicht zur Erfüllung der Aufgaben des Personalrates erforderlich ist, eine ungerechtfertigte Begünstigung des zusätzlich freigestellten Personalratsmitgliedes wäre, was dem Begünstigungsverbot des

§ 107 BPersVG widersprechen würde. In diesem Falle wäre die zusätzliche Freistellung wegen Verstoßes gegen ein gesetzliches Verbot gem. § 134 BGB nichtig.

Erforderlich ist eine zusätzliche Freistellung dann, wenn es den entsprechend der gesetzlichen Staffel freigestellten Personalratsmitgliedern auch bei Heranziehung der Möglichkeit der Arbeitszeitversäumnis gem. § 42 Abs. 2 der übrigen Personalratsmitglieder nicht möglich ist, die Aufgaben des Personalrats ordnungsgemäß innerhalb der normalen Arbeitszeit zu erfüllen *(vgl. BAG vom 21. 5. 1974, AP Nr. 14 zu § 37 BetrVG 1972)*. 34

Das gilt auch dann, wenn in Dienststellen mit weniger als 300 in der Regel beschäftigten Dienstkräften eine Freistellung begehrt wird. 35

Bei der Regelung in § 43 Abs. 2 handelt es sich um eine »Kann«-Bestimmung. Die oberste Dienstbehörde hat hier einen weiteren Ermessensspielraum. Ein unmittelbar **durchsetzbarer Rechtsanspruch** des Personalrats **besteht nicht**. Dieser kann lediglich geltend machen, daß die oberste Dienstbehörde ihr Ermessen nicht pflichtgemäß ausgeübt habe. 36

Nach § 42 Abs. 2 Satz 2 kann die oberste Dienstbehörde ferner Ausnahmen von dem Freistellungsverbot des § 42 Abs. 1 Satz 5 für Beamte in der Probezeit zulassen. Voraussetzung hierfür ist, daß dadurch nicht die Gefahr entsteht, daß der Zweck der Probezeit beeinträchtigt wird. 37

Diese Möglichkeit besteht nur für Beamte in der Probezeit, sie gilt nicht für Beamte im Vorbereitungsdienst und in der Einführungszeit sowie andere Dienstkräfte, die sich in der Ausbildung befinden. 38

Streitigkeiten

Streitigkeiten über den Umfang der Freistellungen sind gem. § 91 Abs. 1 Nr. 3 im verwaltungsgerichtlichen Beschlußverfahren zwischen Personalrat und Dienststelle auszutragen. 39

Das gleiche gilt, wenn zwischen Personalrat und oberster Dienstbehörde streitig ist, ob nach Umfang und Art der Dienststelle zur ordnungsgemäßen Durchführung der Aufgaben des Personalrats weitere Freistellungen über die Staffel hinaus erforderlich sind. In diesem Verfahren kann jedoch nur überprüft werden, ob die oberste Dienstbehörde bei ihrer Entscheidung im Rahmen des pflichtgemäßen Ermessens gehandelt hat. Das gleiche gilt für die Freistellung von Beamten in der Probezeit. 40

Streitigkeiten zwischen dem Personalrat und einzelnen Personalratsmitgliedern über die Person der freizustellenden Personalratsmitglieder sowie Streitigkeiten, die die angemessene Berücksichtigung der Gruppen bei den Freistellungen zum Gegenstand haben, sind ebenfalls im verwaltungsgerichtlichen Beschlußverfahren gem. § 91 Abs. 1 Nr. 3 auszutragen. 41

Streitigkeiten zwischen freigestellten Personalratsmitgliedern und Dienstherrn bezüglich der Minderung der Vergütung oder der Zuweisung eines geringerwertigen Arbeitsplatzes sind individualrechtliche Streitigkeiten, die für Beamte im verwaltungsgerichtlichen Urteilsverfahren und für Arbeiter und Angestellte im arbeitsgerichtlichen Urteilsverfahren zu entscheiden sind. Das gilt auch, wenn freigestellte Personalratsmitglieder geltend machen, daß die Freistellung nicht zu einer Beeinträchtigung des beruflichen Werdeganges führen darf. 42

§ 44 Schutz der Mitglieder

Über den Kündigungsschutz nach § 108 Bundespersonalvertretungsgesetz und § 15 Kündigungsschutzgesetz hinaus dürfen Mitglieder des Personalrats gegen ihren Willen nur versetzt oder abgeordnet werden, wenn dies auch unter Berücksichtigung der Mitgliedschaft im Personalrat aus wichtigen dienstlichen Gründen unvermeidbar ist und der Personalrat zustimmt; das gleiche gilt bei der Übertragung eines anderen Arbeitsgebietes.

Übersicht

	Rn.
Allgemeines	1– 6
Bedeutung der Vorschrift	7, 8
Kein Mitbestimmungsrecht	9–12
Versetzung	13–15
Abordnung	16–18
Übertragung eines anderen Arbeitsgebietes	19
Maßnahmen gegen den Willen der Amtsträger	20
Voraussetzungen für die Zulässigkeit der Maßnahmen	21
Wichtige dienstliche Gründe	22
Zustimmung des Personalrats	23–25
Ersetzung der Zustimmung	26, 27
Verstöße	28, 29
Streitigkeiten	30–32

Allgemeines

1 Die Vorschrift des § 44 regelt auch in ihrer Neufassung zunächst nur den Schutz der Personalratsmitglieder bei Versetzung und Abordnung; sie spricht jedoch nunmehr auch in ihrem Wortlaut den den Personalratsmitgliedern zustehenden **Kündigungsschutz** nach § 108 BPersVG und § 15 KSchG an. Die Regelung des § 108 BPersVG findet ihre Konkretisierung in § 87 Nr. 9.

2 Eine teilweise vergleichbare Regelung findet sich in § 47 Abs. 2 Satz 1 BPersVG. Eine vergleichbare Bestimmung im Rahmen des Betriebsverfassungsrechts fehlt, dort besteht ein Schutz der Betriebsratsmitglieder gegen Versetzungen und ähnliche Maßnahmen nur im Rahmen des § 103 BetrVG in Verbindung mit § 15 Abs. 1 KSchG.

3 Die Vorschrift ist **entsprechend anwendbar** auf die Mitglieder des Gesamtpersonalrats (§ 52), des Hauptpersonalrats (§ 57), der Jugend- und Auszubildendenvertretungen (§§ 66, 68 und 69 Abs. 2), dort jedoch mit der Einschränkung, daß der besondere Schutz nicht gilt für Mitglieder der JugAzubiVertr., die sich in der Ausbildung oder in der Probezeit befinden, § 66.

4 Nach ihrem Wortlaut bezieht sich die Bestimmung nur auf Mitglieder des Personalrats, nicht aber auf **Ersatzmitglieder**. Es wird daher auch die Auffassung vertreten, daß der Versetzungsschutz nur den Mitgliedern des Personalrats zukommt (BVerwG vom 27. 9. 1984, PersV 1986, 468).

5 Hiergegen spricht, daß der Schutzzweck des § 44 weiter geht. Durch ihn soll die ungestörte Ausübung des Personalratsamtes sichergestellt werden. Daraus folgt aber gleichzeitig, daß ein Ersatzmitglied, soweit es in den Personalrat nachgerückt ist, in gleicher Weise wie die Personalratsmitglieder geschützt

werden muß. Ersatzmitglieder, die für ein gewähltes Mitglied in den Personalrat eingetreten sind, sind – auch wenn dieser Eintritt nur vorübergehend erfolgt – zumindest für diese Zeit der unmittelbaren Mitgliedschaft im Personalrat ebenso geschützt wie die gewählten Personalratsmitglieder. In dem **Nachrückzeitraum** nimmt das Ersatzmitglied die volle Stellung eines Personalratsmitgliedes ein. Während der Dauer der Amtstätigkeit können daher auch Ersatzmitglieder nur unter den Voraussetzungen des § 44 versetzt oder abgeordnet werden *(BVerwG vom 27. 9. 1984, PersV 1986, 468)*. Endet die Vertretungszeit für das Ersatzmitglied, dann tritt es in den Stand eines auf einer Wahlvorschlagsliste aufgeführten, aber nicht gewählten Beschäftigten zurück, in diesem Falle genießt es den besonderen Schutz des § 44 nicht mehr *(BVerwG a.a.O.)*. § 44 schützt Ersatzmitglieder auch in der Zeit eigener **Verhinderung** *(BAG vom 9. 11. 1977, DB 1978, 495)*.

Zu berücksichtigen ist aber, daß der besondere Schutz des § 44 im Bereich des **6** PersVG Berlin nicht eine so starke Bedeutung hat, wie es für die vergleichbare Vorschrift in § 47 Abs. 2 BPersVG für den Bereich des Bundespersonalvertretungsgesetzes gilt.

Bedeutung der Vorschrift

Die Bestimmung des § 44 trägt den Besonderheiten der öffentlichen Verwaltung Rechnung. In dieser ist in weitaus stärkerem Maße als im Bereich der Privatwirtschaft die Möglichkeit der Abordnung und der Versetzung gegeben *(§§ 61, 62 LBG, § 12 BAT)*. Ein diesbezüglicher Schutz vor entsprechenden personellen Maßnahmen besteht jedoch – allgemein – durch die Vorschriften der §§ 86 Abs. 3 Nrn. 1 und 3 (Versetzung, Abordnung) und 87 Nr. 9 (Änderungskündigung). **7**

§ 44 ergänzt und erweitert in Teilbereichen den Schutz der Personalratsmitglieder. Bei § 44 ist eine **Ersetzung der Zustimmung des Personalrats nicht möglich** *(vgl. unten Rn. 9)*. Dies gilt auch für den Bereich der Beamten. Für diese ist das Mitbestimmungsrecht des Personalrats nach § 86 Abs. 3 an die Einschränkungen des § 81 Abs. 2 gebunden. Diese Einschränkung entfällt im Bereich des § 44. Es besteht für die Dienstkräfte der Beamtengruppe ein vollständiger Schutz, der nicht durch das Recht des Senats auf Letztentscheidung eingeschränkt wäre. Dies ist auch verfassungskonform *(BVerfG vom 27. 4. 1959, E 9, 268)*, denn der Gesetzgeber hatte bewußt die freie Ausübung des Mandats und den Schutz der Amtstätigkeit der Personalratsmitglieder und die Respektierung des Wählerwillens und damit auch den Schutz der Zusammensetzung der Personalvertretung höher eingeschätzt als das sonst notwendige Letztentscheidungsrecht des Senats *(vgl. auch Grabendorff u.a., BPersVG, § 47 Rn. 44)*. **8**

Kein Mitbestimmungsrecht

Die Regelung des § 44 enthält **kein Mitbestimmungsrecht im engeren Sinne** wie die §§ 79 ff. Die Durchführung des Verfahrens bei Nichteinigung des § 80 bzw. die Anrufung der Einigungsstelle gem. § 81 scheidet aus. Die Zustimmung des Personalrats kann daher auch nicht durch die Einigungsstelle ersetzt werden. **9**

Eine **Ersetzung der Zustimmung** des Personalrats **durch** das **Verwaltungsgericht** ist nicht möglich. Das Gesetz enthält keine entsprechende Regelung **10**

§ 44

(BVerwG vom 29. 4. 1981, PersV 1982, 406; Grabendorff u. a., BPersVG, § 47 Rn. 44).
Der Personalrat ist daher in seiner Entscheidung völlig frei, eine Überprüfung kann weder durch Gesamt- oder Hauptpersonalrat erfolgen, noch ist eine gerichtliche Überprüfung möglich.

11 Eine **Ausnahme** gilt auch **nicht für** die Dienstkräfte, die **Angestellte bzw. Arbeiter** sind. Da bei ihnen die Versetzung bzw. Abordnung gegen ihren Willen in der Regel nur im Rahmen einer Änderungskündigung möglich ist, könnte zwar nach § 108 Abs. 1 Satz 1 BPersVG i. V. m. § 15 Abs. 2 Satz 1 KSchG die erforderliche Zustimmung des Personalrats zur außerordentlichen Änderungskündigung durch gerichtliche Entscheidung ersetzt werden. Diese Regelung könnte als Bundesrecht auch den Regelungen des Berliner Personalvertretungsrechtes vorgehen. Zu beachten ist aber, daß der Schutzbereich des § 44 ein anderer als der des § 108 Abs. 1 Satz 1 BPersVG ist. Während § 44 letztlich Ausdruck des Benachteiligungsverbotes ist, regelt in bezug auf die Versetzung bzw. Abordnung die Bestimmung des § 108 Abs. 1 Satz 1 BPersVG lediglich die technische Durchführung derjenigen Maßnahme, die eine Benachteiligung sein könnte. Der Schutzbereich des § 44 setzt daher früher an als derjenige des § 108 Abs. 1 Satz 1 BPersVG. Die Ersetzung der Zustimmung kann daher auch nicht über die Bestimmung des § 108 Abs. 1 Satz 1 BPersVG oder § 15 Abs. 2 Satz 1 KSchG erfolgen.

12 Verweigert der Personalrat seine Zustimmung, so ist die Dienststelle bzw. die Verwaltung an der Durchführung der beabsichtigten Maßnahme gehindert. Dies gilt auch für die Beamten, ein Letztentscheidungsrecht des Senats von Berlin gem. § 81 Abs. 2 besteht nicht.

Versetzung

13 Der **Begriff** der Versetzung ist gesetzlich nicht definiert, er entstammt dem Beamtenrecht (§ 61 LBG). Versetzung ist die dauernde Zuweisung einer anderen Amtsstelle bzw. eines anderen Arbeitsplatzes innerhalb des Dienstbereiches eines Dienstherrn oder eines anderen Dienstherrn, ohne daß es einer vorherigen Beendigung des bestehenden Arbeits- bzw. Beamtenverhältnisses bedarf. Sie ist mit dem Wechsel der Dienststelle verbunden und führt zum endgültigen Ausscheiden aus dieser bisherigen Dienststelle *(vgl. die Erläuterungen bei § 86 Rn. 49ff. m.w.N.)*.

14 Bei Angestellten und Arbeitern folgt das Recht zur Versetzung aus dem **Direktionsrecht** bzw. aus besonderen tarifvertraglichen Vorschriften, wie z. B. § 12 BAT, § 9 Abs. 6 MTL II, § 9 Abs. 6 BMT-G II. Bei Beamten folgt das Recht der Versetzung aus dem Direktionsrecht der Organisationsgewalt des Dienstherrn. Gegen den Willen des Beamten ist sie nur unter den Voraussetzungen des § 61 LBG zulässig.

15 Nicht erfaßt von dem Begriff der Versetzung in § 44 wird die **Versetzung in den Ruhestand** der §§ 78, 79 und 81 LBG. Hier handelt es sich um eine besondere Maßnahme, die auch nicht mit dem allgemeinen Versetzungsbegriff des Beamtenrechts bzw. des Tarifrechts übereinstimmt. Insoweit besteht für die Beamten im übrigen ein Mitbestimmungsrecht des Personalrats nach § 88 Nr. 10.

§ 44

Abordnung

Der **Begriff** der Abordnung ist ebenfalls im Personalvertretungsrecht nicht geregelt. Er wird in § 62 LBG und § 12 BAT sowie § 9 Abs. 7 MTL II, § 9 Abs. 6 BMT-G II vorausgesetzt. Dort sind auch im einzelnen die Voraussetzungen geregelt, unter denen eine Abordnung einer Dienstkraft zulässig ist. **16**

Abordnung ist die **vorübergehende Beschäftigung bei einer anderen Dienststelle** desselben oder eines anderen Dienstherrn bei fortbestehendem Arbeits- bzw. Dienstverhältnis *(vgl. zum Begriff der Abordnung im einzelnen m.w.N. § 86 Rn. 81 ff.).* Die Abordnung unterscheidet sich von der Versetzung durch ihren vorübergehenden Charakter. Ein Wechsel der Dienststelle ist dabei nicht erforderlich. **17**

Während das Mitbestimmungsrecht des Personalrats nach § 86 Abs. 3 Nr. 3 nur bei Abordnungen für eine Dauer von mehr als 3 Monaten besteht, gilt die Schutzvorschrift des § 44 bereits bei Abordnungen von kürzerer Dauer. Hier ist also **jede Abordnung,** auch wenn sie nur kurzfristig durchgeführt werden soll, nur unter den Voraussetzungen des § 44 zulässig. Allein entscheidend ist, daß der Amtsträger auch bei kurzfristiger Abordnung an der Ausübung seiner Funktionen gehindert ist *(Lorenzen u.a., BPersVG, § 47 Rn. 118).* **18**

Übertragung eines anderen Arbeitsgebietes

Die Schutzvorschrift des § 44 findet ferner Anwendung, wenn dem Amtsträger gegen seinen Willen ein anderes Arbeitsgebiet übertragen werden soll. Wann eine **Übertragung eines anderen Arbeitsgebietes** vorliegt, richtet sich in der Regel nach der in der jeweiligen Dienststelle bestehenden Geschäftsverteilung. Nicht erforderlich ist, daß mit der Übertragung eines anderen Arbeitsgebietes eine Versetzung oder eine Abordnung verbunden sein müßte. Zweifelhaft ist allerdings, ob von dem Schutz des § 44 jede Zuweisung einer anderen Tätigkeit erfaßt wird. Erforderlich wäre, daß mit der Übertragung eines anderen Arbeitsgebietes auch eine Behinderung des Amtsträgers in der Wahrnehmung der ihm nach diesem Gesetz zustehenden Aufgaben gegeben sein muß. Das kann nicht nur bei einem Arbeitsplatzwechsel sein, vielmehr besteht diese Möglichkeit auch dann, wenn der betroffenen Dienstkraft durch Änderung der Geschäftsverteilung zusätzliche Aufgaben zugewiesen werden, so daß sie durch Art bzw. Menge der Aufgaben an der ordnungsgemäßen Wahrnehmung der Amtspflichten gehindert wird. Hierbei spielt es auch keine Rolle, daß der betreffende Amtsträger nach § 42 Abs. 2 in jedem Falle Befreiung von seiner dienstlichen Tätigkeit erlangen könnte. § 44 soll auch verhindern, daß der Amtsträger – wenn auch nur mittelbar – unter psychischen Druck gerät, daß er wegen seiner Amtstätigkeit nicht mit seiner normalen Tätigkeit als Dienstkraft fertig wird. **19**

Maßnahmen gegen den Willen der Amtsträger

Die Schutzvorschrift des § 44 kann nur dann Anwendung finden, wenn die Dienststelle Maßnahmen gegen den Willen des betroffenen Amtsträgers durchführen will. Damit wird deutlich, daß die Regelung des § 44 den individuellen Schutz des Amtsträgers, bezogen auf seine Stellung im Amt, bezweckt, während der Schutz der Wahlentscheidung der Dienstkräfte nur mittelbar gewahrt **20**

§ 44

wird. Die Vorschrift billigt dem Personalratsmitglied indes keinen über die individualrechtliche Seite hinausgehenden Anspruch auf Beschäftigung mit den früheren Tätigkeiten zu *(LAG Berlin vom 23. 11. 2000, 14 Sa 1954/00).*

Voraussetzungen für die Zulässigkeit der Maßnahmen

21 Maßnahmen der Versetzung, Abordnung oder Zuweisung eines anderen Arbeitsgebietes gegen den Willen des Amtsträgers sind nur zulässig, wenn sie aus wichtigen dienstlichen Gründen unvermeidbar sind und der Personalrat zustimmt.

Wichtige dienstliche Gründe

22 Der Begriff des wichtigen dienstlichen Grundes ist enger als derjenige des »dienstlichen Bedürfnisses« in § 61 Abs. 1 LBG. Erforderlich ist, daß die Erfüllung der dienstlichen Aufgaben durch die Dienststelle **zwingend erfordert,** daß der Amtsträger versetzt, abgeordnet oder ihm ein anderes Arbeitsgebiet zugeteilt wird. Diese Voraussetzung ist nicht gegeben, wenn die Wahrung der dienstlichen Interessen auch dann gegeben ist, wenn eine andere Dienstkraft anstelle des Amtsträgers von der personellen Maßnahme betroffen wird. Erforderlich ist, daß hinsichtlich **Maßnahme selbst** und **Person** keine Alternative möglich ist *(zum wichtigen Grund: ArbG Bonn vom 9. 9. 1999, PersR 1999, 549).*

Zustimmung des Personalrats

23 Liegen zwingende dienstliche Gründe für die personelle Maßnahme vor, ist weitere Voraussetzung, daß der Personalrat zustimmt. Der Personalrat hat bei seiner Entscheidung in vollem Umfange die **Voraussetzungen** des § 44 **zu überprüfen.** Insbesondere muß er auch prüfen, ob zwingende dienstliche Gründe die Durchführung der Maßnahme erfordern. Es sind dem Personalrat die erforderlichen Unterlagen zugänglich zu machen. In der Regel wird der Personalrat auch den betroffenen Amtsträger vor der Beschlußfassung anzuhören haben, es muß diesem die Möglichkeit der Stellungnahme eingeräumt werden.

24 Sowohl Zustimmung als auch Ablehnung des Personalrats müssen durch Personalratsbeschluß erfolgen. Zuständig ist der Personalrat, dem das Mitglied angehört *(vgl. BVerwG vom 10. 7. 1964, PersV 1964, 228).* Die Beschlußfassung regelt sich nach § 32. Es handelt sich um eine **gemeinsame Angelegenheit** i. S. des § 33 Abs. 1, da der Personalrat in seiner Zusammensetzung insgesamt betroffen wird *(Dietz/Richardi, BPersVG, § 47 Rn. 58).*

25 Richtet sich die personelle Maßnahme gegen ein Personalratsmitglied, so darf dieses an der Beschlußfassung nicht teilnehmen. An seiner Stelle wirkt bei Beratung und Beschlußfassung das jeweilige Ersatzmitglied mit.

Ersetzung der Zustimmung

26 Da es sich bei dem Verfahren nach § 44 um **kein Mitbestimmungsverfahren** i. S. des § 79 handelt, ist eine Durchführung des Verfahrens bei Nichteinigung und ggf. die Ersetzung der Zustimmung des Personalrats durch die Einigungsstelle gem. § 81 Abs. 1 nicht möglich *(vgl. oben Rn. 9).*

§ 44

Auch eine Ersetzung der Zustimmung durch das Verwaltungsgericht im Beschlußverfahren scheidet aus, da eine entsprechende Regelung nicht besteht *(vgl. dazu oben Rn. 9)*. 27

Verstöße

Wird eine Versetzung oder Abordnung bzw. die Übertragung eines anderen Arbeitsgebietes unter Verletzung der Voraussetzungen des § 44 angeordnet, so ist sie **unwirksam**. Die betroffene Dienstkraft ist nicht verpflichtet, der Anordnung Folge zu leisten *(Grabendorff u.a., BPersVG, § 47 Rn. 52)*. Ggf. kann der betroffene Amtsträger die Unwirksamkeit der Maßnahme entweder im verwaltungsgerichtlichen bzw. im arbeitsgerichtlichen Urteilsverfahren feststellen lassen. Auch kann unter Umständen eine Dienstaufsichtsbeschwerde erhoben werden. 28

Gleichzeitig kann auch der Personalrat wegen Verletzung seiner Rechte aus § 44 gegenüber dem Dienststellenleiter Dienstaufsichtsbeschwerde erheben. 29

Streitigkeiten

Streitigkeiten über die Frage, ob eine Zustimmung des Personalrats erforderlich ist oder nicht, sind im verwaltungsgerichtlichen Beschlußverfahren gem. § 91 Abs. 1 Nr. 3 auszutragen. 30

Streitigkeiten zwischen dem betroffenen Amtsträger und der Dienststelle über die Wirksamkeit einer angeordneten Maßnahme sind bei Angestellten und Arbeitern im arbeitsgerichtlichen Urteilsverfahren, bei Beamten im verwaltungsgerichtlichen Urteilsverfahren auszutragen. Ggf. kann hier auch der Erlaß einer einstweiligen Verfügung in Betracht kommen. Das betroffene Personalratsmitglied kann im übrigen auch unabhängig von der erteilten Zustimmung des Personalrats die Rechtmäßigkeit der getroffenen Maßnahme, d.h. der Versetzung, Abordnung oder Übertragung eines anderen Arbeitsgebietes, gerichtlich überprüfen lassen *(vgl. auch BVerwG vom 11.12.1991, PersR 1992, 104)*. Durch die Zustimmung des Personalrats wird die individualrechtliche Stellung des jeweiligen Amtsträgers nicht beeinflußt. 31

Verweigert der Personalrat pflichtwidrig seine Zustimmung zur Durchführung einer personellen Maßnahme, so kann diese zwar weder durch die Einigungsstelle noch durch das Verwaltungsgericht ersetzt werden, möglicherweise kann dieses jedoch Konsequenzen nach § 25 nach sich ziehen. 32

Abschnitt III
Personalversammlung

§ 45 Allgemeines

(1) Die Personalversammlung besteht aus den Dienstkräften der Dienststelle. Sie wird, abgesehen von den Fällen des § 17 Abs. 3 und des § 19, vom Vorsitzenden des Personalrats geleitet.

(2) Kann nach den dienstlichen Verhältnissen eine gemeinsame Versammlung aller Dienstkräfte nicht stattfinden, so sind Teilversammlungen abzuhalten.

Übersicht

	Rn.
Allgemeines	1– 4
Funktion der Personalversammlung	5– 9
Aufgaben der Personalversammlung	10
Teilnehmer	11–15
Teilnahmerecht	16, 17
Einberufung	18–23
Leitung der Personalversammlung	24–27
Kosten der Personalversammlung	28, 29
Teilversammlungen	30–34
Streitigkeiten	35, 36

Allgemeines

1 Der III. Abschnitt des Gesetzes enthält die Regelungen über die Personalversammlung. Diese ist für die Dienstkräfte der Dienststelle eine der wichtigsten Möglichkeiten, um vor allen Dienstkräften zu der Arbeit des Personalrats während des Laufes seiner Amtszeit Stellung zu nehmen. Sie stellt ein Diskussionsforum dar, vor dem sich der Personalrat verantworten muß. Darüber hinaus hat die Personalversammlung keinerlei Kompetenzen, lediglich im Bereich der Wahlvorschriften kommt ihr die Befugnis zu, in bestimmten Fällen den Wahlvorstand zu bestimmen, § 17 Abs. 2 und 3 sowie § 19 Abs. 2.

2 Die Regelung des § 45 **entspricht** der früheren Bestimmung in § 41 PersVG Bln a. F. Teilweise vergleichbare Bestimmungen finden sich in § 42 BetrVG und § 48 BPersVG.

3 Die Vorschrift ist **nicht entsprechend anwendbar** auf den Gesamtpersonalrat und den Hauptpersonalrat; Personalversammlungen, die über den Bereich einer einzelnen Dienststelle hinausgehen, sind dem Personalvertretungsrecht fremd. Auch eine entsprechende Anwendbarkeit für den Bereich der Jugend- und Auszubildendenvertretungen besteht nicht. Für sie enthält § 67 eine Sonderregelung, die die Zulässigkeit und Stellung der Jugend- und Auszubildendenversammlung bestimmt.

4 Die Vorschriften über die Personalversammlung sind **zwingend**, sie können weder durch tarifliche Regelung noch durch Dienstvereinbarung geändert werden. Lediglich die nähere Ausgestaltung der Personalversammlung liegt in der Gestaltungsfreiheit des Personalrats. Dieser kann daher auch insoweit Vereinbarungen mit der Dienststelle treffen.

Funktion der Personalversammlung

Die Personalversammlung ist ein **Organ der Personalvertretung**. Sie hat jedoch weder ein Weisungsrecht gegenüber dem Personalrat, noch hat sie eine Vertretungsmacht. Sie ist kein Dienststellenparlament, nur ein Ausspracheforum. Die Personalversammlung kann keine rechtswirksamen Handlungen gegenüber Dritten vornehmen, sie kann keine rechtsgeschäftlichen Erklärungen mit Wirkung für die Dienstkräfte der Dienststelle abgeben. Sie kann daher auch in keiner Form eine Dienstvereinbarung oder eine sonstige Abrede mit dem Dienststellenleiter abschließen.

Die Personalversammlung ist auch in keiner Weise dem Personalrat übergeordnet. Sie hat **keine** ausdrückliche rechtliche **Einflußmöglichkeit** auf die Tätigkeit des Personalrats, sie kann ihm weder das Vertrauen entziehen noch ihn abwählen bzw. absetzen. Insoweit übt der Personalrat kein imperatives Mandat aus *(BVerwG vom 6. 9. 1984, E 70, 69, 70)*. Er ist alleiniger Entscheidungsträger *(BVerwG a. a. O.)*.

Auf der Personalversammlung können die Dienstkräfte an dem Personalrat **Kritik** üben, **Anregungen** und **Beschwerden** vorbringen und schließlich auch Beschlüsse fassen, die jedoch keine rechtliche Verbindlichkeit haben. Der Personalrat ist verpflichtet, den Anregungen, Beschwerden und ähnlichen Äußerungen nachzugehen und sie zu prüfen. Die Nichtberücksichtigung berechtigter Kritik kann u. U. zu Konsequenzen nach § 25 führen, wenn darin ein grobe Verletzung gesetzlicher Pflichten zu erblicken ist.

Die Personalversammlung des § 45 setzt das **Bestehen eines Personalrates** voraus. In Dienststellen, in denen kein Personalrat besteht, kann keine Personalversammlung stattfinden *(Grabendorff u. a., BPersVG, § 48 Rn. 4)*. Sie ist daher zu trennen von den Personalversammlungen zur Bestellung eines Wahlvorstandes gem. § 17 Abs. 2 und 3 sowie § 19 Abs. 2. Diese Versammlungen werden auch nicht wie die Personalversammlungen des § 45 durch den Personalrat, sondern durch den Dienststellenleiter einberufen. Sie werden nicht vom Vorsitzenden des Personalrates geleitet, hierfür ist vielmehr ein besonderer Versammlungsleiter zu wählen. Auch bestehen sie nur aus Personen, die den Wahlvorstand wählen können, wohingegen die Personalversammlung des § 45 sämtliche Dienstkräfte der Dienststelle umfaßt.

Auch sonstige Versammlungen, die nicht vom Personalrat einberufen werden, wie beispielsweise Selbstversammlungen der Dienstkräfte oder Versammlungen auf Einladung von Gewerkschaften bzw. Berufsverbänden oder auf Einladung des Arbeitgebers oder Dienststellenleiters sind keine Personalversammlungen i. S. des § 45, sie dürfen auch als solche nicht bezeichnet werden *(BVerwG vom 23. 5. 1986, PersV 1987, 196)*, dies könnte sonst ein Verstoß gegen das Gebot der vertrauensvollen Zusammenarbeit sein.

Aufgaben der Personalversammlung

Die Personalversammlung dient der Aussprache zwischen Personalrat und Dienstkräften der Dienststelle. Ferner sollen auf ihr die Dienstkräfte über die Tätigkeit des Personalrats und über andere wesentliche Fragen, die die Dienstkräfte betreffen, unterrichtet werden. Der Personalrat hat auf der Personalversammlung auch einen **Tätigkeitsbericht** abzugeben. Ferner können im Rahmen des § 49 dem Personalrat Anträge unterbreitet und zu seinen Beschlüssen

Stellung genommen werden. Schließlich können alle Angelegenheiten behandelt werden, die in die Zuständigkeit des Personalrates fallen, wie beispielsweise Tarif-, Besoldungs- und Sozialangelegenheiten. Bei diesen ist jedoch darauf zu achten, daß die Kompetenz des Personalrates hier durch den Vorrang der Tarifverträge bzw. der gesetzlichen Regelungen eingeschränkt sein kann.

Teilnehmer

11   Die Personalversammlung besteht aus den **Dienstkräften der Dienststelle**. Hierbei ist unerheblich, ob es sich um wahlberechtigte oder nichtwahlberechtigte Dienstkräfte handelt. Auch der Leiter der Dienststelle kann an der Personalversammlung als Dienstkraft teilnehmen. Insoweit enthält die Regelung in § 9 für den Dienststellenleiter und seine Vertreter keine Ausnahme von dem Gesetz.

12   **Nicht der Dienststelle angehörende Personen** haben kein Recht, an der Personalversammlung teilzunehmen, sie ist nicht öffentlich, um eine dienststellenfremde Beeinflussung zu vermeiden. Lediglich im Rahmen der Ausnahmeregelung des § 46 Abs. 2 und 3 können Teilnahmerechte für Beauftragte der im Personalrat vertretenen Gewerkschaften bzw. Berufsverbände sowie des Vertreters der Dienststelle und von Beauftragten von Arbeitgebervereinigungen bestehen *(vgl. zu den Einzelheiten § 46 Rn. 10ff., 19ff., 29ff.).*

13   Teilnahmeberechtigt sind auch die in der Dienststelle tätigen **Leiharbeitnehmer**, § 14 Abs. 2 AÜG. Richter können im Regelfall nicht an den Personalversammlungen teilnehmen. Etwas anderes gilt nur dann, wenn sie an eine Senatsverwaltung abgeordnet sind und keine richterliche Tätigkeit ausüben. In diesem Falle zählen sie auch zu den Dienstkräften i.S. der §§ 3, 4. Allerdings können Richterrat und Personalrat eine gemeinsame Versammlung durchführen, wenn Fragen erörtert werden sollen, die sowohl die Dienstkräfte als auch die Richter betreffen.

14   Die Teilnahme anderer Personen an der Personalversammlung kann gesondert zugelassen werden, wenn ein sachlicher Grund hierfür vorliegt; das ist beispielsweise der Fall, wenn zur Erläuterung bestimmter Probleme **Sachverständige** hinzugezogen werden sollen, ferner wenn sonstige sachkundige Personen als Gäste teilnehmen sollen *(vgl. BVerwG vom 6. 9. 1984, E 70, 69; vom 18. 6. 1991, PersV 1992, 45).* Hierzu können u. U. auch Mitglieder des Gesamtpersonalrats bzw. des Hauptpersonalrats gehören, die von ihrer Funktion her sonst kein Teilnahmerecht besitzen. Auch sonstige Hilfskräfte können zugelassen werden, beispielsweise wenn die Teilnahme von **Dolmetschern** im Interesse der Teilnahme ausländischer Dienstkräfte erforderlich ist.

15   Die **Nichtöffentlichkeit** der Personalversammlung schließt es aber aus, daß Vertreter der Presse oder sonstiger Medien eingeladen werden oder an ihr teilnehmen. Weder Personalrat noch Dienststelle haben insoweit eine Befugnis, den Teilnehmerkreis zu erweitern. Die Nichtöffentlichkeit schließt es dabei auch aus, daß nachträglich Presseerklärungen oder sonstige Informationen an die Presse gegeben werden. Unzulässig ist es auch, **Tonbandaufnahmen oder Fernsehaufzeichnungen** u.ä. von der Personalversammlung anzufertigen, es sei denn, sämtliche Teilnehmer einschließlich des die Versammlung leitenden Personalratsvorsitzenden würden dem ausdrücklich zustimmen. Die Zustimmung muß dabei einstimmig erfolgen, widerspricht nur eine Person, ist die Aufzeichnung unzulässig. Auch darf der Dienststellenleiter oder eine andere

Person nicht auf andere Weise **Wortprotokolle** erstellen oder erstellen lassen. Nur so kann die Freiheit des Wortes und des Meinungsaustausches geschützt werden.
Wird das **Gebot der Nichtöffentlichkeit verletzt,** handelt es sich nicht mehr um eine Personalversammlung im Sinne des Gesetzes, sondern um eine Versammlung eigener Art. Dies hat zur Folge, daß die Dienststelle weder Dienstbefreiung gewähren noch Kosten oder Verdienstausfall erstatten darf. Außerdem liegt auf seiten des Versammlungsleiters eine grobe Verletzung der Amtspflichten vor, die u. U. die Rechtsfolgen des § 25 nach sich ziehen kann.

Teilnahmerecht

Für die Dienstkräfte besteht lediglich ein Teilnahmerecht, **nicht** jedoch **eine Teilnahmepflicht.** Sie können daher frei entscheiden, ob sie an einer Personalversammlung teilnehmen wollen oder nicht. Nehmen sie daran teil, hat dies keine Minderung der Bezüge einschließlich der Zulagen, Zuschläge und sonstigen Entschädigungen zur Folge, § 48 Satz 2. Nimmt eine Dienstkraft an einer Personalversammlung nicht teil, die während der Arbeitszeit stattfindet, so hat sie während der Dauer der Personalversammlung weiterzuarbeiten. 16

Von dem Teilnahmerecht hängt auch die **Stimmberechtigung** in der Personalversammlung ab. Nur teilnahmeberechtigte Dienstkräfte der Dienststelle sind stimmberechtigt. Andere Personen haben lediglich, soweit das Gesetz dies vorsieht, eine beratende Stimme. 17

Einberufung

Die Einberufung der Personalversammlung erfolgt aufgrund eines ordnungsgemäßen **Beschlusses des Personalrats.** Es handelt sich hierbei um eine gemeinsame Angelegenheit i. S. des § 33 Abs. 1. Der Beschluß kann gem. § 32 Abs. 1 Satz 1 mit der einfachen Mehrheit der anwesenden Personalratsmitglieder gefaßt werden. Der Personalrat kann das Recht zur Einberufung von Personalversammlungen nicht im Rahmen des § 54 auf den Gesamtpersonalrat delegieren, da auf diese Weise eine Kontrolle des Personalrats durch die Dienstkräfte der Dienststelle erschwert würde. 18

Unterläßt der Personalrat die Einberufung einer Personalversammlung mindestens einmal im Jahr (§ 47 Abs. 1), so kann darin ein Pflichtverstoß nach § 25 liegen, der u. U. zur Auflösung des Personalrats führen kann. 19

Die **Durchführung** des Einberufungsbeschlusses obliegt dem Personalratsvorsitzenden und dem Vorstand. Andere Stellen oder Dienstkräfte sind hierzu nicht berechtigt. 20

Bestimmte **Vorschriften über Form und Frist** der Einberufung enthält das Gesetz nicht. Hierzu kann allerdings die Geschäftsordnung des Personalrats Einzelheiten enthalten. In der Regel wird allerdings erforderlich sein, daß mit der Einberufung der Personalversammlung gleichzeitig auch eine Tagesordnung bekanntgemacht wird. Aus ihr muß sich im einzelnen ergeben, welche Beratungsgegenstände auf der Personalversammlung behandelt werden sollen. Eine Tagesordnung, die lediglich aus dem Punkt Allgemeines besteht, ist insoweit unwirksam. 21

Erfolgt die Einberufung der Personalversammlung aufgrund einer **Anregung der Dienststelle** oder eines **Viertels der wahlberechtigten Dienstkräfte** gem. 22

§ 45

§ 47 Abs. 2, so muß der Gegenstand, dessen Beratung beantragt ist, auf die Tagesordnung gesetzt werden. Auch bei den übrigen Personalversammlungen wird man der Dienststelle bzw. einem Viertel der wahlberechtigten Dienstkräfte das Recht einräumen müssen, die Aufnahme bestimmter Beratungsgegenstände in die Tagesordnung zu verlangen. Auf diese Weise wird deren Recht auf Einberufung einer gesonderten Personalversammlung bereits Rechnung getragen.

23 Die Tagesordnungspunkte hindern nicht, daß die Personalversammlung von sich aus auch andere Themen bzw. Gegenstände erörtert und Beschlüsse hierüber faßt. Insoweit kann die Personalversammlung durch Mehrheitsbeschluß die Tagesordnung selbst beeinflussen.

Leitung der Personalversammlung

24 Die Leitung der Personalversammlung obliegt dem **Vorsitzenden des Personalrats,** bei seiner Verhinderung seinem Stellvertreter. In keinem Falle kann der Leiter der Dienststelle die Leitung der Personalversammlung übernehmen.

25 Der Personalratsvorsitzende hat in der Personalversammlung das **Hausrecht** *(Lorenzen u.a., BPersVG, § 48 Rn. 17).* Er hat für die ordnungsgemäße Durchführung der Versammlung zu sorgen, ihm obliegt es, die Rednerliste zu führen, das Wort zu erteilen und zu entziehen, Abstimmungen zu leiten, ggf. Ordnungsrufe zu erteilen und Teilnehmer von der Teilnahme auszuschließen, wenn sie die Personalversammlung stören oder kein Teilnahmerecht besitzen.

26 Für die Dauer der Personalversammlung besteht das **Hausrecht des Dienststellenleiters nicht.** Dieses lebt erst dann wieder auf, wenn die Personalversammlung beendet ist oder wenn der Personalratsvorsitzende nicht mehr in der Lage ist, den ordnungsgemäßen Ablauf der Personalversammlung zu gewährleisten und damit die Versammlung den Charakter als Personalversammlung verliert *(vgl. Grabendorff u.a., BPersVG, § 48 Rn. 11 m.w.N.).*

27 Eine **Protokollierung** der Personalversammlung wird zulässig sein, sie kann aber allein durch den Personalrat bzw. den Vorsitzenden als dem Leiter angeordnet werden. Eine Protokollierung durch den Dienststellenleiter oder in dessen Auftrag ist unzulässig. Wortprotokolle, Tonbandaufzeichnungen und Videoaufnahmen usw. sind in der Regel unzulässig. Mit ihnen würde in die Persönlichkeitsrechte der Teilnehmer eingegriffen werden, auch würde der Sinn der Versammlung, nämlich eine offene Diskussion zu ermöglichen, beeinträchtigt. Bestenfalls bei Einverständnis aller Teilnehmer wäre dies möglich.

Kosten der Personalversammlung

28 Die Kosten der Personalversammlung sind von der **Verwaltung zu tragen.** Dies ergibt sich auf § 40 Abs. 1 Satz 1, die Durchführung der Personalversammlung ist Tätigkeit des Personalrats.

29 In diesem Rahmen hat die Dienststelle auch geeignete **Räumlichkeiten** für die Abhaltung der Personalversammlung zur Verfügung zu stellen. Hierbei ist ein Einvernehmen mit der Dienststelle von Fall zu Fall herbeizuführen. Sind die angebotenen Räume ungeeignet, ist ggf. eine Räumlichkeit außerhalb der Dienststelle bereitzustellen. Für die etwa entstehenden Mietkosten muß hierbei auch die Verwaltung aufkommen.

Teilversammlungen

Grundsätzlich haben die Personalversammlungen als Vollversammlungen stattzufinden. Die Durchführung einer Teilversammlung ist nach § 45 Abs. 2 nur dann zulässig, wenn aufgrund der dienstlichen Verhältnisse eine gemeinsame Versammlung aller Dienstkräfte nicht stattfinden kann. Daraus ergibt sich, daß es **nicht im freien Ermessen** des Personalrats steht, ob eine Personalversammlung als Voll- oder Teilversammlung durchzuführen ist.

Dienstliche Erfordernisse können dann beispielsweise die Durchführung von Teilversammlungen erzwingen, wenn im öffentlichen Interesse die völlige Einstellung des Dienstbetriebes bei einer Vollversammlung nicht vertretbar ist, beispielsweise in Krankenhäusern, bei der Berliner Feuerwehr, im Bereich der Polizei usw. Dies ist jedoch nicht der Fall, wenn lediglich die Dienststelle an Tagen, an denen kein Publikumsverkehr besteht, für die Dauer der Personalversammlung geschlossen werden müßte, ohne daß öffentliche Interessen hierbei berührt würden. Die bloße Schließung von Dienststellen allein reicht nicht aus (*vgl.* BVerwG vom 16. 11. 1960, E 11, 299; vom 5. 5. 1973, E 42, 175).

Ferner kann eine **Teilversammlung** jedoch beispielsweise dann **zulässig sein**, wenn in der Dienststelle in mehreren Schichten gearbeitet wird oder wenn die Größe der Dienststelle eine ordnungsgemäße Personalversammlung und auf dieser eine ordnungsgemäße Diskussion ausschließen würde. Das gleiche kann gelten, wenn die Dienststelle über keine geeigneten Räumlichkeiten für die Durchführung einer Vollversammlung verfügt und die Anmietung entsprechender Räume unverhältnismäßig hohe Kosten verursachen würde.

Die **Entscheidung,** ob eine Personalvollversammlung oder aber eine Teilversammlung durchgeführt werden muß, obliegt ebenfalls dem Personalrat. Dieser muß nach pflichtgemäßem Ermessen überprüfen, ob die dienstlichen Verhältnisse eine Vollversammlung gestatten.

Keine Teilversammlungen sind die Versammlungen einzelner Gruppen von Dienstkräften, hier handelt es sich um Zusammenkünfte, auf die die Bestimmungen der § 45 ff. keine Anwendung finden können.

Streitigkeiten

Streitigkeiten über die Teilnahmeberechtigung entscheiden die Verwaltungsgerichte im Beschlußverfahren gem. § 91 Abs. 1 Nr. 3. In der Regel wird diesem Rechtsstreit eine Entscheidung des Personalratsvorsitzenden bzw. seines Vertreters über die Teilnahmeberechtigung vorausgehen.

Auch die übrigen Streitigkeiten im Zusammenhang mit Personalversammlungen haben die Verwaltungsgerichte im Beschlußverfahren gem. § 91 Abs. 1 Nr. 3 zu entscheiden. Nur der Anspruch der einzelnen Dienstkräfte auf Fortzahlung der Vergütung gem. § 48 Satz 2 ist im verwaltungsgerichtlichen bzw. arbeitsgerichtlichen Urteilsverfahren auszutragen.

§ 46 Nichtöffentlichkeit

(1) **Die Personalversammlung ist nicht öffentlich.**
(2) **Beauftragte der im Personalrat vertretenen Gewerkschaften dürfen an der Personalversammlung beratend teilnehmen.**

§ 46

(3) Der Vertreter der Dienststelle kann an der Personalversammlung teilnehmen. An Versammlungen, die auf seinen Wunsch einberufen sind oder zu denen er ausdrücklich eingeladen ist, hat er teilzunehmen. Nimmt der Vertreter der Dienststelle an der Personalversammlung teil, so kann er Beauftragte der Arbeitgebervereinigungen hinzuziehen, in denen die Dienststelle vertreten ist. Satz 1 gilt für Beauftragte des Hauptpersonalrats und des zuständigen Gesamtpersonalrats entsprechend.

Übersicht

	Rn.
Allgemeines	1– 4
Nichtöffentlichkeit	5– 9
Teilnahmerecht von Beauftragten der Gewerkschaften bzw. Berufsverbände	10, 11
Person des Beauftragten	12–14
Wahrnehmung des Teilnahmerechts	15, 16
Einladung	17, 18
Teilnahmerecht des Dienststellenleiters	19–21
Aufforderung zur Teilnahme	22–25
Verletzung der Teilnahmepflicht	26
Vertretung des Dienststellenleiters	27, 28
Hinzuziehung von Beauftragten der Arbeitgebervereinigungen	29, 30
Umfang des Teilnahmerechts	31–33
Teilnahmerecht der Beauftragten des zuständigen Gesamtpersonalrates und Hauptpersonalrates	34–36
Sonderregelungen für die Verfassungsschutzabteilung	37
Streitigkeiten	38–41

Allgemeines

1 Die Vorschrift enthält Bestimmungen über die Nichtöffentlichkeit der Personalversammlungen und regelt im einzelnen, welche Personen neben den Dienstkräften ein Teilnahmerecht an den Personalversammlungen haben. Für Angelegenheiten, die den Bereich der Verfassungsschutzbehörde betreffen, ist § 46 Abs. 2 und 3 Sätze 3 und 4 nicht anwendbar (vgl. Rn. 37).

2 Durch die Vorschrift wird der **dienststelleninterne Charakter** der Personalversammlung hervorgehoben. Die Erörterung der die Dienststelle unmittelbar interessierenden Fragen soll grundsätzlich nicht in der allgemeinen Öffentlichkeit erfolgen, hierdurch soll auch die interne Diskussion erleichtert werden.

3 Die Bestimmung des § 46 Abs. 1 entspricht den Regelungen in § 48 Abs. 1 Satz 3 BPersVG und § 42 Abs. 1 Satz 2 BetrVG. Das Teilnahmerecht der Beauftragten der im Personalrat vertretenen Gewerkschaften bzw. Berufsverbände in § 46 Abs. 2 entspricht teilweise den Regelungen in § 52 Abs. 1 BPersVG und § 46 Abs. 1 BetrVG. Im Gegensatz zu diesen Regelungen ist jedoch die Bestimmung im PersVG Bln erheblich enger, sie gewährleistet ein Teilnahmerecht nur den im Personalrat vertretenen Gewerkschaften bzw. Berufsverbänden, wohingegen nach den Regelungen des Betriebsverfassungs- und Bundespersonalvertretungsrechts das Teilnahmerecht für die Beauftragten der in der Dienststelle bzw. in dem Betrieb vertretenen Gewerkschaften bzw. Berufsverbände gilt. Warum hier der Gesetzgeber eine engere Regelung für den Bereich des Berliner Personalvertretungsrechts getroffen hat, ist nicht ersichtlich. Das Teilnahme-

recht des Vertreters der Dienststelle in § 46 Abs. 3 entspricht teilweise den
Regelungen in § 52 Abs. 2 BPersVG und § 43 Abs. 2 und 3 BetrVG.
Die Bestimmung entspricht weitgehend der Regelung in § 43 PersVG Bln a. F., **4**
jedoch sind Änderungen bezüglich des Teilnahmerechts des Vertreters der
Dienststelle vorgenommen worden.

Nichtöffentlichkeit

§ 46 Abs. 1 stellt den Grundsatz der Nichtöffentlichkeit auf. Insoweit gilt hier **5**
ähnliches wie für die Personalratssitzungen, die nach § 31 Abs. 1 Satz 1 ebenfalls nicht öffentlich sind. Demzufolge zählt das Gesetz auch grundsätzlich
abschließend den Personenkreis auf, der an Personalversammmlungen teilnehmen kann.

Unzulässig ist die Teilnahme von **Pressevertretern** und in der Regel auch die **6**
Anfertigung von **Video- und Tonbandaufnahmen.** Diese können nur mit
Zustimmung des Leiters der Personalversammlung und aller Betroffenen an-
gefertigt werden, außerdem muß die Tatsache, daß eine derartige Aufnahme
gemacht wird, allen Teilnehmern der Personalversammlung mitgeteilt werden.
Jedes einzelne Mitglied der Personalversammlung kann die Aufnahmen unter-
sagen, wenn es selbst das Wort ergreifen will *(vgl. dazu auch oben § 45 Rn. 27
sowie Lorenzen u. a., BPersVG, § 48 Rn. 22).* Das Verbot der Anfertigung von
Video- und Tonbandaufnahmen erstreckt sich auf sämtliche Teilnehmer der
Personalversammlung, es dürfen daher auch nicht einzelne Dienstkräfte oder
sonstige Teilnehmer geheim ein Tonbandgerät laufen lassen. Das unbefugte
Herstellen von Tonbandaufzeichnungen ist strafbar, § 201 StGB.

Der Grundsatz der Nichtöffentlichkeit verbietet auch, daß Dienstkräfte anderer **7**
Dienststellen an der Personalversammlung teilnehmen. Dies gilt selbst dann,
wenn unter Umständen Fragen erörtert werden, die auch andere Dienststellen
betreffen (zur Unzulässigkeit der Teilnahme von Presse- und Medienvertretern
sowie der Abgabe von Presseerklärungen vgl. oben § 45 Rn. 15).

Für die **Einhaltung** der Nichtöffentlichkeit hat der Leiter der Personalver- **8**
sammlung, also in der Regel der Personalratsvorsitzende, zu sorgen. Er hat
organisatorische Vorkehrungen zu treffen, daß keine Unbefugten an der Personalversammlung teilnehmen können. Er muß für ihren Ausschluß sorgen,
gegebenenfalls kann er während der Personalversammlung von seinem Hausrecht *(vgl. dazu oben § 45 Rn. 25)* Gebrauch machen.

In Sonderfällen kann es zulässig sein, daß auch andere Personen an der **9**
Personalversammlung als **Gäste** teilnehmen. Voraussetzung hierfür ist, daß
ihre Teilnahme in einem sachlichen Zusammenhang mit der Durchführung
der Personalversammlung steht und für ihren Erfolg erforderlich ist. Im Einvernehmen mit dem Dienststellenleiter können daher beispielsweise auch
Sachverständige an Personalversammlungen teilnehmen *(vgl. oben § 45
Rn. 14; vgl. ferner BVerwG vom 6. 9. 1984, E 70, 69; vom 18. 6. 1991, PersV 1992,
45).* Das Einverständnis des Dienststellenleiters ist hierbei im Interesse der
Klärung der Kostentragungspflicht erforderlich. Allerdings wird nur in seltenen Fällen die Zuziehung von Sachverständigen in einer Personalversammlung erforderlich sein, da es in der Regel ausreichend ist, wenn der Personalrat
selbst sich bei seiner unmittelbaren Tätigkeit der Hilfe von Sachverständigen
im Rahmen des gesetzlich vorgesehenen Maßes bedient. Bei der Beurteilung
im Einzelfall ist insbesondere auch zu berücksichtigen, daß die Personalver-

§ 46

sammlung selbst nur sehr begrenzte Rechte im Rahmen des Personalvertretungsrechts hat.

Teilnahmerecht von Beauftragten der Gewerkschaften bzw. Berufsverbände

10 Beauftragte der im Personalrat vertretenen Gewerkschaften bzw. Berufsverbände können **beratend** an der Personalversammlung teilnehmen, § 46 Abs. 2. Es handelt sich hierbei um ein eigenständiges Recht der Gewerkschaften bzw. Berufsverbände. Es ist nicht erforderlich, daß ein entsprechender Antrag aus dem Kreis der Dienstkräfte oder aus dem Kreise des Personalrates gestellt wird.

11 Die Gewerkschaft bzw. der Berufsverband muß **im Personalrat vertreten** sein. Insoweit ist das PersVG Bln enger als die entsprechenden Regelungen in dem Betriebsverfassungsrecht bzw. dem Bundespersonalvertretungsgesetz. Nach dem eindeutigen Wortlaut des Gesetzes reicht es nicht aus, wenn eine Gewerkschaft bzw. ein Berufsverband lediglich in der Dienststelle vertreten ist. Eine Vertretung im Personalrat ist gegeben, wenn mindestens 1 Personalratsmitglied der betreffenden Gewerkschaft bzw. dem betreffenden Berufsverband angehört. Die Mitgliedschaft von Ersatzmitgliedern ist hier nur dann von Bedeutung, wenn diese im Zeitpunkt der Personalversammlung in den Personalrat nachgerückt sind.

Person des Beauftragten

12 Wen die Gewerkschaft bzw. der Berufsverband zu der Personalversammlung entsendet, liegt allein in ihrem **Ermessen**. Grundsätzlich muß dabei weder auf besondere Wünsche des Personalrates noch des Dienststellenleiters eingegangen werden.

13 Beauftragte müssen auch **nicht hauptamtliche Beschäftigte** der Gewerkschaft bzw. des Berufsverbandes sein. Vielmehr können auch ehrenamtliche Funktionäre oder Gewerkschaftsangehörige anderer Betriebe bzw. Dienststellen beauftragt werden. Dies kann sogar dazu führen, daß Personen als Beauftragte entsandt werden, die nicht einmal bei der betroffenen Gewerkschaft bzw. dem Berufsverband organisiert sind. Da das Gesetz lediglich die Beauftragung voraussetzt, nicht jedoch gleichzeitig vorschreibt, daß eine Organisationszugehörigkeit des Beauftragten bestehen muß, können auch anders Organisierte bzw. überhaupt nicht organisierte Personen entsandt werden *(Dietz/Richardi, BPersVG, § 52 Rn. 4).*

14 Auch die Zahl der zu entsendenden Beauftragten ist nicht vorgeschrieben. Es ist daher möglich, daß mehrere Beauftragte entsandt werden. Allerdings muß sich die Zahl der entsandten Beauftragten im Rahmen der Zweckbindung des Gesetzes halten.

Wahrnehmung des Teilnahmerechts

15 Die Beauftragten haben sich auf Verlangen des Leiters der Personalversammlung auszuweisen, sie haben **nachzuweisen,** daß sie von einer im Personalrat vertretenen Gewerkschaft bzw. einem Berufsverband mit der Teilnahme gerade an dieser konkreten Personalversammlung beauftragt worden sind. Eine Form für den Nachweis ist nicht vorgeschrieben, es empfiehlt sich in jedem Falle der Nachweis durch eine schriftliche Auftragserteilung.

Der Dienststellenleiter kann die Teilnahme von dem Beauftragten nicht ver- 16
hindern. Er muß dem Beauftragten auch den Zugang zur Personalversammlung gestatten, ihm steht insoweit das Hausrecht nicht zu. Eine Ausnahme gilt nur dann, wenn mit Sicherheit damit gerechnet werden kann, daß der Beauftragte rechtswidrige Verstöße begehen bzw. provozieren wird *(Dietz/Richardi, BPersVG, § 52 Rn. 11; Grabendorff u. a., BPersVG, § 52 Rn. 11; BAG vom 14. 2. 1967, E 19, 236, 241).* Dies wäre der Fall, wenn der Beauftragte im schwerwiegenden Maße das Gebot der vertrauensvollen Zusammenarbeit des § 2 Abs. 1 verletzen wird. Kein Ausschlußgrund ist es jedoch, wenn der Beauftragte lediglich scharfe sachliche Kritik übt *(vgl. BAG a.a.O.).* **Grenze für das Zutrittsrecht ist der Rechtsmißbrauch.**

Einladung

Eine Unterrichtung und **Einladung** der Gewerkschaft bzw. Berufsverbände zu 17
den Personalversammlungen ist gesetzlich nicht ausdrücklich geregelt. Aus dem Recht zur Teilnahme folgt jedoch zwingend, daß der Personalratsvorsitzende die im Personalrat vertretenen Gewerkschaften bzw. Berufsverbände zu den einzelnen Personalversammlungen unter Mitteilung der Tagesordnung einladen muß. Ohne eine entsprechende Einladung und vorherige Information wäre den Gewerkschaften bzw. Berufsverbänden eine ordnungsgemäße Wahrnehmung ihrer Rechte aus § 46 Abs. 2 nicht möglich. Im übrigen ist auch diese Regelung vor dem Hintergrund des Gebotes zur vertrauensvollen Zusammenarbeit der Verbände mit den Personalräten gem. § 2 Abs. 1 zu sehen.
Die Unterrichtung muß so **rechtzeitig** erfolgen, daß sich die Gewerkschaft bzw. 18
der Berufsverband noch ordnungsgemäß auf die Personalversammlung vorbereiten kann. Aus dem Recht der Beauftragten zur beratenden Teilnahme folgt, daß sie in der Personalversammlung auch das Wort ergreifen können. Lediglich eine Teilnahme an Abstimmungen während der Personalversammlung ist ihnen untersagt.

Teilnahmerecht des Dienststellenleiters

Das Teilnahmerecht des Dienststellenvertreters ist unterschiedlich, je nachdem, 19
ob es sich um eine Personalversammlung handelt, die auf seinen Wunsch einberufen ist, oder eine sonstige Personalversammlung.
Bei den normalen Personalversammlungen steht es in dem pflichtgemäßen 20
Ermessen des Dienststellenleiters, ob er teilnehmen will oder nicht. Eine Pflicht zur Teilnahme besteht nicht.
Anders ist es bei den Personalversammlungen, die auf seinen Wunsch einbe- 21
rufen worden sind. Hier ist der Dienststellenleiter zur Teilnahme verpflichtet. Das gleiche gilt, wenn er ausdrücklich zur Teilnahme aufgefordert worden ist.

Aufforderung zur Teilnahme

Die **Aufforderung zur Teilnahme** kann entweder durch den Personalrat oder 22
aber durch die Personalversammlung erfolgen. Erfolgt die Aufforderung durch den Personalrat, muß dies auf einem Mehrheitsbeschluß beruhen. Der Personalratsvorsitzende allein kann eine Einladung mit der Folge der Pflicht zur Teilnahme nicht aussprechen.

§ 46

23 Von der Personalversammlung kann die Einladung mit der Folge der Teilnahmepflicht mit Mehrheitsbeschluß der anwesenden Dienstkräfte erfolgen.
24 In jedem Falle ist die Aufforderung so rechtzeitig zu beschließen und dem Dienststellenleiter zur Kenntnis zu geben, daß ihm eine Teilnahme überhaupt möglich ist. Erfolgt der Beschluß der Personalversammlung in der Weise, daß noch am gleichen Tage die Teilnahme des Dienststellenleiters gewünscht wird, so hat der Dienststellenleiter diesem Begehren nur dann Folge zu leisten, wenn dem nicht dienstliche Erfordernisse entgegenstehen.
25 Der Aufforderung ist in jedem Falle eine Tagesordnung beizufügen, aus der für den Dienststellenleiter ersichtlich ist, welche Probleme behandelt werden sollen.

Verletzung der Teilnahmepflicht

26 **Verletzt** der Dienststellenleiter seine **Teilnahmepflicht,** leistet er also einer ordnungsgemäßen Aufforderung zur Teilnahme nicht Folge oder nimmt er an einer von ihm einberufenen Personalversammlung nicht teil, ohne daß er durch dienstliche Erfordernisse zwingend verhindert ist, so hat dies personalvertretungsrechtlich keine Konsequenz. Gegebenenfalls kann jedoch gegen den Dienststellenleiter eine Dienstaufsichtsbeschwerde erhoben werden.

Vertretung des Dienststellenleiters

27 Der Dienststellenleiter ist berechtigt, sich durch einen oder mehrere Vertreter in der Personalversammlung vertreten zu lassen. Dies kommt insbesondere dann in Frage, wenn der Dienststellenleiter selbst an der Teilnahme verhindert ist. Allerdings muß die Vertretung durch Dienstkräfte der jeweiligen Dienststelle erfolgen. Eine Vertretung kann auch dann in Betracht kommen, wenn spezielle Probleme auf der Personalversammlung erörtert werden sollen, die eine besondere Sachkunde des jeweilig zuständigen Sachbearbeiters voraussetzen.
28 Der Dienststellenleiter kann gegebenenfalls im Rahmen des Erforderlichen auch weitere Dienstkräfte der Dienststelle zu seiner Unterstützung hinzuziehen, wenn es auf deren Sachkunde ankommt.

Hinzuziehung von Beauftragten der Arbeitgebervereinigungen

29 Im Gegensatz zu dem Teilnahmerecht der Beauftragten der Gewerkschaften bzw. Berufsverbände ist das Recht der Beauftragten der Arbeitgebervereinigung, der die Dienststelle angehört, davon abhängig, daß der Vertreter der Dienststelle an der Personalversammlung teilnimmt. Ein eigenständiges Recht der Beauftragten der Arbeitgebervereinigung besteht insoweit nicht.
30 Aus dem Wortlaut des Gesetzes ergibt sich, daß auch hier, ähnlich wie bei den Beauftragten der Gewerkschaften und Berufsverbände, keine Einschränkung in der Weise vorgenommen worden ist, daß nur ein Beauftragter der Arbeitgebervereinigung teilnehmen dürfte. Vielmehr kann der Vertreter der Dienststelle **auch mehrere Beauftragte** hinzuziehen, und zwar auch dann, wenn die Dienststelle nur einer Arbeitgebervereinigung angehört. Sollte sie mehreren Arbeitgebervereinigungen angehören, so können von jeder Arbeitgebervereinigung gegebenenfalls mehrere Beauftragte teilnehmen.

Umfang des Teilnahmerechts

Dem Vertreter der Dienststelle steht **keine beratende Funktion** im Rahmen der Personalversammlung zu. Er kann daher im Gegensatz zu den Beauftragten der Gewerkschaften und Verbände nicht von sich aus das Wort ergreifen. Ihm steht insoweit kein Rederecht zu. Diese einschränkende Teilnahmebefugnis folgt aus dem Wortlaut des § 46 Abs. 3, die im Gegensatz zu der Bestimmung im § 46 Abs. 2 den Zusatz der beratenden Funktion nicht enthält. Auch enthält das Gesetz im Gegensatz zu der Bestimmung in § 43 Abs. 2 Satz 2 BetrVG nicht die ausdrückliche Bestimmung, daß das Recht bestünde, das Wort zu ergreifen. Aus dem Schweigen des Gesetzes kann daher geschlossen werden, daß ein solches **Rederecht nicht bestehen kann.** Damit hat die Teilnahme des Vertreters der Dienststelle in erster Linie die Funktion, daß er auf Fragen aus dem Kreise der Dienstkräfte und auf Fragen des Personalrates Antworten geben kann. Er soll für Rückfragen, Erläuterungen und ähnliches zur Verfügung stehen. Er kann nur dann das Wort ergreifen, wenn ihm dies ausdrücklich von dem Leiter der Versammlung erteilt wird. 31

Allerdings wird es im Rahmen der vertrauensvollen Zusammenarbeit des § 2 Abs. 1 erforderlich sein, daß dem Vertreter der Dienststelle zumindest dann das Wort erteilt wird, wenn er selbst die Einberufung der Personalversammlung beantragt hat. 32

Das Teilnahmerecht der Beauftragten der Arbeitgebervereinigung unterliegt den gleichen Beschränkungen wie das des Vertreters der Dienststelle. Auch diese haben kein eigenständiges Rederecht, auch sie haben keine beratende Funktion i. S. der Regelung des § 46 Abs. 2. 33

Teilnahmerecht der Beauftragten des zuständigen Gesamtpersonalrates und Hauptpersonalrates

Nach § 46 Abs. 3 Satz 3 können die Beauftragten des Hauptpersonalrates und des für die jeweilige Dienststelle zuständigen Gesamtpersonalrates in dem gleichen Umfange an der Personalversammlung teilnehmen wie auch der Vertreter der Dienststelle. Für sie besteht jedoch in keinem Falle eine **Teilnahmepflicht.** Diese Teilnahmepflicht kann auch nicht durch eine besondere Aufforderung durch den Personalrat bzw. die Personalversammlung entstehen. Insoweit findet die Bestimmung des § 46 Abs. 3 Satz 2 keine Anwendung. 34

Der **Umfang des Teilnahmerechts** für die Beauftragten von Gesamt- bzw. Hauptpersonalrat ist der gleiche wie bei den Vertretern der Dienststelle. Auch sie haben daher kein eigenständiges Recht zur Äußerung, sie können nur dann das Wort ergreifen, wenn ihnen durch den Leiter der Versammlung das Wort erteilt wird. 35

Gesamt- bzw. Hauptpersonalrat können jeweils auch mehrere Beauftragte entsenden. Auch hier ist in Zweifelsfällen die Beauftragung dem Leiter der Personalversammlung jeweils nachzuweisen. Die Beauftragung muß auf einem Beschluß des Gesamt- bzw. Hauptpersonalrates beruhen. 36

Sonderregelungen für die Verfassungsschutzabteilung

37 Den Besonderheiten der Verfassungsschutzabteilung der Senatsverwaltung für Inneres *(früher: Landesamt für Verfassungsschutz)* entsprechend können aus Gründen der Geheimhaltung an den dort stattfindenden Personalversammlungen, die den Bereich der Verfassungsschutzbehörde betreffen, weder Beauftragte der Gewerkschaften bzw. Berufsverbände noch Beauftragte der Arbeitgebervereinigungen oder Mitglieder des Haupt- bzw. des zuständigen Gesamtpersonalrates teilnehmen, § 92a Abs. 2 *(vgl. § 92a Rn. 13).* Von dieser gesetzlichen Bestimmung kann auch weder durch Dienstvereinbarung noch durch eigene Entscheidung der Personalversammlung abgewichen werden. Auch der Personalrat kann hier keine weiteren Gäste zulassen. Insoweit ist auch das Hausrecht des Leiters der Personalversammlung eingeschränkt, der Dienststellenleiter kann jeder unbefugten Person den Zutritt zur Personalversammlung verwehren.

Streitigkeiten

38 Streitigkeiten über die Teilnahmerechte entscheidet zunächst der Vorsitzende des Personalrates bzw. sein Vertreter als Leiter der Personalversammlung. Gegen seine Entscheidung kann im verwaltungsgerichtlichen Beschlußverfahren gem. § 91 Abs. 1 Nr. 3 vorgegangen werden.

39 In diesem Verfahren sind auch Streitigkeiten über die Zulassung zur Teilnahme zu entscheiden.

40 Gegebenenfalls kann in Eilfällen der Erlaß einer einstweiligen Verfügung gem. § 85 Abs. 2 ArbGG in Betracht kommen.

41 Als Beteiligte in dem Beschlußverfahren können der Dienststellenleiter, der Personalrat, die jeweils betroffenen Gewerkschaften, Berufsverbände oder Arbeitgebervereinigungen sowie sonstige Personen in Betracht kommen, die ein Teilnahmerecht geltend machen oder deren Teilnahmerecht bestritten wird.

§ 47 Einberufung

(1) Der Personalrat hat mindestens einmal in jedem Kalenderjahr in einer Personalversammlung einen Tätigkeitsbericht zu erstatten.

(2) Der Personalrat ist berechtigt und auf Wunsch der Dienststelle oder eines Viertels der wahlberechtigten Dienstkräfte verpflichtet, eine Personalversammlung einzuberufen und den Gegenstand, dessen Beratung beantragt ist, auf die Tagesordnung zu setzen.

Übersicht

	Rn.
Allgemeines	1– 4
Regelmäßige Personalversammlung	5– 8
Form der Einberufung	9–11
Tätigkeitsbericht	12–15
Erstattung des Tätigkeitsberichts	16–18
Sonstige Themen der regelmäßigen Personalversammlung	19
Außerordentliche Personalversammlung	20

§ 47

Ermessen des Personalrats	21, 22
Pflicht zur Einberufung	23–26
Nachträgliche Änderung der Tagesordnung	27
Weitere Antragsrechte	28
Streitigkeiten	29

Allgemeines

Die Vorschrift regelt das Verfahren der Einberufung von Personalversammlungen. Sie betrifft lediglich die Personalversammlungen i. S. des § 45. Sondervorschriften über die Einberufung von Personalversammlungen zum Zwecke der Bestellung eines Wahlvorstandes befinden sich in § 17 Abs. 2 und 3. **1**

§ 47 Abs. 1 entspricht teilweise der Regelung in § 49 Abs. 1 BPersVG und § 43 Abs. 1 BetrVG. Bei diesen Vorschriften ist jedoch zu beachten, daß dort die ordentliche Personalversammlung nicht jährlich, sondern halbjährlich bzw. vierteljährlich stattfinden hat. § 47 Abs. 2 entspricht weitgehend § 49 Abs. 2 BPersVG und § 43 Abs. 3 BetrVG. **2**

Die Regelung entspricht § 43 PersVG Bln a. F. **3**

Die Bestimmung ist zwingend, sie kann weder durch Dienstvereinbarung noch durch tarifvertragliche Regelung abgeändert werden. **4**

Regelmäßige Personalversammlung

Zuständig zur Einberufung der Personalversammlung ist, abgesehen von dem Fall der Personalversammlung zur Wahl eines Wahlvorstandes, §§ 17 Abs. 2 und 3, 19 Abs. 2, der Personalrat. Das gilt auch dann, wenn der Dienststellenleiter oder ein Viertel der Dienstkräfte die Einberufung einer Personalversammlung verlangen, § 47 Abs. 1 und 2. Dies hat zur Folge, daß der Dienststellenleiter in keinem Falle zu einer Personalversammlung einladen darf, er würde gegen den Grundsatz der vertrauensvollen Zusammenarbeit des § 2 Abs. 1 verstoßen, wenn er eine von ihm zur Information der Dienstkräfte einberufene sonstige Versammmlung als Personalversammlung bezeichnen würde *(BVerwG vom 23. 5. 1986, ZBR 1986, 305, 306).* **5**

Der **Personalrat ist verpflichtet,** mindestens einmal im Kalenderjahr eine Personalversammlung abzuhalten. Diese Vorschrift ist zwingend. Unterläßt der Personalrat die Einberufung der Personalversammlung, so kann dieses einen Pflichtverstoß nach § 25 mit der möglichen Folge der Auflösung des Personalrates darstellen, insbesondere wenn ein Antrag des Dienststellenleiters oder eines Viertels der Dienstkräfte mißachtet wird. **6**

Die **Einberufung** erfolgt aufgrund eines Personalratsbeschlusses. Der Vorsitzende ist allein nicht zur Einberufung befugt, ebensowenig der Vorstand. Der Personalrat ist auch nicht berechtigt, das Recht zur Einberufung von Personalversammlungen auf den Gesamtpersonalrat zu delegieren, da dann eine Kontrolle durch die Dienstkräfte erschwert würde. Da die Rechtspflicht den Personalrat als Kollegium und Organ der Personalverfassung trifft, ist auch ein Beschluß des Plenums erforderlich. Die Einberufung einer Personalversammlung ist immer Angelegenheit des gesamten Plenums, selbst wenn auf der Personalversammlung nur Angelegenheiten einer Gruppe erörtert werden sollten. **7**

Der Personalrat entscheidet nach pflichtgemäßem Ermessen über den **Zeitpunkt der Personalversammlung.** Geringfügige Differenzen im Hinblick auf den Jah- **8**

373

§ 47

resabstand sind unerheblich. Längere Verschiebungen sind nur dann zulässig, wenn sie durch zwingende äußere Umstände, die nicht im Einflußbereich des Personalrates liegen, bedingt sind. Ob derartige zwingende Voraussetzungen vorgelegen haben, ist im Einzelfall zu überprüfen, hierbei wird auch entscheidend sein, ob der Personalrat durch langes Zuwarten und volles Ausschöpfen der Frist letztlich die Nichteinhaltung der Frist mit verursacht hat, da er bereits damit hätte rechnen müssen, daß andere Notwendigkeiten letztlich die fristgerechte Durchführung der Personalversammlung verhindern würden.

Form der Einberufung

9 Die Einberufung hat in jedem Falle unter Bekanntgabe einer Tagesordnung zu erfolgen. Die **Tagesordnung** muß im einzelnen erkennbar machen, welche Punkte auf der Personalversammlung erörtert werden sollen. Eine Tagesordnung, die lediglich aus dem Punkt »Verschiedenes« oder »Allgemeine Angelegenheiten« besteht, ist nicht ordnungsgemäß. Das gleiche gilt, falls die Tagesordnung lediglich die Punkte »Tätigkeitsbericht des Personalrates« und »Verschiedenes« enthält, wobei unter dem Tagesordnungspunkt »Verschiedenes« dann unterschiedliche Themen und Problemkreise behandelt werden sollen. Eine möglichst eingehende Gliederung der Tagesordnung ist erforderlich, damit sich die Dienstkräfte auf die Personalversammlung vorbereiten können und gegebenenfalls auch selbst Stellungnahmen vorbereiten können. Auch im Interesse der teilnahmeberechtigten Gewerkschaften bzw. Berufsverbände und des Dienststellenleiters ist eine gegliederte Tagesordnung erforderlich, da nur dann von diesen Teilnahmeberechtigten entschieden werden kann, ob ihre Teilnahme sinnvoll und erforderlich ist.

10 Die Einberufung der Personalversammlung kann durch **Aushang am Schwarzen Brett** erfolgen. Die Zusendung einer Einladung an jede einzelne Dienstkraft ist nicht erforderlich. Sie wird auch in der Regel wegen des Kostenaufwandes nicht zulässig sein, eine Erstattung der Kosten gem. § 40 Abs. 1 hierfür dürfte nicht möglich sein.

11 Eine besondere **Frist für die Einberufung** der Personalversammlung besteht nicht. Die Frist muß jedoch so bemessen sein, daß sich die teilnahmeberechtigten Personen hinreichend vorbereiten können. In der Regel wird hierzu eine 14tägige Frist genügen. In Sonderfällen kann sie allerdings auch kürzer sein.

Tätigkeitsbericht

12 **Hauptpunkt** der regelmäßigen Personalversammlung ist die Erstattung des Tätigkeitsberichtes des Personalrates. Der Tätigkeitsbericht wird von dem gesamten Personalrat erstattet. Es ist daher erforderlich, daß er in den Grundzügen von dem Personalrat festgelegt und von diesem gem. § 32 und § 33 Abs. 1 beschlossen wird (*BVerwG vom 5. 5. 1973, DöD 1974, 159; BVerfG vom 26. 5. 1970, E 28, 314, 321*).

13 **Aus dem Tätigkeitsbericht muß sich** im einzelnen **ergeben,** welche personalvertretungsrechtlichen Aktivitäten der Personalrat in dem vergangenen Jahr entfaltet hat. Hierzu gehören auch sämtliche Angelegenheiten, die für die Dienststelle bzw. die Dienstkräfte von Bedeutung sein können. Nicht der Mitteilungspflicht unterliegen diejenigen Tatsachen, die der Schweigepflicht gem. § 11 oder sonstigen Geheimhaltungsvorschriften unterliegen. Dies gilt insbe-

sondere für Einzelheiten im Rahmen der Beteiligungsrechte im personellen Bereich. Insgesamt ist der Tätigkeitsbericht auch danach auszurichten, welche Beratungsgegenstände von der Personalversammlung erörtert werden können. Er darf daher keine Angelegenheiten behandeln, die nicht von dem Rahmen des § 49 abgedeckt wären. Hierbei ist auch darauf zu achten, daß durch den Bericht nicht die Neutralität des Personalrates in seiner Amtsführung verletzt wird. Hieraus folgt, daß gewerkschaftliche Positionen nicht als solche herausgestellt werden dürfen, bei konkurrierenden Verbänden darf diese Konkurrenz ebenfalls nicht in dem Bericht dargestellt werden.

Bei der Verabschiedung und Erstattung des Tätigkeitsberichts ist die gesetzliche **Schweigepflicht** des § 11 zu beachten. Diese geht dem Informationsrecht der Teilnehmer der Personalversammlung vor, zumal sie in einer Vielzahl der Fälle entweder im dienstlichen Interesse besteht oder das Persönlichkeitsrecht einzelner schützt. Soweit Informationen nach § 11 nicht weitergegeben werden dürfen, dürfen sie auch nicht in der Personalversammlung mitgeteilt werden. Auch datenschutzrechtliche Einschränkungen sind bei der Erstellung des Berichtes zu beachten. **14**

Erteilt der Personalrat keinen Tätigkeitsbericht, so kann hierin ein grober Verstoß gegen gesetzliche Pflichten liegen, der gegebenenfalls nach § 25 zur Auflösung des Personalrates führen kann (*OVG Berlin vom 12. 5. 1971, PersV 1972, 215*). **15**

Erstattung des Tätigkeitsberichts

Der Bericht ist auf der Personalversammlung von dem **Personalratsvorsitzenden** bzw. einem Vertreter vorzutragen. Unter Umständen kann der Bericht von mehreren Personalratsmitgliedern vorgetragen werden, dies ist insbesondere dann möglich, wenn in dem Tätigkeitsbericht verschiedene Sachgebiete behandelt werden. **16**

Die Erstattung des Tätigkeitsberichtes erfordert, daß den Dienstkräften, die an der Personalversammlung teilnehmen, die **Möglichkeit zur Diskussion** gegeben wird. Sie müssen die Gelegenheit haben, zu allen Punkten des Tätigkeitsberichtes Stellung zu nehmen und gegenüber dem Personalrat Anregungen zu geben und gegebenenfalls Kritik zu üben. Allerdings besteht für die Teilnehmer der Personalversammlung keine Möglichkeit, Ergänzungen des Tätigkeitsberichtes zu erzwingen, dieser wird allein von dem Personalrat erstellt, nur dieser kann über Änderungen beschließen. **17**

Ein Anspruch der Dienstkräfte auf **schriftliche Erteilung** des Tätigkeitsberichtes besteht nicht. Die Kosten für eine etwaige schriftliche Erteilung des Tätigkeitsberichtes sind nicht im Rahmen des § 40 Abs. 1 erstattungsfähig, da sie nicht erforderlich i. S. dieser Vorschrift sind. **18**

Sonstige Themen der regelmäßigen Personalversammlung

Neben dem Tätigkeitsbericht können sämtliche Themen, die in § 49 aufgeführt sind, auch auf der regelmäßigen Personalversammlung behandelt werden. Werden in dem Tätigkeitsbericht **unzulässige Themen** erörtert oder wird die Personalversammlung dazu benutzt, um Beleidigungen gegenüber Dritten vorzubringen bzw. zur Arbeitsniederlegung aufzufordern, so würde der Personalrat seine gesetzlichen Verpflichtungen verletzen. Der Vorsitzende des Per- **19** sonalrats als derjenige, der die Personalversammlung zu leiten hat, kann u. U. wegen derartiger Verfehlungen disziplinarrechtlich verantwortlich sein *(BVerwG vom 19. 9. 1984, PersV 1985, 112).* Ein Arbeitnehmer oder ein Beamter, der sich mit der Verletzung seiner Pflichten aus dem Personalvertretungsgesetz auch eines Verstoßes gegen seine Dienstpflichten schuldig macht, kann disziplinarisch zur Verantwortung gezogen werden *(BVerwG a. a. O.).* Erforderlich ist in diesem Falle aber in jedem Falle, daß eine disziplinarrechtliche Verantwortlichkeit festgestellt werden kann, daß also der Personalratsvorsitzende schuldhaft gehandelt hat. Gegebenenfalls können auch sonstige Teilnehmer an der Personalversammlung, die sich nicht an die zulässigen Themen in der Personalversammlung halten, in gleicher Weise disziplinarrechtlich zur Verantwortung gezogen werden.

Außerordentliche Personalversammlung

20   Neben der regelmäßigen Personalversammlung können außerhalb des jährlichen Zwischenraumes auch außerordentliche Personalversammlungen durchgeführt werden. Hierbei sind zwei Fälle zu unterscheiden:

Ermessen des Personalrats

21   Zum einen kann der Personalrat nach pflichtgemäßem **Ermessen** von sich aus eine außerordentliche Personalversammlung einberufen. Erforderlich hierfür ist, daß die Durchführung aus besonderen sachlichen Gründen zweckmäßig erscheint, wenn also eine alsbaldige Erörterung des zu behandelnden Beratungsgegenstandes in der Personalversammlung erforderlich ist. Hierbei hat der Personalrat einen Ermessensspielraum. Anlaß können beispielsweise besondere dienststelleninterne Vorgänge sein, der Abschluß besonders wichtiger Dienstvereinbarungen oder sonstige aktuelle Ereignisse im dienststelleninternen Bereich.

22   Nicht hierzu gehören die Personalversammlungen zur Bestimmung eines Wahlvorstandes, deren Erfordernis richtet sich allein nach den Regelungen in § 17 Abs. 2 und 3. In diesen Fällen besteht auch kein Ermessen des Personalrates zur Einberufung.

Pflicht zur Einberufung

23   Daneben ist der **Personalrat verpflichtet,** eine außerordentliche Personalversammlung einzuberufen, wenn dies die Dienststelle oder ein Viertel der wahlberechtigten Dienstkräfte der Dienststelle verlangt. Der Begriff der wahlberechtigten Dienstkräfte bestimmt sich hierbei nach der Regelung des § 12. Für die Berechnung des Viertels ist die Zahl derjenigen Dienstkräfte maßgeblich, die im Zeitpunkt des Antrages in der Dienststelle beschäftigt sind.

24   Eine besondere **Form** ist weder für den Antrag der Dienststelle noch für den aus dem Kreise der Dienstkräfte vorgeschrieben, in jedem Falle empfiehlt sich jedoch die Schriftform, bei dem Antrag aus dem Kreise der Dienstkräfte empfiehlt es sich, diesen von der notwendigen Anzahl von Dienstkräften unterzeichnen zu lassen.

25   Zusammen mit dem Antrag ist der **Beratungsgegenstand** anzugeben. Nur in diesem Falle besteht eine Verpflichtung des Personalrates, die Personalver-

sammlung einzuberufen *(Lorenzen u.a., BPersVG, § 49 Rn. 20; Dietz/Richardi, BPersVG, § 49 Rn. 22).* Für die Behandlung des beantragten Beratungsgegenstandes muß eine Zuständigkeit der Personalversammlung gegeben sein. In der Regel können daher nur die Beratungsgegenstände in Betracht kommen, die in § 49 genannt sind. Der Personalrat hat bei der Einberufung der außerordentlichen Personalversammlung zu prüfen, ob diese Voraussetzung gegeben ist. Ist eine Einberufung vorzunehmen, so muß sie ebenfalls eine Tagesordnung beinhalten, auf der der beantragte Beratungsgegenstand zu erscheinen hat. 26

Nachträgliche Änderung der Tagesordnung

Aus dem Recht des Dienststellenleiters bzw. eines Viertels der wahlberechtigten Dienstkräfte, eine außerordentliche Personalversammlung einberufen zu lassen, ergibt sich auch, daß sie die Änderung der Tagesordnung einer bereits einberufenen Personalversammlung verlangen können, allerdings auch hier nur in der Form, daß ein zusätzlicher Beratungsgegenstand auf die Tagesordnung genommen wird. 27

Weitere Antragsrechte

Anderen Personen als in § 47 Abs. 2 genannt steht ein Antragsrecht nicht zu. Insbesondere die Gewerkschaften bzw. Berufsverbände haben daher im Rahmen des § 47 keine Möglichkeit, die Einberufung einer Personalversammlung zu erzwingen, sie können sie nur anregen. 28

Streitigkeiten

Streitigkeiten im Zusammenhang mit der Einberufung von Personalversammlungen sind Streitigkeiten über die Geschäftsführung des Personalrats und im verwaltungsgerichtlichen Beschlußverfahren gem. § 91 Abs. 1 Nr. 3 auszutragen. 29

§ 48 Durchführung

Die Personalversammlung findet während der Arbeitszeit statt, soweit nicht zwingende dienstliche Gründe entgegenstehen. Die Teilnahme an Personalversammlungen während der Arbeitszeit hat keine Minderung der Bezüge einschließlich Zulagen, Zuschlägen und sonstigen Entschädigungen zur Folge. Zum Ausgleich der durch die Personalversammlung ausgefallenen Arbeitszeit darf Vor- oder Nacharbeit nur bei unabweisbarem Bedürfnis angeordnet werden; sie ist nach den bestehenden Vorschriften abzugelten. § 21 Satz 3 bis 5 gilt entsprechend.

Übersicht

	Rn.
Allgemeines	1– 5
Zeitpunkt der Personalversammlungen	6– 8
Begriff der Arbeitszeit	9, 10

§ 48

Ausnahme bei zwingenden dienstlichen Gründen	11, 12
Fortzahlung der Bezüge	13–17
Wegfall der Fortzahlungsverpflichtung	18, 19
Fortzahlungsanspruch nicht teilnehmender Dienstkräfte	20–22
Fahrtkostenerstattung	23
Anordnung von Vor- oder Nacharbeit	24, 25
Personalversammlungen außerhalb der Arbeitszeit	26–29
Streitigkeiten	30–32

Allgemeines

1 Entgegen ihrer Überschrift enthält die Bestimmung des § 48 **keine Einzelheiten** über die Gestaltung des Ablaufes von Personalversammlungen. Geregelt ist lediglich, daß die Personalversammlungen grundsätzlich während der Arbeitszeit stattzufinden haben und daß die Teilnahme an ihnen keine Änderung der Bezüge einschließlich der Zulagen, Zuschläge und sonstigen Entschädigungen zur Folge hat.

2 Die Bestimmung ist aus § 44 PersVG Bln a. F. hervorgegangen, der Grundsatz, daß die Personalversammlungen während der Dienstzeit stattzufinden haben, ist jedoch gegenüber der früheren Regelung erheblich verstärkt worden.

3 Teilweise **vergleichbare Vorschriften** finden sich in § 50 Abs. 1 BPersVG und § 44 Abs. 1 BetrVG.

4 Die Grundsätze der Vorschrift können **entsprechend** für die Jugend- und Auszubildendenversammlung angewendet werden, § 67 Satz 4.

5 Die Bestimmung ist **zwingend**, von ihr kann weder durch Dienstvereinbarung noch durch Tarifvertrag zuungunsten der Dienstkräfte abgewichen werden.

Zeitpunkt der Personalversammlungen

6 Die Personalversammlungen finden grundsätzlich **während der Arbeitszeit** statt. Entgegen der früheren Regelung in § 44 PersVG Bln a.F. und § 50 Abs. 1 BPersVG und § 44 Abs. 1 BetrVG gilt dies sowohl für die regelmäßigen Personalversammlungen des § 47 Abs. 1 als auch für die außerordentlichen Personalversammlungen des § 47 Abs. 2. Hierbei spielt es keine Rolle, auf wessen Wunsch die außerordentliche Personalversammlung einberufen wird.

7 Auch die Personalversammlungen zur Bestellung eines Wahlvorstandes gem. § 17 Abs. 2, 3 und § 18 finden während der Arbeitszeit statt, die Bestimmung des § 48 findet insoweit Anwendung. Dies folgt mittelbar aus § 21 Satz 3.

8 Die genaue **zeitliche Lage bestimmt der Personalrat** durch Beschluß. Bei der Festlegung des Zeitpunktes ist er nicht darauf angewiesen, die Zustimmung des Dienststellenleiters einzuholen. Bei der Festlegung des Zeitpunktes für die Personalversammlungen muß der Personalrat jedoch die dienstlichen Belange berücksichtigen. Dies folgt aus der allgemeinen Regelung der vertrauensvollen Zusammenarbeit in § 2 Abs. 1. In der Regel wird es daher zweckmäßig sein, wenn der Personalrat den Dienststellenleiter vorher konsultiert. Die Letztentscheidung liegt aber bei dem Personalrat *(Dietz/Richardi, BPersVG, § 50 Rn. 9; Lorenzen u.a., BPersVG, § 50 Rn. 6.).*

§ 48

Begriff der Arbeitszeit

Der **Begriff der Arbeitszeit** kann nicht individuell danach bestimmt werden, wann die einzelnen Dienstkräfte jeweils arbeiten müssen, sie bestimmt sich vielmehr danach, was für eine Arbeitszeit insgesamt für die Dienststelle besteht *(vgl. BAG vom 27. 11. 1987, AP Nr. 7 zu § 44 BetrVG 1972).* Wird daher in einer Dienststelle in mehreren Schichten gearbeitet, so kann die Personalversammlung so gelegt werden, daß sie nur in die Arbeitszeit der einen Schicht fällt. Hier kann der Personalrat die Lage nach pflichtgemäßem Ermessen bestimmen. Auch kann die Personalversammlung so gelegt werden, daß etwa je die Hälfte der Zeit in die Arbeitszeit der Dienstkräfte beider Schichten fällt. Allerdings wird dabei auch zu erwägen sein, ob nicht durch Teilversammlungen gem. § 45 Abs. 2 für jede Schicht besondere Personalversammlungen durchgeführt werden können, so daß in jeder Schicht die Versammlung in die Arbeitszeit der Dienstkräfte fallen würde. Bei Lehrern ist Arbeitszeit nicht nur die Unterrichtszeit, sondern auch die Vorbereitungszeit. Die Personalversammlungen der Lehrer sind daher grundsätzlich in die unterrichtsfreie Zeit zu legen. Die dienstliche Pflicht, Unterricht zu erteilen, geht der Pflicht zur Vorbereitung des Unterrichts vor. Nur besondere Belange können es rechtfertigen, daß teilweise auch die Unterrichtszeit in Anspruch genommen wird *(BVerwG vom 25. 6. 1984, PersV 1984, 500).*

9

In Dienststellen, in denen die **gleitende Arbeitszeit** eingeführt ist, wird in der Regel die Personalversammlung zeitlich so zu legen sein, daß sie innerhalb der Kernarbeitszeit stattfindet. Sind Teilzeitarbeitnehmer beschäftigt, sollte die Personalversammlung so gelegt werden, daß möglichst viele von ihnen an der Versammlung innerhalb ihrer individuellen Arbeitszeit teilnehmen können.

10

Ausnahme bei zwingenden dienstlichen Gründen

Eine Ausnahme von dem Grundsatz, daß Personalversammlungen während der Arbeitszeit stattzufinden haben, besteht bei dem Vorliegen von zwingenden dienstlichen Gründen. Durch diese Regelung hat der Gesetzgeber zu erkennen gegeben, daß bloße Mißhelligkeiten und Unbequemlichkeiten, die generell in der Dienststelle durch eine Personalversammlung während der Arbeitszeit entstehen, in Kauf genommen werden müssen. Es muß daher in angemessenem Rahmen auch eine Schließung der Dienststelle bzw. bei Produktionsbetrieben der Ausfall der Produktion während der Zeit der Personalversammlung in Kauf genommen werden. Aus dem Wortlaut des Gesetzes, das auf zwingende dienstliche Gründe abstellt, wird deutlich, daß **besondere Umstände** gegeben sein müssen, die in der technischen Organisation der Dienststelle begründet sind *(vgl. BAG vom 26. 10. 1956, AP Nr. 1 zu § 43 BetrVG 1952; BAG vom 9. 3. 1976, AP Nr. 3 zu § 44 BetrVG 1972).* Es muß eine technisch untragbare Störung der eingespielten Dienstabläufe eintreten, die nur in dieser Dienststelle oder nur in einer bestimmten Art von Dienststellen auftritt und zu unangemessenen dienstlichen oder wirtschaftlichen Beeinträchtigungen führen kann. Hierbei ist auch das öffentliche Interesse an der Funktionsfähigkeit der jeweils betroffenen Dienststelle zu berücksichtigen.

11

Beraumt der Personalrat eine Personalversammlung während der Arbeitszeit an, obwohl zwingende dienstliche Gründe dem entgegenstehen, kann der

12

§ 48

Dienststellenleiter gegebenenfalls gem. § 85 Abs. 2 ArbGG i.V.m. § 91 Abs. 1 Nr. 3 im Wege der einstweiligen Verfügung im verwaltungsgerichtlichen Beschlußverfahren die Aufhebung des Termins durchsetzen.

Fortzahlung der Bezüge

13 Durch die Teilnahme an den Personalversammlungen sollen den Dienstkräften **keine finanziellen Nachteile** entstehen. Aus diesem Grunde legt § 48 Satz 2 fest, daß die Teilnahme an den Personalversammlungen während der Arbeitszeit keine Minderung der Bezüge einschließlich sämtlicher Nebenleistungen zur Folge hat. Die Teilnahme an Personalversammlungen gilt daher als Arbeitsleistung.

14 Die Verpflichtung zur Fortzahlung der Bezüge gilt für **sämtliche Personalversammlungen,** also sowohl für die ordentlichen Personalversammlungen gem. § 47 Abs. 1 als auch für die außerordentlichen Personalversammlungen nach § 47 Abs. 2. Entsprechendes gilt auch für die Personalversammlungen zur Bestellung eines Wahlvorstandes gem. § 17 Abs. 2, 3 und § 19 auf Grund der dort einschlägigen Sonderregelung des § 21 Satz 2.

15 Die Dienstkräfte, die an den **Personalversammlungen teilnehmen,** erhalten für die Zeit der Teilnahme die ihnen zustehende individuelle Vergütung weiter. Hierzu gehören auch sämtliche Zulagen, Zuschläge und sonstigen Entschädigungen, die gezahlt worden wären, wenn die Dienstkraft während der Zeit der Personalversammlung ordnungsgemäß gearbeitet hätte. Erfaßt werden daher beispielsweise Schmutzzulagen, Erschwerniszulagen, Familienzulagen u. ä.

16 Ist für die Vergütung der Dienstkraft das erzielte Arbeitsergebnis Berechnungsgrundlage *(z.B. Akkord, Prämie, Gedinge),* so ist der Durchschnitt des zuletzt erzielten Lohnes zugrunde zu legen *(vgl. BAG vom 23. 9. 1960, AP Nr. 11 zu § 1 Feiertagslohnzahlungsgesetz).*

17 Für Personalversammlungen, die **über die normale Arbeitszeit** hinausgehen, können keine Mehrarbeitszuschläge in Anspruch genommen werden. Durch die Bezugnahme auf § 21 Sätze 3 bis 5 ist vielmehr klargestellt, daß auch in diesem Falle die Teilnahme als Arbeitsleistung gilt, daß sie aber durch Dienstbefreiung in entsprechendem Umfange auszugleichen ist. Eine Abgeltung ist ausgeschlossen *(vgl. dazu oben § 21 Rn. 25).*

Wegfall der Fortzahlungsverpflichtung

18 Die Verpflichtung zur Fortzahlung der Vergütung entfällt, wenn es sich **nicht** um die **Teilnahme an einer ordnungsgemäßen Personalversammlung** handelt. Werden daher auf einer Personalversammlung unzulässige Themen erörtert oder wird das Prinzip der Nichtöffentlichkeit verletzt, so besteht ein Anspruch der Dienstkräfte auf Fortzahlung der Vergütung nicht. Erforderlich ist jedoch, daß die Dienstkraft den illegalen Charakter der Personalversammlung erkannt hatte. Dies ist regelmäßig dann der Fall, wenn der Dienststellenleiter darauf hingewiesen hatte, daß die Ordnungsmäßigkeit der Personalversammlung nicht mehr gegeben sei, und die Dienstkräfte gleichwohl weiterhin an ihr teilnehmen.

19 Der Wegfall der Vergütung erfolgt für diejenigen Teile der Personalversammlung, die den Rahmen zulässiger Versammlungen verlassen haben. Ist daher ein Teil der Personalversammlung ordnungsgemäß und ein anderer Teil nicht,

§ 48

so kann eine Vergütungsfortzahlung nur für den ordnungsgemäßen Teil verlangt werden.

Fortzahlungsanspruch nicht teilnehmender Dienstkräfte

Dienstkräfte, die nicht an der Personalversammlung teilnehmen und an ihrem Arbeitsplatz verbleiben, haben grundsätzlich **keinen Anspruch auf Vergütungsfortzahlung nach § 48 Satz 2**. Diese Bestimmung betrifft lediglich diejenigen Dienstkräfte, die auch an Personalversammlungen teilnehmen. Nicht teilnehmende Dienstkräfte müssen daher, um ihren Vergütungsanspruch zu erlangen, normal ihren Dienstpflichten nachgehen. 20

Können die nicht teilnehmenden Dienstkräfte wegen der Abwesenheit anderer Dienstkräfte, die an der Personalversammlung teilnehmen, nicht arbeiten, so ergibt sich ihr Vergütungsanspruch auf der Rechtsgrundlage des **Annahmeverzuges**, vgl. § 615 BGB. Der Arbeitgeber des öffentlichen Dienstes kommt mit der Annahme der Leistungen dieser Dienstkräfte in Verzug, da die Befreiung von der Arbeitspflicht gem. § 48 Satz 1 nur für diejenigen Dienstkräfte gilt, die an der Personalversammlung teilnehmen. Es besteht keine Pflicht der Dienstkräfte, an Personalversammlungen teilzunehmen *(Grabendorff u. a., BPersVG, § 50 Rn. 8; Lorenzen u. a., BPersVG, § 50 Rn. 12)*. Dem kann auch nicht unter Hinweis auf den Betriebsrisikogedanken entgegengehalten werden, daß die Unmöglichkeit, die Dienstkräfte zu beschäftigen, auf einem im Bereich der Dienstkräfte liegenden Umstand beruht *(so aber Dietz/Richardi, BPersVG, § 50 Rn. 30, die allerdings eine Pflicht des Dienstherrn zum Angebot einer Ersatzarbeit annehmen)*. Denn hiermit würde über den Umweg über die Betriebsrisikolehre eine Teilnahmeverpflichtung der einzelnen Dienstkräfte an den Personalversammlungen geschaffen, was personalvertretungsrechtlich gerade nicht vorgesehen ist, § 48 enthält insoweit keinerlei zwingende Bestimmungen, er gewährt lediglich ein Teilnahmerecht und sichert dieses im finanziellen Bereich ab. 21

Etwas anderes gilt für diejenigen Dienstkräfte, die weder an der Personalversammlung teilnehmen noch sich während der Dauer der Personalversammlung an ihrem Arbeitsplatz aufhalten. Sie haben keinerlei Anspruch auf Zahlung der Vergütung für die Dauer der Zeit, die sie ihrem Arbeitsplatz fernbleiben. 22

Fahrtkostenerstattung

Im Gegensatz zu den Regelungen in § 50 Abs. 1 Satz 4 BPersVG bzw. § 44 Abs. 1 Sätze 2 und 3 BetrVG enthält § 48 keine gesetzliche Regelung über die Zahlung von Fahrtkosten. Aus der Tatsache, daß dem Berliner Gesetzgeber die Problematik der Fahrtkostenerstattung und der Vergütung der Wegezeiten für die Dienstkräfte bei Personalversammlungen, die entfernt von ihrem Arbeitsplatz stattfinden, bekannt war – schließlich waren die Regelungen in § 50 Abs. 1 Satz 4 BPersVG und § 44 Abs. 1 Sätze 2 und 3 BetrVG bekannt –, ist zu schließen, daß diese Kosten nicht von der Dienststelle zu tragen sind. Es handelt sich insoweit auch nicht um Kosten, die aus der Tätigkeit des Personalrates entstanden sind *(vgl. BVerwG vom 16. 12. 1960, E 11, 299)*. 23

381

§ 48

Anordnung von Vor- oder Nacharbeit

24 Um eine **Umgehung des Gebots** der Fortzahlung der Vergütung ohne Minderung des Arbeitsgelts zu verhindern, hat der Gesetzgeber in § 48 Satz 3 angeordnet, daß zum Ausgleich der durch die Personalversammlung ausgefallenen Arbeitszeit weder Vor- noch Nacharbeit angeordnet werden darf. Eine Ausnahme gilt nur dann, wenn ein unabweisbares Bedürfnis erfordert, daß ohne eine Anordnung die dienstlichen Aufgaben der Dienststelle auf keinen Fall erfüllt werden könnten. Es muß daher auch ausgeschlossen sein, daß durch längerfristige Verteilung der Aufgaben auf die normale Arbeitszeit der folgenden Tage die Aufgabenerfüllung eingehalten werden kann.

25 Wird Vor- oder Nacharbeit in zulässiger Weise angeordnet, so ist die Vergütung bei den Angestellten und Arbeitern nach den jeweils einschlägigen Vorschriften der Tarifverträge bzw. des Arbeitszeitgesetzes abzugelten, für die Beamten gelten die Vorschriften über Mehrarbeit, vgl. z. B. § 36 LBG.

Personalversammlungen außerhalb der Arbeitszeit

26 Finden die Personalversammlungen wegen zwingender dienstlicher Gründe außerhalb der Arbeitszeit statt, so finden nach § 48 Satz 4 die Regelungen des § 21 Sätze 3–5 entsprechende Anwendung. Auch in diesen Fällen gilt daher die Teilnahme an den Personalversammlungen als Arbeitsleistung. Diese ist durch **Dienstbefreiung** in entsprechendem Umfange auszugleichen. Die Dienstbefreiung muß möglichst umgehend unter Berücksichtigung der Interessen der Dienststelle und der betroffenen Dienstkraft erfolgen. Die Dienstbefreiung erstreckt sich auch auf die erforderlichen Wegezeiten. Zwar gilt auch im öffentlichen Dienst der Grundsatz, daß die Wegezeiten zwischen Dienststelle und Wohnung keine Dienstzeiten sind. Dies würde jedoch bei Personalversammlungen außerhalb der Arbeitszeit die Dienstkräfte ungerechtfertigt gegenüber denjenigen Dienstkräften benachteiligen, für die die Personalversammlung innerhalb der Dienstzeit stattfinden kann. Bei der außerhalb der Dienstzeit stattfindenden Personalversammlung ist durch etwa notwendige zusätzliche Wege zum Veranstaltungsort ein größerer Zeitaufwand nötig. Für die Frage, ob eine ausgleichspflichtige Wegezeit gegeben ist, ist auf die einzelne Dienstkraft abzustellen. Zusätzliche Zeiten sind dabei diejenigen, die über die Wegezeiten hinaus aufzuwenden sind, die die Dienstkraft ohnehin zur Erfüllung ihrer Dienstpflicht aufzuwenden hätte *(vgl. BAG vom 5. 5. 1987, AP Nr. 4 zu § 44 BetrVG 1972).* Erfaßt werden also nur zusätzliche Wege.

27 Durch die Regelung des **Freizeitausgleichs** ist gleichzeitig vom Gesetzgeber klargestellt worden, daß grundsätzlich eine Vergütung der Teilnahme an der Personalversammlung außerhalb der Dienstzeit nicht erfolgen kann. Eine Abgeltung des Freizeitanspruches ist daher auch nicht vorgesehen worden. Auch in diesem Falle scheidet damit die Bezahlung nach den Grundsätzen über die Vergütung von Überstunden oder Mehrarbeit aus *(vgl. oben Rn. 17).*

28 Der Anspruch auf Freizeitausgleich ist nicht an besondere Fristen der Geltendmachung gebunden, er kann daher innerhalb der bestehenden tariflichen bzw. gesetzlichen Vorschriften geltend gemacht werden.

29 Im übrigen finden die für die Arbeiter und Angestellten geltenden tariflichen Vorschriften Anwendung *(vgl. oben § 21 Rn. 27).*

Streitigkeiten

Streitigkeiten über die Abhaltung von Personalversammlungen während der 30
Arbeitszeit sowie darüber, ob zwingende dienstliche Gründe eine andere Regelung erfordern, sind im verwaltungsgerichtlichen Beschlußverfahren gem.
§ 91 Abs. 1 Nr. 3 zu entscheiden. Gegebenenfalls kann der Erlaß einer einstweiligen Verfügung gem. § 85 Abs. 2 ArbGG in Betracht kommen.
Streitigkeiten einzelner Dienstkräfte über die Frage der Vergütungsfortzahlung 31
sind bei Angestellten und Arbeitern von den Arbeitsgerichten im Urteilsverfahren und bei Beamten von den Verwaltungsgerichten im Urteilsverfahren zu entscheiden. Das gleiche gilt bei Streitigkeiten im Einzelfall darüber, ob Vor- oder Nacharbeit für bestimmte Dienstkräfte angeordnet werden darf.
Soll die Vor- oder Nacharbeit generell von der Dienststelle angeordnet werden, 32
so ist hierbei das Mitbestimmungsrecht des Personalrates gem. § 85 Abs. 1
Nrn. 1 und 2 zu beachten.

§ 49 Beratungsgegenstände

Die Personalversammlung kann dem Personalrat Anträge unterbreiten und zu seinen Beschlüssen Stellung nehmen. Sie kann alle Angelegenheiten behandeln, die zur Zuständigkeit des Personalrats gehören, insbesondere Tarif-, Besoldungs- und Sozialangelegenheiten. § 70 Abs. 2 Satz 1 gilt für die Personalversammlung entsprechend.

Übersicht Rn.

Allgemeines 1– 7
Zulässige Themen 8–10
Tarifliche Angelegenheiten 11
Besoldungsangelegenheiten 12
Sozialangelegenheiten 13
Sonstige Angelegenheiten 14, 15
Zurückweisung unzulässiger Themen 16–20
Folge der Behandlung unzulässiger Themen 21, 22
Stellung der Personalversammlung gegenüber dem Personalrat 23–25
Stimmrecht 26
Friedenspflicht 27–29
Äußerungsrecht der Dienstkräfte 30, 31
Streitigkeiten 32

Allgemeines

Die Vorschrift legt die **Kompetenzen der Personalversammlung** fest. Aus ihr 1
wird der in erster Linie informatorische Charakter von Personalversammlungen deutlich. Die Personalversammlung kann weder den Personalrat abwählen noch ihm bestimmte Weisungen erteilen, die er einzuhalten hätte. Der Personalrat ist insoweit unabhängig und keinerlei Weisungen unterworfen.
Die Befugnisse und Zuständigkeiten der Personalversammlung sind in § 49 2
nicht abschließend aufgezählt. Die Bestimmung gibt lediglich einen Rahmen ab. Insgesamt erfassen die Befugnisse und Zuständigkeiten der Personalver-

§ 49

sammlung im wesentlichen den Bereich, in dem auch der Personalrat tätig werden kann.

3   Durch die Verweisung auf § 70 Abs. 2 Satz 1 wird auch die Durchführung der Personalversammlung der **absoluten Friedenspflicht** unterworfen *(vgl. im einzelnen zur Friedenspflicht unten § 70 Rn. 18ff.).* Personalversammlungen dürfen daher weder zur Vorbereitung von Kampfmaßnahmen benutzt werden, noch darf auf ihnen über die Durchführung von Kampfmaßnahmen beschlossen werden. Auch ergibt sich aus dem absoluten Friedensgebot, daß jede parteipolitische Betätigung auf Personalversammlungen verboten ist *(vgl. zu dem Auftreten von Politikern auf Personalversammlungen Ilbertz, PersV 1976, 45ff.; Richter, PersV 1980, 269, 271; vgl. BAG vom 13. 9. 1979, AP Nr. 1 zu § 42 BetrVG 1972).*

4   Die Bestimmung entspricht weitgehend der Regelung in § 45 PersVG Bln a. F. Neu aufgenommen wurde jedoch das Gebot der Friedenspflicht auch für die Personalversammlung.

5   Teilweise **vergleichbare Bestimmungen** finden sich in § 51 BPersVG und § 45 BetrVG.

6   Die Vorschrift ist **entsprechend** anwendbar für die Jugend- und Auszubildendenversammlung, § 67.

7   Die Vorschrift ist **zwingend**, sie kann weder durch Tarifvertrag noch durch Dienstvereinbarung eingeschränkt werden. Auch kann weder durch Tarifvertrag noch durch Dienstvereinbarung der Kompetenzbereich der Personalversammlung erweitert werden.

Zulässige Themen

8   Der **Kompetenzbereich** der Personalversammlung ist **abhängig von dem des Personalrates.** Die Personalversammlung kann daher alle diejenigen Angelegenheiten behandeln, für die auch der Personalrat zuständig ist. Hierunter fallen nicht nur die allgemeinen Aufgaben des Personalrates, die in den §§ 70 ff. geregelt sind, oder die Beteiligungsrechte, die in den §§ 79 ff. geregelt worden sind, sondern auch diejenigen Angelegenheiten, die überhaupt den vertretungsrechtlichen Bereich der Dienststelle berühren *(BVerwG vom 25. 5. 1962, E 14, 206; vgl. auch BAG vom 13. 9. 1979, AP Nr. 1 zu § 44 BetrVG 1952).* Maßgeblich ist immer die Zuständigkeit des konkreten Personalrates. Erforderlich für die Zulässigkeit der Themen ist daher, daß ein konkreter Bezugspunkt zwischen der betreffenden Angelegenheit und der Dienststelle bzw. den ihr angehörenden Dienstkräften besteht.

9   **Nicht behandelt** werden dürfen Themen, die die Dienstkräfte nicht in ihrer Dienstkrafteigenschaft betreffen. Auch ist die Erörterung allgemeiner Fragen aus dem gewerkschaftlichen, parteipolitischen, konfessionellen und allgemein wirtschaftlichen Bereich nicht zulässig *(BVerwG a.a.O.; vom 6. 9. 1984, E 70, 69; BAG a.a.O.).* Diese Fragen können nur dann auf der Personalversammlung behandelt werden, wenn sie unmittelbar für die Dienststelle von Bedeutung sind. Zulässig ist ihre Erörterung ferner, wenn zwar die Zuständigkeit der Dienststelle nicht unmittelbar gegeben ist, aber dem Personalrat Gelegenheit zur Äußerung gegeben werden müßte *(vgl. BVerwG vom 18. 6. 1991, PersV 1992, 45).* Nur in diesem Rahmen kann auch das Auftreten von Persönlichkeiten des öffentlichen Lebens auf Personalversammlungen zulässig sein *(vgl. dazu auch Ilbertz, PersV 1976, S. 45ff.).* Unzulässig ist das Auftreten von Politikern zum

Zwecke des Wahlkampfes, allerdings dürfte hier die Abgrenzung häufig Schwierigkeiten bereiten *(BAG vom 13. 9. 1979, AP Nr. 1 zu § 42 BetrVG 1972)*.
Bei Bezug zur Dienststelle kann auch die **Zusammenarbeit** zwischen Personalrat und den in der Dienststelle vertretenen **Gewerkschaften** bzw. Berufsverbänden erörtert werden. Unzulässig ist die Behandlung allgemein politischer Themen, die Abfassung entsprechender Resolutionen, die Werbung für Gewerkschaften, Berufsverbände oder politische Parteien, Vorbereitung von Arbeitskampfmaßnahmen, Beschlußfassungen über die Durchführung von Kampfmaßnahmen und ähnliche Themen.

10

Tarifliche Angelegenheiten

Ausdrücklich klargestellt worden ist, daß die Behandlung tariflicher Angelegenheiten zu dem zulässigen Themenkreis von Personalversammlungen gehören kann. Hierher gehören in erster Linie Erörterungen über die für die Dienststelle gültigen Tarifverträge, die Darstellung und Erläuterung einschlägiger Urteile und bei Tarifverhandlungen auch die Unterrichtung über den jeweiligen Stand der Verhandlungen. Allerdings muß hier auch ein Bezug zur Zuständigkeit des Personalrates gegeben sein, nicht zulässig dürfte es sein, daß Abstimmungen in tariflichen Angelegenheiten durchgeführt werden, bei denen der Personalrat wegen des Vorrangs der Normsetzungsbefugnis der Tarifvertragsparteien keinerlei Kompetenzen hat. Insoweit haben die Personalversammlungen auch nicht den Zweck zu erfüllen, den Tarifvertragsparteien zu ermöglichen, ein Stimmungsbild über die Meinung an der Basis herzustellen.

11

Besoldungsangelegenheiten

Besoldungsangelegenheiten sind sämtliche Fragen, die die Besoldung der Beamten betreffen. Auch hier besteht die Möglichkeit, auf der Personalversammlung über die einschlägigen gesetzlichen Vorschriften zu unterrichten, gegebenenfalls über gesetzgeberische Initiativen zu diskutieren und diese zu erörtern. Auch insoweit steht der Personalversammlung das Recht zur Stellungnahme zu.

12

Sozialangelegenheiten

Der **Begriff** der Sozialangelegenheiten in § 49 Satz 2 **ist umfassend.** Unter ihn fallen nicht nur die sozialen Angelegenheiten im Rahmen des Personalvertretungsrechts, bei denen Beteiligungsrechte des Personalrates bestehen, vielmehr werden hier auch alle gesetzlichen Maßnahmen oder sonstigen Regelungen erfaßt, die dem Schutz und der Verbesserung der Rechtsstellung der Dienstkräfte dienen. Hierher gehören z. B. Fragen der Sozialversicherung einschließlich der flexiblen Altersgrenze, Probleme der Vermögensbildung, der beruflichen Bildung und der Fortbildung speziell im öffentlichen Dienst sowie allgemeine Fragen des Arbeitsschutzrechts. Auch hier ist jedoch erforderlich, daß ein Bezug zu der Dienststelle bzw. den in ihr beschäftigten Dienstkräften besteht. Die bloße abstrakte Erörterung, ohne daß die Dienststelle oder die Dienstkräfte betroffen werden, wäre unzulässig. In diesem Rahmen kann die Personalversammlung auch Entschließungen fassen, insbesondere dann, wenn damit eine Verbesserung der sozialen Lage der Dienstkräfte erreicht werden soll.

13

§ 49

Sonstige Angelegenheiten

14 Wie sich aus dem Wort »insbesondere« ergibt, können auch **weitere Beratungsgegenstände** auf der Personalversammlung erörtert werden. Die Aufzählung der tariflichen, Besoldungs- und Sozialangelegenheiten ist insoweit nicht abschließend, sie stellt lediglich eine beispielhafte Aufzählung dar. Zulässig ist daher auch die Behandlung wirtschaftlicher Angelegenheiten, soweit sie die Dienstkräfte bzw. die Dienststelle betreffen. Mit dieser Begrenzung ist auch die Erörterung allgemein wirtschaftspolitischer Fragen zulässig. Auch Erörterungen über die Reform des öffentlichen Dienstrechtes können auf Personalversammlungen durchgeführt werden. Das gleiche gilt für strukturpolitische Maßnahmen im Bereich des öffentlichen Dienstes, die die Dienststelle bzw. die Dienstkräfte betreffen.

15 Zulässig ist auch die Behandlung sämtlicher Fragen, die die **Arbeit des Personalrates** betreffen. Hierzu gehören auch die Erörterungen von Stellungnahmen oder Handlungen von einzelnen Personalratsmitgliedern. Handlungen und Äußerungen einzelner Dienstkräfte können dann Gegenstand einer Personalversammlung sein, wenn sie unmittelbare Auswirkungen auf die Dienststelle haben und gegenüber der Öffentlichkeit abgegeben wurden oder aber in diese gelangt sind. Veröffentlichungen einer Dienstkraft über die Dienststelle oder über dienststelleninterne Vorgänge können daher Beratungsgegenstand einer Personalversammlung sein, da ein Bezug zur Dienststelle gegeben ist und im übrigen zumindest mittelbar auch andere Dienstkräfte betroffen werden.

Zurückweisung unzulässiger Themen

16 Der Vorsitzende des Personalrates leitet die Personalversammlung. Er hat dafür zu sorgen, daß die **ordnungsgemäße Durchführung** der Personalversammlung gewährleistet wird. Er hat daher darauf zu achten, daß während der Personalversammlung keine unzulässigen Themen erörtert werden. Gegebenenfalls kann er von seinem Hausrecht Gebrauch machen.

17 Kommt der Personalratsvorsitzende seiner Verpflichtung zur Verhinderung der Behandlung unzulässiger Themen nicht nach, so kann hierin ein **Pflichtverstoß** gem. § 25 liegen. Dies ist insbesondere dann der Fall, wenn der Personalratsvorsitzende trotz bestehender Hinweise aus dem Teilnehmerkreis oder aber seitens des Dienststellenleiters die Behandlung unzulässiger Themen nicht unterbindet.

18 Die **Teilnehmer an der Personalversammlung** können gegenüber dem Personalratsvorsitzenden die Behandlung unzulässiger Themen **rügen.** Gegebenenfalls kann auch bei wiederholtem Zulassen unzulässiger Themen von den Teilnehmern eine Abstimmung darüber herbeigeführt werden, ob die Personalversammlung aufgelöst werden soll.

19 Bei der Festlegung der **Tagesordnung** darf der Personalrat nur solche Themen berücksichtigen, deren Behandlung zulässig ist. Wird die Einberufung einer Personalversammlung gem. § 47 Abs. 2 auf Antrag anberaumt, so hat der Personalrat darauf zu achten, daß der Gegenstand, dessen Beratung beantragt wird, im Rahmen des § 49 zulässig ist.

20 Verstößt der Personalrat gegen diese Verpflichtung, so kann darin ebenfalls ein grober Pflichtverstoß i. S. d. § 25 gesehen werden *(vgl. BAG vom 5. 5. 1955, AP Nr. 1 zu § 44 BetrVG 1952).*

§ 49

Folge der Behandlung unzulässiger Themen

Nicht erhebliche Verstöße gegen § 49 haben keine Auswirkungen auf die Ordnungsmäßigkeit der Personalversammlung. Nimmt die Behandlung unzulässiger Beratungsgegenstände einen breiten Raum ein, so ist die Personalversammlung nicht mehr ordnungsgemäß. In diesem Falle kann für die Teilnehmer der **Anspruch auf Fortzahlung** der Vergütung gem. § 48 entfallen *(vgl. § 48 Rn. 18f.)*. 21

Gegebenenfalls kann bei besonders groben Verstößen auch dem Dienststellenleiter das Recht zustehen, die **Personalversammlung zu beenden** *(Dietz/Richardi, BPersVG, § 48 Rn. 24; anders Grabendorff u. a., BPersVG, § 51 Rn. 9).* Allerdings dürfte dies nur im Einvernehmen mit dem Personalratsvorsitzenden in der Praxis durchsetzbar sein. 22

Stellung der Personalversammlung gegenüber dem Personalrat

Die Personalversammlung kann dem Personalrat Anträge unterbreiten und zu seinen Beschlüssen Stellung nehmen. Damit sind die **Befugnisse der Personalversammlung** bereits abschließend aufgezählt. Darüber hinaus stehen ihr keine Rechte zu. Sie kann weder einen Antrag auf Abberufung des Personalrates beschließen, noch kann sie über den Abschluß von Dienstvereinbarungen Beschlüsse fassen. Sie hat insoweit keine gestaltenden Rechte im Rahmen des Personalvertretungsrechts. Der Personalrat ist auch an Weisungen der Personalversammlung nicht gebunden. Er übt insoweit kein imperatives Mandat aus, er ist bei der Ausübung seines Amtes von Weisungen unabhängig. 23

Die Personalversammlung kann allerdings dem Personalrat das **Mißtrauen** aussprechen, unmittelbare Folgen hat dies jedoch nicht, wenn nicht der Personalrat selbst hieraus Konsequenzen zieht. Auch kann die Personalversammlung den Personalrat auffordern, bestimmte Aktivitäten zu entfalten, eine unmittelbare Bindung des Personalrates besteht jedoch in diesem Fall ebenfalls nicht. 24

Durch die Personalversammlung werden lediglich Informations- und Diskussionsrechte gewährt *(vgl. oben § 45 Rn. 5ff., 10ff.).* 25

Stimmrecht

Da die Personalversammlung nur eingeschränkte Befugnisse besitzt, die nicht unmittelbar die personalvertretungsrechtlichen Organisationsstrukturen beeinflussen können, hängt das Stimmrecht der Teilnehmer der Personalversammlungen auch **nicht von** ihrer **Wahlberechtigung** ab. Vielmehr haben alle Dienstkräfte in vollem Umfange ein Stimmrecht. 26

Friedenspflicht

Durch die Bezugnahme auf § 70 Abs. 2 Satz 1 ist klargestellt worden, daß auch die Personalversammlung alles zu unterlassen hat, was geeignet ist, die Arbeit und den Frieden in der Dienststelle zu gefährden *(vgl. zu diesen Begriffen die entsprechenden Erläuterungen bei § 70 Rn. 20ff.).* Hieraus folgt, daß zunächst Maßnahmen des Arbeitskampfes in keiner Form Beratungsgegenstand einer Personalversammlung sein können. Weder dürfen insoweit Beschlüsse gefaßt 27

§ 49

werden, noch dürfen sie im einzelnen erörtert und ihre Durchführung diskutiert werden. Dies ergibt sich auch daraus, daß die Durchführung von Arbeitskampfmaßnahmen nicht zu dem Kompetenzbereich des Personalrates, sondern lediglich zu dem der Gewerkschaften bzw. Berufsverbände gehört.

28   Auch ist jede **parteipolitische Betätigung** untersagt. Weder dürfen parteipolitische Themen erörtert werden, noch darf in irgendeiner Form Parteipropaganda betrieben werden *(vgl. oben Rn. 9)*. Beschlußfassungen mit parteipolitischen Inhalten sind ebenfalls unzulässig. Lediglich zu dienststellenbezogenen sachlichen Fragen kann von der Personalversammlung Stellung genommen werden.

29   Schließlich sind diejenigen Beratungsgegenstände auf einer Personalversammlung nicht zugelassen, durch die zwangsläufig der Arbeitsablauf oder der Frieden innerhalb der Dienststelle beeinträchtigt werden kann. Dies kann sich auch auf die Art und Weise der Behandlung an sich zulässiger Themen beziehen. Dies kann beispielsweise der Fall sein, wenn Diskussionsbeiträge grob beleidigenden Inhalt haben. Zulässig ist jedoch in jedem Falle scharfe sachliche Kritik an dienststelleninternen Vorgängen und auch an bestimmten Handlungen von Personen.

Äußerungsrecht der Dienstkräfte

30   Auf Personalversammlungen hat **jede Dienstkraft** das Recht, sich im Rahmen der zulässigen Beratungsgegenstände **zu Wort zu melden**. Der Personalratsvorsitzende hat im Rahmen der gegebenen Möglichkeiten das Wort zu erteilen. Dieses Recht kann auch nicht durch Beschluß der Personalversammlung beseitigt werden. Eine Begrenzung der Redezeit ist möglich, wenn sie generell gehandhabt und vorher festgelegt wird. Die Begrenzung darf jedoch nicht so weit gehen, daß praktisch eine Äußerung unmöglich gemacht wird.

31   Das Äußerungsrecht beinhaltet gleichzeitig, daß der Dienstkraft durch ihre Äußerungen **keine Nachteile** entstehen dürfen. Die Freiheit der Meinungsäußerung beinhaltet auch das Recht zur sachlichen Kritik an Tatbeständen und Personen. Die Kritik muß in jedem Falle in sachgerechter Form – wenn auch möglicherweise scharf – vorgebracht werden. Unsachliche und ehrverletzende Äußerungen sind hiervon nicht gedeckt.

Streitigkeiten

32   Streitigkeiten über die Kompetenzen der Personalversammlung und die Zulässigkeit der in ihr zu behandelnden Beratungsgegenstände entscheiden die Verwaltungsgerichte im Beschlußverfahren gem. § 91 Abs. 1 Nr. 3. Das gleiche gilt, wenn Streitigkeiten über die Wirksamkeit von Beschlüssen der Personalversammlung entstehen.

Abschnitt IV
Gesamtpersonalrat und Hauptpersonalrat

1. Gesamtpersonalrat

§ 50 Bildung

(1) Ein Gesamtpersonalrat ist zu bilden für
1. den Geschäftsbereich der Polizeibehörde,
2. die Gesamtheit der dem Senator für Justiz unterstehenden Gerichte und Behörden der Staatsanwaltschaft und des Justizvollzugs, soweit sie nicht nach § 5 Abs. 2 Nrn. 3 und 4 als Dienststelle gelten,
3. die Oberfinanzdirektion Berlin mit allen Finanzämtern,
4. die Dienststellen im Bereich der für Kulturelle Angelegenheiten sowie für Wissenschaft und Forschung zuständigen Senatsverwaltungen, jedoch mit Ausnahme der Körperschaften, Anstalten und Stiftungen des öffentlichen Rechts mit Dienstherrnfähigkeit,
5. jede Universität,
6. die Berliner Stadtreinigungsbetriebe (BSR),
die Berliner Verkehrsbetriebe (BVG) und
die Berliner Wasserbetriebe (BWB).
7. die Dienststellen nach Nummer 10 Buchstabe a der Anlage zu § 5 Abs. 1.

(2) Sind Bestandteile von Dienststellen nach § 6 Abs. 1 zu Dienststellen erklärt worden, so können die einzelnen Personalräte mit Zustimmung der obersten Dienstbehörde, des Senators für Inneres und, soweit es sich um Behörden, Gerichte und nichtrechtsfähige Anstalten des Landes Berlin handelt, des Hauptpersonalrats einen Gesamtpersonalrat bilden. Der Beschluß zur Bildung des Gesamtpersonalrats bedarf der Zustimmung der Personalräte, und zwar jeweils so vieler Dienststellen, wie zwei Dritteln der vertretenen Dienstkräfte entspricht.

(3) Sind im Bereich einer Körperschaft, Anstalt oder Stiftung des öffentlichen Rechts mehrere Dienststellen vorhanden, so kann mit Zustimmung des jeweils zuständigen Verwaltungsorgans ein Gesamtpersonalrat gebildet werden. Der Beschluß zur Bildung des Gesamtpersonalrats bedarf der Zustimmung der Personalräte aller Dienststellen.

Übersicht	Rn.
Allgemeines	1– 5
Zwingende Bildung eines Gesamtpersonalrates (Abs. 1)	6
Abschließende Aufzählung der Verwaltungsbereiche	7–12
Freigestellte Bildung von Gesamtpersonalräten (Abs. 2)	13, 14
Voraussetzungen	15–18
Auflösung der nach Abs. 2 gebildeten Gesamtpersonalräte	19, 20
Gesamtpersonalräte in Körperschaften, Anstalten oder Stiftungen des öffentlichen Rechts (Abs. 3)	21–23
Rechtsstellung des Gesamtpersonalrates	24–28
Streitigkeiten	29

§ 50

Allgemeines

1 Die Vorschrift regelt die Bildung des Gesamtpersonalrates. Hierbei sind zwei Fälle zu unterscheiden. Nach § 50 Abs. 1 ist in bestimmten Geschäftsbereichen **zwingend** ein Gesamtpersonalrat zu bilden. Hiervon kann weder durch Dienstvereinbarung noch durch Tarifvertrag abgewichen werden. Demgegenüber sehen die Regelungen in § 50 Abs. 2 und 3 lediglich die **Möglichkeit** der Bildung eines Gesamtpersonalrates vor, hier steht es im Ermessen der beteiligten Personalräte, ob sie einen Gesamtpersonalrat schaffen wollen.

2 Nach Umwandlung der Rechtsform von (ehemaligen) Eigenbetrieben des Landes Berlin sind auch BSR, BVG und BWB in den Katalog des Abs. 1 aufgenommen.

3 Eine **vergleichbare** Vorschrift im Bundespersonalvertretungsgesetz fehlt. Dies gilt insbesondere für die nach § 50 Abs. 1 gebildeten Gesamtpersonalräte. Lediglich die nach § 50 Abs. 2 gebildeten Gesamtpersonalräte sind teilweise den nach § 55 BPersVG gebildeten Gesampersonalräten im Bereich des Bundes vergleichbar, wenn auch die einzelnen Voraussetzungen und sonstigen Regelungen unterschiedlich sind.

4 Auch die Vorschriften der §§ 47 ff. BetrVG über die Gesamtbetriebsräte sind weitgehend nicht vergleichbar. Dem steht schon der unterschiedliche organisatorische Aufbau im Bereich des Personalvertretungs- und des Betriebsverfassungsrechts entgegen.

5 Über die Verweisungsnorm des § 68 ist § 50 bei der Bildung der Gesamtjugendvertretung **entsprechend** anwendbar. Auch diese ist daher in den gleichen Bereichen zu bilden, in denen ein Gesamtpersonalrat zu bilden ist oder gebildet werden kann.

Zwingende Bildung eines Gesamtpersonalrates (Abs. 1)

6 Die Errichtung von Gesamtpersonalräten ist für verschiedene Verwaltungsbereiche zwingend vorgeschrieben worden, § 50 Abs. 1. Weder die betroffenen Personalräte noch die Dienstkräfte in dem jeweiligen Bereich können bei Vorliegen der Voraussetzungen des § 50 Abs. 1 von der Bildung eines Gesamtpersonalrates absehen oder aber statt seiner eine andere Vertretung schaffen oder aber die Zuständigkeit des Gesamtpersonalrates auf eine andere Vertretung übertragen. Eine Ausnahme gilt nur dann, wenn die Dienstkräfte des betroffenen Verwaltungsbereichs an der Wahl des Gesamtpersonalrates nicht teilnehmen. Ebenso wie ein Personalrat kann auch ein Gesamtpersonalrat nicht gegen den Willen der Dienstkräfte gebildet werden.

Abschließende Aufzählung der Verwaltungsbereiche

7 § 50 Abs. 1 enthält eine abschließende Aufzählung derjenigen Verwaltungsbereiche, in denen ein Gesamtpersonalrat zu bilden ist. Im einzelnen ergibt sich hierbei folgendes:

8 Zunächst ist für den gesamten Geschäftsbereich der **Polizeibehörde** ein Gesamtpersonalrat zu bilden. Welche Dienststellen im einzelnen zu dem Bereich der Polizeibehörde gehören, ergibt sich dabei aus der Anlage zu § 5 Abs. 1 dieses Gesetzes. Zu beachten ist jedoch, daß nach § 99 Abs. 2 eine Sonderregelung besteht, die auf die Bestimmungen des 9. Landesbeamtenrechtsänderungsgesetzes verweist. Bei der Bildung des Gesamtpersonalrates ist auch zu beachten, daß im Geschäftsbereich der Polizeibehörde die Beamten der Kriminalpolizei einschließlich des Gewerbeaußendienstes eine eigene Gruppe im personalvertretungsrechtlichen Sinne bilden.

Für die Gesamtheit der dem **Senator für Justiz** unterstehenden Gerichte und Behörden der Staatsanwaltschaft des Justizvollzuges ist ebenfalls ein Gesamtpersonalrat zu bilden. Nicht hierzu gehören die Gesamtheiten der Staatsanwälte und Amtsanwälte, § 5 Abs. 2 Nr. 3, sowie der Referendare im Bezirk des Kammergerichts, § 5 Abs. 2 Nr. 4. Diese gelten als eigene Dienststellen, sie bilden auch eigene Personalvertretungen *(vgl. oben § 5 Rn. 51 bis 54).*   9

Weiterhin ist ein Gesamtpersonalrat für den Bereich der **Oberfinanzdirektion Berlin** mit allen Finanzämtern zu bilden. Praktisch wird davon die gesamte dem Senator für Finanzen nachgeordnete Steuerverwaltung erfaßt *(vgl. oben § 5 Rn. 31).*   10

Das gleiche gilt für die Dienststellen im Bereich der für Kulturelle Angelegenheiten sowie für Wissenschaft und Forschung zuständigen Senatsverwaltungen. Eine Ausnahme besteht jedoch hier für die Körperschaften, Anstalten und Stiftungen des öffentlichen Rechts mit eigener Dienstherrnfähigkeit, die also in personellen und sozialen Angelegenheiten eine eigene Entscheidungsbefugnis besitzen. Damit wird auch der Regelung in der Anlage zu § 5 Abs. 1 Rechnung getragen, die in Nr. 1 jede Senatsverwaltung aufführt, in Nr. 13 jedoch die Körperschaften, Anstalten und Stiftungen des öffentlichen Rechts gesondert aufführt. Im einzelnen richtet sich der Umfang der Geschäftsbereiche der betroffenen Senatsverwaltungen nach den Bestimmungen in dem AZG und der DVO – AZG *(vgl. oben § 5 Rn. 16 und 17).*   11

Wegen der Einschränkung in § 50 Abs. 1 Nr. 4 letzter Teil können die Universitäten bei der Bildung des Gesamtpersonalrates für den Bereich der für Wissenschaft und Forschung zuständigen Senatsverwaltung nicht berücksichtigt werden. Die Hochschulen sind Körperschaften des öffentlichen Rechts und zugleich staatliche Einrichtungen. Allerdings haben nur die Universitäten und die Hochschule der Künste das Recht, Dienstverhältnisse zu begründen. Nur diese haben daher die Dienstherrnfähigkeit. Aus diesem Grunde war es auch erforderlich, für die Universitäten in § 50 Abs. 1 Nr. 5 gesondert festzulegen, daß für jede von ihnen ein eigenständiger Gesamtpersonalrat zu bilden sei.   12

Freigestellte Bildung von Gesamtpersonalräten (Abs. 2)

Während in den in § 50 Abs. 1 genannten Bereichen die Bildung von Gesamtpersonalräten zwingend vorgeschrieben ist, stellt die Bestimmung des § 50 Abs. 2 die **Bildung von Gesamtpersonalräten** unter bestimmten Voraussetzungen den jeweils betroffenen Personalräten frei. Ein Zwang zu ihrer Bildung besteht nicht.   13

Die Vorschrift findet nur Anwendung in Fällen des § 6 Abs. 1, in denen also Bestandteile einer Dienststelle wirksam zu Dienststellen i. S. des § 5 Abs. 1 erklärt worden sind *(vgl. zu den Voraussetzungen § 6 Rn. 3ff.).* Ist die Verselbständigung durchgeführt worden, so können die nunmehr bestehenden einzelnen Personalräte die Bildung eines Gesamtpersonalrats gem. § 50 Abs. 2 betreiben.   14

§ 50

Voraussetzungen

15 Erforderlich ist zunächst ein entsprechender **Beschluß** der jeweils betroffenen Personalräte. Dieser Beschluß bedarf der **Zustimmung der Personalräte** so vieler Dienststellen, wie ²/₃ der vertretenen Dienstkräfte entsprechen. Die Beschlußfassung der einzelnen Personalräte erfolgt getrennt, es handelt sich um eine gemeinsame Angelegenheit i.S. des § 33 Abs. 1. Der Beschluß kann mit einfacher Mehrheit gefaßt werden.

16 Weitere Voraussetzung für die Bildung des Gesamtpersonalrates ist, daß die **oberste Dienstbehörde**, der Senator für Inneres und bei Behörden, Gerichten, nichtrechtsfähigen Anstalten und Eigenbetrieben des Landes Berlin auch der Hauptpersonalrat die **Zustimmung erteilt**. Es ist die ausdrückliche Zustimmung sämtlicher beteiligter Stellen erforderlich. Bloßes Schweigen genügt nicht.

17 Die Erteilung der Zustimmung steht im **pflichtgemäßen Ermessen** der beteiligten Stellen. Ein Rechtsanspruch auf Zustimmung zur Bildung des Gesamtpersonalrates besteht nicht. Selbst bei Vorliegen aller Voraussetzungen muß daher dem Antrage der betroffenen Personalräte nicht stattgegeben werden. Insbesondere können bei der Entscheidung über die Zustimmung auch organisatorische Fragen berücksichtigt werden.

18 Wird die Zustimmung erteilt, kann ein Gesamtpersonalrat gebildet werden, wird die Zustimmung verweigert, ist die Bildung eines Gesamtpersonalrates unzulässig. Dies gilt selbst dann, wenn lediglich eine der beteiligten Stellen die Zustimmung nicht erteilt hat. Die Ersetzung der Zustimmung einer der beteiligten Stellen ist nicht möglich.

Auflösung der nach Abs. 2 gebildeten Gesamtpersonalräte

19 § 50 Abs. 2 setzt voraus, daß Dienststellenteile zu eigenen Dienststellen gem. § 6 Abs. 1 erklärt worden sind. Diese einmal beschlossene und durchgeführte **Verselbständigung kann** nach § 6 Abs. 2 wieder **rückgängig gemacht werden** (*vgl. oben § 6 Rn. 25*). Es kann also eine Zusammenlegung ordnungsgemäß geschlossen beantragt und durchgeführt werden. Die Voraussetzungen des § 6 Abs. 2 müssen dabei sämtlich vorliegen. Da mit der Zusammenlegung die Voraussetzungen des § 50 Abs. 2 Satz 1 entfallen, entfällt auch die Grundlage für das Bestehen des Gesamtpersonalrats. Mit der rechtskräftigen Zusammenlegung **erlischt** dessen Amt.

20 Daneben kann der freiwillig nach § 50 Abs. 2 gebildete Gesamtpersonalrat nicht durch Beschlüsse der einzelnen Personalräte mit Zustimmung der obersten Dienstbehörde, des Senators für Inneres und der übrigen betroffenen Stellen wieder abgeschafft werden. Zwar würde auch in diesem Falle eine Grundvoraussetzung für die Bildung des Gesamtpersonalrates entfallen, durch die Wahl nach § 51 hat der Gesamtpersonalrat jedoch eine eigenständige Rechtsposition erlangt, die nicht durch Dritte beseitigt werden kann.

Gesamtpersonalräte in Körperschaften, Anstalten oder Stiftungen des öffentlichen Rechts (Abs. 3)

Schließlich können im Bereich von Körperschaften, Anstalten oder Stiftungen des öffentlichen Rechts *(vgl. zu diesen Begriffen oben § 1 Rn. 21ff.)* Gesamtpersonalräte dann gebildet werden, wenn sie selbst mehrere Dienststellen umfassen. Hier ist als Grundlage für die Bildung des Gesamtpersonalrates im Gegensatz zu der Regelung in § 50 Abs. 2 Satz 2, die einen Mehrheitsbeschluß der betroffenen Personalräte vorsieht, die einheitliche Zustimmung sämtlicher Personalräte erforderlich. Hier ist also ausgeschlossen, daß die Personalräte einzelner Dienststellen überstimmt werden. 21

Auch hier erfolgt die Beschlußfassung der betroffenen Personalräte gem. § 33 Abs. 1, es genügt die einfache Stimmenmehrheit. 22

Die Bildung des Gesamtpersonalrates kann nur mit **Zustimmung des jeweils zuständigen Verwaltungsorgans** getroffen werden. Auch diese Zustimmung ist nicht erzwingbar, sie steht in dem pflichtgemäßen Ermessen des jeweiligen Verwaltungsorgans. Eine Ersetzung der Zustimmung ist nicht möglich. 23

Rechtsstellung des Gesamtpersonalrates

Der Gesamtpersonalrat ist ein **selbständiges personalvertretungsrechtliches Organ,** er ist den Personalräten der einzelnen Dienststellen nicht übergeordnet *(BVerwG vom 15. 8. 1983, E 67, 353).* Er kann daher den einzelnen Personalräten weder Weisungen erteilen, noch kann er verbindliche Richtlinien für den Abschluß von Dienstvereinbarungen aufstellen. Grundsätzlich wachsen ihm auch keine Zuständigkeiten bei fehlender Einigung zwischen Dienststellenleiter und Personalrat der einzelnen Dienststelle zu. Eine Ausnahme von diesem Grundsatz besteht lediglich im Rahmen des § 80 Abs. 2 *(vgl. dazu unten § 80 Rn. 24ff.).* 24

Zwischen Gesamtpersonalrat und Einzelpersonalräten besteht daher ein **Nebeneinander auf gleicher Ebene,** er hat grundsätzlich in seinem Zuständigkeitsbereich die gleichen Rechte und Pflichten wie der Personalrat, was § 54 im einzelnen klarstellt und regelt. 25

Der Gesamtpersonalrat ist auch den einzelnen Personalräten der Dienststellen nicht untergeordnet, er ist also auch nicht verpflichtet, deren Weisungen zu folgen. **Zweck** des Gesamtpersonalrates **ist** in erster Linie **die Gewährleistung einer geschlossenen Interessenvertretung gegenüber dem für die einzelnen Dienststellen zuständigen Dienstherrn.** Hierzu hat er die Möglichkeit, als Verbindungsorgan zwischen den einzelnen Personalräten tätig zu werden und deren Tätigkeit auf freiwilliger Ebene zu koordinieren. Hierbei entspricht die Regelung über die Bildung des Gesamtpersonalrates auch dem Grundsatz, daß eine Personalvertretung an Angelegenheiten ihrer Dienststelle nur insoweit beteiligt werden kann, als diese zur Entscheidung befugt ist. Dieser Grundsatz würde in Bereichen mit mehreren selbständigen Dienststellen eine einheitliche Interessenvertretung erschweren. 26

Die Gesamtpersonalräte sind auch keine Stufenvertretungen wie der Hauptpersonalrat. Während dieser den einzelnen Personalräten übergeordnet ist und auch im Verwaltungsaufbau organisatorisch über den örtlichen Personalräten angesiedelt ist, sind die Gesamtpersonalräte im Verwaltungsaufbau den Personalräten organisatorisch horizontal zugeordnet, d. h., sie bestehen neben den 27

§§ 50, 51

einzelnen Personalräten der einzelnen Dienststellen in einem Verwaltungsbereich. Der Hauptpersonalrat ist daher auch dem Gesamtpersonalrat im personalvertretungsrechtlichen Bereich übergeordnet, dies wird auch aus der Regelung in § 80 Abs. 2 Sätze 3 und 5 deutlich, die im Verfahren bei Nichteinigung auch bei Beteiligung des Gesamtpersonalrates eine Einschaltung des Hauptpersonalrates vorsieht.

28 Für die Amtszeit und die Geschäftsführung der Gesamtpersonalräte gelten die gleichen Regelungen wie für die einzelnen Personalräte, § 52. Die Zuständigkeiten des Gesamtpersonalrates im einzelnen regeln sich nach § 54.

Streitigkeiten

29 Streitigkeiten über die Bildung von Gesamtpersonalräten entscheiden die Verwaltungsgerichte im Beschlußverfahren nach § 91 Abs. 1 Nr. 2.

§ 51 Wahl

(1) Zur Wahl des Gesamtpersonalrats bilden die Angehörigen der Gruppen der betroffenen Dienststellen je einen Wahlkörper, es sei denn, daß die Dienstkräfte jeder Gruppe in getrennter, geheimer Abstimmung die gemeinsame Wahl beschließen.

(2) Der Wahlvorstand wird, wenn ein Gesamtpersonalrat nicht besteht, von den Personalräten des Geschäftsbereichs, für den der Gesamtpersonalrat gewählt werden soll, gemeinsam bestellt. In den Fällen des § 18 und des § 19 bestellt die oberste Dienstbehörde den Wahlvorstand.

(3) Die Wahl kann von mindestens 20 Wahlberechtigten angefochten werden. Im übrigen gelten die §§ 12 bis 16, § 17 Abs. 1 und §§ 20 bis 22 über Wahl und Wahlanfechtung entsprechend.

Übersicht	Rn.
Allgemeines	1– 3
Wahlgrundsätze	4, 5
Gruppenprinzip	6– 8
Bildung des Wahlvorstandes	9–12
Wahlanfechtung	13, 14
Streitigkeiten	15

Allgemeines

1 § 51 enthält die Regelungen über die Wahl des Gesamtpersonalrates. Die besondere Gruppenvertretung in § 51 Abs. 1 trägt der Tatsache Rechnung, daß in den einzelnen Dienststellen Angehörige verschiedenster Gruppen in unterschiedlicher Rechtsstellung beschäftigt sein können. Insoweit enthält die Vorschrift eine Abweichung von den Grundsätzen, die bei der Wahl der Personalräte gelten. Im übrigen wird weitgehend auf die Bestimmungen, die für die Wahl der Personalräte gelten, verwiesen.

2 Eine **vergleichbare Regelung** im Bundespersonalvertretungsrecht **fehlt**. Die dortigen Bestimmungen in § 56 i. V. m. § 53 Abs. 2 und 3 BPersVG können

nur sehr begrenzt für die Auslegung herangezogen werden. Eine vergleichbare Regelung im Betriebsverfassungsrecht fehlt, da dort der Gesamtbetriebsrat nicht durch Wahl der Arbeitnehmer des Unternehmens erfolgt, sondern durch Entsendung von Mitgliedern aus den einzelnen Betriebsräten, § 47 Abs. 2 BetrVG.

Die Vorschrift ist **zwingend**, von ihr kann weder durch Dienstvereinbarung noch durch Tarifvertrag abgewichen werden. 3

Wahlgrundsätze

Der Gesamtpersonalrat wird von den Dienstkräften der jeweils betroffenen Dienststellen **unmittelbar** gewählt. Die Wahlen erfolgen grundsätzlich nach den gleichen Vorschriften wie die Wahlen der einzelnen Personalräte, § 30 Abs. 1 WO. Die Einzelheiten des Wahlverfahrens sind in dem zweiten Teil der Wahlordnung in den §§ 30 ff. WO geregelt. Bei der Anwendung dieser Vorschriften ist zu beachten, daß entgegen dem Wortlaut des § 51 Abs. 2, der nur einen Wahlvorstand kennt, in den Bestimmungen der Wahlordnung von einem Gesamtwahlvorstand gesprochen wird. 4

Nach § 51 Abs. 3 gelten die §§ 12–16, 17 Abs. 1 und 20–22 über die Wahl und die Wahlanfechtung bezüglich der Personalräte entsprechend. Insbesondere gelten daher die gleichen Bestimmungen über die Wahlberechtigung, Wählbarkeit, Gruppenvertretung, Wahldurchführung und Kostenfragen. Außerdem ist damit festgelegt, daß die Wahl grundsätzlich nach den Regeln der Verhältniswahl durchgeführt wird. 5

Gruppenprinzip

§ 51 Abs. 1 trägt der Tatsache Rechnung, daß in den einzelnen Dienststellen Angehörige verschiedener Gruppen in unterschiedlicher Zahl beschäftigt sein können. Aus diesem Grunde ist festgelegt worden, daß die **Angehörigen der Gruppen** der betroffenen Dienststellen je einen Wahlkörper bilden. 6

Von diesem Prinzip kann nur abgewichen werden, wenn die Dienstkräfte jeder Gruppe in getrennter und geheimer Abstimmung die gemeinsame Wahl beschließen. Im Gegensatz zu § 16 Abs. 2, der bei der Wahl des Einzelpersonalrats die Möglichkeit der gemeinsamen Wahl regelt, ist hier nur Voraussetzung, daß die **Mehrheit** der an der Vorabstimmung teilnehmenden Dienstkräfte der **betroffenen Gruppen** für eine gemeinsame Wahl stimmt. Es ist nicht notwendig, daß die Mehrheit der wahlberechtigten Angehörigen jeder Gruppe der gemeinsamen Wahl zustimmt. 7

Auch hier können an der Vorabstimmung nur die wahlberechtigten Dienstkräfte teilnehmen. Dies ergibt sich daraus, daß die Vorabstimmung der Vorbereitung der Wahl dient, auch an dieser können ebenso wie an der Wahl lediglich wahlberechtigte Dienstkräfte teilnehmen. Sonst würde man bei Zulassung der Abstimmung auch durch nichtwahlberechtigte Dienstkräfte ermöglichen, daß diese letztlich den Ausgang der endgültigen Wahl wesentlich beeinflussen könnten. Damit wäre aber der Sinn der Schaffung einer besonderen Wahlberechtigung weitgehend eingeschränkt. 8

Bildung des Wahlvorstandes

9   Grundsätzlich ist der Wahlvorstand von dem bestehenden Gesamtpersonalrat in entsprechender Anwendung des § 17 Abs. 1 zwei Monate vor Ablauf seiner Amtszeit zu bestellen.

10 Besteht noch kein Gesamtpersonalrat, so haben die Personalräte des betroffenen Geschäftsbereichs den Wahlvorstand gemeinsam zu bestellen. Dies erfolgt auf einer **gemeinsamen Sitzung sämtlicher Personalräte**. Eine Mehrheitsentscheidung ist erforderlich. Da Verfahrensregelungen insoweit nicht bestehen, sind die einzelnen Personalräte in der Gestaltung des Verfahrens der Bestellung des Wahlvorstandes weitgehend frei. Es wird daher auch zulässig sein, den Wahlvorstand im Wege des Umlaufverfahrens bei den einzelnen Personalräten zu bestellen. In diesem Falle müssen jedoch die einzelnen Personalräte entsprechende Beschlüsse fassen.

11 Wird kein Wahlvorstand bestellt oder bleibt dieser trotz seiner Bestellung untätig, so kann die **oberste Dienstbehörde** in entsprechender Anwendung der §§ 18 und 19 auf Antrag von mindestens drei Wahlberechtigten oder einer in der Dienststelle vertretenen Gewerkschaft bzw. einem Berufsverband einen Wahlvorstand bestellen.

12 Eine Bestellung des Wahlvorstandes durch eine »Gesamtpersonalversammlung« in entsprechender Anwendung von § 17 Abs. 2 oder 3 scheidet aus, der Gesetzgeber hat die Anwendbarkeit dieser Regelungen in § 51 Abs. 3 ausdrücklich ausgenommen, da diese organisatorisch kaum durchführbar wäre.

Wahlanfechtung

13 Die Wahlanfechtung erfolgt nach den Grundsätzen des § 22. Eine Besonderheit enthält die Regelung des § 51 Abs. 3 Satz 1 nur insoweit, als die Wahl nur von mindestens 20 Wahlberechtigten angefochten werden kann. Hierbei ist es jedoch unerheblich, ob die Anfechtungsberechtigten aus einer einzelnen Dienststelle oder aber aus mehreren Dienststellen kommen.

14 § 51 Abs. 3 Satz 1 enthält nicht lediglich eine Ausnahme bezüglich des Anfechtungsrechts der Dienstkräfte, sondern regelt seinem Wortlaut nach abschließend das Anfechtungsrecht überhaupt. Daher besteht ein **Anfechtungsrecht** der in einer der Dienststellen **vertretenen Gewerkschaften** bzw. der **Berufsverbände** gem. § 22 Abs. 1 Satz 1 **nicht**. Die Verweisung auf § 22 in § 51 Abs. 3 Satz 2 betrifft lediglich die formellen Voraussetzungen bezüglich des Wahlanfechtungsverfahrens und der materiellen Anfechtungsgründe.

Streitigkeiten

15 Streitigkeiten im Bereich der Wahl der Gesamtpersonalräte entscheiden die Verwaltungsgerichte im Beschlußverfahren gem. § 91 Abs. 1 Nrn. 1 und 2.

§ 52 Amtszeit und Geschäftsführung

Für die Amtszeit und die Geschäftsführung des Gesamtpersonalrats gelten die §§ 23 bis 34, die §§ 37 bis 42 und § 44 entsprechend.

§ 52

Übersicht Rn.

Allgemeines 1– 5
Amtszeit 6– 9
Geschäftsführung 10–12
Streitigkeiten 13

Allgemeines

Die Vorschrift regelt die Amtszeit und die Geschäftsführung und damit im wesentlichen die innere Organisation des Gesamtpersonalrats durch **Bezugnahme** auf die für die Personalräte geltenden Vorschriften. **1**

Die Regelung der Amtszeit der Personalräte (4 Jahre) betrifft daher auch die Amtszeit des Gesamtpersonalrats. **2**

§§ 56 i.V.m. 54 Abs. 1 Halbsatz 1 BPersVG sowie § 51 Abs. 1 Satz 1 BetrVG enthalten insoweit **vergleichbare** Regelungen, als auch in diesen Vorschriften hinsichtlich der Regelungen bezüglich der Amtszeit und der Geschäftsführung des Gesamtpersonalrats bzw. des Gesamtbetriebsrats auf die Regelungen für die Personalräte bzw. Betriebsräte verwiesen wird. **3**

Die Vorschrift ist **zwingend**, abweichende Vereinbarungen sind weder durch Dienstvereinbarung noch durch Tarifvertrag möglich. **4**

Durch die Verweisung auf die für die Personalräte geltenden Vorschriften wird ausgeschlossen, daß diese Bestimmungen für den Gesamtpersonalrat mit einer anderen Bedeutung verwendet werden können *(Grabendorff u.a., BPersVG, § 54 Rn. 2)*. Bei der Auslegung ist von den gleichen Auslegungsgrundsätzen auszugehen. **5**

Amtszeit

Die Amtszeit des Gesamtpersonalrats ist nicht an diejenige der neben ihm bestehenden Einzelpersonalräte gebunden. Vielmehr bestimmt sich die Amtszeit des Gesamtpersonalrats eigenständig unter entsprechender Anwendung der §§ 23 bis 28. Sie beträgt daher grundsätzlich auch 4 Jahre. Die regelmäßige Amtszeit endet dabei auch spätestens am 15. Dezember des Jahres, in dem die regelmäßigen Wahlen stattfinden. **6**

Bezüglich der Neuwahl aus besonderen Gründen sind die Regelungen des § 24 entsprechend anwendbar. Eine vorzeitige Beendigung der Amtszeit des Gesamtpersonalrats durch Rückgängigmachung der Erklärungen der Einzelpersonalräte gem. § 50 Abs. 2 ist nicht möglich, durch nachträgliche Erklärungen der einzelnen Personalräte können nicht die Voraussetzungen für die Bildung des Gesamtpersonalrats wieder beseitigt werden *(vgl. oben § 50 Rn. 20)*. **7**

Für die Beendigung der Mitgliedschaft der einzelnen Gesamtpersonalratsmitglieder gelten die Regelungen des § 26 entsprechend. Eine Besonderheit ergibt sich hierbei nur bezüglich des Erlöschensgrundes des § 26 Abs. 1 Nr. 4. Ein Ausscheiden aus der Dienststelle liegt bei einem Mitglied des Gesamtpersonalrats nur dann vor, wenn es aus dem gesamten Zuständigkeitsbereich des Gesamtpersonalrats ausscheidet. Der Wechsel der konkreten Beschäftigungsdienststelle ist unerheblich. **8**

Eine weitere Besonderheit gilt im Bereich des Antrages gem. § 25. Die **Antragsberechtigung der Gewerkschaften bzw. der Berufsverbände** besteht hier auch **9**

397

dann, wenn sie in dem gesamten Bereich, also mindestens in einer Dienststelle, vertreten sind. Es ist nicht erforderlich, daß sie in sämtlichen Dienststellen vertreten sind. Bezüglich der Antragsberechtigung der Dienstkräfte ist maßgeblich, daß der Antrag von einem Viertel der Wahlberechtigten des Bereichs, für den der Gesamtpersonalrat gebildet ist, gestellt wird. Unerheblich ist, aus wieviel Dienststellen diese Dienstkräfte kommen. Entscheidend ist allein die Zahl.

Geschäftsführung

10 Die Geschäftsführung des Gesamtpersonalrats einschließlich seiner internen Organisation ist entsprechend den Vorschriften der §§ 29 bis 34, 37 bis 42 und 44 durchzuführen. Die Bestimmungen über die Beteiligung der Jugendvertretung und die Beteiligung des Vertrauensmannes der Schwerbehinderten finden hierbei ebensowenig Anwendung wie die Bestimmung des § 43 über die Freistellungen. Bezüglich der Freistellungen enthält § 53 insoweit eine besondere Regelung.

11 Wegen der weiteren Vorschriften, die sich mit der Geschäftsführung befassen, ergeben sich keine grundsätzlichen Abweichungen gegenüber den Regelungen, die für die einzelnen Personalräte gelten. Auch bezüglich der Kostentragungspflicht des § 40 ergeben sich keine wesentlichen Abweichungen, auch hier hat die **Verwaltung** diejenigen **Kosten zu tragen**, die durch die Tätigkeit des Gesamtpersonalrats entstehen. Diese Kosten sind in der Regel bei derjenigen Dienststelle haushaltsmäßig zu erfassen, bei der der Gesamtpersonalrat gebildet ist. Hier kann jedoch auch im Rahmen der haushaltsrechtlichen Bestimmungen ggf. eine Aufteilung von Kosten innerhalb des gesamten Geschäftsbereiches erfolgen.

12 Auch der **persönliche Schutz der Mitglieder** des Gesamtpersonalrats richtet sich in entsprechender Anwendung des § 44 nach den gleichen Grundsätzen, die auch für die Mitglieder des Personalrats gelten. Auch hier ist in Ergänzung die Regelung des § 107 BPersVG zu beachten, die untersagt, daß Personen, die Aufgaben oder Befugnisse nach dem Personalvertretungsrecht wahrnehmen, darin behindert oder wegen ihrer Tätigkeit benachteiligt oder begünstigt werden.

Streitigkeiten

13 Streitigkeiten bezüglich der Amtszeit und der Geschäftsführung der Gesamtpersonalräte entscheiden die Verwaltungsgerichte im Beschlußverfahren gem. § 91 Abs. 1 Nrn. 2 und 3.

§ 53 Freistellungen

Von ihrer dienstlichen Tätigkeit sind auf Antrag des Gesamtpersonalrats freizustellen im Bereich eines Gesamtpersonalrats mit in der Regel
2 001 bis 4 000 Dienstkräften ein Mitglied des Gesamtpersonalrats,
4 001 bis 6 000 Dienstkräften zwei Mitglieder des Gesamtpersonalrats,
6 001 bis 10 000 Dienstkräften drei Mitglieder des Gesamtpersonalrats.
Gehören zum Geschäftsbereich des Gesamtpersonalrats mehr als 10 000 Dienstkräfte, so ist für je weitere angefangene 5 000 Dienstkräfte ein weiteres Mitglied des Gesamtpersonalrats vom Dienst freizustellen. § 42 Abs. 3 und 4 und § 43 Abs. 1 Satz 3 bis 7 und Abs. 2 gelten entsprechend.

§ 53

Übersicht

	Rn.
Allgemeines	1– 4
Freistellungsanspruch	5– 8
Gruppenprinzip	9
Sonstige Anwendbarkeit des § 43	10–13
Freistellungsstaffel	14
Schulungsveranstaltungen	15, 16
Streitigkeiten	17

Allgemeines

§ 53 regelt den kollektiven Anspruch des Gesamtpersonalrats auf Freistellung von einzelnen seiner Mitglieder. Die Bestimmung tritt an die Stelle der Regelung in § 43 und enthält gegenüber dieser eine **eigenständige Freistellungsstaffel**, die auf die Besonderheiten der Gesamtpersonalräte abgestellt ist. **1**

Daneben findet für die einzelnen Mitglieder des Gesamtpersonalrats die Bestimmung des § 42 aufgrund der Verweisungsnorm des § 52 entsprechende Anwendung, so daß neben dem Anspruch auf vollständige Freistellung einzelner Mitglieder auch die Möglichkeit der Freistellung für bestimmte Tätigkeiten im Rahmen des § 42 Abs. 2 bis 4 gegeben ist. Insbesondere können die Mitglieder des Gesamtpersonalrats auch an Schulungsveranstaltungen gem. § 42 Abs. 3 und 4 teilnehmen. **2**

Vergleichbare Bestimmungen bestehen weder im Bundespersonalvertretungsgesetz noch im Betriebsverfassungsgesetz. **3**

Die Vorschrift ist **zwingend**. Abweichungen von der in ihr enthaltenen Freistellungsstaffel können nur unter den Voraussetzungen des § 53 Abs. 2 vorgenommen werden. **4**

Freistellungsanspruch

Der Freistellungsanspruch steht dem **Gesamtpersonalrat als Kollektiv** zu. Er muß über die Freistellung durch Beschluß entscheiden, hierbei findet die Bestimmung des § 33 Abs. 1 entsprechende Anwendung, es handelt sich um eine gemeinsame Angelegenheit. Für die Beschlußfassung reicht die einfache Mehrheit der anwesenden Mitglieder des Gesamtpersonalrats aus. **5**

Der Antrag auf Freistellung richtet sich gegen diejenige Dienststelle, bei der die Dienstkraft beschäftigt ist, deren Freistellung beantragt wird. Der Antrag ist nicht zu richten an die Dienststelle, bei der der Gesamtpersonalrat gebildet worden ist, da über die Freistellung immer nur diejenigen Dienststellen entscheiden können, die von der Freistellung unmittelbar betroffen werden. **6**

Hinsichtlich der Auswahl der freizustellenden Mitglieder des Gesamtpersonalrats gelten die gleichen Grundsätze wie bei der Freistellung von Personalratsmitgliedern nach § 43. Insoweit kann auf die Kommentierung zu § 43 Rn. 22 ff. in vollem Umfange verwiesen werden. **7**

Eine Entscheidungsbefugnis der Dienststelle, ob sie der Freistellung zustimmt oder nicht, besteht in der Regel nicht. Auch insoweit gelten hier die gleichen Grundsätze wie bei § 43 *(vgl. § 43 Rn. 22 ff.)*. Dies ergibt sich aus dem Wortlaut des Gesetzes, das auch hier ausdrücklich festlegt, daß auf Antrag des Gesamtpersonalrats Mitglieder entsprechend der Freistellungsstaffel »freizustellen sind«. **Ermessensspielräume der Dienststelle bestehen** hierbei **nicht**. **8**

Gruppenprinzip

9 Durch die Verweisung in § 53 Abs. 2 Satz 2 auf die Regelung des § 43 Abs. 1 Satz 3 ist auch der Gesamtpersonalrat verpflichtet, bei der Freistellung von einzelnen Mitgliedern das Gruppenprinzip angemessen zu berücksichtigen. Wenn hierbei auch nicht rein mathematisch vorgegangen werden muß, so darf doch der Gesamtpersonalrat die Gruppenstärke nicht völlig außer acht lassen *(vgl. zu den Einzelheiten oben § 43 Rn. 19).*

Sonstige Anwendbarkeit des § 43

10 Ferner sind die Regelungen des § 43 Abs. 1 Sätze 4 bis 7 sowie Abs. 2 entsprechend auch für die Freistellungen nach § 53 anzuwenden. Das bedeutet, daß die Freistellung auch für die Mitglieder des Gesamtpersonalrats **nicht zu einer Beeinträchtigung ihres beruflichen Werdeganges** führen darf. Eine Freistellung der Beamten im Vorbereitungsdienst, in der Einführungszeit und in der Probezeit sowie anderer in der Ausbildung stehender Dienstkräfte kommt bei einer Tätigkeit im Gesamtpersonalrat nicht in Betracht.

11 Auch ist das **Entgelt** für die von ihrer Dienstleistung freigestellten Mitglieder des Gesamtpersonalrats in entsprechender Anwendung des § 42 Abs. 2 Satz 1 zu gewähren. Zulagen, Zuschläge und sonstige Entschädigungen sind dabei in dem Umfange weiter zu gewähren, als wäre das freigestellte Mitglied des Gesamtpersonalrats nicht freigestellt worden *(vgl. zu den Einzelheiten oben § 43 Rn. 25 ff. sowie § 42 Rn. 22 ff.).*

12 Ferner sieht § 53 Abs. 2 Satz 2 die entsprechende Anwendbarkeit der Regelung des § 43 Abs. 2 vor. Das bedeutet, daß unter gewissen Voraussetzungen eine **Erweiterung der Zahl der freizustellenden Mitglieder** des Gesamtpersonalrats erfolgen kann. Erforderlich ist hierfür, daß nach Umfang und Art des Verwaltungsbereiches, für den der Gesamtpersonalrat gebildet worden ist, eine weitere Freistellung zur ordnungsgemäßen Durchführung der Aufgaben des Gesamtpersonalrats erforderlich ist. Ein zwingender Anspruch des Gesamtpersonalrats auf zusätzliche Freistellungen besteht jedoch nicht.

13 Ferner kann die oberste Dienstbehörde **Ausnahmen** von dem Freistellungsverbot für Beamte in der Probezeit zulassen, soweit nicht die Gefahr besteht, daß der Zweck der Probezeit hierdurch beeinträchtigt wird. Auch hier besteht ein Ermessensspielraum der obersten Dienstbehörde, ein Anspruch des Gesamtpersonalrats bzw. des einzelnen Mitgliedes besteht nicht.

Freistellungsstaffel

14 Die Freistellungsstaffel ist in § 53 Abs. 1 festgelegt, eine entsprechende Anwendbarkeit des § 43 Abs. 1 Satz 1 ist nicht möglich. Die Staffel ist zwingend, von ihr kann nur unter den Voraussetzungen des § 53 Satz 3 in Verbindung mit § 43 Abs. 2 Satz 1 zugunsten des Gesamtpersonalrats abgewichen werden. Eine Verringerung der Zahl der freizustellenden Mitglieder des Gesamtpersonalrats ist unzulässig, dies kann nur dann eintreten, wenn der Gesamtpersonalrat von seinem Recht auf Freistellung keinen Gebrauch macht. Verzichtet der Gesamtpersonalrat auf die Geltendmachung der Freistellungen, so kann dies nur dann ein grober Verstoß gegen seine gesetzlichen Pflichten im Sinne des § 25 sein, wenn dadurch seine Aufgabenerfüllung beeinträchtigt wird. Maßgeblich ist hierbei der jeweilige Einzelfall.

Schulungsveranstaltungen

In § 53 Satz 3 ist nochmals ausdrücklich festgehalten worden, daß die Regelungen des § 42 Abs. 3 und 4 bezüglich der Teilnahme an Schulungs- und Bildungsveranstaltungen auch für die Mitglieder des Gesamtpersonalrats Anwendung finden. Diese Regelung in § 53 ist überflüssig, da bereits in § 52 die gesamte Bestimmung des § 42 für entsprechend anwendbar erklärt wurde. Wegen der Möglichkeiten der Schulungsveranstaltungen vgl. im einzelnen die Erläuterungen bei § 42 Rn. 27 ff.

15

16

Streitigkeiten

Streitigkeiten im Bereich der Freistellungen der Mitglieder des Gesamtpersonalrats entscheiden die Verwaltungsgerichte im Beschlußverfahren gem. § 91 Abs. 2 Nr. 3. Dies gilt auch für Streitigkeiten, bei denen es um die Freistellung für einzelne Tätigkeiten gem. § 52 i. V. m. § 42 Abs. 2 geht. Hinsichtlich der Streitigkeiten bezüglich der Teilnahme an Schulungsveranstaltungen und der Erstattung der dadurch entstehenden Kosten gelten die gleichen Grundsätze wie bei § 42, vgl. dazu die Erläuterungen bei § 42 Rn. 55 ff.

17

§ 54 Zuständigkeit

Der Gesamtpersonalrat ist zuständig für die Beteiligung an Angelegenheiten, die mehrere Dienststellen seines Geschäftsbereichs betreffen. Er hat die Personalräte bei der Durchführung ihrer Aufgaben zu beraten und zu unterstützen. Die Personalräte können dem Gesamtpersonalrat mit dessen Zustimmung ihnen obliegende Aufgaben und Befugnisse übertragen; dies gilt nicht für Einzelpersonalangelegenheiten, soweit sie nicht von grundsätzlicher Bedeutung sind. § 50 Abs. 2 Satz 2 gilt entsprechend.

Übersicht

	Rn.
Allgemeines	1– 4
Gesetzliche Zuständigkeit	5–10
Koordinierungsfunktion	11–13
Übertragung von Zuständigkeiten	14–19
Einzelne Personalangelegenheiten	20
Durchführung der Aufgaben	21
Streitigkeiten	22

Allgemeines

Die Vorschrift regelt die Zuständigkeit des Gesamtpersonalrats. Aus ihr wird deutlich, daß er ein selbständiges personalvertretungsrechtliches Organ ist, den **Einzelpersonalräten weder übergeordnet noch untergeordnet**. Der Gesamtpersonalrat kann den Einzelpersonalräten weder Weisungen erteilen, ihnen Aufgaben entziehen, noch ist er Weisungen seitens der Einzelpersonalräte unterworfen.

1

2 Im Rahmen des § 54 sind drei verschiedene Zuständigkeiten zu unterscheiden. Satz 1 regelt die **gesetzliche Zuständigkeit** des Gesamtpersonalrats: Sie betrifft die Beteiligung an Angelegenheiten, die mehrere Dienststellen des Geschäftsbereichs betreffen, für der der Gesamtpersonalrat gebildet ist. Daneben steht die in Satz 2 geregelte **Koordinierungsfunktion** des Gesamtpersonalrats: Er hat die Personalräte bei der Durchführung ihrer Aufgaben zu beraten und zu unterstützen; dies liegt jedoch außerhalb der Wahrnehmung von Beteiligungsrechten im engeren Sinne. Die Koordinierungsfunktion liegt in erster Linie auf organisatorischer Ebene. Daneben können die Personalräte, die dem Bereich angehören, für den der Gesamtpersonalrat gebildet ist, diesem in gewissem Umfange Aufgaben und Befugnisse übertragen. Hier erhält der Gesamtpersonalrat kraft **Delegation** Zuständigkeiten, die an sich den Einzelpersonalräten zustehen würden.

3 Die Zuständigkeit des Gesamtpersonalrats ist im Bereich des Bundespersonalvertretungsrechts in § 82 BPersVG geregelt worden. In § 50 BetrVG ist die Zuständigkeit des Gesamtbetriebsrats geregelt. Beide Vorschriften sind für die Anwendbarkeit des § 54 nur von sehr begrenzter Bedeutung, da sie den unterschiedlichen organisatorischen Strukturen im Bereich des Bundespersonalvertretungsrechts bzw. des Betriebsverfassungsrechts Rechnung tragen.

4 Die Bestimmung ist zwingend, von ihr kann weder durch Dienstvereinbarung noch durch Tarifvertrag abgewichen werden.

Gesetzliche Zuständigkeit

5 Die Regelung der gesetzlichen Zuständigkeit knüpft an die Tatsache an, daß eine Personalvertretung an Angelegenheiten ihrer Dienststelle nur insoweit beteiligt werden kann, als diese selbst zur Entscheidung befugt ist (*vgl. BVerwG vom 14. 4. 1961, E 12, 194*). Dem entspricht es auch, daß eine Abgrenzung der Zuständigkeit des Gesamtpersonalrats vom sachlichen Inhalt her nicht erfolgt ist.

6 Die gesetzliche Zuständigkeit des Gesamtpersonalrats richtet sich danach, ob der Bereich eines Personalrats überschritten wird. Die Zuständigkeit besteht für die Beteiligung an denjenigen **Angelegenheiten, die mehr als eine Dienststelle** des Verwaltungsbereiches **betreffen,** für den der Gesamtpersonalrat gebildet worden ist. Die Aufgaben des Gesamtpersonalrats sind daher nicht konkret dienststellenbezogen, sondern vielmehr auf Bereiche gerichtet, die mehr als eine Dienststelle erfassen. Dies kann insbesondere im Bereich der Verwaltungsorganisation und der sozialen Angelegenheiten der Fall sein, beispielsweise wenn für einen größeren Verwaltungsbereich eine einheitliche Regelung der täglichen Arbeitszeit geschaffen werden soll.

7 Mehrere Dienststellen in einem Verwaltungsbereich sind nur dann betroffen i. S. des § 54 Satz 1, wenn die Angelegenheit **unmittelbar Auswirkungen** auf mehr als eine Dienststelle hat. Das bloß mittelbare Betroffensein reicht hierbei nicht aus. Die bloße Zweckmäßigkeit der Beteiligung des Gesamtpersonalrats reicht für eine Zuständigkeit nach § 54 Satz 1 nicht aus.

8 Eine gesetzliche **Zuständigkeit** des Gesamtpersonalrats in **personellen Angelegenheiten scheidet in der Regel aus.** Personelle Angelegenheiten als solche betreffen jeweils nur eine konkrete Dienststelle, so daß andere Dienststellen nicht unmittelbar betroffen sein können. Aus diesem Grunde sieht auch die Bestimmung in § 54 Satz 3 ausdrücklich vor, daß Einzelpersonalangelegenheiten nur dann auf den Gesamtpersonalrat übertragen werden können, wenn sie von grundsätzlicher Bedeutung sind.

Die Beteiligung des Gesamtpersonalrats hat durch diejenige Dienststelle zu erfolgen, die über die betreffende Angelegenheit zu entscheiden hat. Welche Dienststelle dies ist, ergibt sich aus der Verwaltungsorganisation im einzelnen, sei es, daß diese in einer gesetzlichen Regelung enthalten ist, sei es, daß diese sich lediglich aus der Satzung, der Geschäftsordnung oder der sonstigen Behördenorganisation ergibt. **9**

Für Art und Form der Beteiligung gelten keine Besonderheiten, die Beteiligung hat nach den gleichen Grundsätzen zu erfolgen wie bei den Einzelpersonalräten. **10**

Koordinierungsfunktion

Neben seiner gesetzlichen Zuständigkeit im Bereich der Beteiligung hat der Gesamtpersonalrat die **Aufgabe, die Einzelpersonalräte** bei der Durchführung ihrer Aufgabe **zu beraten** und **zu unterstützen**, § 54 Satz 2. Zweck dieser Regelung ist es, auch im Bereich derjenigen personalvertretungsrechtlichen Maßnahmen, die nicht über eine Dienststelle hinausgreifen, in dem gesamten Verwaltungsbereich eine möglichst einheitliche Linie zu finden. Dem Gesamtpersonalrat soll die Möglichkeit eröffnet sein, durch Informationserteilung und sonstige Unterstützung eine Koordinierung der Interessenvertretung in dem gesamten Verwaltungsbereich zu erreichen. **11**

Die Pflicht des Gesamtpersonalrats zur Beratung und Unterstützung der einzelnen Personalräte beinhaltet auch, daß diese sich jederzeit an den Gesamtpersonalrat wenden können. Gleichzeitig ergibt sich hieraus die Verpflichtung des Gesamtpersonalrats, daß er vor jeder Entscheidung, die eine einzelne Dienststelle betrifft, dem Personalrat dieser Dienststelle die Möglichkeit zur Stellungnahme eröffnet. Dessen Stellungnahme muß Grundlage der Beratungen des Gesamtpersonalrats sein. **12**

Durch die Koordinierungsfunktion wird dem Gesamtpersonalrat nicht die Möglichkeit gegeben, von sich aus Zuständigkeiten an sich zu ziehen. Vielmehr verbleibt es hier bei der Primärzuständigkeit der Einzelpersonalräte. **13**

Übertragung von Zuständigkeiten

Schließlich sieht § 54 Satz 3 vor, daß die Personalräte des jeweiligen Verwaltungsbereiches, für den ein Gesamtpersonalrat gebildet ist, diesem ihnen obliegende **Aufgaben** und **Befugnisse übertragen** können. Voraussetzung für die Übertragung ist ein entsprechender Beschluß der Personalräte der betroffenen Verwaltungsbereiche. Durch die Verweisung auf § 50 Abs. 2 Satz 2 ist klargestellt, daß der entsprechende Beschluß der Zustimmung der Personalräte von so vielen Dienststellen bedarf, wie es zwei Dritteln der vertretenen Dienstkräfte entspricht. Es ist daher eine qualifizierte Mehrheit der betroffenen Einzelpersonalräte erforderlich *(vgl. zu den Einzelheiten auch oben § 50 Rn. 15 ff.)*. **14**

Ferner ist die **Zustimmung des Gesamtpersonalrats** erforderlich. Diesem können auch durch Mehrheitsbeschluß der einzelnen Personalräte nicht gegen seinen Willen Angelegenheiten übertragen werden. Der Gesamtpersonalrat ist auch nicht verpflichtet, den Auftrag zu übernehmen. Die Zustimmung zur **15**

§ 54

Übertragung von Aufgaben und Befugnissen bedarf ebenso wie ihre Ablehnung eines **Beschlusses** des Gesamtpersonalrats.

16 Grundsätzlich ist nur die Übertragung **bestimmter einzelner Angelegenheiten** auf den Gesamtpersonalrat zulässig. Eine Delegation ganzer Sachbereiche ist unzulässig *(BAG vom 26. 1. 1993, AiB 1993, 458)*. Damit würde nämlich der Einzelpersonalrat praktisch auf seine personalvertretungsrechtlichen Befugnisse verzichten. Allerdings kann auch die Übertragung solcher Angelegenheiten zulässig sein, die eine Vielzahl von gleichgerichteten Einzelfällen erfassen, erforderlich ist jedoch in jedem Falle, daß die Angelegenheiten konkret umschrieben und abgegrenzt sind.

17 Die Einzelpersonalräte können in ihrem Beschluß festlegen, inwieweit die Übertragung der Aufgaben und Befugnisse auf den Gesamtpersonalrat erfolgen soll. Hierbei können sie einmal den Gesamtpersonalrat mit der Wahrnehmung der gesamten Angelegenheit einschließlich der Entscheidungsbefugnis beauftragen, auf der anderen Seite können sie jedoch die Übertragung dahin gehend beschränken, daß der Gesamtpersonalrat lediglich die Verhandlung in der Angelegenheit führen soll. Die Entscheidungsbefugnis verbliebe dann bei den Einzelpersonalräten.

18 Da die Zustimmung mehrerer Einzelpersonalräte erforderlich ist, werden in der Regel nur Angelegenheiten auf den Gesamtpersonalrat übertragen werden können, die zumindest mittelbar mehrere Einzelpersonalräte bzw. Dienststellen betreffen.

19 **Unzulässig ist die Delegation organisatorischer Befugnisse.** Beispielsweise können die Einzelpersonalräte nicht den Gesamtpersonalrat damit beauftragen, für sie Geschäftsordnungen zu schaffen. Auch ist es unzulässig, wenn die Einzelpersonalräte die Durchführung der nach § 54 erforderlichen Personalversammlungen auf den Gesamtpersonalrat übertragen.

Einzelne Personalangelegenheiten

20 Eine ausdrückliche **Ausnahme** von der Übertragungsbefugnis sieht das Gesetz in § 54 Satz 3 letzter Halbsatz für einzelne Personalangelegenheiten vor. Diese können grundsätzlich **nicht zur Wahrnehmung auf den Gesamtpersonalrat übertragen werden**. Eine Ausnahme gilt lediglich dann, wenn sie von grundsätzlicher Bedeutung sind. Der Begriff der grundsätzlichen Bedeutung ist hier in Anlehnung an die Koordinierungsfunktion des Gesamtpersonalrats dahin gehend zu präzisieren, daß von den Einzelpersonalangelegenheiten zumindest mittelbar mehrere Dienststellen innerhalb des Verwaltungsbereichs betroffen werden müssen. Maßgeblich ist hierbei weder die Person der Dienstkraft, bezüglich derer eine Personalangelegenheit durchgeführt werden soll, noch die Höhe der Besoldung. Allein entscheidend ist, ob der Dienstposten Zuständigkeiten vorsieht, die zumindest mittelbar über eine einzelne Dienststelle hinausgreifen. Eine grundsätzliche Bedeutung wäre außerdem gegeben, wenn mit der Einzelentscheidung gleichzeitig auch zumindest präjudiziell Personalangelegenheiten in anderen Dienststellen des betroffenen Verwaltungsbereichs festgelegt werden würden.

Durchführung der Aufgaben

Die Durchführung der Aufgaben des Gesamtpersonalrats richtet sich im wesentlichen nach den gleichen Grundsätzen wie bei dem Personalrat. Der Gesamtpersonalrat kann im Rahmen seiner Zuständigkeiten auch Dienstvereinbarungen mit der jeweils zuständigen Dienststelle abschließen. Diese gehen grundsätzlich denjenigen Dienstvereinbarungen vor, die für einen kleineren Bereich getroffen worden sind, § 74 Abs. 2 Satz 1. 21

Streitigkeiten

Streitigkeiten über die Befugnisse und Zuständigkeiten des Gesamtpersonalrats entscheiden die Verwaltungsgerichte im Beschlußverfahren gem. § 91 Abs. 1 Nr. 3. Das gleiche gilt für Streitigkeiten, die darüber entstehen, ob eine Delegation von Aufgaben und Befugnissen auf den Gesamtpersonalrat wirksam ist. 22

2. Hauptpersonalrat

§ 55 Bildung

(1) Die Dienstkräfte der Behörden, der Gerichte und der nichtrechtsfähigen Anstalten des Landes Berlin wählen einen Hauptpersonalrat.
(2) Der Hauptpersonalrat besteht aus 31 Mitgliedern. Jede Gruppe muß entsprechend der Zahl ihrer wahlberechtigten Angehörigen, mindestens jedoch mit einem Mitglied, im Hauptpersonalrat vertreten sein.

Übersicht

	Rn.
Allgemeines	1– 6
Betroffener Verwaltungsbereich	7
Zusammensetzung	8, 9
Stellung des Hauptpersonalrates	10, 11
Streitigkeiten	12

Allgemeines

§ 55 regelt die Bildung des Hauptpersonalrates. Dessen Zuständigkeit bestimmt sich nach § 59. Außerdem ist der Hauptpersonalrat im Verfahren bei Nichteinigung zu beteiligen, mit wenigen Ausnahmen kann nur er die Einigungsstelle anrufen. 1

Bei dem Hauptpersonalrat handelt es sich um eine **echte Stufenvertretung,** er steht im Verwaltungsaufbau über den örtlichen Personalräten. Insoweit ist seine Stellung wesentlich anders als die der Gesamtpersonalräte. 2

Nach der Umwandlung der Rechtsform (ehemaliger) Eigenbetriebe des Landes Berlin ist die Zahl der Mitglieder auf 31 festgelegt worden. 3

Die Regelungen über die Bildung von Stufenvertretungen im Bereich des **Bundespersonalvertretungsrechts** finden sich in § 53 BPersVG. Die in dieser Vorschrift enthaltenen Grundsätze können jedoch nur sehr begrenzt auf die Be- 4

§ 55

stimmungen der § 55 ff. angewendet werden, da der Verwaltungsaufbau und die Aufgabenstellung des Hauptpersonalrates im Berliner Personalvertretungsrecht teilweise unterschiedlich sind.

5   Die §§ 54 ff. BetrVG über die Bildung des Konzernbetriebsrates können bei Anwendung der Vorschriften über den Hauptpersonalrat nicht herangezogen werden. Abgesehen davon, daß die Konzernbetriebsräte nicht gebildet werden müssen, kennt auch das Betriebsverfassungsrecht grundsätzlich keine mehrstufigen Beteiligungsverfahren, wie dies im Personalvertretungsrecht der Fall ist.

6   § 55 ist **zwingend**, weder durch Dienstvereinbarung noch durch Tarifvertrag können die Vorschriften über die Bildung des Hauptpersonalrates geändert werden.

Betroffener Verwaltungsbereich

7   Der Hauptpersonalrat ist von den Dienstkräften der Behörden, der Gerichte und der nichtrechtsfähigen Anstalten des Landes Berlin zu wählen. Bei der Wahl wirken nicht die Dienstkräfte der Körperschaften, Anstalten und Stiftungen des öffentlichen Rechts mit. Dies folgt aus ihrer relativen Eigenständigkeit im Rahmen des Berliner Verwaltungsaufbaus. Dieser Tatsache trägt auch die Bestimmung des § 81 Abs. 1 Satz 3 Rechnung, wonach bei Körperschaften, Anstalten und Stiftungen des öffentlichen Rechts die Anrufung der Einigungsstelle der jeweils zuständigen Personalvertretung und nicht dem Hauptpersonalrat obliegt.

Zusammensetzung

8   Der Hauptpersonalrat besteht aus 31 Mitgliedern. Diese Mitgliederzahl ist unabhängig von der Zahl der Dienstkräfte, die dem Verwaltungsbereich angehören, für den der Hauptpersonalrat gebildet ist.

9   Bei der Bildung des Hauptpersonalrates sind die **Gruppen** entsprechend der Zahl ihrer wahlberechtigten Angehörigen zu berücksichtigen. Maßgeblich ist hierbei die Zahl der wahlberechtigten Angehörigen in dem Verwaltungsbereich, für den der Hauptpersonalrat gebildet ist. Dem Grundsatz des § 15 Abs. 1 Satz 1 entsprechend muß auch hier in jedem Falle mindestens 1 Mitglied jeder Gruppe im Hauptpersonalrat vertreten sein, auch wenn sie nach dem Verhältnis der ihr angehörenden Dienstkräfte sonst nicht vertreten wäre. Dies gilt selbst dann, wenn eine Gruppe in einem der örtlichen Personalräte nicht vertreten ist, da sie die Mindestzahl des § 15 Abs. 5 nicht erreicht hat. Die Anwendbarkeit dieser Vorschrift ist in § 55 Abs. 2 nicht vorgesehen, so daß die generelle Regelung, daß jede Gruppe mit mindestens einem Mitglied vertreten sein muß, hier den Vorrang hat. Die Berechnung der auf die einzelnen Gruppen entfallenden Sitze erfolgt nach den Grundsätzen des § 15 Abs. 2 *(vgl. dazu oben § 15 Rn. 8 ff., 22 ff.)*.

Stellung des Hauptpersonalrates

10 Als Stufenvertretung steht der Hauptpersonalrat im Verwaltungsaufbau **organisatorisch über den örtlichen Personalräten**. Er ist jedoch trotz seiner organisatorisch anders gearteten Stellung weder den einzelnen Personalräten noch

den gem. § 50 gebildeten Gesamtpersonalräten übergeordnet. Er kann den örtlichen Personalräten keine Weisungen erteilen, er kann auch deren Entscheidungen nicht aufheben oder abändern *(vgl. BVerwG vom 18. 6. 1965, PersV 1965, 229).*

In gewissem Umfange kommt eine Überordnung des Hauptpersonalrates gegenüber den örtlichen Personalräten nur im Rahmen des Verfahrens bei Nichteinigung des § 80 zum Ausdruck. Im Verlauf dieses Verfahrens kann der Hauptpersonalrat selbst eine Einigung mit der zuständigen Dienststelle herbeiführen. Auch bei Anrufung der Einigungsstelle durch den Hauptpersonalrat gem. § 81 Abs. 1 ist dieser an den Antrag des zuständigen Personalrats nicht gebunden, er ist nicht gezwungen, die Einigungsstelle anzurufen. Vielmehr hat er in vollem Umfange eine Prüfungs- und Entscheidungsbefugnis *(vgl. unten § 81 Rn. 9).* **11**

Streitigkeiten

Streitigkeiten über die Bildung eines Hauptpersonalrats entscheiden die Verwaltungsgerichte im Beschlußverfahren gem. § 91 Abs. 1 Nr. 2. **12**

§ 56 Wahl

(1) Der Wahlvorstand wird, wenn ein Hauptpersonalrat nicht besteht, von der Senatsverwaltung für Inneres nach § 18 bestellt.

(2) Die Wahl zum Hauptpersonalrat kann von mindestens 100 Wahlberechtigten angefochten werden. Im übrigen gelten § 12, § 13, § 15 Abs. 2, § 16, § 17 Abs. 1 und die §§ 20 bis 22 über die Wahl und Wahlanfechtung entsprechend.

Übersicht

	Rn.
Allgemeines	1– 3
Anwendbarkeit der allgemeinen Wahlvorschriften	4, 5
Bestellung des Wahlvorstandes	6– 8
Wahlanfechtung	9–11
Streitigkeiten	12

Allgemeines

Die Vorschrift regelt die Besonderheiten, die bei der Wahl des Hauptpersonalrats zu beachten sind. **1**

Die Wahl des Hauptpersonalrats im Bereich des Bundespersonalvertretungsgesetzes ist in § 53 Abs. 3 und 4 BPersVG geregelt. Eine **vergleichbare Bestimmung** im Betriebsverfassungsgesetz fehlt. Der Konzernbetriebsrat wird nicht unmittelbar gewählt, vielmehr setzt er sich aus Delegierten der einzelnen Gesamtbetriebsräte zusammen, § 55 BetrVG. **2**

Die Vorschrift ist **zwingend,** eine abweichende Regelung ist weder durch Dienstvereinbarung noch durch Tarifvertrag möglich. **3**

§ 56

Anwendbarkeit der allgemeinen Wahlvorschriften

4 Die Wahl des Hauptpersonalrats erfolgt im wesentlichen nach den gleichen Grundsätzen wie die Wahl der einzelnen Personalräte in den Dienststellen. Im einzelnen sind in § 56 Abs. 2 Satz 2 diejenigen Vorschriften genannt, die für die Wahl des Hauptpersonalrats entsprechend gelten. Die nicht für entsprechend anwendbar erklärte Regelung des § 14 über die Mitgliederzahl ist durch § 55 Abs. 2 ersetzt, die Regelungen über die Gruppenvertretung in § 15 Abs. 1 und Abs. 3 bis 6 sind ebenfalls nicht anwendbar, da insoweit § 55 Abs. 2 Satz 2 eine Sonderregelung enthält. Eine Anwendbarkeit des § 17 Abs. 2 und 3 und der §§ 18 und 19 war ebenfalls entbehrlich, da insoweit § 56 Abs. 2 ebenfalls eine Sonderregelung enthält. Im übrigen sind in § 39 WO diejenigen Vorschriften der Wahlordnung genannt, die bei der Wahl des Hauptpersonalrats zu beachten sind.

5 Bei der entsprechenden Anwendbarkeit der Wahlvorschriften ist zu beachten, daß anstelle des Begriffs der Dienststelle immer derjenige des **Verwaltungsbereichs** tritt, für den der Hauptpersonalrat gebildet wird. Die Kosten für die Wahl des Hauptpersonalrats hat in entsprechender Anwendung des § 21 die Senatsverwaltung für Inneres zu tragen.

Bestellung des Wahlvorstandes

6 Der Wahlvorstand ist grundsätzlich in entsprechender Anwendung des § 17 Abs. 1 spätestens zwei Monate vor Ablauf seiner Amtszeit von dem Hauptpersonalrat zu bestellen. Der Wahlvorstand muß aus mindestens drei Wahlberechtigten bestehen, die Gruppen sind hierbei zu berücksichtigen.

7 Unterläßt der Hauptpersonalrat die Bestellung eines Wahlvorstandes, so kann eine Personalversammlung zur Bestellung eines Wahlvorstandes in entsprechender Anwendung des § 17 Abs. 2 und 3 nicht stattfinden. Diese Regelung rechtfertigt sich aus der Tatsache, daß eine Personalversammlung für den gesamten Bereich, für den der Hauptpersonalrat gebildet wird, praktisch nicht durchführbar wäre.

8 In diesen Fällen hat **die Senatsverwaltung für Inneres** in entsprechender Anwendung des § 18 auf Antrag von mindestens drei Wahlberechtigten oder einer in dem betroffenen Verwaltungsbereich vertretenen Gewerkschaft bzw. einem Berufsverband **einen Wahlvorstand zu bestellen.** Hierbei genügt es, wenn die Gewerkschaft bzw. der betroffene Berufsverband lediglich mit einem Mitglied in einer zu dem Verwaltungsbereich gehörenden Dienststelle vertreten ist.

Wahlanfechtung

9 Eine weitere Besonderheit gilt im Bereich der Wahlanfechtung. In Abänderung des § 22 Abs. 1 Satz 1 sieht § 56 Abs. 2 Satz 1 vor, daß die Wahl zum Hauptpersonalrat nur von **mindestens 100 wahlberechtigten Dienstkräften** angefochten werden kann. Durch die Erhöhung dieser Zahl wird der Tatsache Rechnung getragen, daß der Hauptpersonalrat die Interessen von weit mehr Dienstkräften vertritt, als dies bei Einzelpersonalräten der Fall ist. Wie sich im einzelnen die 100 Wahlberechtigten zusammensetzen, ist für die Anfechtungsberechtigung ohne Belang. Es können Dienstkräfte einer einzigen Dienststelle sein, es können aber auch Dienstkräfte mehrerer Dienststellen sein. Auch die Gruppenzugehörigkeit ist ohne Bedeutung.

Daneben sind anfechtungsberechtigt jede in dem Verwaltungsbereich, für den 10
der Hauptpersonalrat gebildet ist, vertretene **Gewerkschaft** bzw. jeder **Berufsverband** oder der Leiter einer einzelnen Dienststelle, die zu dem betroffenen
Verwaltungsbereich gehört. Dies folgt aus der generellen Verweisung auf § 22
in § 56 Abs. 2 Satz 2.

Im übrigen gelten für die Form der Wahlanfechtung, die Anfechtungsgründe 11
und die Fortführung der Geschäfte die gleichen Regelungen wie bei der Anfechtung der Wahl des einzelnen Personalrats entsprechend. Auf die Erläuterungen zu § 22 kann insoweit verwiesen werden.

Streitigkeiten

Streitigkeiten über die Wahl des Hauptpersonalrats entscheiden die Verwal- 12
tungsgerichte im Beschlußverfahren gem. § 91 Abs. 1 Nr. 2. Das gleiche gilt bei
Streitigkeiten über die Wählbarkeit und Wahlberechtigung, § 91 Abs. 1 Nr. 1.
Über die Wahlanfechtung entscheiden die Verwaltungsgerichte im Beschlußverfahren gem. § 91 Abs. 1 erster Halbsatz.

§ 57 Amtszeit und Geschäftsführung

Für die Amtszeit und die Geschäftsführung des Hauptpersonalrats gelten die
§§ 23 bis 25, § 26 (mit Ausnahme der Nr. 4), die §§ 27 bis 30, § 31 (mit Ausnahme
des Absatzes 2 Satz 1 und 2), die §§ 32 bis 34, § 37 Abs. 1 und 2 Satz 2, die §§ 38
bis 42 und § 44 mit folgenden Maßgaben:
1. Das Antragsrecht der Dienststelle nach § 30 Abs. 3 entfällt.
2. Die in § 40 Abs. 1 und 2 genannten Verpflichtungen obliegen der Senatsverwaltung für Inneres.

Übersicht Rn.

Allgemeines 1– 4
Amtszeit 5– 9
Geschäftsführung 10–13
Rechtsstellung der Mitglieder 14–17
Streitigkeiten 18

Allgemeines

Die Vorschrift regelt Amtszeit und Geschäftsführung des Hauptpersonalrats 1
sowie die Rechtsstellung seiner Mitglieder unter weitgehender **Bezugnahme**
auf die für die Einzelpersonalräte geltenden Vorschriften. Abweichungen bestehen nur dort, wo sie durch die besondere Stellung des Hauptpersonalrats
erforderlich sind.

Damit ist auch für die Amtszeit des Hauptpersonalrats die Regelung in § 23 2
(4 Jahre) maßgeblich.

Eine **teilweise vergleichbare Bestimmung** findet sich in § 54 BPersVG für die dort 3
bestehenden Stufenvertretungen. Die Bestimmung des § 59 BetrVG bezüglich der
Geschäftsführung des Konzernbetriebsrates ist wegen der wesentlichen Unterschiede zwischen Hauptpersonalrat und Konzernbetriebsrat nicht vergleichbar.

§ 57

4 Die Bestimmung ist **zwingend,** abweichende Regelungen über Amtszeit, Geschäftsführung und Rechtsstellung der Mitglieder des Hauptpersonalrats sind weder durch Dienstvereinbarung noch durch Tarifvertrag zulässig.

Amtszeit

5 Für die Amtszeit des Hauptpersonalrats gelten die Bestimmungen der §§ 23 bis 26 entsprechend. Auch für den Hauptpersonalrat beträgt die regelmäßige Amtszeit 4 Jahre.

6 Die regelmäßigen Wahlen für den Hauptpersonalrat finden in der gleichen Zeit statt wie diejenigen für die Personalräte. Außerhalb des regelmäßigen **Wahlzeitraums** vom 1. 10. bis 15. 12. kann der Hauptpersonalrat nur unter den Voraussetzungen des § 24 neu gewählt werden. Im Falle des § 24 Abs. 1 Nr. 1 ist für eine Neuwahl des Hauptpersonalrats außerhalb des regelmäßigen Zeitraumes wegen wesentlicher Veränderung der Zahl der Dienstkräfte auf die Anzahl der Dienstkräfte in dem Geschäftsbereich abzustellen, für den der Hauptpersonalrat gebildet worden ist.

7 Bezüglich des **Ausschlusses** einzelner Mitglieder aus dem Hauptpersonalrat bzw. dessen **Auflösung** finden die Bestimmungen des § 25 entsprechende Anwendung. Hierbei ist zu beachten, daß für den Antrag aus Kreisen der Dienstkräfte ein Viertel der wahlberechtigten Dienstkräfte des gesamten Geschäftsbereichs des Hauptpersonalrats erforderlich ist. Für das Antragsrecht der Gewerkschaften bzw. Berufsverbände reicht es aus, wenn diese mindestens in einer Dienststelle innerhalb des Geschäftsbereichs des Hauptpersonalrats vertreten sind.

8 Bezüglich des **Erlöschens des Amtes** der einzelnen Mitglieder des Hauptpersonalrats finden die Regelungen des § 26 ebenfalls entsprechende Anwendung. Eine ausdrücklich im Gesetz vorgesehene Ausnahme gilt für § 26 Abs. 1 Nr. 4. Es reicht nicht das Ausscheiden aus einer Dienststelle aus, vielmehr endet das Amt erst mit Ausscheiden aus dem Geschäftsbereich des Hauptpersonalrats. Praktisch ist also erforderlich, daß das Dienstverhältnis zum Lande Berlin beendet wird, so daß der Erlöschungsgrund des § 26 Abs. 1 Nr. 3 gegeben ist.

9 Bezüglich des Ruhens der Mitgliedschaft und des Nachrückens von Ersatzmitgliedern bestehen für den Hauptpersonalrat keine Besonderheiten, die Bestimmungen der §§ 27 und 28 finden entsprechende Anwendung.

Geschäftsführung

10 Für die Geschäftsführung des Hauptpersonalrats finden ebenfalls im wesentlichen die Vorschriften über die Geschäftsführung des Einzelpersonalrats Anwendung. Eine Besonderheit ergibt sich bei der **Durchführung der Sitzungen** des Hauptpersonalrats. Hier finden die Bestimmungen des § 31 Abs. 2 Sätze 1 und 2 keine Anwendung. An den Sitzungen kann daher kein Vertreter einer Dienststelle teilnehmen, es können auch keine Sitzungen auf Vorschlag des Leiters einer Dienststelle anberaumt werden. Auch entfällt die Möglichkeit der Einladung von Vertretern einzelner Dienststellen. Ebenfalls kann bei Sitzungen des Hauptpersonalrats eine Einladung von Beauftragten der unter den Mitgliedern des Hauptpersonalrats vertretenen Gewerkschaften bzw. Berufsverbände nicht erfolgen. Da ein Teilnahmerecht insoweit nicht besteht, entfällt auch die Verpflichtung des Vorsitzenden des Hauptpersonalrates, den Dienststellenleitern bzw. den Gewerkschaften oder Berufsverbänden Zeitpunkt und Tagesordnung der Sitzungen rechtzeitig mitzuteilen.

Ferner entfällt das Recht der **Beteiligung der Jugendvertretung** bzw. der Beteiligung des **Vertrauensmannes der Schwerbehinderten** gem. §§ 35 und 36. Hiermit steht allerdings nicht im Einklang, daß bei entsprechender Anwendung des § 30 Abs. 3 in Angelegenheiten, die besonders schwerbehinderte Dienstkräfte betreffen, der Hauptvertrauensmann der Schwerbehinderten (§ 97 SGB IX) oder in Angelegenheiten, die besonders jugendliche Dienstkräfte betreffen, die Mehrheit der Mitglieder der Jugendvertretung die Anberaumung einer Sitzung des Hauptpersonalrats verlangen können. Dieses Antragsrecht erscheint wenig sinnvoll, wenn weder der Hauptvertrauensmann der Schwerbehinderten noch die Mitglieder der Hauptjugendvertretung in der Sitzung des Hauptpersonalrats ihren Antrag näher rechtfertigen können. Insoweit enthält das PersVG Bln auch eine schlechtere Regelung, als sie in dem Bundespersonalvertretungsgesetz vorgesehen ist, dort besteht gem. § 54 Abs. 1 i.V.m. § 40 Abs. 1 BetrVG auch in bestimmten Fällen ein Teilnahmerecht des Hauptvertrauensmannes der Schwerbehinderten bzw. der Vertreter der jeweiligen Jugendvertretung. 11

Da weder Vertreter von Dienststellen noch Beauftragte von Gewerkschaften oder Berufsverbänden an den Sitzungen des Hauptpersonalrats teilnehmen können, ist auch nicht erforderlich, daß ihnen Teile der Niederschrift des Hauptpersonalrats zugeleitet werden. Insoweit entfällt die Anwendbarkeit des § 37 Abs. 2 Satz 1. 12

Kraft ausdrücklicher Regelung ist der Geschäftsbedarf für den Hauptpersonalrat von dem Senator für Inneres zur Verfügung zu stellen. In dessen Haushalt sind die entsprechenden Mittel auszuweisen. 13

Rechtsstellung der Mitglieder

Auch bezüglich der Rechtsstellung der Mitglieder des Hauptpersonalrates sind im wesentlichen die gleichen Bestimmungen anwendbar wie für die Mitglieder der einzelnen Personalräte. Insbesondere gelten die Regelungen der §§ 42 und 44 entsprechend, auch die Mitglieder des Hauptpersonalrates führen ihr Amt unentgeltlich als **Ehrenamt**, die **Versäumnisse von Arbeitszeit** sind entsprechend § 42 Abs. 2 auszugleichen, auch haben die Mitglieder des Hauptpersonalrates im Rahmen des § 42 Abs. 3 und 4 Anspruch auf Teilnahme an **Schulungs- und Bildungsveranstaltungen.** Bei der Anwendung des § 42 Abs. 3 ist hierbei zu berücksichtigen, daß für die Erforderlichkeit der Kenntnisvermittlung auf die Mitgliedschaft im Hauptpersonalrat abzustellen ist. Erforderlich sind hierbei solche Schulungen bzw. Bildungsveranstaltungen, die Kenntnisse vermitteln, die für die Tätigkeit des Hauptpersonalrats notwendig sind. Bei der Anwendung des § 42 Abs. 4 ist zu berücksichtigen, daß der Anspruch auf verlängerte Freistellung gem. § 42 Abs. 4 Satz 2 nur dann besteht, wenn das betreffende Mitglied des Hauptpersonalrates vorher weder Mitglied eines einzelnen Personalrates, eines Gesamtpersonalrates oder einer Jugendvertretung gewesen ist. 14

Neben dem **Versetzungs-** und **Abordnungsschutz** des § 44 gilt auch für die Mitglieder des Hauptpersonalrates die allgemeine Bestimmung des § 107 BPersVG, nach der Personen, die Aufgaben oder Befugnisse nach dem Personalvertretungsrecht wahrnehmen, weder in ihrer Tätigkeit behindert noch 15 wegen ihrer Tätigkeit benachteiligt oder begünstigt werden dürfen. Dies gilt auch für die berufliche Entwicklung.

16 Ferner gilt für die Mitglieder des Hauptpersonalrates die allgemeine **Schweigepflicht** des § 11.

17 Eine entsprechende Anwendung des § 43 bezüglich der Freistellung von Personalratsmitgliedern entfällt, da insoweit § 58 eine Sonderregelung enthält.

Streitigkeiten

18 Streitigkeiten über die Amtszeit des Hauptpersonalrats und über seine Geschäftsführung sind von den Verwaltungsgerichten im Beschlußverfahren gem. § 91 Abs. 1 Nrn. 2 und 3 zu entscheiden.

§ 58 Freistellungen

Der Vorsitzende des Hauptpersonalrats und zwölf Vorstandsmitglieder sind auf Antrag des Hauptpersonalrats vom Dienst freizustellen. Dabei ist jede Gruppe entsprechend der Zahl ihrer wahlberechtigten Angehörigen zu berücksichtigen. § 43 Abs. 1 Satz 4 bis 7 und Abs. 2 Satz 2 gilt entsprechend.

Übersicht

	Rn.
Allgemeines	1– 4
Anspruch auf Freistellung	5, 6
Gruppenprinzip	7
Antrag	8, 9
Folgen der Freistellung	10, 11
Streitigkeiten	12

Allgemeines

1 Die Vorschrift legt fest, wie viele Mitglieder des Hauptpersonalrates vollständig **von ihrer Dienstleistung freigestellt** werden. Daneben bleibt in jedem Falle gem. § 57 i. V. m. § 42 Abs. 2 die Möglichkeit der Freistellung für die Wahrnehmung bestimmter Tätigkeiten. § 58 tritt an die Stelle der Regelung des § 43, die nur für die Mitglieder der einzelnen Personalräte gilt.

2 Nach der Umwandlung der Rechtsform (ehemaliger) Eigenbetriebe des Landes Berlin ist die Freistellungszahl auf 13 Mitglieder festgelegt worden.

3 Eine entsprechende Vorschrift befindet sich weder im Bundespersonalvertretungsgesetz noch im Betriebsverfassungsgesetz. Im Bereich des Bundespersonalvertretungsgesetzes können Freistellungen von der dienstlichen Tätigkeit nur in dem Umfange erfolgen, wie es für die ordnungsgemäße Durchführung der Aufgaben des Hauptpersonalrates erforderlich ist. Eine festgelegte Freistellungsquote besteht nicht.

4 Die Bestimmung ist **zwingend**, sie kann zum Nachteil des Hauptpersonalrates weder durch Dienstvereinbarung noch durch Tarifvertrag geändert werden. Allerdings kann der Hauptpersonalrat dadurch, daß er keinen entsprechenden Antrag stellt, die Zahl der freigestellten Mitglieder unter die Quote des § 58 absinken lassen. Hierin wird nur dann eine grobe Verletzung seiner gesetz-

§ 58

lichen Pflichten gem. § 25 gesehen werden können, wenn dadurch die Arbeit des Hauptpersonalrates wesentlich beeinträchtigt wird.

Anspruch auf Freistellung

Der Anspruch auf Freistellung steht grundsätzlich dem Hauptpersonalrat als Gremium zu. Er muß einen Beschluß darüber fassen, welche Vorstandsmitglieder freizustellen sind. Zwingend ist hierbei nur vorgeschrieben, daß **in jedem Falle der Vorsitzende des Hauptpersonalrates freizustellen ist.** Ferner besteht eine Bindung des Hauptpersonalrates dahin gehend, daß lediglich Vorstandsmitglieder freigestellt werden können. Die Freistellung von anderen Mitgliedern des Hauptpersonalrates ist im Rahmen des § 58 angesichts der eindeutigen gesetzlichen Regelung in § 58 Satz 1 nicht möglich. Deren Freistellung kann lediglich gem. § 57 i. V. m. § 42 Abs. 2 erfolgen. 5

6

Gruppenprinzip

Ferner hat der Hauptpersonalrat nach § 58 Satz 2 **jede Gruppe** entsprechend der Zahl ihrer wahlberechtigten Angehörigen bei der Freistellung von Vorstandsmitgliedern **zu berücksichtigen.** Maßgeblich ist hierbei nicht die Zahl der im Hauptpersonalrat vertretenen Gruppenmitglieder. Ausgangspunkt ist vielmehr die Berechnung des Verhältnisses der einzelnen Gruppen zueinander auf Grund der Zahl der Dienstkräfte in dem Geschäftsbereich des Hauptpersonalrates. Hierbei sind lediglich die wahlberechtigten Dienstkräfte zu zählen, nicht wahlberechtigte Dienstkräfte bleiben außer Betracht. 7

Antrag

Der Antrag auf Freistellung muß auf einem ordnungsgemäßen **Beschluß** des Hauptpersonalrates beruhen. Hierbei handelt es sich um eine gemeinsame Angelegenheit. 8

Der Antrag ist an diejenige Dienststelle zu richten, die über die Freistellung des jeweiligen Personalratsmitgliedes zu entscheiden hat. Diese kann lediglich prüfen, ob die formellen Voraussetzungen für die Freistellung gegeben sind. Liegen diese vor, ist die Freistellung auszusprechen, **ein materielles Prüfungsrecht** oder ein **Ermessen steht der jeweiligen Dienststelle nicht zu.** 9

Folgen der Freistellung

Hinsichtlich der Folgen der Freistellung gelten die gleichen Grundsätze wie bei den einzelnen Personalräten. Insbesondere finden die Bestimmungen des § 43 Abs. 1 Sätze 4 bis 7 und Absatz 2 Satz 2 entsprechende Anwendung. Daraus ergibt sich, daß die Freistellung nicht zu einer Beeinträchtigung des beruflichen Werdeganges des jeweiligen Mitgliedes des Hauptpersonalrates führen darf. Auch können grundsätzlich Beamte im Vorbereitungsdienst, in der Einführungszeit und in der Probezeit sowie andere in der Ausbildung befindliche Dienstkräfte nicht freigestellt werden. Eine Ausnahme kann hier die oberste Dienstbehörde nur für Beamte in der Probezeit zulassen, soweit nicht die Gefahr besteht, daß der Zweck der Probezeit hierdurch beeinträchtigt wird. Wegen der Einzelheiten kann auf die Kommentierung zu § 43 verwiesen werden. 10

413

11 Bezüglich der materiellen Auswirkungen der Freistellung finden die Regelungen des § 43 Abs. 1 Sätze 6 und 7 sowie des § 42 Abs. 2 Satz 1 entsprechende Anwendung, die Freistellung darf nicht zu einer materiellen Beeinträchtigung des freigestellten Mitgliedes des Hauptpersonalrates führen.

Streitigkeiten

12 Streitigkeiten über den Freistellungsanspruch des Hauptpersonalrates entscheiden die Verwaltungsgerichte im Beschlußverfahren gem. § 91 Abs. 1 Nr. 3, da es sich um Streitigkeiten über Geschäftsführung und Rechtsstellung des Hauptpersonalrates handelt.

§ 59 Zuständigkeit

Der Hauptpersonalrat ist zuständig für die Beteiligung an Angelegenheiten, die über den Geschäftsbereich eines Personalrats oder, soweit ein Gesamtpersonalrat besteht, über dessen Geschäftsbereich hinausgehen. Er hat die Personalräte und Gesamtpersonalräte bei der Wahrnehmung ihrer Aufgaben und Befugnisse zu beraten und zu unterstützen.

Übersicht

	Rn.
Allgemeines	1– 4
Beteiligung	5, 6
Verletzung der Zuständigkeit	7
Beratung und Unterstützung	8, 9
Durchführung der Beratungs- und Unterstützungspflichten	10–13
Verletzung der Beratungs- und Unterstützungspflichten	14
Sonstige Zuständigkeiten	15, 16
Streitigkeiten	17

Allgemeines

1 § 59 legt die Zuständigkeit des Hauptpersonalrates fest. Hierbei ist zu berücksichtigen, daß außerhalb der Regelung des § 59 im Rahmen des Verfahrens bei Nichteinigung und bei Anrufung der Einigungsstelle dem Hauptpersonalrat bestimmte Aufgaben zugewiesen sind. Zu beachten ist ferner, daß der Hauptpersonalrat gem. § 82 bei der Bildung der Einigungsstelle ebenfalls Beteiligungsrechte besitzt.

2 Eine entsprechende Regelung im Bundespersonalvertretungsgesetz fehlt wegen der dort bestehenden Besonderheiten.

3 Die Zuständigkeitsregelung des § 58 BetrVG für den Konzernbetriebsrat ist wegen dessen ganz andersartiger Stellung nicht vergleichbar.

4 Die Bestimmung ist **zwingend**, sie kann weder durch Dienstvereinbarung noch durch Tarifvertrag verändert werden. Auch ist, da eine entsprechende Regelung, die dem § 54 Satz 3 für den Gesamtpersonalrat entspricht, fehlt, eine Übertragung von Aufgaben und Befugnissen der einzelnen Personalräte oder Gesamtpersonalräte auf den Hauptpersonalrat nicht möglich.

§ 59

Beteiligung

Der Hauptpersonalrat ist zunächst zuständig für die Beteiligung an Angelegenheiten, die über den Geschäftsbereich eines Personalrats oder eines Gesamtpersonalrats hinausgehen. Daraus folgt, daß grundsätzlich eine **Primärzuständigkeit der einzelnen Personalräte** bzw. im Rahmen des § 54 der **Gesamtpersonalräte** besteht. Angelegenheiten, die nur eine Dienststelle betreffen oder die nur den Geschäftsbereich eines Gesamtpersonalrats betreffen, gehören ausschließlich in deren Zuständigkeit. Die Zuständigkeit des Hauptpersonalrats ist erst dann gegeben, wenn **unmittelbar** von einer Angelegenheit **mehrere Dienststellen** oder **mehrere Geschäftsbereiche** von Gesamtpersonalräten **betroffen werden**. Das bloß mittelbare Betroffensein genügt hierbei nicht, die zu treffende Maßnahme muß unmittelbar Auswirkungen für zumindest zwei Dienststellen bzw. Geschäftsbereiche von Gesamtpersonalräten haben. Hierbei spielt es keine Rolle, ob gegebenenfalls die Angelegenheit auch von den einzelnen betroffenen Personalräten bzw. Gesamtpersonalräten gemeinsam geregelt werden könnte, da das »Nicht-regeln-Können« ausdrücklich nicht als Abgrenzungskriterium gewählt worden ist.

5

Erfaßt werden nicht nur Angelegenheiten im Rahmen der Beteiligungsrechte der §§ 85 ff., vielmehr gilt die Bestimmung des § 59 für sämtliche Maßnahmen im Rahmen des Personalvertretungsrechts, die in die Regelungszuständigkeit der Personalräte bzw. Gesamtpersonalräte fallen würden.

6

Verletzung der Zuständigkeit

Verletzt der Hauptpersonalrat die Zuständigkeitsregelung des § 59, greift er also unberechtigt in die Zuständigkeit eines einzelnen Personalrats oder Gesamtpersonalrats ein, so stellt dies einen Verstoß gegen die ihm obliegenden gesetzlichen Pflichten dar. Gegebenenfalls können dann Maßnahmen gem. § 25 in Betracht kommen. Eine unter Verletzung der Zuständigkeitsregelung zustande gekommene Dienstvereinbarung oder sonstige Regelung ist wegen fehlender Zuständigkeit unwirksam. Eine Genehmigung einer solchen unwirksamen Maßnahme durch den einzelnen Personalrat bzw. Gesamtpersonalrat ist ausgeschlossen, da eine Delegation von Zuständigkeiten durch § 59 im Gegensatz zu § 54 ausdrücklich nicht vorgesehen ist. Eine Heilung des Mangels kann nur dadurch eintreten, daß die gesamte Maßnahme von dem einzelnen Personalrat bzw. Gesamtpersonalrat erneut durchgeführt bzw. beschlossen wird.

7

Beratung und Unterstützung

Ferner hat der Hauptpersonalrat die Aufgabe, die Personalräte und Gesamtpersonalräte bei der Wahrnehmung ihrer Aufgaben und Befugnisse zu beraten und zu unterstützen. Die Pflicht zur Beratung setzt ebenso wie das Beratungsrecht in den sonstigen Vorschriften des PersVG Bln voraus, daß der Hauptpersonalrat bei beabsichtigten Maßnahmen den betroffenen Personalvertretungen diese mitteilt und ihnen Gelegenheit zur Stellungnahme gibt. Die Äußerungen der Personalvertretungen sind dann vom Hauptpersonalrat sachlich zu prüfen und gegebenenfalls mit ihnen zu erörtern. Das Beratungsrecht verfolgt auch ein Koordinierungsinteresse, d.h., es soll der möglichst einheit-

8

415

§ 59

lichen Wahrnehmung der Rechte aus dem Personalvertretungsgesetz innerhalb der Berliner Verwaltung dienen.

9   Im wesentlichen gleichgelagert ist die Verpflichtung des Hauptpersonalrates zur **Unterstützung der einzelnen Personalvertretungen.** Das Gebot zur Unterstützung verpflichtet den Hauptpersonalrat, den einzelnen Personalvertretungen zur Auskunftserteilung zur Verfügung zu stehen, gegebenenfalls hat er auf deren Bitten auch die Möglichkeit, sich vermittelnd um die Beilegung von Differenzen zu bemühen. Allerdings ist hierbei die Bestimmung des § 70 Abs. 3 zu beachten, nach der Dienststelle und Personalrat erst dann andere Stellen anrufen dürfen, wenn eine Einigung zwischen ihnen nicht erzielt worden ist. Dies gilt auch für die Einschaltung des Hauptpersonalrates.

Durchführung der Beratungs- und Unterstützungspflichten

10 Bei der Durchführung der Beratungs- und Unterstützungspflichten im Rahmen des § 59 bestehen in gewissem Umfange Ausnahmen von der Schweigepflicht des § 11 Satz 1, vgl. § 11 Satz 2 *(vgl. oben § 11 Rn. 25ff.).*

11 Besondere formale Verfahrensarten zur Erfüllung dieser Aufgaben sind im Gesetz nicht vorgesehen, der Hauptpersonalrat kann insoweit in seiner Geschäftsordnung bestimmte Regelungen schaffen, im übrigen kann auch in jedem Einzelfall nach Zweckmäßigkeitsgesichtspunkten verfahren werden.

12 Eine **Teilnahme** von Mitgliedern des Hauptpersonalrats **an Sitzungen** der einzelnen Personalvertretungen ist grundsätzlich nicht zulässig. § 31 legt abschließend fest, welche Personen an Personalratssitzungen gegebenenfalls teilnehmen können. Allerdings kann unter Umständen die Teilnahme eines Mitgliedes des Hauptpersonalrats dann zulässig sein, wenn dieses als Sachverständiger hinzugezogen werden soll, § 31 Abs. 1 Satz 3. Im übrigen kann eine Teilnahme von Mitgliedern des Hauptpersonalrats nur dann erfolgen, wenn sie zugleich Mitglieder der jeweiligen Personalvertretung sind.

13 Dies schließt jedoch nicht aus, daß die Beratung durch Vertreter des Hauptpersonalrats außerhalb von Personalratssitzungen erfolgt, wobei die Teilnahme sämtlicher Personalratsmitglieder möglich sein kann. Gegebenenfalls kann die Beratung auch gegenüber einzelnen Mitgliedern der jeweiligen Personalvertretungen erfolgen, diese haben dann die entsprechenden Erkenntnisse auf der Sitzung des zuständigen Personalvertretungsorgans den übrigen Mitgliedern mitzuteilen.

Verletzung der Beratungs- und Unterstützungspflichten

14 Die Verletzung der Beratungs- und Unterstützungspflichten durch den Hauptpersonalrat kann insbesondere im Wiederholungsfalle eine grobe Verletzung der ihm obliegenden gesetzlichen Pflichten darstellen. In diesem Falle können gegebenenfalls Konsequenzen nach § 25 in Betracht kommen.

Sonstige Zuständigkeiten

15 Über die in § 59 ausdrücklich geregelten Zuständigkeiten hinaus hat der Hauptpersonalrat im **Verfahren bei Nichteinigung gem.** § 80 dann ein Beteiligungsrecht, wenn eine Einigung zwischen Personalrat und Dienststelle nicht zustande kommt. In diesen Fällen ist eine weitere Verhandlung zwischen

Dienstbehörde und Hauptpersonalrat erforderlich, soweit nicht die Zuständigkeit eines Gesamtpersonalrats gem. § 80 Abs. 2 besteht. Zu den Einzelheiten vgl. die Erläuterungen bei § 80.

Weiterhin hat der Hauptpersonalrat im Rahmen des § 81 das **Recht**, auf Antrag der zuständigen Personalvertretung **die Einigungsstelle anzurufen.** Hierbei kann zwar der Hauptpersonalrat nicht aus eigener Kompetenz ohne zugrundeliegenden Antrag der zuständigen Personalvertretung die Anrufung der Einigungsstelle beschließen, er kann jedoch trotz Vorliegens des Antrages die Anrufung unterlassen und den entsprechenden Antrag zurückweisen *(vgl. im einzelnen § 81 Rn. 6ff.).* Schließlich ist der Hauptpersonalrat bei der Bildung der Einigungsstelle gem. § 82 Abs. 2 bis 4 zu beteiligen. Der Vorsitzende der Einigungsstelle und sein Vertreter können nur nach Einigung zwischen der Senatsverwaltung für Inneres und dem Hauptpersonalrat bestellt werden. Die Hälfte der Beisitzer ist vom Hauptpersonalrat zu benennen *(vgl. zu den Einzelheiten die Erläuterungen bei § 82 Rn. 9ff., 14ff.).*

16

Streitigkeiten

Streitigkeiten über die Kompetenzen und Aufgaben des Hauptpersonalrats entscheiden die Verwaltungsgerichte im Beschlußverfahren gem. § 91 Abs. 1 Nr. 3. Streitigkeiten über die Gültigkeit von Dienstvereinbarungen, bei denen die Ungültigkeit auf einer Unzuständigkeit des Hauptpersonalrats beruhen soll, entscheiden die Verwaltungsgerichte im Beschlußverfahren gem. § 91 Abs. 1 Nr. 4. Allerdings kann in diesen Fällen die Gültigkeit bzw. Ungültigkeit einer Dienstvereinbarung auch als Vorfrage in einem Urteilsverfahren einer einzelnen Dienstkraft von den Arbeitsgerichten bzw. Verwaltungsgerichten entschieden werden.

17

Abschnitt V
Jugend- und Auszubildendenvertretung und Jugend- und Auszubildendenversammlung

§ 60 Bildung

Jugend- und Auszubildendenvertretungen sind zu bilden
1. in Dienststellen, bei denen ein Personalrat gebildet ist und in denen mindestens fünf wahlberechtigte Dienstkräfte (§ 61 Abs. 1) beschäftigt sind; dies gilt nicht in den Fällen des § 5 Abs. 2 Nr. 4 und Nr. 10 Buchstabe c der Anlage zu § 5 Abs. 1,
2. in der Berufsfachschule für Bauhandwerker des Oberstufenzentrums Bautechnik/Holztechnik mit Auszubildenden im Sinne des Berufsbildungsgesetzes,
3. beim Berufsamt Berlin und
4. beim Jugendausbildungszentrum beim Bezirksamt Zehlendorf.

Übersicht	Rn.
Allgemeines	1– 4
Stellung der Jugend- und Auszubildendenvertretung	5– 7
Voraussetzungen für die Bildung der Jugend- und Auszubildendenvertretung	8–13
Streitigkeiten	14

Allgemeines

1 In Abschnitt V des Gesetzes sind die Vorschriften über die Jugend- und Auszubildendenvertretung und die Jugend- und Auszubildendenversammlung zusammengefaßt. Sie sollen eine **sachgemäße Vertretung** der Interessen der jugendlichen Dienstkräfte und der Auszubildenden in der Dienststelle sichern.

2 Das **gesamte Rechtsgebiet** der Vertretung der jugendlichen Dienstkräfte und der Auszubildenden ist gegenüber dem früheren Recht durch das Zweite und Dritte Gesetz zur Änderung des Personalvertretungsrechts *(vom 23. 10. 1989 – GVBl., 1845 und vom 2. 4. 1990 – GVBl., 721)* **völlig neu gefaßt worden**. Grund für die Neuregelung war einmal, daß wegen der längeren schulischen Ausbildungszeiten die Zahl der jugendlichen Dienstkräfte nicht nur in der Privatwirtschaft, sondern auch im öffentlichen Dienst immer mehr zurückgegangen war, zum anderen aber die Zahl der älteren in der Ausbildung noch befindlichen Dienstkräfte immer stärker anwuchs. Auch ist die Berufsausbildung in der Dienststelle häufig mit Fragen und Problemen verknüpft, die auch die jugendlichen Dienstkräfte im bisherigen Sinne erfaßten. Mit Gesetzen vom 13. 7. 1988 *(BGBl., 1034 bzw. 1037)* sind daher auch vergleichbare Regelungen im Betriebsverfassungsgesetz und im Bundespersonalvertretungsgesetz geschaffen worden. Im Zusammenhang mit dieser Änderung ist auch geregelt worden, daß Beschäftigte, die nach dem Krankenpflegegesetz oder dem Hebammengesetz ausgebildet werden, in den Schutzbereich des § 10 aufgenommen wurden. Mit der Neuregelung

hat der Landesgesetzgeber die Rahmenvorschrift des § 95 Abs. 2 Satz 1 BPersVG erfüllt.
Teilweise dem § 60 **vergleichbare** Vorschriften finden sich in § 57 BPersVG und § 60 BetrVG. 3
Die Vorschrift ist **zwingend**. Von ihr kann weder durch Dienstvereinbarung noch durch Tarifvertrag oder auf sonstige Weise abgewichen werden. Die Bildung einer Jugend- und Auszubildendenvertretung scheidet nur dann aus, wenn eine Wahl wegen passiven Verhaltens der jugendlichen Dienstkräfte bzw. der Auszubildenden nicht möglich ist. 4

Stellung der Jugend- und Auszubildendenvertretung

Die JugAzubiVertr. ist **kein selbständiges Organ** im Rahmen des Personalvertretungsrechts, es handelt sich nur um eine zusätzliche Vertretung, die in erster Linie die Arbeit des Personalrats in dem durch das Gesetz vorgegebenen Rahmen beeinflussen kann. Eigenständige Beteiligungsrechte können von ihr nicht wahrgenommen werden *(BAG vom 20. 11. 1973, AP Nr. 1, 8 zu § 65 BetrVG 1972; vom 10. 5. 1974, AP Nr. 3 zu § 65 BetrVG 1972; Lorenzen u.a., Vorbem. vor §§ 57 bis 64 Rn. 2a)*. Letztlich kann die Jugend- und Auszubildendenvertretung als Bestandteil der Personalvertretung angesehen werden, da sie im wesentlichen nur Rechte und Pflichten im Verhältnis zum Personalrat besitzt *(BVerwG vom 8. 7. 1977, PersV 1978, 309)*. Dem Personalrat obliegt allein die Interessenvertretung sämtlicher Dienstkräfte einschließlich der jugendlichen Dienstkräfte und der Auszubildenden. Die Aufgabenzuweisung in § 65 enthält nur besondere Antrags- und Überwachungsrechte zugunsten der jugendlichen Dienstkräfte und der Auszubildenden, die auch die Behandlung von Anregungen und Beschwerden umfassen. In erster Linie wird die Wahrnehmung dieser Aufgaben jedoch allein gegenüber dem Personalrat und nicht gegenüber dem Dienststellenleiter möglich sein. Daraus folgt die personalvertretungsrechtliche Abhängigkeit der Jugend- und Auszubildendenvertretung von dem bestehenden Personalrat. 5

Trotz dieser Abhängigkeit besteht **kein Weisungsrecht des Personalrats** gegenüber der Jugend- und Auszubildendenvertretung. Er ist dieser nicht übergeordnet *(Fischer/Goeres, BPersVG, Vorbem. vor § 57 Rn. 5; Lorenzen u.a., BPersVG, Vorbem. zu §§ 57 bis 64, Rn. 3)*, vielmehr hat die Jugend- und Auszubildendenvertretung die ihr zugewiesenen Aufgaben nach eigenem pflichtgemäßen Ermessen wahrzunehmen. 6

Zur Erfüllung ihrer Aufgaben hat die Jugend- und Auszubildendenvertretung die Möglichkeit der **Teilnahme an Personalratssitzungen** im Rahmen des § 35. In besonderen Fällen hat sie hierbei auch ein Stimmrecht bei der Fassung von Personalratsbeschlüssen, die überwiegend jugendliche Dienstkräfte oder Auszubildende betreffen. Die Jugend- und Auszubildendenvertreter sind i.S. des PersVG Bln »Personen, die Aufgaben und Befugnisse nach diesem Gesetz wahrnehmen«. Für sie gelten daher auch die Bestimmungen hinsichtlich des Verbots der Behinderung, Benachteiligung und Begünstigung sowie der Pflicht zur Verschwiegenheit, ferner haben die Auszubildenden, die Mitglied einer Jugend- und Auszubildendenvertretung sind, zusätzlich den besonderen Schutz des § 10. 7

§ 60

Voraussetzungen für die Bildung der Jugend- und Auszubildendenvertretung

8   Voraussetzung für die Bildung einer Jugend- und Auszubildendenvertretung ist nach Nr. 1 zunächst, daß in der betreffenden Dienststelle ein **Personalrat besteht**. Der Begriff der Dienststelle ist hierbei der gleiche wie in § 5. Ausgenommen sind lediglich die fiktiven Dienststellen der Studienreferendare und Lehreranwärter sowie der Referendare im Bezirk des Kammergerichts. Hier werden keine Jugend- und Auszubildendenvertretungen gebildet, sondern es ist ein Personalrat zu wählen.

9   Da das Bestehen der Jugend- und Auszubildendenvertretung von der Existenz eines Personalrates abhängig ist, **endet ihr Amt automatisch**, wenn während ihrer Amtszeit der Personalrat auf Dauer fortfällt *(vgl. Fischer/Goeres, BPersVG, § 57 Rn. 6; Grabendorff u.a., § 57 Rn. 8)*. Das gilt aber nicht bei lediglich kurzfristigem Wegfall des Personalrats, beispielsweise bei einer Wahlanfechtung oder einer verzögerten Neuwahl oder wegen Auflösung des Personalrats. In diesem Falle kann allerdings die Jugend- und Auszubildendenvertretung ihre Aufgaben nur sehr beschränkt wahrnehmen, da eine wirksame Interessenvertretung nur mit Hilfe des Personalrats möglich ist.

10 Wird eine Jugend- und Auszubildendenvertretung in einer Dienststelle gewählt, obwohl kein Personalrat besteht, ist die Wahl nichtig *(Fitting u.a., § 60 Rn. 21)*.

11 Aufgrund der ausdrücklichen Regelung in den Nrn. 2 bis 4 sind Jugend- und Auszubildendenvertretungen in jedem Falle auch zu bilden in der **Berufsfachschule für Bauhandwerker** des Oberstufenzentrums Bautechnik/Holztechnik mit Auszubildenden im Sinne des BBiG, ferner bei dem **Berufsamt Berlin** und bei dem **Jugendausbildungszentrum** bei dem Bezirksamt Steglitz-Zehlendorf. Die Ausnahmeregelung ist wegen der dort bestehenden besonderen Gegebenheiten geschaffen worden.

12 Weitere Voraussetzung für die Bildung einer Jugend- und Auszubildendenvertretung ist, daß in der Dienststelle mindestens **fünf Dienstkräfte** beschäftigt werden, die die Voraussetzungen des § 61 Abs. 1 erfüllen. Es müssen also mindestens fünf Dienstkräfte in der Dienststelle beschäftigt sein, die entweder am Wahltage das 18. Lebensjahr noch nicht vollendet haben oder die sich in einer Ausbildung befinden und am Wahltage das 26. Lebensjahr noch nicht vollendet haben. Zwar sieht § 60 in Verbindung mit § 61 nicht vor, daß die betreffenden Dienstkräfte »in der Regel« beschäftigt sein müssen. Andererseits legt aber die Vorschrift des § 62 Abs. 1 fest, daß in Dienststellen »mit in der Regel fünf bis zwanzig« wahlberechtigten Dienstkräften die Jugend- und Auszubildendenvertretung aus einer Person besteht. Damit wird gleichzeitig gesagt, daß in Dienststellen »mit in der Regel« weniger als fünf Dienstkräften, die die Anforderungen des § 61 Abs. 1 erfüllen, kein Jugend- und Auszubildendenvertreter gewählt werden kann. Daß § 62 in diesem Zusammenhang nur von wahlberechtigten Dienstkräften und nicht wie die frühere Bestimmung von jugendlichen Dienstkräften spricht, ist dabei unerheblich, da sich die Frage der Wahlberechtigung in § 62 Abs. 1 eindeutig auf die Bestimmung des § 61 Abs. 1 bezieht. Demzufolge ist auch im Rahmen des § 60 wegen der zwingenden Vorschrift des § 62 Abs. 1 davon auszugehen, daß auch dort »in der Regel« fünf jugendliche Dienstkräfte oder Auszubildende als Voraussetzung für die Bildung einer Jugend- und Auszubildendenvertretung beschäftigt sein müssen.

Bei der Bestimmung des § 60 handelt es sich insoweit um eine gesetzestechnisch nicht einwandfreie Regelung, die unter Zuhilfenahme der Vorschriften des § 62 und des § 61 konkretisiert werden muß.
Bezüglich des Begriffes der »**in der Regel**« beschäftigten jugendlichen Dienstkräfte und Auszubildenden kann auf die Erläuterungen zu § 14 Rn. 8 verwiesen werden; die dort dargelegten Grundsätze gelten für die jugendlichen Dienstkräfte entsprechend. Es kommt für die Bildung der Jugend- und Auszubildendenvertretung darauf an, daß in der Dienststelle im allgemeinen im Rahmen des normalen Dienstbetriebes fünf oder mehr Dienstkräfte, die den Erfordernissen des § 61 Abs. 1 entsprechen, beschäftigt werden. Beträgt die Zahl der jugendlichen Dienstkräfte und der Auszubildenden im Wahlzeitpunkt vorübergehend weniger als fünf, so ist gleichwohl eine Jugend- und Auszubildendenvertretung zu wählen, wenn üblicherweise sonst die erforderliche Anzahl von Dienstkräften in der Dienststelle beschäftigt wird *(Lorenzen u.a., § 57 Rn. 10; Grabendorff u.a., § 57 Rn. 2).*

13

Streitigkeiten

Streitigkeiten im Zusammenhang mit der Bildung von Jugend- und Auszubildendenvertretungen sind nach § 91 Abs. 1 Nr. 2 im verwaltungsgerichtlichen Beschlußverfahren zu entscheiden.

14

§ 61 Wahlberechtigung und Wählbarkeit

(1) **Wahlberechtigt** sind die Dienstkräfte, die am Wahltage das 18. Lebensjahr noch nicht vollendet haben (jugendliche Dienstkräfte), und die auszubildenden Dienstkräfte, die am Wahltage das 26. Lebensjahr noch nicht vollendet haben.
(2) **Wählbar** sind Dienstkräfte, die am Wahltage das 26. Lebensjahr noch nicht vollendet haben. § 12 Abs. 2, § 13 Abs. 1 Satz 2 und Abs. 3 gelten entsprechend.

Übersicht   Rn.

Allgemeines 1– 3
Wahlberechtigung 4– 7
Wählbarkeit   8–10
Ausschluß der Wählbarkeit 11–15
Streitigkeiten   16

Allgemeines

§ 61 regelt die Vorschriften über die Wahlberechtigung und die Wählbarkeit. Ergänzend ist für die Wählbarkeit auf die allgemeinen Bestimmungen des § 12 Abs. 2 und des § 13 Abs. 1 Satz 2 und Abs. 3 verwiesen worden, die Fragen der Wahlberechtigung und der Wählbarkeit für die Personalräte betreffen. Im PersVG Bln a. F. waren die Fragen der Wahlberechtigung und der Wählbarkeit unterschiedlich in § 20 Abs. 1 und 3 PersVG Bln a. F. geregelt. Teilweise **vergleichbare** Vorschriften finden sich in § 58 BPersVG und § 61 BetrVG.

1

2

§ 61

3   Die Bestimmung ist **zwingend**, von ihr kann weder durch Dienstvereinbarung noch durch Tarifvertrag abgewichen werden.

Wahlberechtigung

4   Nach § 61 Abs. 1 steht die Wahlberechtigung nur jugendlichen Dienstkräften und Auszubildenden zu. Bei **jugendlichen Dienstkräften** *(zum Dienstkraftbegriff vgl. oben § 12 Rn. 2ff.)* handelt es sich um Beschäftigte, die das 18. Lebensjahr noch nicht vollendet haben. Nach § 187 Abs. 2 Satz 2 BGB und § 188 Abs. 2 BGB ist das 18. Lebensjahr schon um 24 Uhr desjenigen Tages vollendet, der dem Geburtstag des 18. Lebensjahres vorausgeht. Entscheidend ist das Alter am Wahltag, bei mehreren Wahltagen am letzten Wahltag.

5   Die Wahlberechtigung ist ferner auf alle Dienstkräfte erstreckt, die das 18. Lebensjahr, aber **noch nicht das 26. Lebensjahr** vollendet haben, sofern sie sich noch in einem Berufsausbildungsverhältnis befinden. Diese Dienstkräfte haben damit ein doppeltes Wahlrecht, nämlich sowohl für den Personalrat als auch für die JugAzubiVertr.

6   Bezüglich der **Ausnahmen von der Wahlberechtigung** finden die Vorschriften des § 12 Abs. 2 keine entsprechende Anwendung. Eine entsprechende Bezugnahme ist in Abs. 2 nur für die Wählbarkeit erfolgt. Es kommt daher nicht darauf an, ob die genannten Dienstkräfte der Dienststelle dauernd oder nur vorübergehend angehören. Eine Wahlberechtigung nur in der Stammbehörde wie in § 12 Abs. 2 ist damit vom Gesetzgeber für Jugendliche nicht festgelegt.

7   Die **Eintragung in das Wählerverzeichnis** beeinflußt das materielle Wahlrecht nicht. § 61 Abs. 1 regelt allein die materielle Wahlberechtigung; nur die formellen Voraussetzungen für die tatsächliche Ausübung des Wahlrechts sind in der Wahlordnung zum Personalvertretungsgesetz geregelt. Die Nichteintragung in das Wählerverzeichnis (*§ 29 Abs. 1 i.V.m. § 2 Abs. 2 WO*) betrifft lediglich die formellen Voraussetzungen des materiellen Wahlrechts, ohne dieses unmittelbar zu beeinflussen. Die Eintragung in das Wählerverzeichnis kann bis zum Abschluß der Stimmabgabe nachgeholt werden.

Wählbarkeit

8   Wählbar zur JugAzubiVertr. sind Dienstkräfte, die am Wahltage noch nicht das **26. Lebensjahr vollendet haben**, die also noch nicht 27 Jahre alt geworden sind. Nicht Voraussetzung ist das Bestehen eines Ausbildungsverhältnisses. Damit besteht im Gegensatz zu der Regelung bezüglich der Wählbarkeit zum Personalrat in § 13 hier nicht das Erfordernis, daß Grundvoraussetzung auch die Wahlberechtigung ist, die bereits mit Vollendung des 18. Lebensjahres bzw. des 26. Lebensjahres endet.

9   Maßgeblich für die Bestimmung der Höchstaltersgrenze ist der **Tag der Wahl**, dies ist der Tag der Stimmabgabe. Erfolgt die Stimmabgabe an mehreren Tagen, ist maßgeblich der letzte Tag.

10 Eine **Mindestzugehörigkeit** zur Dienststelle ist nicht erforderlich. Damit hat der Gesetzgeber berücksichtigt, daß gerade bei jugendlichen Dienstkräften und Auszubildenden häufig eine bestimmte Mindestzugehörigkeit zur Dienststelle noch nicht gegeben sein wird.

Ausschluß der Wählbarkeit

Durch die Bezugnahme auf § 13 Abs. 1 Satz 2 sind diejenigen Dienstkräfte nicht wählbar, die infolge Richterspruchs die **Fähigkeit, Rechte aus öffentlichen Wahlen** zu erlangen, nicht besitzen. Hierbei kann es sich lediglich um solche Dienstkräfte handeln, die bereits dem Erwachsenen-Strafrecht unterliegen, da das Jugendgerichtsgesetz entsprechende Straftatbestände nicht kennt. Wegen der Einzelheiten kann auf die Erläuterungen zu § 13 Rn. 12 verwiesen werden. 11

Ferner ist die Wählbarkeit unter den **Voraussetzungen des § 13 Abs. 3** ausgeschlossen. Nicht wählbar sind daher Dienstkräfte, die wöchentlich weniger als 18 Stunden beschäftigt sind *(vgl. dazu § 13 Rn. 20f.)*. Eine Ausnahme in diesem Bereich gilt nur für Lehrkräfte mit mindestens 11 Pflichtstunden je Woche, für künstlerisches Personal und für die Tutoren und studentischen Hilfskräfte an den Hochschulen. Ferner sind die in § 9 genannten Dienstkräfte und deren ständige Vertreter nicht wählbar *(vgl. dazu § 13 Rn. 22ff.)*, was in der Praxis kaum vorkommen dürfte. Das gleiche gilt für Dienstkräfte, die zu selbständigen Entscheidungen in Personalangelegenheiten von nicht untergeordneter Bedeutung befugt sind *(vgl. dazu § 13 Rn. 24ff.)*. Schließlich können nicht gewählt werden die Mitglieder des Wahlvorstandes, die gem. § 63 Abs. 1 vom Personalrat bestimmt worden sind *(vgl. dazu § 13 Rn. 34)*. 12

Für die Wählbarkeit findet ferner die **Ausnahmeregelung des § 12 Abs. 2 Anwendung.** Das bedeutet, daß abgeordnete Dienstkräfte, Beamte im Vorbereitungsdienst und Dienstkräfte in entsprechender Ausbildung nur bei ihrer Stammbehörde wählbar sind. Damit soll eine gewisse Kontinuität der Arbeit der Vertretung sichergestellt werden. Die Inbezugnahme für die Wählbarkeit war notwendig, weil bei der Wahlberechtigung eine entsprechende Ausnahmeregelung nicht vorgenommen worden war. 13

Kein Ausschluß der Wählbarkeit tritt bei **Doppelmitgliedschaft** einer Dienstkraft in dem Personalrat und in einer Jugend- und Auszubildendenvertretung ein *(Fischer/Goeres, BPersVG, § 58 Rn. 14; Altvater u.a., BPersVG § 58 Rn. 6)*. Ebenso wie in § 58 BPersVG enthält § 61 keine Regelung, die Doppelmitgliedschaften in mehreren Personalvertretungsorganen verbietet. Insoweit hat der Gesetzgeber eine andere Regelung getroffen, als sie § 61 Abs. 2 Satz 2 BetrVG enthält. Allerdings dürfte eine Doppelmitgliedschaft sowohl in der Jugend- und Auszubildendenvertretung als auch im Personalrat wenig sinnvoll sein, da damit in den Fällen des § 35, in denen ein volles Stimmrecht sämtlicher Jug-AzubiVertreter bei der Fassung von Personalratsbeschlüssen besteht, die Stellung der Jugend- und Auszubildendenvertretung geschwächt würde. Hinzu kommt, daß die Doppelmitgliedschaft auch zu Interessenkonflikten führen kann, die eine objektive Amtsführung sowohl im Interesse der Jugendlichen und Auszubildenden als auch im Interesse der übrigen Dienstkräfte beeinträchtigen könnte. 14

Der **Wegfall der Wählbarkeitsvoraussetzungen** während des Laufes der Amtszeit hat grundsätzlich nach § 63 Abs. 2 Satz 4 i.V.m. § 26 Abs. 1 Nr. 5 das Erlöschen der Mitgliedschaft zur Folge. Eine Ausnahme gilt jedoch nach § 63 Abs. 2 Satz 3 ausdrücklich für den Fall, daß ein JugAzubiVertreter im Laufe der Amtszeit das 26. Lebensjahr vollendet. Hier bleibt die Mitgliedschaft in der Jugend- und Auszubildendenvertretung gleichwohl erhalten, die Bestimmung des § 26 Abs. 1 Nr. 5 ist insoweit eingeschränkt. 15

Streitigkeiten

16 Streitigkeiten über Fragen der Wahlberechtigung und der Wählbarkeit können in erster Linie im Rahmen eines Wahlanfechtungsverfahrens gem. § 63 Abs. 1 i. V. m. § 22 vor den Verwaltungsgerichten im Beschlußverfahren ausgetragen werden, § 91 Abs. 1. Darüber hinaus können gem. § 91 Abs. 1 Nr. 1 Fragen der Wählbarkeit und der Wahlberechtigung in besonderen Fällen auch Gegenstand eines eigenen Verfahrens sein. In diesen Fällen ist ein Feststellungsinteresse im einzelnen darzulegen. Wegen der weiteren Einzelheiten vgl. die Erläuterungen zu § 12 Rn. 27 sowie § 13 Rn. 40 ff.

§ 62 Mitgliederzahl

(1) Die Jugend- und Auszubildendenvertretung besteht in Dienststellen mit in der Regel
    5 bis 20 wahlberechtigten Dienstkräften aus einer Person,
  21 bis 50 wahlberechtigten Dienstkräften aus drei Mitgliedern,
  51 bis 100 wahlberechtigten Dienstkräften aus fünf Mitgliedern,
101 bis 200 wahlberechtigten Dienstkräften aus sieben Mitgliedern,
201 bis 300 wahlberechtigten Dienstkräften aus neun Mitgliedern.
Bei mehr als 300 Wahlberechtigten erhöht sich die Anzahl der Mitglieder für jeweils weitere angefangene 200 Wahlberechtigte um je zwei Mitglieder; die Höchstzahl beträgt 15 Mitglieder.
(2) Die Jugend- und Auszubildendenvertretung soll sich nach Möglichkeit aus Vertretern der verschiedenen Beschäftigungsarten der der Dienststelle angehörenden Wahlberechtigten zusammensetzen.
(3) Die Geschlechter sollen in der Jugend- und Auszubildendenvertretung entsprechend ihrem zahlenmäßigen Verhältnis vertreten sein.

Übersicht

	Rn.
Allgemeines	1– 4
Zahl der Mitglieder	5– 7
Berücksichtigung der Beschäftigungsarten und Geschlechter	8–10
Streitigkeiten	11

Allgemeines

1 Die Vorschrift legt die nach der Größe der Dienststelle gestaffelte Zahl der Mitglieder der JugAzubiVertr. fest. Maßgeblich für die Größe der Dienststelle ist die Zahl der in der Regel in der Dienststelle beschäftigten jugendlichen Dienstkräfte und der Auszubildenden, die nach § 61 Abs. 1 wahlberechtigt sind. Sie entspricht in ihrer Grundtendenz der Bestimmung in § 14, die die Mitgliederzahl innerhalb des Personalrats festlegt. In § 62 Abs. 2 ist die Berücksichtigung des Gruppenprinzips, das für den Personalrat zwingend vorgeschrieben ist, nicht aufgenommen worden.

2 Die Vorschrift enthält gegenüber der früheren Regelung in § 20 Abs. 2 PersVG Bln a. F. eine erhebliche Erweiterung der Zahl der Mitglieder in der JugAzubi-Vertr. Eine **entsprechende Bestimmung** enthält § 59 Abs. 1 und 2 BPersVG. Im

§ 62

wesentlichen vergleichbar ist auch § 62 Abs. 1 und 2 BetrVG, wobei allerdings die JugAzubiVertr. im Betriebsverfassungsrecht nicht die Größe erreichen kann wie im Personalvertretungsrecht.
Der Berliner Gesetzgeber hat die in § 59 Abs. 3 BPersVG und auch in § 62 Abs. 3 BetrVG enthaltene Soll-Vorschrift bezüglich der angemessenen **Vertretung der Geschlechter** in der JugAzubiVertr. aufgenommen. Diese Vorschrift, die dem Gedanken des Gleichheitsgrundsatzes von Mann und Frau gem. Art. 3 Abs. 2 GG Rechnung tragen soll, ist allerdings weitgehend sanktionslos, eine Verletzung begründet keine Wahlanfechtung. Gleichwohl könnte sie durch ihre bloße Existenz zumindest den Zwang verstärken, die Geschlechter angemessen schon bei der Aufstellung der Wahlvorschläge zu berücksichtigen. 3

Soweit § 62 die Mitgliederzahl festlegt, ist die Bestimmung **zwingend**, von ihr kann zum Nachteil der jugendlichen Dienstkräfte und Auszubildenden weder durch Dienstvereinbarung noch durch Tarifvertrag abgewichen werden. 4

Zahl der Mitglieder

Die Größe der JugAzubiVert. ist unmittelbar aus der **Staffel** in § 62 Abs. 1 abzulesen. Maßgeblich ist hierbei die Zahl der »in der Regel beschäftigten wahlberechtigten Dienstkräfte« in der Dienststelle. Zum Begriff der »in der Regel beschäftigten Dienstkräfte« kann auf die Erläuterungen zu § 14 Rn. 8 ff. verwiesen werden. Der Begriff der wahlberechtigten Dienstkraft ist in § 61 geregelt. Es kommt allein auf die Wahlberechtigung zur JugAzubiVertr. an. 5

Maßgebender **Stichtag** für die Feststellung der Zahl der regelmäßig beschäftigten wahlberechtigten Dienstkräfte ist der Tag des Wahlausschreibens, § 5 Abs. 2 WO. Hierbei ist ein Rückblick auf die Personallage der Dienststelle in der Vergangenheit, aber auch eine Einschätzung der kommenden Entwicklung erforderlich. Zu den Einzelheiten vgl. die Erläuterungen zu § 17 Rn. 11 ff. 6

Änderungen in der Zahl der wahlberechtigten Dienstkräfte, die **nach der Wahl** eintreten, können nicht berücksichtigt werden, sie haben keinen Einfluß auf die Größe der JugAzubiVertr. Nach § 63 Abs. 2 ist nämlich die Vorschrift des § 24 Abs. 1 Satz 1 Nr. 1 nicht anwendbar. 7

Berücksichtigung der Beschäftigungsarten und Geschlechter

Nach § 62 Abs. 2 soll sich die JugAzubiVertr. nach Möglichkeit aus Vertretern der verschiedenen **Beschäftigungsarten** der der Dienststelle angehörenden zur JugAzubiVertr. wahlberechtigten Dienstkräfte zusammensetzen. Der Begriff der Beschäftigungsart ist hierbei teilweise gleichbedeutend mit dem Begriff der Gruppenzugehörigkeit. Hierbei ist zu berücksichtigen, daß nach § 4 Abs. 1 Satz 2 als Angestellte auch diejenigen Personen gelten, die sich in einer entsprechenden Ausbildung befinden, nach § 4 Abs. 2 gilt das Entsprechende bezüglich der Arbeiter, zu den Beamten zählen nach § 4 Abs. 3 Satz 2 auch die Auszubildenden und Praktikanten, die zur Ausbildung für eine Beamtenlaufbahn eingestellt sind. Allerdings ist der Begriff der Beschäftigungsart noch weiter, er stellt nicht nur auf die Gruppenzugehörigkeit als solche ab, sondern auch auf die Art der Betätigung selbst. Entscheidend ist also die tatsächlich ausgeübte Funktion der Dienstkraft bzw. die Tätigkeit, die Gegenstand des Ausbildungsganges ist. Durch diese Regelung soll die JugAzubiVertr. in die Lage versetzt werden, ihre Arbeit möglichst sachkundig unter Berücksichti- 8

425

gung sämtlicher Probleme, die in verschiedenen Tätigkeitsbereichen unterschiedlich sein können, zu erfüllen.

9 Die Soll-Vorschrift des Abs. 3 trägt dem Grundsatz der Gleichberechtigung Rechnung. Sie hat im Grunde nur den Charakter einer Empfehlung.

10 Die Regelungen in Abs. 2 und 3 enthalten lediglich **Soll-Vorschriften**. Ein Verstoß gegen sie hat keinerlei Einfluß auf die Gültigkeit der Wahl. Selbst eine bewußte Mißachtung kann weder dazu führen, daß die Wahl wirksam angefochten werden kann, noch, daß sonstige Sanktionen eintreten.

Streitigkeiten

11 Streitigkeiten entscheiden die Verwaltungsgerichte im Beschlußverfahren gem. § 91 Abs. 1 Nr. 2. Hierbei ist zu beachten, daß Streitigkeiten über die Zahl der Mitglieder der JugAzubiVertr. nur im Wahlanfechtungsverfahren des § 63 Abs. 1 i. V. m. § 22 ausgetragen werden können *(vgl. auch § 14 Rn. 23f.)*.

§ 63 Wahl- und Amtszeit

(1) Der Personalrat bestimmt im Einvernehmen mit der Jugend- und Auszubildendenvertretung den Wahlvorstand und seinen Vorsitzenden. Im übrigen gelten § 16 Abs. 1, 3 bis 5, § 17 Abs. 1 Satz 3, § 20 Satz 1, §§ 21 und 22 über die Wahl und Wahlanfechtung entsprechend.
(2) Die regelmäßige Amtszeit der Jugend- und Auszubildendenvertretung beträgt zwei Jahre und endet spätestens am 31. Mai des Jahres, in dem nach Satz 2 die regelmäßigen Wahlen der Jugend- und Auszubildendenvertretungen stattfinden. Die regelmäßigen Wahlen finden alle zwei Jahre in der Zeit vom 1. März bis zum 31. Mai statt. Die Mitgliedschaft in der Jugend- und Auszubildendenvertretung erlischt nicht dadurch, daß ein Mitglied im Laufe der Amtszeit das 26. Lebensjahr vollendet. § 23 Satz 2, § 24 Abs. 1 Satz 2 Nr. 2 bis 4, Satz 3 und Absatz 4 und die §§ 25 bis 28 gelten sinngemäß.
(3) Besteht die Jugend- und Auszubildendenvertretung aus drei oder mehr Mitgliedern, so wählt sie aus ihrer Mitte einen Vorsitzenden und dessen Stellvertreter.

Übersicht

	Rn.
Allgemeines	1– 4
Wahlvorschriften	5
Bestellung des Wahlvorstandes	6–10
Durchführung der Wahl	11–16
Regelmäßige Amtszeit	17
Beendigungsgründe	18–23
Bestellung eines Vorstandes	24
Streitigkeiten	25

Allgemeines

Die Bestimmung regelt die Wahlvorschriften und die Amtszeit der JugAzubi-   1
Vertr. in enger Anlehnung an diejenigen für den Personalrat. Sie wird ergänzt durch die Vorschrift des § 30 WO, die bezüglich der Einzelheiten ebenfalls weitgehend auf diejenigen Vorschriften verweist, die für die Personalratswahlen Gültigkeit haben.

Die Amtszeit beträgt zwei Jahre, damit soll der stärkeren **Fluktuation** im Be-   2
reich der jugendlichen Dienstkräfte und der Auszubildenden Rechnung getragen werden, zumal im Hinblick auf die verlängerte Schulpflicht jugendliche Dienstkräfte selten länger als zwei Jahre in einer Dienststelle beschäftigt werden, bevor sie das 18. Lebensjahr vollenden. Zumindest einmal in ihrer Beschäftigungszeit soll den jugendlichen Dienstkräften die Möglichkeit gegeben werden, an der Wahl zu einer JugAzubiVertr. teilzunehmen.

Teilweise **vergleichbare** Vorschriften finden sich in § 60 BPersVG und §§ 63   3
und 64 BetrVG.

Die Vorschrift ist **zwingend**, von ihr kann weder durch Dienstvereinbarung   4
noch durch Tarifvertrag abgewichen werden.

Wahlvorschriften

Auch die Bildung der JugAzubiVertr. erfolgt durch eine geheime und unmittel-   5
bare Wahl. Die Durchführung der Wahl obliegt einem Wahlvorstand.

Bestellung des Wahlvorstandes

Im Gegensatz zu den Regelungen für die Personalratswahl erfolgt die Bestel-   6
lung des Wahlvorstandes durch den Personalrat. Dieser hat vor der Bestellung ein Einvernehmen mit der JugAzubiVertr. herzustellen *(vgl. zu dem Begriff des »Einvernehmens« auch § 6 Rn. 40; insoweit sind die Regelungen in § 60 Abs. 1 BPersVG und § 63 Abs. 2 BetrVG anders, dort ist ein Einvernehmen nicht erforderlich)*. Wird kein Einverständnis erzielt, so könnte nach dem Wortlaut des Gesetzes grundsätzlich kein Wahlvorstand bestellt werden. Damit wäre praktisch die Wahl blockiert *(vgl. dazu auch § 6 Rn. 41f.)*. Das Einverständnis kann auch nicht durch eine andere Stelle ersetzt werden. Damit wäre ein Verstoß gegen das Verbot der Wahlbehinderung gem. § 20 Satz 1, auf das § 63 Abs. 1 verweist, gegeben. Da der Gesetzgeber ausdrücklich die Regelungen der §§ 17–19 insoweit nicht für anwendbar erklärt hat, als sie die Erzwingung der Bildung eines Wahlvorstandes ermöglichen, kann diese Lücke in der gesetzlichen Regelung nur dahin gehend gelöst werden, daß der Begriff des Einvernehmens in § 63 Abs. 1 einschränkend ausgelegt wird. Hier ist unter Zugrundelegung der übergeordneten Stellung des Personalrats davon auszugehen, daß dieser im Falle der Nichteinigung das Letztentscheidungsrecht hat, er kann also in diesem Falle den Wahlvorstand selbst bestimmen. Bei der Beschlußfassung des Personalrats über die Bestellung des Wahlvorstandes hat die JugAzubiVertr. ein Stimmrecht gem. § 35 Satz 3, da überwiegend die Interessen der jugendlichen Dienstkräfte und der Auszubildenden betroffen werden. Auch hieraus kann gefolgert werden, daß das Letztentscheidungsrecht dem Personalrat zukommt, da der Gesetzgeber durch die Bestimmung in § 35 Satz 3 anerkannt hat, daß durch Zuerkennung des vollen Stimmrechts für die JugAzubiVertr. die

§ 63

Interessen der jugendlichen Dienstkräfte und Auszubildenden im Bereich des Personalvertretungsrechts ausreichend gewahrt sind.

7 Für den **Zeitpunkt der Bestellung** des Wahlvorstandes trifft das Gesetz keine ausdrückliche Regelung. Der Wahlvorstand ist daher so zeitig von dem Personalrat zu bestellen, daß die Wahl ordnungsgemäß vor Beendigung der Amtszeit der amtierenden JugAzubiVertr. durchgeführt werden kann. Die Bestimmung des § 17 Abs. 1 Satz 1 kann hier höchstens einen Anhaltspunkt bieten, sie ist jedoch weder direkt noch entsprechend anwendbar.

8 Die **Verletzung** der Verpflichtung zur Bestellung eines Wahlvorstandes kann gegebenenfalls einen groben Verstoß gegen die gesetzlichen Pflichten gem. § 25 beinhalten.

9 Bezüglich der **Zusammensetzung des Wahlvorstandes** trifft das Gesetz ebenfalls keine Regelung. Es ist daher nicht zwingend vorgeschrieben, daß dieser aus jugendlichen Dienstkräften oder Auszubildenden bestehen muß. Vielmehr können auch andere Dienstkräfte dem Wahlvorstand angehören. Auch die Größe des Wahlvorstandes ist nicht festgelegt, sie bestimmt der Personalrat – im Einvernehmen mit der JugAzubiVertr. – nach pflichtgemäßem Ermessen ebenso wie die Person des Vorsitzenden. Auch können Ersatzmitglieder bestellt werden.

10 Da schon die Zusammensetzung der Jugend- und Auszubildendenvertretung nicht die zwingende Berücksichtigung des **Gruppenprinzips** voraussetzt, ist auch bei der Bestellung des Wahlvorstandes nicht erforderlich, daß das Gruppenprinzip eingehalten wird. Dies kann jedoch sinnvoll sein, um gegenüber den jugendlichen Dienstkräften und Auszubildenden auch deutlich die neutrale Stellung des Wahlvorstandes hervorzuheben.

Durchführung der Wahl

11 Der Wahlvorstand hat die Wahl unverzüglich einzuleiten und durchzuführen. Hierzu gehört in erster Linie die **Feststellung** der Zahl der wahlberechtigten und der wählbaren jugendlichen Dienstkräfte und der Auszubildenden. Zur Heranziehung von **Wahlhelfern** siehe § 30 Abs. 1 i. V. m. § 1 WO.

12 An den Sitzungen des Wahlvorstandes können gem. § 63 Abs. 1 i. V. m. § 17 Abs. 1 Satz 3 Beauftragte der in der Dienststelle vertretenen **Gewerkschaften** bzw. Berufsverbände teilnehmen. Hierbei ist nicht erforderlich, daß den Gewerkschaften bzw. Berufsverbänden jugendliche Dienstkräfte oder Auszubildende angehören, es genügt, wenn überhaupt eine Dienstkraft in der Dienststelle ihr Mitglied ist.

13 Im übrigen finden die **Grundsätze des § 16 Abs. 1 und 3–5** entsprechende Anwendung. Das bedeutet, daß die JugAzubiVertr. in geheimer und unmittelbarer Wahl gewählt wird und daß diese nach den Grundsätzen der Verhältniswahl durchgeführt wird. Es findet auch immer eine Gemeinschaftswahl statt, da die Einhaltung des Gruppenprinzips bei der Bildung der JugAzubiVertr. nicht erforderlich ist.

14 Bezüglich des **Wahlvorschlagsrechts** der Dienstkräfte ist zu beachten, daß dies nur den wahlberechtigten jugendlichen Dienstkräften und Auszubildenden zusteht. Im übrigen ergeben sich keine Besonderheiten.

15 Auch für die Durchführung der Wahl zur JugAzubiVertr. gilt der Grundsatz des **Verbots der Wahlbehinderung** und der Wahlbeeinflussung des § 20 Satz 1 sowie die Bestimmung über die Kostentragungspflicht der Dienststelle gem.

§ 21. Im einzelnen kann auf die Erläuterungen zu diesen Vorschriften verwiesen werden.

Die **Wahlanfechtung** kann nach § 63 Abs. 1 i.V.m. § 22 entsprechend der Anfechtung einer Personalratswahl durchgeführt werden. Auch insoweit kann auf die Erläuterungen zu § 22 verwiesen werden. **16**

Regelmäßige Amtszeit

Die Amtszeit der JugAzubiVertr. beträgt zwei Jahre. Sie beginnt mit dem Tage der Wahl bzw. mit Ablauf der Amtszeit der vorher bestehenden JugAzubiVertr., § 63 Abs. 2 Satz 3 i.V.m. § 23 Satz 2 *(vgl. hierzu § 23 Rn. 11ff.).* **17**

Beendigungsgründe

Der **Verlust der Wählbarkeit** durch Überschreiten der Altersgrenze des § 61 Abs. 2 führt nicht zum Erlöschen des Amtes des JugAzubiVertr., § 63 Abs. 2 Satz 3. Diese Regelung modifiziert die Bestimmung des § 26 Abs. 1 Nr. 5, berührt jedoch nicht das Erlöschen der Mitgliedschaft in der JugAzubiVertr. bei Verlust der Wählbarkeit aus anderen Gründen, beispielsweise bei strafgerichtlicher Aberkennung der Fähigkeit, öffentliche Ämter zu bekleiden. Mit dieser Regelung soll die Kontinuität der Arbeit der JugAzubiVertr. gewährleistet werden. **18**

§ 63 Abs. 2 Satz 3 gilt nur dann, wenn der JugAzubiVertr. nach Beginn der Amtszeit das 26. Lebensjahr vollendet. Geschieht dies bereits vor Beginn der Amtszeit, so wird die Wahl anfechtbar, außerdem kann gem. § 63 Abs. 2 Satz 4 i.V.m. § 26 Abs. 1 Nr. 7 auch noch nach Ablauf der Anfechtungsfrist des § 22 gerichtlich festgestellt werden, daß der JugAzubiVertr. nicht wählbar war. Auch dies führt dann zu einem Erlöschen des Amtes. **19**

Da das Bestehen der JugAzubiVertr. von der Existenz eines Personalrates abhängig ist, endet ihr Amt automatisch mit dem endgültigen Fortfall des Personalrates. Erforderlich ist ein dauernder Fortfall, das lediglich kurzfristige und vorübergehende Nichtbestehen eines Personalrats führt zu keiner vorzeitigen Beendigung der Amtszeit der JugAzubiVertr. **20**

Im übrigen finden bezüglich der Beendigung der Amtszeit die für den Personalrat geltenden Bestimmungen im wesentlichen entsprechende Anwendung. Eine Ausnahme gilt für den Beendigungsgrund des § 24 Abs. 1 Nr. 1, eine **Veränderung der Zahl der jugendlichen Dienstkräfte** oder Auszubildenden führt nicht zu einer Neuwahl vor Ablauf der regelmäßigen Amtszeit. Im übrigen finden die Bestimmungen des § 24 Abs. 1 Satz 2 Nrn. 2 bis 4 entsprechende Anwendung. Nicht anwendbar sind die Regelungen des § 24 Abs. 1 Satz 2 Nrn. 5 und 6, da insoweit keine Notwendigkeit für den Bereich der JugAzubiVertr. besteht. **21**

Bei vorzeitiger Beendigung der Amtszeit gelten die Grundsätze für die **Fortführung der Geschäfte** des § 24 Abs. 1 Satz 3 entsprechend *(vgl. § 24 Rn. 33ff.).* **22**

Im übrigen finden für den **Ausschluß** aus der JugAzubiVertr. und deren Auflösung sowie das Erlöschen der Einzelmitgliedschaft in der JugAzubiVertr. und deren Ruhen wie auch für die Stellung der Ersatzmitglieder die Regelungen der §§ 25–28 entsprechende Anwendung. **23**

Bestellung eines Vorstandes

24 Besteht die JugAzubiVertr. aus drei oder mehr Mitgliedern, so muß sie einen **Vorsitzenden** und dessen Stellvertreter wählen. Deren Aufgabe ist es, die **laufenden Geschäfte** zu führen. Obwohl eine entsprechende Anwendbarkeit des § 29 im Gesetz nicht vorgesehen ist, ist davon auszugehen, daß der **Vorsitzende** die JugAzubiVertr. nach außen **vertritt**. Das Gruppenprinzip ist bei Bestellung von Vorsitzendem und seinem Stellvertreter nicht einzuhalten, da dieses generell für die Bildung der JugAzubiVertr. nicht zwingend zu beachten ist. Dies betrifft in erster Linie das Verhältnis zum Personalrat, da die JugAzubiVertr. in der Regel nur über diesen nach außen – auch in bezug auf den Dienststellenleiter – tätig werden kann.

Streitigkeiten

25 Streitigkeiten in bezug auf die Wahlen und die Amtszeit der JugAzubiVertr. sind von den Verwaltungsgerichten im Beschlußverfahren gem. § 91 Abs. 1 Nr. 2 zu entscheiden. Auch die Wahlanfechtung ist im verwaltungsgerichtlichen Beschlußverfahren gem. § 91 Abs. 1 durchzuführen.

§ 64 Freistellungen

(1) Auf Antrag der Jugend- und Auszubildendenvertretung sind von ihrer dienstlichen Tätigkeit freizustellen in Dienststellen mit in der Regel
150 bis 600 wahlberechtigten Dienstkräften (§ 61 Abs. 1) ein Mitglied,
über 600 wahlberechtigten Dienstkräften zwei Mitglieder.
Anstelle von Vollfreistellungen können im entsprechenden zeitlichen Umfang auch Teilfreistellungen vorgenommen werden.
(2) Freistellungen können nur für Mitglieder vorgenommen werden, die sich nicht mehr in der Ausbildung oder in der Einführung befinden. Im übrigen dürfen Freistellungen von Beamten in der Probezeit nur vorgenommen werden, soweit nicht die Gefahr besteht, daß der Zweck der Probezeit dadurch beeinträchtigt wird.
(3) Auf Antrag der Jugend- und Auszubildendenvertretung können abweichend von Absatz 1 Satz 1 weitere Freistellungen vorgenommen werden, wenn und soweit es nach Umfang und Art der Dienststelle zur ordnungsgemäßen Durchführung der Aufgaben der Jugend- und Auszubildendenvertretung erforderlich ist; die Entscheidung trifft die Dienstbehörde (§ 7), außerhalb der Bezirksverwaltungen im Einvernehmen mit der obersten Dienstbehörde (§ 8).
(4) § 43 Abs. 1 Satz 4, 6 und 7 gilt entsprechend.

Übersicht

	Rn.
Allgemeines	1– 3
Freistellungsanspruch	4, 5
Voraussetzungen	6
Antrag der Jugend- und Auszubildendenvertretung	7, 8
Entscheidung	9, 10
Einschränkungen der Freistellungsmöglichkeiten	11, 12

Folgen der Freistellung 13
Streitigkeiten 14

Allgemeines

§ 64 regelt den Anspruch der JugAzubiVertr. auf Freistellung einzelner ihrer Mitglieder. Er tritt praktisch an die Stelle des § 43 Abs. 1 Sätze 1–3. Eine besondere Freistellungsstaffel ist in das Gesetz nicht aufgenommen worden. Zu berücksichtigen ist, daß daneben ein weiterer Freistellungsanspruch auf Grund von § 66 i. V. m. § 42 bestehen kann. 1

Eine vergleichbare Vorschrift enthielt das PersVG Bln a. F. nicht. Auch im Bundespersonalvertretungsgesetz und im Betriebsverfassungsgesetz sind **entsprechende** Regelungen nicht enthalten, vielmehr sind dort die Freistellungsansprüche der JugAzubiVertr. im Interesse einer vereinfachten Gesetzgebung durch Verweisung auf die für Personalräte (Betriebsräte) geltenden Vorschriften geregelt worden, § 62 BPersVG bzw. § 65 Abs. 1 BetrVG. 2

Die Vorschrift ist **zwingend**, sie kann zum Nachteil der JugAzubiVertr. weder durch Dienstvereinbarung noch durch Tarifvertrag verändert werden. 3

Freistellungsanspruch

§ 64 regelt nur den Anspruch der JugAzubiVertr. auf **regelmäßige Freistellung** einzelner Mitglieder. Hierbei kann die Freistellung ganz oder aber auch teilweise erfolgen. Nicht erfaßt wird der Freistellungsanspruch des einzelnen JugAzubiVertr. im konkreten Einzelfall, insoweit stellt die Bestimmung des § 66 i. V. m. § 42 eine Sonderregelung dar. Nur von dieser Vorschrift wird auch der Anspruch auf Freistellung für die Teilnahme an Schulungs- und Bildungsveranstaltungen erfaßt. 4

Der Anspruch steht der JugAzubiVertr. als **Kollektiv** zu. Dies ergibt sich auch daraus, daß allein diese einen entsprechenden Antrag stellen kann, dem einzelnen Vertreter steht kein Antragsrecht zu. 5

Voraussetzungen

Der Freistellungsanspruch besteht im Rahmen der Freistellungsstaffel **ohne Rücksicht auf die dienstlichen internen Belange**. Über die Staffel hinaus können weitere Freistellungen begehrt werden, wenn und soweit es nach Umfang und Art der Dienststelle zur ordnungsgemäßen Durchführung der Aufgaben der JugAzubiVertr. erforderlich ist, Abs. 3. Grundsätzlich ist hierbei auf die Anzahl und die Struktur der jugendlichen und auszubildenden Dienstkräfte abzustellen, diese müssen eine Freistellung zur Gewährleistung einer ordnungsgemäßen Tätigkeit der JugAzubiVertr. erfordern. Die Zahl der jugendlichen und auszubildenden Dienstkräfte kann sich auf die Erforderlichkeit der Freistellung einzelner JugAzubiVertr. auswirken. Daneben sind auch die Besonderheiten der Stellung und der Interessen der jugendlichen und auszubildenden Dienstkräfte in der Dienststelle zu berücksichtigen, aus ihnen können sich durchaus unterschiedliche Anforderungen an die Aufgaben der JugAzubiVertr. ergeben. Bei der Überprüfung ist zu beachten, daß der allgemeine Aufgabenkatalog der JugAzubiVertr. in § 65 geregelt ist und daß diese nur begrenzte Entscheidungs- und Einwirkungsmöglichkeiten besitzt. In erster 6

§ 64

Linie besitzt der Personalrat auch bei der Wahrnehmung der Interessen der jugendlichen und auszubildenden Dienstkräfte die ausschlaggebenden Beteiligungsrechte.

Antrag der Jugend- und Auszubildendenvertretung

7 Die Freistellung kann **nur auf Antrag** der JugAzubiVertr. erfolgen. Hierzu bedarf es eines ordnungsgemäßen Beschlusses. Aus diesem muß sich im Falle des Abs. 3 im einzelnen ergeben, in welchem Umfange und aus welchem Grunde eine Freistellung beantragt wird. Hierbei ist es im Interesse der Überprüfbarkeit durch die Dienststelle angezeigt, den Beschluß ausführlich zu begründen.

8 Der Antrag ist **an die Dienststelle** zu richten, in der die JugAzubiVertr. gebildet ist, im Falle des Abs. 3 an die Dienstbehörde. Eine besondere Formvorschrift besteht nicht, allerdings wird in der Regel die Einhaltung der Schriftform schon deshalb notwendig sein, weil sonst eine aktenkundige Begründung, die auch eine Überprüfung zuläßt, nicht vorliegt.

Entscheidung

9 Über den Antrag nach Abs. 1 entscheidet **der Dienststellenleiter,** er ist an die Entscheidung der JugAzubiVertr. gebunden, wenn diese formal fehlerfrei ist und die Einschränkungen des Abs. 2 beachtet worden sind. Im Falle des Abs. 3 entscheidet die Dienstbehörde – ggf. im Einvernehmen mit der obersten Dienstbehörde – nach pflichtgemäßem Ermessen. Sie hat im einzelnen das Vorliegen der einzelnen Voraussetzungen zu überprüfen. Sie kann dem Antrage ganz oder teilweise stattgeben bzw. eine Freistellung ablehnen. Ihre Entscheidungsbefugnis ist jedoch bezüglich der Person des freizustellenden JugAzubiVertr. beschränkt, hier kann sie nicht an die Stelle des vorgeschlagenen nach eigenem Ermessen einen anderen JugAzubiVertr. setzen.

10 **Gegen einschränkende bzw. ablehnende Bescheide** des Dienststellenleiters oder der Dienstbehörde kann gem. § 91 Abs. 1 Nr. 3 die Entscheidung des Verwaltungsgerichts im Beschlußverfahren herbeigeführt werden. Hierbei ist die JugAzubiVertr. ebenso Beteiligte wie auch der Personalrat und als solche auch neben dem Personalrat antragsbefugt. Dies folgt aus dem eigenständigen Antragsrecht des Abs. 3. Das Verwaltungsgericht hat das Vorliegen der Voraussetzungen für eine Freistellung im einzelnen zu überprüfen, im Falle des Abs. 3 hat es ferner die Möglichkeit, die Ausübung des pflichtgemäßen Ermessens der Dienstbehörde bei ihrer Entscheidung nachzuprüfen.

Einschränkungen der Freistellungsmöglichkeit

11 Bei der Freistellung ist im besonderen Maße darauf zu achten, daß nicht der **berufliche Werdegang** der jugendlichen und auszubildenden Dienstkräfte beeinträchtigt wird, § 64 Satz 2 i. V. m. § 43 Abs. 1 Satz 4. Gerade bei Berufsanfängern könnte durch eine extensive Freistellung für diese ein Nachteil dadurch entstehen, daß sie weder praktische Erfahrungen auf ihrem Arbeitsgebiet sammeln konnten, noch daß ihre Leistungen fachbezogen ordnungsgemäß beurteilt werden könnten. In der Ausbildung oder in der Einführung befindliche Dienstkräfte dürfen nach Abs. 2 darüber hinaus gar nicht freigestellt werden.

Diesen Grundgedanken entspricht auch Abs. 2 Satz 2. Danach können **Beamte** **12** **in der Probezeit** nur dann freigestellt werden, wenn nicht die Gefahr der Beeinträchtigung des Zweckes der Probezeit besteht. Eine Ausnahmeregelung durch die oberste Dienstbehörde ist dabei nicht möglich, § 43 Abs. 2 Satz 2 findet keine entsprechende Anwendung.

Folgen der Freistellung

Die Folgen der Freistellung richten sich nach § 64 i. V. m. § 43 Abs. 1 Sätze 6 und 7. **13** Danach darf durch die Freistellung **keine Minderung der Bezüge** einschließlich der Zulagen, Zuschläge und sonstigen Entschädigungen eintreten. Zulagen, Zuschläge und sonstige Entschädigungen sind in dem Umfange weiter zu gewähren, als wäre das freigestellte Mitglied der JugAzubiVertr. nicht freigestellt worden. Bezüglich der sonstigen Rechtsstellung der freigestellten Mitglieder der JugAzubiVertr. kann auf die Erläuterungen zu § 43 Rn. 29 ff. verwiesen werden.

Streitigkeiten

Streitigkeiten über Anspruch und Umfang der Freistellungen entscheiden die **14** Verwaltungsgerichte im Beschlußverfahren nach § 91 Abs. 1 Nr. 3. Beteiligte dieses Verfahrens ist auch die JugAzubiVertr., die gegebenenfalls hier antragsbefugt ist.

§ 65 Aufgaben

(1) Die Jugend- und Auszubildendenvertretung hat folgende allgemeine Aufgaben:
1. Maßnahmen, die den jugendlichen und auszubildenden Dienstkräften dienen, insbesondere in Fragen der Berufsbildung und der Übernahme in ein Arbeitsverhältnis, gemeinsam mit dem Personalrat zu beantragen;
2. darüber zu wachen, daß die zugunsten der jugendlichen und auszubildenden Dienstkräfte geltenden Gesetze, Verordnungen, Unfallverhütungsvorschriften, Tarifverträge, Dienstvereinbarungen und Verwaltungsanordnungen durchgeführt werden;
3. Anregungen und Beschwerden von jugendlichen und auszubildenden Dienstkräften, insbesondere bezüglich ihrer Belange als jugendliche weibliche Beschäftigte und in Fragen der Berufsbildung, entgegenzunehmen und, falls sie berechtigt erscheinen, gemeinsam mit dem Personalrat auf eine Erledigung hinzuwirken; die Jugend- und Auszubildendenvertretung hat betroffene jugendliche und auszubildende Dienstkräfte über den Stand und das Ergebnis der Verhandlungen zu informieren.

(2) Die Zusammenarbeit der Jugend- und Auszubildendenvertretung mit dem Personalrat bestimmt sich nach § 30 Abs. 3, §§ 34 und 35. Sie bezieht sich auf die in §§ 85 bis 88 und § 90 genannten Angelegenheiten, soweit sie jugendliche und auszubildende Dienstkräfte betreffen.

(3) Zur Durchführung ihrer Aufgaben ist die Jugend- und Auszubildendenvertretung durch den Personalrat und gemeinsam mit dem Personalrat durch die Dienststelle rechtzeitig und umfassend zu unterrichten. Die Jugend- und Auszubildendenvertretung kann verlangen, daß ihr der Personalrat die zur Durchführung ihrer Aufgaben erforderlichen Unterlagen zur Verfügung stellt.

§ 65

(4) Die Jugend- und Auszubildendenvertretung kann nach Unterrichtung des Personalrats Arbeits- und Ausbildungsplätze begehen. Dem Personalrat ist Gelegenheit zur Teilnahme an der Begehung zu geben.
(5) Der Personalrat hat ein Mitglied der Jugend- und Auszubildendenvertretung zu den Besprechungen zwischen dem Vertreter der Dienststelle und dem Personalrat nach § 70 Abs. 1 beizuziehen; soweit Angelegenheiten behandelt werden, die jugendliche und auszubildende Dienstkräfte betreffen, kann die Jugend- und Auszubildendenvertretung teilnehmen.
(6) Die Jugend- und Auszubildendenvertretung kann nach Verständigung des Personalrats Sitzungen abhalten; § 30 Abs. 1 und 2 und § 31 Abs. 1 Satz 4 gelten sinngemäß. An den Sitzungen der Jugend- und Auszubildendenvertretung kann ein vom Personalrat beauftragtes Personalratsmitglied teilnehmen. Auf Antrag eines Viertels der Mitglieder der Jugend- und Auszubildendenvertretung hat der Vorsitzende eine Sitzung anzuberaumen und den Gegenstand, dessen Beratung beantragt ist, auf die Tagesordnung zu setzen.

Übersicht

	Rn.
Allgemeines	1– 3
Antragsrecht (Abs. 1 Nr. 1)	4– 8
Antrag	9
Behandlung des Antrages durch den Personalrat	10–13
Überwachungsaufgaben (Abs. 1 Nr. 2)	14–19
Entgegennahme von Anregungen und Beschwerden (Abs. 1 Nr. 3)	20–23
Behandlung durch die Jugend- und Auszubildendenvertretung	24–27
Informationsrecht der Jugend- und Auszubildendenvertretung	28–30
Umfang der Unterrichtung	31
Vorlage von Unterlagen	32–36
Art der Unterlagen	37, 38
Zusammenarbeit mit dem Personalrat (Abs. 2)	39
Teilnahme an der Monatsbesprechung	40–44
Sitzungen der Jugend- und Auszubildendenvertretung	45–51
Teilnahmerecht des Personalrats	52–54
Streitigkeiten	55

Allgemeines

1 § 65 ist durch das Zweite Gesetz zur Änderung des Personalvertretungsgesetzes vom 23.10.1989 *(GVBl., 1845)* gegenüber dem bisherigen Recht erweitert worden. Er **faßt die Aufgaben** und Befugnisse der JugAzubiVertr., die in der Wahrnehmung der besonderen Interessen der jugendlichen und auszubildenden Dienstkräfte bestehen, **zusammen**. Abs. 1 ist hierbei in Anlehnung an die für die Personalräte geltende Bestimmung des § 72 Abs. 1 Nrn. 1 bis 3 geschaffen worden.

2 Obwohl die Stellung der Jugend- und Auszubildendenvertretung im Vergleich zum früheren Recht erweitert worden ist, ist an dem Grundsatz, daß diese **kein von dem Personalrat** völlig **unabhängiges** vertretungsrechtliches **Organ** ist, festgehalten worden. Die Durchführung der allgemeinen Aufgaben erfolgt in erster Linie gegenüber dem Personalrat, unmittelbare Befugnisse gegenüber dem Dienststellenleiter bestehen im wesentlichen nicht, auch das Recht, Ar-

beits- und Ausbildungsplätze zu begehen, kann erst nach Unterrichtung des Personalrats durchgesetzt werden. Das Informationsrecht der JugAzubiVertr. besteht nicht unabhängig vom Personalrat, vielmehr kann es, wie Abs. 3 zeigt, nur gegenüber dem Personalrat oder gemeinsam mit diesem gegenüber der Dienststelle bestehen. Der Anspruch auf Vorlegung von Unterlagen besteht allein gegenüber dem Personalrat. Nur die Freistellungsansprüche nach § 64 können unmittelbar von der JugAzubiVertr. geltend gemacht werden.
Teilweise **vergleichbare** Vorschriften finden sich in § 61 BPersVG. Im Betriebsverfassungsrecht sind die entsprechenden Vorschriften verstreut, teilweise entsprechende Regelungen enthalten die §§ 70 und 67 sowie 68 BetrVG. Die Bestimmung ist zwingend. Von ihr kann zum Nachteil der JugAzubiVertr. weder durch Dienstvereinbarung noch durch Tarifvertrag abgewichen werden. Auch der Personalrat kann durch Beschlüsse die Aufgaben bzw. Befugnisse der JugAzubiVertr. nicht beschneiden. 3

Antragsrecht (Abs. 1 Nr. 1)

Abs. 1 Nr. 1 gibt der Jugend- und Auszubildendenvertretung ein Antragsrecht in allen **Angelegenheiten, die jugendliche und auszubildende Dienstkräfte betreffen,** durch die also die Stellung dieses Personenkreises in der Dienststelle beeinflußt wird. Das Antragsrecht ist umfassend, es besteht ohne Rücksicht darauf, ob besondere Beteiligungsrechte des Personalrats oder der JugAzubiVertr. in anderen Vorschriften vorgesehen sind. Notwendig ist allerdings, daß es sich um Maßnahmen oder Angelegenheiten innerhalb der Dienststelle handelt, für die der Personalrat eine Zuständigkeit besitzt. Das Initiativrecht der Jugend- und Auszubildendenvertretung geht nicht weiter als die Kompetenzen des Personalrates. 4

Soweit **Mitbestimmungs- oder Mitwirkungsrechte des Personalrates** bestehen, kann die Jugend- und Auszubildendenvertretung mit ihrem Antrag auch gegenüber dem Personalrat geltend machen, daß dieser von seinem Initiativrecht Gebrauch machen soll. Ein Zwang für den Personalrat, dementsprechend tätig zu werden, kann jedoch von der JugAzubiVertr. nicht ausgeübt werden. Vielmehr hat der Personalrat im Rahmen seiner Kompetenzen eigenständig über den Antrag der Jugend- und Auszubildendenvertretung einen Beschluß zu fassen, wobei diese gegebenenfalls zu beteiligen ist, § 35. 5

Maßnahmen im Sinne der Vorschrift sind unter anderem sämtliche Angelegenheiten, die die Verwaltungsorganisation und die Gestaltung der Arbeitsabläufe betreffen, ferner sämtliche Angelegenheiten, die in irgendeiner Form die soziale oder arbeitsmäßige Stellung der jugendlichen und auszubildenden Dienstkräfte betreffen. Hierunter können beispielsweise fallen: Fragen der Arbeitszeit, besondere Sozialleistungen oder Sozialeinrichtungen, Probleme der Urlaubsregelung, Erstellung von Beurteilungsrichtlinien, alle Fragen, die auch im Jugendarbeitsschutzgesetz (*§§ 8 bis 21 sowie 22 und 23 JArbSchG*) geregelt sind, wie zum Beispiel Freizeitregelungen, Bestimmungen über gefährliche Arbeiten und tempoabhängige Arbeiten. 6

Im Gesetz besonders hervorgehoben sind **Fragen der Berufsbildung**. Dies korrespondiert mit dem Mitbestimmungsrecht des Personalrats gemäß § 85 Abs. 1 Nr. 5 und Abs. 2 Nr. 1. Erfaßt wird neben der Berufsausbildung und der Umschulung auch die Fortbildung. Zu diesen Begriffen vgl. die Erläuterungen bei § 85 Rn. 78 ff. sowie Rn. 215 ff. In diesem Rahmen kann beispielsweise die 7

§ 65

Jugend- und Auszubildendenvertretung Antragsrechte in bezug auf die Gestaltung des Ausbildungsplanes, die Verbesserung der Ausbildungsmethoden, Fragen bezüglich der Person der Ausbilder sowie der Erstellung von Beurteilungsrichtlinien *(vgl. § 85 Rn. 264 ff.),* Fragen des Teilnahmerechts an Umschulungsmaßnahmen usw. wahrnehmen. Wenn auch eine rechtliche Begrenzung durch die bestehenden Beteiligungsrechte des Personalrats direkt nicht besteht, so wird tatsächlich doch das Antragsrecht der Jugend- und Auszubildendenvertretung auch dadurch begrenzt sein, daß nicht in allen Fragen Beteiligungsrechte des Personalrats gegeben sind. Insbesondere ist hierbei zu beachten, daß das Berufsbildungsgesetz sowie andere gesetzliche oder tarifliche Bestimmungen weitgehend abschließende Regelungen enthalten, die auch im Rahmen des Personalvertretungsrechtes Beteiligungsrechte dadurch ausschließen können, daß dem Dienststellenleiter kein Entscheidungsrecht zusteht, so daß auch eine Mitentscheidung des Personalrats nicht möglich ist.

8 Weiterhin besonders erwähnt ist in Nr. 1 die **Übernahme** der jugendlichen und auszubildenden Dienstkräfte **in ein Arbeitsverhältnis**. Hierbei ist nicht allein an den besonderen Schutz der Amtsträger nach Beendigung der Ausbildung gem. § 10 gedacht worden, sondern vielmehr der JugAzubiVertr. ein umfassendes Recht zugebilligt worden, auf die Übernahme jugendlicher oder auszubildender Dienstkräfte nach Beendigung eines Dienst- oder Ausbildungsverhältnisses in ein Dienstverhältnis auf unbestimmte Zeit hinzuwirken. Das Antragsrecht betrifft also gerade die Fälle, in denen im Gegensatz zu § 10 kein unmittelbarer Anspruch auf Übernahme in ein Beschäftigungsverhältnis besteht. Hier kann der Personalrat ebenfalls gegenüber dem Dienststellenleiter kein besonderes eigenständiges Mitbestimmungsrecht geltend machen, er kann aber in jedem Falle auf eine entsprechende tatsächliche Handhabung in der Dienststelle hinwirken. Eine Aktivität des Personalrats in dieser Richtung kann durch die JugAzubiVertr. durch ihre Initiative angeregt werden.

Antrag

9 Der Antrag setzt einen ordnungsgemäßen **Beschluß** der Jugend- und Auszubildendenvertretung voraus. Besondere Formvorschriften bestehen nicht. Eine Schriftform wird jedoch in der Regel notwendig sein, damit eine ausreichende Beratungsunterlage in der Personalratssitzung vorhanden ist. Im übrigen besteht für die JugAzubiVertr. nach § 30 Abs. 3 auch das Recht, in Angelegenheiten, die besonders jugendliche und auszubildende Dienstkräfte betreffen, die Anberaumung einer Personalratssitzung bezüglich eines bestimmten Beratungsgegenstandes zu beantragen *(vgl. § 30 Rn. 17 ff.).* Das Teilnahme- und Stimmrecht der JugAzubiVertr. richtet sich nach § 35.

Behandlung des Antrages durch den Personalrat

10 Der Personalrat hat die **Anträge** der JugAzubiVertr. auf Zulässigkeit, Begründetheit und Zweckmäßigkeit **zu überprüfen**. Bei Zulässigkeit des Antrages besteht eine Pflicht des Personalrats, sich inhaltlich mit dem Antrag zu befassen. Eine Nichtbefassung könnte unter Umständen Konsequenzen nach § 25 als grobe Verletzung gesetzlicher Pflichten nach sich ziehen.

In der Regel wird der Personalrat der JugAzubiVertr. **Gelegenheit zur Äuße- 11 rung** und zur Begründung des Antrages zu geben haben, wenn er dem Antrag nicht entsprechen will. Hierbei kann diese von ihrem Teilnahmerecht an Personalratssitzungen gem. § 35 Gebrauch machen. Sie ist über die Beratungen des Personalrats zu informieren, soweit sie nicht selbst oder einer ihrer Vertreter an der Personalratssitzung teilgenommen hat.

Der Personalrat hat durch Beschluß darüber zu entscheiden, ob der Antrag dem 12 Dienststellenleiter vorgelegt werden soll oder nicht. Bei **ablehnender Entscheidung** des Personalrats kann gegebenenfalls die JugAzubiVertr. von ihrem Recht aus § 34 Abs. 1 Gebrauch machen und die Aussetzung des Beschlusses beantragen. Der Personalrat ist aber nicht verpflichtet, die beantragten Maßnahmen gegenüber dem Dienststellenleiter weiterzuverfolgen. Dem Personalrat steht ein Ermessensspielraum zu.

Entspricht der Personalrat dem Antrag der JugAzubiVertr., hat er entweder im 13 Rahmen seines eigenen Initiativrechtes die entsprechenden Beteiligungsrechte wahrzunehmen, oder aber er hat durch Verhandlungen mit dem Dienststellenleiter auf eine Erledigung des Begehrens hinzuwirken. Dies kann im Rahmen der Monatsbesprechung des § 70 Abs. 1 geschehen, wobei zu dieser ein Mitglied der JugAzubiVertr. von dem Personalrat hinzuzuziehen ist, Abs. 5.

Überwachungsaufgaben (Abs. 1 Nr. 2)

Die Vorschrift des § 65 Abs. 1 Nr. 2 legt sowohl ein **Überwachungsrecht** als 14 auch eine Überwachungspflicht der JugAzubiVertr. fest *(Lorenzen u.a., § 61 Rn. 18)*. Für den Personalrat ergibt sich diese Aufgabe bereits aus § 70 Abs. 1 Nr. 2, sie entspricht dem Grundsatz des Art. 20 Abs. 3 GG, nach dem die Verwaltung an Gesetz und Recht gebunden ist.

Die Überwachungsaufgaben führen **nicht** dazu, daß die JugAzubiVertr. zu 15 einem dem Dienststellenleiter oder dem Personalrat **übergeordneten Kontrollorgan** wird *(vgl. BVerwG vom 8. 7. 1977, ZBR 1978, 173; Grabendorff u.a., § 61 Rn. 2; vgl. auch unten § 72 Rn. 25 bezüglich der Überwachungsaufgaben des Personalrats)*. Sie kann aber auch ohne konkreten Anlaß von sich aus Nachforschungen bzw. Untersuchungen in der Dienststelle durchführen, allerdings, wie auch die Regelung in Abs. 4 zeigt, nur nach Unterrichtung des Personalrats. Sie kann daher auch Stichproben durchführen, um die Einhaltung von Vorschriften zu kontrollieren *(BAG vom 21. 1. 1982, AP Nr. 1 zu § 70 BetrVG 1972)*.

Ein besonderer Fall der Überwachungsrechte ist die **Begehung der Arbeits-** 16 **und Ausbildungsplätze** der jugendlichen und auszubildenden Dienstkräfte, Abs. 4. Damit hat der Gesetzgeber zumindest klarstellend eine entsprechende Rechtsprechung des Bundesarbeitsgerichts *(BAG vom 21. 1. 1982, AP Nr. 1 zu § 70 BetrVG 1972)* hervorgehoben. Eine vorherige Unterrichtung des Personalrats ist hierbei erforderlich, seiner Zustimmung bedarf es nicht. Zumindest beschränkt hat hier die JugAzubiVertr. auch eine eigene Rechtsposition. Die Unterrichtung des Personalrats muß so zeitig erfolgen, daß dieser auch entsprechend der Regelung in Abs. 4 Satz 2 die Möglichkeit hat, an der Begehung teilzunehmen. Ob der Personalrat an der Begehung teilnehmen will oder nicht, steht in seinem Ermessen.

Im Rahmen der Überwachungsaufgabe kann die JugAzubiVertr. ebensowenig 17 wie der Personalrat die **Prozeßvertretung** einzelner jugendlicher oder auszubildender Dienstkräfte übernehmen, sie darf auch keine Rechtsauskünfte erteilen *(vgl. dazu unten § 72 Rn. 25).* Die Überwachungspflicht kann auch nicht genutzt werden, Individualansprüche jugendlicher oder auszubildender Dienstkräfte durchzusetzen.

18 Die **Überwachungsaufgabe erstreckt sich** auf Gesetze, Verordnungen, Unfallverhütungsvorschriften, Tarifverträge, Dienstvereinbarungen und Verwaltungsanordnungen, die zugunsten der jugendlichen bzw. auszubildenden Dienstkräfte gelten. In Betracht kommen beispielsweise das Berufsbildungsgesetz, das Jugendarbeitsschutzgesetz, das Kündigungsschutzgesetz, das Personalvertretungsgesetz, die einschlägigen Tarifverträge wie beispielsweise der BAT, der Manteltarifvertrag für Auszubildende sowie sonstige Ausbildungstarifverträge sowie der Manteltarifvertrag für Arbeiter. Im übrigen kann im einzelnen auf die Erläuterungen bei § 72 Rn. 16 ff. verwiesen werden. Nicht erforderlich ist, daß die Vorschriften ausschließlich oder überwiegend die jugendlichen bzw. auszubildenden Dienstkräfte betreffen. Es genügt, wenn sie zumindest auch für diesen Personenkreis von Bedeutung sind.

19 **Kein Überwachungsrecht** und keine Überwachungspflicht der JugAzubiVertr. besteht hinsichtlich der Einhaltung einzelvertraglicher Abreden, die keinen generellen Charakter haben. Die Wahrnehmung von **Einzelansprüchen** kann nur durch die jeweils betroffenen jugendlichen und auszubildenden Dienstkräfte selbst erfolgen.

Entgegennahme von Anregungen und Beschwerden (Abs. 1 Nr. 3)

20 Die Vorschrift hinsichtlich der Hilfe bei Beschwerden und Anregungen steht in engem systematischen Zusammenhang mit den Nrn. 1 und 2. Sie enthält eine Parallele zu der Regelung in § 72 Abs. 1 Nr. 3. Im Gegensatz zu dieser Bestimmung kann die JugAzubiVertr. jedoch **nicht direkt an den Dienststellenleiter** herantreten, sondern sie kann nur im Zusammenwirken mit dem Personalrat auf die Erledigung hinwirken.

21 Das Recht der jugendlichen bzw. auszubildenden Dienstkräfte, Anregungen zu geben und Beschwerden zu erheben, ist im einzelnen nicht im Personalvertretungsrecht gesondert geregelt. Ein **allgemeines Beschwerderecht** ergibt sich lediglich für Beamte aus § 178 LBG. Bestimmte Formerfordernisse oder Zulässigkeitsvoraussetzungen bestehen ebenfalls nicht. Es ist auch nicht zwingend, daß sich die Dienstkraft bei einer Beschwerde vorher selbst um die Beseitigung des Beschwerdegrundes bemüht hat. Anregungen und Beschwerden sind gegenständlich nicht beschränkt. Sie brauchen sich nicht auf soziale oder organisatorische Fragen zu beschränken. Auch ist nicht erforderlich, daß sich die Anregungen oder Beschwerden auf Angelegenheiten beziehen, die ausschließlich oder besonders jugendliche oder auszubildende Dienstkräfte betreffen. Vielmehr kann Gegenstand jede dienststellenbezogene Angelegenheit sein, selbst wenn es sich um Rechtsansprüche der jugendlichen oder auszubildenden Dienstkräfte handelt. Im Gegensatz zum Betriebsverfassungsgesetz kann nämlich nicht eine abschließende Entscheidung der Einigungsstelle erreicht werden; bleibt die Anregung oder Beschwerde erfolglos, kann die betroffene Dienstkraft lediglich im Klagewege versuchen, einen Erfolg zu erzielen.

22 Besonders hervorgehoben sind Anregungen und Beschwerden bezüglich der Belange als **jugendliche weibliche Beschäftigte** und **Fragen der Berufsbildung**. Damit soll auch im Rahmen des Kompetenzbereiches der JugAzubiVertr. erreicht werden, daß sich diese in besonderer Weise für die Einhaltung des

Gleichbehandlungsgrundsatzes einsetzt. Durch den gesonderten Hinweis auf Fragen der Berufsbildung wird auch der erweiterte Kompetenzrahmen der JugAzubiVertr. im Verhältnis zu der früheren Jugendvertretung nochmals unterstrichen. Beide Hervorhebungen haben aber keinen abschließenden Charakter, wie sich schon aus dem Wort »insbesondere« ergibt. An sich wäre diese Hervorhebung auch überflüssig, da jede Anregung und Beschwerde von der JugAzubiVertr. in gleicher Weise zu behandeln ist.

Die jugendlichen bzw. auszubildenden Dienstkräfte sind nicht verpflichtet, Anregungen oder **Beschwerden** zunächst bei der JugAzubiVertr. zu erheben. Vielmehr können sie sich auch im Rahmen des § 72 Abs. 1 Nr. 3 **direkt an den Personalrat** wenden. Ihnen steht es auch offen, sich gleich unmittelbar an den Dienststellenleiter zu wenden. 23

Behandlung durch die Jugend- und Auszubildendenvertretung

Die Jugend- und Auszubildendenvertretung ist verpflichtet, die Anregungen oder Beschwerden der jugendlichen bzw. auszubildenden Dienstkräfte entgegenzunehmen. Sie muß sich in jedem Falle damit **auf** einer ordnungsgemäßen **Sitzung befassen**. Sie hat zu überprüfen, ob eine Berechtigung der Anregung oder Beschwerde gegeben ist. Hierüber ist durch Beschluß zu entscheiden (*Fischer/Goeres, § 61 Rn. 20; Lorenzen u. a., § 61 Rn. 31*). 24

Ist die Anregung bzw. Beschwerde **berechtigt**, so hat die JugAzubiVertr. das Anliegen unmittelbar an den Personalrat weiterzugeben. Auch hierfür ist eine besondere Form nicht vorgeschrieben. Die JugAzubiVertr. kann jedoch im Rahmen des § 30 Abs. 3 entweder die Anberaumung einer besonderen Personalratssitzung verlangen oder aber die Aufnahme dieses Punktes auf die Tagesordnung einer Personalratssitzung erzwingen. Der Personalrat hat dann ebenso wie bei den Beschwerden bzw. Anregungen der übrigen Dienstkräfte gem. § 72 Abs. 1 Nr. 3 deren Berechtigung zu überprüfen, eine Bindung an die Stellungnahme der JugAzubiVertr. besteht nicht. Bei ihrer Berechtigung hat der Personalrat im Zusammenwirken mit einem Vertreter der JugAzubiVertr. auf die Erledigung bei dem Dienststellenleiter hinzuwirken. Hinsichtlich der Einzelheiten kann auf die Kommentierung bei § 72 Rn. 28ff., 32ff. verwiesen werden. 25

Hält die Jugend- und Auszubildendenvertretung die Anregung bzw. Beschwerde **nicht für berechtigt**, so hat sie nach entsprechender Beschlußfassung dies der jugendlichen bzw. auszubildenden Dienstkraft mitzuteilen. Hierbei sind dieser im einzelnen die Gründe mitzuteilen. Sie kann dann gegebenenfalls ihr Anliegen direkt gegenüber dem Personalrat gem. § 72 Abs. 1 Nr. 3 oder aber gegenüber dem Dienststellenleiter weiterverfolgen. 26

Die JugAzubiVertr. hat die betroffene Dienstkraft über den **Stand und das Ergebnis** der Verhandlungen jeweils **zu informieren**. Dazu gehört, daß sie die Verhandlung durch sich selbst mitteilt, gegebenenfalls muß sie darüber unterrichten, daß die Angelegenheit dem Personalrat weitergegeben worden ist. Dazu gehört auch, daß der jugendlichen bzw. auszubildenden Dienstkraft die Stellungnahme des Personalrats zur Kenntnis gebracht wird, gegebenenfalls ist auch das Ergebnis von Verhandlungen mit dem Dienststellenleiter mitzuteilen. Dies kann auch durch den Personalrat selbst erfolgen, wobei in der Regel die JugAzubiVertr. zu beteiligen ist (*vgl. Fischer/Goeres, § 61 Rn. 12; a. A. Lorenzen u. a., § 61 Rn. 39*). 27

§ 65

Informationsrecht der Jugend- und Auszubildendenvertretung

28 Abs. 3 legt fest, daß die JugAzubiVertr. zur Durchführung ihrer Aufgaben von dem Personalrat zu unterrichten ist. Auch hierin wird die Abhängigkeit und unselbständige Stellung der JugAzubiVertr. im Bereich des Personalvertretungsrechts deutlich. Im Gegensatz zum früheren Recht hat der Gesetzgeber das Informationsrecht allerdings erweitert. Danach ist **auch** eine **Information durch die Dienststelle** möglich, allerdings muß diese ebenfalls gemeinsam mit dem Personalrat erfolgen. Die JugAzubiVertr. hat demzufolge trotz der Erweiterung der Informationsmöglichkeit letztlich nach wie vor kein eigenständiges, unmittelbares Informationsrecht gegenüber dem Dienststellenleiter. Soweit die Unterrichtung durch den Personalrat erfolgt, gehört dies zu den laufenden Geschäften des Personalrats, sie hat daher in der Regel durch den Personalratsvorsitzenden oder seinen Vertreter zu erfolgen.

29 Der **Anspruch** der JugAzubiVertr. auf ordnungsgemäße Information setzt nicht voraus, daß sie einen entsprechenden Antrag gegenüber dem Personalrat stellen muß. Vielmehr hat die Unterrichtung durch diesen von sich aus zu erfolgen. Der Dienststellenleiter kann selbst nicht unmittelbar Informationen gegenüber der JugAzubiVertr. erteilen, dies kann nur gemeinsam mit dem Personalrat, also mit dem Personalratsvorsitzenden oder seinem Vertreter, durchgeführt werden. In der Regel genügt es, wenn die Unterrichtung gegenüber dem Vorsitzenden der JugAzubiVertr. bzw. dessen Stellvertreter erfolgt. Dieser hat dann die Informationen an das Gremium weiterzugeben.

30 Eine **bestimmte Form** für die Unterrichtung **besteht nicht**. Sie kann sowohl mündlich als auch schriftlich erfolgen. Bezüglich des Anspruchs auf Vorlage von Unterlagen vgl. unten Rn. 33 ff. Sie hat rechtzeitig zu erfolgen. Wann dies der Fall ist, läßt sich nur aus dem Sinn und Zweck der jeweiligen Aufgabe der JugAzubiVertr. entnehmen. Genaue Fristen ergeben sich aus dem Personalvertretungsrecht nicht. In jedem Falle muß jedoch die Information so rechtzeitig erfolgen, daß eine Willensbildung innerhalb der JugAzubiVertr. möglich ist, denn sämtliche Mitglieder müssen die Gelegenheit haben, an der Willensbildung teilzunehmen. Hierzu gehört auch, daß eine Beeinflussung einer etwaigen Entscheidung des Personalrats noch möglich ist.

Umfang der Unterrichtung

31 Grundsätzlich muß die Unterrichtung **umfassend** sein. Ihre Grenzen ergeben sich daher allein aus dem Zweck, die Aufgabenerfüllung durch die JugAzubiVertr. zu ermöglichen. Sie hat sich daher auf alle diejenigen Angelegenheiten zu erstrecken, die die Aufgaben der JugAzubiVertr. und die Belange der jugendlichen bzw. auszubildenden Dienstkräfte betreffen. Hierzu gehören nicht nur die in § 65 Abs. 1 genannten allgemeinen Aufgaben, sondern sämtliche Maßnahmen, die die Interessen dieses Personenkreises mittelbar oder unmittelbar betreffen.

Vorlage von Unterlagen

32 Nach Abs. 3 Satz 2 hat der Personalrat auf besonderen Antrag der JugAzubiVertr. dieser auch die zur Durchführung ihrer Aufgaben erforderlichen Unterlagen zur Verfügung zu stellen. Der Antrag bedarf der Beschlußfassung durch

440

die JugAzubiVertr. Ein Antragsrecht einzelner Mitglieder bzw. des Vorsitzenden allein besteht nicht.

Die Vorlage von Unterlagen kann nur dann verlangt werden, wenn sie zur Durchführung der **Aufgaben** der JugAzubiVertr. **erforderlich** sind. Damit entsprechen Umfang und Grenzen der Vorlagepflicht denen des Informationsrechts. 33

Der Personalrat kann nur solche Unterlagen zur Verfügung stellen, die er selbst im Rahmen des § 73 Abs. 1 Satz 2 erlangt. Das Vorlagerecht der JugAzubiVertr. ist also immer **durch dasjenige des Personalrats gegenständlich begrenzt.** Soweit der Personalrat über keine eigenen Unterlagen verfügt, ist er verpflichtet, den ihm zustehenden Unterrichtungsanspruch gem. § 73 Abs. 1 gegenüber dem Dienststellenleiter geltend zu machen, um seine Informationspflicht gegenüber der JugAzubiVertr. erfüllen zu können. 34

Der Personalrat hat der JugAzubiVertr. die **Unterlagen zur Verfügung zu stellen.** Eine bloße Einsichtnahme wird daher in der Regel nicht ausreichen. Vielmehr muß der Personalrat grundsätzlich der JugAzubiVertr. die Unterlagen für die Zeit überlassen, die sie zur Unterrichtung und Meinungsbildung benötigt. Im Einzelfall kann es auch erforderlich sein, die Unterlagen der JugAzubiVertr. auf Dauer zu überlassen. Häufig wird aber die Gewährung der Möglichkeit der Einsichtnahme mit der Möglichkeit der Anfertigung von Auszügen ausreichen. 35

Datenschutzrechtliche Einschränkungen bei der Informationserteilung bestehen nicht. Die JugAzubiVertr. ist keine »Stelle außerhalb der speichernden Stelle« i. S. von § 2 Abs. 3 Nr. 2 BDSG. Die Einschränkungen des Datenschutzrechtes in bezug auf die Datenübermittlung bestehen daher nicht *(vgl. Lorenzen, PersV 1979, 305; Lorenzen u. a., § 61 Rn. 48).* Im übrigen unterliegen die Mitglieder der JugAzubiVertr. ebenso wie Personalratsmitglieder der absoluten Schweigepflicht. 36

Art der Unterlagen

Art und Umfang der zur Verfügung zu stellenden Unterlagen kann grundsätzlich nur im **Einzelfall** beurteilt werden. Im wesentlichen gelten hier die gleichen Grundsätze wie bei dem Anspruch des Personalrats auf Vorlage von Unterlagen gem. § 73 Abs. 1 Satz 2 *(vgl. unten § 73 Rn. 20ff.).* Beispielsweise gehören hierzu die erforderlichen Rechtsvorschriften, Berichte zuständiger Behörden bzw. Dienststellen über jugendliche oder auszubildende Dienstkräfte betreffende Fragen, Ausbildungspläne u. ä. Eine Ausnahme besteht bezüglich der Vorlagepflicht von Personalakten oder deren Auszügen. Nach § 73 Abs. 1 Satz 3 dürfen diese allein dem Personalrat mit Einwilligung des Betroffenen vorgelegt werden. Eine Weitergabe an die JugAzubiVertr. im Rahmen des § 65 Abs. 3 Satz 2 scheidet aus. 37

Die Zurverfügungstellung von **Rechtsvorschriften** und sonstigem **Arbeitsmaterial** kann von der JugAzubiVertr. im übrigen auch gemäß § 66 i. V. m. § 40 gegenüber dem Dienststellenleiter im Rahmen der Kostenerstattungspflicht geltend gemacht werden. 38

§ 65

Zusammenarbeit mit dem Personalrat (Abs. 2)

39   Die Zusammenarbeit der JugAzubiVertr. mit dem Personalrat bestimmt sich in erster Linie aufgrund § 65 Abs. 2 Satz 1 nach den § 30 Abs. 3, §§ 34 und 35. Abs. 2 enthält damit **lediglich einen Hinweis auf die bereits genannten Vorschriften**. Die Verweisungsnorm des Abs. 2 ist daher an sich überflüssig. Auch der Hinweis auf die in den §§ 85 bis 88 und 90 genannten Angelegenheiten, auf die sich die Zusammenarbeit beziehen soll, soweit sie jugendliche und auszubildende Dienstkräfte betreffen, ist im Grunde überflüssig. Auch dies ergibt sich nicht nur bereits aus der Regelung des Abs. 1, sondern auch aus den übrigen Bestimmungen, die in Abs. 2 Satz 1 genannt worden sind. Für die Form der Zusammenarbeit mit dem Personalrat ergibt sich auch nichts Besonderes, auf die Erläuterungen zu § 30 Abs. 3 und die §§ 34 und 35 kann verwiesen werden.

Teilnahme an der Monatsbesprechung

40   An jeder gemeinschaftlichen Besprechung zwischen Personalrat und Vertretern der Dienststelle gem. § 70 Abs. 1 hat **ein Mitglied** der JugAzubiVertr. teilzunehmen. Sie kann nach freiem Ermessen ihren jeweiligen Vertreter bestimmen. Es ist nicht erforderlich, daß dies in jedem Falle der Vorsitzende ist.

41   Soweit Angelegenheiten behandelt werden, die besonders jugendliche und auszubildende Dienstkräfte betreffen, kann die **gesamte JugAzubiVertr.** teilnehmen. Das Recht auf Teilnahme der gesamten JugAzubiVertr. besteht dabei unter den gleichen Voraussetzungen, unter denen diese gem. § 35 Satz 2 zu der beratenden Teilnahme an Personalratssitzungen berechtigt ist.

42   Der **Personalrat ist verpflichtet,** die JugAzubiVertr. von den entsprechenden Monatsgesprächen zu unterrichten und mitzuteilen, welche Themen auf ihr behandelt werden sollen. Eine formelle Einladung seitens des Personalrats kann nicht erfolgen, da er nicht einladungsbefugt ist. Eine Verletzung der Pflicht kann gegebenenfalls Konsequenzen nach § 25 nach sich ziehen.

43   Das Teilnahmerecht nach § 65 Abs. 4 besteht nur bei dem **Monatsgespräch des § 70 Abs. 1.** Nicht erfaßt werden sonstige Einzelgespräche bzw. Verhandlungen zwischen Personalrat und Vertretern der Dienststelle, die nicht den Charakter des Monatsgespräches erfüllen.

44   Für die JugAzubiVertr. besteht lediglich ein **Teilnahmerecht,** nicht jedoch in jedem Falle eine Teilnahmepflicht. Ihr steht es daher frei, an den Monatsgesprächen teilzunehmen oder dies zu unterlassen. Auch steht es der JugAzubiVertr. frei, ob sie im Falle eines Teilnahmerechts der gesamten JugAzubiVertr. lediglich einen oder mehrere Vertreter entsendet. Dies kann dann sinnvoll sein, wenn besondere Fachfragen zu erörtern sind, für die besonders sachkundige Mitglieder in der JugAzubiVertr. vorhanden sind. Die ständige Nichtteilnahme an dem Monatsgespräch kann unter Umständen Konsequenzen nach § 63 Abs. 2 i. V. m. § 25 nach sich ziehen.

Sitzungen der Jugend- und Auszubildendenvertretung

45   Die JugAzubiVertr. kann **nach Verständigung des Personalrats** eigene Sitzungen abhalten, § 65 Abs. 6. Hierfür ist lediglich die Information des Personalrats erforderlich, nicht jedoch dessen Einverständnis *(vgl. Lorenzen u. a., § 61 Rn. 59).*

Durch die Verständigung des Personalrats soll sichergestellt werden, daß dieser von seinem Recht, ein Personalratsmitglied zu entsenden, Gebrauch machen kann.

Die **Verletzung** dieser Vorschrift hat grundsätzlich keine Konsequenzen, da es sich lediglich um eine Ordnungsvorschrift handelt. Etwas anderes gilt nur dann, wenn durch das Unterlassen der Verständigung vorsätzlich die Teilnahme des Personalratsvertreters verhindert werden soll. In diesem Falle kann u. U. eine grobe Verletzung gesetzlicher Pflichten im Sinne des § 63 Abs. 2 i. V. m. § 25 gegeben sein. 46

Die Sitzungen müssen **zur Durchführung der Aufgaben** der JugAzubiVertr. erforderlich sein. Sie kann ebensowenig wie der Personalrat Sitzungen durchführen, um nicht zu ihrer Arbeit gehörige Themen zu behandeln. Beispielsweise sind daher Sitzungen zur Behandlung allgemein politischer Fragen unzulässig. 47

Für die **Anberaumung** der Sitzungen gilt die Vorschrift des § 30 Abs. 1 und 2. Danach hat der Wahlvorstand die Mitglieder der JugAzubiVertr. nach den Wahlen zur ersten Sitzung einzuberufen, er leitet die Sitzung bis zur Wahl des Vorsitzenden gem. § 63 Abs. 3. 48

Der **Vorsitzende** der JugAzubiVertr. hat die weiteren Sitzungen anzuberaumen und die Tagesordnung festzulegen, § 30 Abs. 2. Hierbei hat er die Mitglieder zu den Sitzungen rechtzeitig unter Mitteilung der Tagesordnung zu laden. Bezüglich der Einzelheiten kann auf die Kommentierung zu § 30 Abs. 2 verwiesen werden. 49

Nach § 65 Abs. 5 i. V. m. § 31 Abs. 1 Satz 4 kann die JugAzubiVertr. unter den gleichen Voraussetzungen wie der Personalrat **Sachverständige** hinzuziehen *(vgl. zu den Einzelheiten oben § 31 Rn. 16 ff.).* 50

Da eine entsprechende Bezugnahme auf § 31 Abs. 1 Satz 1 fehlt, gilt für die Sitzungen der JugAzubiVertr. grundsätzlich nicht das **Verbot der Öffentlichkeit** *(a. A. Fischer/Goeres, § 61 Rn. 37; Lorenzen u. a., § 61 Rn. 65; Grabendorff u. a., § 61 Rn. 32, die die fehlende Bezugnahme für ein Versehen des Gesetzgebers halten).* Aus diesem Grunde bedurfte es auch nicht der Festlegung eines besonderen Teilnahmerechts der in der Dienststelle vertretenen Gewerkschaften bzw. Berufsverbände. Diese haben vielmehr wie andere Personen auch ein Teilnahmerecht im Rahmen der Öffentlichkeit der Sitzungen. Die Teilnahme jugendlicher bzw. auszubildender Dienstkräfte der Dienststelle an den Sitzungen der JugAzubiVertr. dürfte jedoch tatsächlich kaum möglich sein, da hierfür ein Anspruch auf Dienstbefreiung weder unter Fortzahlung der Dienstbezüge noch unter deren Wegfall besteht. Der Dienstherr ist verpflichtet, den jugendlichen und auszubildenden Dienstkräften die Teilnahme in irgendeiner Form zu ermöglichen. Dies gilt auch bezüglich des Teilnahmerechts sonstiger Dienstkräfte. Ein Rederecht im Rahmen der Sitzung haben nur die Mitglieder der JugAzubiVertr., nicht sonstige Personen. Die JugAzubiVertr. kann auch selbst durch Beschluß die Öffentlichkeit ausschließen. 51

Teilnahmerecht des Personalrats

Der Personalrat kann nach § 65 Abs. 5 Satz 2 **ein** von ihm beauftragtes **Personalratsmitglied** zur Teilnahme an der Sitzung entsenden. Obwohl die Sitzungen grundsätzlich öffentlich sind, bedurfte es dieser Regelung, da für das Personalratsmitglied dadurch die Teilnahme als Personalratsarbeit ausgewie- 52 sen ist, so daß im Rahmen des § 42 Abs. 2 ein Anspruch auf Dienstbefreiung besteht. Dem Personalrat steht es frei, welches Mitglied er zur Teilnahme entsendet. Es ist nicht erforderlich, daß es sich hierbei um den Vorsitzenden oder ein Vorstandsmitglied handelt.

53 Ein **Stimmrecht** des entsandten Personalratsmitgliedes besteht im Rahmen der Sitzung der JugAzubiVertr. nicht. Vielmehr hat er lediglich die Möglichkeit, zu bestimmten Fragen Stellung zu nehmen, dies jedoch nur, wenn ihm im Rahmen der Leitung der Sitzung durch den Vorsitzenden das Wort erteilt wird. Zweck der Teilnahme ist die Beratung und Information der JugAzubiVertr. Das Teilnahmerecht kann nicht durch Beschluß der JugAzubiVertr. beschränkt werden. Selbst wenn diese die Öffentlichkeit durch Beschluß ausschließt, kann der Personalratsvertreter weiter an der Sitzung teilnehmen.

54 Dem Teilnahmerecht des Personalrats entspricht **keine Teilnahmepflicht**. Der Personalrat ist daher nicht gezwungen, zu den Sitzungen der JugAzubiVertr. Personalratsmitglieder zu entsenden. Vielmehr steht es in seinem freien Ermessen, ob er von diesem Recht Gebrauch macht oder nicht. Die Unterlassung kann kein Verstoß gegen gesetzliche Pflichten i.S. des § 25 sein.

Streitigkeiten

55 Streitigkeiten über Aufgaben und Befugnisse der JugAzubiVertr. entscheiden die Verwaltungsgerichte im Beschlußverfahren gem. § 91 Abs. 1 Nr. 3. Hierbei ist die JugAzubiVertr. Beteiligter, gegebenenfalls kann sie eigene Antragsrechte geltend machen.

§ 66 Geschäftsführung

Für die Jugend- und Auszubildendenvertretung gelten die §§ 32, 39 bis 42 und § 44 sinngemäß, § 44 jedoch nicht für Mitglieder der Jugend- und Auszubildendenvertretung, die sich in der Ausbildung oder in der Probezeit befinden.

Übersicht

	Rn.
Allgemeines	1– 3
Geschäftsführung	4– 9
Freistellungsanspruch	10–13
Schutz der Mitglieder	14, 15
Streitigkeiten	16

Allgemeines

1 § 66 regelt die **Geschäftsführung** der JugAzubiVertr. und die **Rechtsstellung** ihrer Mitglieder durch Verweisung auf einige für die Personalräte geltende Vorschriften. In diesem Rahmen gelten daher die gleichen Grundsätze wie für die Personalräte und ihre Mitglieder. Damit hat der Gesetzgeber der Tatsache Rechnung getragen, daß gegenüber dem bisherigen Recht die Stellung der JugAzubiVertr. erheblich erweitert worden ist.

2 Eine **entsprechende** Bestimmung bestand im PersVG Bln a.F. nicht. Teilweise vergleichbare Verweisungsvorschriften bezüglich der Geschäftsführung der

§ 66

JugAzubiVertr. und der Rechtsstellung ihrer Mitglieder finden sich in § 62 BPersVG und § 65 Abs. 1 BetrVG.
Die Vorschrift des § 66 ist **zwingend**, zum Nachteil der JugAzubiVertr. kann 3 von ihr weder durch Dienstvereinbarung noch durch Tarifvertrag abgewichen werden. Auch durch Beschlüsse kann der Personalrat keine Änderung vornehmen.

Geschäftsführung

Die Geschäftsführung der JugAzubiVertr. ist mangels gesetzlicher Regelungen 4 weit **weniger an bestimmte Vorschriften** gebunden als diejenige des Personalrats. Außerhalb der Bestimmungen des § 65 Abs. 2 bis 4 und § 66 kann daher die JugAzubiVertr. Art und Form der Geschäftsführung weitgehend selbst bestimmen. Lediglich hinsichtlich der Beschlußfassung gilt § 32 entsprechend. Eine genauere Regelung der Geschäftsführung war auch angesichts der beschränkten Befugnisse der JugAzubiVertr. nicht erforderlich. Im Rahmen der Verweisungsvorschrift des § 66 hat die JugAzubiVertr. eigene Rechte. Hier ist sie nicht von dem Personalrat abhängig.
Sprechstunden kann die JugAzubiVertr. während der Arbeitszeit nach eigener 5 Entscheidung abhalten. Zeit und Ort hat sie hierbei mit der Dienststelle abzustimmen. Bezüglich der Festlegung der Sprechstunden, Zeit und Ort und des Herstellens des Einvernehmens mit dem Dienststellenleiter kann auf die Erläuterungen des § 39 Rn. 6ff. verwiesen werden. Ein Einverständnis ist mit dem Personalrat bezüglich der Abhaltung der Sprechstunden nicht erforderlich. Durch § 66 werden der JugAzubiVertr. im vollen Umfange eigene Rechte gewährt, diese können grundsätzlich unabhängig von dem Personalrat geltend gemacht werden. Insoweit fehlt auch eine dem § 69 Satz 2 BetrVG entsprechende Regelung, in der ausdrücklich festgelegt wird, daß Zeit und Ort der Sprechstunde zwischen Betriebsrat und Arbeitgeber zu vereinbaren seien *(wie hier auch Ilbertz, PersVG Bln, § 66 Rn. 2; a. A. Fischer/Goeres, § 62 Rn. 7; Grabendorff u. a., Rn. 2; Lorenzen u. a., § 62 Rn. 7 m. w. N., die die Herstellung des Einvernehmens zwischen Personalrat und Dienststellenleiter für notwendig halten).* Allerdings empfiehlt sich eine Unterrichtung des Personalrats im Interesse einer reibungslosen Zusammenarbeit.
Die Sprechstunden können nur von jugendlichen Dienstkräften und Auszubil- 6 denden aufgesucht werden. Diesen steht es allerdings frei, auch die Sprechstunden des Personalrats wahrzunehmen. Verdienstausfall darf durch die Wahrnehmung der Sprechstunden nicht entstehen, in jedem Falle ist jedoch auf die dienstlichen Erfordernisse Rücksicht zu nehmen, der Dienstvorgesetzte ist vor Aufsuchen der Sprechstunde zu unterrichten.
Bekanntmachungen der JugAzubiVertr. sind in dem gleichen Umfange und 7 unter den gleichen Voraussetzungen zulässig wie für den Personalrat. Auf die Erläuterungen zu § 39 Rn. 19ff. kann insoweit verwiesen werden. Auch hier steht das Recht allein der JugAzubiVertr. zu, ein Einvernehmen mit dem Personalrat muß nicht hergestellt werden.
Die **Kosten** der JugAzubiVertr. hat die Dienststelle in entsprechender Anwend- 8 barkeit des § 40 zu tragen. Auch hier besteht ein unmittelbarer Anspruch der JugAzubiVertr. selbst, diese ist nicht von einer Geltendmachung durch den Personalrat abhängig. Auf die Erläuterungen zu § 40 kann im einzelnen verwiesen werden. Bei der Geltendmachung von Kosten ist jedoch zu beachten, daß die

§ 66

JugAzubiVertr. nur ein beschränktes Aufgabengebiet hat, so daß die Erforderlichkeit hier erheblich enger ist als bei dem Personalrat. Die Kosten müssen unmittelbar durch die gesetzlichen Aufgaben verursacht worden sein.

9 Auch für die JugAzubiVertr. gilt das **Verbot der Annahme von Beiträgen** seitens der Dienstkräfte; hier gelten die gleichen Grundsätze wie für den Personalrat, die Erläuterungen zu § 41 gelten sinngemäß.

Freistellungsanspruch

10 Die JugAzubiVertr. führen ihr Amt unentgeltlich als **Ehrenamt**, § 42 Abs. 1. Ihnen ist daher im Rahmen des § 42 Abs. 2 Dienstbefreiung zu erteilen, soweit dies für die Aufgabenerfüllung der JugAzubiVertr. erforderlich ist. Hierbei ist die besondere Aufgabenstellung der JugAzubiVertr. zu beachten. Wegen der Einzelheiten vgl. die Kommentierung zu § 42. Der Anspruch auf Dienstbefreiung für die Teilnahme an Schulungs- und Bildungsveranstaltungen richtet sich für die JugAzubiVertr. nach der entsprechenden Anwendung des § 42 Abs. 3 und 4.

11 Der Anspruch auf Freistellung zur Teilnahme an einer **Schulungs- und Bildungsveranstaltung** im Rahmen des § 42 Abs. 3 kann nur auf Antrag der JugAzubiVertr. durch den Personalrat gegenüber der Dienststelle geltend gemacht werden. Zwar folgt dies nicht unmittelbar aus der Verweisungsnorm des § 66, der Gesetzgeber hat jedoch mit der Neuregelung der Vorschriften über die JugAzubiVertr. deren rechtliche Stellung in bezug auf die Beteiligungsrechte dahin gehend geregelt, daß diese nur in Abhängigkeit von dem Personalrat durchgesetzt werden können. Die Teilnahme an Schulungs- und Bildungsveranstaltungen dient aber gerade der Kenntnisvermittlung bezüglich der personalvertretungsrechtlichen Rechte, Pflichten und Aufgaben. Schließlich ist auch zu berücksichtigen, daß die JugAzubiVertr. nicht die alleinige Interessenvertretung der jugendlichen Dienstkräfte und der Auszubildenden ist, vielmehr erfolgt die Interessenvertretung in erster Linie durch den Personalrat, wobei diesem von der JugAzubiVertr. Hilfestellung zu leisten ist. Aus diesem Grunde kann auch das Recht auf Teilnahme an Schulungs- und Bildungsveranstaltungen nur auf Antrag der JugAzubiVertr. durch den Personalrat durchgesetzt werden *(vgl. BAG vom 10. 5. 1974, AP Nr. 4 zu § 65 BetrVG 1972; vom 6. 5. 1975, AP Nr. 5 zu § 65 BetrVG 1972; vom 10. 6. 1975, AP Nr. 6 zu § 65 BetrVG 1972)*. Dem widerspricht auch nicht, daß die JugAzubiVertr. im Rahmen der Geschäftsführung eigenständige Rechte unabhängig vom Personalrat geltend machen kann *(vgl. oben Rn. 4ff.)*, da der Freistellungsanspruch nicht die Geschäftsführung, sondern in erster Linie die Rechtsstellung der Mitglieder der JugAzubiVertr. betrifft.

12 Bei der Beurteilung der **Erforderlichkeit** der Schulungsveranstaltungen nach § 42 Abs. 3 ist zu beachten, daß die Aufgaben der JugAzubiVertr. eingegrenzt und ihre Tätigkeit weitgehend von derjenigen des Personalrats abhängig ist. Auch ist zu berücksichtigen, daß die JugAzubiVertr. nach § 65 Abs. 3 ein umfangreiches Informationsrecht gegenüber dem Personalrat hat.

13 Bezüglich des **Anspruches auf Teilnahme** an Schulungs- und Bildungsveranstaltungen, die von der Landeszentrale für politische Bildungsarbeit als geeignet anerkannt sind, ist die Bestimmung des § 42 Abs. 4 entsprechend anwendbar. Auch hier ist zu beachten, daß der Freistellungsanspruch sich auf vier Wochen verlängert, wenn das betreffende Mitglied der JugAzubiVertr. dieser

zum ersten Male angehört. Im übrigen gelten die gleichen Grundsätze wie für die Teilnahme von Personalräten an entsprechenden Veranstaltungen.

Schutz der Mitglieder

Grundsätzlich genießen die Mitglieder der JugAzubiVertr. den **gleichen** **14** **Schutz wie Personalratsmitglieder.** Sie können daher gegen ihren Willen weder versetzt noch abgeordnet werden, es sei denn, dies ist auch unter Berücksichtigung ihrer Mitgliedschaft in der JugAzubiVertr. aus wichtigen dienstlichen Gründen unvermeidbar und der Personalrat erteilt insoweit seine Zustimmung. Hier können die Grundsätze des § 44 weitgehend entsprechend angewendet werden.

Eine **Ausnahme** gilt nach § 66 für diejenigen Mitglieder der JugAzubiVertr., die **15** sich in der Ausbildung oder in der Probezeit befinden. Hier ist der besondere Schutz des § 44 eingeschränkt worden, um den Ausbildungszweck bzw. den Sinn der Probezeit nicht zu beeinträchtigen. Der Gesetzgeber hat das Interesse an einer ordnungsgemäßen Ausbildung für höher erachtet als den Schutz auf Grund der Stellung als JugAzubiVertr.

Streitigkeiten

Streitigkeiten über Geschäftsführung der JugAzubiVertr. und die Rechtsstel- **16** lung ihrer Mitglieder entscheiden die Verwaltungsgerichte im Beschlußverfahren nach § 91 Abs. 1 Nr. 3. Hier können sowohl die JugAzubiVertr. als auch einzelne ihrer Mitglieder Beteiligte sein. Gegebenenfalls können ihnen Antragsrechte zustehen.

§ 67 Jugend- und Auszubildendenversammlung

Die Jugend- und Auszubildendenvertretung hat einmal in jedem Kalenderjahr eine Jugend- und Auszubildendenversammlung durchzuführen. Sie wird vom Vorsitzenden der Jugend- und Auszubildendenvertretung geleitet. Der Personalratsvorsitzende oder ein vom Personalrat beauftragtes Mitglied soll an der Jugend- und Auszubildendenversammlung teilnehmen. Die für die Personalversammlung geltenden Vorschriften sind sinngemäß anzuwenden. Außer der in Satz 1 bezeichneten Jugend- und Auszubildendenversammlung ist die Jugend- und Auszubildendenvertretung berechtigt, mindestens eine weitere, nicht auf Wunsch der Dienststelle einberufene Versammlung während der Arbeitszeit einzuberufen.

Übersicht	Rn.
Allgemeines	1– 4
Einberufung	5– 7
Zeitpunkt	8–11
Durchführung	12, 13
Teilnahmerecht	14–19
Aufgaben und Zuständigkeiten	20–24
Streitigkeiten	25

§ 67

Allgemeines

1 § 67 regelt die Möglichkeit der JugAzubiVertr., Jugend- und Auszubildendenversammlungen abzuhalten. Dadurch soll den jugendlichen Dienstkräften und den Auszubildenden die Gelegenheit gegeben werden, die sie im besonderen Maße betreffenden Angelegenheiten zu erörtern und die Arbeit der JugAzubiVertr. zu diskutieren. Die **Bestimmungen** über die Abhaltung von **Personalversammlungen** sind **entsprechend anwendbar,** soweit § 67 keine eigenständigen Regelungen enthält.

2 Die Vorschrift ist neu in das Gesetz aufgenommen worden, sie hat kein Vorbild im PersVG Bln a.F. Eine **vergleichbare** Bestimmung findet sich in § 63 BPersVG. Teilweise vergleichbar ist § 71 BetrVG.

3 Für **Gesamt- und Haupt-Jugend- und Auszubildendenvertretung** ist eine entsprechende Anwendbarkeit des § 67 nicht vorgesehen, diese können also keine Versammlungen durchführen.

4 Die Bestimmung ist **zwingend,** von ihr kann weder durch Dienstvereinbarung noch Tarifvertrag abgewichen werden. Auch kann der Personalrat das Recht der JugAzubiVertr. nicht einseitig durch Beschlußfassung beschränken.

Einberufung

5 Die Einberufung der Versammlung erfolgt durch die JugAzubiVertr. Diese besitzt alleinige Entscheidungsfreiheit, ein Einvernehmen mit dem Personalrat muß nicht hergestellt werden. Der Personalrat kann auch nicht von sich aus Jugend- und Auszubildendenversammlungen selbständig einberufen oder die JugAzubiVertr. zur Einberufung zwingen.

6 **Unterläßt** die JugAzubiVertr. die Einberufung einer Versammlung, kann in entsprechender Anwendung des § 47 Abs. 2 diese auf Wunsch des Dienststellenleiters oder eines Viertels der jugendlichen Dienstkräfte und Auszubildenden verpflichtet sein, eine Jugend- und Auszubildendenversammlung mit einem bestimmten Beratungsgegenstand einzuberufen.

7 Die Einberufung muß auf Grund eines Beschlusses der JugAzubiVertr. erfolgen. Im übrigen kann wegen der Einzelheiten des Verfahrens der Einberufung auf die Erläuterungen zu § 47 Rn. 9 ff. verwiesen werden.

Zeitpunkt

8 Die regelmäßige Jugend- und Auszubildendenversammlung hat **einmal im Jahr** stattzufinden. Der Grundsatz des engen zeitlichen Zusammenhangs mit der Personalversammlung gilt nicht mehr. Auch ohne sachliche Gründe kann daher die Jugend- und Auszubildendenversammlung getrennt von der Personalversammlung einberufen werden. Auf dienstliche Belange ist dabei allerdings Rücksicht zu nehmen.

9 Neben der regelmäßigen Jugend- und Auszubildendenversammlung kann die JugAzubiVertr. eine **weitere Versammlung** einberufen, § 67 Satz 5. Während bezüglich der regelmäßigen Jugend- und Auszubildendenversammlung eine Pflicht der JugAzubiVertr. zur Einberufung besteht, ist die Einberufung der außerordentlichen Versammlung in ihr freies Ermessen gestellt.

10 Daneben kann auf Grund der entsprechenden Anwendbarkeit des § 47 Abs. 2 die JugAzubiVertr. verpflichtet sein, auf Wunsch des Dienststellenleiters oder

eines Viertels der wahlberechtigten jugendlichen Dienstkräfte und der Auszubildenden der Dienststelle eine außerordentliche Personalversammlung einzuberufen, wobei der beantragte Beratungsgegenstand auf die Tagesordnung zu setzen ist.

Grundsätzlich finden die Versammlungen **während der Arbeitszeit** statt. Durch die Teilnahme an der Versammlung darf den jugendlichen Dienstkräften und den Auszubildenden keine Minderung der Bezüge einschließlich der Zulagen, Zuschläge und sonstigen Entschädigungen entstehen, § 48 Satz 2 *(vgl. zu den Einzelheiten die Erläuterungen zu § 48).* **11**

Durchführung

Die Jugend- und Auszubildendenversammlung findet **grundsätzlich** als **Vollversammlung** statt, § 67 Satz 5 i.V.m. § 45 Abs. 1. Nur wenn die dienstlichen Verhältnisse eine gemeinsame Versammlung aller jugendlichen Dienstkräfte und der Auszubildenden nicht zulassen, sind Teilversammlungen abzuhalten, § 45 Abs. 2. Die dienstlichen Erfordernisse müssen hierbei verhindern, daß sämtliche jugendlichen Dienstkräfte und Auszubildende zur gleichen Zeit an der Versammlung teilnehmen *(Wegen der Einzelheiten vgl. die Erläuterungen bei § 48 Rn. 1ff.).* Insbesondere ausbildungsbezogene Gründe können hierbei eine Rolle spielen. **12**

Die **Leitung** der Versammlung obliegt nach § 67 Satz 3 dem Vorsitzenden der JugAzubiVertr. Dieser hat die gleichen Befugnisse wie der Personalratsvorsitzende bei der Leitung der Personalversammlung *(vgl. hierzu § 45 Rn. 24ff.).* Dem Vorsitzenden der JugAzubiVertr. steht daher während der Dauer der Versammlung auch das Hausrecht zu. **13**

Teilnahmerecht

Die Jugend- und Auszubildendenversammlung besteht aus den **jugendlichen Dienstkräften** und den **Auszubildenden** der Dienststelle sowie den Mitgliedern der JugAzubiVertr. Grundsätzlich dürfen an ihr weder andere Dienstkräfte noch sonstige Personen teilnehmen. **14**

In entsprechender Anwendung des § 46 gilt auch für die Jugend- und Auszubildendenversammlung das Gebot der **Nichtöffentlichkeit.** Hierzu kann auch auf die Erläuterungen bei § 46 Rn. 5ff. verwiesen werden. **15**

In entsprechender Anwendung des § 46 Abs. 2 können **Beauftragte der** in der JugAzubiVertr. vertretenen **Gewerkschaften** bzw. Berufsverbände an der Jugend- und Auszubildendenversammlung teilnehmen *(vgl. zu den Einzelheiten § 46 Rn. 10ff.).* Eine Gewerkschaft ist auch dann teilnahmeberechtigt, wenn allein erwachsene Dienstkräfte der Dienststelle Mitglied sind *(VGH Baden-Württemberg vom 21. 3. 1988, ZBR 1988, 153; Grabendorff u.a., § 48 Rn. 22).* Das gleiche gilt für das Teilnahmerecht des Vertreters der Dienststelle gem. § 46 Abs. 3 Sätze 1 und 2. Ein Teilnahmerecht für Beauftragte der jeweils zuständigen Gesamt- bzw. Haupt-JugAzubiVertr. ergibt sich aus § 46 Abs. 3 Satz 4. **16**

Kraft ausdrücklicher Regelung in § 67 Satz 3 kann der **Personalratsvorsitzende** bzw. ein von dem Personalrat beauftragtes anderes Mitglied an der Jugend- und Auszubildendenversammlung teilnehmen. Auch diese Person kann nur beratende Funktionen ausüben. **17**

18 Die besonderen Teilnahmerechte erfordern, daß den entsprechenden Stellen bzw. Personen **Einladungen** zugestellt werden. Ihnen ist sowohl der Zeitpunkt als auch die Tagesordnung der Versammlung mitzuteilen. Die Mitteilung erfolgt durch den Vorsitzenden der JugAzubiVertr.

19 **Einschränkungen** des Teilnahmerechts Dritter bestehen für den Bereich der Jugend- und Auszubildendenversammlung im Landesamt für Verfassungsschutz, § 46 Abs. 4.

Aufgaben und Zuständigkeiten

20 Bezüglich der Aufgaben und Zuständigkeiten der Jugend- und Auszubildendenversammlung finden nach § 67 Satz 4 ebenfalls die für die **Personalversammlung geltenden Vorschriften** entsprechende Anwendung. Nach § 49 können daher in erster Linie Angelegenheiten behandelt werden, die zur Zuständigkeit der JugAzubiVertr. gehören; hierzu gehören insbesondere auch Tarif-, Besoldungs- und Sozialangelegenheiten, Fragen der Ausbildung und des Ausbildungsrechts, des Jugendarbeitsschutzes. Diese Themen dürfen nur dann auf der Versammlung behandelt werden, wenn sie die jugendlichen Dienstkräfte und Auszubildenden betreffen. Eine mittelbare Berührung der Interessen der jugendlichen Dienstkräfte oder der Auszubildenden reicht aus.

21 Die JugAzubiVertr. hat auf der regelmäßigen Jugend- und Auszubildendenversammlung einen **Tätigkeitsbericht** zu erstatten. Dieser ist auf der Versammlung zu diskutieren, den jugendlichen Dienstkräften und den Auszubildenden ist Gelegenheit zu geben, im einzelnen zu dem Bericht Stellung zu nehmen.

22 Daneben können die jugendlichen Dienstkräfte der JugAzubiVertr. **Anträge** unterbreiten und zu deren Beschlüssen oder Handlungen Stellung nehmen. Hierbei kann auch Kritik geübt werden.

23 **Beschlüsse** der Jugend- und Auszubildendenversammlung haben ebensowenig wie Beschlüsse der Personalversammlung bindenden Charakter, durch sie wird die Wahrnehmung der Aufgaben der JugAzubiVertr. nicht unmittelbar beeinflußt *(vgl. oben § 45 Rn. 6 ff.)*.

24 Auch für die Jugend- und Auszubildendenversammlung gilt das Verbot der Behandlung **parteipolitischer Themen**. Insoweit unterliegt auch sie den gleichen Beschränkungen wie die Personalversammlung *(vgl. dazu § 49 Rn. 28)*.

Streitigkeiten

25 Streitigkeiten bezüglich der Durchführung von Jugend- und Auszubildendenversammlungen und über deren Zuständigkeit und die Teilnahmerechte entscheiden die Verwaltungsgerichte im Beschlußverfahren gem. § 91 Abs. 1 Nr. 3. Fragen im Zusammenhang mit der Vergütungszahlung für die Teilnahme an den Versammlungen entscheiden die Arbeitsgerichte bzw. die Verwaltungsgerichte im Urteilsverfahren.

§ 68 Gesamt-Jugend- und Auszubildendenvertretung

Für die Bildung von Gesamt-Jugend- und Auszubildendenvertretungen gelten § 50, § 51 Abs. 2, die §§ 60 bis 62 und § 63 Abs. 1 Satz 2, Abs. 2 und 3 entsprechend. Im übrigen finden § 54 und die §§ 64 bis 66 entsprechende Anwendung, § 64 Abs. 1 Satz 1 mit der Maßgabe, daß bei über 1 000 wahlberechtigten Dienstkräften ein Mitglied freizustellen ist.

Übersicht   Rn.

Allgemeines 1– 3
Bildung der Gesamt-Jugend- und Auszubildendenvertretung 4– 7
Wahl 8, 9
Größe der Gesamt-Jugend- und Auszubildendenvertretung   10
Rechtsstellung 11–15
Streitigkeiten   16

Allgemeines

Nach § 68 sind Gesamt-JugAzubiVertr. in den gleichen Bereichen und unter den gleichen Voraussetzungen zu bilden wie die **Gesamtpersonalräte**. Für ihre Bildung ist das Bestehen eines Gesamtpersonalrats notwendig, sie sind von diesem abhängig. 1

Die Bildung von Gesamt-Jugend- und Auszubildendenvertretungen war früher in § 47 Abs. 4 PersVG Bln a. F. geregelt. Eine teilweise **vergleichbare** Bestimmung findet sich in § 64 Abs. 2 BPersVG. Die Bestimmungen der §§ 72 und 73 BetrVG sind nur sehr begrenzt vergleichbar. 2

Die Bestimmung ist **zwingend**, von ihr kann weder durch Dienstvereinbarung noch durch Tarifvertrag abgewichen werden. 3

Bildung der Gesamt-Jugend- und Auszubildendenvertretung

Die Errichtung der Gesamt-JugAzubiVertr. erfolgt für die **gleichen Bereiche**, für die auch ein **Gesamtpersonalrat** zu bilden ist. Dies ist durch die Verweisung auf die Vorschrift des § 50 eindeutig klargestellt. Durch die Bezugnahme auf § 60 ist weiterhin Voraussetzung, daß in dem entsprechenden Bereich auch ein Gesamtpersonalrat besteht. Daraus folgt, daß eine Gesamt-JugAzubiVertr. nicht gebildet werden kann, wenn ein Gesamtpersonalrat nicht besteht. Diese Regelung trägt der Tatsache Rechnung, daß die Gesamt-JugAzubiVertr. ebensowenig wie die JugAzubiVertr. im Bereich der Beteiligungsrechte eigenständig gegenüber dem Dienststellenleiter tätig werden kann. Sie bedarf zur Durchsetzung der Interessen der jugendlichen Dienstkräfte und der Auszubildenden der Mitwirkung des Gesamtpersonalrats. 4

Die Bereiche, für die eine Gesamt-JugAzubiVertr. zu bilden ist, bestimmen sich zunächst nach **§ 50 Abs. 1**. Danach besteht diese Möglichkeit für den Geschäftsbereich der Polizeibehörde, der Gesamtheit der der Senatsverwaltung für Justiz unterstehenden Gerichte und Behörden der Staatsanwaltschaft und des Justizvollzuges, die Oberfinanzdirektion Berlin mit den Finanzämtern, die Dienststellen im Bereich der für Kulturelle Angelegenheiten sowie für Wissenschaft 5

§ 68

und Forschung zuständigen Senatsverwaltungen mit Ausnahme der Körperschaften, Anstalten und Stiftungen des öffentlichen Rechts mit Dienstherrnfähigkeit sowie für jede Universität.

6   Daneben können bei **Verselbständigung von Dienststellen** gem. § 6 Abs. 1 die einzelnen JugAzubiVertr. mit Zustimmung der obersten Dienstbehörde, des Senators für Inneres und gegebenenfalls des Hauptpersonalrats eine Gesamt-JugAzubiVertr. bilden. Voraussetzung hierfür ist eine entsprechende Beschlußfassung der einzelnen JugAzubiVertr., wobei jeweils so viele JugAzubiVertr. der Bildung einer Gesamt-Jugend- und Auszubildendenvertretung zustimmen müssen, wie ²/₃ der von diesen vertretenen Dienstkräfte entsprechen. In diesem Umfange müssen auch die betroffenen Personalräte ihre Zustimmung erteilen.

7   Für die **Körperschaften**, Anstalten und Stiftungen des öffentlichen Rechts mit mehreren Dienststellen kann mit Zustimmung des jeweils zuständigen Verwaltungsorgans eine Gesamt-JugAzubiVertr. gebildet werden, hier ist die Zustimmung aller JugAzubiVertr. sämtlicher Dienststellen erforderlich, weiterhin müssen auch hier die betroffenen Personalräte ihre Zustimmung erteilen.

Wahl

8   Die Wahl der Gesamt-JugAzubiVertr. erfolgt nach den Grundsätzen des **§ 51 Abs. 2** sowie der §§ 60–63.

9   Der **Wahlvorstand** ist von dem bestehenden Gesamtpersonalrat im Einvernehmen mit den bestehenden JugAzubiVertr. zu bestellen. Dieser muß gleichzeitig den Vorsitzenden des Wahlvorstandes bestimmen. Eine Bestellung des Wahlvorstandes auf andere Weise scheidet aus, da das Bestehen eines Gesamtpersonalrates zwingende Voraussetzung für die Bildung einer Gesamt-JugAzubiVertr. ist. Auch hier muß der Wahlvorstand nicht nur aus jugendlichen Dienstkräften und Auszubildenden bestehen. Wegen der weiteren Einzelheiten gelten die gleichen Grundsätze wie bei der Wahl des Gesamtpersonalrates und der einzelnen JugAzubiVertr.

Größe der Gesamt-Jugend- und Auszubildendenvertretung

10 Die Größe der Vertretung bestimmt sich auf Grund der Verweisung in § 68 nach der **Staffel des § 62 Abs. 1**. In entsprechender Anwendbarkeit des § 62 Abs. 2 ist darauf zu achten, daß sich die Gesamt-JugAzubiVertr. möglichst aus Vertretern verschiedener Beschäftigungsarten der zu dem Verwaltungsbereich gehörenden jugendlichen Dienstkräfte und Auszubildenden zusammensetzt. Auch die Geschlechter sollen ihrem zahlenmäßigen Verhältnis entsprechend berücksichtigt werden, § 62 Abs. 3. Bei beiden Geboten handelt es sich aber nur um Soll-Bestimmungen, ein Verstoß führt nicht zur Unwirksamkeit oder Anfechtbarkeit.

Rechtsstellung

11 Die Rechtsstellung der Gesamt-JugAzubiVertr. entspricht weitgehend derjenigen der JugAzubiVertr., dies ergibt sich aus der Verweisung auf die entsprechenden Vorschriften in Satz 1. Bei dem Freistellungsanspruch ist die Sonderregelung in Satz 2 zu beachten, erst ab 1000 für die JugAzubiVertr.

wahlberechtigten Dienstkräften ist ein Mitglied freizustellen. Auch hier gilt die Einschränkung des § 64 Abs. 2. Auch sie kann ihre Aufgaben grundsätzlich nur im Zusammenwirken mit dem jeweils zuständigen Gesamtpersonalrat durchführen. Die Zusammenarbeit richtet sich dabei nach den Grundsätzen des § 65 Abs. 2–5.

Bezüglich der **Aufgaben** ist in erster Linie die Bestimmung des § 65 Abs. 1 entsprechend anwendbar. In diesem Rahmen kann die Gesamt-Jugend- und Auszubildendenvertretung in entsprechender Anwendung des § 54 solche Angelegenheiten wahrnehmen, die mehrere Dienststellen des Verwaltungsbereichs betreffen, für den sie gebildet ist. Außerdem hat sie die einzelnen JugAzubiVertr. bei der Durchführung ihrer Aufgaben zu beraten und zu unterstützen. Diese können ihr auch mit ihrer Zustimmung die ihnen obliegenden Aufgaben und Befugnisse übertragen. Insoweit gelten die gleichen Grundsätze wie bei der Übertragung von Zuständigkeiten von den einzelnen Personalräten auf den Gesamtpersonalrat *(vgl. § 54 Rn. 14 ff.)*. 12

Die **Rechtsstellung der einzelnen Mitglieder** der Gesamt-JugAzubiVertr. entspricht der Rechtsstellung der Mitglieder der JugAzubiVertr. Hier gelten keine Besonderheiten. 13

Die **Amtszeit** beträgt ebenfalls zwei Jahre. Wegen der Abhängigkeit von dem Bestehen des Gesamtpersonalrats endet die Amtszeit der Gesamt-JugAzubi-Vertr. auch dann, wenn der zuständige Gesamtpersonalrat auf Dauer in Fortfall gerät. Die Amtszeit des einzelnen Mitglieds der Gesamt-JugAzubiVertr. erlischt nicht dadurch, daß dieses das 26. Lebensjahr vollendet. 14

Die Freistellungsansprüche bestimmen sich nach § 64 bzw. nach § 66 i.V.m. § 42, wobei die Besonderheit des Satzes 2 zu beachten ist *(oben Rn. 11)*. 15

Streitigkeiten

Streitigkeiten über die Bildung von Gesamt-JugAzubiVertr. entscheiden die Verwaltungsgerichte im Beschlußverfahren gem. § 91 Abs. 1 Nr. 2. Nach § 91 Abs. 1 erster Halbsatz sind ebenfalls im verwaltungsgerichtlichen Beschlußverfahren die Wahlanfechtungsverfahren durchzuführen. Streitigkeiten bezüglich der Zuständigkeiten, Geschäftsführung und sonstigen Rechtsstellung entscheiden die Verwaltungsgerichte ebenfalls im Beschlußverfahren nach § 91 Abs. 1 Nr. 3. 16

§ 69 Haupt-Jugend- und Auszubildendenvertretung

(1) Die in § 60 genannten Dienstkräfte der Behörden, der Gerichte und der nichtrechtsfähigen Anstalten des Landes Berlin wählen eine Haupt-Jugend- und Auszubildendenvertretung. Sie besteht aus neun Mitgliedern.
(2) Die Wahl kann von mindestens 20 Wahlberechtigten angefochten werden. Im übrigen gelten für die Wahl, Geschäftsführung und Rechtsstellung § 56 Abs. 1, § 59, § 61, § 63 Abs. 1 Satz 2, Abs. 2 und 3 und die §§ 64 bis 66 entsprechend, § 64 Abs. 1 Satz 1 mit der Maßgabe, daß unabhängig von der Zahl der wahlberechtigten Dienstkräfte drei Mitglieder freizustellen sind.

§ 69

Übersicht

Rn.

Allgemeines 1– 5
Bildung der Haupt-Jugend- und Auszubildendenvertretung 6–10
Geschäftsführung und Rechtsstellung 11–16
Streitigkeiten 17

Allgemeines

1 § 69 regelt in **Anlehnung an den Hauptpersonalrat** des § 55 die Bildung einer Haupt-JugAzubiVertr. Ebenso wie die Bildung von JugAzubiVertr. und Gesamt-JugAzubiVertr. von dem Bestehen entsprechender Personalvertretungsorgane abhängig ist, setzt auch die Bildung der Haupt-JugAzubiVertr. das Bestehen des Hauptpersonalrates voraus.

2 In **§ 50 PersVG Bln a.F.** war die Bildung einer Hauptjugendvertretung vorgesehen. Im Gegensatz zu der früheren Regelung hat § 69 Abs. 1 Satz 2 die Anzahl der Mitglieder von 5 auf 7 erhöht.

3 **Nur begrenzt vergleichbar** ist die Bestimmung des § 64 Abs. 1 BPersVG. Dem Betriebsverfassungsgesetz ist die Bildung einer vergleichbaren Interessenvertretung der jugendlichen Arbeitnehmer und der Auszubildenden fremd. Insbesondere ist nicht die Möglichkeit der Bildung eines entsprechenden Vertretungsorgans auf Konzernebene vorgesehen.

4 Bei der Haupt-JugAzubiVertr. handelt es sich um eine **echte Stufenvertretung,** wie dies auch bei dem Hauptpersonalrat der Fall ist.

5 Die Vorschrift des § 69 ist **zwingend**, sie kann weder durch Dienstvereinbarung noch durch Tarifvertrag zum Nachteil der jugendlichen und auszubildenden Dienstkräfte abgeändert werden.

Bildung der Haupt-Jugend- und Auszubildendenvertretung

6 Die Haupt-JugAzubiVertr. ist von den jugendlichen Dienstkräften und den Auszubildenden bei den Behörden, den Gerichten, den nichtrechtsfähigen Anstalten und den Eigenbetrieben des Landes Berlin zu wählen. Die **Begriffe** der jugendlichen Dienstkraft und des Auszubildenden bestimmen sich hierbei nach den Grundsätzen des § 61, der die Wahlberechtigung festlegt.

7 Im Gesetz nicht ausdrücklich genannte Voraussetzung ist das **Bestehen des Hauptpersonalrats.** Dies ergibt sich aus der Abhängigkeit der Haupt-JugAzubiVertr. von dem Hauptpersonalrat, da sie ohne diesen die Vertretung der Interessen der jugendlichen Dienstkräfte und Auszubildenden nicht wahrnehmen kann. Hier gelten die gleichen Grundsätze wie bei der JugAzubiVertr. bzw. der Gesamt-JugAzubiVertr.

8 Auch die Haupt-JugAzubiVertr. wird durch unmittelbare **Wahl** gebildet. Der Wahlvorstand kann dabei nach § 69 Abs. 2 i.V.m. § 56 Abs. 1 allein von dem Hauptpersonalrat bestellt werden, wobei dieser im Einvernehmen mit der etwa bestehenden Haupt-JugAzubiVertr. tätig werden muß, § 63 Abs. 1. Der Hauptpersonalrat hat in diesem Rahmen auch die Person des Vorsitzenden zu bestimmen. Im übrigen gelten bezüglich der Wahlberechtigung und der Wählbarkeit die Regelungen des § 61 entsprechend.

9 Die Haupt-JugAzubiVertr. besteht aus **neun Mitgliedern**. Da eine Bezugnahme auf § 62 Abs. 2 fehlt, ist hierbei nicht einmal im Rahmen einer Soll-Vorschrift erforderlich, daß die Vertreter der verschiedenen Beschäftigungsarten, der die

jugendlichen Dienstkräfte und die Auszubildenden in dem betroffenen Verwaltungsbereich angehören, bei der Zusammensetzung berücksichtigt werden. Auch die Berücksichtigung der Geschlechter ist nach dem Gesetzeswortlaut nicht einmal als Soll-Vorschrift vorgesehen. Schon aus allgemeinen, grundsätzlichen Erwägungen sollte aber auch hier dem Gleichbehandlungsgrundsatz entsprechend gehandelt werden.

Die **Anfechtung der Wahlen** hat insoweit eine Veränderung gegenüber § 22 gefunden, als von seiten der jugendlichen Dienstkräfte und der Auszubildenden eine Anfechtungsberechtigung nur dann gegeben ist, wenn mindestens 20 Wahlberechtigte einen entsprechenden Antrag stellen. Im übrigen verbleibt es bei den Anfechtungsrechten, die sich aus § 22 im einzelnen ergeben. 10

Geschäftsführung und Rechtsstellung

Geschäftsführung und Rechtsstellung der Haupt-JugAzubiVertr. richten sich im wesentlichen nach den gleichen Vorschriften wie bei der JugAzubiVertr. 11
Bezüglich der **Aufgaben** gilt § 65 Abs. 1 i. V. m. § 59. Im Rahmen des § 65 Abs. 1 hat daher die Haupt-JugAzubiVertr. ein Beteiligungsrecht bezüglich derjenigen Angelegenheiten, die über den Geschäftsbereich einer JugAzubiVertr. oder einer Gesamt-JugAzubiVertr. hinausgehen. Außerdem hat sie die JugAzubiVertr. sowie Gesamt-JugAzubiVertr. bei der Wahrnehmung ihrer Aufgaben und Befugnisse zu beraten und zu unterstützen. 12
Die Vorschriften über die **Freistellungsansprüche** regeln sich ebenfalls in entsprechender Anwendung des § 64 bzw. des § 66 i. V. m § 42. Eine generelle Freistellung von drei Mitgliedern ist vorgesehen, die Einschränkungen des § 64 Abs. 2 sind dabei zu beachten. Bei der Teilnahme an Schulungsveranstaltungen ist zu berücksichtigen, daß für die Haupt-JugAzubiVertr. eine besondere, eingeschränkte Aufgabenstellung besteht. 13
Auch im übrigen hat sie im Rahmen der Geschäftsführung weitgehend die gleichen Befugnisse und Rechte wie die einzelnen JugAzubiVertr. Dies gilt insbesondere für das Recht der Sprechstundenabhaltung, die Kostenerstattungspflicht seitens der Verwaltung und das Informationsrecht gegenüber dem Hauptpersonalrat. 14
Die **Amtszeit** der Haupt-JugAzubiVertr. endet ebenfalls im Regelfall nach zwei Jahren. Außerhalb dieses Zeitraumes endet sie – obwohl dies im Gesetz nicht festgehalten ist – dann, wenn der Hauptpersonalrat auf Dauer in Fortfall gerät. Dies ist jedoch nicht der Fall, wenn lediglich die Neuwahl eines Hauptpersonalrates stattfindet. Ebenso wie bei dem Hauptpersonalrat spielt für das Erlöschen der Mitgliedschaft des einzelnen Mitgliedes in der Haupt-JugAzubiVertr. das Ausscheiden aus der Dienststelle keine Rolle. Dies ergibt sich daraus, daß die Haupt-JugAzubiVertr. für eine Vielzahl von Dienststellen gebildet ist, so daß der Wechsel der Dienststelle grundsätzlich für die Mitgliedschaft unerheblich ist. Eine Beendigung der Mitgliedschaft ist jedoch dann gegeben, wenn die betreffende Dienstkraft aus den Diensten des Landes Berlin und damit aus dem Verwaltungsbereich, für den die Haupt-JugAzubiVertr. gebildet ist, ausscheidet. Die Vollendung des 26. Lebensjahres führt ebensowenig wie bei der JugAzubiVertr. zum Erlöschen der Mitgliedschaft. 15
Im übrigen gilt für den **Schutz der Mitglieder** die Vorschrift des § 44 entsprechend, jedoch mit Einschränkungen bezüglich derjenigen Mitglieder, die sich in der Ausbildung oder in der Probezeit befinden, § 69 Abs. 2 i. V. m. § 66. 16

§ 69

Streitigkeiten

17   Streitigkeiten über Wahl und Amtszeit der Haupt-JugAzubiVertr. entscheiden die Verwaltungsgerichte im Beschlußverfahren gem. § 91 Abs. 1 Nr. 2. Das gleiche gilt bezüglich der Wahlanfechtungsverfahren nach § 91 Abs. 1 erster Halbsatz. Streitigkeiten über die Zuständigkeit, Geschäftsführung und Rechtsstellung der Haupt-JugAzubiVertr. und ihrer Mitglieder sind ebenfalls im verwaltungsgerichtlichen Beschlußverfahren nach § 91 Abs. 1 Nr. 3 auszutragen.

Abschnitt VI
Beteiligung der Personalvertretung

1. Allgemeines

§ 70 Grundsätze

(1) Der Vertreter der Dienststelle und der Personalrat sollen mindestens einmal im Monat zu gemeinschaftlichen Besprechungen zusammentreten. In ihnen soll auch die Gestaltung des Dienstbetriebes behandelt werden, insbesondere alle Vorgänge, die die Dienstkräfte wesentlich berühren. Der Vertreter der Dienststelle und der Personalrat haben über strittige Fragen mit dem ernsten Willen zur Einigung zu verhandeln und Vorschläge für die Beilegung von Meinungsverschiedenheiten zu machen.
(2) Dienststelle und Personalrat haben alles zu unterlassen, was geeignet ist, die Arbeit und den Frieden der Dienststelle zu gefährden. Insbesondere dürfen Dienststelle und Personalrat keine Maßnahmen des Arbeitskampfes gegeneinander durchführen. Arbeitskämpfe tariffähiger Parteien werden hierdurch nicht berührt.
(3) Dienststelle und Personalrat dürfen andere Stellen erst anrufen, nachdem eine Einigung nicht erzielt worden ist; § 2 bleibt unberührt.

Übersicht

	Rn.
Allgemeines	1– 3
Monatliche Besprechung (Abs. 1)	4– 6
Formelle Vorschriften	7– 9
Teilnahmeberechtigung	10–13
Öffentlichkeit	14, 15
Themen	16–19
Friedenspflicht (Abs. 2)	20
Friedensstörung	21, 22
Verpflichtete	23, 24
Arbeitskampfverbot	25, 26
Inhalt des Arbeitskampfverbotes	27–32
Arbeitskämpfe tariffähiger Vereinigungen	33–37
Verstöße	38–41
Anrufung außenstehender Stellen (Abs. 3)	42–47
Verstöße	48, 49
Streitigkeiten	50, 51

Allgemeines

Hinsichtlich der Beteiligungsrechte kann man, wie auch die Überschrift andeutet, die in den §§ 70–78 enthaltenen Regelungen als einen allgemeinen Teil der Beteiligungsrechte ansehen, dem mit den §§ 79–90 ein besonderer Teil folgt. Sie enthalten Vorschriften über die Art und Weise, wie die Beteiligungsrechte der Personalvertretung zu verwirklichen sind. Sie sind immer in Zusammenhang mit der Regelung in § 2 Abs. 1 zu sehen. Das Gebot der vertrauensvollen Zusammenarbeit beeinflußt in besonderer Weise auch die Wahrnehmung der

1

§ 70

Beteiligungsrechte, man kann sogar sagen, daß die Generalklausel des § 2 Abs. 1 zumindest teilweise durch die Regelungen der §§ 70 ff. näher konkretisiert wird.

2   Die Bestimmung des § 70 entspricht im wesentlichen dem § 66 BPersVG und dem § 74 Abs. 1 und 2 BetrVG und ist aus der Regelung in § 54 Abs. 2 und 3 PersVG Bln a.F. hervorgegangen. Die Soll-Vorschrift des Abs. 1 hat Einzelheiten hinsichtlich der gemeinsamen Besprechungen zwischen Dienststellenvertreter und Personalrat zum Inhalt. In Absatz 2 ist das absolute Kampfverbot zwingend festgelegt, wobei ausdrücklich geregelt wurde, daß Arbeitskämpfe der Tarifparteien hiervon nicht berührt werden, also zulässig bleiben. Absatz 3 betont nochmals den Vorrang der Einigung innerhalb der Dienststelle vor anderen Konfliktlösungsmöglichkeiten.

3   Die Vorschrift dient insgesamt dem durch § 2 Abs. 1 allgemein formulierten Ziel, Konflikte schon innerhalb der Dienststelle zu beeinflussen, zu lenken und beizulegen, um offene Streitigkeiten zu vermeiden.

Monatliche Besprechung (Abs. 1)

4   Durch die monatlichen Besprechungen zwischen dem Vertreter der Dienststelle und dem Personalrat wird die Zusammenarbeit praktisch institutionalisiert. Absatz 1 ist eine **Soll-Vorschrift,** hat also nicht unmittelbar zwingenden Charakter, hieran ändert auch nichts das Wort »mindestens« in Absatz 1. In Sonderfällen kann im gegenseitigen Einvernehmen auf die Abhaltung der Besprechung in jedem Monat verzichtet werden, z. B. wenn einmal keine Angelegenheiten zu besprechen sind. Die Besprechung kann auch im Rahmen einer Personalratssitzung erfolgen.

5   Ein **allgemeiner Verzicht** oder eine generelle Verringerung der Anzahl der Besprechungen, z. B. nur alle zwei Monate oder jedes Vierteljahr, ist unzulässig *(vgl. Fischer/Goeres,* § 66 Rn. 5; *Lorenzen u. a.,* § 66 Rn. 5 a). Der Personalrat, der eine derartige Abrede trifft, verletzt seine gesetzlichen Pflichten mit der möglichen Folge aus § 25.

6   Aus dem Wort »mindestens« kann gefolgert werden, daß auch öfter als nur einmal im Monat die Besprechung verlangt werden kann. Dieses Verlangen kann sowohl von dem Personalrat als auch von dem Vertreter der Dienststelle ausgehen. Das Recht findet seine Grenze im Rechtsmißbrauch; es muß immer ein Anlaß vorhanden sein, auf die Erörterung nutzloser Themen braucht die jeweilige Gegenseite nicht einzugehen.

Formelle Vorschriften

7   Formelle Vorschriften über die Einberufung der Besprechung, Tagesordnung, Protokollierung und des sonstigen Verfahrens bestehen nicht. Eine Pflicht zur **Protokollierung** folgt auch nicht aus § 37 Abs. 1, da es sich bei der Besprechung des § 70 Abs. 1 um keine »Verhandlung« des Personalrats handelt *(OVG Münster vom 4. 10. 1990, PersV 1995, 40; a. A. Grabendorff u. a.,* § 66 Rn. 4). Das ergibt sich auch daraus, daß in der Besprechung selbst keine Beschlüsse gefaßt werden können, sie werden nur vorbereitet und müssen von den personalvertretungsrechtlich zuständigen Gremien beschlossen werden. Allerdings empfiehlt es sich aus praktischen Gründen zumindest einen Vermerk über den Inhalt der Besprechung schriftlich niederzulegen. Etwas anderes gilt, wenn die Bespre-

chung im Rahmen einer Personalratssitzung erfolgt, dann ergibt sich die Protokollierungspflicht aus § 37.

Dienststellenvertreter und Personalrat können ein formelles Verfahren vereinbaren. Das kann entweder für einen Einzelfall oder aber für eine unbestimmte Vielzahl von Fällen durch Dienstvereinbarung, § 74, oder sonstige Abrede erfolgen. Erzwingbar ist die Vereinbarung eines formellen Verfahrens nicht. 8

Die Besprechung ist keine **Personalratssitzung** (*OVG Nordrhein-Westfalen vom 4. 10. 1990, PersR 1991, 95*). Sie kann aber mit einer Personalratssitzung verbunden werden, da § 31 Abs. 2 in bestimmten Fällen die Teilnahme des Vertreters der Dienststelle an Personalratssitzungen zuläßt. Notwendig ist immer eine entsprechende Klarstellung, über die Verbindung und Trennung ist ein Beschluß des Personalrats zu fassen. 9

Teilnahmeberechtigung

Teilnahmeberechtigt an der monatlichen Besprechung sind auf seiten des Personalrats **alle Personalratsmitglieder**. Die Durchführung der Besprechung gehört nicht zu den Aufgaben des Vorstandes, § 29. Es ist auch unzulässig, generell den Vorstand, den Vorsitzenden oder sonstige Personen zu bevollmächtigen, da auf diese Weise das Teilnahmerecht jedes einzelnen Personalratsmitgliedes beseitigt würde (*Dietz/Richardi, BPersVG, § 66 Rn. 4; Fischer/Goeres, § 66 Rn. 6*). Lediglich im Einzelfall kann eine solche Bevollmächtigung erfolgen, sie bedarf aber der Zustimmung aller Personalratsmitglieder, Mehrheitsbeschlüsse sind unzulässig. Auf seiten der Dienststelle nimmt der **Dienststellenleiter** oder sein Vertreter teil. In Sonderfällen wird hier auch eine weitere Bevollmächtigung zulässig sein, auf Verlangen des Personalrates muß jedoch immer der Dienststellenleiter oder sein Vertreter teilnehmen. Die zwischen **Hauptpersonalrat** und Senatsverwaltung für Inneres stattfindenden monatlichen Gespräche sind nach Ansicht des OVG Berlin keine monatliche Besprechung i. S. d. § 70 Abs. 1 und können deshalb allein vom Vorstand geführt werden. Nichtvorstandsmitglieder haben danach keinen Anspruch auf Beteiligung an diesen Gesprächen (*OVG Berlin vom 11. 12. 1998, PersR 1999, 459*). 10

Ferner hat der Personalrat nach § 65 Abs. 5 ein Mitglied der **JugAzubiVertr.** beizuziehen; bei der Besprechung von Angelegenheiten, die die jugendlichen und auszubildenden Dienstkräfte betreffen, kann die gesamte JugAzubiVertr. teilnehmen. 11

Eine Vorschrift über die Beteiligung von **Vertretern der Gewerkschaften** oder **Arbeitgebervereinigungen** fehlt. Eine entsprechende Anwendung von § 31 Abs. 2 Satz 2 ist nicht möglich, da es sich nicht um eine Personalratssitzung handelt (*vgl. Dietz/Richardi, BPersVG, § 66 Rn. 9; G. Müller, ZfA 1972, 218 f.*) und im übrigen der Teilnehmerkreis abschließend geregelt ist (*BVerwG vom 5. 8. 1983, PersV 1985, 71; BAG vom 14. 4. 1988, AP Nr. 1 zu § 66 BPersVG*). In beiderseitigem Einverständnis ist aber deren Teilnahme möglich. Dies kann im einzelnen auch gegebenenfalls in einer Verfahrensordnung festgelegt werden. Der Personalrat kann die Hinzuziehung von Gewerkschaftsbeauftragten verlangen, wenn z. B. tarifliche Fragen erörtert werden sollen (*Dietz/Richardi a. a. O. m. w. N.*). Der Widerspruch auch nur eines Beteiligten steht jedoch der Erweiterung des Teilnehmerkreises entgegen, da dann die Diskussionsbereitschaft beeinträchtigt sein könnte, die dienststelleninterne Verständigung steht im Vordergrund. Zulässig ist aber bei Mehrheitsentscheidung die Hinzuziehung 12

§ 70

13 von sachkundigen Dienstkräften der Dienststelle. Auch die Hinzuziehung eines Dolmetschers ist zulässig *(BAG a.a.O.)*.

Die Schwerbehindertenvertretung hat ein Teilnahmerecht an der Monatsbesprechung nach § 70 Abs. 1, das jetzt in § 95 Abs. 5 SGB IX *(bisher: § 25 Abs. 5 SchwbG) geregelt ist (vgl. auch § 36 Rn. 1 ff.)*. Dieses Teilnahmerecht der Schwerbehindertenvertretung ist nicht daran gebunden, daß in der Monatsbesprechung Themen erörtert würden, die besonders schwerbehinderte Dienstkräfte beträfen. Das Teilnahmerecht besteht allgemein für jede Monatsbesprechung. Die **Frauenbeauftragte** kann grundsätzlich nicht an dem Monatsgespräch teilnehmen. Etwas anderes gilt nur dann, wenn Personalvertretung und Dienststellenleiter ausdrücklich ein Teilnahmerecht vereinbaren. Das gleiche gilt, wenn **Sachverständige** oder **Dolmetscher** hinzugezogen werden sollen.

Öffentlichkeit

14 Die Besprechung ist **nicht öffentlich**. Das folgt insbesondere auch aus der Regelung in Abs. 3, wonach andere Stellen erst dann angerufen werden dürfen, wenn eine Einigung nicht erzielt worden ist. Darin kommt zum Ausdruck, daß zunächst intern verhandelt werden soll. Auch soll sichergestellt werden, daß ein offener Meinungsaustausch stattfinden kann *(Fischer/Goeres, § 66 Rn. 8; Lorenzen u.a., § 66 Rn. 9)*.

15 Da aber ein ausdrückliches Verbot der Öffentlichkeit fehlt, wird man davon ausgehen können, daß auch hier die Beteiligten eine Vereinbarungsbefugnis haben, solange andere Vorschriften dem nicht entgegenstehen. In allseitigem Einverständnis wird daher die Teilnahme Dritter zulässig sein, der Widerspruch nur eines Besprechungsteilnehmers ist jedoch schon beachtlich.

Themen

16 Eine Bindung an bestimmte Themen besteht nicht. In erster Linie können Gegenstand der Besprechung sämtliche Beteiligungsrechte einschließlich der in § 72 festgelegten allgemeinen Aufgaben der Personalvertretung sein. Der Themenkatalog geht jedoch erheblich darüber hinaus, jede Angelegenheit, die die Zusammenarbeit in der Dienststelle oder die Interessen der Dienstkräfte betrifft, kann erörtert werden.

17 Eine **Begrenzung** besteht jedoch **hinsichtlich des Kompetenzbereiches** von Dienststelle und Personalvertretung. Nur soweit deren Zuständigkeitsbereiche gehen, kann eine Diskussion verlangt werden. Dienststellenfremde Angelegenheiten können daher in der Regel nicht erörtert werden. Für die Zulässigkeit der Thematik reicht jedoch auch ein nur mittelbarer Bezug zur Dienststelle aus.

18 **Nicht verlangt werden kann** z.B. die Behandlung von Themen, für die dem Personalrat keine Handlungsbefugnisse zustehen *(BVerfG vom 26.5.1970, PersV 1970, 260)*; die außerhalb des Kompetenzbereichs der Dienststelle liegen; die das Verhältnis der Personalratsmitglieder untereinander betreffen. Wo jedoch eine Regelungsbefugnis des Dienststellenleiters besteht, kann auch der Personalrat eine Erörterung verlangen, selbst wenn ausdrückliche Beteiligungsrechte nicht bestehen *(vgl. BVerwG vom 13.12.1974, ZBR 1975, 125; 1971, 285)*.

19 In der Besprechung sollen Dienststellenvertreter und Personalrat ernstlich versuchen, die Meinungsverschiedenheiten innerhalb der Dienststelle beizulegen. Das setzt voraus, daß auf beiden Seiten **Verständigungsbereitschaft** besteht, es

muß auf einen Kompromiß hingearbeitet werden. Es genügt weder eine bloße Anhörung, noch würde es der Vorschrift entsprechen, wenn ein Teil von vornherein unbeugsam auf seinem Standpunkt beharrte *(vgl. BVerwG vom 19. 9. 1984, PersV 1985, 112 – Ausfluß des Grundsatzes der vertrauensvollen Zusammenarbeit, § 2 Abs. 1)*. Allerdings besteht auch keine Pflicht zum Kompromiß um jeden Preis *(Dietz/Richardi, BPersVG, 2. Aufl., § 66 Rn. 8)*. Erkennbar rechtswidrigen Forderungen muß nicht nachgegeben werden.

Friedenspflicht (Abs. 2)

Der **Friedensbegriff** in Abs. 2 ist ebenso wie der des § 74 Abs. 2 Satz 2 BetrVG ein unbestimmter, wertbezogener Begriff, der von dem Rechtsanwender im Rahmen der Wertmaßstäbe der Gesamtrechtsordnung ausgefüllt werden muß *(vgl. dazu für den Begriff des Betriebsfriedens im einzelnen Germelmann, Der Betriebsfrieden im Betriebsverfassungsrecht, S. 96 ff., 42 ff.; W. Blomeyer, ZfA 1972, 85 ff.)*. Er steht in unlösbarem Zusammenhang mit dem Gebot der vertrauensvollen Zusammenarbeit des § 2 Abs. 1. Die Friedenspflicht ist ein Schutzgesetz i. S. von § 823 Abs. 2 BGB *(Grabendorff u. a., § 66 Rn. 9)*.

20

Friedensstörung

Der Friedensbegriff ist als Teil eines Systems zur Lösung der Konflikte innerhalb der Dienststelle anzusehen. Es ist eine formelle und materielle Seite des Begriffes zu unterscheiden *(vgl. dazu näher Germelmann, a. a. O., S. 49 ff., 63 ff.; Dietz/Richardi, BPersVG, § 66., Rn. 13)*. Auf der formellen Seite wird er entscheidend geprägt von der Konzeption eines geordneten Verfahrens zur Lösung der Konflikte. Eine **Gefährdung** des Friedens kann daher dann vorliegen, wenn ein Konflikt außerhalb eines der im PersVG Bln vorgesehenen Verfahren ausgetragen werden soll. Auf der materiellen Seite wird der Friedensbegriff von der Funktionsfähigkeit der Dienststelle innerhalb der öffentlichen Verwaltung und den individuellen Rechten der Dienstkräfte bestimmt. Jede Gefährdung, die zu einer Behinderung oder Störung bei der Erfüllung der Aufgaben der Dienststelle führen kann, kann eine materielle Störung des Friedens sein. Der ordnungsgemäße Arbeitsablauf ist hierbei ein wesentliches Kriterium.

21

Im Gegensatz zum Betriebsverfassungsrecht kommt es nicht darauf an, ob bereits durch eine Handlung oder Unterlassung eine Beeinträchtigung des Friedens eingetreten ist, es reicht die Gefährdung. Erforderlich ist eine konkrete Gefährdung, d. h., aus einem tatsächlich vorliegenden Sachverhalt muß sich im Einzelfall die Gefahr ergeben, der Eintritt der Beeinträchtigung des Friedens muß mit hoher Wahrscheinlichkeit und alsbald zu erwarten sein. Eine abstrakte Gefahr im Sinne eines in der Zukunft wahrscheinlich werdenden Sachverhalts, der die Gefährdung zur Folge haben kann, reicht nicht *(Lorenzen u. a., § 66 Rn. 18 a; Fischer/Goeres, § 66 Rn. 13)*.

22

Verpflichtete

Nach dem Gesetzeswortlaut sind aus dem Friedensgebot **Dienststelle** und **Personalrat** verpflichtet. Diese Ausdrucksweise ist mißverständlich. Die Verpflichtung kann nicht die Dienststelle als solche treffen, sondern lediglich die

23

für sie handelnden Personen, also den Dienststellenleiter bzw. die in seinem Auftrage oder seiner Vertretung handelnden Personen.

24 Auf seiten des Personalrates trifft die Verpflichtung nicht allein den Personalrat als Gremium, sondern auch **jedes einzelne Personalratsmitglied,** soweit es in seiner Amtseigenschaft tätig wird. Wird ein Personalratsmitglied außerhalb seiner Amtseigenschaft tätig, also als Arbeitnehmer oder Beamter, besteht die personalvertretungsrechtliche Friedenspflicht nicht. Die Abgrenzung, ob eine Dienstkraft als Amtsträger oder außerhalb dieser Funktion tätig wird, ist nach ihrem Auftreten vorzunehmen. Ein Personalratsmitglied darf daher bei Teilnahme an Arbeitskämpfen tariffähiger Vereinigungen und bei sonstiger gewerkschaftlicher Tätigkeit seine Amtseigenschaft nicht hervorheben. Zweifelsfälle können nur dann ausgeschaltet werden, wenn eine deutliche Trennung zum Personalratsamt vorgenommen wird.

Arbeitskampfverbot

25 Besonderer Fall der Friedenspflicht ist das Arbeitskampfverbot von Abs. 2 Satz 2. Es ist Ausdruck der im Personalvertretungsrecht herrschenden und in § 71 ausdrücklich geregelten Neutralitätspflicht *(BVerfG vom 26. 5. 1970, NJW 1970, 1636).* Es hat im Gegensatz zu der Friedenspflicht im Tarifrecht **absoluten Charakter.**

26 Da generell die Möglichkeit von Arbeitskämpfen untersagt ist, entfällt auch die Notwendigkeit von **Vorbereitungshandlungen.** Jede Ausübung von Druck auf den anderen Teil ist unzulässig. Sämtliche personalvertretungsrechtlichen Streitigkeiten dürfen nur in den im Gesetz vorgesehenen Verfahren gelöst werden. Insoweit besteht als Korrelat zum Verbot des Arbeitskampfes ein gesetzlich festgelegtes Schlichtungsrecht.

Inhalt des Arbeitskampfverbotes

27 Personalrat und Dienststellenleiter haben jede Maßnahme des Arbeitskampfes zu unterlassen. Das Arbeitskampfverbot ist in erster Linie eine **Unterlassungspflicht.** Es darf weder ein Streik ausgerufen noch eine Aussperrung angedroht oder durchgeführt werden. Der Personalrat darf auch keine »wilden Streiks« unterstützen. Eine Einschaltung in bestehende Arbeitskämpfe ist für die Personalvertretung unzulässig; sie darf **keine Unterstützungsmaßnahmen** für eine beteiligte Partei durchführen, sie hat sich neutral zu verhalten *(Lorenzen u. a., § 66 Rn. 19, 22; Grabendorff u. a., § 66 Rn. 13).*

28 Unzulässig ist eine Werbung für die Arbeitsniederlegung, die Überlassung von Räumlichkeiten und Material der Personalvertretung für Zwecke des Arbeitskampfes. Ebensowenig wie die Personalvertretung einen Arbeitskampf unterstützen darf, darf sie die Dienstkräfte auffordern, an einem rechtmäßigen Streik nicht teilzunehmen. Auch darf der Dienststellenleiter nicht den Personalrat als solchen mit Arbeitskampfmaßnahmen belegen.

29 Unabhängig von der Frage, ob für Beamte überhaupt ein Arbeitskampf zulässig ist *(dagegen BVerfG vom 11. 6. 1958, E 8, 1; vom 30. 3. 1977, E 44, 249, 264; BVerwG vom 19. 9. 1977, E 53, 330; a. A. z. B. Däubler, Der Streik im öffentlichen Dienst, S. 23 ff., 120 ff.),* ergibt sich aus der Pflicht, alles zu unterlassen, was geeignet ist, Arbeit und Frieden in der Dienststelle zu gefährden, daß die Personalvertretung auch keine Maßnahmen von Beamten un-

terstützen darf, die Arbeitskampfcharakter haben oder arbeitskampfähnlich sind.

Verboten sind daher alle Unterstützungshandlungen von Aktionen des »**Dienstes nach Vorschrift**« *(vgl. zum Dienst nach Vorschrift Däubler, a. a. O., S. 258 ff.; BGH vom 31. 1. 1978, E 270, 277, 279; BVerwG vom 3. 12. 1980, E 73, 97, 102)* oder des betont langsamen Arbeitens (Go-slow) sowie der Formen des Boykotts, soweit diese die Funktionsfähigkeit der Dienststelle berühren oder gefährden. 30

Durch das Arbeitskampfverbot ist der Personalvertretung ebenfalls untersagt, Massenänderungskündigungen seitens der Dienstkräfte zu organisieren, etwa durch das Einsammeln von Kündigungsschreiben, da darin ein wilder Streik zu sehen ist. 31

Obwohl das personalvertretungsrechtliche Arbeitskampfverbot grundsätzlich nur eine Unterlassungspflicht enthält, kann sich im Einzelfall aus dem Gebot der vertrauensvollen Zusammenarbeit des § 2 Abs. 1 für die Personalvertretung auch die **positive Verpflichtung** ergeben, darauf hinzuwirken, daß rechtswidrige Kampfhandlungen der Dienstkräfte unterbleiben. Die gleiche Pflicht trifft den Dienststellenleiter. 32

Arbeitskämpfe tariffähiger Vereinigungen

In Abs. 2 Satz 2 ist ausdrücklich geregelt, daß die Arbeitskämpfe tariffähiger Parteien durch die Friedenspflicht nicht berührt werden. Damit wird verdeutlicht, daß das Arbeitskampfverbot für Dienststellenleiter und Personalrat nur in ihrer personalvertretungsrechtlichen Funktion besteht. Beide Seiten haben sich jedoch auch in einem zulässigen Arbeitskampf streng neutral zu halten (vgl. oben Rn. 22). Das bedeutet gleichzeitig, daß die Personalvertretung oder deren Mitglieder auch nicht in ihrer Amtseigenschaft gegen die Arbeitskampfmaßnahmen einer tariffähigen Vereinigung Stellung nehmen dürfen, sie dürfen nicht Dienstkräfte auffordern, an einem rechtmäßigen Streik nicht teilzunehmen. Der Personalrat ist kein Organ gegen den Arbeitskampf *(vgl. Grabendorff u. a., § 66 Rn. 13; Altvater u. a., BPersVG, § 66 Rn. 9; Fischer/Goeres, § 66 Rn. 18; Lorenzen u. a., BPersVG, § 66 Rn. 22)*. 33

Das **Amt des Personalrates** bleibt während des Arbeitskampfes bestehen, selbst wenn sich die einzelnen Personalratsmitglieder zulässigerweise an den Kampfmaßnahmen beteiligen, da bestenfalls bei Arbeitnehmern eine Suspendierung des Arbeitsverhältnisses erfolgen kann *(BAG vom 21. 4. 1971, AP Nr. 43 zu Art. 9 GG, Arbeitskampf – Großer Senat –, bestätigt durch BVerfG vom 19. 2. 1975, AP Nr. 50 zu Art. 9 GG Arbeitskampf; Richardi, RdA 1971, 344 f.)*. Zur Kündigung des Amtes bedürfte es eines besonderen Willensaktes des Personalratsmitgliedes, durch den das Arbeitsverhältnis endgültig beendet wird *(BAG a. a. O.)*. 34

Auch ein Ruhen des Personalratsamtes erfolgt während des Arbeitskampfes nicht. Die Beteiligungsrechte bleiben bestehen *(BAG vom 14. 2. 1978, AP Nr. 59 zu Art. 9 GG Arbeitskampf)*. Allerdings haben Personalratsmitglieder während des Arbeitskampfes keinen Vergütungsanspruch nach § 42 Abs. 2 *(BAG vom 25. 10. 1988, AP Nr. 110 zu Art. 9 GG Arbeitskampf)*. 35

Die Beteiligungsrechte des Personalrats bleiben grundsätzlich auch während des Arbeitskampfes bestehen. Sie sind nur dort ausgeschlossen oder eingeschränkt, wo mit ihrer Wahrnehmung unmittelbar in das Kampfgeschehen eingegriffen werden könnte. In personellen Angelegenheiten bleiben die Be- 36 teiligungsrechte bestehen, es sei denn, mit ihnen würde unmittelbar das Kampfgeschehen gestaltet, wie dies beispielsweise bei einer Kampfkündigung oder Versetzung oder Umsetzung, die zur Durchbrechung des Kampferfolgs vorgenommen wird, der Fall sein kann. Eingeschränkt kann auch das Mitbestimmungsrecht hinsichtlich der Anordnung von Überstunden sein, wenn damit der Dienststellenleiter kampfbedingte Ausfälle von Arbeitnehmern ausgleichen will. Das gleiche gilt bei der Einstellung von Ersatzpersonal, die allein erfolgt, um streikende Arbeitnehmer zu ersetzen. Allerdings bleiben auch hier die Beteiligungsrechte soweit bestehen, als das Kampfgeschehen nicht beeinflußt werden kann. Unterrichtungsrechte sind daher in der Regel auch im Arbeitskampf zu beachten, lediglich Zustimmungserfordernisse können eingeschränkt oder ganz ausgeschlossen sein *(vgl. dazu BAG vom 6. 3. 1979, AP Nr. 20 zu § 102 BetrVG 1972; vom 19. 2. 1991, AP Nr. 26 zu § 95 BetrVG 1972; VG Ansbach vom 26. 4. 1993, PersR 1993, 372; Lorenzen u. a., § 66 Rn. 22, 22a).*

37 Da die Friedenspflicht für Dienststellenleiter und Personalvertretung nur im Hinblick auf ihre personalvertretungsrechtliche Organstellung besteht, können sie von dieser losgelöst an Arbeitskämpfen tariffähiger Parteien teilnehmen. Alle Arbeitnehmer, seien sie nun Mitglieder einer Personalvertretung oder Dienststellenleiter bzw. dessen Vertreter, sind als normale Arbeitnehmer außerhalb ihrer personalvertretungsrechtlichen Stellung in ihren Rechten aus Art. 9 Abs. 3 GG nicht beschränkt *(vgl. Grabendorff u. a., § 66 Rn. 13).*

Verstöße

38 Der **Personalrat**, der gegen die Friedenspflicht verstößt, kann nach § 25 aufgelöst bzw. das einzelne Mitglied durch Gerichtsentscheidung ausgeschlossen werden. Unter Umständen kann auch außerdem individualrechtlich eine Kündigung ausgesprochen werden oder es können disziplinarrechtliche Folgerungen gezogen werden, wenn ein Personalratsmitglied unter Hinweis auf diese Eigenschaft im Zusammenhang mit einem Arbeitskampf nach außen auftritt *(BVerwG vom 23. 2. 1994, PersR 1994, 515).*

39 Verstößt der **Dienststellenleiter** gegen die Friedenspflicht, kann die Personalvertretung eine Dienstaufsichtsbeschwerde erheben.

40 § 70 ist Schutzgesetz i. S. von § 823 Abs. 2 BGB, so daß die Verletzung der personalvertretungsrechtlichen Friedenspflicht auch **Schadensersatzansprüche** zur Folge haben kann.

41 Daneben kann im Wege der allgemeinen verwaltungsrechtlichen **Leistungsklage** gegen Verstöße vorgegangen werden. Antragsberechtigt sind der Personalrat oder Dienststellenleiter bzw. dessen Vertreter. Der Antrag geht auf Unterlassung bzw. Vornahme bestimmter Handlungen, wenn die Verletzung in einem Unterlassen liegt. Der Antrag muß genau bestimmt sein. Für die Entscheidung zuständig sind die Verwaltungsgerichte. In einigen Fällen kann auch ein Antrag auf Erlaß einer einstweiligen Verfügung gestellt werden, § 91 Abs. 2 i. V. m. § 85 Abs. 2 ArbGG.

Anrufung außenstehender Stellen (Abs. 3)

42 Nach Abs. 3 dürfen andere Stellen erst dann angerufen werden, nachdem innerhalb der Dienststelle zwischen Personalrat und Dienststellenleiter eine Einigung nicht erzielt werden konnte. Damit wird der **Zwang zur Verhand-**

lung strittiger Angelegenheiten, wie er in Abs. 1 Satz 3 festgelegt ist, verstärkt.

Aus dem Zusammenhang zwischen Abs. 3 und Abs. 1 Satz 3 ist zu schließen, daß unter »anderen Stellen« i. S. des Gesetzes nur solche Einrichtungen verstanden werden können, die zu einer Entscheidung in der betreffenden Angelegenheit berufen sind oder diese kraft ihrer Zuständigkeit beeinflussen können (*OVG Nordrhein-Westfalen vom 15. 3. 1974, PersV 1974, 464; Grabendorff u. a., BPersVG, § 66 Rn. 18, 19*). Hierzu gehören z. B. die übergeordneten Dienstbehörden, die oberste Dienstbehörde, die in § 77 genannten Dienststellen, der Gesamtpersonalrat, der Hauptpersonalrat und die Verwaltungsgerichte. 43

Nicht hierunter fallen die **Gewerkschaften und Arbeitgebervereinigungen**, was auch durch die Bezugnahme auf § 2 verdeutlicht wird, der ausdrücklich die Rechte der Verbände festlegt. Dadurch, daß die Verbände nicht andere Stellen im Sinne des Gesetzes sind, wird sichergestellt, daß sich bei Streitigkeiten beide Seiten von den zuständigen Verbänden beraten lassen können (*vgl. Lorenzen u. a., § 66 Rn. 31*). Es ist daher auch anerkannt, daß die Einholung des Rates oder einer Auskunft von einem Rechtsanwalt zulässig ist, ohne daß damit schon die Frage der Kostentragungspflicht beantwortet wäre. 44

Soweit **datenschutzrechtliche Probleme** erörtert werden müssen, können sowohl der Dienststellenleiter als auch der Personalrat den für die Dienststelle bestellten Datenschutzbeauftragten einschalten. Dieser ist keine außenstehende Stelle i. S. des Gesetzes. Auch kann der Personalrat jederzeit Fragen und Verbesserungsvorschläge an den Landesdatenschutzbeauftragten richten. Damit werden von ihm keine Entscheidungen in innerdienstlichen Angelegenheiten verlangt, er kann dann lediglich von den ihm zustehenden Kontroll-, Empfehlungs- und Beanstandungsrechten Gebrauch machen. Soweit Verstöße gerügt werden sollen, dürfte dem Personalrat als Gremium das Beanstandungsrecht fehlen, dies wird nur von einzelnen Personen (Dienstkräften) geltend gemacht werden können. Hier gilt der gleiche Grundsatz wie bei der Geltendmachung von Individualansprüchen: Der Personalrat kann nur kollektivrechtliche Interessen wahrnehmen, nicht diejenigen einzelner Dienstkräfte. Beratungsersuchen hingegen können wiederum ohne Kenntnis des Dienststellenleiters an den Landesdatenschutzbeauftragten gerichtet werden. 45

Keine außenstehenden Stellen sind auch **Medien und Presseorgane,** da sie nicht zur Entscheidung in den dienststelleninternen Angelegenheiten befugt sind. Bei ihrer Einschaltung ist jedoch besondere Zurückhaltung geboten, da dies dem Grundsatz der vertrauensvollen Zusammenarbeit widersprechen und das Gebot der Schweigepflicht verletzen kann. Hier muß eine besonders sorgfältige Interessenabwägung stattfinden (*vgl. BVerfG vom 28. 4. 1970, E 28, 191, 202; BVerwG vom 10. 10. 1989, E 86, 188*). 46

Das **Fehlen eines Einigungsversuchs** ist von allen anderen Stellen zu beachten und zu prüfen; in besonders gelagerten Ausnahmefällen kann im gerichtlichen Beschlußverfahren das Rechtsschutzbedürfnis fehlen (*BVerwG vom 5. 2. 1971, PersV 1972, 36; Lorenzen u. a., BPersVG § 66 Rn. 28a*). 47

Verstöße

Verstößt der **Dienststellenleiter** gegen die Vorschrift des Abs. 3, begeht er eine Dienstpflichtverletzung, die disziplinarrechtliche Folgen haben kann. Darüber hinaus kann auch Dienstaufsichtsbeschwerde erhoben werden. 48

49 Bei Verstoß des **Personalrats** oder eines seiner Mitglieder gegen Abs. 3 liegt eine Amtspflichtverletzung vor, die gegebenenfalls zur Auflösung des Personalrats oder zum Ausschluß einzelner Mitglieder gem. § 25 führen kann.

Streitigkeiten

50 Streitigkeiten über die Rechte und Pflichten aus § 70 betreffen die Zuständigkeit und Rechtsstellung der Personalvertretungen, sie sind im Beschlußverfahren gem. § 91 Abs. 1 Nr. 3 vor den Verwaltungsgerichten auszutragen. Gegebenenfalls ist auch der Erlaß einer einstweiligen Verfügung möglich.

51 Daneben kann die Problematik des § 70 aber auch als Vorlage in einem Rechtsstreit einer einzelnen Dienstkraft entschieden werden.

§ 71 Neutralitätsgebot

(1) Dienststelle, Dienstbehörde, oberste Dienstbehörde und Personalvertretungen haben darüber zu wachen, daß alle Dienstkräfte nach Recht und Billigkeit behandelt werden, insbesondere, daß jede unterschiedliche Behandlung wegen Geschlecht, Abstammung, Religion, Nationalität, Herkunft, die freiheitliche demokratische Grundordnung bejahender politischer oder gewerkschaftlicher Betätigung oder Einstellung unterbleibt.
(2) Dienstkräfte, die Aufgaben nach diesem Gesetz wahrnehmen, werden dadurch in der Betätigung für ihre Gewerkschaft auch in der Dienststelle nicht beschränkt; dabei müssen sie sich so verhalten, daß das Vertrauen der Dienstkräfte in die Objektivität und Neutralität ihrer Amtsführung nicht beeinträchtigt wird. Der Vertreter der Dienststelle und die Personalvertretung haben jede parteipolitische Betätigung in der Dienststelle zu unterlassen; die Behandlung von Tarif-, Besoldungs- und Sozialangelegenheiten wird hierdurch nicht berührt.
(3) Die Personalvertretungen haben sich für die Wahrung der Vereinigungsfreiheit der Dienstkräfte einzusetzen.

Übersicht

	Rn.
Allgemeines	1– 3
Grundrechtsschutz (Abs. 1)	4, 5
Recht und Billigkeit	6– 8
Verpflichtete	9–11
Überwachung	12–15
Gleichheitsgrundsatz	16, 17
Einzelfälle	18–23
Politische und gewerkschaftliche Betätigung und Einstellung	24–27
Freiheitlich demokratische Grundordnung	28–30
Benachteiligungsverbot	31
Gewerkschaftliche Betätigung (Abs. 2)	32
Betroffener Personenkreis	33, 34
Umfang der Betätigungsgarantie	35–41
Parteipolitische Betätigung	42
Betroffener Personenkreis	43

Begriff der parteipolitischen Betätigung	44, 45
Tarif-, Besoldungs- und Sozialangelegenheiten	46
Wahrung der Vereinigungsfreiheit (Abs. 3)	47–50
Verstöße	51, 52
Streitigkeiten	53, 54

Allgemeines

Die Vorschrift steht in engem Zusammenhang mit dem **Gebot der vertrauensvollen Zusammenarbeit,** § 2 Abs. 1. Sie ist eine der grundlegenden allgemeinen Vorschriften, die bei der Anwendung und Auslegung der übrigen Bestimmungen des Gesetzes beachtet werden muß. Sie legt nicht nur, wie die Überschrift anzudeuten scheint, die Neutralitätspflicht innerhalb der Dienststelle fest, sondern sie enthält darüber hinaus Grundsätze für die Behandlung der Dienstkräfte. **1**

Die Bestimmung ist in Anlehnung an § 54 Abs. 4 und 5 PersVG Bln a.F. geschaffen worden. Weitgehend dem § 67 Abs. 2 und Abs. 1 Satz 2 BPersVG entsprechend ist die Regelung in Absatz 2 unter Vermeidung der im BPersVG gewählten unklaren Fassung (Trennung der einzelnen Vorschriften) erfolgt. Damit ist erstmals unter Berücksichtigung der Rechtsprechung des Bundesverfassungsgerichts *(BVerfG vom 26. 5. 1970, E 28, 295 ff.)* positiv eine begrenzte Zulässigkeit der gewerkschaftlichen Betätigung innerhalb der Dienststelle für diejenigen Dienstkräfte festgelegt worden, die Aufgaben nach diesem Gesetz wahrnehmen. Gleichfalls neu und aus dem Bundesrecht übernommen ist das eingeschränkte Verbot der parteipolitischen Betätigung innerhalb der Dienststelle für Dienststellenvertreter und Personalvertretung. **2**

Vergleichbare Regelungen finden sich in § 67 BPersVG und § 74 Abs. 2 Satz 3 und Abs. 3 sowie in § 75 Abs. 1 BetrVG. **3**

Grundrechtsschutz (Abs. 1)

Abs. 1 und Abs. 3 enthalten Maßstäbe für die Ausübung der Beteiligungsrechte, sie beinhalten eine **Begrenzung der Regelungs- und Handlungskompetenz** für Dienststellenvertreter und Personalvertretung. Sie schützen letztlich die gleichen Rechte der Dienstkräfte, die bereits von Art. 3 und Art. 9 Abs. 3 GG erfaßt werden. Daneben enthalten sie jedoch ein weiter gehendes Gebot, da nicht nur ein Verbot der Verletzung dieser Grundrechte ausgesprochen, sondern darüber hinaus auch ein Gebot zur Unterstützung der Verwirklichung dieser Grundrechte der Dienstkräfte für Dienststellenvertreter und Personalvertretung geschaffen worden ist. Ohne daß dies ausdrücklich im Gesetz geregelt wurde, ist ferner das Grundrecht der Dienstkräfte auf freie Entfaltung der Persönlichkeit des Art. 2 Abs. 1 GG zu beachten. Auch im Rahmen der Personalvertretung soll ein höchstmögliches Maß an Selbstbestimmung der einzelnen Dienstkraft gewährleistet werden. Das folgt schon aus der in diesem Zusammenhang auch zu beachtenden Vorschrift des Art. 20 Abs. 3 GG, nach der auch die vollziehbare Gewalt an Gesetz und Recht gebunden ist *(vgl. dazu Fischer/Goeres, § 67 Rn. 3; Lorenzen u. a., § 67 Rn. 2).* **4**

Diese Grundsätze sind sämtlichen Beteiligungsrechten **immanente Schranken,** sie sind bei allen innerdienstlichen Maßnahmen und insbesondere auch bei dem Abschluß von Dienstvereinbarungen zu beachten. **5**

§ 71

Recht und Billigkeit

6 Der in Absatz 1 festgelegte Grundsatz von Recht und Billigkeit ist ein **allgemein gültiges Grundprinzip** des Arbeits- und Beamtenrechts. Er gilt für sämtliche in der Dienststelle beschäftigten Personen, auch soweit sie nicht Dienstkräfte i.S. des § 3 sind. Er beeinflußt die Sozialordnung innerhalb der Dienststelle, gleichzeitig jedoch auch die einzelnen Arbeits- bzw. Beamtenverhältnisse, da diese nur innerhalb der Dienststelle tatsächlich abgewickelt werden können.

7 Bei dem Begriffspaar Recht und Billigkeit handelt es sich um unbestimmte, ausfüllungsbedürftige und wertbezogene Begriffe. Letztlich kann man sie auch als **Gerechtigkeitsgebot** bezeichnen. In ihrer Auslegung sind sie wesentlich von den jeweils in der Gesellschaft herrschenden Wertüberzeugungen abhängig. Soweit diese in anderen Regelungen dieses oder eines anderen Gesetzes zum Ausdruck kommen, sind sie bei der Konkretisierung im Einzelfall zu berücksichtigen. Der **Begriff des Rechts** erfaßt sämtliche normativen Bestimmungen des geschriebenen Rechts, § 72 Abs. 1 Nr. 2 ist zur Konkretisierung heranzuziehen. Erfaßt werden neben den Gesetzen, Verordnungen und Verwaltungsvorschriften vor allem auch Tarifverträge und Dienstvereinbarungen sowie die allgemein anerkannten Regelungen des Gewohnheitsrechts und des durch Rechtsfortbildung entstandenen Richterrechts. Der **Begriff der Billigkeit** betrifft in erster Linie die Ausübung des Ermessens bei der Anwendung des Rechts, vor allem der unbestimmten Rechtsbegriffe. Zur Konkretisierung sind dabei die übrigen Gebote des § 71 heranzuziehen.

8 Der Grundsatz von Recht und Billigkeit erfordert nicht nur die Wahrung und Erfüllung der Rechtsansprüche aller in der Dienststelle tätigen Personen, sondern, wie sich aus der Pflicht zur Zusammenarbeit auch zum Wohl der Dienstkräfte in § 2 Abs. 1 ergibt, auch die Beachtung von deren sozialen Interessen *(vgl. oben § 2 Rn. 15 ff.; ferner Fischer/Goeres, § 67 Rn. 6; Lorenzen u. a., § 67 Rn. 7)*, ohne daß der Personalrat Vertreter der Individualinteressen der Dienstkräfte sein kann. Der Grundsatz besteht darin, daß die gesellschaftliche, rechtliche und wirtschaftliche Stellung der innerhalb der Dienststelle tätigen Personen nicht ohne Rechtfertigung verschlechtert werden darf, die Weiterentwicklung dieser Interessen darf auch nicht ohne rechtfertigenden Grund verhindert werden. Man kann daher in der Vorschrift des § 71 Abs. 1 auch ein **personalvertretungsrechtliches Übermaßverbot** sehen. Bei jedem Eingriff in die Rechtsposition der Dienstkräfte ist die Zweck-Mittel-Relation zu prüfen. Der Eingriff muß durch die Verfolgung solcher dienstlicher, dienststellenbezogener, öffentlicher oder kollektiver Interessen begründet sein, die bei Interessenabwägung das Zurückstehen des Individualinteresses rechtfertigen. Die öffentlichen Aufgaben der Dienststelle sind hierbei von besonderem Gewicht.

Verpflichtete

9 Nach dem Wortlaut des Gesetzes haben Dienststelle, Dienstbehörde, oberste Dienstbehörde und die Personalvertretungen darüber zu wachen, daß die Grundsätze von Recht und Billigkeit beachtet werden.

10 Bei **Dienststelle, Dienstbehörde** und **oberster Dienstbehörde** handelt es sich um die in den §§ 5, 7 und 8 genannten Verwaltungseinheiten *(vergleiche im einzelnen die Anmerkungen dort)*. Die Überwachungspflicht trifft, da sie nur von

Personen erfüllt werden kann, den jeweiligen Leiter bzw. den jeweils handlungsbefugten Vertreter.
Personalvertretungen sind der Personalrat, der Gesamtpersonalrat und der Hauptpersonalrat. Das Gebot des § 71 Abs. 1 trifft nicht die einzelnen Dienstkräfte und auch nicht die Verbände. Da jedoch das Prinzip von Recht und Billigkeit ein das ganze Recht beherrschender Grundsatz ist, der teilweise auch in den Art. 1, 2 und 3 GG seinen Ausdruck gefunden hat, tritt auch für sie eine Bindung außerhalb des Personalvertretungsrechts ein. 11

Überwachung

Die Überwachung bedeutet in erster Linie, daß die Vertreter der Verwaltungseinheiten und die Personalvertretungen dafür Sorge tragen und im Rahmen ihrer jeweiligen Kompetenzen auch durchsetzen, daß alle in der Dienststelle Beschäftigten und Verbände sich nach diesen Grundsätzen richten. Daneben müssen sie jedoch auch selbst bei allen Handlungen und Entscheidungen diese Prinzipien beachten. Ein besonderes Verfahren der Überwachung ist nicht vorgeschrieben. Wesentliche Voraussetzung der Überwachung ist aber eine ordnungsgemäße Unterrichtung des Personalrats, dem Überwachungsrecht entspricht ein vergleichbarer Unterrichtungsanspruch. 12
Auf seiten des **Dienstherrn** und der für ihn handelnden Vertreter von Dienststellen, Dienstbehörden und oberster Dienstbehörde gilt dies inbesondere bei der Ausgestaltung der einzelnen Arbeits- und Beamtenverhältnisse, der Ausübung des Direktionsrechts und der Organisation der dienstlichen Arbeitsabläufe. 13
Die **Personalvertretungen** müssen den Grundsatz von Recht und Billigkeit vor allem bei der Ausübung der Beteiligungsrechte, aber auch bei ihrem sonstigen Verhalten und ihren Entscheidungen beachten. 14
Gegebenenfalls kann eine **gerichtliche Kontrolle** erfolgen. Der Inhalt von Dienstvereinbarungen unterliegt der Billigkeitskontrolle durch das Verwaltungsgericht *(vgl. für die Betriebsvereinbarung BAG vom 26. 7. 1988, AP Nr. 45 zu § 112 BetrVG 1972; vom 17. 3. 1987, AP Nr. 9 zu § 1 BetrAVG Ablösung; vom 12. 8. 1982, AP Nr. 4 zu § 77 BetrVG 1972).* 15

Gleichheitsgrundsatz

Wie sich aus dem Wort »insbesondere« ergibt, ist ein **Unterfall des Gerechtigkeitsgebotes** der Gleichheitsgrundsatz. Die in Art. 3 GG festgelegten Prinzipien werden hier weitgehend wiederholt und damit als gültige Norm gerade für die Ordnung in der Dienststelle hervorgehoben. Die anschließende Aufzählung einzelner Unterscheidungsverbote ist nicht abschließend. Jede Diskriminierung ist unzulässig. 16
Der Gleichheitsgrundsatz gebietet allgemein, daß »weder wesentlich Gleiches willkürlich ungleich noch wesentlich Ungleiches willkürlich gleich« zu behandeln ist. Der Gleichheitsgrundsatz ist in erster Linie ein **Willkürverbot**. Nur sachlich gerechtfertigte Unterscheidungen, die entweder in den Verhältnissen der einzelnen Dienstkräfte liegen oder aus der Sache selbst folgen, sind zulässig. Der Gleichheitsgrundsatz verlangt keine Schematisierung bei allen Dienstkräften, sondern läßt durchaus unterschiedliche organisatorische und rechtliche Stellungen des einzelnen zu. Unterscheidungen im Einzelrechtsverhältnis sind daher beispielsweise bei Gewährung freiwilliger sozialer Leistungen und 17

§ 71

auch im Entgeltbereich möglich *(vgl. BAG vom 5. 3. 1980, AP Nr. 44 zu § 242 Gleichbehandlung; vom 25. 1. 1984, AP Nr. 68 zu § 242 BGB Gleichbehandlung).* Allerdings darf eine sachwidrige Differenzierung nicht erfolgen.

Einzelfälle

18 Eine Unterscheidung wegen des **Geschlechts** ist unzulässig. Hieraus ergibt sich das Gebot für gleiche Vergütung für gleiche Arbeitsleistung insbesondere im Bereich der Dienstvereinbarungen, Art. 141 EG-Vertrag. Jede Diskriminierung der Frauen wegen ihres Geschlechts ist unzulässig.

19 Eine Differenzierung wegen des Geschlechts wird jedoch dann zulässig sein, wenn besondere Belange berücksichtigt werden sollen. Zulässig sind daher z. B. die Dienstvereinbarungen, die dem besonderen Schutz werdender Mütter oder von Frauen mit Kleinkindern usw. dienen.

20 **Abstammung** erfaßt die Volkszugehörigkeit und die Beziehung eines Menschen zu seinen Vorfahren und seiner Heimat *(BVerfG vom 22. 1. 1959, E 9, 124, 128).* Eine klare Abgrenzung zur Nationalität ist nicht immer möglich.

21 **Religion** ist jedes konfessionelle oder weltanschauliche Bekenntnis.

22 **Nationalität** ist gleichbedeutend mit der Staatsangehörigkeit und insoweit enger als der Begriff der Abstammung. Auch Staatenlose werden hiervon erfaßt. Regelungen der Rechtsstellung in anderen Gesetzen gehen dieser Bestimmung vor. Nicht in jedem Falle müssen daher Ausländer die gleiche Stellung haben wie Deutsche.

23 **Herkunft** erfaßt die regionale Abkunft sowie die Zugehörigkeit zu einer bestimmten sozialen Schicht *(BVerfG vom 22. 5. 1956, E 5, 17, 22; vom 22. 1. 1959, E 9, 124, 128).*

Politische und gewerkschaftliche Betätigung und Einstellung

24 **Politische Betätigung** und Einstellung bedeutet in erster Linie parteipolitische Aktivitäten und Einstellungen. Soweit diese keinerlei Auswirkungen auf das Geschehen in der Dienststelle haben, sind sie zulässig. Parteipolitische Betätigung innerhalb der Dienststelle ist jedoch wegen Verstoßes gegen arbeitsvertragliche Nebenpflichten bzw. der Pflichten aus dem Beamtenverhältnis *(vgl. auch § 19 LBG)* dann unzulässig, wenn dadurch negative Auswirkungen (Störungen) im innerdienstlichen Bereich entstehen. Für Dienststellenvertreter und Mitglieder der Personalvertretungen besteht das noch weiter gehende Verbot der parteipolitischen Betätigung innerhalb der Dienststelle ohne Rücksicht auf dessen negative Auswirkungen, § 71 Abs. 2 Satz 2. Da auch auf die Einstellung abgestellt ist, ist auch die negative Koalitionsfreiheit, also auch eine ablehnende Einstellung geschützt.

25 Ähnliche Grundsätze gelten bei der **gewerkschaftlichen Betätigung** und Einstellung. Hier werden die Grundsätze der positiven und negativen Koalitionsfreiheit, die bereits in Art. 9 Abs. 3 GG geregelt sind, wiederholt. Wegen der Gleichstellung der in § 60 LBG erwähnten Berufsverbände mit den Gewerkschaften, § 94, werden die Betätigung und Einstellung in bezug auf diese Berufsverbände in der gleichen Weise geschützt.

26 Der Schutz erstreckt sich auch auf die Betätigung im Dienste von Gewerkschaften oder Berufsverbänden in der Dienststelle, soweit dadurch nicht Störungen des innerdienstlichen Geschehens eintreten. Vergleiche ferner oben § 2 Rn. 27 ff., 61 ff.; zur Mitgliederwerbung § 2 Rn. 66 ff.

Zulässig ist eine differenzierte Behandlung von Gewerkschaftsmitgliedern im 27
Bereich des Tarifrechts und der daraus resultierenden Ansprüche, da durch
§ 71 Abs. 1 nicht die Bestimmung des § 3 Abs. 1 TVG außer Kraft gesetzt worden ist. Eine solche Differenzierung ist jedoch nicht zwingend, es ist auch zulässig und im öffentlichen Dienst ständige Praxis, daß auch für gewerkschaftlich nicht organisierte Arbeitnehmer die Tarifvertragsnormen zum Inhalt des Einzelvertrages gemacht werden.

Freiheitlich demokratische Grundordnung

Während in § 67 Abs. 1 BPersVG und in § 75 Abs. 1 BetrVG eine unterschiedliche Behandlung wegen politischer oder gewerkschaftlicher Betätigung oder Einstellung generell unzulässig ist, wird dies in § 71 dahin gehend eingeschränkt, daß diesen Schutz nur diejenigen Betätigungen oder Einstellungen genießen, die die freiheitlich demokratische **Grundordnung bejahen.** Ob allerdings diese besondere Hervorhebung der Einschränkung erforderlich war, erscheint zweifelhaft, da bereits Art. 18 GG einen entsprechenden Vorbehalt kennt und die Verwirkung der Grundrechte im einzelnen regelt. 28

Der **Begriff der freiheitlich demokratischen Grundordnung** wird in Art. 18 und Art. 21 Abs. 2 GG verwendet. Er wird vom Bundesverfassungsgericht folgendermaßen umschrieben *(BVerfG vom 23. 10. 1952, E 2, 1, 12f.; vom 17. 8. 1956, 5, 85, 140, 197f.; vgl. ferner Dürig in Maunz/Dürig/Herzog u.a., GG, Art. 18 Rn. 56f.):* »*die freiheitlich demokratische Grundordnung (läßt sich) als eine Ordnung bestimmen, die unter Ausschluß jeglicher Gewalt- und Willkürherrschaft eine rechtsstaatliche Herrschaftsordnung auf der Grundlage der Selbstbestimmung des Volkes nach dem Willen der jeweiligen Mehrheit und der Freiheit und Gleichheit darstellt. Zu den grundlegenden Prinzipien sind mindestens zu rechnen: die Achtung vor den im Gesetz konkretisierten Menschenrechten, vor allem vor dem Recht der Persönlichkeit auf Leben und freie Entfaltung, die Volkssouveränität, die Gewaltenteilung, die Verantwortlichkeit der Regierung, die Gesetzmäßigkeit der Verwaltung, die Unabhängigkeit der Gerichte, das Mehrparteienprinzip und die Chancengleichheit für alle politischen Parteien mit dem Recht auf verfassungsmäßige Bildung und Ausübung einer Opposition«.* 29

Eine weiter gehende Konkretisierung wird nur im Einzelfall möglich sein. Generelle Urteile sind kaum möglich, Dienststelle und Personalvertretung müssen jeden Einzelfall sorgfältig prüfen. Allerdings werden anarchistische Bestrebungen in jedem Falle im Widerspruch zur freiheitlich demokratischen Grundordnung stehen. 30

Benachteiligungsverbot

Wegen der in § 71 Abs. 1 genannten Merkmale darf keine unterschiedliche Behandlung erfolgen *(vgl. auch oben Rn. 17).* In diesem Rahmen wirkt sich der **Gleichbehandlungsgrundsatz** unmittelbar auf das Einzelarbeitsverhältnis aus. Durch ihn wird die Direktionsbefugnis innerhalb des Arbeits- bzw. Beamtenverhältnisses begrenzt. Unterschiedliche Behandlungen ohne sachliche Rechtfertigung sind bei Einstellung, Eingruppierung, Umgruppierung, Versetzung und Entlassung unzulässig. Eine Maßnahme, die hiergegen verstößt, kann wegen Gesetzesverstoßes nach § 134 BGB nichtig sein. 31

Gewerkschaftliche Betätigung (Abs. 2)

32 Die gewerkschaftliche Betätigung **von Dienstkräften, die Aufgaben nach diesem Gesetz** wahrnehmen, ist in Abs. 2 Satz 1 ausdrücklich geregelt. Diese Regelung war im bisherigen Recht nicht enthalten, sie entspricht teilweise den bisher schon in der Rechtsprechung vertretenen Grundsätzen *(BVerfG vom 1. 10. 1965, E 22, 96; vom 26. 5. 1970, E 28, 295, 307; vom 30. 11. 1965, E 19, 303)*. Sie steht im Zusammenhang mit dem Grundsatz, daß die Aufgaben der Gewerkschaften durch das PersVG Bln nicht berührt werden, § 2 Abs. 3, und sichert das auch den Amtsträgern zustehende Recht aus Art. 9 Abs. 3 GG auf gewerkschaftliche Betätigung. Damit trägt das Gesetz dem Dualismus zwischen gewerkschaftlichen Aufgaben und der Stellung insbesondere der Amtsträger im Rahmen des Personalvertretungsrechts Rechnung. Es wird berücksichtigt, daß die im Rahmen des Personalvertretungsrechts aktiven Mitglieder häufig auch Funktionen in den Gewerkschaften oder Verbänden nach § 60 LBG wahrnehmen. Es ist Sache des Personalratsmitgliedes, wie es das Spannungsverhältnis löst.

Betroffener Personenkreis

33 Der Begriff der »Dienstkräfte, die Aufgaben nach diesem Gesetz wahrnehmen«, erfaßt jede Dienstkraft (§ 3), die **in irgendeiner Weise** Aufgaben oder Befugnisse nach diesem Gesetz wahrnimmt. Es ist nicht erforderlich, daß sie Träger eines im PersVG Bln vorgesehenen Amtes ist.

34 Erfaßt werden sämtliche **Mitglieder von Personalvertretungsorganen** (Personalrat, Gesamtpersonalrat, Hauptpersonalrat, JugAzubiVertr., GesamtJugAzubiVertr., HauptJugAzubiVertr.) einschließlich der Ersatzmitglieder, soweit diese tätig geworden sind. Das gleiche gilt für die Mitglieder des Wahlvorstandes, den Vertrauensmann der Schwerbehinderten (§ 36) und die Mitglieder der Einigungsstelle, soweit sie Dienstkräfte i. S. des § 3 sind.

Umfang der Betätigungsgarantie

35 Gesichert wird jede gesetzlich zulässige koalitionsgemäße Betätigung der Dienstkräfte. **Grenze** der Betätigung ist das Vertrauen der anderen Dienstkräfte in die **objektive und neutrale Amtsführung**. Der Grundsatz der Gewerkschaftsneutralität muß bei der Wahrnehmung der personalvertretungsrechtlichen Aufgaben und Kompetenzen gewahrt werden. Dem liegt der Gedanke zugrunde, daß gerade Mitglieder von Personalvertretungen als Vertreter aller Dienstkräfte ihr Amt nur dann sinnvoll wahrnehmen können, wenn sie als neutraler Sachwalter der Interessen aller Dienstkräfte auftreten *(BVerwG vom 15. 1. 1960, PersV 1960, 161; vom 1. 10. 1965, E 22, 96; vom 23. 10. 1970, E 36, 177)*.

36 Das **Vertrauen der Dienstkräfte** in die Objektivität und Neutralität der Amtsführung darf nicht beeinträchtigt werden. Erforderlich ist nach dem klaren Wortlaut des Gesetzes eine konkrete Beeinträchtigung, also eine Verletzung des Vertrauens. Die abstrakte Gefährdung reicht nicht aus.

37 Die **Problematik der Vorschrift** liegt in der genauen Bestimmung der Grenzen, die in der Regel nur einzelfallbezogen erfolgen kann. Der Konflikt liegt nicht allein in der Konkurrenz von Amt und Grundrecht des Amtsträgers, sondern

vor allem zwischen dessen Grundrechten und denen der Dienstkräfte. Die Amtsträgerschaft ist dabei vor allem äußerlich sichtbares Abgrenzungskriterium dieser Problematik.

Eindeutig ist, daß die **Amtsträgerschaft nicht für die gewerkschaftliche Betätigung** ausgenützt werden darf *(vgl. BVerfG vom 26. 5. 1970, E 28, 295, 308; BVerwG vom 10. 10. 1990, PersV 1991, 272; vom 22. 8. 1991, PersV 1992, 158).* Die Personalvertretungen selbst dürfen sich in keiner Weise in der Dienststelle gewerkschaftlich betätigen. Es widerspricht daher der Neutralitätspflicht des Personalrats, wenn er in seinem Geschäftszimmer Werbematerial für eine Gewerkschaft oder einen Verband auslegt, aushängt oder verteilt. Hierbei muß es sich jedoch um ausgesprochene Werbeunterlagen handeln, das Auslegen von Tarifverträgen, Gesetzessammlungen, Unterrichtsmaterial und ähnlichem, das von einer Gewerkschaft oder einem Verband herausgegeben worden ist und nicht nur Werbezwecken dient, zählt nicht hierunter. 38

Auch die einzelnen Mitglieder der Personalvertretungsorgane dürfen sich in keiner Weise gewerkschaftlich innerhalb der Dienststelle betätigen, wenn sie in ihrer Amtseigenschaft auftreten. Die gesetzliche Regelung hat aber der sehr einengenden Rechtsprechung des Bundesverwaltungsgerichts nicht Rechnung getragen, nach der sogar jede gewerkschaftliche Betätigung, die unabhängig von der Amtsträgerschaft erfolgte, innerhalb und während der Dienstzeit unzulässig sein sollte *(BVerwG vom 6. 2. 1979, PersV 1980, 196; BVerfG vom 26. 5. 1970, E 28, 295, 307 f.; vgl. ferner die noch weiter gehende Entscheidung BVerwG vom 23. 10. 1970, E 36, 177, nach der sogar eine gewerkschaftliche Werbung außerhalb der Dienstzeit und außerhalb der Dienststelle in einem nahe gelegenen Lokal unzulässig sein soll. Dagegen auch Säcker, JZ 1971, 288 ff.).* 39

Unter Berücksichtigung der Tatsache, daß gerade die Beteiligungsrechte des Personalrates erheblich ausgebaut worden sind, wird man im **Spannungsfeld** zwischen Amtsträgerschaft und gewerkschaftlicher Betätigung zu einer Abstufung kommen müssen. Je stärker die Aufgabenerfüllung im Personalratsamt ist, um so geringer wird der Spielraum, innerhalb dessen für die Gewerkschaft in der Dienststelle eine Tätigkeit entfaltet werden kann. Um so deutlicher muß herausgestellt werden, daß eine Trennung von der Amtseigenschaft erfolgt. Nimmt dagegen ein Personalratsmitglied nur an den Personalratssitzungen teil, so wird sein Spielraum erheblich weiter sein. 40

Auch bei dem Hauptfall der gewerkschaftlichen Betätigung in der Dienststelle, bei der durch Art. 9 Abs. 3 GG verfassungsrechtlich gewährleisteten **Mitgliederwerbung,** sind diese Grundsätze zu beachten *(vgl. dazu im einzelnen oben § 2 Rn. 67 ff.).* 41

Parteipolitische Betätigung

Neu in das Gesetz aufgenommen wurde auch das Verbot der parteipolitischen Betätigung in der Dienststelle für Dienststellenvertreter und Personalvertretung. Das Verbot steht in engem systematischem Zusammenhang mit dem Neutralitäts- und Gleichbehandlungsgrundsatz. Aus dieser systematischen Stellung ergibt sich auch, daß die Regelung eine eigenständige Bedeutung im Personalvertretungsrecht hat und nicht nur eine Konkretisierung der Friedenspflicht des § 70 Abs. 2 darstellt, wenn auch teilweise Überschneidungen bestehen. 42

§ 71

Betroffener Personenkreis

43 Wegen der eigenständigen Bedeutung des § 71 Abs. 2 Satz 2 kann das personalvertretungsrechtliche Verbot der parteipolitischen Betätigung nicht auf alle Dienstkräfte der Dienststelle ausgedehnt werden. Diese unterliegen nur den allgemeinen Beschränkungen aus dem Arbeits- bzw. Beamtenverhältnis. Das Verbot richtet sich nur gegen den **Vertreter der Dienststelle** (Dienststellenleiter bzw. Vertreter i. S. des § 9) und den **Personalrat**, den **Gesamtpersonalrat** und **Hauptpersonalrat** als Organ sowie deren Mitglieder in ihrer Amtseigenschaft *(vgl. OVG Berlin vom 19. 9. 1975, PersV 1977, 102)*. Bei deutlicher Trennung von der Amtseigenschaft unterliegen die Mitglieder der Personalvertretung ebenfalls nur den allgemeinen Beschränkungen.

Begriff der parteipolitischen Betätigung

44 Unter parteipolitischer Betätigung sind in erster Linie die **Aktivitäten für eine bestimmte politische Partei** zu verstehen. Sonstige politische Handlungen werden zumindest dann unter das Verbot fallen, wenn sie mit einer Agitation oder Propaganda verbunden sind, wenn damit für die Durchsetzung bestimmter politischer Ziele gekämpft werden soll, wenn damit eine Stellungnahme in parteipolitischen Fragen herbeigeführt werden soll. In diesem Rahmen sind auch die Erörterung staatspolitischer, außenpolitischer, kulturpolitischer Fragen usw. verboten. Das gleiche gilt für die Propagierung anarchistischer Ziele, die von keiner Partei vertreten werden. Ausgenommen von dem Verbot sind gelegentliche politische Gespräche, die keinerlei Auswirkungen auf das Geschehen innerhalb der Dienststelle haben, denn das Verbot dient in erster Linie der Sicherung des Arbeitsfriedens *(vgl. zu dem Ganzen BVerfG vom 28. 4. 1976, E 42, 133; BAG vom 21. 2. 1978, AP Nr. 1 zu § 74 BetrVG 1972)*.

45 Unzulässig ist insbesondere die **Verteilung von Flugblättern** und sonstigen Schriften, politischen Zeitungen, die Herstellung von Anschlägen, die Erteilung von Wahlkampfempfehlungen für bestimmte Parteien oder die Empfehlung, bestimmten demokratischen Parteien fernzubleiben. Ferner das Anbringen von Wahlplakaten und die Unterzeichnung von Wahlaufrufen in der Amtseigenschaft sowie das Sammeln von Spenden für eine Partei in der Dienststelle *(weitere Nachweise bei Grabendorff u. a., § 67 Rn. 18)*.

Tarif-, Besoldungs- und Sozialangelegenheiten

46 Ausgenommen von dem Verbot ist die Behandlung von Tarif-, Besoldungs- und Sozialangelegenheiten. Das gilt selbst dann, wenn dabei parteipolitische Auffassungen erörtert und vertreten werden. In erster Linie wird diese Frage bei Personalversammlungen von Bedeutung sein, da dort diese Themen ausdrücklich behandelt werden können, § 49. Praktische Auswirkungen wird die Behandlung derartiger Themen kaum haben, da weder bei Tarif- noch bei Besoldungsangelegenheiten im Rahmen des Personalvertretungsrechts wesentliche direkte Einflußmöglichkeiten bestehen. Auch Sozialangelegenheiten werden zumindest dann nicht innerhalb einer Dienststelle entschieden, wenn sie politisches Gewicht haben.

Wahrung der Vereinigungsfreiheit (Abs. 3)

In Abs. 3 wird entsprechend der bisherigen Regelung in § 54 Abs. 5 PersVG Bln a. F. den Personalvertretungen die Pflicht auferlegt, sich aktiv für die Wahrung der Koalitionsfreiheit der Dienstkräfte einzusetzen. Wie sich aus dem Sachzusammenhang mit den vorhergehenden Regelungen ergibt, ist hier unter dem Begriff der Vereinigungsfreiheit allein die **Koalitionsfreiheit** im Sinne des Art. 9 Abs. 3 GG zu verstehen. Nicht erfaßt wird die allgemeine Vereinigungsfreiheit des Art. 9 Abs. 1 GG *(Lorenzen u. a., § 67 Rn. 23)*. Das ergibt sich aus dem gesamten Sachbezug des Gesetzes, das allein die Stellung der Dienstkräfte im Rahmen der Arbeits- bzw. Beamtenverhältnisse beeinflußt, so daß auch § 71 Abs. 3 nur in diesem Regelungsrahmen verstanden werden kann. Dann können aber auch nur solche Vereinigungen gemeint sein, deren Ziel die Wahrung und Förderung der Arbeits- und Wirtschaftsbedingungen ihrer Mitglieder ist. 47

Die Koalitionsfreiheit des Art. 9 Abs. 3 GG erfaßt neben der Bildung von Vereinigungen **auch das Recht der Mitglieder,** sich an der verfassungsrechtlich geschützten Tätigkeit solcher Koalition zu beteiligen. Das Grundrecht gilt für jedermann und alle Berufe, so daß auch das Koalitionsrecht der Beamten von Abs. 3 besonders geschützt wird *(vgl. § 60 LBG)*. 48

Abs. 3 enthält nicht nur ein Abwehrrecht gegenüber unzulässigen Beschränkungen der Koalitionsfreiheit durch die Personalvertretungen. Das wäre bereits durch Abs. 1 und Abs. 2 gewährleistet. Vielmehr werden die Personalvertretungen ausdrücklich verpflichtet, sich **für dieses Grundrecht der Dienstkräfte einzusetzen.** Sie haben nicht nur alles zu vermeiden, was zu einer Beeinträchtigung führen könnte, sie haben darüber hinaus auch im Rahmen ihrer Kompetenzen darüber zu wachen, daß von der Dienststelle oder von dritter Seite keine unzulässigen Einschränkungen vorgenommen werden. Gegebenenfalls haben sie für die Beseitigung derartiger Beeinträchtigungen Sorge zu tragen. Allerdings müssen sie dabei neutral bleiben. 49

Zu dem geschützten Bereich gehört auch der **Koalitionspluralismus.** Die Personalvertretungen haben daher auch dafür zu sorgen, daß Beeinträchtigungen einzelner Vereinigungen innerhalb der Dienststelle unterbleiben und daß der Konkurrenzkampf zwischen den Vereinigungen nur im Rahmen der Gesetze erfolgt. Geschützt ist ferner die negative Koalitionsfreiheit. 50

Verstöße

Verstöße der **Personalvertretungen** bzw. der einzelnen Mitglieder gegen die Pflichten aus § 71 können zur Auflösung oder zum Ausschluß einzelner Mitglieder gem. § 25 führen. Daneben kommt u. U. auch ein Unterlassungsanspruch in Betracht, der gem. § 91 Abs. 1 Nr. 3 in Beschlußverfahren durchzusetzen wäre. Ferner können in ihren Rechten verletzte Dienstkräfte Schadensersatzansprüche geltend machen. Bei Verstößen durch die Personalvertretungen oder ihrer Mitglieder müssen diese Schadensersatzansprüche gegen die einzelnen Personalvertretungsmitglieder durchgesetzt werden. 51

Verstößt der **Vertreter der Dienststelle** gegen § 71, kann gegen ihn ein Dienstaufsichtsverfahren eingeleitet werden. U. U. können auch hier Schadensersatzansprüche geltend gemacht werden. Diese sind entweder gegen den Dienststellenvertreter persönlich oder aber gegen den Dienstherrn durchzusetzen. Bei Verstößen durch Dienstkräfte gegen die Pflichten aus Abs. 1 und Abs. 3 können 52

§§ 71, 72

Unterlassungsklagen im Urteilsverfahren oder aber Schadensersatzansprüche geltend gemacht werden. Außerdem kann eine Kündigung seitens des Dienstherrn möglich sein.

Streitigkeiten

53 Streitigkeiten sind im verwaltungsgerichtlichen Beschlußverfahren i. S. § 91 Abs. 1 Nr. 3 auszutragen.

54 Die Rechte und Pflichten aus § 71 können daneben aber auch Gegenstand eines Urteilsverfahrens einer einzelnen Dienstkraft sein. Hier können die Probleme auch als Vorfragen entschieden werden. In Betracht kommen zum Beispiel Rechtsstreitigkeiten über Kündigungen von Arbeitnehmern oder Disziplinarverfahren von Beamten sowie Schadensersatzprozesse.

§ 72 Allgemeine Aufgaben

(1) Der Personalrat hat folgende allgemeine Aufgaben:
1. Maßnahmen, die der Dienststelle und ihren Angehörigen dienen, zu beantragen,
2. darüber zu wachen, daß die für die Dienstkräfte geltenden Rechts- und Verwaltungsvorschriften, Tarifverträge und Dienstvereinbarungen durchgeführt werden,
3. Anregungen und Beschwerden von Dienstkräften entgegenzunehmen und, falls sie berechtigt erscheinen, auf ihre Erledigung hinzuwirken,
4. die Eingliederung und berufliche Entwicklung Schwerbehinderter und sonstiger schutzbedürftiger, insbesondere älterer Personen zu fördern,
5. Maßnahmen zur beruflichen Förderung Schwerbehinderter zu beantragen,
6. die Eingliederung ausländischer Dienstkräfte in die Dienststelle und das Verständnis zwischen ihnen und den deutschen Dienstkräften zu fördern,
7. mit der Jugend- und Auszubildendenvertretung zur Förderung der Belange der jugendlichen und auszubildenden Dienstkräfte eng zusammenzuarbeiten,
8. die Dienstkräfte in den Verwaltungsräten und den entsprechenden Organen von Einrichtungen des Landes Berlin nach den hierfür geltenden Vorschriften zu vertreten,
9. darüber zu wachen, daß die Chancengleichheit von Frauen und Männern herbeigeführt wird, Frauenförderpläne erstellt und durchgeführt werden.

(2) Der Personalrat ist an Prüfungen der Dienstkräfte zu beteiligen. Das Nähere regeln die Prüfungsordnungen.

Übersicht

	Rn.
Allgemeines	1– 3
Geltungsbereich und Umfang	4– 8
Maßnahmen, die der Dienststelle und ihren Angehörigen dienen (Nr. 1)	9–15
Überwachungspflicht (Nr. 2)	16–24
Umfang der Überwachung	25–27
Entgegennahme von Beschwerden und Anregungen (Nr. 3)	28–31
Überprüfung der Beschwerde	32–35

§ 72

Wirkung der Beschwerde	36
Anregungen	37, 38
Eingliederung schutzbedürftiger Personen (Nr. 4)	39
Aufgabenbereich und Zielsetzung	40–42
Schwerbehinderte	43–45
Weitere schutzbedürftige Personen	46, 47
Maßnahmen zur beruflichen Förderung Schwerbehinderter (Nr. 5)	48
Eingliederung ausländischer Dienstkräfte (Nr. 6)	49–51
Zusammenarbeit mit der Jugend- und Auszubildendenvertretung (Nr. 7)	52–56
Vertretung der Dienstkräfte in den Verwaltungsräten etc. (Nr. 8)	57–60
Chancengleichheit, Frauenförderpläne (Nr. 9)	61–64
Beteiligung an Prüfungen (Abs. 2)	65–68
Teilnahmerecht	69–71
Streitigkeiten	72

Allgemeines

Die Bestimmung ist aus § 55 Abs. 1 und 3 PersVG Bln a. F. hervorgegangen. Sie **1** ist redaktionell überarbeitet und erweitert worden. Die Nummern 5, 6 und 7 sind neu. Die Vorschrift entspricht zum großen Teil § 68 Abs. 1 BPersVG und § 80 Abs. 1 BetrVG. § 72 Abs. 2 ist § 80 BPersVG vergleichbar. Eine entsprechende Rahmenvorschrift findet sich in § 103 BPersVG.

In engem **Zusammenhang** mit den allgemeinen Aufgaben steht das in § 73 **2** geregelte **Informationsrecht** der Personalvertretungen.

Nr. 9 ist eingefügt durch das 4. Gesetz zur Änderung des Personalvertretungs- **3** gesetzes *(vom 26. 6. 1992 – GVBl., 210, 211)*. Ziel der Bestimmung ist es, den Personalrat in die Verpflichtungen der Dienststelle aus dem Landesgleichstellungsgesetz *(LGG vom 31. 12. 1990 i. d. F. vom 16. 6. 1999 mit weiteren Änderungen)* dadurch einzubinden, daß ihm besondere Überwachungspflichten eingeräumt werden. Die Regelung ist überflüssig, die Überwachungspflicht folgt schon aus Nr. 2 *(siehe unten Rn. 16)*.

Geltungsbereich und Umfang

Die Vorschrift gilt, wie sich eindeutig aus dem Wortlaut ergibt, unmittelbar nur **4** **für den Personalrat,** nicht jedoch für die übrigen Personalvertretungen, wie den Gesamtpersonalrat und den Hauptpersonalrat. Gleichwohl ist sie auch für die übrigen Personalvertretungen im Rahmen von deren Kompetenzen anwendbar, da ein sachlicher Grund für die Differenzierung nicht ersichtlich ist und im übrigen der Gesetzgeber den Begriff »Personalrat« auch dann gebraucht, wenn trotzdem auch Gesamtpersonalrat oder Hauptpersonalrat betroffen werden.

Im Rahmen des Aufgabenkataloges hat die Personalvertretung ein eigenes **5** **Initiativrecht,** sie kann selbst aktiv werden und an den Dienststellenleiter bzw. sonstige Stellen herantreten. Die allgemeinen Aufgaben beziehen sich auf sämtliche Tätigkeitsbereiche der Personalvertretung.

Sie stehen selbständig neben den sonst ausdrücklich im Gesetz geregelten **6** Befugnissen, sie sind insbesondere auch **unabhängig von den Beteiligungsrechten** *(BVerwG vom 26. 2. 1960, E 10, 196)* und können neben diesen wahrgenommen werden.

Im Gegensatz zu den Mitbestimmungs- und Mitwirkungsrechten ist ein be- **7**

§ 72

sonders einzuhaltender **Verfahrens- und Instanzenzug** nicht vorgeschrieben. Ein einmal abgelehnter Antrag kann bei veränderter Sachlage wiederholt werden. Aus § 72 allein kann die Personalvertretung noch keine Möglichkeit herleiten, ähnlich wie im Bereich der Mitbestimmung eine Entscheidung zu erzwingen.

8 Die **Aufzählung** der einzelnen Aufgaben ist **nicht erschöpfend,** sondern beispielhaft. Insbesondere die Nr. 1 ist so allgemein gehalten, daß praktisch alle dienststellenbezogenen Angelegenheiten erfaßt werden können.

Maßnahmen, die der Dienststelle und ihren Angehörigen dienen (Nr. 1)

9 Nr. 1 gibt der Personalvertretung ein **Antragsrecht** in allen dienststellenbezogenen Angelegenheiten ohne Rücksicht darauf, ob besondere Beteiligungsrechte in allen Vorschriften vorgesehen sind. Das Antragsrecht nach Nr. 1 steht selbständig neben diesen und gibt dem Personalrat ein Initiativrecht *(BVerwG vom 9. 10. 1991, PersV 1992, 166).* Zum Teil werden sich die Aufgaben auch mit den Aufgaben aus den anderen Nummern überschneiden.

10 Maßnahmen i. S. dieser Vorschrift sind u. a. sämtliche Angelegenheiten, die die **Verwaltungsorganisation** und die Gestaltung der Arbeitsabläufe betreffen, ferner sämtliche Angelegenheiten, die in irgendeiner Form die soziale Stellung der Dienstkräfte betreffen und in die Entscheidungsbefugnis der Dienststelle fallen.

11 Die Personalvertretung kann aus eigenem Entschluß bei dem Dienststellenvertreter alle Maßnahmen beantragen, bei denen sie der Ansicht ist, daß sie die Belange von Dienststelle oder deren Angehörigen verbessern könnten. Insbesondere im Bereich der sozialen und personellen Angelegenheiten, aber auch bei allen Fragen, die Arbeitsplatz, Arbeitsablauf und Arbeitsumgebung betreffen, kann die Personalvertretung von sich aus eine Gestaltung anregen oder eine Regelung verlangen.

12 Sie muß sich im Rahmen ihrer **Zuständigkeit** und damit der Zuständigkeit des Dienststellenleiters halten. Beantragt sie Maßnahmen außerhalb ihres Zuständigkeitsbereiches, dann wird sie nicht kraft ihres Amtes tätig, es handelt sich dann nur um eine Anregung, wie sie jede andere Dienstkraft auch geben könnte.

13 Die Maßnahmen müssen im Zuständigkeitsbereich der jeweiligen Dienststelle liegen. Unterliegt die Angelegenheit der Regelungsbefugnis einer anderen oder übergeordneten Dienststelle, so kann zwar der Dienststellenleiter den Antrag an die zuständige Stelle weiterleiten, eine gesetzliche Verpflichtung hierzu besteht aber nicht.

14 Eine bestimmte **Form** für die Anträge nach Nr. 1 ist gesetzlich nicht vorgeschrieben. Sie können daher auch mündlich bei dem Dienststellenleiter gestellt werden, z. B. in den gemeinschaftlichen Besprechungen des § 70 Abs. 1.

15 Aus der Pflicht zur vertrauensvollen Zusammenarbeit folgt für den **Dienststellenleiter** die **Verpflichtung,** sich mit den Wünschen und Anregungen der Personalvertretung **auseinanderzusetzen** *(vgl. auch § 70 Rn. 17 und § 2 Rn. 8)* und gegebenenfalls mit dieser (z. B. *auf einer gemeinschaftlichen Besprechung, § 70 Abs. 1)* zu erörtern. Hieraus folgt auch, daß der Antrag in jedem Falle zu bescheiden ist. Ist der Dienststellenleiter unzuständig, ist der Antrag unter Hinweis hierauf zurückzuweisen. Im übrigen steht es im pflichtgemäßen Ermessen der Dienststelle unter Beachtung der gesetzlichen und tariflichen Be-

§ 72

stimmungen, ob sie dem Antrag stattgeben will oder nicht. Wird eine Einigung zwischen Dienststellenleiter und Personalrat nicht erreicht, besteht keine Möglichkeit für den Personalrat, die übergeordnete Dienststelle anzurufen *(BVerwG vom 20. 1. 1993, PersR 1993, 310).*

Überwachungspflicht (Nr. 2)

Die Überwachungspflicht nach Nr. 2 überschneidet sich teilweise mit der Überwachungspflicht nach § 71 Abs. 1, geht jedoch inhaltlich weiter. 16
Im Gegensatz zu der Regelung in § 78 Abs. 1 Nr. 2 BPersVG und § 80 Abs. 1 17
Nr. 1 BetrVG beschränkt sich die Überwachungspflicht nicht allein auf die zugunsten der Dienstkräfte geltenden Vorschriften, sondern auf sämtliche, also auch die Dienstkräfte belastenden Regelungen. Damit wird deutlich gemacht, daß auch die Personalvertretung bei ihrer Tätigkeit der Bestimmung des Art. 20 Abs. 3 GG, der die Bindung an Gesetz und Recht enthält, unterworfen ist.
Rechtsvorschriften sind sämtliche **Gesetze und Verordnungen** des Bundes 18
und des Landes Berlin (Gesetze im materiellen Sinne), die Bestimmungen enthalten, in denen die Arbeits- bzw. Beamtenverhältnisse der Dienstkräfte geregelt werden. Hierzu gehören auch die **allgemeinen arbeitsrechtlichen Grundsätze,** die auf Grund gesetzlicher Vorschriften entwickelt worden sind, z. B. der Gleichbehandlungsgrundsatz, die Fürsorgepflicht, wohl auch die in Art. 33 Abs. 5 GG erwähnten »hergebrachten Grundsätze des Berufsbeamtentums«. Auch die im Rahmen des Richterrechts entstandenen Grundsätze sind auf ihre Einhaltung zu überwachen. Erfaßt werden auch die unmittelbar in der Bundesrepublik geltenden internationalen Bestimmungen, insbesondere die der Europäischen Gemeinschaft. Ferner gehört auch das Satzungsrecht der landesunmittelbaren Körperschaften, Anstalten und Stiftungen des öffentlichen Rechts hierher.
Verwaltungsvorschriften sind Anordnungen der Vorgesetzten gegenüber 19
nachgeordneten Behörden, die innerhalb der Verwaltung für eine Vielzahl von Fällen gelten sollen. Sie sind keine Gesetze im materiellen Sinne wie die Rechtsvorschriften, sie sind für außerhalb der Verwaltung stehende Personen nicht verbindlich. Hierunter fallen insbesondere Durchführungsvorschriften, Richtlinien, Erlasse, Dienstanweisungen, allgemeine Anordnungen für den inneren Betrieb im Rahmen eines besonderen Gewaltverhältnisses. Zu beachten ist allerdings, daß derartige Verwaltungsvorschriften in der Regel allein und unmittelbar zumindest im Bereich der Arbeitsverhältnisse der Arbeiter und Angestellten keine Rechtsansprüche der einzelnen Dienstkräfte gegenüber dem Dienstherrn begründen können.
Zu den Verwaltungsvorschriften zählen nicht die Anordnungen vorgesetzter 20
Behörden für den Einzelfall (Weisung).
Die Überwachung der Durchführung der **Tarifverträge** erfaßt nur diejenigen 21
Tarifverträge, die innerhalb der Dienststelle gelten. Das gilt nicht nur für die normativen Bestimmungen, sondern auch für die schuldrechtlichen Regelungen, soweit sie auf den Inhalt der Arbeitsverhältnisse Einfluß haben *(vgl. BAG vom 11. 7. 1972, AP Nr. 1 zu § 80 BetrVG 1972 mit Anmerkungen Richardi).* Die Überwachungspflicht besteht auch dann, wenn die Anwendung der Tarifverträge nicht auf einer Tarifbindung der Arbeitnehmer, sondern auf einer generellen einzelvertraglichen Bezugnahme beruht, wie dies im öffentlichen Dienst üblich ist.

§ 72

22 Ähnliches gilt auch für die **Dienstvereinbarungen** (§ 74). Deren Durchführung ist ausdrücklich Aufgabe der Dienststelle, Dienstbehörde oder obersten Dienstbehörde, § 78 Abs. 1. Entsprechendes gilt auch für die allgemeinen Arbeitsbedingungen, die sich aus einer **einzelvertraglichen Einheitsregelung** oder einer **allgemeinen Übung** innerhalb der Dienststelle ergeben.

23 **Keine Überwachungspflicht** besteht hinsichtlich der Einhaltung **einzelvertraglicher Abreden**, solange diese keinen generellen Charakter haben. Die Überwachungspflicht besteht nur hinsichtlich kollektiver Regelungen. Nicht der Überwachungspflicht unterliegt daher z.B. die Vereinbarung übertariflicher Entlohnung, individueller Zulagen etc.

24 Ausgeschlossen ist auch eine Überwachung der auf Grund der in Nr. 2 genannten Rechtsnormen von einzelnen Dienstkräften gegenüber dem Dienstherrn geltend gemachten unmittelbaren Ansprüche.

Umfang der Überwachung

25 Die Personalvertretung kann weder die **Prozeßvertretung** der einzelnen Dienstkräfte übernehmen, noch darf sie **Rechtsauskünfte** erteilen *(vgl. BVerwG vom 13. 2. 1976, E 50, 186, 197; BAG vom 19. 5. 1983, AP Nr. 44 zu § 37 BetrVG 1972).* Abgesehen davon, daß dies gegen das Rechtsberatungsmißbrauchsgesetz verstieße, würde sich die Personalvertretung bei falscher Behandlung der Sache unter Umständen einer Schadensersatzpflicht aussetzen, die jedes Personalratsmitglied einzeln träfe. Die Personalvertretung kann lediglich auf gütlichem Wege innerhalb der Dienststelle eine Regelung versuchen.

26 Die Überwachung durch die Personalvertretung ist eine **Ausprägung der vertrauensvollen Zusammenarbeit** des § 2 Abs. 1. Sie bedingt eine ausreichende Information, § 73, ohne die die Überwachung nicht ordnungsgemäß ausgeführt werden kann. Die sich aus der Überwachungspflicht ergebenden Rechte bestehen nicht nur bei begründeten Zweifeln hinsichtlich der Handhabung der genannten Vorschriften innerhalb der Dienststelle *(BAG vom 11. 7. 1972, AP Nr. 1 zu § 80 BetrVG 1972 m. zust. Anm. Richardi).* Bei Feststellung der Mißachtung von Vorschriften durch andere oder übergeordnete Dienststellen kann der Personalrat den Gesamtpersonalrat bzw. den Hauptpersonalrat einschalten.

27 Durch die Überwachungsaufgabe wird der **Personalrat nicht** zu einem dem Dienststellenleiter übergeordneten **Kontrollorgan**. Die Überwachungsaufgabe hat nicht den Sinn, daß generell alle dienst- oder arbeitsrechtlichen Entscheidungen der Dienststelle durch den Personalrat überprüft werden können. Die Dienststelle ist daher auch nicht verpflichtet, den Personalrat über jede innerdienstliche Angelegenheit oder Maßnahme zu unterrichten und ihn über alle Vorgänge zu informieren. Der Unterrichtungsanspruch des Personalrates beschränkt sich auf die Informationen, die er benötigt, um seine Aufgaben erfüllen zu können *(BVerwG vom 29. 8. 1990, PersV 1991, 78; vom 27. 11. 1991, PersV 1992, 228).* Das Überwachungsrecht setzt daher voraus, daß Anhaltspunkte für einen möglichen Rechtsverstoß der Dienststelle gegeben sind *(OVG Nordrhein-Westfalen vom 30. 9. 1980, PersV 1981, 377; BAG vom 11. 7. 1972, AP Nr. 1 zu § 80 BetrVG 1972; Fischer/Goeres, § 68 Rn. 9).* Wie der Personalrat seine Überwachungspflicht wahrnimmt, kann er weitgehend frei entscheiden. Sowohl mündliche als auch schriftliche Stellungnahmen oder Einwendungen bzw. Aufforderungen sind möglich, auch kann die Überwachungsaufgabe im Rahmen des Monatsgesprächs wahrgenommen werden.

Entgegennahme von Beschwerden und Anregungen (Nr. 3)

28 Die Vorschrift hinsichtlich der Hilfe bei Beschwerden und Anregungen steht in engem systematischem Zusammenhang mit den Nummern 1 und 2. Sie ist gegenüber dem bisherigen Recht durch die Hereinnahme der Anregungen erweitert worden.

29 Das **Beschwerderecht der einzelnen Dienstkraft** ist im Gegensatz zum Betriebsverfassungsrecht nicht gesondert geregelt. Für Beamte ergibt sich ein allgemeines Beschwerderecht aus § 178 LBG. Für Angestellte und Arbeiter ergeben sich entsprechende Grundsätze aus der Fürsorgepflicht des Arbeitgebers, ohne daß es einer ausdrücklichen Regelung bedürfte. Es bleibt der Dienstkraft überlassen, ob sie sich mit ihrer Beschwerde erst an den Personalrat oder direkt an die zuständige Stelle innerhalb der Dienststelle wendet; beide Möglichkeiten stehen selbständig nebeneinander.

30 Bestimmte **Formerfordernisse** oder **Zulässigkeitsvoraussetzungen** bestehen nicht. Es ist nicht zwingend, daß sich die Dienstkraft vorher selbst um die Beseitigung des Beschwerdegrundes bemüht hat. Ein gewisses persönliches Betroffensein der Dienstkraft wird aber vorausgesetzt, eine reine »Popularbeschwerde« besteht nicht.

31 Beschränkungen hinsichtlich des Gegenstandes der Beschwerde bestehen nicht. Sie brauchen sich nicht nur auf soziale oder organisatorische Fragen im Bereich der Dienststelle zu beziehen, es können auch persönliche, das Dienstverhältnis im weitesten Sinne betreffende Angelegenheiten sein. Streitigkeiten zwischen Dienstkräften können nicht Gegenstand der Beschwerde sein, hier kann der Personalrat nur bei Einverständnis aller Beteiligten vermitteln, sonst muß die Angelegenheit dem Dienststellenleiter vorgelegt werden.

Überprüfung der Beschwerde

32 Der Personalrat hat sich mit jeder Beschwerde **sachlich zu befassen,** er ist nicht nur Übermittlungsstelle. Er muß die Zulässigkeit und die Berechtigung überprüfen. Es genügt, wenn sie nach seinem pflichtgemäßen Ermessen berechtigt erscheint. Nur in diesem Falle hat der Personalrat die Verpflichtung, mit dem Dienststellenleiter über die Möglichkeit einer sachgerechten Erledigung zu verhandeln. An andere Personen, z. B. Vorgesetzte oder Dienstvorgesetzte der betreffenden Dienstkraft, kann sich der Personalrat nicht wenden, Verhandlungspartner ist für ihn immer der Dienststellenleiter bzw. dessen Vertreter. Diese Verhandlungen sind selbst dann durchzuführen, wenn der Personalrat von vornherein der Überzeugung ist, daß sie ergebnislos sein werden.

33 Stellt der Personalrat fest, daß für die Behandlung der Beschwerde die Zuständigkeit einer anderen oder einer übergeordneten Dienststelle gegeben ist, hat er die Beschwerde ggf. unter Einschaltung des Hauptpersonalrats weiterzuleiten. Die Dienstkraft ist hiervon zu unterrichten.

34 Der Personalrat hat die **Dienstkraft** über das Ergebnis der Verhandlungen **zu unterrichten.** Das gilt auch, wenn er die Beschwerde für nicht berechtigt hält und daher von einer Weiterleitung und Verhandlung absieht.

35 Bei Nichteinigung zwischen Personalrat und Dienststellenleiter besteht für den Personalrat keine Möglichkeit auf anderen Ebenen, etwa durch Einschaltung des Gesamtpersonalrates oder des Hauptpersonalrates, sein Begehren weiterzuverfolgen, wenn dies nicht ausdrücklich im Gesetz vorgesehen ist (z. B.

§ 72

Mitbestimmungs- bzw. Mitwirkungsangelegenheiten). Das kann auch nicht aus § 70 Abs. 3 geschlossen werden, da dieser keinen Instanzenzug schafft, sondern diesen bereits voraussetzt und nur regelt, wann er beschritten werden darf. Auch die Möglichkeit der einzelnen Dienstkraft, gegebenenfalls ihr Begehren selbst im Instanzenzug zu verfolgen, führt zu keinem anderen Ergebnis, da Kollektiv- und Individualrechte insoweit in unterschiedlichen Verfahren zu verfolgen sind *(anders wohl aber Fischer/Goeres, § 68 Rn. 14; zur Möglichkeit der Einschaltung der Stufenvertretung auch Lorenzen u. a., § 68 Rn. 27).*

Wirkung der Beschwerde

36 Die Beschwerde hat **keine aufschiebende Wirkung**. Im Wege des Beschwerdeverfahrens können die Beteiligungsrechte des Personalrats nicht erweitert werden. Die Erhebung der Beschwerde hat daher auch keinen unmittelbaren Einfluß auf die Rechtsstellung der Dienstkraft.

Anregungen

37 Anregungen können selbständig oder auch in Verbindung mit Beschwerden vorgebracht werden. Auch hier bestehen keine besonderen Form- und Zulässigkeitserfordernisse.

38 Für die Behandlung der Anregungen gelten die **gleichen Grundsätze** wie für eine Beschwerde.

Eingliederung schutzbedürftiger Personen (Nr. 4)

39 Abs. 1 Nr. 4 ist gegenüber dem bisherigen Recht erweitert worden. Nicht nur die Eingliederung in die Dienststelle, sondern auch die berufliche Entwicklung der schutzbedürftigen Personen ist Aufgabe der Personalvertretung. Der Kreis der schutzbedürftigen Personen ist durch den erläuternden Hinweis auf ältere Personen ergänzt worden.

Aufgabenbereich und Zielsetzung

40 Der Aufgabenbereich der Personalvertretung umfaßt bei der **Eingliederung** im wesentlichen:
Unterbringung in der Dienststelle,
Zuweisung eines den Kräften und Fähigkeiten der Dienstkraft angemessenen Arbeitsplatzes,
Bereitstellung geeigneter Hilfsmittel,
Hinweis auf Fürsorgeeinrichtungen und auf einschlägige Fürsorgebestimmungen.

41 Mit der Förderung der **beruflichen Weiterentwicklung** hat die Personalvertretung auch sozialpolitische Zwecke zu erfüllen, die wichtiger Bestandteil der Aufgabe, die Wiedereingliederung schutzbedürftiger Personen in das Wirtschafts- und Arbeitsleben zu erreichen, ist.

42 In erster Linie wird das durch **geeignete Aus- und Fortbildungsmaßnahmen** geschehen können. Die Personalvertretung hat daher nicht nur die Aufgabe, bei Beförderungen, Höhergruppierungen, Übertragung höher zu bewertender Tätigkeiten etc. im Einzelfall auf die angemessene Berücksichtigung schutzbe-

dürftiger Personen zu achten, sie muß auch gegebenenfalls geeignete Fortbildungsveranstaltungen beantragen (nach Nr. 1) und bei der Auswahl der Teilnehmer an Fortbildungsveranstaltungen auf die besondere Berücksichtigung schutzbedürftiger Personen hinwirken. Für die Schwerbehinderten wird in Nr. 5 diese Verpflichtung nochmals besonders genannt *(vgl. unten Rn. 48)*.

Schwerbehinderte

Schwerbehinderte bzw. **schwerbehinderte Menschen** sind nach § 2 Abs. 2 i. V. m. Abs. 1 SGB IX *(Gesetz vom 19. 6. 2001, BGBl. I, 1046 ff.)* Menschen, bei denen ein Grad der Behinderung von wenigstens 50 vorliegt und die ihren Wohnsitz, gewöhnlichen Aufenthalt oder ihre Beschäftigung auf einem Arbeitsplatz im Sinne des § 73 SGB IX rechtmäßig im Geltungsbereich des SGB IX haben. Menschen sind behindert, wenn ihre körperliche Funktion, geistige Fähigkeit oder seelische Gesundheit mit hoher Wahrscheinlichkeit länger als sechs Monate von dem für das Lebensalter typischen Zustand abweichen und daher ihre Teilhabe am Leben in der Gesellschaft beeinträchtigt ist, § 2 Abs. 1 SGB IX. Zu den Schwerbehinderten gehören auch die nach § 2 Abs. 3 SGB IX gleichgestellten Menschen *(zum neuen Recht vgl. Welti, Soziale Sicherheit 2001, 146)*. **43**

Eine weitgehend der Nr. 4 vergleichbare Regelung findet sich in § 93 SGB IX. Danach hat der Personalrat insbesondere darauf zu achten, daß die der Dienststelle nach §§ 71, 72 und 81 bis 84 SGB IX obliegenden Verpflichtungen erfüllt werden. Die Schwerbehindertenvertretung oder der Personalrat, falls diese nicht vorhanden ist, können Verhandlungen über verbindliche Integrationsvereinbarungen zu Teilhabe- und Integrationsfragen nach § 83 SGB IX beantragen *(Einzelheiten zu Integrationsvereinbarungen bei Dering, PersR 2001, 195)*. Das SGB IX legt auch fest, daß der Personalrat in diesem Bereich eng mit der Vertrauensperson der schwerbehinderten Menschen zusammenarbeiten muß, die Vertrauensperson hat sogar nach § 95 Abs. 4 SGB IX ein Teilnahmerecht an Personalratssitzungen. **44**

Ganz allgemein hat die Personalvertretung auf die **Durchführung der Regelungen zur Teilhabe schwerbehinderter Menschen im SGB IX** *(bisher SchwbG)* zu achten, darauf hinzuwirken, daß hinreichend Arbeitsplätze mit Schwerbehinderten besetzt und daß passende Arbeitsplätze bereitgestellt werden, daß sie gegebenenfalls durch Bereitstellung von Hilfsmitteln geeignet gemacht werden. **45**

Weitere schutzbedürftige Personen

Zu dem Kreis der schutzbedürftigen Personen **zählen ferner** behinderte Menschen und gleichgestellte Personen nach § 19 SGB III. Ferner auch weibliche Dienstkräfte *(vgl. § 8 SGB III, insbesondere Schwangere)* und Jugendliche *(für diese gilt aber auch Nr. 7)* und auch Arbeitskräfte nach längerer Arbeitslosigkeit *(vgl. § 18 SGB III)*. **46**

Besonders hervorgehoben sind die **älteren Personen**. Eine Altersgrenze sieht das Gesetz nicht vor, das kann nur für jede Dienststelle und jeden Beruf bzw. Arbeitsplatz gesondert festgestellt werden. Wesentlicher Gesichtspunkt wird dabei die objektiv schwierige Eingliederung dieses Personenkreises in den Arbeitsprozeß sein. **47**

Maßnahmen zur beruflichen Förderung Schwerbehinderter (Nr. 5)

48 Die Bestimmung in Nr. 5 wird **kaum eine eigenständige Bedeutung** haben, da sich der Regelungsbereich in Nr. 4 und Nr. 5 überschneidet. Die Beantragung von Maßnahmen zur beruflichen Förderung Schwerbehinderter fällt auch unter die Aufgabe der Förderung der beruflichen Entwicklung in Nr. 4 und ist nur ein Ausschnitt aus dieser Aufgabe. Wesentlicher Sinn der Nr. 5 ist daher nur die Verdeutlichung der besonderen Fürsorge, die den schwerbehinderten Menschen gewährt werden soll.

Eingliederung ausländischer Dienstkräfte (Nr. 6)

49 Ausländische Dienstkräfte **sind alle Personen,** die nicht die deutsche Staatsangehörigkeit besitzen, also auch Staatenlose.

50 Eingliederung bedeutet hier in erster Linie die Integration der ausländischen Dienstkräfte in die Dienststelle nach erfolgter Einstellung. Im wesentlichen ist diese Aufgabe eine Ausprägung des Gleichbehandlungsgrundsatzes des § 71 Abs. 1.

51 Die Personalvertretung hat darauf zu achten, daß ausländische Dienstkräfte wie deutsche behandelt und daß **gegenseitige Vorurteile abgebaut** werden. Sie muß auf die Schaffung besonderer Eingliederungshilfen hinwirken, wie zum Beispiel Verteilung von Hinweisen und Empfehlungen in der jeweiligen Landessprache, besondere Beratungsstellen, Möglichkeit, deutschen Sprachunterricht zu nehmen, Verhinderung der willkürlichen Trennung von ausländischen und deutschen Dienstkräften bei dem Einsatz innerhalb der Dienststelle, Hilfe bei den besonderen Problemen der Wohnraumbeschaffung und Einarbeitung sowie bei sonstigen innerorganisatorischen Angelegenheiten.

Zusammenarbeit mit der Jugend- und Auszubildendenvertretung (Nr. 7)

52 Die Pflicht zur Zusammenarbeit mit der JugAzubiVertr. ist neu in das Gesetz aufgenommen. Damit wird der Erweiterung von deren Rechten durch dieses Gesetz Rechnung getragen. Die Vorschrift hat aber weitgehend nur deklaratorische Bedeutung, da die Zusammenarbeit mit der JugAzubiVertr. bereits in anderen Bestimmungen geregelt ist.

53 **Einzelheiten,** die das Verhältnis zwischen Personalrat und JugAzubiVertr. bestimmen, sind vor allem in den §§ 65 Abs. 2–6, 30 Abs. 3, 34 und 35 geregelt. Nach § 65 Abs. 3 hat die JugAzubiVertr. ein Recht auf rechtzeitige und umfassende Unterrichtung durch den Personalrat. Nach Abs. 4 dieser Vorschrift hat der Personalrat ein Mitglied der JugAzubiVertr. zu den Besprechungen nach § 70 Abs. 1 beizuziehen, bei Behandlung von Angelegenheiten, die besonders die jugendlichen und auszubildenden Dienstkräfte betreffen, kann die gesamte JugAzubiVertr. teilnehmen. Nach Abs. 5 kann an den Sitzungen der JugAzubiVertr. ein vom Personalrat beauftragtes Personalratsmitglied teilnehmen. Nach § 30 Abs. 3 hat die JugAzubiVertr. in Angelegenheiten, die besonders jugendliche und auszubildende Dienstkräfte betreffen, ein Antragsrecht auf Anberaumung einer Personalratssitzung. Nach § 35 besteht ein Teilnahmerecht eines Vertreters der JugAzubiVertr. an sämtlichen Personalratssitzungen. Werden Angelegenheiten behandelt, die besonders jugendliche und auszubildende Dienstkräfte betreffen, kann die gesamte JugAzubiVertr. beratend teilnehmen. Bei Beschlüssen, die überwiegend diesen Personenkreis betreffen, hat die JugAzubiVertr. sogar ein Stimmrecht. Nach § 34 Abs. 1 kann die JugAzubi-Vertr. durch ihren Antrag die Aussetzung eines Beschlusses des Personalrates für die Dauer von zwei Wochen erreichen, wenn nach ihrer Ansicht eine erhebliche Beeinträchtigung wichtiger Belange dieser Dienstkräfte durch den Beschluß eintreten würde.

Eigene Mitwirkungs- oder Mitbestimmungsrechte stehen der JugAzubiVertr. 54 **nicht zu,** sie kann ohne den Personalrat in diesem Bereich keine gegenüber der Dienststelle wirksamen Beschlüsse fassen, § 65 Abs. 2 und 3. Sie ist auf die Initiative des Personalrats angewiesen.

Durch die Pflicht zur engen Zusammenarbeit soll sichergestellt werden, daß die 55 JugAzubiVertr. **rechtzeitig Einfluß** nehmen kann, um die Belange der jugendlichen und auszubildenden Dienstkräfte zu fördern.

Der **Personalrat** ist verpflichtet, **selbst aktiv zu werden,** um die Zusammen- 56 arbeit mit der JugAzubiVertr. zu ermöglichen. Er kann diese bei Untätigkeit selbst zu Vorschlägen und Anregungen auffordern. Er ist auch verpflichtet, nach Beratung mit der JugAzubiVertr. selbst Initiativen in der Dienststelle zur Förderung der Belange der jugendlichen und auszubildenden Dienstkräfte zu ergreifen.

Vertretung der Dienstkräfte in den Verwaltungsräten etc. (Nr. 8)

Durch Nr. 8 wird der Tatsache Rechnung getragen, daß in die Verwaltungsräte 57 und in die vergleichbaren Organe in Betrieben und rechtlich selbständigen Einrichtungen des Landes Berlin auf Grund der einschlägigen gesetzlichen Bestimmungen durch die Personalvertretungen Mitglieder bestellt werden können, die zumindest teilweise auch einer Personalvertretung angehören können. Im Rahmen der für diese Organe geltenden Vorschriften sind nach Nr. 8 die dort vertretenen Personalvertretungsmitglieder verpflichtet, innerhalb der Organe die Belange und Interessen der Dienstkräfte ebenso wie innerhalb der Personalvertretung wahrzunehmen.

Nr. 8 **dehnt die Vertretung der Belange** und Interessen **der Dienstkräfte** inso- 58 weit über den engen Bereich des Personalvertretungsrechts hinaus **aus.** In der Vertretung der Dienstkräfte sind sie, wie sich aus dem Wortlaut ergibt, an die für die Betriebe und die sonstigen Einrichtungen gültigen Vorschriften gebunden, diese stellen praktisch den Rahmen für die Interessenverfolgung dar.

Die **gleichen Grundsätze** gelten, wenn Personalvertretungsmitglieder nicht 59 direkt Mitglieder eines Organs sind, sondern nur **an dessen Sitzungen beratend teilnehmen** können.

Die **Aufgaben des Personalrats** nach dem PersVG Bln innerhalb der Betriebe 60 bzw. sonstigen Einrichtungen **bleiben** davon **unberührt,** sie werden in keiner Weise beschränkt. Letztlich hat das zur Folge, daß Nr. 8 die Vertretung der Interessen und Belange der Dienstkräfte in diesem Bereich auf zwei Ebenen zuläßt, einmal direkt durch den Personalrat und zum anderen indirekt durch die in den betreffenden Institutionen befindlichen Mitglieder der Personalvertretungen. Im Vergleich mit dem übrigen Bereich der Verwaltung wird auf diese Weise eine Verstärkung der kollektiven Rechte der Dienstkräfte erreicht.

Chancengleichheit, Frauenförderpläne (Nr. 9)

61 Die **Bestimmung** ist **eigentlich überflüssig.** Die in Nr. 9 geregelte Überwachungspflicht hat der Personalrat bereits nach Nr. 2. Die Verpflichtung zur Herbeiführung der Chancengleichheit ergibt sich neben Art. 3 GG wie auch §§ 611a und 611b BGB aus den Bestimmungen des Landesgleichstellungsgesetzes *(LGG – vom 31. 12. 1990, zuletzt geändert durch Gesetz vom 16. 6. 1999, GVBl., 341).* Insbesondere die §§ 2 bis 4 LGG verpflichten die Arbeitgeber des öffentlichen Dienstes des Landes Berlin, entsprechend tätig zu werden. Es handelt sich um Rechtsvorschriften, deren Überwachung dem Personalrat nach Nr. 2 obliegt. Nr. 9 hat damit letztlich nur die Bedeutung, daß die entsprechende Verpflichtung des Personalrates nochmals besonders deutlich hervorgehoben wird. Eigenständige Rechte, die dem Personalrat eine Initiative zur Erfüllung der Pflichten aus dem LGG geben würden, enthält die Nr. 9 nicht.

62 Die Pflicht zur Herbeiführung der Chancengleichheit von Frauen und Männern ergibt sich insbesondere aus **§§ 2 und 3 LGG.** Die Einhaltung dieser Verpflichtung kann neben den einzelnen Dienstkräften, die durch Nichtbeachtung in ihren Rechten verletzt sein können, von der Frauenvertreterin gem. §§ 17, 18 LGG geltend gemacht werden. Im Gegensatz zu dem Personalrat hat die Frauenvertreterin besondere Beanstandungs- und Beschwerderechte, die in § 18 LGG geregelt sind. Da das Konkurrenzverhältnis zwischen Personalrat und Frauenvertreterin nicht geregelt ist, stehen sowohl das Überwachungsrecht des Personalrates als auch das Beanstandungs- und Beschwerderecht der Frauenvertreterin unabhängig nebeneinander.

63 Regelungsbefugnis und Regelungsberechtigung für den **Frauenförderplan** sind in § 4 LGG näher festgelegt. Auch hier hat der Personalrat keine originären Rechte. Diese ergeben sich auch nicht aus der Nr. 9 *(vgl. zu dem Problem der Durchsetzung von Frauenförderplänen ohne Berücksichtigung der Bestimmungen des LGG Degen/Zobeley, PersR 1987, 115ff.; vgl. ferner zur Frage der Frauenförderpläne auch Knebel-Pfuhl, ZRP 1989, 146f.; zu den verfassungsrechtlichen Problemen weiter Degen, PersR 1991, 205ff.).* Die Frauenvertreterin ihrerseits kann zur Sicherung der Durchsetzung von Frauenförderplänen ebenfalls die Rechte aus §§ 17, 18 LGG geltend machen.

64 Der Frauenförderplan betrifft in erster Linie die **dienststelleninterne Personalentwicklungsplanung.** Auf diese kann der Personalrat über die Beteiligungsrechte des § 85 Abs. 2 Nr. 1 und des § 90 Nr. 1 Einfluß nehmen. Auch hieraus ergibt sich jedoch keine unmittelbare Erzwingbarkeit der Frauenförderpläne für den Personalrat. Allerdings kann der Personalrat im Rahmen seiner Mitbestimmung bei Einstellungen, Versetzungen, Eingruppierungen, Höhergruppierungen, Beförderungen wirksam auf die Einhaltung verabschiedeter Frauenförderpläne hinwirken. Die Nichtbeachtung dieser gibt ihm ein Widerspruchsrecht. Er hat damit bei der Durchsetzung der Frauenförderpläne erheblich stärkere Möglichkeiten als bei deren Verabschiedung.

Beteiligung an Prüfungen (Abs. 2)

65 Abs. 2 entspricht der bisherigen Regelung in § 55 Abs. 3 PersVG Bln a. F. Zweck der Vorschrift ist die Überprüfung und Garantie der Objektivität der Prüfung durch den Personalrat und die Verhinderung übersteigerter Anforderungen.

Außerdem soll dadurch ein Schutz vor unberechtigten Vorwürfen gegen die Durchführung der Prüfung erreicht werden.

Prüfungen sind nicht nur die Prüfungen i.S. des Beamtenrechts, da die Regelung für alle Dienstkräfte gilt. Der Begriff ist weit auszulegen. Prüfung ist ein in bestimmter Weise geregeltes Verfahren, das der Feststellung von persönlichen und fachlichen Fähigkeiten und Eigenschaften der betroffenen Dienstkraft dient *(BVerwG vom 6. 12. 1978, PersV 1979, 504; vom 31. 1. 1979, PersV 1980, 418; HessVGH vom 16. 1. 1997, ZTR 1997, 384).* Prüfungen sind daher auch mit Förmlichkeiten ausgestattete Ausleseverfahren unter verschiedenen Bewerbern *(BVerwG a.a.O.).* Nicht hierunter fallen Vorstellungsgespräche, sie dienen allgemein nicht der Feststellung und Bewertung persönlicher und fachlicher Fähigkeiten und Leistungen *(BVerwG a.a.O.).* Das gleiche gilt für formlose Kolloquien zur Bewerberauswahl. 66

Das **Teilnahmerecht** ist durch § 72 Abs. 2 Satz 1 festgelegt, es kann nicht nach Satz 2 näher in den Prüfungsordnungen ausgestaltet oder eingeschränkt werden. Durch sie können lediglich Umfang und Form des Teilnahmerechts näher bestimmt werden, der materielle Anspruch auf Teilnahme ergibt sich jedoch direkt aus § 72 Abs. 2 Satz 1. 67

Das Beteiligungsrecht bezieht sich auf **alle Prüfungen,** die die **Dienststelle in ihrem Bereich** abnimmt. Nicht erfaßt werden Prüfungen, die außerhalb der Behördenorganisation durch besondere Prüfungsorgane abgenommen werden wie z.B. die Prüfungen vor Prüfungsausschüssen von Universitäten, Verwaltungsschulen etc., es sei denn, diese sind mit der Abnahme der Prüfung von der Dienststelle beauftragt und diese hat nicht jeden Einfluß auf das Prüfungsverfahren verloren *(BVerwG vom 10. 7. 1964, ZBR 1964, 346).* 68

Teilnahmerecht

Ein Teilnahmerecht des Personalrats besteht bei Prüfungen aller Art, auch wenn sie formlos sind und ohne Rücksicht darauf, ob sie gesetzlich vorgesehen sind oder nicht *(BVerwG vom 14. 5. 1963, PersV 1963, 232).* Es bezieht sich nur auf den mündlichen, nicht den schriftlichen Teil des Prüfungsverfahrens *(BVerwG vom 18. 6. 1965, PersV 1965, 229).* 69

Der Umfang der Teilnahmeberechtigung und die Form richten sich im einzelnen nach den jeweiligen **Prüfungsordnungen.** In der Regel ist in diesen vorgesehen, daß ein Mitglied des Personalrates an allen Teilen der Prüfung (schriftlich, mündlich, praktisch) teilnehmen kann. Der Prüfungsbeobachter muß durch Beschluß des gesamten Personalrates bestimmt werden. Auch wenn die Prüfung nur eine Gruppe von Dienstkräften betrifft, ist es immer eine Angelegenheit des gesamten Plenums und nicht einer einzelnen Gruppe i.S. des § 33 Abs. 2 *(BVerwG vom 18. 6. 1965, PersV 1965, 229).* 70

Das Teilnahmerecht besteht nur **während der Durchführung der mündlichen Prüfung,** nicht jedoch bei dem Vorgespräch und der Beratung des Prüfungsergebnisses *(BVerwG vom 31. 1. 1979, PersV 1980, 148; vom 20. 3. 1959, AP Nr. 1 zu § 57 PersVG; vgl. aber Lorenzen u.a., § 80 Rn. 19f.; Altvater u.a., § 80 Rn. 7 m.w.N.).* Das Teilnahmerecht erstreckt sich nur auf den äußeren Prüfungsablauf, das Personalratsmitglied hat hier eine Unterstützungs- und Vermittlungsfunktion. In den Prüfungsordnungen kann auch dem Prüfungsbeobachter ein Recht auf Einsicht in die Prüfungsarbeiten und die Möglichkeit der Stellungnahme nach Abschluß der Prüfung, aber vor Beratung des Ergebnisses gewährt werden. 71

Sehen die Prüfungsordnungen ein Recht zur Einsichtnahme in die Prüfungsakten nicht vor, kann dieses auch nicht aus § 72 Abs. 2 hergeleitet werden, da die Prüfungsakten grundsätzlich geheim sind *(Altvater u.a., § 80 Rn. 8).*

Streitigkeiten

72 Streitigkeiten über den Umfang der sich aus § 72 ergebenden allgemeinen Aufgaben sind Streitigkeiten über die Zuständigkeit des Personalrates, die nach § 91 Abs. 1 Nr. 3 im Beschlußverfahren vor den Verwaltungsgerichten zu klären sind.

§ 73 Informationsrecht

(1) Die Personalvertretung ist zur Durchführung ihrer Aufgaben rechtzeitig und umfassend zu unterrichten. Ihr sind sämtliche zur Durchführung ihrer Aufgaben erforderlichen Unterlagen zur Verfügung zu stellen. Personalakten dürfen nur mit Einwilligung des Betroffenen vorgelegt werden.
(2) Die Vorschriften über die Behandlung von Verschlußsachen bleiben unberührt.

Übersicht   Rn.

Allgemeines 1– 4
Unterrichtungspflicht 5, 6
Zeitpunkt der Unterrichtung 7– 10
Umfang der Unterrichtung   11–15
Grenzen des Informationsrechts   16–19
Vorlage von Unterlagen   20–23
Art und Umfang der Unterlagen   24–29
Einschränkungen der Informationspflicht   30
Personalakten   31–33
Einwilligung der Dienstkraft   34–42
Verschlußsachen   43
Streitigkeiten 44, 45

Allgemeines

1 Das Informationsrecht der Personalvertretungen ist gegenüber dem bisherigen Recht **verbessert** worden. Durch die Neufassung wird klargestellt, daß die Dienststelle von Amts wegen die erforderlichen Informationen einschließlich der Unterlagen der Personalvertretung zuleiten muß. Ein Verlangen der Personalvertretung ist nicht mehr nötig. Sie kann allerdings auch von sich aus Unterlagen anfordern, die sie für ihre Aufgabenerfüllung für erforderlich hält. Die Informations- und Vorlagepflicht ist nicht von einem konkreten Streitfall abhängig.

2 Das Informationsrecht ist Teil des Grundsatzes der vertrauensvollen Zusammenarbeit des § 2 Abs. 1 *(vgl. oben § 2 Rn. 8).*

3 § 73 regelt das allgemeine Unterrichtungsrecht, die daneben bestehenden besonderen Unterrichtungspflichten *(z.B. §§ 76, 77 Abs. 2 und 5, 79 Abs. 2 und 85*

Abs. 1) bleiben hiervon unberührt. Für die Ausgestaltung der besonderen Informationsrechte gelten jedoch weitgehend die gleichen Grundsätze.
Nicht im vollen Umfange vergleichbare Vorschriften finden sich in § 68 Abs. 2 BPersVG und § 80 Abs. 2 BetrVG.

4

Unterrichtungspflicht

Der **Begriff der Unterrichtung** in Satz 1 ist umfassend. Neben der in Satz 2 genannten Vorlage von Unterlagen beinhaltet die Informationspflicht auch sonstige schriftliche oder formlose Mitteilungen.

5

Die Unterrichtung hat durch die Dienststelle, also den **Dienststellenleiter** bzw. einen Vertreter oder Beauftragten zu erfolgen *(BVerwG vom 6. 4. 1989, PersV 1989, 531)*. Er muß **ohne Aufforderung** selbständig tätig werden. Die Unterrichtung bezieht sich auf **alle gesetzlichen Aufgaben** der Personalvertretungen, sie ist nicht auf die Fälle im Gesetz vorgesehener Beteiligungsrechte beschränkt. Insoweit besteht ein Unterschied zu den besonderen Informationsrechten, da sich diese auf Einzelfälle genau festgelegter Tatbestände beziehen.

6

Zeitpunkt der Unterrichtung

Die Unterrichtung muß rechtzeitig erfolgen. Wann dies der Fall ist, läßt sich nur aus dem Sinn und Zweck der jeweiligen Aufgabe der Personalvertretung entnehmen. Genaue Fristen lassen sich nicht aufstellen.

7

Soll das Unterrichtungsrecht nicht bedeutungslos sein, dann muß die Information so rechtzeitig erfolgen, daß eine **Willensbildung** innerhalb der Personalvertretung **noch möglich** ist, sämtliche Mitglieder müssen also die Gelegenheit haben, an der Willensbildung teilzunehmen.

8

Hierzu gehört auch, daß der Vorsitzende der Personalvertretung deren Mitglieder seinerseits ausreichend unterrichten kann, z. B. muß er die Möglichkeit haben, den Personalvertretungsmitgliedern vorbereitendes Material zuzuleiten. Außerdem muß eine Beeinflussung der Entscheidung der Dienststelle noch möglich sein *(Lorenzen u. a., § 68 Rn. 40 m. w. N.; Altvater u. a., § 68 Rn. 14)*. Erfolgt die Unterrichtung erst dann, wenn bereits eine abschließende Meinung gebildet worden oder eine Vorentscheidung gefallen ist, die, wenn auch nur teilweise, vollendete Tatsachen geschaffen hat, dann ist sie nicht rechtzeitig im Sinne des Gesetzes. Zu dem Begriff der **beabsichtigten Maßnahme** vgl. § 79 Rn. 18 ff. m. w. N.

9

Bei **fristgebundenen Beteiligungsrechten** *(z. B. § 79 Abs. 2, § 84 Abs. 2)* muß die Unterrichtung so zeitig erfolgen, daß noch eine Willensbildung und eine Beschlußfassung durch das gesamte Gremium erfolgen kann. Hierbei ist zu berücksichtigen, daß die Ausübung der Beteiligungsrechte stets eine eingehende Beratung aller Gesichtspunkte durch die Gesamtheit der Mitglieder der Personalvertretung erfordert.

10

Umfang der Unterrichtung

Umfassend ist eine Unterrichtung nur dann, wenn die Personalvertretung sämtliche Informationen erhält, die für die zu fällende Entscheidung Bedeutung haben. Grundsätzlich sind dies die gleichen Informationen, die auch der

11

§ 73

Dienststelle zur Verfügung stehen *(OVG Münster vom 28. 5. 1979, ZBR 1980, 132; OVG Lüneburg vom 24. 2. 1993, PersR 1993, 460; Altvater u.a., § 68 Rn. 14a).* Eine Vorauswahl des Materials ist unzulässig. Es sind daher zum Beispiel Personalunterlagen aller, auch der nicht von dem Dienststellenleiter bei Einstellungen (Umgruppierung, Versetzung) vorgesehenen Bewerber mitzuteilen *(vgl. BVerwG vom 12. 1. 1962, AP Nr. 1 zu § 70 PersVG Versetzung; BVerwG vom 11. 2. 1981, E 61, 325; BAG vom 6. 4. 1973, DB 1973, 1456; vom 19. 5. 1981, DB 1981, 2384, vgl. auch unten Rn. 25).*

12 Sind die Personaldaten oder sonstige Daten in einer **Datenbank** (Computer) gespeichert, besteht grundsätzlich kein Recht der Personalvertretung auf eigenen Zugang bzw. eigene Abrufmöglichkeit. Dies wäre dann keine Information durch den Dienststellenleiter, wie sie § 73 vorsieht, sondern das Beschaffen eigener Informationen. Auch würde damit die Informationsbeschaffung ohne Bezug zu personalvertretungsrechtlichen Aufgaben und ohne Kontrolle ermöglicht. Bei Speicherung von Informationen hat jedoch der Dienststellenleiter der Personalvertretung diejenigen Informationen zugänglich zu machen, die er selbst abruft und zur Grundlage seiner Überlegungen macht.

13 Die Bestimmungen des **Bundesdatenschutzgesetzes** *(BDSG vom 20. 11. 1990 – BGBl. I, 3108, zuletzt geändert durch Gesetz vom 18. 5. 2001, BGBl. I, 904, vgl. dazu Wedde, AiB 2001, 373)* stellen insoweit keine Beschränkung des Unterrichtungsrechts dar. Das Personalvertretungsorgan, das zu unterrichten ist, ist kein Dritter i.S. der Bestimmungen des BDSG, sondern Teil der speichernden Stelle selbst, wenn dies die Dienststelle ist. Außerdem sind die Vorschriften des BDSG insoweit subsidiär, § 1 Abs. 3 BDSG. Die Bekanntgabe der Daten im Rahmen der Unterrichtungspflicht ist auch keine »unbefugte« Weitergabe der Daten i.S. des § 5 BDSG *(vgl. dazu BAG vom 30. 6. 1981, AP Nr. 15 zu § 80 BetrVG 1972; vom 17. 3. 1987, AP Nr. 29 zu § 80 BetrVG 1972; Grabendorff u.a., § 68 Rn. 55).* Der Personalrat hat auch einen Anspruch auf Erläuterung und Vorlage der Verarbeitungsprogramme, der bestehenden Datenbanken und deren Verknüpfung mit anderen Anlagen *(BAG vom 17. 3. 1987, AP Nr. 29 zu § 80 BetrVG 1972).* Ist speichernde Stelle im Sinne der Bestimmungen des BDSG eine andere Dienststelle und gibt diese Informationen an den Leiter der hier betroffenen Dienststelle, müssen die gleichen Informationen unter den Voraussetzungen des § 73 an das jeweilige Personalvertretungsorgan weitergegeben werden *(vgl. dazu auch § 11 Rn. 7).*

14 Die erhaltenen Informationen können von der jeweiligen Personalvertretung im Verfahren bei Nichteinigung nach §§ 80 ff. an den **Hauptpersonalrat** bzw. **Gesamtpersonalrat weitergegeben** werden. Auch hier würden die Bestimmungen des BDSG nicht entgegenstehen. Auch die Schweigepflicht des § 11 enthält insoweit keine Schranke *(vgl. im einzelnen die Erläuterungen dort).*

15 Die Personalvertretung ist jederzeit berechtigt, **weitere Auskünfte** zu verlangen. Diesem Verlangen muß der Dienststellenleiter im Rahmen seiner Möglichkeiten entsprechen. Die geforderten weiteren Auskünfte müssen allerdings für die Entscheidungsfindung der Personalvertretung erforderlich sein. Ein materielles **Prüfungsrecht des Dienststellenleiters** besteht aber nicht. Lediglich offensichtlich unbegründete Verlangen kann er zurückweisen. Ein zulässiges Auskunftsverlangen kann auch nicht dadurch erledigt werden, daß der Dienststellenleiter darauf verweist, daß die gesetzlichen, tariflichen und sonstigen Vorschriften eingehalten seien, dies ist keine Auskunft, sondern lediglich die Mitteilung einer Bewertung. Diese muß aber die Personalvertretung selbst vornehmen können.

Grenzen des Informationsrechts

Kein Informationsanspruch besteht hinsichtlich derjenigen Angelegenheiten, die außerhalb der Zuständigkeit der Personalvertretungen liegen, für die z. B. eine andere Dienststelle zuständig ist *(vgl. BVerwG vom 21. 9. 1984, NJW 1985, 2845; BAG vom 26. 1. 1988, AP Nr. 31 zu § 80 BetrVG 1972).* 16

Das Informationsrecht der Personalvertretung wird **nicht** durch Gesichtspunkte des **Kostenaufwandes** oder der **technischen Schwierigkeiten** begrenzt. Maßgeblich ist allein der Zweck der Vorschrift, durch die eine sachgemäße Aufgabenerfüllung durch die Personalvertretungen gesichert werden soll *(vgl. BVerwG vom 16. 10. 1964, E 19, 325; Lorenzen u. a., § 73 Rn. 44 m. w. N.).* Allerdings müssen Personalvertretungen und Dienststellenleiter im Hinblick auf das Gemeinwohl gemeinsam versuchen, auftretende Schwierigkeiten zu überwinden und den Aufwand in angemessenen Grenzen zu halten *(vgl. BVerwG a. a. O.).* Insoweit ergibt sich aus dem Gebot der vertrauensvollen Zusammenarbeit des § 2 Abs. 1 die Verpflichtung der Personalvertretung, nur solche Informationen oder Unterlagen zu verlangen, die in einem vertretbaren Verhältnis zum finanziellen oder arbeitsmäßigen Aufwand stehen. 17

Das Informationsrecht der Personalvertretung findet seine Schranke ferner an dem die gesamte Rechtsordnung beherrschenden Verbot des **Rechtsmißbrauchs**. 18

Der Dienststellenleiter hat selbständig über Zulässigkeit, Notwendigkeit und Umfang der zu erteilenden Information zu entscheiden. Bei **Streitigkeiten** hat das Verwaltungsgericht zu entscheiden *(vgl. unten Rn. 39).* Ein materielles Prüfungsrecht bei einem Verlangen der Personalvertretung auf zusätzliche Auskunft steht ihm nicht zu *(vgl. oben Rn. 12c).* Gegen die rechtswidrige Vorenthaltung von Unterlagen kann daneben auch noch Dienstaufsichtsbeschwerde eingelegt werden. 19

Vorlage von Unterlagen

Ebenso wie die Unterrichtung durch den Dienststellenleiter von Amts wegen erfolgen muß, muß dieser auch von sich aus sämtliche erforderlichen Unterlagen der Personalvertretung zur Verfügung stellen. Durch die Verwendung der Worte »zur Verfügung zu stellen« wird deutlich, daß eine bloße Vorlage nicht ausreicht *(vgl. aber § 68 Abs. 2 Satz 2 und BPersVG).* Grundsätzlich muß der Dienststellenleiter der Personalvertretung die Unterlagen **für die Zeit überlassen,** die sie zur Unterrichtung und Meinungsbildung benötigt. Im Einzelfall kann es auch erforderlich sein, die Unterlagen der Personalvertretung auf Dauer zu überlassen. Es ist jedoch nicht Sinn der Vorschrift, daß praktisch eine doppelte Aktenführung bei Dienststelle und Personalvertretung entsteht. Behördenakten müssen daher in der Regel nicht in den Besitz der Personalvertretung übergehen, es genügt, daß Möglichkeiten der Einsichtnahme und Anfertigung von Auszügen besteht *(vgl. BVerwG vom 21. 9. 1984, DVBl. 1985, 449; vom 11. 2. 1981, E 61, 325).* Das wird insbesondere dann gelten, wenn die Unterlagen wegen ihrer Bedeutung unentbehrlich sind oder wegen ihres Umfanges nicht überlassen werden können (Lohn- und Gehaltslisten, Bewerbungsunterlagen, Personalbewirtschaftungslisten etc.). 20

Die Unterlagen können in Original, Fotokopie, Abschrift oder Durchschrift zur Verfügung gestellt werden. 21

§ 73

22 Die Pflicht, die Unterlagen zur Verfügung zu stellen, ist **nicht von einem konkreten Streitfall** abhängig. Bestimmte Verdachtsmomente wegen eines Verstoßes des Dienststellenleiters gegen gesetzliche Bestimmungen müssen nicht vorliegen *(BAG vom 11. 7. 1972, AP Nr. 1 zu § 80 BetrVG 1972; vom 18. 9. 1973, AP Nr. 3 zu § 80 BetrVG 1972).* Entsteht jedoch Streit über die Vorlagepflicht, muß die Personalvertretung ihren Anspruch darlegen.

23 Der Dienststellenleiter hat im Einzelfall Art und Umfang der Vorlage von Unterlagen selbständig zu prüfen und zu entscheiden.

Art und Umfang der Unterlagen

24 Art und Umfang der zur Verfügung zu stellenden Unterlagen kann nur im Einzelfall beurteilt werden. Richtschnur sind hierbei die von der Personalvertretung wahrzunehmenden Aufgaben, wozu insbesondere auch die Pflicht zur Kontrolle der zugunsten der Dienstkräfte geltenden Vorschriften gehört.

25 Unterlagen sind zunächst sämtliche **Gesetze,** Verordnungen, **Tarifverträge,** Unfallverhütungsvorschriften und sonstigen Regelungen. Häufig werden diese Unterlagen aber auch schon nach § 40 Abs. 2 der Personalvertretung zur Verfügung zu stellen sein, notfalls kann sie die Personalvertretung auf Kosten der Dienststelle beschaffen.

26 Hierzu zählen auch alle Unterlagen, die zur Wahrnehmung der Beteiligungsrechte erforderlich sind, wie z. B. **Personalbewirtschaftungslisten,** aus denen sich die Besetzung der Beamten- und Arbeitnehmerstellen ergibt *(BVerwG vom 26. 2. 1960, E 10, 196);* **Beförderungsunterlagen** *(BVerwG vom 13. 5. 1960, ZBR 1960, 269; OVG Münster vom 28. 1. 1963, ZBR 1963, 221)* mit Angabe von Anzahl und Namen der in Betracht kommen den Dienstkräfte mit Ausnahme der dienstlichen Beurteilungen, die Teil der Personalakten sind *(BVerwG a. a. O.; OVG Münster a. a. O.);* Unterlagen über die tarifliche Eingruppierung; hierzu gehört auch das Einsichtsrecht in die **Bruttolohn- bzw. -gehaltslisten** *(vgl. BVerwG vom 27. 2. 1985, ZBR 1985, 173 = PersR 1985, 124 zu § 80 BetrVG 1972),* auch wenn diese in einer EDV-Anlage gespeichert sind *(BAG vom 17. 3. 1983, AP Nr. 18 zu § 80 BetrVG 1972).* Auch Listen über allgemein gewährte Zulagen sind vorzulegen. Außerdem sind vorzulegen Stellenbewertungslisten; Unterlagen über die Bewertung auszuübender Tätigkeiten; **Bewerbungsunterlagen** aller Bewerber, auch derjenigen, die nach Ansicht des Dienststellenleiters von vornherein nicht in Betracht kommen *(BVerwG vom 11. 2. 1981, PersV 1981, 320; vgl. dazu auch oben Rn. 11).* Zu den vorzulegenden Bewerbungsunterlagen gehört auch das amtsärztliche Gesundheitszeugnis *(OVG Münster vom 16. 11. 1978, ZBR 1980, 131).* Hier kann sich die Unterrichtungspflicht im Einverständnis mit der Personalvertretung jedoch auch auf Mitteilung der Namen und wesentlichsten Daten der Bewerber beschränken, wenn die Personalvertretung jederzeit das Recht behält, Einzelinformationen nachzufordern *(vgl. Fischer/Goeres, BPersVG, § 68 Rn. 29).* Auch besteht ein Anspruch auf ein Verzeichnis mit Namen und Dienstalter der Bewerber um einen ausgeschriebenen Dienstposten *(BVerwG vom 12. 1. 1962, E 13, 291).*

27 Ferner sind vorzulegen **Unterlagen** über die Verwaltung von **Sozialeinrichtungen** der Dienststelle, Listen über **Unterstützungsleistungen;** Listen über Anzahl und Einsatz bestimmter Personengruppen in der Dienststelle, wie z. B. Ausländer, Schwerbehinderte, Jugendliche. Das gilt auch hinsichtlich **der Mitteilung der Schwangerschaft** weiblicher Dienstkräfte, da die Personalvertretung auch die Einhaltung der bestehenden Schutzvorschriften überwachen soll, § 72 Abs. 1 Nr. 2. Dies folgt aus der Tatsache, daß nach § 5 Abs. 1 MuSchG nach der Einstellung eine Mitteilungspflicht der Schwangeren gegenüber der Dienststelle besteht. Wegen dieser gesetzlichen Bestimmung kann auch das Informationsrecht des Personalrats nicht eingeschränkt werden, zumal dem Personalrat ohne diese Kenntnisse die Überwachung der für die Schwangeren geltenden, für diese auch unverzichtbaren Schutzvorschriften kaum möglich sein dürfte. Die Auffassung, daß eine Einwilligung der Schwangeren erforderlich sei *(BVerwG vom 29. 8. 1990, PersV 1991, 78; Lorenzen u. a., § 68 Rn. 45a; Grabendorff u. a., § 68 Rn. 44)*, vermag aus diesem Grunde nicht zu überzeugen.

Kein Unterrichtsrecht der Personalvertretungen besteht bei arbeitsrechtlichen **Abmahnungen**. Hier handelt es sich um eine individuelle Vertragsgestaltung, auf die sich die Überwachungspflicht der Personalvertretungsorgane nicht bezieht. Das gleiche gilt bei einer vorläufigen Dienstenthebung, die noch keine Diziplinarmaßnahme ist *(VG Berlin vom 17. 8. 1981 – VG FK-Bln A 7/81)*. Die Informationspflicht setzt hier erst dann ein, wenn die Zustimmung zu der beabsichtigten Maßnahme beantragt bzw. die Mitwirkung eingeleitet wird *(vgl. VG Berlin a. a. O.; OVG Berlin vom 31. 1. 1979 – OVG PV Bln 2/78)*. 28

Keine Informationspflicht besteht auch im **Vorfeld der Erteilung dienstlicher Beurteilungen.** In diesem Stadium ist eine Maßnahme noch nicht beabsichtigt, dies ist erst dann der Fall, wenn der Willensbildungsprozeß abgeschlossen ist *(vgl. dazu § 79 Rn. 19)*. Über die Maßnahmen bei der Vorbereitung dienstlicher Beurteilungen muß also das zuständige Personalvertretungsorgan noch nicht unterrichtet werden. Beispielsweise besteht daher auch kein Teilnahmerecht des Personalrats der Lehrer und Erzieher an einer vorgenommenen Unterrichtsbesichtigung *(OVG Berlin vom 6. 6. 1979 – OVG PV Bln 8.78)*. Insoweit besteht auch kein Recht der Personalvertretung, sich selbst zu informieren *(OVG Berlin a. a. O., ferner vom 31. 1. 1979 – OVG PV Bln 2.78)*. In gleicher Weise dürfte auch ein erzwingbares Teilnahmerecht von Mitgliedern des Personalvertretungsorgans an **Einstellungsgesprächen** nicht bestehen. Dies folgt schon daraus, daß die Informationspflicht bei Mitbestimmungsangelegenheiten erst dann besteht, wenn eine Maßnahme geplant ist. Dies ist bei der Einstellung aber erst dann der Fall, wenn ein entsprechender Zustimmungsantrag bei dem Personalrat gestellt werden soll. Das Einstellungsgespräch gehört zur Auswahl der Stellenbewerber, diese ist aber allein Sache der Dienststelle *(vgl. BAG vom 18. 7. 1978, DB 1978, 2320; BVerwG vom 2. 6. 1993, PersR 1993, 444; vom 11. 2. 1981, E 61, 325)*. Der Personalrat hat auch bei der Auswahl nur insoweit eine Einflußmöglichkeit, daß er seine Zustimmung verweigern kann, er kann aber selbst keine Auswahlentscheidung treffen. 29

Einschränkungen der Informationspflicht

Einschränkungen des Informationsrechts finden sich in Abs. 1 Satz 3 hinsichtlich der Personalakten und in Abs. 2 hinsichtlich der Verschlußsachen. 30

Personalakten

Personalakten dürfen nur mit **Einwilligung** der betroffenen Dienstkraft vorgelegt werden. Damit wird der Tatsache Rechnung getragen, daß das Recht einer jeden Dienstkraft auf Einsichtnahme in die Personalakten ein höchst- 31

§ 73

persönliches Recht ist *(vgl. § 56 LBG; § 13 BAT; § 13a MTB II)*. Hier dürfen auch keine mündlichen Auskünfte erteilt werden, da das eine unzulässige Umgehung des Verbots wäre. Eine Ausnahme gilt nur dann, wenn die mündliche Auskunft über persönliche Daten aus der Personalakte für die Wahrnehmung konkreter Personalratsaufgaben unbedingt erforderlich ist, so daß der Umgehungstatbestand nicht vorliegt *(BVerwG vom 28. 3. 1958, E 6, 302; vom 20. 3. 1959, E 8, 219; vom 12. 1. 1962, E 13, 291)*. Eine sorgfältige Abwägung zwischen dem Persönlichkeitsinteresse der Dienstkraft und dem Informationsbedürfnis des Personalrats ist erforderlich. Im Zweifel steht immer das Persönlichkeitsrecht der Dienstkraft im Vordergrund.

32   Der **Begriff der Personalakten** ist im PersVG nicht näher bestimmt, obwohl Personalakten für alle Dienstkräfte geführt werden. Eine Definition kann daher lediglich den Bestimmungen des Beamtenrechts entnommen werden. Eine ausdrückliche gesetzliche Regelung enthalten insoweit die §§ 90 bis 90g BBG für die Bundesbeamten, wobei diese Bestimmungen allerdings für die Landesbeamten nicht unmittelbar herangezogen werden können. Bei der Bestimmung des Personalaktenbegriffes ist zu beachten, daß ihr Inhalt vornehmlich die Persönlichkeit der Dienstkraft betrifft, gerade bei dieser ist aber das Recht zur informationellen Selbstbestimmung *(BVerfG vom 15. 12. 1983, E 65, 1ff.)* zu beachten, wobei auch die Regelungen des Datenschutzes eine Rolle spielen. Zur Personalakte gehören danach alle Unterlagen, sämtliche Urkunden und Aktenvorgänge über die Dienstkraft, die Aufzeichnungen über seine Person und sein Verhalten enthalten und von dienstlichem Interesse sind. Hierbei ist es unerheblich, ob die Personalakte als Akte geführt wird oder ob die Unterlagen in Dateien gespeichert sind. Unterlagen, die nicht die Dienstkraft betreffen oder nicht in einem unmittelbaren inneren Zusammenhang mit dem Dienstverhältnis stehen, dürfen nicht Gegenstand der Personalakte sein. Nicht zu den Personalakten gehören damit Prüfungs-, Sicherheits- und Kindergeldakten, Unterlagen bezüglich Personalplanungen, Stellenausschreibungen, Ausleseverfahren usw. Nicht erfaßt werden weiter Gerichts-, Disziplinar- und sonstige Akten, wie zum Beispiel Sammelakten, die sich auf mehrere Dienstkräfte beziehen. Diese werden in der Regel auch getrennt von den eigentlichen Personalakten geführt. Bei der Gewährung der Einsichtnahme in diese Akten ist jedoch auch auf das Persönlichkeitsrecht der Dienstkräfte Bedacht zu nehmen. Andererseits gehören zu den Personalakten auch dienstliche Beurteilungen, auch wenn sie noch nicht in die Personalakten eingeordnet worden sind, ferner Beihilfe- und Unterstützungsakten, auch wenn sie als Nebenakten geführt werden.

33   Jede Dienstkraft hat das Recht, selbst in die Akten Einblick zu nehmen. Dieses Recht steht auch Bevollmächtigten der Dienstkraft zu, soweit nicht dienstliche Gründe dem entgegenstehen.

Einwilligung der Dienstkraft

34   Die Personalakten dürfen nur mit Einwilligung der betroffenen Dienstkraft vorgelegt werden. Die Einwilligung muß **ausdrücklich erklärt** werden. Es darf nicht von einer stillschweigenden Zustimmungserteilung ausgegangen werden.

35   Die Zustimmung muß gegenüber dem Dienststellenleiter oder einer von ihm bevollmächtigten Dienstkraft erklärt werden. Eine besondere **Form** für die

Erklärung ist **nicht vorgeschrieben,** im Interesse der Nachweisbarkeit empfiehlt es sich jedoch immer, über die Einwilligung zumindest einen schriftlichen Vermerk aufzunehmen *(vgl. aber Fischer/Goeres, § 68 Rn. 32; Grabendorff u. a., § 68 Rn. 46).* Allerdings kann die Dienstbehörde Art und Weise der Akteneinsicht regeln, damit kann sie letztlich auch die Form bestimmen, in der die Einwilligung zur Akteneinsicht durch den Personalrat erfolgen muß. Hierin liegt keine Abweichung von den Bestimmungen des PersVG Bln, da dieses gerade keine konkrete Regelung enthält.

36 Die Einwilligung muß **vor der Einsichtnahme** vorliegen, § 183 BGB. Eine nachträgliche Genehmigung ist nicht ausreichend.

37 **Fehlt die Einwilligung,** ist eine Akteneinsicht durch den Personalrat unzulässig. Gewährt sie der Dienststellenleiter dennoch, kann die Dienstkraft die Verletzung ihrer Persönlichkeitsrechte geltend machen, neben der Dienstaufsichtsbeschwerde kommen möglicherweise auch Schadenersatzansprüche in Betracht, wenn durch die Einsichtnahme ein meßbarer Schaden entstanden ist. Ohne eine Einwilligung ist grundsätzlich auch die Gewährung mündlicher Auskünfte aus der Personalakte ausgeschlossen. In engen Grenzen kann etwas anderes nur dann gelten, wenn überwiegende Aufgaben des Personalrates im Einzelfall es erforderlich machen, daß begrenzte Auskünfte aus einer Personalakte erteilt werden *(dazu oben Rn. 31).*

38 Die Einwilligung in die Einsichtnahme durch den Personalrat kann sich **nicht auf einzelne Teile** der Personalakte beschränken, da sonst durch eine beeinflußbare Teilunterrichtung der Personalvertretung eine Fehlinformation entstehen könnte. Wird die Einwilligung daher nur teilweise von der Dienstkraft erteilt, kann dem Personalrat keine Einsicht gewährt werden, die teilweise Einwilligung ist damit praktisch bedeutungslos.

39 Grundsätzlich hat die Einwilligung zur Folge, daß die Personalakten **der gesamten Personalvertretung** vorzulegen sind. Im Gegensatz zu der Regelung in § 68 Abs. 2 BPersVG hat also der Personalrat auch ein Recht darauf, daß ihm die Personalakten überlassen werden. Da jedoch das Recht auf Einsichtnahme in die Personalakten höchstpersönlicher Natur ist, wird man auch zulassen müssen, daß die Dienstkraft eine Beschränkung der Ermächtigung vornimmt und nur ein oder mehrere Mitglieder des Personalrates berechtigt, die Einsichtnahme vorzunehmen. In diesem Falle können nur der Gesamteindruck und die Schlußfolgerungen aus dem Inhalt der Akten an die übrigen Mitglieder des Personalrates weitergegeben werden.

40 Die Einwilligung zur Vorlage berechtigt die Personalvertretung **nicht, Fotokopien,** Abdrucke oder ähnliches herzustellen. Der Personalrat hat lediglich das Recht, sich Aufzeichnungen zu machen.

41 Erteilt eine Dienstkraft der Personalvertretung **keine Einwilligung** zur Einsichtnahme in die Personalakten, dürfen ihr daraus **keine Nachteile** entstehen, da eine gesetzliche Verpflichtung hierzu nicht besteht. Allerdings kann in Personalangelegenheiten unter Umständen die Entscheidung des Personalrates dann beeinflußt werden, wenn hierdurch erforderliche Informationen fehlen.

42 Im Gegensatz zu der Regelung in § 68 Abs. 2 Satz 4 BPersVG enthält § 73 Abs. 2 **keine Differenzierung** hinsichtlich der Einsichtnahme in **Beurteilungen.** Soweit diese Bestandteil der Personalakten sind, kann in sie auch im Rahmen der Personalakteneinsicht Einblick genommen werden. Entwürfe von Beurteilungen sind noch nicht Gegenstand der Personalakte und unterliegen daher auch nicht dem Einsichtsrechts des Personalrates aus § 73 Abs. 1 Satz 2. Hier kann lediglich das Mitwirkungsrecht des § 90 Nr. 7 in Betracht kommen.

Verschlußsachen

43 Nach Abs. 2 findet das Informationsrecht seine Schranken in den für Verschlußsachen geltenden Vorschriften. Diese gehen dem § 73 vor. **Verschlußsachen** sind Vorgänge, die im staatlichen Interesse durch besondere Sicherheitsmaßnahmen geheimgehalten werden müssen. Von ihnen dürfen nur solche Dienstkräfte Kenntnis erhalten, die aufgrund ihrer Dienststellung und Dienstpflichten Zugang zu ihr haben, sie einsehen, bearbeiten oder verwalten dürfen. Die Verschlußsachen sind in der Regel nach verschiedenen Geheimhaltungsgraden eingestuft, regelmäßig handelt es sich hierbei um die Stufen »streng geheim«, »geheim«, »VS – vertraulich« und »VS – nur für den Dienstgebrauch« oder »nur für den Dienstgebrauch«. Die Anordnung der Geheimhaltung kann dazu führen, daß in bestimmten Fällen ein Informationsrecht überhaupt nicht besteht. In diesen Fällen hat der Dienststellenleiter den Personalrat auf das Bestehen der entsprechenden Vorschriften hinzuweisen. Soweit die Geheimhaltung durch die Dienststelle selbst angeordnet worden ist, kann im verwaltungsgerichtlichen Beschlußverfahren auf entsprechenden Antrag des Personalrates überprüft werden, ob die Anordnung der Geheimhaltung zu Recht erfolgt ist. Anders als in § 93 BPersVG enthält § 73 Abs. 2 keine eingehenden Regelungen über das Verfahren bei der Behandlung von Verschlußsachen. Die Möglichkeiten der Einsichtnahme durch den Personalrat richten sich damit allein nach den Vorschriften, die für die Behandlung von Verschlußsachen geschaffen worden sind.

Streitigkeiten

44 Streitigkeiten über Umfang, Art und Form der Unterrichtung der Personalvertretung sowie über die Grenzen der Informationspflicht sind Streitigkeiten über die Zuständigkeit der Personalvertretung. Sie sind nach § 91 Abs. 1 Nr. 3 im Beschlußverfahren vor den Verwaltungsgerichten auszutragen.

45 Gegen die rechtswidrige Vorenthaltung von Informationen oder Unterlagen durch den Dienststellenleiter kann daneben noch Dienstaufsichtsbeschwerde eingelegt werden.

§ 74 Dienstvereinbarungen

(1) Dienstvereinbarungen sind zulässig, soweit Rechtsvorschriften nicht entgegenstehen. Sie werden von der Dienststelle und dem Personalrat geschlossen, sind schriftlich niederzulegen, von beiden Seiten zu unterzeichnen und in geeigneter Weise bekanntzumachen.

(2) Dienstvereinbarungen, die für einen größeren Bereich gelten, gehen den Dienstvereinbarungen für einen kleineren Bereich vor. Sie sind, sofern sie für einen über eine Dienststelle hinausgehenden Bereich bestimmt sind, zwischen der obersten Dienstbehörde und dem Hauptpersonalrat im Einvernehmen mit der Senatsverwaltung für Inneres zu schließen. Dienstvereinbarungen, die für einen über eine oberste Dienstbehörde hinausgehenden Bereich bestimmt sind, schließt die Senatsverwaltung für Inneres im Einvernehmen mit den beteiligten

obersten Dienstbehörden mit dem Hauptpersonalrat. Dienstvereinbarungen, die für die gesamte Berliner Verwaltung bestimmt sind, schließt die Senatsverwaltung für Inneres mit dem Hauptpersonalrat.
(3) Besteht für den Bereich, für den eine Dienstvereinbarung geschlossen werden soll, ein Gesamtpersonalrat, so tritt dieser an die Stelle des Personalrats oder des Hauptpersonalrats. Im Geschäftsbereich der Polizeibehörde und der Oberfinanzdirektion Berlin mit allen Finanzämtern tritt an die Stelle der obersten Dienstbehörde die Dienstbehörde.

Übersicht   Rn.

Allgemeines 1– 4
Begriff und Rechtsnatur der Dienstvereinbarung   5
Parteien der Dienstvereinbarung   6–13
Rechtsnatur 14–18
Zustandekommen der Dienstvereinbarung 19–23
Form 24–26
Bekanntmachung 27, 28
Regelungsbereich 29–36
Wirkung der Dienstvereinbarung 37–41
Auslegung   42
Durchführung der Dienstvereinbarung   43
Beendigung der Dienstvereinbarung 44–51
Anfechtung 52, 53
Nachwirkung 54–56
Geltungsbereich 57, 58
Konkurrenzverhältnis der Dienstvereinbarungen 59–62
Streitigkeiten 63–65

Allgemeines

Die Vorschrift entspricht weitgehend der bisherigen Regelung in § 56 PersVG Bln a. F. Anders als die entsprechende Bestimmung in § 73 BPersVG beschränkt das Gesetz den Abschluß von Dienstvereinbarungen nicht auf die in anderen Vorschriften ausdrücklich genannten Fälle. Die Regelung entspricht damit eher dem § 77 Abs. 2 BetrVG. Die Möglichkeiten des Abschlusses von Dienstvereinbarungen sind weiter als nach dem BPersVG. **1**

Im Gegensatz zu § 77 BetrVG enthält das Gesetz keine Vorschriften über Rechtswirkungen, Kündigung und Nachwirkung von Dienstvereinbarungen. Zweifelsfragen hinsichtlich der Rechtsnatur der Dienstvereinbarungen sind durch das Gesetz nicht gelöst. **2**

Zu beachten ist die Rahmenvorschrift des § 97 BPersVG, nach der durch Dienstvereinbarung eine abweichende Regelung des Personalvertretungsrechtes nicht zugelassen werden darf. **3**

Dienstvereinbarungen, die im Geltungszeitraum des PersVG Bln a. F. abgeschlossen worden sind, behalten ihre Gültigkeit, soweit sie nicht dem neuen Recht widersprechen. **4**

§ 74

Begriff und Rechtsnatur der Dienstvereinbarung

5 Der Begriff der Dienstvereinbarung ist im Gesetz nicht näher erläutert, ihre Rechtsnatur ist nach wie vor umstritten. Sie kann als die schriftliche Vereinbarung zwischen Dienststellenleiter und Personalrat zur Schaffung genereller für den gesamten von ihr erfaßten Bereich verbindlicher Regelungen bezeichnet werden. Sie ist das einzige Gestaltungsmittel der Dienststelle, um für alle Dienstkräfte einheitliche Regelungen zu schaffen. Sie ist praktisch eine dienststelleninterne Rechtssetzung *(Lorenzen u. a., § 73 Rn. 3; vgl. Münch ArbR/Germelmann, § 371 Rn. 25 ff.).*

Parteien der Dienstvereinbarung

6 Wie sich aus § 74 Abs. 1 Satz 2 ergibt, sind grundsätzlich die **Dienststelle** und der **Personalrat** Abschlußparteien der Dienstvereinbarung. Sobald eine Dienstvereinbarung jedoch einen größeren Bereich erfaßt, sind die besonderen Zuständigkeitsregelungen in § 74 Abs. 2 und 3 zu beachten. Personalratsausschüsse oder sonstige Gremien, wie z. B. die Personalversammlung oder die JugAzubiVertr., können Dienstvereinbarungen nicht abschließen.

7 Dienstvereinbarungen, die den Bereich einer Dienststelle überschreiten, müssen zwischen der jeweils zuständigen **obersten Dienstbehörde,** § 8, und dem **Hauptpersonalrat,** §§ 55 ff., geschlossen werden. Besteht für den betroffenen Bereich ein **Gesamtpersonalrat,** §§ 50 ff., dann tritt dieser an die Stelle des Hauptpersonalrates oder Personalrates.

8 Wegen der besonderen Verhältnisse bei der **Polizeibehörde** und der **Oberfinanzdirektion** Berlin mit den Finanzämtern tritt in deren Geschäftsbereich an die Stelle der obersten Dienstbehörde die Dienstbehörde, § 7.

9 Der Abschluß einer dienststellenübergreifenden Dienstvereinbarung muß im **Einvernehmen** mit **der Senatsverwaltung für Inneres** erfolgen. Einvernehmen bedeutet hier wie in § 6 Abs. 3 das Vorliegen des Einverständnisses *(vgl. oben § 6 Rn. 40).* Gegen den Willen der Senatsverwaltung für Inneres kann eine Dienstvereinbarung nicht geschlossen werden. Im Bereich der erzwingbaren Mitbestimmung wäre in den gesetzlich geregelten Fällen dann nur die Möglichkeit gegeben, ein Einigungsverfahren nach §§ 80 ff. durchzuführen.

10 Soll die Dienstvereinbarung Regelungen enthalten, die **mehrere oberste Dienstbehörden betreffen,** wird die Dienstvereinbarung zwischen der Senatsverwaltung für Inneres und dem Hauptpersonalrat abgeschlossen. Das Einvernehmen muß hier mit sämtlichen beteiligten obersten Dienstbehörden hergestellt werden.

11 Dienstvereinbarungen für den Bereich der **gesamten Berliner Verwaltung** schließen Hauptpersonalrat und Senatsverwaltung für Inneres. Hier ist die Herstellung des Einvernehmens mit anderen obersten Dienstbehörden etc. nicht erforderlich.

12 Die **Bestimmungen** über die Zuständigkeit für den Abschluß einer Dienstvereinbarung sind **abschließend.** Die Dienststelle kann ihre Befugnis nur im Rahmen der organisationsrechtlichen Bestimmungen delegieren. Der Personalrat kann nur im Rahmen des § 54 Satz 3 seine Befugnisse auf den Gesamtpersonalrat übertragen.

13 Dienstvereinbarungen können daher nicht von Bedingungen abhängig gemacht werden, die im Willen eines Dritten oder einer beteiligten Partei liegen,

damit wäre praktisch eine unzulässige Delegation der Normsetzungsbefugnis verbunden.

Rechtsnatur

Die Rechtsnatur der Dienstvereinbarung ist ebenso umstritten wie die der Betriebsvereinbarung. Es gelten im wesentlichen die gleichen Grundsätze.

Nach der einen Auffassung soll es sich bei der Dienstvereinbarung ebenso wie bei der Betriebsvereinbarung um einen zweiseitigen, kollektiven **Normenvertrag** kraft staatlicher Ermächtigung handeln (Vertragstheorie) *(Dietz/Richardi, BPersVG, § 73 Rn. 4ff.; OVG Hamburg vom 23. 8. 1966, PersV 1967, 40; Grabendorff u. a., § 73 Rn. 4).*

Demgegenüber steht die **Satzungstheorie,** die davon ausgeht, daß die Dienstvereinbarung durch übereinstimmende Beschlüsse von Personalrat und Dienststellenleiter zustande kommt und eine Normenordnung schafft, die die Form einer Satzung hat.

Nach einer vermittelnden Ansicht soll es kein privatrechtlicher Vertrag im engeren Sinne, sondern eine **rechtsetzende Vereinbarung** sein, die im Gegensatz zum Vertrag durch parallele und übereinstimmende Willenserklärungen zustande kommt und deren Normwirkung auf unmittelbarer Wirkung des staatlichen Gesetzes beruht *(Bickel, ZfA 1971, 181).*

Die Entscheidung der Streitfrage ist von der **Rechtsprechung** bisher zu Recht ausdrücklich offengelassen worden *(BVerwG vom 16. 12. 1960, E 11, 307; OVG Nordrhein-Westfalen vom 24. 2. 1983, PersV 1985, 126; BAG vom 16. 3. 1956, E 3, 1).*

Die praktische Bedeutung ist gering, nach beiden Theorien sind für das Zustandekommen übereinstimmende Erklärungen erforderlich, die Wirkung der Normen einer Dienstvereinbarung ist zwar im PersVG Bln nicht ausdrücklich geregelt, über sie besteht jedoch kein Streit, die Möglichkeit schuldrechtlicher Abmachungen zwischen Dienststelle und Personalrat ist ähnlich wie im Tarifvertrag anerkannt. Durchführungs- und Friedenspflicht ergeben sich aus dem Gesetz.

Zustandekommen der Dienstvereinbarung

Die Dienstvereinbarung wird **zwischen Dienststelle und Personalrat** geschlossen. Wie sich aus dem Wort »geschlossen« ergibt, ist im Gegensatz zu der Regelung in § 73 BPersVG oder § 77 BetrVG kein gemeinsamer Beschluß von Dienststelle und Personalrat erforderlich. Für die Dienststelle handelt ihr Leiter bzw. dessen Vertreter, § 9 Abs. 1.

Eine **gemeinsame Beschlußfassung** bei gleichzeitiger Anwesenheit von Dienststellenleiter und des gesamten Personalrates ist möglich, jedoch **nicht erforderlich.** Es genügt die Abgabe gleichlautender Willenserklärungen. Es ist auch zulässig, daß der Personalrat den Vorstandsvorsitzenden gem. § 29 Abs. 3 Satz 1 oder ein anderes Mitglied mit dem Abschluß der Dienstvereinbarung beauftragt. Dem muß jedoch ein Beschluß des gesamten Gremiums vorangehen.

Betreffen die Regelungen in der Dienstvereinbarung **nur Angelegenheiten einer Gruppe, der** der Vorstandsvorsitzende nicht angehört, dann kann der Vorstandsvorsitzende nur gemeinsam mit einem dieser Gruppe angehörenden Vorstandsmitglied handeln.

22 Eine **förmliche Beschlußfassung** der Personalvertretung gem. §§ 32 f. ist erforderlich. Eine Beschlußfassung durch Stillschweigen ist ausgeschlossen. Betrifft die Dienstvereinbarung nur Angelegenheiten einer oder mehrerer Gruppen von Dienstkräften, dann sind nur diese zur Beschlußfassung berufen, es sei denn, daß deren Vertreter einer gemeinsamen Beschlußfassung durch das gesamte Gremium ausdrücklich zustimmen, § 32 Abs. 2. Die Beschlußfassung muß den gesamten Inhalt der Dienstvereinbarung erfassen.

23 Der Abschluß einer **Dienstvereinbarung ohne** ordnungsgemäße **vorherige Beschlußfassung** durch den Personalrat ist unzulässig. Eine trotzdem abgeschlossene Dienstvereinbarung ist unwirksam.

Form

24 Die Einhaltung der **Schriftform** ist zwingende Voraussetzung. Eine ohne Einhaltung der Schriftform abgeschlossene Dienstvereinbarung ist nichtig, § 125 Satz 1 BGB. Die Schriftform dient der Rechtssicherheit, durch sie soll jederzeit der Abschluß und der genaue Inhalt der Dienstvereinbarung nachgewiesen werden können. Es ist daher auch erforderlich, daß der gesamte Inhalt der Dienstvereinbarung schriftlich in einer Urkunde niedergelegt wird. Eine Verweisung auf andere Schriftstücke ist in der Dienstvereinbarung nur dann zulässig, wenn diese untrennbar mit der Dienstvereinbarung verbunden werden. Eine Bezugnahme auf übergeordnete Rechtsvorschriften, Tarifverträge und andere Dienstvereinbarungen ist grundsätzlich zulässig, sie muß jedoch eindeutig sein. Die Verweisung muß allerdings einen bestimmten Tarifvertrag, eine bestimmte Dienstvereinbarung usw. betreffen. Eine Verweisung auf die jeweils gültige Fassung einer anderen Vereinbarung oder Regelung wäre eine unzulässige »Blankettverweisung«, die im Grunde zu einer Delegation der Normsetzungsbefugnis der Parteien in der Dienststelle führen würde *(vgl. Fitting u.a., BetrVG, § 77 Rn. 23; Däubler u.a., BetrVG, § 77 Rn. 32 m.w.N.)*.

25 Die Dienstvereinbarung ist vom Dienststellenleiter bzw. dessen Vertreter und dem Vorstandsvorsitzenden des Personalrates **zu unterzeichnen**. Betrifft die Dienstvereinbarung nur Angelegenheiten einer Gruppe, muß ein Vertreter dieser Gruppe neben dem Vorstandsvorsitzenden des Personalrates unterzeichnen, § 29 Abs. 3. Fehlt die Unterschrift, dann ist die Dienstvereinbarung unwirksam, § 125 BGB.

26 Durch das Gesetz ist klargestellt, daß ein **Austausch einseitig unterzeichneter Urkunden** nicht ausreichend ist, die Unterschriften müssen auf derselben Urkunde erfolgen, § 126 Abs. 2 Satz 1 BGB *(BAG vom 21. 8. 1990, AP Nr. 19 zu § 6 BetrAVG; § 126 Abs. 2 Satz 2 BGB ist nicht anwendbar)*.

Bekanntmachung

27 Die Dienstvereinbarung ist »in geeigneter Weise bekanntzumachen«. Sämtliche Dienstkräfte des Bereiches, für den die Dienstvereinbarung gelten soll, müssen in der Lage sein, sich ohne besondere Umstände von deren Inhalt Kenntnis verschaffen zu können. Die Bekanntgabe ist zwingend. Sie hat durch die Dienststelle zu erfolgen, § 78 Abs. 1. Der Begriff der Durchführung von Entscheidungen i. S. des § 78 Abs. 1 betrifft nicht nur die Erfüllung des materiellen Inhalts der Dienstvereinbarungen, sondern auch die Erfüllung der damit zusammenhängenden formellen Voraussetzungen. Die Bekanntgabe kann auch durch den Personalrat erfolgen.

Die Bekanntgabe ist **keine Wirksamkeitsvoraussetzung** *(vgl. aber Fischer/Goeres, § 73 Rn. 14; Grabendorff u.a., § 73 Rn. 14; Lorenzen u.a., § 78 Rn. 8)*, da sonst das Inkrafttreten der Dienstvereinbarung durch den Dienststellenleiter verzögert oder verhindert werden könnte. Unterbleibt die Bekanntmachung, können die Dienstkräfte möglicherweise Schadenersatzansprüche gegenüber der Dienststelle geltend machen, wenn sie dadurch Ansprüche nicht oder nicht rechtzeitig verfolgen können. **28**

Regelungsbereich

Im Gegensatz zu § 73 Abs. 1 BPersVG enthält § 74 Abs. 1 **keine Beschränkung** der Dienstvereinbarung **auf bestimmte Bereiche** des Personalvertretungsrechts. In erster Linie dient die Dienstvereinbarung der Regelung von Beteiligungsrechten. Es können daneben aber auch alle sonstigen, die dienstlichen Belange der Dienstkräfte betreffenden Gegenstände in einer Dienstvereinbarung geregelt werden. **29**

Der **Regelungsbereich** ist im öffentlichen Dienst **sehr eingeschränkt**. Dienstvereinbarungen sind nur zulässig, soweit Rechtsvorschriften nicht entgegenstehen. Der Begriff der Rechtsvorschriften erfaßt sämtliche Gesetze und Verordnungen sowie diejenigen Verwaltungsvorschriften, die im Rahmen von Beamtenverhältnissen zulässigerweise Regelungen enthalten. Da das öffentlich-rechtliche Dienstverhältnis der Beamten weitgehend durch Rechtsvorschriften geregelt ist, bleibt außerhalb der Beteiligungsrechte nur geringer Raum zur Schaffung besonderer Bestimmungen. **30**

Ähnlich ist es bei den Angestellten und Arbeitern des öffentlichen Dienstes. Hier ist zu beachten, daß nach § 75 Dienstvereinbarungen generell dann ausgeschlossen sind, wenn sie Arbeitsentgelte und sonstige Arbeitsbedingungen betreffen, die in Tarifverträgen geregelt sind oder üblicherweise geregelt werden *(vgl. im einzelnen § 75 Rn. 5 ff.)*. Die im öffentlichen Dienst bestehenden oder üblichen tariflichen Regelungen sind weitgehend ebenso umfangreich und ins einzelne gehend wie die beamtenrechtlichen Vorschriften, die zum Teil auch durch Verweisungsvorschriften für die Angestellten und Arbeiter gelten. Auch hier bleibt nur ein geringer regelungsfreier Raum. **31**

Tarifverträge, die den Abschluß ergänzender Dienstvereinbarungen zulassen, sind im Bereich des öffentlichen Dienstes selten. **32**

Der Gesetzes- bzw. der Tarifvorbehalt gilt auch bei Beteiligungsrechten. Sind Angelegenheiten, die nach dem Gesetz ausdrücklich der Beteiligung des Personalrates unterliegen, durch Rechtsvorschriften oder Tarifvertrag geregelt, ist eine Dienstvereinbarung ausgeschlossen. **33**

Ausgeschlossen sind ferner Regelungen, die das Personalvertretungsrecht selbst betreffen, § 97 BPersVG. **34**

Auch können keine Bestimmungen getroffen werden, die außerhalb des PersVG Bln liegen und auch nicht mit dem Inhalt der Dienstverhältnisse zusammenhängen *(vgl. BAG vom 20. 12. 1957, AP Nr. 1 zu § 399 BGB)*. **35**

Grenzen der Regelungsbefugnis ergeben sich **ferner** aus dem der kollektiven Regelungsmacht entzogenen Individualbereich der einzelnen Dienstkräfte *(Fitting u.a., BetrVG, § 77 Rn. 53; Däubler u.a., BetrVG, § 77 Rn. 38, jeweils mit zahlreichen Hinweisen)*. Dienstvereinbarungen, die das Leben der Dienstkräfte **36**

§ 74

außerhalb des Dienstes regeln wollen, wären unzulässig. Ebenso können entstandene Ansprüche der Dienstkräfte nicht zu deren Nachteil durch Dienstvereinbarungen geregelt werden. Dienstvereinbarungen, die ausschließlich zum Nachteil der Dienstkräfte Bestimmungen enthalten, ohne daß das durch übergeordnete Gründe gerechtfertigt wäre, sind unwirksam, da der Personalrat auch die Grundsätze des § 2 Abs. 1 beachten muß *(vgl. BAG vom 5. 3. 1959, AP Nr. 26 zu § 611 BGB Fürsorgepflicht für den Fall des einseitigen Haftungsausschlusses; vom 28. 9. 1989, AP Nr. 5 zu § 611 BGB Parkplatz).*

Wirkung der Dienstvereinbarung

37   Eine ausdrückliche Bestimmung über die Wirkung der Dienstvereinbarungen, wie sie in § 77 Abs. 4 BetrVG für die Betriebsvereinbarung enthalten ist, trifft das Gesetz nicht. Es ist jedoch anerkannt, daß die Dienstvereinbarungen hinsichtlich der Wirkung ähnlich beurteilt werden wie die Betriebsvereinbarungen. Ebenso wie diese enthält die Dienstvereinbarung **der Einzelabrede übergeordnete Normen,** denen nur gegensätzliche oder tarifliche Bestimmungen vorgehen.

38   Ihre Normen wirken **unmittelbar** und **zwingend** auf die Beschäftigungsverhältnisse der Dienstkräfte ein *(Fischer/Goeres, § 73 Rn. 15; Altvater u. a., § 73 Rn. 9; Lorenzen u. a., BPersVG, § 73 Rn. 16).* Einzelvertragliche Abreden sind nicht erforderlich. Ein entgegenstehender Wille der Dienstkräfte ist unerheblich. Soweit die Dienstvereinbarungen Regelungen hinsichtlich der Ordnung innerhalb der Dienststelle oder des Verhältnisses zwischen Dienststelle und Personalvertretung enthalten, gestalten sie diese Beziehungen ebenfalls unmittelbar und zwingend.

39   Die Dienstvereinbarungen sind **nicht abdingbar,** d. h., durch Einzelabrede kann keine andere ungünstigere Regelung vereinbart werden, da sonst Sinn und Zweck der Dienstvereinbarung umgangen werden könnte *(Fischer/Goeres a. a. O., Rn. 16; Lorenzen u. a., § 77 Rn. 16).* Lediglich günstigere Abreden sind ähnlich wie im Tarifrecht zulässig (Günstigkeitsprinzip).

40   Auch hinsichtlich der Frage des **Verzichts** und der **Verwirkung** von Ansprüchen, die aus einer Dienstvereinbarung herzuleiten sind, enthält das PersVG Bln **keine Regelung.** Man wird jedoch auch hier wegen der starken Vergleichbarkeit mit der Betriebsvereinbarung und der im wesentlichen gleichen Zielrichtung der Dienstvereinbarung die gleichen Grundsätze anwenden können, die für die Betriebsvereinbarung gelten.

41   Ein **Verzicht** (z. B. Erlaßvertrag, § 397 Abs. 1 BGB, negatives Schuldanerkenntnis, § 397 Abs. 2 BGB, Ausgleichsquittung, § 398 BGB) wäre dabei, ohne daß dies ausdrücklich im Gesetz geregelt ist, ebenso wie im Tarifrecht nur mit Zustimmung des Personalrates möglich, vgl. § 77 Abs. 4 BetrVG. Das gilt auch dann, wenn in einem gerichtlichen oder außergerichtlichen Vergleich auf Ansprüche verzichtet wird. Eine **Verwirkung** von Rechten ist ausgeschlossen *(vgl. im einzelnen Fitting u. a., BetrVG, § 77 Rn. 122 f.; Däubler u. a., BetrVG, § 77 Rn. 44).* Seinen Grund findet dies darin, daß sonst die zwingende Wirkung der Normen der Dienstvereinbarung praktisch umgangen werden könnte.

Auslegung

Die Auslegung der Normen der Dienstvereinbarung, die für eine Vielzahl von Fällen gelten, hat ebenso wie die Auslegung von Betriebsvereinbarungen oder Tarifverträgen nach den Grundsätzen über Auslegung von Gesetzen zu erfolgen. Der Wille der Parteien der Dienstvereinbarung kann nur dann berücksichtigt werden, wenn er in der Dienstvereinbarung einen erkennbaren Ausdruck gefunden hat. Maßgeblich sind dabei Wortlaut und Gesamtzusammenhang der Vorschriften der Dienstvereinbarung. In diesem Rahmen ist der in § 133 BGB für die Auslegung privatrechtlicher Willenserklärungen niedergelegte Grundsatz zu beachten.

42

Durchführung der Dienstvereinbarung

Den Personalräten stehen grundsätzlich keine Exekutivrechte zu. Dienstvereinbarungen führt daher gem. § 78 grundsätzlich diejenige Dienststelle, Dienstbehörde oder oberste Dienstbehörde durch, in deren Zuständigkeitsbereich sie fällt. Etwas anderes kann nur dann gelten, wenn es ausdrücklich in der Dienstvereinbarung oder in einer gesonderten Vereinbarung festgelegt ist. *(Vgl. im übrigen zu den Einzelheiten die Erläuterungen zu § 78.)*

43

Beendigung der Dienstvereinbarung

Die Dienstvereinbarung endet mit **Zeitablauf**, wenn sie für einen bestimmten Zeitraum geschlossen war. Die Bestimmung des Zeitablaufs kann sich ausdrücklich aus der Dienstvereinbarung ergeben, sie kann aber auch aus deren Sinn und Zweck folgen. Das ist zum Beispiel der Fall bei Arbeitszeitregelungen für bestimmte Tage oder aber bei Wegfall eines ermächtigenden Tarifvertrages *(BAG vom 25. 8. 1983, AP Nr. 7 zu § 77 BetrVG 1972)*.

44

Eine automatische Beendigung tritt nur bei **Auflösung der Dienststelle** ein. Das gilt auch in den Fällen der Zusammenlegung und Trennung von Dienststellen gem. § 6. Personalvertretungsrechtlich gesehen werden nämlich praktisch die bisherigen Dienststellen oder die bisherige Dienststelle aufgelöst und neue Dienststellen oder eine neue Dienststelle geschaffen *(zur Errichtung des zentralen Landesschulamtes und dem Erlöschen der mit den bisherigen Dienststellen abgeschlossenen Dienstvereinbarungen s. OVG Berlin vom 23. 9. 1998, PersR 1999, 357)*.

45

Das gleiche gilt bei endgültigem oder dauerndem **Fortfall der Personalvertretung**. Ein solcher liegt nicht vor bei Neuwahl oder Auswechselung der Mitglieder. Die Dienstvereinbarung endet auch nicht bei Wechsel des Dienststelleninhabers oder Änderungen in der Zusammensetzung der Dienstkräfte.

46

Als nachrangiges Recht endet die Dienstvereinbarung ferner bei **Inkrafttreten eines Gesetzes** oder eines **Tarifvertrages** mit gleichem Regelungsinhalt. Das gleiche gilt bei Inkrafttreten einer Dienstvereinbarung, die für einen größeren Bereich gilt, § 74 Abs. 2 Satz 1 *(vgl. auch unten Rn. 63)*.

47

Durch übereinstimmenden Beschluß können die Partner der Dienstvereinbarungen diese **aufheben**. Es handelt sich dabei praktisch um einen Aufhebungsvertrag in Form einer Dienstvereinbarung. Die Aufhebung kann nicht von anderen Personalvertretungen oder Verwaltungsträgern vereinbart werden, das können nur die an der Dienstvereinbarung beteiligten Organe, selbst wenn sich deren Zusammensetzung geändert hat.

48

49 Ähnliches gilt bei Abschluß einer neuen Dienstvereinbarung über den gleichen Regelungsinhalt, insoweit verdrängt die jüngere Dienstvereinbarung die ältere. Einer besonderen Aufhebung der alten Dienstvereinbarung bedarf es in diesem Falle nicht, sie empfiehlt sich jedoch im Interesse der Klarheit.

50 Hauptfall der Beendigung einer Dienstvereinbarung ist die **Kündigung** durch eine der abschließenden Parteien. Bestimmungen über die Kündigung von Dienstvereinbarungen enthält das Gesetz nicht. Enthält eine Dienstvereinbarung keine Bestimmung über Kündigungsfristen ist die Dienstvereinbarung jederzeit ohne Einhaltung einer Frist kündbar. Enthält sie Kündigungsfristen, dann müssen diese eingehalten werden, eine Ausnahme gilt nur dann, wenn ein Grund für eine fristlose Kündigung gegeben ist *(vgl. BAG vom 5. 5. 1988, E 58, 248; Altvater u.a., § 73 Rn. 11)*. Eine Teilkündigung einer Dienstvereinbarung ist grundsätzlich ausgeschlossen. Etwas anderes gilt nur dann, wenn hinsichtlich eines abtrennbaren Teils einer Dienstvereinbarung ausdrücklich die Möglichkeit einer Teilkündigung vorgesehen worden ist.

51 Für die **Kündigung** besteht **keine Formvorschrift,** sie kann daher formlos erfolgen, es empfiehlt sich jedoch zur Vermeidung von Streitigkeiten die Kündigung schriftlich durchzuführen und sich den Empfang von der Gegenseite bestätigen zu lassen. Bei Kündigung durch den Personalrat muß ein ordnungsgemäßer Beschluß vorliegen, §§ 32, 33, die Erklärung ist von dem Vorstandsvorsitzenden, § 29 Abs. 3, gegenüber dem Dienststellenleiter abzugeben. Bei Kündigung durch den Dienststellenleiter muß dieser die Erklärung gegenüber dem Vorstand des Personalrats abgeben, die Entgegennahme derartiger Erklärungen gehört zur Führung der laufenden Geschäfte, § 29 Abs. 1.

Anfechtung

52 Die Anfechtung einer Dienstvereinbarung wegen **Irrtums oder arglistiger Täuschung** ist ausgeschlossen. Die Möglichkeit einer Anfechtung mit der Folge rückwirkender Nichtigkeit, § 142 BGB, würde der normativen Wirkung ihrer Vorschriften widersprechen. In diesen Fällen können die Abschlußpartner der Dienstvereinbarung diese jederzeit fristlos kündigen.

53 Die **Nichtigkeit** einer Dienstvereinbarung wegen Formverstoßes oder Gesetzesverletzung etc. kann jede Seite jederzeit geltend machen. Sind nur Teile einer Dienstvereinbarung unwirksam, dann ist zu prüfen, ob in entsprechender Anwendung des § 139 BGB die übrigen Bestimmungen eine eigenständige Bedeutung haben und nicht mit dem nichtigen Teil in untrennbarem Zusammenhang standen.

Nachwirkung

54 Die Frage, ob die Normen einer Dienstvereinbarung nach deren Beendigung in der Weise nachwirken, daß sie ihre Unabdingbarkeit verlieren und jederzeit einzelvertraglich von ihnen auch zuungunsten der Dienstkräfte abgewichen werden kann, **ist umstritten.** Der Gesetzgeber hat im Gegensatz zu § 77 Abs. 6 BetrVG diese Frage weder im BPersVG noch im PersVG Bln gelöst.

55 Hierzu wird die **Auffassung** vertreten, daß die Annahme der Weitergeltung der Vorschriften der beendeten Dienstvereinbarung zulässig sei, zumindest soweit der Personalrat über sein Initiativrecht den Abschluß einer Dienstvereinbarung erzwingen könne, § 77 Abs. 6 BetrVG könne seinem Grundgedanken nach angewendet werden *(Altvater u. a., § 73 Rn. 13; vgl. BAG vom 5. 5. 1988, PersR 1989, 17)*. Demgegenüber wird zutreffend darauf hingewiesen, daß die Normen der Dienstvereinbarung nicht Bestandteil des einzelnen Dienstverhältnisses würden, so daß sie mit Beendigung wegfielen. Dafür spricht auch im Bereich der Beteiligungsrechte, daß sofort mit Wegfall der Dienstvereinbarung die Mitbestimmungs- und Mitwirkungsrechte wieder entstehen *(so Lorenzen u. a., § 73 Rn. 16; Fischer/Goeres, BPersVG, § 73 Rn. 24)*. Auch aus der Tatsache, daß in § 77 Abs. 6 BetrVG ausdrücklich eine Vorschrift für die Nachwirkung geschaffen wurde, hier eine solche aber fehlt, kann gefolgert werden, daß eine automatische Nachwirkung nicht eintritt. Allerdings ist diese Problematik wegen der Besonderheiten des öffentlichen Dienstes nur von untergeordneter Bedeutung.

Die Parteien der Dienstvereinbarung können allerdings in dieser festlegen, daß ihre Normen nach der Beendigung nachwirken sollen, bis eine neue Regelung getroffen ist. In diesem Falle verlieren die Normen ihre Unabdingbarkeit, von ihnen kann jederzeit einzelvertraglich, auch zuungunsten der Dienstkräfte abgewichen werden. **56**

Geltungsbereich

Der räumliche Geltungsbereich bestimmt sich in der Regel nach den Zuständigkeiten der Parteien der Dienstvereinbarung. Er kann über den Rahmen einer Dienststelle hinausgehen und für den Bereich einer Dienstbehörde oder sogar für den gesamten Bereich der Berliner Verwaltung abgeschlossen werden. Die Dienstvereinbarung kann selbst Vorschriften hinsichtlich des räumlichen Geltungsbereiches enthalten. Sie kann auch nur Teile einer Dienststelle oder Teile von mehreren Dienstbehörden oder obersten Dienstbehörden erfassen, z. B. bestimmte Abteilungen oder Verwaltungseinheiten oder aber bestimmte Personengruppen. **57**

Der persönliche Geltungsbereich erstreckt sich grundsätzlich auf alle Dienstkräfte innerhalb des räumlichen Bereiches, für den sie abgeschlossen ist. Sie kann sich aber auch auf bestimmte Personengruppen beschränken (z. B. Beamte, Angestellte, aber auch Personengesamtheiten, die keine Gruppen i. S. des PersVG Bln darstellen, wie z. B. Schwerbehinderte, Jugendliche, Dienstkräfte mit bestimmten Aufgaben). Sie gelten grundsätzlich nur für Dienstkräfte i. S. des § 3 Abs. 1. Auf bereits ausgeschiedene Dienstkräfte (z. B. Ruheständler) können Dienstvereinbarungen nur in besonderen Ausnahmefällen Anwendung finden. Dies muß in der Dienstvereinbarung dann auch deutlich zum Ausdruck gebracht werden. **58**

Konkurrenzverhältnis der Dienstvereinbarungen

Absatz 2 Satz 1 regelt das Konkurrenzverhältnis der Dienstvereinbarungen zueinander in bezug auf ihren räumlichen Geltungsbereich. **59**

Dienstvereinbarungen, die für einen **größeren Bereich** gelten, gehen sämtlichen Dienstvereinbarungen vor, die für einen kleineren Bereich gelten. Die Frage des Bereiches ist in der Regel nach dem Verwaltungsaufbau zu beurteilen. Übergeordnete Dienststellen können also durch Regelungen die Dienstvereinbarungen in nachgeordneten Bereichen gegenstandslos werden lassen. Nicht maßgeblich ist die Anzahl der von den Dienstvereinbarungen betroffenen Personen. **60**

61 Die Dienstvereinbarungen für den größeren Bereich können **auch ungünstigere Bestimmungen** für die Dienstkräfte enthalten. Sie müssen aber eine konkrete Regelung treffen. Eine Dienstvereinbarung mit dem alleinigen Inhalt, daß die Dienstvereinbarungen in den kleineren Bereichen aufgehoben würden, ist nicht zulässig *(Grabendorff u. a., § 73 Rn. 25; Fischer/Goeres, BPersVG, § 73 Rn. 17)*. Die Dienstvereinbarungen für den nachgeordneten Bereich werden nur insoweit gegenstandslos, als sie widersprechende Bestimmungen enthalten.

62 Bei Dienstvereinbarungen, die für den gleichen Bereich gelten, schließen **jüngere Vereinbarungen** ältere insoweit aus, als gleiche Regelungsmaterien betroffen sind.

Streitigkeiten

63 Streitigkeiten über Bestehen oder Nichtbestehen von Dienstvereinbarungen sind gem. § 91 Abs. 1 Nr. 4 vor den Verwaltungsgerichten im Beschlußverfahren auszutragen. Hierunter fallen sämtliche Differenzen über die Wirksamkeit einer Dienstvereinbarung, deren wirksamer Kündigung, der Beseitigung durch übergeordnete Dienstvereinbarungen oder Fragen der Regelungskompetenz, soweit daraus eine Unwirksamkeit folgen könnte.

64 Diese Fragen können aber auch als Vorfrage in Rechtsstreitigkeiten einzelner Dienstkräfte von den Verwaltungsgerichten oder Arbeitsgerichten im Urteilsverfahren geprüft werden.

65 Sonstige Fragen der Regelungskompetenz oder der Auslegung von Dienstvereinbarungen können Gegenstand eines Beschlußverfahrens nach § 91 Abs. 1 Nr. 3 sein.

§ 75 Ausschluß von Dienstvereinbarungen

Arbeitsentgelte und sonstige Arbeitsbedingungen, die durch Tarifvertrag geregelt sind oder üblicherweise geregelt werden, können nicht Gegenstand einer Dienstvereinbarung sein. Dies gilt nicht, wenn ein Tarifvertrag den Abschluß ergänzender Dienstvereinbarungen ausdrücklich zuläßt.

Übersicht

	Rn.
Allgemeines	1– 3
Arbeitsentgelte und sonstige Arbeitsbedingungen	4
Tarifregelung	5, 6
Tarifüblichkeit	7–10
Tarifliche Öffnungsklausel	11
Umfang der Sperrwirkung	12–16
Nichtigkeit der Dienstvereinbarung	17–20
Streitigkeiten	21, 22

Allgemeines

1 Durch § 75 wird der Grundsatz des **Vorrangs der Tarifautonomie** hervorgehoben. Es handelt sich um eine Zuständigkeitsregelung, die den Tarifpartnern in bestimmten Bereichen eine Monopolstellung zur Schaffung verbindlicher

§ 75

Regelungen gewährt *(vgl. Grabendorff u. a., § 75 Rn. 229).* Insoweit trägt § 75 dem in § 2 Abs. 3 festgelegten Grundsatz Rechnung, wonach die Aufgaben der Verbände durch dieses Gesetz nicht berührt werden.
Eine entsprechende Regelung findet sich in § 75 Abs. 5 BPersVG. Eine ähnliche Bestimmung enthielt das bisherige Recht im § 57 PersVG Bln a. F. Weitgehend gleichlautend ist die Regelung in § 77 Abs. 3 BetrVG. **2**
§ 75 hat nur Bedeutung für Vorschriften, die Angestellte oder Arbeiter betreffen, da für Beamte Tarifverträge nicht abgeschlossen werden können. Für diese gilt jedoch die Sperre des § 74 Abs. 1 Satz 1, der Dienstvereinbarungen nur zuläßt, soweit Rechtsvorschriften dem nicht entgegenstehen. **3**

Arbeitsentgelte und sonstige Arbeitsbedingungen

Die **Sperrwirkung** des § 75 besteht hinsichtlich der Arbeitsentgelte und sonstigen Arbeitsbedingungen. Arbeitsentgelte sind alle in Geld meßbaren Vergütungen und Sachleistungen. Der Begriff der sonstigen Arbeitsbedingungen erfaßt alle Bestimmungen, die Inhalt des Arbeitsvertrages sein können, alles was auch unter den Begriff der Inhaltsnormen eines Tarifvertrages fällt *(BAG vom 9. 4. 1991, AP Nr. 1 zu § 77 BetrVG 1972 Tarifvorbehalt).* Inhaltsnormen sind diejenigen normativen Bestimmungen eines Tarifvertrages, die den Inhalt der einzelnen Arbeitsverhältnisse regeln, wie z. B. Entlohnung, Arbeitszeit, Urlaub, Zulagen etc. Nicht hierunter fallen die formellen Arbeitsbedingungen, die die Ordnung der Dienststelle betreffen. Die Regelungssperre gilt auch im Bereich der Beteiligungsrechte, diese können ausgeschlossen sein, wenn eine tarifliche Regelung besteht oder üblich ist. **4**

Tarifregelung

Eine **Regelung durch Tarifvertrag** liegt vor, wenn der Verwaltungsbereich, für den diese Dienstvereinbarung abgeschlossen werden soll, in den räumlichen oder fachlichen Geltungsbereich eines Tarifvertrages fällt. Es ist nicht erforderlich, daß der Tarifvertrag kraft Tarifbindung oder auf sonstige Weise in der Dienststelle oder dem betreffenden Verwaltungsbereich gilt. Eine Dienstvereinbarung ist auch dann ausgeschlossen, wenn z. B. die betreffende Dienststelle oder aber die in ihr beschäftigten Dienstkräfte nicht tarifgebunden sind. **5**
Die Tarifregelung besteht nur während der Dauer des Tarifvertrages. Ist dieser beendet und gelten seine Normen nur noch kraft Nachwirkung, § 4 Abs. 5 TVG, ist der Abschluß einer Dienstvereinbarung zulässig. Allerdings wird in diesem Falle häufig Tarifüblichkeit bestehen, so daß dann deswegen eine Dienstvereinbarung ausgeschlossen ist. **6**

Tarifüblichkeit

Eine **tarifliche Regelung** erfolgt **üblicherweise,** wenn für den betreffenden Verwaltungsbereich Tarifverträge abgeschlossen zu werden pflegen. Meist wird das dann der Fall sein, wenn eine tarifliche Regelung mehrfach abgeschlossen wurde, es genügt jedoch auch bereits ein einmaliger Abschluß, wenn der Tarifvertrag längere Zeit gegolten hat und sich seine Regelungen allgemein durchgesetzt hatten *(vgl. Fitting u.a., BetrVG, § 77 Rn. 80).* **7**

§ 75

8 Die Tarifüblichkeit entfällt nicht schon dann, wenn die Tarifvertragsparteien beendete Regelungen nicht erneut treffen, da eine Einigung nicht möglich ist. Sie entfällt nur, wenn die Tarifvertragsparteien keinen Tarifvertrag mehr anstreben oder wenn der tariflose Zustand längere Zeit andauert.

9 Im Bereich des **öffentlichen Dienstes** ist es **weitgehend üblich,** die materiellen Arbeitsbedingungen durch Tarifvertrag zu regeln. Maßgeblich für die Beantwortung der Frage der Tarifüblichkeit für eine bestimmte Dienststelle oder einen Verwaltungsbereich kann nicht der gesamte öffentliche Dienst des Landes Berlin sein, da dann praktisch kaum noch Raum für Dienstvereinbarungen bliebe. Abzustellen ist auf den Bereich, dem die Dienststelle bzw. die Verwaltungseinheiten angehören. Wenn in diesem Bereich üblicherweise Tarifverträge gelten, ist der Abschluß einer Dienstvereinbarung ausgeschlossen. So ist z. B. nicht der einzelne Eigenbetrieb, die einzelne Krankenanstalt oder das einzelne Bezirksamt maßgeblich, sondern der gesamte, nach fachlichen Gesichtspunkten zusammengehörige Bereich, wie z. B. der Bereich der Krankenpflege, sämtliche Bezirksämter, die Mehrzahl der vergleichbaren Eigenbetriebe.

10 Die Sperrwirkung geht nur so weit, als eine tarifvertragliche Regelung besteht oder üblich ist. Sie entfällt, wenn für bestimmte Fragen diese Voraussetzung nicht gegeben ist. Allerdings ist durch Auslegung des jeweiligen Tarifvertrages zu ermitteln, ob seine Lückenhaftigkeit darauf beruht, daß die Tarifvertragsparteien eine Regelung nicht treffen wollen, oder darauf, daß eine solche Regelung nur vergessen wurde.

Tarifliche Öffnungsklausel

11 Die Sperrwirkung besteht nicht, wenn ein Tarifvertrag ausdrücklich den Abschluß **ergänzender Dienstvereinbarungen** zuläßt. Der Tarifvertrag muß eine eindeutig positive Bestimmung über die Zulassung enthalten *(Fitting u.a., BetrVG, § 77 Rn. 104; Däubler u.a., BetrVG, § 77 Rn. 73).* Es ist nicht erforderlich, daß ausdrücklich der Begriff der Dienstvereinbarung genannt wird, wenn aus dem Zusammenhang der Vorschrift deren Sinn eindeutig zu entnehmen ist.

Umfang der Sperrwirkung

12 Ausgeschlossen ist jede Regelung durch Dienstvereinbarung. Auch eine Übernahme tariflicher Regelungen ist nicht zulässig. Eine Ausdehnung der normativen Wirkung der Tarifverträge über den Umweg einer Dienstvereinbarung auf nicht tarifgebundene Dienstkräfte (Außenseiter) ist ausgeschlossen.

13 Auch der Abschluß von Dienstvereinbarungen, die günstigere Bestimmungen als der Tarifvertrag enthalten, ist nicht zulässig. § 75 enthält eine Ausnahme von dem im Tarifrecht *(§ 4 Abs. 3 TVG)* geltenden Günstigkeitsprinzip.

14 Zulässig sind nur einheitliche Regelungen auf arbeitsvertraglicher, also individualrechtlicher Ebene. Diese vertraglichen Einheitsregelungen entfalten nicht die normativen Wirkungen einer Dienstvereinbarung. Kündigung, Verzicht und Verwirkung sind daher zulässig.

15 Nicht durch § 75 ausgeschlossen wird auch die im öffentlichen Dienst übliche generelle Vereinbarung der Geltung der einschlägigen Tarifverträge auch für nicht tarifgebundene Dienstkräfte im Einzelarbeitsvertrag.

16 Treten nach Abschluß einer Dienstvereinbarung tarifliche Vorschriften zu dem gleichen Regelungsgegenstand in Kraft, werden die Bestimmungen der Dienstvereinbarung verdrängt. Selbst eine günstigere Vereinbarung muß dem nunmehr geltenden Tarifvertrag weichen, auch hier gilt das Günstigkeitsprinzip nicht *(BAG vom 26. 2. 1986, AP Nr. 12 zu § 4 TVG Ordnungsprinzip).*

Nichtigkeit der Dienstvereinbarung

Eine Dienstvereinbarung, die gegen § 75 verstößt, die also Regelungen enthält, die entweder tariflich geregelt oder tarifüblich sind, ist nichtig. Das gilt auch, wenn es sich um einen Beschluß der Einigungsstelle handelt. 17

Verstoßen nur Teile der Dienstvereinbarung gegen § 75, dann ist in der Regel die gesamte Dienstvereinbarung nichtig, § 139 BGB. Etwas anderes gilt nur dann, wenn die an sich wirksamen Teile eigenständige Bedeutung haben, abtrennbar sind und selbständig bestehen können. 18

Eine **Umdeutung** einer entgegen § 75 abgeschlossenen Dienstvereinbarung in ein gebündeltes Vertragsangebot an die Arbeitnehmer auf Abschluß eines entsprechenden Vertrages ist nur möglich, wenn der Abschlußpartner auf Arbeitgeberseite in Kenntnis der Unzulässigkeit der Dienstvereinbarungen eine inhaltsgleiche Regelung durch Abschluß paralleler Einzelverträge gewollt hätte und wenn er hierzu befugt gewesen wäre. Diese Voraussetzungen sind im öffentlichen Dienst in der Regel nicht gegeben. 19

Auch könnte selbst bei Vorliegen dieser Voraussetzungen eine stillschweigende Annahme des Angebots durch die Arbeitnehmer nur dann angenommen werden, wenn die unzulässige Dienstvereinbarung lediglich Regelungen mit begünstigendem Inhalt enthält. 20

Streitigkeiten

Die Unwirksamkeit einer Dienstvereinbarung wegen Verstoßes gegen § 75 kann nach § 91 Abs. 1 Nr. 4 im Beschlußverfahren vor den Verwaltungsgerichten geltend gemacht werden. Antragsberechtigt sind neben den Parteien der Dienstvereinbarung auch die Parteien des betreffenden Tarifvertrages. 21

Als Vorfrage kann die Gültigkeit einer Dienstvereinbarung auch im Urteilsverfahren vor den Arbeitsgerichten überprüft werden. 22

§ 76 Krankenhausbetriebe

In den Krankenhausbetrieben hat die Personalvertretung die Krankenhausleitung in der Erfüllung der Betriebszwecke durch Beratung und Mitarbeit zu unterstützen. Zur Erfüllung dieser Aufgabe steht der Personalvertretung das Recht auf Auskunft und laufende Berichterstattung über die Betriebsvorgänge und die Entwicklung des Betriebes sowie auf Vorlage der erläuterten Bilanz mit Gewinn- und Verlustrechnung zu.

Übersicht	Rn.
Allgemeines	1
Geltungsbereich	2– 4
Unterstützungspflicht	5– 9
Informationsrecht	10–14

§ 76

Vorlage der Bilanz 15, 16
Streitigkeiten 17

Allgemeines

1 § 76 enthält für den Bereich der Krankenhausbetriebe ein **erweitertes Informationsrecht** der Personalvertretung. Die in der früheren Regelung noch enthaltene Einbeziehung der Eigenbetriebe ist weggefallen. Mit der Bestimmung wird die Pflicht der Zusammenarbeit des § 2 Abs. 1 für diesen Bereich weiter konkretisiert. Damit wird der Tatsache Rechnung getragen, daß die Krankenhausbetriebe stärker als der übrige Verwaltungsbereich nach wirtschaftlichen Gesichtspunkten geführt werden müssen.

Geltungsbereich

2 Die Vorschrift gilt **nur für die Krankenhausbetriebe.** Mit der fortschreitenden Privatisierung der Krankenhausbetriebe verliert sie zunehmend an Bedeutung. Der Begriff des Krankenhausbetriebes ist in § 3 LKG geregelt. Unter ihn fallen danach Einrichtungen, in denen durch ärztliche und pflegerische Hilfeleistungen Krankheiten, Leiden oder Körperschäden festgestellt, geheilt oder gelindert werden sollen oder Geburtshilfe geleistet wird und in denen die zu versorgenden Personen untergebracht und verpflegt werden können. Nicht hierunter fallen Krankenhäuser, die lediglich Zuwendungen der öffentlichen Hand erhalten oder die sonst finanziell von der Landesverwaltung abhängig sind. Für derartige Einrichtungen düfte auch das Personalvertretungsgesetz selbst ohnehin keine Anwendung finden können.

3 Ebenfalls **nicht** vom Geltungsbereich der Vorschrift werden die **Krankenhäuser des Straf- oder Maßregelvollzuges** erfaßt. Zwar folgt dies nicht unmittelbar aus der Begriffsdefinition des Krankenhausbetriebes in § 3 LKG. Nach § 2 Nr. 2 LKG gelten jedoch die Bestimmungen des Abschnittes II nicht für die Krankenhäuser des Straf- oder Maßregelvollzuges. Damit gelten nicht die Bestimmungen über die Rechts- und Betriebsform der §§ 29 ff. LKG und die besonderen organisatorischen Regelungen der §§ 34 ff. LKG. Damit gibt es in diesen Einrichtungen keine Krankenhausleitung im Sinne des § 76 i.V.m. § 38 LKG.

4 Die Vorschrift kann auch wegen ihres speziellen Charakters nicht auf andere Verwaltungseinheiten oder Betriebe, selbst wenn sie ähnliche Aufgaben zu erfüllen haben, übertragen werden.

Unterstützungspflicht

5 In den Krankenhausbetrieben hat die Personalvertretung die Krankenhausleitung *(§ 42 LKG)* bei der Erfüllung der Betriebszwecke **durch Beratung und Mitarbeit** zu unterstützen. Obwohl die Unterstützungspflicht nach dem Gesetzeswortlaut gegenüber der Krankenhausleitung als Organ besteht, grundsätzlich also den ärztlichen Leiter, Verwaltungsleiter und Krankenpflegeleiter gemeinsam betrifft, kann die Unterstützung auch gegenüber einzelnen Vertretern der Krankenhausleitung erfolgen, je nachdem, bei welchen Angelegenheiten sie der Personalvertretung erforderlich erscheint.

6 Die Beratungs- und Unterstützungspflicht richtet sich in erster Linie nach den **Aufgaben der Krankenhausleitung.** Diese sind in § 46 LKG im einzelnen

§ 76

dargestellt. Daneben können die Rechte und Pflichten der Personalvertretung aus § 76 gegenüber den einzelnen Mitgliedern der Krankenhausleitung sich vornehmlich auf diejenigen Aufgaben konzentrieren, die diesen in den §§ 47 bis 49 LKG zugewiesen worden sind.

Die **Pflicht zur Beratung beinhaltet das Recht** der Personalvertretung, der Krankenhausleitung bzw. dem einzelnen Mitglied der Krankenhausleitung Vorschläge zu unterbreiten. Die Vorschläge sind sachlich zu behandeln, der Personalvertretung ist mitzuteilen, welche Stellung die Krankenhausleitung oder das einzelne Mitglied der Krankenhausleitung zu den Vorschlägen nimmt. Die Personalvertretung kann entweder im Rahmen der monatlichen gemeinschaftlichen Besprechung des § 70 Abs. 1 oder aber in sonstigen Besprechungen eine Behandlung der Vorschläge verlangen. Kommt es mit einem einzelnen Mitglied der Krankenhausleitung zu keiner Einigung, kann die Personalvertretung auch das Gesamtgremium der Krankenhausleitung einschalten. In entsprechender Anwendung des § 46 Abs. 4 LKG kann diese die Angelegenheit an sich ziehen. 7

Der **Begriff der Mitarbeit** erfaßt jegliche Art der Unterstützung der Krankenhausleitung. Ihre Grenze findet sie in § 78 Abs. 2 sowie in den entsprechenden Regelungen des LKG. Ein einseitiger Eingriff in die Leitung der Geschäfte durch die Personalvertretung ist unzulässig. § 76 gewährt insoweit auch weder ein Mitbestimmungs- noch ein Mitwirkungsrecht, sondern lediglich schwächere Beteiligungsrechte. 8

Betriebszweck im Sinne der Vorschrift ist der mit dem Krankenhausbetrieb verfolgte arbeitstechnische Zweck, der im einzelnen durch die Bestimmungen des LKG näher konkretisiert wird. Er umfaßt nicht das Interesse der Verwaltung an einer möglichst kostendeckenden Organisation der Krankenhausbetriebe, erfaßt wird damit nicht das auch verfolgte Ziel des Erwerbs und der wirtschaftlichen Zwecke. Diese sind nicht Bestandteil des Betriebsbegriffes. 9

Informationsrecht

Um die aus § 76 folgenden Aufgaben erfüllen zu können, hat die Personalvertretung gegenüber dem allgemeinen Informationsrecht des § 73 zusätzliche, besonders gestaltete Unterrichtungsrechte. 10

Auskunftserteilung und laufende Berichterstattung muß **durch die Krankenhausleitung** unaufgefordert erfolgen. Erforderlichenfalls sind Unterlagen vorzulegen. Der gesamten Personalvertretung muß die Möglichkeit gegeben werden, sich selbst ein Bild zu machen. Die Entgegennahme der Auskünfte oder der Berichterstattung gehört zu den von dem Vorstand zu führenden laufenden Geschäften i. S. des § 29 Abs. 1. 11

Die Unterrichtung hat über die **Betriebsvorgänge und die Entwicklung** des Krankenhausbetriebes zu erfolgen. Hierunter fällt insbesondere: Darstellung der wirtschaftlichen, finanziellen und personellen Lage des Krankenhauses; Belegziffern; Investitionsvorhaben; Rationalisierungsvorstellungen; Darstellung der Arbeits- und Organisationsmethoden, insbesondere wenn neue Methoden dieser Art eingeführt werden sollen; Einschränkung oder Veränderung von Teilbereichen innerhalb des Krankenhausbetriebes; Änderung von Betriebsorganisation und Betriebszweck; sämtliche Vorgänge und Vorhaben, welche die Interessen der Dienstkräfte berühren könnten; Auswirkungen der 12

511

§§ 76, 77

Förderpläne des Senats auf die Entwicklung des Krankenhausbetriebes; Einzelheiten der Personal- und Personalentwicklungsplanung.

13 Ebenfalls erfaßt werden **Einzelheiten der Wirtschaftsführung** und des Rechnungswesens, über die ebenso zu informieren ist wie über die Abführungen bei privater Liquidation durch Beschäftigte des Krankenhausbetriebes. Weiterhin ist über sämtliche Aufgabenbereiche zu informieren, die der Krankenhausleitung oder den einzelnen Mitgliedern der Krankenhausleitung gem. §§ 42 ff. LKG obliegen.

14 Bei der Unterrichtung hat die Krankenhausleitung nicht nur den bestehenden Zustand zu schildern, sondern sie hat auch über Veränderungen seit der letzten Berichterstattung Auskunft zu erteilen. Sie hat ferner in dem Bericht aufzunehmen, wie sie die zukünftige Entwicklung beurteilt.

Vorlage der Bilanz

15 Nach dem Wortlaut des Gesetzes ist der Personalvertretung ferner die erläuterte Bilanz mit Gewinn- und Verlustrechnung vorzulegen. Die **Vorlagepflicht betrifft** die wirtschaftliche Betriebsführung des Krankenhauses, in erster Linie die Aufstellung und Ausführung des Wirtschaftsplanes und die Aufstellung des Jahresabschlusses. Dies ist in erster Linie eine Aufgabe, die der Verwaltungsleiter zu erfüllen hat, § 48 Abs. 1 Nrn. 2 und 3 LKG. Sowohl Wirtschaftsplan als auch Jahresabschluß müssen daneben noch von der Krankenhauskonferenz festgestellt werden, § 43 Abs. 1 Nrn. 2 und 3 LKG.

16 **Vorlage bedeutet,** daß Jahresabschluß und Wirtschaftsplan der Personalvertretung zur Verfügung zu stellen sind. Bei der Erläuterung braucht nicht auf alle Einzelheiten eingegangen zu werden. Maßgeblich ist, daß ein Gesamtbild der wirtschaftlichen Entwicklung gegeben wird. Der Umfang der Erläuterungspflicht ergibt sich im einzelnen aus dem Gesetz nicht.

Streitigkeiten

17 Streitigkeiten sind gem. § 91 Abs. 1 Nr. 3 vor dem Verwaltungsgericht im Beschlußverfahren auszutragen. Es handelt sich um Fragen der Zuständigkeit, Geschäftsführung und Rechtsstellung der Personalvertretungen.

§ 77 Arbeitsschutz

(1) Die Personalvertretung hat bei der Bekämpfung von Unfall- und Gesundheitsgefahren die für den Arbeitsschutz zuständigen Behörden, die Träger der gesetzlichen Unfallversicherung und die übrigen in Betracht kommenden Stellen durch Anregung, Beratung und Auskunft zu unterstützen und sich für die Durchführung der Vorschriften über den Arbeitsschutz und die Unfallverhütung in der Dienststelle einzusetzen.

(2) Die Dienststelle und die in Absatz 1 genannten Stellen sind verpflichtet, die Personalvertretung oder die von ihr bestimmten Mitglieder der Personalvertretung bei allen im Zusammenhang mit dem Arbeitsschutz oder der Unfallverhütung stehenden Besichtigungen und Fragen und bei Unfalluntersuchungen hinzuzuziehen. Die Dienststelle hat der Personalvertretung unverzüglich die den Arbeitsschutz und die Unfallverhütung betreffenden Auflagen und Anordnungen der in Absatz 1 genannten Stellen mitzuteilen.

(3) An den Besprechungen der Dienststelle mit den Sicherheitsbeauftragten oder dem Sicherheitsausschuß nach *§ 719 Abs. 4 der Reichsversicherungsordnung* nehmen von der Personalvertretung beauftragte Mitglieder der Personalvertretung teil.
(4) Die Personalvertretung erhält die Niederschriften über Untersuchungen, Besichtigungen und Besprechungen, zu denen sie nach den Absätzen 2 und 3 hinzuzuziehen ist.
(5) Die Dienststelle hat dem Personalrat eine Durchschrift der nach *§ 1552 der Reichsversicherungsordnung* von der Personalvertretung zu unterschreibenden Unfallanzeige oder der nach beamtenrechtlichen Vorschriften zu fertigenden Niederschrift oder Unfallanzeige auszuhändigen.
(6) Vor der Verpflichtung oder Entpflichtung eines freiberuflich tätigen Arztes für betriebsärztliche Aufgaben, einer freiberuflich tätigen Fachkraft für Arbeitssicherheit oder eines überbetrieblichen Dienstes von Betriebsärzten oder Fachkräften für Arbeitssicherheit ist die Personalvertretung zu hören.

Übersicht
Rn.

Allgemeines	1– 5
Verpflichtung der Personalvertretung	6– 8
Bekämpfung von Unfall- und Gesundheitsgefahren	9–11
Zusammenarbeit mit der für Arbeitsschutz zuständigen Behörde oder Stelle	12–16
Für Arbeitsschutz zuständige Stellen	17
Vorschriften über Arbeitsschutz und Unfallverhütung	18–23
Beteiligung bei Besichtigungen, Fragen und Unfalluntersuchungen	24
Beteiligung der zuständigen Personalvertretung	25–28
Form der Beteiligung	29, 30
Beteiligung an Unfalluntersuchungen	31–35
Aushändigung der Unfallanzeige bzw. Niederschrift (Abs. 5)	36
Mitteilung von Auflagen und Anordnungen	37
Mitwirkung bei der Bestellung von Sicherheitsbeauftragten	38
Teilnahme an Besprechungen mit dem Sicherheitsbeauftragten	39
Übergabe von Niederschriften (Abs. 4)	40
Anhörungsrecht (Abs. 6)	41
Verstöße	42
Streitigkeiten	43

Allgemeines

Die Vorschrift ist gegenüber der bisherigen Regelung in § 59 PersVG Bln erheblich erweitert worden. Sie **entspricht** weitgehend den Bestimmungen in § 81 BPersVG und § 89 BetrVG. Bei der Neufassung des Gesetzes hat der Gesetzgeber übersehen, daß die Vorschriften der RVO durch diejenigen des SGB VII ersetzt worden sind. Insoweit muß eine Anpassung des Gesetzes erfolgen.

Die Mitwirkung der Personalvertretung bei Fragen des Arbeitsschutzes **ergänzt die allgemeine Aufgabe** des § 72 Abs. 1 Nr. 2. Sie dient sowohl dem Interesse der Dienstkräfte, deren Leben und Gesundheit hierdurch besser geschützt werden sollen, als auch dem Interesse der Dienststelle, die durch Verhütung von Dienstunfällen von Unfallkosten und Störungen im Arbeitsablauf entlastet wird. Die Beteiligung erfolgt durch Beratungsrechte, verbunden mit Unterrichtungsan-

1

2

sprüchen und -pflichten sowie Teilnahmerechten bei Unfalluntersuchungen und Besprechungen mit den Sicherheitsbeauftragten. Die Regelung erfordert eine aktive Beteiligung der Personalvertretung, sie kann selbständig tätig werden.

3 **Daneben** sind die **Mitbestimmungsrechte** des § 85 Abs. 1 Nr. 7 und Abs. 2 Nr. 4 zu beachten. Die Vorschrift ist zwingend, abweichende Regelungen sind unwirksam. Weiter können sich aus anderen Bestimmungen Unterrichtungsrechte und Beratungsrechte ergeben, die ebenfalls unabhängig von § 77 anzuwenden sind.

4 Die Mitglieder der Personalvertretungen können diese sowohl für die Dienststelle als auch für die Dienstkräfte besonders wichtige Aufgabe nur wahrnehmen, wenn sie auch **entsprechende Kenntnisse** besitzen. Sie haben daher einen Anspruch auf entsprechende Schulung, für die sie gem. § 42 Abs. 3 unter Fortzahlung der Bezüge vom Dienst freizustellen sind. Ferner sind ihnen die einschlägigen Vorschriften und Unterlagen von der Dienststelle zur Verfügung zu stellen.

5 Ein **Konkurrenzverhältnis** zwischen den echten Mitbestimmungsrechten des § 85 und der Beteiligung in § 77 besteht nicht. Während § 85 Abs. 1 Nr. 7 das Mitbestimmungsrecht hinsichtlich der Organisation der Schadensverhütung regelt, also generelle Maßnahmen zur Verhütung von Dienst- und Arbeitsunfällen und sonstigen Gesundheitsbeschädigungen zum Gegenstand hat, betrifft § 77 die Beteiligung an der Ausführung und den Vollzug bestehender Schutzvorschriften, auch soweit diese durch Dienstvereinbarung geschaffen worden sind. Der Beteiligungsanspruch des § 77 hat damit eine andere Funktion als das Mitbestimmungsrecht.

Verpflichtung der Personalvertretung

6 Die Bekämpfung der Unfall- und Gesundheitsgefahren ist Aufgabe der Personalvertretung. Je nach **Zuständigkeitsbereich** sind dies der Personalrat, der Gesamtpersonalrat (§ 54) und der Hauptpersonalrat (§ 59). Direkte Rechte und Pflichten aus § 77 bestehen für die JugAzubiVertr. nicht, diese haben jedoch nach § 65 Abs. 1 Nr. 2 die allgemeine Pflicht, darüber zu wachen, daß die zugunsten der jugendlichen und auszubildenden Dienstkräfte geltenden Gesetze, Verordnungen, Unfallverhütungsvorschriften, Tarifverträge, Dienstvereinbarungen und Verwaltungsanordnungen durchgeführt werden.

7 **Träger der Aufgabe** ist die gesamte Personalvertretung. Sie muß aber, abgesehen von der besonderen Zuständigkeitsregelung in Abs. 2, auch von jedem einzelnen Mitglied der Personalvertretung wahrgenommen werden. Die Anregung, Beratung und Auskunft gegenüber den für den Arbeitsschutz zuständigen Behörden und anderen Stellen kann daher durch die gesamte Personalvertretung, den Vorstand oder aber auch durch einzelne Mitglieder erfolgen. Eines besonderen Beschlusses hierzu gem. § 32 bedarf es in der Regel nicht (*Grabendorff u.a., § 81 Rn. 4*).

8 Wie im einzelnen die Aufgaben erfüllt werden, kann im Rahmen der gesetzlichen Vorschriften von der Personalvertretung eigenverantwortlich entschieden werden. Es ist zulässig, im Rahmen der Geschäftsordnung (§ 38) hierfür besondere Bestimmungen zu treffen. Durch Beschluß können besondere Mitglieder mit den Fragen des Arbeitsschutzes und der Unfallverhütung beauftragt werden (*Fischer/Goeres, § 81 Rn. 4; Grabendorff u.a., § 81 Rn. 4*). An der Verantwortlichkeit der gesamten Personalvertretung ändert sich hierdurch jedoch nichts.

Bekämpfung von Unfall- und Gesundheitsgefahren

Der **Begriff der Bekämpfung** von Unfall- und Gesundheitsgefahren ist weit zu fassen. Die Personalvertretung muß sich vom Stand des Arbeitsschutzes überzeugen, die Arbeitsplätze regelmäßig kontrollieren, Gefahren und Mißstände sofort an den Dienststellenleiter oder die jeweils zuständige Stelle weitermelden. Hinweisen und Beschwerden der Dienstkräfte ist in jedem Falle nachzugehen. 9

Darüber hinaus hat die Personalvertretung auch darauf zu achten, daß die **Schutzvorschriften von den Dienstkräften** eingehalten werden, gegebenenfalls diese darauf hinzuweisen bzw. bei Weigerung der Dienstkräfte die zuständige Stelle innerhalb der Dienststelle einzuschalten. Die Personalvertretung hat dafür zu sorgen, daß die einschlägigen Schutzvorschriften den Dienstkräften bekanntgegeben werden, gegebenenfalls muß sie dies selbst in einer Personalversammlung oder durch Aushang oder auf ähnliche Weise selbst durchführen. Sie hat auch darauf zu achten, daß innerhalb der Dienststelle keine Ansteckungsgefahren bestehen, es ist Sorge dafür zu tragen, daß ansteckend erkrankte Dienstkräfte nicht die anderen Beschäftigten gefährden können. 10

Durch diese Pflichten der Personalvertretung werden die Aufgaben und **Verantwortlichkeiten des Dienststellenleiters** oder sonstiger Personen bzw. zuständiger Stellen nicht beeinflußt oder gar verringert, zumal die Personalvertretung selbst allein keine Arbeitsschutzmaßnahmen anordnen oder durchführen kann. 11

Zusammenarbeit mit der für Arbeitsschutz zuständigen Behörde oder Stelle

Um der Personalvertretung die Möglichkeit zu geben, aktiv im Bereich des Unfall- und Gesundheitsschutzes tätig zu werden, hat das Gesetz Unterstützungsrechte mit den zuständigen Behörden und sonstigen Stellen festgelegt. Durch die Möglichkeit, Anregungen zu geben und beratend tätig zu werden, wird der Personalvertretung das Recht gegeben, selbst Einfluß zu nehmen. 12

Anregungen sind sachlich von der zuständigen Stelle zu bearbeiten, der Personalvertretung ist eine Nachricht über etwaige Entscheidungen zu geben. 13

Die **Beratung** setzt ebenso wie das Beratungsrecht in sonstigen Vorschriften des PersVG Bln voraus, daß beabsichtigte Maßnahmen der Personalvertretung mitzuteilen sind und ihr Gelegenheit zur Stellungnahme zu geben ist. Äußerungen der Personalvertretung sind sachlich zu prüfen und gegebenenfalls mit ihr zu erörtern. 14

Ergänzend hat die Personalvertretung auch eine **Auskunftspflicht** gegenüber den zuständigen Überwachungsstellen. Sie hat das Recht und die Pflicht, alle den Arbeitsschutz berührenden Ereignisse mitzuteilen. Die Schweigepflicht des § 11 gilt insoweit nicht *(vgl. oben § 11 Rn. 33)*. 15

Die Auskunftspflicht besteht nach dem Wortlaut der Vorschrift unmittelbar gegenüber den Trägern des Arbeitsschutzes. Aus dem Gebot der vertrauensvollen Zusammenarbeit des § 2 Abs. 1 und der Pflicht, andere Stellen erst dann anzurufen, wenn keine dienststelleninterne Lösung eines Problems oder eines Streitfalles möglich ist, § 70 Abs. 3, folgt aber, daß zunächst der Dienststellenleiter oder die zuständige dienststelleninterne bzw. verwaltungsinterne Stelle zu informieren ist. 16

§ 77

Für Arbeitsschutz zuständige Stellen

17   Zuständige Stellen sind u. a. die in der Verwaltung gebildeten besonderen Ämter oder Einheiten, die Unfallüberwachungsdienste, die besonderen Einrichtungen für Arbeitsschutz bei den Eigenbetrieben, die Baubehörden, die Stellen für vorbeugenden Brandschutz, die technischen Überwachungsvereine. Ferner gehören hierzu die technischen Aufsichtsbeamten der Träger der Unfallversicherungen, die für den Bereich der Länderverwaltungen grundsätzlich dem Land unterstehen. Zu diesem Kreis gehören auch die Personen, die den arbeitsmedizinischen und sicherheitstechnischen Arbeitsschutz gewährleisten sollen. Von Bedeutung sind hierbei im einzelnen die Regelungen im SGB VII. Für weibliche Angestellte und Arbeiter sind im Falle des Mutterschutzgesetzes die Gewerbeaufsichtsämter, § 20 MuschG, zuständig.

Vorschriften über Arbeitsschutz und Unfallverhütung

18   Die Personalvertretungen haben sich für die **Durchführung der Vorschriften über Arbeitsschutz und Unfallverhütung einzusetzen.** Diese Pflicht ist eine Konkretisierung der allgemeinen Pflicht zur Überwachung der für die Dienstkräfte geltenden Vorschriften nach § 72 Abs. 1 Nr. 2. Die Aufgabe geht über eine bloße Überwachung hinaus und verlangt auch, daß die Personalvertretung aktiv für die Einhaltung der Vorschriften sorgt.

19   **Zu den Vorschriften über Arbeitsschutz und Unfallverhütung gehören** neben sämtlichen öffentlich-rechtlichen Bestimmungen auch Tarifverträge, Dienstvereinbarungen und die gem. § 15 SGB VII erlassenen Unfallverhütungsvorschriften (UVV). Auch die von den Anstalten, Körperschaften und den juristischen Personen des öffentlichen Rechts oder sonstigen Stellen innerhalb der Verwaltung erlassenen Verwaltungsanordnungen, die dem Arbeitsschutz und der Unfallverhütung dienen, gehören hierzu. Ferner sämtliche rechtsverbindlichen Regelungen betreffend den Betriebs- oder Gefahrenschutz, das Arbeitszeitrecht, Frauen- und Mutterschutz, Jugendarbeitsschutz und Schwerbehindertenschutz sowie die einschlägigen Regelungen der europäischen Gemeinschaft.

20   Hervorzuheben sind das Arbeitszeitrecht, die Verordnung über die Arbeitszeit für Beamte, das Mutterschutzgesetz (MuschG), die Verordnung über den Mutterschutz für Beamtinnen, die Verordnung über den Arbeitsschutz für jugendliche Beamte, das Jugendarbeitsschutzgesetz (JArbSchG), das SGB IX *(früher: Schwerbehindertengesetz)*, das Gesetz über Betriebsärzte, Sicherheitsingenieure und andere Fachkräfte für Arbeitssicherheit (ASiG), das BDSG, die Gentechnik-Sicherheitsverordnung – GenTSV –, Bundesimmissionsschutzgesetz, atomrechtliche Sicherheitsbeauftragten- und Meldeverordnung – AtSMV, Gesetz zur Umsetzung der EG-Rahmenrichtlinie Arbeitsschutz und weiterer Arbeits-Richtlinien, ferner die einschlägigen Vorschriften in den Tarifverträgen, z. B. BAT, BMT-G II, MTL.

21   Einen **Überblick** über den jeweiligen Stand der Arbeits- und Gesundheitsschutzvorschriften mit einer Zusammenstellung der erlassenen Bestimmungen geben die jährlich erscheinenden Unfallverhütungsberichte der Bundesregierung (§ 15 Abs. 5 SGB VII), die vom Bundesminister für Arbeit und Sozialordnung herausgegeben werden.

22   Die Texte der einschlägigen Bestimmungen sind der Personalvertretung von der Dienststelle zur Verfügung zu stellen, §§ 73 Abs. 1 und 40 Abs. 2.

§ 77

23 Die Durchführung der Arbeitsschutz- und Unfallverhütungsmaßnahmen ist trotz der Mitwirkungsrechte der Personalvertretung allein Aufgabe der Dienststelle bzw. der sonst verwaltungsinternen bestimmten Stelle.

Beteiligung bei Besichtigungen, Fragen und Unfalluntersuchungen

24 Nach Abs. 2 haben die Dienststelle (Dienststellenleiter) und die sonstigen für Arbeitsschutz- und Unfallverhütung zuständigen Stellen bei allen im Zusammenhang mit dem Arbeitsschutz oder der Unfallverhütung stehenden Besichtigungen, Fragen und bei Unfalluntersuchungen die Personalvertretung hinzuziehen. Damit soll dieser im Rahmen des Arbeitsschutzes die Mitwirkung auch tatsächlich ermöglicht werden.

Beteiligung der zuständigen Personalvertretung

25 Grundsätzlich ist die **gesamte Personalvertretung** hinzuzuziehen. Diese kann einzelne Mitglieder beauftragen, die Aufgabe wahrzunehmen. Die Beauftragung muß durch Beschluß, § 32, erfolgen. Es kann auch generell in der Geschäftsordnung, § 38, festgelegt werden, welche Mitglieder der Personalvertretung die Aufgaben wahrzunehmen haben. Sollen mehrere Mitglieder bestimmt werden, dann sind in entsprechender Anwendung des § 29 Abs. 2 Satz 2 die Gruppen angemessen zu berücksichtigen.

26 Eine **weitere Pflicht** zur Zusammenarbeit zwischen den technischen Aufsichtsbeamten, den Trägern der Unfallversicherung und den Personalvertretungen ergibt sich aus den allgemeinen Verwaltungsvorschriften über das Zusammenwirken der technischen Aufsichtsbeamten, der Träger der Unfallversicherung mit den Betriebsvertretungen.

27 Hinzuzuziehen ist die Personalvertretung derjenigen Dienststelle, die betroffen ist. Bei Besichtigungen also diejenige, deren Dienststelle besichtigt werden soll, bei Unfalluntersuchungen diejenige, in deren Dienststelle sich der Unfall ereignet hat.

28 Je nach Umfang und Bedeutung der Angelegenheit können auch neben dem örtlichen Personalrat der Gesamtpersonalrat oder der Hauptpersonalrat ein berechtigtes Interesse an der Teilnahme haben. Das wird insbesondere dann der Fall sein, wenn die Auswirkungen über den Bereich einer Dienststelle hinausgehen.

Form der Beteiligung

29 Die Beteiligung erfolgt in der Regel **durch den Dienststellenleiter.** Die Pflicht trifft jedoch auch die in Abs. 1 genannten Stellen. Die Personalvertretung ist dabei so rechtzeitig von der geplanten Besichtigung oder Erörterung der Fragen zu unterrichten, daß sie genügend Zeit zur Vorbereitung hat. Eine feste Frist besteht nicht, dies kann in der Regel nur von Fall zu Fall entschieden werden. In Anlehnung an die Fristbestimmung in § 79 Abs. 2 bei der Mitbestimmung bei Kündigungen kann jedoch generell gesagt werden, daß mindestens eine Woche Vorbereitungsfrist bestehen sollte, es sei denn, eine besondere Dringlichkeit ist gegeben.

30 Bei den **Besichtigungen und Erörterungen** kann die Personalvertretung Anregungen geben oder Anregungen der Dienstkräfte weiterleiten. Absatz 2 ent-

hält eine umfassende Zuständigkeit der Personalvertretung. Sie ist daher auch dann hinzuzuziehen, wenn neue Maschinen oder Arbeitsmethoden, die neue Arbeits- oder Sicherheitsmaßnahmen erfordern, eingeführt oder angewandt werden sollen. Das gilt auch, wenn die Beziehungen zu Arbeitsschutz- und Unfallverhütungsproblemen erst ermittelt werden sollen *(Fischer/Goeres, § 81 Rn. 11)*. Das gleiche gilt bei der Einführung und Prüfung von Arbeitsschutzvorrichtungen. Hier ist die Personalvertretung so rechtzeitig einzuschalten, daß sie noch durch Beratung und Erörterung Einfluß auf die Entscheidung nehmen kann. Sie hat hier in erster Linie die Erfahrungen der betroffenen Dienstkräfte zu ermitteln.

Beteiligung an Unfalluntersuchungen

31 Die Beteiligung an Unfalluntersuchungen hat den Zweck, daß die Personalvertretung für ihre weitere Tätigkeit insbesondere im Rahmen des Absatzes 1 Erkenntnisse für die Unfallverhütung gewinnt. Jeder Unfall ist der Personalvertretung durch den Dienststellenleiter oder die sonstigen Stellen mitzuteilen.

32 Der **Begriff des Unfalles** i.S. des § 77 Abs. 2 ist weiter als der des § 126 Abs. 1 LBG. Während dort von dem Begriff des Unfalls nur Körperschäden erfaßt werden, fallen unter den Begriff des Unfalls i.S. des § 77 Abs. 2 auch Sachbeschädigungen *(Fischer/Goeres, § 81 Rn. 12; Lorenzen u.a., § 81 Rn. 22; BVerwG vom 8. 12. 1961, DVBl. 1962, 148)*. Es ist unerheblich, ob sich der Unfall innerhalb der Diensträume oder der Dienststelle oder im Außendienst ereignet hat, er muß aber im Dienst, also bei Erfüllung dienstlicher Aufgaben, eingetreten sein.

33 Die Personalvertretung ist berechtigt und verpflichtet, an allen Unfalluntersuchungen teilzunehmen, die von der Dienststelle oder einer der in Absatz 1 genannten Stellen durchgeführt werden. **Keine Unfalluntersuchungen** im Sinne dieser Vorschrift sind sämtliche polizeilichen oder gerichtlichen Ermittlungen im Rahmen eines Rechtsstreites oder Strafverfahrens oder bei Prüfung von Ansprüchen der Unfallfürsorge *(Grabendorff u.a., § 81 Rn. 18)*. Allerdings schließt die Einschaltung der Polizei in eine dienststellenbezogene Untersuchung das Beteiligungsrecht nicht aus.

34 Die Beteiligung ist **umfassend,** die Personalvertretung kann bei Vernehmungen und Anhörungen anwesend sein, schriftliche Berichte, Gutachten etc. sind ihr zugänglich zu machen. Auch die Abschlußberichte müssen der Personalvertretung vorgelegt werden *(Grabendorff u.a., § 81 Rn. 19)*.

35 Durch die Beteiligung und ggf. die Mitunterzeichnung von Ermittlungsberichten oder Protokollen übernimmt die Personalvertretung keine Verantwortung, die Unterzeichnung dient in erster Linie dem Nachweis, daß die Personalvertretung unterrichtet worden ist.

Aushändigung der Unfallanzeige bzw. Niederschrift (Abs. 5)

36 Ergänzend ist nach § 77 Abs. 5 eine Durchschrift dieser Unfallanzeige der Personalvertretung auszuhändigen. Das gleiche gilt für die nach beamtenrechtlichen Grundsätzen zu fertigenden Niederschriften oder Unfallanzeigen *(§ 141 LBG)*.

Mitteilung von Auflagen und Anordnungen

Die Dienststelle hat weiter die Pflicht, der Personalvertretung **ohne** schuldhaftes **Verzögern** die den Arbeitsschutz und die Unfallverhütung betreffenden Auflagen und Anordnungen der in Absatz 1 genannten Stellen mitzuteilen. In der Regel sind sie der Personalvertretung in Abschrift oder Fotokopie zum Verbleib zu überlassen. Dadurch soll die Personalvertretung in die Lage versetzt werden, ihre Aufgabe gem. Abs. 1 zu erfüllen.

37

Mitwirkung bei der Bestellung von Sicherheitsbeauftragten

Nach § 22 SGB VII sind in Dienststellen mit mehr als 20 Dienstkräften ein oder mehrere Sicherheitsbeauftragte zu ernennen. Die Ernennung erfolgt unter Mitwirkung des Personalrates. Der Begriff der Mitwirkung ist hier i.S. von **Beratung** zu verstehen, wobei es auf eine besonders sorgfältige, allein an fachlichen Kriterien ausgerichtete Auswahl ankommt. Die Bestellung des Sicherheitsbeauftragten ist rechtzeitig und eingehend mit dem Personalrat zu erörtern. Das Beteiligungsrecht erstreckt sich auf Auswahl und Anzahl der Sicherheitsbeauftragten.

38

Teilnahme an Besprechungen mit dem Sicherheitsbeauftragten

Nach § 22 Abs. 2 SGB VII haben die Sicherheitsbeauftragten eine **Unterstützungspflicht** bei Durchführung des Unfallschutzes, insbesondere in bezug auf die Überwachung des Vorhandenseins und der Benutzung vorgeschriebener Schutzvorrichtungen. Zur Unterstützung gehören auch Besprechungen, wie sich aus Abs. 3 ergibt. Das Teilnahmerecht der Personalvertretung oder ihrer Vertreter wird in § 77 Abs. 3 nochmals hervorgehoben und zu einer Pflicht verstärkt. Die Zusammenkunft kann auch im Rahmen der monatlichen gemeinschaftlichen Besprechung (*§ 70 Abs. 1*) erfolgen.

39

Übergabe von Niederschriften (Abs. 4)

Nach § 77 Abs. 4 erhält die Personalvertretung **alle Niederschriften** über Untersuchungen, Besichtigungen und Besprechungen, zu denen sie nach den Absätzen 2 und 3 hinzuzuziehen ist. Aus dem Wortlaut wird deutlich, daß die Überlassung der Niederschriften auch dann zu erfolgen hat, wenn die Personalvertretung von ihrem Teilnahmerecht keinen Gebrauch gemacht hat.

40

Anhörungsrecht (Abs. 6)

Ein Anhörungsrecht besteht ferner bei der Bestellung oder Abberufung von **Betriebsärzten** oder **Fachkräften für Arbeitssicherheit** sowohl als Einzelperson als auch im Rahmen eines überbetrieblichen Dienstes. Eine rechtzeitige und eingehende Erörterung mit dem Personalrat ist erforderlich. Ist eine Übereinstimmung nicht zu erzielen, kann die Dienststelle unter Beachtung der Bestimmung des § 84 die Maßnahme durchführen. Das Anhörungsrecht besteht auch bei einer **Erweiterung** oder Einschränkung der Aufgaben, der Personalrat kann damit mittelbar auch den Umfang der Untersuchungstätigkeit im Interesse der

41

§§ 77, 78

Dienstkräfte beeinflussen. Das Anhörungsrecht nach Abs. 6 tritt neben das Mitbestimmungsrecht des § 85 Abs. 2 Nr. 4, dieses betrifft aber nur die Vertrauens- und Betriebsärzte (vgl. unten § 85 Rn. 235 ff.).

Verstöße

42 Grobe **Verstöße der Personalvertretung** oder einzelner ihrer Mitglieder gegen die Pflichten aus § 77 kann die gerichtliche Auflösung des gesamten Personalvertretungsorgans oder aber den Ausschluß einzelner Mitglieder gem. § 25 zur Folge haben. **Verstößt der Dienststellenleiter** gegen seine Verpflichtungen aus § 77, kann gegen ihn ein Disziplinarverfahren eingeleitet werden. Daneben können Schadensersatzansprüche einzelner Dienstkräfte entstehen, wenn es auf Grund der Verstöße gegen die Pflichten aus § 77 zu Sach- und Körperbeschädigungen kommt.

Streitigkeiten

43 Streitigkeiten im Zusammenhang mit der Beteiligung der Personalvertretungen bei Durchführung des Arbeitsschutzes nach § 77 entscheidet das Verwaltungsgericht im Beschlußverfahren gem. § 91 Abs. 1 Nr. 3. Es handelt sich um Fragen der Zuständigkeit, Geschäftsführung und der Rechtsstellung der Personalvertretung.

§ 78 Durchführung von Entscheidungen

(1) Entscheidungen, an denen die Personalvertretung beteiligt war, führt je nach Zuständigkeit die Dienststelle, die Dienstbehörde oder die oberste Dienstbehörde durch, es sei denn, daß im Einzelfall mit der Personalvertretung etwas anderes vereinbart ist.
(2) Die Personalvertretung darf nicht einseitig in den Dienstbetrieb eingreifen.

Übersicht   Rn.

Allgemeines 1
Durchführung von Entscheidungen (Abs. 1) 2, 3
Entscheidungen 4, 5
Übertragung der Durchführungsbefugnis 6, 7
Verbot des Eingriffs in den Dienstbetrieb (Abs. 2) 8, 9
Verstöße 10, 11
Streitigkeiten 12

Allgemeines

1 Die Vorschrift entspricht § 60 PersVG Bln a. F. und auch weitgehend § 74 BPersVG. Eine vergleichbare Regelung findet sich in § 77 Abs. 1 BetrVG.

Durchführung von Entscheidungen (Abs. 1)

Die Personalvertretungen sind zwar dienststelleninterne Einrichtungen *(vgl. oben § 1 Rn. 39)*, ihnen kommt keine eigene Rechtspersönlichkeit im Rahmen des dienstlichen Handelns zu, sie sind nur Repräsentant der Dienstkräfte. 2

Die Exekutive in der Dienststelle steht **grundsätzlich dem Dienststellenleiter** oder seinem Vertreter zu *(BVerwG vom 11. 3. 1983, E 67, 61; vom 9. 3. 1990, E 85, 36)*. Je nach der organisatorischen Zuständigkeitsregelung gilt Entsprechendes für Dienstbehörde und oberste Dienstbehörde. Das gilt sowohl für Entscheidungen auf Grund des Direktionsrechts als auch für Entscheidungen, die der Mitbestimmung und der Mitwirkung der Personalvertretungsorgane unterliegen. Durch die Beteiligungsrechte wird allein die Entscheidungsbefugnis beeinflußt, nicht jedoch die davon unabhängige Durchführungsbefugnis. § 78 hat daher insoweit nur klarstellenden Charakter. 3

Entscheidungen

Die Vorschrift regelt nur das Durchführungsrecht bei Entscheidungen, **an denen die Personalvertretung beteiligt war.** Gemeint ist hier jede Art der Beteiligung, also neben der Mitbestimmung auch sämtliche Arten der Mitwirkung, wie Anhörung, Unterrichtung oder Anregung durch die Personalvertretung. Das gleiche gilt für die Fälle, in denen nach dem Gesetz ein Beteiligungsrecht nicht besteht, die Personalvertretung jedoch auf freiwilliger Basis an einer Entscheidung bzw. Willensbildung beteiligt wurde. Darauf, ob die Beteiligung fehlerfrei erfolgte oder nicht, kommt es nicht an *(Lorenzen u. a., § 74 Rn. 3)*. 4

Nicht von § 78 Abs. 1 **erfaßt werden** sämtliche Entscheidungen, die in die ausschließliche Zuständigkeit der Personalvertretung fallen, wie z. B. Geschäftsführung, Abhaltung der Sprechstunden, Einberufung von Personalversammlungen, Personalratssitzungen etc. In diesen Fällen sind der Personalvertretung kraft Gesetzes eigene Handlungsbefugnisse zugewiesen, die selbst dann bestehen, wenn die Dienststelle, Dienstbehörde oder oberste Dienstbehörde vorher zu beteiligen war. 5

Übertragung der Durchführungsbefugnis

In Einzelfällen kann durch **ausdrückliche Vereinbarung** zwischen Personalvertretung und Dienststelle, Dienstbehörde oder oberster Dienstbehörde festgelegt werden, daß die Personalvertretung die Entscheidung durchführen soll. An der Verantwortlichkeit und generellen Zuständigkeit ändert sich hierdurch nichts. Dies gilt auch hinsichtlich der zivilrechtlichen Haftung, zumal der Personalrat mangels eigener Rechtspersönlichkeit selbst nicht haften kann. Die Vereinbarung kann in einer Dienstvereinbarung enthalten sein, sie kann aber auch in einer anderen Form erfolgen. Eine generelle Übertragung der Durchführung bestimmter Arten von Entscheidungen ist unzulässig, sie kann nur im Einzelfall erfolgen. 6

Die Personalvertretung sollte im Einzelfall prüfen, ob Übertragung der Durchführung im Rahmen und im Interesse ihrer sonstigen Aufgaben liegt. Mögliche Fälle wären zum Beispiel die Durchführung eines Betriebsausfluges, die Verteilung von Zuwendungen an die Dienstkräfte oder die Verwaltung von Wohlfahrtseinrichtungen. Auch die Bekanntgabe von Dienstvereinbarungen kann 7 hierzu gehören, jedoch können diese auch ohne besondere Vereinbarung von der Personalvertretung bekanntgemacht werden *(vgl. oben § 74 Rn. 27).*

Verbot des Eingriffs in den Dienstbetrieb (Abs. 2)

8 Das Verbot des Eingriffs in den Dienstbetrieb gilt sowohl für die **Personalvertretungen** als Organ als auch für **jedes einzelne Mitglied.** Durch das Verbot wird sichergestellt, daß die Befugnisse der Personalvertretungen zur Einschränkung des Direktionsrechts nur im Bereich der internen Beteiligung liegen, die Exekutive steht demgegenüber allein der Dienststelle, Dienstbehörde oder obersten Dienstbehörde zu. Insoweit entspricht Abs. 2 auch dem Grundsatz, daß die Kompetenzen innerhalb der Dienststelle zu wahren sind und alles zu unterlassen ist, was Arbeit und Frieden innerhalb der Dienststelle gefährden kann, § 70 Abs. 2.

9 Das Verbot des Eingriffs in den Dienstbetrieb gilt selbst dann, wenn durch den Leiter der Dienststelle, Dienstbehörde oder obersten Dienstbehörde **gesetzliche Vorschriften verletzt** oder Beteiligungsrechte der Personalvertretungen nicht beachtet, insbesondere im Rahmen des Mitbestimmungsrechts der Personalvertretung vereinbarte Maßnahmen oder Entscheidungen nicht durchgeführt werden *(Fischer/Goeres, § 74 Rn. 7; Altvater u.a., § 74 Rn. 2; Lorenzen u.a., § 74 Rn. 10).* In diesem Falle kann die Personalvertretung die Durchführung und die Beachtung der Mitbestimmungsrechte im verwaltungsgerichtlichen Beschlußverfahren gem. § 91 Abs. 1 Nr. 3 oder durch Dienstaufsichtsbeschwerde erzwingen.

Verstöße

10 Der Verstoß gegen das Verbot des Eingriffs in den Dienstbetrieb kann nach § 25 den Ausschluß einzelner Mitglieder der Personalvertretungen oder deren Auflösungen durch gerichtliche Entscheidung zur Folge haben. Daneben können bei einem Verstoß für einzelne Dienstkräfte noch disziplinarische Maßnahmen oder bei Angestellten und Arbeitern Kündigungen erfolgen. Nach den allgemeinen zivilrechtlichen Vorschriften *(z.B. §§ 823, 826 BGB)* ist die Frage eventueller Schadensersatzansprüche zu beurteilen. § 78 ist kein Schutzgesetz i.S. des § 823 Abs. 2 BGB *(Grabendorff u.a., § 74 Rn. 6).*

11 Verstößt der Dienststellenleiter gegen § 78, führt er z.B. die Maßnahmen nicht durch, kann gegen ihn Dienstaufsichtsbeschwerde erhoben werden. Dies kann sowohl durch die Personalvertretung als auch durch eine betroffene Dienstkraft erfolgen. Daneben können nach den allgemeinen Vorschriften *(Art. 34 GG, §§ 839, 823, 826 BGB)* Schadensersatzansprüche gegenüber dem Dienstherrn bzw. dem Dienststellenleiter unmittelbar bestehen.

Streitigkeiten

12 Streitigkeiten über den Umfang der Handlungsbefugnis der Personalvertretungen sind Streitigkeiten über Zuständigkeit, Geschäftsführung und Rechtsstellung der Personalvertretungen, die gem. § 91 Abs. 1 Nr. 3 im verwaltungsgerichtlichen Beschlußverfahren zu entscheiden sind. Das gleiche gilt für Streitigkeiten, in denen von der Personalvertretung gegenüber dem Dienststellenleiter die Durchführung bestimmter Maßnahmen durchgesetzt werden soll.

2. Mitbestimmung und Mitwirkung

§ 79 Mitbestimmung

(1) Soweit eine Maßnahme der Mitbestimmung der Personalvertretung unterliegt, bedarf sie ihrer vorherigen Zustimmung.

(2) Die Dienststelle unterrichtet die Personalvertretung von der beabsichtigten Maßnahme und beantragt die Zustimmung. Die Personalvertretung kann verlangen, daß die Dienststelle die beabsichtigte Maßnahme begründet. Der Beschluß der Personalvertretung ist der Dienststelle innerhalb von zwei Wochen, im Falle der außerordentlichen Kündigung innerhalb einer Woche seit Zugang des Antrags schriftlich mitzuteilen und im Falle der Ablehnung zu begründen. Die Maßnahme gilt als gebilligt, wenn nicht die Personalvertretung innerhalb der genannten Frist die Zustimmung schriftlich verweigert; dies gilt nicht, wenn die Personalvertretung schriftlich Fristverlängerung beantragt hat. Ist die Dienststelle nach allgemeinen Vorschriften an eine Frist gebunden, so kommt eine Fristverlängerung höchstens bis zu einer Woche vor Ablauf dieser Frist in Betracht; hat die Personalvertretung bis zum Ablauf der Fristverlängerung die Zustimmung nicht schriftlich verweigert, so gilt die Maßnahme als gebilligt.

(3) Verweigert die Personalvertretung die Zustimmung und trägt sie dabei Beschwerden oder Behauptungen tatsächlicher Art vor, die für eine Dienstkraft ungünstig sind oder ihr nachteilig werden können, hat die Dienststelle der Dienstkraft Gelegenheit zur Äußerung zu geben; die Äußerung ist auf Antrag der Dienstkraft aktenkundig zu machen.

(4) Beantragt die Personalvertretung eine Maßnahme, die ihrer Mitbestimmung unterliegt, so hat sie sie schriftlich der Dienststelle vorzuschlagen. Wird dem Antrage nicht entsprochen, so hat die Dienststelle der Personalvertretung innerhalb zweier Wochen ihre Entscheidung schriftlich mitzuteilen und zu begründen. Ist eine Entscheidung innerhalb zweier Wochen nicht möglich, so ist ein Zwischenbescheid zu erteilen.

(5) Als Dienststelle im Sinne der Absätze 1 bis 4 gelten auch die Dienstbehörden und obersten Dienstbehörden.

Übersicht	Rn.
Allgemeines	1, 2
Mitbestimmungsrechte	3– 5
Intensität der Mitbestimmungsrechte	6, 7
Initiativrecht	8
Verfahren bei Initiative der Dienststelle	9
Unterrichtung	10–13
Form und Frist der Unterrichtung	14, 15
Beabsichtigte Maßnahme	16–20
Inhalt der Unterrichtung	21–23
Begründungspflicht auf Verlangen der Personalvertretung	24, 25
Beschluß der Personalvertretung	26–28
Form und Begründung	29–34
Rücknahme der Zustimmung	35
Frist	36–41
Fristverlängerung	42–49

§ 79

Mitteilung des Beschlusses der Personalvertretung	50–52
Folgen der Nichtbeachtung von Form und Frist	53, 54
Folgen der Verletzung der Mitbestimmungsrechte	55
Privatrechtliche Folgen	56–62
Öffentlich-rechtliche Folgen	63–65
Vorläufige Regelung ohne Zustimmung	66–68
Gelegenheit zur Äußerung für betroffene Dienstkräfte	69–71
Initiativrecht der Personalvertretung	72–82
Stellungnahme der Dienststelle	83–87
Streitigkeiten	88–95

Allgemeines

1 § 79 enthält Vorschriften über das Verfahren in Mitbestimmungsangelegenheiten. Es handelt sich um formelle Regelungen, materielle Bestimmungen über das Bestehen oder Nichtbestehen von Mitbestimmungsrechten werden innerhalb dieser Vorschrift nicht getroffen.

2 Die Vorschrift entspricht nur teilweise der Regelung des § 69 Abs. 1 und 2 BPersVG. Eine vergleichbare Vorschrift im Betriebsverfassungsgesetz fehlt.

Mitbestimmungsrechte

3 Die Mitbestimmungsrechte sind die stärkste Form der Beteiligungsrechte der Personalvertretungen. Hier haben die Personalvertretungen ein Recht zur **Mitentscheidung.** Voraussetzung ist das Bestehen eines Entscheidungsrechts der betreffenden Verwaltungseinheit (Dienststelle, Dienstbehörde oder oberste Dienstbehörde), es muß für diese ein Entscheidungsspielraum bestehen. Soweit Rechtsfolgen allein auf Grund tariflicher oder gesetzlicher Vorschriften eintreten, ohne daß ein Regelungsspielraum besteht, entfällt das Mitbestimmungsrecht im eigentlichen Sinne. Mitbestimmungspflichtig bleibt aber dann immer noch, **wie** die Maßnahme durchgeführt werden soll. Auch wenn kein Ermessensspielraum mehr besteht, hat der Personalrat eine Kontrollfunktion hinsichtlich der normvollziehenden Maßnahme der Dienststelle. Auch bei Eingruppierungen, Höhergruppierungen und Herabgruppierungen besteht daher das Mitbestimmungsrecht, der Personalrat hat zu kontrollieren, ob die Rechtsanwendung zutreffend ist. Soweit Ermessensspielräume bestehen, erstreckt sich das Mitbestimmungsrecht dann auch auf die Ermessensausübung *(vgl. zu dem Ganzen: BVerwG vom 1. 2. 1989, PersV 1989, 354).* Hier kann auch von einem Mitbeurteilungsrecht gesprochen werden. Allerdings kann der Personalrat in einem Mitbestimmungsverfahren nicht eine völlig andere Maßnahme verlangen. Damit würde, soweit ein Initiativrecht des Personalrats besteht *(dazu unten Rn. 72),* ein neues Mitbestimmungsverfahren eingeleitet.

4 Mitbestimmungsrechte bestehen in sozialen und personellen Angelegenheiten. Sie sind ausdrücklich im Gesetz geregelt, vgl. z.B. §§ 85, 86, 87 und 88. Eine Erweiterung oder Einschränkung der Mitbestimmungsrechte durch Tarifvertrag oder durch Dienstvereinbarung ist unzulässig, vgl. § 2 Abs. 4. Die Personalvertretung kann auf Mitbestimmungsrechte nicht verzichten *(vgl. OVG Nordrhein-Westfalen vom 10. 5. 1988, ZBR 1989, 215; Richardi, BetrVG, vor § 87 Rn. 6 m.w.N.).*

5 Im Gegensatz zum BPersVG und zum BetrVG, die auch das negative Konsensprinzip kennen, gilt in der Regel das sogenannte **positive Konsensprinzip,**

d. h., für eine Maßnahme ist die positive vorherige Zustimmung *(OVG Berlin vom 14. 12. 1970, PersV 1971, 223)* der Personalvertretung erforderlich.

Intensität der Mitbestimmungsrechte

Das Gesetz kennt zwei in ihrer Intensität unterschiedliche Mitbestimmungsrechte. Einmal sind es die Fälle der **vollen Mitbestimmung,** in denen bei mangelnder Einigung die Einigungsstelle abschließend und für alle Beteiligten verbindlich entscheiden kann, § 83 Abs. 3. 6

Zum anderen gibt es die **eingeschränkte Mitbestimmung** in bestimmten Beteiligungsangelegenheiten der Beamten, § 81 Abs. 2. In diesen Fällen kann von der obersten Dienstbehörde bzw. der zuständigen Aufsichtsbehörde gegen den Spruch der Einigungsstelle die Entscheidung des Senats von Berlin bzw. der im Gesetz genannten Stellen beantragt werden. Mit dieser modifizierten Mitbestimmung wird der Rechtsprechung des Bundesverfassungsgerichtes *(BVerfG vom 27. 4. 1959, E 9, 268 ff.; vom 6. 2. 1987, DVBl. 1987, 739)* Rechnung getragen, nach der wesentliches Merkmal des demokratischen Rechtsstaates die Funktionsfähigkeit und die gegenüber dem Parlament bestehende Verantwortlichkeit der Regierung ist. Zu den Regierungsaufgaben, die wegen ihrer politischen Tragweite weder generell der Regierungsverantwortung entzogen noch von Regierung und Parlament auf unabhängige Stellen übertragen werden dürfen, gehört danach die Entscheidung über die personellen Angelegenheiten der Beamten. Die Entscheidung des BVerfG vom 24. 5. 1995 *(PersR 1995, 483)* hat diese Grundsätze weiter gehend gefaßt. Bezüglich der Auswirkungen auf das PersVG Bln wird auf die Ausführungen zu § 1 Rn. 48, § 81 Rn. 23 verwiesen. 7

Initiativrecht

Wie sich aus Abs. 2 und Abs. 4 ergibt, steht das Initiativrecht in allen Mitbestimmungsangelegenheiten sowohl der Dienststelle bzw. der entsprechenden Verwaltungseinheit als auch der jeweiligen Personalvertretung zu *(dazu unten Rn. 9 ff. und 72 ff.).* 8

Verfahren bei Initiative der Dienststelle

Jede mitbestimmungspflichtige Maßnahme bedarf der **vorherigen Zustimmung** der Personalvertretung *(BVerwG vom 25. 11. 1995, ZfPR 1996, 83).* Eine nachträgliche Zustimmung (Genehmigung) reicht nicht aus. Zur Einholung der Zustimmung ist in Abs. 2 ein besonderes Verfahren vorgeschrieben. 9

Unterrichtung

Gem. Abs. 2 hat die Dienststelle die Personalvertretung von der beabsichtigten Maßnahme zu **unterrichten.** Diese Pflicht läßt sich bereits aus § 73 Abs. 1 herleiten; es gelten insoweit die gleichen Grundsätze *(vgl. im einzelnen die Anmerkungen zu § 73).* Aus dem Gebot der vertrauensvollen Zusammenarbeit des § 2 Abs. 1 ergibt sich auch das Recht der Personalvertretung, eine **Erörterung** der beabsichtigten Maßnahme zu verlangen. 10

Die Unterrichtungspflicht trifft den **Dienststellenleiter** bzw. seinen Vertreter i. S. des § 9. Das gleiche gilt nach Abs. 5 für die Leiter der Dienstbehörde bzw. 11

§ 79

obersten Dienstbehörde und deren Vertreter. Maßgeblich ist immer die Verwaltungseinheit, die nach der Organisationsstruktur oder sonstigen Vorschriften zur Vornahme der mitbestimmungspflichtigen Maßnahme oder für die Entscheidung zuständig ist. Der Dienststellenleiter kann allerdings entscheiden, von welcher Dienstkraft er sich vertreten lassen will; er ist dabei nicht beschränkt auf den Vertreter, der ihn allgemein vertritt. Der Vertreter muß nur gegenüber dem Personalrat die gleichen personalvertretungsrechtlichen Entscheidungsbefugnisse haben. Die Übertragung der Vertretungsbefugnis kann dabei von Fall zu Fall, aber auch ein für alle Male und für sämtliche Angelegenheiten nach dem Gesetz erfolgen *(OVG Berlin vom 12. 5. 1998, PersR 1999, 29).* Allerdings wird dabei vorausgesetzt, daß der so Berufene die **Entscheidungsbefugnis** auch tatsächlich **innehat** und **ausübt**; ist dies nicht der Fall, so kann der Personalrat ihn als Verhandlungspartner zurückweisen, denn es soll sichergestellt sein, daß dem Personalrat ein kompetenter Vertreter der Dienststelle gegenübertritt.

12 Die Einleitung des Mitbestimmungsverfahrens durch einen nicht i. S. des § 9 zuständigen Vertreter ist **fehlerhaft;** dieser Fehler kann auch durch ausdrückliche Zustimmung der Personalvertretung zu der mitbestimmungspflichtigen Maßnahme **nicht geheilt** werden *(vgl. auch HessVGH vom 11. 11. 1987, PersV 1989, 39; BAG vom 10. 3. 1983, PersV 1985, 25).* Allerdings tritt eine Unwirksamkeit der (mitbestimmten) Maßnahme nur ein, wenn der Personalrat die fehlerhafte Vertretung rügt *(BAG vom 29. 10. 1998, PersR 1999, 135, vgl. auch BVerwG vom 26. 8. 1987, PersV 1988, 488).*

13 **Adressat** der Unterrichtung ist jeweils die betroffene Personalvertretung, die bei der beabsichtigten Maßnahme zu beteiligen ist, der also das Mitbestimmungsrecht zusteht. Das ist immer diejenige, die für den Bereich gebildet ist, für den die Maßnahme beabsichtigt ist. Die Unterrichtung einer unzuständigen Personalvertretung ist wirkungslos. Die Unterrichtung erfolgt gegenüber dem Vorsitzenden des Personalrats bzw. dessen Stellvertreter, § 29 Abs. 3.

Form und Frist der Unterrichtung

14 Die Unterrichtung ist an **keine Formvorschrift** gebunden; sie kann auch mündlich erfolgen, z. B. bei der monatlichen Besprechung des § 70 Abs. 1. Jedoch gehen **Unklarheiten** darüber, ob und wann mit der Unterrichtung das Mitbestimmungsverfahren eingeleitet ist, **zu Lasten der Dienststelle.** Eine schriftliche Unterrichtung empfiehlt sich im Hinblick auf die in Abs. 2 vorgesehenen Fristen hinsichtlich der Entscheidung der Personalvertretung.

15 Eine **Frist,** innerhalb derer die Unterrichtung zu erfolgen hat, ergibt sich ebenfalls nicht aus dem Gesetz. Angesichts der Überlegungs- und Beschlußfassungszeiten der Personalvertretung ist die Dienststelle jedoch gerade bei fristgebundenen Maßnahmen, wie z. B. Kündigung, gehalten, die Unterrichtung so **rechtzeitig** vorzunehmen, daß die Personalvertretung die ihr zur Verfügung stehende Zeit voll ausschöpfen kann. Durch Beteiligungsverfahren werden die von der Dienststelle einzuhaltenden sonstigen Fristen im Grundsatz nicht verlängert.

Beabsichtigte Maßnahme

Die Unterrichtung hat zu einer beabsichtigten Maßnahme zu erfolgen. Wann eine Maßnahme beabsichtigt ist, läßt sich nur im Einzelfall beurteilen. **Maßnahme** ist dabei jede Handlung und Entscheidung, die den Rechtsstand der Dienstkräfte oder einer einzelnen Dienstkraft berührt. Maßnahme ist auch die **negative Entscheidung** der Dienststelle, also etwa die Ablehnung bestimmter, von der Dienstkraft gestellter Anträge. Entscheidendes Kriterium für eine Maßnahme i. S. der Vorschrift ist, daß die Rechtsstellung der Dienstkraft berührt wird *(vgl. beispielsweise BVerwG vom 10. 1. 1983, ZBR 1983, 131).* Soweit allerdings Mitbestimmungsrechte nach den Bestimmungen der §§ 85 ff. nur dann bestehen, wenn eine **Veränderung** der Rechtsstellung der Dienstkräfte oder der einzelnen Dienstkraft erfolgt, so ist eine lediglich **negative Entscheidung** der Dienstelle **keine Maßnahme** i. S. des § 79 Abs. 1 *(vgl. hierzu auch Grabendorff u. a., BPersVG, § 69 Rn. 7 a).* Eine Maßnahme ist auch dann gegeben, wenn es sich bei der Tätigkeit der Dienststelle lediglich um **konkretisierenden Normenvollzug** handelt, wie dies beispielsweise bei einer korrigierenden Rückgruppierung der Fall ist *(BVerwG vom 6. 10. 1992, PersR 1993, 74).*

16

Die Maßnahme ist beabsichtigt, wenn sich eine noch unverbindliche Erwägung oder vorbereitende Materialsammlung in eine **zielgerichtete Willensbildung** umwandelt. Die Unterrichtung des Personalrats hat in diesem Falle dann zu erfolgen, wenn die Dienststelle von mehreren möglichen Lösungen eine ausgewählt hat und nunmehr dazu übergehen will, diese ein- oder durchzuführen. Bei der Festlegung des Zeitpunktes, von dem ab eine Maßnahme beabsichtigt i. S. der Vorschrift ist, ist der behördeninterne Entscheidungsablauf aufzugliedern; dies kann je nach Behördenstruktur und Aufgabenstellung unterschiedlich sein.

17

Keine beabsichtigte Maßnahme liegt regelmäßig vor, wenn es erst um die Erstellung eines konzeptionellen Arbeitspapiers geht *(OVG Münster vom 29. 7. 1994, ZfPR 1995, 14).* Das Stadium der Auswahl der bestmöglichen Lösung bzw. Entscheidung ist aber beispielsweise dann erreicht, wenn ein **vorläufiger Entwurf** erstellt wird, selbst wenn noch die Einholung der behördeninternen Zustimmung einer anderen Stelle erforderlich ist. In diesem Zusammenhang ist weiter zu berücksichtigen, daß auch eine an sich nicht mitbestimmungspflichtige Maßnahme dann einem Mitbestimmungsrecht unterliegen kann, wenn durch diese **Vorentscheidung** praktisch eine Entscheidung in einer folgenden beteiligungspflichtigen Angelegenheit eindeutig beeinflußt wird *(BVerwG vom 6.12. 1978, PersV 1979, 504).* Das Mitbestimmungsrecht besteht dann bereits bei der Vorentscheidung; so sind bei **Neueinstellungen** der Personalvertretung daher beispielsweise die Personalien aller, auch der nicht von der Dienststelle zur Einstellung vorgesehenen Bewerber mitzuteilen *(BVerwG vom 11. 12. 1981, E 61, 325; ein Auswahlrecht steht dem Personalrat dabei indes nicht zu, vgl. auch BVerwG vom 1. 8. 1983, ZBR 1984, 76).* Die Rechtsprechung verneint in diesem Zusammenhang indes ein Recht des Personalrates auf Teilnahme an **Vorstellungsgesprächen** *(BVerwG vom 2. 6. 1993, PersR 1993, 444: grds. kein Teilnahmerecht; in einzelnen Bundesländern finden sich jedoch andere Regelungen im jeweiligen Personalvertretungsgesetz).* Führt der Arbeitgeber Auswahlgespräche durch, so muß er den Personalrat von dabei gewonnenen neuen Erkenntnissen – wenn er diese bei der Entscheidung berücksichtigen will – in Kenntnis setzen *(OVG Berlin vom 27. 7. 1998, PersR 1998, 530).*

18

§ 79

19 Eine Maßnahme ist auch dann beabsichtigt i. S. des § 79 Abs. 2 Satz 1, wenn sie nur vorübergehend zu **Versuchszwecken** durchgeführt werden soll, wenn sie also letztlich nur dazu dient, Grundlagen für eine später endgültig zu treffende Entscheidung zu gewinnen. Auch mit der versuchsweisen Durchführung werden nämlich die Rechte der Dienstkräfte zumindest zeitweise in genau der gleichen Weise beeinflußt, wie dies bei einer endgültigen Entscheidung der Fall wäre. Auch in diesem Fall soll das Mitbestimmungsrecht den Interessenausgleich innerhalb der Dienststelle ermöglichen *(BVerwG vom 15. 12. 1978, PersV 1980, 145; LAG Berlin vom 12. 8. 1986, BB 1987, 334).*

20 Keine beabsichtigte Maßnahme soll vorliegen, wenn bloß **vorbereitende Tätigkeiten** vorliegen, die nicht bereits eine mitbestimmungspflichtige Maßnahme festlegen oder beeinflussen. Danach wird die Abmahnung einer Dienstkraft nicht als beteiligungspflichtig angesehen *(BVerwG vom 23. 12. 1982, ZBR 1983, 131).* Beteiligungspflichtig ist allerdings der Ausspruch einer vorsorglichen Kündigung *(LAG Berlin vom 23. 10. 1996 – 18 Sa 44/95).* Ebenfalls ist anerkannt, daß eine beabsichtigte Maßnahme dann nicht vorliegt, wenn die Dienststelle lediglich Untersuchungen durchführt oder durchführen läßt, mit denen die Möglichkeiten zur Einführung von Arbeitsplatzmaßnahmen geprüft werden *(VG Berlin vom 7. 5. 1979 – VG FK Bln A 12.79).*

Inhalt der Unterrichtung

21 Durch die Unterrichtung soll die Personalvertretung in die Lage versetzt werden, sachgerecht über die beabsichtigte Maßnahme und die hierzu gegebene Mitbestimmung zu entscheiden. Sie muß so umfassend sein, daß der Personalvertretung alle **entscheidenden Gesichtspunkte zur Kenntnis gelangen,** die für die Ausübung ihres Mitbestimmungsrechtes von Bedeutung sein können *(BVerwG vom 26. 1. 1994, PersR 1994, 213).* Die konkrete beantragte Maßnahme bestimmt daher den Umfang der notwendigen Unterrichtung.

22 Im Falle des Mitbestimmungstatbestandes einer **Kündigung** – § 87 Ziff. 9 – gelten für den **Umfang der Mitteilungspflichten** die zu § 102 BetrVG entwickelten Grundsätze entsprechend *(BAG vom 20. 3. 1997, RzK III 2 b Nr. 15; BAG vom 16. 3. 2000, ZfPR 2000, 240; zu diesen Grundsätzen ausführlich KR-Etzel, § 102 BetrVG Rn. 58 ff.; KSchR-Kittner, § 102 BetrVG Rn. 43 ff.).*

23 Neben den **Personaldaten** des zu kündigenden Arbeitnehmers sind insbesondere die **Kündigungsgründe** zu nennen, und zwar unabhängig von der Vorschrift des § 79 Abs. 2 Satz 2, da ohne ordnungsgemäße Unterrichtung eine sachgerechte Stellungnahme des Personalrats nicht möglich ist. Die Unterrichtung soll den Personalrat im Interesse des Beschäftigten in die Lage versetzen, seine Überlegungen zu der Kündigungsabsicht in den Entscheidungsprozeß einzubringen; der Arbeitgeber muß dem Personalrat die aus seiner Sicht tragenden Umstände unterbreiten *(»subj. Determination«).* Eine pauschale, schlag- und stichwortartige Schilderung des Sachverhaltes reicht nicht aus. Umgekehrt muß aus einer ausführlichen Sachverhaltsschilderung aber auch für den Personalrat deutlich erkennbar sein, was exakt der Kündigungsgrund sein soll *(vgl. auch § 87 Rn. 90).*

Begründungspflicht auf Verlangen der Personalvertretung

Die Begründungspflicht **auf Verlangen** der Personalvertretung gem. Abs. 2 **24**
Satz 2, dem im übrigen ein ordnungsgemäßer Beschluß der Personalvertretung
zugrunde liegen muß, bezieht sich auf solche Umstände, die über die Unterrichtungspflicht des Abs. 2 Satz 1 hinausgehen. Dies betrifft beispielsweise bei
der Beteiligung in Einzelfällen auch deren **Einordnung in den Gesamtzusammenhang**, also etwa in eine mittelfristige allgemeine personalwirtschaftliche
Überlegung der Dienststelle u.ä. *(vgl. auch Lorenzen u.a., BPersVG, § 69
Rn. 15)*.
Zur Begründung verpflichtet ist jeweils der entsprechende **Dienststellenleiter** **25**
bzw. sein Vertreter i.S. des § 9; eine Formvorschrift für die Begründung besteht
nicht. Zwar bestehen für die Begründung auch keine Fristvorschriften, sie hat
jedoch in der Regel **unverzüglich** zu erfolgen, womit gewährleistet sein muß,
daß der Personalvertretung innerhalb der nach Abs. 2 Satz 3 zur Verfügung
stehenden Frist genügend Zeit für eine Meinungsbildung und Beschlußfassung
zur Verfügung steht.

Beschluß der Personalvertretung

Über den Antrag der Dienststelle bzw. Dienstbehörde oder obersten Dienst- **26**
behörde hat die Personalvertretung durch Beschluß gemäß § 32 zu entscheiden.
Die Entscheidung ist kein laufendes Geschäft des Vorstandes im Sinne des § 29
Abs. 1 Satz 4, das gesamte Gremium muß auf einer ordnungsgemäß einberufenen Sitzung einen förmlichen Beschluß fassen *(BVerwG vom 11. 10. 1972, ZBR
1972, 381)*.
Inhalt des Beschlusses kann Zustimmung oder Ablehnung sein. Inhaltlich kann **27**
der Beschluß auch eine Zustimmung unter Änderung der beantragten Maßnahmen sein, jedoch ist eine derartige modifizierte Zustimmung personalvertretungsrechtlich stets eine Ablehnung, wenn der Antragsteller auf die Modifizierung nicht eingeht.
Der Beschluß der Personalvertretung kann auch darin bestehen, sich nicht zu **28**
äußern. In diesem Falle gilt gem. Abs. 2 Satz 4 nach Ablauf der Frist die
Zustimmung als erteilt.

Form und Begründung

Der Beschluß ist **schriftlich** mitzuteilen. Die Übersendung einer Abschrift des **29**
Protokolls der betreffenden Sitzung der Personalvertretung reicht aus, ebenso
auch eine gewöhnliche Mitteilung durch den Vorsitzenden, § 29 Abs. 3. In
jedem Falle ist eine handschriftliche Unterschrift durch den Vorsitzenden
bzw. seinen Vertreter erforderlich, § 126 BGB. In Gruppenangelegenheiten ist
gegebenenfalls die weitere Unterschrift eines der Betroffenengruppe angehörenden Vorstandsmitgliedes erforderlich, § 29 Abs. 3 Satz 2.
Die Einhaltung der **Schriftform ist Wirksamkeitserfordernis**. Dies gilt zu- **30**
nächst einmal für den Fall der Ablehnung oder einer modifizierten Zustimmung, die immer als Ablehnung zu werten ist. Erfolgt die Ablehnung lediglich
mündlich, so kann die Maßnahme nach Ablauf der Frist des § 79 Abs. 2 Satz 4
durchgeführt werden, da dann die Zustimmung als erteilt gilt. Aber auch bei
Erteilung der Zustimmung ist die Einhaltung der Schriftform erforderlich. Das

§ 79

Schriftformerfordernis des § 79 Abs. 2 Satz 3 dient der Rechtssicherheit. Auch für die Dienstkräfte muß jederzeit überprüfbar sein, ob eine Zustimmung erteilt worden ist oder nicht. Dies wäre nicht der Fall, wenn im Falle der Zustimmung die lediglich mündliche Benachrichtigung des Dienststellenleiters ausreichend wäre.

31 Beantragt beispielsweise der Dienststellenleiter bei dem Personalrat die Zustimmung zur fristgemäßen Kündigung einer Dienstkraft, so reicht es nicht aus, wenn der Personalratsvorsitzende nach 3 Tagen dem Dienststellenleiter mitteilt, daß der Personalrat der Kündigung zugestimmt habe, und der Dienststellenleiter daraufhin noch vor Ablauf der Frist in § 79 Abs. 2 Satz 4 die Kündigung ausspricht.

32 Im Falle der Ablehnung und ebenso im Falle der modifizierten Zustimmung ist eine **Begründung** zwingend erforderlich. Es müssen im einzelnen die Gründe für die Ablehnung der ursprünglich beantragten Maßnahme aufgeführt werden. Es müssen sachbezogene Gründe sein, die Ablehnung kann nicht dazu benutzt werden, auf anderen Gebieten ein Zugeständnis zu erhalten. Im Gegensatz zu der Regelung im Bundespersonalvertretungsrecht besteht im PersVG Bln bei den einzelnen Mitbestimmungsrechten kein Versagungskatalog, in dem alle Verweigerungsgründe abschließend aufgezählt sind, so daß aus jedem sachlichen Grund die Ablehnung erfolgen kann (*VG Berlin VG FK Bln B 7.80 vom 8. 8. 1980*). Der Personalvertretung kommt hier ein erheblicher Ermessensspielraum zu.

33 Allerdings muß das Vorbringen der Personalvertretung es zumindest als **möglich** erscheinen lassen, daß ein Verweigerungsgrund besteht. Das ist dann etwa nicht der Fall, wenn die geltend gemachten **Verweigerungsgründe** in dem betreffenden Mitbestimmungstatbestand keinerlei Grundlage finden oder mit der Maßnahme offensichtlich nichts zu tun haben (*OVG Berlin vom 4. 9. 1991, PersR 1992, 107; BVerwG vom 6. 10. 1992, PersR 1993, 77; BVerwG vom 27. 9. 1993, PersR 1993, 495 mit Anmerkung Tscherch*). Die bei der Einstellung von zwei Halbtagskräften getroffene Abrede, sich einen Arbeitsplatz zu teilen (*Job-sharing*), soll nicht der Mitbestimmung unterliegen (*OVG Berlin vom 17. 6. 1998, PersR 1999, 177*). Allerdings ist beispielsweise die Personalvertretung bei personellen Einzelmaßnahmen mit ihren Einwendungen nicht schlechterdings auf eine Kontrolle der **Rechtmäßigkeit** des Verwaltungshandelns beschränkt. Sie kann – soweit nicht Eignungsfragen angesprochen sind – auch Gründe geltend machen, die in das **behördliche Ermessen** hineinreichen (*BVerwG vom 27. 9. 1993, PersR 1993, 495; vom 4. 6. 1993, PersR 1994, 18*).

34 Eine Ablehnung ohne Begründung innerhalb der Frist ist wirkungslos und hat nach Zeitablauf zur Folge, daß die Zustimmung als erteilt gilt.

Rücknahme der Zustimmung

35 Eine Zustimmung in personellen Angelegenheiten ist im Interesse der betroffenen Dienstkraft bindend und kann nicht nach Zugang bei dem Dienststellenleiter zurückgenommen werden (*BAG vom 5. 7. 1978, AP Nr. 1 zu § 72 BPersVG*). In anderen Angelegenheiten wird in der Regel so lange ein Rücknahme möglich sein, als noch keine Entscheidung durch die Dienststelle getroffen ist. Die Bestimmung des § 183 BGB ist entsprechend anzuwenden. Auch hier ist Grenze für die Rücknehmbarkeit der Zustimmung das schützenswerte Interesse Dritter.

Frist

Der Beschluß mit Begründung ist innerhalb von zwei Wochen, bei außerordentlichen Kündigungen innerhalb einer Woche seit Zugang des Antrages der Dienststelle mitzuteilen. Insoweit besteht hier eine andere Regelung als in § 69 Abs. 2 BPersVG, wo ausdrücklich auf Arbeitstage abgestellt wird. Es handelt sich um eine **Ausschlußfrist**. Nach Ablauf ist eine Wiedereinsetzung wegen Fristversäumung ebensowenig möglich wie eine Verlängerung. 36

Regelungen zwischen Dienststelle und Personalvertretung über die **Fristberechnung** (insbesondere über den **Zugang** der Erklärung des Dienststellenleiters) sind zulässig *(BVerwG vom 9.12.1992, PersR 1993, 212)*. 37

Die Frist beginnt mit dem Zugang des Antrages bei der Personalvertretung. Enthält der Antrag nicht die erforderlichen Informationen und werden diese erst später zur Verfügung gestellt, so beginnt die Frist erst mit Zugang der ausreichenden Unterrichtung des Personalrats *(BVerwG vom 24.2.1993, PersR 1994, 30)*. Der Personalrat ist allerdings gehalten, die mangelnde Information zu rügen, und zwar unter konkreter Angabe der geltend gemachten Mängel *(BVerwG vom 29.1.1996, PersR 1996, 239)*. Die Entgegennahme des Antrages gehört zu den laufenden Geschäften des Vorstandes i.S. des § 29 Abs. 1 Satz 4, so daß maßgeblich der Zeitpunkt des Eingangs bei dem Vorstand, nicht jedoch der der Kenntnisnahme durch das gesamte Gremium ist. 38

Der Fristbeginn ändert sich nicht dadurch, daß die Personalvertretung eine Begründung nach Abs. 2 Satz 2 der beabsichtigten Maßnahme verlangt. Auch wird hierdurch der Fristablauf in keiner Weise gehemmt oder sonst hinausgeschoben. Verzögert der Dienststellenleiter die Begründung oder lehnt er sie ab, bleibt der Personalvertretung die Möglichkeit der Fristverlängerung nach Abs. 2 Satz 5. Darüber hinaus kann sie bei Fehlen der beantragten Begründung die Erteilung der Zustimmung verweigern *(Grabendorff u.a., BPersVG, § 69 Rn. 6)*. 39

Der Lauf der Frist berechnet sich nach §§ 187 Abs. 1, 188 Abs. 2 BGB, der Tag des Zugangs des Antrages zählt dabei nicht mit. Fällt das Fristende auf einen Feiertag, Sonnabend oder Sonntag, endet die Frist erst an dem darauffolgenden Werktag, § 193 BGB. 40

Bei **außerordentlichen Kündigungen** ist die einwöchige Frist zur Stellungnahme der Personalvertretung auf die zweiwöchige Überlegungsfrist der Dienststelle nach § 626 Abs. 2 Satz 1 BGB oder vergleichbaren tariflichen oder gesetzlichen Vorschriften anzurechnen, diese wird nicht verlängert *(Fitting u.a., BetrVG, § 102 Rn. 30)*. 41

Fristverlängerung

Nach Abs. 2 Satz 4 kann die Personalvertretung eine Verlängerung der Überlegungsfrist beantragen. Der Antrag muß auf einem Beschluß des Gremiums der Personalvertretung beruhen, er gehört nicht zu den laufenden Geschäften i.S. des § 29 Abs. 1 Satz 4. Auch in Gruppenangelegenheiten ist ein Beschluß des gesamten Gremiums notwendig, da Sinn der Verlängerung die Ermöglichung weiterer Beratung und Informationseinholung ist. Dies betrifft aber nach § 33 Abs. 2 immer das Gremium. Er bedarf der **Schriftform**, ist zu unterzeichnen *(§ 126 BGB)* und ist von dem Vorsitzenden der antragstellenden Dienststelle oder Verwaltungseinheit zu übermitteln. 42

§ 79

43 Soweit die Gründe, weswegen eine Stellungnahme nicht rechtzeitig möglich ist, dem Dienststellenleiter nicht schon bekannt sind, ist eine Begründung nötig, diese muß aber nicht unbedingt schriftlich erfolgen *(VG Berlin vom 20. 4. 1977, VG FK Bln 15.77).*

44 Der Antrag muß **vor Ablauf** der geltenden Frist bei der Dienststelle **eingegangen** sein. Eine Verlängerung setzt begrifflich voraus, daß die bestehende Frist noch nicht abgelaufen ist. Auch ist nach Ablauf der Frist eine Verlängerung nicht mehr möglich, da dann schon die Zustimmung als erteilt gilt.

45 Die Vorschrift sagt nichts darüber aus, ob die Dienststelle der Fristverlängerung zustimmen muß oder ob diese automatisch erfolgt. Da jedoch nach dem Wortlaut des Gesetzes die Fiktion der Zustimmung nach Fristablauf nur dann einsetzt, wenn keine Fristverlängerung beantragt ist, ist davon auszugehen, daß die Fristverlängerung **automatisch Folge des Antrages** ist. Nur dann wird auch die Regelung sinnvoll, nach der eine Fristverlängerung höchstens bis zu einer Woche vor Ablauf der für die Dienststelle geltenden Frist in Betracht kommt.

46 Mündliche Vereinbarungen zwischen Dienststelle und Personalrat über eine Fristverlängerung sind wirksam *(OVG Berlin vom 31. 7. 1991, PersR 1992, 212).*

47 Über die **Dauer der Verlängerung** sagt das Gesetz ebenfalls direkt nichts aus. Aus dem Gesamtzusammenhang läßt sich aber entnehmen, daß die Frist erneut um vierzehn Tage im Höchstfall verlängert werden kann. Die neue Frist wird dabei von dem Ende der vorigen Frist an berechnet, § 190 BGB.

48 Gelten für die Dienststelle besondere Fristen, kann die Fristverlängerung nur bis zu einer Woche vor Ablauf dieser Frist erfolgen. Damit soll sichergestellt werden, daß die Dienststelle in jedem Falle eine Woche zur Verfügung hat, um bei Durchführung der beabsichtigten Maßnahme die für sie gültige Frist einzuhalten.

49 Bei **außerordentlichen Kündigungen** ist wegen dieser Vorschrift eine Fristverlängerung für die Personalvertretung generell ausgeschlossen.

Mitteilung des Beschlusses der Personalvertretung

50 Der Beschluß ist stets der Dienststelle oder Verwaltungseinheit mitzuteilen, die den Antrag gestellt hat. Die Mitteilung erfolgt durch den Vorsitzenden als Vertreter in der Erklärung, § 29 Abs. 3, ggf. zusammen mit einem Gruppenvertreter.

51 Grundsätzlich darf die **Dienststelle** darauf **vertrauen**, daß die Mitteilung durch den Vorsitzenden zutreffend ist und daß der Beschluß ordnungsgemäß zustande gekommen ist, Zweifeln muß jedoch nachgegangen werden *(BVerwG vom 24. 6. 1965, PersV 1966, 113).* Mangels besonderer negativer Anhaltspunkte besteht keine Pflicht, sich über die Richtigkeit der Erklärung des Vorsitzenden zu vergewissern *(vom 14. 7. 1986, PersV 1987, 199; vom 21. 4. 1992, ZBR 1992, 280).*

52 Formell oder materiell **rechtsfehlerhafte** bzw. rechtswidrige Stellungnahmen sind von der Dienststelle zurückzuweisen *(vgl. Grabendorff u.a., BPersVG, § 69 Rn. 18).* Es kann ein Fall des **Rechtsmißbrauchs** sein, wenn der Dienststellenleiter sich auf formelle Unwirksamkeitsgründe beruft, obwohl er diese vor Fristablauf erkannt, die Personalvertretung indes nicht darauf hingewiesen hat *(BVerwG vom 21. 4. 1992, ZBR 1992, 280).*

Folgen der Nichtbeachtung von Form und Frist

Gibt die Personalvertretung innerhalb der Frist keine Stellungnahme ab, **gilt** die beabsichtigte Maßnahme **als gebilligt**. Hierbei handelt es sich um eine unwiderlegliche Fiktion. Ein späterer Widerspruch ist unerheblich. Das gilt auch, wenn die Personalvertretung schuldlos verspätet die ablehnende Stellungnahme abgibt. 53

Widerspricht die Personalvertretung nicht in der vorgeschriebenen Form, z. B. mündlich oder ohne sachbezogene Begründung, tritt die **gleiche Rechtsfolge** ein. Die fehlende Form bzw. die Begründung kann nur bis zum Ablauf der Frist nachgeholt werden. 54

Folgen der Verletzung der Mitbestimmungsrechte

Zweifelhaft ist, welche Rechtsfolgen eintreten, wenn die Dienststelle unter Verletzung eines Mitbestimmungsrechtes der Personalvertretung eine Maßnahme durchführt. Wegen der generellen materiellen Unterschiede ist hier zwischen Privatrecht (in erster Linie Angestellten- und Arbeiter-Arbeitsrecht) und öffentlichem Recht (in erster Linie Angelegenheiten der Beamten, die durch Verwaltungsakte geregelt werden) zu unterscheiden. 55

Privatrechtliche Folgen

Beachtet die Dienststelle bestehende Mitbestimmungsrechte der Personalvertretung nicht und führt sie einseitig Maßnahmen durch, so sind diese im Grundsatz rechtsunwirksam. Die Einhaltung der Vorschriften über die Mitbestimmung ist **Wirksamkeitsvoraussetzung** *(Lorenzen u. a., BPersVG, § 69 Rn. 56 mit zahlreichen Nachweisen)*. Sämtliche rechtsgeschäftlichen Erklärungen sind unwirksam mit der Folge, daß sich jede Partei jederzeit auf die Unwirksamkeit berufen kann. Diese Folge gilt für alle mitbestimmungspflichtigen Angelegenheiten der Arbeiter und Angestellten sowohl auf personellem als auch auf sozialem Gebiet. 56

Zweifelhaft ist, ob diese Unwirksamkeit auch bei den **personellen Einzelmaßnahmen** der Einstellung, Eingruppierung, Herabgruppierung, Höhergruppierung bzw. der Übertragung höherwertiger Tätigkeiten eintritt. Schließt ein Dienststellenleiter mit einer Dienstkraft einen Arbeitsvertrag, ohne vorher den Personalrat beteiligt zu haben, so ist nach der Rechtsprechung des BAG dieser Vertrag nicht ohne weiteres unwirksam *(BAG vom 2. 7. 1980, PersV 1982, 368)*; allerdings darf der Arbeitnehmer bis zur Zustimmung des Personalrats nicht beschäftigt werden *(offengelassen: BVerwG vom 7. 12. 1994, PersR 1995, 296; vgl. zum Ganzen Hantl-Unthan, Einzelvertragliche Rechtsfolgen der kollektivrechtswidrig durchgeführten Arbeitnehmereinstellung im öffentlichen Dienst)*. 57

Durch Änderungskündigung herbeigeführte **Versetzungen**, die ohne Beteiligung des Personalrates durchgeführt werden, sind unwirksam, die betroffene Dienstkraft kann die Arbeit an dem neuen Dienstort verweigern *(BAG vom 30. 9. 1993, NZA 1994, 615)*. 58

Etwas anders ist die Lage bei der tariflichen **Eingruppierung** bzw. Höhergruppierung oder Herabgruppierung. Bei derartigen Ein- und Umgruppierungen besteht zwar ein Mitbestimmungsrecht des Personalrates, dieses erschöpft sich 59

§ 79

jedoch in der Richtigkeitskontrolle, da dem Arbeitgeber insoweit kein Ermessensspielraum zusteht. Ist daher die neu vorgenommene tarifliche Eingruppierung bzw. Umgruppierung nach dem Tarifvertrag zutreffend, so kann sie nicht wegen der mangelnden Beteiligung des Personalrates unwirksam sein. Der Personalrat hat insoweit nur Anspruch auf nachträgliche Einholung der Zustimmung *(BAG vom 31. 5. 1983, AP Nr. 27 zu § 118 BetrVG 1972).* Dem entspricht im übrigen auch, daß der einzelne Arbeitnehmer auch ohne Beteiligung des Personalrats die Vergütung nach der tariflich zutreffenden Vergütungsgruppe einklagen kann *(BAG vom 26. 8. 1992, PersR 1993, 132).*

60   Allerdings ergibt sich aus der Verletzung von Mitbestimmungsrechten des Personalrats kein vertraglicher Anspruch des Arbeitnehmers auf höhere Vergütung *(BAG a. a. O.).*

61   Auch bei Kündigungen – sowohl ordentlichen als auch außerordentlichen – ist diese Rechtsfolge nach der eindeutigen Gesetzesregelung gegeben *(vgl. auch die eindeutige Regelung in § 102 Abs. 1 BetrVG).* Die Unwirksamkeit der Kündigung kann auch noch nach Ablauf der Dreiwochenfrist des § 4 KSchG vor dem Arbeitsgericht geltend gemacht werden, § 13 Abs. 3 KSchG.

62   Da das Gesetz als Wirksamkeitsvoraussetzung ausdrücklich die vorherige Zustimmung der Personalvertretung verlangt, kann eine nachträgliche Genehmigung keine nachfolgende Heilung des Mangels herbeiführen, die Maßnahme ist von Anfang an nichtig. Eine spätere Zustimmung der Personalvertretung kann lediglich für die Zukunft die Wirksamkeit der Maßnahme herbeiführen, da dies dann als Neuvornahme angesehen werden kann.

Öffentlich-rechtliche Folgen

63   Soweit es sich um Maßnahmen handelt, die nicht Verwaltungsakte sind, tritt auch hier Unwirksamkeit ein *(Fischer-Goeres, § 69 Rn. 37).* Etwas anderes gilt jedoch, wenn es sich bei der getroffenen Maßnahme um einen Verwaltungsakt handelt, wie das häufig in den die Beamten betreffenden Angelegenheiten der Fall sein wird. Die Nichtigkeit eines Verwaltungsaktes ist nur bei besonders schwerwiegenden formellen oder materiellen Fehlern, die für einen Durchschnittsbeobachter erkennbar, offenkundig sein müssen, anzunehmen (Evidenztheorie), §§ 43 Abs. 3, 44 Abs. 1 VwVfG.

64   Bei dem Mitbestimmungsrecht der Personalvertretung handelt es sich um eine interne Beteiligung, die nach den Grundsätzen der Evidenztheorie nicht zur Nichtigkeit, sondern zur **Anfechtbarkeit** des Verwaltungsaktes führt *(Fischer/Goeres, § 69 Rn. 37; Grabendorff u. a., BPersVG, § 69 Rn. 40; Lorenzen u. a., BPersVG, § 69 Rn. 57 a).* Das bedeutet, daß der fehlerhafte Verwaltungsakt Mängel aufweist, die für die Frage seiner Rechtsbeständigkeit von Bedeutung sind, daß er aber zunächst gültig und erst im Anfechtungsverfahren für die Zukunft vernichtbar ist.

65   Zur Anfechtung berechtigt sind dabei in der Regel nur die betroffenen Dienstkräfte, ein eigenständiges Anfechtungsrecht der Personalvertretung besteht nicht. Die Dienststelle ihrerseits kann den fehlerhaften Verwaltungsakt zurücknehmen, wobei jedoch bei begünstigenden Verwaltungsakten gewisse Beschränkungen aus dem Gedanken des Vertrauensschutzes und der Rechtssicherheit bestehen können. Im Bereich der personellen Angelegenheiten der Beamten ist aber zu beachten, daß in Teilbereichen die Rechtsfolgen fehlerhaften Verwaltungshandelns in anderen Gesetzen *(z. B. §§ 14, 15 LBG)* abschlie-

ßend geregelt sind, so daß in diesen Fällen auch die Anfechtbarkeit des Verwaltungsaktes nach allgemeinen Grundsätzen ausscheidet.

Vorläufige Regelung ohne Zustimmung

Im Gegensatz zu § 69 Abs. 5 BPersVG enthält das Gesetz keine Regelung über das Mitbestimmungsrecht in sogenannten **Eilfällen**. Auch in Angelegenheiten, die der Natur der Sache nach keinen Aufschub dulden, besteht das Mitbestimmungsrecht in vollem Umfange *(BAG vom 19. 2. 1991, AP Nr. 6 zu § 87 BetrVG 1972 Arbeitszeit; vom 17. 11. 1998, NZA 1999, 662)*. Da die Mitbestimmung der Personalvertretung Wirksamkeitsvoraussetzung für die zu treffende Maßnahme ist, scheidet eine vorläufige einseitige Regelung aus. In derartigen Fällen wird man jedoch aus § 2 Abs. 1 die Pflicht der Personalvertretung herleiten können, unverzüglich eine Beschlußfassung herbeizuführen, wobei gegebenenfalls auch vorläufig der beantragten Maßnahme bis zu einer endgültigen Einigung zugestimmt werden kann, die Zustimmung kann auch befristet sein. Kein Eilfall in diesem Sinne liegt vor, wenn die Eilbedürftigkeit der Maßnahme auf einem organisatorischen Fehler der Dienststelle beruht. 66

In echten **Notfällen** kann unter Heranziehung der Gedanken der §§ 227, 228, 904 BGB (Notwehr und Notstand) ein Recht der Dienststelle zur einseitigen vorläufigen Regelung angenommen werden *(BAG vom 13. 7. 1977, AP Nr. 2 zu § 87 BetrVG 1972 Kurzarbeit)*. Voraussetzung sind plötzliche, nicht vorhersehbare und schwerwiegende Situationen, die die Herbeiführung einer rechtzeitigen Stellungnahme der Personalvertretung unmöglich machen. Diese Voraussetzungen können zum Beispiel gegeben sein bei Notstandssituationen, insbesondere auch wenn Leben und Gesundheit der Arbeitnehmer konkret gefährdet sind. Erforderlich ist das Vorliegen einer Extremsituation *(BAG a. a. O.)*. 67

Von der Durchführung einer vorläufigen Maßnahme ist die Personalvertretung unverzüglich zu unterrichten, das Mitbestimmungsverfahren ist sofort einzuleiten. 68

Gelegenheit zur Äußerung für betroffene Dienstkräfte

§ 79 Abs. 3 ist neu in das Gesetz aufgenommen worden. Die Bestimmung entspricht § 56 Abs. 1 Sätze 2 und 3 LBG und § 13 Abs. 2 BAT. Während diese Vorschriften lediglich die Personalakten betreffen, gewährt § 79 Abs. 3 in den Fällen ein Recht zur Anhörung und Äußerung, in denen kein Bezug zu den Personalakten besteht. Hierdurch soll der Schutz der Dienstkraft vor unberechtigten negativen Stellungnahmen verstärkt werden. In jedem Falle hat daneben die Dienststelle von Amts wegen sämtliche Beschwerden und Behauptungen tatsächlicher Art auf ihre Richtigkeit zu überprüfen. 69

Für die Äußerung der Dienstkraft bestehen keine Form- und Fristvorschriften, sie kann jederzeit erfolgen. 70

Auf Antrag ist die Äußerung der Dienstkraft in derjenigen Akte aktenkundig zu machen, in der die Behauptung oder Beschwerde festgehalten ist. Ist dies in mehreren Vorgängen der Fall, ist auch die Stellungnahme der Dienstkraft in jedem Vorgang aktenkundig zu machen. 71

§ 79

Initiativrecht der Personalvertretung

72 In **Mitbestimmungsangelegenheiten** kann der Personalrat auch **selbständig tätig werden** und **Anträge** an die jeweils zuständige Dienststelle richten. Die Existenz eines solchen Initiativrechtes des Personalrates ist in § 79 Abs. 4 Satz 1 eindeutig klargestellt worden, es kommt daher für den Bereich des PersVG Bln nicht darauf an, ob sich das Initiativrecht auf formelle oder materielle Arbeitsbedingungen beziehen sollte. Damit ist dem Personalrat die Möglichkeit gegeben, Maßnahmen gegebenenfalls im Verfahren vor der Einigungsstelle gegen den Willen der Dienststelle durchzusetzen. Es wird verhindert, daß regelungsbedürftige Angelegenheiten nicht oder nicht rechtzeitig von der Dienststelle behandelt oder durchgeführt werden *(BVerwG vom 22. 2. 1991, PersV 1991, 475).*

73 Das Initiativrecht kann nur in dem Umfange ausgeübt werden, in dem der Antragsgegenstand **Sinn und Zweck** des Mitbestimmungsrechtes entspricht. So ist etwa der Schutzzweck der Mitbestimmung bei der Anordnung von Mehrarbeit und Überstunden darauf gerichtet, Überbeanspruchungen sowie unzumutbare Freizeitverluste der Beschäftigten zu **verhindern.** Insoweit steht der Personalvertretung kein gerade auf die Anordnung von Mehrarbeit und Überstunden gerichtetes Initiativrecht zu *(BVerwG vom 6. 10. 1992, PersR 1993, 77).*

74 Das Initiativrecht des Personalrats kann nicht weiter gehen als die Regelungsmöglichkeiten der Dienststelle. Die beantragte Maßnahme muß daher von der Dienststelle auch durchgeführt werden können, diese muß insoweit eine **Entscheidungsbefugnis** haben *(VGH Baden-Württemberg vom 26. 4. 1994, PersR 1994, 561).*

75 Allerdings hat das Bundesverwaltungsgericht *(BVerwG vom 7. 11. 1975, ZBR 1976, 228 ff.)* das Initiativrecht auf die Fälle beschränkt, in denen die Personalvertretung eine Kollektivmaßnahme beantragt *(ebenso BVerwG vom 17. 8. 1989, PersR 1989, 327).* Es soll also nicht bestehen, wenn eine Dienstkraft **Individualansprüche** im Rechtswege durchsetzen kann. Dies würde beispielsweise gelten bei Ein-, Höher- und Herabgruppierungen. Der Personalrat soll insoweit nicht in der Rolle des Rechtsvertreters oder Sachwalters einer einzelnen Dienstkraft tätig werden dürfen.

76 Entscheidender Gesichtspunkt für die Abgrenzung ist hierbei der Umfang des Mitbestimmungsrechtes. Einschränkungen des Initiativrechtes können nur dann und auch nur insoweit bestehen, als auch das Mitbestimmungsrecht des Personalrats nicht vorhanden ist. Da der Gesetzgeber das Mitbestimmungsrecht ausdrücklich auch in Einzelfällen und bei Individualansprüchen anerkannt hat, besteht auch insoweit das Initiativrecht *(vgl. bspw. auch BayVGH vom 5. 4. 1995, PersR 1995, 346).*

77 Eine Ausnahme ist allerdings dann zu machen, wenn mit dem Initiativantrag das Personalvertretungsrecht lediglich als Umweg benutzt werden soll, um individuelle Ansprüche der einzelnen Dienstkraft durchzusetzen. Damit würde auch die Grenze für die zulässige Wahrnehmung eines Mitbestimmungsrechtes umgangen werden. Hinter der Wahrnehmung der Mitbestimmungsrechte und auch der Initiativrechte muß immer ein Ziel stehen, das im Personalvertretungsrecht seinen Grund hat. Die reine Interessenwahrnehmung für eine einzelne Dienstkraft wäre insoweit unzulässig *(vgl. dazu BVerwG vom 25. 10. 1983, ZBR 1984, 73).* So hat beispielsweise das Bundesverwaltungsgericht

ein Initiativrecht des Personalrates im Rahmen eines Antrages auf **Beförderung** einer Dienstkraft für unzulässig gehalten, weil hier die Individualität des einzelnen im Vordergrund stand, nicht aber die Wahrnehmung des Initiativrechtes aus Erwägungen gerechtfertigt gewesen war, die im Interesse der Beschäftigten der Dienststelle das Tätigwerden des Personalrates hätte rechtfertigen können *(BVerwG vom 25.10. 1983, ZBR 1984, 73; vgl. aber OVG Saarlouis vom 8. 3. 1993, PersR 1994, 219).*

In **Einzelpersonalangelegenheiten** wird häufig das Einzelinteresse der betroffenen Dienstkraft im Vordergrund auch des Initiativantrages des Personalrates stehen müssen, ohne dieses Einzelinteresse wäre der Initiativantrag meist nicht zu begründen. Da aber der Personalrat auch in Einzelpersonalangelegenheit ein volles Mitbestimmungsrecht hat, muß – zumindest nach dem bestehenden Gesetzeswortlaut – auch davon ausgegangen werden, daß ihm auch insoweit Initiativrechte zustehen. Diese können lediglich dann ausgeschlossen werden, wenn erkennbar der Personalrat nicht seine, ihm nach dem PersVG Bln zustehenden, Rechte wahrnehmen will. Es ist nicht erforderlich, daß in irgendeiner Weise ein kollektiver Bezug für sein Handeln erkennbar wird. 78

Es kann daher auch dann kein Initiativrecht bestehen, wenn beispielsweise der Dienstherr zwischen zwei Bewerbern um eine Beförderung eine Auswahl zu treffen hat. Der Personalrat kann hier ein Vorschlagsrecht i. S. des § 79 Abs. 4 nicht geltend machen, sein Mitbestimmungsrecht bezieht sich insoweit nur auf die beabsichtigte Maßnahme, nicht jedoch – was das Initiativrecht angeht – auf die Auswahl. Hier kann der Personalrat lediglich im laufenden Mitbestimmungsverfahren durch seine Stellungnahmen Einfluß nehmen *(vgl. dazu OVG Berlin OVG PV Bln 4.80 vom 30. 4. 1981).* 79

Für einen Initiativantrag, mit dem der Personalrat das Unterbleiben mitbestimmungspflichtiger Maßnahmen verlangt, ist kein Raum *(HessVGH vom 1. 9. 1982, PersV 1983, 281).* 80

Im übrigen sind bei der Begrenzung des Initiativrechtes des Personalrates die gleichen **Schranken** zu beachten, die auch für die **Mitbestimmungsrechte** bestehen; hervorzuheben sind hierbei insbesondere die Schranken des § 81 Abs. 2 und des § 89. 81

Die Anträge müssen ordnungsgemäß beschlossen werden, § 32. Sie sind von dem Vorsitzenden gegebenenfalls mit einem Vorstandsmitglied einer betroffenen Dienstkraftgruppe *(§ 29 Abs. 3)* der Dienststelle schriftlich zuzuleiten. Unterschrift des Vorsitzenden bzw. seines Vertreters und gegebenenfalls des weiteren Vorstandsmitgliedes ist erforderlich, § 126 BGB. Eine **Begründung** des Antrages ist nach dem Wortlaut des Gesetzes nicht erforderlich, jedoch für die Personalvertretung zu empfehlen. Die Schriftform ist nur für den Antrag zwingende Voraussetzung, die Begründung kann auch mündlich, z. B. in einer gemeinsamen Besprechung gemäß § 70 Abs. 1 erfolgen. 82

Stellungnahme der Dienststelle

Die Dienststelle muß sich mit dem Initiativantrag des Personalrats sachlich befassen und gegebenenfalls mit ihm eine Einigung versuchen *(BVerwG vom 20. 1. 1993, PersV 1993, 310).* Die **Ablehnung** des Antrages ist der Personalvertretung innerhalb von zwei Wochen schriftlich mitzuteilen. Die Schriftform ist zwingendes Erfordernis, der ablehnende Bescheid ist von dem Dienststellenleiter oder seinem Vertreter zu unterschreiben, § 126 BGB. Die Ablehnung ist zu 83 begründen, auf etwaige Gründe der Personalvertretung ist in der Begründung einzugehen.

84 Die Frist der Ablehnung beträgt zwei Wochen seit Zugang des Antrages bei der Dienststelle. Die Fristberechnung erfolgt nach den §§ 187 ff. BGB.

85 Ist eine endgültige Stellungnahme durch die Dienststelle nicht möglich, ist ein Zwischenbescheid zu erteilen. Dieser bedarf ebenso wie der endgültige Bescheid der Schriftform. Aus dem Zwischenbescheid muß sich der Sachstand der Angelegenheit ergeben, es ist mitzuteilen, welche Gründe einer endgültigen Bescheidung entgegenstehen und wann mit einer abschließenden Entscheidung zu rechnen ist.

86 Wann nach Erteilung eines Zwischenbescheides eine Entscheidung zu treffen ist, ergibt sich aus dem Wortlaut des Gesetzes nicht. Durch den Zwischenbescheid wird weder die bestehende Frist in irgendeiner Form verlängert, noch beginnt nach dessen Erteilung eine neue Frist zu laufen. Aus dem Fehlen der Regelung ergibt sich, daß die Dienststelle erst bei Entscheidungsreife den Antrag bescheiden muß.

87 Wird innerhalb der zweiwöchigen Frist über einen Antrag der Personalvertretung weder entschieden noch ein Zwischenbescheid erteilt, treten keine personalvertretungsrechtlichen Folgen ein. Mangels einer entsprechenden Vorschrift gilt damit auch nicht der Antrag als angenommen. Die Personalvertretung kann jedoch gem. § 70 Abs. 3 durch die Einschaltung übergeordneter Dienststellen oder des Gesamtpersonalrates bzw. des Hauptpersonalrates eine Entscheidung anstreben. Außerdem kann gegen den verantwortlichen Dienststellenleiter oder seinen Vertreter eine Dienstaufsichtsbeschwerde wegen Untätigkeit erhoben werden.

Streitigkeiten

88 Bei Streitigkeiten hinsichtlich des Bestehens bzw. Nichtbestehens von Mitbestimmungsrechten ist die Zuständigkeit der Verwaltungsgerichte gem. § 91 Abs. 1 Nr. 3 gegeben, da die Zuständigkeit der Personalvertretungen berührt wird. Streitigkeiten über die Einhaltung des Mitbestimmungsverfahrens sind ebenfalls gemäß § 91 Abs. 1 Nr. 3 vor den Verwaltungsgerichten im Beschlußverfahren zu klären.

89 Daneben können diese Fragen auch als Vorfrage von den Verwaltungsgerichten oder den Arbeitsgerichten im Urteilsverfahren geklärt werden, wenn einzelne Dienstkräfte Rechtsansprüche geltend machen.

90 Umstritten ist, ob der Personalrat im Beschlußverfahren von der Dienststelle die **Unterlassung** von Handlungen begehren kann, die gegen Mitbestimmungs- oder Mitwirkungsrechte verstoßen. Das BAG, das zunächst einen derartigen Unterlassungsanspruch des Betriebsrates verneint hatte *(BAG vom 22. 2. 1983, AP Nr. 2 zu § 23 BetrVG 1972)*, weil § 23 Abs. 3 BetrVG eine abschließende Regelung beinhalte, hat diese Rechtsprechung nunmehr auch ausdrücklich aufgegeben und **billigt** dem Betriebsrat **bei Verletzung von Mitbestimmungsrechten** i.S. des § 87 BetrVG unabhängig von § 23 Abs. 3 BetrVG **einen Unterlassungsanspruch** zu *(BAG vom 3. 5. 1994 – 1 ABR 24/93 – EzA Nr. 26 zu § 23 BetrVG 1972)*.

91 Eine dem § 23 Abs. 3 vergleichbare Bestimmung im Bereich des PersVG Bln besteht nicht. Bei Verletzung der Mitbestimmungs- bzw. Mitwirkungsrechte durch den Dienststellenleiter steht dem Personalrat lediglich die Möglichkeit

offen, sich an die vorgesetzte Dienststelle zu wenden bzw. eine Dienstaufsichtsbeschwerde zu erheben. Fehlt es aber an einer solchen besonderen Vorschrift, die Verstöße ahndet, so muß für den Bereich des PersVG Bln davon ausgegangen werden, daß aus der personalvertretungsrechtlichen Pflicht des Dienststellenleiters, die Mitbestimmungs- bzw. Mitwirkungsrechte einzuhalten, ein entsprechender **Unterlassungsanspruch des Personalrates** folgt. Er ist die Kehrseite des positiven Anspruches auf Beteiligung an den Entscheidungen der Dienststelle *(vgl. bspw. auch OVG Rheinland-Pfalz vom 22. 6. 1995, PersR 1995, 348).*

Für den Bereich des BPersVG lehnt das BVerwG einen im Beschlußverfahren 92 durchsetzbaren Anspruch des Personalrats ab, der Dienststelle die Durchführung einer bestimmten, der Mitbestimmung unterliegenden Maßnahme zu untersagen *(BVerwG vom 29. 10. 1991, PersR 1992, 24).* Allerdings wird eine einstweilige Verfügung mit verfahrensrechtlichem Inhalt, z. B. auf Einleitung oder Fortführung des Beteiligungsverfahrens, für möglich gehalten *(BVerwG vom 27. 7. 1990, PersR 1990, 297).* Dem haben sich zahlreiche OVG der Bundesländer angeschlossen *(OVG Berlin vom 18. 7. 1991, PersR 1991, 422; vom 30. 3. 1998, PersR 1998, 296 zu grundsätzlichen Voraussetzungen des Erlasses einer einstweiligen Verfügung bei Abbruch des Beteiligungsverfahrens; OVG Münster vom 6. 9. 1994, PersR 1994, 571; OVG Niedersachsen vom 24. 2. 1993, PersR 1994, 30; VGH Baden-Württemberg vom 19. 1. 1993, PersR 1993, 559).* Teilweise wird vertreten, daß unter bestimmten Umständen eine einstweilige Verfügung zur vorläufigen Feststellung des Bestehens eines Mitbestimmungsrechts zulässig sein kann *(HessVGH vom 17. 3. 1994, PersR 1994, 376).* Es wird abzuwarten sein, ob die Rechtsprechung der Verwaltungsgerichte sich den für das BetrVG entwickelten Grundsätzen der arbeitsgerichtlichen Rechtsprechung annähert *(vgl. zum Ganzen Vogelgesang, ZTR 2000, 145).*

Die **Durchsetzung des Unterlassungsanspruches** erfolgt gem. § 91 Abs. 1 Nr. 3 93 i. V. m. Abs. 2 sowie i. V. m. § 85 Abs. 1 ArbGG i. V. m. §§ 888 ff. ZPO. Das Ordnungsgeld kann hierbei bis zu 500 000 DM betragen, § 890 Abs. 1 ZPO.

Der Erlaß einer **einstweiligen Verfügung** ist unter den Voraussetzungen der 94 §§ 91 Abs. 1 Nr. 3 i. V. m. Abs. 2 sowie § 85 Abs. 1 i. V. m. § 940 ZPO zulässig. Die einstweilige Verfügung erfolgt hierbei zum Zwecke der Regelung eines einstweiligen Zustandes in bezug auf ein streitiges Rechtsverhältnis *(dazu näher LAG Frankfurt/Main vom 19. 4. 1988, DB 1989, 128).*

Das Rechtsschutzbedürfnis für die Einleitung und Weiterführung eines personalvertretungsrechtlichen Beschlußverfahrens besteht trotz Durchführung der 95 Maßnahme jedenfalls dann weiter, wenn diese fortwirkt und jederzeit geändert oder für die Zukunft rückgängig gemacht werden kann *(BVerwG vom 4. 6. 1993, PersR 1994, 18).*

§ 80 Verfahren bei Nichteinigung

(1) Kommt eine Einigung nicht zustande, so entscheidet nach Verhandlung zwischen der Dienstbehörde und dem Hauptpersonalrat im Bereich
1. der Hauptverwaltung:
   der Leiter der Dienstbehörde;
2. der Verwaltung des Abgeordnetenhauses:
   der Präsident des Abgeordnetenhauses;
3. des Rechnungshofs:
   der Präsident des Rechnungshofs;

3. a) des Datenschutzbeauftragten:
der Berliner Datenschutzbeauftragte,
4. der Bezirksverwaltungen:
der Leiter der Abteilung Personal und Verwaltung,
im Bereich der Krankenhausbetriebe, soweit es sich nicht um Einzelpersonalangelegenheiten handelt, für die der Krankenhausbetrieb nicht zuständig ist: nach Maßgabe des Landeskrankenhausgesetzes die Krankenhauskonferenz oder die Krankenhausleitung.

Die für die Verhandlung erforderlichen Unterlagen sind dem Hauptpersonalrat unverzüglich nach Feststellung der Nichteinigung zu übersenden. Die Verhandlung soll innerhalb von zwölf Arbeitstagen nach Eingang der Unterlagen beim Hauptpersonalrat stattfinden; die Frist kann einvernehmlich verlängert werden. Die Entscheidung soll innerhalb von zwölf Arbeitstagen nach Abschluß der Verhandlungen getroffen werden.

(2) In den Dienstbereichen, in denen ein Gesamtpersonalrat besteht und die zuständige Dienstbehörde nicht zugleich oberste Dienstbehörde ist, tritt in den Fällen des Absatzes 1 an die Stelle des Hauptpersonalrats der Gesamtpersonalrat. Gegen die Entscheidung kann der Gesamtpersonalrat innerhalb von zwei Wochen die oberste Dienstbehörde anrufen. Diese entscheidet nach Verhandlung mit dem Hauptpersonalrat. Die Sätze 1 bis 3 gelten nicht, soweit der Gesamtpersonalrat nach § 54 an Stelle eines Personalrats entschieden hat; in diesen Fällen gilt Absatz 1.

(3) Bei den Körperschaften, Anstalten und Stiftungen des öffentlichen Rechts entscheidet in den Fällen der Absätze 1 und 2 das zuständige Organ.

Übersicht   Rn.

Allgemeines 1, 2
Einleitung des Verfahrens 3, 4
Form und Frist 5, 6
Instanzenzug 7– 9
Entscheidungsbefugnis 10–14
Verhandlung 15
Zustellung der Entscheidung 16, 17
Besonderheiten bei Bestehen eines Gesamtpersonalrates (Abs. 2) 18–23
Ausnahme bei eigener Zuständigkeit des Gesamtpersonalrates 24, 25
Anrufung der obersten Dienstbehörde 26, 27
Form 28
Frist 29–31
Entscheidung nach Anrufung der obersten Dienstbehörde 32
Körperschaften, Anstalten und Stiftungen des öffentlichen Rechts 33
Wirkung der Entscheidung 34–36
Einigung während des Verfahrens 37–39
Streitigkeiten 40, 41

Allgemeines

1 § 80 regelt das Verfahren bei Mitbestimmungsangelegenheiten in den Fällen, in denen eine Einigung zwischen Dienststelle und Personalvertretung nicht zustande gekommen ist, insbesondere den diesbezüglichen Instanzenzug.

Nur in sehr beschränktem Maße kann zum Vergleich die Vorschrift des § 69 Abs. 3 BPersVG herangezogen werden. Eine entsprechende Regelung fehlt im Betriebsverfassungsgesetz.

Einleitung des Verfahrens

Das Verfahren kann erst eingeleitet werden, wenn trotz Verhandlung zwischen Dienststelle und zuständiger Personalvertretung im Rahmen des § 79 **keine Einigung** erzielt worden ist. Entweder muß die Personalvertretung form- und fristgerecht die Zustimmung verweigert haben, § 79 Abs. 2, oder die Dienststelle muß ordnungsgemäß einen Antrag der Personalvertretung abgelehnt haben, § 79 Abs. 4. Für die Einleitung des Verfahrens nach § 80 ist unerheblich, von wem die Initiative zur Durchführung einer mitbestimmungspflichtigen Maßnahme ausging.

Berechtigt zur Einleitung des Verfahrens ist sowohl die betroffene Dienststelle als auch die jeweilige Personalvertretung, da jeder Seite die Möglichkeit offenstehen muß, eine Entscheidung herbeizuführen. Auch hier kommt es nicht darauf an, von wem ursprünglich die Initiative ausging.

Form und Frist

Abs. 1 Satz 2 stellt klar, daß die für die Verhandlung erforderlichen Unterlagen dem Hauptpersonalrat unverzüglich nach Feststellung der Nichteinigung zu übersenden sind. Dies wird regelmäßig von seiten der Dienststelle zu geschehen haben, da diese sich zu diesem Zeitpunkt noch im Besitz der Unterlagen befinden dürfte. Allerdings kann auch der örtliche Personalrat seinerseits dem Hauptpersonalrat entsprechende Unterlagen zur Verfügung stellen.

Für das Verfahren bestimmt Abs. 1 Sätze 3 und 4, daß die Verhandlung innerhalb von zwölf Arbeitstagen nach Eingang der Unterlagen beim Hauptpersonalrat stattfinden soll; eine Fristverlängerung ist möglich. Die **Entscheidung** selbst soll dann innerhalb von **zwölf Arbeitstagen** nach Abschluß der Verhandlung getroffen werden. Dabei handelt es sich dem Gesetzeswortlaut nach um eine »Soll-Vorschrift«; dies bedeutet nach allgemeinen Grundsätzen jedoch, daß die diesbezüglichen Bestimmungen einzuhalten sind, wenn nicht erhebliche Gründe, die dann allerdings auch geltend gemacht werden müssen, entgegenstehen.

Instanzenzug

Bei der **Einleitung** des Verfahrens ist ein **Instanzenzug einzuhalten.** Da in Abs. 1 Nrn. 1 bis 4 im einzelnen aufgeführt ist, welche Stellen entscheidungsbefugt sind, ist davon auszugehen, daß diesen auch die Angelegenheit vorgelegt werden muß. Sind daher die Dienststellen gem. § 5 und der bei ihr gebildete örtliche Personalrat beteiligt, ist die Angelegenheit zunächst der jeweils zuständigen entscheidungsbefugten Stelle vorzulegen. Die Personalvertretung kann hierbei, da Gegenteiliges im Gesetz nicht geregelt ist, auch direkt den Hauptpersonalrat bzw. in den Fällen des Abs. 2 den Gesamtpersonalrat einschalten, der dann die Angelegenheit der zuständigen entscheidungsbefugten Stelle vorlegen kann.

Kein Instanzenzug besteht bei Nichteinigung auf der Ebene der Dienstbehörde i. S. des § 7, soweit deren Leiter gleichzeitig zu dem Kreis der in Abs. 1 Nrn. 1–4 genannten entscheidungsbefugten Stellen gehört, vgl. §§ 7 und 9 Abs. 2.

§ 80

9 Das gleiche gilt für die Nichteinigung im **Bereich der obersten Dienstbehörde**, da es nach den bestehenden Zuständigkeitsregelungen nicht möglich ist, daß eine nachgeordnete Dienstbehörde über Angelegenheiten entscheidet, die zuständigkeitshalber von der übergeordneten obersten Dienstbehörde zu regeln sind. § 80, der nur eine Verfahrensregelung betrifft, enthält keine Veränderung bestehender Zuständigkeitsregelungen.

Entscheidungsbefugnis

10 Die Entscheidung steht nach Abs. 1 Nrn. 1–4 nur bestimmten Entscheidungsträgern zu. Deren Zuständigkeit richtet sich nach dem jeweiligen Dienstbereich. Die Vorschrift folgt teilweise der Regelung in § 7.

11 Für den Bereich der **Hauptverwaltung** ist zuständig der Leiter der Dienstbehörde, Nr. 1. Nach § 7 Nr. 1 ist Dienstbehörde diejenige Behörde oder Stelle, die für personalrechtliche Entscheidungen zuständig ist *(vgl. im übrigen § 7 Rn. 4ff.)*. Im Geschäftsbereich der Polizeibehörde ist es der Polizeipräsident in Berlin.

12 Die Entscheidungsbefugnis für die Bereiche der Verwaltung des **Abgeordnetenhauses** und des **Rechnungshofes** fällt in die Zuständigkeit des jeweiligen Präsidenten, Nrn. 2 und 3. Die Regelung entspricht § 7 Nr. 2 und 3. Diese sind zugleich oberste Dienstbehörde gem. § 8 Nrn. 2 und 3. Das gleiche gilt für den Bereich des **Datenschutzbeauftragten,** entscheidungsbefugt ist hier der Berliner Datenschutzbeauftragte.

13 Im Bereich der **Bezirksverwaltungen** entscheidet der Leiter der Abteilung Personal und Verwaltung.

14 Entscheidungsbefugt für die Krankenhausbetriebe ist hier außerhalb der Einzelpersonalangelegenheiten die Krankenhauskonferenz bzw. die Krankenhausleitung. Die Zuständigkeit der Krankenhauskonferenz ist in § 33 Landeskrankenhausgesetz *(vom 13. 12. 1974 – LKG)* geregelt. Im übrigen ist die Krankenhausleitung zuständig. Vgl. zu diesem Bereich oben § 7 mit weiteren Erläuterungen. Für Einzelpersonalangelegenheiten ist der Verwaltungsleiter zuständig, soweit nicht bei Beamten die Zuständigkeit der Dienstbehörde gegeben ist, § 38 Abs. 1 Nr. 1 LKG. Vgl. hierzu näher oben § 7 Rn. 16.

Verhandlung

15 Vor der Entscheidung hat zwischen der Dienstbehörde und dem Hauptpersonalrat eine Verhandlung stattzufinden. Verhandlungspartner auf seiten der Dienstbehörde ist hierbei in aller Regel der Entscheidungsträger, wie sich aus dem Zusammenhang der Bestimmungen in § 80 Abs. 1 Nrn. 1–4 und §§ 7 und 9 ergibt. Für die Verhandlungen gelten die gleichen Grundsätze wie in § 70 Abs. 1 *(vgl. im einzelnen § 70 Rn. 19f.).* Auch hier gilt also das Gebot, sich in der streitigen Angelegenheit ernsthaft um eine Einigung zu bemühen.

Zustellung der Entscheidung

16 Die Entscheidung ist der **zuständigen Personalvertretung** zuzustellen. Das folgt aus § 81 Abs. 1 Satz 1, da an die Zustellung der Beginn der Frist zur Anrufung der Einigungsstelle gebunden ist. Aus dem Begriff der Zustellung folgt, daß eine schriftliche Mitteilung erforderlich ist.

Die Zustellung kann erfolgen durch Übergabe des Schriftstücks in Urschrift, Ausfertigung oder beglaubigter Abschrift bzw. Fotokopie oder aber durch Vorlegung der Urschrift. Im letzten Fall – meist der Fall der Vorlage einer Aktennotiz o. ä. – hat der Vorsitzende der Personalvertretung auf der Urschrift den Tag des Eingangs zu vermerken. Die Zustellung muß im Streitfall von dem Entscheidungsträger nachgewiesen werden. 17

Besonderheiten bei Bestehen eines Gesamtpersonalrates (Abs. 2)

§ 80 Abs. 2 enthält eine **Sonderregelung** des Verfahrens bei Nichteinigung. Sie gilt nur für diejenigen Dienstbereiche, in denen ein Gesamtpersonalrat gebildet ist und in denen die zuständige Dienstbehörde nicht zugleich oberste Dienstbehörde ist. 18

Die Sonderregelung des § 80 Abs. 2 gilt nur, wenn der Gesamtpersonalrat auch gebildet ist; besteht entgegen § 50 Abs. 1 kein Gesamtpersonalrat, kann auch die Sonderregelung keine Anwendung finden. 19

Wie sich aus Abs. 2 Satz 1 i. V. m. Satz 4 ergibt, ist weitere Voraussetzung, daß der Gesamtpersonalrat **nicht auf Grund eigener Zuständigkeit** nach § 54 tätig wird. Die Sonderregelung gilt also nur, wenn die Mitbestimmungsangelegenheit zunächst in die Zuständigkeit eines örtlichen Personalrates fällt. 20

Schließlich ist erforderlich, daß die entscheidungsbefugte Stelle nicht zugleich die oberste Dienstbehörde sein darf. 21

Sind alle Voraussetzungen gegeben, dann ist **Verhandlungspartner** der nach Abs. 1 entscheidungsbefugten Stelle der Gesamtpersonalrat und nicht der Hauptpersonalrat. Eine Genehmigung durch die oberste Dienstbehörde gemäß Abs. 1 Satz 2 entfällt im Hinblick auf die Bestimmung in Abs. 2 Satz 3. 22

Hinsichtlich der Verhandlung und Entscheidungsbefugnis gelten im übrigen die oben in Rn. 10 ff., 15 dargestellten Grundsätze entsprechend. 23

Ausnahme bei eigener Zuständigkeit des Gesamtpersonalrates

Eine Ausnahme von dieser Sonderregelung gilt jedoch dann, wenn der Gesamtpersonalrat kraft eigener Zuständigkeit gem. § 54 tätig wird. Seine Einschaltung im Verfahren der Nichteinigung nach § 80 Abs. 2 kann nur dann erfolgen, wenn die mitbestimmungspflichtige Angelegenheit zunächst in die Zuständigkeit des örtlichen Personalrates fiel. Die Sonderregelung kann daher in all den Fällen keine Anwendung finden, in denen die mitbestimmungspflichtige Angelegenheit entweder mehrere Dienststellen eines Geschäftsbereichs betrifft oder ihre Wahrnehmung dem Gesamtpersonalrat wirksam von den einzelnen Personalräten übertragen worden war. 24

Wird der Gesamtpersonalrat aus eigener Zuständigkeit gem. § 54 in einer Mitbestimmungsangelegenheit tätig, verbleibt es im Falle der Nichteinigung bei dem Verfahren nach Abs. 1 unter Einschaltung von Dienstbehörde und Hauptpersonalrat. 25

Anrufung der obersten Dienstbehörde

In den Fällen des Abs. 2 kann gegen die Entscheidung der zuständigen Dienstbehörde die oberste Dienstbehörde angerufen werden. Berechtigt ist allein der Gesamtpersonalrat, nicht jeder örtliche Personalrat, da auch die Verhandlungsbefugnis mit der Dienstbehörde allein dem Gesamtpersonalrat zustand. 26

27 Angerufen werden kann allein die oberste Dienstbehörde, nicht jedoch der Hauptpersonalrat. Dieser kann auch **nicht** die Angelegenheit **an sich ziehen**.

Form

28 Die Anrufung bedarf grundsätzlich nach dem Personalvertretungsrecht **keiner bestimmten Form**. Praktisch wird jedoch immer Schriftform erforderlich sein. Die Anrufung muß auf einem ordnungsgemäßen Beschluß des Gesamtpersonalrates gem. § 52 i. V. m. § 32 beruhen. Die Ausführung des Beschlusses erfolgt durch den Vorstandsvorsitzenden, gegebenenfalls gemeinsam mit einem Vorstandsmitglied der betroffenen Dienstkräftegruppe gem. § 52 i. V. m. § 29 Abs. 3.

Frist

29 Die Frist beträgt zwei Wochen. Sie **beginnt** mit Zugang der Entscheidung der Dienstbehörde bei dem Gesamtpersonalrat. Für die Fristberechnung gelten §§ 187 ff. BGB.

30 Eine **Fristverlängerung** ist gesetzlich nicht vorgesehen. Eine Wiedereinsetzung in den vorherigen Stand bei Versäumung der Frist scheidet ebenfalls aus, da sie gesetzlich nicht vorgesehen ist.

31 Für die **Wahrung der Frist** reicht es aus, wenn der Antrag innerhalb der Frist von dem Gesamtpersonalrat auf den **verwaltungsinternen** Verfahrensweg gebracht wird. Demgegenüber reicht jedoch eine Abgabe bei der Post zur Fristwahrung nicht aus. Wird die **Frist nicht eingehalten** oder läßt der Gesamtpersonalrat sie verstreichen, gilt die Maßnahme als gebilligt, der dem § 79 Abs. 2 zugrundeliegende Gedanke ist entsprechend anwendbar.

Entscheidung nach Anrufung der obersten Dienstbehörde

32 Nach Anrufung der obersten Dienstbehörde findet zunächst eine Verhandlung zwischen ihr und dem Hauptpersonalrat statt. Hier gelten die oben *(Rn. 15)* dargestellten Grundsätze entsprechend. Erst dann kann die oberste Dienstbehörde ihre Entscheidung treffen.

Körperschaften, Anstalten und Stiftungen des öffentlichen Rechts

33 Abs. 3 betrifft die Entscheidungsbefugnis bei Körperschaften, Anstalten und Stiftungen des öffentlichen Rechts. Diese hat das jeweils zuständige Organ, das im Verwaltungsaufbau der Dienstbehörde entspricht. Vergleiche dazu im übrigen auch die Regelungen in § 7 Nr. 5 und § 8 Nr. 5 *(vgl. die Anmerkungen § 7 Rn. 17 und § 8 Rn. 4)*.

Wirkung der Entscheidung

34 Personalvertretungsrechtlich eröffnet die Entscheidung zunächst den Weg zur Einigungsstelle. Ob ihr darüber hinaus eine personalvertretungsrechtliche Wirkung zukommt, hat der Gesetzgeber nicht geklärt. Da das PersVG Bln im Gegensatz zum BPersVG (§ 69 Abs. 5) keine Möglichkeit vorsieht, in Mitbestimmungsfällen eine **vorläufige Regelung** zu treffen, ist davon auszugehen, daß auch nach der Entscheidung eine vorläufige Regelung nicht möglich ist *(VG*

Berlin vom 17.11.1980 – VG FK Bln A 2/80). Aus der speziellen Regelung in § 85 Abs. 1 Satz 2 kann geschlossen werden, daß in allen anderen Fällen der Gesetzgeber eine Notwendigkeit für vorläufige Regelungen nicht anerkennen wollte. Die jeweils zuständige Dienststelle, Dienstbehörde oder oberste Dienstbehörde kann daher auch nach der Entscheidung nach § 80 die der Mitbestimmung unterliegende Maßnahme nicht vorläufig durchführen. Die Entscheidung nach § 80 hat letztlich nur die Funktion einer **Zwischenentscheidung**, die erst wirksam wird, wenn der Hauptpersonalrat ausdrücklich von der Anrufung der Einigungsstelle absieht oder die Frist des § 81 Abs. 1 verstreichen läßt. Insbesondere wären auch personelle Einzelmaßnahmen (z. B. Kündigung) kaum rückabwickelbar; bei begünstigenden personellen Einzelmaßnahmen könnte das Vertrauen der Dienstkräfte in den Bestand der Maßnahme kaum ausreichend geschützt werden *(vgl. für die Kündigung auch unten § 87 Rn. 86ff.).*

Lediglich in **Fällen des Notstands** u. ä. wird eine vorläufige Regelung getroffen werden können *(vgl. dazu oben § 79 Rn. 66ff.).* Die Personalvertretung ist dann aber ohne schuldhaftes Zögern zu unterrichten. Ein Notfall in diesem Sinne liegt vor, wenn die Durchführung der Maßnahme zwingend erforderlich ist, um unmittelbar drohenden Schaden von der Dienststelle, Dienstkräften oder Dritten abzuwenden, und wenn vorher das Mitbestimmungsverfahren nicht abgeschlossen werden kann. 35

Wird im Einigungsverfahren nach § 81 Abs. 1 oder 2 eine endgültige Entscheidung getroffen, die von der Entscheidung nach § 80 abweicht, sind die vorläufig getroffenen Maßnahmen rückgängig zu machen. 36

Einigung während des Verfahrens

Das Verfahren des § 80 dient der Verhandlung und der Beseitigung von Streitigkeiten. Es ist mit Ausdruck des Gebotes der vertrauensvollen Zusammenarbeit des § 2 Abs. 1. **In jeder Lage des Verfahrens** kann daher eine Einigung zwischen den beteiligten Partnern erfolgen. Bei der Einigung besteht eine Bindung an Anträge oder vorgebrachte Einwendungen nicht. 37

Einigen sich während des Verfahrens **die Beteiligten der unteren Stufe**, z. B. Personalrat und Dienststelle, fallen die Voraussetzungen für das Verfahren bei Nichteinigung auch dann fort, wenn sich dieses bereits in einer höheren Stufe befindet. Eine Entscheidung kann dann nicht mehr getroffen werden. 38

Eine Einigung auf höherer Ebene hat ebenfalls verfahrensbeendende Wirkung. Sie bindet Dienststelle und Personalvertretung. 39

Streitigkeiten

Gegen die Entscheidung im Rahmen des § 80 kann gem. § 81 die Einigungsstelle angerufen werden. Eine gerichtliche Überprüfung scheidet insoweit aus. 40

Bei Streitigkeiten über die Zuständigkeit entscheiden die Verwaltungsgerichte im Beschlußverfahren, § 91 Abs. 1 Nr. 3. 41

§ 81 Einigungsstelle

(1) Gegen die Entscheidung nach § 80 kann der Hauptpersonalrat auf Antrag der zuständigen Personalvertretung binnen zwei Wochen die Einigungsstelle anrufen. Sieht der Hauptpersonalrat von der Anrufung der Einigungsstelle ab,

§ 81

so hat er dies der zuständigen Personalvertretung unverzüglich mitzuteilen. Bei Körperschaften, Anstalten und Stiftungen des öffentlichen Rechts tritt an die Stelle des Hauptpersonalrats die zuständige Personalvertretung.
(2) In den in § 85 Abs. 2 Nr. 1, 2 und 8–10 genannten Angelegenheiten sowie in den in § 85 Abs. 2 Nr. 3 bis 7, § 86 Abs. 3 und § 88 genannten Angelegenheiten der Beamten kann die oberste Dienstbehörde, für die Körperschaften, Anstalten und Stiftungen des öffentlichen Rechts die Aufsichtsbehörde binnen eines Monats nach Zustellung des Beschlusses der Einigungsstelle die Entscheidung des Senats von Berlin beantragen. Für die Verwaltung des Abgeordnetenhauses und für den Rechnungshof entscheidet an Stelle des Senats von Berlin binnen eines Monats nach Zustellung des Beschlusses der Einigungsstelle der Präsident des Abgeordnetenhauses oder der Präsident des Rechnungshofs. Für die Dienstkräfte der Rundfunkanstalt »Sender Freies Berlin« tritt an die Stelle der Aufsichtsbehörde der Intendant und an die Stelle des Senats von Berlin der Rundfunkrat.

Übersicht

	Rn.
Allgemeines	1– 3
Voraussetzungen zur Anrufung der Einigungsstelle	4
Entscheidung nach § 80	5
Antrag der zuständigen Personalvertretung	6, 7
Anrufung durch den Hauptpersonalrat	8–11
Frist	12–14
Zurückweisung des Antrags durch den Hauptpersonalrat	15–18
Sonderregelung für Körperschaften, Anstalten und Stiftungen des öffentlichen Rechts	19, 20
Eingeschränkte Mitbestimmung	21, 22
Gegenstände der eingeschränkten Mitbestimmung	23–25
Entscheidung des Senats von Berlin	26
Antragsbefugnis	27–29
Form und Frist des Antrages	30–32
Sonderregelung für Abgeordnetenhaus und Rechnungshof	33, 34
Sonderregelung für den Sender Freies Berlin	35, 36
Streitigkeiten	37

Allgemeines

1 § 81 regelt – entgegen der mißverständlichen Überschrift – nur das **Verfahren,** das bei Anrufung der Einigungsstelle einzuhalten ist.

2 Eine nur beschränkt vergleichbare Regelung findet sich in § 69 Abs. 4 BPersVG. Das BetrVG enthält in § 76 wegen der anders strukturierten Organisation keine entsprechende Regelung.

3 § 81 Abs. 2 enthält eine **Einschränkung der Kompetenz** der Einigungsstelle. Er trägt der Rahmenvorschrift des § 104 BPersVG Rechnung, nach der Entscheidungen, die wegen ihrer Auswirkungen auf das Gemeinwesen wesentlicher Bestandteil der Regierungsgewalt sind, nicht den Stellen entzogen werden dürfen, die der Volksvertretung verantwortlich sind *(vgl. auch BVerfG vom 27. 4. 1959, E 9, 268; vgl. auch oben § 1 Rn. 31).*

Voraussetzungen zur Anrufung der Einigungsstelle

Die Anrufung der Einigungsstelle kann nur unter den in § 81 Abs. 1 genannten **4** Voraussetzungen erfolgen. **Außerhalb dieser Regelung** ist eine **Anrufung unzulässig.** Insbesondere kann die Einigungsstelle auch nicht durch freiwillige Übereinkunft von Dienststelle und örtlicher Personalvertretung angerufen werden. Ein freiwilliges Einigungsverfahren wie in § 76 Abs. 6 BetrVG ist dem Personalvertretungsrecht fremd.

Entscheidung nach § 80

Voraussetzung ist das Vorliegen einer Entscheidung nach § 80. Die Einigungs- **5** stelle kann nur tätig werden, wenn das vorgeschriebene Verfahren bei Nichteinigung vollständig durchlaufen ist. Eine Abkürzung dieses Verfahrens oder der Verzicht auf eine Entscheidung nach § 80 durch übereinstimmende Erklärung der beteiligten Partner ist nicht möglich. Auch kann nicht vor dem Vorliegen der Entscheidung die Einigungsstelle angerufen werden. Verzögert der Entscheidungsträger des § 80 die Entscheidung, bleibt lediglich die Möglichkeit, diese Entscheidung zu erzwingen, was jedoch nicht in den Zuständigkeitsbereich der Einigungsstelle fällt. Die Entscheidung nach § 80 muß zugestellt sein.

Antrag der zuständigen Personalvertretung

Der Hauptpersonalrat kann die Einigungsstelle nur anrufen, wenn ein entspre- **6** chender Antrag der zuständigen Personalvertretung vorliegt. Zuständig ist diejenige Personalvertretung, deren Zustimmung für die Durchführung der Maßnahme erforderlich wäre bzw. die eine bestimmte Maßnahme beantragt hat.
Der Antrag muß auf einem **ordnungsgemäßen Beschluß** der betreffenden **7** Personalvertretung beruhen, § 32. Der Beschluß ist dem Hauptpersonalrat mitzuteilen. Die Mitteilung erfolgt gem. § 29 Abs. 3 durch den Vorsitzenden, gegebenenfalls gemeinsam mit einem Vorstandsmitglied der betroffenen Gruppe. Die Wirksamkeit des Beschlusses in formeller und materieller Hinsicht ist von der **Einigungsstelle** als Frage ihrer Zuständigkeit **zu überprüfen.**

Anrufung durch den Hauptpersonalrat

Die Einigungsstelle kann grundsätzlich **nur vom Hauptpersonalrat** angerufen **8** werden *(zur Ausnahme bei Körperschaften, Anstalten und Stiftungen des öffentlichen Rechts vgl. unten Rn. 19 ff.).* Eine direkte Anrufung durch die betroffene Personalvertretung scheidet aus.
Wie sich aus dem Wort »kann« in § 81 Abs. 1 Satz 1 und der Bestimmung in **9** Satz 2 ergibt, ist der Hauptpersonalrat **an den Antrag der zuständigen Personalvertretung nicht gebunden,** er ist nicht gezwungen, die Einigungsstelle anzurufen. Er hat in vollem Umfange eine Prüfungs- und Entscheidungsbefugnis. Bei der Entscheidung, ob die Einigungsstelle angerufen werden soll oder nicht, muß er nach **pflichtgemäßem Ermessen** handeln.
Die Anrufung muß auf einem ordnungsgemäßen **Beschluß** des Hauptperso- **10** nalrates im Sinne des § 57 i. V. m. § 32 beruhen. Die Durchführung des Beschlusses obliegt dem Vorsitzenden, gegebenenfalls gemeinsam mit einem Vorstandsmitglied der betroffenen Gruppe gem. § 57 i. V. m. § 29 Abs. 3.

11 Darüber hinaus ist eine bestimmte **Form** der Anrufung der Einigungsstelle **nicht vorgeschrieben.** Allerdings wird in der Regel Schriftform erforderlich sein, zumal im Streitfall auch die Rechtzeitigkeit der Anrufung nachgewiesen werden muß.

Frist

12 Die Anrufung der Einigungsstelle kann nur innerhalb einer Frist von zwei Wochen nach Zustellung der Entscheidung nach § 80 angerufen werden. Maßgeblich ist der Tag der Zustellung an die **zuständige** Personalvertretung, also an diejenige, deren Mitbestimmungsrecht die betreffende Maßnahme unterliegt.

13 Die Fristberechnung erfolgt nach §§ 187 ff. BGB.

14 **Folge der Fristversäumung** ist die Unzulässigkeit der Anrufung der Einigungsstelle. Die Einigungsstelle kann in diesem Falle keine materielle Entscheidung in der Sache selbst treffen, sie kann nur die Unzulässigkeit der Anrufung feststellen.

Zurückweisung des Antrags durch den Hauptpersonalrat

15 Der Hauptpersonalrat kann nach **pflichtgemäßem Ermessen** von der Anrufung der Einigungsstelle absehen. Hierbei hat er den gesamten Sachverhalt zu prüfen und die widerstreitenden Interessen gegeneinander abzuwägen. Eine förmliche Anhörung der betroffenen Personalvertretung ist nicht erforderlich. Die Zurückweisung muß auf einem ordnungsgemäßen Beschluß des Hauptpersonalrates gemäß §§ 57, 32 beruhen.

16 Die **Entscheidung** ist der zuständigen Personalvertretung **unverzüglich mitzuteilen.** Unverzüglich bedeutet hier ohne schuldhaftes Zögern. Die Mitteilung erfolgt gemäß §§ 57, 29 Abs. 3 durch den Vorsitzenden, gegebenenfalls gemeinsam mit einem Vorstandsmitglied einer betroffenen Gruppe. Eine besondere Formvorschrift für die Mitteilung der Entscheidung besteht nicht, sie wird jedoch in der Regel schriftlich zu erfolgen haben.

17 Für die zuständige Personalvertretung besteht **keine Möglichkeit,** etwas gegen die **negative Entscheidung des Hauptpersonalrates** zu unternehmen. Die Entscheidung ist endgültig, die gem. § 80 getroffene Entscheidung ist damit voll wirksam.

18 Praktisch einer negativen Entscheidung des Hauptpersonalrates steht es gleich, wenn die **Frist** zur Anrufung der Einigungsstelle **versäumt wird,** da auch dann die nach § 80 getroffene Entscheidung voll wirksam ist. Beruht allerdings das Fristversäumnis auf einem Verschulden des Hauptpersonalrates, kann dies unter Umständen Konsequenzen nach §§ 57, 25 zur Folge haben.

Sonderregelung für Körperschaften, Anstalten und Stiftungen des öffentlichen Rechts

19 Wegen der organisatorischen Besonderheiten bei den Körperschaften, Anstalten und Stiftungen des öffentlichen Rechts enthält § 81 Abs. 1 Satz 3 eine **besondere Regelung** für die Zuständigkeit zur Anrufung der Einigungsstelle.

20 Zum Begriff der Körperschaften, Anstalten und Stiftungen des öffentlichen Rechts vgl. oben § 1 Rn. 21 ff. Soweit deren Dienstkräfte nicht im Dienste des

Landes Berlin stehen, § 7 Nr. 5 und § 8 Nr. 5, können sie nicht vom Hauptpersonalrat repräsentiert werden. Dieser kann nur für die Dienstkräfte der Behörden, Gerichte, nichtrechtsfähigen Anstalten und Eigenbetriebe gebildet werden. Daher kann im Bereich der Körperschaften, Anstalten und Stiftungen des öffentlichen Rechts das Anrufungsrecht **nicht** dem **Hauptpersonalrat**, sondern nur der jeweils zuständigen Personalvertretung zustehen. Hierbei ist die Regelung des § 80 Abs. 2 zu beachten. Soweit danach die Zuständigkeit im Einigungsverfahren bei dem Gesamtpersonalrat liegt, ist dieser auch berechtigt, die Einigungsstelle anzurufen. Für die zuständigen Personalvertretungen gelten im übrigen die sonstigen Bestimmungen des § 81 entsprechend.

Eingeschränkte Mitbestimmung

§ 81 Abs. 2 regelt das Verfahren in den Fällen der eingeschränkten Mitbestimmung. In diesem Bereich wird im Falle der Nichteinigung die **letzte Entscheidung nicht** der unabhängigen **Einigungsstelle** übertragen, sondern dem Senat von Berlin bzw. dem jeweils obersten Entscheidungsorgan. Damit hat der Gesetzgeber die Rechtsprechung des Bundesverfassungsgerichts berücksichtigt, nach der Angelegenheiten von politischem Gewicht, wozu insbesondere die Personalangelegenheiten der Beamten gehören, nicht Stellen übertragen werden dürfen, die nicht in der parlamentarischen Verantwortlichkeit stehen. 21

Das Verfahren bei der eingeschränkten Mitbestimmung ist anders ausgestaltet als in § 69 Abs. 4 BPersVG. Während dort die Einigungsstelle lediglich eine Empfehlung abgeben kann, entscheidet hier die Einigungsstelle zunächst in der Sache selbst. Erst gegen diese Entscheidung der Einigungsstelle kann die Entscheidung des Senats bzw. des sonstigen Entscheidungsträgers herbeigeführt werden (sogenanntes **Evokationsrecht**). Diese Regelung entspricht praktischen Gründen, da hierdurch die Belastung der Verwaltung verringert wird. 22

Gegenstände der eingeschränkten Mitbestimmung

Die der eingeschränkten Mitbestimmung unterliegenden Angelegenheiten sind in § 81 Abs. 2 Satz 1 **abschließend aufgezählt**. Eine Erweiterung oder Einschränkung durch Tarifvertrag oder Dienstvereinbarung ist nicht möglich. Nach der hier vertretenen Auffassung ist die eingeschränkte Mitbestimmung im Sinne des § 81 Abs. 2 auch für diejenigen Tatbestände gegeben, die nach der Entscheidung des BVerfG vom 24. 5. 1995 nicht der *(vollen)* Mitbestimmung unterliegen: zu den Einzelheiten vgl. jeweils die Anmerkungen zu den Einzeltatbeständen der §§ 85 ff. 23

Für sämtliche Dienstkräfte, also für Angestellte, Arbeiter und Beamte, ist das Mitbestimmungsrecht nach § 85 Abs. 2 Nrn. 1 und 2 bezüglich der Fortbildungsfragen sowie der Maßnahmen zur Hebung der Arbeitsleistung und Erleichterung des Arbeitsablaufes eingeschränkt, ebenso bei Nrn. 8 bis 10 Informations- und Kommunikationstechnik. 24

Im übrigen besteht eine Einschränkung der Mitbestimmungsrechte nur im Bereich der Angelegenheiten, die die Beamten betreffen. Es werden nur erfaßt die Bestimmungen des § 85 Abs. 2 Nrn. 3 bis 7, § 86 Abs. 3 und § 88. In erster Linie handelt es sich hierbei um personelle Angelegenheiten. 25

549

Entscheidung des Senats von Berlin

26 In den Fällen der eingeschränkten Mitbestimmung kann gegen den Beschluß der Einigungsstelle (*§ 83 Abs. 2*) die Entscheidung des Senats von Berlin beantragt werden *(vgl. auch § 10 Nr. 23 GOSen)*. Die **Entscheidung des Senats** ist **endgültig**. Er kann den Beschluß der Einigungsstelle bestätigen, aufheben oder abändern. Die Beschlußfassung des Senats erfolgt in der Regel auf einer ordnungsgemäß einberufenen Senatssitzung.

Antragsbefugnis

27 Die Entscheidung des Senats von Berlin kann **nur auf Antrag** herbeigeführt werden. Es ist nicht möglich, daß der Senat die Angelegenheit von sich aus ohne Antrag behandelt. Antragsbefugt ist die jeweils zuständige oberste Dienstbehörde, § 8 Nrn. 1 und 4, also das jeweilige Senatsmitglied.

28 Für den Bereich der Körperschaften, Anstalten und Stiftungen des öffentlichen Rechts ist die zuständige **Aufsichtsbehörde** antragsbefugt.

29 **Keine Antragsbefugnis** hat der Hauptpersonalrat oder eine sonstige Personalvertretung.

Form und Frist des Antrages

30 Der Antrag muß in der Form einer Senatsvorlage, also als Vorlage zur Beschlußfassung dem Senat unterbreitet werden, § 11 Abs. 1 GOSen. Gem. § 12 Abs. 1, 2 GOSen kann die Angelegenheit aber auch als Auslagesache behandelt werden, bei der der vorgeschlagene Beschluß als gefaßt gilt, wenn kein Einspruch erhoben wird. Bei besonders eilbedürftigen Angelegenheiten kann auch im Umlaufverfahren gem. § 12 Abs. 3 GOSen entschieden werden.

31 Der Antrag kann nur binnen **eines Monats** nach Zustellung des Beschlusses der Einigungsstelle erfolgen. Maßgeblich ist der Zeitpunkt der Zustellung an die oberste Dienstbehörde bzw. die Aufsichtsbehörde, vgl. § 83 Abs. 3.

32 Die **Fristberechnung** erfolgt gem. § 187 Abs. 1 BGB. Innerhalb der Frist muß nur der Antrag gestellt worden sein, die Entscheidung durch den Senat von Berlin kann später erfolgen.

Sonderregelung für Abgeordnetenhaus und Rechnungshof

33 Wegen ihrer besonderen Stellung gelten nach § 81 Abs. 2 Satz 2 Sonderregelungen für die Verwaltung des Abgeordnetenhauses und des Rechnungshofes. Hier entscheidet an Stelle des Senats von Berlin der Präsident des Abgeordnetenhauses bzw. der Präsident des Rechnungshofes.

34 Eines **Antrages durch** die **oberste Dienstbehörde** bedarf es hier **nicht**, da Entscheidungsträger und oberste Dienstbehörde identisch sind, vgl. § 8 Nrn. 2 und 3. Die Entscheidung muß binnen eines Monats seit Zustellung des Beschlusses der Einigungsstelle erfolgen. Maßgeblich ist der Zeitpunkt der Zustellung an den jeweiligen Präsidenten. Für die Fristberechnung gilt auch hier § 187 Abs. 1 BGB, der Tag der Zustellung zählt nicht mit.

Sonderregelung für den Sender Freies Berlin

Eine weitere Sonderregelung besteht für die Rundfunkanstalt »Sender Freies Berlin«. Bei dieser ist antragsbefugt der **Intendant**. Die Entscheidung hat an Stelle des Senats von Berlin der Rundfunkrat zu treffen.
Im übrigen gelten die Vorschriften des § 81 Abs. 2 Satz 1 entsprechend.

35

36

Streitigkeiten

Streitigkeiten über die Zuständigkeit der Einigungsstelle entscheiden die Verwaltungsgerichte im Beschlußverfahren, da es sich hierbei gleichzeitig um Streitigkeiten über die Zuständigkeit und Rechtsstellung der Personalvertretungen handelt, § 91 Abs. 1 Nr. 3, ohne daß dies ausdrücklich im Gesetz genannt worden ist (BVerwG vom 21. 10. 1983, PersV 1985, 432f.). Das gleiche gilt für Streitigkeiten über die Einhaltung des Mitbestimmungsverfahrens. Bei Streitigkeiten über die Wirksamkeit der Entscheidungen der Einigungsstelle ist diese, da sie auf Dauer errichtet worden ist, Beteiligte im Beschlußverfahren (BVerwG vom 13. 2. 1976, PersV 1977, 179; vom 26. 8. 1987, PersR 1988, 45; anders: BAG vom 31. 8. 1982, ArbuR 1983, 65).

37

§ 82 Zusammensetzung

(1) Die Einigungsstelle wird bei der Senatsverwaltung für Inneres gebildet und führt die Bezeichnung »Einigungsstelle für Personalvertretungssachen«. Sie besteht aus sechs Beisitzern und einem unparteiischen Vorsitzenden oder dessen Vertreter.
(2) Der Vorsitzende und drei Vertreter werden vom Senator für Inneres nach Einigung mit dem Hauptpersonalrat für die Dauer von vier Jahren bestellt. Kommt innerhalb von drei Monaten nach dem Ausscheiden des Vorsitzenden oder eines Vertreters eine Einigung über die Person nicht zustande, so bestellt sie der Präsident des Oberverwaltungsgerichts Berlin.
(3) Die Beisitzer werden vom Senator für Inneres für die Dauer von vier Jahren bestellt.
(4) Die Beisitzer müssen je zur Hälfte
1. von den obersten Dienstbehörden des Landes Berlin oder der obersten Dienstbehörde der jeweiligen Körperschaft, Anstalt oder Stiftung des öffentlichen Rechts und
2. von dem Hauptpersonalrat, für Angelegenheiten des Personals der Körperschaften, Anstalten und Stiftungen des öffentlichen Rechts von deren Gesamtpersonalrat oder, falls ein solcher nicht besteht, von deren Personalrat vorgeschlagen sein. Unter den von den Personalvertretungen vorgeschlagenen Beisitzern sollen die in den betroffenen Dienststellen vorhandenen Gruppen (§ 3 Abs. 2) vertreten sein. Betrifft die Angelegenheit lediglich eine Gruppe, so sollen die in Satz 2 genannten Beisitzer dieser Gruppe angehören.
(5) Für den Bereich der Rundfunkanstalt »Sender Freies Berlin« wird in Abweichung von Absatz 1 Satz 1 eine besondere Einigungsstelle bei dem Intendanten der Anstalt gebildet. Im übrigen gelten die Vorschriften der Absätze 1 bis 4 entsprechend mit der Maßgabe, daß an die Stelle des Hauptpersonalrats der Personalrat der Anstalt tritt.

§ 82

Übersicht Rn.

Allgemeines	1– 3
Stellung der Einigungsstelle	4, 5
Entscheidungskompetenz	6– 8
Organisatorische Zuordnung	9
Dauereinrichtung	10, 11
Zusammensetzung	12
Beisitzer auf Vorschlag der Personalvertretungen	13–18
Vertreter	19
Beisitzer auf Vorschlag der obersten Dienstbehörden	20–22
Prüfungsrecht, Ablehnung	23–25
Vorsitzender und seine Vertreter	26, 27
Persönliche Voraussetzungen	28, 29
Bestellung durch die Senatsverwaltung für Inneres	30
Bestellung durch den Präsidenten des OVG Berlin	31–34
Heranziehung der Vertreter	35, 36
Rechtsstellung der Mitglieder der Einigungsstelle	37–49
Kosten der Einigungsstelle	50
Sonderregelung für den Sender Freies Berlin	51
Streitigkeiten	52–54

Allgemeines

1 § 82 regelt die Bildung und Zusammensetzung der Einigungsstelle. Diese ist eine Schlichtungsstelle besonderer Art, die in den gesetzlich vorgesehenen Fällen Konflikte zwischen Personalvertretung und Dienststelle lösen soll.

2 Wegen der unterschiedlichen organisatorischen Strukturen der Bundesverwaltung enthält § 71 Abs. 1 BPersVG eine nur sehr beschränkt vergleichbare Regelung hinsichtlich der Bildung und Zusammensetzung von Einigungsstellen. Auch nur bedingt vergleichbar ist § 76 Abs. 1 und 2 BetrVG.

3 Die Einigungsstelle ist keine Institution, die umfassend der Beilegung von Meinungsverschiedenheiten zwischen der Dienststelle und der Personalvertretung dienen kann; sie kann nur angerufen werden, wenn **eine Maßnahme der Mitbestimmung des Personalrats unterliegt.** Nur in diesem Falle kann sie endgültige und beide Seiten bindende Entscheidungen treffen. Im Bereich der eingeschränkten Mitbestimmung gem. § 81 Abs. 2 kann ihr Spruch innerhalb bestimmter Fristen auf Antrag aufgehoben werden *(vgl. zu den Einzelheiten § 81 Rn. 21ff.).*

Stellung der Einigungsstelle

4 Eine Erweiterung oder Einschränkung des Zuständigkeitsbereichs der Einigungsstelle ist weder durch Dienstvereinbarung noch durch Tarifvertrag möglich. Ebenso ist ihre Bildung und Zusammensetzung abschließend und zwingend geregelt.

5 Die Einigungsstelle ist sowohl vom Parlament als auch von dem Senat **unabhängig.** Sie ist weder ein Gericht noch eine Verwaltungsbehörde, sie ist eine Stelle der Verwaltung, die Aufgaben der Personalverwaltung wahrnimmt. Sie ist Teil der Exekutive, es handelt sich um eine Institution der Dienststellenverfassung, die innerhalb der Behördenorganisation steht *(BVerfG vom 27. 4. 1959, E 9, 268; BVerwG vom 9. 10. 1991, PersV 1992, 218).* Bei den Entscheidungen der

Einigungsstelle handelt es sich nicht um Verwaltungsakte, da es keine Rechtsakte mit Außenwirkung sind. Es handelt sich um eine Entscheidungsform eigener Art, die der gerichtlichen Rechtskontrolle unterliegt *(vgl. § 83 Rn. 42f.).* Die Einigungsstelle unterliegt den gleichen Bindungen wie die Personalverwaltung, sie ist insbesondere bei ihrer Tätigkeit an Recht und Gesetz gebunden. Hierzu gehört auch die Bindung an die jeweiligen Vorschriften des Haushaltsrechts und des Haushaltsplans.

Entscheidungskompetenz

Die Einigungsstelle kann **Regelungs-** und **Rechtsstreitigkeiten** entscheiden, soweit die Mitbestimmung berührt wird. Regelungs- oder Interessenstreitigkeiten liegen vor, wenn entschieden werden soll, was in Zukunft Recht sein soll, welche Rechtsansprüche bestehen sollen. Demgegenüber ist bei Rechtsstreitigkeiten zu entscheiden, was im gegenwärtigen Zeitpunkt Recht ist, welche Rechtsansprüche zur Zeit bestehen. 6

In erster Linie sind von der Einigungsstelle Regelungsstreitigkeiten zu entscheiden. Durch die Erweiterung der Mitbestimmungsrechte ist jedoch klargestellt, daß auch Rechtsstreitigkeiten von der Einigungsstelle entschieden werden können und müssen. Um Rechtsstreitigkeiten handelt es sich z. B. in den Fällen des § 85 Abs. 1 Nr. 10 und des § 86 Abs. 1 Nrn. 1–6 zumindest soweit, als konkrete Rechtsansprüche der Dienstkräfte betroffen werden. 7

Für die **Kompetenz** der Einigungsstelle bestehen **verfassungsrechtliche Schranken.** Ihre Entscheidungskompetenz kann nicht so weit gehen, daß die politische Entscheidungsgewalt der Regierung praktisch beiseite geschoben wird. Der Einigungsstelle können daher keine Aufgaben zur verbindlichen Entscheidung übertragen werden, die wegen ihrer politischen Tragweite nicht generell der Regierungsverantwortung entzogen werden dürfen *(BVerfG vom 27. 4. 1959, E 9, 280, 281; noch weiter gehende Einschränkungen: BVerfG vom 24. 5. 1995, PersR 1995, 483; vgl. auch oben § 81 Rn. 21ff. sowie § 1 Rn. 48, § 2 Rn. 17).* Aus diesem Grunde hat der Gesetzgeber auch in § 81 Abs. 2 für bestimmte Tatbestände nur eine eingeschränkte Mitbestimmung zugelassen, bei der letztlich die Entscheidungskompetenz immer bei dem Senat von Berlin verbleibt. 8

Organisatorische Zuordnung

Die Einigungsstelle wird bei **der Senatsverwaltung für Inneres** gebildet, d. h., sie hat dort ihren Amtssitz. Zu Sonderregelungen für den Bereich des Senders Freies Berlin vgl. Abs. 5 und unten Rn. 54. Sie ist trotz ihrer organisatorischen Zuordnung **kein Teil der Innenverwaltung,** dies wird schon daraus deutlich, daß ihre Zuständigkeiten auch für die Körperschaften, Anstalten und Stiftungen des öffentlichen Rechts sowie die Eigenbetriebe besteht, bei denen in Personalangelegenheiten eine Zuständigkeit des Senators für Inneres ohne weiteres nicht besteht. Insoweit besteht hier eine gegenüber dem BPersV unterschiedliche Konstruktion. Während dort davon ausgegangen wird, daß die Einigungsstelle bei der jeweiligen obersten Dienstbehörde gebildet wird, ist für den Bereich des PersVG Bln eine weiter gehende Zuständigkeit der Einigungsstelle geschaffen worden. Mit Ausnahme des Senders Freies Berlin ist sie für **sämtliche** personalvertretungsrechtlichen 9

Streitigkeiten im Mitbestimmungsbereich zuständig, die im **Bereich des öffentlichen Dienstes des Landes Berlin** entstehen. Insoweit hat sie auch organisatorisch eine besondere Stellung, die Zuordnung zum Senator für Inneres kann dabei nur so verstanden werden, daß dieser die sächlichen, finanziellen und sonstigen verwaltungsmäßigen Mittel zur Verfügung zu stellen hat, nicht jedoch, daß die Einigungsstelle selbst ein Teil der Innenverwaltung wäre. Vielmehr hat sie auch insoweit eine eigenständige, ressortübergreifende Stellung.

Dauereinrichtung

10 Die immer noch umstrittene Frage, ob die Einigungsstelle eine Dauereinrichtung ist oder nur von Fall zu Fall zu bilden ist *(vgl. Grabendorff u. a., BPersVG, § 71 Rn. 3 m.w.N.)*, hat das PersVG Bln eindeutig entschieden. Da die Mitglieder der Einigungsstelle auf jeweils vier Jahre zu bestellen sind, kann die Einigungsstelle nur als Dauereinrichtung gebildet werden.

11 Die **Amtszeit** der Mitglieder der Einigungsstelle ist nicht an die Amtszeit der Personalvertretungen gebunden. Dies ergibt sich aus der jeweils vierjährigen Bestellung der Mitglieder, wobei die Vierjahresfrist mit dem Zeitpunkt der Ernennung zu laufen beginnt.

Zusammensetzung

12 Die Einigungsstelle ist ein Kollegialorgan. Sie besteht aus sieben Mitgliedern, sechs Beisitzern und einem Vorsitzenden. Jede Seite stellt drei Beisitzer, wobei bei deren Bestellung entsprechend der Bestimmung in § 82 Abs. 4 zu berücksichtigen ist, ob Streitigkeiten vorliegen, die Körperschaften, Anstalten und Stiftungen des öffentlichen Rechts betreffen. Ausdrücklich im Gesetz ist auch geregelt, daß für den Vorsitzenden drei Vertreter zu bestellen sind.

Beisitzer auf Vorschlag der Personalvertretungen

13 Beisitzer können in erster Linie vom Hauptpersonalrat vorgeschlagen werden. Betrifft eine von der Einigungsstelle zu behandelnde Angelegenheit eine Körperschaft, eine Anstalt oder eine Stiftung des öffentlichen Rechts, so sind die Beisitzer von der jeweiligen Personalvertretung, in erster Linie dem Gesamtpersonalrat, soweit keiner besteht, von dem zuständigen Personalrat vorzuschlagen.

14 Die Beisitzer müssen, soweit sie auf Vorschlag des Hauptpersonalrats berufen werden sollen, **Dienstkräfte des Landes Berlin** sein. Soweit sie auf Vorschlag einer Personalvertretung, einer Körperschaft, Anstalt oder Stiftung des öffentlichen Rechts berufen werden sollen, müssen sie **Dienstkräfte dieser Institutionen** sein. Die Beisitzer müssen jedoch keine Dienstkräfte des in dem konkreten Einigungsverfahren betroffenen Behördenbereiches sein.

15 Während nach der früheren Fassung des Gesetzes bei dem Vorschlag der Beisitzer das **Gruppenprinzip** zwingend zu beachten war, enthält die jetzige Vorschrift des § 82 Abs. 4 Sätze 3 und 4 lediglich eine Soll-Vorschrift. Daraus wird deutlich, daß der Gesetzgeber dem Gruppenprinzip im Bereich des Einigungsstellenverfahrens nicht mehr eine ausschlaggebende Bedeutung zugemessen hat. Während nach der früheren Regelung Außenstehende nicht Bei-

sitzer der Einigungsstelle sein konnten, ist dies nach der jetzigen Fassung des Gesetzes nicht mehr ausgeschlossen.

Ein Wechsel der Gruppenzugehörigkeit eines Beisitzers berührt dessen Stellung innerhalb der Einigungsstelle nicht. Dies folgt aus dem Charakter des § 82 Abs. 4 Sätze 2 und 3; da es sich lediglich noch um eine Soll-Vorschrift handelt, kann von ihr auch abgewichen werden. Insoweit ist hier auch die Regelung anders als im Bereich des § 71 BPersVG. **16**

Sonstige **besondere Qualifikationen** müssen die Beisitzer nach dem PersVG Bln nicht erfüllen. Insbesondere ist mangels einer entsprechenden Vorschrift weder Voraussetzung, daß sie wahlberechtigt im Sinne des § 12 oder wählbar im Sinne des § 13 sein müßten. Da es sich jedoch um ein öffentliches Amt handelt, müssen sie die Fähigkeit zur Bekleidung öffentlicher Ämter besitzen. **17**

Der **Vorschlag der Beisitzer** erfolgt durch Beschluß der jeweils zuständigen Personalvertretung. Da die Beisitzer nicht für jeden einzelnen Fall vorgeschlagen und von der Senatsverwaltung für Inneres bestellt werden, handelt es sich auch nicht um eine Gruppenangelegenheit i.S. von § 33 Abs. 1, vielmehr ist es immer eine gemeinsame Angelegenheit im Sinne des § 33 Abs. 1. Der Vorschlag ist gem. § 29 Abs. 3 durch den Vorsitzenden der Senatsverwaltung für Inneres mitzuteilen. **18**

Vertreter

Obwohl eine gesetzliche Regelung für die Bestellung von Ersatzbeisitzern fehlt, müssen auch diese vorgeschlagen und bestellt werden. Dies ergibt sich aus § 82 Abs. 4 Sätze 2 und 3, da zwar grundsätzlich auf seiten der von den Personalvertretungen vorgeschlagenen Beisitzer je ein Angestellter, Arbeiter und Beamter vertreten sein sollen, in Fällen, die lediglich eine Gruppe betreffen, jedoch alle Beisitzer dieser Gruppe angehören sollen. Wenn es sich dabei auch lediglich um eine Soll-Vorschrift handelt, so geht doch der Gesetzgeber davon aus, daß im Regelfall diese Bestimmung beachtet wird. Die Ersatzbeisitzer können auch gegebenenfalls bei Verhinderung von Beisitzern an deren Stelle treten. Insgesamt müssen also von den Personalvertretungen je mindestens neun Beisitzer benannt werden. **19**

Beisitzer auf Vorschlag der obersten Dienstbehörden

Die anderen Beisitzer müssen von den obersten Dienstbehörden, § 8, oder den jeweiligen Körperschaften, Anstalten oder Stiftungen des öffentlichen Rechts der Senatsverwaltung für Inneres vorgeschlagen werden. Aus der Reihe der vorgeschlagenen Personen kann die Senatsverwaltung für Inneres für den Bereich der obersten Dienstbehörden nach pflichtgemäßem Ermessen die Personen auswählen, die er bestellt. Soweit die Beisitzer von den Körperschaften, Anstalten und Stiftungen des öffentlichen Rechts vorgeschlagen werden, hat er **kein Auswahlermessen**. Er kann hier lediglich solche Personen nicht bestellen, bei denen sich ergibt, daß sie nicht die Fähigkeit haben, ein öffentliches Amt zu bekleiden, also schon aus diesem Grunde von Gesetzes wegen nicht das Amt des Beisitzers in der Einigungsstelle wahrnehmen können. **20**

Für die von seiten des Dienstherrn vorzuschlagenden Beisitzer ist nicht erforderlich, daß das Gruppenprinzip beachtet wird. Hier enthält die Bestim- **21**

§ 82

mung des § 81 Abs. 4 nicht einmal eine Soll-Vorschrift. Auch gilt für sie ebensowenig wie für die von den Personalvertretungen vorzuschlagenden Beisitzer, daß es sich um Dienstkräfte des Landes Berlin handeln müßte. Auch hier können Außenseiter vorgeschlagen werden.

22 Im übrigen gelten für diese Beisitzer die gleichen Grundsätze wie für die von den Personalvertretungen vorgeschlagenen.

Prüfungsrecht, Ablehnung

23 Bei den von dem Hauptpersonalrat bzw. den Personalvertretungen vorgeschlagenen Beisitzern besteht ein Auswahlrecht der Senatsverwaltung für Inneres nicht. Hier hat die Senatsverwaltung für Inneres auch keinerlei **materielles Prüfungsrecht**. Sie kann und muß aber die formellen Voraussetzungen für die Bestellung zum Beisitzer prüfen. Sie kann also z. B. die Bestellung verweigern, wenn der Vorschlag nicht auf einem ordnungsgemäßen Beschluß des Hauptpersonalrats oder der Personalvertretung beruht oder wenn sich ergibt, daß der Vorgeschlagene nicht die Fähigkeit hat, ein öffentliches Amt zu bekleiden.

24 Die Bestellung seitens der Senatsverwaltung für Inneres erfolgt durch Mitteilung an den Hauptpersonalrat bzw. die Personalvertretung und den Betroffenen. Die obersten Dienstbehörden des Landes Berlin bzw. die obersten Dienstbehörden der jeweiligen Körperschaften, Anstalten und Stiftungen des öffentlichen Rechts sind ebenso zu unterrichten wie die Einigungsstelle.

25 Eine **Möglichkeit zur Ablehnung** bestimmter Beisitzer besteht im übrigen weder für die Senatsverwaltung für Inneres noch für den Hauptpersonalrat oder die Personalvertretungen oder die obersten Dienstbehörden. Jede Seite muß die von der Gegenseite benannten Personen akzeptieren *(Grabendorff u.a., BPersVG, § 71 Rn. 11)*.

Vorsitzender und seine Vertreter

26 Auf die Personen des unparteiischen Vorsitzenden und seiner drei Vertreter müssen sich die Senatsverwaltung für Inneres und der Hauptpersonalrat einigen. Die **Einigung** setzt auf seiten des Hauptpersonalrates einen ordnungsgemäß gefaßten Beschluß gemäß § 57 i. V. m. § 32 voraus. Beide Seiten müssen auf die sachgerechte und unvoreingenommene Beurteilung von Streitfragen durch den Vorsitzenden bzw. seine Vertreter vertrauen. Der Vorsitzende und seine Vertreter sollen daher möglichst nicht aus dem Bereich der Senatsverwaltung für Inneres, bei der die Einigungsstelle gebildet ist, oder aus den Verbänden, die einer der am Mitbestimmungsverfahren beteiligten Seiten nahestehen, kommen.

27 Anders als bei den Beisitzern haben weder die obersten Dienstbehörden der Körperschaften, Anstalten und Stiftungen des öffentlichen Rechts noch deren Personalvertretungen Beteiligungsmöglichkeiten hinsichtlich der Auswahl der Personen des Vorsitzenden der Einigungsstelle und seiner Vertreter. Dies mag zwar bedenklich erscheinen. Rechtlich ist jedoch der Gesetzgeber des Personalvertretungsrechts nicht gezwungen, eine besondere organisatorische Form der Einigungsstelle festzulegen. Vielmehr ist er hier weitgehend frei. Insbesondere ist kein Verstoß gegen § 104 Satz 2 BPersVG gegeben, da der Bundesgesetzgeber nicht befugt ist, den Ländern den Umfang der Mitwirkung und

Mitbestimmung in personellen Angelegenheiten der öffentlichen Bediensteten im einzelnen vorzuschreiben. Zu diesem Bereich gehört auch die Frage der Bildung der Einigungsstelle und ihr Verfahren *(OVG Berlin vom 6. 2. 1980 – OVG PV Bln 10.78).* Hinzu kommt, daß § 8 PersVG Bln auch keine Legaldefinition des Begriffes der obersten Dienstbehörden i. S. des PersVG Bln schlechthin enthält *(dazu im einzelnen OVG a. a. O.).*

Persönliche Voraussetzungen

Besondere persönliche Voraussetzungen für die Bestellung zum Vorsitzenden oder seinem Vertreter sind nach dem Gesetz nicht erforderlich. Insbesondere müssen es nicht Dienstkräfte des Landes Berlin sein, eine bestimmte **Ausbildung** ist nicht nötig. Auch **Richter** können Vorsitzende der Einigungsstelle sein, § 113 Nr. 1 BPersVG, § 4 Abs. 2 Nr. 5 DRiG. Nimmt ein Richter das Amt des Vorsitzenden oder seines Stellvertreters wahr, so bedarf er einer Genehmigung dieser Nebentätigkeit durch seine vorgesetzte Dienstbehörde. Die Genehmigung ist davon abhängig, daß der Richter von beiden Seiten gemeinsam beauftragt oder von einer unbeteiligten Stelle benannt ist, § 40 DRiG. 28

Die **Abordnung eines Richters** zur Wahrnehmung des Amtes des Vorsitzenden der Einigungsstelle in entsprechender Anwendung des § 62 LBG dürfte dagegen nicht zulässig sein. 29

Bestellung durch die Senatsverwaltung für Inneres

Der Vorsitzende und seine drei Stellvertreter sind durch die Senatsverwaltung für Inneres für die Dauer von vier Jahren zu bestellen. Die Bestellung erfolgt durch Mitteilung an den Hauptpersonalrat, den Betroffenen, die obersten Dienstbehörden des Landes und die Körperschaften, Anstalten und Stiftungen des öffentlichen Rechts. Auch ist die Einigungsstelle in Kenntnis zu setzen. Eine besondere Form für die Bestellung selbst ist nicht vorgesehen. 30

Bestellung durch den Präsidenten des OVG Berlin

Kommt eine Einigung über die Person des Vorsitzenden und seiner Stellvertreter innerhalb von drei Monaten nach Ausscheiden der Vorgänger nicht zustande, bestellt sie der Präsident des OVG Berlin. Der Präsident wird auf Antrag der Senatsverwaltung für Inneres oder des Hauptpersonalrates tätig. Ein Antragsrecht der obersten Dienstbehörden, der Körperschaften, Anstalten und Stiftungen des öffentlichen Rechts bzw. ihrer Personalvertretungen besteht nicht, da das Gesetz nicht vorsieht, daß sie bei der Benennung des Vorsitzenden und seiner Stellvertreter zu beteiligen sind. 31

Vor der Entscheidung hat der Präsident des OVG beiden Seiten **Gelegenheit zur Stellungnahme** zu geben. Eine mündliche Verhandlung ist nicht erforderlich. Der Präsident ist an personelle Vorschläge nicht gebunden. 32

Vor der Bestellung hat der Präsident die formellen Voraussetzungen zu überprüfen. Ferner hat er bei der Bestellung in jedem Falle besonderes Gewicht auf die Unparteilichkeit der zu benennenden Person zu legen. 33

Die Bestellung ist **keine richterliche Entscheidung**, sondern ein Verwaltungsakt. Ein eigenständiges Rechtsmittel gegen sie ist nicht gegeben. Sie muß nicht begründet werden. Sie ist den Beteiligten bekanntzugeben. Gegen die Bestel- 34 lung kann Anfechtungsklage, gegen eine Ablehnung der Bestellung Verpflichtungsklage nach § 42 Abs. 1 VwGO erhoben werden. Zuständig hierfür ist das Verwaltungsgericht.

Heranziehung der Vertreter

35   Das Gesetz geht davon aus, daß grundsätzlich der Vorsitzende der Einigungsstelle dieses Amt auch wahrnehmen muß. Die Vertreter können daher den Vorsitz nur dann übernehmen, wenn der Vorsitzende verhindert ist. Hinderungsgründe sind beispielsweise Krankheit, Urlaub, Kur sowie dienstliche **Verhinderungen.** Verhinderungsgrund kann auch sein, daß der Vorsitzende wegen Überlastung in seinem Hauptamt nicht in der Lage ist, die Einigungsstellensitzung ordnungsgemäß vorzubereiten und durchzuführen. Die Tatsache der Verhinderung muß der Vorsitzende mitteilen, es empfiehlt sich, dies – obwohl das Gesetz eine besondere Form nicht vorschreibt – in einem Aktenvermerk niederzulegen. Hierbei kann die Einigungsstelle im übrigen im Rahmen der eigenen Gestaltung des Verfahrens einzelne Regelungen festlegen, insbesondere könnte beispielsweise insoweit eine von der Einigungsstelle zu beschließende Geschäftsordnung Verfahrensvorschriften festlegen.

36   In welcher **Reihenfolge** die Vertreter des Vorsitzenden bei dessen Verhinderung heranzuziehen sind, ist im Gesetz ebenfalls nicht geregelt. Auch hier könnte eine Verfahrensordnung der Einigungsstelle Vorschriften enthalten. Soweit derartige Vorschriften nicht bestehen, ist davon auszugehen, daß die Vertreter in der Reihenfolge ihrer Bestellung durch die Senatsverwaltung für Inneres bzw. den Präsidenten des OVG heranzuziehen sind; in erste Linie wäre danach derjenige Vertreter berufen, der als erster bestellt worden ist. Aus diesem Grunde wird es erforderlich sein, den Zeitpunkt der Bestellung genau festhalten. Unzulässig ist es, jeweils für den Einzelfall festzulegen, welcher Vertreter den Vorsitz übernehmen soll.

Rechtsstellung der Mitglieder der Einigungsstelle

37   Weder für den Vorsitzenden, seine Vertreter noch die Beisitzer besteht eine allgemeine **Verpflichtung zur Übernahme des Amtes** (Dietz/Richardi, BPersVG, § 71 Rn. 24). Für die von der obersten Dienstbehörde des Landes Berlin bzw. den obersten Dienstbehörden der Körperschaften, Anstalten und Stiftungen des öffentlichen Rechts benannten Personen kann sich eine solche Pflicht jedoch aus § 28 LBG bzw. einer entsprechenden dienstlichen Weisung ergeben. Damit gehört dann die Wahrnehmung des Amtes zu ihren dienstlichen Aufgaben (Dietz/Richardi a.a.O., § 71 Rn. 16). Ein Richter kann zur Übernahme des Amtes nicht verpflichtet werden, dies ergibt sich auch aus § 4 Abs. 2 Nr. 5 DRiG, aus dieser Bestimmung folgt, daß der Vorsitz in einer Einigungsstelle immer nur im Rahmen einer genehmigungspflichtigen Nebentätigkeit ausgeübt werden kann, dies schließt aber ebenso wie die Abordnung zur Wahrnehmung dieser Aufgabe auch die Möglichkeit aus, zur Übernahme dieser Tätigkeit verpflichtet zu werden.

38   Die Mitglieder der Einigungsstelle sind bei der Wahrnehmung ihrer Aufgaben **unabhängig** und an Weisungen nicht gebunden. Insbesondere sind sie auch nicht an Weisungen derjenigen Seite gebunden, von der sie benannt worden sind. Sie sind, wie sich aus der Bestellung für die Dauer von vier Jahren ergibt, nicht absetzbar, die Bestellung kann auch nicht widerrufen werden. Insoweit

gilt hier anderes als für die Beisitzer in der Einigungsstelle nach § 71 BPersVG; während dort die Bestellung der Beisitzer durch die jeweilige Personalvertretung erfolgt, wird hier die Bestellung durch die Senatsverwaltung für Inneres vorgenommen *(vgl. zur Regelung in § 71 BPersVG Grabendorff u. a., BPersVG, § 71 Rn. 16).* Auch kann die entsendende Personalvertretung die Senatsverwaltung für Inneres nicht veranlassen, die Bestellung zu widerrufen.

Der Fall der persönlichen **Befangenheit** von Mitgliedern der Einigungsstelle ist im Gesetz nicht geregelt. Es entspricht jedoch einem allgemeinen Rechtsgrundsatz, der insbesondere auch in allen Prozeßordnungen und im Beamtenrecht *(vgl. § 24 Abs. 1 LBG i. V. m. § 7 Abs. 1 Verwaltungsverfahrensgesetz – VwVerfG)* zum Ausdruck kommt, daß eine Person dann eine Entscheidung nicht treffen kann, wenn sie in der Sache selbst befangen ist. Dem entspricht auch für den Bereich des Personalrats die Vorschrift des § 31 Abs. 3. Unter den gleichen Voraussetzungen ist auch ein Mitglied der Einigungsstelle bei der Entscheidung über eine Angelegenheit ausgeschlossen. An seine Stelle tritt das betreffende Ersatzmitglied. 39

Stellt sich im Verlaufe einer Verhandlung vor der Einigungsstelle oder durch andere Tatsachen heraus, daß begründete Zweifel an der Unparteilichkeit des Vorsitzenden bzw. seines Vertreters oder eines Beisitzers bestehen, kann in entsprechender Anwendung der §§ 42, 1032 ZPO eine **Ablehnung** möglich sein *(BAG vom 9. 5. 1995, NZA 1995, 156; a. A. VG Berlin vom 2. 6. 1980 – VG FK – Bln A 7/80; Pünnel, Die Einigungsstelle des BetrVG 1972, 4. Aufl., S. 44).* Über das Ablehnungsgesuch entscheidet das Verwaltungsgericht im Beschlußverfahren *(a. A. VG Berlin a. a. O., das eine eigene Entscheidungsmöglichkeit der Einigungsstelle annimmt).* 40

Bei der Ablehnung von **Beisitzern** der Einigungsstelle muß aber berücksichtigt werden, daß das Gesetz für sie keine persönlichen Voraussetzungen für die Übernahme dieses Amtes aufstellt. Sie brauchen daher auch **nicht unparteiisch** zu sein. Vielmehr liegt es gerade im Wesen der Einigungsstelle, daß jede Seite die Möglichkeit erhält, ihre Interessen wahrzunehmen und darzustellen. Aus diesem Grunde hat der Gesetzgeber auch die paritätische Besetzung unter Hinzuziehung eines unparteiischen Vorsitzenden vorgesehen. 41

Die Ablehnung muß im Einigungsstellenverfahren gegenüber der Einigungsstelle oder der Gegenseite geltend und glaubhaft gemacht werden, vgl. § 44 Abs. 1 und 2 ZPO. Ist das Ablehnungsgesuch offensichtlich unbegründet oder dient es allein der Verfahrensverschleppung, kann die Einigungsstelle selbst unter Beteiligung des abgelehnten Mitgliedes entscheiden. Ist dies nicht der Fall, hat das Verwaltungsgericht nach der hier vertretenen Auffassung im Beschlußverfahren zu entscheiden. 42

Für sämtliche Mitglieder der Einigungsstelle gilt das **Begünstigungs- und Benachteiligungsverbot** des § 107 BPersVG, der unmittelbar auch im Bereich des PersVG Bln gilt. Sie dürfen bei der Wahrnehmung ihrer Aufgaben und Befugnisse weder behindert noch wegen ihrer Tätigkeit benachteiligt oder begünstigt werden. Ihre berufliche Entwicklung darf hierdurch nicht beeinflußt werden. 43

Bezüglich sämtlicher Tatsachen, die sie bei ihrer Tätigkeit in der Einigungsstelle erfahren, unterliegen die Mitglieder der Einigungsstelle der **Schweigepflicht** des § 11. Auf die Erläuterungen zu § 11 kann verwiesen werden. 44

Bei den Mitgliedern, die zugleich Dienstkräfte des Landes Berlin sind, gilt ferner die Vorschrift des § 42 Abs. 2 entsprechend. Für Sitzungen der Eini- 45

§ 82

gungsstelle sind sie von der Arbeitsleistung ohne Fortfall der Dienstbezüge **freizustellen.**

46 Ob die Mitglieder der Einigungsstelle eine besondere **Vergütung** verlangen können, ergibt sich aus dem Gesetz nicht. Eine dem § 42 Abs. 1 entsprechende Bestimmung, nach der die Personalratsmitglieder ihr Amt unentgeltlich als Ehrenamt ausüben, fehlt. Eine Ehrenamtlichkeit kann daher nicht ohne weiteres angenommen werden, zumal die Tätigkeit eines Mitgliedes der Einigungsstelle regelmäßig besondere Kenntnisse und Leistungen erfordert *(vgl. Lorenzen u.a., BPersVG, § 71 Rn. 21a).*

47 Soweit die Mitglieder aufgrund dienstlicher Weisung tätig werden bzw. für die Tätigkeit in der Einigungsstelle unter Fortzahlung der Bezüge von ihrer sonstigen Tätigkeit freigestellt werden, handelt es sich um dienstliche Tätigkeit, für die eine besondere Vergütung nicht gefordert werden kann *(Lorenzen u.a., § 71 Rn. 22).* In diesen Fällen kann lediglich ein Ausgleich für besondere Aufwendungen wie z.B. Fahrtkosten etc. verlangt werden.

48 In den übrigen Fällen kann eine Entschädigung bzw. ein Honorar gezahlt werden. Das Honorar muß mit der Senatsverwaltung für Inneres als derjenigen Behörde, bei der die Einigungsstelle gebildet ist, vereinbart werden. **Honorarzusagen** an Beisitzer durch den Hauptpersonalrat bzw. die Personalvertretungen oder die vorschlagende oberste Dienstbehörde können nur dann wirksam sein und zu einem Freistellungsanspruch gegenüber der Senatsverwaltung für Inneres führen, wenn auf andere Weise keine geeigneten Personen für die Tätigkeit in der Einigungsstelle zu gewinnen waren *(vgl. BAG vom 6.4.1973, AP Nr. 1 zu § 76 BetrVG 1972).* Hierbei steht der Personalvertretung ein **Beurteilungsspielraum** zu; sie trifft dann aber auch eine Nachweispflicht für die Erforderlichkeit, hinsichtlich derer ein strenger Maßstab anzulegen ist *(BVerwG vom 9.10.1991, PersR 1992, 52).* Der Anspruch auf Aufwendungsersatz kann von dem Beisitzer unmittelbar gegen die Dienststelle geltend gemacht werden *(BVerwG a.a.O.).*

49 Auch das **Honorar für den Vorsitzenden** bzw. seine Vertreter muß mit der Senatsverwaltung für Inneres vereinbart werden. Die Vereinbarung muß den Arbeitsaufwand berücksichtigen. Eine generelle Übernahme der zum Betriebsverfassungsgesetz entwickelten Grundsätze scheidet wegen der unterschiedlichen Organisation und Bedeutung der Einigungsstelle aus, zumal dort von dem Regelfall der nicht ständigen Einigungsstelle ausgegangen wird. Möglich ist sowohl eine Pauschalvergütung als auch eine Bezahlung für jeden vor der Einigungsstelle verhandelten Fall. Zu beachten ist aber, daß es sich bei dem Honorar um echtes Entgelt für geleistete Arbeit handelt. Eine Berechnung nach den Gebührensätzen der BRAGebO mit $2 \times {}^{13}/_{10}$ Gebühren erscheint denkbar *(vgl. Altvater u.a., § 71 Rn. 7b; Lorenzen u.a., § 71 Rn. 24).* Neben dem Honorar kann zusätzlich eine Entschädigung für den Aufwand gezahlt werden, der dem Vorsitzenden bzw. seinen Vertretern dadurch entsteht, daß sie dieses Amt wahrnehmen müssen *(z.B. Fahrtkosten, Unkosten für Telefon, Büromaterialien usw.).*

Kosten der Einigungsstelle

Die Kosten der Einigungsstelle sind von der Senatsverwaltung für Inneres als der Behörde, bei der die Errichtung erfolgt, zu zahlen. Neben den Kosten für die Mitglieder der Einigungsstelle gehören hierzu insbesondere die sonstigen sachlichen und personellen Kosten. Die Vorschrift des § 40 ist entsprechend anwendbar. **50**

Sonderregelung für den Sender Freies Berlin

§ 82 Abs. 5 enthält eine Sonderregelung für den Bereich der Rundfunkanstalt »Sender Freies Berlin«. Für diesen Bereich ist eine besondere Einigungsstelle zu bilden, die von der bei dem Senator für Inneres gebildeten Einigungsstelle unabhängig ist. Sie wird bei dem Intendanten des Senders Freies Berlin errichtet. Die Befugnisse des Hauptpersonalrates stehen hier dem Personalrat des Senders Freies Berlin zu. Die sonstigen Regelungen des § 82 gelten im übrigen entsprechend. **51**

Streitigkeiten

Streitigkeiten über die **Zuständigkeit** der Einigungsstelle betreffen unmittelbar die Frage der Zuständigkeit der Personalvertretungen. Sie sind gem. § 91 Abs. 1 Nr. 3 im Beschlußverfahren vor den Verwaltungsgerichten auszutragen. In diesem Falle kann die Einigungsstelle ihr Verfahren bis zum Abschluß des Rechtsstreits aussetzen. **52**

Da die Entscheidung der Einigungsstelle an die Stelle des Abschlusses einer Dienstvereinbarung tritt, kann auch gem. § 91 Abs. 1 Nr. 4 die **Verbindlichkeit des Beschlusses** der Einigungsstelle im Beschlußverfahren überprüft werden. Hierbei kann festgestellt werden, ob die Einigungsstelle mit ihrem Beschluß Rechtsvorschriften verletzt oder die ihr zustehenden Ermessensgrenzen überschritten hat. In diesem Rahmen kann auch überprüft werden, ob das **Verfahren** ordnungsgemäß durchgeführt worden ist. Darüber hinaus kann die sachliche Richtigkeit oder Zweckmäßigkeit des Beschlusses nicht Gegenstand einer gerichtlichen Nachprüfung sein. **53**

Ferner kann der Spruch der Einigungsstelle als Vorfrage in einem von einem Arbeitnehmer vor dem Arbeitsgericht oder einem Beamten vor dem Verwaltungsgericht durchgeführten Prozeß überprüft werden, wenn Gegenstand des Verfahrens eine auf dem Spruch der Einigungsstelle beruhende Maßnahme oder ein individueller Anspruch der betreffenden Dienstkraft ist *(vgl. Distel, PersV 1968, 125 ff.)*. **54**

§ 83 Verfahren vor der Einigungsstelle

(1) Die Verhandlungen der Einigungsstelle sind nicht öffentlich. Den Vertretern der Verwaltungen und der Personalvertretungen ist die Anwesenheit zu gestatten und Gelegenheit zur schriftlichen oder mündlichen Äußerung zu geben. Andere Personen, die ein berechtigtes Interesse nachweisen, können zur Verhandlung zugelassen werden.

(2) Die Einigungsstelle entscheidet nach mündlicher Verhandlung durch Beschluß; soweit es sich um Angelegenheiten von an der Programmgestaltung

§ 83

maßgeblich mitwirkenden Dienstkräften der Rundfunkanstalt »Sender Freies Berlin« handelt und die Einigungsstelle sich nicht dem Antrag des Intendanten anschließt, beschließt sie eine Empfehlung an den Intendanten. Sie kann den Anträgen der Beteiligten auch teilweise entsprechen. Der Beschluß wird mit Stimmenmehrheit gefaßt.

(3) Der Beschluß soll binnen zwei Monaten gefaßt werden; dies gilt auch dann, wenn die Stellungnahmen der Beteiligten nicht rechtzeitig vorliegen. Der Beschluß ist den Beteiligten, in den Fällen des § 81 Abs. 2 auch der obersten Dienstbehörde oder der Aufsichtsbehörde zuzustellen. Er bindet die Beteiligten, soweit er eine Entscheidung enthält; § 81 Abs. 2 bleibt unberührt.

Übersicht

	Rn.
Allgemeines	1
Gestaltung des Verfahrens durch die Einigungsstelle	2– 4
Nichtöffentlichkeit der Verhandlungen	5, 6
Teilnahmeberechtigte	7–10
Recht zur Stellungnahme	11–13
Besondere Zulassung zur Teilnahme	14–19
Mündliche Verhandlung	20–25
Beschluß	26–31
Zustellung	32
Bindungswirkung	33–38
Sonderregelung für den Sender Freies Berlin	39–41
Sonderregelung in den Fällen der eingeschränkten Mitbestimmung	42
Rechtsmängel des Beschlusses	43–45
Sonstige Streitigkeiten	46

Allgemeines

1 § 83 regelt das Verfahren der Einigungsstelle, er enthält keine ins einzelne gehenden Bestimmungen. In den wesentlichen Grundzügen entspricht die Vorschrift § 71 Abs. 2–4 BPersVG.

Gestaltung des Verfahrens durch die Einigungsstelle

2 Das **Gesetz** enthält nur wenige zwingende Verfahrensvorschriften. Bei ihnen handelt es sich praktisch um Rahmenvorschriften, die eine nähere Ausgestaltung zulassen. Soweit keine Regelungen bestehen, kann die Einigungsstelle nach ihrem pflichtgemäßen Ermessen das von ihr einzuhaltende Verfahren selbst bestimmen. Hierzu bedarf es eines Mehrheitsbeschlusses der Mitglieder.

3 Näher **geregelt werden kann** das Verfahren insbesondere hinsichtlich der **Formalien und Fristen** der Ladung, der Einlassungsfristen und der Vertretung der Beteiligten. Zu beachten ist aber, daß die Vorschriften nicht gegen gesetzliche Bestimmungen verstoßen und insbesondere auch nicht das Recht auf **rechtliches Gehör** des Beteiligten einschränken dürfen. Ferner können Vorschriften über die Einzelheiten der Verhandlungsniederschrift, des Verhandlungsablaufs und der Beweisaufnahme, insbesondere die Anhörung von Zeugen und Sachverständigen geschaffen werden. Gegen Zeugen und Sachverständige können keine Zwangsmittel verhängt werden. Da eine gesetzliche

Bestimmung fehlt, besteht für sie keine Pflicht, vor der Einigungsstelle zu erscheinen oder auszusagen. Auch ist keine Beeidigung oder die Abnahme einer eidesstattlichen Versicherung möglich *(Grabendorff u.a., BPersVG, § 71 Rn. 19; Lorenzen u.a., BPersVG, § 71 Rn. 31)*, da derartige Pflichten allein durch Gesetz festgelegt werden können. Darüber hinaus können auch die Befugnisse des Vorsitzenden im einzelnen normiert werden.

Die Vorschriften über das Schiedsgerichtsverfahren der §§ 1025 ff. ZPO finden keine Anwendung. Auch können die Vorschriften des Verwaltungsverfahrensgesetzes *(VwVerfG vom 25. 5. 1976 – BGBl. I, 1253)* nicht entsprechend angewendet werden *(BVerwG vom 21. 6. 1982, E 66, 15)*. **4**

Nichtöffentlichkeit der Verhandlungen

Die Sitzungen der Einigungsstelle sind nicht öffentlich, damit wird der **interne Charakter der Schlichtung** unterstrichen. Jede Hinzuziehung von nicht beteiligten Personen ist – von der Ausnahme des § 83 Abs. 1 Satz 3 abgesehen – ein schwerer Verstoß gegen die bestehenden Verfahrensvorschriften, der zur Anfechtbarkeit des Beschlusses der Einigungsstelle führen kann. **5**

Das Gebot der Nichtöffentlichkeit bedeutet auch, daß alle **Verhandlungsgegenstände vertraulich zu behandeln** sind. Einzelheiten der Verhandlung dürfen daher Dritten nicht zugänglich gemacht werden, selbst wenn keine i. S. des § 11 der Schweigepflicht unterliegenden Gegenstände verhandelt worden sind. **6**

Teilnahmeberechtigte

Kraft ihres **Amtes** sind teilnahmeberechtigt die Mitglieder bzw. Ersatzmitglieder der Einigungsstelle sowie gegebenenfalls die zugezogene Schreibkraft, die die Niederschrift anzufertigen hat. **7**

Die Einigungsstelle muß allen Beteiligten rechtliches Gehör gewähren *(vgl. Art. 103 Abs. 1 GG; Lorenzen u.a, BPersVG, § 71 Rn. 29)*. Teilnahmeberechtigt sind daher die **Vertreter derjenigen Verwaltungen und Personalvertretungen,** die unmittelbar an dem **konkreten Streitfall** beteiligt sind. Hierbei sind nicht nur Personalvertretungen und Dienststellen beteiligt, die in dem Verfahren bei Nichteinigung des § 80 zuletzt tätig gewesen sind, sondern auch diejenigen, in deren Bereich die mitbestimmungspflichtige Maßnahme durchgeführt werden soll. Teilnahmeberechtigt sind daher gegebenenfalls auch die örtlichen Personalvertretungen, deren Mitbestimmungsrechte berührt werden, bzw. die örtliche Dienststelle.

Kein Teilnahmerecht haben trotz des nicht ganz klaren Wortlauts der Vorschrift Vertreter von Verwaltungen und Personalvertretungen, die nicht unmittelbar von der zu entscheidenden Angelegenheit betroffen werden. Ein **Teilnahmerecht** einzelner (betroffener) **Beschäftigter** besteht **nicht**; es steht der Einigungsstelle jedoch frei, solche Personen im Rahmen der mündlichen Verhandlung anzuhören *(siehe auch unten Rn. 20f.)*. **8**

Die Verwaltungen und die Personalvertretungen können jeweils nur **Vertreter** schicken. Die Teilnahme der gesamten Personalvertretung ist nach dem Wortlaut der Vorschrift nicht zulässig. Der Vertreter muß, da eine entsprechende Regelung fehlt, nicht unbedingt der jeweils betroffenen Verwaltung bzw. Personalvertretung angehören. Diese können auch Dritte mit der Wahrnehmung ihrer Rechte beauftragen. Dem steht auch § 70 Abs. 3 nicht entgegen, da es sich **9**

§ 83

bei dem Vertreter nicht um eine »andere Stelle« i. S. dieser Vorschrift handelt *(vgl. § 70 Rn. 39 ff.).*

10 Vertreter können zum Beispiel auch **Bevollmächtigte der Verbände** sein. Die ordnungsgemäße Bevollmächtigung ist nachzuweisen. Die Bevollmächtigung durch eine Personalvertretung kann nur durch Beschluß gemäß § 32 erfolgen. Nicht zu beanstanden ist es, wenn die Einigungsstelle im Rahmen ihrer Kompetenz zur Gestaltung des Verfahrens **Rechtsanwälte** als Vertreter der Beteiligten nicht zuläßt. Aufgabe der Einigungsstelle ist nämlich in erster Linie die Beilegung von Regelungsstreitigkeiten *(Spruch der Einigungsstelle vom 28. 5. 1975 – E 4/75 –; VG Berlin vom 10.11. 1978, PersV 1977, 152 f.; vgl. aber auch OVG Hamburg vom 23.11. 1978, RiA 1980, 120).*

Recht zur Stellungnahme

11 Der **Grundsatz des rechtlichen Gehörs** gewährt den Vertretern der Verwaltungen bzw. Personalvertretungen nicht nur ein Teilnahmerecht, sondern auch ein **Recht auf Stellungnahme.** Die Stellungnahme kann mündlich in der mündlichen Verhandlung vor der Einigungsstelle erfolgen. Sie muß vor dem gesamten Gremium abgegeben werden, die Einigungsstelle kann kein einzelnes Mitglied mit der Entgegennahme beauftragen.

12 Die Stellungnahme kann auch **schriftlich erfolgen,** um die zwingend vorgeschriebene mündliche Verhandlung vorzubereiten. Ein schriftliches Verfahren oder Umlaufverfahren ist aber ausgeschlossen, schriftliche Stellungnahmen können nur der Vorbereitung dienen.

13 In jedem Falle muß der Gegenseite die Möglichkeit der Erwiderung offenstehen.

Besondere Zulassung zur Teilnahme

14 Die Einigungsstelle hat die Befugnis, solche Personen zur Verhandlung zuzulassen, die ein **berechtigtes Interesse** nachweisen. Ein allgemeines Interesse reicht nicht. Die Zulassung von Zuhörern ist generell unzulässig. Das Gebot der Nichtöffentlichkeit darf nicht auf diese Weise umgangen werden.

15 Der unbestimmte Begriff des berechtigten Interesses ist dahin zu präzisieren, daß eine **mindestens mittelbare Beeinflussung der Rechtsposition** durch die zu treffende Entscheidung vorliegen muß. Zur Teilnahme können im Gegensatz zur bundesrechtlichen Regelung auch die von der Maßnahme unmittelbar betroffenen Dienstkräfte zugelassen werden, wenn es sich zum Beispiel um eine personelle Einzelmaßnahme handelt.

16 Zugelassen werden können ferner diejenigen **Personen, die das Verfahren vor der Einigungsstelle fördern können,** wie zum Beispiel Zeugen, Sachverständige etc.

17 Die **Zulassung** kann für die gesamte **Dauer** der Verhandlung oder auch nur für einzelne Teile der Verhandlung ausgesprochen werden. Hieraus ist zu folgern, da eine besondere Kompetenzweisung fehlt, daß die Einigungsstelle als Gremium über die Zulassung entscheiden muß. Allerdings kann in einer Verfahrensordnung eine andere Regelung generell festgelegt werden, z. B. daß der Vorsitzende allein über die Frage der Zulassung entscheidet.

18 Die **Entscheidung ist unanfechtbar,** sie kann auch später in keinem gerichtlichen Verfahren nachgeprüft werden.

Die besonders zugelassenen Teilnehmer haben grundsätzlich kein Recht der **19**
schriftlichen oder mündlichen Äußerung. Die Vorschrift des § 83 Abs. 1 Satz 1
ist auf sie auch nicht entsprechend anwendbar. Die Einigungsstelle kann ihnen
jedoch nach freiem Ermessen die Äußerung gestatten.

Mündliche Verhandlung

Im Gegensatz zur Regelung im § 71 Abs. 2 BPersVG ist zwingend vorgeschrie- **20**
ben, daß eine mündliche Verhandlung stattzufinden hat. Ein schriftliches Verfahren ist ausgeschlossen.

In der mündlichen Verhandlung ist mit den Beteiligten der Streitstoff zu erör- **21**
tern, beiden Seiten ist Gelegenheit zur Stellungnahme zu geben. Die Verhand-
lungsführung obliegt dem Vorsitzenden. Eine Protokollierung der Verhandlung ist im Gesetz nicht vorgeschrieben, sie ist aber notwendig, da die
Einigungsstelle Beschlüsse faßt, diese sind schriftlich niederzulegen.

Es gilt das Amtsermittlungsprinzip, die Einigungsstelle muß von Amts wegen **22**
den zu beurteilenden Sachverhalt aufklären. Dabei ist zunächst darauf abzustellen, ob und mit welchem Inhalt das Beteiligungsverfahren überhaupt eingeleitet worden ist. Diesbezüglich wird nicht ohne weiteres von einer »Nach-
besserungsmöglichkeit« der Dienststelle ausgegangen werden können *(vgl.
hierzu Grabendorff u. a., § 71 Rn. 20).* Demgegenüber ist ein »Nachschieben«
bspw. von Kündigungsgründen – unter Beachtung der Beteiligung der Personalvertretung – im Verfahren möglich; ob bei einer fristlosen Kündigung die 2-
Wochen-Frist einzuhalten ist, ist dabei streitig *(vgl. zum Ganzen KR-Etzel, § 103
BetrVG, Rn. 120 ff.).*

In jeder Lage der mündlichen Verhandlung soll noch auf eine einvernehmliche **23**
Regelung zwischen den Beteiligten hingewirkt werden.

Zu der mündlichen Verhandlung ist **formell zu laden.** Erscheint eine Seite **24**
nicht, kann auch ohne sie verhandelt werden, auch in diesem Falle muß jedoch
die Einigungsstelle von Amts wegen den zutreffenden Sachverhalt ermitteln,
ein Versäumnisverfahren in **zivilprozessualem** Sinne gibt es nicht.

Die Einigungsstelle kann, obwohl sie kein Gericht ist, **Beweise erheben.** Sie **25**
kann insbesondere auch Zeugen und Sachverständige hinzuziehen *(Dietz/Ri-
chardi, BPersVG, § 71 Rn. 31).* Zwangsmittel gegen Zeugen und Sachverständige
können von ihr nicht verhängt werden; eine Pflicht der Zeugen und Sachverständigen zum Erscheinen vor der Einigungsstelle und zur Aussage besteht
mangels gesetzlicher Regelung nicht. Die insoweit entstehenden Kosten sind
von der Dienststelle bzw. der Senatsverwaltung für Inneres, bei der die Einigungsstelle gebildet ist, zu tragen.

Beschluß

Die Einigungsstelle entscheidet durch Beschluß. Sie ist nur beschlußfähig, wenn **26**
sie voll besetzt ist *(Grabendorff u. a., BPersVG, § 71 Rn. 21; Dietz/Richardi,
BPersVG, § 71 Rn. 27).* Werden jedoch von einer Seite keine Mitglieder benannt
oder bleiben sie der Sitzung trotz ordnungsgemäßer Ladung fern oder weigert
sich ein Beisitzer, an der Abstimmung teilzunehmen, so kann eine Entscheidung gleichwohl ergehen *(Dietz/Richard, a. a. O.; Grabendorff u. a., a. a. O.; a. A.
Fischer/Goeres, § 71 Rn. 21).* Es würde dem Wesen der Zwangsschlichtung, die
durch die Einigungsstelle erreicht werden muß, widersprechen, wenn eine

Seite oder aber ein Beisitzer das Verfahren blockieren könnte. Der Beschluß soll binnen 2 Monaten gefaßt werden; die Beschlußfassung ist nicht davon abhängig, ob die Stellungnahmen der Beteiligten rechtzeitig vorgelegen haben oder nicht. Damit soll verhindert werden, daß durch ein zögerliches Verfahren der Beteiligten der Beschluß der Einigungsstelle hinausgeschoben werden kann. Die Regelung rechtfertigt sich daraus, daß es sich bei dem Einigungsstellenverfahren nicht um ein kontradiktorisches Verfahren im zivilprozessualen Sinne handelt.

27 Der Beschluß hat nach geheimer Beratung zu erfolgen, an dieser dürfen nur die Mitglieder der Einigungsstelle teilnehmen.

28 Bei der Beschlußfassung ist die Einigungsstelle an die gestellten Anträge nur beschränkt gebunden, sie kann ihnen auch teilweise entsprechen, § 83 Abs. 2 Satz 2. Der Entscheidungsspielraum wird jedoch durch die gestellten Anträge begrenzt, die Einigungsstelle kann also nicht völlig neue Entscheidungen treffen, die nicht in einem Zusammenhang mit den gestellten Anträgen stehen. Sie kann auch nicht über die Anträge hinausgehen und mehr zusprechen als beantragt ist; sie kann keine Angelegenheit mit entscheiden, auf die sich der Antrag nicht bezogen hat *(Dietz/Richardi, a.a.O., § 71 Rn. 36).*

29 Der Beschluß ist mit **Stimmenmehrheit** zu fassen. Eine Stimmenthaltung von Mitgliedern der Einigungsstelle ist wegen ihres Charakters als Schieds- und Schlichtungsstelle nicht zulässig *(Dietz/Richardi a.a.O., § 71 Rn. 34).* Erfolgt dennoch eine Enthaltung, so kann diese als Ablehnung gewertet werden. Nur auf diese Weise kann verhindert werden, daß ein Beisitzer durch ungerechtfertigte Verweigerung der Abstimmung die Entscheidung blockiert.

30 Bei der Beschlußfassung ist die Einigungsstelle an **Gesetz und Recht gebunden.** Verstößt sie mit ihrem Spruch gegen bestehende Rechtsvorschriften, ist der Beschluß entweder rechtsunwirksam oder aber anfechtbar. Maßgeblich ist u.a. auch das geltende Haushaltsrecht, die Einigungsstelle muß also die haushaltsrechtlichen Auswirkungen der Beschlüsse berücksichtigen.

31 Obwohl eine ausdrückliche Regelung fehlt, ergibt sich aus Abs. 3 Satz 1, der die Zustellung des Beschlusses regelt, daß der **Beschluß schriftlich niedergelegt** werden muß. Erfaßt wird hiervon jedoch nur der Entscheidungssatz, der Beschlußtenor. Eine Begründung des Beschlusses ist nicht vorgeschrieben, sie empfiehlt sich jedoch in jedem Falle. Der Beschluß – jedenfalls der Tenor – muß von **allen Mitgliedern der Einigungsstelle unterzeichnet** werden.

Zustellung

32 Der **Beschluß** ist den Beteiligten **zuzustellen,** § 83 Abs. 3 Satz 1. In den Fällen der eingeschränkten Mitbestimmung gem. § 81 Abs. 2 ist sie außerdem der zuständigen obersten Dienstbehörde zuzustellen. Das ist auch dann erforderlich, wenn der Beschluß bereits in der mündlichen Verhandlung verkündet worden ist. Die Zustellung erfolgt in entsprechender Anwendung der Vorschriften des Verwaltungszustellungsgesetzes *(vom 3. 7. 1957 – VwZG)* durch die Senatsverwaltung für Inneres, da die Einigungsstelle bei dieser gebildet ist *(vgl. dazu Dietz/Richardi a.a.O., § 71 Rn. 38 m.w.N.).* **Wirksam** – d.h. das Verfahren beendend – ist der Beschluß allerdings schon mit seiner **Verkündung,** die fehlende Zustellung kann ggf. im Rahmen einer Anfechtung geltend gemacht werden.

Bindungswirkung

Soweit es sich um Angelegenheiten der vollen Mitbestimmung handelt, ist die Entscheidung der Einigungsstelle abschließend, sie bindet die Beteiligten, § 83 Abs. 3 Satz 2. Ein Rechtsmittel gegen die Beschlüsse gibt es nicht, sie können gegebenenfalls nur gerichtlich überprüft werden *(vgl. dazu unten Rn. 42 ff.).* Auch können die von personellen Einzelmaßnahmen betroffenen Dienstkräfte ihre persönlichen Rechtsansprüche vor Gericht geltend machen. 33

Zu den **Besonderheiten der Bindungswirkung bei Kündigungen** vgl. unten § 87 Rn. 105. 34

Die Maßnahme ist von der zuständigen Dienststelle gemäß dem Beschluß der Einigungsstelle **durchzuführen**, § 78 Abs. 1. 35

Die **Durchführungspflicht** findet ihre **Grenze** in dem Rechtsstaatsprinzip des Art. 20 Abs. 3 GG. Der Grundsatz der Bindung der Verwaltung an Recht und Gesetz verbietet die Durchführung von Beschlüssen, die gegen Rechtsvorschriften verstoßen. Insoweit kann auch keine Bindungswirkung eintreten *(Fischer/Goeres, § 71 Rn. 26; Grabendorff u. a., BPersVG, § 71 Rn. 27).* 36

Soweit der Beschluß der Einigungsstelle den Abschluß einer Dienstvereinbarung ersetzt, gelten für ihn alle die Grundsätze, die auch für Dienstvereinbarungen gelten. Seine **Aufhebung oder Änderung** kann in diesem Falle entweder durch eine neue Dienstvereinbarung oder einen neuen Beschluß der Einigungsstelle erfolgen. 37

Entscheidet die Einigungsstelle über individuelle Ansprüche einer Dienstkraft, so tritt eine Bindungswirkung für diese nicht ein. Die Einigungsstelle ist kein Gericht i. S. des Art. 92 GG. Für Streitigkeiten über individuelle Rechtsansprüche der einzelnen Dienstkraft muß der Rechtsweg zu den Verwaltungsgerichten bzw. den Arbeitsgerichten offenstehen. Insoweit kann das Verfahren vor der Einigungsstelle als Vorverfahren angesehen werden, dem sich die Dienstkraft unterwerfen kann, aber nicht muß. 38

Sonderregelung für den Sender Freies Berlin

Eine Einschränkung der Bindungswirkung betrifft die Angelegenheiten von an der Programmgestaltung maßgeblich mitwirkenden Dienstkräften der Rundfunkanstalt »Sender Freies Berlin«, § 83 Abs. 2 Satz 1. In diesen Fällen kann die Einigungsstelle nur eine Empfehlung an den Intendanten ohne Bindungswirkung aussprechen, wenn sie sich nicht dessen Antrag anschließt. Das gilt auch, wenn dem Antrag nur teilweise entsprochen wird. Diese Empfehlung hat, wie sich schon aus dem Begriff ergibt, keinen bindenden Charakter. Der Intendant kann vielmehr dann im Rahmen seines Ermessens frei und endgültig entscheiden *(vgl. insoweit auch die Regelung in § 69 Abs. 4 Satz 4 BPersVG, die dies ausdrücklich vorsieht).* Damit wird der besonderen Stellung dieser Dienstkräfte Rechnung getragen, die wesentliche Einflußmöglichkeiten im Bereich der Aufgabenerfüllung der Rundfunkanstalt besitzen und deren »Tendenz« mitgestalten können, und sei es auch nur in Teilbereichen. Sie können teilweise mit den Tendenzträgern im Bereich des Betriebsverfassungsrechts verglichen werden, bei denen ebenfalls die Beteiligungsrechte des Betriebsrats eingeschränkt sind. Eine Entscheidungsmöglichkeit des Rundfunkrats nach § 81 Abs. 2 kommt dabei nicht in Betracht, da diese, wie § 83 Abs. 3 sowie auch der Wortlaut des § 81 Abs. 2 selbst ergeben, eine **Entscheidung** der Einigungsstelle voraussetzt. 39

§ 83

Eine solche ist jedoch bei einer Empfehlung grundsätzlich nicht gegeben. Hinzu kommt, daß § 81 Abs. 2 nur für den dort ausdrücklich genannten Personenkreis überhaupt in Betracht kommen kann, wozu die in § 83 Abs. 2 genannten Dienstkräfte des Senders Freies Berlin in der Regel nicht gehören. Zu beachten ist ferner, daß u. U. das Mitbestimmungsrecht auch auf Grund des § 89 entfallen und lediglich ein Mitwirkungsrecht bestehen kann.

40 Soweit die Einigungsstelle dem Antrag des Intendanten voll entspricht, tritt die normale Bindungswirkung für die Beteiligten gem. § 83 Abs. 3 Satz 1 ein.

41 Der Begriff der »an der Programmgestaltung maßgeblich mitwirkenden Dienstkräfte« enthält einen weiten Beurteilungsspielraum. Es handelt sich hierbei um Dienstkräfte mit qualifizierten Aufgaben. Sie müssen entweder selbst maßgebliche Entscheidungen treffen können oder aber kraft ihrer Schlüsselposition Voraussetzungen schaffen können, an denen die Intendanz nicht vorbeigehen kann. Maßgeblich ist die Beeinflussung der Erfüllung der Aufgaben der Rundfunkanstalt. Es genügt die Wahrnehmung von Teilaufgaben im Bereich der Programmgestaltung, wenn sie im Hinblick auf die Gesamttätigkeit der Dienstkraft und die Gesamtheit der bei der Programmgestaltung anfallenden Aufgaben erheblich sind und die Dienstkraft einen erheblich eigenen Entscheidungsspielraum hat. Freie Mitarbeiter werden von dieser Regelung nicht erfaßt, sie sind keine Dienstkräfte i. S. des PersVG Bln.

Sonderregelung in den Fällen der eingeschränkten Mitbestimmung

42 In den Fällen der eingeschränkten Mitbestimmung, die in § 81 Abs. 2 abschließend aufgezählt sind *(vgl. aber auch § 1 Rn. 48 und die Hinweise bei §§ 85 ff.)*, ist der Beschluß der Einigungsstelle nur dann bindend, wenn nicht innerhalb eines Monats nach Zustellung die Entscheidung des Senats von Berlin beantragt worden ist *(vgl. im einzelnen oben § 81 Rn. 26 ff.)*. Der Beschluß ist in diesen Fällen außer den Beteiligten auch der obersten Dienstbehörde oder der Aufsichtsbehörde zuzustellen, da nur sie die Entscheidung des Senats von Berlin beantragen können.

Rechtsmängel des Beschlusses

43 Rechtliche Mängel des Verfahrens vor der Einigungsstelle sowie Verstöße gegen materielle Rechtsvorschriften können jederzeit von jedem Beteiligten geltend gemacht werden. Das gilt insbesondere bei Gesetzesverstößen, Verkennung von Rechtsbegriffen, fehlender Zuständigkeit der Einigungsstelle, Überschreitung des durch die Anträge begrenzten Entscheidungsspielraums sowie sonstigen schweren Verfahrensfehlern.

44 Soweit der Beschluß der Einigungsstelle eine Dienstvereinbarung ersetzt, kann entsprechend § 91 Abs. 1 Nr. 4 die Wirksamkeit im Beschlußverfahren vor den Verwaltungsgerichten nachgeprüft werden, da in diesem Falle die für eine Dienstvereinbarung geltenden Grundsätze entsprechend anwendbar sind *(vgl. auch oben Rn. 36)*. Ein Rechtsschutzinteresse ist in diesem Falle auch dann gegeben, wenn der Beschluß der Einigungsstelle nichtig ist. In diesem Falle ist die Nichtigkeit festzustellen. Eine Überprüfung der **Zweckmäßigkeit** oder **Geeignetheit** der getroffenen Maßnahmen durch das Gericht ist **nicht möglich**.

45 Daneben kann die Wirksamkeit von Beschlüssen der Einigungsstelle auch im Rahmen von Verfahren der einzelnen Dienstkräfte vor den Verwaltungsge-

richten bzw. den Arbeitsgerichten als Vorfrage eine Rolle spielen. Fehler im Verfahren der Einigungsstelle können dabei allerdings nur dann berücksichtigt werden, wenn sie offenkundig sind und zur Unwirksamkeit des Beschlusses der Einigungsstelle führen. Im übrigen fallen die Mängel des Verfahrens nicht in den Zuständigkeits- und Verantwortungsbereich des Dienstherrn. Er kann daher beispielsweise auch dann eine Kündigung aussprechen, wenn das Verfahren der Einigungsstelle, durch deren Beschluß die Zustimmung zur Kündigung der zuständigen Personalvertretung ersetzt worden ist, Fehler aufweist (vgl. dazu beispielsweise BAG vom 18. 8. 1982, AP Nr. 24 zu § 102 BetrVG 1972, die dort entwickelten Grundgedanken können entsprechend angewandt werden). Der Dienstherr wird hier nach den Grundsätzen des Rechtsscheins geschützt.

Sonstige Streitigkeiten

Streitigkeiten über die Zuständigkeit und den Umfang der Bindungswirkung entscheiden die Verwaltungsgerichte im Beschlußverfahren gem. § 91 Abs. 1 Nr. 3, da es sich um Fragen der Zuständigkeit der Personalvertretungen handelt. Auch bei Untätigkeit der Einigungsstelle kann ein Antrag auf Tätigwerden nach dieser Vorschrift gestellt werden. In dem Verfahren vor dem Verwaltungsgericht ist die Einigungsstelle Beteiligte (oben § 81 Rn. 37).

46

§ 84 Mitwirkung

(1) Soweit die Personalvertretung an Entscheidungen mitwirkt, ist die beabsichtigte Maßnahme vor der Durchführung mit dem Ziele einer Verständigung rechtzeitig und eingehend mit ihr zu erörtern.
(2) Äußert sich die Personalvertretung nicht innerhalb von zwei Wochen oder hält sie bei Erörterung ihre Einwendungen oder Vorschläge nicht aufrecht, so gilt die beabsichtigte Maßnahme als gebilligt; dies gilt nicht, wenn die Personalvertretung Fristverlängerung beantragt hat. § 79 Abs. 2 Satz 5 und Abs. 3 gilt entsprechend.
(3) Wird den Einwendungen der Personalvertretung nicht oder nicht in vollem Umfange entsprochen, so ist die Entscheidung der Personalvertretung unverzüglich schriftlich mitzuteilen. Dabei sind die Gründe anzugeben, die einer Berücksichtigung der Einwendungen oder Vorschläge der Personalvertretung entgegenstehen.
(4) Bei Maßnahmen, die der Natur der Sache nach keinen Aufschub dulden, können bis zur endgültigen Entscheidung vorläufige Regelungen getroffen werden. Die Personalvertretung ist hiervon unverzüglich zu unterrichten.
(5) § 79 Abs. 4 gilt entsprechend.

Übersicht	Rn.
Allgemeines	1– 5
Einleitung des Mitwirkungsverfahrens	6– 8
Beabsichtigte Maßnahme	9
Erörterung	10, 11
Rechtzeitigkeit der Erörterung	12, 13

§ 84

Umfang der Erörterung	14, 15
Beteiligte an der Erörterung	16, 17
Form der Erörterung	18, 19
Äußerung der Personalvertretung	20–25
Frist zur Stellungnahme, Fristverlängerung	26–30
Folgen der Fristversäumung	31
Gelegenheit zur Äußerung für einen Betroffenen	32
Ablehnung der Einwendungen der Personalvertretung	33–37
Vorläufige Regelungen	38–42
Initiativrechte der Personalvertretung	43
Folgen der Nichtbeachtung der Mitwirkungsrechte	44–50
Streitigkeiten	51

Allgemeines

1 Die Mitwirkung ist nach der Mitbestimmung das zweitstärkste Beteiligungsrecht der Personalvertretungen. Im Gegensatz zur Mitbestimmung kann hier zwar auf die eigenverantwortliche Entscheidung des Dienstherrn Einfluß genommen werden, dessen alleinige Entscheidungsbefugnis ist aber nicht beschränkt, es bedarf keiner Einigung zwischen Personalvertretung und Entscheidungsträger. Wesentliches Kennzeichen der Mitwirkung ist, daß eine beabsichtigte Maßnahme vor ihrer Durchführung rechtzeitig und eingehend mit dem Ziele der Verständigung zwischen Dienststellenleiter bzw. Leiter der Dienstbehörde und der zuständigen Personalvertretung **zu erörtern** ist *(vgl. BVerwG vom 6. 2. 1987, E 77, 1).*

2 Anders als in § 72 BPersVG und den meisten entsprechenden Regelungen in den Personalvertretungsgesetzen der Länder ist das Mitwirkungsverfahren des § 84 einstufig gestaltet. Es kann daher bei fehlender Einigung weder die übergeordnete Dienststelle noch der Gesamtpersonalrat oder der Hauptpersonalrat eingeschaltet werden. Nicht anwendbar sind auch die Vorschriften über das Verfahren bei Nichteinigung, § 80, und die Einigungsstelle §§ 81–83. Die Entscheidung der Einigungsstelle kann nicht herbeigeführt werden. Es bleiben in diesem Falle nur die außerhalb des PersVG Bln geregelten Beschwerdemöglichkeiten einschließlich der Möglichkeit einer Dienstaufsichtsbeschwerde.

3 § 84 regelt nur das **Verfahren** der Mitwirkung, die einzelnen Mitwirkungsangelegenheiten sind in § 90 abschließend aufgezählt. Eine teilweise vergleichbare Vorschrift findet sich in § 72 BPersVG.

4 Im Betriebsverfassungsgesetz besteht eine vergleichbare Regelung nicht, da die andersgeartete Struktur dort eine besondere Verfahrensbestimmung nicht erfordert. Die materiellen Mitwirkungsrechte sind dort in den §§ 74 ff. geregelt. Gleichwohl können die dort im Bereich der Mitwirkungsrechte von der Rechtsprechung entwickelten Grundsätze zum Teil auch für die Auslegung des § 84 herangezogen werden.

5 Die Bestimmung ist **zwingend**. Es ist weder ein Verzicht auf das Mitwirkungsrecht durch die Personalvertretung möglich, noch kann eine andere Form der Beteiligung, auch keine stärkere, zwischen Personalvertretung und Dienststelle vereinbart werden.

Einleitung des Mitwirkungsverfahrens

Das Verfahren ist jeweils in dem Bereich durchzuführen, in dem die beabsichtigte Maßnahme getroffen werden soll. Die Einleitung des Verfahrens wird in der Regel durch den zuständigen Dienststellenleiter erfolgen; sie kann jedoch auch auf eine Initiative der Personalvertretung zurückgehen, wenn diese eine Maßnahme beantragt, die ihrer Mitwirkung unterliegt, § 84 Abs. 5 i. V. m. § 79 Abs. 4. 6

Das Verfahren beginnt mit der Unterrichtung der Personalvertretung durch den **Dienststellenleiter** (§ 9) oder die sonst zuständige Person bzw. mit dem Eingang des Antrages der Personalvertretung bei der Dienststelle, Dienstbehörde oder obersten Dienstbehörde (*vgl. auch* § 79 Rn. 11). 7

Form- und Fristvorschriften für die Einleitung des Verfahrens bestehen nicht. Eine Ausnahme gilt nur dann, wenn die Personalvertretung eine der Mitwirkung unterliegende Maßnahme beantragt, also das Mitwirkungsverfahren einleitet. In diesem Falle ist ein schriftlicher Vorschlag erforderlich, § 79 Abs. 4. Allerdings wird sich die Einhaltung der Schriftform auch empfehlen, wenn der Dienststellenleiter oder die sonst zuständige Person das Verfahren einleiten will. Wegen der Bedeutung des Fristablaufs nach § 84 Abs. 2 wird in der Regel erforderlich sein, den Zeitpunkt der Einleitung des Verfahrens aktenkundig zu machen. 8

Beabsichtigte Maßnahme

Voraussetzung für die Einleitung des Verfahrens ist, daß eine der Mitwirkung der Personalvertretung unterliegende Maßnahme beabsichtigt ist. Der Begriff der beabsichtigten Maßnahme ist hier der gleiche wie in § 79 Abs. 2 Satz 1, siehe Erläuterungen dort. 9

Erörterung

Eine Erörterung der beabsichtigten Maßnahme ist denknotwendig nur möglich, wenn vorher die Personalvertretung unterrichtet worden ist (*vgl. auch BVerwG vom 6. 4. 1989, PersR 1989, 203*). Die Unterrichtung muß insbesondere konkret Art und Umfang der beabsichtigten Maßnahme erkennen lassen (*vgl. auch BVerwG vom 27. 1. 1995, PersR 1995, 185*). 10

Ein besonderer Antrag auf Erteilung der Zustimmung ist nicht erforderlich. Es muß jedoch deutlich werden, daß es sich um eine mitwirkungsbedürftige Angelegenheit handelt und von der Personalvertretung eine Stellungnahme erwartet wird. 11

Rechtzeitigkeit der Erörterung

Wie bei allen anderen Beteiligungsrechten hat auch hier die Unterrichtung der Personalvertretung und damit ihre Beteiligung frühzeitig einzusetzen (*BVerwG vom 11. 10. 1972, E 41, 30; vom 24. 11. 1983, E 68, 169*), damit die Personalvertretung nicht durch bereits eingetretene Entwicklungen und insbesondere Vorentscheidungen in der wirksamen Ausübung ihrer Rechte beschränkt wird. 12

Dieses Erfordernis wird durch den Begriff der Rechtzeitigkeit hier nochmals besonders hervorgehoben. Äußerungen der Personalvertretung müssen bei der amtlichen Planung bzw. Entscheidung noch berücksichtigt werden können. 13

§ 84

Auch muß der Personalvertretung die Möglichkeit offenstehen, die Angelegenheit vor ihrer Stellungnahme zu prüfen. Die **Rechtzeitigkeit** der Unterrichtung ist vom Einzelfall abhängig. Sie ist daher nicht immer dann schon gegeben, wenn die beabsichtigte Maßnahme zwei Wochen vor ihrer Durchführung der Personalvertretung mitgeteilt wird.

Umfang der Erörterung

14 Bei der Erörterung sind die in § 70 Abs. 1 Satz 3 festgelegten Grundsätze zu beachten *(vgl. § 70 Rn. 17).* Es besteht auf beiden Seiten die Verpflichtung, sachliche Vorschläge, Forderungen und Auskunftsbegehren unverzüglich und ernsthaft zu prüfen. Alle vorgebrachten Erwägungen und Argumente müssen behandelt werden, wie sich aus der Forderung nach einer »eingehenden« Erörterung ergibt *(BVerwG vom 27. 1. 1995, PersR 1995, 185).* Sämtliche Unterlagen müssen der Personalvertretung zur Verfügung stehen *(vgl. BVerwG vom 29. 8. 1975, PersV 1976, 385),* sie kann insoweit ihr Recht aus § 73 Abs. 1 Satz 2 geltend machen.

15 Die Erörterung muß mit dem Ziel der Verständigung durchgeführt werden, d. h., beide Seiten müssen auf eine einvernehmliche Regelung hinarbeiten.

Beteiligte an der Erörterung

16 An der Erörterung muß grundsätzlich der **Dienststellenleiter** oder sein **Vertreter i. S. des § 9** teilnehmen; nur dann ist die Dienststelle ordnungsgemäß vertreten. Der Dienststellenleiter kann **Sachbearbeiter** (beispielsweise Personalsachbearbeiter) hinzuziehen; er kann ihnen jedoch nicht die Erörterung selbst übertragen. Der diesbezügliche Schriftverkehr zwischen Dienststelle und Personalrat muß indes **nicht** notwendigerweise vom Dienststellenleiter selbst **unterzeichnet** sein; es genügt die Unterschrift einer hierzu im Behördenaufbau bevollmächtigten Person, wenn nachgewiesen werden kann, daß der Dienststellenleiter selbst oder sein Vertreter i. S. des § 9 die Entwürfe zu den diesbezüglichen Anschreiben schlußgezeichnet haben.

17 Auf seiten der Personalvertretung hat das gesamte Gremium teilzunehmen. Die Erörterung ist kein laufendes Geschäft des Vorstandes, da sie Teil des Mitwirkungsverfahrens ist, das nur von der gesamten Personalvertretung wahrgenommen werden kann *(Lorenzen u. a., § 72 Rn. 17).* Das gilt auch für Gruppenangelegenheiten, da auch dort nach § 33 Abs. 2 Satz 1 eine gemeinsame Beratung aller Mitglieder erforderlich ist.

Form der Erörterung

18 Eine besondere **Form** für die Erörterung zwischen Dienststelle und Personalvertretung ist nicht vorgeschrieben. Der Begriff der Erörterung legt vom Wortsinne her eine **mündliche** Erörterung nahe. Daher ist davon auszugehen, daß grundsätzlich eine solche stattzufinden hat. Soweit – ausnahmsweise – eine schriftliche »Erörterung« stattfinden soll *(Lorenzen u. a., § 72 Rn. 17),* ist dies jedenfalls mit – auch konkludenter – Zustimmung des Personalrates zulässig. In der Erörterung müssen der Dienststellenleiter, ggf. sein Vertreter nach § 9, und die Personalvertretung das Für und Wider der Maßnahme abwägen *(Lorenzen u. a., BPersVG, § 79 Rn. 53).* Es hat also eine ernsthafte Diskussion zwischen den

Beteiligten stattzufinden; nicht zulässig wäre es, wenn eine Seite das Erörterungsverfahren als bloße Formalität verfolgen würde *(vgl. BVerwG vom 27. 1. 1995, PersR 1995, 185).*

Findet eine mündliche Erörterung statt, dann können die Beteiligten deren Einzelheiten festlegen, insbesondere wie und wo sie stattzufinden hat. Sie kann im Rahmen der monatlichen Besprechung des § 70 Abs. 1 oder auf einer sonstigen Zusammenkunft erfolgen. **19**

Äußerung der Personalvertretung

Die Personalvertretung hat sich innerhalb von zwei Wochen zu der beabsichtigten Maßnahme zu äußern. Die Stellungnahme kann nur durch Beschluß erfolgen, sie ist kein laufendes Geschäft des Vorstandes *(Altvater u. a., BPersVG, § 72 Rn. 10; a. A. zum Teil Dietz/Richardi, BPersVG, § 72 Rn. 18).* **20**

Beratung und Beschlußfassung müssen gemäß § 33 erfolgen, bei gemeinsamen Angelegenheiten also gemeinsame Beratung und Beschlußfassung, bei Angelegenheiten einer Gruppe gemeinsame Beratung und Beschlußfassung nur durch die Mitglieder dieser Gruppe. **21**

Grundsätzlich gilt das auch dann, wenn die Zustimmung – bewußt – durch Schweigen erklärt wird, auch in diesem Falle muß eine Beschlußfassung erfolgen. Im Verhältnis zur Dienststelle ist das jedoch unerheblich *(Dietz/Richardi a. a. O., § 72 Rn. 25),* es sei denn, es ist offenkundig, daß sich die Personalvertretung noch nicht mit dieser Angelegenheit befaßt hat *(vgl. LAG Berlin vom 9. 2. 1973, AP Nr. 1 zu § 102 BetrVG 1972).* Ein nicht offensichtlich ungenügendes Beteiligungsverfahren fällt in die Risikosphäre der Personalvertretung. **22**

Die Personalvertretung kann in ihrem Beschluß, soweit sie nicht ausdrücklich zustimmt oder von einer Äußerung absieht, der beabsichtigten Maßnahme ganz oder teilweise widersprechen. Auch kann sie Gegenvorschläge beschließen und der Dienststelle vorlegen *(Dietz/Richardi a. a. O., § 72 Rn. 28).* Das Argument, daß damit in unzulässiger Weise der Personalvertretung ein Antragsrecht in einem »Instanzenzug« eröffnet würde *(Fischer/Goeres, § 72 Rn. 11)* trifft für den Bereich des PersVG Bln nicht zu. Vielmehr hat hier ausdrücklich die Personalvertretung ein eigenes Antragsrecht gem. § 84 Abs. 5 i. V. m. § 79 Abs. 4. Dem entspricht auch die Regelung in § 84 Abs. 3 Satz 2, die ausdrücklich den Begründungszwang dann vorsieht, wenn Vorschlägen der Personalvertretung nicht entsprochen wird. Weiterhin besteht hier im Gegensatz zu der Regelung in § 72 BPersVG kein Instanzenzug. **23**

Obwohl eine ausdrückliche gesetzliche Verpflichtung nicht besteht, folgt aus dem Gebot der vertrauensvollen Zusammenarbeit des § 2 Abs. 1, daß die Personalvertretung ihre teilweise oder ganz ablehnende Stellungnahme **begründet.** Das gilt auch, wenn sie Gegenvorschläge macht. Nur bei Vorliegen einer Begründung ist es der Dienststelle möglich, sich sachlich mit der Äußerung auseinanderzusetzen. Auch aus der in § 84 Abs. 2 Satz 2 geregelten Anwendbarkeit des § 79 Abs. 3 läßt sich entnehmen, daß der Gesetzgeber davon ausgegangen ist, daß die ablehnende Stellungnahme der Personalvertretung zu begründen ist. **24**

Der Beschluß muß dem Dienststellenleiter zugeleitet werden, eine Formvorschrift besteht nicht. Da jedoch das Ergebnis des Mitwirkungsverfahrens aktenkundig gemacht werden muß, ist in jedem Falle eine schriftliche Mitteilung empfehlenswert. **25**

§ 84

Frist zur Stellungnahme, Fristverlängerung

26 Die Personalvertretung hat für die Stellungnahme eine Frist von zwei Wochen. Die Frist beginnt mit dem Zugang der Mitteilung der beabsichtigten Maßnahme bei der Personalvertretung. Sie berechnet sich nach § 187 Abs. 1 BGB, der Tag des Zugangs der Mitteilung zählt nicht mit. Fällt das Fristende auf einen Sonn- oder Feiertag oder einen Sonnabend, so endet die Frist erst mit Ablauf des nächsten Werktages, § 193 BGB.

27 Die Personalvertretung kann Fristverlängerung beantragen. Der Antrag muß vor Ablauf der geltenden Frist bei der Dienststelle eingegangen sein. Nach Ablauf der Frist ist eine Verlängerung begrifflich nicht mehr möglich, da dann schon die Maßnahme als gebilligt gilt.

28 Der Antrag bedarf keiner besonderen Form, er kann auch mündlich gestellt werden. Zur Erleichterung des Nachweises ist jedoch die Schriftform in jedem Falle zu empfehlen. Der Antrag auf Fristverlängerung ist zu begründen. Die Möglichkeit der Fristverlängerung darf nicht dazu führen, daß dadurch die Entscheidung der Dienststelle grundlos verzögert wird.

29 Die Vorschrift sagt nichts über die Pflicht der Dienststelle zur **Zustimmung zur Fristverlängerung** aus. Da jedoch nach dem Wortlaut des Gesetzes die Fiktion der Zustimmung nach Fristablauf nur dann eintritt, wenn keine Fristverlängerung beantragt ist, ist davon auszugehen, daß die Fristverlängerung automatische Folge des Antrages ist. Die Dienststelle kann jedoch den Antrag auf Fristverlängerung zurückweisen, wenn dieser offensichtlich ohne jeden sachlichen Grund gestellt worden ist, wenn dadurch allein die Entscheidung der Dienststelle verzögert werden soll. Praktisch ist das nur dann möglich, wenn die Personalvertretung mit dem Antrag ihre Pflichten aus § 2 Abs. 1 verletzt.

30 Über die **Dauer der Verlängerung** sagt das Gesetz direkt nichts aus. Aus dem Gesamtzusammenhang läßt sich aber entnehmen, daß die Frist erneut um 14 Tage im Höchstfall verlängert werden kann. Die neue Frist wird dabei von dem Ende der vorigen Frist an berechnet, § 190 BGB.

Folgen der Fristversäumung

31 Versäumt die Personalvertretung die Frist, gilt die Maßnahme in der Form, wie sie der Personalvertretung mitgeteilt wurde, als gebilligt. Eine Wiedereinsetzung in den vorigen Stand ist nicht möglich. Die Dienststelle kann in diesem Fall die Maßnahme durchführen. Sie ist jedoch nicht berechtigt, die Maßnahme wesentlich zu verändern, da dann ein erneutes Mitwirkungsverfahren durchzuführen wäre.

Gelegenheit zur Äußerung für einen Betroffenen

32 Nach § 84 Abs. 2 Satz 1 ist die Regelung des § 79 Abs. 3 entsprechend anwendbar. Begründet die Personalvertretung ihre Ablehnung mit Beschwerden oder Behauptungen tatsächlicher Art zuungunsten einer Dienstkraft, muß dieser Gelegenheit zur Äußerung gegeben werden, die auf Antrag aktenkundig zu machen ist. Wegen der näheren Einzelheiten kann auf die Erläuterungen zu § 79 Abs. 3 (*§ 79 Rn. 69ff.*) verwiesen werden.

Ablehnung der Einwendungen der Personalvertretung

Die Dienststelle hat die Einwendungen und Vorschläge der Personalvertretung im einzelnen sachlich zu prüfen. Sie hat nach pflichtgemäßem Ermessen unter Beachtung von Recht und Gesetz zu entscheiden, inwieweit sie den Äußerungen der Personalvertretung entsprechen will. Hierbei ist auch zu untersuchen, ob gegebenenfalls durch Modifizierung der geplanten Maßnahme teilweise der Wille der Personalvertretung berücksichtigt werden kann. 33

Entspricht die Dienststelle voll den Einwendungen oder Vorschlägen der Personalvertretung, kann die Maßnahme von ihr sofort durchgeführt werden. 34

Wird den Einwendungen oder Vorschlägen ganz oder teilweise nicht entsprochen, ist die entsprechende Entscheidung der Dienststelle der Personalvertretung unverzüglich, d. h. ohne schuldhaftes Zögern, mitzuteilen. Schriftform ist einzuhalten. Zuständig ist – wie bei der Unterrichtung selbst – der Dienststellenleiter oder sein Vertreter i. S. des § 9. 35

Die ablehnende Entscheidung muß **begründet** werden. In der Begründung ist sachlich auf die Vorstellungen der Personalvertretung einzugehen. Damit soll sichergestellt werden, daß nicht willkürlich über Einwendungen oder Vorschläge der Personalvertretung hinweggegangen wird. Eine nicht oder nur unzureichend begründete Ablehnung **schließt** das Mitwirkungsverfahren **nicht ordnungsgemäß ab.** Nicht ausreichend ist beispielsweise der Hinweis, daß die Einwände der Personalvertretung der Durchführung der Maßnahme nicht entgegenstünden *(vgl. LAG Berlin vom 25. 3. 1993 – 4 Sa 137/92).* 36

Das Mitwirkungsverfahren ist im Gegensatz zu der Regelung im § 72 BPersVG einstufig. Die ablehnende Entscheidung ist daher personalvertretungsrechtlich wirksam, sie kann nicht durch die Anrufung übergeordneter Stellen beseitigt werden. Die Personalvertretung, deren abweichende Ansicht nicht berücksichtigt worden ist, kann nur Dienstaufsichtsbeschwerde einlegen. Bei Personalangelegenheiten kann auch eine betroffene Dienstkraft gegen die Entscheidung vorgehen, das kann jedoch nur außerhalb des Personalvertretungsrechts erfolgen. 37

Vorläufige Regelungen

Durch § 84 Abs. 4 wird sichergestellt, daß bei unaufschiebbaren Maßnahmen vorläufige Regelungen getroffen werden können. 38

Voraussetzung ist zunächst, daß die Angelegenheit der Natur der Sache nach keinen Aufschub duldet. Hierbei ist wesentlich auf die Funktionsfähigkeit der Verwaltung abzustellen; sie müßte beeinträchtigt sein. Eine vorläufige Regelung ist nur dann zulässig, wenn sie nicht ohne eine schwerwiegende Beeinträchtigung des öffentlichen Interesses aufgeschoben werden könnte *(BVerwG vom 25. 10. 1979, PersV 1981, 203; vom 16. 12. 1992, PersV 1993, 355).* Das gleiche gilt, wenn ohne sofortige Durchführung fremde Rechtsgüter verletzt würden. Die bloße Eilbedürftigkeit einer Angelegenheit allein reicht nicht aus *(Lorenzen u. a., BPersVG, § 69 Rn. 52; Dietz/Richardi, BPersVG, § 69 Rn. 93).* 39

Ferner muß die Angelegenheit überhaupt einer vorläufigen Regelung zugänglich sein. Es darf durch die vorläufige Maßnahme kein endgültiger Zustand hergestellt werden *(BVerwG vom 19. 4. 1988, PersV 1988, 528).* 40

Über die Durchführung der vorläufigen Maßnahmen entscheidet der Dienststellenleiter bzw. sein Vertreter allein nach pflichtgemäßem Ermessen. Die 41

§ 84

vorläufige Regelung ist so vorzunehmen, daß sie jederzeit aufgehoben oder geändert werden kann bzw. gegenstandslos wird, wenn die endgültige Regelung getroffen ist. Sie muß allerdings auf das sachlich und zeitlich Notwendige reduziert bleiben *(BVerwG vom 16.12.1992, PersV 1993, 359).*

42 Die Personalvertretung ist von der vorläufigen Regelung unverzüglich zu unterrichten. Die Unterrichtung kann vor oder nach der Durchführung erfolgen. Es müssen im einzelnen die Gründe angegeben werden, die die vorläufige Maßnahme rechtfertigen. Gleichzeitig ist das Mitwirkungsverfahren hinsichtlich der endgültigen Regelung einzuleiten.

Initiativrechte der Personalvertretung

43 Nach § 84 Abs. 5 i. V. m. § 79 Abs. 4 hat die Personalvertretung in Mitwirkungsangelegenheiten ebenso wie bei Mitbestimmungsangelegenheiten das Recht, selbst Maßnahmen zu beantragen. § 79 Abs. 4 gilt in vollem Umfange entsprechend; auf die Kommentierung dieser Vorschrift kann verwiesen werden *(§ 79 Rn. 72ff.).*

Folgen der Nichtbeachtung der Mitwirkungsrechte

44 Eine ausdrückliche Regelung über die Folgen der Nichtbeachtung der Mitwirkungsrechte fehlt. Aus der Tatsache, daß bei Mitwirkungsrechten immer ausdrücklich im Gesetz hervorgehoben ist, wenn bei ihrer Verletzung die Unwirksamkeit der getroffenen Maßnahme eintreten soll *(vgl. z. B. § 79 Abs. 4 BPersVG, § 102 Abs. 1 Satz 3 BetrVG),* läßt sich der Grundsatz entnehmen, daß im allgemeinen **keine Unwirksamkeit** eintritt *(s. aber unten Rn. 50).* Eine unter Verletzung der Mitwirkungsrechte getroffene Maßnahme ist daher zunächst wirksam, die Nichtbeteiligung der Personalvertretung stellt aber einen Verfahrensmangel dar *(vgl. aber Dietz/Richardi a. a. O., § 72 Rn. 52, die ähnliche Grundsätze wie bei Verletzung der Mitbestimmungsrechte im Interesse des Schutzes außenstehender Dritter und wegen der Grundsätze über den fehlerhaften Verwaltungsakt anwenden wollen).* Die Personalvertretung kann die Verletzung ihrer Rechte im Beschlußverfahren geltend machen *(vgl. dazu unten Rn. 51).*

45 Nach dem Grundsatz der Gesetzestreue ist die Verwaltung in diesem Falle gehalten, die Maßnahme soweit möglich zurückzunehmen oder den Mangel durch Nachholung des Mitwirkungsverfahrens zu beheben *(vgl. Fischer/Goeres, § 72 Rn. 24).*

46 Dem Mitwirkungsrecht unterliegen nur wenige Angelegenheiten, die unmittelbar individualrechtliche Auswirkungen haben. Es handelt sich um die Regelungen in § 90 Nr. 7 – Abgabe dienstlicher Beurteilungen – und § 90 Nr. 8 Diziplinarverfügungen und Einleitung des Diziplinarverfahrens gegen Beamte.

47 Bei Verletzung des Mitwirkungsverfahrens bei Abgabe dienstlicher Beurteilungen hat die betroffene Dienstkraft einen Anspruch auf Beseitigung dieser Beurteilung. Der Anspruch kann vor dem Verwaltungsgericht bei Beamten oder dem Arbeitsgericht bei Angestellten und Arbeitern geltend gemacht werden.

48 Die gegen Beamte ohne Beachtung des Mitwirkungsrechts der Personalvertretung verhängte Diziplinarverfügung bzw. die Einleitung des förmlichen Disziplinarverfahrens kann von den Beamten mit den in der LDO festgelegten Rechtsmitteln angegriffen und die Verletzung zwingender Verfahrensvorschriften geltend gemacht werden.

Bei nur mittelbarer Beeinflussung individualrechtlicher Maßnahmen, wie dies **49**
in den Fällen des § 90 Nrn. 1–6 der Fall ist, bestehen keine Möglichkeiten der
einzelnen Dienstkraft, den Verfahrensfehler unmittelbar gerichtlich geltend zu
machen.

Soweit ein bloßes **Mitwirkungsrecht bei Kündigungen** – z. B. bei Kündigungen **50**
von Dienstkräften mit vorwiegend wissenschaftlicher oder künstlerischer Tätigkeit i. S. von § 89 Abs. 1 –, gegeben ist, führen Fehler im Mitwirkungsverfahren zur Unwirksamkeit der Kündigung. Die Fehler können die Einleitung
des Verfahrens, den Umfang der Unterrichtung, die Durchführung des Verfahrens und dessen Abschluß betreffen. Der Arbeitnehmer kann sich hierauf im
Kündigungsschutzprozeß vor den Arbeitsgerichten berufen *(vgl. zu den Rechtsfolgen fehlerhafter Beteiligung des Personalrats auch BAG vom 20. 1. 2000, ZfPR 2000, 146 zu PersVG Mecklenburg-Vorpommern; vom 16. 3. 2000, PersR 2000, 522 zu PersVG Sachsen-Anhalt).*

Streitigkeiten

Streitigkeiten über die Frage, ob ein Fall der Mitwirkung vorliegt, ob das Mit- **51**
wirkungsverfahren ordnungsgemäß eingehalten worden ist und ob eine vorläufige Regelung zulässig ist, sind vor den Verwaltungsgerichten im Beschlußverfahren gem. § 91 Abs. 1 Nr. 3 zu entscheiden. Auf Grund dieser Vorschrift
ist auch zu entscheiden, wenn die Personalvertretung wegen Verletzung des
Mitwirkungsrechts die Rückgängigmachung einer Maßnahme verlangt. Bei der
Frage, ob eine vorläufige Regelung zulässig war, kann das Gericht nur prüfen,
ob die Maßnahme keinen Aufschub duldete und ob sie vorläufigen Charakter
hatte. Nicht nachgeprüft werden kann, da es keine Rechtsfrage ist, ob die
Maßnahme zweckmäßig und praktisch war.

3. Mitbestimmungsangelegenheiten

§ 85 Allgemeine Angelegenheiten

(1) Die Personalvertretung bestimmt, soweit keine Regelung durch Rechtsvorschrift oder Tarifvertrag besteht, gegebenenfalls durch Abschluß von Dienstvereinbarungen mit über
1. Beginn und Ende der täglichen Arbeitszeit und der Pausen sowie die Verteilung der Arbeitszeit auf die einzelnen Wochentage,
2. Anordnung von Mehrarbeit und Überstunden,
3. Zeit, Ort und Art der Auszahlung der Bezüge und Arbeitsentgelte,
4. Aufstellung und Änderungen des Urlaubsplanes,
5. Durchführung der Berufsausbildung und Umschulung bei Angestellten und Arbeitern,
6. Regelung der Ordnung in der Dienststelle und des Verhaltens der Dienstkräfte,
7. Maßnahmen zur Verhütung von Dienst- und Arbeitsunfällen und sonstigen Gesundheitsschädigungen,
8. Errichtung, Verwaltung und Auflösung von Sozialeinrichtungen,
9. Aufstellung von Sozialplänen einschließlich Plänen für Umschulungen zum Ausgleich oder zur Milderung von wirtschaftlichen Nachteilen, die den Dienstkräften infolge von Rationalisierungsmaßnahmen entstehen,

§ 85

10. Fragen der Lohngestaltung innerhalb der Dienststelle, insbesondere die Aufstellung von Entlohnungsgrundsätzen, die Einführung und Anwendung von neuen Entlohnungsmethoden und deren Änderung sowie die Festsetzung der Akkord- und Prämiensätze und vergleichbarer leistungsbezogener Entgelte einschließlich der Geldfaktoren,
11. Grundsätze über die Bewertung von anerkannten Vorschlägen im Rahmen des betrieblichen Vorschlagswesens,
12. Gestaltung der Arbeitsplätze,
13. Einführung und Anwendung technischer Einrichtungen, die dazu bestimmt sind, das Verhalten oder die Leistung der Dienstkräfte zu überwachen.

Nummer 2 gilt nicht, soweit bei unvorhergesehener dienstlicher Notwendigkeit
1. im Geschäftsbereich der Verfassungsschutzabteilung, der Polizeibehörde, der Feuerwehr und der Berliner Stadtreinigungs-Betriebe sowie in Krankenanstalten, Kindertagesstätten, Kinderheimen und Altenheimen Mehrarbeit oder Überstunden und
2. bei Lehrern zur Vermeidung eines Unterrichtsausfalles Mehrarbeit oder Überstunden im Umfange von bis zu drei Unterrichtsstunden im Kalendermonat

angeordnet werden. Die Personalvertretung ist unverzüglich zu unterrichten.

(2) Die Personalvertretung bestimmt, soweit keine Regelung durch Rechtsvorschrift oder durch Tarifvertrag besteht, gegebenenfalls durch Abschluß von Dienstvereinbarungen nach Maßgabe des § 81 Abs. 2 mit über
1. allgemeine Fragen der Fortbildung der Dienstkräfte,
2. Maßnahmen zur Hebung der Arbeitsleistung und zur Erleichterung des Arbeitsablaufs,
3. Durchführung der Fortbildung von Dienstkräften, soweit es sich nicht um Polizeivollzugsbeamte handelt,
4. Bestellung von Vertrauens- und Betriebsärzten,
5. Inhalt von Personalfragebogen,
6. Beurteilungsrichtlinien,
7. Erlaß von Trageordnungen für Dienstkleidung,
8. Einführung, Anwendung, wesentliche Änderung oder wesentliche Erweiterung von automatisierter Verarbeitung personenbezogener Daten der Dienstkräfte außerhalb von Besoldungs-, Gehalts-, Lohn- und Versorgungsleistungen; Absatz 1 Nr. 13 bleibt unberührt,
9. Einführung, wesentliche Änderung oder wesentliche Ausweitung neuer Arbeitsmethoden im Rahmen der Informations- und Kommunikationstechnik,
10. Einführung, wesentliche Änderung oder wesentliche Ausweitung betrieblicher Informations- und Kommunikationsnetze.

Übersicht

	Rn.
Allgemeines	1, 2
Ausübung der Mitbestimmungsrechte	3– 5
Regelungsabrede	6– 13
Generelle Regelung	14, 15
Umgehung	16

§ 85

Vorrang von Gesetz und Tarifvertrag	17
Gesetz	18– 24
Tarifvertrag	25– 33
Gegenstände der Mitbestimmung (Abs. 1)	34
Tägliche Arbeitszeit (Nr. 1)	34– 50
Mehrarbeit und Überstunden (Nr. 2)	51– 57
Ausschluß des Mitbestimmungsrechts	58
Auszahlung der Bezüge und Arbeitsentgelte (Nr. 3)	59– 65
Urlaubsplan (Nr. 4)	66– 77
Durchführung der Berufsausbildung und Umschulung (Nr. 5)	78– 83
Umfang des Mitbestimmungsrechts	84– 89
Ordnung in der Dienststelle und das Verhalten der Dienstkräfte (Nr. 6)	90– 95
Disziplinarrecht für Arbeitnehmer	96–103
Disziplinarrecht für Beamte	104
Verhütung von Dienst- und Arbeitsunfällen sowie Gesundheitsschädigungen (Nr. 7)	105-118
Errichtung, Verwaltung und Auflösung von Sozialeinrichtungen (Nr. 8)	119–136
Zuständigkeit	137, 138
Sozialpläne und Pläne für Umschulungen (Nr. 9)	139–148
Ausübung des Mitbestimmungsrechtes	149, 150
Fragen der Lohngestaltung (Nr. 10)	151–171
Betriebliches Vorschlagswesen (Nr. 11)	172–174
Abgrenzung zu Arbeitnehmererfindungen	175–178
Gegenstand der Mitbestimmung	179, 180
Arbeitsplatzgestaltung (Nr. 12)	181–187
Technische Einrichtungen (Nr. 13)	188–206
Einschränkung der Mitbestimmung (Abs. 1 Satz 2)	207–213
Angelegenheiten der eingeschränkten Mitbestimmung nach Abs. 2	214
Allgemeine Fragen der Fortbildung der Dienstkräfte (Nr. 1)	215–219
Verbesserung von Arbeitsleistung und Arbeitsablauf (Nr. 2)	220–230
Durchführung der Fortbildung der Dienstkräfte (Nr. 3)	231–234
Bestellung von Vertrauens- und Betriebsärzten (Nr. 4)	235–242
Inhalt von Personalfragebögen (Nr. 5)	243–246
Grenzen des Fragerechts	247, 248
Einzelne Fragen	249–263
Beurteilungsrichtlinien (Nr. 6)	264–272
Erlaß von Trageordnungen für Dienstkleidung (Nr. 7)	273–277
Automatisierte Verarbeitung personenbezogener Daten (Nr. 8)	278–284
Einführung, Änderung, Ausweitung neuer Arbeitsmethoden (Nr. 9)	285–287
Betriebliche Informations- und Kommunikationsnetze (Nr. 10)	288–290
Streitigkeiten	291–293

Allgemeines

Der Mitbestimmungskatalog in § 85 ist gegenüber der bisherigen Regelung in § 67 PersVG Bln a. F. erheblich erweitert worden. Die Aufführung der Mitbestimmungsangelegenheiten in Abs. 1 ist an die entsprechende Regelung im Bundespersonalvertretungsgesetz angeglichen worden. Neu aufgenommen wurden die Nrn. 6, 9, 11, 12 und 13. Die Regelung in Nummer 10 ist in Anlehnung an das Bundespersonalvertretungsgesetz erweitert worden. Absatz 1 enthält Mitbestimmungsangelegenheiten, bei denen die letzte Entscheidung bei der Einigungsstelle des § 81 liegt, während Absatz 2 diejenigen Beteiligungsangelegenheiten erfaßt, bei denen nach Maßgabe des § 81 Abs. 2 die Letztentscheidung dem Senat von Berlin vorbehalten ist.

1

§ 85

2 Die Aufzählung der Mitbestimmungsangelegenheiten entspricht weitgehend der Regelung in § 75 Abs. 3 BPersVG. Sie ist auch zum Teil vergleichbar der Aufzählung in § 87 Abs. 1 BetrVG. In Anlehnung an diese Vorschrift könnte man auch den Mitbestimmungskatalog in § 87 Abs. 1 in Abgrenzung von den übrigen Mitbestimmungsangelegenheiten in den §§ 86–88 als Mitbestimmung in den sozialen Angelegenheiten bezeichnen. Hierbei darf allerdings nicht übersehen werden, daß es sich vornehmlich um innerdienstliche, auf den Dienstbetrieb bezogene Angelegenheiten handelt. Sie sind teils organisatorischer, teils sozialer Natur, haben aber auch personelle Bezüge und Auswirkungen, so daß im Grunde die Bezeichnung als »soziale Angelegenheiten« letztlich wenig aussagekräftig ist.

Ausübung der Mitbestimmungsrechte

3 **Zuständig** für die Ausübung der Mitbestimmungsrechte ist jeweils diejenige Personalvertretung, die bei der Dienststelle gebildet ist, die die Maßnahme vorzunehmen hat. Die Zuständigkeit von Gesamtpersonalrat bzw. Hauptpersonalrat richtet sich nach § 54 bzw. § 59.

4 Die Ausübung erfolgt entsprechend den Vorschriften der §§ 79 ff. Die **Initiative** zur Durchführung einer mitbestimmungspflichtigen Maßnahme kann sowohl von der Dienststelle als auch von der jeweils zuständigen Personalvertretung ergriffen werden, § 79 Abs. 2 bzw. Abs. 4 *(vgl. im übrigen oben § 79 Rn. 8 ff.)*. Die Beschlußfassung des Personalrats erfolgt nach den §§ 32 ff. Werden nur Dienstkräfte einer Gruppe betroffen, gilt § 33 Abs. 2.

5 In der Regel werden im Bereich des § 85 die mitbestimmungspflichtigen Maßnahmen durch Abschluß einer Dienstvereinbarung geregelt, § 74.

Regelungsabrede

6 Daneben ist auch die für den Bereich der Betriebsverfassung mittlerweile anerkannte Regelungsabrede zulässig *(vgl. Adomeit, Die Regelungsabrede 1960 passim; Däubler u.a., BetrVG, § 77 Rn. 79 ff.; BAG vom 16. 9. 1986, AP Nr. 17 zu § 77 BetrVG 1972; vom 14. 2. 1991, NZA 1991, 607; vom 10. 3. 1992, NZA 1992, 952)*. Das folgt daraus, daß das Gesetz ausdrücklich festlegt, daß die Mitbestimmung »gegebenenfalls durch Abschluß von Dienstvereinbarungen« ausgeübt werden kann. Das Wort »gegebenenfalls« läßt auch andere Formen der Ausübung des Mitbestimmungsrechtes zu.

7 Die Regelungsabrede ist eine **Einigung zwischen Dienststellenleiter und Personalrat,** die grundsätzlich im Gegensatz zur Dienstvereinbarung keiner Schriftform bedarf. Eine ordnungsgemäße Beschlußfassung auf seiten des Personalrats ist hier genauso wie bei der Dienstvereinbarung erforderlich; das Mitbestimmungsrecht wird durch die Zustimmung ausgeübt, diese muß eindeutig sein *(LAG Frankfurt/Main vom 17. 3. 1983, DB 1984, 882; Däubler u.a., BetrVG, § 77 Rn. 82 m.w.N.)*.

8 Die Regelungsabrede kann ebenso wie eine Dienstvereinbarung gekündigt werden. Fehlt die Vereinbarung einer Kündigungsfrist, ist sofortige **Kündigung** möglich. Darüber hinaus endet die Wirksamkeit einer Regelungsabrede mit Zweckerreichung. Im übrigen wirkt sie so lange nach, bis sie durch eine andere Abmachung ersetzt wird.

9 Im Gegensatz zur Dienstvereinbarung hat die Regelungsabrede **keine norma-**

tive Wirkung, durch sie wird der Inhalt der Arbeits- bzw. Dienstverhältnisse der Dienstkräfte nicht unmittelbar mit zwingender Wirkung beeinflußt. Durch sie kann auch kein objektives Recht geschaffen werden *(Fitting u.a., BetrVG, § 77 Rn. 183; Däubler u.a., BetrVG, § 77 Rn. 81)*. Sie kann nur unmittelbar auf die Rechtsverhältnisse der Dienstkräfte dadurch einwirken, daß diese sich im Streitfall nicht darauf berufen können, daß die erforderliche Zustimmung des Personalrats fehlen würde. Andererseits kann durch sie für die Dienstkräfte auch eine Leistung festgelegt werden. Da die Regelungsabrede keine normative Wirkung hat, kann ihre Einhaltung aber nur durch den Personalrat im Beschlußverfahren durchgesetzt werden *(vgl. Fitting u.a., BetrVG, § 77 Rn. 187; BAG vom 23. 6. 1992, NZA 1992, 1098)*.

Von dem Rechtsinstitut der Regelungsabrede sollte nur **selten Gebrauch gemacht werden**, da eine Aushöhlung des Anwendungsbereiches der Dienstvereinbarung vermieden werden muß. Weil eine Regelungsabrede keiner Schriftform bedarf und sie auch nicht wie eine Dienstvereinbarung bekanntgemacht werden muß, sind die Vereinbarungen in Regelungsabreden für die Dienstkräfte der Dienststelle nicht in gleichem Maße zugänglich und überschaubar wie die Dienstvereinbarungen. Eine erhebliche Rechtsunsicherheit ist die Folge. Die Form der Regelungsabrede wird man daher nur bei eilbedürftigen, kurzfristigen Angelegenheiten verwenden können, wie z.B. bei der Verlegung der Arbeitszeit an einem Tag, der Anordnung einmaliger Überstunden usw. Ferner ist die Regelungsabrede dann sinnvoll, wenn es lediglich darum geht, Pflichten zwischen Personalrat und Dienststelle festzulegen und zu klären, wenn also lediglich Tatbestände geregelt werden sollen, die keine unmittelbaren Auswirkungen auf die Dienstverhältnisse der in der Dienststelle tätigen Dienstkräfte haben.

10

Neben der Regelungsabrede verbleibt noch die Möglichkeit einer generellen Regelung durch **Verwaltungsanordnung.** Eine derartige Verwaltungsanordnung wird allerdings allein durch den Dienststellenleiter erlassen werden können. Erläßt er jedoch eine derartige Verwaltungsanordnung mit Zustimmung des Personalrats, kann hierdurch eine Rechtssicherheit auch für die der Verwaltungsanordnung unterworfenen Dienstkräfte herbeigeführt werden. Diese Verwaltungsanordnung kann auch, soweit mit ihr Direktionsbefugnisse wahrgenommen werden, unmittelbare Wirksamkeit auf die einzelnen Rechtsverhältnisse der betroffenen Dienstkräfte haben, wenn der Personalrat dem Erlaß der Verwaltungsanordnung zugestimmt hat. Insoweit ist die Einschränkung des Direktionsrechts, die durch § 85 erfolgt ist, aufgehoben. Zur Klarstellung empfiehlt es sich, in der Verwaltungsanordnung deutlich zu machen, daß die Mitbestimmungsrechte des Personalrats gewahrt worden sind, daß dieser also dem Erlaß der Verwaltungsanordnung zugestimmt hat. Eine Mitunterzeichnung der Verwaltungsanordnung durch den Vorsitzenden des Personalrats ist nicht erforderlich.

11

Obwohl es sich bei der Verwaltungsanordnung um eine einseitige Maßnahme des Dienststellenleiters handelt, muß auch hier dafür Sorge getragen werden, daß der Personalrat ebenso wie bei der Dienstvereinbarung die Möglichkeit hat, seine Zustimmung zu der getroffenen Maßnahme zu kündigen. Da eine ausdrückliche Regelung über eine **Kündigungsmöglichkeit** einer derartig formlos erteilten Zustimmung, die nicht den Charakter einer Dienstvereinbarung hat, fehlt, andererseits aber die Verwaltungsanordnung materiell letztlich an die Stelle der Dienstvereinbarung tritt, wird man ebenso wie bei der Regelungsab-

12

rede davon ausgehen müssen, daß die erteilte Zustimmung ebenso wie eine Dienstvereinbarung gekündigt werden kann. Da die Vereinbarung einer Kündigungsfrist fehlt, ist eine sofortige Kündigung möglich. Darüber hinaus endet auch die Verwaltungsanordnung ebenso wie die Regelungsabrede mit Zweckerreichung. Ferner ist die Wirksamkeit einer Verwaltungsanordnung dann beendet, wenn sie durch eine neue Dienstvereinbarung oder eine anderweitige Regelung zwischen Personalrat und Dienststellenleiter ersetzt wird. Die bloße Geltendmachung eines Initiativrechts seitens des Personalrats allerdings beendet noch nicht die Wirksamkeit einer einmal getroffenen Verwaltungsanordnung.

13 Der Weg der Verwaltungsanordnung durch den Dienststellenleiter wird in der Regel auch dann gewählt werden können, wenn der Personalrat der von dem Dienststellenleiter beabsichtigten Maßnahme nicht innerhalb der Frist des § 79 Abs. 2 widersprochen hat, so daß die Zustimmung des Personalrats als erteilt gilt. Hier bleibt für den Personalrat nur die Möglichkeit, mit Hilfe seines Initiativrechts eine Neuregelung zu erreichen, die an die Stelle der bisherigen tritt. Dieses Problem kann allerdings auch bei einer Dienstvereinbarung, also auch nach deren Kündigung, nachwirken *(vgl. dazu oben § 74 Rn. 54ff.)*. Bei einer Dienstvereinbarung kann aber, ähnlich wie bei einem Tarifvertrag, ausdrücklich die Nachwirkung ausgeschlossen werden.

Generelle Regelung

14 Das Mitbestimmungsrecht in den in § 85 genannten Angelegenheiten bezieht sich im Regelfall auf generelle Regelungen. Eine Ausnahme gilt auch nicht für den Fall des § 85 Abs. 1 Nr. 5, da die Verhängung einzelner Ordnungsstrafen oder Bußen gegen Dienstkräfte einem gesonderten Mitbestimmungsrecht nach § 87 Nr. 8 für die Angestellten und Arbeiter und in § 90 Nr. 8 für die Beamten unterworfen worden ist. Nicht der Mitbestimmung unterliegen **Einzelmaßnahmen,** die nur einzelne Dienstkräfte betreffen. Insoweit ist der Regelungsgehalt der Bestimmung des § 85 anders gestaltet als der der vergleichbaren Bestimmung des § 75 BPersVG. Während dort in § 75 Abs. 3 Nrn. 3 und 7 auch Tatbestände genannt worden sind, in denen ein Einzelfall dem Mitbestimmungsrecht des Personalrats unterliegt, z.B. bei der Festsetzung der zeitlichen Lage des Erholungsurlaubs für einzelne Beschäftigte und bei der Auswahl der Teilnehmer an Fortbildungsveranstaltungen für Angestellte und Arbeiter, gilt dies im Rahmen des § 85 nicht. Auch die Bestimmung des § 85 Abs. 2 Nr. 4 hinsichtlich der Bestellung von Vertrauens- und Betriebsärzten kann insoweit nicht als ein Mitbestimmungsrecht im Einzelfall angesehen werden, da wesentlich für dieses Mitbestimmungsrecht nicht der Einzelfall ist, sondern vielmehr die Auswirkung dieser Bestellung auf die Interessen der Dienstkräfte der Dienststelle, es also eindeutig kollektiven Bezug hat.

15 Eine **allgemeine Maßnahme** ist gegeben, wenn sie sich auf die gesamte Dienststelle, eine abstrakte Gruppe von Dienstkräften (z.B. die Schreibkräfte, die Dienstkräfte einer bestimmten Abteilung) oder auf einen Arbeitsplatz ohne Rücksicht auf dessen gegenwärtigen Inhaber (z.B. den Pförtner, den Hausmeister) bezieht. Die Abgrenzung muß nach abstrakten Gesichtspunkten erfolgen. Keine allgemeine Maßnahme im Sinne dieser Definition sind diejenigen Anordnungen und Vereinbarungen des Dienststellenleiters, die durch die Um-

stände des einzelnen, individuellen Arbeitsvertrages oder Beamtenverhältnisses bestimmt sind, wie z. B. die Veränderung der Arbeitszeit für eine Schreibkraft, die Anordnung von Überstunden für eine einzelne Dienstkraft *(vgl. dazu BAG vom 21. 12. 1982, 10. 6. 1986, 11. 11. 1986, 27. 11. 1990, AP Nrn. 9, 18, 21, 41 zu § 87 BetrVG 1972 Arbeitszeit).*

Umgehung

Eine **Umgehung** der Mitbestimmungsrechte durch Abschluß einer Vielzahl gleichlautender Verträge mit einzelnen Dienstkräften oder auch durch eine Vielzahl gleichlautender Einzelanweisungen seitens des Dienststellenleiters ist unzulässig. Maßgeblich für die Beurteilung der Frage, ob eine mitbestimmungspflichtige allgemeine Maßgabe getroffen wird, ist dabei nicht die Form, sondern der nach materiellen Gesichtspunkten zu beurteilende generelle Charakter der Maßnahme *(vgl. Däubler u. a., BetrVG, § 87 Rn. 15 f.; Fitting u. a., BetrVG, § 87 Rn. 13 ff.).* Hierbei ist nicht die Zahl der geregelten Fälle entscheidend, damit kann nämlich kein klares Abgrenzungskriterium gegeben werden. Entscheidend ist vielmehr der Wille des Dienststellenleiters, die Zielsetzung, die mit der von ihm veranlaßten Maßnahme verfolgt wird. Will er durch eine Vielzahl von Einzelregelungen praktisch eine generelle Regelung erzielen, dann ist das Mitbestimmungsrecht bereits mit der ersten Einzelregelung verletzt. Der Dienststellenleiter kann auch nicht durch Verwaltungsanordnung allgemeine Richtlinien erlassen, nach denen die einzelnen Abteilungsleiter durch Einzelanweisungen bestimmte Maßnahmen durchsetzen sollen. Eine solche mittelbare Regelung wäre ebenfalls eine Verletzung der Mitbestimmungsrechte des Personalrats.

16

Vorrang von Gesetz und Tarifvertrag

Bei den in § 85 geregelten Angelegenheiten hat der Personalrat nur dann ein Mitbestimmungsrecht, wenn der Gegenstand nicht schon durch Gesetz oder Tarifvertrag geregelt ist. **Sinn dieser Regelung** ist, daß bei einer gesetzlichen Regelung ein billiger Interessenausgleich für die Dienstkräfte bereits herbeigeführt worden ist, das gleiche gilt bei bestehenden tariflichen Bestimmungen, bei diesen kommt hinzu, daß der Vorrang des Tarifvertrages gesichert werden soll, die Personalräte sollen keine Konkurrenzinstitutionen für die Tarifvertragsparteien sein.

17

Gesetz

Gesetz i. S. dieser Vorschrift ist **jede materielle gesetzliche Regelung,** die zwingende Rechtsnormen enthält, so daß auch **Rechtsverordnungen** unter den Gesetzesbegriff fallen *(Fischer/Goeres, BPersVG, § 75 Rn. 71; Lorenzen u. a., BPersVG, § 75 Rn. 109 a; OVG Hamburg vom 16. 6. 1981, PersV 1985, 33).* Zweifelhaft ist, ob hierunter auch das sog. gesetzesvertretende **Richterrecht** fällt *(dafür Dietz/Richardi, BPersVG, § 75 Rn. 176; a. A. Fitting u. a., BetrVG, § 87 Rn. 29; Däubler u. a., BetrVG, § 87 Rn. 26).* Zwar wird die Auffassung vertreten, daß Richterrecht im System der Rechtsordnung lediglich Rechtserkenntnisquelle und keine Rechtsquelle selbst sei. Gerade hieraus kann jedoch noch nicht die Gleichstellung des Richterrechts mit dem Gesetzesrecht i. S. des § 85 gefolgert

18

§ 85

werden. Ist es nämlich lediglich Rechtserkenntnisquelle, so hat es einen anderen qualitativen Gehalt als die Rechtsquelle, die das Gesetz im materiellen Sinne darstellt. Gegen eine Gleichstellung des Richterrechts mit dem Gesetzesrecht würde im übrigen auch sprechen, daß materielles Gesetzesrecht in ganz anderer Weise offenkundig gemacht wird, als dies bei Richterrecht der Fall ist; für die Wirksamkeit des Gesetzesrechts ist immer die Veröffentlichung in einschlägigen Organen notwendig, dies gilt nicht für das Richterrecht. Hinzu kommt, daß das Richterrecht auch in anderer Weise als das Gesetzesrecht verändert werden kann. Darüber hinaus ist für den Rechtsunterworfenen auch nicht immer klar erkennbar, was als gesetzesvertretendes Richterrecht und was lediglich als Rechtsanwendung von den Gerichten angesehen wird. Gesetz i. S. der Vorschrift des § 85 kann daher nicht das gesetzesvertretende Richterrecht sein.

19 Eine gesetzliche Regelung schließt nur dann das Mitbestimmungsrecht aus, wenn es sich um eine **zwingende Vorschrift** handelt. Dem Charakter einer zwingenden Vorschrift steht nicht entgegen, daß die Regelung unbestimmte Rechtsbegriffe enthält *(vgl. Fischer/Goeres, BPersVG, § 75 Rn. 71).*

20 Enthält die gesetzliche Bestimmung einen **Ermessensspielraum,** innerhalb dessen der Dienststellenleiter eine Entscheidung treffen kann, bleibt das Mitbestimmungsrecht grundsätzlich erhalten. Dieses ist erst dann ausgeschlossen, wenn durch richterliche Gesetzesinterpretation praktisch ein Entscheidungsspielraum des Dienststellenleiters nicht mehr möglich ist. In diesem Fall hat eine Ermessensreduzierung stattgefunden, die einen Spielraum für den Dienststellenleiter nicht mehr offenläßt.

21 Gegenüber **nachgiebigen Gesetzesvorschriften** bleibt das Mitbestimmungsrecht bestehen. Das gilt nicht, wenn die Nachgiebigkeit nur für eine tarifliche Regelung vorgesehen ist *(z. B. § 7 ArbZG; § 13 BUrlG; § 622 Abs. 4 BGB; § 4 Abs. 4 EntgeltfortzahlungsG; vgl. dazu auch Herschel, DB 1971, 2116).* In diesen Fällen ist die Nachgiebigkeit des Gesetzes nur für die Tarifvertragsparteien geschaffen.

22 Das Mitbestimmungsrecht ist nur insoweit ausgeschlossen, als das Gesetz eine Regelung trifft. Enthält eine Vorschrift eine **Lücke,** so kann im Bereich des nicht geregelten Teils das Mitbestimmungsrecht ausgeübt und damit die Lücke geschlossen werden. Dabei kommt es nicht darauf an, ob es sich um eine offene oder verdeckte Regelungslücke oder um eine gewollte oder ungewollte Regelungslücke handelt.

23 Keine Gesetze i. S. des § 85 sind **Regelungen ohne Rechtssatzcharakter,** wie sie z. B. bei **Verwaltungsvorschriften, Richtlinien** und ähnlichen Bestimmungen gegeben sind. Sie würden daher grundsätzlich das Bestehen eines Mitbestimmungsrechtes nicht ausschließen können. Zu berücksichtigen ist aber, daß ein Mitbestimmungsrecht für den Personalrat in der einzelnen Dienststelle nur insoweit bestehen kann, als auch dem Dienststellenleiter ein Entscheidungsspielraum zusteht. Sind dem Dienststellenleiter durch Verwaltungsvorschriften oder Richtlinien übergeordneter Dienststellen die Entscheidungsmöglichkeiten aus der Hand genommen, kann ein Mitbestimmungsrecht für den Personalrat in der einzelnen Dienststelle nicht mehr bestehen. Allerdings besteht dann ein Mitbestimmungsrecht entweder für den Personalrat bei der übergerordneten Dienststelle, die die entsprechenden Verwaltungsvorschriften oder Richtlinien erläßt, oder, soweit mehrere Dienststellen betroffen werden, für den Gesamtpersonalrat bzw. den Hauptpersonalrat, § 54 bzw. § 59. Hier tritt also kein

Ausschluß des Mitbestimmungsrechts, sondern lediglich dessen Verlagerung auf eine andere Personalvertretung ein. Um eine Regelung ohne Rechtsnormcharakter handelt es sich auch bei den Richtlinien, die aufgrund einer satzungsmäßigen Verpflichtung des Arbeitgebers von der Dienststelle übernommen werden müssen. Hierbei handelt es sich beispielsweise um Richtlinien, die eine Tarifvertragspartei erläßt. Die satzungsmäßige Verpflichtung zur Übernahme derartiger Richtlinien ist keine »Regelung durch Rechtsvorschrift«, da es sich nicht um autonomes Satzungsrecht einer öffentlich-rechtlichen Körperschaft handelt *(BVerwG vom 6. 2. 1987 – 6 P 8.84)*.

Werden die Richtlinien, Verwaltungsvorschriften etc. **von der übergeordneten Dienstbehörde** auf Grund ihrer allgemeinen Zuständigkeit und nicht im Rahmen ihrer Dienststellenfunktion oder ihrer Stellung als Stufenvertretung erlassen, scheidet allerdings eine Beteiligung der dort gebildeten Personal- bzw. Stufenvertretung aus. Soweit nach diesen Rechtsvorschriften der Dienststellenleiter keine Entscheidungsspielräume hat, würde damit auch das Mitbestimmungsrecht entfallen. Es wäre praktisch reduziert auf eine Richtigkeitskontrolle der Rechtsanwendung *(vgl. dazu auch Lorenzen u. a., BPersVG, § 75 Rn. 109b; ferner BVerwG vom 13. 2. 1976, E 50, 186, die eine teilweise modifizierte Auffassung vertreten)*. In jedem Falle bleibt das Mitbestimmungsrecht bestehen, wenn Verwaltungsakte und Anordnungen auf Grund gesetzlicher Bestimmungen und Ermächtigungen des öffentlichen Rechts für den Dienststellenleiter noch mehrere Möglichkeiten der Entscheidungen offenlassen, z. B. hinsichtlich der Form, der Durchführung oder der Art der Maßnahme. Dies gilt selbst dann, wenn die Entscheidung genehmigungsbedürftig ist.

24

Tarifvertrag

Eine im **grundsätzlichen vergleichbare Einschränkung** besteht bei tariflichen Regelungen. Im Gegensatz zu der Bestimmung in § 75 kommt es hier nicht darauf an, ob die Angelegenheit üblicherweise in Tarifverträgen geregelt wird, sondern darauf, daß sie tatsächlich geregelt worden ist. Eine tarifliche Regelung ist nur dann von Bedeutung, wenn sie für die Dienststelle sowohl nach dem fachlichen als auch nach dem persönlichen Geltungsbereich einschlägig ist.

25

Grundsätzlich kann die Geltung eines Tarifvertrages nur dann angenommen werden, wenn eine **Tarifbindung** i. S. der §§ 3 Abs. 1, 4 Abs. 1 Satz 1 TVG besteht. Dies würde im allgemeinen erfordern, daß die Dienststelle bzw. das Land Berlin oder die betreffende Körperschaft tarifgebunden sein müßte *(Fitting u. a., BetrVG, § 87 Rn. 42; a. A. Dietz/Richardi, BPersVG, § 75 Rn. 184, jeweils m. w. N.)*. Für den Bereich des PersVG Bln ist zu berücksichtigen, daß allgemein von dem Arbeitgeber die einschlägigen tariflichen Bestimmungen des öffentlichen Dienstes auch auf nichttarifgebundene Arbeitnehmer angewendet werden. Der Sinn des Tarifvorbehaltes, eine Konkurrenz zwischen Tarifvertrag und Dienstvereinbarung zu verhindern und möglichst einheitliche Arbeitsbedingungen innerhalb der Dienststellen zu gewährleisten, wird daher nur erreicht, wenn man allein darauf abstellt, ob der Arbeitgeber tarifgebunden ist. Nicht erforderlich ist daher im Bereich des PersVG Bln, ob auch ein Arbeitnehmer in der Dienststelle der Tarifbindung unterliegt.

26

Die gem. § 4 Abs. 5 TVG eingetretene **Nachwirkung eines abgelaufenen Tarifvertrages** steht bis zum Abschluß eines neuen Tarifvertrages dem Mitbestimmungsrecht nach § 85 nicht entgegen *(vgl. BAG vom 3. 4. 1979, AP Nr. 2 zu § 87*

27

§ 85

BetrVG; Lorenzen u.a., BPersVG, § 75 Rn. 110b; a.A. Fischer/Goeres, BPersVG, § 75 Rn. 71). Dies folgt auch aus dem unterschiedlichen Wortlaut in § 75 und § 85. Wollte man auch bei nur nachwirkenden Tarifverträgen im Rahmen des § 85 einen Ausschluß der Mitbestimmungsrechte annehmen, wäre die andersgeartete Regelung in § 75 nicht notwendig, weil allgemein davon ausgegangen werden kann, daß kraft Nachwirkung geltende Tarifverträge Regelungen enthalten, die »üblicherweise in Tarifverträgen geregelt werden«.

28 Zu beachten ist aber, daß der Abschluß von Dienstvereinbarungen auch in diesem Falle im Rahmen der Einschränkungen des § 75 ausgeschlossen sein kann *(vgl. oben § 75 Rn. 12ff.).*

29 Das **Mitbestimmungsrecht** wird auch hier **nur insoweit ausgeschlossen, als** eine **tarifliche Regelung gilt.** Es kommt daher darauf an, ob eine abschließende Regelung besteht oder aber der Tarifvertrag lückenhaft ist *(vgl. BAG vom 24. 2. 1987, AP Nr. 21 zu § 77 BetrVG 1972; vom 30. 1. 1990, AP Nr. 78 zu § 99 BetrVG 1972; Lorenzen u.a., BPersVG, § 75 Rn. 110).* Der Tarifvorbehalt greift danach nur ein, wenn sich aus der Auslegung des Tarifvertrages selbst ergibt, daß die tarifvertragliche Regelung einigermaßen vollständig und offenbar als endgültige Regelung gewollt war. Das bedeutet gleichzeitig, daß ein Tarifvertrag nur dann ein Mitbestimmungsrecht ausschließen kann, wenn und soweit er selbst eine Sachentscheidung getroffen hat.

30 **Entscheidend** sind hierbei aber auch **objektive Kriterien.** Ein Wille der Tarifvertragsparteien, der im Wortlaut des Tarifvertrages keinen Niederschlag gefunden hat, kann in der Regel nicht berücksichtigt werden. Ist der Tarifvertrag einer Ergänzung bedürftig und läßt er auch eine Ergänzung zu, weil beispielsweise die getroffene Regelung lückenhaft ist, kann im Rahmen des dann für den Arbeitgeber bestehenden Entscheidungsspielraums auch ein Mitbestimmungsrecht des Personalrats bestehen *(BAG vom 5. 3. 1974, AP Nr. 1 zu § 87 BetrVG 1972 Kurzarbeit; vom 3. 4. 1979, AP Nr. 2 zu § 87 BetrVG 1972; vom 22. 1. 1980, 3. 8. 1982, 8. 3. 1983, AP Nrn. 3, 12, 14 zu § 87 BetrVG 1972 Lohngestaltung; vom 4. 8. 1981, vom 17. 12. 1981, AP Nrn. 1, 5 zu § 87 BetrVG 1972 Tarifvorrang).* Hat der Arbeitgeber nur noch eine Tarifnorm zu erfüllen, bleibt das Mitbestimmungsrecht ausgeschlossen.

31 Durch Tarifvertrag kann ausdrücklich der Abschluß einer ergänzenden Dienstvereinbarung vorgesehen werden, z.B. wenn der Tarifvertrag nur **Rahmenregelungen** enthält, die der Ausfüllung durch eine Dienstvereinbarung bedürfen.

32 Soweit tarifvertragliche Regelungen nach früherem Recht dem Arbeitgeber ein einseitiges Bestimmungsrecht zuwiesen, sind sie nach dem Inkrafttreten des PersVG Bln gegenstandslos geworden *(vgl. BAG vom 5. 3. 1974, AP Nr. 1 zu § 87 BetrVG 1972 Kurzarbeit).*

33 Betrifft eine Angelegenheit nur die **Beamten,** besteht aber für die Arbeitnehmer eine tarifvertragliche Regelung, ist das Mitbestimmungsrecht des Personalrats nicht ausgeschlossen. Der Ausschluß der Mitbestimmungsrechte durch Tarifbindung kann nur so weit reichen, als auch eine Tarifbindung denkbar wäre. Für die Beamten können tarifliche Regelungen keine Anwendung finden, so daß der Tarifvorbehalt in § 85 für sie auch ohne Bedeutung ist. Der Personalrat kann daher selbst bei Bestehen einer tariflichen Regelung für den Bereich der beamteten Dienstkräfte Mitbestimmungsrechte geltend machen. Für diese stellt letztlich nur der Gesetzesvorbehalt einen Ausschluß der Mitbestimmungsrechte dar.

Gegenstände der Mitbestimmung (Abs. 1)
Tägliche Arbeitszeit (Nr. 1)

Nach Nr. 1 bestimmt die Personalvertretung mit bei der Festlegung von Beginn und Ende der täglichen Arbeitszeit und der Arbeitspausen sowie der Verteilung der Arbeitszeit auf die einzelnen Wochentage. Der Personalvertretung obliegt insoweit ein **kollektiver Schutzauftrag,** sie hat darauf zu achten, daß der Schutz der Dienstkräfte mit den Aufgaben der Dienststelle möglichst in Einklang gebracht wird *(vgl. BVerwG vom 20. 1. 1993, PersV 1994, 215).* Dieser kollektive Schutzauftrag schließt es aus, daß das Mitbestimmungsrecht dann besteht, wenn nur die Arbeitszeit einer einzelnen Dienstkraft verlegt oder festgelegt werden soll. Die Arbeitszeitregelung muß abstrakt generell erfolgen. 34

Gerade auf dem Gebiet der Arbeitszeit ist die **Bindung durch gesetzliche oder tarifliche Regelungen** besonders stark. Die Dauer der regelmäßigen Arbeitszeit ist für Beamte in § 35 LBG und in der Verordnung über die Arbeitszeit der Beamten *(ArbZtVO)* geregelt. Darüber hinaus sind die besonderen Regelungen in der Verordnung über Ausnahmen von Vorschriften des JArbSchG für jugendliche Polizeivollzugsbeamte sowie in der Verordnung über den Mutterschutz für Beamtinnen zu beachten. 35

Bei Angestellten und Arbeitern sind die Arbeitszeitregelungen in den jeweils einschlägigen Tarifverträgen wie zum Beispiel §§ 15 ff. BAT bzw. BAT-O, §§ 15 ff. MTL II sowie §§ 14 ff. BMT-G II zu beachten. Darüber hinaus gelten hier die Regelungen des öffentlich-rechtlichen Arbeitszeitrechts, das insbesondere in den Bestimmungen des Arbeitszeitgesetzes *(ArbZG),* des Jugendarbeitsschutzgesetzes *(JArbSchG)* und des Mutterschutzgesetzes *(MuSchG)* festgelegt ist. Dort sind auch bestimmte Pausenregelungen vorgesehen, vgl. zum Beispiel § 4 ArbZG sowie § 11 JArbSchG. 36

Soweit gesetzliche oder tarifliche Regelungen bestehen, scheidet ein Mitbestimmungsrecht und eine Vereinbarungsbefugnis zwischen Personalvertretung und Dienststelle wegen des zwingenden Charakters dieser Regelungen im Hinblick auf den Gesetzes- und Tarifvorbehalt in § 85 Abs. 1 Einleitungssatz aus. 37

Nach dem Wortlaut des Gesetzes erstreckt sich das Mitbestimmungsrecht zunächst nur auf die Festlegung von **Beginn und Ende der täglichen Arbeitszeit,** auf **Beginn und Ende der Pausen** und auf die **Verteilung der Arbeitszeit auf die einzelnen Wochentage.** Daraus folgt, daß die Dauer der täglichen Arbeitszeit zumindest nicht unmittelbar dem Mitbestimmungsrecht des Personalrats unterliegt. Mittelbar wird aber auch automatisch die Dauer der täglichen Arbeitszeit erfaßt. Beides ist untrennbar miteinander verbunden, die Länge der täglichen Arbeitszeit wird durch den Beginn und das Ende letztlich festgelegt *(Dietz/Richardi, BPersVG, § 75 Rn. 226; Lorenzen u.a., BPersVG, § 75 Rn. 115b; Fitting u.a., BetrVG, § 87 Rn. 104; zur wöchentlichen Arbeitszeit unten Rn. 41).* Nur so wird auch das Mitbestimmungsrecht bei der Verteilung der Arbeitszeit auf die einzelnen Wochentage sinnvoll. Dieses Mitbestimmungsrecht würde leer laufen, wenn dem Personalrat nicht auch ein Mitbestimmungsrecht hinsichtlich der Dauer der täglichen Arbeitszeit eingeräumt worden wäre. Weiterhin spricht auch die Regelung des § 85 Abs. 1 Nr. 2 dafür, daß auch die Dauer der täglichen Arbeitszeit dem Mitbestimmungsrecht des Personalrats unterliegen muß, denn auch die Anordnung von Mehrarbeit und Überstunden beeinflußt die Dauer der täglichen Arbeitszeit. 38

§ 85

39 Bedeutung hat das Mitbestimmungsrecht hinsichtlich der Dauer der täglichen Arbeitszeit insbesondere für **Teilzeitkräfte** *(zum neuen Teilzeit- und Befristungsgesetz vom 21. 12. 2000, BGBl. I 1966 s. Rzadkowski/Renners, PersR 2001, 51).* Hier sind in der Regel keine Vorgaben in Tarifverträgen *(vgl. §§ 15b, 34 BAT)* oder Gesetzen *(vgl. §§ 6ff. TzBfG)* gegeben. Dem Mitbestimmungsrecht ist hier nur die Dauer der wöchentlichen Arbeitszeit entzogen. Wie diese vorgegebene wöchentliche Arbeitszeit auf die einzelnen Wochentage zu verteilen ist, kann der Personalrat mitbestimmen. Mitbestimmungspflichtig ist damit auch die Bestimmung arbeitsfreier Tage, ob an einem Tag ununterbrochen oder in mehreren Schichten gearbeitet wird und welche Mindestdauer der täglichen Arbeitszeit einzuhalten ist *(vgl. BAG vom 13. 10. 1987, 28. 9. 1988, 16. 7. 1991, AP Nrn. 24, 29, 44 zu § 87 BetrVG 1982 Arbeitszeit).* Mitbestimmungspflichtig ist auch, ob Teilzeitbeschäftigte zu festen Zeiten oder nach Bedarf eingesetzt werden sollen *(zur Arbeit auf Abruf vgl. § 12 TzBfG; zur Mitbestimmung bei Arbeitsplatzteilung vgl. § 79 Rn. 33).*

40 Mitbestimmungspflichtig ist ferner die Einführung und nähere Ausgestaltung der **gleitenden Arbeitszeit** *(Lorenzen u.a., BPersVG, § 75 Rn. 118; Fitting u.a., BetrVG, § 87 Rn. 115; BAG vom 18. 4. 1989, AP Nr. 33 zu § 87 BetrVG 1972 Arbeitszeit; a. A. aber Fischer/Goeres, BPersVG, § 75 Rn. 77, nach denen die Frage der Einführung der gleitenden Arbeitszeit selbst nicht dem Mitbestimmungsrecht unterliegen soll, sondern nur die Festlegung von deren Modalitäten).* Durch Dienstvereinbarungen können Kernarbeitszeit und Gleitzeit (Gleitspannen) festgelegt werden. Ferner ist mitbestimmungspflichtig die Festlegung der Rahmenbedingungen, wie beispielsweise das Verfahren zum Ausgleich von Zeitguthaben und -rückständen, Verfallklauseln, Kontrollbestimmungen, Verhältnis zu Überstunden etc. Zu beachten ist bei der Festlegung der Bedingungen der gleitenden Arbeitszeit, das Teilzeitkräfte nicht generell von der Teilnahme an diesem Verfahren ausgeschlossen werden dürfen. Hierin könnte unter Umständen eine Verletzung des Gleichbehandlungsgrundsatzes liegen, da mehr Frauen als Männer teilzeitbeschäftigt sind. Eine Herausnahme aus dem Geltungsbereich einer Gleitzeitvereinbarung dürfte nur dann zulässig sein, wenn hierfür sachliche Gründe, insbesondere dienstliche, vorhanden sind.

41 Umstritten ist, ob auch die **Dauer der wöchentlichen Arbeitszeit** dem Mitbestimmungsrecht des Personalrats unterliegen kann *(ablehnend BVerwG vom 5. 2. 1971, E 37, 173, 174; vom 21. 7. 1982, ZBR 1983, 162; BAG vom 26. 6. 1985, AP Nr. 2 zu § 87 BetrVG 1972; vom 27. 1. 1998, AP Nr. 14 zu § 87 BetrVG 1972 Sozialeinrichtung; Fischer/Goeres, BPersVG, § 75 Rn. 74; Lorenzen u.a., BPersVG, § 75 Rn. 115; bejahend Däubler u.a., BetrVG, § 87 Rn. 73).* Die Frage wird im Regelfall nur selten von praktischer Bedeutung sein, da die Dauer der wöchentlichen Arbeitszeit für die Beamten in § 35 LBG und für die Arbeitnehmer im Arbeitsvertrag bzw. in den einschlägigen Tarifverträgen vorgegeben ist. Ferner enthalten insoweit die öffentlich-rechtlichen Vorschriften des Arbeitszeitrechts Einschränkungen. Meist wird daher das Mitbestimmungsrecht des Personalrats an dem Gesetzes- bzw. Tarifvorbehalt in § 85 Abs. 1 Einleitungssatz scheitern. Sieht man hiervon jedoch ab, so wird auch die Dauer der wöchentlichen Arbeitszeit dem Mitbestimmungsrecht des Personalrats unterliegen können, da auch diese durch die Dauer der täglichen Arbeitszeit letztlich beeinflußt wird. Auch wird die Dauer der wöchentlichen Arbeitszeit durch die Anordnung von Mehrarbeit oder Überstunden beeinflußt. Allerdings fehlt bei Einführung der gleitenden Arbeitszeit ein kollektiver Bezug zur Wochenarbeitszeit.

§ 85

42 Das Mitbestimmungsrecht hinsichtlich der **Pausenregelung** erstreckt sich sowohl auf die Lage der Pausen als auch auf deren Länge. Die Pausen i. S. der Nr. 1 rechnen nicht zur Arbeitszeit und sind, soweit keine gesetzliche, tarifliche oder arbeitsvertragliche Bestimmung besteht, nicht zu vergüten. Keine Pausen i. S. dieser Regelung sind die **Erholungszeiten,** die beispielsweise bei Akkordansätzen enthalten sind, ferner nicht diejenigen **Ruhezeiten,** die bei Ausübung bestimmter Arbeiten als bezahlte Zeiten gewährt werden (z. B. Arbeiten unter besonders erschwerten Bedingungen, besonders belastende Arbeiten usw.).

43 Die in **Gesetz oder Tarifvertrag festgelegten Pausenregelungen** sind zu beachten, dies gilt insbesondere für die öffentlich-rechtlichen Pausenregelungen, wie sie beispielsweise im Arbeitszeitgesetz, im JArbSchG sowie in den Vorschriften der Arbeitszeitordnung und der Verordnung über den Arbeitsschutz für jugendliche Beamte und der Verordnung über den Mutterschutz für Beamtinnen vorgesehen sind.

44 Da sich das Mitbestimmungsrecht auch auf die **Verteilung der Arbeitszeit auf die einzelnen Wochentage** bezieht, bestimmt der Personalrat auch mit bei der **Einführung dienstfreier Tage,** wie z. B. des dienstfreien Sonnabends. Auch die Veränderung der Arbeitszeit durch Verlegung auf einen anderen Tag unterliegt dem Mitbestimmungsrecht, wenn es sich um eine generelle Maßnahme handelt. Soll in einer Dienststelle für besondere Tage vorgearbeitet werden (z. B. 24. Dezember und 31. Dezember), dann würde dies nur unter Wahrung des Mitbestimmungsrechtes des Personalrates möglich sein.

45 Zweifelhaft ist, ob auch über die Mitbestimmung bei der Festlegung der täglichen Arbeitszeit die **Öffnungszeiten der Dienststelle** zumindest mittelbar beeinflußt werden können. Für den Bereich des Betriebsverfassungsgesetzes hat das Bundesarbeitsgericht entschieden, daß das volle Mitbestimmungsrecht auch dann bestehe, wenn die zeitliche Lage der Arbeitszeit mittelbar die Ladenöffnungszeit in Geschäften beeinflusse, insoweit sei die unternehmerische Entscheidungsfreiheit eingeschränkt (*BAG vom 31. 8. 1982, 13. 10. 1987, AP Nr. 8, 24 zu § 87 BetrVG 1972 Arbeitszeit; BVerfG vom 18. 12. 1985, AP Nr. 15 zu § 87 BetrVG 1972 Arbeitszeit*). Für den Bereich des PersVG Bln kann jedoch nicht angenommen werden, daß dem Personalrat über das Mitbestimmungsrecht bei der Arbeitszeitregelung auch die Möglichkeit eröffnet werden sollte, die Öffnungszeiten der Dienststelle zu beeinflussen. Es gehört zu den öffentlich-rechtlichen Aufgaben des Dienstherrn, die Öffnungszeiten der Dienststellen festzulegen. Insoweit trägt er auch die parlamentarische Verantwortung. Soweit hoheitliche Verwaltung ausgeübt wird, gehört dies auch zu den hoheitlichen Aufgaben. Diese sind grundsätzlich der Mitbestimmung durch den Personalrat entzogen. Werden daher Öffnungszeiten der Dienststelle festgelegt, so muß das bei der Festlegung der täglichen Arbeitszeit berücksichtigt werden.

46 Ein Mitbestimmungsrecht besteht weiterhin bei der Festlegung von **Dienstplänen,** mit diesen werden nämlich ebenfalls Beginn und Ende der täglichen Arbeitszeit und der Pausen festgelegt (*vgl. dazu auch BVerwG vom 16. 12. 1960, E 11, 303; BAG vom 4. 6. 1969, AP Nr. 1 zu § 16 BMT-G II*). Demgegenüber soll die Anordnung der **Rufbereitschaft** nach Auffassung des BVerwG (*BVerwG vom 26. 4. 1988, PersR 1988, 186; vom 1. 6. 1987, PersV 1989, 255*) nicht dem Mitbestimmungsrecht unterliegen, da in der Anordnung noch keine Arbeitsaufnahme zu sehen sei, damit sei auch nicht der Beginn der Arbeitszeit gegeben. Mit dieser Auffassung wird aber nicht berücksichtigt, daß durch die Anordnung der Rufbereitschaft erheblich in die Freizeitgestal-

§ 85

tung der Dienstkraft eingegriffen wird *(vgl. dazu BAG vom 21. 12. 1982, AP Nr. 9 zu § 87 BetrVG 1972 Arbeitszeit; Lorenzen u.a., BPersVG, § 75 Rn. 116b; VGH Mannheim vom 19. 5. 1987, PersR 1988, 84).* Selbst wenn man den Einsatz neuer Technologien (z. B. Mobilfunktelefon, Handy etc.) berücksichtigt, bedeutet doch die Rufbereitschaft, daß man immer arbeitsbereit und erreichbar sein muß *(zur Rufbereitschaft per Handy s. BAG v. 29. 6. 2000, NZA 2001, 165).* Dieser Eingriff in die Persönlichkeitssphäre der Dienstkräfte erfordert, daß ein Mitbestimmungsrecht des Personalrats besteht. Zumindest hat die Personalvertretung bei der Einteilung von Dienstkräften zur Rufbereitschaft mitzubestimmen *(BAG vom 23. 1. 2001, DB 2001, 1371).*

47 Dem Mitbestimmungsrecht unterliegt auch die Einführung des **Schichtbetriebes** bzw. der Lage der Schichtzeiten in der Dienststelle oder dem Betrieb, und zwar auch dann, wenn nur eine Schicht ausfällt. Das Mitbestimmungsrecht erstreckt sich dabei sowohl auf die Frage, ob Schichtarbeit eingeführt werden soll, als auch darauf, wie die Schichten zu legen sind *(BVerwG vom 15. 2. 1988, PersV 1988, 437).*

48 Ein Mitbestimmungsrecht des Personalrats besteht ferner bei der **Zuweisung** solcher **Dienstverrichtungen,** für die die Anordnung gilt, daß sie so lange auszuführen sind, bis der tägliche Arbeitsanfall aufgearbeitet ist. Bei derartigen Anweisungen ist nämlich Beginn und Ende der täglichen Arbeitszeit vom Eintritt einer bestimmten Bedingung, nämlich der Erledigung der angefallenen Arbeit, abhängig, die Anordnung beeinflußt damit direkt die tägliche Arbeitszeit der betroffenen Dienstkräfte. Dies gilt aber nur dann, wenn durch die Arbeitszuteilung tatsächlich auch bezweckt wird, daß die täglich zu leistende Arbeitszeit beeinflußt werden soll. Wird lediglich eine Arbeit zugeteilt, ohne daß dies mit der Anweisung verbunden wäre, daß die Arbeit ohne Rücksicht auf die festgelegte Arbeitszeit zu erledigen sei, besteht kein Mitbestimmungsrecht.

49 Kein Mitbestimmungsrecht des Personalrates besteht bei der Festlegung von **Gesamtstundenplänen und Lehrerstundenplänen.** Die wöchentliche Arbeitszeit der Lehrer stimmt mit der der anderen Beamten und Angestellten überein. Sie ist nur insoweit anders geartet, als der Lehrer einen Teil der Gesamtarbeitszeit Unterricht zu erteilen und in dem anderen Teil der Gesamtarbeitszeit Vor- und Nacharbeiten auszuführen hat. Hierbei besagt der Lehrerstundenplan nichts darüber, wann die dem Lehrer zur freien Verfügung überlassene Arbeitszeit beginnt oder endet. Die Lehrerstundenpläne beeinflussen zwar die nicht in der Selbstverantwortung des Lehrers liegende zeitlich gebundene Arbeitszeit hinsichtlich ihres täglichen Anteils an der Gesamtarbeitszeit, bestimmen aber letztlich nicht den Anfangs- oder Endzeitpunkt der Arbeitszeit des Lehrers *(BVerwG vom 23. 12. 1982, PersV 1983, 413f. = ZBR 1983, 132f.; vom 7. 3. 1983, ZBR 1983, 306).* Hinzu kommt, daß der Lehrerstundenplan keine generelle Regelung enthält, sondern nur ein Bündel von individuellen Festsetzungen darstellt *(BVerwG a.a.O.).*

50 Nicht dem Mitbestimmungsrecht des Personalrats unterliegt auch die **Einführung eines unterrichtsfreien Tages an den Schulen** *(BVerwG vom 7. 3. 1983, PersV 1984, 241).* Zwar wird auch hierdurch die Verteilung der zeitlich gebundenen Arbeitszeit der Lehrer auf die Wochentage beeinflußt. Daneben bleibt aber der zeitlich nicht gebundene Teil der Gesamtarbeitszeit, der von dem Lehrer anderweitig geleistet werden kann. Ihm steht es frei, wann er seine restliche zeitliche Arbeitsverpflichtung erfüllt, dies kann auch an dem unterrichtsfreien Tag sein.

Mehrarbeit und Überstunden (Nr. 2)

Das Gesetz stellt in Nr. 2 klar, daß auch die Anordnung von Mehrarbeit und Überstunden dem Mitbestimmungsrecht des Personalrats unterliegt. Es handelt sich hierbei um einen Unterfall der Nr. 1, da durch die Anordnung von Mehrarbeit und Überstunden auch Beginn bzw. Ende der täglichen Arbeitszeit unmittelbar betroffen werden. Eine entsprechende ausdrückliche Regelung in § 75 Abs. 3 BPersVG ist nicht enthalten. **51**

Mehrarbeit ist die Überschreitung der regelmäßigen gesetzlichen Höchstarbeitszeit, z. B. § 35 LBG, § 15 AZO. Unter **Überstunden** wird diejenige Arbeit verstanden, die über die regelmäßige tarifliche Arbeitszeit hinaus geleistet wird. **52**

Das Mitbestimmungsrecht des Personalrats besteht nach dem Wortlaut des Gesetzes auch hinsichtlich der Frage, ob Mehrarbeit bzw. Überstunden angeordnet werden sollen (*a. A. insoweit für den Bereich des BPersVG, das insoweit aber eine andere Regelung enthält, BVerwG vom 20. 7. 1984, E 70, 1; HessVGH vom 27. 11. 1985, ZBR 1987, 27; Schwerdtfeger, ZBR 1977, 176*). Zwar ist die **Frage, ob Mehrarbeit bzw. Überstunden** zu leisten sind, für die Beamten in § 35 Abs. 2 LBG sowie für die Angestellten in § 17 BAT *bzw.* BAT-O und für die Arbeiter in vergleichbaren tariflichen Bestimmungen festgelegt. Dies betrifft jedoch lediglich die individualrechtliche Verpflichtung der einzelnen Dienstkraft, Mehrarbeit bzw. Überstunden zu leisten, nicht jedoch die kollektivrechtliche Frage, ob die Interessen der Dienstkräfte der Dienststelle in ihrer Gesamtheit beeinträchtigt werden können. Im übrigen hat der Personalrat auch hier im Rahmen seines Mitbestimmungsrechtes zu überprüfen, ob die gesetzlichen bzw. tariflichen Voraussetzungen für die Anordnung der Mehrarbeit bzw. der Überstunden vorliegen oder nicht. Allerdings kann das Mitbestimmungsrecht dadurch entscheidend begrenzt sein, daß dienstliche Aufgaben die Anordnung erfordern. **53**

Daneben unterliegt dem Mitbestimmungsrecht des Personalrats die **formelle Frage, wie die Überstunden** bzw. **Mehrarbeitsstunden** auf die Wochentage zu verteilen sind. Gegebenenfalls besteht ein Mitbestimmungsrecht auch insoweit, als die Anordnung von Mehrarbeit bzw. Überstunden durch Freizeit ausgeglichen werden soll. **54**

Bei der Verlängerung der Arbeitszeit durch Mehrarbeit bzw. Überstunden sind die gesetzlichen bzw. tariflichen Höchstgrenzen zu beachten. Soweit dort zwingende Vorschriften bestehen, ist für eine Dienstvereinbarung gem. § 85 Abs. 1 Einleitungssatz kein Raum. **55**

Kein Mitbestimmungsrecht hat der Personalrat, wenn der Dienststellenleiter die **übliche Arbeitszeit wiederherstellen** will, und zwar auch dann nicht, wenn dies vorfristig, d.h. vor dem in einer Dienstvereinbarung vorgesehenen Zeitpunkt, erfolgen soll. Das Mitbestimmungsrecht des Personalrats besteht nämlich nach § 85 Abs. 1 Nr. 2 nur bei der Anordnung von Mehrarbeit und Überstunden, nicht jedoch bei deren Abbau (*BVerwG vom 6. 10. 1992, PersV 1993, 328; OVG Münster vom 5. 2. 1998, PersV 1998, 550; vgl. dazu auch BAG vom 25. 2. 1997, ZTR 1997, 574*). **56**

Das Mitbestimmungsrecht scheidet aus, wenn die **Anordnung von Mehrarbeit** bzw. von **Überstunden nur für eine oder mehrere einzelne Dienstkräfte** erfolgt (*vgl. dazu OVG Berlin vom 8. 6. 1999, PersR 2000, 247; Fitting u.a., BetrVG, § 87 Rn. 131*). Ist die Anordnung von Mehrarbeit bzw. von Überstunden aber **57**

§ 85

regelmäßig erforderlich, dann kann auch in diesem Falle ein Mitbestimmungsrecht bestehen *(vgl. BAG vom 18.11.1980, 21.12.1982, AP Nrn. 3, 9 zu § 87 BetrVG 1972).* Ist beispielsweise ein Computer störanfällig und erfordert dies regelmäßig für die mit dem Computer arbeitenden Dienstkräfte, daß die Störzeiten durch Mehrarbeit bzw. Überstunden ausgeglichen werden müssen, so kann dies durch die Regelmäßigkeit der Wiederholung des Bedarfs einen kollektiven Charakter bekommen, die Anordnung der Mehrarbeit bzw. der Überstunden ist dann nicht auf die individuelle Dienstkraft bezogen, sondern entscheidend ist die Ursache, nämlich die Störanfälligkeit des technischen Geräts *(vgl. dazu auch weiter BAG vom 2. 3. 1982, 8. 6. 1982, AP Nrn. 6, 7 zu § 87 BetrVG 1972 Arbeitszeit).*

Ausschluß des Mitbestimmungsrechts

58 Das Mitbestimmungsrecht nach Nr. 2 ist bei **unvorhergesehener dienstlicher Notwendigkeit** nach § 85 Abs. 1 Satz 2 im Geschäftsbereich des Landesamtes für Verfassungsschutz, der Polizeibehörde, der Feuerwehr und der Berliner Stadtreinigungs-Betriebe sowie in Krankenanstalten, Kindertagesstätten, Kinderheimen, Altenheimen ausgeschlossen. Bei Lehrern kann zur Vermeidung eines Unterrichtsausfalles in begrenztem Umfange Mehrarbeit oder Überstunden angeordnet werden, ohne daß ein Mitbestimmungsrecht besteht. In allen Fällen ist die Personalvertretung unverzüglich von der Anordnung zu unterrichten.

Auszahlung der Bezüge und Arbeitsentgelte (Nr. 3)

59 Nach § 85 Abs. 1 Nr. 3 hat die Personalvertretung mitzubestimmen bei der generellen Regelung von Zeit, Ort und Art der Auszahlung der Bezüge und Arbeitsentgelte. Das Mitbestimmungsrecht nach dieser Vorschrift ist weitgehend durch **gesetzliche bzw. tarifliche Regelungen** beschränkt. Die Dienstbezüge der Beamten werden monatlich im voraus bezahlt *(vgl. dazu § 48 LBG i. V. m. den Vorschriften des Bundesbesoldungsgesetzes bzw. des Landesbesoldungsgesetzes).* Entsprechende Bestimmungen finden sich in § 36 BAT bzw. BAT-O für Angestellte sowie für Arbeiter in § 31 MTL II sowie § 20 BMT-G II. Der Rhythmus, in dem die Dienstbezüge oder Arbeitsentgelte auszuzahlen sind, kann daher weitgehend nicht durch Dienstvereinbarung festgelegt werden.

60 Der **Begriff der Dienstbezüge** erfaßt die Vergütung für Beamte, der **Begriff des Arbeitsentgelts** erfaßt die Vergütung für Angestellte und Arbeiter. Beide Bezeichnungen sind Oberbegriffe für sämtliche Bezüge in Geld- oder geldwerten Leistungen. Erfaßt werden daher zum Beispiel Grundgehalt, Ortszuschlag, Amts-, Stellen- und sonstige Ausgleichszulagen, Trennungsgelder, pauschalierte Aufwandsentschädigungen, wiederkehrende Sonderzuwendungen und ähnliches, regelmäßige Geldleistungen des Dienstherrn bzw. Arbeitgebers. Auch Sachleistungen gehören hierher. Nicht hierunter fallen einmalige Leistungen wie zum Beispiel Unterstützungen, Reisekostenvergütungen und Beihilfen *(Lorenzen u. a., BPersVG, § 75 Rn. 124; BayVGH vom 18. 7. 1991, PersV 1993, 80).*

61 Soweit eine gesetzliche bzw. tarifliche Regelung nicht besteht, unterliegt auch der **Ort der Auszahlung** der Dienstbezüge bzw. der Arbeitsentgelte der Mitbestimmung. Hierunter fällt die Bestimmung, ob in der Dienststelle oder an einem anderen Ort die Auszahlung vorgenommen werden soll. Häufig wird eine enge Verbindung zwischen Ort der Auszahlung und Art der Auszahlung bestehen.

Auch die **Art der Auszahlung** unterliegt dem Mitbestimmungsrecht der Personalvertretung. Damit ist gegenüber der früheren Regelung in § 77 Abs. 1 Nr. 3 durch den Gesetzgeber die frühere Streitfrage eindeutig zugunsten des Bestehens eines Mitbestimmungsrechtes entschieden worden, ob die Einführung der bargeldlosen Zahlung mitbestimmungspflichtig ist. Allerdings bestehen auch hier angesichts tariflicher und gesetzlicher Regelungen nur noch beschränkte Möglichkeiten zur Wahrnehmung des Mitbestimmungsrechtes. 62

Soweit durch Dienstvereinbarung die Frage der Einführung der **bargeldlosen Zahlung** der Dienstbezüge bzw. Arbeitsentgelte geregelt werden kann, ist auch an sich die Frage der Kosten für die Überweisungen und die Kontenführung mitbestimmungspflichtig. Es handelt sich hier um eine Annexregelung. Diese Frage dürfte jetzt durch die eingehende Regelung in § 36 BAT bzw. ähnlichen Regelungen geklärt sein. 63

Nicht in einer Dienstvereinbarung geregelt werden kann und nicht dem Mitbestimmungsrecht unterliegt die Frage, bei welchem Geldinstitut die jeweiligen Dienstkräfte ihre Konten einzurichten haben. 64

Mitbestimmungsfrei sind auch Vereinbarungen mit einzelnen Dienstkräften, die eine abweichende Zahlung der Dienstbezüge bzw. der Arbeitsentgelte zum Inhalt haben. In Betracht kommt dies zum Beispiel bei veränderter Zahlungsweise im Falle des Urlaubs, der Ortsabwesenheit oder sonstiger individuell bestimmter Gründe. 65

Urlaubsplan (Nr. 4)

Nach § 85 Abs. 1 Nr. 4 hat die Personalvertretung ein Mitbestimmungsrecht bei der Aufstellung und Änderung des Urlaubsplanes. Das Mitbestimmungsrecht ist weitgehend eingeschränkt durch gesetzliche bzw. tarifliche Regelungen. Diese betreffen in erster Linie die Dauer des Urlaubs und dessen Anspruchsvoraussetzungen. 66

Maßgeblich für Beamte sind § 55 LBG sowie die Vorschriften in der Verordnung über den Erholungsurlaub der Beamten und Richter *(UrlVO)* und der Verordnung über den Urlaub der Beamten und Richter aus besonderen Anlässen *(SoUrlVO)*. 67

Für die Arbeitnehmer sind die Vorschriften des BUrlG zu beachten. Daneben bestehen für Angestellte tarifliche Regelungen in §§ 47 ff. BAT bzw. BAT-O. Für die Arbeiter finden sich tarifliche Regelungen in den §§ 41 ff. BMT-G II sowie in den §§ 48 ff. MTL II. 68

Die Mitbestimmung bezieht sich **allein auf die Aufstellung bzw. Änderung** des Urlaubsplanes. Urlaubsplan ist die Verteilung des konkreten Urlaubs – Erholungsurlaub und Sonderurlaub – der einzelnen Dienstkräfte der Dienststelle auf das Kalenderjahr. Er ist praktisch eine Urlaubsliste. Die Aufstellung des Urlaubsplanes umfaßt die Festlegung des Verfahrens, nach dem der Urlaub erteilt werden soll, wie zum Beispiel die Frage, bis wann der Urlaub von den einzelnen Dienstkräften angemeldet werden soll, wie im einzelnen die Anmeldung des Urlaubs formell durchgeführt werden soll, und die Festlegung eines Zeitraumes, in dem der Urlaub zu erteilen und zu nehmen ist. Auch können die notwendigen Vertretungsregelungen enthalten sein, insbesondere wenn sie von der üblichen Vertretungsregelung abweichen. 69

70 Bei der **Aufstellung des Urlaubsplanes** soll die Personalvertretung die Interessen der einzelnen Dienstkraft, die Interessen der anderen Dienstkräfte und die dienstlichen Erfordernisse der Dienststelle gegeneinander abwägen *(BVerwG vom 19. 1. 1993, PersV 1993, 369)*. Während des Urlaubs müssen die dienstlichen Aufgaben weiter erfüllt werden können. In der Regel ist darauf zu achten, daß ausreichende Vertretungsregelungen bestehen. Auch muß die Personalvertretung darauf achten, daß bei der Verteilung des Urlaubs auf die einzelnen Jahreszeiten soziale Gesichtspunkte berücksichtigt werden, z. B. sollen Dienstkräfte mit schulpflichtigen Kindern vorrangig die Möglichkeit erhalten, in den Schulferien ihren Urlaub zu nehmen. Dienstkräfte dürfen nicht grundlos gezwungen werden, Urlaub in ungünstigen Jahreszeiten zu nehmen.

71 Der Urlaubsplan kann **generelle Richtlinien** hinsichtlich der zeitlichen Gewährung des Urlaubs für bestimmte Dienstkräftegruppen enthalten. Es ist jedoch nicht ausgeschlossen, daß der Urlaubsplan auch die Lage des Urlaubs der einzelnen Dienstkräfte enthält. In diesem Falle entsteht für die betroffene Dienstkraft ein Anspruch, zu dem festgelegten Zeitpunkt den Urlaub auch wirklich zu erhalten, eines weiteren Urlaubsantrages bedarf es nicht *(Dietz/Richardi, BPersVG, § 75 Rn. 258)*.

72 Bei **zwingenden dienstlichen Erfordernissen** kann von dem aufgestellten Plan von seiten der Dienststelle im Einzelfall abgewichen werden. Weder die betroffene Dienstkraft noch die Personalvertretung haben dann einen Anspruch auf Einhaltung des Urlaubsplans *(Fitting u. a., BetrVG, § 87 Rn. 198)*. Der Widerruf des Urlaubs im Einzelfall aus dienstlichen Gründen richtet sich nach allgemeinen urlaubsrechtlichen Grundsätzen *(vgl. ErfK/Dörner, BUrlG, § 7 Rn. 43)*. Er unterliegt ebensowenig dem Mitbestimmungsrecht des Personalrats wie sonstige Änderungen des Urlaubsplanes im Einzelfall, die zum Beispiel außer auf dienstlichen Gründen auch auf persönlichen Wünschen einer Dienstkraft beruhen können. Zu beachten ist aber, daß ein Widerruf des beantragten Urlaubs nicht möglich ist *(BAG vom 20. 6. 2000, NZA 2001, 100)*, wenn die Freistellung von der Arbeitsleistung erfolgt ist, § 13 BUrlG.

73 Generelle Änderungen des einmal aufgestellten Urlaubsplanes bedürfen der Zustimmung des Personalrats ebenso wie die Aufstellung selbst.

74 Die Aufstellung des Urlaubsplanes erfolgt im allgemeinen durch Abschluß einer Dienstvereinbarung. Durch sie können zwingende gesetzliche oder tarifliche Bestimmungen nicht abgeändert, sondern nur konkretisiert werden.

75 Nicht unter das Mitbestimmungsrecht der Personalvertretung fällt die Aufstellung von **Urlaubsgrundsätzen.** Urlaubsgrundsätze sind Richtlinien, nach denen der einzelnen Dienstkraft von dem Dienstherrn bzw. Arbeitgeber im Einzelfall Urlaub zu gewähren ist oder aber nicht gewährt werden darf oder soll. Im Gegensatz zum Betriebsverfassungsrecht *(vgl. dort § 87 Abs. 1 Nr. 5 BetrVG)* bedurfte es im Bereich des Personalvertretungsrechts einer entsprechenden Regelung nicht, da die Urlaubsgrundsätze im allgemeinen bereits durch die gesetzlichen bzw. tariflichen Urlaubsvorschriften mit zwingender Wirkung festgelegt sind.

76 Soweit allerdings Urlaubsgrundsätze und Urlaubsplan **untrennbar miteinander verbunden** sind, wie z. B. allgemeine Richtlinien über die Verteilung des Urlaubs innerhalb des Kalenderjahrs, unterliegen diese als Vorfrage für die Aufstellung des Urlaubsplans mittelbar auch dem Mitbestimmungsrecht der Personalvertretung. Das gleiche wird auch für die Festlegung genereller Richtlinien für eine Vertretungsregelung gelten.

Nicht Teil des Urlaubsplans sind generell angeordnete Urlaubssperren für bestimmte Zeiträume. Durch sie werden nicht die Urlaubszeiten der einzelnen Dienstkräfte untereinander geregelt, sondern der Dienststellenleiter stellt im Rahmen seiner Kompetenz fest, in welchen Zeiten aus dienstlichen Gründen eine Urlaubsgewährung ausgeschlossen ist. Hier steht die Erfüllung der Aufgaben der Dienststelle im Vordergrund. Will der Personalrat diese Entscheidung des Dienststellenleiters angreifen, kann er entweder im Rahmen seines Initiativrechts die Regelung eines Urlaubsplans auch für diesen Zeitraum verlangen, oder aber er kann im Wege des Beschlußverfahrens die Feststellung seines Mitbestimmungsrechts verfolgen. Auch kann im Rahmen des Verfahrens bei Nichteinigung über einen Urlaubsplan diese Entscheidung des Dienststellenleiters überprüft werden.

Durchführung der Berufsausbildung und Umschulung (Nr. 5)

Nach Nr. 5 hat die Personalvertretung ein Mitbestimmungsrecht bei der Berufsausbildung und Umschulung von Angestellten und Arbeitern. Ein Mitbestimmungsrecht bezüglich der Beamten besteht nicht, da dort die entsprechenden Regelungen durch Gesetz und Verordnungen abschließend geregelt werden. Das hat zur Folge, daß nur die Vertreter der Arbeiter und Angestellten als Gruppenvertreter zur Beschlußfassung berufen sind.

Das Mitbestimmungsrecht besteht nicht für den Gesamtbereich der Berufsbildung, die neben der Berufsausbildung und der Umschulung auch die Fortbildung erfaßt. Die berufliche Fortbildung unterliegt nur im Rahmen des § 85 Abs. 2 der eingeschränkten Mitbestimmung der Personalvertretung. Unter beruflicher Fortbildung ist in Anlehnung an die Vorschrift des § 41 AFG die Teilnahme an Maßnahmen zu verstehen, die das Ziel haben, berufliche Kenntnisse und Fertigkeiten festzustellen und zu erhalten, zu erweitern oder der technischen Entwicklung anzupassen oder einen beruflichen Aufstieg zu ermöglichen, und die eine abgeschlossene Berufsausbildung oder eine angemessene Berufsausbildung voraussetzen.

Der **Begriff der Berufsausbildung** ist in § 1 Abs. 2 BBiG abschließend geregelt. Die Berufsausbildung ist dadurch gekennzeichnet, daß eine weit angelegte Grundbildung und eine damit verbundene, jedoch mehr spezialisierte Fachausbildung vermittelt wird. Das erfolgt in einem vorgeschriebenen Ausbildungsgang, der praktische und theoretische Ausbildung umfaßt. Das Berufsausbildungsverhältnis entspricht weitgehend dem früheren Lehrverhältnis.

Die Ausbildung für einen anerkannten Ausbildungsberuf darf nur nach einer Ausbildungsordnung erfolgen, § 28 Abs. 1 BBiG. Die Ausbildungsordnung enthält ins einzelne gehende Regelungen, die neben der Bezeichnung des Ausbildungsberufes u. a. umfassen die Ausbildungsdauer, die Gegenstände der Berufsausbildung (Ausbildungsberufsbild), die Art und Weise der Ausbildung (Ausbildungsrahmenplan) sowie die Prüfungsanforderungen und gegebenenfalls die Vorschriften über das Prüfungsverfahren. Die Ausbildungsordnungen werden in der Regel als Rechtsverordnungen erlassen, § 25 BBiG.

Daneben können auch tarifvertragliche Regelungen bestehen, die sich mit der Berufsausbildung befassen.

Der **Begriff der Umschulung** erfaßt in Anlehnung an die Definition in § 47 AFG die Teilnahme an Maßnahmen, die das Ziel haben, den Übergang in eine andere

§ 85

geeignete berufliche Tätigkeit zu ermöglichen, vgl. auch § 1 Abs. 4 und § 47 BBiG.

Umfang des Mitbestimmungsrechts

84 Das Mitbestimmungsrecht **besteht nur, soweit keine Regelung** durch Rechtsvorschrift oder Tarifvertrag vorhanden ist. Nur in diesem Rahmen kann die Personalvertretung bei der Aufstellung allgemeiner Richtlinien zur Durchführung der Ausbildung mitbestimmen. Der Ausbildungsinhalt ist daher der Beeinflussung durch die Personalvertretung weitgehend entzogen.

85 Das Mitbestimmungsrecht bezieht sich nur auf die Berufsausbildung und Umschulung **innerhalb der jeweiligen Dienststelle.** Nicht erfaßt wird der Teil der Ausbildung, der außerhalb der Dienststelle, z. B. in der Berufsschule, in Fach- oder Fachhochschulen oder sonstigen dienststellenübergreifenden Einrichtungen, erfolgt.

86 Dem Mitbestimmungsrecht unterliegen nur allgemeine Maßnahmen oder Richtlinien. Durch das Mitbestimmungsrecht soll eine gerechte Verteilung der Fortbildungschancen erreicht werden. Eine Mitbestimmung im Einzelfall, wie zum Beispiel einzelne, konkrete Maßnahmen und Anordnungen bezüglich eines einzelnen Auszubildenden, besteht nicht *(vgl. Fischer/Goeres, BPersVG, § 75 Rn. 94; Grabendorff u.a., BPersVG, § 75 Rn. 134).* Auch kann die Personalvertretung, da eine dem § 98 Abs. 2 BetrVG entsprechende Vorschrift fehlt, nicht der Bestellung einer mit der Durchführung der Berufsausbildung beauftragten Person widersprechen oder deren Abberufung verlangen. Hier kann die Personalvertretung nur im Rahmen des § 86 Abs. 3 bzw. des § 87 selbst die Initiative ergreifen und eine Versetzung, Umsetzung oder aber Kündigung der betreffenden Dienstkraft verlangen.

87 Zu den allgemeinen Maßnahmen und Richtlinien, die dem Mitbestimmungsrecht nach Nr. 5 unterliegen, gehören auch die Einzelheiten über die Freistellung vom Dienst, der Diensteinteilung, der Teilnahmebedingungen und der personellen Auswahl derjenigen Dienstkräfte, die an einer Umschulung teilnehmen sollen.

88 Die Mitbestimmung der Personalvertretung erfolgt in der Regel durch Abschluß einer Dienstvereinbarung. Da hier die Beamten als Gruppe nicht betroffen sind, ist bei der Beschlußfassung in der Personalvertretung gem. § 33 Abs. 2 darauf zu achten, daß nur die Vertretung derjenigen Gruppe zur Beschlußfassung berufen ist, deren Angelegenheiten geregelt werden. Da die Berufsausbildung in der Regel jugendliche Dienstkräfte betrifft, ist gem. § 35 Satz 2 und 3 die Jugendvertretung zu beteiligen.

89 Bei Umschulungsmaßnahmen, die **Schwerbehinderte** betreffen, sind die besonderen Rechte der Schwerbehindertenvertretung zu beachten, §§ 36, 34 Abs. 3 sowie § 22 SchwbG.

Ordnung in der Dienststelle und das Verhalten der Dienstkräfte (Nr. 6)

90 Der Personalrat hat ein Mitbestimmungsrecht bei der Regelung der Ordnung in der Dienststelle und des Verhaltens der Dienstkräfte. Es handelt sich, wie sich aus dem Wortlaut der Vorschrift (»und«) ergibt, um **zwei** nebeneinander bestehende Tatbestände *(Pfarr, Anmerkungen zu BAG AP Nr. 2 zu § 87 BetrVG 1972 Ordnung des Betriebes; BAG vom 8. 8. 1989, AP Nr. 15 zu § 87 BetrVG 1972,*

596

Ordnung des Betriebes; a. A. BVerwG vom 11. 3. 1983, E 67, 61, 63; Lorenzen u. a., BPersVG, § 75 Rn. 186 a). Hierher gehören alle generellen Maßnahmen, die entweder die äußere Ordnung in der Dienststelle oder aber das Verhalten in der Dienststelle regeln. Auch Überwachungsmaßnahmen können hierbei von dem Tatbestand des § 85 Abs. 1 Nr. 6 erfaßt werden, so daß eine Konkurrenz zu dem Mitbestimmungsrecht der Vorschrift des § 85 Abs. 1 Nr. 13 besteht. Das außerdienstliche Verhalten der Dienstkräfte wird von dem Mitbestimmungsrecht nicht erfaßt.

Erfaßt werden Anordnungen, die das Verhalten der Dienstkräfte regeln, das die **äußere Ordnung in der Dienststelle** betrifft, wobei es um die Gestaltung und Durchführung von Ordnungsmaßnahmen geht *(vgl. Dietz/Richardi, BPersVG, § 75 Rn. 475; OVG Münster vom 16. 11. 1978, PersV 1980, 248; OVG Berlin PV [Bund] 1.81 vom 2. 7. 1981; VG Berlin VG FK [Bln] – B – 22.82 vom 24. 8. 1982).* Es muß sich um **generelle Regelungen** handeln, jede Gestaltung der Zusammenarbeit der Dienstkräfte und ihrer dienstlichen Verhältnisse untereinander wird erfaßt, selbst wenn die Regelung nur mittelbar das Verhalten beeinflußt oder beeinflussen soll.

91

Nicht dem Mitbestimmungsrecht unterliegen Maßnahmen, die den eigentlichen **Arbeitsvorgang** betreffen oder **arbeitstechnische Anweisungen** enthalten, ohne daß mit ihnen die Ordnung in der Dienststelle geregelt wird *(BAG vom 10. 3. 1998, NZA 1998, 1242).* Auch arbeitsbezogene Einzelanweisungen oder Anordnungen in bezug auf einzelne Arbeitsplätze oder einzelne Dienstkräfte unterliegen nicht dem Mitbestimmungsrecht *(BVerwG vom 6. 2. 1979, ZBR 1980, 30; OVG Nordrhein-Westfalen vom 6. 1. 1982, RiA 1983, 176).*

92

Das gleiche gilt für Regelungen, die unmittelbar und in erster Linie die **Erfüllung der dienstlichen Aufgaben** betreffen und die nur mittelbar und als Folgewirkung die äußere Ordnung der Dienststelle beeinflussen. Hier gilt der Grundsatz, daß die Aufgabenerfüllung der Dienststelle selbst nicht durch das Mitbestimmungsrecht des Personalrates beeinflußt werden kann *(BVerwG vom 11. 3. 1983, E 67, 61; vgl. dazu VG Berlin VG FK Bln 64.77 vom 7. 8. 1978).* So ist beispielsweise der Geschäftsverteilungsplan einer Dienststelle eine interne Verwaltungsmaßnahme, die unmittelbar dem Zwecke der Erfüllung dienstlicher Aufgaben dient. Ein Mitbestimmungsrecht besteht bei seiner Aufstellung nicht. Die Erfüllung dienstlicher Aufgaben wird auch dann betroffen, wenn eine Dienststelle zeitweilig geschlossen wird, um Störungen zu verhindern *(VG Berlin VG FK Bln 64.77 vom 7. 8. 1978).*

93

Ein Mitbestimmungsrecht besteht z. B. in folgenden Fällen:
Regelungen hinsichtlich des **Abstellens von Fahrzeugen** einschließlich der Festlegung einer bestimmten Ordnung zur Nutzung der Parkplätze *(HessVGH vom 5. 11. 1992, PersR 1993, 226; BAG vom 25. 6. 1975, 28. 9. 1989, AP Nrn. 4, 5 zu § 611 BGB Parkplatz, dort auch zur Unzulässigkeit eines Haftungsausschlusses).* Nicht dem Mitbestimmungsrecht unterliegt allerdings in diesem Zusammenhang die Frage, ob die Dienststelle überhaupt Parkplätze anmieten soll. Diese Maßnahme fällt nicht unter den Tatbestand der Regelung der Ordnung in der Dienststelle, diese ist grundsätzlich frei darin, ob sie ihren Dienstkräften Parkplätze zur Verfügung stellen will oder nicht *(VG Berlin VG FK Bln A 12.80 vom 15. 6. 1980).* Lediglich der Anmietung folgende Akt der Vergabe der Parkplätze an die einzelnen Dienstkräfte ist mitbestimmungspflichtig;
Durchführen einer **Anwesenheitskontrolle;**

94

§ 85

Einführung von **Stechuhren** bzw. vergleichbaren elektronischen Einrichtungen, soweit sie eine **Pünktlichkeitskontrolle** ermöglichen sollen. Insoweit kann auch das Mitbestimmungsrecht des § 85 Abs. 1 Nr. 13 einschlägig sein, wenn hierdurch das Verhalten oder die Leistung der Dienstkräfte überwacht werden soll. Pünktlichkeitskontrollen durch beauftragte Beschäftigte unterliegen ebenfalls dem Mitbestimmungsrecht des § 85 Abs. 1 Nr. 6. Allerdings wird hierzu die Auffassung vertreten, daß ein Mitbestimmungsrecht nicht bestehe, da es sich um Maßnahmen handele, die sich auf die Dienstleistung der Dienstkräfte selbst bezöge *(OVG Münster vom 16. 11. 1978, PersV 1980, 248).* Dieser Auffassung kann nicht gefolgt werden. Es ist nicht ersichtlich, daß die Art der Kontrolle, ob durch Maschine oder durch den Menschen, den Charakter der Maßnahme verändert. Entscheidend bleibt die Zielsetzung, diese gilt der Einhaltung der Arbeitszeit, es werden dabei individualrechtliche Belange *(korrekte Vertragserfüllung bzw. Einhaltung der Dienstpflichten)* und kollektivrechtliche Belange *(Einhaltung der Dienstzeiten im Interesse der Dienststelle)* berührt. Da beides nicht voneinander zu trennen ist, die Absicht des Dienststellenleiters als subjektives Element auch kaum feststellbar ist, ist darauf abzustellen, daß nur generelle Kontrollen von dem Mitbestimmungsrecht erfaßt werden. Dann tritt aber letztlich der individualrechtliche Bezug in den Hintergrund. Kein Mitbestimmungsrecht besteht allerdings bei einer **elektronischen Einlaßkontrolle,** bei der außer der Prüfung der Zugangsberechtigung keine weiteren Kontrollen durchgeführt oder weitere Daten gespeichert werden *(BAG vom 10. 4. 1984, AP Nr. 7 zu § 87 BetrVG 1972 Ordnung des Betriebes).* Erfolgt jedoch die Speicherung weiterer Daten, kann sowohl ein Mitbestimmungsrecht nach § 85 Abs. 1 Nr. 6 als auch nach Nr. 13 gegeben sein. Entscheidend ist dabei die Programmierung;

Festlegung von **Bekleidungsvorschriften** *(BAG vom 8. 8. 1989, AP Nr. 15 zu § 87 BetrVG 1972 Ordnung des Betriebes).* Insoweit kann auch das Mitbestimmungsrecht des § 85 Abs. 2 Nr. 7 gegeben sein. Hierzu gehören auch Anweisungen, bestimmte Schutzkleidungen zu tragen;

die Einführung eines **Rauchverbotes,** es sei denn, dieses ergibt sich bereits aus gesetzlichen Bestimmungen *(vgl. LAG München vom 30. 10. 1985, NZA 1986, 577; vom 27. 11. 1990, NZA 1991, 521);*

ein **Alkoholverbot** *(BAG vom 23. 9. 1986, AP Nr. 20 zu § 75 BPersVG; vgl. BVerwG vom 5. 10. 1989, PersV 1990, 172).* Nicht dem Mitbestimmungsrecht unterliegen soll allerdings die Anordnung der Dienststelle, daß waffentragende Beamte sich während einer angemessenen Zeit vor Dienstbeginn sowie während des Dienstes jeglichen Alkoholgenusses zu enthalten hätten *(BVerwG vom 11. 3. 1983, ZBR 1983, 215; dagegen Altvater u.a., BPersVG, § 75 Rn. 73).* Hier sei nicht das Verhalten der Dienstkräfte betroffen, sondern es handele sich um eine Regelung, die unmittelbar die Dienstausübung näher ausgestalte, die dem Weisungsrecht des Dienstherrn bzw. Arbeitgebers unterliege und einer Mitbestimmung nicht zugänglich sei;

Regelungen hinsichtlich des Verbots des **Zeitungsverkaufs** und der **Verteilung** von **Propagandamaterial** in der Dienststelle. Nicht erfaßt wird hiervon allerdings das Recht der Gewerkschaften auf Mitgliederwerbung in der Dienststelle *(vgl. dazu BAG vom 30. 8. 1983, AP Nr. 38 zu Art. 9 GG; vom 23. 9. 1986, AP Nr. 45 zu Art. 9 GG);*

generelle Anordnung von **Leibesvisitationen.** Die Anordnung einer Leibesvisitation im Einzelfall wegen des Verdachts einer strafbaren Handlung ist nicht mitbestimmungspflichtig;

die Einführung von allgemeinen **Tor-** oder **Eingangskontrollen;**
Regelungen hinsichtlich des **Telefonbenutzung** für private Zwecke *(vgl. dazu Botterweck, PersR 1984, 12; Fitting u. a., BetrVG, § 87 Rn. 71).* Die Anordnung, für Privatgespräche von dienstlichen Fernsprechapparaten aus ein Entgelt einzuziehen, ist mitbestimmungsfrei, denn damit wird nicht das Verhalten der Dienstkräfte bei ihrer dienstlichen Tätigkeit oder ihr Verhalten innerhalb der Dienststelle geregelt. Das gleiche gilt auch bei Erhöhung der für die Privatgespräche zu zahlenden Entgelte;
Regelungen über kurzfristige gegenseitige **Vertretungen** am Arbeitsplatz;
Bestimmungen über das **Verfahren bei Krankmeldungen** und Festlegung von Kriterien für die Durchführung von **Krankengesprächen.** Mitbestimmungsfrei ist aber die Anordnung der amtsärztlichen Untersuchung im Einzelfall;
Sicherung der von den Dienstkräften **eingebrachten Sachen** *(BAG vom 1. 7. 1965, AP Nr. 75 zu § 611 BGB Fürsorgepflicht);*
Vorschriften über die **Behandlung von Arbeitsmaterial** sowie hinsichtlich des Ordnens des Arbeitsplatzes;
Vorschriften über das Ausfüllen von Formularen bei einem **Arztbesuch während der Dienstzeit** bzw. bei Besuch von anderen Dienststellen. Das gleiche gilt auch bei der Festlegung eines entsprechenden Abmeldeverfahrens;
die Frage, ob in der Dienststelle während der Arbeitszeit **Radio gehört werden darf,** betrifft ebenfalls die Ordnung innerhalb der Dienststelle und das Verhalten der Dienstkräfte in ihr. Das Radiohören kann nämlich selbst bei ordnungsgemäßer eigener Arbeitsleistung andere Dienstkräfte stören. Die Frage des Radiohörens während der Dienstzeit betrifft damit das Zusammenleben und das Zusammenwirken der Dienstkräfte in der Dienststelle *(BAG vom 14. 1. 1986, NZA 1986, 435 f.).*

Das Mitbestimmungsrecht besteht nur insoweit, als nicht bereits **tarifliche oder** **95** **gesetzliche Vorschriften** oder Vorschriften der Berufsgenossenschaften bestehen. Derartige, das Mitbestimmungsrecht des Personalrats ausschließende Vorschriften finden sich beispielsweise bei dem Umgang mit feuergefährlichen Stoffen, mit besonderen Arbeitsgeräten usw. Auch Bestimmungen hinsichtlich einer Dienstreiseordnung dürfen im Bereich des öffentlichen Dienstes kaum mehr dem Mitbestimmungsrecht des Personalrates unterliegen können, da insoweit abschließende gesetzliche bzw. tarifliche Regelungen vorhanden sind. Bestehen derartige Vorschriften, dann beschränkt sich das Mitbestimmungsrecht auf die Ausgestaltung und Durchführung der durch diese Vorschriften geltenden Maßnahmen.

Disziplinarrecht für Arbeitnehmer

Zweifelhaft ist, ob ein Mitbestimmungsrecht auch hinsichtlich der **Aufstellung** **96** **allgemeiner Grundsätze** über Disziplinartatbestände und Disziplinarmaßnahmen besteht. Soweit es um die Aufstellung allgemeiner Grundsätze über Disziplinartatbestände und Disziplinarmaßnahmen sowie des Disziplinarverfahrens geht, ist von einem Mitbestimmungsrecht auszugehen *(Fischer/Goeres BPersVG, § 75 Rn. 108; Fitting u.a., BetrVG, § 87 Rn. 76 ff.; Grabendorff u.a., BPersVG, § 75 Rn. 184 ff.).*

Zweifelhaft ist, welche **Rechtsgrundlage** den Erlaß einer Disziplinarordnung **97** ermöglicht. Diese ist darin zu sehen, daß das Mitbestimmungsrecht des Personalrates nach § 85 Abs. 1 Nr. 6 für alle diejenigen Regelungen gilt, mit denen die

§ 85

Ordnung in der Dienststelle geregelt und auch durchgesetzt werden soll. Die Disziplinarordnung ist letztlich nichts anderes als die generelle Vorschrift, die durch ihre Existenz die Dienstkräfte anhalten soll, die bestehenden Vorschriften über die Ordnung in der Dienststelle einzuhalten. Sie stellt sich damit unmittelbar auch als eine Regelung der Ordnung innerhalb der Dienststelle dar, so daß die Rechtsgrundlage für sie unmittelbar aus § 85 Abs. 1 Nr. 6 herzuleiten ist.

98 Bei der Aufstellung einer Disziplinarordnung sind **rechtsstaatliche Grundsätze** zu beachten. Die Bußen bzw. Strafen müssen für die jeweils bezeichneten Verstöße vorher angedroht werden, der Tatbestand ist genau zu erfassen, er darf keinen generalklauselartigen Charakter haben. Auch muß sichergestellt werden, daß der betroffenen Dienstkraft die Möglichkeit zur Stellungnahme und Verteidigung gegeben wird. Ihr ist insoweit rechtliches Gehör zu gewähren.

99 Bedenken gegen die disziplinarrechtlichen Vorschriften können nicht aus **Art. 91 und 101 GG** hergeleitet werden, da sich diese nur mit den staatlichen Gerichten und der staatlichen Gewaltenteilung befassen *(Fitting u.a., BetrVG, § 87 Rn. 80 m.w.N.)*. Allerdings dürfen nicht solche kriminellen Tatbestände disziplinarrechtlich erfaßt werden, die keinen Bezug zu dem Verhalten in der Dienststelle haben.

100 Heftig umstritten ist die Frage, ob der Personalrat ein Mitbestimmungsrecht auch bei der **Verhängung einzelner Ordnungsstrafen oder Bußen** hat. Nach Auffassung des Bundesverwaltungsgerichts soll ein solches Mitbestimmungsrecht nicht bestehen, da es sich hier um Maßnahmen personeller Art handele, die von allen zu beachten seien *(BVerwG vom 11.11.1960, PersV 1961, 103; vom 6.2.1979, PersV 1980, 421; Fischer/Goeres, BPersVG, § 75 Rn. 108; Lorenzen u.a., BPersVG, § 75 Rn. 190)*. Demgegenüber vertritt das Bundesarbeitsgericht die Auffassung, daß auch bei der Verhängung der Ordnungsstrafe bzw. Buße im Einzelfall ein Mitbestimmungsrecht bestehe, da dies zur Regelung der Ordnung in der Dienststelle und des Verhaltens der Dienstkräfte gehöre *(BAG vom 5.12.1975, AP Nr. 1 zu § 87 BetrVG 1972; vom 17.10.1989, DB 1990, 483; vom 25.2.1966, AP Nr. 8 zu § 66 PersVG; vgl. zu dem Streit auch Fitting u.a., BetrVG, § 87 Rn. 92 sowie Grabendorff u.a., BPersVG, § 75 Rn. 184f., jeweils m.w.N.)*. Welcher dieser Ansichten für den Bereich des PersVG Bln der Vorzug zu geben ist, braucht nicht entschieden zu werden, da der Gesetzgeber in § 87 Nr. 8 für die Angestellten und Arbeiter und in § 90 Nr. 8 für die Beamten eindeutig klargestellt hat, daß ein Mitbestimmungsrecht auch bei der Verhängung der Disziplinarmaßnahmen im Einzelfall besteht. Allerdings besteht bei Beamten bei Disziplinarverfügungen unter Einleitung des förmlichen Disziplinarverfahrens lediglich ein Mitwirkungsrecht, dies beruht auf der besonderen Stellung der Beamten. Mit diesen Regelungen ist klargestellt, daß aus § 85 Nr. 6 ein Mitbestimmungsrecht bei Verhängung der Disziplinarmaßnahme bzw. Buße im Einzelfall nicht hergeleitet werden kann.

101 Zweifelhaft ist, ob eine **Entlassung als Disziplinarmaßnahme** zulässig ist. Gegen die Zulässigkeit spricht nicht wie bei dem Betriebsverfassungsgesetz die unterschiedliche Ausgestaltung der Beteiligungsrechte bei Ausspruch der Kündigung und Verhängung der Diziplinarmaßnahme. Sowohl die Verhängung der Disziplinarmaßnahme unterliegt im Einzelfall gem. § 87 Nr. 8 ebenso wie die Kündigung nach § 87 Nr. 9 der vollen Mitbestimmung des Personalrats. Gleichwohl spricht gegen die Zulässigkeit der ordentlichen bzw. der außer-

ordentlichen Kündigung als Disziplinarmaßnahme das zwingende Kündigungsrecht. Durch Dienstvereinbarung können die bestehenden tariflichen bzw. gesetzlichen Vorschriften nicht geändert oder ausgestaltet werden. Durch Dienstvereinbarung kann nicht der wichtige Grund i.S. des § 626 BGB bestimmt werden. Ebensowenig können die Vorschriften des Kündigungsschutzgesetzes (KSchG) außer Kraft gesetzt oder modifiziert werden. Eine Dienstvereinbarung kann nicht festlegen, daß in bestimmten Fällen verhaltensbedingte Gründe eine ordentliche Kündigung gem. § 1 Abs. 2 KSchG sozial rechtfertigen. Hinzu kommt, daß der Gesetzgeber nicht mit Hilfe von allgemein gehaltenen Bestimmungen über die Möglichkeit zur Regelung des Verhaltens der Dienstkräfte in der Dienststelle die Parteien des Personalvertretungsrechts (bzw. die Betriebsparteien) ermächtigen wollte, neben der Kündigung neue Möglichkeiten zur Beendigung des Arbeitsverhältnisses zu schaffen. Im übrigen wäre auch zweifelhaft, ob eine derartige landesgesetzliche Regelung mit dem Bundesrecht vereinbar wäre *(vgl. zu dem Ganzen BAG vom 28. 4. 1982, AP Nr. 4 zu § 87 BetrVG 1972 Betriebsbuße).* Außerdem liegt in der Einkleidung als Disziplinarmaßnahme eine zusätzliche Beeinträchtigung des Arbeitnehmers, für die eine Rechtsgrundlage fehlt. § 9 Abs. 2 Buchstaben c und d der früheren Dienst- und Disziplinarordnung (DDO vom 23. 7. 1977) war daher unwirksam *(BAG a. a. O.).*

Ähnliches gilt auch für die **Versetzung** der Dienstkraft. Eine Versetzung kann gegen den Willen einer Dienstkraft nur durch eine Änderungskündigung (§ 2 KSchG) erfolgen. Diese ist ebenso wie eine normale Kündigung auf ihre soziale Rechtfertigung hin zu überprüfen. Aus den gleichen Gründen ist auch eine **Rückgruppierung** *(Herabgruppierung)* unzulässig. Insoweit stellen die Tarifverträge ausschließlich auf Tätigkeitsmerkmale ab, eine Dispositionsbefugnis des Arbeitgebers besteht nicht. Die Übertragung geringerwertiger Arbeiten wäre auch nur im Wege einer Änderungskündigung möglich, für sie gelten die gleichen Grundsätze wie bei einer Kündigung.

102

Eine Notwendigkeit, die Rückgruppierung, Versetzung bzw. Entlassung als Disziplinarmaßnahme zu schaffen, ist nicht ersichtlich. Sowohl der Arbeitgeber als auch der Personalrat können jederzeit die Initiative zur Durchführung einer entsprechenden Maßnahme dadurch ergreifen, daß sie bei dem jeweiligen Partner die Zustimmung beantragen. Insoweit bestehen Mitbestimmungsrechte nach § 87 Nrn. 5, 6, 9 sowie § 86 Abs. 3 Nr. 1.

103

Disziplinarrecht für Beamte

Ein Mitbestimmungsrecht bei der Aufstellung von generellen disziplinarrechtlichen Vorschriften für Beamte besteht nicht, da diese gesetzlich in der Landesdisziplinarordnung *(LDO)* geregelt sind. Disziplinarmaßnahmen sind hierbei Verweis, Geldbuße, Gehaltskürzung, Versetzung in ein Amt derselben Laufbahn mit geringerem Endgrundgehalt, Entfernung aus dem Dienst, Kürzung des Ruhegehaltes, Aberkennung des Ruhegehaltes, §§ 5 ff. LDO. Die Disziplinarbefugnisse werden von den zuständigen Behörden und den Disziplinargerichten ausgeübt. Zu den Einzelheiten vgl. §§ 14 ff. LDO.

104

§ 85

Verhütung von Dienst- und Arbeitsunfällen sowie Gesundheitsschädigungen (Nr. 7)

105 Das Mitbestimmungsrecht in Abs. 1 Nr. 7 ist eine **Ergänzung zu** der Vorschrift des § 77, vgl. daher auch im einzelnen die Erläuterungen dort. Während § 77 die Beteiligung des Personalrats bei der Bekämpfung von aktueller Unfall- und Gesundheitsgefahr regelt, legt § 85 Abs. 1 Nr. 7 das Mitbestimmungsrecht bei vorbeugenden Maßnahmen fest *(Dietz/Richardi, BPersVG, § 75 Rn. 421; Fischer/ Goeres, BPersVG, § 75 Rn. 101).*

106 Die Verhütung von Dienst- und Arbeitsunfällen sowie Gesundheitsschädigungen selbst ist Aufgabe des Dienstherrn bzw. des jeweiligen Dienststellenleiters, vgl. § 618 BGB und die auf ihm beruhenden Sonderregelungen sowie § 43 LBG. Die Alleinverantwortung des Dienststellenleiters wird durch das Mitbestimmungsrecht nicht berührt.

107 Das Mitbestimmungsrecht besteht nur, wenn die gesetzlichen Vorschriften oder Unfallverhütungsvorschriften der Dienststelle einen **Entscheidungsspielraum** lassen. Wenn bestimmte Maßnahmen zwingend angeordnet werden, hat der Dienststellenleiter keinen Entscheidungsspielraum mehr. Eine wirkliche Mitbestimmung, also ein Mitgestaltungsrecht, besteht in diesem Falle für den Personalrat nicht. Allerdings ist zu berücksichtigen, daß im Bereich der Eingruppierung anerkannt ist, daß auch hier trotz der bestehenden tariflichen Regelung ein Mitbestimmungsrecht in der Form besteht, daß der Personalrat eine Richtigkeitskontrolle ausüben kann *(dazu unten § 87 Rn. 37).* Auch ist vom Bundesverwaltungsgericht anerkannt worden, daß bei Vorliegen einer gesetzlichen Regelung das Mitbestimmungsrecht dann nicht ausgeschlossen ist, wenn es noch einer »Entscheidung der Beteiligten bedarf, die – wie gesetzesvollziehende Maßnahmen – einer Rechtmäßigkeitskontrolle durch den Personalrat im Wege der Mitbestimmung unterliegen kann« *(BVerwG vom 27. 7. 1979, ZBR 1980, 156).* Selbst bei einer abschließenden gesetzlichen bzw. tariflichen Regelung wird daher das Mitbestimmungsrecht des Personalrates zumindest in der Form eines Kontrollrechtes bestehen. Die Auffassung, nach der eine Beteiligung des Personalrates erst dann vorzunehmen ist, wenn die gesetzliche Vorschrift lediglich einen Rahmen setzt, innerhalb dessen Entscheidungsspielräume bestehen *(Dietz/Richardi, BPersVG, § 75 Rn. 422),* ist daher zu eng.

108 Dem Mitbestimmungsrecht unterliegt darüber hinaus auch die **Beeinflussung der Dienstkräfte zu unfallsicherem Verhalten,** sei es durch Hinweise oder Belehrungen, sei es durch die Verpflichtung zur Tragung von Schutzausrüstungen oder zur Benutzung von Schutzeinrichtungen. Auch hinsichtlich der Information und Einübung derartiger Einrichtungen besteht das Mitbestimmungsrecht, da dies ebenfalls der Verhütung von Dienst- und Arbeitsunfällen sowie von Gesundheitsschädigungen dient.

109 Das Mitbestimmungsrecht erstreckt sich nicht nur auf **generelle Maßnahmen,** die die Dienststelle für ihren Bereich anordnet bzw. durchführt, sondern vielmehr auch auf Maßnahmen, die im **Einzelfall** ergriffen werden. Bei Dienst- und Arbeitsunfällen ist nämlich immer ein kollektiver Bezug vorhanden, da das Interesse der Dienststelle an einem störungsfreien Arbeitsablauf berührt wird. Das gleiche gilt auch für den Bereich der Gesundheitsschädigungen, soweit diese durch die betrieblichen Gegebenheiten bzw. durch die Art der Arbeit entstehen können. Die Maßnahme muß aber immer darauf abzielen, das Risiko

§ 85

von Gesundheitsschädigungen oder Unfällen innerhalb der Dienststelle zu mindern oder den Arbeits- und Gesundheitsschutz zu verbessern.

110 Das Mitbestimmungsrecht des § 85 Abs. 1 Nr. 7 ist in den aufgezeigten Grenzen umfassend. Es gilt für sämtliche Bereiche der Dienststelle, von besonderer Bedeutung ist es allerdings für die Bereiche, in denen aufgrund der besonderen Tätigkeit in erhöhtem Maße Dienst- und Arbeitsunfälle auftreten oder Gesundheitsschädigungen eintreten können, wie dies beispielsweise bei dem Umgang mit gefährlichen Stoffen sowie auch bei Tätigkeiten in kerntechnischen Anlagen und bei dem Umgang mit radioaktiven Stoffen der Fall ist. Das Mitbestimmungsrecht gilt auch bei der Einführung von **neuen Technologien,** bei diesen hat der Personalrat darauf zu achten, daß durch sie keine Gesundheitsschädigungen eintreten können. So gehört beispielsweise hierzu auch die Verwendung, Erhaltung und Wartung sicherheitstechnisch einwandfreier Arbeitsmittel sowie deren Kontrolle. Auch zum Bereich der Maßnahmen zur Verhütung von Dienst- und Arbeitsunfällen und sonstigen Gesundheitsschädigungen gehören die in verschiedenen Vorschriften enthaltenen Beschäftigungsverbote und Beschäftigungsbeschränkungen. Auch hier hat der Personalrat ein Mitbestimmungsrecht, wenn die Dienststelle Rechtsnormen anwenden muß, insbesondere, wenn Ermessens- oder Entscheidungsspielräume bestehen. Besonders hervorzuheben sind hierbei die Beschäftigungsverbote für Jugendliche, Frauen, werdende Mütter, Schwerbehinderte usw. Auch kann hierzu gehören die Regelung der Durchführung von gesetzlich vorgeschriebenen ärztlichen Untersuchungen. Ebenfalls dem Mitbestimmungsrecht würde unterliegen, ob bei einzelnen Arbeitnehmern Erholzeiten zur gesundheitlichen Regeneration zu gewähren sind und wie unter Umständen bei gesundheitlich belasteten Dienstkräften durch Ausgestaltung des Arbeitsplatzes oder auf andere Weise die Gefahr einer Gesundheitsschädigung verringert werden kann.

111 Hinsichtlich der Mitbestimmungsrechte bei der Einführung **neuer Technologien,** wie beispielsweise von **Datensichtgeräten,** ergibt sich damit eine grundsätzlich andere Rechtslage als im Bereich des Betriebsverfassungsgesetzes. Während in § 85 Abs. 1 Nr. 7 das Mitbestimmungsrecht umfassend ist, ist es in § 87 Abs. 1 Nr. 7 BetrVG dadurch begrenzt, daß es nur »im Rahmen der gesetzlichen Vorschriften oder der Unfallverhütungsvorschriften« wahrgenommen werden kann. Diese Einschränkung besteht für den Bereich des PersVG Bln nicht. Die Grundsätze, die das Bundesarbeitsgericht hinsichtlich der Mitbestimmungsrechte bei der Einführung von Datensichtgeräten aufgestellt hat *(BAG vom 6.12.1983, AP Nr. 7 zu § 87 BetrVG 1972 Überwachung),* können daher für den Bereich des PersVG Bln weitgehend nicht angewendet werden.

112 Allerdings besteht bei der Wahrnehmung des Mitbestimmungsrechts aus § 85 Abs. 1 Nr. 7 ebenso wie bei dem Mitbestimmungsrecht des Betriebsrates aus § 87 Abs. 1 Nr. 7 BetrVG ein **Kernproblem** darin, daß meist bei der Einführung neuer Technologien die Tatsache der Möglichkeit von Dienst- und Arbeitsunfällen sowie der sonstigen Gesundheitsschädigungen **nicht nachgewiesen werden kann.** Meist werden umfassende arbeitsmedizinische Untersuchungen bei der Einführung der neuen Technologien fehlen, wissenschaftlich eindeutig begründete Ergebnisse liegen in der Regel nicht vor. Will der Personalrat aber ein Mitbestimmungsrecht geltend machen, dann müssen gerade diese Voraussetzungen des § 85 Abs. 1 Nr. 7 gegeben sein. Lassen sie sich nicht nachweisen, geht dies zu Lasten des Personalrats, der das Mitbestimmungsrecht beansprucht.

§ 85

113 Soweit gesetzliche oder sonstige öffentlich-rechtliche **Schutzvorschriften** sowie Unfallverhütungsvorschriften der Berufsgenossenschaften **bestehen,** wird das Mitbestimmungsrecht entsprechend der Bestimmung in § 85 Abs. 1 Einleitungssatz eingeschränkt. Hierbei sind eine Vielzahl von Vorschriften zu beachten, die teilweise auch einem ständigen Wandel unterworfen sind. Soweit derartige normative Bestimmungen vorhanden sind, kann das Mitbestimmungsrecht entsprechend der Regelung in § 85 Abs. 1 Einleitungssatz nur in deren Rahmen bestehen, so daß auch nur in diesem begrenzten Regelungsbereich Richtlinien zur Verhütung von Dienst- und Arbeitsunfällen sowie zum vorbeugenden Gesundheitsschutz getroffen werden können.

114 Nach § 16 des Gesetzes über **Betriebsärzte,** Sicherheitsingenieure und andere Fachkräfte für Arbeitssicherheit *(vom 12. 12. 1973 – BGBl. I, 1885 – ASiG)* ist in Verwaltungen und Betrieben im Bereich der öffentlichen Verwaltung ein den Grundsätzen dieses Gesetzes gleichwertiger arbeitsmedizinischer und sicherheitstechnischer Arbeitsschutz zu gewährleisten. Hier gewinnt das Mitbestimmungsrecht des § 85 Abs. 1 Nr. 7 eine besondere Bedeutung. Der Personalrat hat mitzubestimmen, ob die Voraussetzungen für die Bestellung von **Fachkräften für Arbeitssicherheit** gegeben sind *(Dietz/Richardi, BPersVG, § 75 Rn. 423; Fischer/Goeres, BPersVG, § 75 Rn. 101).*

115 Die Bestellung von Vertrauens- und Betriebsärzten ist in § 85 Abs. 2 Nr. 4 besonders geregelt. Vgl. dazu aber auch § 77 Abs. 6 (dazu § 77 Rn. 40a).

116 Keine ausdrückliche Regelung findet sich für die Bestellung der **Fachkräfte für Arbeitssicherheit,** vgl. § 5 ASiG (siehe aber § 77 Abs. 6 und die Erläuterung dort in Rn. 41). Die Fachkräfte für Arbeitssicherheit sollen aber gerade dafür sorgen, daß Maßnahmen zur Verhütung von Dienst- und Arbeitsunfällen sowie sonstigen Gesundheitsschädigungen ergriffen bzw. beachtet werden. Wie sich aus § 6 ASiG, dessen Regelungen gem. § 16 ASiG auch für den Bereich des öffentlichen Dienstes entsprechend zu beachten sind, ergibt, haben diese Fachkräfte die Aufgabe, den Dienststellenleiter bei dem Arbeitsschutz und bei der Unfallverhütung in allen Fragen der Arbeitssicherheit einschließlich der menschengerechten Gestaltung der Arbeiten zu unterstützen. Dies ist aber gerade das Anliegen, das auch durch § 85 Abs. 1 Nr. 7 betroffen wird. Die Bestellung der Fachkräfte für Arbeitssicherheit ist daher ebenfalls dem Mitbestimmungsrecht des § 85 Abs. 1 Nr. 7 zuzuordnen *(Fischer/Goeres, a.a.O., § 75 Rn. 101; Lorenzen u.a., BPersVG, § 75 Rn. 175).* Der Umfang des Mitbestimmungsrechtes richtet sich danach, ob die zu bestellende Fachkraft für Arbeitssicherheit ein Beamter oder ein Arbeitnehmer ist; handelt es sich um einen Beamten, gelten die Beschränkungen des § 81 Abs. 2. Für den Bereich des § 75 Abs. 3 Nr. 11 BPersVG wird die Auffassung vertreten, daß das Mitbestimmungsrecht nur hinsichtlich der Frage bestehe, ob die Voraussetzungen für die Bestellung der Fachkraft für Arbeitssicherheit gegeben sei und ob eine Sicherheitsfachkraft von ihrem Aufgabenbereich zu entbinden sei, die Bestellung sei aber lediglich wie bei den Betriebsärzten als Mitwirkungsrecht ausgestaltet *(vgl. Dietz/Richardi, BPersVG, § 75 Rn. 426; vgl. dazu eingehend Fitting u.a., BetrVG, § 87 Rn. 310ff.).* Für den Bereich des PersVG Bln kann diese Auffassung nicht gelten, da im Gegensatz zu der Regelung im BPersVG auch die Bestellung von Betriebsärzten nach § 85 Abs. 2 Nr. 4 dem vollen Mitbestimmungsrecht des Personalrates unterliegt.

117 Der Personalrat hat hinsichtlich der Bestellung der Fachkraft für Arbeitssicherheit und deren Abberufung auch ein volles **Initiativrecht.** Das gleiche gilt hinsichtlich der Änderung des Aufgabenkreises der Fachkraft.

Ferner besteht nach § 719 Abs. 1 RVO ein Mitwirkungsrecht bei der Bestellung von **Sicherheitsbeauftragten.** Da diese jedoch zum Zwecke der Verhütung von Dienst- und Arbeitsunfällen sowie von Gesundheitsschädigungen bestellt werden, ist davon auszugehen, daß § 85 Abs. 1 Nr. 7 als spezielle Regelung dem § 719 Abs. 1 RVO vorgeht, so daß hier ein echtes Mitbestimmungsrecht besteht *(Fischer/Goeres, BPersVG, § 75 Rn. 101).* **118**

Errichtung, Verwaltung und Auflösung von Sozialeinrichtungen (Nr. 8)

Das Mitbestimmungsrecht nach Abs. 1 Nr. 8 erstreckt sich auf die Errichtung, Verwaltung und Auflösung von Sozialeinrichtungen. Es ist zu unterscheiden von den Mitbestimmungsrechten nach § 86 Abs. 1 Nrn. 1–3 bezüglich der Gewährung von Unterstützungen, entsprechenden sozialen Zuwendungen, Vorschüssen sowie der Verschickung von Dienstkräften. **119**

Sozialeinrichtungen sind Einrichtungen, die die Dienststelle allein oder zusammen mit den Dienstkräften errichtet, um diesen oder Gruppen von ihnen zusätzlich Vorteile zu gewähren, deren Ziel die Förderung und Fürsorge für die sozialen Angelegenheiten der Dienstkräfte ist *(BVerwG vom 16. 9. 1977, PersV 1979, 63; VG Berlin VG FK Bln – B – 18/83 vom 21. 9. 1983; Dietz/Richardi, BPersVG, § 75 Rn. 328).* **120**

Der Begriff der Einrichtung erfordert eine **gewisse, auf Dauer gerichtete Organisation,** die konkrete Mittel zu sozialen Zwecken verwaltet *(vgl. BVerwG a. a. O.; BAG vom 15. 9. 1987, AP Nr. 9 zu § 87 BetrVG 1972 Sozialeinrichtung).* Auf die juristische Gestaltung, die Rechtsform, kommt es nicht an *(Grabendorff u. a., BPersVG, § 75 Rn. 17; Fischer/Goeres, BPersVG, § 75 Rn. 89).* Die Sozialeinrichtung kann ein unselbständiger Teil der Dienststelle sein, jedoch auch eine eigene Rechtspersönlichkeit haben, wie z. B. eine handelsrechtliche Gesellschaft, eine juristische Person des öffentlichen oder privaten Rechts, eine Stiftung oder eine Anstalt. **121**

Allerdings kann das Mitbestimmungsrecht der Personalvertretung durch zwingende gesetzliche Vorschriften des Vereins- oder Gesellschaftsrechts in Umfang und Form seiner Ausübung beeinflußt werden, wenn die soziale Einrichtung als selbständige juristische Person betrieben wird. Eine Einschränkung oder Beseitigung des Mitbestimmungsrechts ist jedoch unzulässig. **122**

Die **Leistungen** der sozialen Einrichtungen dürfen keinen Entgeltcharakter haben. Beiträge der Dienstkräfte, wie z. B. bei dem Kantinenessen, stehen dem Charakter als soziale Einrichtung dann nicht entgegen, wenn ein Teil der Mittel von der Dienststelle bzw. dem Dienstherrn aufgebracht wird. **123**

Sozialeinrichtungen können z. B. sein: **124**
Kantinen, Erholungsräume, Erholungsheime bzw. Kindertagesstätten, Sportplätze, Kleiderkassen, Kinderheime, Bibliotheken, Sporteinrichtungen, Unterstützungskassen, Alters- und Krankenheime sowie Wohnheime.

Keine Sozialeinrichtungen im Sinne dieser Vorschrift sind: **125**
Selbsthilfeeinrichtungen der Dienstkräfte, die von diesen selbst geführt werden *(vgl. Fischer/Goeres, BPersVG, § 75 Rn. 89; Dietz/Richardi, BPersVG, § 75 Rn. 332; Lorenzen u. a., BPersVG, § 75 Rn. 142),* selbst wenn die Dienststelle Mittel zur Verfügung stellt, nur rechnerische Rück- bzw. Anlagen, einmalige Unterstützungsleistungen, Gratifikationen und Prämien, Betriebsferien oder Betriebsausflüge, öffentlich-rechtlich organisierte Betriebskrankenkassen sowie verbilligte Warenvermittlung durch den Dienstherrn.

§ 85

126 Erforderlich ist, daß die Sozialeinrichtung **Personen begünstigt**, die in einer sachlich anzuerkennenden Verbindung zu der Dienststelle stehen *(Grabendorff u.a., BPersVG, § 75 Rn. 121)*. Unerheblich ist es daher, wenn ehemalige Beschäftigte, Hinterbliebene oder Familienangehörige von Dienstkräften aus der Sozialeinrichtung begünstigt sind.

127 Das Mitbestimmungsrecht besteht bei Errichtung, Verwaltung und Auflösung der Sozialeinrichtung.

128 Unter **Errichtung** sind alle Vorgänge zu verstehen, die die rechtliche und tatsächliche Bildung der Sozialeinrichtungen betreffen. Hierzu gehört die Rechts- und Wirtschaftsform der Sozialeinrichtung einschließlich der Frage, ob sie juristisch unselbständig oder eine eigene Rechtspersönlichkeit sein soll, die Bildung ihrer Organisation und ihre Aufgabenstellung. Hierzu gehört auch die abstrakte Festlegung des Benutzerkreises.

129 Bei der **Festlegung der juristischen Form** der Sozialeinrichtung ist darauf zu achten, daß das Mitbestimmungsrecht nicht beschränkt werden darf. Die Dienstvereinbarung, die die Regelungen hinsichtlich der Form der Sozialeinrichtung enthält, muß daher so gestaltet sein, daß der Personalrat in den entscheidenden Organen zumindest paritätisch mitbestimmt. Wird eine solche organisationsinterne Beteiligung nicht vorgesehen, bleibt das Mitbestimmungsrecht bei dem Personalrat der zuständigen Dienststelle, es wird dann als Mitbestimmungsrecht von außen her wahrgenommen *(BAG vom 13. 7. 1978, AP Nr. 5 zu § 87 BetrVG 1972 Altersversorgung; vom 8. 12. 1981, AP Nr. 1 zu § 1 BetrAVG Unterstützungskassen – sogenannte organschaftliche Lösung)*. Kann bei paritätisch besetzten Organen keine Einigung erzielt werden und ist eine Konfliktregelung nicht vorgesehen, müssen Dienststellenleiter und Personalrat die Entscheidung treffen, gegebenenfalls unter Einhaltung des Verfahrens bei Nichteinigung sowie der Anrufung der Einigungsstelle gem. §§ 80 ff. *(vgl. Hanau, BB 1973, 1277; Fitting u.a., BetrVG, § 87 Rn. 368)*.

130 Im Grundsatz besteht das Mitbestimmungsrecht auch hinsichtlich der **finanziellen Ausstattung** bei einer bestehenden Sozialeinrichtung. Allerdings ist in diesem Bereich die Ausübung des Mitbestimmungsrechtes weitgehend eingeschränkt, da die Mittel durch den Haushaltsplan festgelegt sind, so daß schon wegen des Gesetzesvorbehalts in § 85 Abs. 1 Einleitungssatz ein Mitbestimmungsrecht ausscheidet. Der Personalrat kann nicht verlangen, daß die Dienststelle für eine noch zu schaffende Sozialeinrichtung Mittel zur Verfügung stellt *(vgl. Lorenzen u.a., BPersVG, § 75 Rn. 138; BVerwG vom 7.11. 1969, PersV 1970, 187)*.

131 Unter den Begriff der Errichtung fallen auch alle Vorgänge, welche dazu bestimmt sind, eine Änderung der Rechts- und Wirtschaftsform einer bereits bestehenden Sozialeinrichtung herbeizuführen, wie z.B. die Kündigung eines Kantinenvertrages *(vgl. HessVGH vom 12.10. 1959, AP Nr. 1 zu § 67 PersVG; Fischer/Goeres, BPersVG, § 75 Rn. 91)*.

132 **Verwaltungsmaßnahmen** sind alle auf den laufenden Betrieb und die Unterhaltung abzielenden Maßnahmen wie z.B. finanzielle Vorgänge, personelle Entscheidungen, Ausstattung usw. Soweit wegen laufender Maßnahmen allgemeine Richtlinien bestehen, kann ein Mitbestimmungsrecht nicht mehr ausgeübt werden, es sei denn, dies ist in den Richtlinien vorgesehen *(Dietz/Richardi, BPersVG, § 75 Rn. 341; Lorenzen u.a., BPersVG, § 75 Rn. 148)*.

133 Der Begriff der Verwaltung kann nicht so eng aufgefaßt werden, daß darunter nur die Aufstellung allgemeiner Regeln zu verstehen wäre. Vielmehr fallen darunter **auch Einzelmaßnahmen,** da sich jede Verwaltung aus einer Vielzahl von Einzelmaßnahmen zusammensetzt *(Altvater u.a., BPersVG, § 75 Rn. 54; Grabendorff u.a., BPersVG, § 75 Rn. 125).* Mitbestimmungspflichtig ist daher z. B. die Erhöhung der Kantinenpreise bzw. der Abschluß oder die Kündigung von Pacht- oder Mietverträgen über Sozialeinrichtungen. Mitbestimmungspflichtig ist auch die Festsetzung der Beträge, die für die Inanspruchnahme der Leistungen der Sozialeinrichtung erhoben werden sollen, die Vermögensanlage, die Festlegung der Öfnungszeiten usw.

Freiwillige Leistungen an Sozialeinrichtungen durch die Dienststelle sind Maßnahmen der Verwaltung der Sozialeinrichtung, sie können nicht erzwungen werden *(BVerwG vom 7.11. 1969, PersV 1970, 187).* Lediglich ihre Verwendung unterliegt dem Mitbestimmungsrecht. 134

Schließlich unterliegt die **Auflösung** der Sozialeinrichtung dem Mitbestimmungsrecht des Personalrates. Gegen den Willen des Personalrates können vom Dienststellenleiter soziale Einrichtungen nicht abgebaut werden. Auflösung ist **jede** Art der **Einstellung des Betriebes** *(VG Berlin VG FK Bln A 37.79 vom 11. 2. 1980).* Mitbestimmungspflichtig ist daher die Einstellung des Betriebs einer Kindertagesstätte selbst dann, wenn die dort betreuten Kinder und die Dienstkräfte anderweitig untergebracht werden *(VG Berlin a.a.O.).* Mitbestimmungspflichtig ist auch die Kündigung des Mietvertrages über ein Schwesternwohnheim *(VG Berlin VG FK Bln 18.83 vom 21. 9. 1983).* 135

Allerdings besteht ein Mitbestimmungsrecht bei der Auflösung einer Sozialeinrichtung nicht, wenn diese durch Gesetz oder Tarifvertrag festgelegt wird, da dann auch der Leiter der Dienststelle keine Entscheidung treffen kann. Ein Mitbestimmungsrecht entfällt daher, wenn im Haushaltsplan die erforderlichen Mittel gestrichen werden und damit die wirtschaftliche Basis der Sozialeinrichtung entfällt *(Fischer/Goeres, BPersVG, § 75 Rn. 92).* Nicht mitbestimmungspflichtig ist auch die Einstellung bisher von der Dienststelle geleisteter Zuschüsse *(BVerwG vom 5. 9. 1986, PersR 1987, 21).* 136

Zuständigkeit

Zuständig für die Ausübung der Mitbestimmungsrechte ist grundsätzlich der Personalrat derjenigen **Dienststelle, in deren Geschäftsbereich** sich die Sozialeinrichtung befindet. Soweit die Einrichtung über den Geschäftsbereich des Personalrates bzw. eines Gesamtpersonalrates hinausgeht, ist der Hauptpersonalrat zuständig, § 59. Die Zuständigkeit des Gesamtpersonalrates ist nach § 54 dann gegeben, wenn die Sozialeinrichtung für mehrere Dienststellen eines Bereiches gebildet werden soll. 137

Hinsichtlich der Zuständigkeit ändert sich nichts dadurch, daß die Sozialeinrichtung, die als juristische Person besteht, einen **eigenen Personalrat oder einen eigenen Betriebsrat** hat. Dieser hat nur Mitbestimmungsrechte hinsichtlich der bei der Sozialeinrichtung beschäftigten Dienstkräfte bzw. Arbeitnehmer in personellen und sozialen Angelegenheiten. Beteiligungsrechte bezüglich der Dienstkräfte der Dienststelle, für die die Sozialeinrichtung errichtet worden ist, stehen diesem nicht zu. Er kann auch kein Beteiligungsrecht bei Verwaltung und Auflösung der Sozialeinrichtung nach § 85 Abs. 1 Nr. 8 geltend machen, da dieser die Zuständigkeit eindeutig dem Personalrat zuweist, für dessen Bereich die Sozialeinrichtung gebildet ist. 138

§ 85

Sozialpläne und Pläne für Umschulungen (Nr. 9)

139 Nach Abs. 1 Nr. 9 besteht ein Mitbestimmungsrecht bei der Aufstellung von Sozialplänen einschließlich der Pläne für Umschulungen zum Ausgleich oder zur Milderung von wirtschaftlichen Nachteilen, die den Dienstkräften infolge Rationalisierungsmaßnahmen entstehen.

140 Das Mitbestimmungsrecht ist durch bestehende Rationalisierungsschutzabkommen in Tarifverträgen **eingeschränkt.** Bei Errichtung oder Auflösung von Dienststellen durch Gesetz finden sich ferner in begleitenden Rechtsvorschriften Bestimmungen über eine Folgeregelung. Bei bestehenden tariflichen oder gesetzlichen Vorschriften kann der Personalrat nur ergänzende Vereinbarungen treffen.

141 Der **Sozialplan** soll **wirtschaftliche Nachteile,** die die geplante, eingeleitete oder durchgeführte Maßnahme für die Dienstkräfte hat, ausgleichen oder mildern. Letztlich handelt es sich rechtssystematisch um eine neuartige Ausprägung der Fürsorgepflicht des Dienstherrn auf kollektivrechtlicher Ebene *(vgl. Hanau, ZfA 1974, 102).* Nicht auszugleichen sind sonstige Nachteile, die nicht wirtschaftlich meßbar sind, wie z. B. das soziale Ansehen in der Dienststelle u. ä. Wirtschaftliche Nachteile können z. B. sein: Entlassungen, Lohnausfall, Verlust von Versicherungsjahren, Jubiläumsgaben, Urlaubsanwartschaften, Weihnachtsgratifikationen, sonstiger sozialer Leistungen, wie z. B. von Dienstwohnungen und günstigen Arbeitgeberdarlehn. Hierunter können auch die Folgen von Versetzungen fallen, die zu einer Einbuße an Entgelt, Verlust von Beförderungsmöglichkeiten oder zu erhöhtem Aufwand (erheblich längerer Weg zur Dienststelle) führen.

142 Erforderlich ist, daß bereits gesicherte Ansprüche der Dienstkräfte oder zumindest Anwartschaften beeinträchtigt werden. Bloße Chancen oder Hoffnungen der Dienstkräfte stellen keine wirtschaftlich meßbare Position dar. Deshalb wird auch nicht in jedem Falle in dem Wegfall von höherwertigen Dienstposten oder Beförderungsstellen innerhalb einer Dienststelle ein wirtschaftlicher Nachteil für die dort tätigen Dienstkräfte zu sehen sein, zumal im Bereich des öffentlichen Dienstes ein Anspruch auf Beförderung generell nicht besteht *(Lorenzen u.a., BPersVG, § 75 Rn. 180a).* Auch ideelle Nachteile wie die Verluste von Bequemlichkeit oder Prestigeverluste beinhalten keine wirtschaftlichen Nachteile im Sinne dieser Vorschrift. Der Sozialplan darf keine Leistung oder sonstige Maßnahmen festsetzen, durch die die Dienstkräfte wirtschaftlich besser gestellt würden, als sie ohne Durchführung der Maßnahme stehen würden. Inhalt des Sozialplans ist nicht die Entscheidung, ob die Rationalisierungsmaßnahme durchgeführt wird oder nicht, sondern nur der Schutz der Dienstkräfte auf sozialem und personellem Gebiet.

143 **Rationalisierungsmaßnahmen** sind vom Dienstherrn veranlaßte erhebliche Veränderungen der Arbeitstechnik oder wesentliche Änderungen der Arbeitsorganisation, die eine rationellere Arbeitsweise bezwecken. Nicht nur wirtschaftliche Gesichtspunkte sind ausschlaggebend, sondern auch Gründe der Effektivität der Verwaltung und der Verwaltungsarbeit, also das Verhältnis von Leistungsergebnis zu dem Leistungsaufwand. In Betracht kommen insbesondere Verlegungen, Zusammenlegungen, Stillegungen oder Ausgliederungen von Verwaltungs- oder Dienststellenteilen, die für die Dienstkräfte einen Wechsel der Beschäftigung oder die Beendigung der Beschäftigung zur Folge haben.

§ 85

Ferner Maßnahmen, die den Arbeitsablauf erleichtern oder den Aufwand von menschlicher Arbeitskraft, Zeit und Material verringern, wie das bei der Automation der Fall ist. In der Regel werden dabei nur solche Änderungen der Ablauf- und Aufbauorganisation der Dienststelle erfaßt, die das Verhältnis von Leistung und Kosten berühren.

Inhalt des Sozialplans können z. B. sein: **144**

Abfindungen für den Verlust des Arbeitsplatzes *(hier können unter Umständen die Bestimmungen der §§ 9, 10 KSchG einen Maßstab geben)*. Die Abfindungen können nach Alter, Familienstand, Dauer der Zugehörigkeit zum öffentlichen Dienst unterschiedlich gebildet werden; ferner Ausgleich für Verdienstverluste, Überbrückungsregelungen bis zur Rentenbewilligung, Vereinbarungen über die Weiternutzung von Dienstwohnungen, sonstige soziale Leistungen, Entschädigungen für die Unterbrechung einer Berufsausbildung, Regelungen über die Rückzahlung von Arbeitgeberdarlehen, Regelungen bezüglich einer bevorzugten Einstellung in den öffentlichen Dienst, Übernahme von Fahrt- und Umzugskosten.

Soweit bereits durch **gesetzliche oder tarifliche Regelungen** ein Ausgleich für **145** bestimmte Vorgänge geschaffen ist, kann im Sozialplan nicht darüber hinausgegangen werden. Das gilt z. B. im Bereich der Trennungsgeldregelungen und der Reisekostenregelungen sowie der Umzugskostenregelungen *(Fischer/Goeres, BPersVG, § 75 Rn. 104)*. Das gleiche gilt auch für Rationalisierungsschutzabkommen in Tarifverträgen, soweit diese nicht mehr ausfüllungsbedürftige Regelungen enthalten.

Ferner besteht ein Mitbestimmungsrecht nach dieser Vorschrift bei der Auf- **146** stellung von **Plänen für Umschulungen.** Der **Begriff der Umschulung** ist der gleiche wie in § 47 Abs. 1 AFG sowie in § 1 Abs. 4 und § 47 BBiG. Unter Umschulung sind danach Maßnahmen zu verstehen, die das Ziel haben, den Übergang in eine andere geeignete berufliche Tätigkeit zu ermöglichen, insbesondere um die berufliche Beweglichkeit zu sichern oder zu verbessern.

Das Mitbestimmungsrecht nach dieser Vorschrift besteht aber nur insoweit, als **147** durch die Umschulung die durch die Rationalisierungsmaßnahme hervorgerufenen wirtschaftlichen Nachteile ausgeglichen oder gemildert werden sollen. Es besteht nicht bei sonstigen Umschulungsmaßnahmen aus anderen Beweggründen oder mit anderen Zielsetzungen.

In dem Plan für Umschulungen ist im einzelnen festzulegen, für welche Tätig- **148** keiten die Umschulung durchzuführen ist, wie im einzelnen die Umschulung organisiert werden soll sowie welche Dienstkräfte an den Umschulungsmaßnahmen teilnehmen dürfen. Hierbei kann in dem Sozialplan auch geregelt werden, daß Ansprüche aus dem Sozialplan dann entfallen, wenn eine Dienstkraft vorgesehene Umschulungsmaßnahmen nicht durchführen will.

Ausübung des Mitbestimmungsrechtes

Bei Aufstellung sowohl des Sozialplanes als auch des Planes für Umschulungen **149** haben Personalrat und Dienststelle dienstliche Erfordernisse unter Beachtung der Gemeinwohlbindung und die **Interessen** der Dienstkräfte gegeneinander **abzuwägen.** Sie haben ferner Recht und Billigkeit zu beachten. Dies kann auch in dem Rechtsstreit einer einzelnen Dienstkraft um Ansprüche aus dem Sozialplan vom Gericht überprüft werden *(BAG vom 8. 12. 1976, 25. 10. 1983, AP Nrn. 3, 18 zu § 112 BetrVG 1972).*

150 Der Abschluß der Pläne erfolgt in der Regel durch Dienstvereinbarung, § 74. Die Dienstvereinbarung wirkt unmittelbar und zwingend, die Dienststelle hat nach ihr zu verfahren. Zum Nachteil der Dienstkräfte darf nicht abgewichen werden.

Fragen der Lohngestaltung (Nr. 10)

151 Abs. 1 Nr. 10 gewährt der Personalvertretung ein Mitbestimmungsrecht in Fragen der Lohngestaltung innerhalb der Dienststelle. Besonders hervorgehoben werden die Aufstellung von Entlohnungsgrundsätzen, die Einführung und Anwendung von neuen Entlohnungsmethoden und deren Änderung sowie die Festsetzung der Akkord- und Prämiensätze und vergleichbarer leistungsbezogener Entgelte einschließlich der Geldfaktoren. Diese **Aufzählung** ist, wie das Wort »insbesondere« verdeutlicht, **nicht abschließend.** Erfaßt werden neben bestehenden auch zukünftige Regelungsprobleme im Bereich der Lohngestaltung, es handelt sich um eine Generalklausel.

152 Das Mitbestimmungsrecht besteht nur, soweit **keine tariflichen oder gesetzlichen Regelungen** bestehen, § 85 Abs. 1 Einleitungssatz. Ferner können Dienstvereinbarungen nicht abgeschlossen werden, soweit darüber hinaus tarifliche Regelungen üblich sind, § 75 *(zur Tarifüblichkeit vgl. oben § 75 Rn. 7 ff.).* Die Regelung wird daher nur begrenzte Bedeutung haben, da meist die Tarife abschließende Vorschriften enthalten. Soweit tarifliche Regelungen nicht bestehen, sondern durch den Arbeitgeber die Anwendung von Richtlinien einer Tarifgemeinschaft oder sonstigen Gruppierung bzw. behördeninterne Richtlinien eine Grundlage für die Entlohnung bilden sollen, kann ein Mitbestimmungsrecht bestehen, da es sich um eine eigenständige Maßnahme des Arbeitgebers handelt *(dazu oben Rn. 23 sowie BVerwG vom 6. 2. 1987, PersR 1987, 130).*

153 Der **Begriff** der Lohngestaltung in Nr. 10 könnte darauf hindeuten, daß sich der Anwendungsbereich der Vorschrift weitgehend auf die Angelegenheiten der Arbeiter beziehen könnte, da nur das Entgelt der Arbeiter herkömmlicherweise als Lohn bezeichnet wird *(so früher BVerwG vom 17. 1. 1969, PersV 1969, 179; vgl. Fischer/Goeres, BPersVG, § 75 Rn. 84a).* Hierfür könnte auch sprechen, daß der Gesetzgeber selbst einen Unterschied zwischen Lohn und anderen Entgeltformen macht. In § 85 Abs. 1 Nr. 3 wird als übergreifender Begriff die Bezeichnung Arbeitsentgelt gebraucht, auch wird in § 4 Abs. 2 nur in bezug auf die Arbeiter davon gesprochen, daß sie sich in einem Lohnverhältnis befinden. Zu berücksichtigen ist aber, daß sich die Mitbestimmungstatbestände des § 85 anders als die der §§ 87 und 88 grundsätzlich auf alle Dienstkräfte beziehen, schon nach der Überschrift handelt es sich um allgemeine Angelegenheiten. Auch betrifft der Begriff des leistungsbezogenen Entgelts sowohl die Vergütung der Angestellten als auch die der Arbeiter *(BVerwG vom 23. 12. 1982, PersV 1983, 505).* Ferner gebietet Sinn und Zweck des Mitbestimmungstatbestandes die Einbeziehung der Angestellten in seinen Geltungsbereich *(BVerwG vom 6. 2. 1987, PersR 1987, 130; vgl. dazu auch von Friesen, RdA 1979, 225, 226).*

154 Praktische Bedeutung kommt dem Mitbestimmungsrecht vornehmlich im Bereich der Betriebe zu *(zum Begriff des Betriebs vgl. oben § 1 Rn. 20).*

155 Unter **Lohngestaltung** ist die Festlegung kollektiver Regelungen zu verstehen, nach denen die Entlohnung innerhalb der Dienststelle vorgenommen werden soll. Nicht hierunter fällt die individuelle Lohnberechnung für die einzelne

Dienstkraft *(Grabendorff u.a., BPersVG, § 75 Rn. 104; Fitting u.a., BetrVG, § 87 Rn. 410).*

Nicht zur Frage der Lohngestaltung gehört die politische **Entscheidung über die Lohnhöhe,** das Mitbestimmungsrecht dient nicht der Lohnpolitik, sondern der Lohnfindung unter dem Gesichtspunkt der Lohngerechtigkeit *(Grabendorff u.a., BPersVG, § 75 Rn. 106; Dietz/Richardi, BPersVG, § 75 Rn. 275).* Aufgabe der Personalvertretung ist dabei zu prüfen, ob Leistung und Gegenleistung in einem ausgeglichenen Verhältnis zueinander stehen. Damit bezieht sich das Mitbestimmungsrecht in erster Linie nicht auf materielle Arbeitsbedingungen, sondern auf formelle Arbeitsbedingungen *(BVerwG vom 20. 3. 1980, E 60, 93; vom 17. 1. 1969, PersV 1969, 179; Fischer/Goeres, BPersVG, § 75 Rn. 84).* Die materiellen Arbeitsbedingungen werden dadurch bestenfalls mittelbar beeinflußt. Lediglich im Bereich der leistungsbezogenen Entgelte erfaßt die Mitbestimmung durch die Einbeziehung des Geldfaktors auch eine materielle Arbeitsbedingung *(BVerwG vom 20. 3. 1980, E 60, 93).* 156

Ein Mitbestimmungsrecht hinsichtlich der materiellen Frage der Lohnhöhe besteht aber kraft ausdrücklicher Regelung bei **leistungsbezogenen Entgelten,** bei denen auch der Geldfaktor, also die Lohnhöhe unmittelbar beeinflussende materielle Bedingungen, der Mitbestimmung unterworfen sind. 157

Im Rahmen der Lohngestaltung unterliegt die Aufstellung von **Entlohnungsgrundsätzen** dem Mitbestimmungsrecht. Es erstreckt sich nur auf abstraktgenerelle Regelungen *(BVerwG vom 26. 7. 1979, ZBR 1980, 157).* Entlohnungsgrundsätze sind die übergeordneten, allgemeinen Systeme, nach denen die Entlohnung für die Dienststelle, bestimmte Gruppen von Arbeitnehmern oder bestimmte Teile der Dienststelle erfolgen soll, wie z.B. Zeitlohn, Akkordlohn, Gedinge, Prämienlohn, Leistungszulagen usw. *(vgl. auch BVerwG vom 20. 3. 1980, E 60, 93; BAG vom 16.12. 1986, AP Nr. 8 zu § 87 BetrVG 1972 Prämie; Fitting u.a., BetrVG, § 87 Rn. 134).* Die Entlohnungsgrundsätze regeln auch, ob und wie von einer Berechnungsart zu einer anderen übergegangen werden soll, also z.B. der Übergang von Zeitlohn zu Akkordlohn oder umgekehrt *(BVerwG vom 26. 7. 1979, ZBR 1980, 157; vom 27. 7. 1979, ZBR 1980, 159).* Hierher gehört auch die Schaffung von Berechnungsgrundsätzen bei Abschlagszahlungen *(OVG Lüneburg vom 3. 5. 1966, PersV 1967, 19)* und deren Verrechnung, ferner Zeitpunkt und Rechtsanspruch für die Zahlung von Gratifikationen, soweit bereits ein Rechtsanspruch besteht, ohne daß jedoch deren Höhe beeinflußt werden kann *(vgl. Dietz/Richardi, BPersVG, § 75 Rn. 275);* die materielle Seite, also die politische Entscheidung über die Lohnhöhe, bleibt unberührt *(BVerwG vom 20. 3. 1980, E 60, 93).* Auch die Einführung von Richtlinien – sei es einer Tarifgemeinschaft oder behördeninterner Natur – unterliegt als Entlohnungsgrundsatz dem Mitbestimmungsrecht des Personalrats *(oben Rn. 135 sowie BVerwG vom 6. 2. 1987, PersR 1987, 130).* Nicht dem Mitbestimmungsrecht dürfte aber die Anwendung eines Absenkungserlasses im öffentlichen Dienst unterliegen, nach dem für einen Eingangszeitraum eine geringere Vergütung zu zahlen ist *(widersprüchlich BAG vom 27. 1. 1987, AP Nr. 42 zu § 99 BetrVG 1972 einerseits und vom 27. 5. 1987, AP Nr. 6 zu § 74 BAT).* 158

Die **Entlohnungsmethode** ist gegenüber dem Entlohnungsgrundsatz der engere Begriff. Durch sie wird die Art und Weise, wie der gewählte Entlohnungsgrundsatz durchgeführt werden soll, geregelt *(BVerwG a.a.O.; Grabendorff u.a., BPersVG, § 75 Rn. 109).* Der Begriff bezieht sich also auf das technische Verfahren. Hierher gehören Arbeitsbewertungsmethoden, wie z.B. das Punkt- 159

§ 85

system oder das Leistungsgruppensystem, die Grundlagenermittlung für Vorgabewerte wie z. B. bei der Einführung, Anwendung und Änderung von Refa-Grundsätzen oder des Bedaux-Systems.

160 Dem Mitbestimmungsrecht unterliegt auch als Fall der Anwendung der Entlohnungsmethode deren **Fortentwicklung,** z. B. bei Berücksichtigung gewonnener Erfahrungen innerhalb der Dienststelle *(Grabendorff u. a., BPersVG, § 75 Rn. 109).* Über die Anwendung und Einführung hinaus ist auch jede Änderung der Entlohnungsmethode mitbestimmungspflichtig.

161 Über diese Mitbestimmungsrechte hinaus und praktisch die Durchführung und Ausgestaltung der Entlohnungsgrundsätze und -methoden betreffend, besteht ein Mitbestimmungsrecht auch bei der **Festsetzung der Akkord- und Prämiensätze** und aller anderen vergleichbaren leistungsbezogenen Entgelte.

162 **Akkord** ist allein nach der Arbeitsleistung erfolgende Entlohnung *(vgl. zu den einzelnen Akkordsystemen Fitting u. a., BetrVG, § 87 Rn. 489 ff.).* Ausgangspunkt ist dabei der in der Regel in Tarifverträgen festgelegte Akkordrichtsatz, d. h. der Verdienst, der bei normaler Arbeitsleistung pro Stunde erreicht werden soll. Zu unterscheiden ist dann zwischen Geldakkord und Zeitakkord.

163 Bei dem **Geldakkord** wird unter Zugrundelegung des Akkordrichtsatzes und der zur Herstellung eines Stückes (bzw. einer Maß- oder Gewichtseinheit) geschätzten erforderlichen Zeit das Entgelt für ein Werkstück (bzw. Maß- oder Gewichtseinheit) errechnet.

164 Der **Zeitakkord** geht ebenfalls von dem Akkordrichtsatz aus. Aus diesem wird das pro Minute zu zahlende Entgelt errechnet (Geldfaktor). Die Entlohnung für ein Werkstück (bzw. eine Maß- oder Gewichtseinheit) ergibt sich dann aus der Multiplikation des Geldfaktors mit der Zeit, die dem einzelnen Arbeitnehmer für den einzelnen Arbeitsvorgang zugebilligt, also vorgegeben wird (Zeitfaktor). Der Geldfaktor wird in der Regel ausgehandelt, der Zeitfaktor jedoch unter Anwendung arbeitswissenschaftlicher Methoden (z. B. Refa- oder Bedaux-System) ermittelt.

165 Dem **Mitbestimmungsrecht unterliegt** bei dem Geldakkord die Festsetzung des Lohnes für ein Stück (bzw. eine Maß- oder Gewichtseinheit) sowie bei dem Zeitakkord die Festsetzung des Zeit- und des Geldfaktors. Hier bezieht sich das Mitbestimmungsrecht also auch auf die materiellen Arbeitsbedingungen. Die Beteiligung setzt bereits bei der bloß vorbereitenden Durchführung von Zeitstudien ein *(Fitting u. a. a. a. O.),* da dadurch bereits entscheidende Voraussetzungen für die darauf aufbauende Lohngestaltung geschaffen werden.

166 Bei dem **Prämienlohn** können noch weitere Merkmale einer Arbeitsleistung als Bezugsgrößen herangezogen werden. Er wird meistens in Betracht kommen, wenn eine Leistung nicht mehr zeitabhängig ist. Auch hier muß jedoch für den Arbeitnehmer die Möglichkeit bestehen, das Leistungsergebnis zu beeinflussen. Es kann sowohl dem Akkordsystem ähnlich gestaltet sein, als auch als Zulage zu einem Zeitlohn gewährt werden *(vgl. dazu im einzelnen Fitting u. a., BetrVG, § 87 Rn. 510 f. m. w. N.).*

167 **Vergleichbare leistungsbezogene Entgelte** sind diejenigen Lohnformen, bei denen Leistungs- und Entgelteinheiten unter Berücksichtigung des konkreten Arbeitsergebnisses berechnet werden, wie z. B. Leistungszulagen, die sich am Arbeitsergebnis, der Arbeitsausführung, dem Arbeitseinsatz, der Arbeitssorgfalt, der Fehlerquote usw. orientieren. Eine besondere Form der Leistungsentlohnung ist auch das Gedinge, dem in der Regel auch eine Zeitkalkulation zugrunde zu legen ist.

Das Mitbestimmungsrecht besteht hinsichtlich der **Festsetzung** der Akkord- und Prämiensätze usw. Festsetzung ist jede Bestimmung oder Änderung, die sich abstrakt generell auf einen Arbeitsablauf oder einen Arbeitsplatz bezieht *(BVerwG vom 27. 7. 1979, PersV 1981, 73; vom 26. 7. 1979, ZBR 1980, 157).* Die individuelle Lohnberechnung für den einzelnen Arbeitnehmer fällt nicht hierunter, also auch nicht die Ansetzung des Akkords im Einzelfall *(BVerwG vom 26. 7. 1979, ZBR 1980, 157; Grabendorff u. a., BPersVG, § 75 Rn. 111).* Der Mitbestimmung unterliegt z. B. die Einführung von **Schreibprämien** *(BVerwG vom 23. 12. 1982, PersV 1983, 506),* die zu der sonst gezahlten Vergütung hinzutreten *(näher dazu v. Friesen, DB 1983, 1871).* **168**

Nach einer Entscheidung des Bundesverwaltungsgerichts *(BVerwG vom 3. 12. 1957, E 6, 46)* soll auch nicht die Prüfung dem Mitbestimmungsrecht unterliegen, ob neue Festsetzungen der Akkordsätze eingeleitet werden sollen, da es sich nur um feststellende, nicht aber um festsetzende Maßnahmen handele. Dies erscheint zweifelhaft, da auch durch diese Prüfung bereits Tatsachen geschaffen werden können, die die spätere Festsetzung, bei der ein Mitbestimmungsrecht zweifelsfrei besteht, beeinflussen. Letztlich kann das jedoch dahinstehen, da auch die Personalvertretung im Rahmen ihres Initiativrechtes die Prüfung einleiten kann. **169**

Nicht unter das Mitbestimmungsrecht fällt die Zuweisung eines Arbeitnehmers auf einen anderen Arbeitsplatz, auf dem nach anderen Entlohnungsgrundsätzen das Entgelt berechnet wird *(Fischer/Goeres, BPersVG, § 75 Rn. 86).* Hier ist aber ein Mitbestimmungsrecht nach § 86 Abs. 3 bzw. § 87 zu beachten. **170**

Die Wahrnehmung des Mitbestimmungsrechts erfolgt in der Regel durch Abschluß einer Dienstvereinbarung. **171**

Betriebliches Vorschlagswesen (Nr. 11)

Nach Abs. 1 Nr. 11 besteht ein Mitbestimmungsrecht für die Grundsätze über das betriebliche Vorschlagswesen. **172**

Das Mitbestimmungsrecht besteht **nur im Bereich der Betriebe** des Landes Berlin *(zum Begriff vgl. oben § 1 Rn. 20),* das folgt aus der Wahl der Worte »betriebliches Vorschlagswesen«. **173**

Das betriebliche Vorschlagswesen erfaßt alle Maßnahmen zur Anregung, Sammlung und Bewertung von Vorschlägen der Dienstkräfte zur Vereinfachung, Verbesserung, Beschleunigung oder Steigerung der Sicherheit der Arbeit in dem Betrieb. Gegenstand des Vorschlags kann sowohl der technische als auch der organisatorische Betriebsablauf sein. Der Personalrat hat hier auch ein Initiativrecht. **174**

Abgrenzung zu Arbeitnehmererfindungen

Verbesserungsvorschläge im Bereich des betrieblichen Vorschlagswesens sind zu trennen von den Arbeitnehmererfindungen. Maßgeblich für die Unterscheidung ist das Gesetz über Arbeitnehmererfindungen (ArbNErfG). Arbeitnehmererfindungen sind Erfindungen, die patent- oder gebrauchsmusterfähig sind, § 2 ArbNErfG. Sie unterliegen nicht dem Mitbestimmungsrecht der Personalvertretung. **175**

176 Demgegenüber sind technische Verbesserungsvorschläge sonstige technische Neuerungen, die nicht patent- oder gebrauchsmusterfähig sind, § 3 ArbNErfG. Für sie besteht ein Anspruch auf Vergütung nach § 20 Abs. 1 ArbNErfG, wenn sie dem Dienstherrn eine ähnliche Vorzugsstellung gewähren wie ein gewerbliches Schutzrecht und er sie verwertet. Diese gesetzliche Regelung schließt das Mitbestimmungsrecht der Personalvertretung aus.

177 Soweit keine faktische Monopolstellung besteht (also bei sogenannten einfachen Verbesserungsvorschlägen), kann nach § 20 Abs. 2 ArbNErfG eine Regelung durch Tarifvertrag bzw. Dienstvereinbarung erfolgen. Die Bestimmung des § 40 Nr. 3 ArbNErfG, die das Mitbestimmungsverfahren begrenzt, ist zu beachten.

178 Für Verbesserungsvorschläge auf organisatorischem Gebiet, also außerhalb des technischen Bereiches, bestehen im Gesetz über Arbeitnehmererfindungen keine das Mitbestimmungsrecht einschränkenden Regelungen.

Gegenstand der Mitbestimmung

179 Das Mitbestimmungsrecht bezieht sich auf **Bewertungsgrundsätze** wie z. B.: Verwendbarkeit, Praktikabilität, Kosteneinsparung usw. Ferner besteht es für Organisation und Verfahren. Hierzu gehört die organisatorische Ausgestaltung und die Frage der Betrauung einer Person mit der Bearbeitung der Vorschläge, ebenso die Begrenzung des vorschlagsberechtigten und des prämienberechtigten Personenkreises. Hierzu gehören auch Regelungen über Form und Dienstweg der Einreichung von Vorschlägen *(vgl. zum Ganzen Wrieske, DB 1971, 2028; Dietz/Richardi, BPersVG, § 75 Rn. 433; teilweise a. A. Fischer/Goeres, BPersVG, § 75 Rn. 102)* sowie Grundsätze der Prämiierung, wenn eine Prämienzahlung vorgesehen ist.

180 Das Mitbestimmungsrecht besteht nicht bei der Bewertung eines Verbesserungsvorschlages im Einzelfall, bei der Entscheidung über seine Annahme, Verwertung und die Höhe der Prämie. Es scheidet auch bei der Frage der Durchführung eines Vorschlages aus, hier können jedoch Beteiligungsrechte nach den §§ 72, 85 Abs. 2 Nr. 2, 90 Nrn. 3 und 4 bestehen.

Arbeitsplatzgestaltung (Nr. 12)

181 Nach Abs. 1 Nr. 12 hat die Personalvertretung ein Mitbestimmungsrecht bei der Gestaltung der Arbeitsplätze. Aufgabe der Personalvertretung ist hierbei, schutzwürdige Belange der Dienstkräfte zu wahren. Die Arbeitsplatzgestaltung soll gesicherten arbeitswissenschaftlichen Erkenntnissen entsprechen. Das Mitbestimmungsrecht ist im Zusammenhang mit dem Gedanken des Arbeitsschutzes zu sehen.

182 **Arbeitsplatz** ist der Ort, an dem die einzelne Dienstkraft unter Einbeziehung der technischen und organisatorischen Gegebenheiten in der Dienststelle ihre dienstlichen Obliegenheiten erfüllt. Der Begriff ist räumlich zu verstehen *(BVerwG vom 15.12.1978, PersV 1980, 145; vom 30.8.1985, E 72, 94; vom 17.2.1986, E 74, 28)*. Arbeitsplatzgestaltung ist die Art und Weise der Ausgestaltung der Einzelarbeitsplätze, wie z. B. die räumliche Anordnung von Geräten, Maschinen, Berücksichtigung von Einflüssen der Umgebung des Arbeitsplatzes, wie Lärm, Temperatur, Beleuchtung, Geruch usw. Dazu gehört auch die funktionsgerechte Ausstattung der Arbeitsplätze mit Mobiliar. Nicht

§ 85

erfaßt werden Pausen- und Umkleideräume, da in diesen keine Arbeitsvorgänge verrichtet werden *(BVerwG vom 17. 2. 1986, E 74, 28).*

183 Das Beteiligungsrecht betrifft alle Arbeitsplätze, auch solche, die neu geschaffen werden *(BVerwG vom 30. 8. 1985, E 72, 94; vom 17. 2. 1986, E 74, 28; Fischer/ Goeres, BPersVG, § 75 Rn. 110).* Es bezieht sich auch auf jede Änderung und Umgestaltung des Arbeitsplatzes. Es erstreckt sich nur auf die Ausgestaltung, nicht jedoch darauf, ob ein Arbeitsplatz eingerichtet werden soll oder welche Arbeiten dort zu verrichten sind. Das Mitbestimmungsrecht wird ausgelöst, wenn die Dienststelle Maßnahmen in bezug auf den Arbeitsplatz plant bzw. einleitet.

184 Mit diesem Mitbestimmungsrecht kann der Personalrat einen Beitrag zur »Humanisierung des Arbeitslebens« leisten, d. h., er hat mit seinem Mitbestimmungsrecht dafür Sorge zu tragen, daß die **arbeitswissenschaftlichen Erkenntnisse** bei der Ausgestaltung der Arbeitsplätze berücksichtigt werden. Was im einzelnen unter arbeitswissenschaftlichen Erkenntnissen zu verstehen ist, ist umstritten *(vgl. Fitting u. a., BetrVG, § 90 Rn. 54 ff. m. w. N.).* In erster Linie wird es hier für den Personalrat darauf ankommen, daß er die psychischen und gesundheitlichen Auswirkungen der Arbeitsplatzgestaltung erkennt und mit Hilfe des Mitbestimmungsrechts versucht, die eintretenden Belastungen möglichst gering zu halten. Besondere Bedeutung hat in diesem Zusammenhang die Arbeitsmedizin, deren Erkenntnisse sind zu berücksichtigen. Der Personalrat hat daher beispielsweise auf die ergonomisch richtige Ausgestaltung der Arbeitsplätze zu achten, was gerade bei der **Einführung neuer Technologien** (Datensichtgeräte) besonders wichtig ist. Das Mitbestimmungsrecht hat zum Inhalt, besondere Belastungen von den Dienstkräften abzuwenden, zu mildern oder auszugleichen, die sich durch eine Gestaltung von Arbeitsplatz und Arbeitsablauf ergeben.

185 Von dem Mitbestimmungsrecht wird **beispielsweise erfaßt** die funktionsgerechte Einrichtung des Arbeitsplatzes, die Gestaltung der Arbeitsumgebung, z. B. die Ausschaltung oder Milderung störender Einflüsse, alle Maßnahmen, die zu einer Arbeitserleichterung führen sollen. Hierzu zählt auch der Einbau einer Klimaanlage, es sei denn, die Dienststelle hätte keine Einflußnahme auf die Gestaltung und Anwendung der Anlage, wie dies beispielsweise in angemieteten Räumlichkeiten der Fall sein kann. Mitbestimmungspflichtig kann auch die Aufstellung von Raumplänen sein, insbesondere, wenn damit nicht nur unerhebliche Veränderungen am Arbeitsplatz verbunden sind *(z. B. hinsichtlich Unterbringung, Arbeitsgeräten, Ausstattung und Einrichtung, Beleuchtung und Belüftung, vgl. BVerwG vom 16. 12. 1992, PersR 1993, 164).*

186 Nicht dem Mitbestimmungsrecht nach § 85 Abs. 1 Nr. 12 unterliegt die Zahlung von besonderen **Zulagen** zum Ausgleich für Arbeitsplatznachteile. Für sie kann nur im Rahmen des § 85 Abs. 1 Nr. 10 ein Mitbestimmungsrecht bestehen, allerdings sind derartige Bestimmungen üblicherweise in Tarifverträgen oder gesetzlichen Vorschriften enthalten.

187 Die Personalvertretung hat ein selbständiges **Initiativrecht**, sie ist jedoch an die Berücksichtigung schutzwürdiger Interessen der Dienstkräfte und die vorhandenen Haushaltsmittel gebunden. Die räumlichen und organisatorischen Gegebenheiten der Dienststelle sind auch bei der Wahrnehmung des Mitbestimmungsrechts zu beachten. Eine Beschränkung könnte sich auch dann ergeben, wenn nicht nur die Belange der Dienstkräfte, sondern überwiegend das Allgemeininteresse berührt wird *(BVerwG vom 27. 7. 1979, PersV 1981, 73).*

§ 85

Technische Einrichtungen (Nr. 13)

188 Das Mitbestimmungsrecht des Personalrates bei Einführung und Anwendung technischer Einrichtungen, die dazu bestimmt sind, das Verhalten oder die Leistung der Dienstkräfte zu überwachen, nach Abs. 1 Nr. 13, bezieht sich nur auf technische Einrichtungen, **nicht jedoch auf Kontroll- oder Aufsichtspersonal**. Es hat Bedeutung vornehmlich in den Betrieben, gilt jedoch auch in den übrigen Dienststellen. Es ergänzt die Regelungen in § 85 Abs. 1 Nrn. 1, 6, 10 und 12. Es geht, soweit eine Verhaltens- oder Leistungskontrolle der Dienstkräfte erfolgt, der Regelung des § 85 Abs. 1 Nr. 6 als speziellere Bestimmung vor.

189 Ebenso wie die Bestimmungen des § 87 Abs. 1 Nr. 6 BetrVG dient auch die Bestimmung des § 85 Abs. 1 Nr. 13 dem **Persönlichkeitsschutz** der einzelnen Dienstkraft gegen anonyme Kontrolleinrichtungen, weil mit diesen stark in den persönlichen Bereich der Dienstkraft eingegriffen werden kann, ohne daß diese es bemerkt oder den Eingriff beeinflussen kann. Es ist allgemein anerkannt, daß die moderne Datenverarbeitungstechnologie vielfältige **Gefahren für das Persönlichkeitsrecht** der betroffenen Arbeitnehmer zur Folge hat oder haben kann. Gerade im Hinblick auf diese Gefahren für das Persönlichkeitsrecht hat auch das Bundesverfassungsgericht in seiner Entscheidung vom 15. 12. 1983 zum Volkszählungsgesetz *(NJW 1984, 419)* entschieden, daß unter den Bedingungen der modernen Datenverarbeitung der Schutz des einzelnen gegen eine unbegrenzte Erhebung, Speicherung, Verwendung und Weitergabe seiner persönlichen Daten von dem allgemeinen Persönlichkeitsrecht des Artikels 2 Abs. 1 in Verbindung mit Art. 1 Abs. 1 GG umfaßt werde. Diese Grundrechte gewährleisten nach Auffassung des Bundesverfassungsgerichts dem einzelnen das Recht, über die Preisgabe und Verwendung seiner persönlichen Daten zu bestimmen. Dieser besondere Schutz ist nach dieser Entscheidung erforderlich, weil Einzelangaben über persönliche oder sachliche Verhältnisse einer bestimmten oder bestimmbaren Person technisch gesehen unbegrenzt speicherbar und jederzeit abrufbar sind. Auch die Verknüpfungsmöglichkeiten gespeicherter Daten haben durch die neue Technologie erheblich zugenommen. Die Verbindung mit anderen Datensammlungen ermöglicht es dem Benutzer, jederzeit ein Persönlichkeitsbild zusammenzufügen, welches der Betroffene weder kennt noch kontrollieren kann. Die Möglichkeiten der Einsicht- und Einflußnahme der Verwender derartiger neuer Technologien haben sich damit in einem Maße erweitert, daß die Gefahr der Einwirkung durch psychischen Druck und damit eine Einschränkung der individuellen Selbstbestimmung bestehen kann. Diese Gefahren der technischen Datenverarbeitung für das Persönlichkeitsrecht sind letztlich der Grund dafür, ein Mitbestimmungsrecht des Personalrats zu bejahen. Der **Personalrat** hat hier eine **Schutzfunktion** zugunsten aller Dienstkräfte wahrzunehmen, er muß in erster Linie darauf achten, daß die Eingriffe in die Persönlichkeitsrechte der Dienstkräfte, soweit sie überhaupt rechtlich zulässig sind, auf das aus arbeitsorganisatorischen Gründen notwendige Maß begrenzt werden. Bei der Anwendung und Auslegung der Bestimmung muß immer dieser Grundsatz beachtet werden. Zu beachten ist allerdings, daß ein Eingriff in die Persönlichkeitsrechte der Dienstkräfte, der aufgrund anderer Vorschriften unzulässig ist, auch dann nicht wirksam wird, wenn der Personalrat seine Zustimmung erteilt hat. Insoweit kommt der Bestimmung des § 85 Abs. 1 Nr. 13 kein übergeordneter Charakter zu.

§ 85

Was unter einer **technischen Einrichtung** zu verstehen ist, ergibt sich nicht **190** unmittelbar aus dem Gesetz. Erfaßt werden alle Objekte, wie Werkzeuge, Geräte, Maschinen und ähnliches, die vom Menschen durch sinnvolle und zielgerichtete Ausnutzung der Naturgesetze und Naturprozesse der Erweiterung der begrenzten menschlichen Fähigkeiten dienen. Unter dem Begriff der technischen Einrichtung ist also alles das zu verstehen, was außerhalb der menschlichen Sinne zur Registrierung des Verhaltens oder der Leistung der Dienstkräfte genutzt werden kann (*Altvater u.a.*, BPersVG, § 75 Rn. 79; *BVerwG vom 31. 8. 1988, PersR 1988, 271*). Erfaßt werden damit alle technischen Hilfsmittel, die benutzt werden, um eine Überwachung durch den Menschen zu ermöglichen, mit denen Informationen erlangt werden können, die der Mensch auswerten kann. Daß es sich um eine technische Apparatur bzw. Vorrichtung handeln muß, ergibt sich im übrigen schon aus dem Begriff der Einrichtung. Hinzu kommt, daß diese Einrichtung dazu bestimmt sein muß, das Verhalten oder die Leistung der Dienstkräfte zu überwachen, durch die technische Einrichtung selbst muß also die Überwachung ermöglicht werden, sie muß selbst Informationen liefern oder verarbeiten. Technische Einrichtungen in diesem Sinne sind daher beispielsweise Multimoment-Kameras, Produktographen, Zählwerke, Fahrtenschreiber, Arbeitserfassungsgeräte, Stechuhren, Fernseh- oder Filmkameras, die zur Überwachung eingesetzt werden, Datensichtgeräte, Computer, Telefondatenerfassungsanlagen usw. (*vgl. OVG Bremen vom 29. 10. 1985, PersR 1986, 95; BVerwG vom 31. 8. 1988, PersR 1988, 271; vom 16. 12. 1987, PersR 1988, 51; vom 30. 1. 1985, PersR 1985, 75*).

Keine technische Einrichtung im Sinne der Vorschrift sind **Kontrollmaßnah-** **191** **men des Dienststellenleiters,** die dieser ohne die Einschaltung technischer Einrichtungen trifft, beispielsweise Anordnungen, Tätigkeitsberichte zu erstellen, Arbeitsbücher zum Nachweis der Arbeitsleistung oder der Mehrarbeit zu führen oder sonstige manuelle Aufzeichnungen zu erstellen (*Lorenzen u.a.*, BPersVG, § 75 Rn. 195; *OVG Münster vom 10. 1. 1977, ZBR 1978, 178*). Nicht mitbestimmungspflichtig nach dieser Vorschrift ist daher beispielsweise auch die Einführung und die Ausfüllung der **Gleitzeitbögen,** die dem Zwecke der Einhaltung der Arbeitszeit durch die einzelnen Dienstkräfte dienen. Zweifelhaft ist, ob das Mitbestimmungsrecht auch dann entfällt, wenn die manuellen **Aufzeichnungen** der Dienstkräfte anschließend **mit** Hilfe einer **Datenverarbeitungsanlage ausgewertet** werden. Dafür könnte sprechen, daß durch die Verarbeitung zulässig erhobener Informationen nicht erneut in das Persönlichkeitsrecht der Dienstkraft eingegriffen würde (*vgl. Zöllner, DB 1984, 241 ff.; Jahnke, DB 1978, 691 f.; Goos, BB 1983, 581, 584*). Die Informationen würden in ihrem Inhalt nicht geändert, Änderungen erführen lediglich die hieraus gezogenen Schlüsse und Folgerungen. Dem steht jedoch entgegen, daß im Vordergrund der Schutzvorschrift des § 85 Abs. 1 Nr. 13 das Persönlichkeitsrecht der einzelnen Dienstkraft steht. Die aus der Datenverarbeitungstechnologie erwachsenden Gefahren für das Persönlichkeitsrecht des jeweiligen Betroffenen bestehen unabhängig davon, ob durch technische Einrichtungen die Informationen erst ermittelt oder lediglich verarbeitet werden; die technische Auswertung manuell erhobener Daten führt nämlich notwendig zu einem **Kontextverlust,** der ursprüngliche Erhebungszusammenhang geht verloren. Hinzu kommt, daß die Daten ausgewählt werden müssen, was zu einer **Datenabstraktion** führt (*BAG vom 14. 9. 1984, AP Nr. 9 zu § 87 BetrVG 1972 Überwachung; Schwarz, DB 1983, 226, 227; Hinz in Anmerkung zu BAG AP Nr. 2 zu § 87 BetrVG*

§ 85

1972 Überwachung; Simitis, NJW 1984, 398, 402; vgl. dazu auch Schneider, PersR 1986, 189ff.). Auch können mit Hilfe der maschinellen Auswertung kaum begrenzbar Daten verarbeitet werden, eine persönliche und individualisierende Beurteilung fällt weitgehend weg. Die Dienstkraft ist lediglich Objekt dieses Verfahrens, ihr ist eine wirksame Gegenkontrolle kaum möglich. Eine technische Einrichtung, die aufgrund des verwendeten Programmes Verhaltens- und Leistungsdaten auswertet, die ihr erst eingegeben werden, ist damit auch zur Überwachung bestimmt *(BAG vom 14. 9. 1984, AP Nr. 9 zu § 87 BetrVG 1972 Überwachung).*

192 **Nicht dem Mitbestimmungsrecht** unterliegt die Einführung von Kontrolleinrichtungen, die nur der **Überwachung von Maschinen** dienen. Beispielsweise sind nicht mitbestimmungspflichtig Warnlampen, Druckmesser, Stückzähler. Das Mitbestimmungsrecht besteht aber dann, wenn mit einer solchen Maschinenkontrolle gleichzeitig eine Kontrolle der Dienstkraft verbunden ist. Es ist nicht erforderlich, daß die technische Einrichtung ausschließlich oder überwiegend die Überwachung der Dienstkräfte zum Ziel haben muß. Auch wenn die **Überwachung lediglich ein Nebeneffekt** der technischen Einrichtung ist, greift das Mitbestimmungsrecht des § 85 Abs. 1 Nr. 13 ein *(vgl. BAG vom 14. 5. 1975, 9. 9. 1975, 10. 7. 1979, 6. 12. 1983, 23. 4. 1985, AP Nrn. 1, 2, 3, 7, 11 zu § 87 BetrVG 1972 Überwachung; BVerwG vom 16. 12. 1987, NZA 1988, 513; Grabendorff u. a., BPersVG, § 75 Rn. 197, 201 f.; Dietz/Richardi, BPersVG, § 75 Rn. 518).* Das Persönlichkeitsrecht der Dienstkräfte wird auch dann berührt, wenn durch eine technische Einrichtung nur als Nebeneffekt die Überwachung erfolgt. Entscheidend ist allein, daß eine Überwachung möglich ist, nicht, daß sie Hauptzweck der technischen Einrichtung ist. Unerheblich ist auch, ob dieser Nebeneffekt der technischen Einrichtung nach dem Willen des Dienststellenleiters ausgenutzt werden soll oder nicht. Es kommt nur darauf an, daß die technische Einrichtung abstrakt in der Lage ist, auch die Überwachung der Dienstkräfte zu ermöglichen.

193 Die technische Einrichtung muß zur **Überwachung** geeignet sein. Überwachung ist hierbei die Sammlung und Aufzeichnung bzw. Auswertung von Informationen über das Verhalten oder die Leistung der Dienstkräfte, damit diese auch der menschlichen Wahrnehmung zugänglich gemacht werden können *(vgl. dazu BAG vom 16. 12. 1983, 14. 9. 1984, 23. 4. 1985 AP Nrn. 7, 9, 12 zu § 87 BetrVG 1972 Überwachung).* Da es lediglich auf die Geeignetheit der technischen Einrichtung zur Überwachung ankommt, ist nicht erforderlich, daß die Auswertung der ermittelten Informationen auch tatsächlich erfolgt oder aber daß die technische Einrichtung zu diesem Zwecke installiert oder daß zumindest die Möglichkeit der Überwachung, die die technische Einrichtung bietet, genutzt werden soll. Das ergibt sich aus dem Sinn der Vorschrift des § 85 Abs. 1 Nr. 13, diese soll gerade Eingriffe in den Persönlichkeitsbereich der Dienstkräfte unter Verwendung anonymer technischer Kontrolleinrichtungen ohne Mitbestimmung des Personalrates verhindern. Durch die Technisierung der Ermittlung von Informationen ist die Zahl der gesammelten Daten erheblich größer, als sie ohne die technischen Hilfsmittel wäre. Die notwendige Selektion der Daten und der damit verbundene Kontextverlust sowie die unbegrenzt mögliche Erstreckung der Verarbeitung auf alle Daten können Einsichten in Leistung und Verhalten der Dienstkräfte möglich machen, die bei einer herkömmlichen Überwachung durch Menschen nicht möglich wäre. Durch die Technisierung kann praktisch dauernd

§ 85

und ununterbrochen eine Sammlung von Informationen erfolgen, wobei dies für die Dienstkräfte im einzelnen nicht wahrnehmbar ist. Auch können sich die Dienstkräfte der Beobachtung durch technische Geräte praktisch nicht entziehen, häufig wird die Kontrollfunktion überhaupt nicht bemerkbar sein. Durch das Mitbestimmungsrecht des § 85 Abs. 1 Nr. 13 soll verhindert werden, daß die Dienstkraft Objekt einer Überwachungstechnik wird. Von diesem Schutzzweck gesehen, muß daher das **Mitbestimmungsrecht** des § 85 Abs. 1 Nr. 13 nicht restriktiv, sondern **eher extensiv ausgelegt werden,** zumal auch bei der Einführung neuer Technologien deren Überwachungsmöglichkeit nicht von vornherein voll eingeschätzt und auch nicht von dem Personalrat überblickt werden kann. Das Mitbestimmungsrecht entfällt auch nicht, wenn der Dienststellenleiter erklärt, mit der technischen Einrichtung keine Kontrolle ausüben zu wollen *(BAG vom 6.12.1983, AP Nr. 7 zu § 87 BetrVG 1972 Überwachung).*

194 Der Schutzzweck der Vorschrift erfordert allerdings, daß ein **Bezug der Überwachung auf die einzelne Dienstkraft** hergestellt werden kann. Technische Einrichtungen, die zwar dem Zwecke der Überwachung der Dienstkräfte dienen, jedoch keine individualisierbaren Daten speichern oder auswerten, können auch nicht das Persönlichkeitsrecht bestimmter Dienstkräfte verletzen. Werden beispielsweise Aussagen über die Leistungen einer wechselnden Vielzahl von Dienstkräften gesammelt oder ausgewertet, ohne daß Rückschlüsse auf einzelne Dienstkräfte möglich sind oder daß eine bestimmte Gruppe von Dienstkräften ermittelt werden kann, wird auch eine Verletzung von Persönlichkeitsrechten kaum möglich sein. Etwas anderes gilt jedoch dann, wenn Leistungsdaten erhoben oder verarbeitet werden, die eine Aussage über die Leistung einer Gruppe von Dienstkräften enthalten, wenn sich der Überwachungsdruck auf die Gruppe und damit auch auf die einzelne Dienstkraft auswirkt. Hierbei genügt es, daß Gruppenzwänge bestehen, die den einzelnen dazu veranlassen können, sein eigenes Verhalten am Verhalten der Gruppe auszurichten. Das ist beispielsweise der Fall, wenn die Überwachung bewirkt, daß Gruppenmitglieder auf andere Gruppenmitglieder Druck ausüben *(vgl. BAG vom 18.2.1986, NZA 1986, 489, sowie Schneider, PersR 1986, 189, 191).*

195 Als **mitbestimmungspflichtig** anerkannt worden sind **beispielsweise Multimomentfilm-**Kameras bzw. Filmkameras *(BAG vom 14.5.1974, 10.7.1979, AP Nrn. 1, 4 zu § 87 BetrVG 1972 Überwachung),* die Installierung von **Fernsehmonitoren** und **Mikrophonen** *(BAG vom 7.10.1987, AP Nr. 15 zu § 611 BGB Persönlichkeitsrecht),* die Installierung von Videoüberwachungsanlagen *(BVerwG vom 31.8.1988, PersR 1988, 271)* sowie die Fertigung von **Tonbandaufnahmen,** die Einführung von **Stechuhren** oder automatischen **Zeiterfassungsgeräten,** Produktographen *(BAG vom 9.9.1975, 18.2.1986, AP Nrn. 2, 13, zu § 87 BetrVG 1972 Überwachung).* Auch die **automatische Erfassung von Telefondaten oder -gebühren** dürfte dem Mitbestimmungsrecht unterliegen, zumindest dann, wenn die Rufnummer des Gesprächspartners oder die Dauer des Telefongespräches festgehalten wird. Herkömmliche **Schreibgeräte,** mit deren Hilfe der Arbeitnehmer bestimmte Daten auf Papier festzuhalten hat, sind zwar grundsätzlich keine technischen Einrichtungen im Sinne der genannten Vorschriften. Werden sie jedoch einer datenverarbeitenden Anlage zum Zwecke der Speicherung und Verarbeitung eingegeben, kann ein Mitbestimmungsrecht bestehen *(BAG vom 14.9.1974, AP Nr. 9 zu § 87 BetrVG 1972 Über-*

§ 85

wachung). Wird also ein Programm eingeführt, in dem Personalnummer, Arbeitsbereich, Arbeitszeit, gegebenenfalls Fahrzeiten und Einsatzdaten sowie Art der Arbeiten erfaßt oder eingegeben werden, und werden diese Informationen von der Datenverarbeitungsanlage ausgewertet, so handelt es sich um eine Angelegenheit, die mitbestimmungspflichtig ist, auch wenn mit dem Programm im Grunde andere Ziele als die der Kontrolle der Dienstkräfte verfolgt werden.

196 Eine **elektronische Einlaßkontrolle** fällt dann nicht unter das Mitbestimmungsrecht des Personalrates, wenn lediglich die Ausweiskarten der Dienstkräfte überprüft und über einen Rechner der Zugang geöffnet wird, wenn die Prüfung die Zugangsberechtigung ergeben hat *(BAG vom 10. 4. 1984, AP Nr. 7 zu § 87 BetrVG 1972 Überwachung).* Sobald aber auf diese Weise von dem Rechner weitere Kontrolloperationen ausgeführt werden, wenn beispielsweise auch gespeichert wird, wann die betreffende Dienstkraft den Bereich betreten und ihn wieder verlassen hat, greift das Mitbestimmungsrecht des § 85 Abs. 1 Nr. 13 ein *(vgl. dazu auch ArbG Berlin, DB 1984, 410 für die Einführung codierter Ausweise zum Zwecke der Kantinenabrechnung; ferner BAG vom 23. 4. 1985, AP Nr. 12 zu § 87 BetrVG 1972 Überwachung).*

197 Zweifelhaft ist, ab wann bei **Bildschirmgeräten** bzw. bei Geräten, die in **computergesteuerten** oder **-unterstützten Systemen** mit einer EDV-Anlage verbunden sind, Mitbestimmungsrechte nach § 85 Abs. 1 Nr. 13 bestehen können. Auszugehen ist auch hier davon, daß allein entscheidend ist, ob die technische Einrichtung objektiv geeignet ist, Verhalten und Leistung der Dienstkräfte zu überwachen. Sind die Bildschirmgeräte allein dazu geeignet, gespeicherte Daten sichtbar zu machen, besteht das Mitbestimmungsrecht nicht. Sobald sie aber mit dem Rechnersystem verbunden sind und Tätigkeiten der Dienstkraft festhalten können, greift das Mitbestimmungsrecht ein. Dies gilt für sämtliche Geräte der Bürokommunikation mit elektronischer Datenverarbeitung.
Derartige Rechneranlagen bzw. Datenverarbeitungssysteme sind vielseitig einsetzbar, sie sind nicht von vornherein darauf ausgerichtet, eine Überwachung der Leistung und des Verhaltens der Dienstkräfte durchzuführen. Diese Anlagen sind ohne ein Programm nicht verwendungsfähig, im Gegensatz zu der Multimoment-Kamera, dem Produktographen oder der Stechuhr enthalten sie nicht von vornherein durch technische Vorrichtungen bereits eingebaut ein spezielles Programm. Ihre Eignung erhalten diese Geräte erst nachträglich durch eine entsprechende **Programmierung,** sie macht letztlich das Gerät erst funktionstüchtig. Die Bestimmung würde nämlich eine subjektiv zielgerichtete Entscheidung des Dienstherrn voraussetzen, was bei der Eignung grundsätzlich nicht der Fall sein muß. Für den Begriff der Eignung reicht es aus, wenn möglicherweise die Datenverarbeitungsanlage auch für Überwachungszwecke genutzt werden kann, obwohl sie von vornherein nicht dazu vorgesehen war. Nicht das subjektive Element der Überwachungsabsicht, sondern das objektive Element der Überwachungseignung ist entscheidend. Dafür spricht auch, daß gerade bei der Verwendung von verschiedenen Programmen die Erkenntnismöglichkeiten durch den Personalrat erheblich eingeschränkt sind. Datenverarbeitungsanlagen ermöglichen es nämlich, daß durch geringe Änderungen in den Programmen Überwachungsmöglichkeiten geschaffen werden, ohne daß dies für die Dienstkräfte bzw. für den Personalrat erkennbar sein muß. Den Personalräten werden auch häufig die technischen Kenntnisse fehlen, um Computerprogramme daraufhin zu überprüfen,

ob sie die Überwachung der Dienstkräfte ermöglichen. Die Überwachungsgefahr, die gerade durch das Mitbestimmungsrecht des § 85 Abs. 1 Nr. 13 beschränkt werden soll, wird durch derartige Anlagen erheblich erhöht. Eine Lösung des Konfliktes scheint nur dann möglich zu sein, wenn man dem Personalrat bereits zu einem möglichst frühen Zeitpunkt ein Mitbestimmungsrecht gibt. Nur dann können die Persönlichkeitsrechte der Dienstkräfte in ausreichendem Maße geschützt werden. Da die Überwachungseignung der Datenverarbeitungsanlagen allein von ihrer Programmierung abhängt, muß das **Mitbestimmungsrecht** des Personalrates **schon bei der Inbetriebnahme der Rechneranlagen** eingreifen, d. h., der Personalrat ist über die Art und Weise der Programmierung vollständig zu unterrichten, ihm sind ggf. die Programme vorzulegen und zu erläutern, notfalls muß er, soweit ihm eigene technische Kenntnisse fehlen, die Hilfe eines Sachverständigen in Anspruch nehmen können. Stellt der Personalrat dann fest, daß ein Programm geeignet ist, eine Kontrolle der Dienstkräfte zu ermöglichen, kann er sein Mitbestimmungsrecht wahrnehmen. In diesem Zusammenhang wird auch dem Personalrat die Möglichkeit zu geben sein, Schulungsveranstaltungen bezüglich der neuen Technologien wahrzunehmen, da ohne deren Kenntnisse die ausreichende Wahrnehmung der Interessen der Dienstkräfte nicht möglich ist. Allerdings wird es dabei auf die Erfordernisse in der konkreten Dienststelle ankommen. Ist der Personalrat von der Einführung der Programme zu unterrichten, dann gilt dies auch für jede Änderung der Programme, da gerade durch geringfügige Veränderungen, die nach außen nicht einmal erkennbar werden, Kontrollmöglichkeiten geschaffen werden können.

Eine **technische Einrichtung** ist auch dann bestimmt, Verhalten oder Leistung der Dienstkräfte zu überwachen, **wenn sie Aussagen** über Verhalten und Leistung der an der technischen Einrichtung arbeitenden Dienstkraft **erarbeitet,** ohne die dieser Aussage zugrundeliegenden bei der Arbeit anfallenden und erfaßten einzelnen Verhaltens- und Leistungsdaten selbst auszuweisen (*BAG vom 23. 4. 1985, AP Nr. 12 zu § 87 BetrVG 1972 Überwachung*). **198**

Im Regelfall wird auch eine in ein elektronisches Datenverarbeitungssystem eingebaute personenbezogene **Benutzeridentifikation** als technische Einrichtung anzusehen sein, die dazu bestimmt ist, das Verhalten oder die Leistung der Dienstkräfte zu überwachen. Eine Ausnahme kann nur dann gelten, wenn trotz dieser Benutzeridentifikation eine Rückverfolgung der gespeicherten Daten auf eine bestimmte Dienstkraft oder auf eine bestimmte Gruppe von Dienstkräften nicht möglich ist. Hat daher die Benutzeridentifikation lediglich Schlüsselcharakter ohne sonstige Speicherungsmöglichkeiten, kann ein Mitbestimmungsrecht nicht bestehen. Ein Mitbestimmungsrecht besteht aber dann, wenn Beginn und Ende, Unterbrechungen sowie längere Abwesenheiten im Rahmen der Arbeitszeit festgehalten werden. Das gleiche gilt auch, wenn durch Rückverfolgung Arbeitsfehler festgestellt werden können. **199**

Auch **Personalinformationssysteme** unterliegen in diesem Rahmen dem Mitbestimmungsrecht nach § 85 Abs. 1 Nr. 13. Personaldaten wurden allerdings auch bisher schon immer aufgezeichnet, es gab Aufzeichnungen über Fehlzeiten, Krankheitszeiten, Urlaubszeiten, Verbindungen zwischen Urlaubszeiten und Krankheitszeiten usw. Mit Hilfe der Personalinformationssysteme können die so gespeicherten Daten auf verschiedene Art und Weise miteinander verglichen und verbunden werden, es können auch weitere Daten gespeichert werden, wie z. B. Ausbildungsgang, soziale Daten, Informationen **200** über die Vermögenslage der Dienstkräfte, soweit sie in der Dienststelle bekannt sind, Abtretungen des Entgeltes sowie das Vorliegen von Pfändungs- und Überweisungsbeschlüssen usw. Soweit mit Hilfe des Systems derartige Informationen ausgewertet werden, um personelle Entscheidungen vorzubereiten oder zu begründen, besteht das Mitbestimmungsrecht des Personalrates *(vgl. BAG vom 11. 3. 1986, AP Nr. 14 zu § 87 BetrVG 1972 Überwachung; vom 14. 9. 1984, AP Nr. 9 zu § 87 BetrVG 1972 Überwachung).*

201 Das gleiche gilt, wenn in einem Personalinformationssystem auf einzelne Dienstkräfte bezogene **Aussagen über krankheitsbedingte Fehlzeiten**, attestfreie Krankheitszeiten und unentschuldigte Fehlzeiten erarbeitet werden. Hier werden Aussagen über ein Verhalten der Dienstkraft gemacht. Dies ist eindeutig, soweit unentschuldigte Fehlzeiten betroffen sind, aber auch für krankheitsbedingte Fehlzeiten gilt nichts anderes. Selbst wenn man unterstellt, daß die Krankheit selbst ein objektiver Zustand ist, ist doch zu berücksichtigen, daß nicht jede Krankheit auch eine Arbeitsunfähigkeit und damit eine Fehlzeit zur Folge haben müßte. Auch hier kann eine Willensentscheidung des Arbeitnehmers dazu geführt haben, daß er sich arbeitsunfähig krank gemeldet hat *(vgl. BAG vom 11. 3.1986, NZA 1986, 526 f.).* Durch Datenläufe über krankheitsbedingte und sonstige Fehlzeiten wird damit das Verhalten der Dienstkraft im bestehenden Dienstverhältnis überwacht.

202 Auch die **Erfassung von Daten über** die von Dienstkräften geführten **Telefongespräche** unterliegt der Mitbestimmung des Personalrats. Auch hier wird nämlich ein Verhalten der Dienstkräfte überwacht, nämlich wie oft und mit wem die Dienstkraft während der Dienstzeit Telefongespräche geführt hat *(BAG vom 27. 5. 1986, NZA 1986, 643).* Gegebenenfalls kann das Erfassen und Speichern der Zielnummer auch personenbezogene Daten des Angerufenen betreffen, so daß unter Umständen auch die Vorschriften der §§ 3, 23 BDSG berührt sein könnten *(BAG a.a.O.).* Zu den weiter gehenden Rechtsfragen der Telefondatenverarbeitung kann auf die Aufsätze von *Versteyl, NZA 1987, § 7 ff.* sowie *Schulin/Babel, NZA 1986, 46 ff.* und die Musterbetriebsvereinbarung einer Telefondatenverarbeitung in *NZA 1987, 11* verwiesen werden. Zu beachten ist, daß die Aufzeichnung von Telefongesprächen auf Tonträger strafbar sein kann, § 201 Abs. 1 StGB, dies kann auch bei dem Abhören privater Gespräche mit einem Abhörgerät der Fall sein, § 201 Abs. 2 StGB. Auch können derartige Maßnahmen wegen Verletzung des Persönlichkeitsrechtes der Dienstkräfte verfassungswidrig sein. Zulässig ist aber die Unterbrechung privater Ferngespräche aus dienstlichen Gründen. In diesem Falle muß aber durch akustische Zeichen für den Telefonierenden deutlich gemacht werden, daß eine Einschaltung in das Gespräch erfolgt.

203 Allerdings sind diese Personalinformationssysteme auf anderweitig gespeicherte Daten angewiesen, sie sind insoweit nur ein nachgeschaltetes Hilfsmittel, so daß eine **Unmittelbarkeit der Überwachung** im Sinne der bisherigen Rechtsprechung des BAG nicht besteht. Die Dienstkräfte sind nicht unmittelbar der Kontrolle durch die Maschine ausgesetzt. Dies kann aber letztlich nicht entscheidend sein, durch die Verknüpfung verschiedenartigster Informationen, die unter Umständen auch unterschiedlich gespeichert sind, wird durch die Maschine selbst der Überwachungseffekt hergestellt. Hinzu kommt, daß das Merkmal der Unmittelbarkeit in § 85 Abs. 1 Nr. 13 selbst nicht enthalten ist, es ist durch die Rechtsprechung geschaffen worden. Auch ist zu berücksichtigen, daß Zweck der Bestimmung der Persönlichkeitsschutz des Arbeitnehmers ist. Dieser ist aber auch berührt, wenn aus einer Vielzahl gespeicherter Daten mit Hilfe eines besonderen Systems lediglich Daten einer bestimmten Art herausgefiltert werden. Ein Unterschied hinsichtlich der Beeinflussung des Persönlichkeitsbereiches der Dienstkräfte im Verhältnis zu anderen Kontrolleinrichtungen ist letztlich nicht erkennbar. Die Überwachung ist für die Dienstkraft genauso anonym, wie wenn sie direkt durch eine technische Einrichtung erfolgte. Dem kann nicht entgegengehalten werden, daß von der elektronischen Verarbeitung vorhandener personenbezogener Daten nur derjenige etwas zu befürchten habe, dessen Leistung oder dessen Verhalten nicht in Ordnung sei. Dies würde nämlich gleichermaßen auch für diejenigen Dienstkräfte gelten, die durch eine technische Einrichtung unmittelbar kontrolliert würden. Entscheidend für den Schutz, den § 85 Abs. 1 Nr. 13 geben soll, ist nicht, ob einer Dienstkraft ein Fehlverhalten nachgewiesen werden kann oder nicht, sondern allein, daß die Menge und die Art der über sie gespeicherten Daten und deren Verwendung für sie nicht mehr kontrollierbar ist. Dieser anonyme Eingriff von technischen Geräten in die Persönlichkeitssphäre der einzelnen Dienstkraft soll gerade durch die Schaffung des Mitbestimmungsrechtes begrenzt werden. Die Dienstkraft soll nicht einer technischen Einrichtung ausgeliefert sein, wenn es dabei um die Überwachung ihres Verhaltens und ihrer Leistung geht *(vgl. zu dem Ganzen auch BAG vom 11. 3. 1986, NZA 1986, 526 ff.; vom 14. 9. 1984, AP Nr. 9 zu § 87 BetrVG 1972 Überwachung).*

204 Das Mitbestimmungsrecht gilt sowohl, wenn eine Überwachungseinrichtung für eine Vielzahl von Arbeitsplätzen als auch für einen einzelnen Arbeitsplatz eingeführt wird.

205 Das Mitbestimmungsrecht entfällt bei solchen technischen Einrichtungen, die aufgrund gesetzlicher oder tariflicher Vorschriften eingeführt und angewendet werden müssen, wie z. B. bei dem Fahrtenschreiber, § 57a StVZO *(vgl. dazu Dietz/Richardi, BPersVG, § 75 Rn. 520).*

206 Bei **Einführung und Anwendung** von Kontrolleinrichtungen **ohne Zustimmung** der Personalvertretung haben die betroffenen Dienstkräfte das Recht, die Arbeitsleistung zu verweigern, wenn die Einrichtung nicht auf andere Weise außer Funktion gesetzt werden kann. Erfordert die Überwachung eine Handlung der Dienstkräfte wie z. B. bei einem Produktographen, sind die Dienstkräfte nicht verpflichtet, die Einrichtung zu bedienen.

Einschränkung der Mitbestimmung (Abs. 1 Satz 2)

207 Abs. 1 Satz 2 enthält eine Ausnahme zu der Mitbestimmungsregelung in Abs. 1 Nr. 2 hinsichtlich der Anordnung von Mehrarbeit und Überstunden in bestimmten Dienststellen. Bei Vorliegen der Voraussetzungen ist hier ein Mitbestimmungsrecht ausgeschlossen.

208 Es handelt sich um eine **abschließende Regelung,** eine Ausdehnung auf andere Dienststellen ist nicht möglich. Erfaßt werden nur die in Abs. 1 Satz 2 Nrn. 1 und 2 ausdrücklich genannten Dienststellen bzw. Personengruppen.

209 Das Mitbestimmungsrecht hinsichtlich der Anordnung von Mehrarbeit und Überstunden ist dann ausgeschlossen, wenn **unvorhergesehene dienstliche Notwendigkeiten** dies erfordern.

210 Unvorhergesehen sind die dienstlichen Notwendigkeiten **nicht,** wenn sie auf **organisatorischen Maßnahmen** der Dienststelle beruhen, da dann die Arbeits-

§ 85

zeitgestaltung vorhersehbar und planbar ist. Die Voraussetzungen können daher nur bei solchen Ereignissen erfüllt sein, die nicht geplant werden können. In der Regel sind dies Ereignisse, die außerhalb des Organisationsbereiches der Dienststelle liegen.

211 Der Begriff der dienstlichen Notwendigkeit erfordert, daß die Maßnahme zur Ausführung der Aufgabe der Dienststelle zwingend erforderlich ist.

212 Bei Vorliegen der Voraussetzungen entfällt das Mitbestimmungsrecht nach Abs. 1 Nr. 2, die Personalvertretung ist von der durchgeführten Maßnahme **unverzüglich zu unterrichten.** Ihr müssen ohne schuldhaftes Zögern die Maßnahme und die Gründe, die zu der Maßnahme geführt haben, mitgeteilt werden. Hierzu gehört auch die Mitteilung, welche Dienstkräfte von der Maßnahme im einzelnen betroffen sind. Im übrigen sind die Grundsätze des § 73 anwendbar.

213 Liegen die Voraussetzungen nicht vor, kann die zuständige Personalvertretung den Erlaß einer einstweiligen Verfügung im verwaltungsgerichtlichen Beschlußverfahren gem. § 91 Abs. 1 Nr. 3 beantragen, um die Aufhebung der Maßnahme zu erreichen.

Angelegenheiten der eingeschränkten Mitbestimmung nach Abs. 2

214 Die in Abs. 2 im einzelnen aufgeführten Angelegenheiten unterliegen der eingeschränkten Mitbestimmung nach § 81 Abs. 2. Zu den Einzelheiten bezüglich der eingeschränkten Mitbestimmung vgl. die Erläuterungen zu § 81 *(§ 81 Rn. 21 ff.).* Auch hier gilt der Regelungsvorbehalt zugunsten von Rechtsvorschriften bzw. Tarifverträgen *(vgl. dazu im einzelnen oben Rn. 12 ff.).* Ebenso wie in Abs. 1 ist die Aufzählung abschließend, weitere Tatbestände können nicht durch extensive Interpretation dem Mitbestimmungsrecht unterworfen werden.

Allgemeine Fragen der Fortbildung der Dienstkräfte (Nr. 1)

215 Der Begriff der Fortbildung der Dienstkräfte ist der gleiche wie in § 1 Abs. 3 BBiG. Der Begriff der Fortbildungsmaßnahme setzt eine bereits vorhandene Bildung voraus. Die berufliche Fortbildung soll dann darauf aufbauend ermöglichen, die beruflichen Kenntnisse und Fertigkeiten zu erhalten, zu erweitern, der technischen Entwicklung anzupassen oder beruflich aufzusteigen. Die Bestimmung ergänzt die Regelung in Abs. 1 und Nr. 5. Sie gilt für alle Dienstkräfte, also für Angestellte, Arbeiter und Beamte.

216 Das Mitbestimmungsrecht besteht nur hinsichtlich der **allgemeinen Fragen der beruflichen Fortbildung.** Damit ist klargestellt, daß nicht die Gestaltung und Abwicklung einer einzelnen Fortbildungsveranstaltung dem Mitbestimmungsrecht unterliegt. Auch Einzelentscheidungen innerhalb einer Fortbildungsveranstaltung gehören nicht zu den allgemeinen Fragen der Fortbildung. Das Mitbestimmungsrecht bei Durchführung der Fortbildung der Dienstkräfte ist in Abs. 2 Nr. 3 geregelt.

217 Das Mitbestimmungsrecht nach Abs. 2 Nr. 1 erfaßt vornehmlich Fragen der **Fortbildungspolitik.** Die Personalvertretung kann also Einfluß auf die Schaffung von Grundsätzen nehmen, nach denen allgemein die Fortbildung ausgerichtet werden soll. Hierzu gehört neben der Festlegung der in Betracht kommenden Fortbildungsmaßnahmen auch die Auswahl der erforderlichen

Einrichtungen. Ferner allgemeine Regelungen hinsichtlich der Teilnahmeberechtigung einschließlich der Teilnahmebedingungen (z. B. Zahlung von Reisekosten, Gebühren, Stellung von Lehrmitteln) sowie auch Art und Umfang der durchzuführenden Maßnahmen. Hierzu gehören auch Grundsätze über die Freistellung vom Dienst sowie über die Berücksichtigung der Teilnahme bei der Diensteinteilung.

Nicht der Mitbestimmung unterliegen die **Festlegung des Ausbildungsinhalts** und die Anforderungen im Rahmen der Fortbildungsveranstaltung, da der Dienstherr im Rahmen seiner Personalhoheit frei entscheiden kann, welche Vorkenntnisse für eine etwaige Beförderung auf Grund des Lehrgangs vorhanden sein müssen. **218**

Aufgabe der Personalvertretung ist es hierbei in erster Linie, auf eine Chancengleichheit der Dienstkräfte zu achten, dies ergibt sich auch aus § 71 Abs. 1. Ferner hat sie darauf zu achten, daß bei Aufstellung der allgemeinen Grundsätze die Besonderheiten der Dienststelle, insbesondere der dienstlichen Erfordernisse unter Einbeziehung der Interessen der Dienstkräfte, berücksichtigt werden. Der Personalvertretung steht ein eigenes **Initiativrecht** zu. **219**

Verbesserung von Arbeitsleistung und Arbeitsablauf (Nr. 2)

Nach Absatz 2 Nr. 2 besteht ein Mitbestimmungsrecht bei Maßnahmen zur Hebung der Arbeitsleistung und Erleichterung des Arbeitsablaufs. Dieses Mitbestimmungsrecht kann sich teilweise überschneiden mit den Mitbestimmungsrechten bei der Gestaltung der Arbeitsplätze nach Absatz 1 Nr. 12 und bei der Einführung und Anwendung technischer Einrichtungen, die dazu bestimmt sind, das Verhalten oder die Leistung der Dienstkräfte zu überwachen, Abs. 1 Nr. 13. Es besteht lediglich ein **eingeschränktes Mitbestimmungsrecht** des Personalrats, nach § 81 Abs. 2 Satz 1 kann nach einem Beschluß der Einigungsstelle die Entscheidung des Senats von Berlin beantragt werden. Diese Entscheidung des Senats von Berlin bzw. der sonst in § 81 Abs. 2 genannten Entscheidungsträger unterliegt nicht mehr einem Mitbestimmungsrecht, damit wird der Tatsache Rechnung getragen, daß Entscheidungen in diesem Bereich wegen ihrer Auswirkungen auf das Gemeinwesen wesentlicher Bestandteil der Regierungsgewalt sind, vgl. § 104 Satz 3 BPersVG. **220**

Zweck der Mitbestimmung ist nicht nur, daß bei Gestaltung der Arbeitsplätze die gesicherten arbeitswissenschaftlichen Erkenntnisse über die menschengerechte Gestaltung der Arbeit berücksichtigt werden *(so Dietz/Richardi, BPersVG, § 75 Rn. 511)*, sondern sie dient auch dem Schutz der Beschäftigten vor Überlastung und Überbeanspruchung sowie Überforderung *(BVerwG vom 30. 8. 1985, PersV 1987, 247; vom 13. 6. 1997, ZBR 1998, 77; vom 23. 1. 1996, PersV 1996, 457; Lorenzen u.a., BPersVG, § 76 Rn. 97; Grabendorff u.a., BPersVG, § 76 Rn. 31 m.w.N.)*. Der Personalrat hat im Rahmen des Mitbestimmungsrechts dafür Sorge zu tragen, daß unzumutbare und nicht gerechtfertigte Beeinträchtigungen der Dienstkräfte unterbleiben. Die bloße Verlagerung von Verwaltungsaufgaben auf eine andere Dienststelle ist nicht in jedem Falle eine Maßnahme zur Hebung der Arbeitsleistung *(OVG Berlin vom 27. 4. 2000, PersR 2001, 33)*. **221**

Der **Begriff der Arbeitsleistung** wird bestimmt von der Arbeitsmenge, dem Pensum, das von der Dienstkraft innerhalb einer bestimmten Zeit erledigt **222**

§ 85

werden soll. Der Begriff der Arbeitsleistung wird daher von einer Verbindung zwischen **Arbeitsmenge und dem Zeitfaktor** geprägt. Von einer Hebung der Arbeitsleistung kann dann gesprochen werden, wenn eine Erhöhung des Arbeitspensums mit der Folge herbeigeführt wird, daß dieses erhöhte Arbeitspensum in der gleichen Zeit zu erledigen ist, so daß für den einzelnen Arbeitsvorgang der Dienstkraft nur noch eine kürzere Erledigungszeit zur Verfügung steht (*BVerwG vom 15. 12. 1978, PersV 1980, 145, 150 = ZBR 1980, 59 ff.; vom 10. 3. 1992, PersV 1992, 389; vom 13. 6 .1997, ZfPR 1998, 77*). Maßnahmen zur Hebung der Arbeitsleistung werden davon bestimmt, daß sie bezwecken, die Effektivität der Arbeit quantitativ oder qualitativ zu fördern, was meist ohne eine körperliche oder geistige Mehrbelastung der Dienstkräfte nicht erreicht werden kann. Erforderlich ist aber immer, daß eine Verbesserung des Verhältnisses zwischen Arbeitsaufwand und Arbeitsergebnis Ziel der Maßnahme ist, daß zumindest in nicht völlig unerheblichem Maße eine Mehrbelastung der Dienstkräfte durch die Maßnahme eintritt. Dies ergibt sich aus dem Schutzzweck der Norm, die eine Überbeanspruchung der Dienstkräfte verhindern will.

223 Der **Begriff des Arbeitsablaufs** betrifft die zeitliche und räumliche Aufeinanderfolge von Arbeitsvorgängen zur Erzielung eines bestimmten Arbeitsergebnisses. Demzufolge setzt eine Maßnahme zur Erleichterung des Arbeitsablaufs dessen Veränderung voraus (*BVerwG a.a.O.; Widmaier, PersV 1985, 305 ff.; Grabendorff u.a., BPersVG, § 76 Rn. 31 m.w. N. aus der Rechtsprechung*). Von einer Erleichterung des Arbeitsablaufes kann gesprochen werden, wenn der Ablauf der Arbeit einfacher, flüssiger und schneller gestaltet wird, wenn Arbeitsvorgänge eingespart oder wenn Reibungsverluste vermieden werden (*vgl. Grabendorff u.a., BPersVG, 76 Rn. 32; Lorenzen u.a., BPersVG, § 76 Rn. 98*).

224 Maßnahmen zur Hebung der Arbeitsleistung oder zur Erleichterung des Arbeitsablaufes können sowohl durch dienstliche Anordnungen, technische Vorkehrungen oder aber auch durch organisatorische Eingriffe getroffen werden, meist handelt es sich um **Rationalisierungsmaßnahmen** (*BVerwG a.a.O; vgl. auch OVG Berlin vom 19.10. 1977 – OVG PV Bund 1/77*). Die bloße Verlagerung von Verwaltungsaufgaben muß hierzu nicht gehören (*OVG Berlin vom 27. 4. 2000, PersR 2001, 33*). Häufig wird das Mitbestimmungsrecht im Zusammenhang mit der Einführung neuer Technologien bestehen können.

225 Einzelfälle:
Das Mitbestimmungsrecht kann bestehen bei einer **Arbeitsumverteilung**, wenn beispielsweise gleichartige oder ähnliche Arbeitsabläufe bei weniger Stellen zusammengefaßt werden (*VGH Baden-Württemberg vom 3. 7. 1979, PersV 1982, 18, 19*). Das Mitbestimmungsrecht besteht nach dieser Entscheidung allerdings dann nicht, wenn lediglich eine Anpassung an die Größe der Dienststelle oder eine Anpassung an die Veränderung der anfallenden Aufgaben stattfindet. In diesem Falle soll kein Mitbestimmungsrecht bestehen, da keine Verbesserung des Verhältnisses zwischen Arbeitsaufwand und Arbeitsleistung erreicht wird. Auch kann ein Mitbestimmungsrecht bestehen bei **Einführung eines Schreibcomputers** (*VGH Baden-Württemberg vom 14.12. 1982 – 15 S 664/81*). Der Einsatz von Kleinrechnern dagegen kann nicht als mitbestimmungspflichtig angesehen werden, wenn dadurch keinerlei Erhöhung des Arbeitspensums stattfindet und nicht bezweckt wird, daß mit ihrer Hilfe eine höhere Arbeitsquantität erbracht werden soll (*VGH Baden-Württemberg vom 20. 4. 1983, DöV 1984, 118*). Mitbestimmungspflichtig ist die

§ 85

Aufgabenverlagerung, die mit einer Steigerung der Arbeitsintensität der betroffenen Dienstkräfte verbunden ist, dies gilt auch für eine organisatorische **Veränderung der Geschäftsverteilung** zum Zwecke der Rationalisierung. Das gleiche gilt für Organisationsmaßnahmen im Verwaltungsdienst, die zwangsläufig eine Hebung der Arbeitsleistung zur Folge haben *(vgl. dazu OVG Münster vom 18. 6. 1982 – CG 3/82, das allerdings in dem konkreten Fall das Vorliegen eines Mitbestimmungsrechtes verneint).* Unter dem Gesichtspunkt der Erleichterung des Arbeitsablaufes kann auch die **Installierung zusätzlicher Bildschirmgeräte** mitbestimmungspflichtig sein *(OVG Münster vom 16. 1. 1984 – CL 36/82).* Von einer Hebung der Arbeitsleistung kann in diesem Zusammenhang dann gesprochen werden, wenn durch die Einführung des Bildschirmgerätes am Arbeitsplatz eine wesentliche Verkürzung der Bearbeitungszeit möglich ist und auf diese Weise erreicht wird, daß die Dienstkraft ein größeres Arbeitspensum erledigen kann. In diesem Falle würde nicht nur der Arbeitsablauf erleichtert, sondern auch die Arbeitsleistung gesteigert.

226 Da grundsätzlich auch organisatorische Veränderungen dem Mitbestimmungsrecht nach Abs. 2 Nr. 2 unterliegen können *(VGH Baden-Württemberg vom 3. 7. 1979, PersV 1982, 18, 19; Grabendorff u. a., BPersVG, § 76 Rn. 33; Lorenzen u. a., BPersVG, § 76 Rn. 98)*, können auch **Maßnahmen über die Straffung der Aufbau- und Leitungsstrukturen der Senatsverwaltungen** dem Mitbestimmungsrecht unterliegen. Voraussetzung dafür ist aber, daß diese Leitsätze und ihre Durchführung auf eine Hebung der Arbeitsleistung der Dienstkräfte bzw. eine Erleichterung der Arbeitsabläufe ausgerichtet sind. Es genügt nicht, daß dies lediglich eine mittelbare Folge der Maßnahme ist *(vgl. dazu BVerwG vom 15. 12. 1978, ZBR 1981, 258; OVG Münster vom 18. 6. 1982, RiA 1983, 199; vgl. VGH Baden-Württemberg vom 3. 7. 1979, PersV 1982, 18, 19; Lorenzen u. a., a. a. O.; Grabendorff u. a., a. a. O.).* Für das Entstehen des Mitbestimmungsrechtes ist daher im einzelnen darzulegen, durch welche konkrete organisatorische Maßnahme eine Erhöhung der Arbeitsbelastung der betroffenen Dienstkräfte eintritt bzw. wie die Erleichterung der Arbeitsabläufe erkennbar wird. Genaue Ermittlungen über die Auswirkungen und die Art der organisatorischen Maßnahmen sind erforderlich. Der bloße Wegfall von Arbeitsposten, Abteilungen oder Referaten reicht hierbei für die Darlegung nicht aus, vielmehr muß konkret für die Dienstkräfte der Dienststelle festgestellt werden, wie sich die Änderung der Organisationsstrukturen auf den Arbeitsumfang auswirkt. Eine generelle Vermutung, daß jede Veränderung der organisatorischen Strukturen auch zu einer Hebung der Arbeitsleistung und Erleichterung des Arbeitsablaufes führen müßte, besteht nicht.

227 Zu beachten ist, daß das **Mitbestimmungsrecht nur demjenigen Personalrat zusteht,** dessen Dienststelle über die Durchführung der Maßnahmen entscheidet. Werden beispielsweise organisatorische Maßnahmen von einer übergeordneten Dienststelle für eine untergeordnete Dienststelle vorgegeben, ohne daß diese eigene Entscheidungsmöglichkeiten hat, steht dem Personalrat der untergeordneten Dienststelle kein Mitbestimmungsrecht zu. Würde beispielsweise der Senat von Berlin ins einzelne gehende organisatorische Maßnahmen verabschieden, die für sämtliche Dienststellen im Bereich des Landes Berlin gelten, würde ein Mitbestimmungsrecht der in den einzelnen Dienststellen betroffenen Personalräte nicht bestehen. Auch ein Mitbestimmungsrecht des Hauptpersonalrats dürfte nicht gegeben sein, da in diesem Falle bereits diejenige Stelle die

§ 85

Entscheidung getroffen hat, die das Letztentscheidungsrecht nach § 81 Abs. 2 Satz 1 hat. Solange allerdings organisatorische Maßnahmen von einer übergeordneten Dienststelle oder dem Senat von Berlin nur in einem allgemeinen Rahmen vorgegeben werden, der von den einzelnen Dienststellen noch ausgefüllt werden muß, besteht das Mitbestimmungsrecht auch für die Personalräte in den davon betroffenen Bereichen.

228 **Aufgabe der Personalvertretung** ist es, eine Überlastung der Dienstkräfte zu verhindern *(dazu auch oben Rn. 184)*. Die Anwendung neuer Arbeitsmethoden und -mittel kann neben der Leistungssteigerung auch zu höheren Anforderungen an die Qualität und Intensität der Arbeit der Dienstkräfte führen. Hierbei ist es denkbar, daß der Erleichterung eines Teils der Arbeit eine Erschwerung eines anderen Teils gegenübersteht, wie z. B. bei Erleichterung der körperlichen, aber Erschwerung der geistigen Tätigkeit, die von der Dienstkraft gefordert wird. Hier muß die Personalvertretung zwischen den Interessen der Dienststelle an einer zeitgemäßen technischen und effektiven Arbeitsweise und den Interessen der betroffenen Dienstkräfte eine Abwägung vornehmen.

229 Das **Mitbestimmungsrecht ist beschränkt,** die Einigungsstelle hat kein Letztentscheidungsrecht. Wie sich aus § 81 Abs. 2 Satz 1 ergibt, steht das Letztentscheidungsrecht dem Senat von Berlin bzw. den in § 81 Abs. 2 Sätze 2 und 3 genannten Stellen zu. Damit wird der Tatsache Rechnung getragen, daß die Maßnahmen zur Verbesserung von Arbeitsablauf und Arbeitsleistung Entscheidungen beinhalten, die wegen ihrer Auswirkungen auf das Gemeinwesen wesentlicher Bestandteil der Regierungsgewalt sind, so daß ein unbeschränktes Mitbestimmungsrecht nach § 104 Satz 3 BPersVG auch im Bereich der landesgesetzlichen Regelungen nicht möglich ist.

230 Dem Personalrat steht wie bei den übrigen Mitbestimmungsrechten ein eigenes **Initiativrecht** zu.

Durchführung der Fortbildung der Dienstkräfte (Nr. 3)

231 Nach Abs. 2 Nr. 3 hat die Personalvertretung ein Mitbestimmungsrecht bei der Durchführung der Fortbildung von Dienstkräften, soweit es sich nicht um Polizeivollzugsbeamte handelt. Dieses Mitbestimmungsrecht ergänzt die Regelung in Abs. 2 Nr. 1.

232 Soweit die berufliche Fortbildung weder gesetzlich noch tariflich oder in sonstigen Rechtsvorschriften geregelt ist, hat die Personalvertretung mitzubestimmen, wie die Fortbildungsmaßnahmen in der Dienststelle durchgeführt werden. Die Durchführung der Fortbildung der Dienststelle besteht in erster Linie in **Ausfüllung der allgemeinen Regelungen und Grundsätze.** Mitbestimmungspflichtig ist dabei auch die Gestaltung einzelner konkreter Fortbildungsmaßnahmen.

233 Nicht dem Mitbestimmungsrecht unterliegen die **Entscheidungen im Rahmen einer Fortbildungsveranstaltung,** die einzelne Dienstkräfte betreffen. Es entfällt auch hinsichtlich der zu erfüllenden Anforderungen. Ebenfalls besteht kein Mitbestimmungsrecht bei der Bestellung oder Abberufung des Ausbilders. Eine dem § 98 Abs. 2 BetrVG entsprechende Regelung fehlt.

234 Wegen der besonderen Aufgabenstellung sind **Polizeivollzugsbeamte** aus dem Geltungsbereich dieser Vorschrift ausgenommen. Die Durchführung der Fortbildung für diesen Personenkreis ist mitbestimmungsfrei.

Bestellung von Vertrauens- und Betriebsärzten (Nr. 4)

Nach Abs. 2 Nr. 4 hat die Personalvertretung ein Mitbestimmungsrecht bei der **235** Bestellung von Vertrauens- und Betriebsärzten. Mit dieser Bestimmung ist der Regelung in § 9 Abs. 3 ASiG Rechnung getragen worden, die nach § 16 ASiG auch im Bereich der öffentlichen Verwaltung entsprechend anzuwenden ist. Daneben besteht ein Anhörungsrecht nach § 77 Abs. 6.

Das Mitbestimmungsrecht besteht **unabhängig davon, ob die Vertrauens-** oder **236** **Betriebsärzte** nur **nebenberuflich** von der Dienststelle beauftragt werden sollen **oder** ob sie unmittelbar **Dienstkräfte der Dienststelle** werden sollen. Soll ein Vertrauens- oder Betriebsarzt in der Dienststelle als Angestellter oder Beamter eingestellt werden, so besteht neben dem Mitbestimmungsrecht nach § 85 Abs. 2 Nr. 4 auch ein Mitbestimmungsrecht nach § 87 Nr. 1 oder aber § 88 Nr. 1. Die Mitbestimmungsrechte bestehen unabhängig nebeneinander, sie betreffen verschiedene Tatbestände. Das Mitbestimmungsrecht nach § 87 Nr. 1 bzw. § 88 Nr. 1 betrifft nur die personelle Einzelmaßnahme der Einstellung, ohne Rücksicht darauf, welche Funktion die betroffene Dienstkraft ausüben soll. Das Mitbestimmungsrecht nach § 85 Abs. 2 Nr. 4 stellt allein auf die auszuübende Funktion ab. Es ist daher möglich, daß die Personalvertretung zwar der Einstellung zustimmt, jedoch der Bestellung zum Vertrauens- oder Betriebsarzt widerspricht.

Das gleiche gilt für das **Anhörungsrecht** des § 77 Abs. 6. Dieses tritt neben das **237** Mitbestimmungsrecht nach Abs. 2 Nr. 4 und verdrängt dieses nicht. Allerdings werden sich beide Vorschriften häufig überschneiden, wenn es um die Bestellung des Vertrauens- oder Betriebsarztes geht. Soweit aber die Abberufung oder die Veränderung des Kompetenzbereichs betroffen ist, hat § 77 Abs. 6 eine eigenständige Bedeutung. Hier ist aber auch die Bestimmung des § 86 Abs. 3 Nr. 6 zu beachten, so daß letztlich für das Anhörungsrecht des § 77 Abs. 6 nur ein geringer Anwendungsbereich verbleibt.

Keine Bestellung im Sinne des § 85 Abs. 2 Nr. 4 liegt vor, wenn ein **frei prakti- 238 zierender Arzt** nur für einen Einzelfall von der Dienststelle mit der Wahrnehmung ärztlicher Aufgaben beauftragt wird. Gleiches gilt bei der Verpflichtung eines überbetrieblichen Dienstes von Betriebsärzten und Fachkräften für Arbeitssicherheit nach dem ASiG *(OVG Berlin vom 3. 3. 1999, PersR 1999, 400)*. Im übrigen kommt es nicht darauf an, **in welchem Rechtsverhältnis** der betraute Arzt zur Dienststelle steht. Der frei praktizierende Arzt, der nicht nur für einen Einzelfall bestellt wird, muß also nicht in einem Arbeits- oder Beamtenverhältnis zur Dienststelle stehen *(Lorenzen u.a., BPersVG § 75 Rn. 168a; Fischer/Goeres, BPersVG, § 75 Rn. 99)*.

Durch das Mitbestimmungsrecht wird der Tatsache Rechnung getragen, daß **239** die Vertrauens- bzw. Betriebsärzte, die die gesundheitlichen Verhältnisse innerhalb der Dienststelle überwachen und die Fähigkeiten der Dienstkräfte gegebenenfalls feststellen sollen, sowohl das Vertrauen der Dienstkräfte insgesamt als auch das Vertrauen des Dienststellenleiters haben müssen. Aufgabe der Personalvertretung ist es hierbei, zu überprüfen, ob der betreffende Arzt generell die Gewähr dafür bietet, daß er seine Aufgabe unabhängig wahrnimmt. Nicht erforderlich ist, daß der Arzt in jedem Falle das Vertrauen jeder einzelnen Dienstkraft besitzen muß.

Das Mitbestimmungsrecht betrifft eine **generelle Maßnahme,** obwohl es nur **240** um die Stellung einer Person geht. Das Mitbestimmungsrecht bezieht sich

§ 85

nämlich nicht auf die Rechte des Arztes selbst, sondern auf seine Aufgabenstellung, die sämtliche Dienstkräfte innerhalb der Dienststelle erfaßt. Das Mitbestimmungsrecht nach § 85 Abs. 2 Nr. 4 ist daher auch keine Gruppenangelegenheit, da es allein auf die auszuübende Funktion ankommt, die sich gegenüber allen Dienstkräften auswirkt *(Fischer/Goeres, BPersVG, § 75 Rn. 99).*

241 Vertrauens- oder Betriebsarzt können nur solche Personen werden, die berechtigt sind, den ärztlichen Beruf auszuüben, und die die zur Erfüllung der ihnen übertragenen Aufgaben erforderlichen arbeitsmedizinischen Kenntnisse besitzen, § 4 ASiG.

242 Hinsichtlich der Aufgaben der Vertrauens- bzw. Betriebsärzte vgl. die Regelung in § 3 ASiG.

Inhalt von Personalfragebögen (Nr. 5)

243 Nach Absatz 2 Nr. 5 hat die Personalvertretung ein Mitbestimmungsrecht hinsichtlich der Gestaltung von Personalfragebögen.
Personalfragebogen ist dabei eine **Zusammenstellung von Fragen** nach Person, persönlichen Verhältnissen, beruflichem Werdegang und Qualifikationen, fachlichen und sonstigen Fähigkeiten, die personenbezogen gestellt werden *(BVerwG vom 15. 2. 1980, PersV 1981, 294; vom 16.12. 1987, PersV 1989, 68).* Die Mitbestimmung erfaßt neben der erstmaligen Erstellung auch jede inhaltliche Veränderung der Fragebögen. Nicht von dem Mitbestimmungsrecht erfaßt werden Arbeitsbögen, Erhebungsbögen im Rahmen von Arbeitsuntersuchungen und auch nicht die Gleitzeitbögen zur Kontrolle der Einhaltung der Arbeitszeiten, da damit nicht in das Persönlichkeitsrecht der Dienstkräfte eingegriffen wird. Nicht mitbestimmungspflichtig sind auch Fragebögen, die keinen Rückschluß auf die konkrete Dienstkraft ermöglichen, die nur anonym Erhebungen ermöglichen.

244 Das **Mitbestimmungsrecht** besteht **lediglich hinsichtlich des Inhalts** von Fragebögen, nicht jedoch hinsichtlich der Frage, ob Personalfragebögen eingeführt werden sollen oder nicht. Zu der Inhaltsgestaltung gehört auch jede Änderung von bereits vorhandenen Fragebögen.

245 **Mitbestimmungspflichtig** sind nicht nur Fragebögen, die für Bewerber gelten, sondern auch **sämtliche Zusammenstellungen von Fragen,** die von den in der Dienststelle bereits tätigen Dienstkräften beantwortet werden sollen.

246 Durch das Mitbestimmungsrecht soll der Personalvertretung auch schon im Vorfeld der personellen Einzelmaßnahmen die Möglichkeit gegeben werden, durch Gestaltung der Fragen in einem Fragebogen Art und Umfang der Informationen zu beeinflussen, die der Dienststelle und damit auch der Personalvertretung von dem Bewerber bzw. der Dienstkraft erteilt werden. Darüber hinaus ist es Aufgabe der Personalvertretung darauf zu achten, daß nur solche Fragen gestellt werden, die nicht ungerechtfertigt in die Persönlichkeitssphäre des einzelnen eindringen. Damit soll eine Versachlichung der Personalführung erreicht werden.

Grenzen des Fragerechts

247 Bei den Fragen im Fragebogen sind das **allgemeine Persönlichkeitsrecht** und die Würde des Menschen zu wahren, Art. 1 Abs. 1 GG, § 71 Abs. 1. Es ist daher grundsätzlich anerkannt, daß nur solche Fragen gestellt werden dürfen, die mit

dem Arbeitsplatz oder der zu leistenden Arbeit in einem Zusammenhang stehen. Bei unzulässigen Fragen kann der Bewerber bzw. die Dienstkraft die Beantwortung verweigern, ohne daß daraus Nachteile entstehen dürfen. Das gilt selbst dann, wenn die Personalvertretung den unzulässigen Fragen zugestimmt hat.

Beantwortet eine Dienstkraft bzw. ein Bewerber eine zulässige Frage wahrheitswidrig oder verweigert er die Beantwortung, können daraus nachteilige Folgen entstehen. Bei **wahrheitswidrigen Antworten** kann unter Umständen bei Arbeitnehmern das Arbeitsverhältnis wegen **arglistiger Täuschung,** § 123 BGB, angefochten werden. Bei Beamten kann unter Umständen die Ernennung zurückgenommen werden, § 15 Abs. 1 LBG. Auch können andere dienstrechtliche Sanktionen erfolgen. 248

Einzelne Fragen

Um rechtliche Unsicherheiten sowohl für die Dienststelle als auch für die Dienstkräfte zu vermeiden, müssen Personalvertretung und Dienststellenleiter bei der Gestaltung von Fragebögen darauf achten, daß nur zulässige Fragen gestellt werden. Im einzelnen ergibt sich hierbei folgendes: 249

Fragen nach dem **beruflichen Werdegang** einschließlich der Bekanntgabe von Zeugnis- und Prüfungsnoten, Zeiten der Arbeitslosigkeit, Wehrdienstzeiten und ähnliches sind in vollem Umfange zulässig. Diese Angaben sind vollständig und wahrheitsgemäß zu machen. 250

Fragen nach **Krankheiten** sind nur zulässig, soweit sie für die Wahrnehmung der dienstlichen Aufgaben eine Rolle spielen. Hier ist besondere Zurückhaltung geboten, da diese Frage einen erheblichen Eingriff in die Persönlichkeitssphäre der Dienstkraft darstellt. In jedem Falle unzulässig dürften Fragen nach leichteren Erkrankungen, wie z. B. Grippe, Erkältung usw., sein. Auch die Frage nach Aids ist im Regelfall unzulässig, es sei denn, dies wäre für die Ausübung der Arbeit von Bedeutung *(z. B. Tätigkeiten im Krankenhausbereich; vgl. dazu Fitting u. a., BetrVG, § 94 Rn. 19a m. w. N.).* 251

Die Frage nach der **Schwerbehinderteneigenschaft** oder einer Gleichstellung ist zulässig, da aus dieser Eigenschaft besondere Rechtsfolgen für die Dienststelle und besondere gesetzliche Verpflichtungen für sie entstehen. So trifft beispielsweise den Arbeitgeber neben der Melde- und Mitwirkungspflicht gegenüber dem Arbeitsamt und der Hauptfürsorgestelle auch die Pflicht zur beruflichen Förderung der Schwerbehinderten. Weiter ist hervorzuheben der besondere Kündigungsschutz für Schwerbehinderte, außerdem kann ein Schwerbehinderter oder ein diesem gleichgestellter Arbeitnehmer unter Umständen nicht uneingeschränkt eingesetzt werden. Insoweit liegt bei der Schwerbehinderteneigenschaft oder der Gleichstellung die Rechtslage anders, als sie für Krankheiten oder Körperbehinderungen, die nicht bereits den Grad der Schwerbehinderteneigenschaft erreicht haben, gegeben ist. Der Schwerbehindertenschutz prägt nämlich auch auf Dauer den Inhalt der Rechte und Pflichten aus dem Dienstverhältnis. 252

Die falsche Beantwortung einer Frage nach einer Körperbehinderung durch einen Stellenbewerber kann nur dann eine **Anfechtung des Arbeitsvertrages** wegen arglistiger Täuschung nach § 123 BGB rechtfertigen, wenn die verschwiegene Körperbehinderung erfahrungsgemäß die Eignung des Arbeitnehmers für die vorgesehene Tätigkeit beeinträchtigt *(BAG vom 7. 6. 1984, NZA* 253

§ 85

1985, 57). Hier kommt es also wesentlich darauf an, welchen Arbeitsplatz der Stellenbewerber in der Dienststelle wahrnehmen soll.

254 Die Frage nach der **Schwangerschaft** ist in der Regel unzulässig, und zwar ohne Rücksicht darauf, ob sich neben Frauen auch Männer bewerben. Dies folgt nicht nur aus den entsprechenden Regelungen des europäischen Rechts *(EuGH vom 8.11. 1990, NZA 1991, 171),* sondern auch aus § 611a BGB. Eine Ausnahme kann nur dann gelten, wenn zwingende gesetzliche Bestimmungen der Beschäftigung der Dienstkraft entgegenstehen.

255 Fragen nach der **Gewerkschaftszugehörigkeit** sind bei Bewerbern grundsätzlich unzulässig, da sie bei der Eignung für einen bestimmten Arbeitsplatz keine Rolle spielt *(Grabendorff u. a., BPersVG, § 75 Rn. 142).* Da sowohl die positive als auch die negative Koalitionsfreiheit grundgesetzlich geschützt ist, Art. 9 GG, kann auch eine Einstellung nicht wegen der Gewerkschaftszugehörigkeit bzw. wegen fehlender Gewerkschaftszugehörigkeit abgelehnt werden. Zulässig kann die Frage nach der Gewerkschaftszugehörigkeit bei Dienstkräften sein, die bereits in einem Arbeitsverhältnis zu der Dienststelle stehen, wenn hiervon die richtige tarifliche Entlohnung abhängt.

256 Fragen nach der **Religionszugehörigkeit** sind generell unzulässig, sie haben keinerlei Bedeutung für die auszuführenden Arbeiten. Auch Dienstkräfte, die bereits in einem Arbeits- oder Beamtenverhältnis stehen, dürfen in der Regel nicht nach ihrer Konfessionszugehörigkeit gefragt werden. Dies ist auch für die richtige Abführung der Steuern nicht erforderlich, da auf den Lohnsteuerkarten die Religionszugehörigkeit vermerkt ist.

257 Auch unzulässig ist die Frage nach der Zugehörigkeit zu einer politischen **Partei** *(Grabendorff u. a., a. a. O.).*

258 Zweifelhaft erscheint, ob Fragen nach der Zugehörigkeit zu radikalen, **verfassungsfeindlichen Organisationen** zulässig sind. *(Für die Zulässigkeit ohne nähere Begründung Fischer/Goeres, BPersVG, § 75 Rn. 97.)* Für die Zulässigkeit könnte sprechen, daß nach einer Entscheidung des Bundesverfassungsgerichts *(BVerfG vom 22. 5. 1975, NJW 1975, 1641ff.)* unter bestimmten Voraussetzungen die Zugehörigkeit zu verfassungsfeindlichen Gruppierungen dann eine Beschäftigung im öffentlichen Dienst ausschließen kann, wenn sich der Bewerber bzw. die Dienstkraft zu den verfassungsfeindlichen Zielen bekennt oder diese aktiv verfolgt. Insoweit wäre die Zulässigkeit der Frage konsequente Folge dieser Rechtsprechung, da es sich hier um eine in der Person liegende Eignungsvoraussetzung handelt. Gleichwohl wird die Aufnahme einer derartigen Frage in einen Fragebogen wenig sinnvoll sein, da die Begriffsbildung hier besonders unscharf ist und die jeweiligen Bewertungen unterschiedlich sein können. Auch wird innerhalb eines Fragebogens keine klare Abgrenzung zu der unzulässigen Frage nach der Zugehörigkeit zu einer politischen Partei möglich sein. Um alle rechtlichen Unsicherheiten zu vermeiden, die insbesondere für den Bewerber bei Neueinstellungen auftreten können, ist eine Beschränkung auf nur solche Fragen in den Personalfragebogen vorzunehmen, die zweifelsfrei zulässig sind.

259 Die Frage nach **Vorstrafen** ist auch im öffentlichen Dienst nur zulässig, wenn und soweit die zu besetzende Arbeitsstelle oder die zu leistende Arbeit dies erfordert. Bedenklich ist insoweit die im öffentlichen Dienst weitverbreitete Gewohnheit, regelmäßig bei Bewerbern um eine Arbeits- bzw. Beamtenstelle einen Strafregisterauszug anzufordern. Auf diese Weise werden die Einschränkungen bezüglich der Frage nach Vorstrafen umgangen. Die Zulässigkeit einer

Frage nach Vorstrafen kann immer nur für einen konkreten Arbeitsplatz beantwortet werden. Zulässig ist z.B. die Frage nach Vermögensdelikten bei einer Dienstkraft mit Kassierertätigkeit, nach Verkehrsstrafen bei einem Kraftfahrer, nach Sittlichkeitsdelikten bei Dienstkräften, die mit Jugendlichen usw. zu tun haben.

Zu beachten sind hierbei die Vorschriften des Bundeszentralregistergesetzes 260 (BZRG). Nach § 51 BZRG kann sich ein Bewerber bzw. eine Dienstkraft dann als unbestraft bezeichnen, wenn die Strafe wegen Geringfügigkeit überhaupt nicht strafregisterpflichtig ist oder wegen Fristablaufs nicht mehr in das Führungszeugnis aufzunehmen oder im Register zu tilgen ist *(vgl. näher Götz, BB 1971, 1325; Maurer, AuR 1972, 9).* Ausgeschlossen ist eine Frage auch, wenn die Strafe nicht in ein Führungszeugnis aufzunehmen ist (§ 32 Abs. 2 BZRG).

Ein Mitbestimmungsrecht besteht nicht für **ärztliche Fragebögen,** die bei der 261 Einstellungsuntersuchung verwandt werden. Der Arzt darf dem Dienstherrn das Ergebnis einer amtlichen Untersuchung auch nur insoweit mitteilen, als die Eignung für den vorgesehenen Arbeitsplatz bejaht oder verneint wird. Einzelheiten dürfen nicht mitgeteilt werden *(insoweit besteht ärztliche Schweigepflicht, vgl. § 203 StGB und § 8 Abs. 1 Satz 2 ASiG; vgl. Lorenzen u.a., a.a.O.; Fitting u.a., BetrVG, § 94 Rn. 20).*

Ein Mitbestimmungsrecht nach § 85 Abs. 2 Nr. 5 besteht ebenfalls nicht bei der 262 Einführung und Anwendung von **psychologischen Testverfahren.** Diese stellen keine Personalfragebögen im Sinne dieser Vorschrift dar *(so Lorenzen u.a., BPersVG, § 75 Rn. 164).* Auch sie unterliegen im übrigen denselben Beschränkungen wie die Fragen in den Personalfragebögen. Psychologische Tests werden daher in der Regel unzulässig sein, da sie in die Persönlichkeitssphäre des einzelnen eindringen. Das gleiche gilt für graphologische Gutachten *(vgl. dazu näher Schmid, NJW 1971, 1863; Marschner, DB 1971, 2260; vgl. auch BAG vom 16.9.1982, AP Nr. 24 zu § 123 BGB).* In jedem Falle dürfen sie nur mit Einwilligung des Betroffenen und von einem Fachpsychologen, der wie ein Arzt der Schweigepflicht unterliegt, durchgeführt werden. Im übrigen sind Tests nur insoweit zulässig, als sie die Eignung des Bewerbers bzw. der Dienstkraft für die Anforderungen eines bestimmten Arbeitsplatzes überprüfen *(vgl. BAG vom 13.2.1964, AP Nr. 1 zu Art. 1 GG; Wiese, ZfA 1971, 296),* in der Regel also technische Tests.

Die inhaltliche Gestaltung von Testverfahren unterliegt jedoch dann dem Mit- 263 bestimmungsrecht nach § 85 Abs. 2 Nr. 5, wenn sie an die Stelle der Ausfüllung der Personalfragebögen getreten sind *(Hanau, BB 1972, 453).*

Beurteilungsrichtlinien (Nr. 6)

Nach Abs. 2 Nr. 6 besteht ein Mitbestimmungsrecht bei Beurteilungsrichtlinien. 264 Das Mitbestimmungsrecht bezieht sich **sowohl** auf die **Aufstellung** als auch auf die **inhaltlichen Einzelheiten** der Beurteilungsrichtlinien.

Erfaßt werden nicht nur Abschlußbeurteilungen, sondern auch die sog. **Re-** 265 **gelbeurteilungen,** die in regelmäßigem Abstand für die Dienstkräfte erstellt werden. Rechtsgrundlage für die Regelbeurteilungen ist bei den Beamten § 19 LfbG. Eine entsprechende Rechtsgrundlage für die Angestellten bzw. Arbeiter fehlt. In den entsprechenden Tarifverträgen ist eine Verweisungsnorm nicht vorhanden, § 13 BAT ist als Grundlage für einen Beurteilungsanspruch

§ 85

des öffentlichen Dienstherrn nicht geeignet. Als Rechtsgrundlage scheiden auch Rundschreiben aus, da durch derartige Rundschreiben Rechtsnormen mit Wirkung auf die Arbeitsverhältnisse der Dienstkräfte nicht gesetzt werden können. Zu berücksichtigen ist aber, daß in der Rechtsprechung des Bundesarbeitsgerichts anerkannt ist, daß der Arbeitgeber im Bereich des öffentlichen Dienstes ein Recht darauf hat, dienstliche Beurteilungen zu erstellen. Insoweit kann auf die einschlägige Rechtsprechung verwiesen werden *(BAG vom 10. 3. 1982, AP Nr. 1 zu § 13 BAT; vom 28. 3. 1979, AP Nr. 3 zu § 75 BPersVG)*. Hinzu kommt, daß im Bereich des Landes Berlin jahrelang eine entsprechende Handhabung besteht, die auch den Dienstkräften bekannt ist. Man kann daher für den Bereich des Landes Berlin auch von einer betrieblichen Übung ausgehen, die eine entsprechende Rechtsgrundlage für die Zulässigkeit der dienstlichen Beurteilungen darstellt *(LAG Berlin vom 13. 8. 1986 – 5 Sa 28/86)*.

266 Bei Erstellung einer dienstlichen Beurteilung hat die betroffene Dienststelle ein Recht darauf, daß diese ordnungsgemäß zustande gekommen und sachlich richtig ist *(BAG vom 28. 3. 1979, AP Nr. 3 zu § 75 BPersVG)*. Der **Dienstleistungsbericht ist so zu erstellen, daß** er bei Abwägung der beiderseitigen Interessen ein möglichst **objektives Bild** von der Person und den Leistungen der Dienstkraft ergibt, seine tatsächlichen Angaben müssen zutreffend sein. Beurteilungen, die meist Wertungen enthalten, sind zu begründen *(BAG a.a.O.)*, spätestens muß dies in dem entsprechenden Rechtsstreit erfolgen. In der Begründung sind Tatsachen vorzubringen, die geeignet sind, die entsprechende Bewertung zu rechtfertigen. Zu beachten ist dabei, daß dem Dienstherrn bzw. der Dienststelle oder dem Beurteilenden ein gewisser Beurteilungsspielraum zukommt, der nicht in vollem Umfange in einem gerichtlichen Verfahren überprüft werden kann.

267 Durch die Richtlinien soll eine Beurteilung der Dienstkräfte nach einheitlichen Grundsätzen gewährleistet werden, insoweit besteht eine **Überwachungsfunktion der Personalvertretung** hinsichtlich der gleichmäßigen Behandlung aller Dienstkräfte, § 71 Abs. 1 *(BVerwG vom 15. 2. 1980, PersV 1980, 241; vom 11. 2. 1991, PersR 1992, 202)*. Außerdem soll durch das Mitbestimmungsrecht sichergestellt werden, daß eine Dienstkraft nur nach ihrer Arbeitsleistung und ihrer persönlichen Eignung beurteilt wird, daß also weitgehend subjektive Bewertungselemente ausgeschaltet werden. Auch muß die Personalvertretung darauf achten, daß die Beurteilungsrichtlinien sicherstellen, daß die betroffene Dienstkraft die Möglichkeit zur Gegenäußerung hat.

268 Beurteilungsrichtlinien sind Grundsätze, nach denen die Leistung und das Verhalten der Dienstkräfte bewertet werden. Hierher gehören die **Festlegung der materiellen Beurteilungsmerkmale** und das **Verfahren,** wie diese materiellen Beurteilungsmerkmale festgestellt werden sollen. Verfahrensregelung sind hierbei z.B. das System der Auswertung von Bewerbungsunterlagen, Leistungsbeurteilungen in bestimmten Zeiträumen durch Zeugnisse, Arbeitsproben, psychologische Testverfahren *(vgl. dazu auch oben Rn. 230; ferner Schmid, NJW 1971, 1863; Marschner, DB 1971, 2260)*, die Festlegung der Personen, die die Beurteilung abgeben, Überwachung, Kontrolle und Auswertung der Beurteilungen nach den Beurteilungsrichtlinien. Mitbestimmungspflichtig ist ferner die Festlegung von Beurteilungsdurchschnittswerten, ob und wann eine Anhörung der Dienstkraft zu erfolgen hat, wie ihr die Beurteilung zugänglich zu machen ist *(BVerwG vom 11. 12. 1991, PersV 1992, 379)*.

Materielle Bewertungskriterien sind z. B. Aufgabenerfüllung, Leistungsbereitschaft, Leistungsfähigkeit, Einsatzfreude, Effektivität der Arbeit, Qualität der Arbeit usw. 269

Nicht dem Mitbestimmungsrecht nach Abs. 2 Nr. 6 unterliegt die **Beurteilung im Einzelfall**. Hier besteht nur ein Mitwirkungsrecht nach § 90 Nr. 7. 270

In der Regel wird eine sachgemäße Beurteilung nur im Hinblick auf den konkreten Arbeitsplatz möglich sein. Das setzt voraus, daß für jeden Arbeitsplatz **Stellenbeschreibungen** aufgestellt sind, die im einzelne die Arbeitsaufgabe beschreiben. Meist wird es sich hierbei um analytische Arbeitsplatzbewertungen handeln. Das Mitbestimmungsrecht nach § 85 Abs. 2 Nr. 6 bezieht sich jedoch nicht auf die Aufstellung dieser Stellenbeschreibungen bzw. analytischen Arbeitsplatzbewertung. Es handelt sich hierbei nicht um die auf die Person bezogenen Beurteilungsrichtlinien. 271

Die Aufstellung der allgemeinen Beurteilungsrichtlinien kann sowohl für Bewerber als auch für bereits in der Dienststelle tätige Dienstkräfte erfolgen. 272

Erlaß von Trageordnungen für Dienstkleidung (Nr. 7)

Schließlich besteht nach Abs. 2 Nr. 7 ein Mitbestimmungsrecht hinsichtlich des Erlasses von Trageordnungen für Dienstkleidung. 273

Unter **Dienstkleidung** sind Kleidungsstücke zu verstehen, die zur besonderen Kenntlichmachung im dienstlichen Interesse an Stelle anderer Kleidung während der Arbeit getragen werden müssen. Schutzkleidung fällt nicht hierunter, dort besteht ein Mitbestimmungsrecht im Rahmen des § 85 Abs. 1 Nr. 7. Betroffen sind in erster Linie die Dienstkräfte im Bereich der Justiz, Polizei, Feuerwehr und der Berliner Verkehrsbetriebe. 274

Bezüglich der Verpflichtung zum Tragen von Dienstkleidung sind die Vorschriften in § 67 BAT und § 40 LBG sowie die einschlägigen Verwaltungsvorschriften zu beachten. 275

In der Trageordnung kann festgelegt werden, welche Dienstkleidung zu welchen Gelegenheiten zu tragen ist, wie im einzelnen die Dienstkleidung gestaltet sein muß usw. 276

Die Personalvertretung hat hierbei darauf zu achten, daß auch die Trageordnung an dienstlichen Erfordernissen ausgerichtet ist und daß die Interessen der Dienstkräfte beachtet werden, insbesondere keine unzumutbaren Anforderungen gestellt werden. 277

Automatisierte Verarbeitung personenbezogener Daten (Nr. 8)

Dieser im Jahre 1992 neu eingeführte **Mitbestimmungstatbestand ergänzt** sowohl das Mitbestimmungsrecht nach Abs. 1 Nr. 13 als auch das aus Abs. 2 Nr. 5. Konkurrenzprobleme treten angesichts des letzten Satzteils, wonach das Mitbestimmungsrecht des Abs. 1 Nr. 13 unberührt bleibt, nicht auf. Dieses hat, soweit seine Voraussetzungen vorliegen, in jedem Falle den Vorrang. Abs. 1 Nr. 8 erweitert insoweit lediglich die bereits bestehenden Mitbestimmungsrechte über deren Tatbestände hinaus. 278

Im Gegensatz zu dem Mitbestimmungsrecht aus Abs. 1 Nr. 13 ist nach Abs. 2 Nr. 8 der Personalrat auch zu beteiligen bei der **Einführung, Anwendung, wesentlichen Änderung oder wesentlichen Erweiterung** von automatisierter 279

§ 85

Verarbeitung personenbezogener Daten der Dienstkräfte. Eine Einschränkung dahin gehend, daß eine Eignung zur Überwachung der Dienstkräfte bestehen müßte, besteht nicht. Der Geltungsbereich des Mitbestimmungsrechtes ist daher wesentlich weiter. Wesentliche Aufgabe des Personalrats bei der Wahrnehmung des Mitbestimmungsrechts ist es, auch außerhalb der Überwachungsmöglichkeit darauf zu achten, daß durch die automatisierte Verarbeitung personenbezogener Daten nicht ohne sachliche Rechtfertigung in den Persönlichkeitsbereich der Dienstkräfte eingegriffen wird. Hierbei hat der Personalrat auch darauf zu achten, daß die Vorschriften des Bundesdatenschutzgesetzes (BDSG) beachtet werden.

280 Das Mitbestimmungsrecht betrifft die automatisierte Verarbeitung personenbezogener Daten. Der **Begriff der personenbezogenen Daten** entspricht dem in § 3 Abs. 1 BDSG. Danach sind personenbezogene Daten Einzelangaben über persönliche oder sachliche Verhältnisse einer bestimmten oder bestimmbaren natürlichen Person. Erfaßt werden damit sämtliche Einzelangaben über die Dienstkräfte der Dienststelle, auch soweit sie dienstliche Arbeitsabläufe oder dienstliche Aufgabenstellungen in bezug auf eine bestimmte Dienstkraft zum Gegenstand haben. Der Begriff der personenbezogenen Daten ist damit umfassend.

281 Unter **Verarbeitung** ist das Speichern, Verändern, Übermitteln, Sperren und Löschen personenbezogener Daten zu verstehen, § 3 Abs. 5 BDSG. Damit gehört die gesamte inhaltliche Gestaltung des Speicherungs- und Verarbeitungsprogramms zu dem der Mitbestimmung des Personalrats unterliegenden Bereich. Das Mitbestimmungsrecht erstreckt sich damit in erster Linie auf die Datenverarbeitungsprogramme, dies allerdings auch insoweit, als sie bereits in den Datenverarbeitungsanlagen selbst integriert sind. Speicherung im Sinne der Verarbeitung ist das Erfassen, Aufnehmen oder Aufbewahren personenbezogener Daten der Dienstkräfte auf Datenträgern, wobei unerheblich ist, welche Form die Datenträger haben. Das Verändern betrifft das inhaltliche Umgestalten der gespeicherten personenbezogenen Daten, die Übermittlung ist das Bekanntgeben der gespeicherten oder durch die Datenverarbeitungsanlage neu gewonnener Daten an einen Dritten, wobei dies auch eine andere Dienststelle innerhalb des Landes Berlin sein kann. Das Mitbestimmungsrecht des Personalrats bezieht sich in diesem Falle auch auf den Übermittlungsweg. Ebenfalls unter die Verarbeitung fällt das Sperren gespeicherter personenbezogener Daten, wobei dem Mitbestimmungsrecht nicht nur die Form der Sperrung der Daten, sondern auch die Voraussetzung für die Sperrung der Daten unterliegt. Das gleiche gilt hinsichtlich des Löschens personenbezogener Daten, wenn diese also in dem Datenverarbeitungssystem unkenntlich gemacht werden.

282 **Einführung** ist nicht nur die erstmalige Anwendung eines Programmes, sondern erfaßt werden auch alle Maßnahmen zur Vorbereitung der geplanten Anwendung, insbesondere, wenn festgelegt wird, welche Programme genutzt werden sollen, welche Zeiträume, Zweckbestimmungen und Wirkungsweisen der Programme beabsichtigt sind. Anwendung ist jede Nutzung der Datenverarbeitungsanlage, hierunter fällt auch die Frage der Art und Weise, wie die Datenverarbeitungsanlage verwendet werden soll.

283 Eine **wesentliche Änderung** einer Datenverarbeitungsanlage ist gegeben, wenn die Nutzungsmöglichkeit, die Speicherkapazität oder die Verarbeitungsmöglichkeiten so geändert werden, daß sich der Nutzungsgrad der Datenverarbeitungsanlage verändert. Eine Erweiterung liegt hierbei vor, wenn die Nutzungsmöglichkeiten in nicht unerheblichem Umfange ausgedehnt werden. Im Grunde werden damit sämtliche Formen der Anwendung von Datenverarbeitungsanlagen in bezug auf personenbezogene Daten der Dienstkräfte dem Mitbestimmungsrecht des Personalrats unterstellt.

Ausgenommen von der Mitbestimmung sind lediglich Anwendungen von Datenverarbeitungsanlagen in bezug auf Besoldungs-, Gehalts-, Lohn- und Versorgungsleistungen. Hier ist der Gesetzgeber davon ausgegangen, daß die Verwaltungsaufgaben den Einsatz zwingend erfordern und daß durch den begrenzten Aufgabenbereich, für den das Mitbestimmungsrecht nicht besteht, auch der Anwendungsrahmen der Datenverarbeitungsanlagen insbesondere auch in bezug auf die notwendigen Programme vorgegeben ist.

284

Einführung, Änderung, Ausweitung neuer Arbeitsmethoden (Nr. 9)

Auch diese Bestimmung ist durch Gesetz von 1992 neu geschaffen worden, das Mitbestimmungsrecht ergänzt in erster Linie das Mitbestimmungsrecht nach Abs. 2 Nr. 2. Im Unterschied zu dem dort geregelten Beteiligungsrecht ist es nicht erforderlich, daß eine Hebung der Arbeitsleistung oder eine Erleichterung des Arbeitsablaufes eintritt, vielmehr werden sämtliche Anwendungen im Bereich der Informations- und Kommunikationstechnik erfaßt.

285

Der **Begriff** der Arbeitsmethode erfaßt das Arbeitsverfahren zur Ausführung eines bestimmten Arbeitsablaufes durch die Dienstkräfte. Betroffen wird die Anwendungstechnik der Informations- und Kommunikationstechnologie. Nicht nur die den Arbeitsablauf gestaltenden Programme, sondern auch die Geräteausstattung, soweit sie auf die tatsächliche Benutzung durch die Dienstkräfte Einfluß nimmt, wird von Abs. 2 Nr. 9 erfaßt.

286

Der **Begriff der Einführung,** wesentlichen Änderung oder wesentlichen Ausweitung entspricht demjenigen in Abs. 2 Nr. 8 *(vgl. Rn. 283)*. Auch hier ist das Beteiligungsrecht im Grunde umfassend, jede Form der Anwendung und Vorbereitung der geplanten Anwendung wird erfaßt. Das Beteiligungsrecht erfaßt damit auch die Programmauswahl, die Auswahl der Geräte usw., durch die bestimmte Arbeitsmethoden vorgegeben werden oder die bestimmte Arbeitsmethoden beeinflussen.

287

Betriebliche Informations- und Kommunikationsnetze (Nr. 10)

Auch dieses Beteiligungsrecht ist 1992 neu eingeführt worden. Informations- und Kommunikationsnetze **betreffen Datenverarbeitungsanlagen,** die mehrere Arbeitsplätze oder mehrere EDV-Stationen miteinander verbinden. Sämtliche Bürokommunikationssysteme, Textverarbeitungssysteme mit Zugang zu mehreren Arbeitsplätzen sowie CAD/CAM-Systeme und sämtliche Systeme der Betriebsdatenerfassung, die über mehrere Anschlußplätze verfügen, werden von der Bestimmung erfaßt.

288

Mitbestimmungspflichtig ist hier ebenso wie in Abs. 2 Nrn. 8 und 9 sowohl die **Einführung** als auch die **wesentliche Änderung** oder wesentliche Ausweitung derartiger Systeme, wobei auch hier die Einführung nicht lediglich die erstmalige Anwendung betrifft, sondern auch alle Maßnahmen zur Vorbereitung der Schaffung des Systems der Mitbestimmung unterliegen.

289

§§ 85, 86

290 Der **Begriff** der wesentlichen Änderung ist der gleiche wie in Abs. 2 Nr. 8 (Rn. 284). Eine Ausweitung betrieblicher Informations- und Kommunikationsnetze ist gegeben, wenn technische Veränderungen vorgenommen werden, die dazu führen, daß weitere Arbeitsplätze in das System einbezogen werden, wenn weitere Verbindungsstellen geschaffen oder Veränderungen dergestalt durchgeführt werden, daß andere und weiter gehende Informationen gespeichert werden können, oder wenn neue Wege der Kommunikation ermöglicht werden. Das Mitbestimmungsrecht betrifft dabei nicht allein die Programmänderung, sondern auch technologische Veränderungen, die entsprechende Konsequenzen zur Folge haben. Beispielsweise kann die Schaffung weiterer Bildschirmarbeitsplätze, die an ein bereits vorhandenes Kommunikationssystem angeschlossen werden, zu einer wesentlichen Ausweitung dieses Systems führen, da weitere Arbeitsplätze und Kommunikationsmöglichkeiten geschaffen werden.

Streitigkeiten

291 Bei Meinungsverschiedenheiten über den Inhalt einer noch abzuschließenden Dienstvereinbarung und bei allgemeinen Maßnahmen im Rahmen des Direktionsrechts kann von jeder Seite das Verfahren bei Nichteinigung gem. § 80 eingeleitet werden. Führt dies zu keiner Einigung, kann die Einigungsstelle gem. § 81 Abs. 2 tätig werden. Die oberste Dienstbehörde bzw. die Aufsichtsbehörde kann binnen eines Monats nach Zustellung des Beschlusses der Einigungsstelle die Entscheidung des jeweils zuständigen Gremiums beantragen.

292 Bei Streitigkeiten über die Frage, ob ein Mitbestimmungsrecht besteht, sowie über den Umfang des Mitbestimmungsrechtes entscheiden die Verwaltungsgerichte gem. § 91 Abs. 1 Nr. 3. Ist streitig, ob eine Dienstvereinbarung besteht oder nicht besteht, entscheiden die Verwaltungsgerichte gem. § 91 Abs. 1 Nr. 4. Die Entscheidung erfolgt jeweils im Beschlußverfahren.

293 Daneben können diese Fragen auch als Vorfragen Gegenstand von Prozessen einzelner Dienstkräfte vor dem Verwaltungsgericht bzw. dem Arbeitsgericht sein, soweit sich aus der Beteiligung der Personalvertretung oder aber aus dem Fehlen ihrer Beteiligung Ansprüche für die einzelne Dienstkraft ergeben können. Hierbei handelt es sich um Individualansprüche, die im Urteilsverfahren geltend zu machen sind.

§ 86 Gemeinsame Angelegenheiten

(1) In Angelegenheiten sämtlicher Dienstkräfte bestimmt der Personalrat mit bei
1. Gewährung von Unterstützungen und entsprechenden sozialen Zuwendungen,
2. Gewährung von Vorschüssen,
3. Verschickung von Dienstkräften,
4. Geltendmachung von Ersatzansprüchen gegen eine Dienstkraft, soweit diese der Mitbestimmung des Personalrats nicht widerspricht,
5. Zuweisung und Kündigung von Wohnungen, über die die Dienststelle verfügt, außer im Bereich der Polizeibehörde, sowie der allgemeinen Festsetzung der Nutzungsbedingungen,

§ 86

6. Zuweisung von Dienst- und Pachtland und Festsetzung der Nutzungsbedingungen.

(2) Im Falle des Absatzes 1 Nr. 1 obliegt die Mitbestimmung nicht dem gesamten Personalrat, sondern dem Vorstand.

(3) In Angelegenheiten sämtlicher Dienstkräfte bestimmt der Personalrat nach Maßgabe des § 81 Abs. 2 mit bei

1. Versetzung,
2. Umsetzung innerhalb der Dienststelle, wenn sie mit einem Wechsel des Dienstortes verbunden ist (das Einzugsgebiet im Sinne des Umzugskostenrechts gehört zum Dienstort),
3. Abordnung für eine Dauer von mehr als drei Monaten oder sobald die Abordnung diese Dauer überschreitet, soweit es sich nicht um in der Ausbildung stehende Dienstkräfte handelt,
3. a) Zuweisung nach oder entsprechend § 123 a des Beamtenrechtsrahmengesetzes für eine Dauer von mehr als 3 Monaten,
4. Versagung oder Widerruf der Genehmigung einer Nebentätigkeit,
5. Anordnungen, welche die freie Wahl der Wohnung beschränken,
6. Bestellung und Abberufung von Betriebsärzten und Fachkräften für Arbeitssicherheit sowie bei Erweiterung oder Einschränkung ihrer Aufgaben.

Im Falle der Versetzung bestimmen beim Wechsel des Zuständigkeitsbereiches des Personalrats die Personalräte der bisherigen und der neuen Dienststelle mit. Als Versetzung im Sinne dieses Gesetzes gilt auch die Änderung der Geschäftsverteilung, wenn die Dienstkraft damit den Zuständigkeitsbereich des Personalrats wechselt. Der Wechsel von einer Schule zur anderen gilt nicht als Versetzung im Sinne dieses Gesetzes, er stellt auch keine Abordnung dar.

Übersicht   Rn.

Allgemeines 1– 3
Ausübung der Mitbestimmung 4– 6
Unterstützungen und entsprechende Zuwendungen (Nr. 1) 7– 13
Gewährung von Vorschüssen (Nr. 2) 14– 16
Verschickung von Dienstkräften (Nr. 3) 17– 19
Geltendmachung von Ersatzansprüchen (Nr. 4) 20– 24
Widerspruch der Dienstkraft 25
Wohnungsvergabe (Nr. 5) 26– 30
Verfügungsbefugnis 31– 33
Zuweisung 34, 35
Kündigung 36–38
Festsetzung der Nutzungsbedingungen 39– 42
Vergabe von Dienst- und Pachtland (Nr. 6) 43– 47
Umfang der Mitbestimmung in § 86 Abs. 3 48
Versetzung (Nr. 1) 49
Begriff 50– 60
Zuständigkeit 61– 68
Konkurrenz zu anderen Maßnahmen 69
Versetzung von Amtsträgern 70, 71
Umsetzung (Nr. 2) 72
Begriff 72

639

§ 86

Voraussetzungen	73– 77
Umsetzung von Amtsträgern	78– 80
Abordnung (Nr. 3)	81
Begriff	81– 86
Mitbestimmungspflichtigkeit	87– 91
Zuständigkeit	92– 95
Abordnung von Amtsträgern	96
Zuweisung nach § 123a BRRG (Nr. 3a)	97–103
Versagung oder Widerruf der Genehmigung einer Nebentätigkeit (Nr. 4)	104
Begriff	104, 105
Mitbestimmungspflichtigkeit	106–113
Beschränkung der freien Wohnungswahl (Nr. 5)	114–119
Bestellung und Abberufung von Betriebsärzten und Fachkräften für Arbeitssicherheit (Nr. 6)	120–138
Verletzung des Mitbestimmungsrechts	139
Streitigkeiten	140, 141

Allgemeines

1 § 86 entspricht teilweise der früheren Bestimmung in § 68 PersVG Bln a. F. Der Mitbestimmungskatalog ist gegenüber dieser Vorschrift erweitert worden. In der Vorschrift sind Regelungen zusammengefaßt, die teilweise in den Mitbestimmungsregelungen der §§ 75 und 76 BPersVG für Arbeitnehmer und Beamte getrennt enthalten sind. Nur begrenzt vergleichbare Bestimmungen finden sich in den §§ 87 und 99 BetrVG.

2 § 86 entspricht im Aufbau dem § 85; in Absatz 1 werden Angelegenheiten geregelt, die für alle Dienstkräfte der vollen Mitbestimmung unterliegen, die in Abs. 3 enthaltenen Bestimmungen erfassen Angelegenheiten, die für Beamte nur der eingeschränkten Mitbestimmung nach § 81 Abs. 2 unterliegen. In Angelegenheiten der Angestellten und Arbeiter besteht auch hier ein volles Mitbestimmungsrecht.

3 § 86 enthält sowohl soziale als auch personelle Angelegenheiten. Im Gegensatz zu der Regelung in § 85 besteht das Mitbestimmungsrecht nicht nur bei kollektiven Maßnahmen, sondern auch und vornehmlich bei Regelungen im Einzelfall. Dem entspricht es auch, daß das Mitbestimmungsrecht in der Regel, wie sich aus dem Wortlaut des Gesetzes ergibt, dem Personalrat zusteht. Eine Einzelmaßnahme, die eine Dienstkraft betrifft, kann immer nur auf eine Dienststelle bezogen sein.

Ausübung der Mitbestimmung

4 Die Ausübung der **Mitbestimmung im Einzelfall** kann nicht durch Dienstvereinbarung oder Regelungsabrede vorgenommen werden, da diese Rechtsinstitute nur bei der Regelung kollektiver Angelegenheiten möglich sind. Sie erfolgt vielmehr durch Erklärung der Zustimmung zu der geplanten Maßnahme der Dienststelle oder aber durch Beantragung einer bestimmten Maßnahme, über deren Durchführung dann mit der Dienststelle Einigkeit erzielt werden muß. Im Falle der Nichteinigung ist gemäß den §§ 80 und 81 das Verfahren bei Nichteinigung bzw. die Anrufung der Einigungsstelle vorzunehmen. Der Spruch der Einigungsstelle ersetzt hier auch im Gegensatz zu den Fällen in

§ 85 nicht den Abschluß einer Dienstvereinbarung, er tritt nur an die Stelle der Einigung zwischen Personalrat und Dienststellenleiter im Einzelfall.
Zustimmung zu der geplanten Maßnahme bzw. der Antrag auf Durchführung einer bestimmten Maßnahme müssen auf einem **wirksamen Beschluß** des Personalrates gem. § 33 beruhen. Nur im Falle der Gewährung von Unterstützungen und entsprechenden sozialen Zuwendungen ist statt der Zuständigkeit des gesamten Personalrates die Zuständigkeit des Vorstandes, § 29, gegeben, § 86 Abs. 2. Bei der Beschlußfassung sind bestehende gesetzliche bzw. tarifliche Regelungen bzw. Verwaltungsvorschriften zu beachten. Ferner hat der Personalrat für eine gleichmäßige Behandlung aller Beschäftigten zu sorgen.

Die Bestimmungen in § 86 gelten, wie die meisten Regelungen in § 85, grundsätzlich **für sämtliche Dienstkräfte,** also für Angestellte, Arbeiter und Beamte. Auch hier besteht ein Mitbestimmungsrecht nur insoweit, als ein Bestimmungsrecht der Dienststelle gegeben ist. Soweit gesetzliche oder tarifliche Vorschriften bereits Regelungen enthalten oder den Dienstkräften Ansprüche gewähren, kommt ein Mitbestimmungsrecht nicht in Betracht.

Unterstützungen und entsprechende Zuwendungen (Nr. 1)

Unterstützung ist eine ohne rechtliche Verpflichtung mit Rücksicht auf die allgemeine Fürsorgepflicht gewährte Leistung zur Erleichterung oder zum Ausgleich einer Bedürftigkeitssituation *(vgl. BVerwG vom 12. 7. 1968, PersV 1968, 277).* Es muß sich um eine Leistung handeln, für die ein Rechtsanspruch nicht besteht *(Grabendorff u. a., BPersVG, § 75 Rn. 34; Altvater u. a., BPersVG, § 75 Rn. 27).*

In Betracht kommen in erster Linie Unterstützungen nach den **Unterstützungsgrundsätzen** für die Verwaltung und Betriebe des Landes Berlin. Die dort niedergelegten Grundsätze finden Anwendung für die in den Verwaltungen und Betrieben des Landes Berlin beschäftigten Angestellten, Arbeiter und Beamten. Erfaßt werden von den Unterstützungsgrundsätzen in erster Linie soziale Zuwendungen zur Erleichterung einer unverschuldeten individuellen wirtschaftlichen Notlage. Charakteristisch für Unterstützungen ist die übliche Beschränkung auf vorhandene Haushaltsmittel *(vgl. BVerwG a.a.O.).*

Entsprechende soziale Zuwendungen sind Leistungen, die ebenfalls dazu bestimmt sind, die Bedürftigkeitssituation auszugleichen, ohne daß sie Unterstützungen im engeren Sinne sind. Hierunter fallen z. B. Darlehen und sonstige wirtschaftliche Leistungen *(vgl. BVerwG vom 30. 3. 1989, PersV 1989, 362),* die wegen in der Person liegender Gründe aus rein sozialen Erwägungen gewährt werden. Auch hier ist erforderlich, daß der einzelne keinen Rechtsanspruch hat.

Ein **Mitbestimmungsrecht** nach § 86 Abs. 1 Nr. 1 **besteht nicht,** wenn die Leistungen unabhängig von einer Bedürftigkeitssituation allen Dienstkräften unter gleichen Voraussetzungen gewährt werden. Nicht mitbestimmungspflichtig ist daher z. B. die Gewährung der regulären Beihilfe, von Fahrtkostenzuschüssen, Trennungsentschädigungen, Reisekosten- und Umzugsvergütungen, Jubiläumszuwendungen, Umzugsbeihilfen, Übergangsgelder, Sterbegelder usw. In diesem Bereich bestehen zumeist auch gesetzliche, tarifliche oder sonstige Vorschriften, die im einzelnen die Anspruchsberechtigung festlegen. Soweit diese Bestimmungen für Beamte bestehen, finden sie gem. § 40 BAT bzw. § 46 MTL II auch auf Angestellte und Arbeiter Anwendung.

§ 86

11 Die Gewährung der Unterstützung ist eine **Ermessensentscheidung** der Dienststelle im Rahmen vorhandener Haushaltsmittel. Dem Mitbestimmungsrecht unterliegt sowohl die Gewährung der Unterstützungen bzw. der entsprechenden Zuwendungen als auch deren Ablehnung. Setzt die Gewährung dieser Leistungen einen Antrag der Dienstkraft voraus, dann entsteht das Mitbestimmungsrecht erst nach Stellung des Antrages. Die Personalvertretung ist rechtzeitig von einem entsprechenden Antrag zu unterrichten, gegebenenfalls sind die Unterlagen zur Verfügung zu stellen.

12 Die **Wahrnehmung** des Mitbestimmungsrechts gem. § 86 Abs. 1 Nr. 1 obliegt nicht dem gesamten Personalrat, sondern nur **dem Vorstand,** § 86 Abs. 2. Sinn dieser Regelung ist, die persönliche Sphäre der einzelnen Dienstkraft besonders zu schützen. Gerade im Bereich der Gewährung von Unterstützungen und ähnlichen sozialen Zuwendungen sind Tatsachen zu berücksichtigen, die in besonders starkem Maße persönliche Angelegenheiten der Dienstkraft betreffen, die in keinem unmittelbaren Zusammenhang mit ihrer dienstlichen Stellung stehen. Das Mitbestimmungsrecht steht dem gesamten Vorstand, § 29, zu. Unzulässig ist es, wenn allein der Vorstandsvorsitzende gegenüber der Dienststelle Stellungnahmen abgibt oder Vereinbarungen trifft. Für die Beschlußfassung des Vorstandes sind die Bestimmungen des § 33 entsprechend anzuwenden.

13 Die **Schweigepflicht** der Vorstandsmitglieder gem. § 11 ist hier durch die besondere Zuweisung der Wahrnehmung der Mitbestimmungsrechte dahin gehend ausgestaltet, daß sie nicht berechtigt sind, Tatsachen, die sie bei der Bearbeitung der konkreten Angelegenheiten erfahren haben, an andere Mitglieder des Personalrats oder anderer Personalvertretungsorgane weiterzugeben (*Grabendorff u. a.*, BPersVG, § 75 Rn. 45).

Gewährung von Vorschüssen (Nr. 2)

14 **Vorschüsse** sind finanzielle Leistungen an eine Dienstkraft, die im Hinblick auf das später zu zahlende Arbeitsentgelt bzw. Gehalt gewährt werden. Es sind also Leistungen, die vor Fälligkeit des eigentlichen Anspruches gezahlt werden. Häufiger Fall ist hierbei die Gewährung eines Vorschusses auf Arbeitsentgelte bzw. Gehälter, die während des Urlaubs fällig werden. Vorauszahlungen dieser Art sind im Rahmen der jeweiligen Vorschußrichtlinien möglich. Entscheidungen trifft die Verwaltung im Ermessenswege. Im Gegensatz zu Nr. 1 ist hier das Vorliegen besonderer sozialer Gründe nicht notwendig.

15 Das Mitbestimmungsrecht besteht **nur** bezüglich der Frage, **ob ein Vorschuß** gewährt werden soll oder nicht. Ein Mitbestimmungsrecht bei der späteren Verrechnung des Vorschusses mit dem nach Fälligkeit zu zahlenden Geldbetrag ist nicht gegeben. In erster Linie hat der Personalrat auf die Einhaltung des Gleichbehandlungsgrundsatzes zu achten.

16 Auch hier entsteht das Mitbestimmungsrecht erst, wenn eine Dienstkraft einen **Antrag** auf Gewährung eines Vorschusses gestellt hat. Der Personalrat kann nicht von sich aus gegen den Willen der Dienstkraft die Gewährung eines Vorschusses erzwingen. Da es sich bei der Gewährung eines Vorschusses um eine Teilleistung handelt, würde dem im übrigen auch die Vorschrift des § 266 BGB widersprechen, da danach keine Verpflichtung der Dienstkraft besteht, Teilleistungen entgegenzunehmen. Auch hier ist die Personalvertretung zu unterrichten, vorhandene Unterlagen sind vorzulegen.

Verschickung von Dienstkräften (Nr. 3)

Mitbestimmungspflichtig ist nach § 86 Abs. 1 Nr. 3 auch die Verschickung von Dienstkräften. Praktisch handelt es sich hierbei um eine Regelung, die in engem Zusammenhang mit der Gewährung von Unterstützungen und sonstigen sozialen Zuwendungen steht. Maßgeblich werden hier, soweit die Kosten der Verschickung von der Dienststelle getragen werden, auch Gesichtspunkte der wirtschaftlichen Bedürftigkeit sein. Darüber hinaus ist jedoch Voraussetzung, daß aus gesundheitlichen Gründen die Verschickung erforderlich ist. 17

Eine Verschickung von Dienstkräften liegt z. B. bei der Gewährung von Kur- oder Erholungsurlauben im Rahmen eines Sonderurlaubs vor. Das Mitbestimmungsrecht erstreckt sich hierbei nicht auf die zeitliche Lage des Sonderurlaubs, sondern nur darauf, ob der Sonderurlaub gewährt werden soll oder nicht. Ferner unterliegt dem Mitbestimmungsrecht die Frage, ob der Dienstkraft im Rahmen der Verschickung sonstige Zuwendungen, wie z. B. kostenloser Aufenthalt in einem verwaltungseigenen Erholungs- oder Kurheim, gewährt werden sollen. 18

Nicht der Mitbestimmung nach § 86 Abs. 1 Nr. 3 unterliegen Kuraufenthalte, die von einem Krankenversicherungsträger der Dienstkraft gewährt werden. Hier besteht in der Regel auch für die Dienststelle keine Entscheidungsmöglichkeit, da im Rahmen der gesetzlichen bzw. der tariflichen Vorschriften insoweit ein Anspruch der Dienstkraft auf Gewährung von Dienstbefreiung besteht. Auch scheidet hier ein Mitbestimmungsrecht bei der zeitlichen Lage des Kuraufenthalts aus. 19

Geltendmachung von Ersatzansprüchen (Nr. 4)

Dem Mitbestimmungsrecht unterliegt die Geltendmachung von Ersatzansprüchen nur insoweit, als es sich um Ersatzansprüche der eigenen Dienststelle bzw. des Dienstherrn handelt. Nicht dem Mitbestimmungsrecht unterliegen Ersatzansprüche außenstehender Dritter. Ebenfalls nicht erfaßt wird die Geltendmachung von Ersatzansprüchen der Dienstkräfte untereinander. 20

Ersatzansprüche der Dienststelle bzw. des Dienstherrn gegen eine Dienstkraft können sowohl auf der Verletzung von arbeitsvertraglichen Pflichten, Dienstpflichten als auch auf unerlaubten Handlungen usw. beruhen. Ersatzansprüche sind auch Rückgriffsansprüche der Dienststelle bzw. des Dienstherrn gegen eine Dienstkraft, wenn die Dienststelle bzw. der Dienstherr gegenüber einem Dritten Leistungen erbracht hat. Keine Ersatzansprüche i. S. der Vorschrift liegen vor, wenn die Dienststelle bei vereinbarter Rückzahlungspflicht von Ausbildungskosten bei vorzeitigem Ausscheiden aus der Dienststelle diese geltend macht. Hier handelt es sich um Vertragsansprüche auf Aufwendungsersatz. Ersatzansprüche werden auch dann nicht geltend gemacht, wenn die Dienststelle aus einem abstrakten Schuldanerkenntnis vorgeht. Anders bei einem nur deklaratorischen Schuldanerkenntnis, da dort der ursprüngliche Rechtsgrund noch Bedeutung hat. Nicht unter Abs. 1 Nr. 4 fallen Ansprüche des Dienstherrn auf Rückzahlung überzahlter Bezüge *(VG Köln vom 10. 9. 1981, PersV 1982, 334).* 21

Neben den vertraglichen bzw. beamtenrechtlichen *(z. B. § 41 LBG)* oder tariflichen *(z. B. § 14 BAT)* **Haftungsvorschriften** sind im Bereich des öffentlichen Dienstes insbesondere die Regelungen des § 839 BGB und Art. 34 GG zu 22

§ 86

beachten. § 839 BGB legt im einzelnen die Haftung der Dienstkraft bei Amtspflichtverletzungen gegenüber Dritten fest. Art. 34 GG bestimmt, daß dann, wenn jemand in Ausübung eines ihm anvertrauten öffentlichen Amtes die ihm einem Dritten gegenüber obliegende Amtspflicht verletzt, die Verantwortlichkeit grundsätzlich den Staat oder die Körperschaft trifft, in deren Dienst er steht. Bei Vorsatz oder grober Fahrlässigkeit bleibt hierbei dem Staat bzw. der Körperschaft der Rückgriff gegenüber der Dienstkraft vorbehalten.

23 In welcher **Form** der Schadenersatzanspruch gegenüber der Dienstkraft **geltend gemacht wird,** ist unerheblich. In Betracht kommt einmal ein Erstattungsbeschluß auf Grund des Erstattungsgesetzes, daneben kann die Geltendmachung aber auch im Klagewege oder durch Aufrechnung gegenüber den Dienstbezügen erfolgen. Bei Beamten kommt weiterhin der Erlaß eines Leistungsbescheides in Betracht. Dieser Leistungsbescheid stellt die Leistungsverpflichtung der Dienstkraft bei Rechtskraft verbindlich fest, er ist vollstreckbar, § 3 Abs. 2 VwVfG. In allen Fällen besteht das Mitbestimmungsrecht des Personalrats. Es setzt aber erst mit der Geltendmachung des Ersatzanspruches ein, nicht schon mit der Vorbereitung oder der Ermittlung der Grundlagen für die Geltendmachung. Im Grunde muß bereits eine Entscheidung der Dienststelle in bezug auf die Inanspruchnahme der Dienstkraft gefallen sein, lediglich Geltendmachung nach außen gegenüber der Dienstkraft muß noch ausstehen.

24 Mit dem Mitbestimmungsrecht soll in erster Linie sichergestellt werden, daß der Gleichbehandlungsgrundsatz eingehalten wird *(BVerwG vom 19. 12. 1990, PersV 1991, 277)*, auch können soziale Gesichtspunkte und sonstige Argumente, wie beispielsweise dienstliche Überlastung oder besondere Gefährlichkeit der Tätigkeit, von dem Personalrat geltend gemacht werden *(OVG Hamburg vom 25. 11. 1997, PersV 1998, 526; OVG Nordrhein-Westfalen vom 15. 2. 1983, RiA 1983, 219)*. Ob die Voraussetzungen für die Geltendmachung des Schadenersatzanspruches erfüllt sind, kann ebenfalls von dem Personalrat überprüft werden. Gegebenenfalls kann dies auch Gegenstand des Verfahrens bei Nichteinigung sein.

Widerspruch der Dienstkraft

25 Das Mitbestimmungsrecht besteht nur soweit, als die betroffene Dienstkraft der Mitbestimmung des Personalrates nicht widerspricht. Hierbei ist es unerheblich, aus welchem Grunde die Dienstkraft widerspricht bzw. nicht widerspricht. Das Mitbestimmungsrecht besteht daher auch dann, wenn die Dienstkraft auf Grund von Unkenntnis ihres Widerspruchsrechts sich nicht gegen die Beteiligung des Personalrates ausgesprochen hat. Sie ist allerdings von dem Dienststellenleiter rechtzeitig auf ihr Widerspruchsrecht hinzuweisen *(vgl. OVG Münster vom 18. 11. 1982, ZBR 1983, 239)*. Die betroffene Dienstkraft kann in jeder Lage des Verfahrens ihren Widerspruch gegen die Beteiligung des Personalrates zurückziehen mit der Folge, daß von diesem Zeitpunkt ab das Mitbestimmungsrecht wieder besteht. Allerdings sind dann vorher getroffene Vereinbarungen verbindlich und können nicht von dem Mitbestimmungsrecht beeinflußt werden.

Wohnungsvergabe (Nr. 5)

Nach § 86 Abs. 1 Nr. 5 hat der Personalrat ein Mitbestimmungsrecht bei der Zuweisung und Kündigung von Wohnungen, über die die Dienststelle verfügt, sowie hinsichtlich der allgemeinen Festsetzung der Nutzungsbedingungen. **26**

Ein Mitbestimmungsrecht nach dieser Vorschrift besteht nur dann, wenn Wohnräume vermietet werden. Es muß sich um sogenannte **Dienstmietwohnungen** handeln, über die neben dem Arbeits- bzw. Beamtenverhältnis zusätzlich ein Mietvertrag besteht, § 565 b bis d BGB *(Fitting u.a., BetrVG § 87 Rn. 379)*. **27**

Nicht dem Mitbestimmungsrecht unterliegen die sogenannten **Dienstwohnungen**, § 565 e BGB *(vgl. Fischer/Goeres, BPersVG, § 75 Rn. 65; Lorenzen u.a., BPersVG, § 75 Rn. 99 b; BVerwG vom 16. 11. 1987, PersV 1989, 65)*. Bei diesen wird Wohnraum im Rahmen eines bestehenden Arbeits- oder Beamtenverhältnisses der Dienstkraft überlassen, ohne daß es des Abschlusses eines besonderen Mietvertrages bedarf. In der Regel handelt es sich hierbei um Wohnungen, die die Dienstkraft im Interesse der Dienststelle beziehen muß *(z. B. Pförtner, Kraftfahrer, Hausmeister usw.)*. Bei der Dienstwohnung ist die Überlassung von Wohnraum unmittelbarer Bestandteil des Arbeits- bzw. Beamtenverhältnisses und Teil der Vergütung; es liegt kein selbständiger Mietvertrag vor. Zu beachten sind hierbei auch die Regelungen in § 38 Abs. 2 LBG und § 65 BAT, § 65 MTL II. Etwas anderes kann nur dann gelten, wenn eine Auswahlentscheidung notwendig ist, wenn also zwischen Arbeitsplatz und Arbeits- oder Beamtenverhältnis kein unmittelbarer Zusammenhang besteht *(BVerwG vom 16. 11. 1987, PersV 1989, 65)*. **28**

Im Gegensatz zu der Regelung in § 87 Abs. 1 Nr. 9 BetrVG ist in § 86 Abs. 1 Nr. 5 nicht die Rede von »Wohnräumen«, sondern von »Wohnungen«. Aus dieser unterschiedlichen Wortwahl wird deutlich, daß es sich um eine **abgeschlossene Wohnung** handeln muß. Im Gegensatz zu der Regelung im Betriebsverfassungsgesetz *(vgl. BAG vom 3. 6. 1975, BB 1975, 1159)* reicht es nicht aus, wenn es sich nur um einzelne, zum Wohnen und Schlafen geeignete und bestimmte Räume handelt. Die Räumlichkeiten in Wohnheimen werden daher in der Regel nicht den Begriff der Dienstmietwohnung i. S. des § 565 b BGB erfüllen. Nicht dem Mitbestimmungsrecht unterliegen auch Massenunterkünfte mit Schlafstellen. **29**

Nicht ausschlaggebend ist, ob die Räume ganz oder überwiegend mit Einrichtungsgegenständen der Dienststelle bzw. des Dienstherrn versehen sind, vgl. § 565 Abs. 3 BGB. **30**

Verfügungsbefugnis

Das Mitbestimmungsrecht hinsichtlich der Dienstmietwohnungen besteht nur insoweit, als die **konkrete Dienststelle verfügungsbefugt** ist. Eine Verfügungsbefugnis über Wohnungen ist dann gegeben, wenn es sich entweder um ein verwaltungseigenes Gebäude handelt oder aber wenn die Dienststelle sonst zur Vergabe der Wohnungen berechtigt ist *(BVerwG vom 16. 11. 1987, PersV 1989, 65)*. Diese Berechtigung kann auch auf Grund eines vertraglich vereinbarten Belegungsrechtes bestehen, wenn es sich um Wohnungen handelt, die im Eigentum eines Dritten stehen. **31**

§ 86

32 Eine Verfügungsbefugnis wird auch dann anzunehmen sein, wenn die Dienststelle maßgeblichen **Einfluß auf die Vergabe** nehmen kann, und zwar auch dann, wenn letztlich eine andere Dienststelle die Verfügung vornimmt (z. B. eine andere Dienststelle, die vornehmlich Fragen der Wohnungsfürsorge zu erledigen hat). Das folgt aus der Aufgabe des Personalrates, die Beachtung des Gleichbehandlungsgrundsatzes zu überwachen. Wollte man ein Mitbestimmungsrecht in den Fällen verneinen, in denen die Dienststelle nur einen maßgeblichen Einfluß auf die Wohnungsvergabe nehmen kann, ohne daß sie die alleinige Entscheidungsbefugnis hat, wäre der Personalrat in einer Vielzahl von Fällen von der Beteiligung ausgeschlossen *(vgl. HessVGH vom 16. 11. 1959, PersV 1960, 159f.; Fischer/Goeres, BPersVG, § 75 Rn. 64).*

33 Besteht eine Dienststelle, die Aufgaben der **zentralen Bewirtschaftung** der Dienstmietwohnungen vornimmt, so besteht ein Mitbestimmungsrecht bei der Wohnungsvergabe für den bei dieser Dienststelle gebildeten Personalrat nicht. In diesem Falle besteht das Beteiligungsrecht für den Personalrat derjenigen Dienststelle, in der die Dienstkraft tätig ist, die die Wohnung erhalten soll, da diese Dienststelle den Wohnungsberechtigten bestimmt.

Zuweisung

34 Dem Mitbestimmungsrecht des Personalrates unterliegt die Zuweisung von Dienstmietwohnungen im Einzelfall. Hierunter fällt die **Auswahl der Dienstkraft,** die den Mietvertrag hinsichtlich der Wohnung abschließen wird. Sie ist mit dem Abschluß des Mietvertrages identisch, wenn Vermieter die Dienststelle ist. Wird die Wohnung von einem Dritten vermietet, so fällt die Zuweisung mit der Ausübung des Belegungs- oder Bestimmungsrechts gegenüber dem Dritten zusammen.

35 Das Mitbestimmungsrecht bei der Zuweisung von Wohnungen bezieht sich auf die Auswahl der Dienstkraft, der die Wohnung zugewiesen werden soll. **Nicht** dem Mitbestimmungsrecht unterliegt die **Gestaltung des Mietvertrages** im Einzelfall. Auch kann ein Beschluß des Personalrates nicht in Mietverhältnisse eingreifen, die eine Dienstkraft mit einem Dritten abgeschlossen hat.

Kündigung

36 Dem Mitbestimmungsrecht des Personalrates unterliegt ferner die Kündigung von Wohnungen im Einzelfall ohne Rücksicht darauf, ob die Wohnung von der Dienststelle oder von einem Dritten, demgegenüber die Dienststelle ein Belegungsrecht hat, vermietet worden ist. Hat die Dienststelle das Belegungsrecht, sind alle Maßnahmen der Dienststelle mitbestimmungspflichtig, die eine Kündigung durch den Vermieter vorbereiten oder veranlassen sollen. Das Mitbestimmungsrecht besteht nur, solange die Dienstkraft auch noch in der Dienststelle tätig ist und zu dem von dem Personalrat repräsentierten Kreis der Dienstkräfte gehört. Hinsichtlich der Kündigung von Dienstmietwohnungen bei Beendigung des Arbeits- bzw. Beamtenverhältnisses vgl. §§ 565c und 565d BGB *(vgl. dazu Grabendorff u.a., BPersVG, § 75 Rn. 64; Lorenzen u.a., BPersVG, § 75 Rn. 101).* Zur fristlosen Kündigung vgl. im übrigen §§ 553ff. BGB.

37 Eine **Einschränkung** des Mitbestimmungsrechts bei der Kündigung von Dienstmietwohnungen ergibt sich dann, wenn Eigentümer und damit Vermieter der Wohnung nicht die Dienststelle, sondern ein sonstiger Eigentümer, gegebenenfalls auch eine andere Dienststelle desselben Dienstherrn ist. Das Mitbestimmungsrecht des Personalrates kann immer nur bei Maßnahmen der eigenen Dienststelle bestehen, nicht jedoch bei Maßnahmen anderer Dienststellen oder privater Eigentümer. In diesem Falle besteht daher grundsätzlich kein Mitbestimmungsrecht bei der Kündigung der Wohnung. Das Mitbestimmungsrecht kann hier nur dann eingreifen, wenn die Kündigung auf Veranlassung der Dienststelle erfolgt. In diesem Falle ist der Personalrat bei der Entscheidung über die Veranlassung der Kündigung zu beteiligen.

Bei Kündigungen, die von der Dienststelle aus eigenem Recht ausgesprochen werden können, ist die Zustimmung **Wirksamkeitsvoraussetzung** *(vgl. Däubler u. a., BetrVG, § 87 Rn. 237; Fitting u. a., BetrVG, § 87 Rn. 392).* In allen anderen Fällen ist die fehlende Beteiligung des Personalrates für die Wirksamkeit der ausgesprochenen Kündigung ohne Bedeutung. **38**

Festsetzung der Nutzungsbedingungen

Schließlich erstreckt sich das Mitbestimmungsrecht des Personalrates auch auf die allgemeine Festsetzung der Nutzungsbedingungen für die Wohnungen. Aus dem Wortlaut der Vorschrift, die im Gegensatz zu der Regelung in § 86 Abs. 1 Nr. 6 nur die »allgemeine« Festsetzung erfaßt, ergibt sich, daß ein Mitbestimmungsrecht bei der Festlegung der Nutzungsbedingungen im Einzelfall nicht besteht. **39**

Nutzungsbedingungen **gestalten den Inhalt** der einzelnen Mietverhältnisse. Nutzungsbedingungen sind z. B. die Festlegung von Mustermietverträgen, Hausordnungen und auch als wichtigster Fall die Festsetzung der Grundsätze über die Mietzinsbildung *(vgl. dazu näher Battis/Schlenga, PersR 1993, 245).* Bei deren Festlegung sind gegebenenfalls bestehende Mietpreisvorschriften zu berücksichtigen. **40**

Das Mitbestimmungsrecht besteht nur insoweit, als die Dienststelle **Einfluß auf die Nutzungsbedingungen nehmen kann.** Das Mitbestimmungsrecht entfällt daher, wenn die Bewirtschaftung der Wohnungen zentral von einer Dienststelle durchgeführt wird. Hat sich die einzelne Dienststelle durch vertragliche Vereinbarung mit einem Wohnungseigentümer ein Belegungsrecht gesichert, so kann sie in dessen Rahmen auch die Nutzungsbedingungen festlegen, so daß dann ein Mitbestimmungsrecht besteht *(vgl. im übrigen auch BAG vom 13. 3. 1973, AP Nr. 1 zu § 87 BetrVG 1972 Werkmietwohnungen).* **41**

Das Mitbestimmungsrecht nach § 86 Abs. 1 Nr. 5 entfällt ganz für den Bereich der Polizeibehörde. **42**

Vergabe von Dienst- und Pachtland (Nr. 6)

Nach § 86 Abs. 1 Nr. 6 hat der Personalrat ein Mitbestimmungsrecht bei der Zuweisung von Dienst- und Pachtland und der Festsetzung der Nutzungsbedingungen. Dienst- und Pachtland ist das im Eigentum des jeweiligen Dienstherrn stehende Grundeigentum, das dienstlich nicht genutzt wird. **43**

Im Gegensatz zu dem Mitbestimmungsrecht bei den Dienstmietwohnungen nach § 86 Abs. 1 Nr. 5 ist hier für das Mitbestimmungsrecht **nicht** Voraussetzung, daß die jeweilige Dienststelle eine **Verfügungsbefugnis** über das Dienst- oder Pachtland hat. Dem Mitbestimmungsrecht unterliegt daher auch die **44**

647

§ 86

Zuweisung von Dienst- und Pachtland, bei dem die Verfügungsbefugnis einer anderen Dienststelle zukommt. Allerdings ist auch hier Voraussetzung, daß die Dienststelle, der die zu begünstigende Dienstkraft angehört, eine Entscheidungsbefugnis hinsichtlich der Auswahl der zu begünstigenden Dienstkraft hat.

45 Der Begriff der **Zuweisung** ist hier der gleiche wie bei § 86 Abs. 1 Nr. 5. Nur die Zuweisung unterliegt dem Mitbestimmungsrecht, nicht jedoch die Kündigung. Insoweit ist der Wortlaut des Gesetzes eindeutig.

46 Dem Personalrat steht ein Mitbestimmungsrecht auch bei der **Festlegung der Nutzungsbedingungen** zu. Da hier im Gegensatz zu § 86 Abs. 1 Nr. 5 der Zusatz »allgemeine« fehlt, ist davon auszugehen, daß hier auch die Festlegung der Nutzungsbedingungen im Einzelfall mitbestimmungspflichtig ist. Hier kann der Personalrat unmittelbar Einfluß auf die Gestaltung des Einzelvertrages nehmen.

47 Bei der Vergabe von Dienst- oder Pachtland an **außenstehende Personen** oder Dienstkräfte anderer Dienststellen besteht kein Mitbestimmungsrecht. Auch hier gilt der Grundsatz, daß der Personalrat nur dann Mitbestimmungsrechte wahrnehmen kann, wenn er die betroffenen Dienstkräfte repräsentiert.

Umfang der Mitbestimmung in § 86 Abs. 3

48 Während in den in § 86 Abs. 1 geregelten Angelegenheiten ein volles Mitbestimmungsrecht für alle Dienstkräftegruppen besteht, gilt das Mitbestimmungsrecht bei den in § 86 Abs. 3 geregelten Angelegenheiten nur »nach Maßgabe des § 81 Abs. 2«. Das heißt nicht, daß hier für alle Dienstkräftegruppen nur ein eingeschränktes Mitbestimmungsrecht mit Letztentscheidungsrecht des Senats von Berlin *(bzw. des Präsidenten des Abgeordnetenhauses, des Präsidenten des Rechnungshofes etc.)* besteht. Die Bezugnahme bedeutet nur, daß die in § 81 Abs. 2 enthaltenen **Einschränkungen** zu beachten sind. Diese gelten aber **nur für die Beamtengruppe.** Die Bezugnahme in § 86 Abs. 3 schränkt daher das Mitbestimmungsrecht auch nur insoweit ein, als Beamte betroffen werden. Für die Angestellten und Arbeiter besteht ein volles Mitbestimmungsrecht im Rahmen des § 86 Abs. 3 mit Letztentscheidungsrecht der Einigungsstelle. Diese begrenzte Bedeutung der Bezugnahme in § 86 Abs. 3 folgt auch aus einem Vergleich mit § 81 Abs. 2. Dort ist ausdrücklich der § 86 Abs. 3 für die Beamten genannt. Das wäre überflüssig, wenn § 86 Abs. 3 ohnehin schon für alle Dienstkräftegruppen das eingeschränkte Mitbestimmungsrecht vorsähe. Hinzu kommt auch, daß vergleichbare Maßnahmen für die Arbeitnehmer nach § 75 Abs. 1 BPersVG ebenfalls nicht der eingeschränkten Mitbestimmung unterliegen.

Versetzung (Nr. 1)

49 Mitbestimmungspflichtig ist die Versetzung von Dienstkräften. In Abs. 3 Satz 2–4 finden sich weitere Regelungen, die das Mitbestimmungsrecht bei der Versetzung näher ausgestalten. Eine Beschränkung der Versetzungsmöglichkeit findet sich für Mitglieder von Personalvertretungen in § 44 und für Mitglieder von JugAzubiVertr. in § 66 i. V. m. § 44 *(vgl. die Rahmenvorschrift in § 99 Abs. 2 BPersVG).*

Begriff

Der Begriff der Versetzung ist gesetzlich nicht definiert, er entstammt dem Beamtenrecht. Er ist nicht vergleichbar mit dem Begriff der Versetzung in § 95 Abs. 3 BetrVG, dieser gilt nur im Bereich der Betriebsverfassung. Der **beamtenrechtliche Begriff** (§ 61 LBG) der Versetzung betrifft die Verleihung eines anderen Amtes einer Laufbahn, für die der Beamte die Befähigung besitzt, innerhalb des Dienstbereiches seines Dienstherrn. Ein Wechsel der Dienststelle ist hierbei im Gegensatz zu der Regelung in § 75 Abs. 1 Nr. 3 BPersVG nicht erforderlich, § 86 Abs. 3 Nr. 1 sieht diese zusätzliche Voraussetzung ausdrücklich nicht vor. Eine Beendigung des Beamtenverhältnisses tritt durch die Versetzung nicht ein.

50

Keine Versetzung i.S. des § 86 Abs. 3 Nr. 1 liegt vor, wenn der Beamte in den **Bereich eines anderen Dienstherrn übertritt.** Tritt ein Beamter in ein öffentlich-rechtliches Dienst- oder Amtsverhältnis zu einem anderen Dienstherrn, so endet das bisherige Beamtenverhältnis automatisch durch Entlassung, § 64 Abs. 1 Nr. 3 LBG i.V.m. § 63 Abs. 1 Nr. 1 LBG. Eines besonderen Entlassungsaktes bedarf es nicht.

51

Der entsprechende **Versetzungsbegriff für Arbeitnehmer** beinhaltet jede nicht nur vorübergehende Zuweisung eines anderen Arbeitsplatzes, also eines anderen als des vertraglich vereinbarten Tätigkeitsbereiches bei demselben Arbeitgeber, allerdings muß ein Dienststellenwechsel eintreten. Auch hier ist eine Beendigung des Arbeitsverhältnisses nicht erforderlich, der **Wechsel des Arbeitgebers** ist keine Versetzung i.S. des Personalvertretungsrechts, vielmehr erfordert auch dieser die Beendigung des Arbeitsverhältnisses zu dem früheren Arbeitgeber und Begründung eines neuen Arbeitsverhältnisses zu dem neuen Arbeitgeber. Auch hier ist ein Wechsel der Dienststelle nicht erforderlich. Eine Versetzung von Arbeitnehmern kann auch dann vorliegen, wenn sich ihr Tätigkeitsbereich wesentlich ändert, obwohl sie in derselben Dienststelle verbleiben.

52

Nach § 86 Abs. 3 Satz 3 gilt als Versetzung im Sinne des Personalvertretungsrechts auch die **Änderung der Geschäftsverteilung,** wenn die Dienstkraft damit die Zuständigkeit des Personalrates wechselt, regelmäßig also bei Wechsel der Dienststelle. Das gilt nach § 86 Abs. 3 Satz 3 nicht bei dem Wechsel von einer Schule zu einer anderen, § 86 Abs. 3 Satz 4.

53

Werden aufgrund eines Beschlusses des Abgeordnetenhauses nach Art. 43 Abs. 4 der Verfassung von Berlin **neue Senatsverwaltungen** gebildet, wovon auch die in den neu zugeordneten Arbeitsbereichen und Organisationseinheiten tätigen Dienstkräfte erfaßt werden, kann nicht von einer mitbestimmungspflichtigen Versetzung dieser Dienstkräfte i.S. des § 86 Abs. 3 Nr. 1 gesprochen werden. Der Beschluß des Abgeordnetenhauses ist eine politische Entscheidung, die keine Maßnahme i.S. von § 79 Abs. 1 darstellt (*OVG Berlin vom 14. 7. 1983 – OVG PV Bln 16.82*). Auch die aufgrund des Beschlusses des Abgeordnetenhauses erfolgten Überleitungen und Eingliederungen von Abteilungen, Unterabteilungen, Referaten, Arbeitsgruppen und Arbeitsgebieten mit den zugehörigen Dienstkräften unterliegen daher nicht dem Mitbestimmungsrecht nach § 86 Abs. 3 Nr. 1.

54

Keine Versetzung i.S. der Vorschrift ist gegeben, wenn eine Abteilung, Unterabteilung oder sonstige organisatorische Einheit einer Dienststelle lediglich in **andere Räumlichkeiten** verlegt wird. Etwas anderes kann auch dann nicht

55

§ 86

gelten, wenn mit der Verlegung erhebliche Erschwernisse verbunden sind, da kein Dienststellenwechsel eintritt. Wenn aber die Zuständigkeit für bestimmte Aufgaben durch Verordnung für ein anderes Finanzamt übertragen wird, handelt es sich bei der Überleitung der in dem jeweiligen Bereich tätigen Dienstkräfte in jedem Einzelfall um eine zustimmungspflichtige Versetzung *(OVG Berlin vom 20. 12. 1999, PersR 2000, 377).*

56 Keine Versetzung ist die **Überweisung eines Referendars** im Bezirk des Kammergerichts in den nächsten Ausbildungsabschnitt. Das gilt auch dann, wenn die Ausbildung außerhalb des Landes Berlin stattfindet und mit einem vorübergehenden Wechsel des ständigen Aufenthaltsortes verbunden ist, da weder ein anderes Amt übertragen wird noch ein Wechsel der Dienststelle eintritt. Die gleichen Grundsätze gelten für Dienstkräfte in vergleichbaren Ausbildungsverhältnissen, die kein Amt im funktionellen Sinne wahrnehmen.

57 Bei **Beamten** folgt das **Recht zur Versetzung** aus dem Direktionsrecht und der Organisationsgewalt des Dienstherrn. Gegen den Willen des Beamten ist sie nur unter den Voraussetzungen des § 61 LBG zulässig.

58 Bei **Angestellten** und **Arbeitern** folgt das **Recht zur Versetzung** aus dem Direktionsrecht *(BAG vom 20. 1. 1960, AP Nr. 8 zu § 611 BGB Direktionsrecht)* bzw. aus besonderen tarifvertraglichen Vorschriften wie z. B. § 12 BAT, § 9 Abs. 6 MTL II, § 9 Abs. 6 BMT-G II. Es hängt von dem Inhalt des Arbeitsvertrages der einzelnen Dienstkraft ab, ob und inwieweit die Versetzung einseitig kraft Direktionsrecht angeordnet werden kann oder nicht. Je genauer die von dem Arbeitnehmer auszuübenden Tätigkeiten vertraglich festgelegt sind, um so weniger besteht die Möglichkeit, kraft Direktionsrechts eine Versetzung auszusprechen. Unter Umständen ist die Versetzung nur mit Zustimmung der Dienstkraft oder im Wege der Änderungskündigung möglich *(BAG vom 27. 3. 1980, AP Nr. 26 zu § 611 BGB Direktionsrecht).*

59 Soweit vertragliche oder tarifliche Bestimmungen dies nicht vorsehen und auch Dienstvereinbarungen entsprechende Vorschriften nicht enthalten, kann grundsätzlich eine **Versetzung** eines Arbeitnehmers **auf einen geringer entlohnten Arbeitsplatz** nicht erfolgen *(BAG vom 11. 6. 1958, AP Nr. 2 zu § 611 BGB Direktionsrecht),* und zwar auch dann nicht, wenn die bisherige Vergütung weitergezahlt wird *(BAG vom 14. 12. 1961, 8. 10. 1962, 14. 7. 1965, AP Nrn. 17, 18, 19 zu § 611 BGB Direktionsrecht; vgl. OVG Bremen vom 18. 3. 1985, DÖD 1986, 134).* Dies gilt auch dann, wenn zwar für den neuen Arbeitsplatz die gleiche Vergütungsgruppe gilt, jedoch im Gegensatz zum bisherigen Arbeitsplatz die Möglichkeit des Bewährungsaufstiegs nicht besteht. Es würden in der Zukunft liegende Möglichkeiten der Erhöhung des Verdienstes beschränkt werden. In diesen Fällen könnte bei Fehlen des Einverständnisses der betroffenen Dienstkraft nur eine Änderungskündigung ausgesprochen werden, die gegebenenfalls auf ihre soziale Rechtfertigung hin von den Gerichten für Arbeitssachen im Rahmen eines Kündigungsschutzprozesses überprüft werden könnte. Es wäre auch das Mitbestimmungsrecht des § 87 Nr. 9 zu beachten.

60 **Ändert sich** mit der Versetzung die **tarifliche Bewertung** der Tätigkeit der Dienstkraft, so ist gleichzeitig ein Mitbestimmungsrecht nach § 87 Nrn. 2 bzw. 4 oder 5 und 6 gegeben.

§ 86

Zuständigkeit

Die Frage, welcher Personalrat bei Versetzungsmaßnahmen zu beteiligen ist, richtet sich nach § 86 Abs. 3 Satz 2. In jedem Falle ist **der Personalrat** zu beteiligen, **der bei derjenigen Dienststelle gebildet ist, die die Versetzung ausspricht.** Dies entspricht auch dem Grundsatz, daß die Belange der jeweiligen Dienstkräfte von der Personalvertretung wahrgenommen werden sollen, die am ehesten zu deren Wohl tätig werden kann. Das ist im Grundsatz der Personalrat, der bei der Dienststelle gebildet ist, die die konkreten Bedingungen der Dienstleistung der Dienstkraft in persönlicher und sachlicher Hinsicht festlegt und die auch die Überwachungsfunktion ausübt *(BVerwG vom 6. 11. 1987, E 78, 257).* **61**

Tritt ein **Wechsel des Zuständigkeitsbereiches** des Personalrats bei der Versetzung ein, so bestimmen sowohl der Personalrat der bisherigen Dienststelle als auch der der neuen Dienststelle mit. Insoweit enthält Abs. 3 Satz 2 eine mit dem BPersVG nicht vergleichbare Sonderregelung. Ein Wechsel des Zuständigkeitsbereiches des Personalrats tritt ein, wenn ein Wechsel der Dienststelle erfolgt, die Zuständigkeit eines Personalrats ist nämlich in der Regel dienststellenbezogen. Damit wird dem Grundsatz Rechnung getragen, daß die Beteiligung des Personalrates bei Versetzungen nicht nur dem Schutze der versetzten Dienstkraft dient, sondern auch die Interessen des Personalrats der aufnehmenden Dienststelle zu berücksichtigen sind. Auch ist zu berücksichtigen, daß auch die aufnehmende Dienststelle eine Entscheidung trifft, nämlich die, die Dienstkraft zu übernehmen. Diese Entscheidungsfreiheit besteht nur dann nicht, wenn eine übergeordnete Dienststelle die Versetzung anordnet oder auf Grund sonstiger Regelungen keine Entscheidungsmöglichkeit für den Dienststellenleiter existiert. **62**

Widerspricht nur **ein Personalrat** der beiden zu beteiligenden Personalräte, so kann die Versetzung nicht durchgeführt werden. In diesem Falle muß das Verfahren bei Nichteinigung durchgeführt werden, gegebenenfalls ist ein Spruch der Einigungsstelle herbeizuführen. Allerdings kann der Dienstherr auch davon absehen, die Angelegenheit weiter zu verfolgen, er braucht daher seinen Antrag auf Zustimmung zur Versetzung nicht weiter zu verfolgen. **63**

Der Personalrat kann aus sämtlichen sachlich gerechtfertigten Gründen der beantragten Maßnahme widersprechen. Eine Bindung an einen bestimmten, gesetzlich festgelegten Katalog von **Zustimmungsverweigerungsgründen** besteht nicht. Der Personalrat hat im Rahmen seines Ermessens zu berücksichtigen, daß Versetzungen grundsätzlich nur bei dienstlichen oder betrieblichen bzw. dienststellenbezogenen Gründen gegen den Willen der Dienstkraft zulässig sein können. Der Personalrat hat das Vorliegen dieser und der übrigen gesetzlichen bzw. tariflichen Voraussetzungen zu prüfen. **64**

Ist neben dem Mitbestimmungsrecht aus § 86 Abs. 3 Nr. 1 ein **weiteres Mitbestimmungsrecht,** wie z. B. das Recht auf Mitbestimmung bei Ausspruch einer Änderungskündigung oder das Mitbestimmungsrecht bei Übertragung einer höher zu bewertenden Tätigkeit **berührt,** muß der Personalrat für sämtliche Mitbestimmungsrechte, die tangiert werden, seine Zustimmung erteilen. Im Regelfall wird der Personalrat hier nur einheitlich entscheiden können. Es ist kaum denkbar, daß beispielsweise der Personalrat der Versetzung zustimmt, jedoch seine Zustimmung zum Ausspruch der Änderungskündigung verweigert. Eine Zustimmungserklärung seitens des Personalrats unter Einschränkungen wie z. B. die Erklärung, daß der Versetzung zugestimmt werde, jedoch nur **65**

§ 86

für den Fall, daß die Dienstkraft mit dieser Versetzung einverstanden sei, ist nicht möglich. Hierbei würde es sich um eine Zustimmung unter Einschränkungen handeln, die einer Ablehnung gleichkäme.

66 Die Zustimmungsverweigerung ist ebenso wie die Zustimmungserteilung unter einschränkenden Bedingungen, die einer Zustimmungsverweigerung gleichsteht, zu begründen. Fehlt die nach § 79 Abs. 2 Satz 3 erforderliche **Begründung,** gilt die Zustimmung nach Fristablauf als erteilt.

67 An der **Beschlußfassung** des Personalrats nehmen nur die Mitglieder der betroffenen Gruppe teil, § 33 Abs. 2. Entscheidendes Abgrenzungsmerkmal ist dabei, ob die Versetzung eine im Personalrat vertretene Gruppe unmittelbar betrifft. Daß auch die Interessen anderer Gruppen mittelbar berührt werden können, macht die Angelegenheit noch nicht zu einer gemeinsamen. Wird beispielsweise ein Angestellter auf den als Planstelle eines Beamten ausgewiesenen Dienstposten versetzt, so werden unmittelbar nur die Interessen der Gruppe der Angestellten berührt, nur deren Vertreter sind zur Beschlußfassung im Personalrat aufgerufen (*BVerwG vom 5. 2. 1970, E 37, 169*). Etwas anderes ergibt sich auch nicht daraus, daß man u. U. die Versetzung in eine andere Dienststelle in bezug auf diese ebenso beurteilen könnte wie eine Neueinstellung. Auch dann bliebe der Grundsatz bestehen, daß allein betroffen wird die Gruppe der Angestellten in der neuen Dienststelle. Auf welchem Dienstposten, ob auf einem Angestellten- oder Beamtendienstposten, die Beschäftigung dann erfolgt, ist nur von zweitrangiger Bedeutung. Entscheidend ist allein die rechtliche Natur des bestehenden oder des gegebenenfalls zu begründenden Dienstverhältnisses. Im übrigen gilt auch hier der Grundsatz, daß die Entscheidung darüber, ob und wie Dienstposten zu besetzen sind, nicht dem Mitwirkungs- oder Mitbestimmungsrecht des Personalrates unterliegt (*BVerwG a.a.O.*).

68 Tritt bei einer Dienstkraft ein **Wechsel der Gruppenzugehörigkeit** ein, tritt beispielsweise ein Angestellter in das Beamtenverhältnis über und ist damit gleichzeitig eine Veränderung des Arbeitsplatzes und der Arbeitsbedingungen gegeben, so handelt es sich nicht um eine Versetzung, da das bisherige Rechtsverhältnis nicht fortbestehen bleibt, vielmehr muß das bisherige Rechtsverhältnis beendet und ein neues begründet werden. In diesem Falle ist nur die Gruppe zur Beschlußfassung berufen, in die die betreffende Dienstkraft aufgenommen werden soll, es handelt sich insoweit um eine Einstellung gem. § 87 Nr. 1 bzw. § 88 Nr. 1.

Konkurrenz zu anderen Maßnahmen

69 Ist mit der Versetzung eine weitere mitbestimmungspflichtige Maßnahme verbunden, wie z. B. bei einer Übertragung höher oder niedriger zu bewertender Tätigkeiten, bei einer Höher- oder Herabgruppierung, bei einer Beförderung, bei einem Laufbahnwechsel oder ähnlichem, dann ist der Personalrat auch insoweit zu beteiligen. Die Mitbestimmung wird jedoch im Regelfall nur einheitlich ausgeübt werden können.

Versetzung von Amtsträgern

70 Bei Mitgliedern der Personalvertretungen, der Wahlbewerber, der Mitglieder des Wahlvorstandes und JugAzubiVertr. mit Ausnahme der Mitglieder, die sich in der Ausbildung oder Probezeit befinden, ist die Versetzung gegen ihren

Willen nur bei wichtigen dienstlichen Gründen und nach Zustimmung des Personalrates zulässig, §§ 20, 52, 57, 66, 69 i. V. m. § 44. Für diesen Personenkreis besteht über die Regelung des § 44 hinaus ein **volles Mitbestimmungsrecht**. Hier besteht also auch für die Dienstkräfte der Beamtengruppe ein volles Mitbestimmungsrecht, allerdings ohne daß ein Letztentscheidungsrecht der Einigungsstelle gegeben ist. Aus der Bestimmung des § 44 ergibt sich, daß auch das Verfahren bei Nichteinigung in diesen Fällen nicht eingeleitet werden kann, die verweigerte Zustimmung des Personalrats kann also weder in diesem Verfahren noch etwa durch ein gerichtliches Beschlußverfahren ersetzt werden *(vgl. dazu auch oben § 44 Rn. 27 ff.; dort auch Nachweise hinsichtlich der verfassungsrechtlichen Unbedenklichkeit dieser Regelung).*

Ebenso wie die Mitglieder der Personalvertretungen sind die Versetzungen von Mitgliedern der **Schwerbehindertenvertretung** zu behandeln, § 96 Abs. 3 SGB IX *(früher § 26 Abs. 3 Satz 1 SchwbG).* 71

Umsetzung (Nr. 2)
Begriff

Umsetzung ist die **Zuweisung eines anderen Arbeitsplatzes oder Arbeitsgebietes** innerhalb derselben Dienststelle bzw. die Zuweisung eines anderen Dienstpostens *(vgl. dazu BVerwG vom 27. 7. 1979, ZBR 1980, 160; vom 22. 5. 1980, E 60, 144; vom 12. 2. 1981, ZBR 1981, 339).* Entscheidend ist dabei, daß unter Wechsel des Dienstpostens unter veränderten personellen Bedingungen andere Aufgaben zu erfüllen sind. Sie ist beispielsweise gegeben bei einem Abteilungswechsel, Referatswechsel u. ä. Sie muß auf **Dauer** angelegt sein, vorübergehende oder vertretungsweise Veränderungen werden hiervon nicht erfaßt. Auch Beschäftigungen an wechselnden Orten, die aus der Natur des Arbeits- bzw. Beamtenverhältnisses folgen, sind keine Umsetzungen. Einen gesonderten arbeitsrechtlichen Begriff der Umsetzung gibt es nicht. Die Voraussetzungen einer Umsetzung sind auch meist in Tarifverträgen nicht ausdrücklich geregelt, der BAT, der MTL II und der BMT-G II enthalten keine ausdrücklichen Regelungen. 72

Voraussetzungen

Das Mitbestimmungsrecht besteht erst dann, wenn die Dienstkraft den Dienstort wechseln muß, wobei zum Dienstort das Einzugsgebiet des Umzugskostenrechts gehört. Tritt kein **Wechsel des Dienstortes** ein, besteht kein Mitbestimmungsrecht. 73

Was als **Einzugsgebiet** gilt, bestimmt sich gem. § 54 LBG nach den für Bundesbeamte geltenden Bestimmungen. In § 3 Abs. 1c Bundesumzugskostengesetz (BUKG) ist der Begriff des Einzugsgebietes dahin definiert, daß es sich um ein Gebiet handelt, das auf einer üblicherweise befahrenen Strecke weniger als 30 km von der neuen Dienststätte entfernt ist oder im neuen Dienstort liegt. 74

Das Mitbestimmungsrecht wird danach in erster Linie nur bei Umsetzungen in **Dienststellen außerhalb Berlins** bestehen. Wird lediglich angeordnet, daß die gleichen Tätigkeiten wie bisher in anderen Räumlichkeiten ausgeübt werden müssen, ohne daß ein Wechsel des Dienstortes vorliegt, ist keine Umsetzung gegeben *(BVerwG vom 22. 7. 1979, ZBR 1980, 160).* 75

76 Die Umsetzung muß auf **Dauer** erfolgen, die nur vorübergehende Zuweisung eines anderen Arbeitsplatzes ist noch keine Umsetzung *(Fischer/Goeres, BPersVG, § 75 Rn. 39; Lorenzen u. a., BPersVG, § 75 Rn. 57).*

77 Bei der **Ausübung der Mitbestimmungsrechte** in bezug auf die Umsetzung wird der Personalrat in erster Linie zu überprüfen haben, ob die gesetzlichen Voraussetzungen eingehalten worden sind, ob gegebenenfalls eine Benachteiligung der umgesetzten Dienstkraft oder anderer Dienstkräfte eintreten könnte. Auch wird der Personalrat die Interessen der betroffenen Dienstkraft zu berücksichtigen haben. Im übrigen gelten hinsichtlich der Ausübung des Mitbestimmungsrechtes und der Konkurrenz verschiedener Mitbestimmungsrechte die gleichen Grundsätze wie bei der Versetzung *(vgl. oben Rn. 58).* **Zuständig** für die Ausübung des Mitbestimmungsrechts ist grundsätzlich die **Gruppe** im Personalrat, **der die betroffene Dienstkraft** angehört.

Umsetzung von Amtsträgern

78 Bei Mitgliedern der Personalvertretungen, der Wahlbewerber, der Mitglieder des Wahlvorstandes, der JugAzubiVertr. mit Ausnahme der Mitglieder, die sich in der Ausbildung oder in der Probezeit befinden, ist die Übertragung eines anderen Arbeitsgebietes in jedem Falle gegen ihren Willen nur bei wichtigen dienstlichen Gründen und unter Zustimmung des Personalrates zulässig, §§ 20, 52, 57, 66, 69 i. V. m. § 44.

79 Der gleiche Schutz wird gem. § 96 Abs. 3 SGB IX für **die Vertretung der Schwerbehinderten** gelten. Zwar ist in dieser Vorschrift ausdrücklich lediglich der gleiche Kündigungs-, Versetzungs- und Abordnungsschutz wie bei Mitgliedern des Personalrates genannt worden. Diese Aufzählung ist jedoch, wie sich aus dem Wort »insbesondere« ergibt, nicht abschließend, vielmehr ist entscheidend, daß er nach dem 1. Halbsatz der Bestimmung die gleiche persönliche Rechtsstellung wie ein Mitglied des Personalrates besitzt, so daß auch insoweit der gleiche Umsetzungsschutz wie für Mitglieder des Personalrates gilt.

80 Für den gesamten Personenkreis besteht über die Regelung des § 44 ein volles Mitbestimmungsrecht *(vgl. oben Rn. 60a).*

Abordnung (Nr. 3)
Begriff

81 Der Begriff der Abordnung ist ebenfalls **gesetzlich nicht geregelt.** Er wird in § 62 Abs. 1 LBG und § 12 BAT sowie § 9 Abs. 7 MTL II, § 9 Abs. 6 BMT-G II vorausgesetzt. Dort sind auch im einzelnen die Voraussetzungen geregelt, unter denen eine Abordnung einer Dienstkraft, wenn nicht besondere Regelungen in anderen Vorschriften oder vertraglicher Art bestehen, zulässig ist. In der Regel ist die Abordnung nur aus dienstlichen oder betrieblichen Gründen zulässig.

82 Die Abordnung ist im Gegensatz zu der Versetzung, die in der Regel auf Dauer erfolgt, die **vorübergehende Beschäftigung** der Dienstkraft bei einer anderen Dienststelle desselben oder eines anderen Dienstherrn bei fortbestehendem Arbeits- bzw. Dienstverhältnis *(vgl. zum Begriff der Abordnung BVerwG vom 22. 5. 1980, E 60, 144; vom 12. 2. 1981, ZBR 1981, 339).* Die Abordnung ist eine amtliche Maßnahme, durch die eine Dienstkraft verpflichtet wird, in einer

anderen Dienststelle als der Stammbehörde Dienst zu tun. Sie ist immer mit einem **Dienststellenwechsel** verbunden. Auf den Zweck der Abordnung kommt es nicht an.

Das **Recht zur Abordnung** folgt aus dem Direktionsrecht des Dienstherrn bzw. des Arbeitgebers. Sie ist arbeitsrechtlich nur zulässig, wenn sie im Tarifvertrag oder Einzelarbeitsvertrag vorgesehen ist, es gelten im wesentlichen die gleichen Grundsätze wie bei der Versetzung *(dazu oben Rn. 58 f.)*. Bei Beamten ist sie nur unter den Voraussetzungen des § 62 LBG zulässig. Die Abordnung ist, da sie das Grundverhältnis berührt, ein Verwaltungsakt.

Beamte behalten in der Regel ihre bisherige Planstelle, es erfolgt nur eine **einstweilige Aufgabe der bisherigen Amtsstelle.** Bei Angestellten und Arbeitern bleibt das Arbeitsverhältnis unverändert fortbestehen. Hinsichtlich der wahlrechtlichen Auswirkungen der Abordnung vgl. § 12 Abs. 2 sowie die Erläuterungen oben § 12 Rn. 23–25.

Von einer **Abordnung kann nicht gesprochen werden,** wenn sich schon aus dem Dienstverhältnis selbst bzw. dem Arbeitsvertrag ergibt, daß der Einsatz der Dienstkraft in wechselnden Dienststellen erfolgt, wenn dies sich also aus der Art der Beschäftigung ergibt, wie dies beispielsweise bei Reparaturtrupps, Bautrupps, Studienreferendaren, Referendaren im Bereich des Bezirks des Kammergerichts und ähnlichen Dienstkräftegruppen der Fall ist. Hier ergibt sich die Tätigkeit in anderen Bereichen aus der Art der Beschäftigung bzw. aus der Art des Ausbildungsverhältnisses.

Die Abordnung wird von dem abgebenden Dienstherrn verfügt, bei Wechsel des Dienstherrn ist das Einverständnis des aufnehmenden Dienstherrn, der die finanziellen Lasten zu tragen hat, erforderlich.

83

84

85

86

Mitbestimmungspflichtigkeit

Dem Mitbestimmungsrecht unterliegen nur Abordnungen für eine Dauer von **mehr als drei Monaten.** Die Fristberechnung erfolgt nach §§ 187, 188 BGB. Maßgeblich ist die im Zeitpunkt der Abordnung beabsichtigte Dauer, später eintretende Entwicklungen sind unmaßgeblich. Abordnungen für kürzere Zeiten sind mitbestimmungsfrei.

Wird eine kürzere Abordnung **verlängert,** so daß sie drei Monate überschreitet, dann ist der Personalrat bei der Entscheidung über die Verlängerung zu beteiligen, selbst wenn der Zeitraum, um den verlängert wird, seinerseits auch kürzer als drei Monate ist *(BVerwG vom 7. 2. 1980, PersV 1981, 292)*. Wird eine Abordnung zunächst für unbestimmte Zeit vorgenommen, dann ist der Personalrat spätestens in dem Zeitpunkt zu beteiligen, in dem sich abzeichnet, daß die Dreimonatsfrist überschritten wird.

Der **Personalrat** hat im wesentlichen nach den gleichen Grundsätzen wie bei der Versetzung und der Umsetzung *(oben Rn. 64 ff.)* seine **Prüfung** vorzunehmen. Im Rahmen der Interessenabwägung wird hier auch der Zweck der Abordnung eine Rolle spielen können.

Besonderheiten bei der **Abordnung mit dem Ziel der Versetzung** bestehen nicht. Der Personalrat ist in diesem Falle sowohl bei der Abordnung als auch der Versetzung zu beteiligen *(Lorenzen u.a., BPersVG, § 75 Rn. 62; a. A. Altvater u.a., BPersVG, § 75 Rn. 20, die meinen, daß dies keine Abordnung im gesetzlichen Sinne sei)*. Hat der Personalrat einer solchen Abordnung zugestimmt, wird er im Regelfall der späteren Versetzung nicht widersprechen können, insbesondere

87

88

89

90

§ 86

nicht aus solchen Gründen, die bereits im Zeitpunkt der Abordnung vorlagen oder erkennbar waren. Ein Widerspruchsrecht könnte lediglich auf neue Tatsachen gestützt werden, die nach dem vorangegangenen Beschluß des Personalrates entstanden oder diesem bekanntgeworden sind.

91 Die Aufhebung der Abordnung, soweit sie nicht schon durch Zeitablauf eintritt, unterliegt nicht dem Mitbestimmungsrecht, weil die Abordnung immer nur eine vorübergehende Maßnahme ist und nur eine vorübergehende Dienststellenzugehörigkeit begründen kann.

Zuständigkeit

92 Eine ausdrückliche gesetzliche Regelung über die Zuständigkeit für die Ausübung des Mitbestimmungsrechtes besteht nicht, die Regelung des § 85 Abs. 3 Satz 2 kann insoweit nicht angewendet werden, sie bezieht sich allein auf die Beteiligung bei der Versetzung. Es ist davon auszugehen, daß für die Zugehörigkeit zu einer Dienststelle nicht allein auf die auf dem Dienstverhältnis (Beamtenverhältnis bzw. Arbeitsverhältnis) bestehende rechtliche Beziehung allein abgestellt werden kann, sondern daß entscheidend auch das tatsächliche Beschäftigungsverhältnis von Bedeutung ist. Es gilt daher der Grundsatz, daß die Belange der jeweiligen Dienstkraft von dem Personalrat wahrzunehmen sind, der am ehesten zu seinem Wohle tätig werden kann. Das wäre aber der **Personalrat,** der **bei der Dienststelle** gebildet ist, **die die konkreten Bedingungen der Dienstleistung** der Dienstkraft in persönlicher und sachlicher Hinsicht **festlegt.** Das gilt auch für den Fall der Abordnung.

93 Da die Abordnung in der Regel von der **abgebenden Dienststelle** angeordnet wird, ist zunächst bei der Entscheidung über die Abordnung der Personalrat der abgebenden Dienststelle zu beteiligen.

94 Die **aufnehmende Dienststelle** wird jedoch in der Zukunft die konkreten Bedingungen der Dienstleistung der abgeordneten Dienstkraft bestimmen, auch werden durch die Abordnung der Dienstkraft die Interessen der in der aufnehmenden Dienststelle beschäftigten Dienstkräfte beeinflußt werden können. Daraus wird man folgern müssen, daß auch der Personalrat der aufnehmenden Dienststelle bei der Abordnung zu beteiligen ist *(vgl. dazu auch OVG Berlin vom 14.12.1970, PersV 1971, 223; Lorenzen u. a., BPersVG, § 75 Rn. 70 i.V.m. Rn. 63).* Voraussetzung für die Beteiligung des Personalrats der aufnehmenden Dienststelle dürfte daher nicht sein, ob die aufnehmende Dienststelle selbst auf die Abordnung einen bestimmenden Einfluß ausübt *(so für den Fall der Versetzung oben Rn. 62; vgl. aber a. A. LAG München vom 8.9.1988, PersV 1991, 497).* Für eine Beteiligung des Personalrats der aufnehmenden Dienststelle spricht auch, daß letztlich die Abordnung einer Einstellung – wenn auch nur für begrenzte Zeit – für die Gesamtheit der Dienstkräfte der aufnehmenden Dienststelle sehr ähnlich ist. Für diese Auslegung spricht letztlich auch die Regelung in § 86 Abs. 3 Satz 2, die für die Versetzung die Beteiligung sowohl des Personalrats der abgebenden als auch des Personalrats der aufnehmenden Dienststelle vorsieht. Die Abordnung ist insoweit, wenn man von der Dauer absieht, in vielen Punkten einer Versetzung gleichzustellen. Die gleichen Interessen, die bei der Versetzung für diese Regelung sprechen, gelten auch bei der Abordnung.

95 Erfolgt die Abordnung durch eine der abgebenden und der aufnehmenden Dienststelle **übergeordnete Dienststelle,** so ist der dort gebildete Personalrat

bzw. der Gesamtpersonalrat *(§ 54)* oder der Hauptpersonalrat *(§ 59)* zu beteiligen, eine Beteiligung der örtlichen Personalräte würde entfallen.

Abordnung von Amtsträgern

Bei Mitgliedern von Personalvertretungen, der Wahlbewerber, der Mitglieder des Wahlvorstandes, der JugAzubiVertr. mit Ausnahme der Mitglieder, die sich in der Ausbildung oder in der Probezeit befinden, ist die Abordnung in jedem Falle gegen ihren Willen nur bei wichtigen dienstlichen Gründen und unter Zustimmung des Personalrates zulässig, §§ 20, 52, 57, 66, 69 i. V. m. § 44. Das gleiche gilt für den Vertrauensmann der Schwerbehinderten, § 23 Abs. 3 SchwbG *(vgl. dazu auch oben Rn. 71).* Für diesen Personenkreis besteht über die Regelung des § 44 ein volles Mitbestimmungsrecht. **96**

Zuweisung nach § 123 a BRRG (Nr. 3 a)

Vor dem Hintergrund der Notwendigkeit, Beamte, Angestellte und Arbeiter des öffentlichen Dienstes zur Unterstützung und zur Vorbereitung der Schaffung der Einheit in die frühere DDR zu entsenden, war die Bestimmung des § 123 a BRRG geschaffen worden. Diese Bestimmung hat jetzt nur noch eine eingeschränkte Bedeutung, betroffen wird vor allem die Abordnung von Dienstkräften an internationale oder supranationale Institutionen. **97**

Mit der Zuweisung ist eine **besondere Form der Abordnung** von Beamten an Dienststellen oder Institutionen außerhalb des Geltungsbereiches des Grundgesetzes geschaffen worden. Die Zuweisung kann nur an staatliche oder kommunale Einrichtungen in anderen Staaten oder überstaatlichen bzw. internationalen Einrichtungen erfolgen. Eine Zuweisung an privatwirtschaftliche Betriebe oder Unternehmen ist nicht möglich. **98**

Die Zuweisung entspricht in ihrer Bedeutung der Abordnung mit **zwei wesentlichen Modifikationen.** Wie die Abordnung kann die Zuweisung auch nur vorübergehend erfolgen. Das ursprüngliche Rechtsverhältnis bleibt unverändert. Anders als bei der Abordnung ist immer ein Wechsel an eine Einrichtung eines anderen Dienstherrn Voraussetzung. Ein wesentlicher Unterschied zur Abordnung liegt darin, daß die Zuweisung nur mit Zustimmung der betroffenen Dienstkraft erfolgen kann. Diese Zustimmung muß ausdrücklich erklärt sein. Die Zuweisung ist auch nur dann möglich, wenn dringende öffentliche Interessen der Bundesrepublik Deutschland oder des Landes Berlin dies erfordern. Ob diese Voraussetzung gegeben ist, entscheidet nicht die betroffene Dienststelle, sondern immer die oberste Dienstbehörde. **99**

Bei **Beamten** erfolgt die Zuweisung nach der Zustimmungserklärung durch Verwaltungsakt. Bei Dienstkräften, die in einem Arbeitsverhältnis stehen, kann die Zuweisung nur einverständlich durchgeführt werden. Eine Durchsetzung mit Hilfe der Änderungskündigung ist ausgeschlossen. **100**

Zu beteiligen ist der Personalrat der Dienststelle, deren Dienstkraft zugewiesen werden soll. Dies setzt allerdings voraus, daß die Dienststelle auch in diesem Rahmen eine Entscheidungsbefugnis hat. Soweit die Entscheidung allein durch die oberste Dienstbehörde getroffen wird, ist Raum für eine Beteiligung des örtlichen Personalrats nicht gegeben. **101**

Soweit das Mitbestimmungsrecht besteht, kann der **Personalrat in** vollem Umfange **überprüfen,** ob die gesetzlichen Voraussetzungen für die Zuweisung **102**

§ 86

erfüllt sind. Bei der Interessenabwägung wird er allerdings berücksichtigen müssen, daß die Zuweisung nur mit Zustimmung der entsprechenden Dienstkraft erfolgen kann, so daß individuelle Interessen der Dienstkraft keine Rolle spielen dürften. Allein entscheidend wären die Auswirkungen der Zuweisung auf die Arbeitsabläufe in der Dienststelle.

103 Ein besonderer Schutz bei der **Zuweisung von Amtsträgern** besteht nicht. Zwar kann die Regelung des § 44 insoweit entsprechend angewendet werden, zu beachten ist aber, daß die Zuweisung lediglich mit Zustimmung der betroffenen Dienstkraft erfolgen kann, so daß die Voraussetzungen für die Anwendbarkeit des § 44 generell nicht gegeben sind.

Versagung oder Widerruf der Genehmigung einer Nebentätigkeit (Nr. 4)
Begriff

104 Der **Begriff** der Nebentätigkeit entstammt dem Beamtenrecht. Für die Nebentätigkeit von Angestellten finden in der Regel die für die Beamten geltenden Vorschriften Anwendung, z. B. § 11 BAT. Für Arbeiter besteht eine solche tarifliche Verweisungsnorm nicht, dort bedarf generell jede Nebentätigkeit der Zustimmung des Arbeitgebers, § 11 BMT-G II, § 13 MTL II. Die Regelungen für die Nebentätigkeiten von Beamten finden sich in den §§ 28–33 LBG.

105 Nebentätigkeit ist die **Ausübung eines Nebenamtes** oder einer **Nebenbeschäftigung.** Nebenamt ist hierbei ein nicht zu einem Hauptamt gehörender Kreis von Aufgaben, der aufgrund eines öffentlich-rechtlichen Dienst- oder Amtsverhältnisses wahrgenommen wird. Nebenbeschäftigung ist jede sonstige, nicht zu einem Hauptamt gehörende Tätigkeit innerhalb oder außerhalb des öffentlichen Dienstes, § 1 der Verordnung über die Nebentätigkeit der Beamten *(Nebentätigkeitsverordnung).*

Mitbestimmungspflichtigkeit

106 **Mitbestimmungsfrei** ist die **Erteilung der Nebentätigkeitserlaubnis.** Bei der Erteilung von Nebentätigkeitsgenehmigungen ist zu beachten, daß die Dienstkräfte unter Umständen auch einen Anspruch auf Erteilung der Genehmigung haben. **Beamte sind grundsätzlich berechtigt,** eine Nebentätigkeit auszuüben, dies folgt nach der Auffassung des Bundesverwaltungsgerichts aus dem Grundrecht der freien Entfaltung der Persönlichkeit des Art. 2 Abs. 1 GG *(BVerwG vom 30. 6. 1976, PersV 1977, 348).* Dem trägt auch § 29 Abs. 2 LBG insoweit Rechnung, als nach dieser Vorschrift »die Genehmigung nur versagt werden darf, wenn zu besorgen ist, daß die Nebentätigkeit die dienstlichen Leistungen, die Unparteilichkeit oder die Unbefangenheit des Beamten oder öffentliche Interessen beeinträchtigen würde«. Solange diese gesetzlichen Versagungsgründe nicht gegeben sind, ist die Genehmigung von dem Dienstherrn zu erteilen, der Beamte hat einen Rechtsanspruch.

107 Vergleichbar stellt sich die Lage für die **Arbeitnehmer** des öffentlichen Dienstes dar. Grundsätzlich ist davon auszugehen, daß der Arbeitnehmer bei Abschluß seines Arbeitsvertrages nicht seine ganze Arbeitskraft, sondern nur eine bestimmte Zeitspanne seinem Arbeitgeber zur Verfügung zu stellen hat. Daraus folgt, daß es dem Arbeitnehmer grundsätzlich freisteht, Nebenbeschäftigungen aufzunehmen. Dieses Recht kann allerdings sowohl einzelvertraglich als auch tarifvertraglich eingeschränkt werden, für den Bereich des öffentlichen Dienstes ergeben sich derartige Einschränkungen aus § 11 BAT sowie § 11 BMT-II sowie § 13 MTL II. Auch hier kann aber der Arbeitnehmer einen Anspruch auf Genehmigung einer Nebenbeschäftigung haben *(BAG vom 11. 12. 1974, AP Nr. 1 zu § 11 BAT)*, dies gilt insbesondere dann, wenn ein berechtigtes Interesse des Arbeitgebers an der Versagung der Nebentätigkeit nicht zu erkennen ist *(vgl. dazu auch BAG vom 3. 12. 1970, 26. 8. 1976, AP Nrn. 60, 68 zu § 626 BGB)*. Unzulässig wäre aber eine Nebenbeschäftigung, wenn sie zu einer erheblichen Beeinträchtigung der Arbeitskraft der Dienstkraft führen würde, wenn entgegenstehende Interessen des Arbeitgebers des öffentlichen Dienstes berührt würden, wenn dadurch Schwarzarbeit ermöglicht werden würde oder wenn der Arbeitnehmer während des Urlaubs die Nebentätigkeit ausüben will *(vgl. dazu § 8 BUrlG sowie § 47 Abs. 8 BAT bzw. § 50 MTL II und vergleichbare Vorschriften in anderen Tarifverträgen, die den Verlust des Entgeltanspruches der Dienstkräfte vorsehen, wenn sie ohne Erlaubnis während der Urlaubszeit gegen Entgelt arbeiten)*.

Dem Mitbestimmungsrecht des Personalrats unterliegen nur solche Nebentätigkeiten, die genehmigungspflichtig sind, da bei **genehmigungsfreien Nebentätigkeiten** keine Versagung und kein Widerruf einer Genehmigung denkbar ist. Generell mitbestimmungsfrei sind daher Übertragung und Entziehung von Nebentätigkeiten im öffentlichen Dienst, zu deren Übernahme die Dienstkraft verpflichtet ist, § 28 LBG. **108**

Von der Verpflichtung zur dienstlichen Nebentätigkeit sind die Nebentätigkeiten in privatem Interesse zu unterscheiden. Bei diesen hinwiederum ist zwischen genehmigungspflichtigen und genehmigungsfreien Tätigkeiten zu unterscheiden. **Genehmigungsfrei** sind die Tätigkeiten, die in der Regel nicht mit den Dienstpflichten kollidieren. Sie sind in § 30 LBG im einzelnen aufgeführt. **Genehmigungspflichtig** sind Tätigkeiten, bei denen die Möglichkeit einer Kollision mit dienstlichen Pflichten besteht. Sie sind in § 29 LBG geregelt. **109**

Versagung ist die ursprüngliche Ablehnung des Antrages auf Genehmigung der Nebentätigkeit. Sie kann nur bei Vorliegen bestimmter Versagungsgründe erfolgen, § 29 Abs. 2 LBG. Das ist insbesondere der Fall, wenn zu befürchten ist, daß die Nebentätigkeit die dienstlichen Leistungen, die Unparteilichkeit oder die Unbefangenheit der Dienstkraft oder andere dienstliche Interessen beeinträchtigen wird. Ob diese Voraussetzungen vorliegen, ist dabei Tat- und Rechtsfrage, keine Ermessensentscheidung. Lediglich einen gewissen Beurteilungsspielraum wird der Dienstherr haben. Dies gilt insbesondere für den Fall, daß die Versagung der Nebentätigkeit erfolgt, weil öffentliche Interessen beeinträchtigt werden. Hierbei ist unter dem Begriff des **öffentlichen Interesses** nicht allein das dienstliche Interesse zu verstehen. Vielmehr geht der Begriff des öffentlichen Interesses in § 29 Abs. 2 LBG weiter *(vgl. dazu VG Berlin vom 29. 3. 1985 – VG 5 A 98.85 –)*. Auch politische Interessen können hier der Erteilung einer Nebentätigkeitsgenehmigung entgegenstehen. Beispielsweise kann der Dienstherr auch berücksichtigen, ob durch die Ausübung der Nebentätigkeit der Dienstkräfte anderen Arbeitnehmern Arbeitsplätze entzogen werden. Es liegt im Interesse des Dienstherrn, daß durch die Nebentätigkeitsausübung der Dienstkräfte keine Konkurrenz für die Privatwirtschaft aufgebaut wird, die Nebentätigkeitsausübung im öffentlichen Dienst darf nicht dazu führen, daß Arbeitsplätze in der Privatwirtschaft gefährdet werden. Der Staat hat dafür zu sorgen, daß möglichst alle Bürger entsprechend Art. 12 GG einen Arbeitsplatz finden. Er darf daher nicht durch sein Verhalten das Entstehen von **110**

§ 86

Arbeitsplätzen verhindern oder aber bereits bestehende Arbeitsplätze in ihrem Bestand gefährden. Beschäftigungspolitische Gründe können daher auch zur Versagung von Nebentätigkeitsgenehmigungen führen. Insoweit kann auch nicht immer auf den konkreten Einzelfall abgestellt werden, vielmehr kann das öffentliche Interesse im Rahmen des § 29 Abs. 2 LBG nur im Hinblick auf die von dem Staat zu erfüllenden Aufgaben beurteilt werden, dies schließt aber auch eine kollektive Betrachtungsweise ein.

111 **Widerruf** ist die Rücknahme einer einmal erteilten Genehmigung. Ihr gleichgestellt ist die Versagung einer Nebentätigkeit, die gem. § 5 Abs. 1 NebentätigkeitsVO als genehmigt gilt, § 5 Abs. 3 NebentätigkeitsVO. Widerruf und Untersagung setzen die gleichen Gründe wie die Versagung der Nebentätigkeit voraus.

112 Das Mitbestimmungsrecht des Personalrats bezieht sich im wesentlichen auf die Prüfung, ob bei Versagung, Widerruf oder Untersagung die gesetzlichen Gründe vorliegen *(Fischer/Goeres, BPersVG, § 75 Rn. 55; Grabendorff u.a., BPersVG, § 75 Rn. 28).*

113 Der Versagung ähnlich ist die Lage bei **unerlaubter Erwerbstätigkeit** der Dienstkraft **während des Urlaubs** gegen Entgelt, § 47 Abs. 8 BAT bzw. § 50 MTL II sowie die vergleichbaren Vorschriften in anderen Tarifverträgen. Danach verlieren Angestellte und Arbeiter den Anspruch auf Vergütung aus dem Hauptarbeitsverhältnis in Höhe des auf den Urlaub entfallenden Teiles. Will ein Arbeitnehmer eine solche Nebentätigkeit während des Urlaubs genehmigt erhalten, dürfte dies schon im Hinblick auf § 8 BUrlG sowie auf die genannten tariflichen Vorschriften ausgeschlossen sein. Auch diese Versagung der Nebentätigkeit während des Urlaubs unterliegt dem Mitbestimmungsrecht des Personalrats, allerdings muß dieser auch die gesetzlichen bzw. tariflichen Regelungen bei seiner Entscheidung berücksichtigen. Der Verlust des Entgelts gem. § 47 Abs. 8 BAT bzw. § 50 MTL II dagegen ergibt sich automatisch aus den tariflichen Bestimmungen, ohne daß der Personalrat zu beteiligen wäre.

Beschränkung der freien Wohnungswahl (Nr. 5)

114 Anordnungen, die die freie Wahl der Wohnung einschränken, können bei **Beamten** aus dienstlichen Gründen erfolgen *(§ 38 Abs. 2 LBG).* Daneben kann die Dienstbehörde den Beamten bei Vorliegen der Voraussetzungen anweisen, seine Wohnung innerhalb einer bestimmten Entfernung von der Dienststelle zu nehmen oder eine Dienstwohnung zu beziehen. Diese Anordnungen unterliegen dem Mitbestimmungsrecht. Wenn es die dienstlichen Verhältnisse dringend erfordern, kann der Beamte sogar angewiesen werden, sich während der dienstfreien Zeit in der Nähe des Dienstortes aufzuhalten, § 39 LBG. Diese Anweisung unterliegt nicht der Mitbestimmung des Personalrates, da es sich dabei nicht um eine Beschränkung in der Freiheit der Wahl der Wohnung handelt *(Dietz/Richardi, BPersVG, § 75 Rn. 94).*

115 Im Bereich der **Polizeibehörde** kann unter bestimmten Voraussetzungen das gemeinsame Wohnen in einer Polizeiunterkunft angeordnet werden, § 165 LBG. Auch dies ist mitbestimmungspflichtig.

116 **Angestellten** und **Arbeitern** kann durch Tarifvertrag die Pflicht auferlegt werden, Dienstwohnungen zu beziehen, z.B. § 65 BAT, § 69 MTL II. Diese Bestimmungen verweisen auf die bei dem jeweiligen Arbeitgeber bestehenden Vorschriften über Dienstwohnungen.

Mitbestimmungspflichtig ist nur die einseitige Anweisung des Arbeitgebers, 117
die Dienstwohnung zu beziehen. Ist bereits in einem Tarifvertrag oder im
Arbeitsvertrag der Bezug der Dienstwohnung festgelegt oder wird dies später
vertraglich vereinbart, besteht kein Mitbestimmungsrecht nach § 86 Abs. 3
Nr. 5, es ist keine einseitige Anweisung, sondern eine vertragliche Verpflichtung. So beruht z. B. die Unterbringung von Personal in den Krankenanstalten
oder ähnliches vornehmlich auf Tarif- oder Einzelvertrag, so daß ein Mitbestimmungsrecht nicht besteht.

Das Mitbestimmungsrecht besteht nur insoweit, als der Dienststellenleiter eine 118
Ermessensentscheidung treffen kann. Es scheidet aus, soweit eine Dienstkraft
eine bestimmte, an den Dienstposten gebundene Dienstwohnung beziehen
muß *(vgl. BAG vom 18. 7. 1978, AP Nr. 4 zu § 87 BetrVG 1972 Werkmietwohnungen; Altvater u.a., BPersVG, § 75 Rn. 31).*

Durch das Mitbestimmungsrecht soll der Personalrat in die Lage versetzt 119
werden, die sozialen Belange der betroffenen Dienstkraft zu vertreten. Ferner
hat der Personalrat darauf zu achten, daß das Ermessen des Dienststellenleiters
ordnungsgemäß ausgeübt wird.

Bestellung und Abberufung von Betriebsärzten und Fachkräften für Arbeitssicherheit (Nr. 6)

Mit der Regelung in Nr. 6 hat der Gesetzgeber der Tatsache Rechnung getragen, 120
daß das Gesetz über Betriebsärzte, Sicherheitsingenieure und andere Fachkräfte
für Arbeitssicherheit *(ASiG)* nicht für den Bereich des öffentlichen Dienstes gilt,
vielmehr ist nach § 16 ASiG in den Verwaltungen und Betrieben des Bundes
und der **Länder,** der **Gemeinden** und der sonstigen Körperschaften, Anstalten
und Stiftungen des öffentlichen Rechts ein den Grundsätzen dieses Gesetzes
gleichwertiger arbeitsmedizinischer und sicherheitstechnischer Arbeitsschutz
zu gewährleisten. In § 9 Abs. 3 ASiG ist geregelt, daß die Betriebsärzte und
Fachkräfte für Arbeitssicherheit mit Zustimmung des Betriebsrates zu bestellen
und abzuberufen sind. Da diese Bestimmung nicht unmittelbar für den Bereich
des öffentlichen Dienstes gilt, war es nur folgerichtig, daß der Gesetzgeber
durch Aufnahme einer besonderen Bestimmung in § 86 Abs. 3 Nr. 6 insoweit
ein Mitbestimmungsrecht geschaffen hat. Teilweise einschlägige Regelungen
befinden sich auch in § 77 Abs. 6 und § 85 Abs. 2 Nr. 4 *(vgl. OVG Berlin vom
3. 3. 1999, PersR 1999, 400).*

Betriebsärzte haben die Aufgabe, den Dienststellenleiter bei dem Arbeitsschutz 121
und bei der Unfallverhütung in allen Fragen des Gesundheitsschutzes zu unterstützen. Im Gegensatz dazu steht die Funktion des **Vertrauensarztes.** Dieser hat
die Aufgabe, Angaben der Beschäftigten über ihren Gesundheitszustand auf
ihre Richtigkeit zu überprüfen, insbesondere soll er feststellen, ob dauernde
oder vorübergehende Dienstunfähigkeit vorliegt und ob beispielsweise eine
Kur- oder Heilbehandlung notwendig ist, ob Unterstützungen oder sonstige
Maßnahmen erforderlich sind. Dem Vertrauensarzt obliegt also die ärztliche
Überwachung der Dienstkräfte, die Aufgaben des Betriebsarztes sind insoweit
enger, er kann nicht dazu herangezogen werden, Angaben der Beschäftigten
über ihren Gesundheitszustand zu überprüfen, er kann auch nicht herangezogen werden, um festzustellen, ob eine dauernde oder vorübergehende Dienstunfähigkeit vorliegt und ob eine Kur- und Heilbehandlung notwendig ist. Das
Mitbestimmungsrecht nach § 86 Abs. 3 Nr. 6 gilt **lediglich** für die **Betriebs-**

§ 86

ärzte, nicht jedoch für die Vertrauensärzte, soweit solche überhaupt im Bereich des öffentlichen Dienstes neben den Amtsärzten bestellt werden sollten.

122 Die **Aufgaben der Betriebsärzte** sind im einzelnen in § 3 ASiG festgelegt. Diese Bestimmung kann auch für den betriebsärztlichen Dienst im Bereich der öffentlichen Verwaltung entsprechend angewendet werden, da § 16 ASiG ja gerade voraussetzt, daß ein gleichwertiger arbeitsmedizinischer Arbeitsschutz gewährleistet wird. Zu den Aufgaben der Betriebsärzte gehören danach im einzelnen insbesondere die Beratung des Arbeitgebers bzw. der sonstigen, für den Arbeitsschutz und die Unfallverhütung verantwortlichen Personen bei der Planung, Ausführung und Unterhaltung von Betriebsanlagen und von sozialen und sanitären Einrichtungen, bei der Beschaffung von technischen Arbeitsmitteln und der Einführung von Arbeitsverfahren und Arbeitsstoffen, bei der Auswahl und Erprobung von Körperschutzmitteln, bei arbeitsphysiologischen, arbeitspsychologischen und sonstigen ergonomischen sowie arbeitshygienischen Fragen, wobei im Vordergrund Fragen des Arbeitsrhythmus, der Arbeitszeit und der Pausenregelung sowie der Gestaltung der Arbeitsplätze, des Arbeitsablaufs und der Arbeitsumgebung stehen. Ferner hat er bei der Organisation der Ersten Hilfe in der Dienststelle beratend tätig zu werden, darüber hinaus auch bei Fragen des Arbeitsplatzwechsels sowie bei der Eingliederung und Wiedereingliederung Behinderter in den Arbeitsprozeß. Auch hat er die Arbeitnehmer zu untersuchen, arbeitsmedizinisch zu beurteilen und zu beraten sowie die Untersuchungsergebnisse zu erfassen und auszuwerten. Zu beachten ist hierbei allerdings, daß er auch der Schweigepflicht unterliegt, so daß er die Untersuchungsergebnisse im einzelnen nicht dritten Personen, also auch nicht der Dienststelle oder dem Personalrat, zur Kenntnis geben darf, wenn er nicht insoweit von der betroffenen Dienstkraft von der Schweigepflicht entbunden worden ist. Vielmehr kann er lediglich ein bestimmtes Ergebnis mitteilen, nicht jedoch die Diagnosen, die dieses Ergebnis letztlich tragen. Ferner hat er den Arbeitsschutz und die Unfallverhütung durchzuführen und zu beobachten, dabei muß er in regelmäßigen Abständen die Arbeitsstätten in der Dienststelle begehen und festgestellte Mängel dem Dienststellenleiter bzw. den zuständigen Stellen mitteilen, er hat Ursachen von arbeitsbedingten Erkrankungen zu untersuchen und dem Dienststellenleiter gegebenenfalls Maßnahmen zu ihrer Verhütung vorzuschlagen. Auch muß er mit darauf achten, daß sich alle in der Dienststelle beschäftigten Dienstkräfte den Anforderungen des Arbeitsschutzes und der Unfallverhütung entsprechend verhalten.

123 Wie sich aus § 3 Abs. 3 ASiG ergibt, gehört es ausdrücklich nicht zu den Aufgaben der Betriebsärzte, Krankmeldungen der Dienstkräfte auf ihre Berechtigung zu überprüfen. Auch diese Vorschrift dürfte für den Bereich des öffentlichen Dienstes entsprechend anwendbar sein.

124 Betriebsärzte können nur Personen werden, die berechtigt sind, den ärztlichen Beruf auszuüben und die über die zur Erfüllung der ihnen übertragenen Aufgaben erforderliche arbeitsmedizinische Fachkunde verfügen. Es ist nicht vorgeschrieben, wie das Vorliegen der erforderlichen arbeitsmedizinischen Fachkunde überprüft werden kann. Hier bleibt es der Dienststelle in jedem Einzelfall vorbehalten, selbst festzustellen, ob diese Voraussetzung erfüllt ist.

125 Betriebsärzte sind bei der Anwendung ihrer arbeitsmedizinischen und sicherheitstechnischen Fachkunde **weisungsfrei.** Sie sind nur ihrem ärztlichen Gewissen unterworfen und haben die Regeln der ärztichen Schweigepflicht zu beachten. Sie dürfen daher dem Dienststellenleiter oder sonstigen dritten Personen keine Auskünfte über die Diagnosen geben, die sie in bezug auf einzelne Dienstkräfte gestellt haben.

Fachkräfte für Arbeitssicherheit haben ähnliche Aufgaben wie die Betriebsärzte, sie haben den Dienststellenleiter bzw. die zuständigen Personen bzw. Stellen bei dem Arbeitsschutz und bei der Unfallverhütung in allen Fragen der Arbeitssicherheit und der menschengerechten Gestaltung der Arbeit zu unterstützen. Hierbei obliegt ihnen insbesondere die Pflicht zur Beratung bei der Planung, Ausführung und Unterhaltung von Betriebsanlagen und von sozialen und sanitären Einrichtungen, bei der Beschaffung von technischen Arbeitsmitteln unter Einführung von Arbeitsverfahren und Arbeitsstoffen, der Auswahl und Erprobung von Körperschutzmitteln, der Gestaltung der Arbeitsplätze, des Arbeitsablaufs, der Arbeitsumgebung und in sonstigen Fragen der Ergonomie. Auch haben sie die Betriebsanlagen und die technischen Arbeitsmittel der Dienststelle insbesondere vor der Inbetriebnahme und Arbeitsverfahren insbesondere vor ihrer Einführung sicherheitstechnisch zu überprüfen. Sie haben die Durchführung des Arbeitsschutzes und der Unfallverhütung zu beachten und ferner darauf hinzuwirken, daß sich alle in der Dienststelle tätigen Dienstkräfte den Anforderungen des Arbeitsschutzes und der Unfallverhütung entsprechend verhalten.   **126**

Auch die in § 7 ASiG festgelegten Grundsätze hinsichtlich der Anforderungen, die an Fachkräfte für Arbeitssicherheit zu stellen sind, dürften für den Bereich des öffentlichen Dienstes im Rahmen der Vorschrift des § 16 ASiG entsprechend anwendbar sein. Danach muß ein Sicherheitsingenieur berechtigt sein, die Berufsbezeichnung Ingenieur zu führen, außerdem muß er über die zur Erfüllung der ihm übertragenen Aufgaben erforderliche sicherheitstechnische Sachkunde verfügen. In Einzelfällen kann hiervon eine Ausnahme gemacht werden. Der Sicherheitstechniker oder Sicherheitsmeister muß über die zur Erfüllung der ihm übertragenen Aufgaben erforderliche sicherheitstechnische Fachkunde verfügen.   **127**

Auch die Fachkräfte für Arbeitssicherheit sind bei der Anwendung ihrer arbeitsmedizinischen und sicherheitstechnischen Fachkunde **weisungsfrei**.   **128**

Dem Mitbestimmungsrecht unterliegt zunächst die **Bestellung** der Betriebsärzte und Fachkräfte für Arbeitssicherheit. Bestellung ist die Übertragung der Funktion des Betriebsarztes bzw. einer Fachkraft für Arbeitssicherheit. Nicht entscheidend ist, in welcher Form die Bestellung durchgeführt wird. Das Mitbestimmungsrecht besteht auch nicht nur für den Fall, daß eine neue Dienstkraft für diese Aufgaben eingestellt wird, sei es als Angestellter, sei es als Beamter. Das Mitbestimmungsrecht ist auch gegeben, wenn eine bereits in der Dienststelle tätige Dienstkraft zum Betriebsarzt bzw. zur Fachkraft für Arbeitssicherheit bestellt wird.   **129**

Müssen Dienstkräfte zur Ausfüllung dieser Position **neu eingestellt werden,** so besteht zunächst das Mitbestimmungsrecht des Personalrates nach § 87 Nr. 1 bzw. § 88 Nr. 1, je nachdem, ob es sich um Angestellte oder Beamte handelt. Das Mitbestimmungsrecht nach § 86 Abs. 3 Nr. 6 besteht hiervon unabhängig.   **130**

Von § 86 Abs. 3 Nr. 6 wird auch der Fall erfaßt, daß der Betriebsarzt – sehr viel seltener die Fachkraft für Arbeitssicherheit – in einer **freien beruflichen Beziehung** zur Dienststelle steht (a. A. OVG Berlin vom 3. 3. 1999, PersR 1999, 400). Zwar sieht § 9 Abs. 3 Satz 2 ASiG für diesen Fall lediglich ein Anhörungsrecht des Betriebsrates vor, dies schließt jedoch angesichts des Wortlautes der Bestimmung des § 86 Abs. 3 Nr. 6 nicht aus, daß für den Bereich des PersVG Bln   **131**

§ 86

gerade eine andere Beteiligungsform vom Gesetzgeber gewollt worden ist, zumal die Bestimmung des § 9 Abs. 3 S. 3 ASiG gerade nicht für den Bereich des öffentlichen Dienstes verbindlich ist.

132 Das Mitbestimmungsrecht des Personalrates besteht in erster Linie darin, daß er begründete Vorschläge für die Auswahl eines zu bestellenden Arztes oder einer zu bestellenden Fachkraft für Arbeitssicherheit macht oder aber gegen deren Bestellung begründete Bedenken äußert. Hierbei hat der Personalrat nicht nur die fachliche Leistungsfähigkeit der betreffenden Person zu beurteilen, sondern er kann auch darüber hinausgehende Eigenschaften – auch Charaktereigenschaften – zur Begründung heranziehen. Gerade bei den Betriebsärzten hat der Personalrat darauf zu achten, daß sie über ausreichende Qualifikationen bzw. Kenntnisse im Bereich der Arbeitsmedizin verfügen, ferner muß er darauf achten, daß die Person des zu bestellenden Betriebsarztes auch Gewähr dafür gibt, daß das Vertrauen der Dienstkräfte in die subjektive Amtsausübung gewährleistet ist, insbesondere muß auch eine Gewähr dafür bestehen, daß die ärztliche Schweigepflicht von den Betreffenden ernst genommen werden wird.

133 Ein Mitbestimmungsrecht besteht auch für die **Abberufung**. Abberufung ist dabei das Gegenstück zur Bestellung, es bedeutet also die Entziehung der Funktion eines Betriebsarztes bzw. der einer Fachkraft für Arbeitssicherheit. Auch hier ist die Abberufung nicht gleichbedeutend mit dem Verlust des Arbeitsplatzes bzw. der Beamtenstellung. Trotz der Abberufung kann das Arbeitsverhältnis der betreffenden Person zur Dienststelle bzw. deren Beamtenverhältnis fortbestehen. Lediglich ist diese Person dann gehindert, die ihr gesondert übertragene Aufgabe weiter wahrzunehmen.

134 Eine Abberufung kommt in erster Linie in Betracht, wenn der Betriebsarzt bzw. die Fachkraft für Arbeitssicherheit nicht in der Lage ist, die ihr übertragenen Aufgaben ordnungsgemäß zu erfüllen. Wird die Abberufung verlangt, müssen konkrete, nachprüfbare Tatsachen vorgetragen werden. Diese können sich neben Leistungs- bzw. Arbeitsmängeln auch darauf beziehen, daß die betreffende Person charakterlich nicht in der Lage ist, die betreffende Stelle ordnungsgemäß auszufüllen.

135 Dem Mitbestimmungsrecht unterliegt auch die **Erweiterung** oder **Einschränkung** der Aufgaben des Betriebsarztes bzw. der Fachkraft für Arbeitssicherheit. Damit soll ausgeschlossen werden, daß das Mitbestimmungsrecht bei der Bestellung bzw. Abberufung praktisch ausgehöhlt werden könnte. Erfaßt wird jede Erweiterung bzw. Einschränkung sachlicher, örtlicher oder personeller Natur, also jede Veränderung der Kompetenzen des Betriebsarztes bzw. der Fachkraft für Arbeitssicherheit.

136 Der Personalrat hat sowohl für die Bestellung als auch für die Abberufung und die Erweiterung bzw. Einschränkung der Aufgaben ein **Initiativrecht**. Das Initiativrecht bezieht sich dabei nicht nur auf die Frage, ob überhaupt ein Betriebsarzt bzw. eine Fachkraft für Arbeitssicherheit bestellt werden soll, sondern auch darauf, in welcher Form diese Bestellung durchzuführen ist, ob beispielsweise der Betriebsarzt als Beamter oder Angestellter der Dienststelle diese Aufgaben wahrnehmen soll oder aber als freiberuflicher Arzt. Das Mitbestimmungsrecht erstreckt sich auch auf die Überprüfung der sonstigen sachlichen und fachlichen Voraussetzungen.

137 Will der Personalrat von seinem Initiativrecht Gebrauch machen, so muß er einen entsprechenden Antrag an den Dienststellenleiter leiten, dieser Antrag muß im einzelnen begründet werden, hierbei sind, insbesondere wenn es um die Auswahl einer bestimmten Person oder aber deren Abberufung geht, Tatsachen vorzutragen und gegebenenfalls auch näher zu belegen, die die beantragte Entscheidung rechtfertigen könnten.

Mitbestimmungs- und Initiativrecht bestehen aber nur, wenn Betriebsärzte bzw. Fachkräfte für Arbeitssicherheit, die für die jeweilige Dienststelle zuständig sind, betroffen werden. Werden Betriebsärzte zur Betreuung von Dienstkräften anderer Dienststellen bzw. Verwaltungen angestellt, so besteht für den Personalrat der Anstellungs-Dienststelle kein Mitbestimmungsrecht nach § 86 Abs. 3 Nr. 6, sondern lediglich nach § 87 Nr. 1 bzw. § 88 Nr. 1. **138**

Verletzung des Mitbestimmungsrechts

Wird eine Maßnahme unter Verletzung des Mitbestimmungsrechts der Personalvertretung durchgeführt, so ist sie **in der Regel unwirksam.** Die Unwirksamkeit kann von der einzelnen Dienstkraft geltend gemacht werden. Zu den Einzelheiten vgl. § 79 Rn. 55 ff. **139**

Streitigkeiten

Streitigkeiten über die Frage, ob ein Mitbestimmungsfall vorliegt, sowie über den Umfang des Mitbestimmungsrechts entscheiden die Verwaltungsgerichte gem. § 91 Abs. 1 Nr. 3 im Beschlußverfahren. Das gleiche gilt, wenn streitig ist, ob eine ordnungsgemäße Beteiligung des Personalrates erfolgt ist. In diesem Falle ist aber zu beachten, daß nur in Ausnahmefällen ein Rechtsschutzinteresse besteht, wenn die Maßnahme bereits durchgeführt ist. In der Regel wird in diesen Fällen ein Rechtsschutzinteresse nur dann bestehen, wenn die gleiche Rechtsfrage, die zu dem Verfahren geführt hat, in Zukunft wieder zwischen den Parteien streitig werden kann oder wenn noch Folgewirkungen eintreten können. **140**

Außerdem kann die Frage, ob der Personalrat ordnungsgemäß beteiligt worden ist, als Vorfrage von den Arbeitsgerichten oder Verwaltungsgerichten geprüft werden, wenn ein Arbeitnehmer oder ein Beamter Individualansprüche geltend macht. **141**

§ 87 Angestellte und Arbeiter

In Angelegenheiten der Angestellten und Arbeiter bestimmt der Personalrat mit bei
1. Einstellung,
2. nicht nur vorübergehender Übertragung einer höher zu bewertenden Tätigkeit,
3. Gewährung von Leistungs- und Funktionszulagen,
4. Höhergruppierung,
5. nicht nur vorübergehender Übertragung einer niedriger zu bewertenden Tätigkeit,
6. Herabgruppierung,
7. Weiterbeschäftigung über die Altersgrenze hinaus,
8. Verhängung von Disziplinarmaßnahmen,
9. Kündigung.

§ 87

Übersicht Rn.

Allgemeines	1– 4
Ausübung des Mitbestimmungsrechts	5– 8
Zuständigkeit	9, 10
Unterrichtung	11
Einstellung (Nr. 1)	12
Begriff	12– 15 a
Vertragsänderungen	16– 30
Eingruppierung	31– 34
Zustimmungsverweigerungsgründe	35– 37
Informationspflicht	38– 45
Übertragung einer höher zu bewertenden Tätigkeit (Nr. 2)	46– 51
Vorübergehende Ausübung	52, 53
Konkurrenz zu anderen Mitbestimmungsrechten	54, 55
Gewährung von Leistungs- und Funktionszulagen (Nr. 3)	56– 59
Höhergruppierung (Nr. 4)	60– 66
Übertragung einer niedriger zu bewertenden Tätigkeit (Nr. 5)	67– 76
Herabgruppierung (Nr. 6)	77– 80
Weiterbeschäftigung über die Altersgrenze hinaus (Nr. 7)	81, 82
Verhängung von Disziplinarmaßnahmen (Nr. 8)	83– 85
Kündigung (Nr. 9)	86
Begriff	86– 88
Mitbestimmungsfreie Beendigungsgründe	89
Umfang des Mitbestimmungsrechts	90– 93
Zustimmungsverweigerungsgründe	94– 99
Zeitpunkt des Ausspruchs der Kündigung	100–105
Verletzung der Mitbestimmungsrechte	106–114
Streitigkeiten	115

Allgemeines

1 In § 87 wird das Mitbestimmungsrecht des Personalrats bei personellen Einzelmaßnahmen der Angestellten und Arbeiter geregelt. Wer Angestellter oder Arbeiter ist, ergibt sich aus § 4 Abs. 1 und Abs. 2. Es besteht ein volles Mitbestimmungsrecht.

2 § 87 ist erschöpfend und zwingend. Es können durch Dienstvereinbarung oder sonstige Vereinbarung nicht weitere personelle Angelegenheiten dem Mitbestimmungsrecht unterworfen werden. Auch kann die einzelne Dienstkraft nicht auf die Einhaltung der Mitbestimmungsrechte wirksam verzichten.

3 Die Bestimmung entspricht teilweise der Regelung in § 69 PersVG Bln a. F. Entsprechend dem BPersVG wurden in die Mitbestimmungsangelegenheiten Nr. 2 und Nr. 5 neu eingefügt. Zusätzlich aufgenommen wurde ferner Nr. 3.

4 Teilweise vergleichbar sind die Bestimmungen in § 75 Abs. 1 Nrn. 1, 2, 5 und § 79 BPersVG. Zu beachten ist aber bei diesen Regelungen, daß der Personalrat dort seine Zustimmung nur aus bestimmten, im Gesetz geregelten Gründen versagen darf, § 77 Abs. 2 und § 79 BPersVG. Nur beschränkt vergleichbar sind auch die Vorschriften in § 99 und § 102 BetrVG, auch dort ist im übrigen das Mitbestimmungsrecht des Betriebsrates dadurch eingeschränkt, daß er nur aus bestimmten, im Gesetz geregelten Gründen, seine Zustimmung verweigern darf.

Ausübung des Mitbestimmungsrechts

Die **Durchführung des Mitbestimmungsrechts** folgt im allgemeinen nach den Vorschriften der §§ 79 ff. Der Abschluß einer Dienstvereinbarung scheidet aus, da es sich nicht um generelle Maßnahmen, sondern um Einzelfallentscheidungen handelt. In der Regel wird die Initiative von der Dienststelle ausgehen, jedoch kann auch der Personalrat selbst Anträge an die Dienststelle richten. 5

Die Ausübung der Mitbestimmungsrechte ist **kein laufendes Geschäft** i. S. des § 29 Abs. 1 Satz 3, sie kann daher nur durch das Gremium selbst, nicht durch den Vorsitzenden oder den Vorstand erfolgen. Es ist immer eine Beschlußfassung gem. §§ 32 f. erforderlich, in Gruppenangelegenheiten sind nur die Mitglieder der betroffenen Gruppe abstimmungsberechtigt, § 33 Abs. 2. 6

Es genügt aber nicht, daß der Personalratsvorsitzende nach Mitteilung der beabsichtigten Maßnahme durch den Dienststellenleiter diesem sofort erklärt, daß er der Maßnahme zustimme. Diese Erklärung ist rechtlich ohne Belang, in einem solchen Fall weiß der Dienststellenleiter, daß der aus mehreren Mitgliedern bestehende Personalrat sich noch nicht mit der Angelegenheit befaßt haben kann *(vgl. BAG vom 28. 2. 1974, 18. 8. 1982, AP Nrn. 2, 24 zu § 102 BetrVG 1972, vgl. BVerwG vom 1. 12. 1982, DVBl. 1983, 509, der Personalrat muß als Gremium Gelegenheit zur Stellungnahme haben).* Im übrigen braucht sich der Dienststellenleiter nicht um die **sachgerechte Behandlung** der Angelegenheit durch die Personalvertretung zu kümmern. Fehler, die in der Sphäre des Personalrats liegen – z. B. fehlerhafte Ladung der Mitglieder, unrichtige Besetzung des Personalrats, Nichtbeachtung des Gruppenprinzips, Beschlußunfähigkeit usw. – bleiben unberücksichtigt, wenn der Dienststellenleiter nichts weiß und nichts wissen mußte *(BAG vom 4. 8. 1975, 24. 3. 1977, AP Nrn. 4, 12 zu § 102 BetrVG).* Er ist auch nicht befugt, Einzelheiten des Verfahrens von sich aus zu ermitteln *(LAG Berlin vom 9. 2. 1973, AP Nr. 1 zu § 102 BetrVG 1972).* Etwas anderes gilt auch dann, wenn die Behandlung durch die Personalvertretung offenkundig gesetzwidrig ist. 7

Die Mitbestimmungsrechte in personellen Angelegenheiten bestehen auch bei Einzelmaßnahmen, die während eines **Arbeitskampfes** vorgenommen werden, das Personalratsamt endet nicht durch den Arbeitskampf, es teilt das Schicksal des Arbeitsverhältnisses. Es wird auch nicht vollständig suspendiert. In einer Vielzahl von Fällen besteht ein Mitentscheidungsrecht. Wollte man im übrigen ein Ruhen des Personalratsamtes während des Arbeitskampfes annehmen, könnte der Arbeitgeber des öffentlichen Dienstes in diesem Zeitraum weitreichende Entscheidungen ohne Berücksichtigung der Beteiligungsrechte und der Interessen der Dienstkräfte treffen. Diese Maßnahmen könnten auch nach Beendigung des Arbeitskampfes noch erhebliche Auswirkungen haben. Während eines Arbeitskampfes bestehen daher die Beteiligungsrechte zumindest insoweit fort, als durch sie nicht auf das Kampfgeschehen Einfluß genommen werden kann *(BAG vom 14. 2. 1978, AP Nrn. 57, 58, 60 zu Art. 9 GG Arbeitskampf; VG Ansbach 26. 4. 1993, PersR 1993, 372).* Der Personalrat kann daher bei personellen Maßnahmen dann keine Mitbestimmungsrechte geltend machen, wenn die Maßnahmen durch das Kampfgeschehen bedingt sind. Hier wäre unter Umständen die Chancengleichheit zwischen den Arbeitskampfparteien beeinträchtigt. Der Personalrat kann daher beispielsweise während eines Streikgeschehens nicht bei Einstellungen, Versetzungen und Entlassungen mitwirken, soweit diese arbeitskampfbedingt erfolgen. Der Einsatz von Beamten auf von 8

Arbeitnehmern wahrgenommenen Dienstposten während eines Arbeitskampfes könnte zwar nicht einem Beteiligungsrecht des Personalrats unterliegen, ist aber rechtswidrig, da eine gesetzliche Regelung nicht vorhanden ist *(BVerfG vom 2. 3. 1993, E 88, 103).*

Zuständigkeit

9 Zuständig für die Wahrnehmung der Mitbestimmung nach § 87 ist jeweils die Personalvertretung der Dienststelle, die die betreffenden Maßnahmen vorzunehmen hat. Sämtliche Rechte können nur durch das Gremium insgesamt wahrgenommen werden, es handelt sich nicht um die Führung laufender Geschäfte. An der Beratung der jeweiligen Angelegenheiten nimmt jeweils die gesamte Personalvertretung teil. Zur Beschlußfassung sind nur die Mitglieder der jeweils betroffenen Gruppe aufgerufen, § 33 Abs. 2.

10 Wird eine Einigung zwischen Dienststelle und Personalvertretung nicht erzielt, ist das Verfahren bei Nichteinigung gem. § 80 durchzuführen. Gegebenenfalls ist die Einigungsstelle, § 81 Abs. 2, anzurufen. Diese entscheidet endgültig.

Unterrichtung

11 Die Ausübung der Mitbestimmungsrechte setzt eine ausreichende Unterrichtung der jeweiligen Personalvertretung voraus. Im Interesse der Beteiligten ist die Unterrichtung möglichst **frühzeitig und umfassend** vorzunehmen, um unnötige Verzögerungen und vermeidbare Streitigkeiten zu verhindern. Der Informationsanspruch der Personalvertretung folgt aus § 73. Zu den Einzelheiten des Informationsrechtes siehe die Erläuterungen dort sowie unten Rn. 20, 34.

Einstellung (Nr. 1)
Begriff

12 Die Einstellung ist die **Eingliederung** einer neuen Dienstkraft **in die Dienststelle,** die regelmäßig mit der Begründung eines Arbeitsverhältnisses verbunden ist. Das Mitbestimmungsrecht bezieht sich dabei auf die Eingliederung, nämlich auf die zur Einstellung vorgesehene Person, auf die von ihr auszuübende Tätigkeit und bei Arbeitern und Angestellten auf die mit der Übertragung der Tätigkeit verbundene tarifliche Bewertung *(BVerwG vom 12. 9. 1983, PersV 1985, 163; vom 25. 8. 1988, ZBR 1989, 81; vom 30. 9. 1983, PersV 1985, 167).*

13 Meist werden Abschluß des Arbeitsvertrages und Arbeitsaufnahme zusammenfallen. Fallen diese **Zeitpunkte** auseinander, ist zweifelhaft, wann die Beteiligung des Personalrates einzusetzen hat. Die Mitbestimmung dient nach der Auffassung des Bundesverwaltungsgerichts der Erfüllung der Aufgabe der Personalvertretung, diese soll die kollektiven Interessen der von ihr vertretenen Beschäftigten wahrnehmen können *(BVerwG vom 25. 10. 1983, E 68, 137; VG Berlin vom 17. 12. 1984 – VG FK [Bln] – A – 9/84).* Daraus wird in der Rechtsprechung gefolgert, daß das mit der Einstellung in aller Regel zu begründende Beschäftigungsverhältnis nicht Gegenstand der Mitbestimmung sei, und zwar weder hinsichtlich der Art *(Beamten- oder Arbeitsverhältnis)* noch in bezug auf seinen Inhalt *(BVerwG vom 12. 9. 1983, PersV 1985, 246 unter teilweiser Abände-*

rung der früheren Rechtsprechung; OVG Berlin vom 13. 10. 1983 – OVG PV Bln 3.83; vom 17. 6. 1998, PersR 1999, 177 zur Arbeitsplatzteilung). Hieraus kann jedoch noch nicht gefolgert werden, daß allein der Einsatz der Dienstkraft in der Dienststelle dem Mitbestimmungsrecht des Personalrats unterliegen könnte. Schon durch den Abschluß des Vertrages mit der Dienstkraft können Tatsachen geschaffen werden, die für den Einsatz der Dienstkraft in der Dienststelle von erheblicher Bedeutung sind. Das Mitbestimmungsrecht muß daher zu einem möglichst frühen Zeitpunkt einsetzen, um zu verhindern, daß das Mitbestimmungsrecht letztlich leerläuft. Fallen daher Arbeitsaufnahme und Abschluß des Arbeitsvertrages auseinander, so ist jeweils die zeitlich erste Maßnahme des Arbeitgebers mitbestimmungspflichtig, also entweder der Abschluß des Arbeitsvertrages oder der tatsächliche Einsatz der Dienstkraft in der Dienststelle *(VGH Baden-Württemberg vom 25. 9. 1979, PersV 1982, 20; Lorenzen u. a., BPersVG, § 75 Rn. 16 b; Fitting u. a., BetrVG, § 99 Rn. 29 m. w. N.).*

Das Mitbestimmungsrecht des Personalrats setzt bei der Einstellung auch bereits dann ein, wenn vor der Arbeitsaufnahme in der Dienststelle zwar noch kein Arbeitsvertrag abgeschlossen wird, der Dienstkraft jedoch ein vorbehaltloses Einstellungsangebot oder eine verbindliche **Einstellungszusage** gegeben wird. Mit derartigen Einstellungszusagen könnte nämlich sonst das Mitbestimmungsrecht des Personalrats praktisch unterlaufen werden. Problematisch wäre in diesem Zusammenhang auch die Zusage der Einstellung unter dem Vorbehalt der Zustimmung des Personalrats. Zwar würde damit gegenüber dem Bewerber zum Ausdruck gebracht werden, daß noch kein vertraglicher Anspruch besteht. Auf der anderen Seite soll das Mitbestimmungsrecht jedoch gerade dazu dienen, daß der Personalrat die Entscheidung des Arbeitgebers noch beeinflussen kann. Dies wäre praktisch nicht mehr möglich, wenn der Arbeitgeber bereits eine derartige Zusage gegeben hat, er ist durch seine Zusage gegenüber dem Bewerber bereits gebunden und nicht mehr völlig frei in der Entscheidung.

Ist ein **Arbeitsvertrag nichtig,** z. B. weil sich der Bewerber bei Abschluß des Vertrages in einem die freie Willensentscheidung ausschließenden Zustand befunden hat, so ist die tatsächliche Einstellung entscheidend für das Mitbestimmungsrecht, es ist also nicht der Abschluß eines wirksamen Arbeitsvertrages erforderlich *(BayVGH vom 21. 5. 1971, PersV 1972, 180).*

Die Einstellung setzt nicht voraus, daß ein rechtlich wirksames Rechtsverhältnis zwischen Dienstkraft und Dienststelle begründet wird. Notwendig ist aber in jedem Falle ein rechtliches Band, aus dem arbeitsrechtliche Bindungen wie z. B. ein Weisungsrecht und ihm korrespondierend eine Weisungsgebundenheit entstehen *(vgl. BVerwG vom 20. 5. 1992, PersV 1993, 171; vom 15. 3. 1994, PersV 1995, 26; vom 4. 9. 1995, PersV 1996, 220).* Dies ist auch bei unwirksamen Rechtsverhältnissen z. B. dann der Fall, wenn die Grundsätze des faktischen Arbeitsverhältnisses angewendet werden können. Derartige Bindungen bestehen aber dann nicht, wenn **Aufgaben auf ein Unternehmen übertragen werden** *(Outsourcing),* selbst wenn die Arbeitnehmer dieses Unternehmens in der Dienststelle tätig werden, ohne das Weisungsrechte des Dienststellenleiters bestehen *(BVerwG vom 4. 9. 1995, a.a.O.; vom 6. 9. 1995, PersV 1996, 258).*

§ 87

Vertragsänderungen

16 Eine Einstellung i. S. des § 87 Nr. 1 ist gegeben, wenn sich die **Arbeitszeit** einer Dienstkraft **verändert,** wenn beispielsweise eine teilzeitbeschäftigte Dienstkraft nunmehr vollzeitbeschäftigt werden soll. Hier handelt es sich um die Änderung des Arbeitsvertrages, die Mitbestimmung bei der Einstellung umschließt zwar nach der Rechtsprechung des Bundesverwaltungsgerichts gerade nicht die Möglichkeit, auf den Inhalt des Arbeitsvertrages mit Hilfe des Mitbestimmungsrechts gestaltend Einfluß zu nehmen *(BVerwG vom 12. 8. 1983, PersV 1985, 246; vom 12. 9. 1983, PersV 1985, 163; vom 19. 9. 1983, E 68, 30; OVG Berlin vom 13. 10. 1983 – OVG PV Bln 3.83).* Die Vereinbarung zwischen Dienststelle und Arbeitnehmer über die Erhöhung der wöchentlichen Arbeitszeit bei sonst gleicher Tätigkeit und Eingruppierung ist zwar keine Einstellung und unterliegt als solche auch nicht dem Mitbestimmungsrecht des Personalrats; a. A. allerdings OVG Hamburg *(5. 4. 1982, PersV 1984, 246),* das davon ausgeht, daß in diesem Falle ein neuer Arbeitsvertrag abgeschlossen werden würde *(ihm ohne nähere Begründung folgend Altvater u.a., BPersVG, § 75 Rn. 7; Lorenzen u.a., BPersVG, § 75 Rn. 18 d; Fischer/Goeres, BPersVG, § 75 Rn. 13a).* Dabei wird allerdings übersehen, daß die Umwandlung ohne Begründung eines neuen Arbeitsverhältnisses allein durch einen Änderungsvertrag, beschränkt auf die Frage der Arbeitszeit, erfolgen kann. Die Dienstkraft bleibt in der Dienststelle eingegliedert. Entscheidend ist aber, daß diese Umwandlung unmittelbar auch die Verteilung der Arbeit in der Dienststelle beeinflußt und Auswirkungen auf die Rechtsverhältnisse anderer Dienstkräfte hat. Ein Mitbestimmungsrecht ist daher gegeben.

17 Ebenfalls ist mitbestimmungspflichtig die **Verlängerung eines befristeten Arbeitsvertrages.** Zwar erstreckt sich das Mitbestimmungsrecht bei der Einstellung grundsätzlich nicht auf den Inhalt des Arbeitsvertrages, erfaßt werden aber die Modalitäten der Einstellung *(BVerwG vom 13. 2. 1979, E 280, 281; Altvater u.a., BPersVG, § 75 Rn. 7).* Das nachträgliche Hinausschieben der Zeitbegrenzung eines Arbeitsvertrages löst damit eine neue Beteiligung des Personalrats aus, hier werden auch die kollektiven Interessen der Dienstkräfte in der Dienststelle betroffen, deren Wahrnehmung gehört zum Zuständigkeitsbereich des Personalrats *(BVerwG a.a.O.; VG Berlin – VG FK Bln A 54.79 vom 28. 4. 1980; OVG Berlin vom 17. 9. 1981 – OVG PV Bln 13.80).*

18 Weiterhin unterliegt dem Mitbestimmungsrecht des § 87 Nr. 1 die **Übernahme eines Arbeiters in das Angestelltenverhältnis,** auch hier werden die kollektiven Interessen in der Dienststelle berührt, insbesondere werden die Interessen der Gruppe der Angestellten berührt *(OVG Berlin vom 3. 6. 1958 – OVG VII B PV 1.58; OVG Münster vom 14. 2. 1990, PersV 1991, 179).* Hier wird das bestehende Arbeitsverhältnis nämlich durch ein anderes ersetzt. Dieser Fall ist also nicht vergleichbar dem Fall, in dem ohne Änderung des bestehenden Arbeitsvertrages lediglich dessen einzelne Modalitäten einer Veränderung unterworfen werden.

19 Nicht dem Mitbestimmungsrecht unterliegen soll die Frage, ob mit dem Bewerber ein **befristeter Arbeitsvertrag** abgeschlossen werden soll oder nicht *(BVerwG vom 19. 9. 1983, E 68, 30; vom 12. 8. 1983, PersV 1985, 246; BAG vom 16. 7. 1985, AP Nr. 21 zu § 59 BetrVG 1972; vom 10. 2. 1988, AP Nr. 6 zu § 92a ArbGG 1979).* Diese Rechtsprechung muß vor dem Hintergrund betrachtet werden, daß generell Mitbestimmungsrechte dort ausgeschlossen sein sollen, wo individualrechtliche Ansprüche von der jeweiligen Dienstkraft selbst geltend gemacht werden können. So kann beispielsweise der Personalrat keine Ansprüche einer Dienstkraft auf Beförderung mit Hilfe seines Initiativrechts durchzusetzen versuchen. Auch gegen die Befristung kann, wenn sie ungerechtfertigt sein sollte, die betroffene Dienstkraft selbst Klage erheben und ihre Unwirksamkeit geltend machen. Mitbestimmungspflichtig ist daher nur die Einstellung, nicht die Frage der Befristung. Der Einstellung kann daher nicht wegen der Befristung widersprochen werden.

Vor diesem Hintergrund ist auch die andere Frage zu entscheiden, ob bei Dienstkräften, die zunächst als **freie Mitarbeiter** beschäftigt worden sind und später im Klagewege erreicht haben, daß sie festangestellte Arbeitnehmer des Landes Berlin sind, ein Mitbestimmungsverfahren eingehalten werden muß oder nicht. Das Bundesarbeitsgericht hat zu dieser Frage letztlich keine Stellung genommen *(BAG vom 2. 7. 1980 – 5 AZR 90/80)*. Es hat lediglich festgestellt, daß ein Arbeitsvertrag, der ohne Zustimmung des Personalrats abgeschlossen worden ist, individualrechtlich wirksam sei, da das Mitbestimmungsrecht bei Einstellungen lediglich dem Schutz der kollektiven Interessen der repräsentierten Belegschaft diene. Es könnte nur zweifelhaft sein, ob der Arbeitgeber die betreffende Dienstkraft in der Dienststelle einsetzen darf, da insoweit Rechte des Personalrates dem entgegenstehen könnten. Die Übernahme eines freien Mitarbeiters in ein Arbeitsverhältnis stellt jedoch eine wesentliche Veränderung der vertraglichen Grundlage dar, die kollektiven Interessen der Dienstkräfte in der Dienststelle werden durch Übernahme dieses Arbeitnehmers berührt. Ein Mitbestimmungsrecht des Personalrats kann daher nicht ausgeschlossen werden. Dem steht auch nicht entgegen, daß hier individuelle Ansprüche eines einzelnen zu der Umwandlung des Rechtsverhältnisses führen. Dies schließt nur dann ein Mitbestimmungsrecht aus, wenn die vertragliche Grundlage im Grundsatz die gleiche bleibt, das Mitbestimmungsrecht besteht aber dann, wenn an die Stelle eines ursprünglichen Vertrages ein grundsätzlich anderer Vertrag tritt. Allerdings kann in einem Prozeß eines freien Mitarbeiters auf Feststellung seiner Arbeitnehmereigenschaft der Anspruch nicht deshalb verneint werden, weil Mitbestimmungsrechte des Personalrates berührt würden. Zunächst könnte man hier mit dem Bundesarbeitsgericht davon ausgehen, daß zumindest individualrechtlich die vertragliche Grundlage wirksam zustande gekommen sein könnte, die personalvertretungsrechtliche Seite wäre insoweit ohne Belang. Hinzu kommt aber, daß der Personalrat auch Teil der Dienststelle ist. Erkennt ein Gericht in einem Urteil, daß ein Arbeitsverhältnis begründet worden ist und daß dieser Arbeitnehmer Dienstkraft in einer Dienststelle sei, so wirkt diese Entscheidung auch gegen den Personalrat, die Dienststelle hat insoweit auch keinerlei Entscheidungsbefugnisse mehr, so daß auch ein Mitbestimmungsrecht des Personalrats letztendlich ausscheidet.

Dieser Grundsatz kann nicht auf die Fälle übertragen werden, in denen die Dienststelle zur Übernahme einer Dienstkraft verurteilt wird, weil dieser wirksam die Übernahme als Arbeitnehmer zugesagt worden wäre. In diesem Falle wäre nämlich bereits die Zusage mitbestimmungspflichtig *(vgl. oben Rn. 12c)*.

Die Einstellung von sog. **Abrufkräften**, d. h. von Personen, die nur für konkrete Einsätze in der Dienststelle eingesetzt werden sollen, ist eine Einstellung i. S. des Personalvertretungsrechts *(BVerwG vom 3. 2. 1993, PersR 1993, 260)*, da letztlich der Einsatz und damit die Eingliederung in die Dienststelle sonst allein dem Weisungsrecht des Dienststellenleiters unterliegen würde. Durch

§ 87

den Abschluß der entsprechenden Verträge und die Aufstellung des Abrufplans werden Dienstaufgaben der Dienststelle verteilt. Die Abrufkräfte verrichten wie Dauerkräfte Arbeiten der Dienststelle, bei diesen handelt es sich auch um Daueraufgaben, die lediglich mit gewissen Schwankungen anfallen.

23 Die Arbeitsaufnahme von **Leiharbeitnehmern** in der Dienststelle unterliegt ebenfalls dem Mitbestimmungsrecht, da diese in die Ordnung der Dienststelle eingegliedert werden und der Personalrat zumindest teilweise auch deren Belange wahrzunehmen hat *(OVG Hamburg vom 15. 5. 1985, PersR 1987, 24; Lorenzen u.a., BPersVG, § 75 Rn. 20 m.w.N.).* Dies ergibt sich schon aus § 14 Abs. 3 und 4 AÜG. Keinerlei Arbeitnehmer in diesem Sinne sind aber diejenigen Arbeitnehmer, die nicht in die Dienststelle eingegliedert werden, sondern dort nur im Auftrage eines Dritten Arbeiten verrichten, ohne daß arbeitsrechtliche Beziehungen zu der Dienststelle bestehen, wie z.B. bei Reparaturarbeiten durch fremde Firmen usw.

24 Als Einstellung mitbestimmungspflichtig ist die **endgültige Übernahme einer abgeordneten Dienstkraft,** wenn das Arbeitsverhältnis zu der früheren Dienststelle gelöst und ein neues begründet wird.

25 Keine Einstellung ist demgegenüber die Übernahme einer abgeordneten Dienstkraft im Wege der Versetzung, hier besteht das Mitbestimmungsrecht nach § 86 Abs. 3 Nr. 1 *(vgl. dazu oben § 86 Rn. 50ff.).*

26 Keine Einstellung ist die **Rückkehr einer abgeordneten Dienstkraft** in ihre alte Dienststelle. Das gleiche gilt bei der **Rücknahme einer Kündigung** während der Kündigungsfrist oder während des Laufes eines Kündigungsschutzprozesses, soweit die Beschäftigung ohne Unterbrechung fortgesetzt wurde, da dann das ursprüngliche Arbeitsverhältnis nicht geendet hat *(BVerwG vom 25. 8. 1988, PersR 1988, 298; Lorenzen u.a., BPersVG, § 75 Rn. 21a).* Keine Einstellung liegt ebenfalls vor, wenn nach **Beendigung eines Arbeitskampfes** (Streik oder Aussperrung) die Dienstkräfte die Arbeit wiederaufnehmen, da der Arbeitskampf grundsätzlich nur suspendierend wirkt.

27 Eine Neueinstellung liegt ebenfalls vor, wenn eine Dienstkraft **nach Vollendung des 65. Lebensjahres weiterbeschäftigt** werden soll, sofern das Arbeitsverhältnis auf Grund einer wirksamen Befristung geendet hatte. In diesem Fall bedarf es der Begründung eines neuen Arbeitsverhältnisses, dies unterliegt dem Mitbestimmungsrecht des Personalrats.

28 Die **weitere Beschäftigung** eines Arbeitnehmers **nach Ausspruch der Kündigung** und nach Ablauf der Kündigungsfrist, wie sie nach der neueren Rechtsprechung des Bundesarbeitsgerichts zu erfolgen hat, stellt keine Einstellung i.S. des § 87 Nr. 1 dar. Bei dieser Weiterbeschäftigung kommt der Arbeitgeber einer Verpflichtung nach, die sich aus dem bisherigen Arbeitsverhältnis in Verbindung mit der Rechtsprechung des Bundesarbeitsgerichts ergibt. Wird in einem späteren Urteil rechtskräftig festgestellt, daß die seinerzeit ausgesprochene Kündigung rechtswirksam war, so endet das weitere Beschäftigungsverhältnis automatisch, ohne daß es erneut eines Ausspruches einer Kündigung bedarf. Insoweit besteht auch kein Mitbestimmungsrecht des Personalrats bei der Beendigung dieses Rechtsverhältnisses nach § 87 Rn. 9. Ähnlich wie bei einem befristeten Arbeitsverhältnis braucht sich hier der Arbeitgeber nur auf die rechtskräftige Entscheidung in den Kündigungsschutzverfahren zu berufen.

29 Wird demgegenüber in einem späteren Urteil rechtskräftig festgestellt, daß die Kündigung unwirksam war, so hat das ursprüngliche Arbeitsverhältnis un-

unterbrochen fortbestanden, auch in diesem Falle liegt eine Neueinstellung i.S. des § 87 Nr. 1 nicht vor. Das gleiche gilt für den Fall der gerichtlichen Feststellung, daß ein freies Mitarbeiterverhältnis ein Arbeitsverhältnis ist *(BAG vom 3. 10. 1975, AP Nr. 15 zu § 611 BGB Abhängigkeit),* daß eine Befristung unwirksam ist und ein unbefristetes Arbeitsverhältnis besteht.

Während der Dauer des Weiterbeschäftigungsverhältnisses und bevor rechtskräftig feststeht, ob die Kündigung rechtswirksam war oder nicht, genießt die Dienstkraft, die weiterbeschäftigt wird, dieselben Rechte wie eine Dienstkraft, die in einem normalen Arbeitsverhältnis steht. Insbesondere sind in bezug auf diese Dienstkraft auch sämtliche Mitbestimmungsrechte durch den Personalrat wahrzunehmen. Will der Arbeitgeber während der Dauer des Weiterbeschäftigungsverhältnisses eine erneute Kündigung aussprechen, so muß bei dieser der Personalrat gem. § 87 Nr. 8 beteiligt werden. Wird während der Dauer dieses Beteiligungsverfahrens – beispielsweise während der Dauer des Verfahrens bei Nichteinigung oder während des Verfahrens vor der Einigungsstelle – rechtskräftig festgestellt, daß die zuerst ausgesprochene Kündigung, die Grundlage für den Weiterbeschäftigungsanspruch der Dienstkraft war, rechtskräftig war, so ist das Mitbestimmungsverfahren bezüglich der beabsichtigten weiteren Kündigung gegenstandslos geworden. Einer solchen weiteren Kündigung bedarf es in diesem Falle nicht. War das Verfahren bereits bei der Einigungsstelle anhängig, so kann diese das bei ihr anhängige Verfahren einstellen, wenn nicht der entsprechende Antrag zurückgenommen wird. Nicht unter den Begriff der Einstellung fallen die Wiederaufnahme eines ruhenden Arbeitsverhältnisses, z.B. nach Sonderurlaub, Erziehungsurlaub, Ableistung des Wehr- oder Ersatzdienstes. Auch die Weiterbeschäftigung eines Auszubildenden nach § 10 ist keine Einstellung.

30

Eingruppierung

Sowohl bei Angestellten als auch bei Arbeitern des öffentlichen Dienstes ist wesentliches Merkmal der Einstellung auch die tarifliche **Eingruppierung**. Für sie besteht ein ausdrückliches Mitbestimmungsrecht im Gegensatz zu § 75 Abs. 1 Nr. 2 BPersVG nicht. Unter Eingruppierung ist in diesem Zusammenhang die Zuordnung einer Dienstkraft zu einer tariflichen Lohn- oder Gehaltsgruppe zu verstehen. Sie ist kein rechtsgestaltender Akt der Dienststelle, vielmehr ergibt sie sich automatisch aus den jeweils ausgeübten Tätigkeitsmerkmalen, ein Entscheidungsspielraum der Dienststelle ist nicht vorhanden *(BVerwG vom 13. 2. 1976, E 50, 186; vom 12. 9. 1983, DVBl. 1984, 48; BAG vom 16. 10. 1974, PersV 1975, 471; vom 3. 12. 1985, AP Nr. 1 zu § 74 BAT; vom 13. 8. 1986, AP Nr. 1 zu § 2 MTVAng DFVLR).* Die zutreffende tarifliche Vergütungsgruppe wird daher lediglich festgestellt, es handelt sich um einen Normenvollzug. Eine Einstellung, die dem Tarifvertrag widerspricht, ist im Hinblick auf die damit verbundene Eingruppierung unwirksam. Hieraus könnte gefolgert werden, daß eine Notwendigkeit für ein Mitbestimmungsrecht bei der Eingruppierung nicht erforderlich sei und daher auch im Rahmen des Mitbestimmungsrechts bei einer Einstellung nicht gegeben sein könne. Eine Einstellung ohne Übertragung von bestimmten Tätigkeiten ist aber kaum vorstellbar. Die erstmalige Eingruppierung gehört untrennbar zu der Einstellung *(vgl. BVerwG vom 15. 2. 1988, PersV 1988, 194; vom 14. 6. 1995, PersV 1996, 182).* Da das Mitbestimmungsrecht bei der Einstellung diese im Hinblick auf

31

einen bestimmten Arbeitsplatz erfaßt, ist auch der damit zwangsläufig verbundene Akt der Eingruppierung als Teil der Einstellung dem Mitbestimmungsrecht unterworfen *(OVG Berlin vom 23. 6. 1999, PersR 2000, 249)*. Allerdings hat der Personalrat, da es sich bei der Eingruppierung lediglich um einen Normenvollzug handelt, nur die Möglichkeit deren Richtigkeit zu überprüfen. Insoweit dient das Mitbestimmungsrecht der Sicherung der Lohngerechtigkeit. Wegen der unterschiedlichen Intensität des Mitbestimmungsrechts, aber auch weil die unrichtige Eingruppierung von der Dienstkraft individualrechtlich angegriffen werden kann, kann der Personalrat der Einstellung zustimmen, der damit verbundenen Eingruppierung jedoch widersprechen *(OVG Berlin vom 9. 9. 1994, PersR 1995, 302)*. Hier ist mitbestimmungsrechtlich eine Aufteilung eines an sich einheitlichen Vorgangs möglich.

32 Diese Folgen treten allerdings unmittelbar nur ein, wenn eine **Tarifbindung** besteht. Da die Tarifverträge im Bereich des öffentlichen Dienstes in der Regel nicht für allgemeinverbindlich erklärt worden sind, würde sich die zwingende tarifliche Wirkung nur für einen Teil der Arbeitsverhältnisse ergeben. Allerdings werden die tariflichen Regelungen weitgehend auch auf nicht tarifgebundene Dienstkräfte des öffentlichen Dienstes angewandt, in den Arbeitsverträgen sind entsprechende Vereinbarungen enthalten.

33 Nicht von dem Mitbestimmungsrecht der Einstellung wird erfaßt die **außer- und übertarifliche Eingruppierung**. Hier ist auch mittelbar ein Beteiligungsrecht des Personalrates wegen des Fehlens eines ausdrücklichen Mitbestimmungsrechtes in bezug auf die Eingruppierung ausgeschlossen. Lediglich im Rahmen von § 87 Nrn. 3 und 6 kann ein Mitbestimmungsrecht bestehen.

34 Nicht zur Einstellung gehört auch die Frage, ob zusätzliche Leistungen wie Zuschläge, Zulagen usw. zu zahlen sind. Hier kann der Personalrat lediglich im Rahmen seiner allgemeinen Überwachungsaufgaben tätig werden. Das gleiche gilt für die Zahlung von Funktionszulagen, da auch insoweit das Beteiligungsrecht hinsichtlich der Einstellung nicht ausgedehnt werden kann.

Zustimmungsverweigerungsgründe

35 Bei den Einwendungen, die der Personalrat gegen eine Einstellung erheben kann, ist seine **rechtliche Aufgabenstellung** zu berücksichtigen. Aufgabe des Personalrates ist es, die Interessen der Dienstkräfte wahrzunehmen. Der Personalrat ist nicht Sachwalter der einzelnen Dienstkraft, sondern er hat allein kollektivrechtliche Aufgaben wahrzunehmen. Der Personalrat kann daher mit seinem Widerspruchsrecht nicht eine Veränderung der beabsichtigten einzelvertraglichen Vereinbarungen erwirken, wenn es sich hierbei lediglich um individualrechtliche Interessen des einzelnen handelt. Nur soweit kollektive Interessen berührt werden, ist eine Einwirkungsmöglichkeit des Personalrats gegeben. Aus diesem Grund hat der Personalrat auch nicht die Möglichkeit, seine Zustimmung zur Einstellung einer Dienstkraft mit der Begründung zu verweigern, die vertraglich vorgesehene **Befristung** des Arbeitsverhältnisses sei unzulässig. Hier handelt es sich allein um individualrechtliche Bedingungen des Einzelarbeitsvertrages, die keinerlei kollektiven Bezug haben und auch nicht erkennen lassen, daß kollektive Interessen berührt werden. Hinzu kommt, daß gerade auch der Begriff der Einstellung, der letztlich die Eingliederung einer neuen Dienstkraft in die Dienststelle umfaßt *(vgl. dazu oben Rn. 12a ff.)*, gerade nicht die arbeitsvertraglichen Vereinbarungen, die getroffen werden, umfaßt. Geht man hiervon aus, dann kann zwar die einzelne Dienstkraft gegebenenfalls die Unwirksamkeit der getroffenen Befristung geltend machen; dem Personalrat steht jedoch ein Mitbestimmungsrecht bei der vertraglichen Vereinbarung insoweit nicht zu.

Beispielsweise kann der Personalrat einer beabsichtigten Einstellung widersprechen, weil gesetzliche Vorschriften nicht eingehalten seien, weil eine unterschiedliche Behandlung wegen Geschlecht, Abstammung, Religion, Nationalität, Herkunft usw. erfolgt, weil unsachliche Gründe der Auswahl zugrunde gelegen haben können, weil die Bestimmungen des LGG nicht beachtet wurden. **36**

Bei dem Mitbestimmungsrecht kommt dem Personalrat letztlich eine **Kontrolle der Rechtmäßigkeitsvoraussetzungen** zu *(BVerwG vom 2. 6. 1993, PersR 1993, 450; vom 27. 9. 1993, PersR 1993, 495).* Er kann Widerspruchsgründe geltend machen, die im Bereich der Ermessensentscheidung der Behörde liegen *(BVerwG vom 27. 9. 1993, PersR 1993, 495).* Er kann aber sein Ermessen nicht an die Stelle des Ermessens des Dienststellenleiters setzen, die Beurteilung nach Eignung und fachlicher Leistung einer Dienstkraft steht allein diesem zu *(BVerwG vom 27. 9. 1993, PersR 1993, 495; vom 4. 6. 1993, ZfPR 1993, 197; vom 23. 9. 1992, PersR 1993, 24).* Daraus folgt auch, daß der Personalrat nicht Gegenvorschläge unterbreiten kann. Er kann seine Zustimmung nur verweigern, wenn der Dienststellenleiter bei seiner Entscheidung gesetzliche Bestimmungen verkannt oder den Ermessensrahmen verletzt hat, beispielsweise von einem unzutreffenden Sachverhalt ausgegangen ist, allgemeingültige Maßstäbe nicht beachtet oder sachfremde Erwägungen angestellt hat. **37**

Informationspflicht

Zum Umfang des Informationsrechts des Personalrats vgl. zunächst die Ausführungen zum allgemeinen Unterrichtungsrecht des § 73 *(oben § 73 Rn. 11 ff., 25 ff.; § 79 Rn. 10 ff.).* Bei Neueinstellung sind die **Personalien aller,** also auch der nicht zur Einstellung vorgesehenen **Bewerber mitzuteilen,** dem Personalrat sind im Rahmen seines Informationsrechtes aus § 73 Abs. 1 sämtliche Unterlagen sämtlicher Beteiligter vorzulegen *(BVerwG vom 11. 2. 1981, E 61, 325; BAG vom 6. 4. 1973, 18. 7. 1978, 19. 5. 1981, AP Nrn. 1, 7 zu § 99 BetrVG 1972; 18 zu § 118 BetrVG 1972).* Ein Bewerber für eine Stelle, über den der Personalrat zu unterrichten ist, ist jedoch nur dann vorhanden, wenn die Bewerbung im Beteiligungszeitpunkt auch noch besteht. Bewerbungen, die bereits vorher abschließend erledigt worden sind, sei es durch Rücknahme, sei es durch Zurückweisung seitens der Dienststelle, können unberücksichtigt bleiben *(VG Berlin vom 14. 1. 1980 – VG FK Bln A 33.79; Dietz/Richardi, BPersVG, § 69 Rn. 16).* Die Dienststelle darf allerdings nicht durch **vorherige Ablehnung** von Bewerbern letztlich das Informationsrecht des Personalrats unterlaufen. Bewerben sich mehrere Personen für eine offene Stelle, so kann die Dienststelle nicht zunächst einen Teil der Bewerber mitbestimmungsfrei ablehnen, um sodann aus dem verbliebenen Rest dem Personalrat einen Vorschlag zu unterbreiten und nur über die dann noch im Bewerbungsverfahren befindlichen Personen zu unterrichten. Vielmehr ist eine mitbestimmungsfreie Ablehnung von Bewerbern im Grundsatz nur dann zulässig, wenn zum Zeitpunkt der Ablehnung **38**

§ 87

der Bewerbung noch keine Stelle vorhanden ist, für die die Bewerbung von Bedeutung sein könnte.

39 Neben den **genauen Personalien** der Bewerber sind sämtliche **persönlichen Daten und Tatsachen** dem Personalrat mitzuteilen, die für die Frage der Einstellung von Bedeutung sein können. Die Dienststelle hat jedoch nur über das zu informieren, was ihr selbst auch bekannt ist. Das Informationsrecht des Personalrats wird nicht verletzt, wenn die Dienststelle Tatsachen nicht mitteilt, die ihr selbst nicht bekannt sind. Keine Verletzung des Informationsrechts liegt daher beispielsweise auch dann vor, wenn ein Bewerber der Dienststelle ausdrücklich untersagt, bestimmte Einzelheiten dem Personalrat mitzuteilen.

40 Mitzuteilen sind auch **persönliche Umstände,** die für die Ausfüllung des konkreten Dienstplatzes von Bedeutung sein können. Hierzu gehören z.B. die Schwerbehinderteneigenschaft, die Schwangerschaft, soweit sie der Dienststelle bekannt ist, auch die Mitteilung bekanntgewordener Vorstrafen kommt in Betracht, wenn sich aus ihnen Folgerungen für die Wahrnehmung des konkreten Dienstplatzes ergeben können (z.B. *Verkehrsdelikte von Kraftfahrern, Vermögensdelikte von Dienstkräften, die mit Vermögensangelegenheiten betraut sind, Vorstrafen, die darauf hinweisen können, daß eine Störung des Betriebsfriedens eintreten könnte).* Soweit vom Arbeitgeber bei der Einstellungsentscheidung Erkenntnisse polizeilicher Behörden bzw. des Verfassungsschutzes verwertet werden, müssen diese Umstände auch dann dem Personalrat mitgeteilt werden, wenn die Verwertung im konkreten Einzelfall unter Umständen nicht zulässig wäre. Gerade hier soll auch der Personalrat überprüfen können, ob bei der Entscheidung durch den Arbeitgeber rechtswidrige Verfahrensweisen vorgelegen haben oder nicht. Der Datenschutz steht insoweit der Mitteilung von Personaldaten an den Personalrat nicht entgegen.

41 Zu den **Bewerbungsunterlagen** gehören insbesondere Bewerbungsschreiben, Personalfragebogen, Zeugnisse, Lebenslauf und Lichtbild. Erhebt die Dienststelle über Einstellungsbewerber amtseigene psychologische Eignungsuntersuchungen, so sind auch die daraus folgenden Gutachten einschließlich der Testunterlagen dem Personalrat vorzulegen *(VGH Baden-Württemberg vom 2.3.1982 – 15 S 1235/81).* Ein Einblicksrecht des Personalrates in die Personalakten besteht generell nicht. Eine Ausnahme gilt nach § 73 Abs. 1 Satz 3 nur dann, wenn der Betroffene die Einwilligung erteilt.

42 Ein Rechtsanspruch des Personalrates auf **Teilnahme an einem** etwaigen **Einstellungsgespräch,** das zwischen Bewerber und Arbeitgeber stattfindet, besteht nicht. Allerdings wäre es zweckmäßig, daß sich der Bewerber auch bei dem Personalrat vorstellt, damit dieser sachgemäß prüfen kann, ob Zustimmungsverweigerungsgründe bestehen, der Personalrat hat aber insoweit keinen Rechtsanspruch *(BAG vom 18.7.1978, AP Nr. 7 zu § 99 BetrVG 1972; Fitting u.a., § 99 Rn. 148; vgl. dazu auch näher oben § 73 Rn. 29).* Dies ergibt sich auch daraus, daß die Auwahl unter den Stellenbewerbern allein in der Verantwortung des Dienststellenleiters fällt, das Vorstellungsgespräch aber gerade Teil dieses Willensbildungsprozesses ist *(BVerwG vom 6.12.1978, E 57, 151; vom 11.2.1981, E 61, 325; vom 2.6.1993, PersR 1993, 444).*

43 Die **Teilnahme des Personalrates an** einem etwaigen **Einstellungsgespräch kann** zwischen Dienststellenleiter und Personalrat **vereinbart** oder sonst festgelegt **werden.** Hierin würde keine unzulässige Erweiterung der Befugnisse des Personalrates gesehen werden können, da die Teilnahme an dem Einstel-

lungsgespräch lediglich Teil des Informationsanspruches des Personalrates i.S. des § 73 Abs. 1 ist. Im Rahmen dieses Informationsanspruches steht es jedoch dem Dienststellenleiter frei, den Personalrat auch bereits in einem Zeitpunkt zu informieren, in dem grundsätzlich ein zwingender Anspruch des Personalrats auf Information noch nicht bestehen würde. Der Bewerber, der sich einem Einstellungsgespräch zu unterziehen hat, kann sich der Teilnahme des Personalrates an dem Gespräch widersetzen. Hier würde das Persönlichkeitsrecht des Bewerbers der Vereinbarung zwischen Dienststellenleiter und Personalrat vorgehen.

Für die Mitglieder des Personalrats gilt auch in diesem Rahmen die **Schweigepflicht** des § 11. Diese gilt auch nach dem Ausscheiden aus dem Amt. Sie betrifft sämtliche persönlichen Angelegenheiten der Dienstkraft bzw. des Bewerbers, die ihrer Bedeutung oder ihrem Inhalt nach einer vertraulichen Behandlung bedürfen. Insbesondere gilt das für Krankheiten, Schwangerschaft, sonstige Familienverhältnisse, Vorstrafen usw. 44

Zur Frage der **Verletzung des Mitbestimmungsrechts** des Personalrats bei der Einstellung und deren Wirkung auf den Einzelarbeitsvertrag vgl. unten Rn. 106 ff. 45

Übertragung einer höher zu bewertenden Tätigkeit (Nr. 2)

Mitbestimmungspflichtig ist die Übertragung einer höher zu bewertenden Tätigkeit. Damit wird der Tatsache Rechnung getragen, daß bereits die nicht nur vorübergehende Übertragung einer höherwertigen Tätigkeit Grundlage für eine spätere Höhergruppierung sein kann *(vgl. auch die bisherige Rechtsprechung, BVerwG vom 14. 12. 1962, E 15, 212, 215; BAG vom 14. 6. 1972, AP Nr. 54 zu §§ 22, 23 BAT)*, zumal die nunmehr vertraglich auszuübende Tätigkeit kraft Tarifautomatik die Vergütung nach einer höheren Vergütungsgruppe als der bisherigen und damit eine Höhergruppierung nach sich zieht. Maßgeblich sind insbesondere in diesem Zusammenhang § 22 Abs. 2 BAT und § 9 Abs. 4 Satz 2 MTL II sowie vergleichbare tarifliche Vorschriften. 46

Übertragung ist die ausdrückliche Zuweisung der höherwertigen Tätigkeit. Eine Veränderung der Tätigkeit ohne ausdrückliche Zuweisung, wie sie § 23 Abs. 1 BAT regelt, fällt nicht unter diese Vorschrift, da diese Veränderung nicht von dem Willen des Dienstherrn bzw. der Dienststelle abhängig ist, sondern durch die Veränderung der tatsächlichen Gegebenheiten entsteht. Die Zuweisung ist auch dann tariflich wirksam, wenn der Dienstvorgesetzte hierbei seine Vollmacht überschritten hat, da sich der Arbeitnehmer grundsätzlich darauf verlassen kann, daß die zugewiesene Tätigkeit tarifgerecht vergütet wird. 47

Höherwertig ist eine Tätigkeit dann, wenn sie nach den Tätigkeitsmerkmalen der tariflichen Vergütungs- oder Lohngruppen höher einzustufen ist. Maßgeblich ist dabei in der Regel die gesamte auszuübende Tätigkeit *(so jetzt ausdrücklich § 22 Abs. 2 BAT)*. Auch ein Fallgruppenwechsel innerhalb derselben Vergütungsgruppe, der mit einem automatischen Zeitaufstieg oder mit einem Bewährungsaufstieg verbunden ist, unterliegt der Mitbestimmung des Personalrates *(BVerwG vom 8. 10.1997, PersR 1998, 158; OVG Berlin vom 11. 12. 1998, PersR 1999, 212 mit Anmerkung von Daniels; vgl. auch Rn. 78a)*. 48

Letztlich beinhaltet die Übertragung einer höherwertigen Tätigkeit die **Zuweisung eines anderen Arbeitsplatzes** oder die Erweiterung des Aufgabenkreises. 49

§ 87

Materiellrechtlich erfordert dies eine Veränderung des Arbeitsvertrages. Die übertarifliche Höhergruppierung ist demgegenüber nicht mitbestimmungspflichtig, wenn sie ohne Veränderung des Arbeitsgebietes erfolgt. Wird diese allerdings in seiner tariflichen Wertigkeit verändert, besteht das Mitbestimmungsrecht selbst dann, wenn die Vergütung übertariflich geregelt werden soll. Es bezieht sich dann nicht auf die Frage der Eingruppierung, sondern allein auf die Frage der Veränderung der Arbeitsbedingungen.

50 Nicht unter das Mitbestimmungsrecht nach dieser Vorschrift fällt das Hineinwachsen in eine höhere Tarifgruppe, wie dies beispielsweise § 23 BAT vorsieht. Hier erfolgt keine besondere Übertragung *(vgl. dazu BAG vom 1. 7. 1970, AP Nr. 11 zu § 71 PersVG 1955; vom 7. 10. 1981, PersV 1983, 472; aber auch Fischer/Goeres, BPersVG, § 75 Rn. 26; Lorenzen u.a., BPersVG, § 75 Rn. 37; BVerwG vom 17. 4. 1970, PersV 1970, 277).*

51 Die Höhergruppierung im Wege des **Bewährungsaufstiegs**, z.B. § 23a BAT, unterliegt mangels Änderung der Arbeitsbedingungen nicht dem Mitbestimmungsrecht nach Nr. 2, sondern dem nach Nr. 4.

Vorübergehende Ausübung

52 Ob eine Tätigkeit nur vorübergehend auszuüben ist, bestimmt sich nicht danach, wie die Tätigkeit tatsächlich ausgeübt wird, sondern nach dem bei der Übertragung zum Ausdruck kommenden **Willen des Arbeitgebers** *(vgl. dazu auch BVerwG vom 3. 6. 1977, PersV 1978, 245).* Der nur vorübergehende Charakter kann dabei ausdrücklich festgelegt werden, er kann sich aber auch aus den dem Arbeitnehmer erkennbaren Umständen ergeben. Es muß eine eindeutige Befristung oder Bedingung der Übertragung der Tätigkeit vorliegen. Im Gegensatz zum BPersVG ist für den Bereich des Berliner Personalvertretungsrechts durch den Gesetzgeber klargestellt, daß bei einer derartigen vorübergehenden Übertragung höherwertiger Tätigkeiten kein Mitbestimmungsrecht besteht. **Vorübergehend** kann z.B. die Übertragung von Tätigkeiten sein, die wegen Verhinderung des eigentlichen Stelleninhabers zur Vertretung, aushilfsweise oder nur für ein bestimmtes Projekt erfolgt.

53 Dem Mitbestimmungsrecht unterliegt aber die **probeweise Übertragung** einer höherwertigen Tätigkeit, wenn sie Vorstufe zu einer endgültigen Übertragung bei Bewährung sein soll. Das gleiche gilt, wenn zwar die Übertragung der höherwertigen Tätigkeit zunächst vorübergehend erfolgt, später aber die Rechtsfolgen des § 23 BAT eintreten oder wenn aus einer ursprünglich befristeten Übertragung eine endgültige wird. Hier entsteht das Mitbestimmungsrecht des Personalrats spätestens nach dem Fristablauf.

Konkurrenz zu anderen Mitbestimmungsrechten

54 Ist die Zuweisung einer höherwertigen Tätigkeit mit einer **Versetzung** oder **Umsetzung** verbunden, besteht neben dem Mitbestimmungsrecht nach § 87 Nr. 2 auch ein Mitbestimmungsrecht nach § 86 Abs. 3 Nr. 1. Soweit beide Tatbestände in die Zuständigkeit einer Personalvertretung fallen, wird eine einheitliche Entscheidung möglich sein. Fällt jedoch wie bei der Versetzung die Zuständigkeit für beide Tatbestände in den Bereich verschiedener Personalvertretungen, dann müssen diese getrennt entscheiden. Zur Zuständigkeit bei der Zuweisung einer höherwertigen Tätigkeit vgl. oben Rn. 9.

Hinsichtlich des **Informationsrechts** des Personalrates bei Höhergruppierung 55
auf Grund einer Bewerbung gelten die gleichen Grundsätze wie bei der Einstellung. Vgl. dazu oben Rn. 20 ff.

Gewährung von Leistungs- und Funktionszulagen (Nr. 3)

Mitbestimmungspflichtig ist ferner die Gewährung von Leistungs- und Funk- 56
tionszulagen. Unmaßgeblich ist, ob diese auf Dauer oder nur vorübergehend
bzw. auf Widerruf gewährt werden. **Aufgabe des Personalrates** ist hierbei,
darauf zu achten, daß die einschlägigen tariflichen und gesetzlichen Vorschriften eingehalten werden und der Gleichbehandlungsgrundsatz beachtet
wird.

Leistungszulagen werden zur Anerkennung besonderer Leistungen des Ar- 57
beitnehmers erbracht. Sie sind von der Leistung des einzelnen Arbeitnehmers
abhängig. Hierzu rechnen auch Leistungsprämien. Sie können ihre Rechtsgrundlage in Tarifverträgen, Dienstvereinbarungen, Einzelarbeitsverträgen
oder in einer bestehenden betrieblichen Übung haben.

Funktionszulagen sind an die Wahrnehmung bestimmter Aufgaben gebun- 58
den. Hauptanwendungsfall ist die Zahlung einer Zulage bei Wahrnehmung
eines Dienstpostens, der höherwertige Tätigkeitsmerkmale aufweist, vgl. z. B.
§ 24 BAT, § 9 Abs. 4 Satz 2 MTL II. Sie sind in der Regel personengebunden.

Nicht dem Mitbestimmungsrecht nach dieser Vorschrift unterliegen die **son-** 59
stigen Zulagen, die zum Beispiel wegen der äußeren Umstände bei der Arbeitsleistung gezahlt werden, wie z. B. Zeitzuschläge, Wechselschichtzuschläge,
Schmutz-, Gefahren- und Erschwerniszuschläge, vgl. z. B. §§ 22 bis 24 BMT-
G II *(vgl. OVG Berlin vom 25. 10. 1978 – OVG PV Bln 12.78).* Grund hierfür dürfte
sein, daß bei diesen Zulagen objektive Kriterien für die Gewährung bestehen,
während im Bereich der Leistungs- und Funktionszulagen weitgehend ein
Beurteilungsspielraum des öffentlichen Arbeitgebers gegeben ist.

Höhergruppierung (Nr. 4)

In engem Zusammenhang mit der mitbestimmungspflichtigen Zuweisung ei- 60
ner höher zu bewertenden Tätigkeit auf Dauer (Nr. 2) steht die Höhergruppierung. Weitgehend überschneiden sich beide Bestimmungen. Ebenso wie die
Eingruppierung *(vgl. oben Rn. 31)* hat die Höhergruppierung nur **deklaratorische Bedeutung,** d. h., die Vergütung folgt automatisch dem höheren Arbeitswert *(vgl. auch BVerwG vom 30. 1. 1970, E 35, 44; vom 13. 2. 1976, E 50, 186; vom
12. 9. 1983, ZBR 1984, 78).* Eine höhere Vergütung hängt nicht von der Eingruppierung, sondern von der Erfüllung der tariflichen Tätigkeitsmerkmale ab
*(BAG vom 27. 10. 1970, AP Nr. 46 zu § 256 ZPO; vom 22. 3. 1983, vom 31. 5. 1983,
AP Nr. 6 zu § 101 BetrVG 1972, Nr. 27 zu § 118 BetrVG 1972).* Mitbestimmungspflichtig sind daher diejenigen Akte bzw. Maßnahmen der Dienststelle, die auf
eine Änderung des Inhalts des Arbeitsvertrages gerichtet sind. Charakteristisch
ist der Vergütungs- bzw. Lohngruppenwechsel.

Auch in den Fällen, in denen keine ausdrückliche Zuweisung einer höherwer- 61
tigen Tätigkeit erfolgt, sich aber die ursprüngliche Tätigkeit zu einer höherwertigen gewandelt hat, kann im Geltungsbereich des BAT nicht von einer
eigenständigen Höhergruppierung gesprochen werden. § 23 Abs. 1 BAT macht
deutlich, daß auch in diesem Fall die Höhergruppierung automatisch erfolgt,

§ 87

eine **Willensentscheidung** des öffentlichen Arbeitgebers ist **nicht erforderlich**. Praktisch erfolgt hier ein Hineinwachsen in eine höherwertige Tätigkeit.

62 Im Bereich des **Bewährungsaufstiegs** *(vgl. z. B. § 23a BAT)*, in dem die Bewährung der betroffenen Dienstkraft zu prüfen ist, von der die Höhergruppierung abhängt, ist diese Ermessensentscheidung mitbestimmungspflichtig *(BVerwG vom 17. 4. 1970, PersV 1970, 277)*.

63 Der Umstand, daß es sich bei der Höhergruppierung ebenso wie bei der Eingruppierung um einen Normenvollzug handelt, schließt ein Mitbestimmungsrecht des Personalrates nicht aus *(BAG a.a.O.)*. Durch die Mitbestimmung soll erreicht werden, daß der weitgehend unter Anwendung unbestimmter Rechtsbegriffe erfolgende Normenvollzug eine größere Richtigkeitsgewähr erhält, der Personalrat soll im Rahmen der Kontrolle der Rechtmäßigkeit des formellen Aktes *(vgl. BVerwG vom 13. 2. 1976, E 50, 186; vom 12. 9. 1983, ZBR 1984, 78; Lorenzen u. a., BPersVG § 75 Rn. 30)* die Möglichkeit haben, auf die Entscheidung innerhalb der unbestimmten Rechtsbegriffe Einfluß zu nehmen.

64 Insoweit besteht auch ein Mitbestimmungsrecht, wenn eine **unrichtige Eingruppierung korrigiert** werden soll *(BVerwG vom 13. 2. 1976, E 50, 186; Fischer/ Goeres, BPersVG, § 75 Rn. 26)*. Die **Rückgruppierung** ist ein besonderer Fall der Herabgruppierung (dazu unten Rn. 78a). Das gilt nicht, wenn es sich lediglich um die Korrektur eines Schreibfehlers oder eines offensichtlichen Versehens handelt *(zur Mitbestimmung bei »korrigierender Höhergruppierung« und bei »korrigierendem Fallgruppenwechsel« vgl. OVG Berlin vom 11. 12.1998, PersR 1999, 212)*.

65 Eine mitbestimmungspflichtige Höhergruppierung ist nicht gegeben, wenn bei gleichbleibender Tätigkeit lediglich der **Tarifvertrag geändert** wird, wenn z. B. Vergütungsgruppen angehoben werden *(BAG AP Nr. 8 zu § 1 TVG Tarifverträge: BAVAV)*.

66 Ist eine Höhergruppierung **mit** einer **anderen** mitbestimmungspflichtigen **Maßnahme** verbunden, wie z. B. bei einer Versetzung oder Umsetzung, dann sind die oben Rn. 33 erläuterten Grundsätze zu beachten.

Übertragung einer niedriger zu bewertenden Tätigkeit (Nr. 5)

67 Das Mitbestimmungsrecht bei der **nicht nur vorübergehenden Übertragung** einer niedriger zu bewertenden Tätigkeit ist das Gegenstück zu dem Mitbestimmungsrecht bei der Übertragung einer höher zu bewertenden Tätigkeit. Im wesentlichen gelten hierbei die gleichen Grundsätze *(vgl. oben Rn. 20ff.)*. Sie ist meist die Vorstufe zu einer Herabgruppierung.

68 Im Gegensatz zu der Übertragung einer höher zu bewertenden Tätigkeit ist in der Regel die Übertragung niedriger zu bewertender Tätigkeiten **nicht tariflich geregelt**. Das Recht des Arbeitgebers hierzu kann in Dienstvereinbarungen oder in einzelvertraglichen Vereinbarungen festgelegt sein. Das allgemeine Weisungsrecht (Direktionsrecht) des Arbeitgebers umfaßt nicht die Befugnisse zur Zuweisung einer niedriger zu bewertenden Tätigkeit.

69 Individualrechtlich kann die Zuweisung einer niedriger zu bewertenden Tätigkeit im Einverständnis mit dem Arbeitnehmer oder aber durch Ausspruch einer Änderungskündigung, § 2 KSchG, erfolgen. In beiden Fällen besteht das Mitbestimmungsrecht des Personalrats, bei der Änderungskündigung besteht außerdem das Mitbestimmungsrecht nach Nr. 9. Im Falle der **Änderungskündigung** ist die soziale Rechtfertigung gem. § 1 Abs. 2 KSchG zu überprüfen. Rationalisierungsmaßnahmen können hierbei einen Rechtfertigungsgrund darstellen. Wie die Änderung des Arbeitsvertrages insoweit individualrechtlich erfolgt, ist jedoch für das Mitbestimmungsrecht unerheblich.

Zum Begriff der Übertragung vgl. oben Rn. 47. **70**

Zu der Voraussetzung der Dauer der Übertragung vgl. oben Rn. 52. **71**

Niedriger zu bewerten ist eine Tätigkeit dann, wenn sie die Tätigkeitsmerk- **72** male einer niedrigeren tariflichen Vergütungsgruppe aufweist, d. h., wenn sich die für die tarifliche Mindestvergütung maßgebliche Vergütungsgruppe verschlechtert *(BAG vom 16. 2. 1966, E 18, 148).* Wird die Lohn- oder Vergütungsgruppe nicht verändert, ist das Mitbestimmungsrecht nicht gegeben, es fehlt beispielsweise bei dem Wegfall der Vorhandwerkerzulage *(BAG vom 5. 7. 1978, AP Nr. 2 zu § 75 BPersVG; BVerwG vom 3. 6. 1977, PersV 1978, 247).* Verändert sich durch die neu übertragene Tätigkeit zwar nicht die Vergütungs-, wohl aber die Fallgruppe in einer bestimmten Vergütungsgruppe, so besteht das Mitbestimmungsrecht nur dann, wenn dadurch vergütungsrechtlich negative Folgen eintreten können. Dies wäre z. B. der Fall, wenn nach der nun zutreffenden Fallgruppe kein Bewährungsaufstieg mehr möglich wäre oder aber dieser zeitlich hinausgeschoben würde *(vgl. dazu auch oben Rn. 48).*

Hinsichtlich des Mitbestimmungsrechtes in den Fällen, in denen keine aus- **73** drückliche Zuweisung einer niedriger zu bewertenden Tätigkeit erfolgt, sondern sich der **Charakter der Tätigkeit** dahin **gewandelt** hat, daß nur die Merkmale einer niedrigeren Vergütungsgruppe erfüllt wurden, vgl. oben Rn. 27, 40.

Die Übertragung einer niedriger zu bewertenden Tätigkeit ist auch dann mitbe- **74** stimmungspflichtig, wenn der arbeitsvertragliche **Anspruch auf** die **Vergütung** nach der bisherigen Vergütungsgruppe **bestehenbleibt.** Im Falle des Bewährungsaufstieges oder der tariflichen Anhebung von Vergütungsgruppen kommt es nämlich nur auf die Erfüllung bestimmter Tätigkeitsmerkmale, nicht jedoch auf eine bestimmte Vergütung an.

Erfolgt die Zuweisung einer niedriger zu bewertenden Tätigkeit durch eine **75** **Änderungskündigung,** besteht neben dem Mitbestimmungsrecht nach Nr. 5 auch noch ein Mitbestimmungsrecht nach Nr. 9 *(Fischer/Goeres, BPersVG, § 79 Rn. 5).* In diesem Falle ist eine einheitliche Entscheidung des Personalrates möglich.

Fällt die Zuweisung einer niedriger zu bewertenden Tätigkeit mit einer **ande-** **76** **ren mitbestimmungspflichtigen Maßnahme,** wie z. B. einer Versetzung oder Umsetzung, zusammen, dann sind die oben Rn. 33 erläuterten Grundsätze zu beachten.

Herabgruppierung (Nr. 6)

Die Herabgruppierung ist Gegenstück zu der Höhergruppierung in Nr. 4, sie **77** steht in engem Zusammenhang mit der **Zuweisung einer niedriger zu bewertenden Tätigkeit,** Nr. 5. Im wesentlichen gelten auch hier die gleichen Grundsätze wie bei der Höhergruppierung entsprechend *(vgl. oben Rn. 39 ff.).*

Charakteristisch für die Herabgruppierung ist der Vergütungs- bzw. Lohn- **78** gruppenwechsel in eine schlechtere Gruppe. **Mitbestimmungspflichtig** ist daher immer **der eigentliche Wechsel** der Vergütungs- bzw. Lohngruppe. Die Zuweisung niedriger zu bewertender Tätigkeiten unterliegt daher auch nicht dem Mitbestimmungsrecht nach Nr. 6, sondern dem nach Nr. 5.

§ 87

78 a Neben dem Wechsel der Lohn- bzw. Vergütungsgruppe kann ein Mitbestimmungsrecht aber auch dann bestehen, wenn lediglich eine **Veränderung der Fallgruppe** in derselben Vergütungsgruppe erfolgt, wenn damit z. B. der Verlust oder die Verschlechterung des Bewährungsaufstiegs verbunden ist *(vgl. dazu BVerwG vom 8. 10. 1997, ZfPR 1998, 41 = PersR 1999, 212; vom 10. 7. 1995, PersV 1996, 185).*

78 b Auch die sog. »**Rückgruppierung**« unterliegt dem Mitbestimmungsrecht. Sie kann einmal notwendig werden, wenn sich die Tätigkeit der Dienstkraft so verändert hat, daß nur noch die Voraussetzungen einer niedrigeren Vergütungsgruppe erfüllt sind. Hier bedarf es einer vertraglichen Anpassung, die durch Vertragsänderung oder durch Änderungskündigung (bei dieser gilt zusätzlich das Mitbestimmungsrecht nach Nr. 9) erfolgen kann.

78 c Anders ist dies bei der **korrigierenden Rückgruppierung,** diese kommt in Betracht, wenn irrtümlich bei der Bewertung der Tätigkeiten bei der Eingruppierung von falschen Voraussetzungen ausgegangen worden ist, z. B. die Tarifnormen unzutreffend ausgelegt worden sind. In diesem Falle kann die richtige Eingruppierung ohne Vertragsanpassung durch Erklärung des Arbeitgebers erreicht werden *(vgl. dazu BAG vom 30. 5. 1990, DB 1991, 338; vom 28. 4. 1998, AP Nr. 18 zu § 99 BetrVG 1972 Eingruppierung; BVerwG vom 13. 2. 1976, PersV 1977, 183; OVG Berlin vom 27. 9. 1993, ZfPR 1994, 162).*

78 d In den Fällen der Herabgruppierung einschließlich der Rückgruppierung bzw. der korrigierenden Rückgruppierung hat der Personalrat ein Mitbestimmungsrecht. Diese umfaßt aber wie bei der Eingruppierung auch, nur eine Richtigkeitskontrolle. Der Personalrat kann also letztlich nur überprüfen, ob die rechtlichen Voraussetzungen für die Maßnahme des Arbeitgebers vorliegen oder nicht. Ein Widerspruch kann nicht auf soziale Erwägungen sonstiger Art, die mit den tariflichen Regelungen nicht zusammenhängen, gestützt werden.

79 Der **Abbau übertariflicher Vergütungen** oder Entlohnungen kann nur dann als Herabgruppierung mitbestimmungspflichtig sein, wenn ein Vergütungs- oder Lohngruppenwechsel eintritt, nicht jedoch, wenn nur übertarifliche Vergütungs- oder Lohnbestandteile entfallen sollen. Ist ein Arbeitnehmer irrtümlich zu hoch eingruppiert worden und soll dies im Wege der korrigierenden Herabgruppierung berichtigt werden, bleibt das Mitbestimmungsrecht des Personalrates bestehen. Für die Rückgruppierung gibt es insoweit keine Tarifautomatik *(BVerwG vom 13. 2. 1976, ZBR 1976, 228, 230; vom 17. 4. 1970, E 35, 164).*

80 Ist eine Herabgruppierung mit einer anderen mitbestimmungspflichtigen Maßnahme verbunden, dann gelten die oben Rn. 33 und Rn. 54 erläuterten Regeln.

Weiterbeschäftigung über die Altersgrenze hinaus (Nr. 7)

81 Bei Angestellten und Arbeitern, für die Tarifverträge eine Altersgrenze vorsehen *(z. B. § 60 Abs. 1 BAT; § 63 Abs. 1 MTL II; § 55 Abs. 1 BMT-G II),* **endet das Arbeitsverhältnis automatisch** mit Erreichen dieser Altersgrenze (meist mit Vollendung des 65. Lebensjahres), ohne daß es einer Kündigung bedarf. Dies dürfte nach der Neuregelung von § 41 Abs. 4 Satz 3 SGB VI *(BGBl. I 1994, 1797)* wieder anzunehmen sein *(zu der früheren Fassung vgl. BAG vom 20. 10. 1993, NZA 1994, 128; zu der gesamten Problematik statt vieler Waltermann, NZA 1994, 822; v. Hoyningen-Huene, BB 1994, 640 jeweils m.w.N.).* Für das Bestehen des Mitbestimmungsrechts dürfte diese Frage jedoch letztlich unbedeutend sein.

Selbst wenn eine Beendigung des Arbeitsverhältnisses nicht eingetreten sein sollte, knüpft das Gesetz lediglich an die Beschäftigung, nicht an den Abschluß eines neuen Arbeitsvertrages an. Selbst bei Fortsetzung des Arbeitsverhältnisses ohne neuen Arbeitsvertrag ist der Personalrat zu beteiligen. Allerdings sind seine Möglichkeiten zur Erhebung von Einwänden in diesem Falle sehr begrenzt, da eine Beendigung des Arbeitsverhältnisses kaum möglich sein dürfte. Lediglich bei Neuabschluß des Vertrages bestehen Beteiligungsmöglichkeiten wie bei der Einstellung. Der Neuabschluß des Arbeitsvertrages darf nur unter bestimmten Voraussetzungen erfolgen (*§ 60 Abs. 2 BAT; § 63 Abs. 2 MTL II; § 55 Abs. 2 BMT-G II*). So müssen die geistigen und körperlichen Kräfte noch den Anforderungen entsprechen, es muß ein dringendes dienstliches Bedürfnis für die Weiterbeschäftigung vorliegen.

Ob eine Neueinstellung nach beendetem Arbeitsverhältnis erfolgt, liegt im **Ermessen** des öffentlichen Arbeitgebers. Das Mitbestimmungsrecht des Personalrates hat den Zweck, die Einhaltung der bestehenden Vorschriften zu überwachen und zu überprüfen, ob die Weiterbeschäftigung aus dienstlichen Gründen erforderlich ist und ob durch sie keine Nachteile für die anderen Dienstkräfte (z. B. Wegfall von Beförderungsmöglichkeiten) oder die betroffene Dienstkraft eintreten. **82**

Verhängung von Disziplinarmaßnahmen (Nr. 8)

Das Mitbestimmungsrecht bei der Verhängung von Disziplinarmaßnahmen gegen Angestellte und Arbeiter besteht in jedem Einzelfall. Es ergänzt das Mitbestimmungsrecht in § 85 Abs. 1 Nr. 6, das nur die Aufstellung genereller Grundsätze erfaßt. **83**

Durch Disziplinarmaßnahmen können nur solche **Verstöße** geahndet werden, die die **Ordnung oder das Verhalten** der Dienstkräfte im Dienst betreffen. Es muß ein kollektiver Bezug vorhanden sein, erforderlich ist ein gemeinschaftswidriges Verhalten. **84**

Hinsichtlich der allgemeinen Voraussetzungen und der Zulässigkeit einer dienststelleninternen Disziplinargewalt *vgl. oben § 85 Rn. 96ff.* **85**

Kündigung (Nr. 9)
Begriff

Die Kündigung ist eine einseitige, empfangsbedürftige Willenserklärung. Sie wirkt rechtsgestaltend, durch sie wird für die Zukunft das bestehende Arbeitsverhältnis aufgelöst. Zwei Arten von Kündigungen sind zu unterscheiden. Bei der **ordentlichen Kündigung** erfolgt die Auflösung des Arbeitsvertrages unter Einhaltung einer tariflich oder gesetzlich vorgesehenen Frist, z. B. § 53 BAT; § 57 MTL II; § 50 BMT-G II; § 622 BGB. Demgegenüber kann die **außerordentliche** oder fristlose **Kündigung** ohne Einhaltung einer Frist ausgesprochen werden, § 54 BAT; § 59 MTL II; § 53 BMT-G II; § 626 BGB. Mitbestimmungspflichtig sind beide Arten der Kündigung. Das Mitbestimmungsrecht besteht nur bei Kündigungen, die von der Dienststelle bzw. dem öffentlichen Arbeitgeber ausgesprochen werden. Es besteht nicht bei Kündigungen seitens der Dienstkräfte. **Kündigungen,** die **aufgrund des Einigungsvertrages** *(vom 31. 8. 1990 – BGBl. II 889 und dort Anlage I Kapitel XIX Sachgebiet A Abschnitt III Nr. 1)* ausgesprochen werden, unterliegen ebenfalls dem Mitbestimmungsrecht des § 87 Nr. 9. **86**

§ 87

87 Dem Mitbestimmungsrecht unterliegt auch die **Änderungskündigung**, § 2 KSchG, durch die eine Änderung des Inhalts des Arbeitsvertrages erreicht werden soll *(vgl. dazu § 55 Abs. 2 BAT; § 60 MTL II; § 51 BMT-G II)*. Fällt die Änderungskündigung mit einer anderen mitbestimmungspflichtigen Maßnahme wie z. B. mit einer Übertragung niedriger zu bewertender Tätigkeiten oder einer Herabgruppierung zusammen, bestehen beide Mitbestimmungsrechte nebeneinander, die Entscheidung des Personalrates kann in einem Beschluß ergehen, zumal in diesen Fällen verschiedene Entscheidungen in der Regel nicht denkbar sind *(vgl. oben Rn. 33)*.

88 Der Arbeitgeber muß nach dem Grundsatz der Verhältnismäßigkeit auch vor jeder ordentlichen Beendigungskündigung von sich aus dem Arbeitnehmer eine beiden Parteien zumutbare Weiterbeschäftigung auf einen freien Arbeitsplatz auch zu geänderten (u. U. schlechteren) Bedingungen anbieten. Es gilt der **Vorrang der Änderungs- vor der Beendigungskündigung** *(BAG vom 30. 5. 1978, AP Nr. 70 zu § 626 BGB)*. Das bedeutet für das Widerspruchsrecht des Personalrats, daß dieser überprüfen muß, ob ein solcher anderweitiger Einsatz der zu kündigenden Dienstkraft möglich ist.

Mitbestimmungsfreie Beendigungsgründe

89 Kein Mitbestimmungsrecht besteht in den Fällen, in denen das Arbeitsverhältnis auf **andere Weise als durch Kündigung endet**. Derartige Fälle sind z. B.: Zeitablauf, Bedingungseintritt, Aufhebungsantrag, Beendigung der Tätigkeit einer abgeordneten Dienstkraft. Das gleiche gilt, wenn das Arbeitsverhältnis nicht oder anfechtbar war und dieser Mangel geltend gemacht wird. Eine Kündigung ist ferner dann nicht erforderlich, wenn ein Arbeitnehmer während der Dauer eines Kündigungsschutzverfahrens von der Dienststelle weiter beschäftigt worden ist und später rechtskräftig festgestellt wird, daß die seinerzeit ausgesprochene Kündigung rechtswirksam war. In diesem Fall endet das **Weiterbeschäftigungsverhältnis** automatisch, ohne daß es einer weiteren Erklärung seitens der Dienststelle oder des Dienststellenleiters bzw. Dienstherrn bedarf *(vgl. oben Rn. 18c)*. Zu beachten ist aber, daß der betroffene Arbeitnehmer nicht mit Wissen oder Wollen des Dienststellenleiters nach diesem Zeitpunkt weiter seine Tätigkeit ausüben darf. Erfolgt dies, obwohl dem Dienststellenleiter bekannt war, daß das Arbeitsverhältnis beendet war, kann ein neues Arbeitsverhältnis gem. § 625 BGB zustande gekommen sein.

Umfang des Mitbestimmungsrechts

90 Das Überprüfungs- und Mitbestimmungsrecht der Personalvertretung erstreckt sich auf **alle Kündigungsgründe**. Aus diesem Grunde ist der Dienststellenleiter verpflichtet, im Rahmen des Informationsrechtes des § 73 Abs. 1 schon frühzeitig unter Vorlage der erforderlichen Unterlagen und Erteilung der nötigen Informationen die Angelegenheit mit der Personalvertretung zu erörtern. Zu den zu erteilenden **Informationen** gehört beispielsweise die Bezeichnung der betroffenen Dienstkraft, die Art und der Zeitpunkt der Kündigung, die nach Auffassung des Dienststellenleiters maßgeblichen Gründe für die beabsichtigte Kündigung, wobei es in der Regel nicht genügt, diese nur pauschal, schlagwort- oder stichwortartig zu bezeichnen. Unzureichend ist es auch, wenn nur Werturteile ohne Angabe der für die Bewertung maßgebenden Tatsachen angegeben werden. Wenn auch die Darlegungspflicht gegenüber dem Personalrat nicht so weit geht wie im Kündigungsschutzprozeß, so muß doch eine ins einzelne gehende Information der Personalvertretung erfolgen. Der Dienststellenleiter ist allerdings nicht verpflichtet, dem Personalrat Unterlagen oder Beweismaterial zur Verfügung zu stellen oder Einsicht in die Personalakten der betreffenden Dienstkraft zu gewähren. In jedem Falle muß aber der Personalrat so informiert werden, daß er ohne zusätzliche eigene Nachforschungen in die Lage versetzt wird, die Stichhaltigkeit der Kündigungsgründe zu prüfen *(BAG vom 27. 6. 1985, NZA 1986, 426, 427).*

Etwas anderes gilt, wenn der **Personalrat** bei Einleitung des Mitbestimmungsverfahrens **bereits über den erforderlichen Kenntnisstand verfügt,** um über die konkret beabsichtigte Kündigung eine Stellungnahme abgeben zu können. In diesem Falle bedarf es keiner weiteren Darlegung der Kündigungsgründe durch den Dienststellenleiter, da Information i.S. des § 73 gleichzeitig auch bedeutet, daß diese auch notwendig ist. Fehlt die Notwendigkeit, da die Tatsachen bereits bekannt sind, ist eine Information auch nicht mehr erforderlich *(BAG a.a.O.).* Zweifelhaft ist dabei, ob die Kenntnis sämtlicher Personalratsmitglieder erforderlich ist oder ob es ausreicht, wenn nur der Vorsitzende oder ein Teil der Personalratsmitglieder Kenntnis von den Tatsachen im einzelnen hat, die die Kündigung bedingen sollen. Entscheidend ist in diesem Zusammenhang, daß die Information gegenüber dem Vorstand zu erfolgen hat *(vgl. dazu oben § 29 Rn. 45).* Die Information gehört zu den laufenden Geschäften des Personalrats. Damit dürfte es genügen, wenn die Vorstandsmitglieder Kenntnis von den zugrundeliegenden Tatsachen haben. Diese sind dann verpflichtet, ihre Kenntnis den übrigen Personalratsmitgliedern weiterzuvermitteln *(vgl. dazu BAG a.a.O.).* **91**

Eine Besonderheit hinsichtlich des Informationsrechts gilt für den Bereich der **Verdachtskündigung.** In diesem Fall ist der Personalrat ausdrücklich dahin gehend zu informieren, daß die Kündigung wegen des Verdachts einer strafbaren Handlung oder einer dienstlichen Verfehlung erfolgen soll. Die einzelnen Umstände hinsichtlich des Verdachtes sind dem Personalrat mitzuteilen. Erfolgt die Anhörung lediglich zu einer nach Auffassung des Dienststellenleiters tatsächlich durchgeführten Straftat bzw. erfolgten Dienstverfehlung, stellt sich dann jedoch später heraus, daß die Tatsachen lediglich einen dringenden Tatverdacht rechtfertigen können, kann im Kündigungsschutzprozeß nicht nachgeschoben werden, daß sich die Kündigung selbstverständlich auch auf den Verdacht als Kündigungsgrund stützen soll *(BAG vom 3. 4. 1986, NZA 1986, 677).* Das BAG ist in diesem Zusammenhang der Auffassung, daß es sich bei der Verdachtskündigung um eine andere Art der Kündigung handle, als wenn eine Kündigung wegen eines tatsächlichen Fehlverhaltens ausgesprochen würde. Es mag in diesem Zusammenhang dahingestellt bleiben, ob dieser Auffassung des BAG im kündigungsschutzrechtlichen Bereich zu folgen ist oder nicht. Soweit der Dienststellenleiter hier keine unnötigen Risiken eingehen will, empfiehlt es sich, daß er bei der Beteiligung des Personalrats zur Begründung der Kündigung sowohl auf den seiner Ansicht nach bestehenden Nachweis der Verfehlung selbst als auch auf den möglicherweise nur gegebenen dringenden Tatverdacht stützt. **92**

Soweit die Anhörung zu einer **betriebsbedingten Kündigung** erfolgt, sind von dem Dienststellenleiter auch im einzelnen die Gesichtspunkte zu nennen, die seiner Ansicht nach die soziale Auswahl rechtfertigen sollen. Er muß im ein- **93** zelnen die seiner Ansicht nach maßgeblichen sozialen Gesichtspunkte des betroffenen Arbeitnehmers im Vergleich zu anderen Arbeitnehmern der Dienststelle, die mit ihm vergleichbar sind, nennen und erkennen lassen, aus welchem Grunde er gerade den von ihm ausgewählten Arbeitnehmer für am wenigsten schutzbedürftig hält.

Zustimmungsverweigerungsgründe

94   Das Mitbestimmungsrecht ist im Gegensatz zu der Regelung in § 79 Abs. 1 Satz 2 BPersVG und § 102 Abs. 3 BetrVG umfassend, bei Verweigerung der Zustimmung ist die Personalvertretung nicht an das Vorliegen bestimmter, abschließend aufgezählter Versagungsgründe gebunden. Die Personalvertretung muß daher in erster Linie prüfen, ob die gesetzlichen Voraussetzungen für eine Kündigung gegeben sind. Darüber hinaus kann sie sämtliche Gründe für den Widerspruch heranziehen, die in einer mittelbaren oder unmittelbaren Beziehung zum Personalvertretungsrecht stehen. Als Widerspruchsgrund nicht geeignet sind solche Tatsachen, die allein im Individualrechtsverhältnis oder in der Person des betroffenen Arbeitnehmers begründet sind und weder einen Bezug zum Kündigungsgrund noch zum Personalvertretungsrecht haben.

95   Bei der **außerordentlichen** oder fristlosen **Kündigung** hat die Personalvertretung zu prüfen, ob wichtige Gründe vorliegen, ob also die weitere Zusammenarbeit mit der Dienstkraft für den Dienstherrn unzumutbar ist, § 626 Abs. 1 BGB, § 54 Abs. 1 BAT, § 59 Abs. 1 MTL II, § 53 Abs. 1 BMT-G II. Ein wichtiger Grund liegt insbesondere dann vor, wenn eine erhebliche Vertragsverletzung gegeben ist und diese Vertragsverletzung unter Abwägung aller Umstände und unter Berücksichtigung der Interessen der Gegenseite dem Kündigenden die Fortsetzung des Arbeitsverhältnisses bis zum Ablauf der Kündigungsfrist oder dessen vereinbarter Beendigung unzumutbar macht. Es kommt jedoch immer auf den konkreten Einzelfall an.

96   In der Regel müssen die zur Begründung der Kündigung angeführten Tatsachen einen Bezug zu dem Arbeitsverhältnis oder zu dem Geschehen in der Dienststelle haben. Vorgänge, die allein das außerdienstliche Verhalten betreffen und keine dienststellenbezogenen Auswirkungen haben, können keine außerordentliche Kündigung rechtfertigen.

97   Bei einer **ordentlichen Kündigung** kann die Personalvertretung in erster Linie dann widersprechen, wenn die Voraussetzungen des § 1 Abs. 2 und 3 KSchG nicht eingehalten worden sind. Dies gilt jedoch für Arbeitsverhältnisse, die ohne Unterbrechung länger als 6 Monate bestanden haben und bei denen die Dienstkraft das 18. Lebensjahr vollendet hat, § 1 Abs. 1 KSchG. Andere Arbeitsverhältnisse genießen keinen Bestandsschutz.

98   Nach § 1 Abs. 2 Satz 1 KSchG ist eine Kündigung dann sozial ungerechtfertigt, wenn sie nicht durch Gründe bedingt ist, die entweder in der Person oder in dem Verhalten des Arbeitnehmers liegen, oder bei denen dringende betriebliche Erfordernisse einer Weiterbeschäftigung entgegenstehen.

99   Darüber hinaus kann die Personalvertretung in den Bezirken und Verwaltungen des öffentlichen Rechts ihre Verweigerung der Zustimmung auch darauf stützen, daß die Kündigung entweder gegen eine Richtlinie über die personelle Auswahl bei Kündigungen verstößt oder der Arbeitnehmer an einem anderen Arbeitsplatz in derselben Dienststelle oder in einer anderen Dienststelle desselben Verwaltungszweiges an demselben Dienstort einschließlich seines Ein-

zugsgebietes weiterbeschäftigt werden kann, § 1 Abs. 2 Nr. 2a und b KSchG. Das gleiche gilt, wenn eine Weiterbeschäftigung nach zumutbaren Umschulungs- oder Fortbildungsmaßnahmen unter geänderten Arbeitsbedingungen möglich ist, wenn die betroffene Dienstkraft zugestimmt hat, § 1 Abs. 2 Satz 3 KSchG.

Zeitpunkt des Ausspruchs der Kündigung

Die Kündigung kann erst **nach Einigung** mit dem Personalrat oder nach Ersetzung von dessen Zustimmung im Verfahren bei Nichteinigung gem. § 80 bzw. nach Spruch der Einigungsstelle ausgesprochen werden. Für einen Ausspruch der Kündigung als Maßnahme im Notfall vor Anrufung der Einigungsstelle *(vgl. oben § 80 Rn. 35)* besteht keine Möglichkeit. Ein derartiger Notfall, der eine Kündigung erzwingen würde, ist nicht denkbar. Würde man einen solchen vorläufigen Ausspruch der Kündigung zulassen, dann würde bei negativer Entscheidung im Verfahren nach § 80 bzw. der Einigungsstelle im nachhinein die Wirksamkeit der Kündigung entfallen. Das würde zu einer Rechtsunsicherheit führen, die rechtliche und auch wirtschaftliche Nachteile sowohl für die Dienststelle als auch die betroffene Dienstkraft nach sich ziehen könnte. 100

Bei **ordentlichen Kündigungen** muß daher die Dienststelle berücksichtigen, daß die Kündigungsfristen erst ab Ausspruch der Kündigung zu laufen beginnen, so daß die Beteiligung des Personalrats so frühzeitig einzusetzen hat, daß die Fristen auch bei Durchführung des gesamten Mitbestimmungsverfahrens noch eingehalten werden können. Auch bei Kündigungen innerhalb der Probezeit bzw. innerhalb der ersten sechs Monate des Arbeitsverhältnisses *(§ 1 Abs. 1 KSchG)* gelten die erleichterten Kündigungsmöglichkeiten nur, wenn die Kündigung innerhalb dieser Zeit dem Arbeitnehmer zugeht. Die Beteiligung des Personalrates und das Einigungsverfahren führen hier nicht zu einer Hemmung der Fristen oder einer Fristverlängerung. Wird daher die Zustimmung zur Kündigung vor Ablauf der sechs Monate beantragt, diese wird aber erst danach erteilt oder durch die Einigungsstelle ersetzt, so kann sich der Arbeitnehmer bei Vorliegen der übrigen Voraussetzungen auf das KSchG berufen. 101

Problematisch ist die Mitbestimmung im Falle der **außerordentlichen Kündigung,** da diese nur innerhalb der Zweiwochenfrist des § 626 Abs. 2 BGB bzw. § 54 Abs. 2 BAT, § 59 Abs. 2 MTL II, § 53 Abs. 3 BMT-G II erfolgen kann, das gesamte Mitbestimmungsverfahren in dieser Frist allerdings kaum abgeschlossen sein wird. Der Gesetzgeber hat nicht bestimmt, wie sich die Notwendigkeit der Einhaltung des Mitbestimmungsverfahrens auf die Ausschlußfrist auswirkt, insoweit besteht eine Regelungslücke. Eine vergleichbare Problemstellung findet sich hierbei in § 103 BetrVG. 102

Grundsätzlich wird man hier annehmen müssen, daß auch in diesem Bereich die Ausschlußfrist der genannten Vorschriften gilt *(BAG vom 22. 8. 1974, vom 20. 3. 1975, vom 18. 8. 1977 AP Nrn. 1, 2, 10 zu § 103 BetrVG 1972; vom 25. 1. 1979, AP Nr. 12 zu § 103 BetrVG 1972).* Daraus folgt aber nur, daß der Kündigungsberechtigte innerhalb dieser Frist alles unternehmen muß, um die Voraussetzungen für die Ausführung seines Kündigungsrechtes zu schaffen. Dazu gehört, daß er **innerhalb der Ausschlußfrist die Zustimmung bei dem Personalrat beantragt** und für den Fall, daß die Zustimmung verweigert wird, das Verfahren bei Nichteinigung und gegebenenfalls die Anrufung der Einigungsstelle einleitet. Wenn das geschehen ist, ist der Zweck der Ausschlußfrist erfüllt. 103

104 Zweifelhaft ist, innerhalb welcher **Frist** nach endgültiger Entscheidung im Mitbestimmungsverfahren die **Kündigung auszusprechen** ist. Auch hierzu enthält das Gesetz keine Regelung, obwohl die Problematik bei Schaffung des Gesetzes bekannt war. In entsprechender Anwendung des § 91 Abs. 5 SGB IX, der das Verhältnis zwischen der Ausschlußfrist des § 626 Abs. 2 BGB und dem Erfordernis der Zustimmung des Integrationsamtes *(früher Hauptfürsorgestelle)* gelöst hat, wird man annehmen können, daß die außerordentliche Kündigung auch noch nach Ablauf der Ausschlußfrist ausgesprochen werden kann, wenn sie unverzüglich nach endgültiger Entscheidung im Mitbestimmungsverfahren erfolgt *(BAG a.a.O.; Däubler u.a., BetrVG, § 103 Rn. 51; vgl. aber Fitting u.a., BetrVG, § 103 Rn. 29 m.w.N.).*

105 Hat der Personalrat zunächst einer beabsichtigten Kündigung widersprochen und hat dann die **Einigungsstelle** im Verfahren nach §§ 80, 81 die Zustimmung **ersetzt,** so hat dies zur Folge, daß die vom Personalrat erhobenen Einwendungen gegen die beabsichtigte Kündigung infolge der gem. § 83 Abs. 3 bestehenden **Bindungswirkung** der Beteiligten personalvertretungsrechtlich unbeachtlich sind. Dies hat zur Folge, daß sich der einzelne Arbeitnehmer auch nicht auf die personalvertretungsrechtlich erheblichen Einwendungen i.S. von § 1 Abs. 2 Satz 2 Nr. 2b KSchG berufen kann. Der Arbeitnehmer kann daher nicht mehr geltend machen, daß er an einem anderen Arbeitsplatz in derselben Dienststelle oder in einer anderen Dienststelle desselben Verwaltungszweiges an demselben Dienstort einschließlich des Einzugsgebietes weiterbeschäftigt werden kann *(BAG vom 6.6.1984, NZA 1985, 93).* Dem entspricht es auch, daß in § 1 Abs. 2 Nr. 2 letzter Satzteil KSchG der in dieser Nr. 2 genannte Sozialwidrigkeitsgrund dann nicht bestehen soll, wenn die Stufenvertretung die Einwendungen nicht aufrechterhalten hat. Das gleiche muß dann gelten, wenn die Einwendungen des Personalrats durch die bindende Entscheidung der Einigungsstelle personalvertretungsrechtlich unbeachtlich geworden sind. Der von der Kündigung betroffene Arbeitnehmer soll nur dann kündigungsschutzrechtlich verstärkt geschützt werden, wenn der Arbeitgeber sich über die personalvertretungsrechtlich beachtlichen Einwendungen zum Nachteil des Arbeitnehmers hinwegsetzt. Letztlich kommt hier der Einigungsstelle eine erhebliche Entscheidungsbefugnis zu; stellt sie fest, daß eine andere Beschäftigungsmöglichkeit nicht besteht, so ist diese Entscheidung auch für das arbeitsgerichtliche Verfahren bindend.

Verletzung der Mitbestimmungsrechte

106 Grundsätzlich führt die Verletzung der Mitbestimmungsrechte zur **Unwirksamkeit** der getroffenen Maßnahmen *(vgl. zu den Einzelheiten § 79 Rn. 55ff. m.w.N., außerdem Fitting u.a., BetrVG, § 99 Rn. 202).* Das gleiche gilt, wenn die Beteiligung von der Dienststelle ordnungsgemäß durchgeführt wurde. Unerheblich ist, ob Personalrat und Dienststelle übereinstimmend davon ausgehen, daß eine mitbestimmungspflichtige Tatsache nicht vorliege, oder ob sie übereinstimmend personalvertretungsrechtlich fehlerhaft handeln. Entscheidend ist allein die objektive Sachlage, insoweit kann auch von einer **Schutzfunktion der personalvertretungsrechtlichen Vorschriften** zugunsten des einzelnen gesprochen werden.

107 Ob allerdings auch **arbeitsrechtlich** in jedem Falle, insbesondere bei der **Einstellung,** von einer **Unwirksamkeit** der getroffenen Maßnahme ausgegangen werden kann, erscheint angesichts der Rechtsprechung des Bundesarbeitsgerichts *(BAG vom 2. 7. 1980, E 34, 1)* zweifelhaft. Das **Bundesarbeitsgericht** hat die Auffassung vertreten, daß aus den Vorschriften des Betriebsverfassungs- und Personalvertretungsrechts über die Mitbestimmung bei personellen Einzelmaßnahmen sich keine Anhaltspunkte dafür ergäben, daß ein unter Verletzung von Mitbestimmungsrechten abgeschlossener Arbeitsvertrag unwirksam sein solle. Zu berücksichtigen sei, daß das Mitbestimmungsrecht bei Einstellungen dem Personalrat zum Schutze kollektiver Interessen der von ihm repräsentierten Dienstkräfte zustehe *(vgl. dazu auch Matthes, DB 1974, 2007, 2008; Fitting u.a., BetrVG, § 99 Rn. 202; BAG a.a.O.; vgl. dazu auch oben Rn. 12b).* Das kollektive Interesse der Dienstkräfte werde aber bei einer Einstellung nur in Zusammenhang mit der Beschäftigung der Dienstkraft in der Dienststelle angesprochen. Die Wirksamkeit des abgeschlossenen Arbeitsvertrages sei für die übrigen Dienstkräfte letztlich unerheblich. Für diese Auslegung spräche auch, daß bei Unwirksamkeit des Arbeitsvertrages die Arbeitnehmer auch bei Annahme eines faktischen Arbeitsverhältnisses nicht ausreichend geschützt seien, Schadensersatzansprüche könnten diese Nachteile nicht ausgleichen *(Alberty, Fehlende Zustimmung des Betriebs- bzw. Personalrats bei personellen Einzelmaßnahmen gegenüber Arbeitnehmern unter Einfluß des Fehlens auf die Wirksamkeit dieser Maßnahmen, 1977, S. 72ff.).*

Diese Auffassung erscheint zumindest für den Bereich des PersVG Bln **nicht überzeugend.** Für den Bereich des BPersVG kann darauf verwiesen werden, daß dort in § 79 Abs. 4 BPersVG die Unwirksamkeit einer Kündigung ausdrücklich geregelt ist, wenn die Anhörung des Personalrats nicht ordnungsgemäß erfolgte. Eine vergleichbare Regelung bei Verletzung der Mitbestimmungsrechte in anderen Personalangelegenheiten fehlt im BPersVG. Hieraus kann eine unterschiedliche Bewertung durch den Gesetzgeber gefolgert werden. Diese Unterschiede gibt es jedoch im Bereich des PersVG Bln nicht. Weder für die Kündigung noch für andere personelle Einzelmaßnahmen hat der Gesetzgeber ausdrücklich geregelt, welche Folgen eintreten sollen, wenn die Mitbestimmungsrechte verletzt sind. Daß der Gesetzgeber hier unterschiedliche Auswirkungen der Verletzung von Mitbestimmungsrechten geregelt haben wollte, kann nicht angenommen werden. Vielmehr ist auch **für den Bereich des PersVG Bln** davon auszugehen, daß **jede Verletzung von Mitbestimmungsrechten** – auch in personellen Einzelangelegenheiten – **die gleiche Wirkung** hat. Grundsätzlich ist daher auch hier von einer **Nichtigkeit** der unter Verletzung von Mitbestimmungsrechten zustande gekommenen Maßnahme auszugehen. Nur so wird auch die Stellung des Personalrats ausreichend geschützt. Dessen Position ist zumindest im Tatsächlichen schwächer, wenn der Arbeitsvertrag, der unter Verletzung von Mitbestimmungsrechten zustande gekommen ist, wirksam sein soll, und lediglich der Einsatz der Dienstkraft in der Dienststelle ausgeschlossen ist.

108

Dem kann nicht entgegengehalten werden, daß in **§ 108 Abs. 2 BPersVG** der Bundesgesetzgeber im Rahmen der unmittelbar für die Bundesländer geltenden Vorschriften geregelt hat, daß eine durch den Arbeitgeber ausgesprochene Kündigung des Arbeitsverhältnisses einer Dienstkraft unwirksam ist, wenn der Personalrat nicht beteiligt worden ist. Zwar brauchte der Berliner Landesgesetzgeber aufgrund dieser Bestimmung nicht noch einmal ausdrücklich zu wiederholen, daß die Nichtbeteiligung des Personalrats bei einer Kündigung deren Unwirksamkeit zur Folge hat. Nicht durch den Bundesgesetzgeber vor-

109

gegeben war jedoch eine unterschiedliche Festlegung der einzelvertraglichen Auswirkung der Verletzung von Mitbestimmungsrechten. Vielmehr hätte der Gesetzgeber, wenn er unterschiedliche Regelungen bezüglich der Folgen der Verletzung von Mitbestimmungsrechten schaffen wollte, dies deutlich werden lassen müssen. Auch geht das Bundesarbeitsgericht beispielsweise bei der Verletzung von Mitbestimmungsrechten im sozialen Bereich immer davon aus, daß Maßnahmen des Arbeitgebers bei Verletzung von Mitbestimmungsrechten unwirksam seien *(BAG vom 22. 12. 1980, AP Nr. 70 zu Art. 9 GG Arbeitskampf; vom 4. 5. 1982, Nr. 6 zu § 87 BetrVG 1972 Altersversorgung).* Es ist eine Durchbrechung dieses allgemein gültigen Prinzips, wenn das Bundesarbeitsgericht aus individuellen Schutzgedanken die kollektiven Rechtsfolgen für Einzeltatbestände unterschiedlich bewertet. Dies ist auch unter der Berücksichtigung der Bestimmung des § 108 Abs. 2 BPersVG dogmatisch zweifelhaft.

110 Auch kann die **Dienstkraft,** deren Arbeitsvertrag unter Mißachtung der Beteiligungsrechte des Personalrats abgeschlossen worden ist, anderweitig **ausreichend geschützt** werden. Selbst wenn man davon ausgeht, daß der Vertrag unwirksam ist und sich jede Partei im Grundsatz auf die Unwirksamkeit berufen kann, würde dies im Hinblick auf den Arbeitgeber einzuschränken sein. Dieser kann sich nämlich gegenüber dem Arbeitnehmer nicht auf diese Unwirksamkeit berufen, da er den Mangel, der zu der Unwirksamkeit geführt hat, selbst herbeigeführt hat. Dem Arbeitnehmer darf der soziale Bestandsschutz seines Arbeitsverhältnisses nicht wegen der Pflichtwidrigkeit des Arbeitgebers genommen werden. Letztlich wird damit im Endeffekt dasselbe Ziel erreicht, was das Bundesarbeitsgericht mit seiner Rechtsprechung erreichen wollte, gleichzeitig wird jedoch das System bei der Verletzung der Mitbestimmungsrechte und ihrer Auswirkungen auf Einzelmaßnahmen aufrechterhalten.

111 **Vergleichbare Grundsätze** gelten bei den Tatbeständen der nicht nur vorübergehenden Übertragung einer höher zu bewertenden Tätigkeit, Nr. 2, der Gewährung von Leistungs- und Funktionszulagen, Nr. 3, der nicht nur vorübergehenden Übertragung einer niedriger zu bewertenden Tätigkeit, Nr. 5, sowie der Weiterbeschäftigung über die Altersgrenze hinaus.

112 **Anders** ist die Lage bei der **Höhergruppierung, Nr. 4,** sowie der **Herabgruppierung, Nr. 6.** Bei derartigen Umgruppierungen besteht zwar ein Mitbestimmungsrecht des Personalrates, dieses erschöpft sich jedoch in der Richtigkeitskontrolle, da dem Arbeitgeber insoweit kein Ermessensspielraum zusteht *(vgl. dazu auch oben § 79 Rn. 55b sowie hier Rn. 18a).*

113 Wird eine **Disziplinarmaßnahme** ohne Beteiligung oder unter fehlerhafter Beteiligung des Personalrats verhängt, so ist diese unwirksam. Die Dienstkraft kann die Entfernung dieser Maßnahme aus den Personalakten verlangen, gegebenenfalls kann dies auch mit Hilfe des Arbeitsgerichts durchgesetzt werden *(vgl. dazu BAG vom 27. 11. 1985, NZA 1986, 227; vom 12. 6. 1986, NZA 1987, 153; Germelmann, RdA 1977, 75ff.; Kammerer, BB 1980, 1589ff.; Schmid, NZA 1985, 409ff.).*

114 **Kündigungen,** die unter Verletzung des Mitbestimmungsrechts des Personalrats ausgesprochen werden, sind unwirksam, § 108 Abs. 2 BPersVG. Die Unwirksamkeit kann auch nach Ablauf der Dreiwochenfrist des § 4 KSchG geltend gemacht werden, die Kündigung ist dann nicht sozialwidrig i. S. des § 1 KSchG, sondern aus einem anderen Grunde unwirksam, § 7 KSchG.

Streitigkeiten

Streitigkeiten bezüglich des Bestehens der Mitbestimmungsrechte und deren Umfang sowie bezüglich des Verfahrens der Beteiligung sind im Beschlußverfahren vor den Verwaltungsgerichten zu klären, § 91 Abs. 1 Nr. 3. Die Wirksamkeit einzelner Maßnahmen kann daneben auch in Rechtsstreiten der einzelnen Dienstkräfte vor den Arbeitsgerichten überprüft werden. 115

§ 88 Beamte

In Angelegenheiten der Beamten bestimmt der Personalrat mit bei
1. Einstellung,
2. Verlängerung der Probezeit,
3. Anstellung,
4. Vorschlägen der Dienstbehörde an die Gesamtkonferenz für die Benennung von Schulleitern, ihren ständigen Vertretern, von Gesamtschuldirektoren als Leiter einer Mittelstufe, von pädagogischen Koordinatoren und Ausbildungsbereichsleitern sowie Vorschlägen der Dienstbehörde an die Abteilungskonferenzen für die Benennung von Abteilungsleitern und pädagogischen Koordinatoren der Abteilungen an Oberstufenzentren,
5. Beförderung und gleichstehender Verleihung eines anderen Amtes (§ 15 Abs. 1 des Laufbahngesetzes),
6. Laufbahnwechsel (§ 17 des Laufbahngesetzes),
7. nicht nur vorübergehender Übertragung einer höher oder niedriger bewerteten Tätigkeit,
8. Ablehnung von Anträgen nach §§ 35a und 43 des Landesbeamtengesetzes,
9. Hinausschiebung des Eintritts in den Ruhestand wegen Erreichens der Altersgrenze,
10. vorzeitiger Versetzung in den Ruhestand ohne eigenen Antrag, soweit der Beamte der Mitbestimmung des Personalrats nicht widerspricht,
11. Entlassung von Beamten auf Probe oder auf Widerruf ohne eigenen Antrag,
12. Rücknahme der Ernennung eines Beamten (§ 15 des Landesbeamtengesetzes).

Übersicht	Rn.
Allgemeines	1– 3
Ausübung des Mitbestimmungsrechts	4– 6
Zuständigkeit	7– 9
Unterrichtung	10–12
Einstellung (Nr. 1)	13–19
Verlängerung der Probezeit (Nr. 2)	20, 21
Anstellung (Nr. 3)	22, 23
Vorschläge der Dienstbehörde an die Gesamtkonferenz für die Benennung von Schulleitern etc. (Nr. 4)	24–30
Beförderung und gleichstehende Verleihung eines anderen Amtes (Nr. 5)	31–36
Laufbahnwechsel (Nr. 6)	37–43
Übertragung einer höher oder niedriger zu bewertenden Tätigkeit (Nr. 7)	44–51

§ 88

Ablehnung von Anträgen auf Teilzeitbeschäftigung und Beurlaubung (Nr. 8)	52–54
Hinausschiebung des Eintritts in den Ruhestand wegen Erreichens der Altersgrenze (Nr. 9)	55–57
Vorzeitige Versetzung in den Ruhestand (Nr. 10)	58–60
Widerspruch des Beamten	61, 62
Umfang der Mitbestimmung	63
Entlassung von Beamten auf Probe oder auf Widerruf ohne eigenen Antrag (Nr. 11)	64–74
Rücknahme der Ernennung eines Beamten (Nr. 12)	75–79
Rechtsfolgen der Verletzung der Mitbestimmungsrechte	80–84
Streitigkeiten	85, 86

Allgemeines

1 In § 88 wird das Mitbestimmungsrecht des Personalrats bei personellen Einzelmaßnahmen der Beamten geregelt. Entsprechend der Bestimmung in § 81 Abs. 2 besteht hier nur eine **eingeschränkte Mitbestimmung**. Die Kompetenz der Einigungsstelle ist eingeschränkt. Damit wird der Rahmenvorschrift des § 104 BPersVG und der Rechtsprechung des Bundesverfassungsgerichts *(BVerfG vom 27. 4. 1959, E 9, 268ff.; vom 24. 5. 1995, E 93, 37ff. = PersV 1995, 553)* Rechnung getragen, nach der Entscheidungen, die wegen ihrer Auswirkungen auf das Gemeinwesen wesentlicher Bestandteil der Regierungsgewalt sind, nicht den Stellen entzogen werden dürfen, die der Volksvertretung verantwortlich sind *(vgl. im einzelnen zum Verfahren bei der eingeschränkten Mitbestimmung § 81 Rn. 21ff.).*

2 Die Regelung in § 88 ist erschöpfend und **zwingend**. Es können durch Dienstvereinbarung oder sonstige Vereinbarung nicht weitere personelle Angelegenheiten dem Mitbestimmungsrecht unterworfen werden. Auch kann die einzelne Dienstkraft nicht auf die Einhaltung der Mitbestimmungsrechte verzichten.

3 Teilweise vergleichbare Vorschriften finden sich in § 76 Abs. 1 und § 78 Abs. 1 BPersVG. Eine entsprechende Vorschrift im Betriebsverfassungsgesetz fehlt.

Ausübung des Mitbestimmungsrechts

4 Die Durchführung des Mitbestimmungsverfahrens erfolgt im allgemeinen nach den **Vorschriften der §§ 79 ff.** Der Abschluß einer Dienstvereinbarung scheidet aus, da es sich nicht um generelle Maßnahmen, sondern um Einzelfallentscheidungen handelt.

5 In der Regel wird die Initiative von der Dienststelle ausgehen, jedoch kann auch die Personalvertretung selbst Anträge an die Dienststelle richten.

6 Wird eine Einigung zwischen entscheidungsbefugter Stelle und der zuständigen Personalvertretung nicht erzielt, ist das **Verfahren bei Nichteinigung** gem. § 80 durchzuführen, gegebenenfalls ist die Einigungsstelle anzurufen, § 81 Abs. 1. Gegen die Entscheidung der Einigungsstelle kann die oberste Dienstbehörde bzw. die Aufsichtsbehörde gem. § 81 Abs. 2 binnen eines Monats nach Zustellung des Beschlusses der Einigungsstelle die Entscheidung des Senats von Berlin (Präsidenten des Abgeordnetenhauses, Präsidenten des Rechnungshofes etc.) beantragen. Hinsichtlich der Einzelheiten vgl. die Erläuterungen zu § 81 Abs. 2 *(§ 81 Rn. 28ff.).*

Zuständigkeit

Zuständig für die Wahrnehmung der Mitbestimmungsrechte nach § 88 ist jeweils die **Personalvertretung der Dienststelle**, die die betroffenen Maßnahmen vorzunehmen hat, die also die Entscheidungsbefugnis hat. Besteht danach die Zuständigkeit des Gesamtpersonalrats oder des Hauptpersonalrats, kann dieser jeweils den örtlichen Personalrat der Dienststelle zur Beratung heranziehen, der der Beamte angehört. 7

Die Ausübung der Mitbestimmungsrechte ist **kein laufendes Geschäft** i.S. des § 29 Abs. 1 Satz 3, sie kann daher nur durch das Gremium selbst, nicht durch den Vorsitzenden oder den Vorstand erfolgen *(vgl. BVerwG vom 11. 10. 1972, PersV 1973, 48).* Es ist immer eine Beschlußfassung gem. §§ 32 f. erforderlich, in Gruppenangelegenheiten sind nur die Mitglieder der betroffenen Gruppe abstimmungsberechtigt, § 33 Abs. 2, meist also die Mitglieder der Beamtengruppe. 8

Eine Besonderheit ist bei dem **Wechsel der Gruppenzugehörigkeit** zu beachten. Wird ein Angestellter zum Beamten ernannt, ist allein die Gruppe der Beamten abstimmungsberechtigt. Zwar ist damit auch das Ausscheiden aus dem Angestelltenverhältnis verbunden, jedoch ist dieses lediglich Folge der Ernennung zum Beamten, die automatisch eintritt *(BVerwG vom 6. 3. 1962, PersV 1962, 231; vom 5. 2. 1970, PersV 1971, 300; Grabendorff u.a., BPersVG, § 38 Rn. 10; für die Zuständigkeit beider Gruppen Dietz/Richardi, BPersVG, § 38 Rn. 14).* 9

Unterrichtung

Die Ausübung der Mitbestimmungsrechte setzt eine **ausreichende Unterrichtung** der Personalvertretung voraus. Im Interesse der Beteiligten ist die Unterrichtung möglichst frühzeitig und umfassend vorzunehmen, um unnötige Verzögerungen und vermeidbare Streitigkeiten zu verhindern. Der Informationsanspruch der Personalvertretung folgt aus § 73. Zu den Einzelheiten des Informationsrechts siehe die Erläuterungen dort *(§ 73 Rn. 5 ff.).* 10

Das Mitbestimmungsrecht besteht **bereits bei der Auswahl** der für eine personelle Einzelmaßnahme vorgesehenen Dienstkraft, die Personalvertretung ist bereits in diesem Stadium zu beteiligen. Auch das Unterrichtungsrecht muß daher in diesem Zeitpunkt bestehen, damit die Auswahl beeinflußt werden kann. Sämtliche Tatsachen und Unterlagen müssen der Personalvertretung zugänglich gemacht werden, die für die Entscheidung maßgeblich sind, wie z.B. die vollständige Bewerberliste. Liegt eine Bewerberliste nicht vor, weil z.B. eine Stelle nicht ausgeschrieben worden ist, sind der Personalvertretung die Namen und sonstigen Angaben und Unterlagen von den Dienstkräften mitzuteilen, die für die Maßnahme in Frage kommen. In diesem Falle kann die Personalvertretung auch weitere Dienstkräfte in die Diskussion einführen. 11

Das Unterrichtungsrecht beinhaltet insbesondere das Recht der Personalvertretung, **Einblick in sämtliche Unterlagen,** auch die Bewerbungsunterlagen der betroffenen Personen zu nehmen. Kein Einblicksrecht besteht in die Personalakten, diese dürfen nur mit Einwilligung des Betroffenen der Personalvertretung vorgelegt werden, § 73 Abs. 1 Satz 3. Bei Bewerbungsunterlagen sind die Vorgänge sämtlicher Bewerber vorzulegen. Grundsätzlich gelten hier auch die gleichen Regeln wie bei dem Informationsrecht im Rahmen des § 87 *(vgl. oben § 87 Rn. 11 ff.).* 12

Einstellung (Nr. 1)

13 Einstellung ist die **Begründung eines Beamtenverhältnisses,** § 4 LfbG. Die Einstellung ist eine Art der Ernennung. Der Begriff der Ernennung, § 8 LBG, ist hierzu ein Oberbegriff, der neben dem Akt der Begründung des Beamtenverhältnisses auch die erste Verleihung eines Amtes (die sogenannte Anstellung) umfaßt. Ernennung ist jeder Rechtsakt, der darauf gerichtet ist, die Rechtsstellung des Beamten nach Art und Inhalt festzulegen, sei es, daß das Beamtenverhältnis begründet, sei es, daß ein bestehendes Beamtenverhältnis in seinen Rechtsgrundlagen oder seinem durch das Amt im dienstrechtlichen Sinne bestimmten Inhalt verändert wird. Die Ernennung erfolgt durch bestimmte Ernennungsbehörden, § 12 LBG. Sie wird wirksam mit der Aushändigung der Ernennungsurkunde bzw. zu einem späteren in der Urkunde genannten Tag, § 13 LBG.

14 Zu den Einstellungsvoraussetzungen im einzelnen vgl. § 9 LBG.

15 Da die Einstellung **nur durch eine Ernennung** möglich ist, besteht das Mitbestimmungsrecht nicht nur hinsichtlich dieses Aktes. Zu beachten ist dabei allerdings, daß der Willensbildungsprozeß darüber, wer eingestellt werden soll, allein Sache der Dienststelle ist, sie muß einen konkreten Vorschlag unterbreiten. Erst mit dem Vorschlag ist der interne Willensbildungsprozeß abgeschlossen. Daraus folgt auch, daß der Personalrat kein erzwingbares Recht hat, bereits an dem Vorstellungsgespräch teilzunehmen *(vgl. oben § 87 Rn. 42; BVerwG vom 6. 12. 1978, ZBR 1979, 240).*

16 Fallen Anstellung und Einstellung zusammen, kann das Mitbestimmungsrecht nur einheitlich ausgeübt werden, die Anstellung ist im Grunde ein Unterfall der Einstellung.

17 **Zuständig** für die Ausübung des Mitbestimmungsrechtes ist die Personalvertretung derjenigen Dienststelle, die die Ernennung vornimmt. Die Personalvertretung derjenigen Dienststelle, in der der Beamte eingesetzt werden soll, ist auch zu beteiligen, wenn ihr Dienststellenleiter bei der zuständigen Dienststelle den Antrag auf Vornahme der Einstellung stellt *(Fischer/Goeres, BPersVG, § 76 Rn. 6).*

18 Hinsichtlich der **Unterrichtungsrechte** und der Vorlage von Bewerbungsunterlagen gelten die gleichen Grundsätze wie bei Angestellten und Arbeitern *(vgl. dazu § 87 Rn. 38ff.; vgl. auch oben Rn. 10ff.).* Die Personalvertretung hat keinen Anspruch auf Teilnahme an Einstellungsprüfungen, deren Ergebnis ist jedoch im Rahmen des Informationsrechts mitzuteilen. Die Einstellungsbehörde muß im einzelnen auch die Vorschläge begründen.

19 Das Mitbestimmungsrecht nach § 87 Nr. 1 besteht auch schon im Vorfeld der eigentlichen Einstellung, wenn durch andere Maßnahmen praktisch schon **Vorentscheidungen** für die spätere Einstellung getroffen werden *(vgl. BVerwG vom 7. 11. 1969, PersV 1971, 15; vom 28. 4. 1967, 1967, 275; BVerwG vom 16. 12. 1966, E 26, 185).* Das gilt z. B. für die Entscheidung über die Teilnahme an einem Beförderungslehrgang, hier ist die Personalvertretung schon bei der Auswahl zu beteiligen, bei der Abordnung eines Beamten auf Widerruf, wenn er sich auf dem neuen Dienstposten erproben und auf diesem gegebenenfalls auf Lebenszeit ernannt werden soll *(BVerwG vom 7. 11. 1969, PersV 1971, 15).* Hier kann jedoch gleichzeitig ein Mitbestimmungsrecht nach § 88 Nrn. 5, 6 und 7 bestehen. Ein Mitbestimmungsrecht bei der **Auswahlentscheidung** besteht aber nicht, diese liegt im pflichtgemäßen Ermessen des Dienststellenleiters *(BVerwG vom 23. 9. 1992, PersV 1993, 231).*

Verlängerung der Probezeit (Nr. 2)

Probezeit ist die Zeit im Beamtenverhältnis auf Probe, während der sich der Beamte für die vorgesehene Laufbahn bewähren soll, § 13 Abs. 1 LfbG. Art und Dauer der Probezeit sind im einzelnen in Rechtsvorschriften festgelegt. Die Probezeit kann nur verlängert werden, wenn die Bewährung nicht festgestellt werden kann, § 13 Abs. 2 LfbG. Die Höchstzeit der Verlängerung beträgt zwei Jahre, insgesamt darf die Probezeit fünf Jahre nicht übersteigen. 20

Die Verlängerung der Probezeit ist ein **Verwaltungsakt**. Die Beteiligung der Personalvertretung muß einsetzen, wenn eine abschließende Entscheidung der Dienststelle noch nicht gefallen ist, da nur dann die Personalvertretung die Möglichkeit hat, die Entscheidung wirksam zu beeinflussen. Zuständig ist die Personalvertretung derjenigen Stelle, die die Verlängerung der Probezeit vornimmt. 21

Anstellung (Nr. 3)

Anstellung ist die **Ernennung** unter erstmaliger Verleihung eines Amtes, das in einer Besoldungsordnung aufgeführt ist, § 14 Abs. 1 LfbG. Die erstmalige Anstellung ist nur im Eingangsamt einer Laufbahn zulässig, § 14 Abs. 3 LfbG. Auch bei dieser Ernennung sind die Formvorschriften der §§ 12 und 13 LBG einzuhalten. 22

Fallen Ein- und Anstellung zusammen, kann das Mitbestimmungsrecht nur einheitlich ausgeübt werden. 23

Vorschläge der Dienstbehörde an die Gesamtkonferenz für die Benennung von Schulleitern etc. (Nr. 4)

Diese Bestimmung trägt den Regelungen Rechnung, die im Schulbereich durch das **Schulverfassungsgesetz** *(SchulVerfG)* eingeführt worden sind. Die Gesamtkonferenz besteht an jeder Schule, § 13 Abs. 1 SchulVerfG. Bezüglich ihrer Zusammensetzung siehe § 13 Abs. 2 SchulVerfG, hinsichtlich ihrer allgemeinen Aufgaben § 14 SchulVerfG. 24

Im personellen Bereich ist die **Gesamtkonferenz** für die Benennung des Schulleiters, § 23 Abs. 3 SchulVerfG bzw. seines ständigen Vertreters, eines Gesamtschuldirektors als Leiter einer Mittelstufe, eines pädagogischen Koordinators und eines Ausbildungsbereichsleiters, § 24 Abs. 1 SchulVerfG, zuständig. Vor der Benennung hat die Dienstbehörde, sofern sich mehrere geeignete Personen beworben haben, mindestens zwei Bewerber vorzuschlagen. Die Vorschläge bedürfen der vorherigen schulaufsichtlichen Bestätigung durch die Schulaufsichtsbehörde. Danach ist von der Dienstbehörde das Einvernehmen mit dem für das Schulwesen zuständigen Mitglied des Bezirksamtes herzustellen. Nur in Ausnahmefällen bei überragender fachlicher Eignung einer Person ist es zulässig, daß nur ein Bewerber vorgeschlagen wird. 25

Das **Mitbestimmungsrecht** besteht hier bereits **im Vorfeld der endgültigen personellen Einzelmaßnahme**. Die Benennung selbst stellt nämlich noch nicht die Ernennung selbst dar, diese muß vielmehr gesondert erfolgen. Angesichts der Intention des Schulverfassungsgesetzes und auch der Funktion der Gesamtkonferenz stellt jedoch das Vorschlagsrecht bereits eine wichtige personelle Vorentscheidung der jeweiligen Dienststelle dar. Hat sie nämlich zwei 26

§ 88

Bewerber vorgeschlagen, so hat nunmehr die Gesamtkonferenz die Entscheidungsbefugnis.

27 Das Mitbestimmungsrecht der Personalvertretung erstreckt sich auf die Beteiligung bei der **Erstellung des Vorschlages** an die Gesamtkonferenz. Zuständig ist die bei der Dienstbehörde, die den Vorschlag zu machen hat, gebildete Personalvertretung. Das Mitbestimmungsrecht kann nur im **Rahmen des § 23 SchulVerfG** ausgeübt werden, d. h., die zuständige Personalvertretung hat nur das Recht, bei der Erarbeitung des Vorschlages mitzubestimmen. Auch sie muß daher bei ihren Überlegungen davon ausgehen, daß zwei Bewerber im Regelfall vorzuschlagen sind.

28 Auch die **Einigungsstelle** kann nur im Rahmen des § 23 Abs. 2 SchulVerfG tätig werden. Kommt eine Einigung zwischen Dienststelle und zuständiger Personalvertretung nicht zustande, so kann auch die Einigungsstelle die Zustimmung der Personalvertretung hinsichtlich eines Vorschlages mit zwei Bewerbern ersetzen. An diesen Spruch wäre allerdings die Gesamtkonferenz nicht gebunden, da sie personalvertretungsrechtlich nicht betroffen ist. Sie kann auch bei einem derartigen Spruch der Einigungsstelle voll ihre Rechte nach § 23 Abs. 3 SchulVerfG ausschöpfen. Zu beachten ist aber, daß die Gesamtkonferenz insoweit an den Vorschlag gebunden ist, als sie nicht außerhalb des Vorschlages einen weiteren Bewerber benennen kann.

29 Wird ein Bewerber von der Gesamtkonferenz benannt, so ist die Ernennung durch die Dienstbehörde vorzunehmen. Hierbei bleiben nach § 23 Abs. 5 SchulVerfG die Vorschriften des Beamten- und Personalvertretungsrechts unberührt. D. h., daß hier bei der endgültigen Ernennung ein erneutes Mitbestimmungsrecht der Personalvertretung nach § 88 Nr. 1 besteht.

30 Allerdings ergibt sich aus der Bestimmung des § 23 Abs. 3 SchulVerfG letztlich eine faktische **Bindung der Dienstbehörde,** diese wird verpflichtet sein, die Ernennung des benannten Bewerbers vorzunehmen. Dies kann unter verfassungsrechtlichem Aspekt bedenklich sein, da nach der Rechtsprechung des Bundesverfassungsgerichts *(BVerfG vom 27. 4. 1959, E 9, 268 ff.; vom 24. 5. 1995, E 93, 37 ff. = PersV 1995, 553)* der Gesetzgeber berücksichtigen muß, daß bei Angelegenheiten von politischem Gewicht, wozu insbesondere die Personalangelegenheiten der Beamten gehören, nicht Stellen entscheiden dürfen, die nicht in der parlamentarischen Verantwortlichkeit stehen. Letztlich ist aber entscheidende Stelle hier die Gesamtkonferenz der betreffenden Schule, diese steht nicht in der parlamentarischen Verantwortlichkeit. Diese parlamentarische Verantwortlichkeit ist auch nicht wieder dadurch hergestellt worden, daß letztlich die Ernennung durch die Dienstbehörde erfolgen muß, denn dabei handelt es sich lediglich um die formale Ausführung des die Verwaltung bindenden Beschlusses der Gesamtkonferenz. Das Schulverfassungsgesetz sieht nicht vor, daß die Dienstbehörde trotz Entscheidung der Gesamtkonferenz deren Votum zurückweisen kann. Dem steht auch nicht entgegen, daß insoweit ein erneutes Mitbestimmungsrecht der zuständigen Personalvertretung besteht, so daß auch hier der Weg über die Einigungsstelle denkbar wäre. Sowohl Personalvertretung als auch Einigungsstelle sind an die Entscheidung der Gesamtkonferenz gebunden, die Ernennung kann nur dann abgelehnt werden, wenn nachträglich festgestellt wird, daß beamtenrechtliche oder sonstige Voraussetzungen nicht gegeben sind. Im Regelfall wird hier ein Widerspruch der zuständigen Personalvertretung kaum möglich sein. Auch kann nicht davon ausgegangen werden, daß über den Umweg des § 81 Abs. 2 der

Senat von Berlin letztentscheidende Institution wäre, denn diese Möglichkeit bestünde lediglich dann, wenn zuvor das Verfahren bei Nichteinigung durchlaufen worden wäre. Sieht man aber die Benennung durch die Gesamtkonferenz letztlich bereits als den entscheidenden Akt bei der Ernennung des Schulleiters bzw. der in § 24 Abs. 1 SchulVerfG genannten Personen, so bleiben in jedem Falle die verfassungsrechtlichen Bedenken bestehen. Diese werden auch nicht dadurch ausgeräumt, daß die Vorschläge der vorherigen schulaufsichtlichen Bestätigung durch das für Schulwesen zuständige Senatsmitglied bedürfen, § 23 Abs. 2 Satz 3 SchulVerfG. Die Auswahlentscheidung verbleibt nämlich gleichwohl bei der Gesamtkonferenz.

Beförderung und gleichstehende Verleihung eines anderen Amtes (Nr. 5)

Beförderung ist eine Ernennung, durch die dem Beamten ein anderes Amt mit höherem Endgrundgehalt und anderer Amtsbezeichnung verliehen wird, § 15 Abs. 1 Satz 1 LfbG. Auch hier ist eine Ernennung erforderlich, § 8 Abs. 1 Nr. 4 LBG. Keine Beförderung liegt vor, wenn einem Beamten ein anderes Amt mit anderer Amtsbezeichnung, aber gleichem Endgrundgehalt übertragen wird. Desgleichen liegt eine Beförderung, die eine Entscheidung der zuständigen Behörde erfordert, nicht vor, wenn ein Beamter nur infolge einer allgemeinen Stellenanhebung in eine höhere Besoldungsgruppe kommt. Kein Mitbestimmungsrecht besteht aber bei der Dienstpostenbewertung, wenn daraus noch keine Folgen für die besoldungsrechtliche Einstufung gezogen werden *(Grabendorff u. a., BPersVG, § 76 Rn. 8; VGH Baden-Württemberg vom 30. 6. 1987, PersV 1990, 130)*. Ebenso liegt keine Beförderung vor, wenn der Beamte nur mit der Wahrnehmung eines Amtes mit höherem Endgrundgehalt beauftragt wird, ohne daß er jedoch ernannt wird. Das Mitbestimmungsrecht bezieht sich auch auf die Verleihung eines anderen Amtes mit anderer Amtsbezeichnung und höherem Endgrundgehalt, wenn zusätzlich ein Laufbahngruppenwechsel stattfindet. Laufbahngruppen sind hierbei der einfache (Besoldungsgruppe A 1– A 5), der mittlere (Besoldungsgruppe A 5–A 9), der gehobene (Besoldungsgruppe A 9–A 13) und der höheren (Besoldungsgruppe A 13–A 16 sowie die festen Gehälter der Besoldungsordnung B).

31

Das Mitbestimmungsrecht besteht auch bei den **einer Beförderung gleichstehenden Maßnahmen** i.S. des § 15 Abs. 1 Satz 2 LfbG. Die dort aufgeführte Aufzählung ist abschließend. Weitere Fälle, in denen eine der Beförderung gleichstehende Maßnahme gegeben ist, bestehen nicht. Nach § 15 Abs. 1 Satz 2 Nr. 1 LfbG steht es einer Beförderung gleich, wenn dem Beamten ohne Änderung der Amtsbezeichnung ein anderes Amt mit höherem Endgrundgehalt übertragen wird. Es handelt sich hier um Ämter, die in mehreren Besoldungsgruppen aufgeführt sind *(vgl. im einzelnen die Beispiele bei Zierach, PersV 1974, 302, 314 f.)*.

32

Nach § 15 Abs. 1 Satz 2 Nr. 2 LfbG steht es einer Beförderung gleich, wenn dem Beamten, ohne daß sich das Endgrundgehalt ändert, ein anderes Amt mit anderer Amtsbezeichnung bei **Wechsel der Laufbahngruppe** verliehen wird. Erfaßt werden von dieser Regelung die Beamten, die in den Spitzenbesoldungsgruppen einer Laufbahngruppe, den sogenannten Verzahnungsämtern, sind und denen ein Amt der untersten Besoldungsgruppe der nächsthöheren Laufbahngruppe übertragen wird. Verzahnungsämter sind die Ämter der Besoldungsgruppen A 5, A 9 und A 13. Mitbestimmungspflichtig ist z. B. die Ernen-

33

§ 88

nung eines Amtsinspektors (A 9) zum Stadt- oder Regierungsinspektor (A 9) oder eines Oberamtsrates (A 13) zum Regierungsrat (A 13).

34 Die Personalvertretung ist auch zu beteiligen, wenn die Maßnahme in der Weise aufgespalten wird, daß schon der erste Teil eine Vorentscheidung für den zweiten Teil darstellt *(BVerwG vom 7. 11. 1969, PersV 1971, 15)*. Eine **Vorentscheidung** für eine Beförderung kann bei der Auswahl der zu den für die Beförderung erforderlichen Lehrgängen zu entsendenden Dienstkräfte und in der Erprobung einer Dienstkraft auf einem freien Dienstposten gesehen werden *(vgl. BVerwG vom 16. 12. 1966, 26, 185; BVerwG vom 7. 11. 1969, PersV 1971, 15)*.

35 In diesem Bereich kann auch ein Mitbestimmungsrecht bei Übertragung einer höher zu bewertenden Tätigkeit nach Nr. 7 bestehen.

36 Hinsichtlich der **Unterrichtungsrechte** gemäß § 73 Abs. 1 ergeben sich im Bereich dieses Mitbestimmungsrechts einige Besonderheiten. Zunächst sind der Personalvertretung ebenso wie bei der Einstellung die Unterlagen sämtlicher Bewerber für die zu besetzende Stelle zu übergeben *(vgl. oben Rn. 10ff.)*. Darüber hinaus kann die Personalvertretung aus konkretem Anlaß auch fordern, daß ihr ein zahlenmäßiger Überblick über die Beförderungssituation gegeben und unter Umständen die Personalbewirtschaftungsliste vorgelegt wird.

Laufbahnwechsel (Nr. 6)

37 Der **Begriff der Laufbahn** darf nicht mit dem Begriff der Laufbahngruppe verwechselt werden. Eine Laufbahn umfaßt alle Ämter derselben Fachrichtung, die eine gleiche Vorbildung und Ausbildung voraussetzen, § 2 Abs. 1 LfbG. Zur Laufbahn gehören auch Vorbereitungsdienst, Ausbildungsdienst, Grundausbildung und Probezeit. Man kann hier auch von Laufbahnfachrichtungen sprechen.

38 Im Landesdienst gibt es z. B. folgende Laufbahnen:
Verwaltungsdienst,
Vollzugsdienst,
Bibliotheksdienst,
Schul- und Schulaufsichtsdienst,
besondere Fachrichtungen.

39 Demgegenüber sind Laufbahngruppen sämtliche Ämter, die für im wesentlichen gleiche Eingangsvoraussetzungen (Vorbildung, Ausbildung etc.) erforderlich sind, § 2 Abs. 1 LfbG. Laufbahngruppen sind der
einfache Dienst (Besoldungsgruppen A 1–A 5),
mittlere Dienst (Besoldungsgruppen A 5–A 9),
gehobene Dienst (Besoldungsgruppen A 9–A 13) und
höhere Dienst (Besoldungsgruppen A 13–A 16 sowie die festen Gehälter der Besoldungsgruppe B).

40 Innerhalb einer solchen Laufbahngruppe umfaßt eine Laufbahn alle Ämter derselben Fachrichtung, die eine gleiche Vorbildung und Ausbildung erfordern, § 2 Abs. 2 Satz 1 LfbG. Im Grunde ist daher der Begriff der Laufbahngruppe dem der Laufbahn übergeordnet.

41 Der **Begriff des Laufbahnwechsels** erfaßt nur den Wechsel der Laufbahnfachrichtung innerhalb derselben Laufbahngruppe, also den horizontalen Wechsel zwischen zwei Laufbahnen wie z. B. den Wechsel vom gehobenen Bibliotheksdienst in den gehobenen allgemeinen Verwaltungsdienst.

Der Laufbahnwechsel ist nur zulässig, wenn der Beamte die Befähigung für die **42** neue Laufbahn hat, § 17 Abs. 1 LfbG. Unter bestimmten Voraussetzungen kann bei gleichwertigen Laufbahnen die Befähigung für eine Laufbahn auch bei der anderen anerkannt werden.

Der Laufbahnwechsel kann im Rahmen der gleichen Besoldungsgruppe erfolgen, es kann aber auch gleichzeitig eine Beförderung oder eine gleichgestellte **43** Maßnahme vorliegen. In diesem Falle bestehen mehrere Mitbestimmungsrechte nebeneinander, die jedoch nur einheitlich ausgeübt werden können.

Übertragung einer höher oder niedriger zu bewertenden Tätigkeit (Nr. 7)

Für die **Bewertung der Ämter** kann nur auf die in den Besoldungsordnungen **44** und in den Haushaltsplänen enthaltene Wertigkeit abgestellt werden. Bewertungskriterien wie Funktion, besondere Leistungsanforderungen, besondere Erschwernisse können nicht herangezogen werden *(Fischer/Goeres, BPersVG, § 76 Rn. 15)*, da die Beamtenbesoldung die Verbindung zur ausgeübten Tätigkeit am Arbeitsplatz verloren hat. Maßgeblich ist nur die Bewertung der Stelle, die in der Zuweisung einer bestimmten Besoldungsgruppe im Haushaltsplan zum Ausdruck kommt.

Besteht in einer Dienststelle keine Zuweisung von Besoldungsgruppen zu **45** konkreten Stellen, sondern ist nur generell festgelegt, daß eine bestimmte Anzahl von Stellen innerhalb der gesamten Dienststelle einer bestimmten Besoldungsgruppe angehört, wird die Bewertung der konkreten Stelle schwierig sein. Entscheidend ist dann, wie die Besoldung des zukünftigen Stelleninhabers erfolgen soll.

Ob die Übertragung einer höher oder niedriger zu bewertenden Tätigkeit **46** erfolgen soll, ist nach diesen Kriterien durch Gegenüberstellung der bisherigen Besoldungsgruppe des Beamten und der Besoldungsgruppe, die er bei Ausübung seiner neuen Tätigkeit erhalten soll, zu beurteilen. Erfaßt wird auch die Übertragung einer Tätigkeit, für die eine Funktionszulage gezahlt wird, wenn auch im übrigen keine höhere Planstelle zur Verfügung steht.

Die **Übertragung** der anders bewerteten Tätigkeit muß ausdrücklich erfolgen. **47** Die Möglichkeit, daß sich, wie z.B. bei Arbeitnehmern, die Wertigkeit der Tätigkeit rein faktisch ändern kann, ist wegen der Loslösung der Besoldung von der konkreten Tätigkeit ausgeschlossen.

Hinsichtlich der Erfordernisse der nicht nur vorübergehenden Übertragung **48** gelten die gleichen Grundsätze wie bei Arbeitnehmern in § 87 Nrn. 2 und 5. Maßgeblich ist der bei der Übertragung zum Ausdruck kommende Wille des Dienstherrn.

Die Übertragung **höher zu bewertender Tätigkeiten** wird in der Regel Vorstufe **49** zu einer Beförderung oder einer gleichgestellten Maßnahme sein. Wird diese später durchgeführt, besteht erneut ein Mitbestimmungsrecht nach § 88 Nr. 5.

Die Übertragung einer **niedriger zu bewertenden Tätigkeit** wird nur in dem **50** Sonderfall des § 61 Abs. 2 Satz 1 LBG im Wege der Versetzung möglich sein.

Die Versetzung in ein Amt derselben Laufbahn mit einem geringeren End- **51** grundgehalt als **Disziplinarmaßnahme,** § 5 Abs. 1, § 9 LDO, unterliegt nicht dem Mitbestimmungsrecht der Personalvertretung nach § 88 Nr. 7. Hier gehen die gesetzlichen Regelungen der LDO vor. Die Versetzung kann nur von dem Disziplinargericht ausgesprochen werden, eine Entscheidungsmöglichkeit der

§ 88

Dienstbehörde besteht nicht. Lediglich bei der Einleitung des Disziplinarverfahrens besteht ein Mitbestimmungsrecht der Personalvertretung nach § 90 Nr. 8.

Ablehnung von Anträgen auf Teilzeitbeschäftigung und Beurlaubung (Nr. 8)

52 Nach §§ 35 a ff. LBG kann einem Beamten bei Vorliegen der dort genannten besonderen Voraussetzungen auf Antrag Teilzeitbeschäftigung oder Urlaub ohne Dienstbezüge gewährt werden. Die Antragsberechtigung besteht sowohl für weibliche als auch männliche Beamte.

52 a Die §§ 43, 43 a LBG sind durch Gesetz vom 22. 7. 1999 (GVBl. S. 422) **aufgehoben** worden. Neben § 35 a LBG bestehen weitere Möglichkeiten der Gewährung von Teilzeit. So kann nach § 35 b LBG für bestimmte Bereiche der Verwaltung aus **arbeitsmarktpolitischen Gründen** ohne Antrag eine Einstellung nur unter Ermäßigung der regelmäßigen Arbeitszeit erfolgen, nach § 35 c LBG kann die Gewährung einer **Altersteilzeit** beantragt werden.

52 b **Zweifelhaft ist,** ob auch diese besonderen Formen der Teilzeitgewährung unter **das Mitbestimmungsrecht** des Personalrats fallen. Eine Erwähnung dieser Vorschriften ist im Gesetz nicht erfolgt. Vielmehr könnte aus der alleinigen Erwähnung der Bestimmung des § 35 a LBG der Schluß gezogen werden, daß in den weiteren Fällen der Teilzeitgewährung bzw. -festlegung kein Mitbestimmungsrecht bestehen sollte. Zu beachten ist aber, daß die Regelungen der §§ 35 b ff. LBG erst nachträglich in das Gesetz eingefügt worden sind, der Gesetzgeber des PersVG Bln hat eine Anpassung des Gesetzes unterlassen, dies wird auch daraus deutlich, daß er § 43 LBG weiter aufführt, obwohl diese Bestimmung mittlerweile aufgehoben worden ist. Die unterlassene Anpassung der Bestimmung in Nr. 8 enthält daher insoweit eine gesetzgeberische **nachträgliche Lücke.** Berücksichtigt man, daß in §§ 35 d bis f LBG Schutzvorschriften zu Gunsten der Beamten festgelegt sind (Benachteiligungsverbot, Unterrichtungspflicht über die Folgen) und im übrigen die Regelung in Nr. 8 nach dem alten Rechtszustand sämtliche Fälle der Gewährung einer Teilzeit erfaßte, kann diese nachträglich entstandene Lücke nur so ausgefüllt werden, daß man das Mitbestimmungsrecht auf alle Fälle der Teilzeit erstreckt.

52 c Allerdings ist die Festlegung bzw. die Gewährung der Teilzeit in den Fällen der §§ 35 b und c LBG an enge rechtliche Voraussetzungen geknüpft, die nur **geringen Spielraum für die Ausübung** lassen. Bei § 35 b LBG ist die politische Entscheidung der Bewertung der Arbeitsmarktsituation der Mitbestimmung entzogen, die Festlegung im Einzelfall gehört zum Bereich der Einstellung für einen bestimmten Dienstposten, so daß im Grunde nur die Überprüfung möglich ist, ob die rechtlichen Voraussetzungen erfüllt sind und ob keine Benachteiligung von Dienstkräften entsteht. Bei der Altersteilzeit des § 35 c LBG ist zu berücksichtigen, daß es sich um einen Individualanspruch des Beamten handelt, auch hier besteht für den Personalrat letztlich nur die Möglichkeit einer Richtigkeitskontrolle einschließlich der Überprüfung des Benachteiligungsverbotes, wozu auch die Einhaltung der in diesem Falle besonders wichtigen Unterrichtungspflicht über die Folgen gehört.

53 Der Mitbestimmung unterliegt nur die Ablehnung eines entsprechenden Antrages, die Bewilligung ist mitbestimmungsfrei. Ablehnung ist auch die nur teilweise Stattgabe, wird also Teilzeitbeschäftigung zu 50 % beantragt, aber nur zu 30 % gewährt, ist eine Mitbestimmung ebenso erforderlich, wie wenn eine

Beurlaubung von drei Jahren ohne Bezüge beantragt ist, jedoch nur zwei Jahre gewährt werden.

Bei den Vorschriften der §§ 35a und 43a LBG handelt es sich um Kann-Bestimmungen, der Behörde steht ein breiter Ermessensspielraum zu. Die Personalvertretung kann nur nachprüfen, ob dieses Ermessen im Rahmen der bestehenden gesetzlichen Vorschriften ausgeübt worden ist und ob die Interessen der betroffenen Dienstkraft und die der Dienststelle bzw. der übrigen Dienstkräfte berücksichtigt wurden. 54

Hinausschiebung des Eintritts in den Ruhestand wegen Erreichens der Altersgrenze (Nr. 9)

Ein Beamter auf Lebenszeit tritt grundsätzlich mit Ende des Monats, in dem er das 65. Lebensjahr vollendet, in den Ruhestand, § 76 Abs. 1 Satz 3 LBG. Wenn dringende dienstliche Rücksichten es im Einzelfall erfordern, kann die Dienstbehörde mit Zustimmung des Beamten den Eintritt in den Ruhestand über das 65. Lebensjahr hinaus für eine bestimmte Frist, die jeweils ein Jahr nicht übersteigen darf, hinausschieben, § 76 Abs. 2 LBG. Die Hinausschiebung bedeutet, daß eine Beendigung des Beamtenverhältnisses nicht eintritt, es also unbeendet fortbesteht. Die Hinausschiebung muß daher auch vor der rechtlichen Beendigung erfolgen, da begrifflich eine Beendigung nur dann hinausgeschoben werden kann, wenn sie noch nicht eingetreten ist. Höchstgrenze ist das 68. Lebensjahr, bei einer gesetzlich vorgeschriebenen Altersgrenze unter dem 65. Lebensjahr ist Höchstgrenze das 65. Lebensjahr, § 76 Abs. 2 LBG. 55

Das **Mitbestimmungsrecht besteht nur bei positiver Entscheidung**, d.h., wenn der Eintritt in den Ruhestand hinausgeschoben werden soll, nicht jedoch, wenn von einer solchen Hinausschiebung abgesehen wird bzw. einer solchen Anregung des Beamten nicht entsprochen wird. Der Personalrat ist bei jeder erneuten Hinausschiebung zu beteiligen. 56

Nicht mitbestimmungspflichtig nach § 88 Nr. 9 ist der Abschluß eines Arbeits-, Dienst- oder Werkvertrages eines Beamten nach Eintritt in den Ruhestand, da das keine Hinausschiebung der Altersgrenze, also eine Aufrechterhaltung des bisherigen Beamtenverhältnisses ist, sondern die völlig neue Begründung eines andersgearteten Rechtsverhältnisses. In diesen Fällen kann allerdings ein Mitbestimmungsrecht nach anderen Vorschriften wie z.B. § 87 Nr. 1 bestehen. 57

Vorzeitige Versetzung in den Ruhestand (Nr. 10)

Eine vorzeitige Versetzung in den Ruhestand ohne eigenen Antrag des Beamten kommt nur bei **Dienstunfähigkeit**, §§ 77 Abs. 1, 79, 67 Abs. 1 Satz 2, 81 LBG, in Betracht. Nicht hierunter fällt die vorzeitige Versetzung in den Ruhestand wegen Vollendung des 62. Lebensjahres, da diese nur auf Antrag des Beamten möglich ist, § 77 Abs. 3 LBG. 58

Mitbestimmungspflichtig ist auch die Versetzung in den **einstweiligen Ruhestand**, §§ 72 ff. LBG. Dieser kann unter den gleichen Wirkungen wie der normale Ruhestand beendet werden, wie sich aus der Verweisung in § 80 Abs. 1 auf § 75 LBG ergibt. Eine Wiederverwendung kann in beiden Fällen nur unter erneuter Berufung in das Beamtenverhältnis erfolgen. 59

Zu beachten ist allerdings, daß in den Hauptfällen der Versetzung in den einstweiligen Ruhestand das Mitbestimmungsrecht nach § 89 Abs. 2 ausge- 60 schlossen sein wird *(vgl. für das BPersVG Grabendorff u. a., BPersVG, § 78 Rn. 20; Fischer/Goeres, BPersVG, § 78 Rn. 25).* Das Mitbestimmungsrecht wird daher hier vornehmlich nur in den Fällen bestehen, in denen ein Beamter auf Lebenszeit und unter den Voraussetzungen des § 61 Abs. 2 LBG in den einstweiligen Ruhestand versetzt wird, § 71 Abs. 2 LBG.

Widerspruch des Beamten

61 Das **Mitbestimmungsrecht besteht nur,** wenn der Beamte der Mitbestimmung der Personalvertretung **nicht widerspricht.** Diese Regelung dient dem Schutz der Persönlichkeitssphäre der betroffenen Dienstkraft. Gerade in dem Falle der am häufigsten vorkommenden Versetzung in den Ruhestand wegen Dienstunfähigkeit werden Einzelheiten der Gründe für die Dienstunfähigkeit zu erörtern sein, bei denen die Dienstkraft unter Umständen das Interesse hat, daß eine Beteiligung Dritter ausgeschlossen ist.

62 Das Recht des Beamten, der Mitbestimmung durch die Personalvertretung zu widersprechen, setzt voraus, daß der Beamte in einem Zeitpunkt von der geplanten Maßnahme unterrichtet wird, in der die Personalvertretung noch nicht beteiligt worden ist. Die Unterrichtung des Beamten hat also möglichst frühzeitig zu erfolgen. Die Pflicht zur Unterrichtung trifft den Dienststellenleiter.

Umfang der Mitbestimmung

63 Die Personalvertretung hat zu überprüfen, ob die gesetzlichen Voraussetzungen für eine vorzeitige Versetzung in den Ruhestand bestehen, sie hat ferner nach pflichtgemäßem Ermessen unter Abwägung der Interessen der betroffenen Dienstkraft und der Dienststelle zu entscheiden, ob sie der Maßnahme zustimmt oder nicht.

Entlassung von Beamten auf Probe oder auf Widerruf ohne eigenen Antrag (Nr. 11)

64 **Beamte auf Probe** sind diejenigen Beamten, die zur späteren Verwendung auf Lebenszeit eine Probezeit zurückzulegen haben, § 7 Abs. 1 Nr. 3 LBG.

65 Ein Beamter auf Probe **kann entlassen werden** *(§ 67 Abs. 1 LBG),* wenn er sich eines Verhaltens schuldig macht, das bei einem Beamten auf Lebenszeit eine Disziplinarmaßnahme zur Folge hätte, die nur im förmlichen Disziplinarverfahren verhängt werden kann,
oder
wenn er sich in der Probezeit nicht bewährt, insbesondere hinsichtlich seiner Eignung und fachlichen Leistung durchschnittlichen Anforderungen nicht entspricht,
oder
wenn die Voraussetzungen des § 61 Abs. 2 LBG vorliegen und eine andere Verwendung nicht möglich ist, d. h. bei Auflösung einer Behörde, einer wesentlichen Änderung des Aufbaues oder Verschmelzung mit einer anderen Behörde. Außerdem ist der Beamte auf Probe bei Dienstunfähigkeit zu entlassen, wenn er nicht nach § 81 LBG in den Ruhestand versetzt wird. Beamte der in § 71 bezeichneten Art, also Staatssekretäre, der Leiter der Presse- und Informations-

abteilung der Senatskanzlei, der Leiter der Protokoll- und Auslandsabteilung der Senatskanzlei, der Leiter des Landesamtes für Verfassungsschutz und der Generalsekretär der Ständigen Konferenz der Kultusminister können entlassen werden, wenn sie Beamte auf Probe sind, § 67 Abs. 2 LBG.

Bei der Entlassung der Beamten auf Probe sind bestimmte **Fristen** einzuhalten, deren Länge sich nach der Beschäftigungszeit richtet, § 67 Abs. 3 LBG. **66**

Neben den besonderen Entlassungsgründen gelten auch die allgemeinen Entlassungsgründe der §§ 64f. LBG. Ein Mitbestimmungsrecht scheidet in den Fällen aus, in denen die Entlassung automatische Folge eines Ereignisses ist, wie z. B. das Ablegen einer Abschlußprüfung, Erreichen der Altersgrenze, Wechsel zu einem anderen Dienstherrn. Nicht dem Mitbestimmungsrecht unterliegt daher die Entlassung nach §§ 64 Abs. 1 und 67 Abs. 5 LBG. Das kommt auch schon in dem Wortlaut dieser Vorschriften zum Ausdruck, da in diesen Fällen der Beamte entlassen **ist**. Das gilt auch hinsichtlich der Feststellung, daß die gesetzlichen Voraussetzungen vorliegen. **67**

Ferner ist ein Mitbestimmungsrecht ausgeschlossen, wenn die Entlassung auf Antrag des Beamten erfolgt, § 66 LBG. **68**

Beamte auf Widerruf sind Beamte, die entweder einen Vorbereitungsdienst, einen Ausbildungsdienst oder eine Grundausbildung abzuleisten haben oder nur nebenbei oder vorübergehend auf Aufgaben i. S. des § 6 Abs. 2 LBG verwendet werden sollen, § 7 Abs. 1 Nr. 4a, b LBG. **69**

Die Entlassung der Beamten auf Widerruf kann jederzeit erfolgen, bei Dienstunfähigkeit (§ 77 LBG) sind sie zu entlassen. Daneben gelten die allgemeinen Entlassungsgründe der §§ 64f. LBG, die jedoch kaum praktische Bedeutung erlangen werden. Im übrigen gelten die Vorschriften des § 67 Abs. 3–5 LBG *(Fristen, Erreichen der Altersgrenze)* entsprechend. Die Entlassung des Beamten auf Widerruf ist in das pflichtgemäße Ermessen der Behörde gestellt. **70**

Auch hier besteht ein Mitbestimmungsrecht nicht in den Fällen des § 64 Abs. 1 und § 68 in Verbindung mit § 67 Abs. 5 LBG *(vgl. oben Rn. 67)*. **71**

Es ist ferner ausgeschlossen, wenn das Beamtenverhältnis auf Widerruf mit Ablegung einer Prüfung auf Grund Gesetzes, einer Rechtsverordnung oder einer allgemeinen Verwaltungsvorschrift automatisch endet, § 68 Abs. 2 Satz 2 LBG, da auch hier keine beeinflußbare Entscheidung der Dienststelle bzw. des Dienstherrn gegeben ist. **72**

Das **Prüfungsrecht der Personalvertretung** erstreckt sich sowohl bei der Entlassung des Beamten auf Probe als auch des Beamten auf Widerruf darauf, ob die gesetzlichen Voraussetzungen vorliegen, bei den Beamten auf Probe insbesondere, ob die Entlassungsgründe vorliegen. Soweit die Entscheidung im pflichtgemäßen Ermessen der Dienststelle liegt, hat die Personalvertretung unter Berücksichtigung der Interessen der betroffenen Dienstkraft und der Dienststelle zu entscheiden, ob sie der Maßnahme zustimmen will. **73**

Ist das Mitbestimmungsrecht nicht beachtet worden, kann der Verwaltungsakt der Entlassungsverfügung von dem Beamten **angefochten werden** *(BVerwG vom 1. 12. 1982, ZBR 1983, 189f.; BVerwG vom 13. 5. 1976 – 2 C 26.74; vgl. vom 13. 11. 1986, E 75, 138)*. Die unterbliebene Beteiligung des Personalrats kann auch nicht mit heilender Wirkung nachgeholt werden *(BVerwG a.a.O.)*. Außerdem kann die Personalvertretung die gerichtliche Feststellung der Verletzung des Mitbestimmungsrechts im Beschlußverfahren vor dem Verwaltungsgericht beantragen. **74**

§ 88

Rücknahme der Ernennung eines Beamten (Nr. 12)

75 Die Rücknahme der Ernennung eines Beamten kann nur unter den Voraussetzungen des § 15 LBG erfolgen. Sie kann auch noch nach Beendigung des Beamtenverhältnisses durchgeführt werden, § 15 Abs. 3 LBG.

76 Zu unterscheiden sind zwingende **Gründe zur Rücknahme,** § 15 Abs. 1 LBG, und Gründe, die die Rücknahme in das Ermessen der Dienststelle bzw. des Dienstherrn stellen, § 15 Abs. 3 LBG. Die Gründe sind abschließend aufgezählt, eine entsprechende Anwendung der Vorschrift auf andere Fälle ist nicht möglich.

77 Zwingende Rücknahmegründe sind *(§ 15 Abs. 1 Nr. 1 bis 3 LBG)*
   1. die Herbeiführung der Ernennung durch Zwang, arglistige Täuschung oder Bestechung oder
   2. wenn bei der Ernennung nicht bekannt war, daß der Ernannte ein Verbrechen oder Vergehen begangen hatte, das ihn der Berufung in das Beamtenverhältnis unwürdig erscheinen läßt und er deswegen rechtskräftig zu einer Strafe verurteilt war oder wird,
   3. wenn er nach § 9 Abs. 2 LBG, ohne daß eine zulässige Ausnahme vorlag, nicht hätte ernannt werden dürfen.

78 Eine Ernennung **kann** zurückgenommen werden, wenn nicht bekannt war, daß der Ernannte in einem Disziplinarverfahren aus dem Dienst entfernt oder zum Verlust der Versorgungsbezüge verurteilt worden war.

79 Bei der Mitbestimmung erstreckt sich das **Prüfungsrecht der Personalvertretung** zunächst auf die Frage, ob die gesetzlichen Voraussetzungen vorliegen. Soweit die Entscheidung im pflichtgemäßen Ermessen der Dienststelle bzw. des Dienstherrn liegt, hat die Personalvertretung unter Berücksichtigung der Interessen der betroffenen Dienststelle bzw. der übrigen Dienstkräfte zu entscheiden, ob sie der Maßnahme zustimmen kann oder nicht.

Rechtsfolgen der Verletzung der Mitbestimmungsrechte

80 Hinsichtlich der Rechtsfolgen der Verletzung der Mitbestimmungsrechte aus § 88 vgl. zunächst die Erläuterungen bei § 79 Rn. 55 ff.

81 Die in § 88 aufgezählten **Angelegenheiten der Beamten** können ausnahmslos nur durch **Verwaltungsakte** im Einzelfall geregelt werden. Es handelt sich um Regelungen, die das Grundverhältnis betreffen. Die Verletzung der Mitbestimmungsrechte führt nicht zur Nichtigkeit, sondern nur zur Anfechtbarkeit der Verwaltungsakte, soweit sie belastenden Charakter haben.

82 Soweit es sich um **begünstigende Verwaltungsakte** handelt, führt die Verletzung der Mitbestimmungsrechte unter bestimmten Voraussetzungen zur Rücknehmbarkeit.

83 Die Mängel können nur von der betroffenen Dienstkraft bzw. der Dienststelle oder dem Dienstherrn, nicht jedoch von der Personalvertretung geltend gemacht werden. Der besondere Vertrauensschutz des Beamten ist zu beachten.

84 Bei der **Ernennung eines Beamten** (also im Rahmen der Nrn. 1, 3, 5, 6) ist zu beachten, daß die Möglichkeiten der Nichtigkeit oder der Rücknehmbarkeit in den §§ 14, 15 LBG abschließend geregelt sind. Mängel bei der Willensbildung oder dem Akt der Ernennung sind daher geheilt, soweit kein gesetzlich vorgesehener Rücknahme- oder Nichtigkeitsgrund vorliegt. Nur wegen fehlender

oder fehlerhafter Beteiligung der Personalvertretung kann daher hier weder eine Nichtigkeit noch eine Rücknehmbarkeit eintreten.

Streitigkeiten

Streitigkeiten bezüglich des Bestehens der Mitbestimmungsrechte und deren Umfang sowie bezüglich des Verfahrens der Beteiligung der Personalvertretung sind im Beschlußverfahren vor den Verwaltungsgerichten zu klären, § 91 Abs. 1 Nr. 3. 85

Die Wirksamkeit einzelner Maßnahmen kann daneben auch in Rechtsstreiten der einzelnen Dienstkräfte vor den Verwaltungsgerichten überprüft werden. 86

§ 89 Besonderheiten für bestimmte Dienstkräfte

(1) Bei personalrechtlichen Entscheidungen, die Dienstkräfte mit vorwiegend wissenschaftlicher oder künstlerischer Tätigkeit betreffen, tritt an die Stelle des Mitbestimmungsrechts das Mitwirkungsrecht.
(2) Das Mitbestimmungsrecht entfällt mit Ausnahme des Schuldienstes an der Berliner Schule für Stellen ab Besoldungsgruppe 16 der Besoldungsordnung A und für Arbeitsgebiete der Vergütungsgruppe I des Bundes-Angestelltentarifvertrages oder vergleichbare Arbeitsgebiete. Es entfällt ferner für personalrechtliche Entscheidungen, die Schulaufsichtsbeamte, Dirigierende Ärzte (Chefärzte) sowie die Arbeitnehmer an Bühnen betreffen, mit denen ein festes Gehalt (Gage) aufgrund eines Normalvertrages vereinbart ist.
(3) Das Mitbestimmungsrecht entfällt für Stellen der in § 13 Abs. 3 Nr. 2 und 3 genannten Dienstkräfte.

Übersicht Rn.

Allgemeines 1, 2
Dienstkräfte mit vorwiegend wissenschaftlicher
oder künstlerischer Tätigkeit (Abs. 1) 3
Vorwiegende Tätigkeit 4– 9
Ausschluß der Mitbestimmung für bestimmte Personenkreise
(Abs. 2) 10–15
Sonderregelung für den Bereich der Berliner Schule 16, 17
Sonderregelung für dirigierende Ärzte und Arbeitnehmer an Bühnen 18, 19
Dienststellenleiter, Vertreter und leitende Beschäftigte (Abs. 3) 20–22
Persönlicher Anwendungsbereich 23, 24
Streitigkeiten 25, 26

Allgemeines

Das Mitbestimmungsrecht in personalrechtlichen Angelegenheiten wird für bestimmte Personengruppen eingeschränkt (Abs. 1) bzw. ganz ausgeschlossen (Abs. 2 und 3). Die Regelung gilt für **alle Dienstkräftegruppen,** also sowohl für Angestellte und Arbeiter als auch für Beamte. 1

Die Ausnahmeregelung ist gegenüber der früheren Bestimmung in § 71 PersVG Bln a.F. teilweise eingeschränkt. Eine nur **begrenzt vergleichbare** Vorschrift 2

§ 89

findet sich in § 77 Abs. 1 BPersVG. Die betriebsverfassungsrechtliche Regelung in § 5 Abs. 3 BetrVG ist kaum vergleichbar.

Dienstkräfte mit vorwiegend wissenschaftlicher oder künstlerischer Tätigkeit (Abs. 1)

3   Durch § 89 Abs. 1 soll wegen der **Bedeutung bzw. der Eigenart der Tätigkeit,** die sich von der im öffentlichen Dienst üblichen unterscheidet, ein höheres Maß an Unabhängigkeit für die Betroffenen und für die Entscheidungen der Verwaltung erreicht werden.

Vorwiegende Tätigkeit

4   Zu dem betroffenen Personenkreis zählen nur diejenigen Dienstkräfte, die **tatsächlich** wissenschaftliche oder künstlerische **Tätigkeiten ausüben,** auf die Vor- oder Ausbildung kommt es hierbei nicht an. Unerheblich ist auch die Amts- oder Tätigkeitsbezeichnung, ebenso wie die Aufgabenstellung der gesamten Dienststelle.

5   Maßgebend ist allein die tatsächliche **Aufgabenstellung** im Rahmen der zugewiesenen dienstlichen Tätigkeiten. Es ist nicht erforderlich, daß diese Personen ausschließlich mit wissenschaftlichen oder künstlerischen Tätigkeiten beschäftigt werden. Es genügt eine »vorwiegende« Beschäftigung. Der Begriff des vorwiegend ist gleichzusetzen mit überwiegend. Entscheidend ist die qualitative Beurteilung der Tätigkeiten, sie müssen der Gesamttätigkeit das Gepräge geben. Die künstlerischen oder wissenschaftlichen Aufgaben müssen Schwerpunkt der Tätigkeit sein, wobei der zeitliche Anteil nicht allein entscheidend ist *(BVerwG vom 7. 10. 1988, PersR 1989, 47; vom 18. 3. 1981, PersV 1982, 284; vgl. vom 7. 12. 1994, PersV 1995, 395).* Übersteigt er allerdings 50% der Gesamtarbeitszeit, ist in jedem Falle von einer vorwiegenden Tätigkeit auszugehen.

6   **Wissenschaftliche Tätigkeit** ist die selbständige, schöpferische Forschung *(Altvater u.a., BPersVG, § 77 Rn. 2 m.w.N.; Lorenzen u.a., BPersVG, § 77 Rn. 16),* nicht jedoch die Lehre, auch nicht die Tätigkeit in der Wissenschaftsverwaltung. Die bloße Hilfstätigkeit bei der Durchführung von wissenschaftlichen Projekten ohne eigene unmittelbare Einflußmöglichkeit scheidet ebenfalls aus. Erfaßt werden z.B. wissenschaftliche Mitarbeiter an Hochschulen und bei Forschungsinstituten.

7   Zu beachten ist hierbei, daß die **Professoren,** die Gastprofessoren und Gastdozenten sowie die nebenberuflich tätigen wissenschaftlichen und künstlerischen Angehörigen der Hochschulen gem. § 3 Abs. 3 Nr. 1 keine Dienstkräfte im Sinne des Personalvertretungsrechts sind *(vgl. oben § 3 Rn. 26),* so daß in deren Angelegenheiten ohnehin kein Beteiligungsrecht besteht. Die Regelung des § 89 Abs. 1 hat daher für den Bereich der wissenschaftlichen Betätigung im Bereich der Hochschulen vornehmlich nur Bedeutung für wissenschaftliche oder künstlerische Assistenten, Oberassistenten und Oberingenieure sowie sonstige wissenschaftliche und künstlerische Mitarbeiter.

8   **Künstlerische Tätigkeit** ist die selbständige, schöpferische oder wiedergebende Tätigkeit, in der durch bestimmte Gestaltungsmittel Eindrücke, Erfahrungen und Erlebnisse einer Person zum Ausdruck gebracht werden *(BVerfG vom 24. 2. 1971, E 30, 173, 189; vom 5. 3. 1974, E 36, 321, 331; vgl. Altvater u.a., a.a.O.).* Verwaltungstätigkeiten scheiden auch dann aus, wenn sie sich mit

Kunst befassen. Ebenso werden bloße Hilfstätigkeiten, die keine eigene Gestaltungs- und Einflußmöglichkeit eröffnen, nicht erfaßt *(BVerwG vom 18. 3. 1981, PersV 1982, 284).* Auch hier muß die Tätigkeit vorwiegend i. S. von überwiegend ausgeübt werden, vgl. oben Rn. 4 ff. Eine völlige Selbständigkeit muß nicht gegeben sein, es genügt, wenn die Tätigkeit gemeinsam mit anderen oder unter Leitung ausgeübt wird, es muß nur ein eigenständiger Gestaltungs- und Entscheidungsspielraum bestehenbleiben *(vgl. BAG vom 13. 10. 1982 – 7 AZR 462/80 n. v.; OVG Lüneburg vom 29. 1. 1982, PersV 1983, S. 20).* Erfaßt werden z. B. festangestellte Musiker bei der Rundfunkanstalt, bei Orchestern, Oper, Künstler bei Theatern etc.

Für diese Dienstkräfte tritt bei **personalrechtlichen Entscheidungen** an die Stelle des Mitbestimmungsrechts das **Mitwirkungsrecht** nach § 84. Vgl. dazu im einzelnen die Erläuterungen dort. Personalrechtliche Entscheidungen i. S. der Vorschrift sind alle Mitbestimmungstatbestände, die das Arbeits- oder Beamtenverhältnis einer einzelnen Dienstkraft und deren personalrechtliche Stellung zur Dienststelle betreffen. In erster Linie werden erfaßt die Mitbestimmungstatbestände von §§ 86 Abs. 2, 87 und 88. Für sämtliche anderen Angelegenheiten, die nicht personalrechtliche Angelegenheiten i. S. dieser Vorschrift sind, gelten die Mitbestimmungsrechte wie für andere Dienstkräfte. **9**

Ausschluß der Mitbestimmung für bestimmte Personenkreise (Abs. 2)

§ 89 Abs. 2 schließt für bestimmte Gruppen von Dienstkräften das Mitbestimmungsrecht generell aus, ohne daß an dessen Stelle ein Mitwirkungsrecht tritt. Grund hierfür ist allein die besondere Stellung dieser Dienstkräfte in der Verwaltungshierarchie, die ihnen grundsätzlich erhebliche Einflußmöglichkeiten auf das Verwaltungshandeln gibt. Sie müssen nicht sozialer Gegenspieler des Personalrats sein. Personen, die sozialer Gegenspieler des Personalrats sein könnten, sind ausdrücklich in § 89 Abs. 3 genannt worden. **10**

Das Mitbestimmungsrecht entfällt für **Stellen ab Besoldungsgruppe 16** der Besoldungsordnung A sowie sämtliche Besoldungsgruppen der Besoldungsordnung B. Dies sind Planstellen für Beamte vom Range eines leitenden Regierungsdirektors bzw. Senatsrats aufwärts. Es ist unerheblich, ob diese Stellen mit Beamten oder Angestellten besetzt sind. Das gleiche gilt für Stellen mit Arbeitsgebieten, die die Voraussetzungen der **Vergütungsgruppe I BAT** erfüllen, da diese der Besoldungsgruppe A 16 vergleichbar ist. Für die darunterliegenden Vergütungsgruppen I a und I b, die nur den Besoldungsgruppen A 15 bzw. A 14 vergleichbar sind *(vgl. Vorbemerkung 6 zu allen Vergütungsgruppen in der Anlage 1 a zum BAT),* gelten die Einschränkungen des § 89 Abs. 2 Satz 1 nicht. **11**

Der Wegfall des Mitbestimmungsrechts ist **an die jeweilige Planstelle** gebunden. Das bedeutet, daß bei einer Personalmaßnahme das Mitbestimmungsrecht auch dann entfällt, wenn die betreffende Dienstkraft erst im Wege der Einstellung, Versetzung, Beförderung oder Höhergruppierung die Stelle erhalten soll *(Lorenzen u. a., BPersVG, § 77 Rn. 29; Grabendorff u. a., BPersVG, § 77 Rn. 13).* Erforderlich ist aber in jedem Falle, daß die Stelle endgültig besetzt wird, daß beispielsweise der Beamte in sie eingewiesen wird. Diese Voraussetzung ist nicht erfüllt, wenn der Dienstkraft lediglich die Wahrnehmung der Aufgaben der betreffenden Stelle übertragen wird. In diesem Falle wird nicht die haushaltsrechtliche Planstelle betroffen, sondern eine organisatorisch vom Haushaltsrecht getrennte Lösung hinsichtlich der Aufgabenerfüllung getroffen. Die **12**

§ 89

Planstelle selbst bleibt davon unberührt *(vgl. dazu Lorenzen u.a., BPersVG, § 77 Rn. 30; aber auch Fischer/Goeres, BPersVG, § 77 Rn. 13a; Grabendorff u.a., BPersVG, § 77 Rn. 13).*

13 Auch dürfte in diesem Falle das weitere Tatbestandsmerkmal des **vergleichbaren Arbeitsgebietes** nicht erfüllt sein, da zwar die Tätigkeitsmerkmale denen eines Dienstpostens ab Besoldungsgruppe A 16 bzw. Vergütungsgruppe I BAT entsprechen, aber auch hier eine endgültige Verfügung über den Dienstposten fehlt. Durch die Ausdehnung des Ausschlusses des Mitbestimmungsrechts für vergleichbare Dienstposten wird nicht der haushaltsrechtliche Bezug gelockert.

14 **Vergleichbare Arbeitsgebiete** sind solche, bei denen sich aus einer Dienstpostenbewertung ergibt, daß sie die gleichen Tätigkeitsmerkmale aufweisen wie die Dienstposten ab Besoldungsgruppe A 16 oder Vergütungsgruppe I BAT. In erster Linie kommt es auf eine Funktionsgleichwertigkeit an *(vgl. BVerwG vom 2. 10. 1978, PersV 1979, 464; Lorenzen u.a., BPersVG, § 77 Rn. 28).* Da jedoch gerade bei der Beamtenbesoldung eine strenge Funktionsbindung nicht besteht, ist mangels anderer Kriterien bei der Vergleichbarkeit auch von der Höhe der Vergütung auszugehen.

15 Für diesen Personenkreis entfällt das Mitbestimmungsrecht überhaupt. Es entfällt in sämtlichen Angelegenheiten, nicht nur bei personalrechtlichen Entscheidungen. Das folgt aus dem Wortlaut des Gesetzes. Während in Abs. 1 und in Abs. 2 Satz 2 ausdrücklich nur das Mitbestimmungsrecht in personalrechtlichen Angelegenheiten genannt ist, fehlt diese Einschränkung in Abs. 2 Satz 1. Ebenso enthält Abs. 3 eine derartige Beschränkung nicht.

Sonderregelung für den Bereich der Berliner Schule

16 Eine Ausnahme besteht für den Bereich der Berliner Schule. Im Hinblick auf die dort bestehenden besonderen Verhältnisse sind **sämtliche Dienstkräfte** ohne Rücksicht auf ihre besoldungsrechtliche Einstufung **in die Mitbestimmung** einbezogen *(Begründung des Gesetzentwurfes, Drucksache des Abgeordnetenhauses 6/1354, 20).* Damit wird der Tatsache Rechnung getragen, daß wegen der grundsätzlich gleichartigen Funktionen der Schulleiter in allen Schulzweigen eine Herausnahme der in A 16 eingestuften Oberstudiendirektoren aus der Mitbestimmung nicht gerechtfertigt ist.

17 Auf der anderen Seite entfällt nach § 89 Abs. 2 Satz 2 das Mitbestimmungsrecht für personalrechtliche Entscheidungen hinsichtlich der **Schulaufsichtsbeamten** ohne Rücksicht auf deren besoldungsmäßige Eingruppierung. Grundsätzlich würde nämlich wegen der unterschiedlichen besoldungsrechtlichen Eingruppierung nur ein Teil der Schulaufsichtsbeamten von den Regelungen über die Mitbestimmung erfaßt werden. Auch hier handelt es sich jedoch um einen Personenkreis mit gleichartigen Funktionen, so daß aus diesem Grunde eine Einschränkung der Mitbestimmungsmöglichkeiten für sämtliche Schulaufsichtsbeamte erforderlich ist.

Sonderregelung für dirigierende Ärzte und Arbeitnehmer an Bühnen

18 Nach § 89 Abs. 2 Satz 2 entfällt das Mitbestimmungsrecht für personalrechtliche Entscheidungen ferner für **dirigierende Ärzte** (Chefärzte) ohne Rücksicht auf deren besoldungsrechtliche Eingruppierung. Damit wird vermieden, daß die Stellen der ständigen Vertreter des Abteilungsleiters, die in Vergütungsgruppe I BAT eingruppiert sind, von der Mitbestimmung des Personalrats ausgenommen sind, während die personalrechtlichen Entscheidungen über die Chefarztstellen, die in Besoldungsgruppe A 15 eingestuft sind, der Mitbestimmung unterliegen würden *(Begründung des Gesetzentwurfs, Drucksache des Abgeordnetenhauses 6/1354, 20).*

Schließlich ist nach § 89 Abs. 2 Satz 2 das Mitbestimmungsrecht für personalrechtliche Entscheidungen für **Arbeitnehmer an Bühnen** ausgeschlossen, mit denen ein festes Gehalt (Gage) auf Grund eines Normalvertrages vereinbart ist. Hiervon werden nicht erfaßt diejenigen Dienstkräfte, die auf Grund tariflicher oder gesetzlicher Vorschriften ihr Entgelt beziehen. Vornehmlich betroffen sind von dieser Regelung Schauspieler, Sänger, Musiker und Dienstkräfte mit ähnlicher künstlerischer Tätigkeit. Die Regelung des § 89 Abs. 1, die Dienstkräfte mit vorwiegend künstlerischer Tätigkeit erfaßt, wird insoweit von der Bestimmung in § 89 Abs. 2 Satz 2 verdrängt, diese geht vor. 19

Dienststellenleiter, Vertreter und leitende Beschäftigte (Abs. 3)

Schließlich entfällt das Mitbestimmungsrecht nach § 89 Abs. 3 für Stellen der Dienststellenleiter und für Dienstkräfte, die zu **selbständigen Entscheidungen in Personalangelegenheiten** von nicht untergeordneter Bedeutung sind, § 13 Abs. 3 Nr. 2 und 3. Für die Frage, welche Personen Dienststellenleiter bzw. dessen Vertreter sind, ist allein die Bestimmung in § 9 maßgeblich *(vgl. dort Rn. 3 ff.).* Hinsichtlich der Frage, welche Dienstkräfte zu selbständigen Entscheidungen in Personalangelegenheiten von nicht untergeordneter Bedeutung befugt sind, vgl. § 13 Rn. 28 ff. 20

Durch diese Abgrenzung soll eine **Interessenkollision** zwischen Dienststelle und Personalvertretung verhindert werden. Es soll ausgeschlossen werden, daß Dienstkräfte, die bei entsprechenden Mitbestimmungsangelegenheiten Verhandlungsgegner des Personalrats sein können, selbst in den Mitbestimmungsbereich einbezogen werden. Das könnte nachteilig für eine objektive Amtsführung sein, eine – wenn auch unbewußte – Beeinflussungsmöglichkeit wäre nicht auszuschließen. 21

Für diese Dienstkräfte **entfällt das Mitbestimmungsrecht** überhaupt. Dies folgt ebenso wie bei § 89 Abs. 2 Satz 1 aus dem eindeutigen Wortlaut des Gesetzes *(vgl. oben Rn. 14).* Nur so ist es im übrigen auch möglich, eine tatsächliche Interessenkollision zu vermeiden und die Unabhängigkeit dieser Dienstkräfte gegenüber der Personalvertretung zu erhalten. 22

Persönlicher Anwendungsbereich

Für die Einschränkung bzw. den Ausschluß des Mitbestimmungsrechts kommt es auf die Stellung an, die die Dienstkraft innehat bzw. erhalten soll. 23

Insbesondere bei Einstellungen, Anstellungen, Beförderungen, Höhergruppierungen und ähnlichen Maßnahmen ist die **Stellung** maßgeblich, die die **Dienstkraft erhalten soll** *(OVG Münster vom 27. 6. 1960, PersV 1960, 238; Lorenzen u. a., BPersVG, § 77 Rn. 29).* Kein Mitbestimmungsrecht besteht daher z. B. bei der Beförderung einer Dienstkraft von Besoldungsgruppe A 15 nach A 16, bei der Entlassung einer Dienstkraft mit der Vergütungsgruppe I BAT sowie bei der Übertragung von Befugnissen an Dienstkräfte, die dadurch zu selbständigen 24

Entscheidungen in Personalangelegenheiten von nicht untergeordneter Bedeutung berechtigt werden. Dies gilt auch, wenn im Vorgriff auf eine Beförderung bereits höherwertige Aufgaben übertragen werden, ohne daß eine Beförderung oder Einweisung in eine entsprechende Planstelle erfolgt *(OVG Berlin vom 19. 2. 1997, ZfPR 1997, 154).*

Streitigkeiten

25 Streitigkeiten über das Bestehen eines Mitbestimmungsrechtes bzw. über dessen Umfang sind im Beschlußverfahren vor den Verwaltungsgerichten gem. § 91 Abs. 1 Nr. 3 auszutragen. Es handelt sich hierbei um Fragen der Zuständigkeit der Personalvertretungen.

26 Daneben kann die Frage des Mitbestimmungsrechts auch als Vorfrage in einem Verfahren einer Dienstkraft gegen den Dienstherrn vor dem Verwaltungsgericht bzw. dem Arbeitsgericht entschieden werden. Das ist immer dann der Fall, wenn die Gültigkeit einer Einzelmaßnahme von der zutreffenden Beteiligung der Personalvertretung abhängig ist.

4. Mitwirkungsangelegenheiten

§ 90 Die Personalvertretung wirkt mit bei

1. Verwaltungsvorschriften über die personelle Auswahl bei Einstellungen, Versetzungen, Umgruppierungen und Kündigungen,
2. Verwaltungsvorschriften, die für die innerdienstlichen, sozialen oder persönlichen Angelegenheiten der Dienstkräfte erlassen werden,
3. der Einführung grundlegender neuer Arbeitsmethoden und grundlegenden Änderungen von Arbeitsverfahren und Arbeitsabläufen,
4. der Auflösung, Einschränkung, Verlegung oder Zusammenlegung von Dienststellen oder wesentlichen Teilen von ihnen,
5. Anmeldung für Dienstkräfte im Rahmen der Entwürfe für den Haushaltsplan, Änderungen der Stellenrahmen und der Dienstposten- und Arbeitsbewertung sowie Stellenverlagerungen,
6. Ausschreibung freier Stellen und Ausschreibung beabsichtigter Einstellungen,
7. Abgabe von dienstlichen Beurteilungen, soweit es sich nicht um in § 89 Abs. 2 genannte oder in der Ausbildung stehende Dienstkräfte handelt,
8. Disziplinarverfügungen und die Einleitung des förmlichen Disziplinarverfahrens gegen Beamte.

Übersicht   Rn.

Allgemeines	1– 3
Abschließende Aufzählung	4
Durchführung der Mitwirkung	5
Einzelne Mitwirkungsangelegenheiten	6
Verwaltungsvorschriften über die personelle Auswahl (Nr. 1)	6
Begriff der Verwaltungsvorschrift	7– 12
Zuständigkeit	13– 24

§ 90

Begriffe Einstellung, Versetzung, Umgruppierung, Kündigung	25– 28
Verstoß gegen Verwaltungsvorschriften	29, 30
Verwaltungsvorschriften für die innerdienstlichen, sozialen oder persönlichen Angelegenheiten der Dienstkräfte (Nr. 2)	31– 39
Einführung grundlegend neuer Arbeitsmethoden etc. (Nr. 3)	40– 43
Grundlegende Veränderungen	44– 48
Aufgabe der Personalvertretung	49– 51
Konkurrenz zu anderen Mitbestimmungsrechten	52
Auflösung etc. von Dienststellen (Nr. 4)	53, 54
Auflösung	55– 57
Einschränkung	58– 63
Verlegung	64– 69
Zusammenlegung	70– 72
Wesentlicher Teil einer Dienststelle	73
Personalanmeldungen (Nr. 5)	74– 84
Ausschreibung (Nr. 6)	85– 90
Abgabe von dienstlichen Beurteilungen (Nr. 7)	91, 92
Umfang der Beteiligung	93– 99
Ausschluß der Mitwirkung	100, 101
Disziplinarmaßnahmen (Nr. 8)	102–104
Umfang des Mitwirkungsrechts	105
Verstöße	106–112
Streitigkeiten	113, 114

Allgemeines

Der Katalog derjenigen Angelegenheiten, die nur der Mitwirkung der Personalvertretung unterliegen, ist gegenüber den früheren Regelungen in den §§ 72–74 PersVG Bln a. F. eingeschränkt worden. Nach der Begründung des Gesetzentwurfs *(Drucksache 6/1354, 20)* soll durch diese Einschränkung erreicht werden, daß nur diejenigen Angelegenheiten der Mitwirkung unterliegen, für die aus verfassungsrechtlichen Gründen eine Mitbestimmung ausscheidet. Damit wird der Tatsache Rechnung getragen, daß die selbständige politische Entscheidungsgewalt der Regierung, ihre Funktionsfähigkeit zur Erfüllung ihrer verfassungsmäßigen Aufgaben, ihre Sachverantwortlichkeit gegenüber Volk und Parlament zwingende Gebote der demokratischen rechtsstaatlichen Verfassung sind. Diese Grundsätze erfordern aber, daß die Regierung der gesamten Staatstätigkeit eine bestimmte Richtung geben und für die Einhaltung dieser Richtlinien durch die Verwaltung sorgen muß. Insoweit kann auch die Entscheidungsgewalt nicht auf von der Regierung unabhängige Ausschüsse oder Instanzen übertragen werden *(so BVerfG vom 27. 4. 1959, AP Nr. 1 zu § 59 PersVG Bremen = E 9, 268; vom 24. 5. 1995, E 93, 37 = PersV 1995, 553).* 1

§ 90 enthält daher diejenigen Tatbestände, die wegen ihrer Auswirkungen auf die Verwaltungsorganisation mittelbar auch die Aufgabenstellung und Aufgabenerfüllung des Staates beeinflussen, so daß sie wesentlicher Bestandteil der Regierungsgewalt sind, die nicht auf unabhängige Stellen übertragen werden können. 2

Nur begrenzt vergleichbare Regelungen finden sich in § 78 Abs. 1 Nr. 1, 2 und 3 BPersVG. Ebenfalls nur begrenzt vergleichbar ist § 90 BetrVG für die Frage der Einführung grundlegend neuer Arbeitsmethoden, Arbeitsverfahren und Arbeitsabläufe (Nr. 3), § 92 BetrVG für den Bereich der Personalplanung (Nr. 5), § 93 BetrVG für den Bereich der Ausschreibung freier Stellen (Nr. 6), sowie § 95 3

711

§ 90

BetrVG für den Bereich der Verwaltungsvorschriften über die personelle Auswahl (Nr. 1).

Abschließende Aufzählung

4 Die Aufzählung der Angelegenheiten, in denen für die Personalvertretung ein Mitwirkungsrecht besteht, ist abschließend. Eine Ausweitung ist nicht zulässig. Auch eine Dienstvereinbarung, die eine Erweiterung der mitwirkungspflichtigen Angelegenheiten enthält, ist unwirksam.

Durchführung der Mitwirkung

5 Hinsichtlich der Beteiligung der Personalvertretung in Mitwirkungsangelegenheiten gelten die Regelungen des § 84. Hinsichtlich der Einzelheiten vgl. die Erläuterungen dort.

Einzelne Mitwirkungsangelegenheiten
Verwaltungsvorschriften über die personelle Auswahl (Nr. 1)

6 Der Mitwirkung nach § 90 Nr. 1 unterliegen zunächst Verwaltungsvorschriften über die personelle Auswahl bei Einstellungen, Versetzungen, Umgruppierungen und Kündigungen. Das Gesetz enthält keine Begriffsbestimmung, was unter Verwaltungsvorschriften über die personelle Auswahl im einzelnen zu verstehen ist.

Begriff der Verwaltungsvorschrift

7 Der Begriff der Verwaltungsvorschrift wird in § 90 Nr. 1 und 2 gebraucht. Er ist in beiden Bestimmungen gleichbedeutend, **er ist weit zu fassen.**

8 Verwaltungsvorschriften sind zunächst die von Regierungs- oder Verwaltungsorganen oder Ämtern erlassenen **Rechtssätze,** die sich unmittelbar lediglich an nachgeordnete, weisungsabhängige Personen, Dienststellen, Ämter oder sonstige Organe richten und die Wahrnehmung von Zuständigkeiten oder Rechten bzw. Pflichten kraft Weisungsgewalt des näheren regeln. Sie haben nur interne Wirkung, binden also Dritte nicht *(vgl. dazu auch BVerwG vom 14. 4. 1967, PersV 1967, 257; vom 7. 11. 1969, 1970, 187).* Sie erhalten aber über das Gebot der Rechtsanwendungsgleichheit des Art. 3 Abs. 1 GG mittelbar eine Drittwirkung durch Selbstbindung der Behörde, diese darf im Einzelfall nicht ohne besondere Gründe abweichen, da sonst der Gleichbehandlungsgrundsatz verletzt wäre. Erfaßt werden sowohl allgemeine Verwaltungsvorschriften, die sich an alle nachgeordneten Ämter und Organe wenden (z. B. Verwaltungsverordnungen, Runderlasse etc.), als auch spezielle Verwaltungsvorschriften, die sich an ein oder mehrere bestimmte Organe oder Ämter wenden (z. B. besondere Verwaltungsvorschriften, Erlasse etc.).

9 Der Begriff der Verwaltungsvorschrift in § 90 geht jedoch über diesen in der Verwaltungsrechtsdogmatik gültigen Begriff hinaus. Er ist **nicht auf hoheitsrechtliche Anordnungen beschränkt.** Wie die Regelungen in § 90 Nr. 1 und 2 zeigen, können die Rechtsgrundlagen für ihren Erlaß bei Beamten in dem bestehenden besonderen Gewaltverhältnis und bei den Arbeitern und Angestellten im Direktionsrecht des Dienstherrn liegen *(vgl. BVerwG vom 23. 7. 1985,*

ZBR 1985, 285; vom 6. 2. 1987, E 77, 1; Dietz/Richardi, BPersVG, § 78 Rn. 4; Lorenzen u. a., BPersVG, § 78 Rn. 6).

In welcher **Form** eine Verwaltungsvorschrift ergeht, ist unerheblich. Entscheidend ist nur, daß sie allgemeinen Charakter hat, also die Dienstkräfte in ihrer Gesamtheit oder aber eine unbestimmte Vielzahl von Dienstkräften betrifft, also eine kollektive Regelung enthält *(BVerwG vom 6. 2. 1987, E 77, 1; Fischer/Goeres, BPersVG, § 78 Rn. 9; Grabendorff u.a., BPersVG, § 78 Rn. 3).*

Der Begriff der Verwaltungsvorschrift setzt voraus, daß ein **eigenständiger Regelungsinhalt** besteht, daß allgemeine Weisungen oder Anordnungen erlassen werden. Verwaltungsvorschriften liegen daher dann nicht vor, wenn die Bestimmungen lediglich der Ausführung bereits gegebener Anordnungen dienen oder nur Erläuterungen darstellen, ohne selbst eine eigenständige Bedeutung zu gewinnen *(vgl. BVerwG vom 14. 4. 1967, PersV 1967, 257; vom 7. 11. 1969, PersV 1970, 187, vom 22. 3. 1990, DVBl. 1990, 871).* Keine Verwaltungsvorschrift i. S. dieser Bestimmung liegt daher vor, wenn in einer Verfügung lediglich die Rechtsauffassung der Dienststelle mitgeteilt wird. Auch die Äußerung einer Rechtsansicht, der zu folgen den Dienstkräften unverbindlich empfohlen wird, unterliegt nicht dem Mitwirkungsrecht. Demgegenüber ist jedoch ein Einführungserlaß zu einem Tarifvertrag, der eine beteiligungsbedürftige Angelegenheit regelt, eine Verwaltungsvorschrift in diesem Sinne, da er eigene Regelungen enthält *(BVerwG vom 14. 12. 1962, E 15, 215).*

Bei den Verwaltungsvorschriften handelt es sich um **Anordnungen, die die Stellung der Dienstkräfte beeinflussen.** Erfaßt werden daher diejenigen Regelungen, die sich in ihren Auswirkungen auf die Dienstkraft »als eine dem Dienstherrn mit selbständigen Rechten gegenüberstehende Rechtspersönlichkeit erstrecken«. Das gleiche gilt, wenn auf Grund der Verwaltungsvorschrift in die Rechtsstellung der Dienstkräfte eingegriffen werden kann. Eine solche Maßnahme ist z. B. bei der Abschaffung der verbilligten dienstlichen Fahrausweise gegeben *(VG Berlin vom 31. 8. 1973, PersV 1974, 210).* Kantinenrichtlinien, soweit die Kantine von der Dienststelle betrieben wird *(BVerwG vom 7. 11. 1969, PersV 1970, 187);* Regelungen über die Dienstbefreiung, Benutzung von Dienstfahrzeugen, des Zeichnungsrechts usw. Damit erstreckt sich die Mitwirkung auch auf diejenigen Verwaltungsvorschriften, die die Dienststelle im Bereich ihrer hoheitlichen Tätigkeit erläßt *(Grabendorff u.a., BPersVG, § 78 Rn. 4; Dietz/ Richardi, BPersVG, § 78 Rn. 4),* zumal die parlamentarische Verantwortlichkeit der Regierung insoweit nicht berührt wird, da die Entscheidungsbefugnis nicht auf eine unabhängige dritte Stelle delegiert wird.

Zuständigkeit

Das Mitwirkungsrecht besteht grundsätzlich für die Personalvertretung der Dienststelle, die die Verwaltungsvorschrift erläßt. Übernimmt eine nachgeordnete Dienststelle auf Grund einer Weisung eine Verwaltungsvorschrift einer übergeordneten Dienststelle, ohne daß ihr noch ein Regelungsspielraum verbleibt, kann nicht mehr von einem Erlaß mit eigener Entscheidungsbefugnis gesprochen werden, ein Mitwirkungsrecht scheidet dann aus *(Lorenzen u.a., BPersVG, § 78 Rn. 9).* In diesem Falle kann aber ein Mitwirkungsrecht des Gesamtpersonalrats, § 54, oder des Hauptpersonalrats bestehen, § 59. Wird aber eine Verwaltungsvorschrift, die für eine andere Dienststelle erlassen worden ist, übernommen, ohne daß hierzu eine Weisung einer übergeordneten

§ 90

Dienststelle oder eine sonstige Verpflichtung bestanden hat, die Dienststelle also über die Übernahme frei entscheiden konnte, besteht das Mitwirkungsrecht für die bei der übernehmenden Dienststelle bestehende Personalvertretung in vollem Umfange.

14 **Zweck der Verwaltungsvorschriften im Bereich des § 90 Nr. 1** ist die Bindung der Verwaltung an bestimmte Gesichtspunkte bei der personellen Auswahl im Rahmen einer vorhandenen Personalplanung. Unter die Personalplanung fällt hierbei die Personalbeschaffungs-, die Einsatz- und Personalfreisetzungsplanung. Nicht hierzu gehört die Personalbedarfsplanung, die Voraussetzung für die anderen Planungsgegenstände ist.

15 Zu den Verwaltungsvorschriften über die personelle Auswahl **gehört in erster Linie** die Festlegung der materiellen Merkmale, nach denen die Auswahl bei Einstellungen, Versetzungen, Umgruppierungen und Kündigungen erfolgen soll. Derartige materielle Gesichtspunkte können im fachlichen Bereich, im persönlichen Bereich und im sozialen Bereich liegen.

16 **Auswahlkriterien** im fachlichen Bereich sind z. B.: die Festlegung der Anforderungen des Dienstplatzes und der daraus abzuleitenden Anforderungsprofile, der berufliche Werdegang, die berufliche Ausbildung, die abgelegten Prüfungen, das Vorhandensein von Spezialkenntnissen oder sonstigen besonderen Fähigkeiten, vorhandene Praxis, vorhandener Werdegang im Bereich des öffentlichen Dienstes oder in der Privatwirtschaft.

17 **Zu den Gesichtspunkten im persönlichen Bereich** können z. B. gehören: das Alter, das Geschlecht, der Gesundheitszustand, Anforderungen aus arbeitsmedizinischer Sicht, physische und psychische Belastbarkeit einschließlich der Durchführung von Tests und Tauglichkeitsuntersuchungen sowie Kriterien für die Beurteilung von Einsatzmöglichkeiten. Hierunter fällt auch die Regelung, daß dienststelleninterne Bewerber vor externen Bewerbern bei gleicher Qualifikation und Leistung bevorzugt werden sollen.

18 **Soziale Gesichtspunkte** können sein: das Alter, der Gesundheitszustand, der Familienstand, die Dauer der Zugehörigkeit zur Dienststelle bzw. zum öffentlichen Dienst, der Gleichbehandlungsgrundsatz des § 71, die Berücksichtigung schutzbedürftiger Dienstkräfte (z. B. § 72 Nr. 4, 5, 6). Zu berücksichtigen ist hierbei, daß ein persönliches Merkmal nur dann zusätzlich oder überhaupt als sozialer Gesichtspunkt herangezogen werden kann, wenn nicht ohnehin schon dieses Merkmal die Eignung für den konkreten Dienstplatz ausschließt.

19 Bei **Kündigungsrichtlinien** ist zu beachten, daß die Verwaltungsvorschriften nur im Rahmen der nach § 1 KSchG zu berücksichtigenden Umstände bei der Kündigung Bestimmungen enthalten können. Hier besteht eine gesetzliche Bindung des Ermessensspielraums des öffentlichen Arbeitgebers bei Ausspruch der Kündigung, die durch Verwaltungsvorschriften nicht geändert oder aufgehoben werden kann. Die Verwaltungsvorschriften können hier nur zu einer Begrenzung des Ermessensspielraums, zu einer Ermessensbindung führen.

20 Bei der **betriebsbedingten Kündigung** müssen sich die Richtlinien über die soziale Auswahl zwischen mehreren möglichen Kündigungsempfängern im Rahmen des § 1 Abs. 3 KSchG halten. Sie werden in der Regel nur Dienstkräfte mit gleichartigen Tätigkeiten betreffen können. Wesentlichste Kriterien können hierbei z. B. sein: Dauer der Dienststellenzugehörigkeit, Alter, Familienstand, Zahl der Unterhaltsberechtigten, sonstige Einkünfte, materielle Absicherung

etc. Ein Punktekatalog kann festgelegt werden, wenn ein gewisser Beurteilungsspielraum bestehenbleibt *(vgl. BAG vom 24. 3. 1983, vom 20. 10. 1983, AP Nrn. 12, 13 zu § 1 KSchG 1969 Betriebsbedingte Kündigung; vom 19. 1. 1990, DB 1990, 1335).*

Verwaltungsvorschriften für **verhaltensbedingte Kündigungen** dürften mangels Voraussehbarkeit der möglichen Tatbestände praktisch kaum möglich sein. Auch kann bei verhaltensbedingten Kündigungen eine soziale Auswahl nur in seltenen Fällen stattfinden. **21**

Das gleiche gilt für **personenbedingte Kündigungen,** also für Kündigungen, die durch in der Person liegende Gründe bedingt sind, wie z.B. bei lang andauernder Krankheit, sinkender Leistungsfähigkeit etc. **22**

Sowohl bei der verhaltens- als auch der personenbedingten Kündigung können jedoch durch Verwaltungsvorschrift Kriterien festgelegt werden, die die Kündigungsgründe konkretisieren, also das Ermessen des Dienstherrn binden. Es kann z.B. festgelegt werden, daß erst eine bestimmte Erkrankungsdauer eine Kündigung rechtfertigen kann, unter welchen Voraussetzungen das Absinken der Leistungsfähigkeit eine Kündigung sozial rechtfertigen kann. Hierbei handelt es sich aber nicht um Auswahlkriterien, sondern um eine Konkretisierung der Kündigungsgründe. **23**

Neben den materiellen Merkmalen für die Auswahl einer Person können auch die formellen **Vorschriften über das Verfahren** zur Feststellung der nach den materiellen Kriterien zu beachtenden Gesichtspunkte in den Verwaltungsvorschriften festgelegt werden. Hierzu gehören insbesondere: Festlegung der verwertbaren Unterlagen, der Wertigkeit der Kriterien, Bestimmung der für die Feststellung und Bewertung der Auswahlgesichtspunkte maßgebenden Dienstkräfte. **24**

Begriffe Einstellung, Versetzung, Umgruppierung, Kündigung

Der Begriff der Einstellung ist identisch mit dem Begriff in § 87 Nr. 1 bzw. § 88 Nr. 1 *(vgl. § 87 Rn. 12 f. und § 88 Rn. 13 ff.).* **25**

Der Begriff der Versetzung ist identisch mit dem Begriff in § 86 Abs. 3 Nr. 1 *(vgl. § 86 Rn. 50 ff.).* **26**

Der Begriff der Umgruppierung bedeutet jede Änderung der Einreihung in bestimmte Tarifgruppen, auch wenn die Geltung des Tarifvertrages nur im Einzelarbeitsvertrag vereinbart ist. Hierunter fallen insbesondere die Höhergruppierung und die Herabgruppierung i.S. von § 87 Nr. 4 bzw. 6 *(vgl. zu diesen Begriffen § 87 Rn. 60 ff., 77 ff.).* Es werden darüber hinaus auch die Fälle erfaßt, in denen die Stellung der Dienstkraft innerhalb der Dienststelle geändert wird (z.B. bei Versetzung, Beförderung), auch wenn die alte Vergütung weitergezahlt wird, sowie die Umgruppierung trotz unverändertem Tätigkeitsbereich der Dienstkraft, wenn dies z.B. auf Grund einer neuen Lohn- bzw. Gehaltsgruppeneinteilung oder zur Berichtigung einer ersten Eingruppierung erforderlich ist. **27**

Der Begriff der Kündigung ist der gleiche wie in § 87 Nr. 9 *(vgl. § 87 Rn. 86 ff.).* **28**

Verstoß gegen Verwaltungsvorschriften

29 Wird gegen die Verwaltungsvorschriften bei einer Einstellung, Versetzung, Umgruppierung oder Kündigung verstoßen, kann dies im Mitbestimmungsverfahren von der Personalvertretung geltend gemacht werden. Sie kann aus diesem Grunde ihre Zustimmung verweigern.

30 Die einzelne Dienstkraft kann gegebenenfalls bei Verstoß gegen die Verwaltungsvorschriften in einem Rechtsstreit vor dem Verwaltungsgericht bzw. Arbeitsgericht geltend machen, daß insoweit die Dienststelle die eingetretene Ermessensbindung nicht beachtet hat.

Verwaltungsvorschriften für die innerdienstlichen, sozialen oder persönlichen Angelegenheiten der Dienstkräfte (Nr. 2)

31 Gegenüber der bisherigen Regelung in § 72 Nr. 1 PersVG Bln a. F. ist nunmehr durch Einführung eines Kommas unter dem Wort »innerdienstlich« klargestellt, daß Verwaltungsvorschriften über soziale oder persönliche Angelegenheiten der Dienstkräfte **gleichrangig** neben diejenigen über innerdienstliche Angelegenheiten der Dienstkräfte treten. Vorrangiger Zweck des Mitwirkungsrechtes ist es, eine Beteiligung der Personalvertretung auch bei denjenigen generellen Regelungen vorzusehen, bei denen der Personalvertretung ein Mitwirkungsrecht grundsätzlich nur im Einzelfall zusteht. Durch das Mitwirkungsrecht soll erreicht werden, daß das Mitbestimmungsrecht im Einzelfall nicht durch generelle Vorschriften praktisch ausgehöhlt wird.

32 Der **Begriff der Verwaltungsvorschrift** ist der gleiche wie in § 90 Nr. 1 *(vgl. oben Rn. 7 ff.).* Auch hier ist der Begriff der Verwaltungsvorschrift weit zu fassen. Durch die Einführung des Kommas hinter dem Wort »innerdienstlich« ist klargestellt worden, daß sämtliche Verwaltungsvorschriften bezüglich der sozialen oder persönlichen Angelegenheiten der Dienstkräfte der Mitwirkung bedürfen, auch wenn sie nicht allein innerdienstlichen Charakter haben bzw. wenn sie im Rahmen der hoheitlichen Tätigkeit durchgeführt werden, wie dies häufig bei Beamten der Fall sein kann.

33 Aus diesem Zweck der Regelung folgt, daß die Verwaltungsvorschrift in Zusammenhang mit den Mitbestimmungs- bzw. Mitwirkungsrechten der Personalvertretung stehen muß. Nicht erforderlich ist, daß sie ausschließlich Angelegenheiten betrifft, die der Mitwirkung oder Mitbestimmung unterliegen. Es reicht ein unmittelbarer Zusammenhang aus *(BVerwG vom 14. 12. 1962, 15, 215; Lorenzen u. a., BPersVG, § 78 Rn. 10).*

34 Für die **Zuständigkeit** der Personalvertretungen gelten ebenfalls die gleichen Grundsätze wie bei Nr. 1, auf die dortigen Erläuterungen kann verwiesen werden (oben Rn. 13).

35 **Innerdienstliche Angelegenheiten** sind dienststelleninterne Regelungen, die vornehmlich Fragen der Organisation betreffen. Bei ihnen besteht ein Mitwirkungsrecht hinsichtlich des Erlasses von Verwaltungsvorschriften dann, wenn die vorgesehenen Regelungen die Rechtsstellung der einzelnen Dienstkräfte betreffen können. Hierzu gehören auch Verwaltungsvorschriften organisatorischer Art, die mittelbar Einfluß auf die der Mitbestimmung der Personalvertretung unterliegenden Angelegenheiten des § 85 haben können. Es besteht dagegen kein Mitwirkungsrecht bei der Aufstellung von Regelungen, die sich mit der Erfüllung der nach außen gerichteten Aufgaben der Dienststelle be-

fassen *(BVerwG vom 11. 3. 1983, PersV 1984, 318; VG Berlin vom 30. 11. 1983 – VG FK [Bln] – B – 18/82).*

Verwaltungsvorschriften, die die **sozialen Angelegenheiten** der Dienstkräfte betreffen, sind diejenigen allgemeinen Regelungen, die die in den §§ 85 und 86 geregelten Tatbestände erfassen. Zu beachten ist hierbei, daß hier das Mitbestimmungsrecht auch bei der Festlegung von generellen Regelungen besteht. Das Mitwirkungsrecht besteht daher nur insoweit, als der Dienstherr kraft seines Direktionsrechts in diesem Bereich einseitig Verwaltungsvorschriften erlassen kann. 36

Ein Mitwirkungsrecht besteht schließlich bei Verwaltungsvorschriften, die die **persönlichen Angelegenheiten** der Dienstkräfte betreffen. In erster Linie handelt es sich um Regelungen, die allgemeine Bestimmungen enthalten, die die in den §§ 86 Abs. 3 und 87, 88 geregelten Angelegenheiten betreffen. Hierbei kann es sich sowohl um formelle Vorschriften handeln, die das Verfahren bei der Durchführung der dort genannten Maßnahmen betreffen, oder aber um Vorschriften, die im einzelnen materielle Kriterien aufstellen. 37

Mitwirkungsbedürftig ist daher ein **Einführungserlaß zu einem Tarifvertrag,** der eine beteiligungsbedürftige Angelegenheit näher ausgestaltet *(vgl. oben Rn. 11).* Nicht mitwirkungsbedürftig ist dagegen die bloße Mitteilung eines Tarifvertrages, selbst wenn dabei Anregungen und erläuternde Betrachtungen erfolgen, ohne daß darin bereits Regelungen gesehen werden können. Mitwirkungsbedürftig ist weiter z. B. die Abschaffung verbilligter Fahrausweise, die Festlegung der Maßstäbe für die Gewährung von Sonderurlaub *(VG Berlin vom 18. 8. 1975 – VG FK [Bln] 24.75),* Anordnung von Dienstbefreiung, die Benutzung von Dienstfahrzeugen, Verwendung von Personalinformationssystemen usw. 38

Kein Mitwirkungsrecht der Personalvertretung besteht bei der bloßen **Vorbereitung von Verwaltungsvorschriften,** die Angelegenheiten betreffen, die in § 90 Nr. 2 genannt sind. Bei der Vorbereitung sind insoweit gegebenenfalls lediglich die zuständigen Gewerkschaften oder Verbände gem. § 60 LBG zu beteiligen *(Grabendorff u.a., BPersVG, § 78 Rn. 8; Lorenzen u.a., BPersVG, § 78 Rn. 20).* Letztlich entspricht das dem grundsätzlichen Vorrang der Koalitionen im Bereich der Gestaltung der Arbeits- und Wirtschaftsbedingungen. Für den Ausschluß des Mitwirkungsrechts kommt es nicht darauf an, ob die Verbände tatsächlich beteiligt worden sind. Die Beteiligung des Personalrats muß jedoch so frühzeitig erfolgen, daß dieser noch auf die Gestaltung der Verwaltungsanordnung Einfluß nehmen kann. Dem Personalrat muß noch genügend Zeit zur sachlichen Überprüfung und Stellungnahme zur Verfügung stehen. 39

Einführung grundlegend neuer Arbeitsmethoden etc. (Nr. 3)

Nach § 90 Nr. 3 besteht ein Mitwirkungsrecht der Personalvertretung bei der Einführung grundlegend neuer Arbeitsmethoden und grundlegenden Änderungen von Arbeitsverfahren und Arbeitsabläufen. Eine Definition der Begriffe Arbeitsmethode, Arbeitsverfahren und Arbeitsablauf ist im Gesetz nicht enthalten. 40

Arbeitsmethoden betreffen vor allem die Gestaltung der menschlichen Arbeit. Durch sie wird die Art des Einsatzes der menschlichen Arbeitskraft bei den Verwaltungsaufgaben bzw. den Produktionsaufgaben bestimmt. Hierher gehören Fragen der Aktenbearbeitung, soweit sie die Art des Einsatzes der Dienst- 41

§ 90

kräfte regeln, die Arbeit in Gruppen, der Übergang zur oder die weitere Entwicklung der Automation, sonstige Fragen der Verwaltungsorganisation, die den Arbeitseinsatz beeinflussen sowie im Bereich vornehmlich der Eigenbetriebe auch die Frage des Überganges von Handarbeit zu Maschinenarbeit, die Ersetzung bestimmter Maschinen durch andere, die Einteilung der Arbeitsbezirke.

42 Der Begriff des **Arbeitsverfahrens** beschreibt einen Teilausschnitt aus dem umfassenderen Begriff des Arbeitsablaufes. Er betrifft die Technologie, die zur Veränderung des Arbeitsgegenstandes im Sinne der Arbeitsaufgabe anzuwenden ist. Der Begriff des Arbeitsverfahrens erfaßt also die organisatorische und technologische Bestimmung der Be- oder Verarbeitungsprozesse. Hierunter fällt zum Beispiel das technische Verfahren, nach dem die Verwaltungsaufgaben abgewickelt werden sollen oder nach denen produziert werden soll. Im Bereich der Eigenbetriebe fallen hierunter zum Beispiel auch Fragen der Serienproduktion oder Einzelherstellung, ferner nach welchen technischen Methoden bestimmte Güter hergestellt oder bestimmte Leistungen erbracht werden sollen.

43 Während der Begriff des Arbeitsverfahrens die Technologie zur Veränderung des Arbeitsgegenstandes im Sinne der Arbeitsaufgabe erfaßt, ist der Begriff des **Arbeitsablaufes** weiter. Hierunter fällt die organisatorische, räumliche und zeitliche Gestaltung des Arbeitsprozesses im Zusammenwirken von Dienstkräften und Betriebsmitteln zur Erzielung eines bestimmten Ergebnisses (vgl. BVerwG vom 15. 12. 1978, PersV 1980, 145, 147). Im Arbeitsablauf wird zum Beispiel erfaßt, in welcher Abteilung oder an welchem Arbeitsplatz die Arbeit durchgeführt werden soll, in welcher zeitlichen Aufeinanderfolge dies geschieht und mit welchen Betriebsmitteln die Arbeitsaufgabe erfüllt werden soll. Der Arbeitsablauf trifft daher in erster Linie die zeitliche und räumliche Anordnung und Verteilung der Arbeitsaufgaben innerhalb der Dienststelle.

Grundlegende Veränderungen

44 Das Mitwirkungsrecht besteht lediglich bei **grundlegenden** neuen Arbeitsmethoden oder grundlegenden Änderungen von Arbeitsverfahren und Arbeitsabläufen. Grundlegend ist eine Veränderung insbesondere dann, wenn sie auch erhebliche nachteilige Auswirkungen auf die betroffenen Dienstkräfte haben kann (BAG vom 26. 10. 1982, AP Nr. 10 zu § 111 BetrVG 1972). Auch erhebliche Auswirkungen auf die Arbeitsabläufe in der Dienststelle können eine grundlegende Änderung darstellen (vgl. LAG Frankfurt vom 27. 10. 1987, NZA 1988, 407). Veränderungen bei der Erledigung von Nebentätigkeiten, wie z. B. dem Reinigen der Büroräume, bleiben außer Betracht (OVG Berlin vom 17. 12. 1957, AP Nr. 1 zu § 73 PersVG). Auch die laufende Verbesserung von Arbeitsmethoden, Arbeitsverfahren und Arbeitsabläufen, die in jeder Dienststelle jederzeit durchgeführt werden können, sind keine grundlegenden Veränderungen im Sinne dieser Vorschrift. Die Veränderungen müssen die Substanz der bisherigen Methoden oder Verfahren betreffen.

45 Die **Einführung** der Arbeitsmethoden bzw. die Änderung von Arbeitsverfahren und Arbeitsabläufen müssen für die konkrete Dienststelle, nicht für den gesamten Bereich einer Dienstbehörde oder obersten Dienstbehörde bzw. im Land Berlin neu sein. Hierbei ist es unerheblich, ob die Einführung offensichtlich dem technischen Fortschritt entspricht oder ihm dient. Auch in diesen Fällen besteht das Mitwirkungsrecht.

Hauptfälle der **grundlegenden Veränderungen** sind in erster Linie Rationalisierungsmaßnahmen, die zum Beispiel durch eine Änderung der Behandlung von Aktenvorgängen erreicht werden sollen oder die zunehmende Einführung der Automation bzw. Datenverarbeitung oder Verwendung neuer Technologien. So z. B. auch die Verwendung von Mikroprozessoren *(zu den Mitbestimmungsrechten bei der Einführung neuer Technologien vgl. oben § 85 Rn. 93 ff.)*. Jede Automatisierung eines Arbeitsvorganges unterliegt dem Mitwirkungsrecht. **46**

Bei Arbeitsverfahren und Arbeitsabläufen genügt die grundlegende **Änderung**. Eine Änderung ist hier dann gegeben, wenn in die Substanz der bisherigen Arbeitsverfahren oder Arbeitsabläufe eingegriffen wird, wenn deren Kern verändert wird. Das Mitwirkungsrecht besteht in diesem Falle auch bei der Vorbereitung derartiger Maßnahmen, da nur in diesem Zeitpunkt eine tatsächliche Einwirkungsmöglichkeit der Personalvertretung gegeben ist. **47**

Die Einführung grundlegend neuer Arbeitsmethoden erfordert demgegenüber die Ersetzung der bisherigen Arbeitsmethoden durch andere. Das Mitwirkungsrecht besteht in diesem Falle auch bereits bei der Vorbereitung der Anwendung dieser neuen Arbeitsmethoden. Hierunter fällt z. B. die Einführung von Datensichtgeräten, Bildschirmarbeitsplätzen usw. *(zu den Mitbestimmungsrechten in diesem Bereich vgl. § 85 Rn. 93 ff.)*. Nicht dem Mitwirkungsrecht unterliegt aber in der Regel der Ersatz von bisher verwandten Geräten durch eine neue Generation oder der Austausch veralteter Apparate. **48**

Aufgabe der Personalvertretung

Im Rahmen des Mitwirkungsrechts hat die Personalvertretung in erster Linie darauf zu achten, daß die **gesicherten Erkenntnisse der Arbeitswissenschaft** eingehalten werden. Arbeitswissenschaft ist hierbei die Analyse und Gestaltung von Arbeitssystemen und Arbeitsmitteln, wobei der arbeitende Mensch in seinen individuellen und sozialen Beziehungen zu den übrigen Elementen des Arbeitssystems, den Betriebsmitteln, Mittelpunkt der Betrachtung ist. Hierunter fallen auch die Erkenntnisse der Arbeitsmedizin, der Arbeitsphysiologie, der Arbeitssoziologie, der Arbeitspädagogik und der Arbeitspsychologie. Es ist nicht erforderlich, daß diese Erkenntnisse wissenschaftstheoretisch unangreifbar sind, es genügt, wenn die Erkenntnisse in der Fachwelt anerkannt sind. Entscheidend ist damit, ob es zweckmäßig ist, die Erkenntnisse bei der Gestaltung von Arbeitsplatz, Arbeitsablauf und Arbeitsumgebung zu berücksichtigen. Im Grunde hat die Personalvertretung die Aufgabe, auf die menschengerechte Gestaltung der Arbeit zu achten. **49**

Ferner hat die Personalvertretung die Aufgabe, auch darüber hinaus in jeder Hinsicht die **Interessen der Dienstkräfte** zu vertreten. Hierbei hat sie darauf zu achten, daß die Dienstkräfte nicht in unangemessener Weise durch die Veränderungen belastet werden. Gegebenenfalls muß sie versuchen, einen Ausgleich für die Belastungen zu erreichen. **50**

Der Sinn des Mitwirkungsrechts der Personalvertretung erfordert eine **frühzeitige Beteiligung,** damit die Personalvertretung noch Einfluß auf die Entscheidungen der Dienststelle nehmen kann. Es muß daher ausgiebig Gelegenheit gegeben werden, die beabsichtigten Maßnahmen mit der Personalvertretung zu beraten, dieser muß die Möglichkeit offenstehen, sich auch mit den betroffenen Dienstkräften an Ort und Stelle über die Auswirkungen der geplanten Veränderungen zu beraten. **51**

Konkurrenz zu anderen Mitbestimmungsrechten

52 Werden bei der Einführung grundlegend neuer Arbeitsmethoden oder der grundlegenden Änderung von Arbeitsverfahren oder Arbeitsabläufen auch Maßnahmen getroffen, die mitbestimmungspflichtige Tatbestände betreffen, besteht neben dem Mitwirkungsrecht **unabhängig** auch das jeweilige Mitbestimmungsrecht. Soweit daher zum Beispiel derartige Veränderungen auch Auswirkungen auf die Regelung der Arbeitszeit oder der Entlohnung haben, besteht ein Mitbestimmungsrecht nach § 85 Abs. 1 Nr. 1 bzw. Nr. 10. Ferner kann die Gestaltung der Arbeitsplätze i.S. des § 85 Abs. 1 Nr. 12 betroffen sein. Gleichzeitig könnte es sich um Maßnahmen zur Hebung der Arbeitsleistung und zur Erleichterung des Arbeitsablaufes handeln, so daß dann ein Mitbestimmungsrecht nach § 85 Abs. 2 Nr. 2 gegeben wäre.

Auflösung etc. von Dienststellen (Nr. 4)

53 Dem Mitwirkungsrecht der Personalvertretung unterliegt ferner die Auflösung, Einschränkung, Verlegung oder Zusammenlegung von Dienststellen oder wesentlichen Teilen von ihnen, § 90 Nr. 3. Das Mitwirkungsrecht betrifft nur die organisatorische Seite. Betroffen wird auch nur die Entscheidung der Auflösung, Einschränkung, Verlegung oder Zusammenlegung, nicht jedoch die dann darauf beruhende Durchführung dieser Maßnahme durch verschiedene Einzelmaßnahmen. Damit erstreckt sich das Mitwirkungsrecht auch nicht auf die damit in Zusammenhang stehenden personellen oder sozialen Angelegenheiten der Dienstkräfte. Insoweit können zum Beispiel Mitbestimmungsrechte nach § 85 Abs. 1 Nr. 9 bezüglich der Aufstellung von Sozialplänen usw. sowie nach §§ 87 Nr. 9, 86 Abs. 3 Nr. 1 und 2, § 88 Nr. 10 bestehen.

54 Eine Besonderheit ergibt sich für diejenigen personalvertretungsrechtlichen Einheiten, die lediglich als Dienststelle gelten, § 5 Abs. 2. Solche **fiktiven Dienststellen** können nicht von Maßnahmen i.S. des § 90 Nr. 4 betroffen werden, wenn die einzelnen Einrichtungen, in denen die zu dieser Dienststelle gehörenden Dienstkräfte ihren Dienst versehen, von baulichen oder organisatorischen Veränderungen betroffen werden. Eine Auflösung, Einschränkung, Verlegung oder Zusammenlegung scheidet hier begrifflich aus, da die Gesamtheit der Dienstkräfte, die die fiktive Dienststelle bildet, unberührt bleibt. Die Auflösung einer Schule hat daher nicht zur Folge, daß der Personalrat nach § 90 Nr. 4 ein Mitwirkungsrecht geltend machen kann (*OVG Berlin vom 2. 4. 1981 – OVG PV Bln 8.80; VG Berlin vom 14. 12. 1981 – VG FK-Bln A 24.81*). Die Zusammenfassung dieser Dienstkräfte in einer fiktiven Dienststelle gem. § 5 Abs. 2 ist nämlich ohne Rücksicht darauf erfolgt, in welchen Örtlichkeiten, in welchem räumlichen Zusammenhang diese Dienstkräfte ihren Dienst versehen.

Auflösung

55 Die Auflösung einer Dienststelle erfordert den **Fortfall der mit ihr verfolgten Aufgaben** und gleichzeitig Auflösung der gestaltenden Organisation. Die Beseitigung der Organisation der Dienststelle muß für unbestimmte Zeit erfolgen, sie muß auf einem nach außen zum Ausdruck kommenden Willensentschluß des Dienstherrn, also der zuständigen öffentlich-rechtlichen Körperschaft beruhen. Da ein Willensentschluß des zuständigen Dienstherrn bzw. der zuständigen öffentlich-rechtlichen Körperschaft erforderlich ist, entfällt ein Mitwirkungsrecht dann, wenn die Auflösung der Dienststelle auf einer gesetzlichen Vorschrift beruht *(Lorenzen u. a., BPersVG, § 73 Rn. 25; Grabendorff u. a., BPersVG, § 78 Rn. 10).* Das gilt auch, wenn nur der Fortfall der Aufgaben durch das Gesetz geregelt worden ist, da dann die Auflösung der Dienststelle mit der bisherigen Aufgabenzuweisung zwangsläufige Folge ist.

Ein Fortfall der Aufgaben liegt auch dann vor, wenn die Aufgaben anderen Dienststellen zugewiesen werden oder wenn eine Aufgabenübertragung an einen privaten Träger erfolgt. Allerdings wird hierzu die Auffassung vertreten, daß bei der **Privatisierung** nur eine Aufgabenübertragung und keine Auflösung der Dienststelle erfolge *(Fischer/Goeres, BPersVG, § 78 Rn. 14; Grabendorff u. a., BPersVG, § 78 Rn. 10 a).* Im Grunde wird aber damit der Dienststelle der Zweck ihrer Existenz entzogen, sie hat keine Aufgaben mehr. Letztlich ist nur noch eine leere Hülle vorhanden, deren Auflösung ist zwangsläufig Folge der davor getroffenen Maßnahmen. Die Durchführung der Privatisierung kann daher der Auflösung der Dienststelle im personalvertretungsrechtlichen Sinne gleichgestellt werden *(vgl. dazu auch Lorenzen u. a., BPersVG, § 78 Rn. 25).* Bei den in Verfolgung der Auflösung durchzuführenden personellen Einzelmaßnahmen sind im übrigen die einschlägigen Beteiligungsrechte zu beachten. 56

Der Auflösung der gesamten Dienststelle steht die Auflösung von wesentlichen Teilen einer Dienststelle gleich *(zum Begriff des wesentlichen Teils einer Dienststelle vgl. unten Rn. 71).* 57

Einschränkung

Im Gegensatz zu der Auflösung einer Dienststelle setzt die Einschränkung voraus, daß zumindest ein Teil der Organisation bestehenbleibt und daß auch zumindest teilweise noch Aufgaben zu erfüllen sind. Die Einschränkung einer Dienststelle bedeutet daher deren **Verkleinerung,** insbesondere deren personelle Verkleinerung infolge eines Wegfalls eines Teil der ihr übertragenen Aufgaben, es muß die Leistungsfähigkeit verringert werden *(vgl. BAG vom 7. 8. 1990, NZA 1991, 114).* Erforderlich ist, daß dies in jedem Falle auf einer Organisationsänderung beruht. Die Verringerung der Zahl der Dienstkräfte ist ausreichend, wenn sie erheblich ist und auf Dauer erfolgt *(BVerwG vom 13. 3. 1964, PersV 1964, 106).* Die Verminderung der Leistungsfähigkeit kann aber auch auf andere Weise erfolgen. Erheblich ist ein Personalabbau nach der Rechtsprechung dann, wenn die Größenordnung des § 17 Abs. 1 KSchG erreicht wird. Die Monatsfrist dieser Bestimmung soll dabei keine Rolle spielen, wenn nur die Personaleinschränkung auf einem einheitlichen Plan beruht. Ein erheblicher Personalabbau wäre danach dann gegeben, wenn in Dienststellen mit in der Regel mehr als 20 und weniger als 60 Dienstkräften 5, in Dienststellen mit in der Regel mindestens 60 und weniger als 500 Dienstkräften 10% oder aber mehr als 25 und in Dienststellen mit in der Regel mindestens 500 Dienstkräften mindestens 30 Dienstkräfte ausscheiden müßten. Diese Grenzen können aber bestenfalls grobe Anhaltspunkte geben, entscheidend ist immer die Auswirkung im Einzelfall, insbesondere inwieweit das Wesen der Dienststelle durch die Maßnahme betroffen wird *(vgl. auch BAG vom 2. 8. 1983, vom 7. 8. 1990, AP Nr. 12, 30 zu § 111 BetrVG 1972).* 58

Eine Einschränkung der Dienststelle ist z. B. gegeben bei der Verringerung der örtlichen oder sachlichen Zuständigkeit und wenn dadurch ein erheblicher Teil 59

§ 90

der Dienstkräfte betroffen wird. Eine Einschränkung liegt auch vor, wenn sich insgesamt der Aufgabenbereich der Dienststelle nicht unerheblich verringert und wenn dies auf erhebliche Teile der Dienstkräfte Auswirkungen hat.

60 Eine Einschränkung liegt nur dann vor, wenn sie **wesentliche Auswirkungen** auf die Dienststellenorganisation und die Dienstkräfte hat. Nicht jede innerorganisatorische Änderung ist eine Einschränkung. Auch bei Auswirkungen, die nur einen unwesentlichen Nebenbereich betreffen, kann von einer Einschränkung i. S. des § 90 Nr. 4 nicht gesprochen werden *(Grabendorff u. a., BPersVG, § 78 Rn. 11).*

61 Bei Eigenbetrieben ist keine Einschränkung die Verkürzung der Arbeitszeit, die Verringerung der Schichtzahlen oder wenn sonst nur die Ausnützung der Betriebsanlagen eingeschränkt wird.

62 Ebenso wie bei der Auflösung muß die Einschränkung der Dienststelle auf einem Willensentschluß des Dienstherrn bzw. der zuständigen öffentlich-rechtlichen Körperschaft beruhen. Beruht die Einschränkung der Dienststelle auf gesetzlicher Regelung, besteht kein Mitwirkungsrecht *(vgl. auch oben Rn. 53).*

63 Das Mitwirkungsrecht besteht auch bei der Einschränkung von wesentlichen Teilen einer Dienststelle *(zum Begriff des wesentlichen Teils vgl. unten Rn. 73).* Hier gelten die gleichen Voraussetzungen wie bei Einschränkung der Dienststelle selbst.

Verlegung

64 Verlegung ist jede wesentliche **Veränderung der örtlichen Lage** der Dienststelle unter Weiterbeschäftigung zumindest des größten Teils der Dienstkräfte. Die Belegschaft der Dienststelle muß im wesentlichen die gleiche sein.

65 Von einer wesentlichen Veränderung der örtlichen Lage der Dienststelle kann z. B. gesprochen werden, wenn sie vom Zentrum an den Stadtrand verlegt wird, wenn durch die Verlegung längere Anmarschwege entstehen oder wenn sich die Verbindung mit öffentlichen Verkehrsmitteln erheblich verschlechtert *(BVerwG vom 27. 7. 1979, ZBR 1980, 160; Fischer/Goeres, BPersVG, § 78 Rn. 16; Lorenzen u. a., BPersVG, § 78 Rn. 27).*

66 **Keine Verlegung** i. S. der Vorschriften liegt vor, wenn die Dienststelle nur von einem Haus in ein anderes in der gleichen Straße verlegt wird, wenn nur ein Umzug von einer Straßenseite auf die andere erfolgt oder wenn sonst die örtliche Veränderung keine wesentlichen Auswirkungen für die Dienstkräfte hat. Dies kann nur nach den Umständen des Einzelfalles beurteilt werden. Nach Auffassung des BAG kann eine Verlegung auch dann gegeben sein, wenn günstige Verkehrsverbindungen auch am neuen Standort in derselben Stadt bestehen *(BAG vom 17. 8. 1982, AP Nr. 11 zu § 111 BetrVG 1972).* Zu prüfen ist in diesem Fall, ob für die meisten Dienstkräfte einschneidende Änderungen eintreten *(BVerwG vom 27. 7. 1979, PersV 1981, 73).*

67 Das Mitwirkungsrecht bezieht sich nur auf solche Dienststellen oder Dienststellenteile, die ihrem Wesen nach ortsgebunden sind. Kein Mitwirkungsrecht besteht daher bei betriebsbedingten Verlegungen von Dienststellen, wenn diese ihrer Natur nach keinen ständigen Dienstort haben.

68 Ob eine Auflösung der Dienststelle oder eine Verlegung der Dienststelle vorliegt, ist danach zu beurteilen, ob im wesentlichen die bisherigen Dienstkräfte an dem neuen Arbeitsort weiter beschäftigt werden. Scheidet der Großteil der Dienstkräfte aus, handelt es sich um eine Auflösung der Dienststelle *(Dietz/*

Richardi, BPersVG, § 78 Rn. 20). Für die Frage des Mitwirkungsrechtes spielt das praktisch keine Rolle, da sowohl die Auflösung als auch die Verlegung der Dienststelle der Mitwirkung unterliegt.

Das Mitwirkungsrecht besteht auch, wenn wesentliche Teile der Dienststelle *(zum Begriff vgl. unten Rn. 73)* verlegt werden. Hier gelten die gleichen Grundsätze. **69**

Zusammenlegung

Dem Mitwirkungsrecht unterliegt ferner die Zusammenlegung von Dienststellen bzw. wesentlichen Teilen von Dienststellen. Zu den Voraussetzungen vgl. § 6 Abs. 2 sowie die dortigen Erläuterungen in Rn. 28 ff. Der Begriff der Zusammenlegung in § 90 Nr. 4 ist der gleiche wie in § 6 Abs. 2. **70**

Voraussetzung ist die **räumliche Verbindung** und die Verbindung in Aufgabenbereich und Organisation. **71**

Das Mitwirkungsrecht besteht auch bei der **Zusammenlegung eines wesentlichen Teils einer Dienststelle** *(zum Begriff unten Rn. 73)* mit der eigenen Dienststelle, wenn eine räumliche Verbindung und eine Verbindung in Aufgabenbereich und Organisation hergestellt wird, wenn also der wesentliche Teil der Dienststelle erheblich an Eigenständigkeit verliert. Daneben können auch wesentliche Teile verschiedener Dienststellen zu einer eigenen Dienststelle zusammengelegt werden oder aber auch als wiederum eigenständiger wesentlicher Teil einer Dienststelle einer anderen Dienststelle zugeordnet werden. In diesem Falle kann unter Umständen auch ein Mitwirkungsrecht bestehen, wenn es sich um eine Auflösung oder Einschränkung handelt. Im übrigen gelten auch hier die gleichen Grundsätze wie bei der Zusammenlegung von Dienststellen. **72**

Wesentlicher Teil einer Dienststelle

Wesentliche Teile einer Dienststelle sind räumlich oder **organisatorisch unterscheidbare Abteilungen,** die über eine gewisse Selbständigkeit verfügen *(BVerwG vom 13. 3. 1964, E 18, 147; Grabendorff u. a., BPersVG, § 78 Rn. 14).* Sie müssen ihrem Wesen nach organisatorisch unselbständig sein und wegen ihrer Eingliederung in die Dienststelle allein nicht bestehen können. Ihre Aufgabenstellung muß sich innerhalb der Dienststelle von der Arbeit anderer Abteilungen oder Teile erkennbar abzeichnen, sie müssen aber zum Aufgabenbereich der gesamten Dienststelle gehören. Ihre Hinzufügung oder Aufhebung muß entscheidenden Einfluß auf Aufgabengebiet und Größe der ganzen Dienststelle haben *(vgl. Grabendorff u. a., a.a.O.; Lorenzen u. a., BPersVG, § 78 Rn. 24).* **73**

Personalanmeldungen (Nr. 5)

Ein Mitwirkungsrecht der Personalvertretung besteht ferner bei der Anmeldung der Dienstkräfte im Rahmen der **Entwürfe für den Haushaltsplan,** der Änderungen der Stellenrahmen und der Dienstposten- und Arbeitsbewertung sowie der Stellenverlagerungen. Das Mitwirkungsrecht bezieht sich nur auf die generelle Planung, nicht jedoch auf die Durchführung der personellen Maßnahmen im Einzelfall. Hier bestehen die Mitbestimmungsrechte nach §§ 86, 87 und 88. **74**

§ 90

75 Das Mitwirkungsrecht steht in engem Zusammenhang mit den entsprechenden Vorschriften der Landeshaushaltsordnung *(LHO)* sowie der dazugehörenden Ausführungsvorschriften. Folgende Vorschriften sind besonders zu beachten: § 13 LHO *(Aufstellung der Einzelpläne, Gesamtplan und Gruppierungsplan)*; § 14 Abs. 1 Nr. 3 LHO *(Übersicht über die Planstellen)*; § 17 Abs. 5, 6 LHO *(Ausbringung der Planstellen)*; § 49 LHO *(Bewirtschaftung der Stellen)*; § 50 LHO *(Umsetzung von Mitteln und Stellen)* mit den jeweiligen Ausführungsvorschriften in der AV LHO.

76 Das Mitwirkungsrecht betrifft in erster Linie die Personalbedarfsplanung und die Personalentwicklungsplanung. Bei der **Personalbedarfsplanung** handelt es sich um eine Gegenüberstellung des zukünftigen Personalbedarfs mit dem zukünftigen Personalbestand, wobei die schon bekannten Veränderungen wie z. B. durch Pensionierungen zu berücksichtigen sind. Ferner sind hierbei etwaige Veränderungen in der Aufgabenstellung der Dienststelle zu beachten. Aus diesem Zahlenwerk ergibt sich die Anmeldung für die Dienstkräfte im Rahmen der Entwürfe für den Haushaltsplan.

77 Die **Personalentwicklungsplanung** betrifft in erster Linie die Laufbahnpläne, ferner die Veränderungen bei der Dienstposten- und Arbeitsbewertung. Hierunter wird auch die Stellenverlagerung innerhalb der Dienststelle oder die Stellenverlagerung in andere Dienststellen zu fassen sein.

78 Bei der **Anmeldung** für Dienstkräfte im Rahmen der Entwürfe für den Haushaltsplan ist zu jedem Ansatz für planmäßige Dienstkräfte ein Stellenplan mit den einzelnen Stellen in die Erläuterungen aufzunehmen, § 17 Abs. 5, 6 LHO. In dem Stellenplan sind sämtliche Planstellen im einzelnen aufgeführt. Das Mitwirkungsrecht der Personalvertretung muß hierbei schon frühzeitig einsetzen, um ihr überhaupt eine Einflußmöglichkeit zu geben. Durch die Beteiligung der Personalvertretung im Rahmen der Anmeldung von Planstellen soll sichergestellt werden, daß die Interessen der Dienstkräfte auch bei der Personalplanung berücksichtigt und künftige Personalengpässe vermieden werden *(vgl. zur Anhörung des Personalrats bei Weiterleitung von Personalanforderungen und Personalplanung BVerwG vom 2. 3. 1983, ZBR 1983, 213)*.

79 Der **Stellenrahmenplan** wird innerhalb der Bereiche der Mitglieder des Senats und der Bezirksämter aufgestellt. Mit Ausnahme einiger Stellen für Arbeiter, die unter den Manteltarifvertrag für Hauswarte und Heizer in stadteigenen Wohnhäusern und Wohnheimen fallen, werden in ihnen jeweils die in den Stellenplänen des vorhergehenden Rechnungsjahres für den Bereich einer Personalwirtschaftsstelle ausgewiesenen Gesamtzahlen der Stellen nach Art der Dienstkräfte (planmäßige Beamte, Richter, Angestellte, Arbeiter) und Gruppe (Besoldungs-, Vergütungs-, Lohngruppe) zusammengefaßt. Der Stellenrahmenplan begrenzt die Stellenpläne, d. h., diese unterliegen innerhalb der Bereiche der Mitglieder des Senats und der Bezirksämter einer Gesamtbindung durch den Stellenrahmenplan. Die Stellenrahmenpläne werden jeweils in dem erforderlichen Umfange fortgeschrieben *(vgl. zum Ganzen Ziff. 5, 6 AV LHO zu § 17 LHO)*.

80 Durch die Bindung der Stellenpläne an den Stellenrahmenplan kann dieser die Aufstellung der Stellenpläne wesentlich beeinflussen. Das Mitwirkungsrecht bei der Änderung der Stellenrahmen ist daher eine notwendige Ergänzung zu dem Mitwirkungsrecht bei der Anmeldung von Dienstkräften im Rahmen der Entwürfe für den Haushaltsplan. Dem Mitwirkungsrecht unterliegt auch die Veränderung des Stellenrahmens.

Die **Dienstposten- und Arbeitsbewertung** unterliegt insoweit der Mitbestimmung, als dadurch haushaltsrechtliche Auswirkungen eintreten. Das ist insbesondere gegeben bei Höherstufung oder Herabstufung einzelner Dienstposten bzw. der Arbeitsbewertung für bestimmte Arbeitsplätze. Nicht hierunter fällt die Bewertung der einzelnen Dienstkraft. 81

Stellenverlagerungen sind in erster Linie Umsetzungen von Stellen innerhalb des Haushaltes, d.h. die Übernahme von Stellen in einen anderen Haushaltsabschnitt. Das ist vornehmlich der Fall, wenn Aufgaben von einer Dienststelle auf eine andere übergehen. In diesem Falle kann der Senat die im Haushaltsplan vorgesehenen Stellen der Dienstkräfte entsprechend der Aufgabenverlagerung umsetzen, § 50 LHO. Daneben können Stellen in ein anderes Kapitel umgesetzt werden, wenn dort ein unvorhergesehener und unabweisbarer vordringlicher Personalbedarf besteht, § 50 Abs. 1 LHO. Auch hier wird nur die Verlagerung der abstrakten Stelle von dem Mitwirkungsrecht betroffen, nicht jedoch die Versetzung oder Umsetzung der einzelnen Dienstkraft, die gem. § 86 Abs. 3 Nr. 1 oder 2 der Mitbestimmung unterliegt. 82

Die Beteiligung der Personalvertretung hat in diesen Fällen **möglichst frühzeitig** zu erfolgen. Nur dann ist gewährleistet, daß sie die Interessen der Dienstkräfte ausreichend wahrnehmen kann. Neben der Interessenvertretung ist es Aufgabe der Personalvertretung, darauf zu achten, daß nicht nur rein haushaltsmäßige Gesichtspunkte berücksichtigt werden, sondern daß auch sozialpolitische Erwägungen in die Überlegungen einbezogen werden. Auch soll die Personalvertretung darauf hinwirken, daß die bisherigen praktischen Erfahrungen innerhalb der Dienststelle nutzbar gemacht werden. 83

Die bei der Durchführung der personellen Einzelmaßnahmen, die auf diesen allgemeinen Regelungen beruhen, bestehenden Mitbestimmungsrechte nach anderen Vorschriften dieses Gesetzes bleiben unberührt. 84

Ausschreibung (Nr. 6)

Dem Mitwirkungsrecht unterliegt nach § 90 Nr. 6 die Ausschreibung freier Stellen und die Ausschreibung beabsichtigter Einstellungen. Für die Beamtenposten besteht eine Pflicht zur Stellenausschreibung schon nach § 12 Satz 1 LBG. Für den Bereich der Arbeiter und Angestellten fehlt eine ausdrückliche Bestimmung. Die gesetzlich geregelte **Ausschreibungspflicht** für Beamtendienstposten soll nach der überwiegenden Meinung keinen allgemeingültigen Grundsatz für den Bereich des gesamten öffentlichen Dienstes enthalten, nach dem Bewerber für einen Dienstposten durch Ausschreibung zu ermitteln wären. Auch aus Art. 33 Abs. 2 GG lasse sich eine allgemeine Ausschreibungspflicht nicht herleiten *(BVerwG vom 16. 10. 1978, E 56, 324, 327)*. Auch sei die Ausschreibungspflicht in § 12 Satz 1 LBG nur auf Eingangsstellen, nicht aber auf Beförderungsstellen zu beziehen *(BVerwG a.a.O.; vom 16. 10. 1975, E 49, 232, 235 zu der insoweit gleichlautenden Vorschrift des § 8 Abs. 1 Satz 1 BBG)*. Die Regelung in Nr. 6 würde aber weitgehend leerlaufen, wenn man eine Ausschreibungspflicht nur annehmen wollte, wenn entweder eine Verpflichtung auf Grund einer Norm oder einer Weisung usw. oder einer Entscheidung des Dienststellenleiters bestünde. Vielmehr geht Nr. 6 von einer Ausschreibungspflicht aus *(vgl. BVerwG vom 8. 3. 1988, E 79, 101; Lorenzen u.a., BPersVG, § 75 Rn. 184; aber auch Fischer/Goeres, BPersVG, § 90 Rn. 106)*. 85

§ 90

86 Durch dieses Mitwirkungsrecht soll der Personalvertretung die Gelegenheit gegeben werden, schon im **Vorfeld der personellen Einzelmaßnahme** ihren Einfluß geltend zu machen. Außerdem soll durch die Ausschreibung der Tatsache Rechnung getragen werden, daß nach Art. 34 Abs. 2 GG jeder Deutsche nach seiner Eignung, Befähigung und fachlichen Leistung gleichen Zugang zu jedem öffentlichen Amte hat. Durch die Ausschreibung soll auch für Außenstehende erleichtert werden, sich zu bewerben. Auch soll hierdurch eine Objektivierung des Arbeitsmarktes eintreten. Im dienststelleninternen Bereich hat die Ausschreibung den Zweck, die in der Dienststelle selbst vorhandenen Möglichkeiten des Personaleinsatzes zu aktivieren.

87 Unter Ausschreibung ist die allgemeine Aufforderung zu verstehen, sich für bestimmte Dienstposten bzw. Arbeitsplätze innerhalb der Dienststelle zu bewerben. Die Ausschreibung muß in jedem Falle schriftlich erfolgen.

88 Das Mitwirkungsrecht besteht nicht nur bei der Ausschreibung im Einzelfall, sondern auch bei der Festlegung allgemeiner **Ausschreibungsrichtlinien** in Form von Verwaltungsvorschriften oder Dienstvereinbarungen. Im Rahmen solcher allgemeinen Richtlinien können Grundsätze festgelegt werden, die je nach Dienstposten unterschiedliche Voraussetzungen aufstellen können. Hierbei können insbesondere geregelt werden Form und Frist einer Ausschreibung, z. B. innerhalb welcher Zeiten nach Veröffentlichung die Bewerbungsfrist abläuft, in welchen Zeitungen oder sonstigen Veröffentlichungsorganen die Ausschreibung zu erfolgen hat. Ferner inwieweit die fachlichen und persönlichen Voraussetzungen für eine Bewerbung in der Ausschreibung genannt werden sollen. Neben allgemeinen Ausschreibungsgrundsätzen kann das Mitwirkungsrecht auch bei der Ausschreibung eines einzelnen Dienstpostens bestehen.

89 Nach § 85 Abs. 5 i. V. m. § 79 Abs. 4 kann die Personalvertretung ein **Initiativrecht** geltend machen.

90 Vereinbart werden kann auch, ob die Ausschreibung dienststellenintern, extern oder in welchem sonstigen Rahmen durchgeführt werden soll. Zwar haben nach Art. 33 Abs. 2 GG alle Deutschen nach ihrer Eignung, Befähigung und fachlichen Leistung gleichen Zugang zu jedem öffentlichen Amt, hieraus kann jedoch nicht die Pflicht zur externen Ausschreibung hergeleitet werden.

Abgabe von dienstlichen Beurteilungen (Nr. 7)

91 **Das Mitwirkungsrecht** bei der Abgabe von dienstlichen Beurteilungen nach § 90 Nr. 7 **ist problematisch.** Einerseits ist es eine Ergänzung zu dem Mitbestimmungsrecht bei der Erstellung von Beurteilungsrichtlinien gem. § 85 Abs. 2 Nr. 6, zum anderen widerspricht es jedoch dem in § 73 Abs. 1 Nr. 3 zum Ausdruck gekommenen Grundsatz, daß Personalakten und damit auch die die Interessensphäre des einzelnen unmittelbar berührenden Vorgänge nur mit Einwilligung der Betroffenen der Personalvertretung vorgelegt werden können. Gerade die dienstliche Beurteilung ist eine der wesentlichen Bestandteile der Personalakte, die die individuelle Stellung der einzelnen Dienstkraft betrifft. Durch das Mitwirkungsrecht der Personalvertretung wird der Dienstkraft letztlich die Möglichkeit entzogen, insoweit durch eigene Entscheidung ihre Individualsphäre zu wahren. Auch für die Personalvertretung ist in diesem Bereich eine Mitwirkung problematisch, da sie in aller Regel nicht sämtliche Tatsachen kennt, die zu der Beurteilung der Dienstkraft führen. Auch ist sie überfordert, wenn sie selbst eine wertende Stellungnahme abgeben soll.

Das Mitwirkungsrecht besteht **bei jeder dienstlichen Beurteilung,** sei es bei der Beurteilung am Ende der Dienstzeit, beispielsweise bei Ausscheiden aus der Dienststelle, oder aber bei der Regelbeurteilung, die in regelmäßigen zeitlichen Abständen für jede Dienstkraft erstellt wird. Die Rechtsgrundlage für derartige Regelbeurteilungen ist nur für die Beamten ausdrücklich geschaffen worden, § 19 LfbG. Für die übrigen Dienstkräfte, nämlich die Arbeiter und Angestellten, fehlt eine derartige ausdrückliche gesetzliche oder tarifliche Regelung *(vgl. dazu oben § 85 Rn. 265).* Zumindest ergibt sich hier aber das Recht zur Durchführung einer Regelbeurteilung aus einer betrieblichen Übung im Bereich des Landes Berlin. Die Bestimmung des § 90 Nr. 7 kann allerdings selbst ebensowenig wie diejenige des § 85 Abs. 2 Nr. 6 eine Rechtsgrundlage für die Regelbeurteilung darstellen. Diese Vorschriften setzen das Recht zur Regelbeurteilung bereits voraus, ohne dieses selbst schaffen zu wollen. 92

Umfang der Beteiligung

Das Mitwirkungsrecht des § 90 Nr. 7 kann daher von der Personalvertretung nur insoweit wahrgenommen werden, als sie **darauf zu achten** hat, daß etwaige **Beurteilungsrichtlinien,** die nach § 85 Abs. 2 Nr. 6 aufgestellt worden sind, bei der Beurteilung **berücksichtigt werden** und daß jede Gefälligkeitsbeurteilung unterlassen wird. Auch hat die Personalvertretung zu prüfen, ob die Beurteilungen nach möglichst gleichwertigen Maßstäben erfolgen, also keine zu strenge Beurteilung einer einzelnen Dienstkraft im Vergleich zu anderen Dienstkräften erfolgt. Auch hier darf jedoch nicht aus den Augen verloren werden, daß es sich bei der Beurteilung in jedem Falle um eine bewertende Tätigkeit handelt, die nicht vollends nach objektiven Kriterien durchgeführt werden kann. Jede Beurteilung ist in mehr oder weniger starkem Maße von subjektiven Einflüssen des jeweiligen Beurteilenden beeinflußt. 93

Das Mitwirkungsrecht des § 90 Nr. 7 kann nicht dazu führen, daß die Personalvertretung von sich aus die Leistungen der einzelnen Dienstkräfte selbst wertend beurteilen soll. Sie kann nur auf die Einhaltung allgemeiner Grundsätze achten. 94

Um der Personalvertretung eine sinnvolle Mitwirkung zu ermöglichen, ist ihr Gelegenheit zu geben, ihren Standpunkt ausführlich gegenüber dem Dienststellenleiter bzw. der für die Beurteilung zuständigen Person darzulegen. Hierfür ist erforderlich, daß der Personalvertretung vorher sämtliche Unterlagen mitgeteilt werden, die für die Beurteilung maßgeblich sind. 95

Stellt die Personalvertretung im Rahmen der Beteiligung für die Dienstkraft ungünstige oder nachteilige Behauptungen oder Beschwerden auf, muß die Dienststelle in entsprechender Anwendung der Vorschrift des § 84 Abs. 2 Satz 2 i. V. m. § 79 Abs. 3 der Dienstkraft Gelegenheit geben, sich dazu zu äußern. Auf Antrag ist diese Äußerung der Dienstkraft aktenkundig zu machen. 96

Die Beteiligung der Personalvertretung entbindet nicht die Dienststelle von ihrer Verpflichtung, nur nach sachlichen Gesichtspunkten und gerecht die Beurteilung abzugeben. In jedem Falle steht es der Dienstkraft auch nach Beteiligung der Personalvertretung offen, gegenüber einer dienstlichen Beurteilung eine Gegendarstellung in die Personalakte zu geben. 97

Die Beteiligung der Personalvertretung kann bei entsprechendem Beschluß der Personalvertretung durch Hinzuziehung des Vorstandes oder eines beauftragten Mitgliedes der Personalvertretung geschehen, das seinerseits die Personal- 98

§ 90

vertretung informiert, es kann auch von vornherein das gesamte Gremium mitwirken. Die beteiligten Mitglieder der Personalvertretung haben über die ihnen zur Kenntnis gebrachten Einzelheiten Stillschweigen zu bewahren, § 11.

99 Das **Mitwirkungsrecht setzt erst ein,** wenn der Willensbildungsprozeß so weit abgeschlossen ist, daß von einer beabsichtigten Beurteilung gesprochen werden kann *(zu dem Begriff der beabsichtigten Maßnahme vgl. § 79 Rn. 16ff.).* Die Personalvertretung ist also nicht bereits im Vorfeld der Beurteilung, also bei der Tatsachenermittlung, zu beteiligen. Kein Beteiligungsrecht besteht daher beispielsweise bei vor der Beurteilung stattfindenden Gesprächen mit der jeweiligen Dienstkraft, bei der Zusammenstellung von Arbeitsproben, die Grundlage der Beurteilung sein sollen, sowie bei Unterrichtsbesichtigungen bei Lehrkräften *(dazu OVG Berlin vom 6. 6. 1979 – OVG PV Bln 8.78).* Alle diese Maßnahmen dienen nämlich der Vorbereitung der Abgabe der dienstlichen Beurteilung, erst durch sie wird der Beurteilende zusammen mit anderen Tatsachen die Beurteilung vornehmen können. Insoweit besteht auch kein Recht des Personalvertretungsorgans, sich selbst Kenntnisse zu verschaffen. Schließlich kann auch nicht davon ausgegangen werden, daß bereits die Zusammenstellung des Materials, das der Beurteilung zugrunde gelegt werden soll, eine Vorentscheidung darstelle. Eine Aufspaltung des Beurteilungsvorganges ist nicht möglich, dieser stellt eine untrennbare Einheit dar *(OVG Berlin a.a.O.).*

Ausschluß der Mitwirkung

100 Die Beurteilung von in **§ 89 Abs. 2** genannten Dienstkräften bzw. von in Ausbildung stehenden Dienstkräften unterliegt nicht dem Mitwirkungsrecht der Personalvertretung. Bei den in § 89 Abs. 2 genannten Dienstkräften handelt es sich im wesentlichen um die Dienstkräfte außerhalb des Schuldienstes an der Berliner Schule mit Stellen ab Besoldungsgruppe A 16 und für Arbeitsgebiete der Vergütung I des BAT oder vergleichbare Arbeitsgebiete. Es entfällt ferner für Schulaufsichtsbeamte, dirigierende Ärzte (Chefärzte) sowie die Arbeitnehmer an Bühnen, mit denen ein festes Gehalt (Gage) auf Grund eines Normalvertrages vereinbart ist *(vgl. im einzelnen § 89 Rn. 11ff.).* Welche Dienstkräfte im einzelnen in der Ausbildung stehen, bestimmt sich nach den bestehenden Ausbildungsordnungen. Es handelt sich vornehmlich um die Anwärter und Referendare.

101 Ein Mitwirkungsrecht besteht ferner nicht, wenn es sich nicht um dienstliche Beurteilungen, sondern um Beurteilungen durch dritte Stellen handelt. Ein Mitwirkungsrecht scheidet daher aus, wenn eine Dienstkraft Fortbildungsveranstaltungen oder sonstige Ausbildungsveranstaltungen besucht und dort Prüfungen abzulegen hat.

Disziplinarmaßnahmen (Nr. 8)

102 Schließlich besteht ein Mitwirkungsrecht der Personalvertretung bei **Disziplinarverfügungen** und bei der Einleitung des förmlichen **Disziplinarverfahrens** gegen Beamte. Das Mitwirkungsrecht besteht nur, soweit die Disziplinarmaßnahmen Beamte betreffen. Für Disziplinarmaßnahmen gegen Angestellte und Arbeiter besteht ein volles Mitbestimmungsrecht nach § 85 Abs. 1 Nr. 6 sowie § 87 Nr. 8 *(vgl. oben § 85 Rn. 78ff. sowie § 87 Rn. 62ff.).*

§ 90

Die Disziplinarmaßnahme wird nach Durchführung der Vorermittlung **103**
(§§ 27 ff. LDO) von der Dienstbehörde erlassen (§ 29 LDO).
Durch Disziplinarverfügung können nur **Verweis oder Geldbuße** verhängt **104**
werden, § 30 LDO. Vgl. im übrigen §§ 30 ff. LDO. Hält die Dienstbehörde ihre
Disziplinarbefugnis für nicht ausreichend, kann sie das förmliche Disziplinarverfahren einleiten oder die Entscheidung der obersten Dienstbehörde herbeiführen, § 29 Satz 2 LDO. Das förmliche Verfahren gliedert sich dabei in die
Untersuchung und in das Verfahren vor dem Disziplinargericht, §§ 35 ff.
LDO.

Umfang des Mitwirkungsrechts

Die Personalvertretung ist einzuschalten, wenn der Dienstvorgesetzte zu prü- **105**
fen hat, ob er eine Disziplinarverfügung erlassen will oder ob er ein förmliches
Disziplinarverfahren einzuleiten hat. Ein Anspruch der Personalvertretung auf
Beteiligung an der Vorermittlung gem. §§ 27 ff. LDO besteht nach § 90 Nr. 8
nicht, zumal die Vorschriften der LDO als spezielle Regelungen den Regelungen im Personalvertretungsgesetz vorgehen. Auch ist es nicht Aufgabe der
Personalvertretung, während der Vorermittlungen bereits Einfluß zu nehmen
oder an diesen aktiv teilzunehmen. Vielmehr ist es nur Aufgabe der Personalvertretung, die Ermessensentscheidung der Dienstbehörde zu beeinflussen und
gegebenenfalls darauf zu achten, daß bestehende Rechtsvorschriften eingehalten werden und daß sämtliche Tatsachen bei der Entscheidung berücksichtigt
werden. Der zuständige Dienstvorgesetzte muß der Personalvertretung insoweit sämtliche Auskünfte erteilen, er muß sie auch über das Ergebnis der
Vorermittlung unterrichten (*Grabendorff u.a., BPersVG, § 78 Rn. 17*); bei den
Vorermittlungen selbst besteht kein Mitwirkungsrecht (*Fischer/Goeres, BPersVG,
§ 78 Rn. 18; Dietz/Richardi, BPersVG, § 78 Rn. 42*).

Verstöße

Mitwirkungsbedürftige Angelegenheiten, die ohne vorgeschriebene Beteili- **106**
gung der Personalvertretung getroffen werden, sind im Gegensatz zu den
Mitbestimmungsrechten nicht unwirksam. Vielmehr sind diese Maßnahmen,
soweit sie Verwaltungsakte darstellen, **lediglich anfechtbar**.
Die fehlende Mitwirkung der Personalvertretung bei der Anmeldung für **107**
Dienstkräfte im Rahmen der **Entwürfe für den Haushaltsplan** etc. gem. § 90
Nr. 5 hat keinerlei Auswirkungen auf die Wirksamkeit des darauf aufbauenden
Haushaltsgesetzes. Auch die dann auf Grund dieses Haushaltsgesetzes und der
darin enthaltenen Stellenpläne und Stellenrahmen durchgeführten Maßnahmen können nicht unter Hinweis auf die fehlende Mitwirkung der Personalvertretung bei der Anmeldung für Dienstkräfte im Rahmen der Entwürfe oder
der Änderungen des Stellenrahmens und der Dienstposten- und Arbeitsbewertung sowie der Stellenverlagerungen geltend gemacht werden.
Die fehlende Mitwirkung bei der Aufstellung von **Verwaltungsvorschriften** **108**
hat zur Folge, daß gegebenenfalls die Personalvertretung den Erlaß neuer
Verwaltungsvorschriften verlangen kann. Auch können die einzelnen Dienstkräfte im Verfahren vor dem Verwaltungs- oder Arbeitsgericht geltend machen, daß durch die Verwaltungsvorschriften eine wirksame Ermessensbindung nicht eingetreten sei.

§ 90

109 Bei **fehlender Ausschreibung** freier Stellen bzw. beabsichtigter Einstellungen oder bei einer Ausschreibung ohne die erforderliche Mitwirkung kann die Personalvertretung ihre Zustimmung zur Durchführung der Einzelmaßnahme verweigern, da die Ausschreibung die Auswahl der Bewerber beeinflussen kann, also die Einzelmaßnahme betreffen kann.

110 Bei Abgabe der **dienstlichen Beurteilung** ohne ausreichende Mitwirkung der Personalvertretung kann die Dienstkraft die Beseitigung der Beurteilung und die Erstellung einer neuen unter Einhaltung der Mitwirkungsrechte der Personalvertretung verlangen.

111 Wird die Personalvertretung bei **Erlaß einer Disziplinarverfügung** oder der Einleitung des förmlichen Disziplinarverfahrens nicht ordnungsgemäß beteiligt, kann die betroffene Dienstkraft dies entweder im Rechtsmittelverfahren gegen die Disziplinarverfügung oder aber im förmlichen Disziplinarverfahren geltend machen.

112 Verstößt der Dienststellenleiter gegen die Mitwirksungsangelegenheiten, kann gegen ihn eine Dienstaufsichtsbeschwerde erhoben werden.

Streitigkeiten

113 Streitigkeiten über Inhalt und Umfang der Mitwirkungsrechte der Personalvertretungen entscheiden die Verwaltungsgerichte im Beschlußverfahren gem. § 91 Abs. 1 Nr. 3, da es sich um die Zuständigkeit der Rechtsstellung der Personalvertretungen handelt.

114 Daneben kann unter Umständen im Urteilsverfahren über Ansprüche der einzelnen Dienstkraft die Frage der wirksamen Mitwirkung der Personalvertretung als Vorfrage geprüft werden.

Abschnitt VII
Rechtsweg

§ 91 Zuständigkeit

(1) Die Verwaltungsgerichte, im dritten Rechtszug das Bundesverwaltungsgericht, entscheiden außer in den Fällen der §§ 22 und 25 über
1. Wahlberechtigung und Wählbarkeit,
2. Wahl und Amtszeit der Personalvertretungen und der Jugend- und Auszubildendenvertretungen sowie Zusammensetzung der Personalvertretungen und der Jugend- und Auszubildendenvertretungen,
3. Zuständigkeit, Geschäftsführung und Rechtsstellung der Personalvertretungen und der Jugend- und Auszubildendenvertretungen,
4. Bestehen oder Nichtbestehen von Dienstvereinbarungen.
(2) Die Vorschriften des Arbeitsgerichtsgesetzes über das Beschlußverfahren gelten entsprechend.

Übersicht	Rn.
Allgemeines	1– 5
Beschlußverfahren	6
Zuständigkeitszuweisungen	7
Wahlanfechtung	8, 9
Ausschluß aus bzw. Auflösung einer Personal- oder Jugend- und Auszubildendenvertretung	10
Wahlberechtigung und Wählbarkeit (Nr. 1)	11–13
Wahl und Amtszeit (Nr. 2)	14–19
Zuständigkeit, Geschäftsführung und Rechtsstellung (Nr. 3)	20–25
Bestehen oder Nichtbestehen von Dienstvereinbarungen (Nr. 4)	26–28

Allgemeines

Die §§ 91 und 92 behandeln die Frage des **gerichtlichen Rechtsschutzes** im Rahmen des Personalvertretungsrechts. Die Regelung beruht weitgehend auf der den Landesgesetzgeber bindenden Rahmenvorschrift des § 106 BPersVG. 1

Obwohl auch bei der Beratung des Bundespersonalvertretungsgesetzes heftig umstritten war, ob die gerichtlichen Entscheidungen im Bereich des Personalvertretungsrechts den Gerichten für Arbeitssachen oder den Verwaltungsgerichten zugewiesen werden sollten, hat sich der Gesetzgeber für eine Zuständigkeit der Verwaltungsgerichte entschieden. Diese **Rechtswegzuweisung** ist durch § 106 BPersVG zwingend vorgeschrieben. Nur die nähere Ausgestaltung 2

731

§ 91

des Verfahrens vor den Verwaltungsgerichten konnte von dem Landesgesetzgeber frei gestaltet werden.

3 Bei der Ausgestaltung des Verfahrens hat der Gesetzgeber des PersVG Bln versucht, sowohl in der Ausgestaltung des Verfahrens als auch in der Besetzung der Gerichte einen Kompromiß zwischen dem Verfahren vor den Arbeitsgerichten und dem üblichen Verfahren vor den Verwaltungsgerichten zu erreichen. Insbesondere durch die **Besetzung** der Fachkammern und Fachsenate hat der Gesetzgeber dafür Sorge getragen, daß ebenso wie im arbeitsgerichtlichen Verfahren das Laienrichterelement gegenüber den Berufsrichtern stärker vertreten ist.

4 § 91 **entspricht** im wesentlichen der bisherigen Vorschrift in § 76 PersVG Bln a. F. Lediglich die Jugend- und Auszubildendenvertretungen sind zusätzlich in den Text aufgenommen worden.

5 Der **Instanzenzug** ist dreistufig aufgebaut. In der ersten Instanz entscheidet die Fachkammer des Verwaltungsgerichts, in der zweiten Instanz entscheidet der Fachsenat des Oberverwaltungsgerichts; beide Gerichte sind Tatsachengerichte, können also die Tatsachen selbst ermitteln. In dritter Instanz entscheidet das Bundesverwaltungsgericht, dort ist eine Tatsachenermittlung nicht mehr zulässig, es kann lediglich die richtige Rechtsanwendung überprüfen.

Beschlußverfahren

6 Die personalvertretungsrechtlichen Streitigkeiten werden im Beschlußverfahren entschieden. Die Vorschriften des Arbeitsgerichtsgesetzes über das Beschlußverfahren in betriebsverfassungsrechtlichen Streitigkeiten finden entsprechende Anwendung. Es handelt sich hierbei um die Bestimmungen in den §§ 80 bis 96a ArbGG. Bei der entsprechenden Anwendung dieser Regelungen sind die Besonderheiten des Personalvertretungsrechts zu berücksichtigen (*BVerwG vom 12. 1. 1962, E 12, 196*). Zu den Einzelheiten des Beschlußverfahrens vgl. die einschlägigen Kommentierungen der §§ 80 ff. ArbGG sowie MünchArbR-Brehm § 392; Lorenzen u. a., BPersVG, § 83 Rn. 31 ff. m. w. N. und Schaub, ZTR 2001, 97. Zu neuen Entwicklungen in der Rechtsprechung zum Personalvertretungsrecht s. von Roettken, PersR 2001, 315 m. w. N.

Zuständigkeitszuweisungen

7 Die Zuständigkeitszuweisungen in § 91 Abs. 1 sind **abschließend.** Weder durch Dienstvereinbarung noch durch Tarifvertrag können weitere Zuständigkeiten der Verwaltungsgerichte im Beschlußverfahren begründet werden. Hinsichtlich der Zuständigkeit für Streitigkeiten aus dem PersVG Bln vgl. zunächst die jeweiligen Erläuterungen unter dem Stichwort »Streitigkeiten« bei den einzelnen Vorschriften.

Wahlanfechtung

8 Sämtliche Streitigkeiten hinsichtlich der Anfechtung der Wahl der Personalvertretung sind im verwaltungsgerichtlichen Beschlußverfahren auszutragen. Entsprechendes gilt für die Anfechtung der Wahl des Gesamtpersonalrates und des Hauptpersonalrates, §§ 50 ff. und 55 ff., sowie für die Anfechtung der Wahl der Jugend- und Auszubildendenvertretung, §§ 60 ff. In § 22 sind im einzelnen

die Voraussetzungen für die Wahlanfechtung geregelt. Auf die Erläuterungen zu dieser Vorschrift kann Bezug genommen werden.

Die Anfechtung von **Entscheidungen und Maßnahmen des Wahlvorstandes** für eine Personalratswahl kann nicht nach § 91 Abs. 1 Einleitungssatz im verwaltungsrechtlichen Beschlußverfahren erfolgen, sofern nicht die Voraussetzungen des § 91 Abs. 1 Nr. 1 oder 2 gegeben sind. Eine entsprechende Zuständigkeitszuweisung fehlt. Die Maßnahmen des Wahlvorstandes können aber im Rahmen der Wahlanfechtung gem. § 22 überprüft werden, soweit sie einen Anfechtungsgrund darstellen. **9**

Ausschluß aus bzw. Auflösung einer Personal- oder Jugend- und Auszubildendenvertretung

Ferner entscheiden Verwaltungsgerichte im Beschlußverfahren über Anträge auf Ausschluß einzelner Mitglieder aus dem Personalrat oder aber über Anträge auf Auflösung des Personalrats. Entsprechendes gilt wiederum für den Gesamtpersonalrat und den Hauptpersonalrat sowie die Jugendvertretungen bzw. jetzt die Jugend- und Auszubildendenvertretungen. Auch hier ist in § 25 im einzelnen festgelegt, welche Voraussetzungen erfüllt sein müssen und welche Personen bzw. Stellen antragsberechtigt sind. Wegen der Einzelheiten kann auf die Erläuterungen zu § 25 verwiesen werden. **10**

Wahlberechtigung und Wählbarkeit (Nr. 1)

Nach Nr. 1 sind Fragen der Wahlberechtigung und Wählbarkeit im verwaltungsgerichtlichen Beschlußverfahren zu entscheiden. Streitigkeiten über die Wahlberechtigung hat zunächst der Wahlvorstand zu entscheiden, § 2 Abs. 4 Satz 2 WO. Danach kann die Entscheidung des Verwaltungsgerichts herbeigeführt werden. **11**

Ein **Rechtsschutzbedürfnis** für die Entscheidung über die Fragen der Wahlberechtigung und der Wählbarkeit besteht in der Regel nur vor Durchführung der Wahl. Nach Durchführung der Wahl können diese Fragen in der Regel nur in einem Wahlanfechtungsverfahren gem. § 22 geltend gemacht werden *(vgl. im übrigen BVerwG vom 23. 10. 1959, E 9, 249; Lorenzen u. a., BPersVG, § 83 Rn. 18).* **12**

In dem Beschlußverfahren sind diejenigen Dienstkräfte Beteiligte, um deren Wahlberechtigung oder Wählbarkeit gestritten wird. Vgl. im übrigen wegen der Einzelheiten § 12 Rn. 27 sowie § 13 Rn. 44 ff. **13**

Wahl und Amtszeit (Nr. 2)

Nach Nr. 2 entscheidet das Verwaltungsgericht im Beschlußverfahren über Wahl und Amtszeit der Personalvertretungen und der Jugend- und Auszubildendenvertretungen sowie über deren Zusammensetzung. **14**

Soweit diese Vorschrift die Streitigkeiten über die Wahl erfaßt, handelt es sich um eine Art **Generalklausel.** Hierher gehören alle Streitigkeiten, die im Zusammenhang mit der Wahl stehen, jedoch nicht im Wahlanfechtungsverfahren oder aber in dem Verfahren über die Wahlberechtigung und die Wählbarkeit ausgetragen werden können. Auch hier gilt jedoch der Grundsatz, daß ein Rechtsschutzbedürfnis für eine gesonderte Entscheidung dann ausgeschlossen sein kann, wenn das geltend gemachte Begehren lediglich eine Vorfrage zur **15**

§ 91

Wahlanfechtung darstellt und nur im Rahmen einer Wahlanfechtung von Bedeutung sein kann. So wird z. B. die Gültigkeit einer Vorabstimmung gem. § 16 Abs. 2 nur dann gesondert angefochten werden können, wenn die Wahl noch nicht durchgeführt worden ist. Nach Durchführung der Wahl wäre ein entsprechender Antrag innerhalb der Anfechtungsfrist auf einen entsprechenden Anfechtungsantrag umzustellen.

16 Zu den Streitigkeiten hinsichtlich der Wahl gehört auch die **Vorfrage,** ob überhaupt eine Personalvertretung bzw. Jugend- und Auszubildendenvertretung zu wählen ist. Hier können auch im einzelne die Handlungen des Wahlvorstandes im arbeitsgerichtlichen Beschlußverfahren überprüft werden.

17 Ferner ist in diesem Verfahren über die **Zusammensetzung** der Personalvertretungen bzw. der Jugend- und Auszubildendenvertretungen zu entscheiden. Darunter fällt sowohl die Größe als auch die Art der Zusammensetzung, d. h. die Verteilung der einzelnen Sitze auf die Gruppen.

18 Bei den Streitigkeiten über die **Amtszeit** der Personalvertretungsorgane handelt es sich in erster Linie um die Tatbestände des § 26 Abs. 1 Nrn. 1–5 und Nr. 7. Auch die Frage des Ruhens des Amtes in der Personalvertretung gem. § 27 ist in diesem Rahmen zu entscheiden. Die Streitigkeiten erfassen sowohl die Amtszeit des einzelnen Mitgliedes als auch die Amtszeit des gesamten Organs.

19 Ferner gehören hierhin: Streitigkeiten, ob eine Dienststelle überhaupt personalratsfähig ist; Streitigkeiten über die Abgrenzung einzelner Dienststellen; über die Dienststelleneigenschaft; über die Bereiche, für die ein Gesamtpersonalrat zu bilden ist; über die Kostentragungspflicht bei Durchführung der Wahl und die Beschaffung der erforderlichen Wahlunterlagen; über die Ordnungsmäßigkeit der Bestellung des Wahlvorstandes.

Zuständigkeit, Geschäftsführung und Rechtsstellung (Nr. 3)

20 Die Zuständigkeitszuweisung der Nr. 3 ist eine **Generalklausel.** Hier werden praktisch sämtliche Rechtsfragen erfaßt, die sich aus der Betätigung der Personalvertretungen oder der Jugend- und Auszubildendenvertretungen ergeben (*Dietz/Richardi, BPersVG, § 83 Rn. 22; BVerwG vom 21. 10. 1983, NJW 1984, 1980; vom 19. 12. 1990, PersR 1991, 133 zur Nachprüfbarkeit der Einigungsstellenbeschlüsse darauf, ob sie gegen zwingendes Recht verstoßen oder die Ermessensgrenzen überschreiten*).

21 In erster Linie handelt es sich um Streitigkeiten hinsichtlich der Geschäftsführung, §§ 29 ff., sowie um Streitigkeiten im Bereich der Beteiligungsangelegenheiten, §§ 70 ff.

22 **Beteiligte** in diesem Verfahren sind in der Regel der Dienststellenleiter und die Personalvertretung bzw. die JugAzubiVertr. Diese werden vertreten durch ihren Vorsitzenden und gegebenenfalls durch ein Vorstandsmitglied, das einer Gruppe angehört. Weiterhin können diejenigen Dienstkräfte beteiligt sein, deren personalvertretungsrechtliche Stellung unmittelbar durch das Verfahren betroffen wird. Es reicht jedoch nicht aus, wenn lediglich ihre individualrechtlichen Ansprüche mittelbar von der Entscheidung beeinflußt werden können.

23 Zu den Fragen der **Zuständigkeit** der Personalvertretungen und Jugend- und Auszubildendenvertretungen gehören im einzelnen Art und Umfang sowie Abgrenzung und Durchführung der diesen übertragenen Aufgaben und Be-

fugnisse. Hier können neben Streitigkeiten zwischen Dienststelle und Personalvertretung auch Streitigkeiten zwischen verschiedenen Personalvertretungsorganen entschieden werden, wenn es sich z. B. um die Zuständigkeit zwischen Personalrat, Gesamtpersonalrat und Hauptpersonalrat handelt. Ferner, wenn die JugAzubiVertr. ihre Rechte auf Beteiligung an einer Personalratssitzung geltend macht oder wenn die Mehrheit der Vertreter einer Gruppe oder aber der JugAzubiVertr. die Aussetzung eines Beschlusses des Personalrates begehrt, § 34. Das gleiche gilt, wenn der Vertrauensmann der Schwerbehinderten seine Rechte geltend macht, § 36 sowie § 34 Abs. 3 und § 22 SchwbG.

Zur **Geschäftsführung** der Personalvertretungen und Jugend- und Auszubildendenvertretungen gehören auch Fragen der internen Organisation, wie z. B. die Wirksamkeit der Vorstandswahlen, Art und Umfang der Führung der laufenden Geschäfte sowie die Auswahl der für eine Freistellung vorzuschlagenden Mitglieder oder derjenigen Mitglieder, die eine Schulungsveranstaltung besuchen sollen. Hier können auch Streitigkeiten zwischen dem Personalvertretungsorgan und einzelnen seiner Mitglieder auftreten. 24

Die Rechtsstellung der Personalvertretung und der JugAzubiVertr. betrifft in erster Linie deren Stellung im Verhältnis zur Dienststelle. Hierher gehört z. B. die Art der Ausübung der Beteiligungsrechte. 25

Bestehen oder Nichtbestehen von Dienstvereinbarungen (Nr. 4)

Schließlich sind Streitigkeiten über das Bestehen oder Nichtbestehen von Dienstvereinbarungen im Beschlußverfahren auszutragen. **Hierher zählen** sämtliche Streitigkeiten über das rechtswirksame Zustandekommen von Dienstvereinbarungen, über die Zulässigkeit von Dienstvereinbarungen sowie über deren Inhalt und Auslegung sowie ihre Wirkung auf das Beteiligungsrecht der Personalvertretung *(BVerwG vom 16. 12. 1960, PersV 1961, 104, 106; vom 5. 2. 1971, ZBR 1971, 288)*. Nicht überprüft werden kann die Zweckmäßigkeit einer Dienstvereinbarung, das Verwaltungsgericht kann nur eine Rechtskontrolle ausüben. 26

Auch hier sind **Beteiligte** in erster Linie die Personalvertretung, die die Dienstvereinbarung abgeschlossen hat, sowie der jeweilige Dienststellenleiter. Die einzelnen Dienstkräfte, die Rechte aus der Dienstvereinbarung herleiten wollen, sind in der Regel nicht Beteiligte, da sie nicht unmittelbar in ihren Rechten betroffen werden. 27

Auch die **Sprüche der Einigungsstelle** können auf Grund dieser Vorschrift überprüft werden, soweit sie an die Stelle einer Dienstvereinbarung treten. Ebenso wie bei der Dienstvereinbarung beschränkt sich die Überprüfungsmöglichkeit aber darauf, ob zwingendes Gesetzesrecht verletzt worden ist, wozu auch die Verletzung von Verfahrensvorschriften gehört. Nicht nachprüfbar ist die Praktikabilität oder die Erforderlichkeit des Spruches der Einigungsstelle. 28

§ 92 Fachkammer und Fachsenat

(1) Bei dem Verwaltungsgericht Berlin ist eine Fachkammer und bei dem Oberverwaltungsgericht Berlin ein Fachsenat zu bilden.
(2) Die Fachkammer und der Fachsenat bestehen aus einem Vorsitzenden und ehrenamtlichen Richtern. Die ehrenamtlichen Richter müssen Dienstkräfte der in

§ 1 Abs. 1 genannten Behörden, Gerichte oder nichtrechtsfähigen Anstalten sein. Sie werden je zur Hälfte auf Vorschlag
1. des Hauptpersonalrats und
2. der in § 1 Abs. 1 bezeichneten Behörden, Gerichte und nichtrechtsfähigen Anstalten

von der Senatsverwaltung für Inneres berufen. Für die Berufung und Stellung der ehrenamtlichen Richter und ihre Heranziehung zu den Sitzungen gelten die Vorschriften des Arbeitsgerichtsgesetzes über die ehrenamtlichen Richter am Arbeitsgericht und am Landesarbeitsgericht entsprechend. Wird während der Amtszeit die Bestellung neuer ehrenamtlicher Richter erforderlich, so werden sie für den Rest der Amtszeit bestellt.

(3) Die Fachkammer und der Fachsenat entscheiden in der Besetzung mit einem Vorsitzenden und je zwei nach Absatz 2 Nr. 1 und 2 berufenen ehrenamtlichen Richtern. Unter den in Absatz 2 Nr. 1 bezeichneten ehrenamtlichen Richtern muß sich je ein Angestellter oder Arbeiter und ein Beamter befinden. Betrifft eine Angelegenheit lediglich eine Gruppe, so müssen die nach Absatz 2 Nr. 1 berufenen ehrenamtlichen Richter der betroffenen Gruppe angehören.

(4) Von der Ausübung des Amtes als Richter oder ehrenamtlicher Richter ist auch ausgeschlossen, wer bei dem vorangegangenen Verwaltungsverfahren mitgewirkt hat.

Übersicht	Rn.
Allgemeines	1– 4
Fachkammer und Fachsenat	5– 9
Vorsitzender	10–12
Befugnisse des Vorsitzenden	13
Ehrenamtliche Richter	14
Voraussetzungen	15–20
Berufung	21–25
Rechtsstellung	26–30
Heranziehung der ehrenamtlichen Richter	31–34
Ablehnung oder Niederlegung des Amtes	35, 36
Beendigung des Amtes	37, 38
Ausschluß von der Ausübung des Amtes	39

Allgemeines

1 Während § 91 Fragen der Zuständigkeit und des Verfahrens in personalvertretungsrechtlichen Angelegenheiten regelt, befaßt sich § 92 allein mit gerichtsverfassungsrechtlichen Fragen.

2 Die Vorschrift **entspricht** mit einigen redaktionellen Anpassungen der bisherigen Regelung in § 77 PersVG Bln a. F. Lediglich § 92 Abs. 2 Satz 5 und § 92 Abs. 4 sind neu in das Gesetz aufgenommen worden. Eine vergleichbare Vorschrift findet sich in § 84 BPersVG. Eine entsprechende Vorschrift im Betriebsverfassungsgesetz besteht nicht.

3 Durch die im Vergleich zu der normalen Besetzung der Kammern bei dem Verwaltungsgericht bzw. den Senaten bei dem Oberverwaltungsgericht **verstärkte Repräsentation der ehrenamtlichen Richter** soll eine besonders sach-

gemäße Zusammensetzung der Gerichte in Personalvertretungssachen erreicht werden. Auch wird damit der Tatsache Rechnung getragen, daß sowohl Arbeitnehmer als auch Beamte vom Personalvertretungsrecht erfaßt werden. Die Regelung in § 92 geht den Bestimmungen der Verwaltungsgerichtsordnung über die Zusammensetzung der Spruchkörper vor, § 187 Abs. 2 und § 190 Abs. 1 Nr. 5 VwGO. **4**

Fachkammer und Fachsenat

Bei dem Verwaltungsgericht Berlin ist eine Fachkammer und bei dem Oberverwaltungsgericht ist ein Fachsenat für personalvertretungsrechtliche Angelegenheiten zu bilden. Die Zuständigkeit der Fachkammer bzw. des Fachsenats bestimmt sich nach § 91. Diese **Zuständigkeitszuweisung ist abschließend.** Weitere Zuständigkeiten können der Fachkammer oder dem Fachsenat nicht zugewiesen werden. **5**

Der **räumliche Zuständigkeitsbereich** der Fachkammer bzw. des Fachsenats entspricht dem räumlichen Zuständigkeitsbereich des Verwaltungsgerichts bzw. des Oberverwaltungsgerichts, erfaßt wird das Gebiet von Berlin. **6**

Die Zusammensetzung der Fachkammer bzw. des Fachsenats ist im einzelnen in § 92 Abs. 3 geregelt. Fachkammer und Fachsenat entscheiden danach in der Besetzung mit dem Vorsitzenden und je zwei ehrenamtlichen Richtern. **7**

Auch hier ist das **Gruppenprinzip** zu beachten. Bei den von dem Hauptpersonalrat benannten ehrenamtlichen Richtern muß sich je ein Arbeitnehmer (Angestellter oder Arbeiter) und ein Beamter befinden. Betrifft eine Angelegenheit lediglich eine Gruppe, so müssen die von dem Hauptpersonalrat vorgeschlagenen ehrenamtlichen Richter insgesamt der jeweils betroffenen Gruppe angehören. Vor der Terminanberaumung muß daher das Gericht schon feststellen, ob der Rechtsstreit eine Angelegenheit betrifft, die nur eine personalvertretungsrechtliche Gruppe betrifft. **8**

Wird das **Gruppenprinzip** bei der Besetzung der Fachkammer oder des Fachsenats **nicht beachtet,** ist das Gericht falsch besetzt. Dieser formelle Fehler führt in der Rechtsmittelinstanz in jedem Falle zur Aufhebung der Entscheidung, selbst wenn diese materiell-rechtlich zutreffend sein sollte *(vgl. § 551 Nr. 1, § 539 ZPO).* **9**

Vorsitzender

Der Vorsitzende der Fachkammer und des Fachsenats muß in jedem Falle ein **Berufsrichter** sein. Nach § 4 VwGO in Verbindung mit § 21e Abs. 1 GVG erfolgt die Bestellung des Vorsitzenden der Fachkammer durch das Präsidium des Verwaltungsgerichts. Nach § 4 VwGO in Verbindung mit § 21f GVG kann der Vorsitz nur von dem Präsidenten des Verwaltungsgerichts oder aber einem Vorsitzenden Richter geführt werden. Zum Vorsitzenden einer Fachkammer kann daher kein Richter am Verwaltungsgericht bestimmt werden. Dies ist nur vertretungsweise bei Verhinderung des Vorsitzenden möglich, § 21f Abs. 2 GVG. **10**

Entsprechendes gilt für die Besetzung der Fachsenate bei dem Oberverwaltungsgericht. Auch hier können Vorsitzende des Fachsenats entweder der Präsident oder ein Vorsitzender Richter am Oberverwaltungsgericht sein. **11**

Bei Verstoß gegen diese Vorschriften ist die Fachkammer bzw. der Fachsenat **12**

§ 92

falsch besetzt. Die Entscheidungen können in der Rechtsmittelinstanz in jedem Falle wegen dieses formellen Fehlers aufgehoben werden, auch wenn die materiell-rechtliche Entscheidung zutreffend sein sollte *(vgl. § 551 Nr. 1 und § 539 ZPO i.V.m. §§ 88, 93 ArbGG; BVerwG vom 5. 2. 1971, E 37, 162; vom 7. 11. 1969, E 34, 180, 182).*

Befugnisse des Vorsitzenden

13   Die Befugnisse des Vorsitzenden einer Fachkammer oder eines Fachsenats sind weiter als die der sonstigen Vorsitzenden einer normalen Kammer oder eines normalen Senats. Über deren Befugnisse hinaus erläßt der Vorsitzende der Fachkammer die nicht auf Grund einer Verhandlung ergehenden Beschlüsse und Verfügungen, soweit nicht etwas anderes bestimmt ist (§ 80 Abs. 2 ArbGG i.V.m. § 53 Abs. 1 ArbGG). Ferner hat der Vorsitzende bei Zurücknahme des Antrages im Beschlußverfahren das Verfahren durch Beschluß einzustellen, § 81 Abs. 2 ArbGG. Weiterhin kann er ohne Hinzuziehung der ehrenamtlichen Richter ein Güteverfahren ansetzen, § 80 Abs. 2 Satz 2 ArbGG. Schließlich hat er nach Auflösung eines Personalvertretungsorgans innerhalb von zwei Wochen einen Wahlvorstand einzusetzen, § 25 Abs. 2.

Ehrenamtliche Richter

14   Neben dem Vorsitzenden ist die Fachkammer bzw. der Fachsenat mit vier ehrenamtlichen Richtern besetzt. Sie werden je zur Hälfte auf Vorschlag des Hauptpersonalrates und der in § 1 Abs. 1 bezeichneten Behörden, Gerichte, nichtrechtsfähigen Anstalten und Eigenbetrieben von der Senatsverwaltung für Inneres berufen. Ein Vorschlagsrecht der Gewerkschaften oder Verbände besteht nicht. Für die Berufung und Stellung der ehrenamtlichen Richter gelten die Vorschriften des Arbeitsgerichtsgesetzes über die ehrenamtlichen Richter am Arbeits- und Landesarbeitsgericht, §§ 20 ff. ArbGG, entsprechend.

Voraussetzungen

15   Ehrenamtliche Richter können Männer und Frauen werden. Sie müssen bei dem Verwaltungsgericht das 25., bei dem Oberverwaltungsgericht das 30. Lebensjahr vollendet haben, §§ 21, 37 ArbGG.

16   Weiterhin darf kein Ausschlußgrund i.S. des § 21 Abs. 2 ArbGG vorliegen. Ausgeschlossen ist danach, wer infolge Richterspruchs die Fähigkeit zur Bekleidung öffentlicher Ämter nicht besitzt oder wegen einer vorsätzlichen Tat zu einer Freiheitsstrafe von mehr als 6 Monaten verurteilt worden ist *(vgl. dazu auch § 45 StGB sowie die Erläuterungen oben zu § 12).* Auch darf er nicht wegen einer Tat angeklagt sein, die den Verlust der Fähigkeit zur Bekleidung öffentlicher Ämter zur Folge haben kann. Ein Ausschlußgrund ist ferner die gerichtliche Anordnung der Beschränkung in der Verfügung über das Vermögen.

17   Schließlich ergibt sich aus § 21 Abs. 2 Nr. 3 ArbGG, daß auch das Wahlrecht zum Deutschen Bundestag bestehen muß. Das bedeutet nicht, daß tatsächlich die Möglichkeit der direkten Wahl zum Deutschen Bundestag gegeben sein muß, sondern nur, daß die formellen Voraussetzungen für das Wahlrecht bestehen. Wie im einzelnen das materielle Wahlrecht und seine Ausübung gestaltet ist, ist hierbei ohne Belang.

Nicht zu ehrenamtlichen Richtern dürfen berufen werden die Beamten und **18**
Angestellten des Verwaltungsgerichts bzw. des Oberverwaltungsgerichts, § 21
Abs. 3 ArbGG, wohl jedoch die dort beschäftigten Arbeiter. Auch dürfen die
ehrenamtlichen Richter nicht zugleich auf Vorschlag des Hauptpersonalrates
und der in § 1 Abs. 1 bezeichneten Behörden, Gerichte, nichtrechtsfähigen
Anstalten und Eigenbetriebe berufen worden sein, § 21 Abs. 4 ArbGG.
Diese Voraussetzungen sind zwingend. Von ihnen kann nicht im Einzelfall **19**
abgesehen werden.
Daneben bestehen sogenannte Soll-Voraussetzungen, deren Vorliegen nicht **20**
zwingend vorgeschrieben ist. Nach § 37 Abs. 1 ArbGG sollen die ehrenamtlichen Richter des Oberverwaltungsgerichtes mindestens 5 Jahre vorher ehrenamtlicher Richter des Verwaltungsgerichts gewesen sein. Die Nichteinhaltung
dieser Voraussetzung hat keine Auswirkung.

Berufung

Die Berufung der ehrenamtlichen Richter erfolgt je zur Hälfte auf Vorschlag des **21**
Hauptpersonalrates und der in § 1 Abs. 1 bezeichneten Behörden, Gerichte und
nichtrechtsfähigen Anstalten. Nur diese sind vorschlagsberechtigt. Ein Vorschlagsrecht der Gewerkschaften oder Verbände bzw. der Arbeitgebervereinigungen besteht daneben nicht. Die Vorschrift des § 20 ArbGG ist insoweit nicht
anwendbar, sie wird durch die spezielle Regelung in § 92 Abs. 2 verdrängt.
Die Vorschlagsberechtigten müssen der Senatsverwaltung für Inneres Vor- **22**
schlagslisten einreichen. Bei der Erstellung der Vorschlagslisten ist darauf zu
achten, daß die Auswahl der Vorgeschlagenen unter Berücksichtigung der
vorhandenen Minderheiten erfolgen muß. Auf seiten des Hauptpersonalrates
müssen daher die in den Dienststellen des Landes Berlin vertretenen Gewerkschaften und Berufsverbände angemessen bei der Aufstellung der Vorschlagsliste berücksichtigt werden. Ferner müssen bei der Aufstellung die vorhandenen Dienstkräftegruppen ebenfalls in der Vorschlagsliste vertreten sein.
Bei der Vorschlagsliste, die von den in § 1 Abs. 1 bezeichneten Behörden, **23**
Gerichten und nichtrechtsfähigen Anstalten aufgestellt wird, müssen auch
die einzelnen Dienststellen angemessen berücksichtigt werden.
Die Berufung erfolgt durch die Senatsverwaltung für Inneres. Diese hat kein **24**
Auswahlrecht aus den eingereichten Vorschlagslisten. Bei der Berufung hat sie
lediglich zu überprüfen, ob die gesetzlichen Voraussetzungen gegeben sind.
Die Berufung erfolgt für eine Amtsperiode von 5 Jahren, § 20 Abs. 1 Satz 1 **25**
ArbGG. Vor der ersten Dienstleistung ist der ehrenamtliche Richter in öffentlicher Sitzung des Gerichts durch den Vorsitzenden zu vereidigen, § 45 Abs. 2
DRiG. Bei einer erneuten Berufung ist keine erneute Vereidigung erforderlich.

Rechtsstellung

Die ehrenamtlichen Richter haben im Rahmen des Spruchkörpers **dieselben** **26**
Rechte wie der Berufsrichter. Sie sind im gleichen Maße wie der Berufsrichter
sachlich unabhängig und nur dem Gesetz unterworfen. Sie sind an Weisungen
nicht gebunden. In ihrer richterlichen Funktion sind sie auch nicht Vertreter
bestimmter Gruppierungen, Richtungen oder Interessen, sie haben ihr Amt
nach bestem Wissen und Gewissen unparteiisch auszuüben.

§ 92

27 Für sie gilt ebenso wie für den Vorsitzenden das **Beratungsgeheimnis,** § 45 Abs. 1 DRiG. Im Rahmen des Verfahrens können sie ebenso wie der Vorsitzende Beteiligte, Zeugen und Sachverständige befragen, ihnen ist insoweit von dem Vorsitzenden auf Verlangen das Wort zu erteilen.

28 Für die ehrenamtlichen Richter gelten ebenfalls die Vorschriften über die **Ablehnung und Ausschließung** von Gerichtspersonen, §§ 41 ff. ZPO. Als Besonderheit ist hierbei zu beachten, daß die Mitgliedschaft in einem Verband oder einer Gewerkschaft noch nicht die Ablehnung rechtfertigt, selbst dann nicht, wenn ein Mitglied dieser Gewerkschaft oder dieses Verbandes Beteiligter ist (*BAG vom 20. 4. 1961, vom 31. 1. 1968, AP Nr. 1, 2 zu § 41 ZPO; vom 18. 10. 1977, AP Nr. 3 zu § 42 ZPO; BVerfG vom 15. 3. 1984, NJW 1984, 1874*).

29 Die ehrenamtlichen Richter üben ein **Ehrenamt** aus. Sie sind keine Beamten im Rechtssinne. Sie erhalten für ihre Tätigkeit keine Vergütung, sondern eine Entschädigung nach dem Gesetz über die Entschädigung ehrenamtlicher Richter.

30 Die ehrenamtlichen Richter genießen einen besonderen **Schutz.** Nach § 26 Abs. 1 ArbGG darf niemand in der Übernahme oder Ausübung des Amtes eines ehrenamtlichen Richters beschränkt oder wegen der Übernahme oder Ausübung des Amtes benachteiligt werden. Hierbei ist der ehrenamtliche Richter sowohl gegen berufliche Benachteiligungen wie z. B. Zuweisung einer geringer bezahlten Beschäftigung geschützt als auch gegen die Maßnahmen seines Verbandes, wenn dieser mit einer konkreten Entscheidung des Gerichtes nicht einverstanden ist. Maßnahmen, die diesem Schutz zuwiderlaufen, sind wegen Gesetzesverstoßes nichtig, § 134 BGB. Außerdem ist § 26 Abs. 1 ArbGG ein Schutzgesetz i. S. von § 823 Abs. 2 BGB, gegebenenfalls können Schadensersatzansprüche bestehen. Wegen der Amtsausübung darf ein ehrenamtlicher Richter nicht zur Verantwortung gezogen werden, es sei denn, er macht sich der Rechtsbeugung schuldig, § 839 Abs. 3 BGB.

Heranziehung der ehrenamtlichen Richter

31 Die Heranziehung der ehrenamtlichen Richter zu den einzelnen Sitzungen liegt **nicht im Ermessen** des Vorsitzenden. Sie sind nach der Reihenfolge aus einer Liste zu entnehmen, die der Vorsitzende der Kammer vor Beginn des Geschäftsjahres bzw. vor Beginn der Amtszeiten neuberufener Arbeitsrichter aufstellt, § 31 ArbGG bzw. § 39 ArbGG. Vor Aufstellung der Liste ist der Ausschuß der ehrenamtlichen Richter anzuhören, § 29 ArbGG.

32 Betrifft eine Angelegenheit lediglich eine **Gruppe,** so muß bei Heranziehung der auf Vorschlag des Hauptpersonalrats berufenen ehrenamtlichen Richter darauf geachtet werden, daß nur ehrenamtliche Richter der betroffenen Gruppe geladen werden. Ist dies nicht der Fall, müssen die Gruppen gem. § 92 Abs. 3 Satz 2 vertreten sein.

33 Wird die **Reihenfolge** der Liste **nicht eingehalten,** so liegt darin eine Amtspflichtverletzung des Vorsitzenden bzw. des die Ladung ausführenden Urkundsbeamten der Geschäftsstelle. Die darauf ergehenden Entscheidungen sind allerdings nicht unwirksam, der Verfahrensmangel kann als solcher allerdings in der Rechtsbeschwerdeinstanz geltend gemacht werden, in der Beschwerdeinstanz steht dem § 88 ArbGG i. V. m. § 65 ArbGG entgegen. Danach kann das Rechtsmittel nicht auf Mängel bei der Berufung des ehrenamtlichen Richters gestützt werden.

Wird eine **Sache vertagt,** so müssen nicht dieselben ehrenamtlichen Richter zu dem neuen Termin geladen werden. Wenn von der Sache her die Heranziehung der gleichen ehrenamtlichen Richter geboten ist, kann dies durch Beschluß der Kammer oder des Senats erfolgen. **34**

Ablehnung oder Niederlegung des Amtes

Grundsätzlich besteht die **Pflicht,** das Amt eines ehrenamtlichen Richters zu übernehmen. Die Ablehnung oder Niederlegung des Amtes eines ehrenamtlichen Richters kann nur aus bestimmten, im Gesetz abschließend aufgezählten Gründen erfolgen, § 24 ArbGG. Gründe sind: **35**
    die Vollendung des 65. Lebensjahres;
    Behinderung durch Krankheit oder Gebrechen, die eine ordnungsgemäße Amtsausübung ausschließen;
    Unzumutbarkeit der Übernahme des Amtes wegen anderweitiger ehrenamtlicher Tätigkeit;
    Tätigkeit in den zehn vorausgehenden Jahren als ehrenamtlicher Richter;
    sonstige wichtige Gründe, die insbesondere die Fürsorge für die Familie oder Ausübung des Amtes im besonderen Maß erschweren.
Über die Berechtigung zur Ablehnung oder Niederlegung **entscheidet** die Senatsverwaltung für Inneres, §§ 24 Abs. 2, 37 Abs. 2 ArbGG. Die Entscheidung ist endgültig. **36**

Beendigung des Amtes

Das Amt endet mit **Zeitablauf.** Die Wahl erfolgt nur für eine Amtsperiode von vier Jahren. Ferner endet das Amt bei **Wegfall** der zwingenden **Voraussetzungen** *(vgl. oben Rn. 15f.)* sowie bei Amtsenthebung. Nach § 27 ArbGG ist ein ehrenamtlicher Richter seines Amtes zu entheben, wenn er seine Amtspflicht grob verletzt. Über die Enthebung entscheidet der erste Senat des Oberverwaltungsgerichts auf Antrag des Senators für Inneres. Vor der Entscheidung ist der ehrenamtliche Richter zu hören. Die Entscheidung ist endgültig, ein Rechtsmittel gegen sie ist nicht gegeben, § 27 Satz 2 i. V. m. § 21 Abs. 5 ArbGG. **37**
Ebenfalls ist ein ehrenamtlicher Richter seines Amtes zu entheben, wenn nachträglich das **Fehlen einer Voraussetzung** für die Berufung festgestellt wird oder nachträglich eine Voraussetzung wegfällt, § 21 Abs. 5 Satz 1 ArbGG. **38**

Ausschluß von der Ausübung des Amtes

Nach § 92 Abs. 4 ist ein ehrenamtlicher Richter von der Ausübung des Amtes ausgeschlossen, wenn er bei dem vorangegangenen **Verwaltungsverfahren** in irgendeiner Form **mitgewirkt** hat. Diese Vorschrift ist im Interesse der Unabhängigkeit des Richters geschaffen worden. Für den Ausschluß reicht jede Form der Tätigkeit in dem vorangegangenen Verwaltungsverfahren aus, es muß nicht eine unmittelbare Mitwirkung an der getroffenen Entscheidung sein. Es reicht jede bearbeitende oder eine Entscheidung vorbereitende Tätigkeit aus. **39**

Abschnitt VIII
Behandlung von Verschlusssachen der Verfassungsschutzbehörde

§ 92 a Behandlung von Verschlusssachen der Verfassungsschutzbehörde

(1) Die Beteiligung des Personalrats der Senatsverwaltung für Inneres in den Beteiligungsangelegenheiten nach Abschnitt VI, die ausschließlich Dienstkräfte der Verfassungsschutzabteilung betreffen und die als Verschlusssache mindestens des Geheimhaltungsgrades »VS-Vertraulich« eingestuft sind, setzt voraus, dass die mitwirkenden Personalratsmitglieder nach den dafür geltenden Bestimmungen ermächtigt sind, Kenntnis von Verschlusssachen des Geheimhaltungsgrades »GEHEIM« zu erhalten.

(2) In den in Absatz 1 genannten Angelegenheiten sind § 30 Abs. 3, 4. Alternative (Schwerbehindertenvertretung) und 5. Alternative (Jugend- und Auszubildendenvertretungen), § 31 Abs. 1 Satz 4 und Abs. 2 Satz 2 und 3 sowie die §§ 35 und 36 nicht anzuwenden; in den Fällen des § 34 Abs. 1 Satz 2 findet eine Beteiligung der Gewerkschaften nicht statt. Diese Angelegenheiten werden in der Personalversammlung nicht behandelt. Soweit in einer Personalversammlung der Senatsverwaltung für Inneres Angelegenheiten behandelt werden, die den Bereich der Verfassungsschutzbehörde betreffen, ist § 46 Abs. 2 und 3 Sätze 3 und 4 nicht anwendbar.

(3) Der Personalrat der Senatsverwaltung für Inneres ist in den in Absatz 1 genannten Angelegenheiten insgesamt zu beteiligen, soweit dessen Mitglieder sämtlich im Sinne des Absatzes 1 ermächtigt sind. Er kann für die Beteiligung aus seiner Mitte einen Ausschuss bilden, der aus je einem Mitglied der im Personalrat vertretenen Gruppen besteht. Er hat diesen Ausschuss zu bilden, wenn die Ermächtigung aller Mitglieder nicht zustande kommt. Die Mitglieder des Ausschusses nach Satz 3 müssen nach den dafür geltenden Bestimmungen ermächtigt sein, Kenntnis von Verschlusssachen des Geheimhaltungsgrades »GEHEIM« zu erhalten; § 29 Abs. 1 Satz 2 gilt entsprechend; § 11 Satz 2 findet für die Mitglieder des Ausschusses keine Anwendung.

(4) Für das Verfahren vor der Einigungsstelle und die Beteiligten nach den §§ 81 bis 83 gilt Absatz 1 entsprechend. § 83 Abs. 1 Satz 3 ist nicht anzuwenden.

(5) Kommt die Ermächtigung aller Mitglieder der Einigungsstelle nicht zustande, tritt an ihre Stelle ein Gremium, das aus dem unparteiischen Vorsitzenden der Einigungsstelle und zwei Beisitzern besteht. Ein Beisitzer wird von der Senatsverwaltung für Inneres auf Vorschlag des Hauptpersonalrats bestellt. Der weitere Beisitzer wird ebenfalls von der Senatsverwaltung für Inneres bestellt; er soll Dienstkraft dieser Verwaltung sein. Absatz 3 Satz 4 gilt entsprechend.

(6) Im Verfahren nach § 80 gelten für den Hauptpersonalrat die Absätze 1 und 3 entsprechend.

(7) Der Leiter der Dienststelle kann anordnen, dass in den Fällen des Absatzes 1 dem Personalrat, dem Hauptpersonalrat und der Einigungsstelle Unterlagen

§ 92a

nicht vorgelegt und Auskünfte nicht erteilt werden dürfen, soweit dies zur Vermeidung von Nachteilen für das Wohl der Bundesrepublik Deutschland oder eines ihrer Länder oder auf Grund internationaler Verpflichtungen geboten ist. Im Verfahren nach § 91 sind die gesetzlichen Voraussetzungen für die Anordnung glaubhaft zu machen.

(8) Der Leiter der Dienststelle kann bestimmen, dass Dienstkräfte, bei denen dies wegen ihrer dienstlichen Aufgabe dringend geboten ist, nicht an Personalversammlungen teilnehmen. Er kann weiterhin bestimmen, dass Angelegenheiten des Verfassungsschutzes in Teilversammlungen der betroffenen Dienstkräfte erörtert werden.

(9) Bei der Beteiligung des Hauptpersonalrats und der Einigungsstelle sind Angelegenheiten, die lediglich Dienstkräfte der Verfassungsschutzabteilung betreffen, wie Verschlusssachen des Geheimhaltungsgrades »VS-Vertraulich« zu behandeln, soweit nicht die zuständige Stelle etwas anderes bestimmt.

Übersicht   Rn.

Allgemeines 1– 4
Geltungsbereich 5– 9
Ermächtigung der Personalratsmitglieder 10, 11
Beschränkung der Rechte der Schwerbehinderten- und Jugend-
und Auszubildendenvertretung usw. 12, 13
Beteiligung des Personalrats   14
Bildung eines Ausschusses 15, 16
Schweigepflicht 17, 18
Verfahren bei Nichteinigung 19, 20
Verfahren vor der Einigungsstelle 21–23
Beschränkung der Vorlage von Unterlagen 24–26
Personalversammlung 27, 28

Allgemeines

Die Vorschrift ist durch das **Gesetz zur Reform des Verfassungsschutzes** im 1
Lande Berlin, durch das das bisherige Landesamt für Verfassungsschutz aufgelöst worden ist, neu geschaffen worden *(vom 30. 11. 2000, GVBl. 2000, 495)*. Die Aufgaben des bisherigen Landesamtes für Verfassungsschutz sind nach Artikel 1 § 1 des Gesetzes zur Reform des Verfassungsschutzes im Land Berlin der Senatsverwaltung für Inneres übertragen worden. Aus § 2 des Gesetzes folgt, daß die Dienstkräfte des früheren Landesamtes für Verfassungsschutz in den Personalüberhang des Landes übernommen worden sind. Sie waren ab dem Zeitpunkt der Auflösung des Landesamtes Dienstkräfte der Senatsverwaltung für Inneres, ohne daß es einer Versetzung bedurfte.
Dies hatte zur Folge, daß der bei der Senatsverwaltung für Inneres gebildete 2
Personalrat auch für die neugebildete **Verfassungsschutzabteilung** und die dort beschäftigten Dienstkräfte zuständig geworden ist.
Vergleichbare Vorschriften sind im BPersVG nicht enthalten. Weder § 86 3
BPersVG noch § 93 BPersVG können insoweit herangezogen werden.
Durch die Vorschrift werden die **Beteiligungsmöglichkeiten** des Personalrats 4
der Senatsverwaltung für Inneres für den Bereich der Verfassungsschutzabtei-

§ 92a

lung teilweise **eingeschränkt,** der Gesetzgeber hat hierbei die Rechtfertigung in der Geheimhaltungsbedürftigkeit bestimmter Tatsachen gesehen. Die Einschränkung erfolgt in erster Linie in verfahrensmäßiger Hinsicht, die Beteiligung der Schwerbehindertenvertretung und der Jugend- und Auszubildendenvertretung sowie die verfahrensrechtliche Beteiligung von Gewerkschaften werden eingeschränkt, die Wahrnehmung der Beteiligungsrechte selbst wird auf seiten des Personalrates auf bestimmte Mitglieder beschränkt, die die besonderen Voraussetzungen für die Berechtigung des Umganges mit Verschlußsachen besitzen.

Geltungsbereich

5 Der Geltungsbereich der Vorschrift wird durch **zwei Kriterien** bestimmt. Zum einen betrifft sie auf der **personellen Ebene** nur Dienstkräfte der Verfassungsschutzabteilung. Andere Dienstkräfte der Senatsverwaltung für Inneres, selbst wenn sie ähnlich geartete Aufgaben wahrnehmen wie die Dienstkräfte der Verfassungsschutzabteilung, werden nicht vom Geltungsbereich erfaßt.

6 Außer dem personenbezogenen Kriterium ist **zusätzlich Voraussetzung,** daß die Beteiligungsangelegenheit als Verschlußsache mindestens des **Geheimhaltungsgrades** »VS-Vertraulich« eingestuft ist. Hierbei ist auch die besondere Regelung in Abs. 9 hinsichtlich der Beteiligung des Hauptpersonalrats und der Einigungsstelle zu beachten, die für diesen Bereich des Beteiligungsverfahrens eine Vermutung der Geheimhaltungsbedürftigkeit enthält, die nur durch die zuständige Stelle aufgehoben werden kann.

7 Die Einstufung einer Angelegenheit als **geheimhaltungsbedürftig** nach bestimmten Stufen erfolgt nach den **innerdienstlichen Vorschriften** durch die Dienststelle. Die unterste Stufe der Geheimhaltungsbedürftigkeit, die zu einer Einschränkung der Beteiligungsrechte führt, trägt die Bezeichnung »VS-Vertraulich«. Bei der Einstufung der Geheimhaltungsbedürftigkeit ist im Rahmen der bestehenden Vorschriften ein strenger Maßstab anzulegen, zu berücksichtigen ist, daß gerade bei personellen oder organisatorischen Angelegenheiten, die die Mitglieder der Verfassungsschutzabteilung betreffen, nicht unerhebliche Beschränkungen der Beteiligungsrechte des Personalrats eintreten. Die Einstufung als geheimhaltungsbedürftig darf von der Dienststelle nicht dazu herangezogen werden, die Beteiligung des Personalrates einzuengen. Zu beachten ist in diesem Zusammenhang auch, daß die Einstufung unter einen bestimmten Grad der Geheimhaltung nicht gerichtlich überprüft werden kann, diese Möglichkeit steht auch nicht dem Verwaltungsgericht im personalvertretungsrechtlichen Beschlußverfahren offen.

8 Angelegenheiten, die lediglich den Geheimhaltungsgrad **»VS-Nur für den Dienstgebrauch«** tragen, fallen nicht unter die Ausnahmeregelung des § 92a. Wird während des Laufs eines Beteiligungsverfahrens der Grad der **Geheimhaltung** einer Angelegenheit **herabgestuft,** so daß die Einschränkungen des § 92a nicht mehr bestehen, ist das gesamte Beteiligungsverfahren normal durchzuführen. Gegebenenfalls muß das Beteiligungsverfahren dann erneut eingeleitet werden. Ist das Verfahren jedoch bereits abgeschlossen und die Maßnahme durchgeführt und wird erst dann die Veränderung des Geheimhaltungsgrades herbeigeführt, ist eine erneute Durchführung des Beteiligungsverfahrens nicht mehr erforderlich.

9 Erfaßt werden **sämtliche Beteiligungsrechte,** die in Abschnitt VI des Gesetzes

erfaßt sind. Die Einschränkungen gelten also insbesondere auch bei der Wahrnehmung der allgemeinen Aufgaben nach § 72, der Erfüllung des Informationsrechtes des § 73 und der Mitbestimmung und Mitwirkung im Sinne der §§ 79 ff. sowie 85 ff. und § 90.

Ermächtigung der Personalratsmitglieder

Unterliegt eine Beteiligungsangelegenheit mindestens dem Geheimhaltungsgrad »VS-Vertraulich«, so können nur **Personalratsmitglieder** mitwirken, die selbst **ermächtigt sind,** Kenntnis von Verschlußsachen des Geheimhaltungsgrades »Geheim« zu erhalten. Diese Ermächtigung muß den Personalratsmitgliedern ausdrücklich aufgrund der entsprechenden Vorschriften zuerkannt worden sein. In der Regel erfolgt die Zuerkennung durch die Leitung der Senatsverwaltung für Inneres. 10

Grundsätzlich besteht **kein Anspruch** eines Personalratsmitgliedes **auf Anerkennung als Geheimnisträger,** eine Besonderheit besteht nur nach Abs. 3 Satz 3 (*dazu die Erläuterungen unten Rn. 15 und 16*). Allerdings muß die Senatsverwaltung für Inneres bei der Erteilung der Ermächtigung für Personalratsmitglieder berücksichtigen, daß nicht aus unsachlichen Gründen eine Ermächtigung nicht erteilt wird, so daß auf diesem Wege die Wahrnehmung der Beteiligungsrechte für die Dienstkräfte der Verfassungsschutzabteilung wesentlich eingeschränkt werden könnte. Die Senatsverwaltung für Inneres muß daher dafür Sorge tragen, daß zumindest einige Mitglieder des Personalrates in die Lage versetzt werden, die entsprechenden Aufgaben auch wahrzunehmen. Wie hoch die Anzahl der zu ermächtigenden Personalratsmitglieder sein muß, ist im Gesetz ausdrücklich nicht genannt. Aus Abs. 3 Satz 3 folgt jedoch, daß zur Sicherstellung der Beteiligungsmöglichkeit mindestens ein Mitglied jeder im Personalrat vertretenen Gruppe zu ermächtigen ist, damit ein Ausschuß zur Wahrnehmung der Beteiligungsrechte gebildet werden kann. 11

Beschränkung der Rechte der Schwerbehinderten- und Jugend- und Auszubildendenvertretung usw.

Aus Absatz 2 ergeben sich Beschränkungen hinsichtlich der Rechte der Schwerbehinderten- und Jugend- und Auszubildendenvertretung. Die Beschränkungen gelten allerdings nur im Rahmen des Abs. 1, also nur für Dienstkräfte der Verfassungsschutzabteilung in bezug auf Angelegenheiten, die als Verschlußsache zu behandeln sind. **Beschränkt** wird hierbei zunächst die Möglichkeit für die Schwerbehinderten- oder die Jugend- und Auszubildendenvertretung, die **Anberaumung einer Sitzung** des Personalrats mit einem bestimmten Beratungsgegenstand zu verlangen. Ferner ist die Möglichkeit der **Hinzuziehung von Sachverständigen** zu Personalratssitzungen nach § 31 Abs. 1 Satz 4 ausgeschlossen. Auch können **Gewerkschaftsmitglieder** nicht eingeladen werden. Insoweit hat der Gesetzgeber die frühere Regelung in § 31 Abs. 2 Satz 4 im Grunde aufrechterhalten. Auch im übrigen ist die Beteiligung der Jugend- und Auszubildendenvertretung und der Schwerbehindertenvertretung an Personalratssitzungen nicht möglich, soweit Verschlußsachen im Bereich der Angelegenheiten der Dienstkräfte der Verfassungsschutzabteilung behandelt werden. 12

Um dem Geheimhaltungsbedürfnis Rechnung zu tragen, sind auch die Mög- 13

§ 92 a

lichkeiten der Abhaltung von **Personalversammlungen** im Bereich der Verfassungsschutzbehörde (Verfassungsschutzabteilung) eingeschränkt, das Teilnahmerecht der Gewerkschaften besteht nicht, auch ist die Beteiligung eines Beauftragten einer Arbeitgebervereinigung nicht möglich. Diese Einschränkung gilt aber nur, wenn in einer Personalversammlung Angelegenheiten behandelt werden sollen, die den Bereich der Verfassungsschutzabteilung betreffen.

Beteiligung des Personalrats

14   Grundsätzlich ist der gesamte Personalrat zu beteiligen. Erforderlich ist jedoch, daß **sämtliche Mitglieder** die **Ermächtigung** zur Kenntnisnahme von Verschlußsachen besitzen. Ist dies nicht der Fall, können nur diejenigen Mitglieder des Personalrats beteiligt werden, die über die entsprechende Ermächtigung verfügen. Im übrigen erfolgt die Beteiligung des Personalrats nach den allgemeinen Vorschriften, insbesondere werden auch das Gruppenprinzip und die Vertretungsregelungen nicht eingeschränkt. Auch eine materielle Beschränkung der Beteiligungsrechte ist grundsätzlich nicht vorgenommen worden.

Bildung eines Ausschusses

15   Verfügen nicht alle Mitglieder des Personalrats über die erforderliche Ermächtigung, kann der Personalrat der Senatsverwaltung für Inneres aus seiner Mitte einen Ausschuß bilden, in dem je ein Mitglied der im Personalrat vertretenen Gruppen vorhanden sein muß. Um die Wahrnehmung der Beteiligungsrechte sicherzustellen, ist die Bildung eines entsprechenden Ausschusses **zwingend vorgeschrieben,** wenn nicht alle Mitglieder des Personalrats über die erforderliche Ermächtigung verfügen.

16   Die Mitglieder des gebildeten Ausschusses müssen sämtlichst die erforderliche Ermächtigung besitzen. Da der Gesetzgeber die Bildung des Ausschusses zwingend vorgeschrieben hat, muß, falls nicht eine ausreichende Zahl von Geheimnisträgern im Personalrat vorhanden ist, die entsprechende **Ermächtigung von der Senatsverwaltung für Inneres** erteilt werden.

Schweigepflicht

17   Die **Ausnahmen** von der Schweigepflicht, die § 11 Satz 2 vorsieht, **gelten für die Mitglieder des Ausschusses nicht.** Dies beruht darauf, daß sie den besonderen Geheimhaltungsbestimmungen für ermächtigte Geheimnisträger unterliegen. Diese lassen eine Weitergabe der Erkenntnisse an Dritte ohne entsprechende Erlaubnis nicht zu. Die Ausschußmitglieder sind daher auch nicht befugt, dem gesamten Personalrat oder anderen Personalratsmitgliedern Mitteilungen von Angelegenheiten zu machen, die im Ausschuß behandelt worden sind und die der Geheimhaltung unterliegen.

18   Zwar enthält Abs. 3 keine Vorschrift darüber, ob die Einschränkungen der Schweigepflicht, wie sie in § 11 Satz 2 festgelegt sind, auch dann gelten, wenn alle Mitglieder des Personalrats die erforderliche Ermächtigung besitzen und mit geheimhaltungsbedürftigen Angelegenheiten im Sinne des Abs. 1 befaßt waren. Da aber auch dann davon auszugehen ist, daß hier die besonderen Geheimhaltungsvorschriften außerhalb des Personalvertretungsrechts gelten, ist auch hier davon auszugehen, daß von den Personalratsmitgliedern insge-

§ 92 a

samt keine Informationen an Dritte, auch nicht im Rahmen des § 11 Satz 2, gegeben werden dürfen.

Verfahren bei Nichteinigung

In dem Verfahren bei Nichteinigung des § 80 gelten bei Einschaltung des Hauptpersonalrats die besonderen Einschränkungen von Abs. 1 und 3 entsprechend. Das heißt, daß auch hier der **Hauptpersonalrat** mit seinem gesamten Gremium nur dann eingeschaltet werden kann, wenn sämtliche Mitglieder im Sinne der Geheimhaltungsvorschriften ermächtigt worden sind. Ist dies nicht der Fall, ist auch im Bereich des Hauptpersonalrats ein entsprechender Ausschuß zu bilden. 19

Besonders zu berücksichtigen ist in diesem Zusammenhang jedoch, daß bei der Beteiligung des Hauptpersonalrats Angelegenheiten, die nur Dienstkräfte der Verfassungsschutzabteilung betreffen, wie Verschlußsachen des Geheimhaltungsgrades »VS-Vertraulich« zu behandeln sind. Daraus ergibt sich, daß der Gesetzgeber hier eine **Vermutung** aufgestellt hat, die nur von der zuständigen Stelle beseitigt werden kann. Die Vermutung stellt nicht auf die Art der Angelegenheit ab, die zu behandeln ist, sondern allein auf den betroffenen Personenkreis oder die betroffene Person. Soweit eine Dienstkraft der Verfassungsschutzabteilung betroffen ist, greift die Vermutung ein, unabhängig davon, ob die Angelegenheit tatsächlich dem Geheimhaltungsgrad »VS-Vertraulich« oder höher unterliegt. 20

Verfahren vor der Einigungsstelle

Ähnliche Einschränkungen, wie sie für die Beteiligung des Hauptpersonalrats gelten, sind auch in dem Verfahren vor der Einigungsstelle anzuwenden. Auch hier müssen die **Beteiligten** ermächtigt sein, Kenntnis von Verschlußsachen des Geheimhaltungsgrades »Geheim« zu erhalten. Auch hier ist die ausdrückliche Ermächtigung erforderlich. 21

Im Gegensatz zu den sonstigen Verfahren vor der Einigungsstelle ist es in diesen Fällen **ausgeschlossen,** daß **andere Personen,** die ein berechtigtes Interesse nachweisen, zur Verhandlung zugelassen werden. Dies kann auch dazu führen, daß die Vertretung durch Gewerkschaftsvertreter bzw. Rechtsanwälte vor der Einigungsstelle eingeschränkt ist. 22

Sind nicht alle **Mitglieder der Einigungsstelle,** also sowohl der Vorsitzende als auch die jeweiligen Beisitzer, im Sinne der Geheimhaltungsvorschrift ermächtigt, so tritt an die Stelle der Einigungsstelle ein **besonderes Gremium,** das aus einer verminderten Anzahl von Mitgliedern besteht. Mitglieder dieses Gremiums sind der unparteiische Vorsitzende der Einigungsstelle und zwei Beisitzer, wobei ein Beisitzer von der Senatsverwaltung für Inneres bestellt wird, der zweite Beisitzer wird ebenfalls von der Senatsverwaltung für Inneres, jedoch auf Vorschlag des Hauptpersonalrats, bestellt. Auch diese Mitglieder des Gremiums müssen im Sinne des Abs. 3 ermächtig sein. 23

§ 92 a

Beschränkung der Vorlage von Unterlagen

24 Nach Abs. 7 kann der Leiter der Dienststelle Senatsverwaltung für Inneres, in der Regel also der Senator, anordnen, daß bei Geheimhaltungsbedürftigkeit von Angelegenheiten des Abs. 1 dem Personalrat, dem Hauptpersonalrat und der Einigungsstelle **bestimmte Unterlagen** nicht vorgelegt und Auskünfte nicht erteilt werden. Hierbei muß es sich um eine **ausdrückliche Weisung** des Leiters der Dienststelle handeln, diese muß präzise umschreiben, welche Unterlagen und welche Auskünfte nicht weitergegeben werden dürfen.

25 Die Einschränkung des Informationsrechtes besteht nur dann, wenn dies wegen möglicher **Nachteile** für das Wohl der Bundesrepublik Deutschland oder eines ihrer Länder oder aufgrund internationaler Verpflichtungen erforderlich ist. Die Begriffe enthalten einen weiten Ermessensspielraum, es ist nicht präzise festzulegen, welche Kriterien erfüllt sein müssen, um eine Einschränkung des Informationsrechts im Rahmen der Beteiligungsverfahren zu rechtfertigen. Insbesondere auch die Einschränkung »aufgrund internationaler Verpflichtungen« ist wenig präzise, zumal es sich nicht um schriftliche Verpflichtungen handeln muß. Die Nachteile müssen jedoch **konkret existieren,** allerdings ist dies weder für den Personalrat der Senatsverwaltung für Inneres noch für den Hauptpersonalrat oder die Einigungsstelle näher überprüfbar. Gegenüber diesen muß der Leiter der Dienststelle auch keine weiteren Nachweise für die Erfüllung der Voraussetzungen vorlegen.

26 Eine **Glaubhaftmachung** der Gründe ist zunächst **nicht erforderlich.** Daß mit der Verweigerung der Vorlage von Unterlagen oder der Erteilung von Auskünften Nachteile für das Wohl der Bundesrepublik Deutschland oder eines ihrer Länder vermieden werden sollen, oder weil aufgrund internationaler Verpflichtungen eine entsprechende Notwendigkeit besteht, kann nur im personalvertretungsrechtlichen **Beschlußverfahren näher überprüft** werden. Hierbei kommt die Zuständigkeit der Verwaltungsgerichte gem. § 91 Abs. 1 Nr. 3 in Betracht. Allerdings muß der Leiter der Dienststelle auch hier nicht konkret nachweisen, daß die Vermeidung von Nachteilen tatsächlich die Beschränkung der Informationsrechte erfordert. Vielmehr genügt es, wenn insoweit die Tatsachen glaubhaft gemacht werden. Dafür genügt jedoch die Vorlage von anderen Urkunden, aus denen sich mittelbar die Möglichkeit der Gefährdung ergeben könnte. Auch ist die Vorlage einer eidesstattlichen Versicherung ausreichend, wobei diese auch durch Bedienstete der Verwaltung erfolgen könnte. Ein unmittelbarer Beweis ist nicht zu erheben.

Personalversammlung

27 **Weitere Einschränkungen** bezüglich der Teilnahme an Personalversammlungen enthält die Bestimmung in Abs. 8. Abgesehen davon, daß Vertretern der Gewerkschaften ein Zutrittsrecht zu Personalversammlungen nicht zusteht, wenn Angelegenheiten der Verfassungsschutzabteilung erörtert werden *(dazu oben Rn. 13)*, kann der Dienststellenleiter anordnen, daß einzelnen oder mehreren Dienstkräften wegen der besonderen dienstlichen Aufgaben die Teilnahme an der Personalversammlung nicht gestattet wird. Erforderlich hierfür ist, daß die dienstliche Aufgabe, die diese Dienstkräfte wahrzunehmen haben, es dringend erfordert, daß sie nicht an der Personalversammlung teilnehmen. Solche Gründe können neben der tatsächlichen Verhinderung wegen einer dringend zu erfüllenden Arbeitsaufgabe beispielsweise sein, daß bei Teilnahme der entsprechenden Dienstkräfte deren Identität offengelegt werden könnte, so daß ihr Einsatz und ihre Sicherheit nicht mehr im bisherigen Umfange möglich wäre. Zum Beispiel kann verdeckten Ermittlern oder verdeckt operierenden Personen das Teilnahmerecht versagt werden.

Ohne entsprechende sachliche Einschränkungen kann der Leiter der Dienststelle darüber hinaus bestimmen, daß Angelegenheiten des Verfassungsschutzes in **Teilversammlungen** der betroffenen Dienstkräfte erörtert werden. Hier ist der Leiter der Dienststelle lediglich an sein pflichtgemäßes Ermessen gebunden, die Bestimmung enthält insoweit eine Konkretisierung der Ausnahmeregelung des § 45 Abs. 2. Die Entscheidung des Leiters der Dienststelle ist gerichtlich nicht überprüfbar, da sie auch keiner Begründung bedarf. **28**

Abschnitt IX
Übergangs- und Schlußvorschriften

§ 93

Dienstvereinbarungen, die den §§ 1 bis 69 widersprechen, treten mit Inkrafttreten dieses Gesetzes insoweit außer Kraft. Dienstvereinbarungen, die diesem Gesetz widersprechende Regelungen der Zuständigkeit und Befugnisse der Personalvertretungen enthalten, treten insoweit mit Ablauf von sechs Monaten nach Inkrafttreten dieses Gesetzes außer Kraft.

Übersicht

	Rn.
Allgemeines	1, 2
Widerspruch zu den §§ 1–69	3–5
Widerspruch zu den Befugnissen und Zuständigkeiten der Personalvertretungen	6–8
Streitigkeiten	9

Allgemeines

1 Die Vorschriften der §§ 93 bis 100 entsprechen weitgehend der bisherigen Regelung in den §§ 78–85 PersVG Bln a. F. Lediglich § 99 enthält eine neue Regelung, die Bestimmung des § 78 Abs. 1 PersVG Bln a. F. ist nunmehr im § 2 Abs. 4 enthalten.

2 Die Übergangs- und Schlußvorschriften sind erforderlich, um die Auswirkungen der erheblichen Änderungen im Personalvertretungsrecht zu regeln. Durch die Übergangsvorschriften soll sichergestellt werden, daß die zu dem bisherigen Recht abgeschlossenen Dienstvereinbarungen dem neuen Recht angepaßt werden.

Widerspruch zu den §§ 1–69

3 Dienstvereinbarungen, die den Vorschriften der §§ 1–69 widersprechen, traten automatisch mit Inkrafttreten des Gesetzes, also mit dem 2. 9. 1974, außer Kraft, § 100. Einer besonderen Kündigung bedurfte es nicht. Nicht erfaßt werden von § 93 Satz 1 diejenigen Dienstvereinbarungen, die Regelungen auf Grund der früheren Beteiligungsrechte enthielten. Die §§ 70 ff. sind ausdrücklich in Satz 1 nicht genannt.

4 Die Dienstvereinbarungen treten nur insoweit außer Kraft, als sie den neuen Vorschriften widersprechen. Die nicht widersprechenden Teile der Dienstvereinbarung bleiben nach dem Wortlaut des Gesetzes zunächst weiter bestehen.

Allerdings wird das nur für die Teile einer Dienstvereinbarung gelten können, die eine eigenständige Bedeutung haben. Sie müssen selbständig ohne den unwirksamen Teil bestehen können und auch insoweit noch vernünftige Regelungen enthalten, die nicht von unwirksamen Regelungen abhängig sind. Aufgabe der Personalvertretungen ist es in diesem Falle, unverzüglich neue Dienstvereinbarungen abzuschließen. 5

Widerspruch zu den Befugnissen und Zuständigkeiten der Personalvertretungen

Dienstvereinbarungen, die Regelungen enthalten, die den Bestimmungen des Gesetzes über die Zuständigkeit und die Befugnisse der Personalvertretungen widersprechen, treten insoweit mit Ablauf von 6 Monaten nach dem 2. 9. 1974 außer Kraft. Von dieser Regelung in § 93 Satz 2 werden in erster Linie die Dienstvereinbarungen betroffen, die auf Grund der früheren Beteiligungsrechte abgeschlossen worden sind. Hier hielt es der Gesetzgeber für erforderlich, eine Übergangszeit für das Außerkrafttreten der Dienstvereinbarungen festzulegen, damit den Personalvertretungen die Möglichkeit gegeben ist, ohne Nachteile für die betroffenen Dienstkräfte neue Dienstvereinbarungen auszuhandeln. Personalvertretungen und Dienststellen sollten einen Zeitraum zur Umstellung auf die neue Rechtslage haben. Während dieses Zeitraumes haben die Dienstvereinbarungen in denjenigen Materien, die sie abschließend regeln, den Vorrang vor den neuen Vorschriften des PersVG Bln gehabt. Das folgt daraus, daß sonst die Regelung in § 93 Satz 2 ohne praktische Bedeutung wäre, wenn auch während der Sechsmonatsfrist das neue Gesetzesrecht den Vorrang vor dem Dienstvereinbarungsrecht gehabt hätte. 6

Auch hier ist die Beendigung der Dienstvereinbarungen automatisch mit Fristablauf eingetreten, also am 2. 2. 1975. Einer Kündigung bedurfte es nicht. 7

Auch hier sind die Dienstvereinbarungen nur insoweit unwirksam, als sie den neuen gesetzlichen Regelungen widersprechen. Hinsichtlich der Teilunwirksamkeit gelten hierbei die gleichen Grundsätze wie oben Rn. 4 bereits dargestellt. 8

Streitigkeiten

Streitigkeiten über das teilweise oder vollständige Außerkrafttreten bzw. Weiterbestehen von Dienstvereinbarungen entscheiden die Verwaltungsgerichte im Beschlußverfahren gem. § 91 Abs. 1 Nr. 4. In dieser Verfahrensart ist auch zu klären, inwieweit die Dienstvereinbarungen außer Kraft getreten sind. 9

§ 94

Die in diesem Gesetz für die Gewerkschaften vorgesehenen Rechte und Pflichten gelten auch für die nach § 60 des Landesbeamtengesetzes bei der Vorbereitung allgemeiner Regelungen der beamtenrechtlichen Verhältnisse zu beteiligenden Berufsverbände.

§ 94

Übersicht

	Rn.
Sinn und Zweck der Vorschrift	1, 2
Berufsverbände	3, 4
Streitigkeiten	5

Sinn und Zweck der Vorschrift

1   § 94 regelt die personalvertretungsrechtlichen Rechte und Pflichten der Berufsverbände, die keine Gewerkschaften im Sinne des Arbeitsrechtes sind. Hiermit wird der Tatsache Rechnung getragen, daß die Beamten auf Grund ihrer Rechtsstellung im Rahmen des besonderen Gewaltverhältnisses weder tariffähige Vereinigungen bilden können noch nach der herrschenden Meinung das Streikrecht besitzen *(vgl. oben § 2 Rn. 29 ff.).* Für die Beamten werden im Gegensatz zu den Arbeitnehmern im Bereich des öffentlichen Dienstes die wesentlichen materiellen Arbeitsbedingungen durch Gesetz oder Verordnung festgelegt, so daß die Wahrnehmung der dienstrechtlichen Belange und Interessen der Mitglieder der Vereinigungen der Beamten grundlegend anders gestaltet ist als bei den Gewerkschaften im arbeitsrechtlichen Sinne *(vgl. auch BVerwG vom 23. 11. 1962, E 15, 166, 168).*

2   Grundsätzlich hätte es dieser Vorschrift nicht bedurft, wenn man im Bereich des Personalvertretungsrechts von einem modifizierten Gewerkschaftsbegriff ausgeht, der auch sämtliche Berufsverbände der Beamten umfaßt *(vgl. BVerwG a.a.O.).* Der Gesetzgeber hat gleichwohl diese Regelung getroffen, um jede Unsicherheit insoweit auszuschließen.

Berufsverbände

3   Berufsverbände im Sinne des § 60 LBG sind freie Vereinigungen, die unabhängig vom Mitgliederwechsel organisiert sind. Ihr Zweck muß die Wahrnehmung der dienstrechtlichen Belange und Interessen der Mitglieder sein *(vgl. im einzelnen zu den Begriffen oben § 2 Rn. 28 ff.).*

4   In erster Linie handelt es sich um diejenigen Berufsverbände, die bei den Vorbereitungen für das PersVG Bln gem. § 60 LBG beteiligt worden sind. Beteiligt wurden die Deutsche Angestelltengewerkschaft (DAG), der Deutsche Beamtenbund (DBB) mit seinen Fachverbänden, zu denen die Gewerkschaft der Beamten, Angestellten und Arbeiter des Landes und der Stadt Berlin (Komba) gehört, ferner der Deutsche Gewerkschaftsbund (DGB) mit seinen Gewerkschaften des öffentlichen Dienstes, nämlich der Gewerkschaft Erziehung und Wissenschaft (GEW) und der Gewerkschaft Öffentliche Dienste, Transport und Verkehr (ÖTV), ferner die Gewerkschaft der Polizei (GdP).

Streitigkeiten

5   Streitigkeiten über die Beteiligung der Berufsverbände können in der Regel nicht im verwaltungsgerichtlichen Beschlußverfahren ausgetragen werden, da eine entsprechende Zuständigkeitszuweisung in § 91 fehlt. Streitigkeiten können daher nur im normalen Verwaltungsgerichtsverfahren gem. §§ 40 ff. VwGO ausgetragen werden. Sachlich zuständig sind hier auch nicht die Fachkammer oder der Fachsenat, sondern die normalen Kammern oder Senate.

§ 95

Dieses Gesetz findet keine Anwendung auf Religionsgemeinschaften und ihre karitativen und erzieherischen Einrichtungen ohne Rücksicht auf ihre Rechtsform.

Übersicht

	Rn.
Allgemeines	1, 2
Begriff der Religionsgemeinschaften	3– 6
Karitative und erzieherische Einrichtungen	7– 9
Freiwillige Vertretungsorgane	10
Streitigkeiten	11

Allgemeines

Nach § 95 findet das Gesetz keine Anwendung auf die Religionsgemeinschaften und ihre karitativen und erzieherischen Einrichtungen ohne Rücksicht auf deren Rechtsform. Die Vorschrift entspricht § 80 PersVG Bln a.F. Eine vergleichbare Regelung findet sich in § 112 BPersVG sowie in § 118 Abs. 2 BetrVG. **1**

Die Herausnahme der Religionsgemeinschaften und ihrer karitativen und erzieherischen Einrichtungen aus dem Geltungsbereich des Personalvertretungsrechts konkretisiert den durch Art. 140 GG übernommenen Grundsatz des Art. 137 Abs. 3 der Weimarer Reichsverfassung, wonach die Kirchen ihre Angelegenheiten selbständig innerhalb der Schranken der für alle geltenden Gesetze ordnen und verwalten konnten (*vgl. BVerfG vom 14. 5. 1986, E 72, 278; vom 4. 6. 1985, E 70, 138; vom 21. 9. 1976, E 42, 312, 332ff.; BVerwG vom 25. 11. 1982, E 66, 241*). **2**

Begriff der Religionsgemeinschaften

Der Begriff der Religionsgemeinschaften in § 95 ist vergleichbar dem Begriff der Religionsgesellschaft in Art. 137 der Weimarer Reichsverfassung (*Lorenzen u.a., BPersVG, § 112 Rn. 7 m.w.N.*). In erster Linie werden von dem Begriff der Religionsgemeinschaft die Kirchen erfaßt. Darüber hinaus sind jedoch Religionsgemeinschaften nicht nur die allgemein anerkannten christlichen Bekenntnisse, sondern jede Glaubensgemeinschaft weltanschaulicher Art, die von einer religiösen Grundlage ausgeht (*vgl. Lorenzen u.a., BPersVG, § 112 Rn. 8 m.w.N.*). Nicht zu den Religionsgemeinschaften gehören daher bloße Weltanschauungsgemeinschaften, die nicht von einer religiösen, sondern von einer politischen Grundlage ausgehen. **3**

Religionsgemeinschaften sind in erster Linie die römisch-katholische Kirche einschließlich ihrer Bistümer, die evangelische Landeskirche, die Zusammenschlüsse der evangelischen Landeskirchen, die evangelischen Freikirchen, auch nichtchristliche Vereinigungen, wie z.B. Kultusgemeinden der Mohammedaner, Buddhisten oder Juden etc. **4**

Das PersVG Bln ist nicht anzuwenden auf den gesamten der Seelsorge dienenden Verwaltungsapparat einschließlich der örtlichen und überörtlichen Dienst- **5** stellen. Hierzu gehören auch die selbständigen Teile, sofern sie Wesens- und Lebensäußerungen der Religionsgemeinschaft sind. Auf die juristische Form und Selbständigkeit kommt es nicht an.

6 Nicht unter den Begriff der Religionsgemeinschaft fallen sonstige religiöse und konfessionelle Gesellschaften und Vereine, deren Hauptzweck nicht die Seelsorge ist.

Karitative und erzieherische Einrichtungen

7 Soweit die Religionsgemeinschaften über ihren eigentlichen Verwaltungsapparat Einrichtungen unterhalten, werden diese grundsätzlich nicht von dem Begriff der Religionsgemeinschaft in § 95 erfaßt. Bei ihnen findet das PersVG Bln nur dann keine Anwendung, wenn sie karitative und erzieherische Einrichtungen der Religionsgemeinschaften sind. Das ist dann der Fall, wenn sie eine Wesens- und Lebensäußerung der Religionsgemeinschaft sind, wenn sie also dem Selbstverständnis der Kirchen entsprechen; es muß eine tatsächliche Verbundenheit mit der Religionsgemeinschaft bestehen *(vgl. BVerfG vom 16. 10. 1968, E 24, 236, 248; vom 4. 6. 1985, E 70, 138; Lorenzen u.a., BPersVG, § 112 Rn. 11).* Es muß eine ausreichende organisatorische Verbindung zur Religionsgemeinschaft vorhanden sein. Das gilt in erster Linie für Schulen, Krankenhäuser, Altersheime, Waisenhäuser, das Diakonische Werk, den Caritas-Verband, Priesterseminare etc.

8 Die Rechtsform der Einrichtung ist hierbei gleichgültig. Allein entscheidend ist, ob es sich um eine karitative oder erzieherische Einrichtung der Religionsgemeinschaft handelt. Die Anwendbarkeit des Gesetzes ist daher auch dann ausgeschlossen, wenn es sich um eine selbständige juristische Person handelt.

9 Karitativ ist eine Einrichtung dann, wenn sie nicht auf Gewinnerzielung ausgerichtet ist. Hierbei ist nicht erforderlich, daß die Einrichtung selbst ohne Gewinn oder mit Verlust arbeiten muß. Der Begriff des karitativen Wirkens ist auch dann erfüllt, wenn etwa erzielte Gewinne für andere karitative Zwecke im Sinne der Religionsgemeinschaft verwendet werden. Es genügt daher, wenn zumindest mittelbar die Einrichtung der Erfüllung karitativer Zwecke dient.

Freiwillige Vertretungsorgane

10 Das Gesetz schließt nur die Anwendbarkeit des PersVG Bln aus. Nicht ausgeschlossen ist die Bildung von Betriebs- oder Personalvertretungen auf freiwilliger Grundlage, die durch Einzelabrede oder aber Tarifvertrag festgelegt werden kann. Auch können die Religionsgemeinschaften die Frage der Vertretung der Mitarbeiter im einzelnen durch besondere Kirchengesetze regeln. Dementsprechend bestehen daher in nahezu sämtlichen Gliedkirchen der evangelischen Kirche in Deutschland und den Diözesen der katholischen Kirche Regelungen über Mitbestimmungsrechte der Mitarbeiter der Kirchen.

Streitigkeiten

11 Streitigkeiten über die Frage, ob und inwieweit die Anwendung des PersVG Bln durch § 95 ausgeschlossen ist, sind Streitigkeiten über die Wahl, die Zuständigkeit und die Geschäftsführung der Personalvertretung, für die gem. § 91

§§ 95, 96, 97, 98

Abs. 1 Nr. 2 und 3 die Verwaltungsgerichte im Beschlußverfahren zuständig sind. Eine abstrakte Feststellung ist hierbei in der Regel nicht möglich, es muß immer ein konkreter Streitfall vorliegen, da sonst ein Rechtsschutzinteresse nicht gegeben wäre.

§ 96

Soweit in anderen Gesetzen für die in § 1 Abs. 1 genannten Bereiche den Betriebsräten Aufgaben oder Befugnisse übertragen sind, gelten diese als Aufgaben oder Befugnisse der nach diesem Gesetz zu bildenden Personalvertretungen.

Übersicht   Rn.

Sinn und Zweck der Vorschrift 1–3
Streitigkeiten 4

Sinn und Zweck der Vorschrift

Durch § 96 wird klargestellt, daß die Personalvertretungen nach dem PersVG Bln sämtliche Rechte und Pflichten haben, die in anderen Gesetzen nur den Betriebsräten zugewiesen sind. Durch § 96 wird damit eine Anpassung dieser Gesetze an das neue Recht hergestellt, soweit nicht bereits in diesen Gesetzen selbst ausdrücklich auch die Zuständigkeit der Personalvertretung erwähnt ist. 1

Die Bestimmung betrifft sowohl landesrechtliche als auch bundesrechtliche Regelungen. 2

Die Zuständigkeitszuweisung des § 96 gilt nur insoweit, als die Gesetze für die in § 1 Abs. 1 genannten Bereiche gelten. Der Geltungsbereich ist daher mit dem des PersVG Bln gleich. 3

Streitigkeiten

Bei Unklarheiten entscheiden die Verwaltungsgerichte im Beschlußverfahren, da es sich um Streitigkeiten über die Zuständigkeit, Geschäftsführung und Rechtsstellung der Personalvertretungen handelt. Auch hier ist jedoch eine Entscheidung nur jeweils in einem konkreten Einzelfall möglich, da sonst ein Rechtsschutzinteresse nicht besteht. 4

§ 97

(aufgehoben)

§ 98

(1) Zur Regelung der in den §§ 12 bis 19, § 51, § 56, § 63, §§ 68 und 69 bezeichneten Wahlen erläßt der Senat durch Rechtsverordnung Vorschriften über
1. die Vorbereitung der Wahl, insbesondere die Aufstellung der Wählerlisten und die Errechnung der Vertreterzahl,

§ 98

2. die Frist für die Einsichtnahme in die Wählerlisten und die Erhebung von Einsprüchen,
3. die Vorschlagslisten und die Frist für ihre Einreichung,
4. das Wahlausschreiben und die Fristen für seine Bekanntmachung,
5. die Stimmabgabe,
6. die Feststellung des Wahlergebnisses und die Fristen für seine Bekanntmachung,
7. die Aufbewahrung der Wahlakten.

(2) Die zur Ausführung dieses Gesetzes erforderlichen Verwaltungsvorschriften erläßt die Senatsverwaltung für Inneres.

Übersicht   Rn.

Allgemeines 1, 2
Wahlordnung 3–5
Verwaltungsvorschriften   6

Allgemeines

1   Die Bestimmung entspricht mit einigen reaktionellen Änderungen der bisherigen Vorschrift in § 83 PersVG Bln a. F.

2   Die Ermächtigung zum Erlaß der Rechtsverordnung, die die Wahlordnung enthält, entspricht den Erfordernissen des Art. 80 GG. Inhalt, Zweck und Ausmaß der erteilten Ermächtigung sind im Gesetz genau bestimmt worden.

Wahlordnung

3   Die Wahlordnung kann nur durch den Senat von Berlin durch Rechtsverordnung erlassen werden. Sie muß sich im Rahmen der in § 98 angeführten Gegenstände halten. Andere Fragen dürfen in der Rechtsverordnung nicht geregelt werden.

4   Durch Rechtsverordnung vom 6. 9. 1974 hat der Senat von Berlin eine Wahlordnung gem. § 98 verabschiedet *(GVBl. 1974, 2226).* Der Text der Wahlordnung ist auf S. 760. dieses Kommentars abgedruckt.

5   In der Wahlordnung sind im einzelnen die in § 98 Abs. 1 Nr. 1–7 aufgeführten Regelungen enthalten *(vgl. den Leitfaden zur Wahlordnung S. 777 ff.).*

Verwaltungsvorschriften

6   Nach § 98 Abs. 2 erläßt die Senatsverwaltung für Inneres die Verwaltungsvorschriften zur Durchführung des Personalvertretungsgesetzes. Durch die Verwaltungsvorschriften können die gesetzlichen Regelungen weder verändert noch aufgehoben werden. Im Gegensatz zur Wahlordnung, die als Rechtsverordnung ein Gesetz im materiellen Sinne ist und damit normativen Charakter hat, kommt den Verwaltungsvorschriften nur eine verwaltungsinterne Bedeutung zu. Sie haben keine unmittelbare Außenwirkung.

§ 99

(1) Das Personalvertretungsgesetz (PersVG) vom 22. Juli 1968 (GVBl. S. 1004), zuletzt geändert durch Gesetz vom 22. Februar 1974 (GVBl. S. 466), tritt außer Kraft.
(2) Für Dienststellen im Bereich der Polizeibehörde, die beim Inkrafttreten des Neunten Landesbeamtenrechtsänderungsgesetzes vom 22. Februar 1974 (GVBl. S. 466) bestanden haben und noch bestehen, gilt bis zu ihrer Auflösung Nummer 5 der Anlage zu § 5 Abs. 1 des in Absatz 1 genannten Gesetzes in der vor dem Inkrafttreten des Neunten Landesbeamtenänderungsgesetzes geltenden Fassung weiter. Artikel V §§ 2 und 3 des Neunten Landesbeamtenrechtsänderungsgesetzes bleibt unberührt, § 3 jedoch mit der Maßgabe, daß an die Stelle der §§ 47 und 48 des in Absatz 1 genannten Gesetzes die entsprechenden Vorschriften dieses Gesetzes treten.
(3) Entscheidungen nach § 5 Abs. 3 und 4 des in Absatz 1 genannten Gesetzes werden durch dessen Außerkrafttreten nicht berührt.
(4) Ist in Rechts- oder Verwaltungsvorschriften auf Vorschriften oder Bezeichnungen Bezug genommen, die nach Absatz 1 nicht mehr gelten, treten an deren Stelle die entsprechenden Vorschriften und Bezeichnungen dieses Gesetzes.

Hinweis

Die Vorschrift legt in Abs. 1 das Außerkrafttreten von Bestimmungen des PersVG Bln a.F. mit Ablauf des 1. 9. 1974 fest. Sie hat heute nur noch eine geringe Bedeutung. 1

Abs. 2 enthält Übergangsregelungen für den Bereich der Polizeibehörde, die heute wegen Zeitablaufs ebenfalls keine besondere Bedeutung mehr haben. 2

Die weitere Übergangsregelung für besonders gebildete Dienststellen auf Grund von § 5 Abs. 3 und 4 PersVG Bln a. F. hat heute noch begrenzte Bedeutung, auf die Erläuterungen bei § 5 Rn. 11 kann hingewiesen werden. 3

Abs. 4 enthält eine gesetzestechnische Anpassung von Gesetzen, Rechtsverordnungen und Verwaltungsvorschriften an den neuen Gesetzeswortlaut. 4

§ 99a Übergangsregelungen für die regelmäßigen Wahlen zu den Personalvertretungen, den Jugend- und Auszubildendenvertretungen und den Frauenvertreterinnen

(1) Für die in der Zeit vom 1. Oktober bis 15. Dezember 2000 stattfindenden regelmäßigen Personalratswahlen, für ihre Vorbereitung und Durchführung und für die Zusammensetzung der zu wählenden Personalvertretungen (§§ 12 bis 22) gelten die Bezirke in der durch § 1 Abs. 1 Satz 1 des Gebietsreformgesetzes vom 10. Juni 1998 (GVBl. S. 131) festgelegten Zusammenlegung als Dienststellen im Sinne des Personalvertretungsgesetzes. Die zur Vorbereitung und Durchführung der Wahlen notwendigen Entscheidungen sind von den bisherigen Personalvertretungen unter entsprechender Anwendung des § 24 Abs. 2 zu treffen. Die Sätze 1 und 2 gelten entsprechend in den in Nummer 10 Buchstabe a der Anlage genannten Regionen.
(2) Die Leiter der bisherigen Dienststellen bleiben gegenüber dem gemeinsam bestellten Wahlvorstand für alle Angelegenheiten zur Durchführung der Wahl in ihren bisherigen Dienststellen verantwortlich. Für alle Angelegenheiten der

§ 99a

Wahl, die den Bereich einer bisherigen Dienststelle überschreiten, handeln die Leiter der bisherigen Dienststellen gemeinschaftlich. Sie können die Zuständigkeit für die Durchführung der Wahl einvernehmlich auf einen der betroffenen Dienststellenleiter übertragen.

(3) Die Konstituierung der neugewählten Personalvertretungen findet gemäß § 30 Abs. 1 in Verbindung mit § 29 in der Woche nach der Wahl statt. Die Amtszeit der neugewählten Personalvertretungen beginnt abweichend von § 23 Satz 2 am 1. Januar 2001. Die Amtszeit der bisherigen Personalvertretungen endet abweichend von § 23 Satz 1 und 3 am 31. Dezember 2000.

(4) In den Senatsverwaltungen, die infolge des Artikels 55 Abs. 2 der Verfassung von Berlin mit Beginn der 14. Wahlperiode des Abgeordnetenhauses von Berlin entweder ganz oder teilweise in eine oder mehrere andere Dienststellen eingegliedert oder die mit anderen Dienststellen oder Teilen von Dienststellen zu einer neuen Dienststelle zusammengeschlossen werden (§ 24 Abs. 1 Satz 2 Nr. 6), findet § 24 Abs. 1 Anwendung. Die Amtszeiten der vorhandenen Personalräte verlängern sich über die in § 24 Abs. 2 Satz 1 genannte Frist hinaus bis zum Zeitpunkt der konstituierenden Sitzung der in den nächsten regelmäßigen Personalratswahlen neu gewählten Personalräte und endet spätestens am 15. Dezember 2000. Im Übrigen findet § 24 Abs. 2 entsprechende Anwendung.

(5) Absatz 4 gilt entsprechend in den Bezirken, die von Zuständigkeitsfestlegungen durch Rechtsverordnung gemäß § 3 Abs. 3 Satz 2 des Allgemeinen Zuständigkeitsgesetzes betroffen sind, wenn diese spätestens bis zum 1. Januar 2001 wirksam werden. Die Dienstkräfte, die dadurch ihre Dienststelle wechseln, nehmen an den in der Zeit vom 1. Oktober bis zum 15. Dezember 2000 stattfindenden regelmäßigen Personalratswahlen in ihrer neuen Dienststelle teil; im Übrigen finden Absatz 1 Satz 2 und die Absätze 2 und 3 sinngemäße Anwendung.

(6) Die regelmäßigen Wahlen der Jugend- und Auszubildendenvertretungen einschließlich der Gesamt-Jugend- und Auszubildendenvertretungen und der Haupt-Jugend- und Auszubildendenvertretungen gemäß § 63 Abs. 2, § 68 und § 69 finden im Jahre 2000 abweichend von § 63 Abs. 2 Satz 2 in der Zeit vom 1. Oktober bis 15. Dezember statt. Die Amtszeiten der in Satz 1 genannten vorhandenen Vertretungen verlängern sich entsprechend. Für die Amtszeit und die Neuwahl der Jugend- und Auszubildendenvertretungen in den in Absatz 1 Satz 1 genannten Bezirken und den in Absatz 4 genannten Senatsverwaltungen gelten die Absätze 1 bis 5 entsprechend.

(7) Die Absätze 1 bis 5 gelten entsprechend für die Wahlen der Frauenvertreterinnen einschließlich der Gesamtfrauenvertreterinnen. § 16a des Landesgleichstellungsgesetzes findet entsprechende Anwendung.

Hinweis

Die Vorschrift des § 99a enthält besondere Übergangsregelungen für die regelmäßigen Wahlen der Personalvertretungen, der Jugend- und Auszubildendenvertretungen und der Frauenvertreterinnen bezogen auf die in der Zeit vom 1. 10. bis 15. 12. 2000 durchgeführten Wahlen. Da diese Wahlen bereits durchgeführt worden sind, wird von einer Kommentierung dieser Vorschriften abgesehen.

§ 99 b Übergangsregelungen im Zusammenhang mit der Gebietsreform

(1) Die Personalvertretungen der bisherigen Bezirke können über die im Zusammenhang mit der Zusammenführung der Bezirke stehenden beteiligungspflichtigen Angelegenheiten bis zur Bildung eines gemeinsamen Bezirks in gemeinsamen Sitzungen beraten und beschließen.

(2) Die Personalvertretungen der bisherigen Bezirke führen die Geschäfte gemeinsam, bis die neuen Personalräte gewählt sind. Die Aufgaben des Vorsitzenden werden von Sitzung zu Sitzung abwechselnd von den Vorsitzenden der bisherigen Personalräte wahrgenommen. Für die Geschäftsführung gilt im Übrigen § 24 Abs. 2 entsprechend.

(3) Die Bezirksämter der bisherigen Bezirke, die zusammengelegt werden, bestimmen ebenso wie die bisherigen Personalräte, die die Geschäfte gemeinsam führen, eine Stelle, die für die Entgegennahme von verbindlichen Erklärungen und Ankündigungen von beabsichtigten Maßnahmen befugt ist.

(4) Die Personalvertretungen der bisherigen Bezirke können gemeinsame Versammlungen der Dienstkräfte in den bisherigen Bezirken, die zusammengelegt werden, einberufen. Für diese Zusammenkünfte gelten die Vorschriften über Personalversammlungen der §§ 45 bis 49.

(5) Vom 10. Oktober 1999 an dürfen Dienstvereinbarungen in den bisherigen Bezirken, die zusammengelegt werden, nur noch einheitlich von den bisherigen Bezirksämtern und den bisherigen Personalräten in entsprechender Anwendung der Vorschriften über die Zusammenführung der Bezirksverwaltungen in der Gebietsreform (§ 42 b des Bezirksverwaltungsgesetzes) abgeschlossen werden. Bis zum 30. Juni 2000 sind die vorhandenen Dienstvereinbarungen für den neuen Bezirk zusammenzuführen; die Dienstvereinbarungen für den neuen Bezirk treten am 1. Januar 2001 in Kraft. Kommt bis zum 30. Juni 2000 keine Einigung zu Stande, so wird die Entscheidung in den strittigen Fragen in einer besonderen Einigungsstelle getroffen, die bis zum 30. Juni 2000 zu bilden ist. Sie besteht aus sechs Beisitzern und einem unparteiischen Vorsitzenden. Je drei Beisitzer werden vom Rat der Bürgermeister und vom Hauptpersonalrat bestellt. Der Vorsitzende wird im Einvernehmen mit der Senatsverwaltung für Inneres und dem Hauptpersonalrat bestellt. Im Übrigen gelten die §§ 81 bis 83 entsprechend. Die besondere Einigungsstelle entscheidet durch Beschluss über die strittigen Fragen aus den zusammenzuführenden Dienstvereinbarungen. Sie beendet ihre Tätigkeit zum Zeitpunkt ihres letzten Beschlusses, spätestens jedoch am 31. März 2001. In der Zeit vom 1. Januar bis zum 31. März 2001 kann sie nur über Verfahren verhandeln und beschließen, die vor dem 1. Januar 2001 bei ihr anhängig geworden sind.

(6) Die Absätze 1 bis 5 gelten auch für die Dienststellen nach Nummer 10 Buchstabe a der Anlage.

(7) Die Absätze 1 bis 6 gelten entsprechend für die Jugend- und Auszubildendenvertretungen und unter Berücksichtigung des § 16a Abs. 4 des Landesgleichstellungsgesetzes für die Frauenvertreterinnen.

Hinweis

Diese Vorschrift enthält Übergangsregelungen in bezug auf die durchgeführte Gebietsreform. Sie haben jetzt nur noch eine geringe Bedeutung, da die Gebietsreform weitgehend umgesetzt worden ist. Von einer Kommentierung der Bestimmung wird daher abgesehen.

§ 100

Dieses Gesetz tritt einen Monat nach der Verkündung im Gesetz- und Verordnungsblatt für Berlin in Kraft. Abweichend von Satz 1 treten § 40 Abs. 2, § 42 Abs. 3 und 4 und § 43 am 15. Dezember 1974 in Kraft; bis zu diesem Zeitpunkt gelten § 37 Abs. 2 und § 38 Abs. 3 des in § 99 Abs. 1 genannten Gesetzes weiter.

Hinweis

Der Tag der Verkündung im Gesetz- und Verordnungsblatt ist der Tag, an dem die Nummer des GVBl., in der das PersVG Bln in Berlin abgedruckt ist, ausgegeben wurde. Dies war der 2. 8. 1974 *(GVBl. 1974, 1669)*. Nach § 187 Abs. 1 in Verbindung mit § 188 Abs. 2 BGB trat damit das Gesetz einen Monat später, nämlich am 2. 9. 1974, in Kraft.

Wahlordnung zum Personalvertretungsgesetz (WOPersVG)

vom 6. September 1974 (GVBl. S. 2226)
in der Fassung vom 16. Februar 2000 (GVBl. S. 238).

Erster Teil
Wahl des Personalrates

Erster Abschnitt
Gemeinsame Vorschriften über die Vorbereitung und Durchführung der Wahl

§ 1 Wahlvorstand

(1) Der Wahlvorstand führt die Wahl des Personalrates durch. Er kann wahlberechtigte Dienstkräfte als Wahlhelfer zu seiner Unterstützung bei der Durchführung der Stimmabgabe und bei der Stimmenzählung bestellen.
(2) Die Dienststelle hat den Wahlvorstand bei der Erfüllung seiner Aufgaben zu unterstützen, insbesondere die notwendigen Unterlagen zur Verfügung zu stellen und die erforderlichen Auskünfte zu erteilen.
(3) Der Wahlvorstand gibt die Namen seiner Mitglieder und gegebenenfalls der Ersatzmitglieder unverzüglich nach seiner Bestellung, Wahl oder Einsetzung in der Dienststelle durch Aushang bis zum Abschluss der Stimmabgabe bekannt.
(4) Die Beschlüsse des Wahlvorstandes werden mit einfacher Stimmenmehrheit der anwesenden Mitglieder gefasst. Stimmenthaltungen bleiben bei der Ermittlung der Mehrheit außer Betracht. Bei Stimmengleichheit ist ein Antrag abgelehnt.
(5) Der Wahlvorstand soll dafür sorgen, dass ausländische Dienstkräfte rechtzeitig über das Wahlverfahren, die Aufstellung des Wählerverzeichnisses und der Vorschlagslisten, den Wahlvorgang und die Stimmabgabe in geeigneter Weise, wenn nötig in ihrer Muttersprache, unterrichtet werden.

§ 2 Feststellung der Zahl der Dienstkräfte, Wählerverzeichnis

(1) Der Wahlvorstand stellt die Zahl der in der Regel beschäftigten Dienstkräfte und ihre Verteilung auf die Gruppen (§ 4 des Gesetzes) fest.
(2) Der Wahlvorstand stellt ein Verzeichnis der wahlberechtigten Dienstkräfte (Wählerverzeichnis), getrennt nach den Gruppen der Angestellten, Arbeiter und Beamten auf. Er hat bis zum Abschluss der Stimmabgabe das Wählerverzeichnis auf dem Laufenden zu halten und zu berichtigen.
(3) Das Wählerverzeichnis oder eine Abschrift ist unverzüglich nach Einleitung der Wahl bis zum Abschluss der Stimmabgabe an geeigneter Stelle zur Einsicht auszulegen.
(4) Einsprüche gegen die Richtigkeit des Wählerverzeichnisses müssen spätes-

Wahlordnung zum Personalvertretungsgesetz

tens am Werktag vor Beginn der Stimmabgabe, 12 Uhr, beim Wahlvorstand eingelegt werden. Über den Einspruch entscheidet der Wahlvorstand unverzüglich. Die Entscheidung ist dem Betreffenden unverzüglich, möglichst noch vor Beginn der Stimmabgabe, mitzuteilen.

§ 3 Vorabstimmungen

Vorabstimmungen über
1. eine von § 15 Abs. 1 bis 5 des Gesetzes abweichende Verteilung der Mitglieder des Personalrates auf die Gruppen (§ 15 Abs. 6 des Gesetzes) oder
2. die Durchführung gemeinsamer Wahl (§ 16 Abs. 2 des Gesetzes)

werden nur berücksichtigt, wenn ihr Ergebnis dem Wahlvorstand binnen einer Woche seit der Bekanntgabe nach § 1 Abs. 3 vorliegt und dem Wahlvorstand glaubhaft gemacht wird, dass das Ergebnis unter Leitung eines aus mindestens drei wahlberechtigten Dienstkräften bestehenden Abstimmungsvorstandes in geheimen und nach Gruppen getrennten Abstimmungen zustande gekommen ist. Dem Abstimmungsvorstand muss ein Mitglied jeder in der Dienststelle vertretenen Gruppe angehören.

§ 4 Ermittlung der Zahl der zu wählenden Personalratsmitglieder, Verteilung der Sitze auf die Gruppen

(1) Der Wahlvorstand ermittelt die Zahl der zu wählenden Mitglieder des Personalrates (§ 14 des Gesetzes). Ist eine von § 15 Abs. 1 bis 5 des Gesetzes abweichende Verteilung der Mitglieder des Personalrates auf die Gruppen (§ 15 Abs. 6 des Gesetzes) nicht beschlossen worden, so errechnet der Wahlvorstand die Verteilung der Personalratssitze auf die Gruppen (§ 15 Abs. 1 und 3 bis 5 des Gesetzes) nach dem Höchstzahlverfahren (Absätze 2 und 3).

(2) Die Zahlen der der Dienststelle angehörenden Angestellten, Arbeiter und Beamten (§ 2 Abs. 1) werden nebeneinander gestellt und der Reihe nach durch 1, 2, 3 usw. geteilt. Auf die jeweils höchste Teilzahl (Höchstzahl) wird so lange ein Sitz zugeteilt, bis alle Personalratssitze (§ 14 und § 15 Abs. 4 des Gesetzes) verteilt sind. Jede Gruppe erhält so viele Sitze, wie Höchstzahlen auf sie entfallen. Ist bei gleichen Höchstzahlen nur noch ein Sitz oder sind bei drei gleichen Höchstzahlen nur noch zwei Sitze zu verteilen, so entscheidet das Los.

(3) Entfallen bei der Verteilung der Sitze nach Absatz 2 auf eine Gruppe weniger Sitze, als ihr nach § 15 Abs. 3 des Gesetzes mindestens zustehen, so erhält sie die in § 15 Abs. 3 des Gesetzes vorgeschriebene Zahl von Sitzen. Die Zahl der Sitze der übrigen Gruppen vermindert sich entsprechend. Dabei werden die jeweils zuletzt zugeteilten Sitze zuerst gekürzt. Ist bei gleichen Höchstzahlen nur noch ein Sitz zu kürzen, entscheidet das Los, welche Gruppe den Sitz abzugeben hat. Sitze, die einer Gruppe nach den Vorschriften des Gesetzes mindestens zustehen, können ihr nicht entzogen werden.

(4) Haben in einer Dienststelle alle Gruppen die gleiche Anzahl von Angehörigen, so erübrigt sich die Errechnung der Sitze nach dem Höchstzahlverfahren; in diesen Fällen entscheidet das Los, wem die höhere Zahl von Sitzen zufällt.

§ 5 Wahlausschreiben

(1) Nach Ablauf der in § 3 bestimmten Frist und spätestens sieben Wochen vor dem letzten Tag der Stimmabgabe erlässt der Wahlvorstand ein Wahlausschreiben. Es ist von sämtlichen Mitgliedern des Wahlvorstandes zu unterschreiben.
(2) Das Wahlausschreiben muss enthalten
1. Ort und Tag seines Erlasses,
2. die Zahl der zu wählenden Mitglieder des Personalrates, getrennt nach Angestellten, Arbeitern und Beamten,
3. Angaben darüber, ob die Angestellten, Arbeiter und Beamten ihre Vertreter in getrennten Wahlgängen wählen (Gruppenwahl) oder vor Erlass des Wahlausschreibens gemeinsame Wahl beschlossen worden ist,
4. die Angabe, wo und wann das Wählerverzeichnis und diese Wahlordnung zur Einsicht ausliegen,
5. den Hinweis, dass nur Dienstkräfte wählen können, die in das Wählerverzeichnis eingetragen sind,
6. den Hinweis, dass Einsprüche gegen das Wählerverzeichnis bis zum Werktag vor Beginn der Stimmabgabe, 12 Uhr, beim Wahlvorstand eingelegt werden können,
7. die Mindestzahl von wahlberechtigten Dienstkräften, von denen ein Wahlvorschlag unterzeichnet sein muss, und den Hinweis, dass jede Dienstkraft für die Wahl des Personalrates nur auf einem Wahlvorschlag benannt werden kann,
7a. den Hinweis, dass der Wahlvorschlag einer in der Dienststelle vertretenen Gewerkschaft von zwei Beauftragten unterzeichnet sein muss (§ 16 Abs. 6 des Gesetzes),
8. die Aufforderung, Wahlvorschläge innerhalb von achtzehn Kalendertagen nach dem Erlass des Wahlausschreibens beim Wahlvorstand einzureichen; der letzte Tag der Einreichungsfrist ist anzugeben,
9. den Hinweis, dass nur fristgerecht eingereichte Wahlvorschläge berücksichtigt werden und dass nur gewählt werden kann, wer in einem solchen Wahlvorschlag aufgenommen ist,
10. den Ort, an dem die Wahlvorschläge bekannt gegeben werden,
11. den Ort und die Zeit der Stimmabgabe,
12. einen Hinweis auf die Möglichkeit der schriftlichen Stimmabgabe.
(3) Der Wahlvorstand hat eine Abschrift oder einen Abdruck des Wahlausschreibens und dieser Wahlordnung vom Tage des Erlasses bis zum Abschluss der Stimmabgabe an einer oder mehreren geeigneten den Wahlberechtigten zugänglichen Stellen auszuhängen und in gut lesbarem Zustand zu erhalten.
(4) Offenbare Unrichtigkeiten des Wahlausschreibens können vom Wahlvorstand jederzeit berichtigt werden.
(5) Mit Erlass des Wahlausschreibens ist die Wahl eingeleitet.

§ 6 Wahlvorschläge, Einreichungsfrist

(1) Zur Wahl des Personalrates können die wahlberechtigten Dienstkräfte und die in der Dienststelle vertretenen Gewerkschaften schriftlich oder in einer Personalversammlung oder in einer Gruppenversammlung Wahlvorschläge machen. In der Versammlung hat der Versammlungsleiter festzustellen, wie viele der anwesenden Wahlberechtigten die Wahlvorschläge unterstützen. Die Wahlvor-

Wahlordnung zum Personalvertretungsgesetz

schläge, die Zahl der sie unterstützenden Wahlberechtigten und den Namen mindestens eines Unterstützenden hat der Versammlungsleiter zu Protokoll zu nehmen und innerhalb von achtzehn Kalendertagen nach Erlass des Wahlausschreibens dem Wahlvorstand schriftlich zu melden. Hierbei ist die Reihenfolge anzugeben, in der die Vorschläge in der Versammlung abgegeben worden sind.

(2) Schriftliche Wahlvorschläge sind ebenfalls innerhalb von achtzehn Kalendertagen nach dem Erlass des Wahlausschreibens einzureichen.

(3) Bei Gruppenwahl sind für die einzelnen Gruppen getrennte Wahlvorschläge zu machen.

§ 7 Inhalt der Wahlvorschläge

(1) Jeder Wahlvorschlag soll mindestens doppelt so viele Bewerber enthalten, wie
1. bei Gruppenwahl, Gruppenvertreter,
2. bei gemeinsamer Wahl Personalratsmitglieder

zu wählen sind.

(2) Die Namen der einzelnen Bewerber sind auf dem Wahlvorschlag untereinander aufzuführen und mit fortlaufenden Nummern zu versehen. Außer dem Familiennamen sind der Vorname, das Geburtsdatum, die Amts- oder Berufsbezeichnung und die Gruppenzugehörigkeit anzugeben.

(3) Jeder Wahlvorschlag muss
1. bei Gruppenwahl von mindestens einem Zwanzigstel der wahlberechtigten Gruppenangehörigen, jedoch mindestens von drei wahlberechtigten Gruppenangehörigen,
2. bei gemeinsamer Wahl von mindestens einem Zwanzigstel der wahlberechtigten Dienstkräfte, jedoch mindestens von drei wahlberechtigten Dienstkräften

unterstützt sein. Bruchteile eines Zwanzigstels werden auf ein volles Zwanzigstel aufgerundet. In jedem Fall genügen bei Gruppenwahl die Unterstützung von 50 wahlberechtigten Gruppenangehörigen, bei gemeinsamer Wahl die Unterstützung von 50 wahlberechtigten Dienstkräften. Macht eine in der Dienststelle vertretene Gewerkschaft einen Wahlvorschlag, so muss dieser von zwei in der Dienststelle beschäftigten Beauftragten, die einer der in der Dienststelle vertretenen Gewerkschaften angehören, unterzeichnet sein. Hat der Wahlvorstand Zweifel, ob eine Beauftragung durch eine in der Dienststelle vertretene Gewerkschaft tatsächlich vorliegt, kann er verlangen, dass die Gewerkschaft den Auftrag bestätigt; dies soll schriftlich erfolgen. Entsprechendes gilt bei Zweifeln, ob ein Beauftragter einer in der Dienststelle vertretenen Gewerkschaft als Mitglied angehört.

(4) Aus dem Wahlvorschlag soll zu ersehen sein, welcher der Unterstützenden zur Vertretung des Vorschlages gegenüber dem Wahlvorstand und zur Entgegennahme von Erklärungen und Entscheidungen des Wahlvorstandes berechtigt ist. Fehlt eine Angabe hierüber, gilt der Unterstützende als berechtigt, der an erster Stelle steht oder (im Falle des § 6 Abs. 1 Satz 2 und 3) als Einziger benannt ist. In den Fällen des Absatzes 3 Satz 4 kann die Gewerkschaft einen der von ihr beauftragten Vorschlagsberechtigten oder einen anderen in der Dienststelle Beschäftigten, der Mitglied der Gewerkschaft ist, als Listenvertreter benennen.

(5) Der Wahlvorschlag kann mit einem Kennwort versehen werden.

§ 8 Sonstige Erfordernisse

(1) Jeder Bewerber kann für die Wahl des Personalrates nur auf einem Wahlvorschlag vorgeschlagen werden (§ 16 Abs. 5 des Gesetzes).
(2) Dem Wahlvorschlag ist die schriftliche Zustimmung der in ihm aufgeführten Bewerber zur Aufnahme in den Wahlvorschlag beizufügen.
(3) Eine Verbindung von Wahlvorschlägen ist unzulässig.

§ 9 Behandlung der Wahlvorschläge durch den Wahlvorstand, ungültige Wahlvorschläge

(1) Der Wahlvorstand vermerkt auf den Wahlvorschlägen den Tag und die Uhrzeit des Eingangs. Im Falle des Absatzes 5 ist auch der Zeitpunkt des Eingangs des berichtigten Wahlvorschlages zu vermerken. Bei den in einer Personalversammlung oder Gruppenversammlung abgegebenen Wahlvorschlägen gilt als Tag und Uhrzeit des Eingangs der Beginn der Versammlung.
(2) Der Wahlvorstand prüft, ob die auf den Wahlvorschlägen benannten Bewerber nach § 13 des Gesetzes wählbar sind und streicht die Bewerber, deren Nichtwählbarkeit festgestellt wird. Von solchen Streichungen hat der Wahlvorstand die betroffenen Bewerber und den zur Vertretung des Vorschlags Berechtigten (§ 7 Abs. 4) unverzüglich schriftlich zu benachrichtigen.
(3) Wahlvorschläge, die ungültig sind, weil sie nicht von der erforderlichen Zahl von Wahlberechtigten unterstützt oder weil sie nicht fristgerecht eingereicht worden sind oder weil sie nur Namen von nichtwählbaren Bewerbern enthalten, gibt der Wahlvorstand unverzüglich nach Eingang unter Angabe der Gründe zurück.
(4) Der Wahlvorstand hat einen Bewerber, der mit seiner schriftlichen Zustimmung auf mehreren Wahlvorschlägen benannt ist, aufzufordern, innerhalb von drei Kalendertagen zu erklären, auf welchem Wahlvorschlag er benannt bleiben will. Gibt der Bewerber diese Erklärung nicht fristgerecht ab, so wird er von sämtlichen Wahlvorschlägen gestrichen.
(5) Wahlvorschläge, die
1. den Erfordernissen des § 7 Abs. 2 nicht entsprechen,
2. ohne die schriftliche Zustimmung der Bewerber eingereicht sind,
hat der Wahlvorstand mit der Aufforderung zurückzugeben, die Mängel innerhalb einer Frist von sechs Kalendertagen zu beseitigen. Werden die Mängel nicht fristgerecht beseitigt, sind diese Wahlvorschläge ungültig.

§ 10 Nachfrist für die Einreichung von Wahlvorschlägen

(1) Ist nach Ablauf der in § 6 Abs. 1 und 2 und § 9 Abs. 5 genannten Frist bei Gruppenwahl nicht für jede Gruppe ein gültiger Wahlvorschlag, bei gemeinsamer Wahl überhaupt kein gültiger Wahlvorschlag eingegangen, so gibt der Wahlvorstand dies sofort durch Aushang an den gleichen Stellen, an denen das Wahlausschreiben ausgehängt ist, bekannt. Gleichzeitig fordert er zur Einreichung von Wahlvorschlägen innerhalb einer Nachfrist von sechs Kalendertagen auf.
(2) Im Falle der Gruppenwahl weist der Wahlvorstand in der Bekanntmachung darauf hin, dass eine Gruppe keine Vertreter in den Personalrat wählen kann, wenn auch innerhalb der Nachfrist für sie kein gültiger Wahlvorschlag eingeht.

Wahlordnung zum Personalvertretungsgesetz

Im Falle gemeinsamer Wahl weist der Wahlvorstand darauf hin, dass der Personalrat nicht gewählt werden kann, wenn auch innerhalb der Nachfrist kein gültiger Wahlvorschlag eingeht.
(3) Gehen auch innerhalb der Nachfrist gültige Wahlvorschläge nicht ein, so gibt der Wahlvorstand sofort bekannt
1. bei Gruppenwahl, für welche Gruppe oder für welche Gruppen keine Vertreter gewählt werden können,
2. bei gemeinsamer Wahl, dass diese Wahl nicht stattfinden kann.

§ 11 Bezeichnung der Wahlvorschläge

(1) Der Wahlvorstand versieht die Wahlvorschläge in der Reihenfolge ihres Eingangs (§ 9 Abs. 1 in Verbindung mit § 6 Abs. 1 Satz 4) mit Ordnungsnummern (Vorschlag 1 usw.). Ist ein Wahlvorschlag berichtigt worden, so ist der Zeitpunkt des Eingangs des ursprünglichen Wahlvorschlages maßgebend. Sind mehrere schriftliche Wahlvorschläge gleichzeitig eingegangen, so entscheidet das Los über die Reihenfolge.
(2) Der Wahlvorstand bezeichnet die Wahlvorschläge mit den Familien- und Vornamen der in dem Wahlvorschlag an erster und zweiter Stelle benannten Bewerber, bei gemeinsamer Wahl mit den Familien- und Vornamen der für die Gruppen an erster Stelle benannten Bewerber. Bei Wahlvorschlägen, die mit einem Kennwort versehen sind, ist das Kennwort anzugeben.

§ 12 Bekanntgabe der Wahlvorschläge

(1) Unverzüglich nach Ablauf der in § 6 Abs. 1 und 2 und § 10 Abs. 1 genannten Fristen, spätestens jedoch fünf Kalendertage vor Beginn der Stimmabgabe, gibt der Wahlvorstand die als gültig anerkannten Wahlvorschläge durch Aushang bis zum Abschluss der Stimmabgabe an den gleichen Stellen wie das Wahlausschreiben bekannt. Die Stimmzettel sollen in diesem Zeitpunkt vorliegen.
(2) Die Namen der die Wahlvorschläge Unterstützenden werden nicht bekannt gegeben.

§ 13 Sitzungsniederschriften

Der Wahlvorstand fertigt über jede Sitzung, in der über Einsprüche gegen das Wählerverzeichnis (§ 2), die Ermittlung der Zahl der zu wählenden Personalratsmitglieder und die Verteilung der Personalratssitze auf die Gruppen (§ 4), über die Zulassung von Wahlvorschlägen (§ 9) und über die Gewährung von Nachfristen (§ 10) entschieden wird, eine Niederschrift. Sie ist von sämtlichen Mitgliedern des Wahlvorstandes zu unterzeichnen.

§ 14 Ausübung des Wahlrechts, Stimmzettel, ungültige Stimmabgabe

(1) Wählen kann nur, wer in das Wählerverzeichnis eingetragen ist.
(2) Das Wahlrecht wird durch Abgabe eines Stimmzettels in einem Wahlumschlag ausgeübt. Bei Gruppenwahl müssen die Stimmzettel einer Gruppe, bei gemeinsamer Wahl alle Stimmzettel dieselbe Größe, Farbe, Beschaffenheit und Beschriftung haben. Dasselbe gilt für die Wahlumschläge.

(3) Ist nach den Grundsätzen der Verhältniswahl zu wählen (§ 23 Abs. 1), so kann die Stimme nur für den gesamten Wahlvorschlag (Vorschlagsliste) abgegeben werden. Ist nach den Grundsätzen der Mehrheitswahl zu wählen (§ 26 Abs. 1, § 28 Abs. 1), so wird die Stimme für die zu wählenden einzelnen Bewerber abgegeben.
(4) Ungültig sind Stimmzettel,
1. die nicht in einem Wahlumschlag abgegeben sind,
2. die nicht den Erfordernissen des Absatzes 2 Satz 2 entsprechen,
3. aus denen sich der Wille des Wählers nicht zweifelsfrei ergibt,
4. die ein besonderes Merkmal, einen Zusatz oder einen Vorbehalt enthalten.
(5) Mehrere in einem Wahlumschlag für eine Wahl enthaltene Stimmzettel, die gleich lauten, werden als eine Stimme gezählt.

§ 15 Wahlhandlung

(1) Der Wahlvorstand trifft Vorkehrungen, dass der Wähler den Stimmzettel im Wahlraum unbeobachtet kennzeichnen und in den Wahlumschlag legen kann. Für die Aufnahme der Umschläge sind Wahlurnen zu verwenden. Vor Beginn der Stimmabgabe sind die Wahlurnen vom Wahlvorstand zu verschließen. Sie müssen so eingerichtet sein, dass die eingeworfenen Umschläge nicht vor Öffnung der Urne entnommen werden können. Bei Gruppenwahl sind getrennte Wahlurnen zu verwenden.
(2) Ein Wähler, der durch körperliches Gebrechen in der Stimmabgabe behindert ist, bestimmt eine Person seines Vertrauens, derer er sich bei der Stimmabgabe bedienen will, und gibt dies dem Wahlvorstand bekannt. Die Hilfeleistung hat sich auf die Erfüllung der Wünsche des Wählers zur Stimmabgabe zu beschränken. Die Vertrauensperson darf gemeinsam mit dem Wähler die Wahlzelle aufsuchen, soweit das zur Hilfeleistung erforderlich ist. Die Vertrauensperson ist zur Geheimhaltung der Kenntnisse verpflichtet, die sie bei der Hilfeleistung von der Wahl eines anderen erlangt hat. Wahlbewerber, Mitglieder des Wahlvorstandes und Wahlhelfer dürfen nicht zur Hilfeleistung herangezogen werden.
(3) Solange der Wahlraum zur Stimmabgabe geöffnet ist, müssen mindestens zwei Mitglieder des Wahlvorstandes im Wahlraum anwesend sein; sind Wahlhelfer bestellt (§ 1 Abs. 1), genügt die Anwesenheit eines Mitgliedes des Wahlvorstandes und eines Wahlhelfers.
(4) Vor Einwurf des Wahlumschlages in die Urne ist festzustellen, ob der Wähler im Wählerverzeichnis eingetragen ist. Ist dies der Fall, übergibt der Wähler den Umschlag dem mit der Entgegennahme der Wahlumschläge betrauten Mitglied des Wahlvorstandes, das ihn in Gegenwart des Wählers ungeöffnet in die Wahlurne legt. Die Stimmabgabe ist im Wählerverzeichnis zu vermerken.
(5) Wird die Wahlhandlung unterbrochen oder wird das Wahlergebnis nicht unmittelbar nach Abschluss der Stimmabgabe festgestellt, so hat der Wahlvorstand für die Zwischenzeit die Wahlurne so zu verschließen und aufzubewahren, dass der Einwurf oder die Entnahme von Stimmzetteln ohne Beschädigung des Verschlusses unmöglich ist. Bei Wiedereröffnung der Wahl oder bei Entnahme der Stimmzettel zur Stimmzählung hat sich der Wahlvorstand davon zu überzeugen, dass der Verschluss unversehrt ist.

Wahlordnung zum Personalvertretungsgesetz

§ 15a Schriftliche Stimmabgabe

(1) Einem Wahlberechtigten, der im Zeitpunkt der Wahl verhindert ist, seine Stimme persönlich abzugeben, hat der Wahlvorstand auf sein Verlangen
1. die Wahlvorschläge,
2. den Stimmzettel und den Wahlumschlag,
3. eine vorgedruckte, vom Wähler abzugebende Erklärung, in der dieser gegenüber dem Wahlvorstand versichert, dass er den Stimmzettel persönlich gekennzeichnet hat oder, soweit unter den Voraussetzungen des § 15 Abs. 2 erforderlich, durch eine Person seines Vertrauens hat kennzeichnen lassen sowie
4. einen größeren Freiumschlag, der die Anschrift des Wahlvorstandes und als Absender den Namen und die Anschrift des Wahlberechtigten sowie den Vermerk »schriftliche Stimmabgabe« trägt,

auszuhändigen oder zu übersenden; das Verlangen ist dem Wahlvorstand spätestens bis 12 Uhr des dem Beginn der Stimmabgabe vorangehenden Werktages bekannt zu geben. Der Wahlvorstand soll dem Wähler ferner ein Merkblatt über die Art und Weise der schriftlichen Stimmabgabe (Absatz 2) aushändigen oder übersenden. Auf Antrag ist auch ein Abdruck des Wahlausschreibens auszuhändigen oder zu übersenden. Der Wahlvorstand hat die Aushändigung oder Übersendung im Wählerverzeichnis zu vermerken.

(2) Der Wähler gibt seine Stimme in der Weise ab, dass er
1. den Stimmzettel unbeobachtet persönlich kennzeichnet und in den Wahlumschlag legt,
2. die vorgedruckte Erklärung unter Angabe des Ortes und des Datums unterschreibt und
3. den Wahlumschlag, in den der Stimmzettel gelegt ist, und die unterschriebene Erklärung (Absatz 1 Satz 1 Nr. 3) in dem Freiumschlag verschließt und diesen so rechtzeitig an den Wahlvorstand absendet oder übergibt, dass er vor Abschluss der Stimmabgabe vorliegt.

Der Wähler kann, soweit unter den Voraussetzungen des § 15 Abs. 2 erforderlich, die in den Nummern 1 bis 3 bezeichneten Tätigkeiten durch eine Person seines Vertrauens verrichten lassen.

§ 15b Behandlung der schriftlich abgegebenen Stimmen

(1) Unmittelbar vor Abschluss der Stimmabgabe öffnet der Wahlvorstand in öffentlicher Sitzung die bis zu diesem Zeitpunkt eingegangenen Freiumschläge und entnimmt ihnen die Wahlumschläge und die vorgedruckten Erklärungen (§ 15a Abs. 1 Satz 1 Nr. 3). Ist die schriftliche Stimmabgabe ordnungsgemäß erfolgt (§ 15a Abs. 2), so legt der Wahlvorstand den Wahlumschlag nach Vermerk der Stimmabgabe im Wählerverzeichnis ungeöffnet in die Wahlurne.

(2) Verspätet eingehende Briefumschläge hat der Wahlvorstand mit einem Vermerk über den Zeitpunkt des Eingangs ungeöffnet zu den Wahlunterlagen zu nehmen. Die Briefumschläge sind einen Monat nach Bekanntgabe des Wahlergebnisses ungeöffnet zu vernichten, wenn die Wahl nicht angefochten worden ist.

Wahlordnung zum Personalvertretungsgesetz

§ 16 Stimmabgabe in räumlich entfernten Teilen der Dienststelle

Für die Dienstkräfte von nachgeordneten Stellen einer Dienststelle (§ 5 Abs. 1 des Gesetzes) und von solchen Nebenstellen oder Teilen einer Dienststelle, die räumlich weit von dieser entfernt liegen und nicht nach § 6 Abs. 1 des Gesetzes zu selbständigen Dienststellen erklärt sind, kann der Wahlvorstand die Stimmabgabe in diesen Stellen durchführen. Das Gleiche gilt sinngemäß für die nach § 5 Abs. 2 des Gesetzes als Dienststellen geltenden Wahlkörper.

§ 17 Ordnung im Wahlraum

Jegliche mündliche oder schriftliche Wahlwerbung im Wahlraum ist unzulässig. Der Vorsitzende des Wahlvorstandes, in seiner Abwesenheit das ihn vertretende Mitglied des Wahlvorstandes, kann jede Person aus dem Wahlraum verweisen, die hiergegen verstößt oder die Ruhe und Ordnung sowie die ordnungsmäßige Durchführung der Wahlhandlung stört. Der Vorsitzende des Wahlvorstandes, in seiner Abwesenheit das von ihm betraute Mitglied des Wahlvorstandes, übt das Hausrecht im Sinne des § 123 des Strafgesetzbuches aus.

§ 18 Feststellung des Wahlergebnisses

(1) Unverzüglich, spätestens am dritten Kalendertage nach Beendigung der Stimmabgabe, stellt der Wahlvorstand das Wahlergebnis fest.
(2) Nach Öffnung der Wahlurne entnimmt der Wahlvorstand die Stimmzettel den Wahlumschlägen und prüft ihre Gültigkeit.
(3) Der Wahlvorstand zählt
1. im Falle der Verhältniswahl die auf jede Vorschlagsliste,
2. im Falle der Mehrheitswahl die auf jeden einzelnen Bewerber
entfallenen gültigen Stimmzettel zusammen.
(4) Stimmzettel, über deren Gültigkeit oder Ungültigkeit der Wahlvorstand beschließt, weil sie zu Zweifeln Anlass geben, sind mit fortlaufender Nummer zu versehen und von den übrigen Stimmzetteln gesondert bei den Wahlunterlagen aufzubewahren.
(5) Die Sitzung, in der das Wahlergebnis festgestellt wird, muss den Dienstkräften zugänglich sein.

§ 19 Wahlniederschrift

(1) Über das Wahlergebnis fertigt der Wahlvorstand eine Niederschrift, die von sämtlichen Mitgliedern des Wahlvorstandes zu unterzeichnen ist. Die Niederschrift muss enthalten
1. bei Gruppenwahl die Summe der von jeder Gruppe abgegebenen Stimmen, bei gemeinsamer Wahl die Summe aller abgegebenen Stimmen,
2. bei Gruppenwahl die Summe der von jeder Gruppe abgegebenen gültigen Stimmen, bei gemeinsamer Wahl die Summe aller abgegebenen gültigen Stimmen,
3. die Zahl der ungültigen Stimmen,
4. die für die Gültigkeit oder Ungültigkeit zweifelhafter Stimmen maßgebenden Gründe,

Wahlordnung zum Personalvertretungsgesetz

5. im Falle der Verhältniswahl die Zahl der auf jede Vorschlagsliste entfallenen gültigen Stimmen sowie die Errechnung der Höchstzahlen und ihre Verteilung auf die Vorschlagslisten (§ 24 Abs. 1), im Falle der Mehrheitswahl die Zahl der auf jeden Bewerber entfallenen gültigen Stimmen,
6. die Namen der gewählten Bewerber.
(2) Besondere Vorkommnisse bei der Wahlhandlung oder der Feststellung des Wahlergebnisses sind in der Niederschrift zu vermerken.

§ 20 Benachrichtigung der gewählten Bewerber

Der Wahlvorstand benachrichtigt die als Personalratsmitglieder Gewählten unverzüglich schriftlich von ihrer Wahl.

§ 21 Bekanntmachung des Wahlergebnisses

Der Wahlvorstand gibt die Namen der als Personalratsmitglieder gewählten Bewerber durch zweiwöchigen Aushang an den gleichen Stellen bekannt, an denen das Wahlausschreiben ausgehängt war.

§ 22 Aufbewahrung der Wahlunterlagen

Die Wahlunterlagen (Niederschriften, Bekanntmachungen, Stimmzettel, Freiumschläge für die schriftliche Stimmabgabe usw.) werden vom Personalrat mindestens bis zur Durchführung der nächsten Personalratswahl aufbewahrt.

Zweiter Abschnitt
Besondere Vorschriften für die Wahl mehrerer Personalratsmitglieder oder Gruppenvertreter

Erster Unterabschnitt
Wahlverfahren bei Vorliegen mehrerer Wahlvorschläge (Verhältniswahl)

§ 23 Voraussetzungen für Verhältniswahl, Stimmzettel, Stimmabgabe

(1) Nach den Grundsätzen der Verhältniswahl (Listenwahl) ist zu wählen, wenn
1. bei Gruppenwahl für die betreffende Gruppe mehrere gültige Wahlvorschläge,
2. bei gemeinsamer Wahl mehrere gültige Wahlvorschläge
eingegangen sind. In diesen Fällen kann jeder Wähler seine Stimme nur für den gesamten Wahlvorschlag (Vorschlagsliste) abgeben.
(2) Auf dem Stimmzettel sind die Vorschlagslisten in der Reihenfolge der Ordnungsnummern unter Angabe von Familienname, Vorname, Amts- oder Berufsbezeichnung und Gruppenzugehörigkeit der an erster und zweiter Stelle benannten Bewerber, bei gemeinsamer Wahl der für die Gruppen an erster Stelle benannten Bewerber untereinander aufzuführen; bei Listen, die mit einem Kennwort versehen sind, ist das Kennwort anzugeben.

(3) Der Wähler hat auf dem Stimmzettel die Vorschlagsliste anzukreuzen, für die er seine Stimme abgeben will.

§ 24 Ermittlung der gewählten Gruppenvertreter bei Gruppenwahl

(1) Bei Gruppenwahl werden die Summen der auf die einzelnen Vorschlagslisten jeder Gruppe entfallenen Stimmen nebeneinander gestellt und der Reihe nach durch 1, 2, 3 usw. geteilt. Auf die jeweils höchste Teilzahl (Höchstzahl) wird so lange ein Sitz zugeteilt, bis alle der Gruppe zustehenden Sitze (§ 4) verteilt sind. Ist bei gleichen Höchstzahlen nur noch ein Sitz oder sind bei drei gleichen Höchstzahlen nur noch zwei Sätze zu verteilen, so entscheidet das Los.
(2) Enthält eine Vorschlagsliste weniger Bewerber, als ihr nach den Höchstzahlen Sitze zustehen würden, so fallen die überschüssigen Sitze den übrigen Vorschlagslisten in der Reihenfolge der nächsten Höchstzahlen zu.
(3) Innerhalb der Vorschlagslisten sind die Sitze auf die Bewerber in der Reihenfolge ihrer Benennung (§ 7 Abs. 2) zu verteilen.

§ 25 Ermittlung der gewählten Gruppenvertreter bei gemeinsamer Wahl

(1) Bei gemeinsamer Wahl werden die Summen der auf die einzelnen Vorschlagslisten entfallenen Stimmen nebeneinander gestellt und der Reihe nach durch 1, 2, 3 usw. geteilt. Die jeder Gruppe zustehenden Sitze werden getrennt, jedoch unter Verwendung derselben Teilzahlen ermittelt. § 24 Abs. 1 Satz 2 und 3 gilt entsprechend.
(2) Enthält eine Vorschlagsliste weniger Bewerber einer Gruppe als dieser nach den Höchstzahlen Sitze zustehen würden, so fallen die restlichen Sitze dieser Gruppe den Angehörigen derselben Gruppe auf den übrigen Vorschlagslisten in der Reihenfolge der nächsten Höchstzahlen zu.
(3) Innerhalb der Vorschlagslisten werden die den einzelnen Gruppen zustehenden Sitze auf die Angehörigen der entsprechenden Gruppe in der Reihenfolge ihrer Benennung verteilt.

Zweiter Unterabschnitt
Wahlverfahren bei Vorliegen eines Wahlvorschlages (Mehrheitswahl)

§ 26 Voraussetzungen für Mehrheitswahl, Stimmzettel, Stimmabgabe

(1) Nach den Grundsätzen der Mehrheitswahl (Personenwahl) ist zu wählen, wenn
1. bei Gruppenwahl für die betreffende Gruppe nur ein gültiger Wahlvorschlag,
2. bei gemeinsamer Wahl nur ein gültiger Wahlvorschlag eingegangen ist. In diesen Fällen kann jeder Wähler nur solche Bewerber wählen, die in dem Wahlvorschlag aufgeführt sind.

(2) In den Stimmzettel werden die Bewerber aus dem Wahlvorschlag in unveränderter Reihenfolge unter Angabe von Familienname, Vorname, Amts- oder Berufsbezeichnung und Gruppenzugehörigkeit übernommen. Der Wähler hat auf dem Stimmzettel die Namen der Bewerber anzukreuzen, für die er seine Stimme abgeben will. Der Wähler darf

Wahlordnung zum Personalvertretungsgesetz

1. bei Gruppenwahl nicht mehr Namen ankreuzen, als für die betreffende Gruppe Vertreter zu wählen sind,
2. bei gemeinsamer Wahl nicht mehr Namen ankreuzen, als Personalratsmitglieder zu wählen sind.

§ 27 Ermittlung der gewählten Bewerber

(1) Bei Gruppenwahl sind die Bewerber in der Reihenfolge der jeweils höchsten auf sie entfallenen Stimmenzahlen gewählt. Bei gleicher Stimmenzahl entscheidet das Los.
(2) Bei gemeinsamer Wahl werden die den einzelnen Gruppen zustehenden Sitze mit den Bewerbern dieser Gruppen in der Reihenfolge der jeweils höchsten auf sie entfallenen Stimmen besetzt. Absatz 1 Satz 2 findet Anwendung.

Dritter Abschnitt
Besondere Vorschriften für die Wahl eines Personalratsmitgliedes oder eines Gruppenvertreters (Mehrheitswahl)

§ 28 Voraussetzungen für Mehrheitswahl
Stimmzettel, Stimmabgabe, Wahlergebnis

(1) Nach den Grundsätzen der Mehrheitswahl (Personalwahl) ist zu wählen, wenn
1. bei Gruppenwahl nur ein Vertreter,
2. bei gemeinsamer Wahl nur ein Personalratsmitglied
zu wählen ist.
(2) In den Stimmzettel werden die Bewerber aus den Wahlvorschlägen in alphabetischer Reihenfolge unter Angabe von Familienname, Vorname, Amts- oder Berufsbezeichnung übernommen.
(3) Der Wähler hat auf dem Stimmzettel den Namen des Bewerbers anzukreuzen, für den er seine Stimme abgeben will.
(4) Gewählt ist der Bewerber, der die meisten Stimmen erhalten hat. Bei gleicher Stimmenzahl entscheidet das Los.

Vierter Abschnitt
Wahl der Jugend- und Auszubildendenvertreter

§ 29 Vorbereitung und Durchführung der Wahl

(1) Für die Vorbereitung und Durchführung der Wahl der Jugend- und Auszubildendenvertreter gelten die §§ 1 und 2, 5 bis 23, 26 und 28 entsprechend mit der Abweichung, dass sich die Zahl der zu wählenden Jugend- und Auszubildendenvertreter ausschließlich aus § 62 des Gesetzes ergibt und dass die Vorschriften über die Gruppenwahl (§ 16 Abs. 2 des Gesetzes) und über den Minderheitenschutz (§ 15 Abs. 3 und 4 des Gesetzes) keine Anwendung finden.
(2) Sind mehrere Jugend- und Auszubildendenvertreter zu wählen und ist die Wahl auf Grund mehrerer Vorschlagslisten durchgeführt worden, so werden die Summen der auf die einzelnen Vorschlagslisten entfallenen Stimmen nebeneinander gestellt und der Reihe nach durch 1, 2, 3 usw. geteilt. Auf die jeweils

höchste Teilzahl (Höchstzahl) wird so lange ein Sitz zugeteilt, bis alle Sitze (§ 62 des Gesetzes) verteilt sind. § 24 Abs. 1 Satz 3, Abs. 2 und 3 findet Anwendung.
(3) Sind mehrere Jugend- und Auszubildendenvertreter zu wählen und ist die Wahl auf Grund eines Wahlvorschlages durchgeführt worden, so sind die Bewerber in der Reihenfolge der jeweils höchsten auf sie entfallenen Stimmenzahlen gewählt; bei Stimmengleichheit entscheidet das Los.

Zweiter Teil
Wahl des Gesamtpersonalrates und der Gesamt-Jugend- und Auszubildendenvertretung

§ 30 Entsprechende Anwendung der Vorschriften über die Wahl des Personalrates und der Jugend- und Auszubildendenvertreter

(1) Für die Wahl des Gesamtpersonalrates gelten die Vorschriften der §§ 1 bis 28 entsprechend, soweit sich aus den §§ 31 bis 38 nichts anderes ergibt.
(2) Für die Wahl der Gesamt-Jugend- und Auszubildendenvertretung gelten § 29, die §§ 31 und 33 Abs. 1 und die §§ 34 bis 38 entsprechend.

§ 31 Leitung der Wahl

(1) Der nach § 51 Abs. 2 oder 3 des Gesetzes gebildete Gesamtwahlvorstand leitet die Wahl des Gesamtpersonalrates. Die Durchführung der Wahl in den einzelnen Dienststellen übernehmen die örtlichen Wahlvorstände im Auftrag und nach Richtlinien des Gesamtwahlvorstandes.
(2) Der örtliche Wahlvorstand gibt die Namen der Mitglieder des Gesamtwahlvorstandes und die dienstliche Anschrift seines Vorsitzenden in der Dienststelle durch Aushang bis zum Abschluss der Stimmabgabe bekannt.
(3) Werden in einer Dienststelle der Personalrat und der Gesamtpersonalrat gleichzeitig gewählt, so führt der bei dieser Dienststelle bestehende Wahlvorstand auch die Wahl zum Gesamtpersonalrat im Auftrag des Gesamtwahlvorstandes durch. Besteht bei der Dienststelle kein örtlicher Wahlvorstand, wird dieser auf Ersuchen des Gesamtwahlvorstandes vom Personalrat oder, wenn ein solcher nicht besteht, vom Leiter der Dienststelle für die Wahl des Gesamtpersonalrates bestellt.

§ 32 Feststellung der Zahl der Dienstkräfte, Wählerverzeichnis

(1) Die örtlichen Wahlvorstände stellen die Zahl der in den Dienststellen in der Regel beschäftigten Dienstkräfte und ihre Verteilung auf die Gruppen fest und teilen diese Zahl unverzüglich schriftlich dem Gesamtwahlvorstand mit.
(2) Die Aufstellung der Wählerverzeichnisse und die Behandlung von Einsprüchen ist Aufgabe der örtlichen Wahlvorstände. Sie teilen dem Gesamtwahlvorstand die Zahl der wahlberechtigten Dienstkräfte, getrennt nach den Gruppen der Angestellten, Arbeiter und Beamten, unverzüglich schriftlich mit.

Wahlordnung zum Personalvertretungsgesetz

§ 33 Ermittlung der Zahl der zu wählenden Gesamtpersonalratsmitglieder, Verteilung der Sitze auf die Gruppen

(1) Der Gesamtwahlvorstand ermittelt die Zahl der zu wählenden Mitglieder des Gesamtpersonalrates und die Verteilung der Sitze auf die Gruppen.
(2) Ist eine abweichende Verteilung der Mitglieder des Gesamtpersonalrates auf die Gruppen nicht beschlossen worden und entfallen bei der Verteilung der Sitze nach § 4 Abs. 2 auf eine Gruppe weniger Sitze, als ihr nach § 15 Abs. 3 des Gesetzes mindestens zustehen, so erhält sie die in § 15 Abs. 3 des Gesetzes vorgeschriebene Zahl von Sitzen.

§ 34 Wahlausschreiben

(1) Der Gesamtwahlvorstand erlässt das Wahlausschreiben.
(2) Der örtliche Wahlvorstand gibt das Wahlausschreiben in der Dienststelle an einer oder mehreren geeigneten, den Wahlberechtigten zugänglichen Stellen durch Aushang in gut lesbarem Zustand bis zum Abschluss der Stimmabgabe bekannt.
(3) Das Wahlausschreiben muss enthalten
1. Ort und Tag seines Erlasses,
2. die Zahl der zu wählenden Mitglieder des Gesamtpersonalrates, getrennt nach Angestellten, Arbeitern und Beamten,
3. Angaben darüber, ob die Angestellten, Arbeiter und Beamten ihre Vertreter in getrennten Wahlgängen wählen (Gruppenwahl) oder vor Erlass des Wahlausschreibens gemeinsame Wahl beschlossen worden ist,
4. den Hinweis, dass nur Dienstkräfte wählen können, die in das Wählerverzeichnis eingetragen sind,
5. die Mindestzahl von wahlberechtigten Dienstkräften, von denen ein Wahlvorschlag unterzeichnet sein muss, und den Hinweis, dass jede Dienstkraft nur auf einem Wahlvorschlag benannt werden kann,
6. den Hinweis, dass der Wahlvorschlag einer in der Dienststelle vertretenen Gewerkschaft von zwei Beauftragten unterzeichnet sein muss (§ 16 Abs. 6 des Gesetzes),
7. die Aufforderung, Wahlvorschläge innerhalb von achtzehn Kalendertagen nach dem Erlass des Wahlausschreibens beim Gesamtwahlvorstand einzureichen; der letzte Tag der Einreichungsfrist ist anzugeben,
8. den Hinweis, dass nur fristgerecht eingereichte Wahlvorschläge berücksichtigt werden und dass nur gewählt werden kann, wer in einem solchen Wahlvorschlag aufgenommen ist.
(4) Der örtliche Wahlvorstand ergänzt das Wahlausschreiben durch die folgenden Angaben:
1. Die Angabe, wo und wann das für die örtliche Dienststelle aufgestellte Wählerverzeichnis und diese Wahlordnung zur Einsicht ausliegen,
2. den Hinweis, dass Einsprüche gegen das Wählerverzeichnis bis zum Werktag vor Beginn der Stimmabgabe, 12 Uhr, beim örtlichen Wahlvorstand eingelegt werden können,
3. den Ort, an dem die Wahlvorschläge bekannt gegeben werden,
4. den Ort und die Zeit der Stimmabgabe,
5. einen Hinweis auf die Möglichkeit der schriftlichen Stimmabgabe.

(5) Der örtliche Wahlvorstand vermerkt auf dem Wahlausschreiben den ersten und letzten Tag des Aushanges.
(6) Offenbare Unrichtigkeiten des Wahlausschreibens können vom Gesamtwahlvorstand jederzeit berichtigt werden.
(7) Mit Erlass des Wahlausschreibens ist die Wahl eingeleitet.

§ 35 Bekanntmachungen des Gesamtwahlvorstandes

Bekanntmachungen nach den §§ 10 und 12 sind in gleicher Weise wie das Wahlausschreiben in den Dienststellen auszuhängen.

§ 36 Sitzungsniederschriften

(1) Der Gesamtwahlvorstand fertigt eine Niederschrift über jede Sitzung, in der über die Ermittlung der Zahl der zu wählenden Mitglieder des Gesamtpersonalrates und die Verteilung der Sitze im Gesamtpersonalrat auf die Gruppen, über die Zulassung von Wahlvorschlägen und über die Gewährung von Nachfristen entschieden wird. Die Niederschrift ist von sämtlichen Mitgliedern des Gesamtwahlvorstandes zu unterzeichnen.
(2) Die Niederschrift über die Sitzungen, in denen über Einsprüche gegen das Wählerverzeichnis entschieden ist, fertigt der örtliche Wahlvorstand.

§ 37 Stimmabgabe, Stimmzettel

Findet die Wahl des Gesamtpersonalrates zugleich mit der Wahl der Personalräte statt, so kann für die Stimmabgabe zu beiden Wahlen derselbe Umschlag verwendet werden. Für die Wahl des Gesamtpersonalrates sind Stimmzettel von anderer Farbe als für die Wahl des Personalrates zu verwenden.

§ 38 Feststellung und Bekanntmachung des Wahlergebnisses

(1) Die örtlichen Wahlvorstände zählen die auf die einzelnen Vorschlagslisten oder, wenn Mehrheitswahl stattgefunden hat, die auf die einzelnen Bewerber entfallenen Stimmen. Sie fertigen eine Wahlniederschrift gemäß § 19.
(2) Die Niederschrift ist unverzüglich nach Feststellung des Wahlergebnisses dem Gesamtwahlvorstand gegen Empfangsschein zu übersenden. Die bei der Dienststelle entstandenen Unterlagen für die Wahl des Gesamtpersonalrates (§ 22) werden zusammen mit einer Abschrift der Niederschrift vom Personalrat aufbewahrt.
(3) Der Gesamtwahlvorstand zählt unverzüglich die auf jede Vorschlagsliste oder, wenn Mehrheitswahl stattgefunden hat, die auf jeden einzelnen Bewerber entfallenen Stimmen zusammen und stellt das Ergebnis der Wahl fest.
(4) Sobald die Namen der als Mitglieder des Gesamtpersonalrates gewählten Bewerber feststehen, teilt sie der Gesamtwahlvorstand den örtlichen Wahlvorständen mit. Die örtlichen Wahlvorstände geben sie durch zweiwöchigen Aushang in der gleichen Weise wie das Wahlausschreiben bekannt.

Wahlordnung zum Personalvertretungsgesetz

Dritter Teil
Wahl des Hauptpersonalrates und der Haupt-Jugend- und Auszubildendenvertretung

§ 39 Entsprechende Anwendung der Vorschriften über die Wahl des Gesamtpersonalrates und der Gesamt-Jugend- und Auszubildendenvertretung

(1) Für die Wahl des Hauptpersonalrates gelten § 30 Abs. 1 und die §§ 31 bis 38 entsprechend, soweit sich aus den §§ 40 und 41 nichts anderes ergibt. Für die Wahl der Haupt-Jugend- und Auszubildendenvertretung gelten § 30 Abs. 2 und die §§ 40 und 41.
(2) Findet die Wahl des Hauptpersonalrates gleichzeitig mit der Wahl von Gesamtpersonalräten statt, so gilt die vom Hauptwahlvorstand im Wahlausschreiben nach den §§ 30 Abs. 1 und 39 Abs. 1 Satz 1 festzusetzende Zeit der Stimmabgabe auch für die Stimmabgabe zur Wahl der Gesamtpersonalräte.
(3) Findet die Wahl der Haupt-Jugend- und Auszubildendenvertretung gleichzeitig mit der Wahl von Gesamt-Jugend- und Auszubildendenvertretungen statt, so gilt Absatz 2 entsprechend.

§ 40 Leitung der Wahl

Der nach § 56 des Gesetzes gebildete Hauptwahlvorstand leitet die Wahl des Hauptpersonalrates.

§ 41 Durchführung der Wahl

(1) Für Bereiche, für die ein Gesamtpersonalrat gewählt oder gleichzeitig zu wählen ist, kann der Hauptwahlvorstand die Gesamtwahlvorstände beauftragen,
1. die von den örtlichen Wahlvorständen ihres Bereiches festzustellenden Zahlen der in der Regel beschäftigten Dienstkräfte und ihre Verteilung auf die Gruppen zusammenzustellen,
2. die Zahl der in ihrem Bereich wahlberechtigten Dienstkräfte, getrennt nach den Gruppen der Angestellten, Arbeiter und Beamten, festzustellen,
3. die bei den Dienststellen ihres Bereiches festgestellten Wahlergebnisse zusammenzustellen,
4. Bekanntmachungen des Hauptwahlvorstandes an die übrigen örtlichen Wahlvorstände in ihrem Bereich weiterzuleiten.
Die Gesamtwahlvorstände unterrichten in diesen Fällen die örtlichen Wahlvorstände in ihrem Bereich darüber, dass die in den Nummern 1 bis 3 genannten Angaben an sie einzusenden sind.
(2) Die Gesamtwahlvorstände fertigen über die Zusammenstellung der Wahlergebnisse (Absatz 1 Nr. 3) eine Niederschrift.
(3) Die Gesamtwahlvorstände übersenden dem Hauptwahlvorstand unverzüglich gegen Empfangsschein die in Absatz 1 Nr. 1 und 2 genannten Zusammenstellungen und die Niederschrift über die Zusammenstellung der Wahlergebnisse (Absatz 2).

Vierter Teil
Schlussvorschriften

§ 42 Berechnung von Fristen
Für die Berechnung der in dieser Verordnung festgelegten Fristen finden die §§ 186 bis 193 des Bürgerlichen Gesetzbuches entsprechende Anwendung.

§ 43 Inkrafttreten
Diese Verordnung tritt am Tage nach der Verkündung in Kraft.

Leitfaden zur Arbeit mit der Wahlordnung

Übersicht Rn.

I. Funktion der Wahlordnung 1– 5
II. Bestellung des Wahlvorstandes 6
    1. Bestellung durch den Personalrat 6–10
    2. Bestellung durch die Personalversammlung 11–14
    3. Gerichtliche Bestellung des Wahlvorstandes 15
III. Rechtsstellung der Mitglieder des Wahlvorstandes, Geschäftsführung 16–23
IV. Vorbereitung der Wahl 24
    1. Bekanntgabe der Namen der Mitglieder des Wahlvorstandes 24–29
    2. Feststellung der Zahl der Dienstkräfte sowie deren Wahlberechtigung
       und Erstellung des Wählerverzeichnisses 30–34
    3. Ermittlung der Zahl der Personalratsmitglieder und der Sitzverteilung
       der Gruppen 35
V. Einleitung der Wahl 36
    1. Wahlausschreiben 37–40
    2. Wahlvorschläge 41–56
    3. Wahlverfahren 57–63
    4. Vorbereitung der Wahl 64–77
VI. Durchführung der Wahl 78–86
VII. Feststellung des Wahlergebnisses, Wahlniederschrift 87–92
VIII. Abschließende Maßnahmen 93
    1. Benachrichtigung der gewählten Bewerber 93
    2. Bekanntmachung des Wahlergebnisses 94
    3. Einladung zu und Durchführung der konstituierenden Sitzung 95–99

(§§ ohne Angaben sind solche des PersVG Berlin, §§ mit der Angabe WO beziehen sich auf die Wahlordnung zum PersVG Berlin)

I. Funktion der Wahlordnung

1 Die in den §§ 12–19, 51, 56, 63, 68 und 69 angesprochenen Wahlen zu den Personalvertretungen erfolgen nach den Regelungen der Wahlordnung *(WO)*, die gemäß § 98 vom Senat als Rechtsverordnung erlassen worden ist.

2 Bei der Vorbereitung, der Durchführung und der Abwicklung der Wahl spielt der **Wahlvorstand** eine zentrale Rolle. Er soll als »neutrales Organ« die anstehenden Wahlen durchführen und deren Ordnungsmäßigkeit garantieren. Er ist dabei gegenüber der Dienststelle weisungsungebunden, aber auch unabhängig vom *(bestehenden)* Personalrat.

3 Eine **Wahl,** die ohne einen Wahlvorstand durchgeführt wird, ist **nichtig;** wird sie mit einem Wahlvorstand durchgeführt, dessen Zusammensetzung nicht den gesetzlichen Regeln entspricht, so ist sie **anfechtbar** *(vgl. § 17 Rn. 47, 48).*

4 Dem Wahlvorstand fällt eine schwierige Aufgabe zu; zwar enthalten die Vorschriften der §§ 12 ff. und diejenigen der Wahlordnung ausführliche und bis ins einzelne gehende Regelungen, jedoch ist das Wahlverfahren insgesamt *(notwendigerweise)* durch zahlreiche Formalien gekennzeichnet, die vom Wahlvorstand eingehalten werden müssen.

Leitfaden zur Wahlordnung

Ausführliche Einzelkommentierungen der maßgeblichen Regelungen finden sich in den §§ 12 ff., dort bekommt der Wahlvorstand Hinweise zu wichtigen Rechtsfragen. Mit dem vorliegenden Leitfaden soll ihm eine weitere Hilfe zur Durchführung der Wahl und seiner damit im Zusammenhang stehenden Aufgaben an die Hand gegeben werden.

II. Bestellung des Wahlvorstandes

Für die Bestellung des Wahlvorstandes kommen drei Alternativen in Betracht:

1. Bestellung durch den Personalrat

Gemäß § 17 Abs. 1 bestellt der Personalrat *(als Ganzes, nicht gruppenweise)* spätestens **zwei Monate vor Ablauf seiner Amtszeit** mindestens drei Wahlberechtigte als Wahlvorstand, dabei einen von ihnen als Vorsitzenden.
Die **Mindestgröße** des Wahlvorstandes wird zweckmäßigerweise entsprechend der Größe der Dienststelle überschritten werden, jedoch sollte die Größe auch nicht zu groß gewählt werden, um die Arbeitsfähigkeit des Gremiums zu sichern.
Der Personalrat sollte zugleich **Ersatzmitglieder,** möglichst im gleichen Umfange, bestellen.
Bei der Bestellung des Wahlvorstandes ist das **Gruppenprinzip** zu beachten, jede der in der Dienststelle mit wahlberechtigten Dienstkräften vertretenen Gruppen *(Arbeiter, Angestellte, Beamte)* muß im Wahlvorstand vertreten sein, dies gilt auch für solche Gruppen, die gemäß § 15 Abs. 5 nicht im Personalrat vertreten sein müssen.
Auch der **Vorsitzende** des Wahlvorstandes wird durch den Personalrat selbst bestimmt, nicht erst durch Wahl innerhalb des Wahlvorstandes; auch hier empfiehlt es sich, bereits einen Vertreter des Vorsitzenden zu bestimmen.

2. Bestellung durch die Personalversammlung

Die Bestellung des Wahlvorstandes kann auch in der Weise erfolgen, daß die Dienststelle auf Antrag von mindestens drei Wahlberechtigten oder einer in der Dienststelle vertretenen Gewerkschaft eine **Personalversammlung** zur Wahl des Wahlvorstandes einberuft (§ 17 Abs. 2 S. 1).
Die Personalversammlung, die als Vollversammlung der Dienstkräfte stattfindet, wählt sich einen **Versammlungsleiter,** der die Wahl durchführt. Bei der Wahl sind die soeben genannten Grundsätze zu berücksichtigen, sie kann formlos erfolgen.
Die Bestellung des Wahlvorstandes durch die Personalversammlung erfolgt auch in solchen Fällen, in denen etwa in einer Dienststelle (noch) **kein Personalrat besteht.** In diesem Falle beruft die Dienststelle eigenständig eine Personalversammlung zur Wahl des Wahlvorstandes ein.
Es gelten die eben genannten Grundsätze.

3. Gerichtliche Bestellung des Wahlvorstandes

15 Wird in den Fällen des § 25 der Personalrat vom Gericht aufgelöst, so hat der Vorsitzende der Fachkammer des Verwaltungsgerichts innerhalb von zwei Wochen nach Rechtskraft des Auflösungsbeschlusses einen Wahlvorstand einzusetzen, der dann unverzüglich eine Neuwahl einzuleiten hat.

III. Rechtsstellung der Mitglieder des Wahlvorstandes, Geschäftsführung

16 Eine gewählte Dienstkraft ist nicht verpflichtet, das Amt als Mitglied des Wahlvorstandes anzunehmen; insoweit empfiehlt es sich, vor Abgabe entsprechender Vorschläge die **Zustimmung der Dienstkraft** einzuholen.

17 Ein gewähltes Mitglied des Wahlvorstandes kann jederzeit **zurücktreten**.

18 Die Mitglieder des Wahlvorstandes sind gemäß § 13 Abs. 3 Nr. 4 nicht zum Personalrat wählbar; sie behalten indes ihr aktives **Wahlrecht** und können auch Wahlvorschläge unterstützen.

19 Sie üben ihre Aufgaben für den Wahlvorstand in der Dienstzeit aus und sind insoweit von ihrer Arbeits- und Dienstleistung **freizustellen.** Die Dienststelle unterstützt den Wahlvorstand bei der Erfüllung seiner Aufgaben, § 1 Abs. 2 WO.

20 Sie genießen den besonderen **Kündigungsschutz** des § 108 Abs. 2 BPersVG.

21 Ihr **Amt endet** mit der Durchführung der konstituierenden Sitzung des Personalrates gemäß § 30 Abs. 1.

22 Der Wahlvorstand beruft **Sitzungen** ein. Er handelt im Rahmen von Beschlüssen, die mit einfacher Stimmenmehrheit der anwesenden Mitglieder gefaßt werden. Stimmenthaltungen bleiben bei der Ermittlung der Mehrheit außer Betracht; bei Stimmengleichheit ist ein Antrag abgelehnt *(§ 1 Abs. 4 WO).* Über die Sitzungen des Wahlvorstandes nach Maßgabe des § 13 WO sind Niederschriften zu fertigen, die von allen Mitgliedern unterzeichnet werden müssen.

23 Der **Vorsitzende** des Wahlvorstandes vertritt diesen nach außen; demgegenüber sollen alle Mitglieder des Wahlvorstandes für rechtserhebliche Erklärungen an diesen annahmebefugt sein.

IV. Vorbereitung der Wahl

1. Bekanntgabe der Namen der Mitglieder des Wahlvorstandes

24 Unverzüglich nach seiner Bestellung, seiner Wahl oder seiner Einsetzung hat der Wahlvorstand die Namen seiner Mitglieder und ggf. der Ersatzmitglieder in der Dienststelle durch **Aushang** bekanntzugeben; dieser Aushang muß bis zum Abschluß der Stimmabgabe bestehen bleiben.

25 Durch diesen Daueraushang macht der Wahlvorstand seine Funktion und die Namen seiner Mitglieder dienststellenöffentlich; Dienstkräften und sonstigen berechtigten Dritten soll die Möglichkeit gegeben werden, sich an die Mitglieder des Wahlvorstandes zu wenden. Ggf. ist darauf hinzuweisen, wann und wo die entsprechenden Mitglieder erreichbar sind.

26 Der **Aushang ist** von sämtlichen Mitgliedern des Wahlvorstandes **zu unterschreiben.**

Leitfaden zur Wahlordnung

Da dieser Aushang Initialwirkung für die Durchführung der Wahl hat, wird der Wahlvorstand hier bereits seiner gemäß § 1 Abs. 5 WO bestehenden Pflicht nachkommen, die **ausländischen Dienstkräfte** über das Wahlverfahren und seine einzelnen Schritte wenn nötig in ihrer Muttersprache zu unterrichten. 27

In diesem *(ersten)* Aushang ist zugleich darauf hinzuweisen, daß die **Wochenfrist** für Vorabstimmungen gemäß § 3 WO zu laufen beginnt. 28

Dabei handelt es sich um **Vorabstimmungen** über eine von § 15 Abs. 1–5 abweichende Verteilung der Mitglieder des Personalrates auf die Gruppen *(§ 15 Abs. 6)* oder über die Durchführung gemeinsamer Wahl nach § 16 Abs. 2. Die Vorabstimmung selbst wird nicht durch den Wahlvorstand durchgeführt, vielmehr durch einen aus mindestens drei wahlberechtigten Dienstkräften bestehenden Abstimmungsvorstand, dem wiederum mindestens ein Mitglied jeder in der Dienststelle vertretenen Gruppe angehören muß. Die Vorabstimmungen müssen nach Gruppen getrennt und geheim durchgeführt werden, es ist eine jeweilige Mehrheit erforderlich *(§ 15 Rn. 48).* 29

2. Feststellung der Zahl der Dienstkräfte sowie deren Wahlberechtigung und Erstellung des Wählerverzeichnisses

Als nächsten Schritt stellt **der Wahlvorstand** die Zahl der in der Regel beschäftigten Dienstkräfte und ihre Verteilung auf die Gruppen fest und **erstellt das Wählerverzeichnis,** also das Verzeichnis der wahlberechtigten Dienstkräfte, getrennt nach Gruppen der Angestellten, Arbeiter und Beamten. Das Wählerverzeichnis ist unverzüglich nach Einleitung der Wahl bis zum Abschluß der Stimmabgabe (!) an geeigneter Stelle auszulegen. 30

Die **Anzahl der** in der Regel beschäftigten **Dienstkräfte** ist maßgeblich für die Größe des Personalrats *(§ 14),* die Verteilung auf die Gruppen für dessen Zusammensetzung *(§ 15).* 31

Die Zahl der in der Regel beschäftigten Dienstkräfte entspricht dem Personalstand der Dienststelle unter normalen Verhältnissen ohne Berücksichtigung kurzfristiger Veränderungen; der Stellenplan kann hierfür ein Indiz darstellen *(vgl. § 14 Rn. 8 ff.).* 32

Das aufzustellende **Wählerverzeichnis** muß bis zum Abschluß der Stimmabgabe stets auf dem laufenden gehalten werden. Zur Erstellung des Wählerverzeichnisses hat die Dienststelle dem Wahlvorstand eine Liste mit den Namen der in der Dienststelle beschäftigten Dienstkräfte zur Verfügung zu stellen und ihm ggf. diesbezüglich Veränderungen mitzuteilen. 33

Gegen die Richtigkeit des Wählerverzeichnisses können **Einsprüche** beim Wahlvorstand, jedoch spätestens bis 12 Uhr des Werktages vor Beginn der Stimmabgabe, eingelegt werden. Über solche Einsprüche muß der Wahlvorstand unverzüglich, also ohne schuldhaftes Zögern, in einer Sitzung durch Beschluß entscheiden; er muß die Entscheidung dem Betreffenden ebenfalls unverzüglich mitteilen. Dieser kann die Entscheidung verwaltungsgerichtlich angreifen. 34

3. Ermittlung der Zahl der Personalratsmitglieder und der Sitzverteilung der Gruppen

35 Der Wahlvorstand hat auf der Grundlage des Zahlenschlüssels des § 14 die Zahl der zu wählenden Mitglieder des Personalrates zu ermitteln; sodann hat er nach den Maßgaben des § 15 die Verteilung der Personalratssitze auf die Gruppen vorzunehmen. Dies geschieht nach dem Höchstzahlverfahren nach d'Hondt. Wegen der Einzelheiten kann hier auf die Kommentierung zu § 15 Rn. 22 ff. verwiesen werden.

V. Einleitung der Wahl

36 Nach diesen Wahlvorbereitungen gelangt der Wahlvorstand in die Phase der Einleitung der Wahl selbst.

1. Wahlausschreiben

37 Eine Woche nach Bekanntgabe der Namen der Wahlvorstandsmitglieder und spätestens 7 Wochen vor dem letzten Tag der Stimmabgabe muß der Wahlvorstand ein von sämtlichen Mitglieder unterzeichnetes Wahlausschreiben erlassen. Für die wirksame Einleitung der Wahl ist die **Unterschrift** *sämtlicher Mitglieder des Wahlvorstandes* erforderlich; ggf. muß für ein verhindertes Mitglied ein Ersatzmitglied unterschreiben.

38 Der erforderliche **Inhalt des Wahlausschreibens** ergibt sich aus § 5 Abs. 2 WO; insbesondere ist dort der vom Wahlvorstand festgesetzte Termin der Stimmabgabe enthalten.

39 Das Wahlausschreiben ist sofort mit seinem Erlaß bekannt zu machen; hierzu hat der Wahlvorstand eine Kopie des Wahlausschreibens und der Wahlordnung an einer oder mehreren geeigneten, den Wahlberechtigten zugänglichen Stellen in der Dienststelle auszuhängen. Dieser **Aushang** muß bis zum Abschluß der Stimmabgabe aufrechterhalten werden; der Wahlvorstand ist verpflichtet, darüber zu wachen und dafür zu sorgen, daß dieser Wahlaushang sich bis zu diesem Zeitpunkt in ordnungsgemäß lesbarem Zustand befindet.

40 Sofern sich auf dem Wahlausschreiben **offenbare Unrichtigkeiten** finden, können diese vom Wahlvorstand jederzeit berichtigt werden; dies gilt etwa für jeden erkennbaren Schreibfehler u. ä.

2. Wahlvorschläge

41 Die Wahl des Personalrats kann nur aufgrund eines Wahlvorschlages erfolgen; hierzu werden im **Wahlausschreiben** (*§ 5 Abs. 2 Nr. 8 WO*) die wahlberechtigten Dienstkräfte aufgefordert, Wahlvorschläge einzureichen.

42 Wahlvorschläge können indes auch die in der Dienststelle vertretenen **Gewerkschaften** schriftlich einreichen; diese können auch in einer Personalversammlung oder in einer Gruppenversammlung Wahlvorschläge machen.

43 Schriftliche Wahlvorschläge müssen innerhalb einer **Frist von 18 Kalendertagen** nach dem Erlaß des Wahlausschreibens eingereicht sein; später eingehende Wahlvorschläge sind ungültig.

44 Die Aufstellung der Dienstkräfte, die für die Wahl zum Personalrat vorgeschla-

Leitfaden zur Wahlordnung

gen werden *(Wahlvorschlag)*, muß in einer äußerlich **einheitlichen Urkunde** erfolgen *(zu den Einzelheiten § 16 Rn. 57ff.)*.

Jeder Wahlvorschlag bedarf der **Unterstützung** von 1/20 der wahlberechtigten Gruppenmitglieder, soweit eine Gruppenwahl stattfindet. Bei einer gemeinsamen Wahl ist die Unterstützung von mindestens 5 % der wahlberechtigten Dienstkräfte insgesamt erforderlich. Auf jeden Fall reicht die Unterstützung von 50 wahlberechtigten Gruppenangehörigen oder Dienstkräften aus. 45

Der Wahlvorstand vermerkt auf dem Wahlvorschlag Tag und Uhrzeit seines **Eingangs;** bei berichtigten Wahlvorschlägen ist der Zeitpunkt **ihres** Eingangs zu vermerken. 46

Sodann versieht der Wahlvorstand die Wahlvorschläge in der Reihenfolge ihres Einganges mit **Ordnungsnummern,** also: Vorschlag 1, Vorschlag 2 usw. Die Wahlvorschläge werden mit den Familien- und Vornamen der in dem Wahlvorschlag an erster und zweiter Stelle benannten Bewerber, bei gemeinsamer Wahl mit den Familien- und Vornamen der für die Gruppen an erster Stelle benannten Bewerber versehen. Bei Wahlvorschlägen mit einem Kennwort ist das Kennwort anzugeben. 47

Der Wahlvorstand hat die **Ordnungsgemäßheit** der Wahlvorschläge **zu überprüfen.** Dies betrifft u.a.: 48
– Die Namen der einzelnen Bewerber müssen auf dem Wahlvorschlag untereinander aufgeführt und mit fortlaufender Nummer versehen sein.
– Neben dem Familiennamen sind Vornamen, Geburtsdatum, Amts- oder Berufsbezeichnung und die Gruppenzugehörigkeit zu nennen.

Mangelt es an einer der Voraussetzungen, so gibt der Wahlvorstand den Wahlvorschlag mit der Aufforderung zur Mängelbeseitigung binnen einer Frist von 6 Kalendertagen an den Wahlvorschlagsvertreter *(Listenvertreter)* zurück.

Gleiches gilt, wenn der Wahlvorschlag nicht die schriftliche **Zustimmungserklärung** der Wahlbewerber enthält. 49

Werden die **Mängel nicht** fristgerecht **beseitigt,** ist der gesamte Wahlvorschlag **ungültig.** 50

Eine Besonderheit besteht im Falle des **§ 9 Abs. 4 WO.** Danach hat der Wahlvorstand einen Bewerber, der mit seiner schriftlichen Zustimmung auf mehreren Wahlvorschlägen benannt ist, aufzufordern, innerhalb von 3 Kalendertagen zu erklären, auf welchem Wahlvorschlag er benannt bleiben will. Gibt der Bewerber diese Erklärung nicht fristgerecht ab, so wird er von sämtlichen Wahlvorschlägen gestrichen. 51

Die Prüfung des Wahlvorschlages bezieht sich sodann auf die erforderliche Zahl von **Unterstützungsunterschriften;** liegen diese nicht vor, so hat der Wahlvorstand den Wahlvorschlag unter Angabe der Gründe unverzüglich zurückzugeben. 52

Eine wichtige Aufgabe kommt dem Wahlvorstand bei der Prüfung der Wahlvorschläge unter dem Gesichtspunkt zu, ob die **Bewerber** gemäß § 13 PersVG **wählbar** sind. 53

Ist dies bei einem Bewerber nicht der Fall, so ist er von der Liste zu streichen und hierüber unverzüglich schriftlich zu benachrichtigen; der Vertreter des Wahlvorschlages ist von dieser Streichung zu unterrichten. 54

Ergibt sich nach Durchführung dieser Prüfung nach Ablauf der in § 6 Abs. 1 und 3 WO und § 9 Abs. 5 WO genannten Fristen nicht für jede Gruppe ein gültiger Wahlvorschlag, oder ist bei gemeinsamer Wahl überhaupt **kein gültiger Wahlvorschlag** eingegangen, so gibt der Wahlvorstand dies durch Aus- 55

Leitfaden zur Wahlordnung

hang bekannt. Er fordert zur Einreichung von Wahlvorschlägen innerhalb einer Nachfrist von 6 Kalendertagen auf.

56 Liegt im Falle einer **Gruppenwahl** auch nach Ablauf der Nachfrist kein gültiger Wahlvorschlag vor, so gibt der Wahlvorstand durch Aushang bekannt, daß für diese Gruppe kein Vertreter in den Personalrat gewählt werden kann (§ 10 Abs. 2, 3 WO).

3. Wahlverfahren

57 Der Wahlvorstand stellt danach fest, welches Wahlverfahren anzuwenden ist.

58 Gemäß § 23 WO ist nach den Grundsätzen der **Verhältniswahl** *(Listenwahl)* zu wählen, wenn bei Gruppenwahl für die betreffende Gruppe mehrere gültige Wahlvorschläge und bei gemeinsamer Wahl mehrere gültige Wahlvorschläge eingegangen sind.

59 Auf den **Stimmzetteln** sind die Vorschlagslisten in der Reihenfolge der Ordnungsnummern unter Angabe von Familienname usw. der ersten beiden Wahlbewerber zu verzeichnen; bei gemeinsamer Wahl ist lediglich der für die Gruppen an erster Stelle benannte Bewerber aufzuführen; bei Listen, die mit einem Kennwort versehen sind, ist das Kennwort anzugeben.

60 In diesem Falle kann der Wähler seine Stimme nur für den gesamten Wahlvorschlag *(Vorschlagsliste)* abgeben, dies geschieht durch Ankreuzen der Vorschlagsliste auf dem Stimmzettel.

61 Sofern bei einer Gruppenwahl für die betreffende Gruppe **nur ein gültiger Wahlvorschlag** oder bei gemeinsamer Wahl nur ein gültiger Wahlvorschlag eingegangen ist, so ist nach den Grundsätzen der **Mehrheitswahl** *(Personenwahl)* zu wählen, § 26 WO.

62 In diesem Falle werden die Bewerber aus dem Wahlvorschlag in unveränderter Reihenfolge unter Angabe von Familiennamen usw. in den **Stimmzettel** übernommen. Der Wähler hat dann auf dem Stimmzettel die Namen derjenigen Bewerber anzukreuzen, für die er seine Stimme abgeben will. Dabei kann der Wähler hierbei nur so viele Bewerber ankreuzen, wie für die Gruppe Vertreter zu wählen sind, und bei gemeinsamer Wahl nur so viele Bewerber, wie Personalratsmitglieder zu wählen sind.

63 Gemäß § 28 WO ist nach den Grundsätzen der Mehrheitswahl *(Personalwahl)* auch dann zu wählen, wenn bei einer Gruppenwahl nur ein Vertreter oder bei gemeinsamer Wahl nur ein Personalratsmitglied zu wählen ist. Die Wahl erfolgt nach den soeben genannten Grundsätzen.

4. Vorbereitung der Wahl

64 Nach der Feststellung der Formalitäten hat der Wahlvorstand sodann die Durchführung der Wahl vorzubereiten.

65 Zunächst muß er die **Stimmzettel** vorfertigen. Sie sind so zu gestalten, daß den Erfordernissen jeweils der Verhältniswahl oder der Mehrheitswahl Rechnung getragen wird; der Wähler muß durch bloßes Ankreuzen seine Stimme ordnungsgemäß abgeben können.

66 Darüber hinaus sind **Wahlumschläge** vorzubereiten; deren Verwendung ist vorgeschrieben, § 14 Abs. 2 WO.

67 Bei der Vorbereitung der Stimmzettel ist darauf zu achten, daß diese eindeutig

und zweifelsfrei zu handhaben sind; Stimmzettel und Wahlumschläge müssen so gestaltet sein, daß der **Grundsatz der geheimen Wahl** auf jeden Fall gewahrt ist.

Der Wahlvorstand wird bei der Dienststelle den Druck entsprechender Stimmzettel und Umschläge in Auftrag geben. 68

Der Wahlvorstand muß darüber hinaus auch eine **schriftliche Stimmabgabe** *(Briefwahl)* ermöglichen und entsprechende Vorbereitungen treffen. 69

Denn wahlberechtigte Dienstkräfte, die an der Teilnahme an der Wahl in der Dienststelle verhindert sind, sind berechtigt, ihre Stimme schriftlich durch Briefwahl abzugeben. 70

Sie müssen zu diesem Zweck beim Wahlvorstand die Aushändigung oder Übersendung der **Briefwahlunterlagen** verlangen. 71

Der Wahlvorstand muß dann aushändigen bzw. übersenden: 72
– die Wahlvorschläge
– den Stimmzettel und den Wahlumschlag
– eine vorgedruckte, vom Wähler abzugebende Erklärung über die schriftliche Stimmabgabe *(§ 15a Abs. 1 Nr. 3 WO)*
– einen größeren Freiumschlag, der die Anschrift des Wahlvorstandes und als Absender den Namen und die Anschrift des Wahlberechtigten sowie den Vermerk »schriftliche Stimmabgabe« trägt.

Die Aushändigung oder **Übersendung der Briefwahlunterlagen ist** im Wählerverzeichnis unter Datumsangabe **zu vermerken.** 73

Die **zurücklaufenden Freiumschläge** bleiben ungeöffnet und werden, nachdem ihr Eingang im Wählerverzeichnis vermerkt worden ist, bis zum Abschluß der Stimmabgabe aufbewahrt. 74

Dabei ist dafür zu sorgen, daß eingehende Briefumschläge dem Wahlvorstand sofort vorgelegt werden; **verspätet eingehende Briefumschläge** hat der Wahlvorstand mit einem Vermerk über den Zeitpunkt des Einganges ungeöffnet zu den Wahlunterlagen zu nehmen, sie werden einen Monat nach Bekanntgabe des Wahlergebnisses ungeöffnet vernichtet, wenn die Wahl nicht angefochten worden ist *(§ 15b Abs. 2 WO).* 75

Der Wahlvorstand hat sodann Vorkehrungen dafür zu treffen, daß der Wähler den Wahlvorgang im Wahllokal ordnungsgemäß durchführen kann. 76

Hierzu gehört auch, daß er das **Wahllokal** entsprechend ausstattet. So muß beispielsweise für das Vorhandensein mehrerer *(fester)* **Wahlurnen** gesorgt werden; das gleiche gilt für Wahlkabinen, Wahlschirme oder Trennwände und dgl. Je nach räumlicher Gestaltung ist es auch möglich, daß die Stimmabgabe in einem unmittelbar verbundenen und einsehbaren Nebenraum stattfinden kann. 77

VI. Durchführung der Wahl

Die Aufgabe des Wahlvorstandes am Tage der Wahl besteht darin, den ordnungsgemäßen Ablauf der Wahl zu organisieren und zu sichern. 78

Während des Wahlvorganges müssen stets mindestens zwei Mitglieder des Wahlvorstandes oder ein Mitglied des Wahlvorstandes und ein hinzugezogener Wahlhelfer *(§ 1 Abs. 1 WO)* im Wahllokal anwesend sein *(§ 15 Abs. 3 WO).* 79

Zu Beginn der **Stimmabgabe** überzeugt sich der Wahlvorstand davon, daß die Wahlurnen leer sind; er verschließt sie sodann für die Dauer des Wahlganges 80

Leitfaden zur Wahlordnung

(§ 15 Abs. 1 WO). Den im Wählerverzeichnis eingetragenen Wählern werden die Stimmzettel und der Wahlumschlag ausgegeben. Es muß gewährleistet sein, daß jeder Wahlberechtigte seinen Stimmzettel ungehindert und geheim ankreuzen kann. Ein Wähler, der durch körperliche Gebrechen in der Stimmabgabe behindert ist, kann eine Person seines Vertrauens hinzuziehen; er hat dies jedoch dem Wahlvorstand bekannt zu geben. Wahlbewerber, Mitglieder des Wahlvorstandes und Wahlhelfer dürfen nicht zur Hilfeleistung herangezogen werden *(§ 15 Abs. 2 WO).*

81 Nach Ankreuzen des Stimmzettels und Einlegen in den Wahlumschlag übergibt der Wähler den Wahlumschlag dem mit der Entgegennahme betrauten Mitglied des Wahlvorstandes, der ihn in Gegenwart des Wählers ungeöffnet in die Wahlurne legt. Zuvor ist festzustellen, ob der Wähler im Wählerverzeichnis eingetragen ist *(§ 15 Abs. 4 WO).*

82 Dauert die Wahlhandlung über mehrere Tage an oder wird das Wahlergebnis nicht unmittelbar nach Abschluß der Stimmabgabe festgestellt, so muß der Wahlvorstand für die Zwischenzeit die **Wahlurne** so **verschließen und aufbewahren,** daß der Einwurf oder die Entnahme von Stimmzetteln ohne Beschädigung des Verschlusses unmöglich ist.

83 Für **entfernte Nebenstellen** oder Teile einer Dienststelle, die räumlich weit von dieser entfernt liegen, kann der Wahlvorstand die Stimmabgabe in diesen Stellen durchführen *(§ 16 WO).*

84 Im übrigen obliegt es dem Wahlvorstand, für die Ordnung im Wahlraum zu sorgen; der Vorsitzende des Wahlvorstandes übt für den Zeitraum der Durchführung der Wahlhandlung das **Hausrecht im Wahllokal** aus *(§ 17 WO).*

85 Das Wahllokal muß während der gesamten im Wahlausschreiben festgelegten Zeit geöffnet sein.

86 Unmittelbar vor Abschluß der Stimmabgabe öffnet der Wahlvorstand in öffentlicher Sitzung die zu diesem Zeitpunkt **eingegangenen Freiumschläge.** Er entnimmt diesen den Wahlumschlag und die vorgedruckte Erklärung. Ist diese ordnungsgemäß ausgefüllt und unterschrieben, so wirft der Wahlvorstand den Wahlumschlag nach Vermerk im Wählerverzeichnis ungeöffnet in die Wahlurne *(§ 15b Abs. 1 WO).* Bei dieser Handlung muß der gesamte Wahlvorstand anwesend sein.

VII. Feststellung des Wahlergebnisses, Wahlniederschrift

87 Unverzüglich, spätestens jedoch am 3. Kalendertag nach Beendigung der Stimmabgabe stellt der Wahlvorstand in einer den Dienstkräften zugänglichen Sitzung das Wahlergebnis fest.

88 Unter Beachtung der Dienststellenöffentlichkeit öffnet der Wahlvorstand die Wahlurne und entnimmt ihr die Wahlumschläge, sodann hieraus die Stimmzettel und prüft deren Gültigkeit unter Berücksichtigung von § 14 Abs. 4 WO.

89 Stimmzettel, über deren Gültigkeit der Wahlvorstand noch zu beschließen hat, weil hieran Zweifel bestehen, sind mit fortlaufender Nummer zu versehen und von den übrigen Stimmzetteln gesondert bei den Wahlunterlagen aufzubewahren *(§ 18 Abs. 4 WO).*

90 Im Anschluß hieran zählt der Wahlvorstand die auf jede Vorschlagsliste *(Verhältniswahl)* oder auf jeden einzelnen Bewerber *(Mehrheitswahl)* entfallenen gültigen Stimmen; es empfiehlt sich, zunächst für jede Gruppe getrennt die vorhandenen geschlossenen Wahlumschläge zu prüfen.

Nach Auszählung fertigt der Wahlvorstand eine **Niederschrift** über das Wahlergebnis, diese muß von sämtlichen Mitgliedern des Wahlvorstandes *(bei Verhinderung: Ersatzmitglied)* unterzeichnet sein.

Der Inhalt der Niederschrift ergibt sich aus § 19 Abs. 1 WO:
- bei Gruppenwahl die Summe der von jeder Gruppe abgegebenen Stimmen, bei gemeinsamer Wahl die Summe aller abgegebenen Stimmen
- bei Gruppenwahl die Summe der von jeder Gruppe abgegebenen gültigen Stimmen, bei gemeinsamer Wahl die Summe aller abgegebenen gültigen Stimmen
- die Zahl der ungültigen Stimmen
- die für die Gültigkeit oder Ungültigkeit zweifelhafter Stimmen maßgeblichen Gründe
- im Falle der Verhältniswahl die Zahl der auf jede Vorschlagsliste entfallenden gültigen Stimmen sowie die Errechnung der Höchstzahlen und ihrer Verteilung auf die Vorschlagslisten (*§ 24 Abs. 1 WO*), im Falle der Mehrheitswahl die Zahl der auf jeden Bewerber entfallenden gültigen Stimmen
- die Namen der gewählten Bewerber.

VIII. Abschließende Maßnahmen

1. Benachrichtigung der gewählten Bewerber

Der Wahlvorstand hat die gewählten Bewerber unverzüglich nach Feststellung des Wahlergebnisses schriftlich von ihrer Wahl zu benachrichtigen. Einer ausdrücklichen Annahme der Wahl durch die Gewählten bedarf es im Grundsatz nicht.

2. Bekanntmachung des Wahlergebnisses

Gemäß § 21 WO gibt der Wahlvorstand sodann die Namen der als Personalratsmitglieder gewählten Bewerber durch **zweiwöchigen Aushang** an den gleichen Stellen bekannt, an denen das Wahlausschreiben ausgehängt war. Mit diesem Aushang beginnt zugleich die **2-Wochen-Frist zur Wahlanfechtung** gemäß § 22.

3. Einladung zu und Durchführung der konstituierenden Sitzung

Gemäß § 30 Abs. 1 hat der Wahlvorstand **spätestens eine Woche nach dem Wahltage** die Mitglieder des Personalrates zur Wahl des Vorstandes und des Vorsitzenden einzuladen und die Wahlen hierzu durchzuführen. Er leitet die konstituierende Sitzung des Personalrates bis zur Wahl des Vorsitzenden (*§ 30 Abs. 1 S. 2*).

Dabei ist zu beachten, daß zunächst der **Vorstand des Personalrats** insgesamt gewählt werden muß, da der Vorsitzende nur aus den Reihen des Vorstands vom gesamten Gremium gewählt werden kann. Der Vorstand seinerseits wird aus der Mitte des Personalrats gebildet, ihm muß mindestens ein Mitglied jeder im Personalrat vertretenen Gruppe angehören, es sei denn, daß die Vertreter einer Gruppe darauf verzichten.

Gemäß § 29 Abs. 2 bestimmt der Personalrat mit einfacher Mehrheit sodann, welches Vorstandsmitglied den **Vorsitz** übernimmt; er bestimmt zugleich die

Leitfaden zur Wahlordnung

Vertretung. Auch hier sind die Gruppen zu berücksichtigen, denen der Vorsitzende des Personalrats nicht angehört.

98 Schließlich übergibt der Wahlvorstand die **Wahlunterlagen** dem neu gewählten Personalrat, der sie mindestens bis zur Durchführung der nächsten Personalratswahlen aufzubewahren hat *(§ 22 WO)*.

99 Mit der Konstituierung beginnt die Amtszeit des Personalrates. Das Amt des Wahlvorstandes endet.

Stichwortverzeichnis

Die fett gedruckten Zahlen bezeichnen die Paragraphen des PersVGBln, die mager gedruckten Zahlen geben die jeweilige Randnummer an; WO verweist auf den Leitfaden zur Wahlordnung.

Abfindungen **85**, 144
Abgeordnetenhaus **5**, 19; **7**, 9
Abmahnung **42**, 46; **73**, 28
Abordnung **44**, 16; **86**, 81
– Amtsträger **86**, 96
– Ziel der Versetzung **86**, 90
Abrufkräfte **87**, 22
Abschlußprüfung **10**, 22
Abstammung **71**, 20
Abstellen von Fahrzeugen **85**, 94
Abstimmungsvorstand **15**, 44
Ad-hoc-Koalitionen **2**, 31
Akkord **85**, 162
Alkoholverbot **85**, 94
Allgemeine Aufgaben
– Beratung **2**, 64
Alters- und Krankenheime **85**, 124
Altersgrenze **87**, 81
Amtsanwälte **5**, 27, 50
Amtsanwaltschaft **5**, 27, 50
Amtsverschiedenheit **11**, 5
Amtszeit **23**, 1, 6 f.; **26**, 7, 29, 33; **91**, 14
Anberaumung von Personalratssitzungen **30**, 16
Änderungskündigung **87**, 87
Angelegenheiten
– innerdienstliche **90**, 35
– persönliche **90**, 37
– soziale **90**, 36
Angestellter
– Begriff **4**, 2
Anlernlinge **10**, 6
Anregungen **72**, 28, 37
Anrufung außenstehender Stellen **70**, 42
Anstalt des öffentlichen Rechts **1**, 23; **5**, 42
Anstalten **7**, 17; **8**, 4
– nichtrechtsfähige **5**, 17
Anstellung **88**, 13, 22
Antragsrecht **72**, 9
Anwärter **4**, 28
Anweisungen
– arbeitstechnische **85**, 92
Anwesenheitskontrolle **85**, 94
Arbeiter **4**, 12

Arbeitnehmer an Bühnen **89**, 19
Arbeitnehmerbegriff **3**, 7
Arbeitnehmererfindungen **85**, 175
Arbeitnehmerüberlassung **3**, 4; **45**, 13; **87**, 23
Arbeits- und Wirtschaftsbedingungen **2**, 63
Arbeitsablauf **85**, 220; **90**, 43
Arbeitsbeschaffungsmaßnahme **3**, 31
Arbeitsbewertung **90**, 81
Arbeitsentgelt **85**, 60
Arbeitsgebiete
– vergleichbare **89**, 14
Arbeitsgerichte **1**, 15
Arbeitsgerichtsgesetz **91**, 6
Arbeitskampf **70**, 25 ff.; **87**, 8
– Amt des Personalrats **70**, 34
– Beteiligungsrechte **70**, 36
Arbeitskampfbereitschaft **2**, 36
Arbeitskampfverbot **70**, 25
– Inhalt des **70**, 27
Arbeitsleistung **85**, 220
Arbeitsmethoden **85**, 285; **90**, 41
– Einführung **90**, 45
– grundlegende Änderungen **90**, 44
Arbeitsplatz **85**, 182
Arbeitsplatzgestaltung **85**, 181
Arbeitsplatzteilung **79**, 33; **85**, 39
Arbeitsschutz **77**, 12
Arbeitsumverteilung **85**, 225
Arbeitsunfälle **85**, 105
Arbeitsverfahren **90**, 42
Arbeitsverhältnis **87**, 12
– Begründung des **10**, 25
– Inhalt **10**, 29
Arbeitsvertrag **10**, 25; **87**, 16
– Änderung **87**, 16
– befristet **87**, 17
Arbeitszeit
– Begriff der **48**, 9
– Dauer des **85**, 41; **87**, 16
– gleitende **85**, 40
– Lehrer **85**, 49
– tägliche **85**, 34

789

Stichwortverzeichnis

- Verteilung der **85**, 44
Arztbesuch 85, 94
Aufgaben der Verbände 2, 63
Aufgabenbereich 72, 40
Aufgabenerfüllung der Dienststelle 2, 67
Auflösung
- Dienststellen **90**, 53
Auflösung des Personalrats 25, 34
Ausbildungsverhältnis
- privater Arbeitgeber **4**, 11
Ausländische Dienstkräfte 72, 49
Ausnahmen 3, 26
Aussagegenehmigungen 11, 37
Aussageverweigerungsrecht 11, 35
Ausschluß aus dem Personalrat 25, 1
- Gründe für den Ausschluß **25**, 16
Ausschlußfrist 87, 103
Ausschreibung 90, 85
- fehlende **90**, 109
Ausschreibungspflicht 90, 85
Ausschreibungsrichtlinien 90, 88
Außerplanmäßige Professoren 3, 27
Äußerungen
- kritische **2**, 67
Aussetzung eines Personalratsbeschlusses 34, 2
Auswahlkriterien 90, 16
Auszahlung
- Art der **85**, 62
- Ort der **85**, 61
Auszahlung der Bezüge und Arbeitsentgelte 85, 59
Auszubildende 10, 6

Beamte
- Rücknahme der Ernennung **88**, 75
Beamte auf Probe 4, 27
- Entlassung **88**, 64
Beamte auf Widerruf 4, 28; **88**, 64, 69
- Entlassung **88**, 70
Beamte auf Zeit 4, 26
Beamtenarten 4, 24
Beamtenbegriff 3, 7; **4**, 16
- haftungsrechtlicher **4**, 19
- staatsrechtlicher **4**, 17
- strafrechtlicher **4**, 18
Beamtenverhältnis
- Begründung **88**, 13
Beauftragte 46, 10
Beauftragter der Arbeitgebervereinigung 46, 29
Beendigungsgründe
- mitbestimmungsfreie **87**, 89
Beförderung 88, 31
- gleichstehende Maßnahmen **88**, 32

Beförderungsunterlagen 73, 26
Behörde s. Dienstbehörde
Beiträge für Zwecke des Personalrats 41, 6
Bekanntmachungen des Personalrats 39, 19
Bekleidungsvorschriften 85, 94
Benachteiligungsverbot 43, 27; **71**, 31
Benutzeridentifikation 85, 199
Berliner Bank AG 1, 6
Berliner Flughafen GmbH 1, 6
Berufsamt Berlin 4, 12; **60**, 11
Berufsausbildung 3, 13; **10**, 7; **85**, 80
- der Angestellten **4**, 10
- der Arbeiter **4**, 14
- Ende der **10**, 14
Berufsausbildungsverhältnis 10, 5
- Beendigung des **10**, 22
Berufsbildungsgesetz 10, 5
Berufsfachschule für Bauhandwerker 60, 11
Berufsvorbereitende Maßnahmen 3, 14
Beschlagnahme 11, 36
Beschlüsse des Personalrats 32, 1
- Anfechtung von Personalratsbeschlüssen **32**, 27
- Beschlußfähigkeit **32**, 11
- Form der Beschlußfassung **32**, 16
- gerichtliche Überprüfbarkeit von Personalratsbeschlüssen **32**, 28
- Nichtigkeit des Personalratsbeschlusses **32**, 28
Beschlußverfahren 91, 6
Beschwerde 72, 28
- Überprüfung der **72**, 32
- Wirkung der **72**, 36
Beschwerderecht 72, 29
Besoldungsangelegenheiten 49, 12
Besoldungsgruppe 89, 11
Besserung
- sittliche **3**, 35
Bestellung des Wahlvorstandes WO 6
Betätigung
- Begriff der **71**, 44
- betroffener Personenkreis **71**, 33, 43
- gewerkschaftliche **71**, 25, 32
- parteipolitische **71**, 42
- politische **71**, 24
Betätigungsgarantie
- Umfang **71**, 35
Beteiligtenfähigkeit 1, 33
Beteiligungsrechte
- Ausübung der **6**, 25
Betriebe 1, 20
Betriebsärzte 77, 41; **85**, 114, 235; **86**, 121
Betriebsärzte für Arbeitssicherheit 86, 120
Betriebsdatenerfassung 85, 288

Stichwortverzeichnis

Beurlaubung
– Ablehnung **88**, 53
Beurteilungen 73, 42
– dienstliche **73**, 29; **85**, 266; **90**, 91
Beurteilungsrichtlinie 85, 264; **90**, 93
Bewag 1, 6
Bewährungsaufstieg 87, 51, 62
Beweggründe karitativer oder religiöser Art 3, 33
Bewerbungsunterlagen 73, 26; **87**, 41
Bezirksamt 7, 10
Bezirksverwaltung 5, 37; **7**, 10
– Dienststellenleiter **9**, 15
Bezüge 4, 8
– Auszahlung der **85**, 59
Bibliotheken 85, 124
Bilanz
– Vorlage **76**, 15
Bildschirmgeräte 85, 197
Bruttolohn- bzw. Gehaltslisten 73, 26
Bundesbehörden 1, 12
Bundesdatenschutzgesetz 1, 37; **11**, 7; **73**, 13
Bundesverbände 46, 10
Bundesverwaltungsgericht 91, 5
Bürokommunikationssysteme 85, 288
Bußen 85, 100

Chancengleichheit 72, 61

d'Hondtsches Höchstzahlensystem 15, 22
Daten
– personenbezogene **85**, 280
Datenbank 73, 12
Datenschutz 1, 37; **11**, 7; **73**, 13
Datenschutzbeauftragter 5, 21; **7**, 9
Datensichtgeräte 85, 111
Datenverarbeitung 11, 7
Datenverarbeitungsanlagen 85, 191, 288
– Änderung **85**, 283
Datenverarbeitungssysteme 85, 197
Dienst nach Vorschrift 70, 30
Dienstbefreiung 42, 13; **48**, 26
Dienstbehörde
– Begriff der **7**, 4
– oberste **8**, 1
Dienstbetrieb
– Eingriff in den **78**, 8
Dienstbezüge 85, 60
Dienstgeheimnisse 2, 61; **11**, 23
Dienstkleidung 85, 274
Dienstkräfte
– ausländische **72**, 49
– Ausnahmen **3**, 26
– Begriff der **3**, 2

– künstlerische Tätigkeit **89**, 3
– wissenschaftliche Tätigkeit **89**, 3
Dienstland 86, 43
Dienstmietwohnungen 86, 27
Dienstordnungsangestellte 4, 31
Dienstort 86, 73
Dienstpläne 85, 46
Dienstpostenbewertung 90, 81
Dienststelle
– Auflösung **90**, 53, 55
– Begriff der **5**, 4
– fiktive **90**, 54
– Vertretung **9**, 5
– wesentliche Teile **90**, 73
Dienststellenleiter 3, 20; **9**, 2; **89**, 20
– Anstalten **9**, 23
– Besondere Personengruppen **9**, 17
– Bezirksverwaltungen **9**, 15
– Einzelne **9**, 13
– Handlungsbefugnis **9**, 6
– Körperschaften **9**, 23
– Personalvertretungsrechtliche Stellung **9**, 10
– Stiftungen **9**, 23
– Zusammenlegung von Dienststellen **9**, 18
Dienststellenteile
– räumliche Trennung **5**, 8
Dienststrafgerichte 1, 16
Dienstunfähigkeit 88, 58
Dienstunfälle 85, 105
Dienstvereinbarung
– Abdingbarkeit **74**, 39
– Anfechtung der **74**, 52
– Aufhebungsvertrag **74**, 48
– Auflösung der Dienststelle **74**, 45
– Auslegung **74**, 42
– Beendigung **74**, 44
– Begriff der **74**, 5
– Bekanntmachung **74**, 27
– Durchführung **74**, 43
– Fortfall der Personalvertretung **74**, 46
– Geltungsbereich der **74**, 57
– Konkurrenz **74**, 59
– Kündigung der **74**, 50
– Nachwirkung der **74**, 54
– Nichtigkeit der **74**, 53; **75**, 17
– Parteien **74**, 6
– Rechtsnatur **74**, 5, 14
– Regelungsbereich **74**, 29
– Schriftform **74**, 24
– Umdeutung der **75**, 19
– Verwirkung **74**, 41
– Verzicht **74**, 41
– Wirkung **74**, 37

791

Stichwortverzeichnis

– Zeitablauf **74**, 44
– Zustandekommen **74**, 19
Dienstvorgesetzter 7, 5
Dienstwohnungen 86, 28
Dirigierende Ärzte (Chefärzte) 89, 19
Diskretionspflicht 11, 2
Disziplinarmaßnahme 87, 83; **90**, 102
– Entlassung **85**, 103
– Rückgruppierung **85**, 103
– Versetzung **85**, 103
Disziplinarrecht
– Arbeitnehmer **85**, 96
– Beamte **85**, 104
Disziplinarverfahren 90, 102
Disziplinarverfügungen 90, 102
Dolmetscher 45, 14

EDV-Anlage 85, 197
Ehrenamtliche Richter
– Ablehnung **92**, 28
– Ablehnung des Amtes **92**, 35
– Ausschließung **92**, 28
– Ausschluß von der Ausübung des Amtes **92**, 39
– Beendigung des Amtes **92**, 37
– Berufung **92**, 21
– Heranziehung **92**, 31
– Niederlegung des Amtes **92**, 35
– Rechtsstellung **92**, 26
Ehrenbeamte 4, 28
Ehrengerichte 1, 16
Eigengesellschaften 1, 6
Eigenständigkeit im Aufgabenbereich 6, 10
Eigenständigkeit in der Organisation 6, 11
Eilfälle 79, 66
Einführungserlaß 90, 38
Eingliederung 3, 3; **87**, 12
Eingliederung schutzbedürftiger Personen 72, 39
Eingruppierung 87, 31
Einigungsstelle 81, **82**, 1
Einlaßkontrolle 85, 94
– elektronische **85**, 196
Einrichtungen
– karitative **95**, 1
– technische **85**, 188
Einschränkung
– Dienststelle **90**, 58, 53
Einstellung 87, 12; **88**, 13; **90**, 25
– Eingruppierung **87**, 31
– Informationsrecht **87**, 38
– Widerspruchsrecht **87**, 35
Einstellungsgespräch 73, 29; **87**, 42

Einstellungszusage 87, 14
Einstweilige Verfügung
– Weiterbeschäftigungspflicht **10**, 48
Einvernehmen 6, 40
Einzugsgebiet 86, 74
Entfernung 6, 4
Entgelt 4, 8
– leistungsbezogenes **85**, 157, 167
Entlassung
– Disziplinarmaßnahme **85**, 101
Entlohnungsgrundsätze 85, 158
Entlohnungsmethode 85, 159
Entscheidung der obersten Dienstbehörde 6, 37
Entscheidungen
– Durchführung von **78**, 2
Entscheidungssammlungen 40, 37
Erforderliche Sachmittel 40, 33
Erfüllung der dienstlichen Aufgaben 2, 12
Erholungsheime 85, 124
Erholungsräume 85, 124
Erholungszeiten 85, 42
Erkenntnisse
– arbeitswissenschaftliche **85**, 181
Erklärungen
– Abgabe von **29**, 43
– Entgegennahme von **29**, 46
Erlöschen der Mitgliedschaft 26, 1
Ernennung 88, 13
Ersatzansprüche 86, 21
Ersatzmitglieder 10, 10; **28**, 1 ff.
– Begriff des Ersatzmitgliedes **28**, 6
– Rechtsstellung der Ersatzmitglieder **28**, 7
– Reihenfolge des Eintretens der Ersatzmitglieder **28**, 29
– Verhinderung von Ersatzmitgliedern **28**, 35
– vorübergehende Vertretung **28**, 18
– Zeitpunkt des Eintretens **28**, 27
Ersatzvorbereitungsdienst 10, 6
Erschwerniszuschläge 87, 59
Erwerbsdienlichkeit 3, 34
Erwerbstätigkeit
– unerlaubte **86**, 113
Erziehung 3, 35
Evokationsrecht 81, 22

Fachhochschule für Verwaltung und Rechtspflege 3, 29
Fachkammer 92, 5
– Vorsitzende **92**, 10
Fachkräfte 86, 120
Fachkräfte für Arbeitssicherheit 77, 41; **85**, 114, 116; **86**, 126
Fachsenat

Stichwortverzeichnis

- Vorsitzende **92**, 5, 11
Fachzeitschrift 40, 37
Fahrtkostenerstattung 48, 23
Fernsehmonitore 85, 195
Feuerwehr 5, 33
Finanzgericht 1, 15
Fortbildung 10, 8
- berufliche **85**, 216
Fortbildung der Dienstkräfte 85, 215
- Durchführung **85**, 231
Fortbildungspolitik 85, 217
Fortführung der Geschäfte 24, 33
Fragerecht
- Grenzen **85**, 247
Frauenförderplan 72, 63
Frauenvertreterin 31, 42
Freistellung 42, 43
Freistellung von Personalratsmitgliedern 43, 6
Freizeitausgleich 42, 24; **48**, 27
Friedenspflicht 70, 20
- Verpflichtete **70**, 23
Funktionszulagen 87, 56

Gastdozenten 3, 27
Gastprofessoren 3, 27
Gebietsreform 99 b
Gebot der Sparsamkeit 2, 17
Gefahrenzuschläge 87, 59
Gehalt 4, 8
Geheimhaltung aufgrund Anordnung 11, 16
Geheimhaltung aufgrund Bedeutung 11, 18
Geheimhaltungspflichtige Tatsachen 11, 15
Geheimhaltungsvorschriften 11, 16; **92 a**, 7
- gesetzliche **11**, 16
Geldakkord 85, 163
Geltungsbereich
- räumlicher **1**, 8
- Rechtsform des Inhabers **1**, 4
- sachlicher **1**, 4
Gemeinsame Vertretung 29, 47
Gemeinwohlbindung 2, 17
Gerechtigkeitsgebot 71, 7
Gerichte 1, 15; **5**, 24; **91**, 2; **92**, 1
Gerichte des Bundes 1, 17
Gesamt-Jugend- und Auszubildendenvertretung
- Amtszeit der **68**, 14
- Aufgaben der **68**, 12
- Bildung der **68**, 4
- Größe der **68**, 10
- Rechtsstellung **68**, 11

- Wahl der **68**, 8
Gesamtkonferenz 88, 25
Gesamtpersonalrat 50, 1
- Amtszeit des Gesamtpersonalrats **52**, 6
- freigestellte Bildung von Gesamtpersonalräten **50**, 13
- Geschäftsführung des Gesamtpersonalrats **52**, 10
- Rechtsstellung des Gesamtpersonalrats **50**, 24
- Übertragung von Zuständigkeiten **54**, 14
- Wahl des Gesamtpersonalrats **51**, 1 ff.
- Zuständigkeit des Gesamtpersonalrats **54**, 1
- zwingende Bildung eines Gesamtpersonalrats **50**, 6
Gesamtstundenpläne 85, 49
Geschäftsbedarf 40,
Geschäftsordnung des Personalrats 38, 1 ff.
Geschäftsverteilung 85, 225
- Änderung der **86**, 53
Geschlecht 71, 18
Gesetze 85, 18
- Begriff der **2**, 20
Gesetzgebungskompetenz
- konkurrierende **10**, 4
Gesundheitsgefahren 77, 6
Gesundheitsschädigungen 85, 105
Gewerkschaft 46, 10
- Begriff der **2**, 29
Gleichbehandlungsgrundsatz 71, 31
Gleichheitsgrundsatz 71, 16
Gleitzeitbögen 85, 191
Grundordnung
- freiheitlich, demokratisch **71**, 28
Grundrechtsschutz 71, 4
Grundrechtsträger 1, 35
Gruppenprinzip 3, 21
Gruppenvertretung 15,
Gruppenzugehörigkeit
- Bedeutung der **3**, 24
- Wechsel **86**, 68; **88**, 9
Günstigkeitsprinzip 75, 13

Haftung 1, 34
Haupt-Jugend- und Auszubildendenvertretung
- Amtszeit der **69**, 15
- Aufgaben der **69**, 12
- Bildung der **69**, 6
- Freistellungsansprüche **69**, 13
- Geschäftsführung **69**, 11
- Rechtsstellung **69**, 11
- Schutz der Mitglieder **69**, 16
Hauptpersonalrat 8, 5; **55**, 1 ff.

793

Stichwortverzeichnis

- Amtszeit des Hauptpersonalrats **57**, 5
- Bildung des Hauptpersonalrats **55**, 1
- Geschäftsführung des Hauptpersonalrats **57**, 10
- Wahl des Hauptpersonalrats **56**, 1
- Zusammensetzung des Hauptpersonalrats **55**, 8
- Zuständigkeit des Hauptpersonalrats **59**, 1

Hauptverwaltung 5, 6; 7, 8
Haushaltsplan 90, 74
- Anmeldung für Dienstkräfte **90**, 78
- fehlende Mitwirkung **90**, 107

Hausrecht 30, 39; 40, 34; 45, 25
Hebammengesetz 10, 5
Heilung 3, 35
Herabgruppierung 87, 77
Herkunft 71, 23
Hilfsfunktion 2, 53
Hilfskräfte
- studentische **5**, 54

Hinausschiebung des Eintritts in den Ruhestand 88, 55
Hochschulassistenten 3, 27
Hochschulen 3, 28
Höhergruppierung 87, 60
Honorarprofessoren 3, 27

Informationsnetze 85, 288
Informationspflicht 11, 33; 87, 38
- Einschränkungen **73**, 30

Informationsrecht 76, 10
- Grenzen **73**, 16
- Rechtsmißbrauch **73**, 18

Initiativrecht der Personalvertretung 79, 72
Integrationsamt 36, 3
Integrationsvereinbarungen 36, 1; 72, 4
Interessengegensatz 1, 31; 2, 4

Jugend- und Auszubildendenversammlung
- Aufgaben der **67**, 20
- Beschlüsse der **67**, 23
- Durchführung der **67**, 12
- Einberufung der **67**, 5
- Nichtöffentlichkeit **67**, 15
- Tätigkeitsbericht der **67**, 21
- Teilnahmerecht **67**, 14
- Zeitpunkt der **67**, 8
- Zuständigkeiten der **67**, 20

Jugend- und Auszubildendenvertretung 67, 1
- Amtszeit der **63**, 17
- Antragsrecht **65**, 4
- Bekanntmachungen der **66**, 7
- Beschäftigungsarten **62**, 8
- Bestellung eines Vorstandes **63**, 24
- Durchführung der Wahl **63**, 11
- Ehrenamt **66**, 10
- Entgegennahme von Anregungen und Beschwerden **65**, 20
- Fortführung der Geschäfte **63**, 22
- Freistellungsanspruch **64**, 4
- Geschäftsführung **66**, 4
- Gruppenprinzip **63**, 10
- Informationsrecht der **65**, 28
- Kosten der **66**, 8
- Monatsbesprechung **65**, 40
- Prozeßvertretung **65**, 17
- Schulungs- und Bildungsveranstaltung **66**, 11
- Schutz der Mitglieder **66**, 14
- Sitzungen **65**, 45
- Sprechstunden der **66**, 5
- Stellung der **60**, 5
- Überwachungsrecht **65**, 14
- Verlust der Wählbarkeit **63**, 18
- Vertretung der Geschlechter **62**, 3
- Voraussetzungen für die Bildung **60**, 8
- Vorlage von Unterlagen **65**, 32
- Wahlvorstand **63**, 6
- Zahl der Mitglieder **62**, 5
- Zusammenarbeit **65**, 39; **72**, 52

Jugendausbildungszentrum bei dem Bezirksamt Steglitz/Zehlendorf 60, 11
Jugendliche Dienstkräfte 61, 4
Juristische Personen des Privatrechts 1, 5
Justizvollzugsanstalt 5, 30

Kantinen 85, 124
Kinderheime 85, 124
Kindertagesstätten 85, 124
Kleiderkassen 85, 124
Koalitionen 2, 28
- Aufgaben, Rechte der **2**, 43

Koalitionsbegriff 2, 30
Koalitionsfreiheit 71, 47
- negative **2**, 67

Koalitionspluralismus 71, 50
Kommunikationsnetze 85, 288
Kompetenzordnung 2, 18
Konstituierende Sitzung 30, 5
Kontrahierungszwang 10, 25
Körperschaften 5, 42; 7, 17; 8, 4
Körperschaften des öffentlichen Rechts 1, 21
Kosten der einzelnen Personalratsmitglieder 40, 17
- Reisekosten **40**, 18

Stichwortverzeichnis

– Schulungskosten **40**, 22
Kosten des Personalrates 40, 6
– Kosten durch die Inanspruchnahme der Gerichte **40**, 10
– Kosten durch Zuziehung eines Rechtsanwaltes **40**, 12
Krankenhausbetriebe 7, 11; **76**, 1
– Dienstbehörde **7**, 13
Krankenhauskonferenz 7, 13
– Zuständigkeit der **7**, 15
Krankenhausleitung 76, 5
– Aufgaben der **76**, 6
– Dienstbehörde **7**, 13
Krankenpflegegesetz 10, 5
Krankmeldung 85, 94
Kündigung 90, 28
– außerordentliche **87**, 86, 95
– betriebsbedingte **87**, 93
– Einigungsvertrag **87**, 86
– fristlose **87**, 86, 95
– ordentliche **87**, 86, 97
– Wohnungen **86**, 36
– Zeitpunkt des Ausspruchs **87**, 100
– Zustimmungsverweigerungsgründe **87**, 94
Kündigungsrichtlinien 90, 19

Ladung zu Personalratssitzung 30, 29
Landesbeamter
– mittelbarer **4**, 23
– unmittelbarer **4**, 23
Landesgleichstellungsgesetz 72, 61
Landesunmittelbarkeit 1, 27
Landesverwaltungsamt 7, 6
Laufbahn 88, 37
Laufbahngruppe 88, 37
Laufbahnwechsel 88, 37
Lehrbeauftragte 3, 27
Lehrer 85, 49
Lehreranwärter 5, 35, 47
Lehrerstundenpläne 85, 49
Lehrkräfte
– für besondere Aufgaben **3**, 27
Lehrpersonal 5, 46
Leibesvisitation 85, 94
Leiharbeitnehmer 3, 4; **45**, 13; **87**, 23
Leiharbeitsverhältnis 3, 4
Leistungsbescheid 86, 23
Leistungsstrukturen 85, 226
Leistungszulagen 87, 56
Leitende Beschäftigte 89, 20
Leitung der Sitzung 30, 37
Lohn 4, 12
Lohngerechtigkeit 85, 156
Lohngestaltung 85, 151

– Begriff der **85**, 153
Lohnhöhe 85, 156
Lohnpolitik 85, 156

Massenänderungskündigungen 70, 31
Maßnahme
– beabsichtigte **73**, 9
Mehrarbeit 85, 52
Mehrheitenschutz 15, 30
Mikrophone 85, 195
Minderheitenschutz 15, 1
Mindestgröße 1, 3
Mindestvertretung 15, 24
Mitarbeiter
– freie **87**, 20
– künstlerische **3**, 27
– wissenschaftliche **3**, 27
Mitarbeiter an den Schulen
– technische **5**, 39
Mitbestimmung
– eingeschränkte **85**, 214
– Gegenstände **85**, 34
Mitbestimmung der Personalvertretung 79, 1 ff.
Mitbestimmungsrecht
– Einzelmaßnahmen **85**, 14
– Umgehung **85**, 16
– Zuständigkeit **85**, 3
Mitgliederwerbung 2, 68
Mitgliederzahl
– Änderungen in der Zahl der Dienstkräfte **14**, 16
– nichtplanmäßige Dienstkräfte **14**, 9
– Stellenplan **14**, 9
– Stichtag **14**, 11
– zusätzliches Mandat **14**, 5
Mitteilung
– Übernahme in ein Arbeitsverhältnis **10**, 17
Mitteilungspflicht
– Verletzung der **10**, 50
Mitwirkung 84, 1
– Erörterung **84**, 10
– Verfahren der Mitwirkung **84**, 3
Monatliche Besprechung 70, 4
– Öffentlichkeit **70**, 14
– Protokollierung **70**, 7
– Teilnahmeberechtigung **70**, 10
– Themen **70**, 16
Multimomentfilm-Kamera 85, 195

Nachträglicher Verlust der Wählbarkeit 26, 27
Nationalität 71, 22
Nebenamt 86, 105

795

Stichwortverzeichnis

Nebenbeschäftigung 86, 105
Nebentätigkeit 86, 104
– Versagung der **86**, 110
– Widerruf **86**, 111
Nebentätigkeitserlaubnis
– Erteilung der **86**, 106
Neutralität 2, 38
Neutralitätspflicht 70, 25
Nichtigkeit der Wahl 22, 49
Nichtöffentlichkeit 46, 6
Niederlegung des Amtes 26, 8
Niederschrift über Verhandlungen des Personalrats 37, 1 ff.
– Aushändigung der Niederschrift **37**, 30
– Einwendungen gegen die Niederschrift **37**, 26
– Inhalt der Niederschrift **37**, 11
– Teilnehmerlisten **37**, 16
– Zeitpunkt der Niederschrift **37**, 10
Normalvertrag 89, 19
Notfälle 79, 67
Nutzungsbedingungen 86, 46
– Festsetzungen **86**, 39

Oberfinanzdirektion 5, 31
Offenkundigkeit 11, 20
Öffnungsklausel 75, 11
Öffnungszeiten der Dienststelle 85, 45
Ordnung in der Dienststelle 85, 90
Ordnungsstrafen 85, 100

Pachtland 86, 43
Parteipolitische Betätigung 49, 28
Parteipropaganda 49, 28
Passives Wahlrecht 13, 1
Pausen 85, 42
Personalakten 11, 23; **73**, 31
– Begriff der **73**, 32
– Einwilligung **73**, 34
Personalanmeldungen 90, 74
Personalbedarfsplanung 90, 76
Personalbewirtschaftungslisten 73, 26
Personalentwicklungsplanung 90, 77
Personalfragebögen 85, 243
Personalinformationssysteme 85, 200
Personalratsfähigkeit
– Voraussetzungen der **1**, 1
Personalratswahl 6, 21
Personalversammlung 6, 13; **11**, 13; **45**, 1
– Arbeitszeit **48**, 9
– Aufgaben der **45**, 10
– außerhalb der Arbeitszeit **48**, 26
– außerordentliche **47**, 20
– Äußerungsrecht der **49**, 31

– Beauftragter des Hauptpersonalrates **46**, 34
– Befugnisse der **49**, 23
– Besoldungsangelegenheiten **49**, 12
– Bezüge **48**, 13
– Einberufung **45**, 18
– Einberufung der **47**, 5
– Einladung der Gewerkschaft **46**, 17
– Fahrtkostenerstattung **48**, 23
– Friedenspflicht der **49**, 27
– Gesamtpersonalrat **46**, 34
– gleitende Arbeitszeit **48**, 10
– Kompetenzen der **49**, 1
– Kosten **45**, 28
– Landesamt für Verfassungsschutz **46**, 37
– Leitung **45**, 24
– Mißtrauen der **49**, 24
– Nichtöffentlichkeit **45**, 15; **46**, 1
– Organ **45**, 5
– Protokollierung **45**, 27
– Sachverständige **46**, 9
– Sozialangelegenheiten **49**, 13
– Stimmberechtigung **45**, 17
– Stimmrecht der **49**, 26
– Tarifverträge **49**, 11
– Teilnahmerecht **45**, 16
– Teilnahmerecht des Dienststellenvertreters **46**, 19
– Themen der **47**, 19; **49**, 8
– unzulässige Themen der **49**, 16
– Vor-, Nacharbeit **48**, 24
– Weisungsrecht **45**, 5
– Zeitpunkt der **47**, 8; **48**, 6
Personalvertretungen
– Arten der **1**, 39
– Bildung von **1**, 28
– datenschutzrechtliche Überwachung der **1**, 38
– Rechtsnatur der **1**, 29
– Repräsentativorgan **1**, 29
– Stellung der Mitglieder von **1**, 44
Personalvertretungen der Hochschulen 42, 5
Personalvertretungsorgane
– Rechtsfähigkeit **1**, 33
Personen
– ältere **72**, 47
– schutzbedürftige **72**, 46
Personengruppen
– besondere **5**, 44
Persönlichkeitsschutz 85, 189
Polizeibehörde 5, 22
Prämienlohn 85, 166
Präsidialrat 3, 12
Pressevertreter 46, 6

796

Stichwortverzeichnis

Privatdozenten 3, 27
Probezeit
– Verlängerung 88, 20
Produktographen 85, 195
Professor 3, 27
Propagandamaterial 85, 94
Prozeßvertretung 2, 65; 72, 25
Prüfung 72, 65
– Teilnahmerecht 72, 69
Prüfungsbeobachter 72, 71
Prüfungsordnung 72, 70
Pünktlichkeitskontrolle 85, 94

Radio 85, 94
Rationalisierungsmaßnahmen 85, 143, 224
Rauchverbot 85, 94
Rechneranlagen 85, 197
Rechnungshof 5, 20; 7, 9
Rechtsauskünfte 72, 25
Rechtspersönlichkeit 1, 32
Rechtspflege 5, 23
Rechtspfleger 3, 12
Rechtsschutz
– gerichtlicher 91, 1
Rechtsstreitigkeiten 82, 7
Recht und Billigkeit 71, 6
Rechtsverordnungen 85, 18
Rechtsvorschriften 72, 18
Rechtswegzuweisung 91, 2
Referendare 4, 28; 5, 29, 51
Regelbeurteilungen 85, 265
Regelungsabrede 85, 6
– Kündigung der 85, 8
– Wirkung der 85, 9
Regelungsstreitigkeiten 82, 7
Religion 71, 21
Religionsgemeinschaften 95, 1
– Begriff der 95, 3
Rentenversicherungspflichtigkeit 4, 8
Richter 1, 18; 3, 12
– ehrenamtliche 92, 14
Richterrat 3, 12
Richterrecht
– gesetzesvertretendes 85, 18
Richtervertretung 1, 19; 3, 12
Richtlinien 85, 23
Rückgruppierung 85, 102
Rücktritt des Personalrats 24, 23
Rufbereitschaft 85, 46
Ruhen 27,
Ruhestand
– einstweiliger 88, 59
Ruhestandsbeamte 4, 30
Ruhezeiten 85, 42

Sachen
– eingebrachte 85, 94
Sachverständige 45, 14
Sammlungen 41, 7
Schichtbetrieb 85, 47
Schmutzzuschläge 87, 59
Schreibcomputer 85, 225
Schreibprämien 85, 168
Schulaufsichtsbeamte 89, 17
Schule 5, 34; 89, 16
Schulleiter
– Benennung 88, 24
Schulverfassungsgesetz 88, 24
Schutz der Personalratsmitglieder 44, 1
Schutzkleidung 85, 274
Schwangerschaft
– Mitteilung der 73, 27
Schweigepflicht 11, 2; 92 a, 17
– Ausnahmen der 11, 25
– Dauer der 11, 34
– Durchbrechung der 11, 31
– Verletzung der 11, 39
– Verpflichtete 11, 9
Schwerbehinderte 72, 43
– berufliche Förderung 72, 48
– Umschulungsmaßnahmen 85, 89
Schwerbehindertenvertretung 36, 1
Selbsthilfeeinrichtungen 85, 125
Senatskanzlei 5, 18
Senatsverwaltungen 5, 6; 17; 7, 8
Sender Freies Berlin 82, 51; 83, 39
SGB IX 36, 1 ff.; 72, 43 ff.
Sicherheitsbeauftragter 85, 118
– Besprechungen 77, 39
– Bestellung 77, 38
Sicherheitsingenieure 85, 114; 86, 120
Sitzung des Personalrates 31, 1 ff.
– Nichtöffentlichkeit 31, 19
– Teilnahmerecht von Gewerkschaften und Verbänden 31, 26
– Teilnahmerecht sonstiger Personen 31, 37
– Teilnahmerecht des Vertreters der Dienststelle 31, 22
– Zeitpunkt der Sitzung 31, 4
Sonderbehörden 5, 6, 17
Sozialangelegenheiten 49, 13
Sozialeinrichtungen 73, 27; 85, 120, 124
– Auflösung von 85, 127
– Errichtung von 85, 127
– Verwaltung von 85, 127
Sozialgerichte 1, 15
Sozialplan 85, 141
– Inhalt 85, 144

797

Stichwortverzeichnis

Sparsamkeit der Verwendung öffentlicher Mittel 42, 32
Sperrwirkung
- Umfang der 75, 12
Spitzenorganisationen 2, 32
Sporteinrichtungen 85, 124
Sportplätze 85, 124
Sprechstunden des Personalrats 39, 1 ff.
Staatsanwälte 1, 18; 3, 12; 5, 50
Staatsanwaltschaft 5, 26
Stammbehörde 5, 48
Stechuhren 85, 94, 195
Stellenausschreibung 90, 85
Stellenrahmenplan 90, 79
Stellenverlagerungen 90, 82
Stellvertreter des Vorsitzenden 29, 35
Stiftung 5, 42; 7, 17; 8, 4
Stiftung des öffentlichen Rechts 1, 25
Studienreferendare 5, 35, 47

Tagesordnung
- Änderung der 30, 27
- Festsetzung der 30, 23
Tagesordung
- Inhalt der 30, 26
Tarif-, Besoldungs- und Sozialangelegenheiten 71, 46
Tarifbindung 4, 4; 85, 26; 87, 32
Tarifliche Angelegenheiten 49, 11
Tarifregelung 75, 5
Tarifüblichkeit 75, 7
Tarifvertrag 2, 22; 85, 25
- Nachwirkung 2, 25; 85, 27
- Rahmenregelung 85, 31
Tätigkeit
- höher zu bewertende 87, 46; 88, 49
- künstlerische 89, 8
- niedriger zu bewertende 87, 67; 88, 50
- Übertragung 87, 47; 88, 47
- vorübergehende Ausübung 87, 52
- vorwiegende 89, 4
- wissenschaftliche 89, 6
Tätigkeitsbericht 45, 10; 47, 12
- Erstattung des 47, 16
Technologien
- Einführung neuer 85, 184
- neue 85, 110
Teilnahme an Schulungs- und Bildungsveranstaltungen 42, 27
Teilnahmerecht des Beauftragten 2, 54
Teilnahmerecht der JugAzubiVertr. an den Sitzungen des Personalrats 35, 1
Teilnehmer 45, 11
Teilversammlung 6, 14; 45, 30
Teilzeitbeschäftigte 3, 18; 85, 39

Teilzeitbeschäftigung
- Ablehnung 88, 52
Teilzeitkräfte 3, 18; 85, 39
Tele-Arbeit 3, 11
Telefonbenutzung 85, 94
Telefongespräche 85, 202
Textverarbeitungssysteme 85, 288
Tonbandaufnahmen 85, 195
Torkontrollen 85, 94
Trageordnung für Dienstkleidung 85, 273

Übergangsregeln 99; 99 a; 99 b
Übermaßverbot
- personalvertretungsrechtliches 71, 8
Überstunden 85, 52
Übertragung eines anderen Arbeitsgebietes 44, 19
Überwachung 85, 192
- Umfang der 72, 25
Überwachungspflicht 72, 16
Umgruppierung 90, 27
Umschüler 3, 14
Umschulung 85, 83, 146
Umsetzung 86, 72
- Amtsträger 86, 78
Unentgeltlichkeit des Personalratsamtes 42, 9
Unfall
- Begriff 77, 32
Unfallanzeige 77, 36
Unfallgefahren 77, 6
Unfalluntersuchungen 77, 24
- Beteiligung 77, 31
Unterlagen
- Art, Umfang von 73, 24
- Vorlage von 73, 20
Unterorganisationen 2, 32
Unterrichtung 73, 5; 88, 10
- Zeitpunkt der 73, 7
Unterrichtungpflicht 79, 23
Unterstützung 86, 7
Unterstützungsbefugnis 2, 53
Unterstützungskassen 85, 124
Unterstützungsleistungen 73, 27
Urlaubsgrundsätze 85, 75
Urlaubsplan 85, 66
- Aufstellung 85, 70
Urlaubssperre 85, 77

Verarbeitung personenbezogener Daten 85, 278
Verbesserung von Arbeitsleistung und Arbeitsablauf 85, 220
Verbesserungsvorschläge 85, 175
Verbot der Amtsausübung 27, 5

Stichwortverzeichnis

Verdachtskündigung 87, 92
ver.di 2, 39
Vereinigungsfreiheit 71, 47
Verfahren
– gemeinsame Beschlußfassung 33, 5
– getrennte Beschlußfassung 33, 13
Verfassungsgerichtshof 1, 15; 5, 25
Verfassungsschutzbehörde 92 a, 1 ff.
Vergütung 4, 8
Vergütungsanspruch des freigestellten Personalratsmitgliedes 43, 25
Vergütungsgarantie 42, 22
Vergütungsgruppe I BAT 89, 11
Verhalten der Dienstkräfte 85, 90
Verlegung
– Dienststellen 90, 64, 53
Verletzung der Mitbestimmungsrechte 79, 55
– öffentlich-rechtliche Folgen 79, 63
– privatrechtliche Folgen 79, 56
Verschickung 86, 17
Verschlußsachen 11, 23; 73, 43; 92 a, 6 ff.
Verselbständigung 6, 9
– Antrag auf 6, 12
– Beschlußfassung 6, 17
– von Dienststellenteilen 6, 3
– Folgen der 6, 20
– Zeitpunkt der 6, 18
Versetzung 44, 13; 85, 102; 86, 49; 90, 26
– Amtsträger 86, 70
– Begriff der 86, 50
Versetzung in den Ruhestand 88, 58
Vertragsänderungen 87, 16
Vertrauensarzt 86, 121
Vertrauensärzte 85, 235
Vertrauensleute 2, 66
Vertrauensvolle Zusammenarbeit 2, 2
– Begriff der 2, 7
– Verpflichtete 2, 10
Vertreter
– Handlungsbefugnis bei Dienstbehörden und obersten Dienstbehörden 9, 25
Vertretung
– Einzelfälle der 9, 28
– Leiter der Dienststelle 9, 5
Vertretung der Dienststelle 9, 1
Vertretungen am Arbeitsplatz 85, 94
Vertretungsbefugnis des Personalratsvorsitzenden 29, 42
Verwaltungen 1, 13
Verwaltungsanordnung 85, 11
Verwaltungsaufbau
– dreistufiger 7, 2
Verwaltungsgerichte 1, 15; 91, 2 ff.; 92, 5
Verwaltungsräte

– Vertretung der Dienstkräfte 72, 57
Verwaltungsvorschrift 72, 19; 85, 23
– Begriff der 90, 7, 32
– fehlende Mitwirkung 90, 108
– personelle Auswahl 90, 6
– Vorbereitung 90, 39
– Zweck 90, 14
Verweigerungsgründe 79, 33
Video- und Tonbandaufnahmen 46, 6
Volontäre 10, 6
Vorabstimmung 15, 13, 43
Vorläufige Regelung 79, 66; 80, 34
Vorrang 85, 17
Vorschlagswesen
– betriebliches 85, 172
Vorschüsse 86, 14
Vorstand 29, 1 ff.
– Aufgaben des Vorstandes 29, 22
– Größe des Vorstandes 29, 11
– Wahl des Vorstandes 29, 5
Vorstellungsgespräche 79, 18
Vorverhandlungen 9, 29

Wahl 16; 91, 14; WO
– allgemeine Wahl 16, 15
– Einleitung WO 36
– geheime Wahl 16, 5
– gemeinsame Wahl 16, 28
– getrennte Wahl 16, 22
– Mehrheitswahl 16, 49
– Übergangsregeln 99 a
– Unmittelbarkeit der Wahl 16, 14
– Verhältniswahl 16, 40
– Vorbereitung WO 24
– Wahlordnung 98, 3; WO
Wahl des Vorsitzenden 29, 27; WO 95
Wahlanfechtung 22, 5; 91, 8; WO 3
– Anfechtungsberechtigte 22, 21
– Anfechtungsfrist 22, 28
– Anfechtungsgegner 22, 27
– Form der Anfechtung 22, 36
– Wirkung der Anfechtung 22, 41
Wählbarkeit 13, 3; 61, 8; 91, 11
– Ausschluß 61, 11
– leitende Beschäftigte 13, 23
– neugeschaffene Dienststellen 13, 17
– rechtliche Beendigung 13, 9
– tatsächliche Unterbrechungen 13, 9
– Vertreter 13, 30
– Wechsel der Dienststelle 13, 12
– Wegfall der 61, 15
Wahlbeeinflussung 20, 12
Wahlbehinderung 20, 7
Wahlberechtigung 12, 1; 61, 4; 91, 11
– abgeordnete Dienstkräfte 12, 23

799

Stichwortverzeichnis

- ausländische Dienstkräfte **12**, 7
- Beurlaubung **12**, 13
- Kündigungsfrist **12**, 20
- reaktivierte Arbeitnehmer **12**, 5
- Tellzeitbeschäftigte **12**, 10
- vorläufige Weiterbeschäftigung **12**, 20

Wahlbewerber 10, 12
Wahlergebnis WO 87, 94
Wahlkosten 21, 1 ff.
- persönliche Kosten **21**, 6
- sächliche Kosten **21**, 8

Wahlordnung 98, 3; **WO**
Wahlverfahren WO 57
Wahlvorschläge 16, 57; **WO** 41
Wahlvorstand 10, 12; **17**; **WO** 6, 16, 24
- Bestellung des Vorsitzenden **17**, 12
- Entscheidungen **91**, 9
- gerichtliche Bestellung des Wahlvorstandes **17**, 45; **WO** 15
- Rechtsstellung der Mitglieder **17**, 15; **WO** 16
- Zusammensetzung des Wahlvorstandes **17**, 5

Wahlwerbung 20, 16
Wahlzeitraum 24, 3
Wechselschichtzuschläge 87, 59
Wegezeit 48, 26
Weiterbeschäftigung 10, 22
- Altersgrenze **87**, 81
- Entbindung der **10**, 39
- Zumutbarkeit der **10**, 41

Weiterbeschäftigungsanspruch
- Mitbewerber **10**, 42

Weiterbeschäftigungspflicht
- Wegfall der **10**, 38

Weiterbeschäftigungsverhältnis 87, 30
Weiterentwicklung
- berufliche **72**, 41

Werbung 2, 67
Wiedereingewöhnung 3, 35
Willkürverbot 71, 17
Wirtschaftsführung 76, 13

Wohl der Dienstkräfte 2, 12, 15
Wohnheime 85, 124
Wohnungen
- Kündigung von **86**, 26
- Zuweisung von **86**, 26

Wohnungswahl
- freie **86**, 114

Zahlung
- bargeldlose **85**, 63

Zeitakkord 85, 164
Zeiterfassungsgeräte 85, 195
Zeitungsverkauf 85, 94
Zeitzuschläge 87, 59
Zeugnisverweigerungsrecht 11, 5, 35
Zivil- und Strafgerichte 1, 15
Zugangsrecht 2, 47
- abgeleitete Rechte **2**, 53
- Berechtigte **2**, 58
- derivatives **2**, 51
- originäres **2**, 51
- Umfang des **2**, 57
- unmittelbare Rechte **2**, 56
- Unterrichtung **2**, 59
- Verweigerungsgründe **2**, 60

Zulagen 85, 186
Zusammenlegung
- Dienststellen **90**, 53, 70
- Folgen der **6**, 33

Zusammenlegung von Dienststellen 6, 28
- Antrag auf **6**, 31
- Aufgabenbereich und Organisation **6**, 30
- Dienststellenleiter **9**, 18
- räumliche Verbindung **6**, 29

Zuständigkeitsbereich 92, 6
- Zuständigkeit **1**, 30

Zuständigkeitszuweisungen 91, 7
Zuweisung 86, 97
- Amtsträger **86**, 103
- Dienstmietwohnungen **86**, 34

Zuwendungen
- soziale **86**, 9